U0930150

河北财政年鉴
HEBEICAIZHENGNIANJIAN

编好财政年鉴
服务财政工作

辛巳 王加林

河北省人大副主任王加林为本刊题词

河北财政年鉴

2005年卷

河北省财政厅编

河北人民出版社

图书在版编目（CIP）数据

河北财政年鉴.2005／河北省财政厅编. －石家庄：
河北人民出版社，2005. 11
ISBN 7-202-04082-4

Ⅰ. 河... Ⅱ. 河... Ⅲ. 地方财政－河北省－2005
－年鉴 Ⅳ.F812.722-54

中国版本图书馆 CIP 数据核字(2005)第 124734 号

书　　名　河北财政年鉴(2005)
编　　者　河北省财政厅
责任编辑　杨永林
美术编辑　吴书平
责任校对　丁　清

出版发行　河北人民出版社
（石家庄市友谊北大街330号）
印　　刷　河北省财政厅票证文印中心
开　　本　787×1092毫米　1/16
印　　张　35.5
字　　数　1027000
版　　次　2005年11月第1版
2005年11月第1次印刷
印　　数　1-2000
书　　号　ISBN 7-202-04082-4/F·439
定　　价　160. 00元

《河北财政年鉴》编纂委员会及编辑人员名单

河北财政年鉴办公室
地址：石家庄市华安街14号
（省非税收入管理局院办公楼408室）
电话：（0311）87026204
邮编：050051

2004 年 1 月 18 日，河北省委常委、常务副省长郭庚茂到省财政厅看望干部职工，并向全厅和全省财政干部职工致以春节的祝贺和慰问

2004 年 3 月 25 日，付双建副省长一行 10 人视察省厅财政信息化建设工作

2004年1月2日，河北省财政工作会议在石家庄召开。省委常委、常务副省长郭庚茂、省人大副主任王加林等出席大会并作重要讲话

河北省财政工作会议会场一角

2004年8月23日，全省财政系统先进工作者和先进集体表彰大会在北戴河召开。周巧娥等49名同志被授予“全省财政系统先进工作者”荣誉称号，赵县财政局等81个单位被授予“全省财政系统先进集体”荣誉称号。图为齐守印厅长和陈金城副厅长与先进工作者代表合影

2004年3月11日—12日，全省会计管理工作会议在石家庄金谷大厦召开，郭秀堂副厅长出席会议并讲话

2004年3月12日，全省财政系统"金财工程"建设工作会议在省厅网络会议室召开

2004年8月27日，亚行技援河北省发展战略研究项目最终报告研讨会在石家庄白楼宾馆召开

2004年1月30日省财政厅召开总结表彰会，同时部署新一年的工作

2004年7月3日，省财政厅召开机关党建工作总结表彰大会

2004年3月2日，省财政厅召开党风廉政建设工作会议

2004年3月22日，省财政厅领导和机关干部欢送16名同志赴阜平县农村进行小康建设宣讲工作

2004年10月，郭秀堂副厅长视察中小学危房改造和布局调整工程项目学校

2004年6月23日，省财政厅机关党员代表参观西柏坡纪念馆

2004年2月27日，全省财政系统民主评议行风工作总结表彰动员大会在省厅网络会议室召开

省财政厅春节联欢晚会

2004年5月17日，省财政厅在会计学院举办第八届春季运动会。图为参加运动会的部分领导同志合影

庆祝中华人民共

为庆祝中华人民共和国55周年华诞，省财政厅于2004年共组成18支代表队，演唱革命歌曲，展示了财政人热爱祖国，

放歌金秋

和国 55 周年华诞

9 月 30 日举行了“放歌金秋”大型合唱比赛活动，全厅各处室单位热爱财政事业，精诚团结积极向上的精神风貌和壮志豪情。

合唱比赛

2004年河北省财政系统荣获的部分荣誉奖励

2003年企业所得税税源调查工作

先进单位

中华人民共和国财政部
二OO四年三月

省财政厅机关党委

先进机关党委

中共河北省委省直工委
二OO四年六月

省财政厅农业处党支部

先进党支部

中共河北省委省直工委
二OO四年六月

河北省政府系统信息工作

优胜单位

河北省人民政府办公厅
二OO四年三月

河北省财政系统

先进集体

河北省财政厅
河北省人事厅
二〇〇四年六月

授予：河北省财政厅社保处

河北省再就业先进工作单位

河北省人民政府
二〇〇四年十一月

授予：邢台市财政局

河北省再就业先进工作单位

河北省人民政府
二〇〇四年十一月

青年文明号

共青团河北省委

获奖证书

《河北财政年鉴》在第三届全国年鉴编纂出版质量评奖中，成绩良好，荣获中国年鉴奖提名奖。

特颁此证

中国出版工作者协会
二〇〇四年十二月

2004 年 12 月《河北财政年鉴》被中国出版协会和中国年鉴研究会评为“中国年鉴奖提名奖”

荣誉证书

河北省财政厅预算处

在 2002—2003 年度精神文明建设中成绩优异，特命名为省直“十佳文明处室”。

中共河北省委省直工委
二〇〇四年九月一日

河北省政府系统信息工作

优胜单位

河北省人民政府办公厅
二〇〇四年三月

河北省历年财政收支统计表

单位：亿元

年份	财政收入	财政支出	年份	财政收入	财政支出
1949	1.5	0.4	1972	24.4	16.6
1950	2.7	0.8	1973	25.8	17.6
1951	3.7	1.1	1974	26.6	19.8
1952	4.4	1.9	1975	30.4	20.9
1953	5.3	3.0	1976	26.9	27.4
1954	6.2	3.2	1977	28.4	31.5
1955	6.5	3.3	1978	38.5	32.4
1956	6.6	6.3	1979	35.2	34.2
1957	6.7	5.1	1980	35.0	28.4
1958	14.8	12.2	1981	34.1	23.4
1959	21.0	13.3	1982	31.8	25.9
1960	22.2	21.7	1983	36.4	28.3
1961	15.2	11.0	1984	39.1	35.9
1962	10.8	5.9	1985	45.2	41.7
1963	8.2	9.1	1986	51.2	53.8
1964	10.8	12.0	1987	57.6	53.3
1965	12.4	9.7	1988	64.8	67.5
1966	13.3	10.0	1989	76.1	77.3
1967	10.8	8.3	1990	81.2	87.3
1968	12.1	7.4	1991	90.7	91.1
1969	14.9	9.8	1992	101.2	101.2
1970	20.6	12.1	1993	144.2	142.3
1971	23.1	14.3			

年份	财政收入	增幅％	全国排位	财政支出
1994	182.2	20.85	10	160.8
1995	214.1	17.54	10	191.2
1996	258.6	20.76	10	231.9
1997	304.6	17.79	9	270.5
1998	341.9	12.25	10	301.6
1999	367.2	7.41	10	350.8
2000	397.6	8.28	10	415.5
2001	448.4	12.79	8	514.2
2002	544.9	12.60	8	576.6
2003	634.9	16.60	8	646.7
2004	778.3	22.60	8	785.6

注：2004年可比口径全部收入为837.3亿元，可比增长31.9%。

河北省财政厅历届

河北省财政厅成立于1949年8月，在以后的50多年中，随着职能的变动，机构的名称先后经过4次变更：1968年2月改为河北省革命委员会生产指挥部财贸组；1970年2月改为河北省财政金融局；1973年1月改为河北省财政局；1983年重新改为河北省财政厅。至今为止，共有12位厅领导在河北省财政厅主持工作，他们的主要情况如下。

■ 范若一（1949年8月至1951年12月任财政厅长）

男，汉族，1910年5月出生，河北南宫人，大学文化，1929年参加工作，1930年加入中国共产党。在抗日战争时期，历任中共河北威县县委宣传部长、县长和抗日第二师师长，冀鲁豫行署秘书长、区党委委员；解放战争时期，在晋冀鲁豫边区政府工作，先后任建设厅厅长、财政厅副厅长、冀南行署副主任、区党委委员等职务。解放后，1949年至1953年，历任河北省财政厅厅长、财委副主任、省委委员等职务；1953年后，历任国家计划委员会综合局副局长、物价成本局局长，国家经济委员会局长、党委委员、党组成员，河北芦台农场一分场场长，人民大学贸易经济系教员。

■ 马力（1951年12月至1954年9月任财政厅长）

男，汉族，1916年出生，河北蓟县人，师范毕业，1938年参加工作，同年加入中国共产党。在抗日战争和解放战争期间，历任中共昌怀县委书记、中共丰滦密县委书记、中共承兴密县委书记，冀东十四地委城工部长、宣传部长、专署专员，冀东十七地委副书记、书记、军分区政委等职。新中国成立后历任唐山地区行署专员、省财政厅厅长、省财委主任、省人委秘书长、河北省副省长、河北省委常委、唐山地委书记、北京市委书记处书记兼秘书长、河北省革委会副主任、省委副书记、贵州省委第一书记、省革委会主任等职。

■ 周政新（1954年9月至1968年2月任财政厅长）

男，汉族，1917年出生，河北安平县人，师范毕业，1937年参加工作，1941年加入中国共产党。历任安平县四区抗日动员会宣传队长，冀中河北银行贷款清理处文书、会计。安平县政府实业科、财政科科员。冀中行署财政科科员。晋察冀边区政府财政处科员，冀中第八专署财政科科长，冀中行署财政处科长、副处长，省政府财政厅秘书主任、副厅长、厅长，省八三工程指挥部副总指挥，秦皇岛港务局党委书记、革委会主任，秦皇岛市委副书记，省政府财委副主任、党组副书记，省六届人大常委会委员等职务。

■ 王杰（1970年7月至1973年1月任财政金融局局长；1973年1月至1975年1月任财政局局长）

具体情况不详。

■ 孙志远（1975年1月至1983年3月任财政局局长）

男，1922年出生，河北枣强人，初中毕业，1945年参加工作，同年加入中国共产党。1945年至1969年历任冀南工商二分局训练班学员，武城、天津、夏津等地商店会计、营业员，冀南二地委党校整党学员，郑家口、独流、杨柳青等地粮食公司股长、经理、业务科长，天津专署财委科长，天津地委财贸部副科长，天津市委农委政策检查科干部，天津市委整风整社工作队副队长，天津市委财贸部秘书，天津专署财委副主任，中共静海县委副书记、代书记、书记；1965年12月至1969年9月，“文革”期间受冲击；1969年至1973年历任静海县革委静海县委党的核心组副主任、主任组长，廊坊（天津）地委常委、地革委副主任、财办主任，河北省财政局局长、党组书记。

■ 周国卿（1983年3月至1985年8月任财政厅长）

男，汉族，1926年出生，河北南宫人，初中毕业，1942年参加工作，1949年加入中国共产党。在抗日战争和解放战争时期，历任垂杨、清河县抗日政府财政科审计、会计，冀南第二专署、冀南行署财政科会计；新中国成立后，历任河北省财政厅科员、副科长，省迁石委员会财务科科长，河北省财政厅秘书、副处长，省革委财政局领导成员，省革委财金局财政组、建行负责人，省革委财政局副局长，河北省财政局副局长、建行行长，河北省财政厅厅长。

■ 罗植龄（1985年8月至1987年3月任财政厅长）

男，汉族，1942年出生，河北乐亭人，河北财经学院贸易系毕业，1967年参加工作，1974年加入中国共产党。1968年至1969年在迁安县杨店子供销社劳动锻炼；1969年至1987年，先后在迁安县商业组、秦皇岛市财政局、秦皇岛市革委财办、秦皇岛市畜牧办、河北省财政厅等单位工作，历任秦皇岛市革委财办副主任、秦皇岛市畜牧办公室副主任、河北省财政厅副厅长、厅长。

■ 韩锡正（1987年3月至1992年9月任财政厅长）

主要负责同志简历

男，汉族，1944年出生，河北沧县人，河北财经学院财政系毕业，1965年加入中国共产党，1968年参加工作。历任部队班长、党支部委员、沧州市银行办事处主任、沧州市财贸办公室秘书科副科长，沧州市财政局副局长、局长，河北省税务局副局长，河北省财政厅副厅长、厅长。

■ 张献璞（1992年9月至1995年3月任财政厅长）

男，汉族，1935年出生，河北东光人，完小文化，1951年参加工作，1953年加入中国共产党。1951年至1967年，先后任东光县供销社记账员、会计、副科长、科长，交河县商业局办公室主任，东光县商业局副局长，东光县供销社副主任，东光县委四清工作队指导员，沧州地委四清工作分团副团长、政委，内蒙古察哈尔中旗委副书记等职务；1967年，“文革”期间受冲击；1967年至1978年，历任东光县供销社革委会主任，东光县革委会常委、副主任，交河县革委会生产指挥部副主任，交河县委常委、副书记； 1978年至1983年任河北省财政厅税务局副局长、局长，1983年至1986年任河北省财政厅税务局副局长，1986年至1992年任河北省税务局局长，1992年10月至1995年3月任河北省财政厅厅长。

■ 闫存增（1995年3月至1998年3月任财政厅副厅长、党组书记）

男，汉族，1935年10月出生，河北乐亭人，中国人民大学农经系研究生毕业，1956年加入中国共产党，1964年参加工作。主要工作经历：1971年5月至1972年10月 ，中共河北省委党校政治经济教员； 1972年10月至1980年09月，省财办政治处干事、副处长；1980年9月至1983年9月，省财办贸易处副处长；1983年9月至1988年8月，省经济研究中心副主任、党组成员；1988年8月至1992年9月，省财政厅副厅长、党组成员； 1992年9月至1993年8月，省财政厅副厅长、党组副书记；1993年8月至1994年7月，省财政厅副厅长、党组副书记（正厅级）；1994年7月至1995年3月，省财政厅副厅长、党组副书记（正厅级）兼省招商局副局长；1995年3月至1997年1月，省财政厅副厅长、党组书记兼省招商局副局长，省七届政协常委；1997年1月至1998年1月，省财政厅副厅长、党组书记兼省招商局副局长、香港燕山发展有限公司董事长，省七届政协常委；1998年1月至1998年3月，省财政厅副厅长、党组书记兼省招商局副局长、香港燕山发展有限公司董事长，省八届政协委员。

■ 王加林（1998年4月至2003年1月任财政厅长）

男，汉族，1945年7月出生，河北丰润人，南开大学化学系毕业， 1966年加入中国共产党，1970年参加工作。主要工作经历：1970年8至1974年9月，邯郸地区交通运输局汽车保养厂干部；1974年9月至1979年8月，邯郸地区工建交办公室干事；1979年8月至1984年2月，邯郸地区经委秘书科科长；1984年2月至1984年7月，邯郸地区商品办公室副主任；1984年7月至1984年11月邯郸地区经济技术开发公司副经理；1984年11月至1991年6月，保定地区行署副专员；1991年6月至1993年5月，沧州地委副书记、行署专员；1993年5月至1993年6月，沧州地委代书记；1993年6月至1994年6月，沧州市委副书记（正地市级）；1994年6月至1998年4月，省地方税务局局长、党组书记；1998年4月至2000年3月，省财政厅厅长、党组书记、省地方税务局党组书记；2000年3月至2003年1月，省财政厅厅长、党组书记。

■ 齐守印（2003年1月至今任财政厅长）

男，汉族，1951年8月出生，河北迁西人，1971年参加工作，1976年加入中国共产党。1986年7月获四川大学经济学硕士学位，2001年12月获财政部财政科研所财政专业经济学博士学位。主要工作经历：1971年10月至1973年9月，迁西县栗树湾乡王家圈村小学民办教师；1973年9月至1976年8月，河北师范学院政教系学习；1976年8月至1983年9月，河北师范学院政教系政治经济学教师；1983年9月至1986年7月，四川大学经济系政治经济学专业学习；1986年7月至1989年12月，省财政厅财政科研所主任科员、高级经济师；1989年12月至1992年7月，省财政厅科研所副主任；1992年7月至1994年10月，省财政厅科研所主任、研究员、河北省专家献策团成员；1994年10月至1995年8月，省财政厅预算处处长；1995年8月至1999年9月，省财政厅副厅长、党组成员；1999年9月至2003年1月，省财政厅副厅长、党组副书记；2003年1月至今任省财政厅厅长、党组书记。兼任中国财政学会、中国国有资产学会常务理事、中国行政管理学会理事、国家财政部财政科研所博士研究生导师。

（办公室供稿）

2004年河北省财政系统部分先进个人

省财政厅 冯建凯
全国再就业先进工作者

省财政厅 谷明印
全国五一文化优秀奖

廊坊市财政局 张毅明
全国财政信息工作优秀组织者

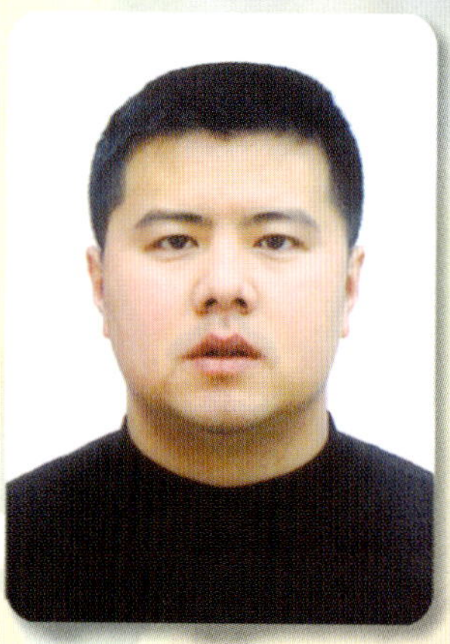

省注协 苗永生
资产评估检查先进个人

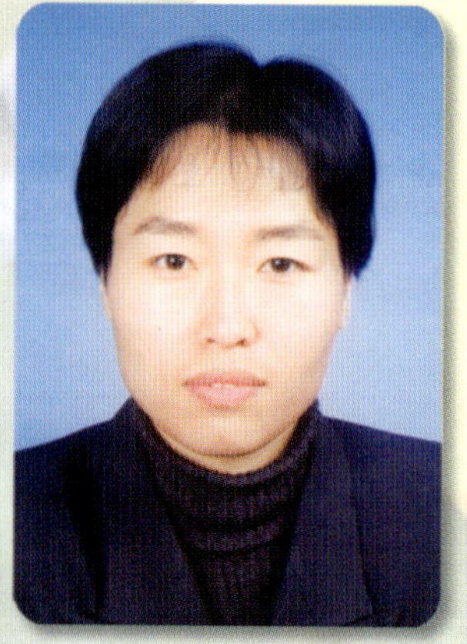

省注协 赵翠云
资产评估检查先进个人

省财政厅 马树凯
河北省新长征突击手

邢台市财政局　崔尽忠
河北省再就业先进个人

邢台市财政局　贾金平
河北省宣讲工作先进个人

廊坊市财政局　王荣三
河北省宣讲工作先进个人

承德市财政局　胡光辉
河北省宣讲工作先进个人

廊坊市安次区财政局　王绍芝
河北省劳模

巨鹿县财政局　张民
河北省劳模

2004年河北省财政系统先进工作者

石家庄市财政局
周巧娥

正定县财政局
刘胜军

栾城县财政局
赵福生

石家庄市桥东区财政局
张明连

兴隆县财政局
孙明义

承德市财政局
张彩霞

承德市双桥区财政局
史林鑫

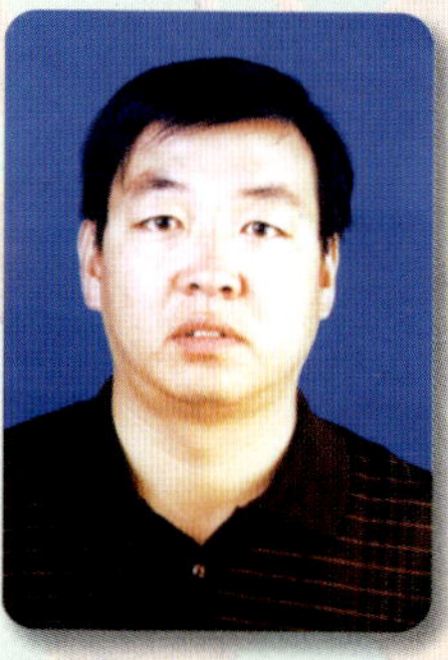
康保县财政局
王彦军

赤城县龙关镇财政所
乔民选

卢龙县刘田各庄镇财政所
孟凡仁

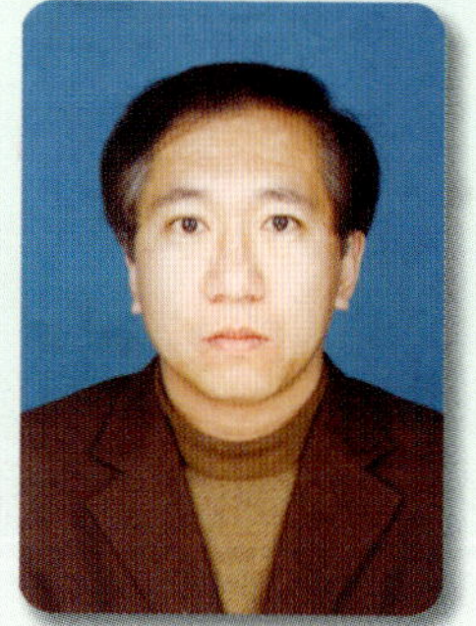
昌黎县财政局
赵永明

唐山市开平区财政局
戴春铮

玉田县财政局
田友仓

乐亭县财政局
肖仲学

唐山市丰润区韩城镇财政所
韩立柱

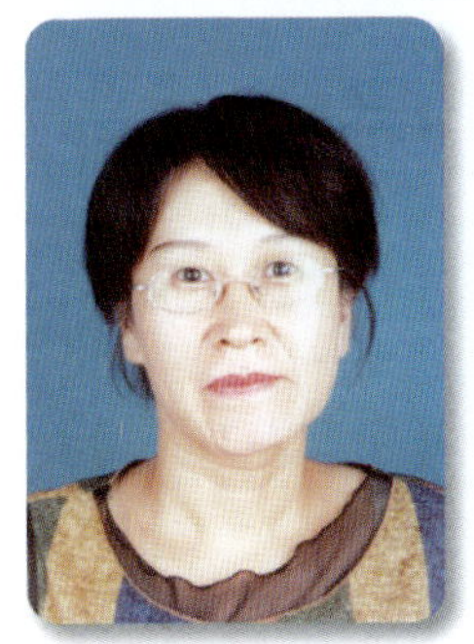
唐山市古治区王辇庄乡财政所
赵红婕

迁西县洒桥镇财政所
关立海

三河市财政局
符宝生

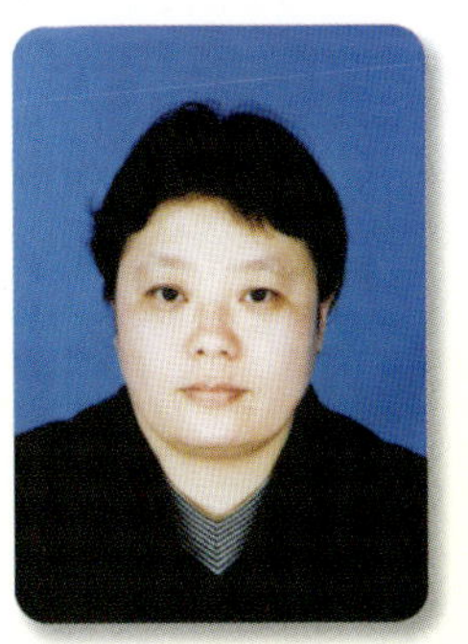
大厂县财政局
刘玉荣

徐水县财政局
单志合

定州市财政局
刘军来

顺平县财政局
彭国莹

易县财政局
吕文星

雄县米家务乡财政所
高俊岭

阜平县财政局
吕生

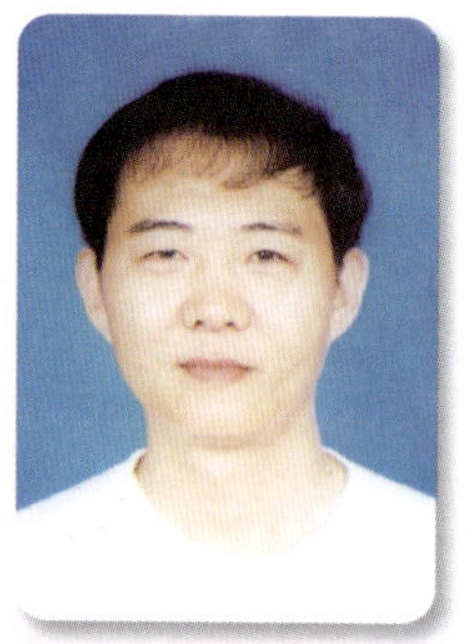
沧州市财政局
王向华

任丘市财政局
郝霞

沧州市新华区财政局
柴志华

安平县财政局
魏占平

衡水市开发区财政局
刘立坤

平山县财政局
权林山

南宫市财政局
张立杭

任县财政局
马建军

邢台市开发区财政局
张振强

临西县财政局
孙连涛

邯郸市邯山区财政局
武全民

邯郸市复兴区财政局
王景海

涉县财政局
王彦明

邯郸县财政局
赵合峰

石家庄市财政局

党组书记、局长
赵悦贞

近几年来，石家庄市财政局始终把促进收入增长、壮大地方财政实力作为财政工作的主要目标，2004年全市全部财政收入完成127.8亿元，可比增长17.86%。其中，一般预算收入完成56.2亿元，可比增长23.41%。17个县（市）中，全部财政收入超过亿元的有15个，藁城市超过6亿元，鹿泉市超过5亿元，辛集、平山、正定3个县（市）超过3亿元。

坚持按照公共财政的要求和保工资、保运转、保稳定、促发展的顺序来管理财政支出，努力优化结构，提高效益，各项重点支出得到了较好保障，支出政策得到了较好落实。同时，努力改革财政资金支出和投入方式，通过财政贴息、配套等方式，调动社会资金投资经济建设，取得了较好成果。

石家庄市财政局局班子是一个团结的班子，机关干部心齐、风正，干事业的风气浓厚，保持了较强的战斗力。局机关保持了多年的“文明单位”称号。在2002年和2003年获得市直综合经济部门行风评议第一名，并取得了免评两年的资格。

2004年石家庄市财政工作会议

深入开展党员先进性教育

承德市财政局

近年来，承德市财政局始终坚持以邓小平理论和党的十六届四中全会精神为指导，认真践行"三个代表"重要思想，紧紧围绕促进全市经济社会持续稳定健康发展这一主题，牢牢抓住财政发展的主线，坚持"理财为公，理财为民"的财政工作理念，积极推进财政改革，不断规范财政管理，努力壮大财政实力。财政收入实现了较快增长，财政支出结构逐步优化，财政运行质量和保障能力有所提高。保证运转、推进改革、维护稳定、促进发展的作用进一步增强。党风廉政建设和行风建设工作扎实有效，有时代特征的财政机关文化逐渐完善成熟，连续四年被评为省级文明单位，多项工作受到部、省财政部门和市委、市政府的表彰和奖励。2004年全市全部财政收入完成292908万元，占整预算的104.5%，同比增长52.6%。同年共争取上级各类资金27.4亿元，比上年增长20.2%，创历史最高水平。以人为本，重点支出需要得到保障。2004年全市财政支出累计完成373217万元，同比增长23.6%。在全市树立了"求真务实，廉洁高效"的财政形象，财政系统广大干部职工服务意识、大局意识和创新意识显著提高，有力地促进了全市经济和社会各项事业发展。

张家口市财政局

局长　李雪荣

近年来，张家口市财政局始终秉承“建一流队伍，创一流业绩”的工作理念，下大力夯实基础，开拓创新，财政收入三年迈出三大步。2004年，全市全部财政收入完成54.02亿元，支出完成61.99亿元，创下了历史新高。工作中，大胆探索和实践财政改革，绩效预算、项目预算、三年滚动预算、政府采购预算和社会保障预算等预算管理改革全面启动，国库单一账户管理体系、财政集中支付、政府采购“管采分离”和契税直征等财政管理改革稳步推进。强化了以“金财工程”为核心的信息化建设，建立了公教人员基础信息数据库、社会保障数据库和预算管理指标系统，80多项政务、业务制度构建了规范有序的高效运行机制，实现了财政管理的科学化、制度化、规范化。深入开展“育大气、树正气、聚人气”活动，全局干部职工以强烈地大局意识、发展意识和争先意识拓展财政工作，倾力支持“工业立市”项目，倾心解决三农问题，全方位服务开放开发与民营经济发展，为全市跨越式发展提供着有力支撑。坚持以人为本理财，着力建设公共财政，大幅提高社会保障水平，全面落实党的惠农政策，走出一条贫困地区构建和谐社会的财政增效路子。深入持久的学习型机关建设催生了凝聚实干的领导班子和充满活力的财政队伍，独具特色的机关文化培育了张家口财政人艰苦奋斗的创业精神、开拓创新的进取精神和严谨细致的敬业精神，良好的形象和业绩赢得党和群众的肯定，连续两年获得全市行风评议第一名，2004年被市委、市政府授予“模范集体”光荣称号，2005年又荣获“河北省五一奖状”，满载希望、盛誉、信心的张家口财政局正向新的跨越式发展目标奋力迈进。

2004年4月，张家口市第五届会计知识竞赛和全市财政系统会计基础工作展评活动

秦皇岛市财政局

局长　胡田

秦皇岛市财政局在市委、市政府的正确领导下，以构建公共财政框架为目标，以促进经济发展为主线，以深化和完善财政改革为动力，以建设廉洁、务实、高效的财政干部队伍为基础，坚持以法理财、科学理财和规范理财，推进了全市经济社会事业的全面发展，取得了喜人业绩。1995年财政收入13.6亿元，2000年突破20亿大关，2004年财政收入47.69亿元，实现了大跨越。

2000年以来，秦皇岛市财政局按照公共财政改革框架，实行了一系列重大改革措施，取得了明显成效。在预算管理体制改革上，实行了早、细、零、综预算编制模式，市县（区）两级全部编制和执行了部门预算；稳步推进了财政国库，探索实行了财政集中收付，目前全市纳入集中收付管理的单位已达71户；大力推行政府集中采购，已成功组织大型采购活动500多次，节约资金1.5亿元；严格执行了“收支两条线”管理改革，重点实行了“款项分离”“罚缴分离”；组建并完善了产权交易机构，累计完成产权交易801宗，成交金额7亿元，活化资产总额39亿元。全面实行了农村税费改革，进一步减轻农民担负。组织开展《会计法》执行情况和会计信息质量检查，严厉打击假凭证、假账册等违法违纪行为。大力推行政务公开，增强了依法行政的透明度，在“两为两树民主评议行风”活动中，按照“内强素质，外树形象”的总体要求，下大力狠抓行风建设，取得明显成就，被市委、市政府评为市级优秀单位。

局机关召开党组会学习、贯彻胡锦涛总书记在河北视察时的讲话精神

唐山市财政局

局长　莫连营

2004年以来，唐山市财政局认真落实科学发展观，积极贯彻国家宏观调控政策，坚持发展第一要务，狠抓增收节支，深化财政改革，财政收入实现快速增长，全部财政收入完成160.2亿元，同比增长45%，总量和增量均居全省首位。

一、　依法治税管费，财政总体实力明显增强

该局紧紧围绕增收节支这一主线，进一步健全财源监控网络，完善税费征管体系，在全省率先开发应用了发票管理软件。实现了“以票管税”、“以税控票”。重点开展以清理缓欠为主要内容的税收稽查，实现了应收尽收。财政收入占GDP比重由8.5%提高到10%，创历史最好水平。

二、落实惠农政策，支持农村发展取得成效

认真落实三农政策，加大资金投入，抓好政策扶持，取消农业特产税，降低农业税税率，调整和取消涉农收费项目，发放对种粮农民直接补贴资金，全市农民人均减负增收60元。大力支持农村中小学危房改造和布局调整，加快文明生态村镇建设力度。将农村低保标准统一到每人每年800元，将由乡、村两级负担的低保资金改为市级负担，保障了农村低保工作落实到位。

三、优化支出结构，重点支出得到有效保障

调整支出结构，优化资金投向，压一般，保重点。一方面，在落实好“两个确保”和“低保”资金的基础上，重点支持积极就业政策实施。另一方面大力支持大唐热电、曹妃甸供水和港口建设等基础设施项目。

四、创新理财机制，财政改革进一步深化

在资金决策方面，完善了财政重大事项集体决策机制，市本级建立预算执行网络平台。在资金使用方面，政府采购工作全面推开。实现了采购评审专家资源全市共享。在资金支付方面，市级直接支付资金实现了“零余额”清算。在绩效评价方面，建立了教育、科技、文化、农业等八大类支出考核体系，量化出185个指标。在资本化运作方面，建立起“三公司一中心”的资本化运作平台，资本化运作正向县区延伸。

五、加强队伍建设，整体素质进一步提高

按照“建一流队伍，创一流业绩”的目标，认真开展民主评议行风活动，不断加强队伍建设，财政队伍素质进一步提高。全年共收到基层和群众表扬信件和电话70多人次，有55项工作和60多名个人受到省市表彰和奖励。

廊坊市财政局

党组书记、局长 李春山

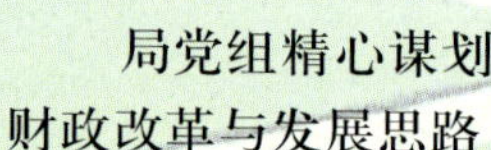

局党组精心谋划
财政改革与发展思路

近年来，廊坊市财政局坚持改革找出路，管理求效益，节支保平衡，监督促规范，为实现“进位追赶”、建设“和谐廊坊”提供了强有力的财力保障。连续四年被授予“省级文明单位”和“市级文明单位”荣誉称号，2003年被评为全国财政系统先进单位。

加大调控力度，促进经济发展。落实“超分成增长率收入全返”的激励性财政体制，增强经济发展活力。运用贴息、税费减免、担保等手段，对受疫情影响较大的家禽养殖加工业给予扶持。对“双十工程”、“城区十件实事”等项目给予重点支持，推动了软硬环境上档升级。

坚持与时俱进，推进财政改革。探索实施以政府采购预算、社会保障预算等为主要内容的复式预算管理改革；进一步拓展采购范围，对大宗农业生产物资、设备实行了政府采购；在市、县、乡三级全部实行了集中支付制度；继续扩大财政投资评审的覆盖范围，对重点项目委派财务总监，进一步提高财政资金使用效益。

统筹城乡发展，助解“三农难题”。加大支农资金投入，对农业基础设施建设、文明生态村建设等重点项目给予了支持；认真落实农村税费改革、农业税减免和对种粮农民直接补贴政策，做到阳光操作、全程公开，切实减轻了农民负担；推动农业产业化和农业产业结构调整，积极促进对农民从业技能培训工作。

党员在西柏坡五大书记像前重温入党誓词

组织开展行风评议阳光投诉活动

保定市财政局

党组书记、局长吕宝生

2004年，保定市财政局在市委、市政府的正确领导下，在省财政厅的指导下，面对政策性减收因素多、增支压力大等异常尖锐的收支矛盾，同舟共济，负重奋进，及时提出了构筑财政工作新平台的工作思路和目标更高、措施更新、服务更优、素质更强、作风更实的要求，不断加强领导班子建设，执政能力进一步提高；完善机制促征管，财政收入再上新台阶；严控支出保重点，保障能力进一步增强；千方百计筹资金，用足用活政策促发展；勇于改革谋发展，科学理财再出新成果；践行承诺抓服务，优化环境再创新佳绩；《中国财经报》在头版头条报道了该局的做法，已连续九年被评为实绩突出单位，连年被评为优化环境金玉兰杯先进单位，连续两年获行风评议经济管理部门第一名。

注重系统行风建设

财政人员深入企业现场办公

沧州市财政局

局长　高健

2004年，沧州市财政局以“三个代表”重要思想为指导，坚持科学发展观，紧紧围绕经济建设这个中心，按照市委、市政府确定的“大发展、快发展”的战略部署，深化改革、强化管理，谋全局、抓重点、求实效，做到“七抓七促”：一是抓增收节支，促进财政收支平衡；二是抓重点支出保障，促进社会稳定；三是抓各项惠农政策落实，促进城乡协调发展；四是抓各项财政改革，促进理财机制创新；五是抓财政职能完善，促进区域经济发展；六是抓财政监督，促进财政经济环境优化；七是抓干部队伍建设，促进工作作风转变。经过广大干部职工的共同努力，较好实现了各项目标任务，全市全部财政收入完成651045万元，完成预算的106.4%，同比增长17.1%。其中，地方一般预算收入完成258396万元，完成预算的106.9%，同比增长17.4%。收入的进度和增幅均高于往年。全市一般预算支出完成491513万元，完成预算的97%，同比增长12.7%。为实现沧州经济社会健康发展，做出了积极贡献。目前，该局正在以下几方面采取新措施，落实新目标：一是抓好财政智能建设，全面提升财政服务全市重点经济工作能力、服务“三农”的能力、保运转、保稳定、保和谐的能力、依法理财的能力。二是抓好机制创新建设，全力推进预算管理改革、财政国库管理制度改革、政府采购改革、收支两条线改革、农村税费改革。三是抓好机关效能建设，着力改进服务质量、改进机关行为、改进干部素质、改进工作作风、改进办事效率、改进工作质量。为实现“使沧州成为推动全省经济社会发展举足轻重的增长极”目标，再立新功，再创佳绩。

衡水市财政局

党组书记、局长　韩石利

近年来，衡水市各级财政部门以“三个代表”重要思想和科学发展观为指导，紧紧围绕“以工强市、开放兴市、特色立市”三大主体战略，认真落实“坚持一个改革方向，健全三大管理体制，突出五项重点工作”总体要求，聚精会神搞建设，一心一意谋发展，财政事业取得了持续快速稳定的发展，财政收支、改革、管理和监督等工作都在原有基础上迈出了新的步伐。特别是2001年以来，全市财政收入保持较快增长，一年一大步，2004年达到29.2亿元。

财政收入的快速增长，有力地支持了各项改革和重点事业发展。近年来，衡水市积极推行部门预算、财政集中支付、政府采购、农村税费改革等财政改革，财政宏观调控作用不断增强，财政管理日趋规范，财政职能进一步强化，公共财政框架初露端倪。在支持社会事业发展方面，积极筹措资金，实施“十项民心工程”，努力改善人民群众的生产生活条件；充分发挥财政资金的引导作用，建成了一批道路、桥梁等交通设施，基本形成了便捷的交通网络；认真落实“两个确保”和“一个低保”政策，积极解决拖欠工程款和农民工工资问题，弱势人群的生活得到保障，城镇居民生活得到了改善。

展望未来，衡水市各级财政将在“三个代表”重要思想的指导下，与时俱进，开拓创新，进一步深化改革，转变职能，强化服务，在培植新兴财源上下功夫，在做大财政蛋糕上做文章，为衡水经济和各项社会事业全面持续协调发展做出重大的贡献。

深入扎实地开展党员先进性教育活动

局领导在远大集团调研

邢台市财政局

局长　崔尽忠

2004年邢台市财政局高扬“树正气、讲团结、求发展”的主旋律，坚持以科学发展观为指导，在宏观调控中抢抓机遇，在开拓进取中狠抓工作的落实，圆满完成了全年财政各项工作任务。全市财政收入突破46亿元，增收和增幅创8年来新高。认真解决群众关心的热点难点问题，积极支持全市社会事业发展。保障了公教人员工资及时发放；社会保障水平不断提高；加大了对农业、教育、科技事业的支持力度。强力支持国有企业改革，完成了水泥制品厂等5户企业改组改制工作。利用中小企业发展资金和新产品开发资金，支持了色织厂、轮胎厂、四方塑料厂等11个省级新产品开发项目和6个贷款贴息项目。同时，积极支持民营经济发展，财政部门向市中小企业担保中心注入资金1500万元，并为部分中小企业提供了贷款贴息。惠农政策得到落实，农民得到了更多实惠。第一是农民负担进一步减轻；第二是认真落实粮食直补政策；第三是认真做好禽流感防治工作。创新理财机制、财政各项改革顺利进行。一是进一步完善了财政体制；二是推进了国库集中收付制度改革；三是推进涉企收费改革，优化经济发展环境；四是政府采购范围进一步拓宽，管理进一步规范。实施人本战略，推进素质工程，提高了财政干部整体素质。一是结合实践“三个代表”重要思想教育，狠抓思想、业务和廉政工作，提高了为民理财和依法行政意识；二是制定和完善了内部规章制度；三是创新了科级干部试用考核机制；四是扎实开展民主评议行风工作。2003和2004年，分别被省财政厅和市委、市政府评为行风建设优秀单位，并获免评两年的奖励；全市20个县市区财政局全部获得了2003年度行风评议优秀单位，其中19个单位获免评两年的奖励。

局领导深入农村扶贫和调研

邯郸市财政局

党组书记、局长　李少波

2004年，邯郸市各级财政部门，认真贯彻落实市委、市政府的决策部署，服务经济发展大局，忠实履行职责，各项工作取得了长足进步。全市全部财政收入连上三个台阶，达到92.4亿元，同比增长48%。地方一般预算收入完成34.1亿元，同比增长34.7%。财政收入质量进一步提高，全市税收收入占地方一般预算收入的比重提高6个百分点，达65%。全市可用财力达到54.8亿元，增长23%，为全市经济社会的可持续发展奠定了坚实的财力基础。

在财政支出上，邯郸市财政局认真贯彻市委、市政府坚持以人为本的方针政策，积极筹措资金，有效解决了关系群众切身利益的问题，进一步加大了支持“三农”力度，大力推进经济社会协调发展。

进一步推进财政改革，完善公共财政体制框架。深化部门预算改革，提高预算的科学性、合理性。积极做好国库集中支付改革试点工作，进一步扩大政府采购规模，产权交易市场更趋完善，积极推进行政事业性收费集中缴费改革，优化经济发展环境。

召开会计基础工作规范化展示会

局领导深入企业调研办公

河北太行会

董事长、所长、主任会计师　　胡志强

工程造价咨询单位

甲级资质证书

经评审，认定　河北太行会计师事务所有限责任公司　为工程造价咨询单位甲级资质，特发此证书。

证书编号：甲021300442

发　证　机　关

2002　年　月　29　日

资产评估

资格证书

证书编号：13020046

批准文号：冀财评[1999]99号

发证机关：河北省财政厅

二OO三年二月八日

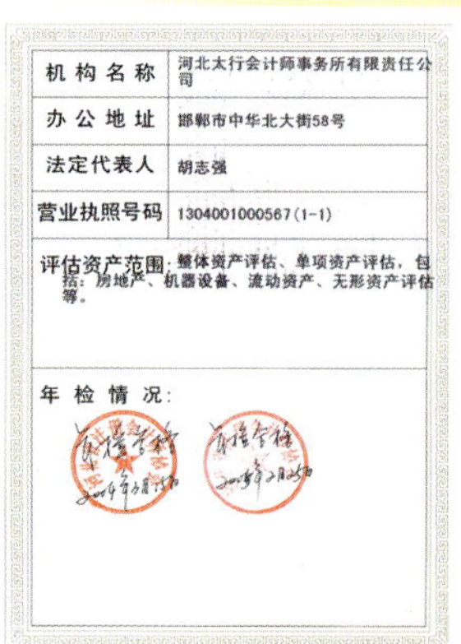

机构名称	河北太行会计师事务所有限责任公司
办公地址	邯郸市中华北大街58号
法定代表人	胡志强
营业执照号码	1304001000567(1-1)
评估资产范围	整体资产评估、单项资产评估，包括：房地产、机器设备、流动资产、无形资产评估等。

年检情况：

计 师 事 务 所

河北太行会计师事务所成立于1988年，是冀南地区目前为数不多的、跨地市联合的河北所，2000年度《中国质量万里行》信誉单位，2001年度邯郸市要素市场及中介机构先进单位。下设基建部、评估部、验资部、审计部、金融审计部、涉外审计部、税务代理部、事业发展部、质量监管部、管理咨询部、培训部、办公室、邢台分所等十一部一室一分所。现有从业人员140人，其中：注册会计师46人、注册评估师12人、注册税务师5人、注册造价工程师12人。具有高级职称的11人，中级职称的79人，研究生5人，本科学历26人，大专学历55人。

该所拥有甲级工程造价咨询资质，国有大中型企业、涉外企业、金融机构及相关业务审计资格和资产评估等资格，是一家具有综合实力、全方位咨询服务能力的会计事务所。

该所于1999年完成了改制；2000年实现了跨地、市联合，2001年取得了中国人民银行、财政部确认的金融机构及相关业务审计资格；2002年取得了建设部确认的工程造价咨询单位甲级资质证书。

该所以工程造价咨询为龙头，评估、金融审计为两翼，验资、传统审计、管理咨询等业务为依托，以高效、优质的服务，诚信为本，公正执业，赢得了社会各界的承认和良好的赞誉，并本着立足河北，面向全国、逐步与国际接轨的方针，竭诚为新老客户提供各项服务。

二〇〇一年度
先进中介机构
邯郸市人民政府

2000年质量大家行活动
信誉单位
《中国质量万里行》
质量大家行活动组委会
二〇〇〇年十二月

河北省建设投资公司成立于1988年，是省政府授权经营国有资本的国有独资政策性投资机构，主要从事基础产业、基础设施、高新技术产业及其他产业建设的投资主体。公司成立以来，按照国家产业政策和我省经济发展战略的要求，充分发挥政府投资主体的支撑、引导、带动作用，通过合资合作、银行贷款、债券及利用外资、股票融资等多种形式并举，吸引各方资金用于我省重点项目建设。先后同德国西门子公司、香港华润集团公司、日本丸红株式会社、中国国家开发投资公司、神华集团等国内外知名大公司合资合作建设了70余个大中型重点项目，完成项目总投资1520多亿元。截止到2004年底，公司总资产从成立之初的2400万元，发展到156亿元，其中净资产126亿元，国有资产累计增值56.28亿元，成为省属资产规模最大的国有投资控股公司。公司直接或通过全资子公司参股70多家企业，其中全资和控股企业23家。公司控股上市公司建设能源，参股上市公司大唐电力、华能国际、耀华玻璃、唐山三友和沧州化工。公司总部职工175人，全资子公司和控股企业职工11890名。

公司投资领域涉及能源、交通、城市基础设施、工业、农业等多个行业，分布全省各地，为促进我省经济发展做出了重要贡献，先后被省委、省政府评为“八五”、“九五”重点项目建设先进单位。公司注重精神文明建设、企业文化建设和职工文体活动的开展，1994、1996、1998、2000、2002、2004年连续获得省直和省级文明单位荣誉称号。2004年公司被中华全国总工会授予“全国五一劳动奖状”。

编 辑 说 明

一、《河北财政年鉴》是一部全面反映河北财政建设状况的综合性资料年刊。由河北省财政厅主办，设专门班子编纂，主管厅长亲自审定。

二、本年鉴以马列主义、毛泽东思想、邓小平理论和“三个代表”重要思想为指导，坚持为经济建设服务，为改革开放服务，为推动河北财政的建设发展服务，为研究河北财政经济和日后编修财政志积累丰富翔实的资料。

三、本年鉴以1987年刊为首卷，逐年编纂出版，如实辑录上一年度的资料。对每一年全省财政工作的发展变化，省委、省政府及本厅召开的全省财政工作会议，颁发或转发的有关财政法规、文件，财政收支统计资料，重要人事变动以及厅领导的重要活动等，都有较详细的记载。资料齐全，系统完整，一册在手，河北的财政大事尽收眼底。

四、本年鉴的资料来源，主要是本厅的档案资料和各市财政局、厅内各单位提供的稿件，并选录了一部分反映我省财政工作经验、财政调研成果以及有存史价值的报刊文稿。有些稿件在不改变原意的原则下，作了适当删节和文字修饰。

五、本刊“统计资料”中记载的数字，来源于“河北财政收支决算年度报表”等统计资料，并经过了反复核对，翔实可靠。其他文稿中的数字均按原文所列，未作核对。相关的数据与相关年度报表有出入时，均以相关年度报表数字为准。

六、由于我们水平所限，编纂工作难免有疏漏或欠妥之处，欢迎批评指正，帮助我们改进工作。

2005年10月20日

目　录

文　献

特　载

法 规 制 度

工 作 概 况

财政大事记

调 研 成 果

理 财 经 验

统 计 资 料

机 构 人 员

荣 誉 专 版

文　　献

政府工作报告

——在河北省第十届人民代表大会第二次会议上

河北省省长　季允石

（2004 年 1 月 8 日）

各位代表：

现在，我代表河北省人民政府向大会作工作报告，请予审议。请省政协各位委员和列席会议的同志提出意见。

2003 年工作回顾

刚刚过去的一年，是我省发展进程中重要而又很不寻常的一年。全省人民在党中央、国务院和中共河北省委领导下，以邓小平理论和"三个代表"重要思想为指导，认真贯彻党的十六大精神和中央重大决策部署，战胜非典疫情巨大冲击，圆满完成省十届人大一次会议确定的目标任务，在全面建设小康社会道路上迈出坚实的第一步。

（一）经济建设出现令人鼓舞的好形势

国民经济快速增长。预计全省国内生产总值达到 6900 亿元以上，增长 11.5%，第一、二、三产业增加值分别增长 5.9%、14.3%、10%。人均国内生产总值突破万元大关。全部财政收入完成 634.2 亿元，增长 16.5%，其中地方一般预算收入 335.4 亿元，增长 15.2%。投资、消费、出口三大需求拉动增长强劲。金融机构各项存款余额 7952 亿元，各项贷款余额 5734 亿元，分别增长 16% 和 14% 以上。主要经济指标均创近年来最好水平。

经济运行质量提高。速度和结构、效益比较协调。财政收入占国内生产总值的比重由上年的 8.9% 提高到 9.2%。高新技术产业增加值占规模以上工业增加值比重由 11.2% 提高到 12% 以上，传统优势行业支撑力增强，冶金、医药、化工三大行业对工业增长贡献率达到 45% 以上。工业产销率达到 98.4%，提高 0.3 个百分点；规模以上工业实现利润增长 50% 以上。社会消费品零售总额增长 10% 以上，住房、汽车、通信、教育等正在成为新的消费热点，受非典冲击最大的旅游业迅速恢复、快速发展。企业自主投资积极性提高，自筹资金增长 35%，占资金来源的 70%，经济增长内生机制作用增强。

农业基础地位进一步巩固。加强农产品质量安全、农业社会化服务、农产品市场和农业支持保护体系建设，大力调整农业结构，推进产业化经营，农村经济全面发展。粮食总产大体与往年持平，商品粮库存较为充足。畜牧、蔬菜、果品三大支柱产业继续保持较快增长。龙头企业营业收入达 2500 亿元，增长 25%；农民专业合作经济组织发展到 2694 个，辐射带动农户 324 万户。调整完善农村税费改革政策，进一步减轻了农民负担。

固定资产投资增势强劲。预计全社会固定资产投资完成 2500 亿元，增长 20% 以上。国有及其他经济类型单位固定资产投资增长 35% 以上，其中高新技术产业、基本建设、更新改造投资分别增长 60%、40% 和 41%。新开工项目 6700 个，增长 10%，其中 500 万元以上的 2350 个，是近 10 年来最多的一年。

国企改革取得重大进展。全面推进企业转机建制，省属 577 户企业分类改革顺利推进，其中 36 户重点企业改革方案进入实施阶段，省直部门 425 户企业改组改制全面启动。完善授权经营制度，组建省工贸、外贸两个资产经营公司。国有经济布局战略性调整加快，全省 5037 户市县属国有企业实现国有资本退出。国有大中型企业主辅分离、辅业改制全面展开。省属 29 户企业分离办社会职能工作基本完成。国有及国有控股工业实现利润增长 55%，国有经济活力明显增强。有7家企业在境内和香港、新加坡上市融资或再融资，直接融资额达48.7亿元，为历年之最。

民营经济全面提速。预计全省民营经济完成增加值、实现营业收入均增长15%以上，提供税收占全部财政收入比重达到35%以上，新增注册资本500万元以上企业750家。民营经济增加值占国内生产总值的比重由上年的37.3%提高到40%以上。

对外开放成效显著。预计全年实际利用外资15.1亿美元，增长44.1%，其中外商直接投资12.5亿美元，增长51.7%。进出口总额完成88亿美元，增长32%，其中出口58亿美元，增长26%。新签对外工程承包、劳务合作和设计咨询合同金额增长32%。引进内资320亿元，引进人才3.7万名，签订经济技术合作项目4100项，分别增长27.7%、12.8%和7.4%。投资环境明显改善，一批国内外大公司、大集团落户河北。

(二)社会事业呈现全面发展的新局面

切实加强科技和教育工作，增强了经济加速发展的支撑力。科技创新能力得到提高。科技管理体制改革稳步推进，重点加强了企业技术中心和重点实验室建设。组织实施一批科技攻关项目，传统优势产业得到改造提升，高新技术产业发展加快。科技进步对工农业发展的贡献率分别达到44%和50%。教育事业全面发展。"两基"进一步巩固提高，改造中小学危房77.6万平方米。普通高考录取人数增加2.24万人。学位与研究生教育取得重大突破，博士学位授权一级学科由6个增加到13个，博士点由62个增加到96个，硕士点由289个增加到474个，博士后科研流动站由10个增加到24个。新组建河北工程学院、河北北方学院两所本科院校，新增12所职业技术学院。

切实加强卫生和体育工作，增强了疾病防控的保障能力。全省卫生事业投入31.7亿元，重点加强疾病防控、农村卫生和环境卫生建设，建成省疾控中心P3实验室，实现了省市县三级疾病疫病预防控制网络全覆盖。新型农村合作医疗制度试点进展顺利，城市社区卫生服务发展迅速。广泛开展"向陋习宣战，树文明新风，建美好家园"爱国卫生运动，城乡居民生活环境和卫生条件进一步改善。全民健身运动日益普及，竞技体育取得新成绩，在国内外重大比赛中获金牌47枚、银牌45枚、铜牌46枚。

切实加强人口、资源和环境工作，增强了可持续发展能力。积极推进计划生育综合改革，稳定低生育水平，全年人口自然增长率为5.16‰。加强国土资源管理，大力推行土地开发整理，实现耕地占补平衡、补大于占的目标。加大水和大气污染治理力度，主要污染物排放总量稳步削减，重点流域、区域污染加剧的趋势得到初步控制，省会石家庄二级以上天数增加30天，其他设区城市空气质量均有好转。廊坊市成为我国第一个全市通过ISO14001环境管理体系认证的城市。唐山市南部采煤下沉区生态建设和邢台栾卸村改善农村住房两个项目荣获"中国人居环境范例奖"。退耕还林、京津风沙源治理、封山育林、水土保持等工程建设成效显著，新造林850万亩，治理水土流失2600平方公里，生态环境进一步改善。

切实加强精神文明和政治文明建设，增强了全省人民谋发展、搞建设的凝聚力。加强社会公德、职业道德、家庭美德教育，推进以"诚信河北"为重点的精神文明创建活动，涌现出一批文明行业、文明单位、文明村镇和文明社区。文艺创作和群众文化进一步繁荣，获国家"群星奖"金奖5项、中国戏剧"梅花奖"2项、巴黎国际杂技艺术节金奖1项，8件作品入选全国"五个一工程奖"。成功举办了第9届吴桥国际杂技艺术节、承德避暑山庄肇建300周年等重大文化活动。"彩色周末"及"假日文化"活动蓬勃开展。省文化信息资源共享工程全面启动，省出版集团顺利组建。以"双三好"为载体的双拥共建活动不断深入，地方和部队在现代化建设中互相支持，军政军民关系更加密切。全面落实党的民族宗教政策，积极引导宗教与社会主义社会相适应，民族地区发展步伐明显加快。自觉接受人大、政协监督，认真办理人大代表建议和政协委员提案，扎实推进政务、厂务、村务、校务公开，民主政治建设得到加强。努力从源头上预防和治理腐败，深入开展民主评议行风活动，推进政府廉政建设。加强政府规章制定工作，推进"四五"普法，坚持依法行政，设立法制专家咨询委员会。认真接待人民群众来信来访，努力排查调处民间纠纷。重视和加强安全生产，健全安全生产责任制。强化社会治安综合治理，严厉打击各类违法犯罪活动，各种刑事案件发案数和各类事故死亡人数、财产损失金额都有明显下降，维护了社会的安定团结。外事、侨务、民兵、预备役、妇女、儿童、老龄、残疾人、审计、邮政、地震、气象、档案、地方志、人防、新闻出版、广电、社科等工作，都取得新的成绩。

(三)人民生活有了进一步改善

经济和社会事业加速发展，使人民群众得到更多实惠。预计全省城镇居民人均可支配收入达到7150元，增长7%；农民人均纯收入达到2850元，增长6%；城乡居民储蓄存款余额达到5466亿元，增长13.6%。收入的增加促进了生活质量的提高，城镇居民用于住房、交通通信、教育文化娱乐和旅游保健等方面的人均支出，分别增长28%、17%、10%和4%。城镇居民家庭汽车购买量增长75%；新增电话用户650万户，固定、移动电话用户分别增长22.7%和47.2%。

在人民生活水平普遍提高的同时，困难群众的生产生活问题得到较好解决。全方位加强就业再就业工作，国家下达的4项就业再就业指标全部完成，城镇登记失业率预计可控制在4.2%。社保资金管理和社会保险扩面等工作有了新的进展。全省142万名企业离退休人员养老金、26.5万名国有企业下岗职工基本生活保障金、75万名低保对象保障金做到按时足额发放。投入扶贫专项资金13.1亿元，基本解决90万贫困人口的温饱问题。发放救灾款1.4亿元，救助灾民750万人次，确保了灾区群众的基本生活。

(四)抗击非典取得阶段性重大胜利

积极沉着应对，打了一场漂亮的人民战争。面对突如其来的非典疫情，坚持把保护人民群众的生命安全和身体健康摆在首位，当好首都的“护城河”，坚决执行中央和省委的决策部署，认真贯彻《传染病防治法》，依靠法律、依靠科学、依靠群众，迅速建立领导、防控、救治“三大体系”，采取控制传染源、切断传染链、保护易感人群“三条措施”，率先出台免费治疗、定点补助、奖励首报“三项政策”，组织实施遭遇战、攻坚战和成果保卫战“三大战役”，以“特殊的作风、特殊的效率、特殊的措施”打赢了这场硬仗。百万人口发病率、医护人员感染率、患者死亡率在华北五省市最低。

经受锻炼和考验，激发了燕赵儿女万众一心、众志成城的昂扬士气。在安与危、生与死的重大关头，各级各部门以对党、对人民高度负责的精神，精心组织，靠前指挥，表现出较强的驾驭复杂局势的能力，密切了党和政府同人民群众的血肉联系。广大干部和医务工作者，以身作则，冲锋在前，16名同志献出宝贵生命，以实际行动书写了对党和人民的忠诚。在这场斗争中形成的“齐心协力、艰苦拼搏、无私奉献、敢于胜利”的河北抗非精神，已成为全省人民夺取一个又一个胜利的巨大力量。

各位代表，在过去的一年里，我们围绕关系河北改革发展稳定全局的重大问题，采取一系列重要措施，取得了国民经济快速增长、“三大文明”协调发展的新成绩，创造出社会环境和谐稳定、全省上下政通人和的好局面。在生动丰富的实践中，积累了不少有益的经验。主要工作体会有以下几个方面：

第一，牢记第一要务，凝神聚力抓发展

抓住机遇，加快发展，是全省人民的强烈愿望，也是各级政府落实“立党为公、执政为民”要求的神圣职责。省委六届三次全会明确了“翻两番、三步走”的奋斗目标，开启了我省全面建设小康社会的新征程。适应新的形势，解放思想，实事求是，与时俱进，学习贯彻党的十六大精神，认真开展“树正气、讲团结、求发展”活动，破除思想障碍和体制弊端，解决正气不足、人心涣散的问题，把精力集中到加快发展上来。坚持执政的任务着眼于发展，执政的措施围绕着发展，执政的成效用发展来检验，坚定不移地把发展这个第一要务贯穿到各项工作之中。注重在实践中不断探索，与自己比较，观察前进的足迹，研究新举措；与先进省市比较，看到存在的差距，形成新思路；与全国比较，找到所处的位置，酝酿新突破。通过全面审视，准确把握河北发展的历史方位，始终做到心无旁骛抓建设。即使在非典疫情肆虐的情况下，依然坚持一手抓防治非典不放松，一手抓经济发展不动摇，经济建设保持了强劲发展势头。实践表明，只有用发展统一思想，用事业凝聚力量，才能形成聚精会神搞建设、一心一意谋发展的大环境，才能不断开创经济建设的新局面。

第二，抓重点、攻难点，活跃经济发展全局

在深入分析河北现状的基础上，着眼于解决经济发展中的主要矛盾和薄弱环节，我们确定把扩大投资需求、深化国企改革、发展民营经济、加快对外开放作为重点，实施攻坚突破，带动其他工作，由此摆开了加快经济建设的主战场。

加强投资和项目建设是落实扩大内需方针的关键举措。在努力扩大消费需求的同时，保持足够的投资规模和强度，对我省这样产业结构偏重又处于工业化中期阶段的省份来说，至关重要。我们适时调整项目投资计划，投产一批、建设一批、新开一批、储备一批、谋划一批。按照产业结构调整的方向，引导资金向壮大高新技术产业、传统产业改造升级、基础设施和基础产业建设、服务业发展方面倾斜。从深化投融资体制改革、简化审批程序、下放审批权限和改进服务入手，改善投资环境，建立完善省级政府投融资体系，提高企业自主投资积极性。

国有企业改革是经济体制改革的中心环节。我们以“两增、两减、两分”为主线，建立健全工作责任制，形成较为完整的配套政策体系，攻坚克难，加大国有企业改革力度。创新国有资产管理体制，组建省国有资产监督管理委员会，积极探索国有资产保值增值和提高国有资本收益的有效实现形式。同时，积极推进各项配套改革。加大行政审批制度改革力度，减少和规范行政审批。深化流通体制改革，加快市场体系建设，市场经济秩序明显好转。顺利完成省级政府机构改革，市级机构改革正在进行。围绕建立公共财政，深化部门预算、国库集中收付、政府采购和收支两条线管理改革，完善转移支付制度。各级财政调整支出结构，压一般、保重点，整合财力办大事，支持重大改革措施出台，保证突发事件应急需要。去年，仅用于防治非典的支出就高达13亿元。

民营经济是社会主义市场经济的重要组成部分。在毫不动摇地巩固和发展公有制经济的同时，必须毫不动摇地鼓励、支持和引导民营经济加快发展，促其上规模、上水平、上数量。我们实行思想上放心放胆、工作上放手放开、政策上放宽放活，出台加快民营经济发展的若干意见，组建省中小企业局。着手建立省市县三级中小企业信用担保体系。筛选出100家实力强、效益好、潜力大的民营企业重点扶持，规模型、科技型和外向型企业加快发展，成为经济增长的一大亮点。

扩大对外开放是振兴河北的必由之路。大力实施“两环开放带动”战略，坚持对内开放与对外开放相结合，“引进来”和“走出去”两轮齐转，外资外贸外经“三外”齐上，各种所有制经济成分互动并进，各类开发区先行的工作方针，积极构筑两环带动、沿线(高速公路、铁路)展开、腹地跟进、统筹城乡、涵盖各业的对内对外开放新格局。以大开放促大发展，以大开放促大调整，对外开放不断迈上新台阶。

实践表明，这四项重点工作事关全局、事关长远，抓住抓好了，就能不断为经济发展注入强大动力与活力，就能推动和活跃经济发展全局，必须作为长期任务，进一步完善措施，加大力度，坚定不移地抓下去。

第三，突出结构调整，转变增长方式

经济结构的核心是产业结构。围绕优化产业结构、提升产业层次，确定钢铁、医药、石油化工、装备制造、建材建筑、食品、纺织、信息技术、现代物流、旅游为十大主导产业。优先发展高新技术产业，重点抓了半导体材料、信息产业园等四大产业基地建设，实施软件、数字通信设备与产品等12个专项，邢台单晶硅科技园已建成亚洲最大的生产基地。积极推进电子政务和企业信息化建设，发展电子商务和电子社区。加大传统产业改造力度，一批重点技改项目建成投产，增强了传统产业的竞争力。大力发展服务业，通过放宽市场准入，加大政策支持和资金投入，提升服务业整体水平。着眼缓解“瓶颈”制约，修订完善公路、港口等发展规划，加强电力、交通、通信、水利等基础设施和基础产业建设。去年新增电力90万千瓦，高速公路建设掀起新一轮高潮，电话普及率达到39%，南水北调中线工程石家庄以北段破土开工。统筹城乡经济社会发展，把城镇化确定为全省主体发展战略，摆上日程。实践表明，只有牢牢把握经济结构调整这一主线，强力推进，积小成为大成，才能不断取得新成效，从根本上提高我省经济的整体素质和竞争力。

第四，实施分类指导，推动共同进步

河北是经济大省，各地的基础条件和生产力水平有很大差异，发展很不平衡。增强整体实力，实现共同进步，必须实行分类指导。我们完善省以下财政收入体制，对张承两市和其他市所属34个扶贫开发重点县，实行省级“四税”定额分享、超收全返的政策；对其他各市实行超分成增长率收入全返政策，三年不变。这一举措调动了各地加快发展、增加收入的积极性。基础设施建设投资向欠发达地区倾斜。制定张承地区基础设施建设专项规划，力争通过5年努力，使两市的基础设施状况达到全省平均水平，生态环境得到明显改善。确定“抓两头、带中间”的工作思路，推进县域经济全面发展，重点抓了综合经济实力较强的30个县和欠发达的30个县。在国企改革、对外开放、推进城镇化等项工作中，都坚持区别情况、分别对待，不作一般号召，不搞“大呼隆”。实践表明，分类指导是坚持实事求是思想路线的具体体现。只有从各地实际出发，因地制宜，扬长避短，发挥潜力，培育优势，走各具特色的路子，才能实现区域经济协调发展。

第五，坚持统筹兼顾，促进经济社会协调发展

面对非典疫情的冲击，我们切实加强疫情信息网络体系、疾病预防控制体系、医疗救治体系、应急卫生救治队伍四项建设，着力做好医疗卫生体制改革、卫生投入、卫生执法监督三项工作，出台加强农村卫生工作的决定，全面提高应对突发公共卫生事件的能力，筑起保障人民群众身体健康的“防疫大堤”。为防止非典卷土重来，制定实施了《2003 年秋冬季传染性非典型肺炎防治工作方案》，防控工作有序进行。为提高人民群众的健康素质，作出进一步加强体育工作的决定，明确了建立全民健身服务体系和发展竞技体育、群众体育和体育产业的战略目标及措施。坚持治标与治本相结合，确定了未来五年环境保护的目标和思路，组织开展环保专项行动，集中力量先行解决制约经济发展、危害群众健康的突出问题。实践表明，经济增长是发展的基础，社会进步是发展的目标。在抗击非典斗争中，我们学到了比平时更多的东西，其中最为重要的是，在全面建设小康社会和整个现代化过程中，必须树立科学的发展观，始终坚持统筹兼顾，更加注重协调发展。

第六，实践“三个代表”，始终把群众利益放在第一位

群众利益无小事。必须把发展的长远目标和改善人民生活的阶段性任务统一起来。我们把增加就业再就业作为经济社会发展的重要目标，加大资金投入和工作力度。把建立健全社会保障体系作为社会稳定和长治久安的重要保证，突出抓好资金筹措和社会化管理服务两个重点，加强“两个确保”和城市低保工作，搞好“三条保障线”衔接。立足于开发式扶贫，整合扶贫资源，完善扶贫机制，加大对贫困地区支持力度。在救灾救济、建立和完善城镇低收入居民救助制度、加强安全生产、维护社会治安等重大问题上，都采取了一些切实有效的措施。实践表明，坚持把人民利益作为至高利益，把维护和发展人民利益作为最大追求，所做的决策、所办的事情，就会得到群众的拥护和支持，就能经得起历史的检验。

各位代表！去年我省的各项工作都取得了较好成绩，这是党中央、国务院和中共河北省委正确领导的结果，是全省各族人民共同努力的结果。在此，我代表省人民政府，向广大工人、农民、知识分子、各级干部和社会各阶层的建设者，向人大代表、政协委员，向各民主党派、工商联、无党派爱国人士和人民团体，向驻冀人民解放军、武警官兵、政法干警和民兵预备役人员，向中直机关驻冀各单位，向关心支持我省发展的香港特别行政区和澳门特别行政区同胞、台湾同胞、海外侨胞、国内外朋友，致以崇高的敬意和衷心的感谢！

经济和社会发展的好形势，增强了我们继续前进的信心和勇气。但我们也清醒地认识到，加快发展，仅仅是有了一个良好的开端，有些想做的工作还没有来得及做，有些工作部署了还没有深入展开，有些工作做得还不好，与人民群众的要求有较大差距。我省发展快，其他省市发展也快，有的比我省更快。不进则退，小进亦退。当前，经济社会生活中仍存在不少困难和问题。城乡居民收入不高，特别是农民收入增长不快的状况没有明显改变，农村贫困人口和城镇低收入人口还较多，部分群众的生活比较困难；经济结构性矛盾突出，工业经济产业集中度不高，高附加值产品较少，现代服务业发展也不充分；国有企业改革任务十分艰巨，对外开放程度与所处区位还不相称；就业再就业形势严峻，目前，全省城镇下岗失业人员和每年新增劳动力、大中专毕业生 130 万人，农村富余劳动力 700 多万人，养老、医疗、失业保险和城镇居民最低生活保障也面临很大压力；公共事业欠账较多，经济与社会发展不够协调；政府职能转变还没有到位，思想障碍和体制障碍仍是影响发展的主要因素，一些政府工作人员脱离群众，形式主义、官僚主义作风相当严重，有些腐败现象仍然突出，发展环境有待进一步改善。与此同时，在加快发展的过程中，又有一些新的矛盾凸显出来，主要是：经济运行中“瓶颈”制约和低水平重复建设的问题有所加剧。一些涉及群众切身利益的问题急需妥善解决。由于农村征地、城市拆迁，以及历史遗留问题而引发的群体性事件时有发生；有些地方社会治安和安全生产仍存在隐患；群众对上学难、看病难、办事难等问题意见比较多。这些问题，有的是长期积累形成的，有的是体制转轨和结构调整过程中难以完全避免的，有的是由于工作中的缺点和不足造成的。今后我们一定高度重视，采取有针对性的

措施，下大力气认真加以解决。

2004年主要工作及措施

今年是实现“十五”计划的关键一年，也是全面落实十六大和十六届三中全会精神，深化改革、扩大开放、促进发展的重要一年。在全面建设小康社会新的起点上，我们要再接再厉，乘势而上，努力把全省改革发展推向一个新的高度。

(一)突出加快发展这个主题，保持经济社会稳健运行

今年政府工作的总体要求是，以邓小平理论和“三个代表”重要思想为指导，全面贯彻党的十六大、十六届三中全会和省委六届三次、四次全会精神，牢牢扭住经济建设这个中心不动摇，继续高扬“树正气、讲团结、求发展”主旋律，坚持以人为本，树立全面、协调、可持续的科学发展观和全心全意为人民谋利益的政绩观，把握发展机遇、突出结构调整，深化各项改革、扩大对外开放，解决重点问题、促进协调发展，推进依法行政、维护社会稳定，努力建设社会主义物质文明、政治文明和精神文明，实现国民经济持续快速协调健康发展和社会全面进步。

贯彻中央精神，结合我省实际，今年的工作要重点把握好以下原则：第一，保持政策措施的连续性和稳定性。继续坚持扩大内需的方针，保护、发挥和引导好各方面加快发展的积极性，在去年的基础上把各项工作往深里做、往实里做。第二，促进城乡、区域、经济社会协调发展。统筹兼顾，把握全局，坚持经济发展和资源环境相协调。健全公共财政体制，严格税收征管，千方百计增加收入，调整财政支出结构，保证重点支出，加大对县乡转移支付力度。第三，进一步转变经济增长方式。走新型工业化道路，着力提高经济增长质量和效益。大力推进国民经济和社会信息化。优先发展以信息技术为代表的高新技术产业，加速改造提升传统产业，大力振兴旅游、现代物流、信息等服务业。抓好节地、节能、节水工作，防止盲目投资和低水平重复建设。第四，进一步消除思想障碍和体制障碍。坚持把解放思想摆在首位，与时俱进，开拓创新。紧紧围绕完善社会主义市场经济体制的总目标，不失时机地推进各项改革。大力优化发展环境，全面提高对外开放水平，拓展发展空间。第五，始终把最广大人民群众的根本利益作为一切工作的出发点和落脚点。增加城乡居民特别是中低收入居民收入，提高人民群众的生活水平和质量。积极培育消费热点，增强消费对经济增长的拉动作用。

考虑到总量增长、结构优化和经济社会全面发展的要求，今年全省宏观调节的主要预期目标为：国内生产总值增长9%以上，全部财政收入增长10%以上，外贸进出口增长10%以上，城镇居民人均可支配收入增长7%左右，农民人均纯收入增长5%左右，城镇新增就业25万人以上，城镇登记失业率控制在4.7%左右，人口自然增长率控制在6.8‰以内。这些目标是积极可行的，也是留有余地的，在实际工作中，力求做得更好一些。

(二)全面落实农村政策，大力发展农村经济

全面建设小康社会，难点在“三农”，重点在“三农”，关键在“三农”。必须真正把“三农”问题摆在重中之重的位置，更多地关注农村，关心农民，支持农业。采取更直接、更有力、更明确的措施，努力增加农民收入，保证粮食安全。

保护和提高粮食综合生产能力，调整农业农村经济结构。实行最严格的耕地保护制度，严禁占用基本农田搞非农建设，严禁违法违规征地。坚持农村基本经营制度，依法保障农民对土地承包经营的各项权利。全面、正确贯彻农业结构调整的方针，努力增强基本农田产出能力、农业减灾抗灾能力和农业科技支撑能力，提高农产品质量和效益。启动优质粮食产业工程，积极发展设施、生态、绿色农业，增加优质、无公害、专用农产品生产。大力发展畜牧业和水产业，扩大奶牛、肉牛、肉羊等畜产品和水产品养殖规模，发展养殖小区。优化果品生产结构，促进林板(纸)业发展。加快农业园区建设，抓好科技服务进村和重点技术推广，完善农产品质量标准体系、检验检测体系和农业市场信息体系，健全良种研究繁育推广体系，抓紧建立健全乡镇动物防疫体系。

坚持“多予、少取、放活”方针，努力增加农民收入。完善农业支持保护政策，增加财政支农资金和农业基本建设投资，加强县际和农村公路、农村小水电、节水灌溉、草场围栏、农村沼气、人畜饮水等“六小”工程建设，改善农民生产生活条件。推进农村税费改革和粮食流通体制改革，取消农业特产税，降低农业税税率，对种粮农民的间接补贴改为直接补贴，切实减轻农民负担。扩大农户小额信用贷款，支持农民增收和脱贫。大力推进农业产业化经营，培育壮大龙头企业，发展乡镇企业和农村专业合作组织，

增强农产品深加工能力。加强培训，提高农民素质和市场意识。各级财政新增教育、卫生、文化等公共事业支出，继续主要用于农村。

积极培育竞争优势，加快发展县域经济。按照工业兴县的思路，以农产品加工业和特色产业为重点，以发展民营经济为主攻方向，挖掘比较优势，培育特色优势，形成竞争优势。优化区域经济布局，科学规划建设一批农副产品生产、加工基地。支持已成规模的区域特色产业建成全国性产业中心。选择有地区特色和优势的资源或产业进行深度开发，逐步形成具有市场优势的特色产业。积极支持和帮助革命老区、少数民族地区加快经济发展。通过做优结构、做大产业，增强县域经济的综合实力。

（三）深入推进四项重点工作，促进经济结构战略性调整

结构调整是经济工作的主线，必须把四项重点工作渗透到结构调整之中。

优化投资结构，推动产业结构调整和升级。围绕十大主导产业，加大项目谋划和建设力度，精心组织第二个项目年，确保全社会固定资产投资增长16%以上。组织实施好唐山钢铁基地、保定汽车工业园等200个重点项目，促开工、抓在建、保投产。力争国华定洲电厂等50个项目竣工投产，曹妃甸矿石码头等50个项目开工建设，承唐高速公路等50个项目前期工作取得明显进展。抓好南水北调工程中线河北段建设。全省在建高速公路达到1200公里以上，在建发电装机容量达到542.5万千瓦。继续推进电信、邮政改革，新增电话用户500万户，电话普及率赶上或超过全国平均水平。深化投资体制改革，制定与完善行业规划和产业政策，加强对社会投资的引导，调动企业投资积极性。抓好钢铁工业的“品种、质量、整合”工作，提升整体实力。加强银企合作，争取信贷支持，推进地方金融机构和农村信用社改革，防范和化解金融风险；完善证券公司法人治理结构和内控制度，鼓励有条件的企业在境内外上市，扩大企业债券发行规模，提高直接融资比重。加快发展保险业，积极开拓保险市场。

强力推进国有企业改革，推动国有经济布局调整和国有企业战略性重组。继续以“两增、两减、两分”为主线，以完善现代产权制度为切入点，进一步加大国有企业改革力度。积极推进、规范运作，下大力解决国有股“一股独大”问题。发展混合所有制经济，逐步使股份制成为公有制的主要实现形式。加快资产重组步伐，促进国有资本向优势行业和企业集中，培育大公司、大集团。完善国有资产监督管理体制，健全公司法人治理结构，实行企业领导人员聘任制度，对国有重点企业实行经营业绩考核。充分发挥企业自主创新的积极性，推动企业调整产品结构，推进名牌战略的实施，培育国内外知名品牌，增强核心竞争能力。

加大支持和引导力度，使民营经济成为推动结构调整的重要力量。继续加快发展民营经济，使之成为推动消费结构升级，促进产业结构、城乡结构、区域结构调整的直接动力。鼓励民营企业参与国有企业改组改制，参与欠发达地区的开发。允许非公有资本进入法律法规未禁入的基础设施、公用事业及其他行业和领域，在政策上与其他企业享受同等待遇。畅通政府与民营企业的沟通渠道，完善服务体系，加强维权、培训、创业服务和信息服务。健全中小企业信用担保机构，拓宽民营企业融资渠道。继续重点支持100家民营企业做大做强。调整增值税起征点，执行国家确定的幅度上限，鼓励个体工商户更快发展。力争全省民营企业营业收入和实缴税金增长15%以上。

提高对外开放水平，拓展经济结构调整空间。抓住新一轮全球生产要素优化重组和产业转移的重大机遇，充分发挥外资、外贸和外经在促进结构优化中的作用。着力吸引跨国公司投资农业、制造业和高新技术产业，把更高技术水平、更大增值含量的加工制造环节和研发机构转移到我省，引导加工贸易转型升级。扩大高新技术产品出口，发展服务贸易，提高出口商品质量、档次和附加值。坚持“科技兴贸”、“以质取胜”、“市场多元化”战略，实施口岸“大通关”，增强企业开拓市场、技术创新和培育自主品牌的能力，保持外贸出口持续增长，拓展国际生存和发展空间。结合我省产业结构调整升级，更多地引进先进技术、关键设备、管理经验和高素质人才。鼓励有条件的企业“走出去”。抓住内地与港澳建立更紧密经贸关系的机遇，推进冀港澳在制造业、服务业等领域的广泛合作。扩大国内经济技术协作。发挥区位优势和经济优势，发展会展经济和会展产业，进一步开拓国内市场。加强与京津的经济融合，搞好产业对接，错位发展。以沿海发达地区为合作重点，采取灵活多样的方式，吸引更多的客商来我省投资

置业。大力发展海洋经济和临港产业。积极参与西部大开发。

(四)统筹城乡经济社会发展,加快城镇化进程

城镇是经济和社会发展的主要载体。实施城镇化战略,是实现工业化和现代化的必然选择,是改变城乡二元经济结构、促进经济社会协调发展的根本途径。今年要继续加大力度,迈出更大步伐。

充分发挥规划的指导和调控作用。落实和深化省域城镇体系规划,搞好环京津和环省会城市圈、沿海城镇带、重点城镇群的规划调整。按照省会城市、其他设区市、县级市、县城和重点建制镇五个层次,分类指导,梯次推进。发挥省会在城镇化中的示范带动作用。按照规模做大、实力做强、功能做优、环境做美的原则,加快发展其他 10 个区域中心城市。筛选一批基础好、实力强、发展潜力大的县级市予以重点扶持,促其发展成为中等城市。重视和加快县城发展,择优建成高标准的小城市。选择一批重点建制镇,集中力量进行支持。进一步完善规划的决策体制和监督机制。修订和完善区域中心城市总体规划,积极拓展省会和其他区域中心城市发展空间。

加强城市建设和管理。加快城镇供水供热、园林绿化及污水垃圾处理等基础设施建设步伐,完善城市功能。加大"城中村"改造力度,增加经济适用住房供应,促进住宅建设健康发展,搞活住房二级市场。搞好医疗、教育、休闲、娱乐等设施建设,完善社区服务功能。合理安排区域内机场、港口、公路、信息网络等设施,实现基础设施共建共享。创新城镇发展的动力机制。运用股权转让、招标拍卖等方式,盘活城镇存量资产。建立和完善土地储备制度,规范政府土地出让行为。按照市场化运作方式,筹集、使用和管理城镇建设资金。全面开放市政公用资本市场、经营市场和作业市场,改革价格形成机制,大力吸引民间资本和外资投入城镇基础设施建设。坚持建设与管理并重,提高城市现代化管理水平。

推动产业和人口向城镇聚集。坚持以业兴市、兴镇,推动城镇化与经济发展和生产力布局的结合。积极稳妥地推进行政区划调整。从各地实际出发,谋划发展具有带动性、导向性和地方特色的支柱产业。资源工矿城市要大力发展接续产业。积极引导人口向城镇聚集,认真落实户籍改革政策,完善城镇劳动就业、社会保障、土地利用、房改和住宅建设等配套政策,取消影响农民进城创业和就业的不合理规定,建立城乡一体化的劳动力市场,推动人口、资本、资源等生产要素的相对聚集,形成产业发展、市场扩大与城镇建设的良性循环。

(五)实施"民心工程",努力解决群众生产生活的突出问题

从解决群众最现实、最关心、最直接的问题入手,为群众诚心诚意办实事,尽心竭力解难事,坚持不懈做好事。通盘考虑,精心组织实施好十项民心工程。

实施就业再就业工程,围绕落实就业再就业目标,强化工作责任。健全就业服务机构,加强职业教育和技能培训,搞好大中专毕业生的就业指导和服务。加大对拖欠农民工工资的检查和处罚力度,维护进城务工人员的合法权益。继续加强社会保障工作,推进企业退休人员社会化管理和服务,依法扩大社会保险覆盖面,切实做到应保尽保,足额发放。实施农民减负增收工程,全面落实农村政策,年内解决 3138 个贫困村的温饱问题。实施公共卫生工程,完善突发公共卫生事件应急机制,加强农村卫生基础设施建设和地方病防治。实施农村教育扶持工程,改善农村中小学办学条件,增加对贫困地区困难家庭学生资助。实施食品放心工程,加快实现无公害标准化生产,实行食品市场准入制度,加强食品企业和市场监管,确保人民群众食用安全。实施济困助残工程,对农村特困户普遍实行定期定量救济,积极兴办社会福利事业,确保灾区和城乡特困、伤残群众,城市流浪乞讨和生活无着落人员得到救助。实施城乡饮水工程,保护农村水源地,减少污染,年底全省集中式饮用水源地水质达标率达到 95%,基本解决农村现有饮水困难。实施治污绿化工程,以省会大气污染防治为重点,大力推进城乡环境综合整治,年内城市生活污水集中处理率和垃圾无害化处理率达到 45%以上,城镇建成区、村庄绿化覆盖率达到 34%和 23%。实施公共文化体育建设工程,新建扩建县级文化馆、图书馆,推进城镇社区文化体育设施建设,提高广播电视覆盖率。实施社会安全工程,加强社会治安,落实安全生产责任制,坚决遏制重特大案件和安全事故发生。搞好地震、气象预警预报,提高预防自然灾害的能力。十项民心工程,事事与人民群众的切身利益密切相关,件件关乎党和政府的形象。我们要以极端负责的态度,一抓到底,注重实效,把好事办实,把实事办好,使这些工程成为振

奋人心、凝聚民心的鱼水工程。

(六)坚持协调发展,促进社会事业全面进步

继续实施科教兴冀战略、可持续发展战略,贯彻人才强国战略,促进科技、教育、文化、卫生和其他社会事业加快发展。

大力推进科技进步。深化科研体制改革,在公益性研究机构和应用研究开发机构,分别建立现代科研院所制度和现代企业制度。支持企业加快建设高新技术研发机构,提高市场主体的科技创新能力。充分发挥我省在电子信息、生物技术与新医药、新材料、光机电一体化、环保等领域的产业基础和学科优势,加快推进重大高新技术产业化项目的实施。加快科技兴农步伐,加强良种培育、节水灌溉等技术研究和推广工作。抓好环京津创业带、高新区再造、用高新技术改造传统产业、构建区域创新体系四项重点,健全技术市场和技术推广体系,促进科技成果转化和产业化。加强科普工作,加快科普基地和场馆建设。发展哲学社会科学,加强对重大社会现实问题的研究,发挥其认识世界、传承文明、创新理论、资政育人、服务社会的作用。

加快教育发展步伐。进一步深化教育体制改革,全面推进素质教育,提高教育质量。坚持把农村教育作为重中之重,落实"以县为主"的农村义务教育管理体制,推进"三教统筹"和"农科教"结合,加大投入,完善经费保障机制,搞好农村中小学布局调整和危房改造。积极发展学前教育,强化基础教育,加快推进高中段教育,稳步发展高等教育。推动多渠道、多形式办学,大力发展民办教育,努力形成以政府为主、公办民办共同发展的格局。继续抓好重点大学、示范性高职院校和优势特色学科建设。以现代制造业、服务业技能型紧缺人才的培养培训和农村劳动力的转移培训为重点,大力发展职业教育。积极推进继续教育,加快发展成人教育和远程教育,努力构建全民学习、终身学习的学习型社会。

落实人才强国战略。树立科学的人才观,抓好培养、吸引、用好人才三个环节,研究制定有关规划和措施,推进人才兴冀工程。尊重知识、尊重人才、尊重劳动、尊重创造,用事业、感情和适当的待遇留住人才。把促进发展作为人才工作的根本出发点,大力加强人才资源能力建设,完善人才工作的体制和机制,以培养和引进高层次人才带动整个人才队伍建设,造就更多的高素质劳动者、专门人才、拔尖创新人才,努力促进人才资源和经济社会发展相协调。建立和完善人才市场体系,进一步促进人才流动。完善配套政策,分阶段实施事业单位人事制度、分配制度改革。

加强公共卫生建设。以提高公共卫生服务水平和应急能力为重点,切实抓好疾病预防控制体系、突发公共卫生事件医疗救治体系、重大疫情信息网络体系和卫生执法监督体系建设,严防非典疫情和各类传染病暴发流行。切实把医疗卫生工作的重点放在农村,加快乡镇卫生院布局调整和改造,继续抓好新型农村合作医疗制度试点,实行对贫困农民的医疗救助。整合城市医疗卫生资源,推进社区卫生服务建设。继续深化医疗保险制度、医疗卫生体制和药品生产流通体制改革。整顿医疗卫生秩序,坚决查处药品促销回扣、开单提成等违规违纪行为。以城市环境卫生和农村改水、改厕、除"四害"为重点,深入开展爱国卫生运动。

努力建设文化大省。广泛开展群众性精神文明创建活动,活跃群众文化生活,进一步提高城乡文明程度和公民素质。研究制定加快文化大省建设的具体规划及措施,推进公益性文化单位内部改革,加快经营性文化单位转企改制。抓好新闻出版、广播影视和舞台艺术工作,积极创作反映时代主旋律、具有河北特色的优秀作品,繁荣燕赵文化。放宽文化市场准入,培育壮大出版、报业等企业集团。落实文化经济政策,支持文化产业发展。加强文化市场管理,深入开展"扫黄打非"斗争和专项治理行动。加大文化体育设施建设力度,支持河北报业大厦、省图书馆、省美术馆、河北剧场、省体育中心等工程建设。发展竞技体育和体育产业,开展群众性健身活动,提高人民健康水平。

走文明发展道路。加强人口资源环境工作,促进人与自然和谐相处。做好基层基础工作,稳定低生育水平,提高人口素质。强化国土资源的规划管理和调查评价,深化资源有偿使用制度改革,依法保护和合理开发国土、水等自然资源。实施以生态建设为主的林业发展战略,继续抓好京津风沙源治理、退耕还林和首都21世纪水资源可持续利用等重点工程,搞好封山育林和白洋淀、衡水湖湿地等主要生态功能区的保护和建设。加大重点流域、重点城市、重点区域的污染防治。抓好清洁生产和环境管理体系认证。支持发展环保产业和循环经济。积极推进

社会主义文明生态村建设。

(七)着力优化环境，营造加快发展的浓厚氛围

牢固树立抓环境就是抓发展、抓调整、抓效益的观念，坚决清除各种制约因素和障碍，努力营造一切为了发展、一切服从发展的良好环境。

全民动员、政府主导，积极推进硬环境建设，重点加强软环境建设。优化政策环境。清理、精简行政审批事项。扩大县级30强的审批权。清理、压缩收费项目，保证符合条件的项目建设用地。优化政务环境。改进管理方式，发展电子政务。全面推行政务公开，落实行政审批主办负责制和限时办结制。禁止以各种形式加重企业负担，简化减少企业各项年检事项和各类报表，改进纳税服务和税务检查。优化市场环境。打破行业垄断、市场分割和区域封锁，整顿和规范市场经济秩序，加快完善社会信用体系，实施信用监督，加强失信惩戒。培育和完善生产要素市场，做好专利工作，加大对知识产权的保护力度。优化法制环境。搞好"四五"普法，增强全民法制观念。政府公职人员要带头学法、知法、守法，依法办事。完善村民自治、城市社区居民自治，保证人民群众依法直接行使民主权利。认真解决群众反映比较集中的强行征地拆迁、企业改制中职工利益受损、拖欠工资等问题。优化人文环境。尊重纳税主体，努力营造创业光荣、成业有功，亲商重商、扶商护商的浓厚氛围。落实《公民道德建设实施纲要》，完善市民规范，制定乡规民约，加强行业自律，建设诚信河北。优化硬件环境。加快交通、通信、给排水、垃圾污水处理、能源、市场等基础设施和基础产业建设，改善人居环境。

加强对环境建设的监督检查。实行首长负责制，各地各部门一把手亲自抓，负总责，每年制定优化发展环境工作计划，列入工作议程，细化实施方案，强化监督。继续开展民主评议行风活动，实行纠风目标责任制。建立和完善企业投诉机制，加大对损害发展环境问题的查处力度。

(八)切实搞好自身建设，建立服务型政府

适应新形势、新任务，按照"为民、务实、清廉"的要求，进一步增强责任感和紧迫感，切实加强政府自身建设，推进政府职能转变和管理创新。

牢记执政为民，增强公仆意识。树立正确的世界观、人生观、价值观，提高公务员队伍整体素质。各级领导干部要怀着对人民群众无比深厚的感情，铭记肩负的责任，努力为党的事业和人民的利益而不懈追求。树立正确的政绩观，牢记"两个务必"，加强对重大决策和部署执行情况的督导检查，确保落到实处。

转变政府职能，强化社会管理和公共服务。树立以人为本的政府管理思想，把精力更多地放在推进社会发展和解决民生问题上。加快建立完善突发公共事件的预警和应急机制、妥善处理新时期人民内部矛盾机制、社会治安综合治理机制。深化行政审批制度改革，推进政企、政资、政社分开，切实把政府经济管理职能转到主要为市场主体服务和创造良好发展环境上来。搞好事关全省经济安全的水、能源、土地等重大课题研究，完善统计制度和方法，健全经济运行监测体系。在调控力度上，注意松紧适度，不搞"急刹车"和"一刀切"。做好加入世贸组织大部分保护措施到期的应对工作。按照"精简、统一、效能"的原则，积极稳妥地推进市县乡政府机构改革。

坚持依法行政，建设法治政府。认真执行《行政许可法》，把政府权力严格限制在法律范围之内。加强政府立法工作，提高立法质量。深化行政执法体制改革，推进综合执法试点，相对集中行政处罚权，解决多头执法、执法效率低下等问题。实行执法责任制和执法过错追究制。开展对弱势群体的法律援助。贯彻民主集中制，完善政府重大经济社会问题的科学化、民主化、规范化决策程序。建立社情民意反映制度、专家咨询制度，实行与群众密切相关重大事项的社会公示制度、社会听证制度和新闻发布制度，充分利用社会智力资源和现代信息技术，增强透明度和公众参与度。

加强廉政建设，全力维护稳定。坚持不懈地抓好廉洁从政、查办违纪违法案件、纠正损害群众利益的不正之风、从源头上防治腐败等项重点工作。认真落实领导干部党风廉政建设责任制，严格执行述职述廉制度、重大事项报告制度和民主评议制度，发挥司法机关和行政监察、审计等职能部门的作用，建立健全与社会主义市场经济相适应的教育、制度、监督并重的惩治和预防腐败体系，坚决查处各种腐败行为。正确处理改革发展稳定的关系。继续加强社会治安防范体系建设，惩治"法轮功"等邪教组织，严厉打击各种刑事犯罪活动。在全省农村深入开展"讲科学、讲文明、全面建设小康社会"教育活动。加

强信访工作，妥善调解矛盾，力求把问题解决在基层，化解在萌芽状态。

加强国防教育，增强全民国防意识。继续把“双三好”活动引向深入，支持驻冀解放军、武警部队和民兵预备役建设，切实解决好复员转业退伍军人的安置问题。增进民族团结，依法管理宗教事务。金融、海关、邮政、人防、外事、侨务、档案、地方志、妇女、儿童、残疾人等工作都要有新的进步。

在新的一年里，我们要更加自觉接受人民代表大会及其常委会的监督，支持人民政协履行政治协商、民主监督、参政议政职能，认真听取各民主党派、工商联、无党派人士的意见，加强与工会、共青团、妇联等人民团体的联系，强化群众监督和舆论监督，不断改进政府工作，更好地完成人民赋予我们的光荣使命。

各位代表！本世纪头20年是一个重要的战略机遇期，当前我国正处于经济周期的上升阶段。做好今年的政府工作，意义重大。我省发展既面临着诸多机遇，也可能会遇到种种挑战。我们要以十分强烈的机遇意识和忧患意识，敏锐捕捉、及时把握每一个机遇，积极应对、有效克服前进中的困难，倍加珍惜来之不易的好形势，倍加珍惜团结向上的好局面。让我们在以胡锦涛同志为总书记的党中央和中共河北省委的领导下，高举邓小平理论伟大旗帜，全面贯彻“三个代表”重要思想，高扬“树正气、讲团结、求发展”主旋律，聚精会神，尽心倾力，和衷共济，顽强拼搏，为圆满完成全年目标任务、加快富民强省步伐而努力奋斗！

（原载2004年2月6日《河北日报》）

河北省第十届人民代表大会第二次会议关于河北省2003年省本级预算和省总预算执行情况及2004年省本级预算和省总预算的决议

（2004年1月12日河北省第十届人民代表大会第二次会议通过）

河北省第十届人民代表大会第二次会议经过审查并根据省人民代表大会财政经济委员会的审查报告，决定批准省人民政府提出的2004年省本级预算，同意省财政厅厅长齐守印受省人民政府委托所作的《关于河北省2003年省级预算和省总预算执行情况及2004年省级预算和省总预算（草案）的报告》。

会议同意省人民代表大会财政经济委员会在审查报告中提出的各项建议。会议要求各级人民政府要积极转变职能，进一步更新理财思路，正确处理改革、发展、稳定的关系，充分发挥财政的调控作用，积极促进全省经济持续快速协调健康发展。要依法组织收入，强化税收征管，着力抓好财源建设，严格预算执行。继续深化财政改革，完善公共财政体制和管理机制。坚持勤俭办事的理财方针，节约财政开支，制止铺张浪费。加强财政监督，提高财政资金使用效益，全面完成全年预算任务。

（原载《河北省人大常委会公报》）

河北省第十届人民代表大会财政经济委员会关于河北省 2003 年省本级预算和省总预算执行情况及 2004 年省本级预算和省总预算草案的审查报告

（2004 年 1 月 11 日河北省第十届人民代表大会第二次会议主席团第四次会议通过）

河北省第十届人民代表大会财政经济委员会主任委员　王加林

主席团：

河北省第十届人民代表大会第二次会议，听取和审议了省财政厅厅长齐守印受省人民政府委托所作的《关于河北省 2003 年省级预算和省总预算执行情况及 2004 年省级预算和省总预算草案的报告》，审查了 2003 年预算执行情况和 2004 年预算草案。根据代表们审议的意见，财政经济委员会进行了审查。现将审查结果报告如下。

财政经济委员会认为，2003 年财政预算执行情况较好。省人民政府认真贯彻党的十六大、十六届三中全会和省委六届三次、四次会议精神，落实《河北省第十届人民代表大会第一次会议关于河北省 2002 年省本级预算及省总预算执行情况和 2003 年省本级预算及省总预算的决议》。围绕经济社会发展和人民群众关心的重大问题，积极筹措财政资金，保证了抗击非典、社会保障、农业、科技、教育、文化等社会事业支出和公、检、法、司等保稳定支出的需要。整合资金，加大对投资和项目建设、国有企业改革、民营经济、扩大对外开放等四项重点经济工作支持力度。财政改革继续深化，完善省对市的财政体制，建立了有效的财政增收激励机制，规范预算管理制度，推进省级集中支付试点，政府采购范围进一步扩大。预算执行中存在的主要问题是：财政收入增长的基础还不牢固；财政收入占 GDP 比重还较低；财政收支矛盾仍然突出，部分县财政较为困难，公教人员增资政策尚未完全落实；部门预算执行中项目调整较多；财政债务压力较大。这些问题，在今年的预算执行中应着力解决。

财政经济委员会认为，省人民政府提出的 2004 年全省总预算及省本级预算草案是积极可行的。预算收支安排贯彻了“三个代表”重要思想，坚持了收支平衡和公共财政原则，体现了增收节支、集中财力办大事的要求，与国民经济和社会发展目标相适应。优先保障了公教人员工资和国家机关正常运转的需要。农业、科技、教育支出达到了法定要求。加大了对疾病防治、医疗救治体系、社会保障等方面的投入，保证重点支出需要。部门预算编制质量有了明显提高。财政经济委员会建议，省第十届人民代表大会第二次会议批准省人民政府提出的 2004 年省本级预算，同意省财政厅厅长齐守印受省人民政府委托所作的《关于河北省 2003 年省级预算和省总预算执行情况及 2004 年省级预算和省总预算草案的报告》。

为确保 2004 年预算任务的完成，财政经济委员会根据代表们的审议意见，提出以下建议。

一、认真组织预算执行，全面完成预算任务。依法组织收入，规范收入征管秩序，做到公平税负、应收尽收，努力完成收入预算，不断提高财政收入占 GDP 的比重。按照“先有预算，后有支出”的原则，严格预算执行，保障重点支出，做到均衡支出，切实改变支出预算执行中调整过多的状况，维护预算的严肃性。

二、抓好财源建设，发挥财政对经济发展的支持调控作用。围绕“四项重点经济工作”，综合运用预算内外资金，加大对经济发展的支持和调控力度。全面落实财政支持经济发展的政策措施，改进财政对经济建设的投入方式，逐步壮大财源基础。

三、牢固树立公共财政思想，继续深化财政改革。按照公共财政要求，完善财政体制，规范转移支付，推进部门预算、国库集中收付、政府采购和收支两条线改革。调整优化支出结构，确保公教人员工资、机关运转，优先安排社会公益事业需要。坚持集中财力办大事，提高资金使用效益。建立财政资金绩效评价体系。加大对欠发达地区支持力度，提高财政保障能力。

四、坚持勤俭办事的理财方针，节约财政开支。要按照“两个务必”的要求，严格支出管理，堵塞漏洞，制止铺张浪费，努力把财政资金花好、用好，让人民群众满意、放心。

以上报告，请予审议。

（原载《河北省人大常委会公报》）

关于河北省 2003 年省级预算和省总预算执行情况及 2004 年省级预算和省总预算草案的报告

——2004 年 1 月 8 日在河北省第十届人民代表大会第二次会议上

河北省财政厅厅长　齐守印

各位代表：

受省政府委托，我向大会作 2003 年省级预算和省总预算执行情况及 2004 年省级预算和省总预算草案的报告，请予审议，并请省政协各位委员和其他列席人员提出意见。

一、2003 年省级预算和省总预算执行基本正常，全年预算目标任务完成较好

2003 年的预算执行工作，是在全省掀起加快发展热潮的新征程中推进的。一年来，全省各级各部门在省委的正确领导和省人大的监督支持下，以“三个代表”重要思想为指导，全面贯彻党的十六大和省委六届三次全会精神，高扬“树正气、讲团结、求发展”的主旋律，狠抓工作落实，预算任务完成情况良好。预计，2003 年省级一般预算收入实现 87 亿元，完成预算的 106%；一般预算支出 152.5 亿元，完成调整预算的 94.6%；基金收入实现 38.4 亿元，完成预算的 106.6%；基金支出 34 亿元，完成调整预算的 93.5%。全省一般预算收入实现 335.4 亿元，完成预算的 106.3%；一般预算支出 633.9 亿元，完成调整预算的 95.3%；基金收入实现 53.5 亿元，完成预算的 109.6%；基金支出 56.4 亿元，完成调整预算的 95.4%。省级和省总预算均能实现当年收支平衡。

在过去的一年里，财税等有关部门紧紧围绕省委和省十届人大一次会议的决策部署，严格预算管理，深化财政改革，优化支出结构，集中财力办大事，各项财政工作取得新的重要进展。

——坚持依法治税管费，不断壮大收入规模，财政实力进一步增强。财税部门克服非典造成的不利影响，严格执行税费政策，加大征管力度，千方百计堵漏增收，全省全部财政收入预计完成 634.2 亿元，增长 16.5%，增幅超过年初计划 8 个百分点。

——坚持服务发展不动摇，充分发挥财政职能，促进了全省经济加速发展。一是发挥财政体制对经济发展的动力作用。在坚持较为规范的分税制基础上，对省内财政收入体制进行了创新性调整，对经济欠发达和较发达地区实行了分类激励。在取消原定集中各市县“四税”增量 50% 政策的同时，以 2002 年为基数，省级分享“四税”对张家口、承德两市和其他市所属 34 个贫困县实行定额分享、超收全返的政策；对其他市县实行超分成增长率收入全返的政策。此项政策有效地调动了各市县加快经济发展、做大财政“蛋糕”的积极性。2003 年全省“四税”收入预计完成 445 亿元，增长 17.6%，比上年增速加快 6.5 个百分点，其中张承两市分别增长 25.4%、19.4%，唐山、邯郸、廊坊三市分别增长 37.5%、20.6%、19.6%，激励性财政体制的作用初步显现出来。新旧体制相比，2003 年省级多返还市县财力 4.2 亿元，缓解了市县收支矛盾。二是突出支持四项重点经济工作。扩大投资方面，全省财政经济建设性支出达 113.3 亿元，争取国债转贷资金 10 亿元，支持了农村公路、城乡电网改造、市政工程、大型水库除险加固等基础设施和重点项目建设；企业挖潜改造资金支出 11.2 亿元，支持了传统产业改造升级和高新技术产业发展；省级充实三个政府投融资机构资本金 1.5 亿元，增强了它们通过风险投资、参股投资引导和带动社会投资的能力。推进国企改革方面，认真落实了主辅分离、辅业改制和职工安置有关财税优惠政策；省财政筹措分离企业办社会专项资金9000万元，全面启动了省属企业分离办社会工作；向中央争取破产补助资金16.1亿元，妥善安置了6户资源枯竭矿山和军工企业职工2.7万人；拨付补助资金5660万元，推进了省属农垦体制改革。支持民营经济发展方面，财政政策和资金支持对民营经济一视同仁；省级增加中小企业担保中心资本金8500万元、安排中小企业发展专项资金1000万元，重点支持了民营企业贷款融资和创业服务体系建设。促进对外开放方面，全年实际利用国际金融组织和外国政府贷款1.13亿美元，为城市供水、环境治理、疾病预防等22个项目提供了资金支持；省级制定了出口退税质押贷款财政贴息政策，及时拨付外贸发展资金1.6亿元，重点支持中小企业开拓国际市场，促进了外贸出口。三是努力优化经济发展环境。省政府出台了执收执罚部门收支脱钩管理暂行办法，从预算管理上割断收费、罚款与部门经费的直接联系，消除了乱收乱罚的利益动机。

——坚持协调发展观，统筹配置财政资源，促进了各项社会事业发展。一是加大对农业和农村的投入力度。全省农业(含农业综合开发)支出14.2亿元、水利和气象支出9.3亿元、林业支出6.6亿元，支持了人畜饮水、节水灌溉等农村“六小”工程建设和农业科技推广、农产品质量标准检测、农业信息服务、森林草原防火等体系建设，支持了农业结构调整和农业产业化，促进了农业发展。二是加大对科技、教育的投入力度。全省科技支出9.2亿元，重点支持了高新技术研发、传统支柱产业信息化、农副产品深加工、创新药物、中药现代化以及科研院所转制、重大科技攻关、高新技术园区和重点实验室建设等。教育支出118.2亿元，重点支持了农村教育布局调整、中小学危房改造和重点大学、重点学科建设及省属高校二轮布局调整等。三是支持公共卫生事业发展。全省医疗卫生支出31.7亿元，支持了疾病预防控制和疫情信息网络体系建设。四是加大对环境保护的支持力度。全省共支出专项资金3.3亿元，用于环境污染治理，其中省级整合环保资金2430万元，集中用于石家庄市空气污染治理。五是保障政法部门经费。全省公检法司支出46.1亿元，支持了基层政法机关装备、基础设施和政法综合信息网络建设以及监狱布局调整，较好地保证了政法机关正常运转，促进了社会稳定。

——坚持理财为民，关注民生民计，努力维护了群众利益。一是全力保障抗击非典斗争取得胜利。及时制定防治非典的财政财务政策，在全国率先实行了免费治疗、定点补助、奖励首报三项政策。对受非典疫情影响较重的餐饮、旅店、旅游、出租车等行业以及城乡集贸市场，在限定时段内减免了营业税、城建税以及19项政府性基金和21项行政事业性收费。通过紧急动用各级预备费、调整部分专项支出预算、压减公用经费等措施，全省筹措、拨付资金13亿元，其中省级筹措2.7亿元、争取中央资金1.78亿元，保障了防治工作的有效开展。二是加大对就业再就业工作的支持力度。研究制定了包括增加资金投入、小额贷款担保、社会保障补贴、再就业服务补贴和税费减免在内的政策体系。全省促进再就业支出3亿元，使20万下岗失业人员实现了再就业。对下岗失业人员和大学毕业生从事个体经营的，实行了3年内免交登记类、证照类和管理类行政事业性收费的优惠政策。三是加大社会保障力度。全省共支出国有企业下岗职工基本生活保障金5.6亿元，解决了26.5万下岗职工的基本生活问题；及时足额发放142万企业离退休人员养老金101亿元，实现了“两个确保”的要求。全省城市低保资金支出4.5亿元，保障了75万城市贫困人口的基本生活。省级通过增加转移支付给予贫困县离休干部医疗费特殊补助1386万元。四是加大面向农村的救灾、救助、医疗和扶贫等的投入力度。全省拨付灾民生活救济资金1.4亿元、抗旱救灾资金2300万元，减免农业税收2.47亿元，确保了灾区群众的基本生活。投入财政性扶贫资金6亿元，基本解决了90万贫困人口的温饱问题。在计税土地面积核定、农业特产税征收等5个方面调整和完善了农村税费改革政策，农民人均负担在上年减轻39%的基础上，当年又减轻2个百分点。从去年夏粮收购开始，选择正定、容城等6个县(市)，进行对种粮农民的直接补贴试点，为43.6万农户发放补贴1118万元，调动了农民种粮积极性，增加了农民收入。省市县筹措资金1626万元与中央补助配套，用于在迁安、枣强、曲周3个县(市)进行农村合作医疗制度试点和相关工作。五是加大对市县保工资发放的转移支付力度。省财政在年初预算安排6.17亿元的基础上，当年又筹措资金4.8亿元，增加对市县的保工资转移支付(其中

2.1亿元用于消化历史陈欠),使我省县乡工资发放状况有了较大改善,县级人均工资水平由上年的840元提高到883元。同时,增加对老少穷和受灾地区特殊转移支付1.5亿元,缓解了县乡财政运转困难。

——坚持与时俱进,不断深化财政改革,财政管理创新取得新突破。一是整合资金、集中财力办大事。预算执行中,根据省十届人大一次会议要求,重新审视专项资金预算,按规定程序对同一使用方向的预算内外资金和政府性基金进行了跨类别、跨部门整合,共整合资金3.3亿元,用于高新技术研发、重点地区环境污染治理和现代农业服务体系、农村公路建设等重点项目;通过取消不急需的一般项目,集中资金7821万元,用于传统产业技术改造贷款贴息、信息产业发展及信息化建设,在解决财政资金投入"散"和"碎"的问题上取得较大进展。二是预算管理改革向广度和深度拓展。省政府出台了进一步深化财政改革规范省级预算管理的意见和财政专项资金分类分口切块、整合使用、机动财力规范审批等管理办法,进一步贯彻了零基预算、公共财政和集中财力办大事原则,初步形成了较为科学的预算分配决策机制。部门预算的推广范围扩大到全省所有市、县(市、区)。三是财政集中支付实现省市县三级全覆盖。全省11个市和187个县(市、区)全部实行了财政集中支付制度。省级集中支付项目达到260个,涉及资金28亿元,比上年增加近一倍;省政府23个组成部门一级预算单位的所有财政资金纳入国库单一账户体系。四是政府采购纳入预算管理,范围进一步扩大,初步实现制度化、规范化运作。全省政府采购金额37.7亿元,增长72.1%,节约资金4.7亿元。五是绝大部分社会发展性和工资性转移支付采取了规范的因素公式分配方法。六是改革了驻石省直行政事业单位职工住宅取暖补贴和交费办法,由原来财政暗补、单位统一负担,改为按标准明补、个人按住房面积交费,基本堵塞了这方面的管理漏洞。

各位代表,尽管2003年省级预算和省总预算都较好地实现了省十届人大一次会议确定的目标,但财政运行中还存在一些突出矛盾和问题。虽然财政收入超收较多,但受多年积累下来的经济结构不合理、经济发展质量不高的制约,财政收入稳定增长的基础尚不稳固,财政收入占GDP比重偏低,财政收支矛盾依然十分尖锐。特别是基层财政仍比较困难,全省仍有52个县未能完全兑现2001年国家出台的增资政策,2000年以前工资陈欠尚有10.9亿元未能补发。同时,多年累积的政府债务负担沉重。虽然财政改革每年都有新进展,但完善和深化改革的任务还很重,财政支出范围和结构仍然不尽合理,各级政府间财政支出责任不明晰问题尚待解决,财政资金使用分散问题远未得到克服、使用效益有待进一步提高。虽然一直努力加强财政监管,但一些单位财经纪律松弛、财务管理混乱甚至违法违纪的现象时有发生,部分单位艰苦奋斗、勤俭节约的意识较为淡漠。总之,一年来,财政工作虽然做了很大努力,取得了一定成绩,但与省委要求相比,与广大人民群众的期望相比还有诸多差距。对财政运行方面的困难,我们要通过促进经济社会事业加快发展的办法,逐步加以克服;对财政管理方面的问题,我们一定高度重视,努力通过深化改革逐项研究解决。恳请各位代表提出宝贵意见和建议,对财政工作给予一如既往的支持和指导。

二、正确把握形势,统筹安排2004年政府预算

2004年是加快全省改革与发展的重要一年。政府预算安排必须努力贯彻"三个代表"重要思想,体现"两个务必"要求,遵循发展是第一要务的原则,把握全局,突出重点,统筹兼顾,支持改革,维护稳定,促进发展。

综观全年,随着调整产业结构、扩大投资需求、推进国企改革、发展民营经济、加快对外开放等重点工作的扎实推进和活力释放,我省经济的内在增长动力将进一步增强,加之经过多年努力在企业实力、科技教育、基础设施等方面积累的物质技术基础,全省国民经济有望继续保持良好的发展势头,这将为财政收入的快速增长提供有力支撑。同时,今年省级"四税"市县分成增长率将由去年的9%下调到8%,这将进一步激发各市县生财聚财的积极性,全省工商税收可望在调高增值税起征点、分担出口退税等多项减收因素的情况下,继续保持较快增长。但落实机关事业单位调资政策、实施民心工程、努力解决"三农"问题、推进国企改革、完善社会保障制度、加大就业再就业工作力度、推动实现"五个统筹"以及为全省加快发展创造良好环境,都需要财政投入大量资金,财政支出面临多重压力,预算平衡难度很大。据统计,2004年仅国家有明确政策要求和省委、省政府原定要办的项目就需增支12.5亿元,是省级新增可用财力的 3 倍多。基于上述分析，本着积极稳妥和收支平衡的原则，2004 年全省地方一般预算收入安排 345.3 亿元，可比增长 9%；省级一般预算收入安排 92.1 亿元，可比增长 10.1%。按现行财政体制计算，2004 年全省可用财力为 523.7 亿元，省级可用财力为 121.2 亿元，相应安排一般预算支出。同时，省级基金收入预算安排 39.6 亿元，汇总的全省基金收入预算为 54.6 亿元，相应安排省级和全省政府基金支出预算。在 2004 年的省级预算安排中，按照有所为有所不为的原则，重点把握了以下几个方面：

(一)集中财力办大事，保证重点支出需要。一是坚持"一要吃饭、二要建设"，足额安排调整职务工资标准所需资金，适当提高部分原来标准偏低的事业单位公用经费水平，保证了机关事业单位职工工资、其他个人性支出和机关事业单位正常办公的必要经费。二是增加农业、教育、科技等方面投入，安排农业支出 6.7 亿元，可比增长 5%；教育支出 12.89 亿元，可比增长 14.2%；科技支出 2.6 亿元，可比增长 6.9%。三项支出增幅均超过了由省级实际分享税收提供财力的增幅(4.9%)，达到了法定增长要求。三是着眼于提高财政资金整体配置效果，集中财力办大事。通过取消上年一次性安排专项资金 1.6 亿元、取消和压减零星分散项目以及统筹预算内外各项发展性资金，共整合资金 127.2 亿元用于重点领域、重点地区、重点行业和重点项目。其中，通过新增财力分配，重点增加再就业、城镇低保、救灾等社会保障投入 0.5 亿元，农村合作医疗试点补助、传染病救治体系建设、公费医疗等公共卫生投入 0.47 亿元，以及对市县转移支付资金 1 亿元；通过存量财力配置结构调整，重点保证了国企改革、动物疫病防治、监狱布局调整、省委党校建设等事项。

(二)努力支持四项重点经济工作，积极促进社会事业发展。在支持四项重点经济工作方面，安排基本建设、重点企业技改贴息、科技三费、信息产业发展等资金 8.2 亿元，支持经济结构调整升级、传统产业技术改造、高新技术产业化和民营经济发展；安排资金 3.67 亿元，用于省属企业分离办社会、企业改制和农垦管理体制改革；安排外经外事专项资金 0.8 亿元，支持对外开放工作。在统筹各项社会事业协调发展方面，一般预算和政府基金安排社会事业发展专项资金 11.42 亿元，可比增长 6.4%。其中，教育安排 4.44 亿元，卫生安排 1.62 亿元，文化体育宣传广播安排 1.87 亿元。此外，计划生育、旅游、地震、海洋、国土、环保、地勘、地质等事业都安排了相关重点项目资金。

(三)从维护人民群众利益出发，大力支持十项民心工程建设。就业再就业工程，一般预算安排再就业专项和相关资金 0.9 亿元。公共卫生工程安排 1.12 亿元，重点用于传染病救治体系建设、农村合作医疗试点以及农村卫生基础设施建设等。农民减负增收工程，认真落实取消农业特产税、降低农业税税率政策，并安排 17.1 亿元用于对农村税费改革转移支付补助、农村公路建设、水库河道治理以及农村扶贫、粮食风险金、水库移民补贴、农业灾歉减免补助等。农村教育扶持工程安排 2 亿元，用于农村中小学危房改造和布局调整、家庭困难学生资助、义务教育工程配套和"普九"巩固提高等。食品放心工程安排 0.38 亿元，用于农产品质量标准检测体系建设和食品药品监督检测。济困助残工程安排 1.3 亿元，用于城镇居民最低生活保障、自然灾害救济、城乡优抚对象抚恤和残疾人康复。城乡饮水工程安排 0.57 亿元，用于农村人畜饮水、海河等重点流域水质改善和污水治理。治污绿化工程安排 2.64 亿元，用于重点火力发电厂脱硫防尘、石家庄空气质量改善和防沙治沙、水土保持、首都周围绿化、太行山绿化以及退耕还林粮食调运。公共文化体育建设工程安排 1.24 亿元，用于电子政务建设、广电设备更新和基层宣传文化单位建设等。社会安全工程安排 2.8 亿元，用于公检法司等部门专项经费、监狱改造和安全生产监督管理。

汇总代编的 2004 年全省财政支出预算草案，也体现了"一要吃饭、二要建设"的支出顺序，保证了农业、科技、教育三项支出的法定增长，贯彻了经济社会统筹协调发展的指导原则。

各位代表，对 2004 年省级预算编制工作，省委给予了高度关注和强有力的指导，省人大财经工委组织力量进行了认真细致的审查，省政府进行了反复研究和调整，省直各部门做了大量具体工作。今年的省级预算编制，改变了按支出科目编制的传统做法，将财政支出分为保障机关事业单位正常运转的维持性支出和促进经济社会发展的发展性支出两大部分。维持性支出按国家和省有关政策及标准定额逐人逐项核定；发展性支出采取分类分口切块预算方法，在切块过程和切块限额之内两个层次上区分轻重缓急，按照零基预算和综合预算原则，集中财力办大事。提交本次人代会审议的省级预算草案，在形式和内容上均有所改进，预算安排的整体预期绩效有所提高。我们将认真听取各位代表的意见，进一步完善 2004 年政府预算。

三、依法理财，规范管理，努力完成 2004 年预算任务

2004 年政府预算执行既有良好的工作基础和外部环境，也面临新的挑战。各级政府及各部门一定要紧紧围绕省委对经济社会发展的决策部署和本次人代会的总体要求，把预算执行和各项财政管理工作进一步做深、做实，努力完成全年预算任务。

第一，适应政府职能转变，进一步更新理财思路。社会主义市场经济条件下，政府的主要职能是经济调节、市场监管、社会管理和公共服务。理财思路必须适应政府职能的转变而更新。要优先履行财政公共服务和保障职能，努力解民之困、增民之利，让群众从改革与发展中得到更多的实惠。特别是要进一步完善工资发放保障机制，加大省、市对下工资性转移支付力度，确保机关事业单位职工工资和离退休费按时足额发放；全面落实税费减免、小额贷款担保等政策措施，运用好预算安排的专项资金，促进就业和再就业；完善社会保障筹资机制，做好“两个确保”和“低保”工作；支持公共卫生体系建设，提高公共卫生服务水平和应对突发公共卫生事件的能力；落实救灾资金和因灾税收减免政策，做好农村扶贫开发工作，解决好困难地区和受灾群众的生产生活问题。要牢固树立发展是第一要务的观念，积极发挥财政对经济发展的调节和促进作用。拓宽支持经济发展的视野，在财政政策、资金支持方面，对内资与外资、国有与民营企业一视同仁，各级预算安排的传统产业改造、高新技术产业发展、农业产业化资金和科技三项费用，都要向民营经济开放使用。调整支持经济发展的着力点，按照公共财政原则选择财政促进经济发展的重点方向和投入环节，着力解决一般市场经济主体不愿投资或无力投资的公共性问题和经济转型过程中单个市场经济主体无法承担的改革成本，重点支持新兴工业化和农业产业化发展、各种公共服务体系和基础设施建设、污染治理、生态保护以及促进就业再就业、分离企业办社会职能等。遵循市场经济规律，转变支持经济发展的方式和方法，将传统的直接投入、微观支持，转变为间接支持和宏观调节，综合运用税费政策、贷款贴息、投资补贴、政府投融资等财政杠杆，发挥财政政策和资金“四两拨千斤”的作用。要坚持用科学的发展观理财，通过政策、体制、预算等多种手段，促进城乡之间、地区之间、经济与社会之间以及人与自然之间等多层次协调发展。认真贯彻“五个统筹”原则，合理安排财政资金，重点向解决“三农”问题、完善社会保障体系、加强公共卫生体系建设、保障低收入群体基本生活以及科技、教育、生态建设和环境保护等方面倾斜，向经济欠发达地区倾斜，促进全面、协调和可持续发展。

第二，依法组织收入，为全省改革与发展提供可靠的财力保障。今年全省全部财政收入安排 667.9 亿元、可比增长 10%以上，是充分考虑到经济社会发展形势，综合分析各种增减收因素，经过反复测算、认真研究确定的，是与国民经济增长 9%以上的目标基本相适应的。各级政府及财税部门要充分认识组织收入对平衡政府预算、支持经济社会发展和保证社会稳定的重要经济政治意义，坚决贯彻“加强征管、堵塞漏洞、惩治腐败、清缴欠税”的方针，始终抓紧组织收入不放松，确保完成计划，力争超收，努力提高财政收入占 GDP 的比重。要坚持依法治税管费，坚决制止擅自出台税收优惠政策和越权减免税。加大收入征管力度，改进征管手段，严厉打击偷逃骗税行为，做到应收尽收。各级政府要认真落实分类激励财政收入体制和促进发展的各项税费政策，把加快经济发展、培植壮大财源作为增加财政收入的根本性措施，把经济发展的速度和效益真正体现到财政收入增长上来。

第三，强化支出管理，提高财政资金使用效益。严格执行经人大审议批准的年度预算，硬化预算约束，增强预算的严肃性，严禁先支后报。对预算中尚未细化到具体项目的财政资金，在执行中要以适当方式尽快细化。对专项转移支付资金，要严格按照规定的使用方向，采取因素公式法分配。对尚未落实到具体项目的经济发展和科研开发类补助、贴息资金，要通过公开招标、公平竞争方式，以效益为标准优选项目承担者。在细化过程中，要继续坚持集中财力办大事，将有限的财力用于关系经济社会发展全局和社会稳定的重点行业、重点区域和重点项目。要加强资金调度，区分轻重缓急妥善安排支出，切实加快支出进度，尽早发挥资金使用效益。要强化"花钱"的责任意识，加强对资金使用效益的评价、考核，确保专款专用，实现项目的预期绩效。

第四，加强财政监督，严肃财经纪律。继续开展税收征管和行政事业性收费、政府性基金收缴情况检查，加强对行政事业单位银行账户的清理整顿和"收支两条线"政策执行情况的专项检查，防止截留、坐支预算内外财政收入的行为，整顿收入秩序。加强对收费的审批管理和监督检查，认真落实执收执罚部门收支彻底脱钩管理办法，为经济发展营造良好的社会环境。加强对农村税费改革、出口退税机制改革以及取消农业特产税、降低农业税税率等财税政策落实情况的监督检查，确保国家政令畅通，努力提高财税政策效果。围绕财政资金运行，切实完善财政监督机制，强化资金使用全过程的监督，资金运用到哪里，监督就要跟到哪里。严格按照财务制度，加强对机关事业单位财务的定期检查。完善会计信息质量检查，打击会计做假行为，强化对注册会计师行业执业质量的监管和违规处罚。健全地方财政法制，加大财政执法力度。综合运用各种监督手段，形成包括审计部门、财政部门、主管部门、资金使用单位在内的预算执行监督体系，并自觉接受各级人民代表大会及其常委会的审查监督，确保财政资金的安全、规范和有效运行。

第五，大力发扬艰苦奋斗、厉行节约的精神，勤俭办一切事业。当前，我省正处于经济社会加快发展的关键时期。一方面，全面建设小康社会对财政资金的需求强烈，需要办的急事、大事很多，另一方面，各级财政的资金供给能力却严重不足，财政收支矛盾尖锐是各级政府不得不长期面对的客观现实。因此，各级各部门必须牢记"两个务必"，大力弘扬艰苦创业、厉行节约、勤俭办事的作风。对财政资金必须倍加珍惜、精打细算，锱铢必较、妥善使用，坚决反对脱离实际、大手大脚、铺张浪费行为。无论各级财政部门还是各级预算单位，都要树立全心全意为人民谋利益的政绩观，对预算执行严格把关，做到能不花的不花，能节约的节约，尽可能挤出一些资金，办成一些群众关心、社会关注的社会事业项目。要严厉查处脱离预算约束先支后报和各种违反规定乱花钱行为，最大限度地减少损失、浪费，使每一笔钱都花在"刀刃"上，用在关键处，让人民放心，让群众满意。

第六，深化财政改革，完善公共财政体制和管理机制。按照市场经济要求和公共财政原则，结合推进事业单位管理体制改革，合理界定财政供给范围，逐步减少直至取消应通过市场运作的补助项目，强化财政对政府履行社会管理和公共服务职能的保障能力。按照各级政府管理经济社会事务责权合理划分和分级财政原则，明确界定各级政府的财政支出责任，规范财政转移支付制度，进一步完善省以下财政体制。以科学配置财政资金、整合财力办大事为核心目标，继续深化预算管理改革，进一步完善预算决策机制。规范维持性支出定员定额管理。以增强各项经济社会事业发展的计划性和预见性为基础，完善项目支出管理方法和手段，研究试编绩效预算、债务预算、社会保障预算、国有资本经营预算和三年滚动预算。继续深化国库管理制度改革，今年要将省直所有一级预算单位分批纳入国库单一账户体系，并向部分部门的二级、三级预算单位延伸；各市财政集中支付要尽快向规范的财政国库收付模式转轨；县级财政集中支付要在完善的基础上向乡镇级延伸。积极推进政府采购改革，进一步扩大政府采购范围，并对全部政府采购资金实行财政直接支付，加强对采购活动的监督管理，增强政府采购透明度。

各位代表，2004年政府预算任务十分艰巨。我们一定要认真践行"三个代表"重要思想，继续高扬"树正气、讲团结、求发展"的主旋律，与时俱进，开拓进取，真抓实干，努力完成这次会议确定的各项目标任务，不辜负全省人民的重托和期望。

（原载《河北省人大常委会公报》）

关于河北省 2003 年省本级决算及全省总决算情况的报告

——2004 年 7 月 17 日在河北省第十届人民代表大会常务委员会第十次会议上

河北省财政厅副厅长 陈金城

主任、各位副主任、秘书长，各位委员：

受省政府委托，现将我省 2003 年省本级财政决算及全省财政总决算情况报告如下，请予审议。

2003 年在省委正确领导和省人大的监督支持下，全省各级人民政府、各部门认真践行“三个代表”重要思想，牢记“两个务必”要求，稳步推进各项财政改革，狠抓收支预算管理，实现了财政平稳运行，促进了全省经济和社会事业的发展，较好地完成了省十届人大一次会议确定的各项目标。

一、2003 年省本级财政决算情况

(一)省本级一般预算收支决算情况

2003 年省本级一般预算收入决算完成 87.4 亿元，完成年初预算的 106.4%，比上年可比增长 13.7%；一般预算支出年终决算为 152.7 亿元，完成调整预算的 85.5%，比上年增长 8.4%。

按照决算口径，2003 年省本级一般预算收入 87.4 亿元，加中央补助收入 125.8 亿元、省辖市上解收入 40.1 亿元、上年结余结转收入 20.1 亿元、国债转贷收入及上年结余 7.5 亿元，省本级一般预算财政总收入 280.9 亿元。2003 年省本级一般预算支出 152.7 亿元，上解中央财政支出 26.5 亿元，补助省辖市支出 68.1 亿元，国债转贷支出及国债转贷资金结余 7.5 亿元，一般预算滚存结余 26 亿元(中央补助结转 6.9 亿元，省级预算项目结转 13.5 亿元，2003 年一般预算超收资金安排结转 5.6 亿元)，全部结转今年支出。对于超收资金的安排，省政府已向省人大常委会提出了意见，此次一并报常委会审议。

(二)省本级政府基金收支决算情况

2003 年省本级政府基金收入决算完成(含社保基金)75 亿元，完成预算的 107.2%，比上年增长 10.9%；支出决算完成 67.7 亿元，完成调整预算的 92.1%，比上年增长 10.1%。

根据决算情况，省级 2003 年基金当年收入 75 亿元，加上上年结余结转收入 5.9 亿元，省本级政府基金可用资金为 80.9 亿元。省本级基金当年支出 67.7 亿元，对下补助 6.1 亿元，年终滚存结余 7.1 亿元，这部分结余资金将结转 2004 年，按照有关政策规定专款专用，安排相关专项项目。

二、2003 年全省财政总决算情况

(一)全省一般预算收支决算情况

2003 年全省全部财政收入决算完成 634.9 亿元，可比增长 16.6%，超过全省 GDP 增幅 5 个百分点，是 1998 年以来我省财政收入增长最快的一年，也是进入新世纪以来，我省财政收入连续跨越的第三个新台阶。全省地方一般预算收入决算完成 335.8 亿元，完成调整预算的 106.8%，比上年可比增长 15.3%，同样也是 1998 年以来的最高增幅。

2003 年全省一般预算支出完成 646.7 亿元，完成调整预算的 90.6%，比上年增长 12.2%。财政支出着力保证了抗击非典、社会保障、农村救灾扶贫、公共卫生体系建设等重点支出需要，突出支持了四项重点经济工作，较好地履行了公共财政支出职能。

2003 年全省一般预算收入 335.8 亿元，加上中央财政补助收入 342.7 亿元，上年结余收入 52 亿元，调入预算外资金 11.4 亿元，国债转贷收入及上年结余 18.3 亿元，全省决算总收入为 760.2 亿元；2003 年全省一般预算支出 646.7 亿元，上解中央财政支出 26.5 亿元，增设预算周转金 0.6 亿元，拨付国债转贷资金及其结余 18.3 亿元，调出资金 0.3 亿元。2003 年全省一般预算年终滚存结余 67.8 亿元，其中结转下年支出 65.3 亿元，净结余 2.5 亿元。实现了全年收支平衡，略有结余。

(二)全省政府基金收支决算情况

2003 年全省政府基金收入决算完成(含社保基金)158.1 亿元，完成预算的 113.1%，比上年增长 29.5%；支出决算完成 153.6 亿元，完成预算的

90.1%，比上年增长 28.2%。

根据决算情况，2003 年全省政府基金当年收入 158.1 亿元，加中央财政补助 2.7 亿元、上年结余收入 12.2 亿元，调入资金 0.3 亿元，全省政府基金可用资金为 173.3 亿元，用于当年支出 153.6 亿元，调出资金 0.9 亿元，年终滚存结余为 18.8 亿元。

三、2003 年决算反映出的主要问题及改进意见

2003 年全省上下紧密团结、攻坚克难，取得了抗击“非典”疫情的重大胜利，财政经济实现了快速增长。各级财政支出体现公共财政职能，优先保证了抗击“非典”、社会保障、公共卫生体系建设等重点支出需要，突出支持了四项重点经济工作，保持了财政预算的平稳运行。各项财政改革继续取得新的突破，特别是在整合资金办大事、完善预算决策机制、深化国库制度改革、推进政府采购等方面迈出了实质性步伐，收到了比较明显的成效。

总体上看，2003 年决算显示，省十届人大一次会议确定的各项预算目标都得到较好完成，但决算中也发现和暴露出了一些比较突出的问题，有些是多年未能很好解决的问题。如，预算编制科学性、准确性有待提高；“收支两条线”执行尚未完全到位，个别单位仍存在预算外收入坐收坐支、逃避监督的现象；预算项目细化程度不够，执行中调整仍然偏多；一些单位预算约束弱化，财经纪律松弛、财务管理混乱甚至违法违纪的现象仍在发生。对这些问题，我们将在省委正确领导和省人大监督支持下，通过深化改革，加强管理，认真加以解决。

（一）进一步加强综合预算管理。加大综合预算实施力度，将部门各项收入全部纳入部门预算管理，解决多收多支、部门间开支水平差异过大问题，增强政府宏观调控能力。严格执行“收支两条线”政策，制止部门坐收坐支、先支后报或不报的行为。今年我们将有针对性地制定加强预算外资金收支预算管理的相关政策，对预算执行中超收资金严格按政策和程序报批，不断提高预算外收支预算编制的准确程度，减少预算调整事项

（二）进一步深化财政改革。逐步将国库制度改革向纵深发展，省直实行集中支付制度的部门由第一阶段 23 个一级预算单位扩大到目前的 106 个，并逐步向二级预算单位延伸。认真贯彻实施《政府采购法》，规范政府采购管理，扩大政府采购规模。改革项目筛选论证机制，完善项目预算管理，细化项目预算编制，抓好项目库建设。

（三）进一步完善政府预算决策机制，建立和完善公众参与、专家论证咨询和政府集体决策相结合的决策形式，完善科学民主决策机制。探索推行绩效预算管理，实现财政预算管理由侧重投入转向侧重投入产生的成果，并以成果作为预算管理的基本导向的理财思路转变，从源头上控制无效或低效项目，提高财政支出绩效水平。

（四）进一步贯彻集中财力办大事的理财方略。树立正确的政绩观和科学发展观，优先履行财政公共服务和保障职能，集中使用政府财力兴办对国民经济和社会事业发展具有重大作用和影响的事项，着力支持与人民群众利益密切相关的重大项目。专项资金项目安排要贯彻“有所为有所不为”的思想，围绕省委省政府工作部署，突出重点，确保重点，体现对重点项目、重点行业和重点区域的足够倾斜。当前一个时期，办“大事”要围绕省委、省政府确定的“十项民心工程”和四项重点经济工作。同时进一步加大资金整合力度，确实做到将同类（同口）中分散在不同部门管理的使用方向相同的预算内、预算外资金和政府基金整合使用。

（五）进一步发挥和加强财政监督作用。在积极接受省人大及审计部门监督的同时，借鉴国外做法并结合我省改革实践，抓紧研究构建我省公共预算监督体系，完善预算监督机制，使各个监督组织相互协调、相互配合、相辅相成，充分发挥好各个监督主体的职能作用，增强监督的合力和效果。

各位委员，2004 年政府预算任务十分艰巨，财政运行存在许多实际困难，广大群众关心的许多问题还未完全解决。我们一定认真践行“三个代表”重要思想，牢记“两个务必”要求，继续高扬“树正气、讲团结、求发展”的主旋律，坚持科学的发展观和正确的政绩观，把各项工作往深里做、往实里做，努力完成省十届人大二次会议确定的各项目标任务，不辜负全省人民的重托和期望。

（原载《河北省人大常委会公报》）

河北省人民代表大会常务委员会关于批准河北省2003年省本级决算的决议

（2004年7月22日河北省第十届人民代表大会常务委员会第十次会议通过）

河北省第十届人民代表大会常务委员会第十次会议，听取并审议了省财政厅副厅长陈金城受省人民政府委托所作的《关于河北省2003年省本级决算和全省总决算情况的报告》和省审计厅厅长张成起受省人民政府委托所作的《关于河北省2003年度省本级预算执行及其他财政收支情况的审计工作报告》，同时审议了《河北省人民代表大会财政经济委员会关于2003年决算和2004年1—6月份预算执行情况的初审报告》。会议同意财政经济委员会副主任委员杜书箱所作的《河北省人民代表大会财政经济委员会关于河北省2003年省本级决算和全省总决算情况的审查报告》。

会议决定，批准河北省人民政府提出的2003年省本级决算，批准省财政厅副厅长陈金城受省人民政府委托所作的省本级决算的报告，同意全省总决算的报告。

会议要求，省人民政府要强化依法理财意识，树立理财为民观念；提高预算编制的科学性，维护预算执行的严肃性；加强“收支两条线”管理，严格实行综合预算；充分发挥审计、财政的职能作用，切实加大监督力度。省人民政府对审查和审计中发现的主要问题，要依法查处，限期整改，并将处理结果向省十届人大常委会第十二次会议报告。对审查和审计中发现问题较多的部门，会议委托财政经济委员会听取有关部门整改情况的汇报，并将结果书面报省人大常委会。

（原载《河北省人大常委会公报》）

河北省人民代表大会财政经济委员会关于河北省2003年省本级决算和全省总决算情况的审查报告

——2004年7月19日在河北省第十届人民代表大会常务委员会第十次会议上

河北省人民代表大会财政经济委员会副主任委员

河北省人大常委会财政经济工作委员会主任　杜书箱

省十届人大常委会第十次会议：

河北省第十届人民代表大会常务委员会第十次会议，听取并审议了省财政厅副厅长陈金城受省人民政府委托所作的《关于河北省2003年省本级决算和全省总决算情况的报告》和省审计厅厅长张成起受省人民政府委托所作的《关于河北省2003年度省本级预算执行及其他财政收支情况的审计工作报告》，审议了《河北省人民代表大会财政经济委员会关于2003年决算和2004年1—6月份预算执行情况的初审报告》，重点审查了省本级决算，根据委员们审议的意见，财政经济委员会进行了审查，现将审查结果报告如下。

2003年，省人民政府及其财税部门在省委的正确领导下，克服非典疫情带来的不利影响，坚持依法治税管费，发挥财政体制的激励作用，保持了财政收入的稳定增长。充分发挥公共财政职能，统筹调配财政资源，优化支出结构，保证了抗击非典支出，加大了社会保障、农业、科技、教育、环境保护和面向农村的救灾、扶贫投入力度，突出支持了四项重点经济工作，有力地促进了全省经济和各项事业的发展。

进一步深化财政改革，完善预算管理体系，努力发挥财政对促进经济和社会发展的重要作用，较好地完成了省十届人大一次会议批准的预算任务。

需要说明的问题是：省本级 2003 年一般预算支出增加的 15.77 亿元中，本级超收和两税返还增加财力 5.6 亿元，应作为净结余处理。但是考虑到中央财政对我省支持的客观情况，省政府对预算内增加的财力和基金超收提出了安排意见，作了结转处理，一并提请本次常委会审议。财经委建议本次常委会同意省政府提出的这个安排意见。

总的看，2003 年财政收支情况是好的，建议本次会议批准 2003 年省本级决算，批准省财政厅副厅长陈金城受省人民政府委托所做的省本级决算的报告，同意全省总决算的报告。

省审计厅依法认真履行职责，继续加大审计力度，对 2003 年度省本级财政预算执行及省财政厅、地税局等 14 个一级预算部门和 68 个二、三级预算单位 2003 年度部门预算执行和其他财政收支情况进行了审计，并对审计中查出的问题按照法定程序进行了处理。为规范财政预算管理，严肃财税法规，加强廉政建设，维护经济秩序做了大量工作，为提高财政资金使用效益发挥了重要作用。

虽然 2003 年预算执行较好，但也存在一些不容忽视的问题：预算编制的科学性、准确性还不够高，不少部门单位预算年终执行结果与预算差距较大，增支较多，特别是一些部门预算外收入年初编制较低，造成超收超支；“收支两条线”执行未完全到位，一些部门的预算外收入未按规定缴入财政专户；财政待处理资金偏多，省财政有的暂付款已经形成实际支出，需由预算列支解决，财政专户和专用基金账户的利息属财政性资金，应及时转账处理；预算调整和支出科目调剂有待规范，无预算结转项目依然存在，2003 年预算执行中，增加的一般预算支出、基金超收安排支出预算、科目之间调剂应及时履行报批或备案程序，部分部门追加、调整预算偏多；个别部门预算执行混乱，乱收费、乱摊派、乱集资、隐瞒收入等现象依然存在。

针对这些问题，提出以下建议。

一、强化依法理财意识，树立理财为民观念。要把“三个代表”重要思想贯穿于预算工作之中，实行“阳光”财政，强化财政资金是人民的钱、纳税人的钱的观念，运用政策、制度和管理措施，努力把财政资金安排好、使用好，并接受人民的监督，重大支出项目的决策要体现人民意愿。加强财经法规和相关业务知识的宣传、教育，全面提高领导干部和广大财会人员的法制观念、业务素质和水平。进一步完善财政改革配套措施，提高财政管理水平。

二、提高预算编制的科学性，维护预算执行的严肃性。要按照公开、公正、透明的原则，科学合理地编好收支预算。把财政收入建立在稳固的经济基础之上，全面科学地测算税源、费源，增强收入预算的准确度。杜绝人为控制收入的行为，如实体现经济发展成果。加强项目预算的论证和编制，提高资金的使用效益。坚持“先有预算，后有支出”，严格预算执行，规范预算调整，提高预算调整的透明度，必须的调整和科目之间资金调剂，要按规定依法批准或备案。要强化服务意识，提高工作效率，科学调度资金，加快支出进度，保证预算顺利执行。积极消化财政挂帐，夯实财政收支。

三、加强“收支两条线”管理，严格实行综合预算。要加强对部门预算的管理，将有收入部门的所有资金实行全口径预算管理，编制综合预算，所有收支全部纳入部门预算。切实改变收支挂钩的做法，对部门超收的使用要编制超收使用方案，按照有关规定报批，把“收支两条线”规定落到实处。

四、充分发挥审计、财政的职能作用，切实加大监督力度。审计、财政部门要继续加大监督力度，加强对部门财务管理，保证国家资金安全。对屡审屡犯的部门和单位要进行连续审计，下大力遏制违反财经法纪的问题发生，对违反财经法纪的责任人员要进行严肃处理。财经委员会建议省十届人大常委会第十二次会议听取省人民政府关于审计问题处理结果的报告。

以上报告，请予审议。

（原载《河北省人大常委会公报》）

关于河北省 2003 年度省本级预算执行及其他财政收支情况的审计工作报告

——2004 年 7 月 17 日在河北省第十届人民代表大会常务委员会第十次会议上

河北省审计厅厅长 张成起

主任、各位副主任、秘书长、各位委员：

根据《中华人民共和国审计法》和《河北省各级人民代表大会常务委员会预算审查监督条例》的规定，省审计厅于 2004 年 3 月至 6 月，对 2003 年度省本级财政预算执行及省财政厅、省地税局等 14 个一级预算单位（占省级 123 个一级预算单位的 11.4%）和 68 个二、三级预算单位 2003 年度部门预算执行和其他财政收支情况进行了审计。现在我受省政府的委托，向省人大常委会作审计工作报告，请予审议。

今年的预算执行审计以《审计法》、《预算法》、《预算审查监督条例》及省人大批准的省本级 2003 年财政预算为依据，遵循树立科学发展观的客观要求，紧紧围绕我省经济建设中心，按照建立社会主义公共财政框架的总体要求和省领导“集中财力办大事”的理财思路，遵循收入与支出审计并重，真实性、合法性、效益性审计并重的原则，结合财政预算改革各项措施的执行情况，加强了对重点领域、重点部门、重点项目、重点资金的审计监督，以推进依法理财、科学理财、民主理财的进程，提高财政资金的使用效益。

一、2003 年省本级预算和基金预算执行情况

（一）2003 年省本级一般预算和基金预算执行情况

2003 年一般收入预算为 821070 万元，实际完成 873638 万元，占年终一般预算收入调整预算的 106.4%，超收 52568 万元；2003 年一般支出预算调整为 1651878 万元，实际完成 1527442 万元，占年终一般预算支出调整预算的 92.47%。

一般预算平衡情况是：当年一般预算收入实际完成 873638 万元，加上中央补助收入 577022 万元、上年结余（结转）收入 201029 万元，当年可用财力为 1651689 万元；当年一般预算支出完成 1527442 万元，加上解支出－135691 万元，收支相抵，一般预算年终结余（结转）259938 万元。

2003 年初省人大批准的基金收入预算为 359964 万元（不含社会保险基金收入 339797 万元），基金支出预算为 397821 万元（不含社会保险基金支出 337426 万元）。2003 年终基金收入预算调整为 699761 万元（含并入社会保险基金收入），实际完成基金收入 750153 万元，占年初预算的 107.2%，超收 50392 万元；2003 年终基金支出预算调整为 735247 万元（含并入社会保险基金支出），实际基金支出完成 677296 万元，占调整预算的 92.09%。

（二）其他财政资金收支情况

2003 年财政厅直接管理的省本级专用基金上年结余 262143 万元，本年收入 261841 万元，当年列支 306468 万元，结转下年 217516 万元（不包括国债转贷资金 14320 万元），分别是：文化发展基金 317 万元、粮食风险金 26405 万元、粮食挂账亏损基金 13126 万元、医疗保险金 27878 万元、偿债基金 54567 万元、重点建设基金 25612 万元、附加基金 24764 万元、小水电基金 60 万元、外贸发展基金 1336 万元、副食品风险基金 3754 万元、国债转贷资金利息 5550 万元、国储粮油利费补贴 17825 万元、中央副食品风险金 1493 万元、地震项目资金 633 万元、风险抵押金 162 万元、涉案待处理资金 3084 万元、出口商品贴息 5973 万元、中小企业市场开拓资金 194 万元、甲字 506 粮销售收入 174 万元、外汇额度有偿调剂人民币资金收入 4609 万元。

2003 年底省本级人民币周转金基金为 99384.24 万元，借入上级周转金 24722 万元；财政周转金贷款 16627.33 万元，借给下级周转金 90772.14 万元，年底银行存款 16706.77 万元。

二、对 2003 年省本级预算执行情况的基本评价

2003 年，在省委、省政府的正确领导下，省财政、税务等各有关部门在实施省本级预算和其他财政收支过程中，面对“非典”疫情突发造成的困难，严格依法治税管费，狠抓增收节支，积极推进财税改革，规范预算管理，确保了省本级各项收支预算任务的完成，为促进我省经济和社会事业发展、保障社会稳定发挥了积极的作用。

（一）财政收入增长势头强劲，收入结构趋于优化。2003 年全省财政收入在战胜“非典”疫情的情况下，仍保持了 16.5％的增长势头，为“九五”以来的最高增幅。2003 年省财政虽对市、县实行了超收比例返还和全额返还的激励政策，但省本级财政收入保持了 6.4％的增幅，成绩来之不易。财政收入的总量增长中，与经济发展质量密切相关的主体税种增长突出。2003 年省本级一般预算收入中增值税完成 274877 万元，增长 24.3％；营业税完成 130596 万元，增长 8.25％。税性收入占一般预算收入的 68.96％，第二产业作为稳定财源的地位进一步显现。

（二）审时度势，科学安排和适时调整支出结构，确保社会稳定。面对突如其来的“非典”疫情，通过紧急动用预备费、调整部分专项支出等措施，保障了防治“非典”工作的有效开展。加大社会保障资金的支出力度，2003 年省本级社会保障支出 278860 万元，占一般预算支出的 18.25％，较上年增长 99％，保障了再就业、基本养老资金的需要和城市贫困人口的基本生活，推动了企业改制和破产项目的实施。加大面向农村救灾、扶贫等方面的投入力度，确保了灾区群众的温饱。加大对贫困县转移支付力度，使我省贫困县、乡工资发放状况有了较大改善。保障了党政机关和政法部门的经费，确保了党政部门和政法机关的正常运转，维护了社会稳定。

（三）加大对社会公共事业及基础产业的投入力度，社会主义公共财政的作用进一步得以发挥。2003 年省本级一般预算支出中，农业支出为 35870 万元，较上年增长 7.1％，为稳定农业的基础地位提供了资金保障；科技教育共支出 121746 万元，与 2002 年科教项目专款拨付办法调整前同口径相比，增长 8.35％，确保了“科教兴冀”战略的实施；公共卫生支出 68629 万元，较上年增长 23.53％，提高了应对诸如“非典”疫情等突发事件的能力。同时，围绕着省委、省政府确定的 2003 年四项重点经济工作，向省级四家政府投融资机构充实了资本金 1.75 亿元，支持了农村公路、城乡电网改造、市政工程、大型水库除险加固等基础设施和重点项目，同时也支持了传统产业改造升级和高新技术产业发展，促进了我省投资、国企改革、发展民营经济和对外开放各项工作的顺利进行。

（四）深化预算改革，预算管理体系进一步完善。2003 年省财政相继出台了《关于进一步深化财政改革规范省级预算管理的意见》、《省级财政专项资金分类分口切块预算管理办法》等一系列改革措施。同时积极完善省以下财政收入体制，按照体现激励先进、重点扶持的原则，对不同地区分类施策，充分调动市县培养新的经济增长点、培植新的财源、增加财政收入的积极性。财政集中支付改革稳步推进。从 2003 年第四季度起，省财政将省政府 23 个组成部门一级预算单位的所有财政性资金统一纳入国库单一账户体系，实行了零余额清算；进一步规范了政府采购工作，修订了政府采购预算、招投标管理等有关制度，采购范围扩大到财政拨款的基本建设项目；进一步深化了收支两条线管理改革，着力优化经济发展环境，为治理“三乱”提供制度保障。

三、预算执行和其他财政收支中存在的问题

（一）预算编制与执行不一致的问题时有发生，部分部门预算编制尚欠科学性

部分部门预算外收支预算编制准确度低。预算外收入是省直部门综合预算的重要组成部分。部分单位年初预算中预算外收入测算准确度偏低，致使年初预算与实际执行结果相差悬殊。如：河北省职考中心 2003 年年初预算外收支预算均为 60 万元，实际收入 896.76 万元，是年初预算的 14.95 倍；2003 年实际支出 156 万元，是年初预算的 2.6 倍。省普通中等教育考试服务中心 2003 年年初预算外收支预算均为 668.99 万元，实际收入 1540.91 万元，是年初预算的 2.3 倍；2003 年实际支出 983.99 万元，是年初预算的 1.47 倍。省工商局系统 2003 年年初预算外收支预算均为 4394 万元，实际收入 7427.05 万元，是年初预算的 1.69 倍；2003 年实际支出 7522 万元，是年初预算的 1.71 倍。

固然预算外收入有其一定的不确定性，不可能完全做到准确预测，但实际执行结果与年初预算差距过于悬殊，也属不正常。而且这种“不正常”基本上都表现为既“超收”又“超支”，极易造成部门之间经费标准的不平衡。

（二）部分支出事项未及时处理，影响财政决算的真实性

2003年一般预算中暂付款余额为30552.03万元，其中：1998年以前形成14329.73万元；2000至2002年形成9130.77万元，2003年形成7091.53万元。其中部分暂付款已形成实际支出，需由预算列支解决。如：1998年以前省经济开发投资公司借款11300万元，省人大、政协、省委办公厅等已实际发生的会议费1210万元，省纪委借款850万元等。支出的应列未列不仅影响了当年财政决算的真实性，而且一旦偶遇财政入不敷出的年份，极易形成隐性赤字。

（三）税收征收管理有待进一步加强

征管不到位，应征未征、漏缴税金的问题仍然存在。主要是部分部门单位未按规定代扣代缴个人所得税及单位取得的其他收入未按规定缴纳相应税金。如：全省公安系统漏缴各种税金6360.64万元；中国人寿保险公司河北省分公司系统漏缴各项税金146.22万元，其中漏缴个人所得税84.26万元、营业税及附加60.82万元、其他税金1.14万元；河北省道路开发中心漏缴营业税及附加15.08万元。

（四）非税性财政收入监管偏松，部分单位仍未严格执行“收支两条线”的规定

中华会计函授学校河北分校2003年收取学费、培训费共计235.55万元；河北商贸学校培训中心2001年至2003年培训费收入共计250.4万元；河北政法函授大学2003年度收取学员学费420.7万元；省委党校收取学费、论文费等1519.77万元。上述资金均未按规定缴入财政专户。

（五）部分部门和单位乱收费、乱摊派、乱集资、盲目投资问题依然存在

1.部分单位乱收费、乱摊派、乱集资

河北省煤田地质局2003年无证收取下属单位管理费85.9万元；省民族宗教厅以前年度以筹建培训中心名义收取5个民族自治县赞助款180万元；河北商贸学校自1989年起以建商品房、教学楼等名义集资1162.75万元，目前仍有1092.71万元集资款尚在计息未还；省煤田地质局1997年以上多经项目为由向职工集资237.5万元，由于项目未落实，至今借款本息均未退还职工，该局所属物测队2003年向职工集资655.8万元用于购买地震仪，年利率为5%，截止2003年底未归还本息。

2.对外投资可行性研究不充分，管理无方，导致国有资产大量缩水

河北省煤田地质局截止2003年底共计对外投资12718.14万元（其中在“长期投资”科目中5029.4万元，往来款科目中7688.74万元），投资到47个项目。由于投资项目可行性研究不充分，经营管理不善，投资项目全部亏损。截止2003年底共亏损1359.5万元，占投资总额的11%。

（六）部分单位资金、资产管理不规范

1.部分企事业单位采取多种方式隐瞒收入。河北省青少年发展基金会将明信片发行收入计入“其他应付款”科目，年末余额315.53万元；省委党校将收取的教材、培训费、存款利息、房租等943.63万元在“其他应付款”核算，未计入单位收入；省科学院院部、地理所、激光所、后勤服务中心等单位少计收入99.17万元。

2.往来款项清理不及时。省计生委机关2003年底“其他应收款”余额506.73万元、“其他应付款”余额230.4万元，挂账时间较长；省司法厅机关“暂存款”余额123.15万元；河北省人民政府口岸办公室截止2003年10月12日“暂存款”账户挂账138.81万元；省委党校截止2003年底预算外“其他应收款”余额为233.33万元，“其他应付款”余额达4362.98万元。

3.部分单位资产管理混乱，国有资产的安全完整存在隐患。固定资产基础管理薄弱，大量固定资产未登记入账，形成资产管理漏洞。如：河北省煤田地质局及下属单位应计未计固定资产454.17万元；省水产局渔政处2003年购置汽车2辆计27.02万元，省计划生育委员会机关服务中心2003年购置摄像机等共计17.85万元，河北青年企业家协会2003年购雅阁轿车1辆及电脑、打印机等共计28.23万元，均未按规定计入固定资产账。

四、行业及专项资金审计

（一）行业审计

2003年，省审计厅组织全省各级审计机关对我省公安系统2002年度财政财务收支情况进行了审计，共发现各种违规问题65086.19万元。

一是隐瞒收入17075.08万元。如：唐山市交警支队2002年度隐瞒应缴省级行政性收费收入1900.6万元，罚没收入中2460.94万元未上缴同级财政预算；保定市交警支队隐瞒应缴省级交管规费

收入1565.82万元；石家庄足利驾校隐瞒省级规费收入115.2万元。

二是应缴未缴财政预算外专户资金2928.7万元。如：石家庄市公安局护运中心2002年度收取保安服务费347.8万元，未按规定上缴财政专户。

三是挤占挪用专项资金和物资，其中挤占挪用专项资金951.6万元。如：正定县交警大队在经费支出中垫付县公安局基建款、报销上级主管部门费用等共计93.5万元，另外还挪用侵占涉案扣押、暂扣款物418.74万元；邢台市违规使用涉案扣押及借用车辆54部，仅任县公安局就盘盈车辆24部，其中借用11部、涉案扣押13部；承德市双桥公安局占用暂扣保证金136万元；昌黎县公安局2002年各分局及派出所挪用暂扣款122.7万元，黄金海岸分局部分科室占用电视机、VCD机等涉案暂扣物品，县交通警察大队2002年挪用交通事故押金115万元用于本单位基建支出。

四是设置账外账2043.43万元、私设"小金库"159个，总金额2631.63万元。其资金主要来源一是截留、坐支行政性收费、罚没款。如：沧州市交警二大队1997年以来由财会部门以外人员经管的账外收取罚没款、通行证费、存车费返还等共计378.31万元，除剩余7.6万元现金外，其余已全部坐支。二是看守所经营收入设立账外账。石家庄市第一看守所在财务账外另设综合账、特费账、犯人现金三套账簿，收入共计129.7万元，相关支出直接从中列支，形成账外账；保定市看守所使用普通收据收取小卖部利润、加工费、会见费等101.55万元，未纳入财务账统一核算。三是房租收入、各种返还收入以及向企业、单位巧立名目收取的各种费用。石家庄市经济文化保卫分局擅自在银行开立账户，单独核算向有关企业收取的经济民警工资、周转金及保证金等共计275.5万元，未纳入该单位财务统一管理；三河市公安局下属各派出所提取的炸药提成款191万元，未纳入公安局财务账统一管理，由各派出所自行开支；张家口宣化区公安局将房租收入、赞助款、没收炸药变现款共计23.66万元，另设账目核算。

五是乱收费、乱罚款、乱摊派5139.86万元。其中：乱收费3430.06万元。如衡水市公安局2001年至2003年6月自立名目按每辆汽车100元的标准收取汽车建档检验费共计119.77万元。乱摊派1059.64万元。如沙河市公安局向平乡煤矿、兴达饲料公司等单位收取"捐款"共240笔，金额达333.76万元。乱罚款650.16万元。如保定市交警支队市区内"电子眼"抓拍机动车闯红灯信号超出规定标准罚款376.06万元。

对审计查出的问题，省公安厅高度重视，全省公安系统集中利用两个月时间进行了全面整改，查找财务管理、财务监督、执法活动和执行财经法纪的薄弱环节，分析问题的成因，制定和完善财务管理与监督的规章制度，整改工作取得明显成效。

（二）专项资金审计

1. 全省2001年至2002年度扶贫专项资金拨付、管理及使用情况的专项审计

围绕"三农"问题，省审计厅2003年组织全省各级审计机关对我省2001年至2002年度扶贫专项资金拨付、管理及使用情况进行了审计，审计总金额达102789万元，查出各类违规资金2705.6万元，审计促进资金到位4684.17万元，归还原资金渠道900.2万元。存在的主要问题：一是财政占用扶贫专项资金1008万元。二是随意改变投向135万元。三是扶贫主管部门和用款单位擅自改变项目计划1225.05万元。四是扶贫主管部门和用款单位弥补本单位行政经费136.35万元。五是扶贫主管部门和用款单位擅自计提收取费用20.06万元。

在扶贫贴息贷款管理和投放中，一是贷款发放慢，滞留计划指标数额较大。如：张家口市两年共下达指导性扶贫贴息贷款规模32800万元，实际只完成28097万元(其中含收旧贷新11464万元)，占计划的85.66%，少投放4603万元；邢台市两年共下达扶贫贴息贷款计划规模11900万元，实际投放6721万元，占计划的56.48%，少投放5179万元。二是个别贷款贴息到位率低，如：沧州市2001至2002年度应贴息1212万元，实际贴息671万元，到位率仅为57.23%；三是个别农行存在骗取贷款贴息问题。

2. 防治非典专项资金和社会捐赠款物专项审计

省审计厅去年组织全省审计机关对非典型肺炎疫情发生以来至2003年7月31日全省防治非典专项资金和社会捐赠款物的筹集、分配、拨付、管理和使用情况进行了专项审计，并延伸审计了部分医院、防疫、学校、乡镇(街道)、交通运输、市政公用等5451个有关单位。

审计结果表明，截止2003年7月31日，全省共安排和接收防治非典专项资金和捐赠款物(折款)

122139.43万元，其中：中央财政补助资金12319万元，省、市、县三级财政安排资金67823.92万元，其他部门安排资金3566.44万元，社会各界捐赠款物折款38430.07万元。已拨付104190.81万元，其中：中央财政拨付6159万元，省、市、县三级财政拨付资金61567.89万元，其他部门拨付资金3566.44万元，社会各界捐赠款物折款32897.48万元。尚未拨付17948.62万元，其中：省、市、县三级财政未拨资金12416.03万元（含中央财政补助资金6160万元），社会各界捐赠款物折款5532.59万元。延伸审计的医院、防疫、学校等5451个防“非典”资金最终使用单位，涉及资金及款物96605.43万元，实际支出162915.28万元。

审计结果表明，全省各级财政、民政、卫生、红十字会、慈善协会等部门在防“非典”资金的筹集、接收、管理、拨付使用中，内控制度健全，专人负责、专账管理，财务会计核算较规范，基本做到了管理有序、投向合理，专款专物专用，为有效地遏制“非典”疫情和“非典”患者的救治提供了资金和物资保证，发挥了财政专项资金和捐赠款物的使用效益。

在审计中共查出有问题资金10638.87万元。其中：分配、拨付财政资金及捐赠款物不及时557.4万元，未向捐赠人出具合法、有效收据6327.59万元，捐赠款物未实行专账管理182.22万元，挪用、挤占财政资金及捐赠款物94.15万元，捐赠物资拨付和库存账实不符1858.69万元，部分单位虚报防非典费用支出401.04万元，固定资产入账不及时404.37万元，超限额使用现金371.04万元等。

上述问题，各级审计机关均依法进行了审计处理，有关部门和单位对审计查出的问题已按审计决定进行了纠正，去年省审计厅已将防“非典”资金的审计结果向社会进行了公告。

3. 全省收费道路建设及道路收费站点车辆通行费收费还贷情况专项审计

为配合治理公路“三乱”工作，规范我省收费公路的经营管理，堵塞收费管理漏洞，推动我省公路事业的持续健康发展，省审计厅组织全省11个市及部分县（市）审计机关对我省收费道路建设及道路收费站（点）车辆通行费收费还贷情况进行了审计。审计查出应缴未缴道路通行费、乱列费用、挪用贷款和道路建设违规操作等问题资金70268.07万元。主要发现以下问题：

一是道路工程投资不实。主要包括收费经营性路段注册资金不到位、虚报注册资金。如：邯郸海峰公路发展有限公司经营管理马峰线新坡收费站，公司协议注册资金9600万元，经审计，实际到位资金7257万元，其中邯郸光大公路开发有限公司以部分路基折价3120万元；香港华海协议出资5760万元，实际到位资金3557万元，相差2203万元；河北亚太协议出资720万元，实际到位资金580万元，相差140万元。河北大正公路开发有限公司负责经营管理邯临路永年、曲周收费站，公司协议注册资金6332万元，其中邯郸光大公路开发有限公司（国有）以路基折价6032万元中的1900万元作为注册资金，占注册资本的30%；河北华正国际企业集团（民营）应出资4432万元，占注册资本的70%。截止审计时，名义上占控股地位的河北华正国际企业集团仅实际出具注册资金165万元。不按协议出具注册资金或注册资金不到位，不仅影响了公路经营公司注册资金的真实性，而且一旦在公路营运中非国有公司未按协议出具注册资金，却以协议注册资金所占股份进行效益分成，势必将造成实际上的国有资产流失。

二是部分路段工程未实行招投标，违规加大或减少工程成本，使工程成本不实。如：截止2002年末唐山市唐港高速公路房建、绿化工程共计完成投资5063.67万元，均未实行招投标；公路材料供应也未实行招投标，由唐山市交通局物资供应处组织供应，通过加收管理费和运费的形式，获取净收益545.13万元，加大了工程成本。

三是工程决算不及时，资料不全。如：截止审计时保定市收费还贷公路均未进行工程决算，使工程投资底数不清。道路工程不经决算，直接影响项目投资的真实性，审定收费期限时没有工程总投资为主要依据，则收费起止时间的确定必然带有一定的盲目性。

四是还贷资金紧张，还贷能力低下。截止2002年底，纳入审计范围的收费站点，已还清建设贷款的站点为零。虽然有部分站点通行费收入已远远大于路段的投资额，但由于交通部门道路建设贷款实行的是“统贷统还”，使部分收费效益较好的站点背负了部分收费效益较差站点的还贷任务，加之通行费开支上的截留、挪用等，也直接影响了收费效益好的站点的还贷资金使用。审计还发现，部分站点由于先天不足，通行费收入仅够维持正常人员经费开支，收费还贷运营陷入恶性循环，新贷还旧贷，贷款额日益加大，包袱沉重。

4. 固定资产投资专项审计

全省固定资产投资审计共完成审计项目493个，审计项目总金额111亿元，查出违规问题金额71616万元，应上交财政4641万元，已上交4337万元，通过审计为国家节约建设资金16473万元。工程建设中虚假招投标、弄虚作假、肢解工程、超规模超标准超投资、偷逃欠缴税费等现象严重存在。如：黄壁庄水库项目应招标而不招标或不公开招投标，直接发包给施工单位，涉及金额达7200余万元。滹沱河、滏阳河、大清河等5条省内河流的治理工程中，省水利工程局、邢台市水利工程处等施工单位，将中标的项目分包、转包给无水利施工资质的当地县水利局甚至个人，违规转包、分包金额达1520万元。在宣大道路工程审计项目中，发现存在严重的偷工减料问题。路面厚度没有达到设计图纸厚度标准，有的厚度竟与标准相差90毫米，不但厚度不够，其强度也全部未达到技术标准要求。有20公里的隔离带下没有做灰土垫层。抽查的问题工程涉及合同金额18000万元。这不仅影响了道路的工程质量，也为行车安全埋下了重大隐患。

审计结束后，省审计厅向省政府提交了综合报告，引起了省领导的高度重视，郭庚茂常务副省长和宋恩华副省长先后作了批示并要求省政府办公厅就河道治理项目审计结果专题向各市人民政府和省政府有关部门发了通报。

根据《中华人民共和国审计法》及相关法律法规，审计机关对审计中查出的问题依法进行了严肃处理。2003年全省审计机关查处各种违规资金953922万元，其中应上交财政资金131283万元，已上交财政97480万元。对其他违规资金也进行了归还原资金渠道、调整账目等相应处理，并将性质严重、涉嫌触犯党纪政纪及刑律的有关人员37人移送司法机关或纪检监察部门处理。其中：已判处有期徒刑1人，给予党政纪处分的19人，其余仍在审理之中。

五、几点建议

（一）进一步提高财政预算编制的科学性，强化预算执行的严肃性和约束性

财政年度预算不仅是依据《预算法》编制的，而且是经同级人民代表大会通过的。预算的执行是一件十分严肃的事情。而预算是否能够得以严格遵循和执行，这不仅取决于预算执行单位的法制意识，而且取决于预算本身的科学性。诚然，既称之为预算，就包含了预先测算时因某些非确定性因素所造成的不准确性，预算执行中针对变化了的具体情况依照法定程序进行必要的变更调整是必要的和难以完全避免的，执行结果与预算出现一些差异也在情理之中。但一些单位的预算与执行结果出现几倍乃至十倍以上的差距，说明预算编制的科学性尚待提高。

在提高预算编制科学性的同时，财政、审计要加强对预算执行过程中的监督。对编制虚假预算、套取财政资金以及在预算执行中无正当理由和不依法定程序随意变更的行为要予以及时更正和坚决制止，情节严重者予以通报批评直至追究单位领导及相关人员的责任。

应进一步提高预算编制的科学性，硬化预算约束。一是进一步深化综合预算改革，完善预算内外资金统筹管理办法，在全面科学地测算税源、费源的基础上，编制符合公共财政要求，符合各部门、各单位实际收入支出的综合预算。尤其要进一步增强预算外收入预算测算的准确度，减少因个别部门超收过多，年度预算执行中随意追加预算，而造成部门间经费不公平现象的发生。二是要进一步硬化预算约束，要把预算编制和预算执行统一起来，进一步加大对项目预算执行情况的考核。要重视对已列入部门预算需二次分配的专项支出和补助地市支出的跟踪问效，监督有关部门及早做出具体支出计划、将各类支出细化到具体项目上，以提高预算执行的可行性和真实度。

（二）清理、整合部分财政专项资金，建立健全预算外资金、专用基金利息管理制度，进一步发挥财政资金的整体效益

从审计的情况看，2003年省本级专用基金结余为217516.27万元，基金项目中包括文化发展基金、粮食风险金、偿债基金、重点建设基金、附加基金、小水电基金、外贸发展基金、副食品风险基金、国债转贷资金利息、地震项目资金、风险抵押金、涉案资金待处理、出口商品贴息、中小企业市场开拓资金、外汇额度有偿调剂人民币资金收入等21项。随着我国改革的进一步深入和经济形势的进一步发展，有的基金已不符合目前形势的需要，有的基金已多年没有收入和支出，形成了沉淀的财政资金，没能充分

发挥其应有的使用效益，为此建议省财政厅在国家政策允许的范围内，根据河北的实际，对财政专用基金进行清理、整合，使部分沉淀的财政资金发挥应有的效益。

鉴于我省财政专户和专用基金账户已滚存大量利息，如：2003 年省财政厅国库处存预算外专户存款利息 2671.53 万元；省财政厅专用基金账户存附加基金（专用基金利息收入）27763.57 万元。这些利息是增值的财政资金，应让其为河北的经济发展发挥应有的作用。从整合资金办大事的角度出发，建议财政厅在国家法律、法规允许的范围内，研究制订能更好发挥财政资金整体效益的预算外资金、专用基金利息管理办法。

（三）进一步强化法制意识，全面提高依法理财的水平

综合分析审计中发现的财务管理方面存在的违法违规问题，除极个别的属于明知故为、故意违规外，更多的则是属非故意行为。其中一个很重要的原因，就是一些领导干部和部分财务工作者法制观念淡薄。有些领导同志虽被赋予"当家"的职责，但却缺少"理财"的意识，"当家"而不"理财"，疏于机关财务管理；还有些领导同志虽有"理财"的意识，却缺乏"依法"的观念，或机关内部财务制度不健全，或有章不循，制度形同虚设，导致违规问题屡查屡犯、屡禁不止。还有一些财务工作者不仅缺乏必要的业务知识，导致机关账目混乱，票据使用不规范，而且缺乏财会人员应具备的职业道德，不坚持原则，弄虚作假现象时有发生。当前，亟待加强财经法规和相关业务知识的学习和教育，以全面提高领导干部和广大财会人员的法律素质和业务水平。通过加强思想教育和法制学习，提高依法理财的自觉性，牢固地树立一道守法遵规的自律线；通过进一步完善和深化财政预算改革，建立健全相关的制度，牢固地树立一道守法遵规约束线；通过加强对《中国共产党纪律处分条例》的学习，尤其是通过对《条例》中相应的有关违反财经法规处分条款的学习，牢固地树立一道杜绝违法违规的警示线；不断加大审计监察等部门的日常监督力度，牢固地树立一道监督线，这应是防止发生重大财经违规问题，全面提高依法理财的治本之策。

主任、各位副主任、秘书长、各位委员：今年的省本级预算执行审计工作，在省委、省政府的正确领导和省人大的有效监督和大力支持下，在维护《中华人民共和国预算法》和《中华人民共和国审计法》的权威性、推进深化财政预算管理改革方面取得了一定成效。作为经济执法部门，省审计厅的工作一直得到了省人大的大力支持。在此，我代表省审计厅向省人大常委会的各位领导和各位委员表示衷心的感谢，同时欢迎省人大常委会进一步加强对审计机关依法监督的力度，对审计工作及时提出批评和建议。我们将继续以邓小平理论和"三个代表"重要思想统揽全局，深入学习贯彻党的十六届三中全会、省委六届四次全会、中央和省经济工作会议以及全国审计工作会议精神，高扬"树正气、讲团结、求发展"的主旋律，以充分发挥审计对权力监督的作用为主题，以服务"第一要务"为宗旨，以"全面审计、突出重点"为指针，以全面提升审计成果质量为主线，以加强审计机关队伍建设为保障，为实现我省"翻两番、三步走"全面建设小康社会的奋斗目标，发挥审计应有的职能作用。

关于2004年1—6月全省及省本级财政预算执行情况的报告

——2004年7月17日在河北省第十届人民代表大会常务委员会第十次会议上

河北省财政厅副厅长　陈金城

主任、各位副主任、秘书长、各位委员：

受省政府委托，现将2004年1—6月份全省及省本级财政预算执行情况、存在问题及下一步工作报告如下，请予审议。

一、2004年1—6月份预算执行情况

今年上半年，全省各级政府及财税部门认真贯彻落实党的十六大、十六届三中全会和省委六届四次、五次全会精神，高扬"树正气、讲团结、求发展"的主旋律，全面落实科学发展观，继续推进财政改革，进一步规范财税管理，大力支持经济和社会事业发展，全省及省级财政预算执行情况良好。

（一）财政收入持续快速增长，全面实现任务过半

1—6月份，全省全部财政收入完成424.5亿元，占年计划的63.6%，超时间进度13.6个百分点；同比增收112.1亿元，增长35.9%，进度和增幅都是1998年以来最高的。其中，地方一般预算收入完成213.7亿元，占年初预算的61.9%，超时间进度11.9个百分点，同比增长32.7%，高出全国地方收入平均增幅9.6个百分点，在全国居第4位。从地方主体税种看，增值税完成49.9亿元，增长44%；营业税完成42.9亿元，增长35.4%；企业所得税完成20.5亿元，增长36%；个人所得税完成11亿元，增长25.6%。从预算级次看，省本级一般预算收入完成57.1亿元，占年初预算的62%，同比增长37.9%；11个设区市地方一般预算收入完成156.6亿元，完成预算的61.3%，同比增长30.9%，全部实现了时间任务双过半。

1—6月份，全省政府基金（不含社保基金，下同）收入完成44.5亿元，占预算的81.5%，增长96.8%；省本级基金收入完成32.8亿元，占预算的82.8%，增长94.7%。主要是土地有偿使用收入增收7.8亿元、新增转让津保高速公路收费权收入9.6亿元。

财政收入快速增长，主要有以下几方面原因：

第一，经济快速增长带动了税收增长。今年上半年，我省经济保持平稳快速增长的格局，带动了税收的较快增长。从税种看，与经济增长密切相关的国内"两税"、营业税、企业所得税、个人所得税共增收93.5亿元，占全部收入总增收额的83.4%，拉动增长29.9个百分点。分行业看，钢铁及相关行业对税收增长的影响最大。黑色金属冶炼及加工业、黑色金属矿采选业增值税共增收36.9亿元，对全省全部财政收入增长的贡献率达32.9%，拉动增长11.8个百分点。商业、电力、煤炭、机械4个行业增值税共增收19.7亿元，对全省全部收入增长的贡献率为17.6%，拉动增长6.3个百分点。

第二，非税收入增长较快。上半年，全省一般预算收入中非税收入完成49.6亿元，同比增收14亿元，增长39.2%，占地方收入增收额的26.5%。其中，国有资产经营收益增收1.8亿元，主要是国企改革步伐加快，国有资产出售转让收入增加；行政性收费收入增收5.6亿元，主要是根据国家规定，今年将76项行政事业性收费纳入预算管理，增收较多；罚没收入增收3.2亿元，主要是加强超载车辆治理、加大经济案件办案力度等增收；专项收入增收2.3亿元，主要是新开征地方教育费附加增收。

第三，体制创新和加强征管对拉动收入增长发挥了重要作用。去年，省政府对市县实行了激励性财政体制，今年省级分成增长率比去年降低1个百分点，这一优惠政策对促进市县经济发展和财政收入增长的激励作用进一步显现。同时，全省财税系统严格依法治税管费，强化征管也促进了财政增收。上半年，国税系统清缴以前年度欠税和呆账税款14亿元，缓征税款25.2亿元全部入库，共计39.2亿元，比上年同期增收22亿元，约占全部收入增收总

额的19.6%，拉动增长7个百分点；地税系统加强税源监控，大力清理漏征漏管户；财政部门大力加强收支两条线管理，努力堵塞征管漏洞，坚持应收尽收。

(二)财政支出进度正常，重点支出保障较好

1—6月，全省一般预算支出266.2亿元，占预算的44.8%，同比增长14.6%，支出进度比上年同期加快2.1个百分点，增幅比上年提高1.1个百分点。省本级支出58.3亿元，占预算的45.1%，进度比上年加快3.2个百分点；同比减少5.2%，主要是去年抗击非典中央社会保障转移支付到位较早、支出较多。

1—6月份，全省政府基金支出25.6亿元，占预算的33.3%，增长35.9%；省本级基金支出13.4亿元，占调整预算的26.7%，同比减少1.4%。

上半年的支出有以下几个特点：

1.坚持以人为本，保证社会保障支出需要。一是继续落实"两个确保"、"一个低保"政策，积极推进就业再就业工程，保障了国有企业下岗职工基本生活费和企业离退休人员养老金按时足额发放，保障了城镇贫困人口的最低生活需要。二是积极支持公共卫生工程建设，继续搞好新型农村合作医疗试点，完善了公共卫生事业财政补助政策。三是做好灾区救济工作，对灾区困难群众给予了有效救助。

2.加大对"三农"支出力度，保障了中央和省定各项惠农政策的落实。一是严格按规定核减了农业税税率，全省农业税加权平均税率由2003年的6.81%下调至3.75%，下降了3.06个百分点，同时取消了除烟叶以外的农业特产税，农民人均负担平均比去年又下降45.8%。二是认真抓好粮食直补政策的落实。我省筹集的粮食风险金6.08亿元，6月15日前已全部发放到种粮农民手中，全省1370万农户领取了种粮补贴，5307万农民受益。三是全力做好高致病性禽流感防治工作。在搞好资金调度和物资储备供应的同时，认真研究制定财政补助政策和资金管理办法，保证了全省防治高致病性禽流感战役的胜利。四是积极支持农村教育、文化事业发展。认真实施农村中小学危房改造和布局调整工程，建立和完善了省级补助、市县筹措的资金保障机制。

3.大力支持经济建设和国有企业改革，促进了全省经济快速发展。一是积极争取中央国债资金，加强国债资金投资项目管理。上半年争取国债补助资金11.6亿元，重点支持了南水北调、大型水库除险加固、京津风沙源治理、退耕还林等项目。二是支持国有企业改革，省对市安排转移支付资金1.4亿元，用于分离企业办社会；省级安排1亿元资金支持企业破产安置工作。三是积极推进中小企业信用担保体系建设。全省市、县建立担保机构36家，筹措担保资金5.9亿元，其中，各级政府出资4.55亿元，促进了中小企业和民营经济的发展。

4.进一步深化财政支出改革，保证了预算的顺利执行。财政部门围绕全省中心工作，集中力量抓重点，细化措施抓落实，各项改革进一步深化，财政管理的规范化、科学化水平进一步提高，保证了预算的顺利执行。一是国库管理制度改革继续向纵深发展。进一步扩大省级改革试点范围，目前省级106个一级预算单位全部实行了国库集中支付制度。二是政府采购规模和范围进一步扩大。1—6月，全省组织政府采购7863批次，采购金额24.2亿元，比上年同期增长73.1%，比预算节约资金3.5亿元，资金平均节约率达12.5%。

二、预算执行中存在的主要问题

从上半年预算执行情况看，今年比上年增收幅度较大，其中，有清理欠税因素和一定的不可比性。下半年，国家宏观调控效应将进一步显现，加上减收增支因素增多，财政收入增长趋势会受到一定影响，可能出现前高后低的现象，因此，完成全年预算收入任务，仍需付出艰苦努力。

(一)国家宏观调控政策对全年财政收入增长将有较大影响。上半年中央宏观调控政策的实施，使作为我省经济和财政支柱产业的钢铁工业受到较大冲击，钢铁企业产量增幅下降、库存增加、价格下滑、部分企业盈利能力减弱甚至亏损，财政收入增长有所趋缓。下半年，国家宏观调控政策的影响将进一步显现。初步预测，全省下半年增值税将因此减收20亿元左右。

(二)政策性减收对完成全年收入任务形成压力。一是出口退税将影响财政收入30亿元左右。今年国家实行中央与地方共担的出口退税新政策，上半年，全省出口退税6.6亿元，大量的出口退税将集中在下半年。据预测，全年出口退税可达42亿元，比年初计划多30亿元左右。二是降低农业税税率预计减收农业税11.7亿元，取消除烟叶以外的农业特产税减收0.8亿元。三是调高增值税起征点，将减收增值税3.8亿元。

（三）财政面临的增支压力日益加大。一是人员工资欠帐较多。我省机关事业单位个人收入水平偏低，在全国处于落后地位。全省仍有近50个困难县国家统一政策工资尚未完全落实，全省县乡还有相当规模的工资陈欠。二是改革成本加大，资金筹措困难。目前推进国企改革、事业单位体制改革、职务消费改革、福利货币化改革等等，都需要财政付出大量的改革成本。三是化解社会矛盾增支较多。随着改革的深入，多年长期积聚的众多社会矛盾逐渐暴露，维护社会稳定的支出不断增长。四是统筹城乡发展，解决农村扶贫解困、社保体系建设、农民粮食补贴、农村劳动力转移、农村公益事业发展和支持农业生产等“三农”问题增支巨大。五是随着社会发展，发展公益事业、基础设施建设、信息化建设、改善执法条件等需求缺口也很大。

三、下半年主要工作

从全年形势看，下半年减收增支压力很大，预计下半年财政收入增幅将回落，但预计能够完成年初收入任务，并努力有所超收。同时，中央对政策减收将给予一定转移支付补助，为确保全年财政收支平衡创造了条件。

下半年，全省各级政府及财税部门将在省委的正确领导和省人大的监督支持下，继续以科学发展观指导财政改革与发展，大力抓好增收节支，加强财税管理，确保全年预算任务的圆满完成。

（一）全力抓好增收节支，确保完成全年预算收支任务。密切关注宏观经济形势变化，认真落实加强收入征管的各项措施，努力克服宏观调控和各种减收因素的影响，切实改进和强化税费征管，在加强重点行业税收征管的基础上，严厉打击偷漏骗税行为，不断培育新的收入增长点，努力保持财政收入快速增长的良好势头。同时，严格控制和节减经常性支出，保证重点支出需要，切实加强财政资金的管理和监督，实现保重点、保稳定、保平衡的目标任务。

（二）进一步抓好各项财政改革措施的落实。进一步完善和落实预算管理改革的各项制度办法，完善预算决策机制，探索试行绩效预算和滚动预算。加快国库管理制度改革步伐，做好改革扩面延伸工作，加快支出进度。推进政府采购工作上台阶、上水平。进一步深化农村税费改革，推进相关配套改革，加强和规范农业税征管与涉农收费管理。深化粮食直补和粮食流通体制改革。

（三）充分发挥财政职能作用，保重点、保稳定、促发展。一是加大对困难县的转移支付力度，确保公教人员工资发放和政权机关正常运转。二是突出支持四项重点经济工作，促进全省经济加快发展。统筹安排运用好财政资金，充分发挥好财政资金的引导作用，管好用好国债资金，发挥国债投资对改善投资结构、优化产业结构的促进作用。认真落实好国企改革的各项政策，加大对民营经济的引导和支持力度，完善和出台中小企业信用担保资本金管理的各项制度。继续抓好出口退税机制改革，全面落实出口退税政策，促进引进外资和外贸出口。三是统筹城乡发展，加大对“三农”的支持力度。切实抓好各项涉农财政政策措施的落实，从体制、政策、资金等方面推进农村小康建设进程。支持农村公共卫生体系建设，做好农村合作医疗试点工作。支持教育扶贫工程，促进农村中小学危房改造和布局调整。四是大力支持“民心工程”，落实好社会保障、公共卫生工程和农村公路建设资金，切实做好监督检查，确保完成各项目标任务。五是突出重点，统筹社会各项事业发展。落实好教育、科学、文化、卫生等事业发展资金，以支持社会公益性事业为重点，加大资金整合力度，集中财力办大事，努力推进全省经济社会的持续稳定协调发展。

（原载《河北省人大常委会公报》）

再接再厉　乘势而上
努力开创全省农村改革发展稳定的新局面

——在全省农村税费改革试点工作会议上的讲话

河北省常务副省长　郭庚茂

(2004年7月18日)

同志们:

这次全省农村税费改革试点工作会议,是在农村税费改革进入新阶段的一次十分重要的工作部署性会议。主要任务是,以"三个代表"重要思想和科学发展观为指导,贯彻落实全国农村税费改革试点工作会议精神,总结四年来我省改革工作经验,分析研究改革进程中的新形势、新情况,安排部署当前和今后一个时期我省深化改革的各项工作。一会儿,省委副书记、省农村税费改革领导小组组长冯文海同志还要作重要讲话,大家要认真学习,深刻领会,抓好落实。下面,我先讲几点意见。

一、认真总结经验,深入推进农村税费改革试点工作

农村税费改革是党中央、国务院为解决"三农"问题作出的一项重大决策。按照中央统一部署,我省的农村税费改革,在2000年和2001年选择14个县(市)试点的基础上,2002年在全省全面推开,这一时期主要抓了减轻农民负担和规范农业税征收工作;2003年在完善农业税征管的同时,重点推进了相关配套改革;2004年全省农业税平均税率降低3个百分点以上,农民负担再一次大幅度降低。四年来,在党中央、国务院的统一领导下,全省各级各部门高度重视,始终把减轻和规范农民负担作为改革的基本出发点,认真谋划部署,精心组织实施,狠抓政策落实,改革试点工作进展顺利,运行平稳,取得了突破性进展和明显成效。

(一)主体改革政策得到全面贯彻落实,农民负担大幅度减轻。农村税费改革以后,取消了"三提五统"、屠宰税和农村教育集资等专门面向农民的各种行政事业性收费,清理各种摊派及达标升级活动,有效遏制了农村"三乱"现象。2003年与改革前相比,全省农民负担减轻41%。今年,全省农业税平均税率降低3.06个百分点,农民人均负担农业税及附加比2003年下降45.8%,比改革前的2001年降低68%。农民承担的"两工"数量控制在了规定的15天以内,用工数量由改革前的9336万个,减少到2758万个。全省实现了村村减负、户户受益,调动了广大农民的积极性。

(二)建立健全了农业税征管制度,规范了农业税征收。税费改革以后,农业税和农业特产税归政府,农业两税附加和"一事一议"筹资属于村集体,实行由财政部门统一征收农业税及附加的管理制度,规范了税费征收行为,初步理顺了农村分配关系。农村税费改革后,中央和省财政每年安排县、乡农村税费改革转移支付资金20.7亿元。2003年各地安排使用转移支付资金中,用于村级三项开支补助5.44亿元,用于农村义务教育支出8.01亿元,用于乡级运转支出5.98亿元,用于农村中小学校危房改造资金6000万元。此外,各级还专门安排中小学危房改造、教育布局调整等教育建设性资金2.9亿元。总的看,全省乡村政权组织正常运转基本得到了保证,农村义务教育的必要经费得到了落实,农村社会事业发展和公共服务的投入机制不断完善。

(三)改善了农村干群关系,维护了农村社会稳定。农村税费改革,进一步明确了农民的权利和义务,规范了干部的行政行为,增强了基层工作的透明度,减少了基层干部与群众的磨擦和矛盾,从制度上促进了基层党风廉政建设。近几年涉及农民负担的上访和群体性事件大为减少,省税改办受理农民来信来访由2002年的500多件减少到去年的122件,其中反映政策不落实问题的为21件,维护了农村社会稳定。

(四)有关配套改革取得进展,推动了农村上层建筑的调整和完善。全省乡镇机构改革取得明显进展，精简乡镇行政编制15936人、事业编制15565人，促进了基层政府职能转变。落实教育布局调整规划，全省累计撤并农村小学13710所、中学419所。利用农村“两委”换届机会，推行村干部交叉任职，精简村组干部29675人，带动了村民自治和农村集体事务的规范化管理，促进了农村基层民主政治建设。

在肯定成绩的同时，我们也要清醒地看到，由于这项改革涉及广大农村、农民和诸多事业发展部门，情况复杂，改革工作取得的成效，还是阶段性的，改革中还存在不少问题。突出表现在两个方面：一是在农民收入水平偏低的情况下，农民的负担水平依然偏高，特别是粮食主产区农民和种地多的农民负担较重。二是配套改革相对滞后，乡镇机构改革进入攻坚阶段，面临困难很多，推动难度很大；农村教育体制改革还不到位，公共财政制度还不完善，农民减负的基础还不牢固。这些问题，必须通过下一步深化农村税费改革逐步加以解决。

四年来的农村税费改革试点，不仅取得了多方面的成效，而且为今后深化改革奠定了良好的基础，积累了宝贵的经验。

第一，深化农村税费改革，必须始终把维护广大农民的物质利益和民主权利放在第一位。农村税费改革之所以能够得到广大农民的衷心拥护，能够顺利进行并取得成效，最根本的是把减轻农民负担作为第一位的目标，切实尊重和维护农民的权益。今后深化农村税费改革也必须坚持这一条，不能有丝毫动摇。

第二，深化农村税费改革，必须兼顾各方面利益，整体推进，配套进行。农村税费改革既要减轻农民负担，又要保障乡村基层组织正常运转，保障农村义务教育等社会事业健康发展。既要做好税费改革本身的工作，又要积极推进各项配套改革。妥善处理好各种利益关系，是保证农村税费改革顺利进行和巩固改革成果的关键。

第三，深化农村税费改革，必须坚持试点先行，循序渐进，逐步完善政策。农村税费改革是个新事物，没有现成的经验可以借鉴。农村情况千差万别，各地发展很不平衡。改革牵涉面广，各种矛盾相互交织。只有充分考虑各地实际情况，通过试点发现和解决问题，及时调整和完善政策，才能确保改革健康发展。

第四，深化农村税费改革，必须坚持加强领导和走群众路线相结合。这是顺利推进农村税费改革最重要的保证。充分调动农村基层干部和广大农民两个方面积极性，把政策交给群众，使他们正确理解改革，真心拥护改革，积极参与改革，这是改革成功的坚实基础。

第五，深化农村税费改革，必须坚持把维护农村稳定贯穿于改革工作中。农村税费改革情况复杂，特别是农村多年积累下来的一些矛盾和问题与改革政策落实交织在一起。我们强调在改革中保持稳定，在稳定中推进改革，教育农村基层干部严格执行政策，积极化解矛盾，重视和妥善处理存在的问题，维护农民正当权益，这是农村税费改革中需要高度重视的重要方面。

这些经验非常宝贵，应当在今后税费改革工作乃至整个农村工作中坚持或借鉴。

按照中央部署，农村税费改革大体分两个阶段进行。第一阶段的改革主要是“规范、减轻、稳定”，就是把各种收费规范为农业税及附加，停止乱收费，减轻农民负担，并在此基础上保持稳定。到2003年底，全国税费改革第一阶段任务已经基本完成，我省也已实现预期目标。第二阶段的改革，就是从今年起要在第一阶段的基础上逐步取消农业税，进一步减轻农民负担，并通过加快推进各项配套改革，从根本上消除农民负担反弹的隐患，建立农民增收减负的长效机制，实现城乡经济社会协调发展。第二阶段的主要任务是，全面取消农业特产税，推进减征、免征农业税改革试点，用五年时间在全国范围内全面取消农业税。同时，推进综合配套改革，改革乡镇机构，精简人员，进一步转变乡镇政府职能；改革农村教育体制，有效配置教育资源，提高农村教育质量；改革县乡财政体制，规范财政转移支付，增加对农村的公共财政投入。概括起来，就是“两取消，三改革”。

深化农村税费改革，是党中央、国务院根据我国改革和发展的新形势，审视度势作出的重大决策。是从源头上和制度上减轻农民负担的一项根本措施；是加强农业基础地位、增加农民收入和促进粮食生产的有力举措，必将对增强农业竞争力、保障粮食安全发挥重要作用；是合理调整国民收入分配结构，统筹城乡经济社会发展的实际步骤，有利于实现由过去长期以来农业支持工业向工业促进和支持农业转变，发挥城市对农村的带动作用，推动城乡协调发展；是全面推进农村改革，完善社会主义市场经济体制的重要内容。通过深化农村税费改革，推动乡镇机构、县乡财政体制、农村教育体制等改革，促进政府转变职能，促进村民自治，必将带动整个农村上层建筑的调整和完善，为农村经济发展和社会进步注入强大动力。同时，也将进一步改善和密切党群干群关系，保持农村长治久安。因此，深化农村税费改革，是对国家和农民利益关系的重大调整，是统筹城乡经济社会发展的重要步骤。它已远远超过一般意义上的减轻农民负担，不仅具有重大的经济意义，而且具有深远的政治意义；不仅将充分调动广大农民的积极性，为农村经济发展注入新的活力，而且将给农村社会管理和政治文化等方面带来深刻的变革，对我国经济社会发展产生重大而深远的影响。我们必须把思想和行动统一到中央的决策和部署上来，从战略和全局的高度，深刻认识农村税费改革工作的复杂性和艰巨性，切实增强紧迫感、责任感和使命感，认真抓好各项工作，确保改革顺利进行。

二、全面落实政策，切实做好今年的各项改革工作

在今年上半年中央作出减免农业税等一系列惠农决策后，我省随即在全省农业和粮食工作会议上进行了部署。从全省情况看，今年农业税平均税率降低3.06个百分点，石家庄市7个区和张家口市2个区明确提出要免征农业税，还有一些县(市)也准备进行免征农业税试点。初步测算，今年全省通过降低农业税税率和取消农业特产税，可以减轻农民负担15.6亿元，这对广大农民是一个很大的实惠。

今年是减免农业税改革的第一年，做好今年的工作，对顺利实现农村税费改革第二阶段目标十分重要。各级各部门要按照中央和省的要求，认真落实今年新出台的政策，搞好与前几年相关政策的衔接，扎实做好改革试点的各项工作。

(一)扎实工作，确保减免农业税政策落实到位。今年全省农业税平均税率降低3.06个百分点，省政府已于5月底批复了各地适用税率。各地要严格按照省政府已经批复的方案和各项政策规定，认真核定每户农民减征税额和应继续交纳的税款及附加，并以村组为单位张榜公布，接受农民群众监督，确保减税政策落实到户。

同时也要向农民群众解释清楚，在没有全部取消农业税之前，依法缴纳农业税仍然是农民应尽的义务。农业税征收必须公开透明、按程序征收，不准税费混征。对困难户、遭受自然灾害严重的农户，要及时给予减免。做到该减的减，该征的征，应收税款要及时足额入库。我省南部、中部地区今年农业税夏季征收工作正在进行中，其中有些地方的征收任务已经完成过半；北部地区农业税主要在秋季征收。各地要切实做好农业税征管工作，加强督促指导，认真解决群众反映的问题，确保减税政策全面兑现。实行农业税免征试点的县(市、区)，在做好免征农业税的同时，要针对收入减少的情况，统筹安排和调度资金，确保农村义务教育投入和乡村两级正常运转；要拿出更多的精力探索推进乡镇机构、农村教育体制和县乡财政体制等方面配套改革，认真研究免征农业税后出现的新情况和新问题，为今后全省取消农业税积累经验。

(二)认真做好全面取消农业特产税工作。中央决定，从今年起，除烟叶特产税以后适时并入工商税外，在全国范围内全面取消农业特产税。农业特产税取消以后，农业税计税土地上生产的农业特产品统一征收农业税，但免征农业税的地区不再改征农业税；非农业税计税土地上(包括山场、海域)生产的农业特产品既不征收农业税也不征收特产税，这就从根本上取消了农业特产税这个税种。农村税费改革后，从2002年起，我省大部分地方已将计税土地上生产的农业特产品改征了农业税，因此，目前我省农业特产税税额不大，全省不足1亿元，主要集中在东部沿海和西北部山区。但就每一个纳税农户来讲，仍是不小的负担。有关地区要切实抓好取消农业特产税的落实工作。对今年已经收取的农业特产税，要按国家规定，该退的退，该抵顶农业税的抵顶农业税。

(三)加强财政转移支付资金管理，确保乡村两级运转和农村义务教育投入。中央考虑到我省是粮食主产区，也是财政困难地区，对我省降低农业税税率3个百分点、取消农业特产税及附加以后相应减收部分将予以补助。这是中央对我省改革工作的最大支持。省也将适当通过不同方式增加对县转移支付。需要强调的是，各市和有条件的县(市、区)也要调整财政支出结构，加大对农村基层的转移支付力度，特别是要增加对财政困难地方的转移支付。中央和省转移支付资金下达后，各级要确保足额及时到位。转移支付资金要优先保证乡村组织运转和农村义务教育的正常需要。县级财政要及时做好对乡镇转移支付和村级组织资金补助工作。村级资金继续实行"村有乡管",用于保证村干部报酬发放、村级组织办公经费和农村五保户供养,县乡不得截留、挪用。

(四)进一步完善政策和措施,认真做好对农民直接补贴工作。今年在减征农业税的同时,省里还从粮食风险基金中拿出了6亿多元资金,用于对种粮农民的直接补贴,这是促进粮食生产和农民增收的一项重大举措。这项工作已经在全省农业和粮食工作会议上作了部署,省政府还印发了《河北省对种粮农民直接补贴办法》。全省共向农民兑付补贴资金6.08亿元,有1370万农户领取了种粮补贴,5000多万农民从中受益。下一步,要对直补工作进行全面总结,完善政策和措施。国务院今年17号文件已经明确了明年的补贴原则,各级各有关部门从现在起就要研究明年的直补问题,及早准备,争取在今年冬小麦播种前把方案制定出来,以便更好地发挥粮食直补政策和资金作用,调动农民的种粮积极性。

(五)妥善解决农村土地承包纠纷,切实保护农民合法权益。要以《农村土地承包法》为依据,以维护农民合法权益为核心,从实际出发,积极稳妥地处理好土地承包纠纷问题。要尊重和保障外出务工农民的土地承包经营权,不得随意收回农户的承包地。要规范土地流转,乡村干部不得代替农民决策,严格禁止违背农民意愿、强迫农民流转土地的做法。对欠缴税费的农户,应该加强说服教育,但不能收回承包地。有的地方在二轮承包中有相当部分土地没有承包到户,机动地留的过多,对此要按照国家政策规定承包到户,并注意解决无地农户的困难问题。要依法加强农村土地承包管理,同时适应税费改革的新形势、新情况,不断完善农村土地承包制度。

三、加大工作力度,积极推进各项配套改革

深化农村税费改革涉及面广、关联性大。随着这项改革的深入,相关的一些深层次问题将进一步凸现出来,尤其是乡镇机构、农村义务教育、县乡财政体制等配套改革,将成为深化农村税费改革的主要内容和攻坚重点。减免农业税能否真正落实到位,改革成果能否得到巩固,关键在于能否把这些相关的配套改革问题解决好。各地在做好减免农业税工作的同时,必须积极稳妥地推进各项配套改革。

(一)推进乡镇机构改革,确保基层政权有效运转。乡镇是我国政权的基础层级,直接面对广大农民,担负着为农民办事,维护农村稳定的职责,必须确保有效运转。但是长期以来乡镇机构过滥、人员过多,不仅很难发挥其应有的管理和服务效能,而且财政开支和农民负担很难减下来。目前农民负担虽然明显减轻,但如果乡镇机构改革不到位,农民负担迟早还会反弹。因此,要坚定不移地推进乡镇机构改革,转变乡镇政府职能,精简机构和人员,建立精干高效的行政管理体制和运行机制。一是转变乡镇政府职能。现在,乡镇政府还在管着许多不该管、管不了、管了之后农民有意见的事情,有一些甚至还在沿袭人民公社时期的管理职能和办法。只有切实转变乡镇政府职能,把不必要管的事情减下来,才能把不必要的人和机构减下来。各地要适应市场经济条件下农村经济社会管理的新要求,合理界定乡镇政府职能,把主要精力转变到加强社会管理和公共服务上来,为农民提供更多更好的服务。二是精简机构和人员。要根据职能需要,严格规范乡镇机构和岗位设置,各级各部门都不得以种种借口强行要求乡镇设置专门机构和专职人员。今后5年内,基层机构和人员不能再增加。要结合贯彻全省机构编制工作会议精神,重新核定乡镇编制,减少财政供养人员,坚决清理超编人员和靠收费供养的人员。要重视乡镇站所等事业单位改革。事业单位机构和人员在乡镇占大多数,乡镇财政负担重主要体现在事业单位。要按照政事分开的原则加快乡镇事业单位改革。大力整合乡镇事业站所,重复设置的要合并,能撤消的要撤消,适合区域设置的就不要按乡设置。公益性事业单位和经营性事业单位要分类管理,不宜由政府办的要推向市场,转变为企业或社会中介机构。三是妥善安置分流人员。对分流人员不能简单推向社会,要探索多种分流方式,帮助他们重新就业,解除他们的后顾之忧,确保改革顺利推进和农村稳定。四是推进乡镇机构改革,还要注意与调整乡镇建制、合并行政村等工作有机地结合起来,统筹安排,协调运作,降低改革成本,提高改革成效。

(二)推进农村义务教育管理体制改革,确保农村教育事业健康发展。在前一阶段的农村税费改革中,确立了分级管理、分级负责、以县为主的办学体制和以政府投入为主、多渠道筹措经费的投入体制,确保了农村义务教育的正常经费需要。但目前农村教育总体上仍然薄弱，义务教育保障水平偏低、资源配置不合理、教学质量不高的问题依然存在，制约着农村教育的健康发展。减免农业税之后，县级财政收支结构会发生新的变化，有的地方会面临一些困难。这些问题都需要通过深化改革加以解决。一是巩固和完善“以县为主”的农村义务教育办学体制。需要指出的是，“以县为主”并不是要将兴办农村义务教育的责任完全甩给县一级，而是要在统一领导下，落实各级政府分级管理的责任。要抓紧界定各级政府在农村义务教育办学体制中应承担的责任，确保工作落到实处。二是坚持以政府投入为主的经费保障机制。首先要调整优化教育投入结构，逐步提高义务教育投入占整个教育投入的比重，新增教育投入主要用于农村义务教育。各级要进一步加大农村义务教育的投入力度，特别是增加对经济欠达地区的投入，增强财力薄弱县政府办学的保障能力。减免农业税以后，要确保农村义务教育投入经费不减少。农村中小学教师工资要及时足额发放，不允许发生新的拖欠；要制定学校公用经费支出的合理标准，保证学校正常运转；要安排好农村中小学危房改造专项资金，保证师生安全。三是加快推进教育管理体制改革。目前，农村教师队伍庞大，素质参差不齐，学校布局和教师分布不尽合理，城市(镇)教育资源闲置浪费，而农村教育资源严重不足。要通过改革，合理配置教育资源，强化县一级政府对农村义务教育的统筹规划和管理，在全县范围内统筹城乡教育资源，重点保证农村教育需要。农村教育改革的关键是教育人事制度改革。要严格按照教职工编制标准核编定岗，严格教师资格制度，竞争上岗，精简冗员，建立优胜劣汰机制。要制定有效的政策措施，引导和鼓励城镇教师到乡村学校任教，这样既可以发挥城镇富余教师的作用，又可以减少农村学校使用不具备教师资格的人员，提高农村教育质量。要认真落实省政府关于进一步调整中小学布局的意见，加快农村中小学布局调整进度，并逐步理顺管理体制。

(三)推进县乡财政管理体制改革，逐步建立健全公共财政制度。建立和完善覆盖农村的公共财政制度，是深化农村税费改革的重要内容，也是统筹城乡经济社会发展的必然要求。目前我省城乡发展差距很大，农村公共产品和公共服务严重短缺，许多应该由财政支出的事项仍然由农民负担。现在，县乡财政普遍较为困难，农村社会公益事业发展缺乏稳定的资金来源，减免农业税以后，这个问题会更加突出。通过完善财政体制，促进城乡经济社会协调发展，这是财政体制改革的重大任务。要以深化农村税费改革为契机，建立健全农村公共财政制度。一是进一步调整财政支出结构。各级财政支出要向农村倾斜，财政收入新增部分要增加对农村支出的比重。要逐步增加农村基础设施建设和社会事业的财政投入，向农村提供更多的公共产品和服务。二是要把不应该由农民负担的公共支出逐步列入财政支出范围，列入政府财政预算。当然，农村各项社会事业的发展也要注意与当地的经济发展水平相适应，既要努力满足群众需要，又不能脱离实际，片面追求高标准。三是改革和完善乡镇财政体制。乡、镇财政体制改革和乡镇机构改革、教育体制改革紧密相联，改革的方向应该是按照城镇化的要求，区别不同情况，改革乡镇财政包干体制。对经济实力较强，今后能够或可能发展成小城镇的，应该强化其财政功能，扩大乡镇自主权，促进其发展；对经济实力较差，特别是工商税收较少的乡，应该改变财政包干体制，乡级收支由县财政统一管理，实行“乡财县管”，由县级财政保障其必要的支出。四是建立规范的财政转移支付制度。要合理划分各级政府的事权，界定各级财政转移支付的责任，明确转移支付的事项、标准和支付方式，保证转移支付资金及时足额到位。

(四)建立健全长效监管机制，确保农民负担不反弹。减免以至完全取消农业税以后，将从根本上减轻农民负担。但历史经验告诉我们，加重农民负担最突出的问题是在各种收费上。农业税减免后，对农民负担反弹的问题决不能掉以轻心，农民负担监督管理工作不仅不能放松，还要继续加强。农业税、农业特产税取消后，不能让各种收费再恢复，要防止乱摊派、乱收费等农民负担从其他“口子”中又冒出来。从几年来改革的实践和农民反映的情况看，农民负担监督管理要在以下几个方面加大力度。一是规范经营服务性收费。现在一些乡镇事业单位开展经营性服务，不管农民是否需要是否愿意，利用行政权力强制服务、强制收费，实质上是一种摊派，农民反映说“服务就是收费”。对此，要结合乡镇政府职能转变，研究规范的办法，切实加强对经营服务性收费管理。二是规范农村中小学教育收费。现在农村一些中小学搭车收费，农民意见很大。要加强监督检查,明确学校不得乱收费,任何行政事业单位都不准要求或委托学校收费。三是规范“一事一议”筹资筹劳。要认真贯彻村民自治的有关法规,严格执行“一事一议”的议事程序、议事范围和上限标准,涉及跨村使用劳动力的应实行有偿用工,严禁强行以资代劳,防止以资代劳成为随意增加农民负担的“口子”。同时,要在注重实效、控制上限、严格规范的前提下,引导农民自愿投工投劳,改善生产生活条件。我省是农业大省,农业基础相对薄弱,又是财政困难省,对农业、农村的投入总量有限,因此应该允许和鼓励农民自愿通过劳动积累在村里为自已办事,发展公益事业。但必须坚持两条:一是必须是农民自愿,二是不能强行以资代劳。对目前一些地方出现的“事难议、议难决、决难行”的问题也要研究切实的解决办法。

防止农民负担反弹的有效办法是健全约束机制,将农民负担监督管理纳入规范化、法制化的轨道。要继续完善并严格执行农民负担监督管理的各项工作制度,落实好涉农收费“公示制”、农村订阅报刊费用“限额制”、农村中小学收费“一费制”和涉及农民负担案件“责任追究制”。建立农村税费监管信息系统,健全农民负担监测、信访举报制度,推行县乡政务和村务公开,强化社会监督和农民群众监督。继续开展农民负担专项治理,加强农民负担监督检查和案件查处力度,对违反国家政策法规加重农民负担的行为要严肃处理,决不姑息。

(五)坚决制止发生新的债务,妥善化解原有乡村债务。乡村债务数额巨大,化解困难,是当前农村经济工作中的一个难点问题,也是影响农村稳定的一大隐患。对这个问题要高度重视,逐步加以解决。一些同志认为,农村税费改革以后乡村债务还款机制没有了,希望中央和省里拿钱承担起来,这个想法是不现实的。乡村债务是长期积累下来的,成因比较复杂,解决起来也要有一个过程。总的原则是,“制止新债,摸清底数,明确责任,分类处理,逐年消化”。一是坚决制止发生新的债务。乡村办任何事情必须量力而行,量入为出。今后乡级政府、村级行政组织一律不得举债兴办公益性项目,更不能搞劳民伤财的形象工程、政绩工程。发展性经济项目要由农民个人或企业兴办。要坚决纠正脱离实际向基层下达税费任务的做法,严禁要求乡村借债、贷款上项目,严厉查处县乡向村级组织转嫁支出的行为。二是要摸清底数,对乡村债权债务进行全面清理。在此基础上,核销虚假债务,按照债务性质明确偿还责任,制定分阶段化解的目标,稳妥地开展化解工作。即使消化不了,也要把情况搞清楚。今年各市可选择一两个乡镇进行专项调查,研究制定指导性意见,指导地方搞好清理和化解乡村不良债务的工作。

化解农村债务必然涉及农民的税费尾欠问题。对农民的税费尾欠要区分税费改革前后不同情况妥善处理。农村税费改革前的农民税费尾欠要登记造册,暂不追缴,留待以后处理。对改革后发生的农业税及附加的尾欠,符合减免条件的,要予以减免;应该缴纳而又具有缴税能力的,要按规定程序依法收缴。解决农业税尾欠问题,是一项政策性很强的工作,要深入调查,摸清情况,做好计划,逐步清收。既要维护税收制度的严肃性,又不要突击清欠,激化矛盾。

配套改革是事关整个农村税费改革成败的关键。推进配套改革工作面广,任务艰巨,需要各级各部门的共同努力才能完成。为保证各项配套改革的顺利进行,要继续实行各级党委、政府统一领导下的部门分工负责制:乡镇机构改革工作由编制部门牵头负责,财政、民政等有关部门配合;农村义务教育管理体制改革由教育部门牵头负责,财政、编办等有关部门配合;乡镇财政体制管理改革由财政部门牵头负责,有关部门配合;建立健全防止农民负担反弹的长效监管机制由农业部门牵头负责,财政、物价等有关部门配合;化解乡村债务工作由农业部门牵头负责,财政等部门配合。各级税改办要及时掌握工作进展情况,做好组织协调工作。各牵头部门要集中1—2个月的时间,组织专门班子开展调研,深入县、乡、村,认真调查研究存在的各种问题,积极探索解决办法。省有关牵头部门要积极与中央对口部门联系,及时了解中央有关政策,掌握动态,搞好衔接。

同志们,深化农村税费改革,是一项重大的制度创新和社会变革,涉及农村改革发展稳定的大局,意义重大,任务艰巨。各级党委、政府和有关部门要统一思想,高度重视,切实把农村税费改革作为一件大事来抓,摆在重要位置,加强组织领导,明确工作目标和责任,加大工作力度,落实改革政策和措施,为全面完成农村税费改革任务做出新的贡献,把这件利国利民的大事办好办实。

(原载《河北财政信息网》)

在全省农村税费改革试点工作会议上的讲话

中共河北省委副书记　冯文海

（2004 年 7 月 18 日）

同志们：

深化农村税费改革，是我国农村一次重大的制度创新和社会变革，涉及农村改革发展稳定的全局。刚才，庚茂同志结合贯彻落实全国会议精神，总结了我省 2000 年以来农村税费改革试点工作成效和经验，研究分析了改革进程中出现的新情况、新问题，并就做好今年和今后一个时期的工作讲了很好的意见，我完全同意。为全面贯彻中央精神，切实把全省的思想和行动统一到中央决策和部署上来，进一步做好我省的农村税费改革工作，我再强调以下四点。

一、充分认识新形势下深化农村税费改革的重大意义

按照中央部署，农村税费改革大体分为两个阶段。第一阶段的改革，主要是“规范、减轻、稳定”，就是把各种收费规范为农业税及附加，取消专门面向农民的收费，减轻农民负担，并在此基础上保持稳定。第二阶段是在第一阶段改革的基础上，取消农业特产税，逐步取消农业税，进一步减轻农民负担。同时，积极探索和推进乡镇机构、农村义务教育体制和县乡财政体制等配套改革，从根本上消除农民负担反弹的隐患，促进城乡经济社会协调发展。到 2003 年底，全国农村税费改革第一阶段的任务已经基本完成，我省也已实现了这一阶段的预期目标。为了巩固和扩大改革成果，中央决定，全面推进第二阶段的改革。从今年起，取消农业特产税，进行减征、免征农业税试点，积极探索推进各项配套改革，完善配套措施，把农村税费改革工作推向深入。这是党中央、国务院根据我国改革和发展的新形势，审时度势作出的重大决策，体现了党和政府对广大农民的关怀和解决“三农”问题的决心，对于加强农业基础地位、增加农民收入、统筹城乡发展、维护农村社会稳定，具有深远的历史意义和十分重要的现实意义。

第一，深化农村税费改革，是加强农业基础地位，增加农民收入和促进粮食生产的有力措施。近年来，我们坚持实行“多予、少取、放活”的方针，积极推进农业结构战略性调整，采取一系列重大措施，促进了农业和农村经济社会的发展。但是，农业基础薄弱，农村发展滞后的问题仍然没有从根本上得到解决，突出地表现为农民增收困难和粮食生产下滑。解决好这两大问题，必须加强对农业的支持和保护。深化农村税费改革，减免农业税，同时建立政府对农民的直接补贴制度，可以进一步增加农业投入，减轻农民负担，调动农民积极性。这对促进粮食增产和农民增收，增强农业竞争力，保障国家粮食安全，具有十分重要的意义，并且已收到明显成效。

第二，深化农村税费改革，是合理调整国民收入分配结构，统筹城乡经济社会发展的实际步骤。统筹城乡经济社会发展，是全面建设小康社会的重大任务。逐步消除城乡二元经济结构，是我省现代化进程中必须解决的问题。我省城乡分割的二元经济结构是在特殊的历史条件下形成的。改革开放至今，虽然城乡分割的格局已经发生了较大的变化，但工农业发展仍不协调，城乡差距在继续扩大。解决这个问题必须调整国民收入分配结构，把更多的财力和社会资源用于加快农村发展。深化农村税费改革，减征农业税，增加财政对农业和农村的投入，有利于实现由过去长期以来农业支持工业向工业促进和支持农业转变，发挥城市对农村的带动作用，推动城乡协调发展。

第三，深化农村税费改革，是全面推进农村改革，完善社会主义市场经济体制的重要内容。改革开放以来，我省农村经营体制和生产关系发生了深刻变化，但是农村管理体制以及上层建筑仍有许多方面不适应市场经济发展的要求，必须进一步深化改革，消除影响农业和农村发展的体制性障碍。通过深化农村税费改革，推动乡镇机构、农村教育体制、县乡财政体制等改革，促进村民自治，必将带动整个农村上层建筑的调整和完善，为农村经济发展和社会进步注入强大动力。

第四，深化农村税费改革，是维护广大农民利益，保持农村社会稳定的重大举措。贯彻“三个代表”重要思想，本质在坚持执政为民。农民是我省最大的社会群体，约占全省总人口的四分之三。要办好全省的事情，必须始终把维护广大农民的物质利益和民主权利放在第一位。这既是我省几年来改革的根本经验，也是我们进一步深化改革必须坚持的根本原则。这一条，不能有丝毫的动摇。深化农村税费改革，减免农业税，大幅度减轻农民负担，直接维护了农民的利益。深化农村税费改革，还将进一步推动基层政府职能转变，使基层干部从“催粮催款”的繁杂事务中解脱出来，更好地为农民提供服务，这有利于改善和密切党群干群关系，保持农村长治久安。

深化农村税费改革，关系农村的长远发展和现代化建设的全局。我们必须从贯彻“三个代表”重要思想，从坚持以人为本、牢固树立和全面落实科学发展观的高度，从全面建设小康社会的高度，进一步统一思想，提高认识，切实增强责任感和使命感，积极主动地开展工作，下功夫把这件好事办好。

二、切实把今年的各项改革政策落到实处

农村税费改革已经进入第二阶段，我省今年和今后一个时期的任务，就是贯彻中央“两取消，三改革”的部署，全面落实减免农业税政策，积极稳妥地推进配套改革和措施。各级、各部门要按照“统一政策、加强领导，因地制宜、分类指导，统筹兼顾、配套推进，积极稳妥、循序渐进，狠抓落实、规范操作”的原则，深入研究，积极探索，扎实推进，切实把各项改革政策落到实处。

要扎扎实实做好今年减轻农民负担、促进农民增收的各项工作。省委、省政府高度重视农民减负增收工作。中央一号文件下发后，省委、省政府召开多次会议，专题研究贯彻实施办法，根据中央要求制定了降低农业税税率、取消农业特产税、对种粮农民进行直接补贴、加大对农业和农村的投入等一系列政策措施。据测算，仅减免农业税、取消农业特产税、粮食直补三项政策，全省农民即可人均减负增收40元以上。落实好这些政策对农民减负增收至关重要，各地要务必抓好落实。一是要将减征、免征的农业税税额，如实核定到每一个农户，让农民真正得到实惠。二是要按照“政策公开，工作透明，主体合法，程序合规”的要求，规范农业税及附加征收工作，不得以任何名义搭车收费，不得以任何借口加重农民负担。三是要改进工作作风，注意工作方法，严格征收纪律，认真遵守中央“八不准”和省“六个禁止”的规定，严禁因工作方法不当发生恶性案件和其他违法违纪问题。四是要继续加强监督检查，督促政策落实。

农业税征收工作，目前我省南部地区已经进入农业税夏征期，有的市已基本完成全年征收任务；北部地区要等到秋季征收。省、市、县都要加强巡回督导，对已经征收农业税的乡村进行重点抽查，检查核实征管情况，发现问题及时纠正。对违反规定加重农民负担的行为，要依法依纪严肃查处。

粮食直补工作，截止6月底已经结束，全省发放粮食直补资金6.08亿元，5000多万农民受益，深受全省广大农民的拥护和欢迎。这项工作需要再来一次回头看，看看是否有死角，是否有政策不落实的地方，存在问题要抓紧解决。

深化农村税费改革的工作，要在确保农民负担明显减轻、不反弹的同时，还要确保乡镇机构和村级组织正常运转，确保农村义务教育经费正常需要。为此，在落实减免农业税收政策的同时，必须做好财政转移支付和经费保障工作。这次全国会议上，中央已明确对我省因取消农业特产税、降低农业税税率3个百分点和相应减少的附加，按中央测算的口径给予全部补助，资金很快下达。转移支付资金下达后，各市要及时足额核拨到位，优先保证乡村组织运转和农村义务教育，切实保障村干部报酬发放、村级组织办公经费和农村五保户供养。要严格转移支付资金的监督管理，严禁截留、挪用。

三、认真研究和逐步推进各项配套改革

农村税费改革已进入一个新的时期，相关配套改革能否顺利推进，能否取得预期成效，决定着农村税费改革的成败。研究和推进各项配套改革是今后一个时期最为艰巨而又重要的任务。刚才，庚茂同志就配套改革的目标、任务、要求、可能出现的困难和问题、研究探索的方法等讲了很具体的意见，各级要结合实际，抓好贯彻落实。

深化农村税费改革，推进乡镇机构、农村义务教育体制、县乡财政体制等改革，建立防止农民负担反弹的长效机制，积极化解乡村债务，不仅涉及生产关系，而且涉及上层建筑，是一项非常艰巨而复杂的综合性改革。这些改革和措施涉及面广，矛盾较多，解决起来不可能一蹴而就，需要我们做扎实细致的工作，逐步解决。

第一，要充分认识推进配套改革的艰巨性和复杂性。在税费改革的第一阶段，我省就对乡镇机构改革、中小学教育布局调整等配套改革和措施进行了积极探索，配套改革与主体改革同步进行，并取得了初步成效。但由于配套改革是涉及农村生产、分配关系的各个方面，涉及上层建筑许多领域的深刻变革，要从制度上、机制上理顺农村分配关系，从根本上杜绝农民负担反弹，改革的任务十分艰巨。同时，改革不可避免地要涉及农民、基层组织、地方财政以及有关部门的利益调整，需要处理的关系十分复杂。特别是农村，多年来积累了许多矛盾，改革会使这些矛盾尖锐暴露出来，处理不好可能引发新的矛盾，甚至影响农村社会稳定。另外，我省各地自然条件千差万别，农村经济发展水平相差悬殊，改革过程中会遇到各种各样的问题，需要采取针对性措施加以解决。因此，对这项工作的长期性、艰巨性和复杂性，对工作过程中可能出现的困难和问题，我们一定要有足够的思想准备，务必把工作做细、做扎实。

第二，推进配套改革要把握好以下几点。一要积极稳妥，分步实施。改革既要积极推进，又要稳妥操作。各项改革措施都要深入研究，制定分步实施方案和年度工作安排，使改革目标分阶段、有步骤地到位，确保改革有条不紊地进行。二要统筹兼顾，协调推进。进行乡镇机构改革要与强化公共管理职能、提供公共服务结合起来，不能简单地一撤了之。进行县乡财政体制改革要与进行农村义务教育管理体制改革、化解乡村债务有机地结合起来，同步推进。推进县乡财政体制改革，要增强和完善县、乡财政功能，优化支出结构，切实增加对农村教育和农村卫生事业的投入，加快农村基础设施建设和公益事业发展。总之，各项改革和措施要相互衔接、综合配套，注重制度创新和完善机制。三要因地制宜，分类指导。要把中央的政策和要求与本地实际紧密结合起来，根据各地的不同情况，有针对性地、分层次推进试点工作，不搞“一刀切”。要通过试点，解剖麻雀，积累经验。待时机成熟后，由点到面，全面推开，避免走弯路。四要正确处理改革中的一些重大关系，特别是推进配套改革与农村基层政权建设和社会事业发展的关系。既要精简机构、降低行政成本，又要保证农村基层组织有效运转；既要减轻农民负担，又要加快农村教育、卫生等社会事业发展；既要充分调动广大农民的积极性，又要保护基层干部的积极性。

第三，注意研究解决改革中的新情况、新问题。当前，大家比较关注的是乡镇机构精简的人员如何妥善安置，“一事一议”筹资筹劳如何规范，农村公益事业如何发展，涉农服务收费如何清理整顿，乡村债务如何化解，农业税尾欠如何妥善处理等。同时，随着改革的推进，还会出现一些预料不到的新问题。各级各部门一定要做深入细致的调查研究，及时了解和掌握改革试点中的新情况、新问题，善于发现和总结试点中好的经验和做法，不断完善改革方案和政策。农村稳定是改革顺利进行的基本保障，要高度重视税费改革中出现的可能引发农村不稳定的因素，及时化解各种矛盾，维护农村社会稳定。

推进乡镇机构、农村义务教育和县乡财政体制等配套改革，涉及方方面面的利益，工作复杂，任务繁重，需要多个部门密切配合，协调运作。省委、省政府研究决定，继续实行党委、政府统一领导下的部门分工负责制，明确了各项工作的牵头部门和配合单位。各牵头部门要切实负起责任，抓好组织协调，推动工作开展。要建立专门的班子，集中时间，集中精力，开展调查研究，谋划工作思路，制定工作方案，并抓好组织实施。一是要明确改革的目标。既要确定最终目标，又要明确阶段性目标。二是要实行目标责任管理。将目标分解落实到各有关部门，明确工作标准和时间要求。三是要有具体措施和手段。要真正解决问题，不能简单地把矛盾和问题转移出去，一推了之。四是各部门之间要加强沟通，协调动作，形成合力，同步推进。五是要有督导机制，制定并落实奖惩办法，明确考核要求，促进工作开展，确保改革成效。

四、加强领导，精心组织

深化农村税费改革，是当前农村工作的中心任务，也是事关全局的根本性大事。各级党委、政府一定要高度重视，把农村税费改革作为当前的一件大事、要事、难事，摆上突出位置，切实加强领导，精心组织，周密部署，确保改革顺利进行。

一是加强组织领导，各级党委、政府一把手要亲自抓、负总责。随着改革的全面深化，今后的任务会更加繁重、工作更加艰巨，要做好长期作战和打硬仗的思想准备。组织领导要加强，工作责任要明确，工作力度要加大。各级党委、政府要加强对农村税费改革工作的领导，要继续实行主要领导亲自抓、负总责的制度。重大问题主要领导要亲自过问、亲自抓。对群众反映强烈的热点问题，要亲自下去调查，认真研究解决。

二是认真做好改革的宣传培训工作。要重视政策宣传培训的作用，通过政策宣传培训，把广大干部群众的思想统一到中央决策的精神上来，使他们正确理解改革，真心拥护改革，积极参与改革，形成社会各方面关心、支持、理解改革的良好氛围。要制定宣传计划，突出宣传重点，把减免农业税、直接补贴的政策宣传到农村千家万户，做到家喻户晓，深入人心。要做好农村干部特别是乡村干部的培训工作，使他们了解情况，熟悉政策，掌握方法，能够准确地把握改革政策，按照中央要求稳步推进改革试点工作。

三是加大监督检查力度。深化农村税费改革，是我们党和政府对广大农民作出的郑重承诺，各项改革政策必须切实落实到位，取信于民。要进一步加强监督检查，了解政策执行和落实情况，坚决纠正违规行为，防止政策执行走样，把政策的好处和实惠不折不扣地交给农民。要完善督查制度，改进督查方式，加强对政策实施过程的监督和检查，把问题消除在萌芽状态。要严格责任追究制度，加大查处力度，对违反改革政策的要严肃查处，发现一起，处理一起，绝不姑息迁就。

四是有关部门密切配合，通力协作。农村税费改革是一项综合工作，涉及众多部门。各部门要从维护农村社会稳定、深化农村改革、建设农村小康社会的大局出发，自觉服从、服务于农村税费改革的总体安排。财政、农业、教育、编制等有关配套改革牵头部门要切实负起责任，制定工作方案，抓好组织实施。新闻宣传单位要注意宣传农村税费改革的重大意义、改革政策、实践中好的典型和经验，为税费改革创造良好的舆论环境。省有关业务部门要加强对改革有关问题的调研和协调，指导市、县搞好改革工作。省农村税费改革领导小组办公室要密切跟踪各地改革动态，注意总结经验，研究新情况新问题，及时提出解决问题的对策和建议。

同志们，深化农村税费改革意义重大，影响深远，任务艰巨。我们一定要按照省委、省政府的统一部署，以科学发展观为指导，统一思想，精心组织，扎实工作，把这项事关全局的大事抓紧、抓实、抓好，为我省全面建设小康社会做出贡献。

（原载《河北财政信息网》）

开拓进取　求真务实
努力推进财政改革与发展再上新台阶

——在全省财政工作会议上的讲话

河北省常务副省长　郭庚茂

（2004年1月2日）

同志们：

今天召开全省财政工作会议，主要任务是贯彻全国财政工作会议和全省经济工作会议精神，部署2004年财政工作。守印同志已对2003年财政工作作了全面总结，对2004年财政工作进行了部署；加林同志对做好财政工作讲了重要意见；允石省长对开好这次会议，做好财政工作非常重视，专门作出批示，充分肯定了财政工作取得的成绩，对做好今后的财政工作提出了要求，指明了方向。我们一定要认真学习领会，抓好落实。下面，我就今年的财政工作情况和今后财政工作需要认真研究解决的主要问题讲几点意见。

一、正确认识当前财政改革发展面临的形势与问题

2003年，我省经济发展遇到的困难比预料的大，取得的成绩比预料的好。在新一届省委、省政府的领导下，各级各部门认真贯彻党的十六大精神和中央的重大决策部署，聚精会神搞建设，一心一意谋发

展,战胜了非典疫情的巨大冲击,经济建设出现了多年期盼的良好局面,各项社会事业取得新的进展,全面建设小康社会迈出了坚实的步伐。反映在财政上,全省财政运行情况良好,各项财政工作都取得了很大进展。

第一,2003年省级和全省政府预算执行情况良好,财政收入实现较快增长。各级财税部门克服非典造成的不利影响,加大征管力度,千方百计堵漏增收,超额完成了全年收入任务。2003年预计全部财政收入完成625亿元,较上年可比增长14.7%,是近年来的最高增幅。省级和全省政府预算都能实现当年收支平衡。

第二,财政的保障作用进一步增强,在保稳定、保运转、促改革、促发展上发挥了重要作用。一是优先安排资金,着力解决人民群众最现实、最关心的问题。积极筹措资金,保障了抗击非典斗争的胜利,启动了省市县疾病控制项目,实现了省市县三级疾病预防控制网络全覆盖;加大社会保障和就业再就业投入,维护了社会稳定。二是通过省级增加工资性转移支付以及各市县加快发展、组织收入,增强了财政困难县工资发放保障和消化历史积欠能力,落实国家增资政策情况进一步好转。三是增加农业、教育、科技等支出,促进了全省农业和各项社会事业的发展;合理安排行政经费,保证了政权机关的正常运转。四是各级财政部门支持经济发展的观念进一步增强,支持经济发展的方式、措施进一步改进,效果也越来越明显。紧紧围绕四项重点经济工作,努力整合资金,集中财力办大事,在提高财政资金使用效益方面取得一定进展。

第三,坚持与时俱进,不断创新,财政改革取得新突破。发挥财政体制对经济发展的激励作用,对省内财政收入体制作了创新性调整,对经济欠发达和较发达地区实行分类激励政策,有效地调动了各地加快经济发展,做大财政"蛋糕"的积极性;预算管理改革继续深化,预算分配决策机制得到规范性调整,强化了政府对财政资金配置的宏观调控;国库管理制度改革向纵深发展;政府采购规模和采购范围进一步扩大;进一步巩固收支两条线管理改革成果,行政性收费和罚没收入全部纳入财政管理。

以上成绩的取得是全省财政系统改革创新、扎实苦干的结果,在此,我代表省政府向全省财政系统广大干部职工表示衷心的感谢!

在看到成绩的同时,更要认真分析和把握发展大局,充分认识财政所面临的主要矛盾和问题,看到不足和差距。

在发展方面,我省是一个经济大省,但并不是经济强省。中央实施中西部互动促进中部崛起的战略,将进一步推动各省区竞相发展,我们面临的竞争将更加激烈。同时,我省经济和社会生活中存在的困难和问题也更趋突出:农民增收缓慢,"三农"问题比较突出;产业结构和投资结构不尽合理,经济运行质量不高。国企改革任务艰巨,国有经济活力尚未充分发挥出来;就业再就业压力很大;公共事业欠帐较多,经济社会发展不够协调。所有这些都会在财政上集中反映出来。一是我省财政增收的基础还不牢固,财政收入占GDP的比重较低。2002年,我省全部财政收入占GDP的比重为8.9%,在全国居第28位,低于平均水平(12.96)4.06个百分点,2003年也不会有明显上升。特别是有的县市收入增长与经济增长不协调,个别县市GDP增幅较高,而财政收入却是负增长。去年1—11月份,有21个县区财政收入是负增长。二是财政收入质量有待提高。税收收入比重偏低,收费收入比重偏高(2002年我省为8%,全国地方平均为5.5%)。三是尽管经济形势较好,但在新的一年有较多不确定因素。今年财政减收增支因素较多,收支矛盾依然突出。四是基层财政仍比较困难。保工资发放压力仍然很大,到2003年10月底全省仍有52个县未能完全兑现2001年国家出台的增资政策,2000年以前的工资陈欠还有10.9亿元。半数以上的县级财政公用经费不足,有的困难县甚至不能安排正常的部门公用经费,造成乱收乱罚问题屡禁不止,恶化了经济发展环境。可以预见,未来几年全省财政收支矛盾的状况不会有根本性的缓解。

在改革方面,这几年,各级财政部门在部门预算、国库集中收付、政府采购和收支两条线管理等方面做了大量卓有成效的工作,提高了财政管理的规范性、科学性和有效性,改革已有了一个良好的开端。但我们要清醒地认识到,尽管财政改革已经搞了几年,并且取得了明显成效,但与改革的初衷比,与改革的预期目标比,仍然是初步的,只是搭起了一个基本架构,要实现改革目标仍任重而道远,还需要做大量艰苦细致的工作。一是各部门各地方主动参与财政改革的动力不足,财政改革主要是靠自上而下来推动。这里有思想观念转变不到位的问题,也有利益关系调整阻力问题。需要进一步统一思想认识,坚定改革的决心和信心。二是财政改革与其他方面改革配套协调不够好。我们对改革的一些内在规律性认识还需要在实践中不断探索和把握。行政管理体制改革尚不彻底,政府职能转变较慢,事业单位体制改革尚未推开,机关后勤市场化改革尚未全面启动等,这些都在很大程度上制约着财政改革的到位和深化。三是公共财政理念还没有真正树立起来。财政支出范围和结构仍然不尽合理,财政缺位与越位并存。同时,各级政府间财政支出责任划分不合理、不清晰的问题也比较明显。四是财政供养人员过多,负担过重,1998 年至 2000 年,全省财政供养人员由 179.7 万人增加到 214.6 万人,净增加 34.9 万人,平均每年增加 8.73 万人,财政供养人员占总人口比重由 2.7%提高到 3.2%,平均 31 个人当中就有 1 个"吃皇粮"的人(世界其他国家一般 75 到 100 人中才有 1 个财政供养人员)。五是财政改革的许多措施尚未真正落实到位,预算安排的"散"、"碎"问题仍然没有得到根本解决,集中财力办大事的效果还不突出。

问题和差距就是今后工作的任务和方向。应当指出,上述这些问题从根本上讲是体制转轨过程中难以避免的,是改革与发展中的问题。所以,这些问题也必须通过深化改革和加快发展来解决。希望各级各部门继续高扬"树正气、讲团结、求发展"的主旋律,强化机遇意识、忧患意识和发展意识,破除思想障碍和体制障碍,以高度的历史责任感和使命感,推进财政改革与发展再上一个新台阶。

二、把握经济社会发展大局,突出重点,把今年的财政工作做深、做实

财政问题事关改革、发展、稳定的大局,财政矛盾是经济与社会发展矛盾的集中反映。各级政府和财政部门要高度重视,认清形势,把握大局,以发展为根本,以改革为动力,采取有力措施,扎扎实实地做好 2004 年的财政工作。

2004 年我们面临的国内外经济形势要好于去年。世界经济逐步回升,国际产业加快转移;国内改革全面深化,发展势头十分强劲;全省民心思进,热情高涨,发展环境明显改善。这些都为财政发展奠定了更加坚实的基础。关于明年财政工作安排,刚才,守印同志已作具体部署,我不多讲,这里我主要结合贯彻全国财政工作会议和全省经济工作会议精神,针对当前财政工作中存在的突出矛盾和问题,谈一谈今年财政工作中应着重抓好的几个方面。

(一)广开财源,堵塞漏洞,努力做大财政"蛋糕"

财政的发展从根本上还是要增加收入,壮大财政实力。因此,各级财税部门要标本兼治,多措并举,千方百计做大财政"蛋糕",为全面建设小康社会提供强大的财力支持。

1. 开源增收,大力支持经济发展。财政发展必须以经济发展为基础,只有在大力支持经济发展中,财政才能实现自身可持续发展。财政支持经济发展责无旁贷,这也是市场经济国家的通行做法。古人云:"生财有大道,生之者众,食之者寡,为之者疾,用之者舒,则财恒足矣。"这段话科学地论述了生财、聚财和用财的辩证关系,精辟地阐明了三财之道生财为本的道理。在社会主义市场经济条件下,不能把建设公共财政与财政支持经济发展对立起来,不能简单地算财政帐、收支帐,停留在日常事务之中,还必须算经济帐、发展帐、政治帐,把财政工作放到经济社会发展的全局来考虑和定位。牢固树立发展是执政兴国第一要务和经济决定财政的观念,正确认识和处理财政与改革、发展、稳定的关系,正确认识和处理财政与经济速度、结构和效益的关系,正确认识和处理生财、聚财、用财的关系,把促进经济发展作为财政工作的重要任务,把经济发展的成果真正反映到财政收入上来。

支持经济发展是任何经济体制下财政都要履行的职责,但在市场经济条件下,财政支持经济的方式要有根本性转变。要由计划经济条件下的直接、微观支持,转向市场经济条件下的间接支持和宏观调节。一是搭建运作平台。组建和完善由政府主导的投融资机构(企业),是地方政府调节经济运行,提高引导和调控社会经济资源能力的必然要求。二是解决资金来源。要逐步拓宽省级投融资机构的筹资渠道。从财政预算内资金安排一部分,从出售国有资产、盘活国有资产以及国有资产收益等中筹措一部分,从政府基金中支持一部分。以上筹集的这些资金,一部分用于补充省级投融资机构(企业)的资本金,另一部分可作为国企改革需付出的成本。三是建立符合市场经济要求的运作机制。即要坚持政府引导、市场化运作、企业化经营的原则。今后政府用于支持经济发展的各项资金,都要通过投融资机构进行市场化运作。对社会公益性项目要探索产业化运营的路子，如城市供水、供电、道路建设等；对市场竞争型项目，要通过资本金参股、信用担保、贷款贴息等方式，为市场主体融资创造条件。四是加强考核和监管，提高财政资金的使用效益。投融资机构（企业）不同于一般的企业。一方面，要强调社会效益，把服务于政府宏观调控作为首要任务；另一方面，也要讲经济效益，保值增值。五是投融资机构（企业）也要充分利用自身的资本规模优势，积极开展筹融资业务，实现滚动发展，为我省经济建设提供资金支持。

2. 加强征管，堵塞漏洞。一是加强税收征管。要切实抓好增值税、营业税、企业所得税和个人所得税等重点税种的征收。要严格企业财务制度和会计监督，加大税务稽查力度。强化发票管理和税收征缴，严格税务登记管理，清理各种漏征漏管户。大力清缴企业欠税，特别是要做好重点税源行业的清欠工作。认真落实国家有关税收优惠政策，同时坚决制止和纠正违反税法规定擅自减、免税。二是坚决依法维护税收秩序，优化税收环境，加大对税收违法行为的打击力度。执法部门必须牢固树立“依法治税”的观念，增强依法征税的责任感，恪尽职守。对触犯税法，偷逃抗税行为，要依法严加惩治。三是进一步改革税收征管制度，改进征管方式方法，堵塞管理漏洞。要抓好“金税工程”建设，提高财税管理的信息化、规范化水平。

（二）合理安排财政支出，切好财政“蛋糕”

克明书记对财政支出安排问题有过明确指示：“财政支出保什么、不保什么，支持什么、控制什么，要有个科学合理安排。支出项目哪些该列，哪些不该列，要体现科学性和合理性。这方面工作要深入，要细致，要锱铢必较。”今年各级支出安排都要体现这个思想。一是要区分轻重缓急，合理安排财政支出顺序。目前，我省各级财政都比较困难，需要与可能还存在较大差距。因此，财政工作必须坚持“一要吃饭，二要建设”的方针，量力而行，“有所为、有所不为”。财政支出首先要保证国家公教人员工资发放和政权机关正常运转，其次要保证社会保障支出、粮食风险基金等维护社会稳定的需要，再次是按照有关法律要求尽力安排好农业、教育、科技等政策性支出，然后有条件再安排公益性基础设施建设项目及经济调节性支出。这个支出次序是在当前各级财力都相当紧张的情况下，安排财政支出惟一可行的选择。对这个支出次序，各级各部门一定要自觉坚持，严格执行，坚决杜绝一方面必保的支出留缺口，另一方面安排一些力不能及的事情。二是要牢固树立艰苦奋斗、勤俭办一切事业的思想，落实中央关于一般性支出继续实行零增长的要求，严禁大手大脚、铺张浪费和巧立名目建楼堂馆所。各级政府要树立全心全意为人民谋利益的政绩观，坚决禁止搞那些华而不实、可办可不办或应该办但超越财力条件的形象工程、政绩工程。三是要科学理财，合理安排财政支出结构，合理配置财政资金。2004年省级财政预算是按分类分口切块原则安排的，资金使用方向，投入到哪些项目，都是由各部门提出安排意见。因此，理财不仅是财政部门的工作，更是各个部门的责任。如何理好财，把有限的财政资金用到最急需的地方，这是篇大文章。善不善于理财，效果大不一样。该解决的事情不解决要出问题，解决不当也会产生错误导向，使问题越积越多，陷入恶性循环。因此，各级各部门都要认真研究科学理财之道。财政部门要从宏观上研究如何优化资源配置问题，财政供给范围问题，支出结构问题以及监督管理等问题，努力提高财政资金的使用效益。

（三）充分发挥财政职能，促进经济社会全面、协调、可持续发展

经济发展是各项社会事业发展的物质基础，社会事业的协调发展又为经济发展创造良好条件，二者相辅相成、相互促进。按照党的十六届三中全会精神，财政工作要树立全面、协调、可持续发展观，要认真贯彻“五个统筹”，做到“五个坚持”，突出四项重点经济工作，正确处理好支持经济增长与促进社会事业协调发展的关系。要注意把握好三个结合：

1. 统筹兼顾与突出重点相结合。随着经济快速发展、社会不断进步、人民生活水平的改善，各方面对公共事业服务的需求越来越多，客观上要求各项公共事业要加快发展。但当前财政支持各项改革，促进经济发展，维护社会稳定的任务都非常繁重，一时难以拿出更多的钱用于各项事业的发展。这就需要财政在资金安排上要统筹兼顾，突出重点，集中财力办大事。统筹兼顾各项社会事业发展的需求，加快农业、教育、科技、卫生等重点事业的发展，保证各级政权机构的正常运转，提高各级政府管理公共事务和应对突发事件的能力。突出解决好公教人员工

资发放、社会保障、农村义务教育、公共卫生突发事件应急处理和疾控医疗救治体系建设。紧紧围绕四项重点经济工作,充分发挥财政宏观调控职能作用,集中财力,大力促进经济发展。

2. 盘活财政收入资金存量与盘活资产存量相结合。多年来,财政对公共事业的投入保持了较快增长,但目前的投入水平,仍远远满足不了需要,究其原因,除了有社会公共事业基础薄弱、历史欠帐较多等因素外,主要是财政资金中用于人头费的支出所占比重较高,真正用于事业发展的资金比重很小,有一些县(市)基本是吃饭财政。因此,发展各项事业,必须同时在盘活资金存量和资产存量两个方面做文章。一方面,要按市场经济和公共财政的要求,加大清理财政供给范围的力度,对能够通过市场运作维持运转的一些事业单位,要逐步减少投入,推向市场。结合推进事业单位机构改革,大力精减事业单位财政供养人员,严格控制人头费开支,使财政的事业费支出更多地用于事业发展。另一方面,盘活行政事业单位存量资产。2002年底省直行政事业单位固定资产达447.3亿元,各市县也都有一块行政事业资产,并且数量都不小,特别是各市事业单位更多,数量更大。现在由于多年积累下来的问题,有相当一部分没有得到充分利用,甚至有的用去搞经营,收益成了单位的小金库。在这方面还有潜力可挖,充分利用起来,也是一项很大的财政资源。财政部门要会同机关事务管理部门制定一些优化配置、科学管理的政策,盘活这块资产。

3. 解决当前矛盾与实现可持续发展结合起来。多年来,由于财力有限,财政投入到事业发展方面的支出,多是用于解决事业发展中的突出矛盾和问题方面,属于应急、个案性投入相对较多,对事业整体发展考虑不够。随着经济的发展,财力的增强,在促进事业发展上,要把注重解决临时、突出矛盾与促进社会事业可持续发展相结合,不断加大对生态环境、基础设施、人才开发培养等方面的投入,注重搞好事业的长远规划,促进可持续发展。

三、知难而进,重点突破,按照公共财政要求,大力推进财政改革

财政改革的方向是建立公共财政体制,但是建立完善的公共财政体系不可能一蹴而就,必须通过不断地深化改革,每年抓几个关键问题,取得突破,逐步推进。今年应突出抓好以下几项改革,并力争取得实质性突破:

一是要按公共财政的要求合理界定财政支出范围。目前,我省财政资金供给范围仍然过大,财政包揽了一些不该管、管不了、管不好的事项,还有相当一些营利性事业单位仍在吃财政“大锅饭”,这种状况既过度干预了市场对资源的配置作用,又加剧了财政收支矛盾。同时,财政支出也存在“缺位”,一些应由政府管的事情没有管好,特别是公共卫生体系建设、社会保障体系建设、农村义务教育等方面,财力投入还不足,保障程度相对较差。在公共财政体制下,财政职能范围与政府职能范围应当是一致的。市场经济体制下,市场是资源配置的主体,政府职能作用的着力点是市场配置失灵的领域,财政支出主要是提供公共物品、满足社会公共需要。按照这一理论,财政支出范围要随着政府职能的转变相应调整,除量力而行安排部分经济调节和引导性资金外,应从一般竞争性领域退出,增加社会公共领域的支出。这项工作今年要拿出具体操作方案,并着手进行试点。

二是合理界定政府间支出责任,完善上下级财政体制,规范转移支付制度。对界定政府间的支出责任,党的十六届三中全会提出了明确要求,但目前省、市、县财政支出的责任还不清晰,上下交叉、相互推诿、责任不清。整体上看,省级财政支出范围过宽,包揽过多,战线过长。省对下的各种专项资金补助有100多项,有些明显属于市、县支出责任。与此同时,一般性转移支付的力度仍显得比较小。2004年,要合理划分省、市、县、乡之间的办事责任与支出责任,并据此调整各级政府财政收入范围,努力使各级政府间的财政支出责任和收入划分格局科学化、规范化。属于省、市级政府承担的支出责任,省、市财政要予以资金保障,不得转嫁给县、乡政府;属于县、乡政府承担的支出责任,县、乡财政也要千方百计完成。同时,按照公平优先、兼顾效率的原则,发挥省级财政调节地区间财力差异的职能,按逐步实现地方公共服务均等化目标,进一步加大省对市一般性转移支付力度,增强欠发达地区政府的财政保障能力。

三是下大力提高预算编制水平。预算编制是财政资金管理的首要环节,对财政资金配置和使用效益起着基础性作用。目前,预算编制中人员经费和公用经费采用标准定额方法,已经比较科学规范。

今后工作重点要放在硬化预算约束，加强监督管理方面上来。用于经济建设和事业发展的专项资金预算编制还需进一步改进。首先是有些部门中长期事业发展规划不明确、不具体，对专项资金预算安排整体谋划和研究不足，造成预算执行中项目调整较多。其次，项目细化程度不够，有些部门没有把项目落实到具体承担单位，习惯于在执行中随机研究确定，使细编预算难以落实。再次，项目库建设滞后。建立项目库是编制好部门预算，提高专项资金预算编制水平的重要途径，尽管我们早就提出建立项目库的要求，但各部门在这方面抓得不够，相当多的部门没有建立项目库，即使建立起来的也多数不规范，效果不理想。对这些问题，今年要下大力解决。各部门必须结合编制"十一五"规划，认真抓好下年度和中长期事业发展规划，提出明确的事业发展目标，并把发展目标落实到具体的事业发展项目上；财政部门要严格把关，从今年起，财政除了编制年度项目预算外，还要编制三年滚动项目预算，凡未列入预算的项目，一律不再安排资金。年底未支出的项目资金也不再结转，由财政统筹安排，用于下年的重点急需支出。

四是大力整合资金，集中财力办大事。今年以来，财政在整合资金，集中财力办大事方面做了很多工作，也取得了一些成效，但目前看还有很多问题，突出表现在：部门之间相互分割，不能很好地进行跨部门资金整合，有的部门从自身利益出发，不愿意把自己管理的资金与其他部门整合使用；部门内部资金层层分解，平衡关系，正象克明同志指出的那样："在平衡上下功夫，在各方面都满意上下功夫，结果什么事情也办不成。"有的部门对本部门、本行业的中长期发展缺乏全面深入的研究和规划，对自己的"大事"把握不清，即使资金整合起来了，也找不准要办的"大事"；有的部门对如何"办"大事心中无数，没有提出切实有效的"办"法，只是简单地把资金打捆，对于办事的预期绩效也没有明确提出。在当前财政资金非常紧张的情况下，要想办成点事，就得集中财力重点使用，分期分批地办；在每一年度内则需"有所为，有所不为"。否则，分散使用，平均发展，势必导致什么事也难以办成，难以见效。前一段时间，克明同志对 2004 年省级财政预算安排有过两次重要批示，指出了预算安排上存在的深层次痼疾，很深刻，很有针对性。按照克明同志的批示精神，省政府组织对 2004 年的省级预算安排逐项过堂，全面梳理，进一步作了重大调整。对这次预算的调整，克明同志称之为"革命"，为什么说是"革命"，克明同志明确指出："过去财政列支项目，除保障性任务外，相当多的是各口、各部门为争经费而'巧定'的。年复一年，这些'巧定'项目则成了'祖制'。后来人若无胆量，均不能破这'祖制'。今天开始破了，故曰'革命'。破的目的是提高财政支出效益，真正办些更具意义的事情。但这非一日之功，恐怕还要再抓二、三年方见大效。"所以，在整合资金方面，还要做艰苦细致的工作，今年财政要进一步加大力度，把"革命"进行到底，切实抓出成效来。

五是加强财政监督，解决财政监督弱化问题。目前，财政资金脱离监管，挤占挪用，使用效益不高的问题仍没有得到很好解决，这里既有财政资金管理体制问题，也有管理手段跟不上监管需要的问题。因此，加强财政监管，解决财政资金安全性和有效性问题，必须进一步深化财政支出改革，健全财政职能，强化监管手段。当前，要通过加快国库集中收付制度为重点的各项改革，尽快建立财政支出效益评价体系，实现对财政资金事前、事中、事后全过程的监控，从体制上、机制上入手，有效提高财政监管水平。

四、财政是国家实行宏观调控的重要手段，做好财政工作是各级党委、政府的主要任务之一

省委、省政府十分重视财政工作，克明书记、允石省长先后多次就财政工作作出重要批示，对集中财力办大事、提高预算水平和质量、加强支出的监督和管理等提出了具体要求，不仅对深化财政改革、提高理财水平，而且对按照市场经济原则转变政府职能、工作思路和工作作风，都具有十分重要的指导意义。目前，财政改革还远未到位，仍然任重道远。随着改革的深入，一些深层次的矛盾和问题已经摆上日程。进一步深化财政改革，既需要各级财政部门的努力，更需要各级党委、政府的大力支持和推动，需要各部门的密切配合。当家理财不仅是财政部门的工作，更是各级党委、政府和各部门的份内工作。各级政府在推进财政改革中应注意处理好两个关系：

(一)正确处理建立公共财政与支持经济发展的关系

公共财政是与市场经济相适应的体制模式。我国财政改革的方向就是要建立适应社会主义市场经济体制要求的公共财政体系。在市场经济和公共财政体制下，财政支持经济发展应做到“四个体现”：

第一，体现公共性。首先体现在为经济发展创造良好的环境上。通过对道路交通、市政设施、环境保护等公共基础设施的投资，为经济发展创造良好的硬件基础；通过强化社会治安、规范市场秩序、提高劳动者素质、治理“三乱”等，促进经济发展的软环境建设。第二，体现在发挥引导功能。要深入研究市场经济条件下财政资金运作方式，尽量减少直接投资，更多地采用贴息、资助、担保、风险投资等间接方法，吸引和引导民间资金、信贷资金等社会资金投入，发挥财政资金的乘数效应。第三，体现公平原则。要按照“国民待遇”原则，打破行业、产业、所有制界限，对各种经济成份一视同仁，为企业发展创造公平的竞争环境。第四，体现政策性。公共财政支持经济发展同样也要充分体现党和国家的方针政策。如社会保障、分离国有企业办社会职能、下岗再就业等长期积累下来的一些矛盾和问题，单靠企业自身无力解决，靠市场机制作用也难以解决。这些问题中有许多就是属于公共财政应予解决的，在经济转轨时期，国家财政必须支付一些必不可少的改革成本，这也是一种公共需求。

（二）正确处理财政改革与其他改革的关系

任何一项改革都不是孤立进行的。财政改革作为经济体制改革的重要组成部分，其推进和深化需要其他相关改革的联动才能取得更大的成效。同样，其他改革的推进和深化也需要财政提供有力的支持，财政改革与其他改革应注意协调推进。近年来，我省在财政体制、财政管理方面积极探索进行了一系列改革，部门预算、国库集中收付、收支两条线管理改革、政府采购以及农村税费改革等陆续展开并取得了重要进展。这些改革对规范财政管理，强化财政监督，提高资金使用效益，发挥了重要作用。但当前的财政改革还远未达到预期目标，有些改革还没有取得实质性突破。这里固然有认识不一致的问题，也有改革不协调的问题。因此，财政改革要取得实质性突破，就要认真研究其他改革协调推进的问题。

一是要深化行政管理体制改革。近年来，以政府机构改革为主要标志的行政管理体制改革取得了明显成效，但由于政府职能转变较慢，部门职责划分仍没有理顺，职能交叉、职责不清的问题仍未得到很好解决，在一定程度上制约了财政改革的深化和推进。需要进一步理顺部门职责分工，严格按法定权限和程序行使权力、履行职责，加快形成行为规范、运转协调、公正透明、廉洁高效的行政管理体制。二是要深化事业单位管理体制改革。计划经济体制下，事业单位在我国经济建设和社会发展中扮演了重要角色，做出了巨大贡献。但随着我国社会主义市场经济体制的建立和完善，虽然许多事业单位的职能已逐步社会化、企业化，但事业管理体制却没有做出大的调整，支出仍由财政包揽，财政供给“越位”与“缺位”并存问题长期得不到很好解决。因此，在深化行政机构改革的同时，必须大力推进事业单位管理体制改革，拆“庙”撤“神”，从根本上减轻财政负担，提高财政保障能力。三是推进机关后勤社会化改革。去年，我省对水电暖补贴由“暗补”变“明补”，实行市场化运作，在机关后勤社会化改革方面作了成功的尝试，下一步包括公务用车、物业管理、机关后勤服务等方面在内的机关后勤社会化改革也要抓紧研究启动，积极推行社会化、市场化、货币化改革，减轻财政负担。

同志们，今年我省财政改革与发展任务艰巨。我们要在省委、省政府的正确领导下，全面贯彻十六大和十六届三中全会精神，努力实践“三个代表”重要思想，以昂扬向上，奋发有为的精神面貌，把各项财政工作做深、做实，为实现我省全面建设小康社会目标而努力奋斗！

（原载《河北财政信息网》）

奋发求突破 励精创新业 把各项财政改革与管理工作做深做实做出新成效

——齐守印厅长在全省财政工作会议上的讲话

(2004年1月2日)

同志们：

这次全省财政工作会议，是在推进全面、协调、可持续发展的新形势下召开的。会议的主要内容是贯彻落实中央、省经济工作会议和全国财政工作会议精神；总结2003年全省财政工作；分析当前财政面临的新形势、新情况、新任务，研究今后几年财政工作总体思路；部署2004年全省财政任务和主要工作措施。刚才，金城副厅长宣读了允石省长专门为本次会议和财政工作所作的重要批示，一会儿，庚茂常务副省长、加林副主任还要作重要讲话。我们要认真学习领会、努力贯彻落实。下面，我就有关问题先讲几点意见。

一、2003年全省财政工作在考验和拼搏中取得可喜成绩

2003年是全面贯彻落实十六大精神的第一年，也是我省经济社会和财政事业取得重大成就的一年。省委六届三次全会以党的十六大精神为指导，明确了我省全面建设小康社会“翻两番、三步走”的奋斗目标，开启了全面建设小康社会的新征程。全省各级财政部门认真贯彻十六大和省委六届三次全会精神，努力践行“三个代表”重要思想，高扬“树正气、讲团结、求发展”的主旋律，开拓进取，顽强奋斗，扎实工作，圆满完成了全年各项财政改革与发展任务，省厅年初确定的20项重点工作目标顺利实现。

(一)全省财政预算执行情况良好，财政收入超额完成目标任务。预计2003年全省全部财政收入完成624.9亿元，占年计划的105.8%，增长14.7%。其中，地方一般预算收入完成326亿元，占预算的103.4%，可比增长11.6%。全省一般预算支出完成633.9亿元，占调整预算的95.3%，增长9.9%。在克服非典影响的情况下，全省财政收入远远超过了预期增长，这既是省委、省政府带领全省人民加快经济发展的成果，也是省委、省政府对财政工作直接实施正确领导的结果。一年前，克明书记、允石省长在听取财政工作汇报时分别作出语重心长的重要指示。关于2003年财政工作，他们指出：河北财政收支矛盾很大，一定要把增收节支作为一项重要任务，挖掘收入潜力，千方百计增加财政收入。一年来，全省各级财税部门坚定不移地贯彻落实省委、省政府领导的指示，严格依法治税管费，克服多种减收因素，在认真落实各项税费减免政策的前提下，千方百计堵漏增收，为加大对经济社会发展的支持力度提供了财力基础。

(二)财政促进经济发展的职能作用进一步增强，支持经济发展的思路愈益清晰。省委六届三次全会以后，全省财政系统围绕公共财政框架下如何正确践行“三个代表”重要思想，如何有效地支持经济发展等重大问题多次组织开展研究讨论，统一了思想，形成了共识，拓展了视野，切实增强了财政支持经济发展的自觉性。

——积极完善省以下财政收入体制，运用体制杠杆促进经济加快发展。研究制定了完善省以下财政收入体制方案，按照体现激励、重点扶持的原则，对不同类型地区分类施策，强化财政体制促进全省经济发展和财政收入增长的激励作用。实践证明，这个体制是比较成功的，其效应已经开始释放。2003年，全省全部财政收入和地方一般预算收入增幅分别超过年初计划的6.3和3.2个百分点，按可比口径，增幅为1999年以来最高。特别是财政收入一直增长较慢的张、承两市，地方一般预算收入分别增长16.4%和18.6%。

——紧紧围绕省委、省政府确定的四项重点经济工作，制定政策，筹措资金。一是努力加大财政建设性投入，促进经济发展和结构调整。2003年，我省财政经济建设性支出112.2亿元，支持了农村公路、城乡电网改造、市政工程、大型水库除险加固等一批基础设施项目建设，以及骨干企业技术改造、传统产业优化升级和高新技术产业化等；积极促进政府投融资体系建设，省级筹措资金 1.5 亿元以增强政府投融资机构实力。二是多措并举，大力支持国有企业改革。省财政筹措专项资金 9000 万元，用于分离省属企业办社会负担；筹措 5560 万元资金，用于支持省属农垦体制改革；争取中央破产补助资金 16.1 亿元，妥善处理了开滦马家沟煤矿、寿王坟铜矿等企业的破产工作。三是积极采取有力措施，促进民营经济发展。出台了财政支持民营经济发展的实施意见，财政政策和资金支持对民营经济一视同仁，省级增加中小企业担保中心资本金 8500 万元、安排中小企业发展专项资金 1000 万元，用于支持民营企业贷款融资和创业服务体系建设。四是采取多种手段，支持外资外经外贸发展。2003 年全省实际利用国际金融组织和外国政府贷款 1.13 亿美元，为城市供水、环境治理等 22 个项目提供了资金支持。为支持外经外贸发展，开拓国际市场，制定了出口退税质押贷款财政贴息政策，及时拨付商品出口贴息和中小企业开拓国际市场资金 1.16 亿元。与此同时，继续改进和加强对农业的财政支持。农业支出重点支持了公共性较强的农产品质量监督检验体系、农业信息服务体系和防风防火指挥体系建设，积极促进农业产业化进程和农业经济结构调整。全省农业开发工作立足于增强农业综合生产能力、推进结构调整和增加农民收入，在支持农业基础设施建设、坝上生态农业工程项目建设、农业产业化经营和科技进步等方面取得明显成效。

——加大资金整合力度，集中财力办大事，努力提高财政资金使用效益。2003 年一季度，遵照克明书记指示精神，省财政围绕省委、省政府确定的经济发展重点，积极推进跨类别、跨部门和部门内财政性资金的大范围整合，将同一方向的预算内外资金、政府基金整合使用，共取消零星分散项目 185 个、调减项目 34 个，整合资金 3.3 亿元，在解决财政资金投入“散”和“碎”的问题、提高财政资金使用效益上收到了明显的效果。

——深化收支两条线管理改革，着力优化经济发展环境。制定出台了执收执罚部门收支彻底脱钩的管理办法，割断了收费罚款与部门经费支出之间的直接联系，为治理乱收费、乱罚款提供了制度保障。严格控制和认真清理行政事业性收费，制定支持项目建设的收费优惠政策，减轻了社会负担，优化了经济发展环境。各地为支持经济发展也做了大量卓有成效的工作，如邢台市制定了发挥财政职能作用、推进经济跨越式发展的意见，实行收费一口清；石家庄市多渠道筹资支持经济建设，市财政筹资 9.5 亿元；衡水市落实国企改革各项财税政策，为企业增加发展资金 2 亿元。

（三）着眼于经济社会协调发展，加大对各项社会事业发展的支持力度。2003 年全省财政预算内教育支出 116.6 亿元、争取中央资金 1.8 亿元，重点支持了农村基础教育布局调整、中小学危房改造“两项工程”和重点大学、重点学科“双重工程”及省属高校二轮布局结构调整；省级科学事业费支出 1.2 亿元，重点支持了科研院所转制、科技成果推广、重点实验室建设等；文体广播事业支出 16.7 亿元，重点支持了重大文化项目建设、重要文化遗产保护、优秀民间艺术保护和老少边穷地区文化事业的发展；卫生支出 34.2 亿元，重点支持了传染病预防控制和救治体系等公共卫生建设，提高了疾病防治能力和应对突发卫生事件的能力。积极支持农村卫生基础设施建设，改善农村医疗卫生条件，省市县财政筹资 1600 多万元与中央补助配套，在迁安、枣强、曲周等县（市）进行了农村合作医疗制度试点工作。

（四）践行为民理财原则，着力解决人民群众生产生活方面的重点难点问题。

——积极采取有效措施，全力保障抗击非典斗争取得胜利。面对非典疫情，全省各级财政部门反应迅速，应对正确，及时制定了有效防治非典的财政财务政策；通过紧急动用预备费，及时制定预算调整预案，调减部分专项支出预算、压减公用经费等措施，统筹资金用于防治非典；积极争取中央财政支持，制定鼓励政策并协同有关部门组织社会各界捐款捐物。全省共筹措、拨付防治非典资金 13 亿元，保证防非工作的有效开展。对受疫情影响较重的餐饮、旅店、旅游、出租车等行业及城乡集贸市场及时研究制定并实施了减免营业税、城建税、19 项政府性基金和 21 项行政性收费政策，减轻了非典对经济发展的冲击。同时开展了防非典资金、物资专项监督检查，审减不符合中央和省补助政策的支出 7200 多万元。全省各级财政部门的辛勤努力，为圆满实现省委、省政府提出的“确保无一患者漏诊，无一疑者漏报，无一医院拒诊、拒收，不发生一例病人因没钱看病而不去就医现象"的目标,提供了坚强的财力和财政政策保障,得到了省委、省政府高度评价。

——努力做好社会保障和就业再就业工作。一是积极做好"两个确保"和"低保"工作。配合有关部门多渠道筹措资金,强化资金管理,改革资金分配办法,提高资金使用效益。建立了社保对象数据库和社保远程财务系统,实现了数据实时集中监控。全年发放企业离退休人员养老金102亿元、下岗职工基本生活保障费9亿元,使全省141万企业离退休人员、26万多国有企业下岗职工按时领取到养老金和基本生活费。筹集城市居民最低生活保障资金5.3亿元,保障了全省75.6万城镇居民的基本生活需要。二是积极促进就业再就业工作开展。研究制定了包括增加资金投入、设立担保基金、小额担保贷款、社会保障补贴、岗位补贴、再就业服务补贴和税费减免等在内的一整套政策体系。省财政在新增再就业资金3000万元的同时,从2004年起将经常性一般预算税收收入的1%专项列入再就业资金预算,形成了再就业资金的制度性安排。各市围绕促进社保事业发展也做了大量工作,如唐山市在13个县、区开展了农村最低生活保障试点,取得较好效果。

——努力做好工资发放工作。在预算确保优先安排工资性支出的基础上,省财政增加转移支付2.1亿元专项用于市县消化历史陈欠,并进一步完善人事编制工资管理系统,全面推行工资发放银行化,严格县级工资专户制度,推行县乡工资统发统管,形成了保工资的"绿色通道"。2003年全省机关事业单位工资发放不仅做到了按实际执行标准不欠发,而且由于落实中央2003年出台的调整职务工资政策和消化陈欠而提高了公教人员实际收入水平。

同时,各级财政还在筹措资金加大扶贫力度、解决人畜饮水困难、对受灾群众实施救济和因灾减免、解决离休干部医疗费拖欠和水库移民生活困难、对家庭困难学生实施帮助等方面做了大量工作。

(五)积极推进各项财政管理改革,公共财政管理制度建设取得新进展。财政管理科学化、规范化、法制化进程进一步加快。

——预算管理改革进一步深化。相继出台了《关于进一步深化财政改革规范省级预算管理的意见》、《省级财政专项资金分类分口切块预算管理办法》、《省级机动财力审批管理办法》等一系列新措施,预算管理制度体系进一步完善。在2004年省级预算编制中,较为深入地贯彻了公共财政、零基预算、综合预算、集中财力办大事、合理划分各级支出责任的原则,形成了比较科学的预算分配决策机制,在整合财政资金、提高项目预算准确性、细编政府采购预算、均衡事业单位经费水平、推广预算编审技术支持系统等五个方面实现了新突破。在不断完善行政单位公用经费支出标准和预算定额的同时,制定了各类事业单位公用经费支出标准定额,并应用到2004年预算编制中。部门预算的范围扩大到全省所有市、县、区。保定市实行部门预算编制"四到位",很见成效。

——财政集中支付制度在全省全面推开,省级部分部门已跃升到国库单一账户体系模式。全省11个市、187个县(市、区)全部实行了财政集中支付,消灭了空白点,纳入集中支付的一级预算单位9512个、二级预算单位5307个,月均支付资金25亿元,占预算支出的42%。省级确定集中支付项目260个、涉及资金28亿元,比2002年增加近一倍。根据财政部国库管理制度改革要求,结合我省实际,从2003年第四季度起,省政府23个组成部门一级预算单位的所有财政性资金纳入国库单一账户体系。

——政府采购基本实现制度化、规范化运作,采购规模和范围不断扩大。修订了政府采购预算编制、评审专家管理和招投标管理等有关制度,管理制度体系日趋完善,采购范围扩大到财政拨款的基本建设项目。2003年,全省政府采购金额37.7亿元,节约资金4.7亿元。

——农村税费改革继续深化,进一步规范和减轻了农民负担。全省在上年平均减负39%的基础上,2003年又减轻了2个百分点。农业税征管顺利进行,农村税费改革资金管理得到强化,乡村政权运转和农村义务教育的必要经费基本得到保证。

——积极推进粮食流通体制改革,直补农民试点工作进展顺利。省政府出台了《关于进一步推进粮食流通体制改革的意见》等文件,对粮食企业多年存在的"老粮、老人、老账"问题通过多种措施加以认真解决。在全省选择六个县市进行了财政直补农民试点,调动了农民种粮积极性。

(六)财政法制工作又有新推进,财政监督取得新成绩。出台了《河北省企业国有资产产权交易监督管理暂行办法》、《河北省地方教育附加征收使用管理规定》,两项工作纳入了规范化管理轨道。全省财政监督检查机构组织开展了防治非典资金专项检查，并向省政府提出了完善管理和整改的建议。开展了全省会计信息质量检查，查出资产、负债、权益、利润不实资金 7.7 亿元。进一步加强了财政内部监督和对注册会计师行业的监管。

（七）金财工程扎实推进，财政改革和管理的技术基础趋于完善。建成了联结省政府组成部门的省级财政城域网，基本构建起了省级财政管理信息系统框架，市县网络建设和核心业务软件应用进程大大加快，形成了河北财政内网、外网、专网齐头并进的格局，为财政改革和管理提供了有力的技术支持。

（八）以"三个代表"重要思想学习为核心的思想政治工作和队伍建设取得新成效。各级财政部门认真组织开展"树正气、讲团结、求发展"、"三个代表"重要思想、民主集中制学习教育活动和财政理论业务教育培训工作，广大干部职工进一步强化了"第一要务"意识，为民理财的责任感、使命感和依法理财、科学理财的理念进一步增强，党风廉政建设和行风建设取得明显成效，工作作风有了新的转变，服务质量和工作效率有了新的提高，促进了各项改革与管理任务的圆满完成。

过去一年我省财政工作之所以取得上述成绩，首先应当归功于省委、省人大、省政府领导对财政工作高度重视，为我们推进改革与发展创造了空前良好的工作环境。克明书记指出"财政工作是政府工作的重中之重"，允石省长指出"做好财政工作，是各级党委、政府的主要任务之一"。一年来，省委、省政府主要领导为财政工作所作的重要综合性批示就有十余次，既有点拨和指导，又有鼓励和鞭策，体现了对财政工作的高度重视与支持。在新一届省政府第一次全体会议上，庚茂常务副省长专门就深化财政改革、规范财政管理作了重要讲话。在刚刚闭幕的全省经济工作会议上，允石省长把财政工作作为一个重要方面亲自部署、重点强调。新一届省人大常委会对财政工作极为关心，对财政改革与财政法制化建设积极支持。这既赋予了财政工作在全省发展中的重要使命，也为我们发挥财政职能、深化财政改革、规范财政管理创造了良好条件，极大地增强了我们做好财政工作的信心和动力。全省国税、地税部门严格依法治税，努力增加收入，省直各部门积极配合推进各项财政管理改革和预算执行工作，对财政工作任务的胜利完成做出了积极贡献。同时，全省广大财政干部职工勤奋努力，锐意创新，艰苦拼搏，扎实工作，为完成好各项工作任务付出了大量的艰辛与心血。为此，我代表厅党组向全省财政系统广大干部职工表示衷心感谢，向支持财政工作的各兄弟部门表示衷心感谢！

在肯定财政工作成效的同时，也应看到，财政运行和财政管理中仍存在一些不容忽视的问题。一是受经济结构不合理、产业层次偏低的影响，财政收入占 GDP 比重较低，财政增收的基础还不牢固，虽然增长较快、增幅较高，但仍低于全国平均增长水平，财政收支矛盾尖锐，县乡财政尤为困难。二是财政改革进展不平衡，许多改革还远未推进到位，完善公共财政体制和管理机制的任务仍非常艰巨。三是财政支出结构有待进一步优化，省领导所关注的财政专项支出项目"散"和"碎"的问题尚未从根本上解决。四是对预算编制、执行、决算各个环节的全方位财政监督机制尚未有效建立，违反财经纪律、挤占挪用和滥用浪费财政资金的情况时有发生。五是公共财政理念和艰苦奋斗、勤俭节约的风气有待强化。六是财政干部队伍的政治、理论、业务素质有待进一步提高，工作作风和服务质量还需进一步改进，等等。对这些问题我们必须高度重视，在谋划安排今后的财政工作中，采取针对性措施逐步加以解决。

二、正确把握财政改革与发展方向，科学确定未来几年全省财政工作总体思路

厅党组按照十六大、十六届三中全会和省委六届三次、四次全会精神，围绕落实省委省政府确定的全省经济社会发展战略，经过认真研究谋划，集中全省财政系统广大干部的智慧，制定了《河北省 2003—2007 年财政工作纲要》，确定了今后一个时期财政工作的指导思想和基本原则，明确了工作目标任务，提出了进一步加快财政改革发展、解决财政运行中存在问题的对策措施。《纲要》确定近五年全省财政工作的基本思路是："讲科学、求规范、重创新；兴财政，促发展，为人民。"其核心是贯彻全面、协调和可持续发展观，将发展作为贯穿财政工作始终的主题，将改革创新作为实现财政内涵发展、强化财政职能的动力。这个《纲要》充分体现了"三个代表"重要思想和我省全面建设小康社会对财政工作的本质要求，与财政部党组在最近召开的全国财政工作会议上提出的中期工作思路从精神实质上是一致的。财政部的思路是：做大一个"蛋糕"；用活两大存量；推进三项

改革;完善四项制度。贯彻落实全国财政会议精神,我们还要对今后几年的工作思路逐步加以完善。这里,我再强调几点:

第一,财政工作必须牢牢把握、始终坚持“发展是执政兴国第一要务”的方针,努力通过支持经济发展壮大财源基础、不断完善财政管理体制、加强收入征管等措施,建立稳定持续较快增长的财政收入机制,增加财政收入,做大财政收入蛋糕。只有如此,才能不断增强政府向市场活动主体和广大人民提供公共物品、公共服务的物质基础。从这个意义上说,促进经济发展、做大财政蛋糕,乃是各级财政永恒不变的主题,任何时候都不能动摇。

但是,随着计划经济向市场经济转变,随着财政支出总量的增加,财政支持经济发展的着力点和方式方法必须相应转变,以便提高财政资金的使用效果。如何转变?一是要将财政促进经济发展的着力点从对生产经营领域直接投资转变到为市场经济活动主体投资经营创造良好的软硬环境和提供便捷高效的公共服务上来,努力解决单个市场活动主体无力解决的公共性问题,既包括建立健全产品质量检测、法律会计咨询、经济技术和公共政策信息等社会化服务体系,也包括保持宏观经济稳定和总体经济结构协调。二是要积极筹措支付经济转型过程中单个市场经济主体无法承担的改革成本,包括建立健全社会保障体系、促进就业再就业、分离企业办社会职能,为不同企业在市场上公平竞争创造条件。三是要及时调整对竞争性经营领域运用财政资金的方式,将传统的直接投资转变为税费政策调节、投资补助和贷款贴息引导,发挥财政资金“四两拨千斤”的杠杆功能。四是在财税政策上要将对不同所有制经济主体的差别对待转变为一视同仁,支持一切合法经济活动主体按照市场法则公平竞争、优胜劣汰。五是着眼于盘活财政资金存量,每年或每个阶段集中财力有选择地促进重点经济矛盾的解决。目前我省正处在经济社会体制和经济结构双重转型期,各种经济社会矛盾比较集中,解决这些矛盾对财政支出的需求很大。尽管随着经济发展加快和经济质量效益的提高,全省各级财政收支增量规模也随之逐年扩大,但每年新增支出需求都数倍于新增财力,收支矛盾一直难以缓解。因此,只靠财政增量分配加大支持力度,相对于促进经济发展、调整经济结构、加快科技进步和国企改革对财政资金的需求来说,无异于杯水车薪。解决这一供求矛盾,必须主要从调整存量结构和科学配置资金方面寻求出路。目前全省每年用于经济领域的各类财政性资金存量至少200亿元以上,已成为促进经济发展的重要物质资源。问题在于,这些资金囿于部门分割和传统积习,分配机制、运用方式和结构陈旧落后,不能集中用于重点行业、重点地区、重点项目和解决重大问题,年复一年地被“撒芝麻盐”似的零星分散使用,累积多年花了大量资金,却没有取得明显成效。近一年多来,克明书记和允石省长已多次鲜明地指出这一问题,我们也一直致力于解决这一问题,虽然取得了一定成效,但差距仍然很大。今后必须进一步加大力度,结合国家长期建设国债使用方向、结构的调整和粮食风险基金使用方式的调整,围绕全省经济建设四项重点工作加大财政支持力度,用好预算内基本建设资金,扶持大型在建项目和基础设施建设;用足用好用活财税政策,认真落实国家制定的支持企业科技进步、新产品开发、出口退税等政策,运用贴息、补助、担保等杠杆调节和引导社会资金流向,支持国有、民营企业发展。提高财政农业投入比重,支持面向农民和农业企业的各种公共服务体系和农业基础设施建设,促进农业结构调整和农业增效、农民增收,全力促进农村经济发展。扩大国际金融组织和外国政府贷款渠道,积极开辟国际市场,扩大利用外资,促进对外开放。

第二,财政工作必须牢固树立科学的发展观,认真贯彻“五个统筹”的原则,着力促进经济社会事业全面协调发展。全国财政工作会议突出强调了今后要推进收入分配制度改革,加快建设与经济发展水平相适应的社会保障体系,深化教育体制改革和公共卫生体制改革。这也是今后一个时期我省财政发挥职能作用的重点领域。因此,各级财政部门要从制定实施政策、预算资金配置和实际工作上大力促进就业和再就业,完善社会保障制度,健全以企业职工基本养老保险、城镇职工基本医疗保险和失业保险、城镇居民最低生活保障为核心的社会保障体系。要积极探索建立农村养老和最低生活保障制度的有效途径,尽快建立以大病统筹为主的新型农村合作医疗制度。要大力促进科技体制、教育体制、文化体制、公共卫生体制改革,加快全省社会事业发展。

第三,财政工作必须牢固树立为民理财的思想,从政策制定和资金安排上正确处理改革、发展、稳定之间的关系，正确处理人民群众长远利益与眼前利益、根本利益与具体利益之间的关系，一方面着眼增加人民群众的长远利益和根本利益，促进经济社会发展，另一方面，筹集安排必要的资金用于解决人民群众当前生产生活中最急迫的困难问题，让人民群众得到看得见、摸得着的实惠。尤其要防止在人民群众存在很多实际困难的情况下，去办那些并不十分紧迫的事业；坚决反对盲目铺摊子、上项目、大搞楼堂馆所和其他所谓“政绩工程”、“形象工程”。

第四，财政工作必须始终把通过改革创新加快建立公共财政体制和管理机制作为一项重要任务。加快推进农村税费改革，落实好取消农业特产税、逐步降低农业税税率政策，切实减轻农民负担。围绕建立科学规范的公共财政管理体系，加快推进各项财政管理改革。合理界定财政支出范围，规范公共支出责权在政府部门间的横向配置，合理划分各级财政支出责任，相应调整和规范各级财政收入划分格局，逐步建立科学、规范、合理的地方政府间转移支付制度。预算管理、国库收付、政府采购、收支两条线管理和财政监督机制改革要显著推进。

第五，财政工作必须加快向讲科学、求规范的现代公共财政管理模式转轨。现代公共财政管理模式是建立在科学理论基础之上的，要求财政工作在职能范围、管理方式和管理行为各方面都必须讲求科学和规范，以科学的理论作指导，以科学的方法管理财政事务，以科学、规范、严谨的态度做好财政工作。首先必须以“三个代表”重要思想定位财政职能，确定财政职能的实质内容和作用方向，着力解决财政职能越位、缺位和错位问题。财政管理过程中要遵循财政的公共性原则、量入为出的财政平衡原则和区分轻重缓急的效益比较原则，将财政资金用途规范于解决市场机制无力调节的经济社会矛盾范围内，将一定时期的财政支出规模和范围限定于政府可支配财力能够承受的水平，并在有限的财力规模内，按照轻重缓急顺序和边际效益最大化原理，优先解决对促进先进生产力、先进文化发展和保护、增进民众利益最急迫、最重要的问题，做到有所为而有所不为。这就要求财政工作必须坚持一切从实际出发、实事求是的思想路线，求真务实，注重实效，树立正确的政绩观。要把推进依法理财、依法行政，完善财政决策制度，逐步实现财政决策科学化、民主化，作为规范管理、规范服务的重要目标。进一步健全财政管理的法规制度体系，实行对财政资金预算、拨付、使用、效益评价的全过程制度化管理。进一步转变工作作风，公开办事程序、简化办事环节、提高办事效率，践行办事承诺，提高财政工作服务质量和水平。

克明书记指出：“工作不落实，再好的工作思路也是纸上谈兵，再好的发展目标也是空中楼阁。”全省各级财政部门必须在科学理论指导下，精心谋划财政改革与发展，结合本级、本地实际情况研究提出具有针对性和可操作性的落实措施。通过每年的扎实努力，积小成为大成，到本届政府任期末，在财政职能转变、财政实力增长、公共财政体制和机制创新、财政管理水平提高等主要方面取得可观的成效。

三、抓住机遇，勇于开拓，做深做实，努力实现2004年各项财政工作目标

2004年全省财政面临非常好的发展机遇。党的十六大、十六届三中全会和省委六届三次、四次全会精神激发了全省人民的干劲，焕发了广大干部群众建设河北的巨大热情，掀起了加快发展的热潮，为财政改革与发展注入了强大推动力。2003年全省GDP预计增长11.5%，高于全国3个百分点，创造了1998以来最快的增速，为加快发展和增强财政实力奠定了良好基础。项目投资、国企改革、民营经济、对外开放四项重点工作的扎实推进和活力释放，为进一步开拓全省经济发展新空间和财政收入快速增长提供了有力支撑。省以下财政体制的规范和完善，将对市县发展经济、增加财政收入进一步发挥激励作用。尽管在发展中还存在经济结构落后、体制机制障碍等老问题和2004年政策性减收增支因素较多的新问题，但省委、省政府对财政工作高度重视和正确指导，为我们全方位做好财政工作注入了动力和活力，创造了宽松有力的理财环境。我们必须抓住机遇、与时俱进，以更加高昂的干劲、更加强烈的责任感和更加奋发的创新精神，努力完成各项财政工作任务，再创财政工作新局面。

2004年全省财政工作必须以邓小平理论和“三个代表”重要思想为指导，认真贯彻十六大、十六届三中全会和省委六届三次、四次全会及全省经济工作、全国财政工作会议精神，以全面建设小康社会统揽财政工作全局，厉行增收节支，确保全年预算任务完成；树立科学的发展观，坚持“五个统筹”，加大对经济社会发展的支持力度；深化改革，加强管理，提高财政资金使用效益；完善监督机制，保证财政资金安全高效运行；加强干部队伍建设，以更加优良的作风和有效的工作，为全省经济社会发展目标的实现做出新贡献。

根据这一指导思想，2004年全省财政工作主要目标任务是：财政收入保持快速稳定增长，全部财政收入计划为664亿元，比上年预计完成可比增长10.1%，其中，地方一般预算收入计划为341.7亿元，可比增长9%。财政支出结构调整取得新突破，全省一般预算支出安排520.2亿元，比2003年预算增长7.8%，确保公教人员工资发放、社会保障支出和农科教法定支出需要，发展性专项资金整合力度加大，“散”和“碎”的问题得到明显改进，突出支持四项重点工作、社会事业发展、民心工程。财政改革再获新推进，省以下财政体制改革、以完善预算决策机制和管理制度为核心的预算管理改革、国库管理制度改革、政府采购、收支两条线管理等项改革进一步深化，各项改革的系统整合力增强，效应进一步释放。财政监督要有新加强，在明确不同监督主体责任、衔接监督主体间分工、强化监督途径和手段上取得显著进展。财政干部队伍整体素质要有新提高，思想工作作风和服务质量明显改进。

按照上述指导思想和目标，2004年财政工作必须围绕以下八个重点往深里做、往实里做：

(一)围绕保重点、保运转、促发展，统筹安排2004年政府预算。克明书记强调：“财政支出，保什么、不保什么；支持什么、控制什么，要有一个科学合理的安排。支出项目哪些该列，哪些不该列，要体现科学性和合理性。”“我省财力不足恐怕将会持续相当长的时间，因而始终有一个集中财力办大事的问题。若想集中财力，必须树立‘有所为有所不为’的思想。”克明书记的重要指示，阐明了做好政府预算工作必须遵循的重要原则。预算安排必须坚持“一要吃饭，二要建设”的原则，突出重点，统筹兼顾，积极稳妥，确保平衡。支出预算安排必须体现公共性、实现“三保”，即保稳定、保运转、保重点。一是确保机关事业单位职工工资和离退休人员退休费按时足额发放，保证国家机关正常运转和执法办案所必需的经费。要加大对县乡转移支付力度，增强困难县保工资、保运转的能力。二是要突出支持省委、省政府确定的十项民心工程。加大支出结构调整力度，重点向解决“三农”问题、建设公共卫生体系、扩大就业、完善社会保障体系、保障困难群众基本生活、生态建设和环境保护等方面倾斜。三是保证国家各项法定要求和重大支出政策的落实。各级财政要保证教育、科学、农业等重点支出达到法定增长要求。各级都要足额安排出口退税资金预算，确保生产企业自营出口“免、抵、退”税政策落实到位。四是预算安排要精打细算，对一般性支出继续实行零增长。

(二)做深做细增收节支工作，增强发挥财政职能的财力基础。2004年我省减收增支因素很多，主要减收因素包括：提高增值税起征点将减收2.6亿元，农业税率降低1个百分点和取消农业特产税将减收4.4亿元，执收执罚部门收支脱钩和落实就业优惠政策，也将形成不易具体估算的减收。主要增支因素有：去年增资政策翘尾，加大社会保障和再就业资金投入力度，加大农村教育、公共卫生等民心工程支持力度，加大对“三农”及动物疫情防治体系投入等。收支矛盾十分尖锐，平衡压力较大，决定了增收节支保平衡的任务非常艰巨，必须上下左右紧密配合、下大力抓紧抓实。首先，要坚持不懈地抓好财政收入，确保财政收入快速稳定增长。加强与税务部门协调配合，坚决制止和纠正违反税法规定的减免，大力清缴欠税，严厉打击各种偷骗漏税行为，依法应收尽收；同时，加强非税收入的征收管理。第二，要牢记“两个务必”的要求，强化长期过紧日子的思想，从严控制支出。克明书记指出：“在节约支出上还是大有余地的。必须做到能不花的不花，能节约的节约，有效益的事情多办，没效益的事情不办。”允石省长指出：“厉行节约，防止铺张浪费。对财政资金要倍加珍惜，精打细算。”要认真清理取消各种不合理的补贴、津贴，大力压缩会议费、招待费、差旅费、出国考察培训费，坚决反对把财政性资金用于脱离实际、劳民伤财的“政绩工程”、“形象工程”。在预算执行中，必须坚持严格预算约束，坚决制止无视预算严肃性、花钱大手大脚、花完再要、甚至先支后报的行为。要通过节俭一切不必要、不急需的支出，办成一些人民急需、社会关注的公益性事业。

(三)支持四项重点工作，为全省经济发展增添新动力。坚持以结构调整为主线、以四项重点工作为抓手，促进全省经济加快发展是全省经济工作会议的重要内容，事关“翻两番、三步走”奋斗目标的实现。我们必须按照省委、省政府的总体战略部署，采取综合性措施，瞄准着力点，进一步加大对四项重点工作的支持力度，促进全省经济快速增长。一是发挥财政资金政策的引导作用，推动投资结构不断优化。要继续利用好积极财政政策，努力争取新的国债项目，管好用好国债资金，发挥国债投资对改善投资结构、优化经济和产业结构的促进作用。扩充实力，完善机制，加强政府投融资体系建设，通过滚动投入，促进产业结构优化升级。要综合运用好基建支出、重点项目资本金、企业技改贴息、信息产业发展和信息化建设资金等，积极推进新型工业化，支持用高新技术和先进适用技术改造提升传统产业。要着力实现财政支持经济发展方式方法的转变，有效发挥财政政策和体制的激励、引导功能，财政资金主要用于解决市场主体共同受益的公共性问题或以杠杆方式发挥调节作用。同时，进一步加强行政性收费和罚没收入的收支脱钩管理，清理整顿收费项目，规范和约束执法行为，优化投资和发展环境。二是多方筹集改革成本，支持加快国企改革，促进国有经济结构战略性调整。加大对国有大中型企业主辅分离、辅业改制工作的支持力度，努力落实相关的财政财务政策，确保分离国有企业办社会职能资金及时到位达效，切实减轻企业负担。会同国资管理部门研究适当收缴国有企业收益和国有产权转让收入，编制国有资产经营预算，盘活国有资产存量，调整优化国有资产布局结构，加快优势骨干国有企业技术改造和新产品开发，使其做大做强、竞争取胜。三是加大引导和支持力度，促进民营经济加快发展。要用好中小企业发展专项资金和信用担保金，完善省市县中小企业信用担保体系，落实国家出台的鼓励民营企业从事高新技术、环保等方面的各项财税优惠政策。各级预算安排的传统产业改造、高新技术发展、支持农业产业化资金和科技三项费，都要向民营经济平等开放使用，鼓励民营经济向劳动密集型、技术密集型、资源综合型和出口导向型工业领域发展。四是积极促进外资引进和外贸出口。要认真落实好国家和我省制定的吸引外资的财税优惠政策，用好外经外事专项资金，努力开辟国际金融组织和外国政府贷款融资渠道，重点支持基础设施、清洁能源建设、城市污水和大气污染治理。积极参与出口退税管理，及时拨付出口退税资金，确保做到新账不欠，促进外贸发展。

（四）坚持科学的发展观，统筹城乡经济社会协调发展。科学的发展观，是经济工作必须长期坚持的重要指导思想，也是财政工作正确发挥职能作用、促进解决经济社会发展中诸多矛盾所必须遵循的基本原则。我们要更新发展观念，从财政体制、资金、政策等方面引导社会资源向农业和农村倾斜、向欠发达地区倾斜、向社会事业倾斜、向生态建设和环境保护倾斜。一是努力加大对“三农”的财政支持力度。中央和省领导反复强调，“三农”是全党工作的重中之重，全面建设小康社会，难点在“三农”、重点在“三农”、关键在“三农”。财政工作要立足于我省是一个有5000多万农民的农业大省这个最大的实际，围绕增加农民收入和粮食安全，着重抓好三个方面：首先要优化各类财政支持农业资金投入结构，重点支持农业基础设施、生态工程、人畜饮水、农业结构调整、农业社会化服务体系和动物疫情防控体系建设。其次要继续深化农村税费改革和粮食流通体制改革，切实减轻农民负担、增加农民收入。通过改变财政间接补贴方式、推行按粮食保护品种直接补贴农民，保护农民利益，调动农民种粮积极性。再次要完善市场建设资金的管理和使用，建立和完善劳动力市场网络，认真清理对农民的乱收费，加大对农民的培训力度，为加快农村剩余劳动力转移创造条件。二是进一步搞好农业综合开发。认真贯彻落实新一届政府国家农业综合开发第一次联席会议精神，优选建设项目，积极落实地方配套资金，全面推行财政资金县级报账制，加强支出管理，加强监督检查，确保农发资金安全运行，推动农业综合开发整体工作上台阶。三是加大对欠发达地区的支持力度，促进地区间协调发展。省市两级要落实好、市县级要利用好省政府对欠发达地区的优惠性财政收入体制，进一步整合各类扶贫专项资金和其它相关的财政性资金，按照集中财力办大事的原则，从改善基础设施、发展社会事业、扩大经济规模等方面促进落后地区加快发展。四是支持社会各项事业加快发展。认真落实《教育法》，不断加大财政对教育的支持力度，促进教育布局调整，健全农村义务教育经费投入机制，继续支持农村中小学危房改造和布局调整“两项工程”、支持重点大学和重点学科建设“双重工程”，支持职业教育、成人教育和幼儿教育发展。落实好科学、文化等事业发展资金，以支持社会公益性事业建设为重点，加大资金整合力度，集中财力办大事。研究完善社会事业资金的绩效预算编制及其执行结果考评办法，提高资金使用效益。配合有关部门清理支出范围，优化资源配置，提高对公益性事业的保障程度。五是整合各类专项环保资金，加强生态保护和污染治理。着重支持重点流域、重点城市、重点区域的水污染和大气污染治理；支持农村环境治理，建设文明生态村；支持山区绿化、退耕还林(草)、水土保持、防沙治沙四大工程，营造良好人居环境。

(五)大力促进“民心工程”实施，致力于解民之困、足民之愿。省委、省政府决定在全省实施“民心工程”，解决群众生产生活问题，尽心竭力为群众办实事、解难事、做好事。财政部门必须提高认识，抓好财政资金、政策的落实。一是努力做好工资发放工作。进一步完善以“上级补助、县级统管、银行发放、专户管理、网络监控”为核心的工资发放保障机制。加强全省人事编制工资管理，动态维护好完整准确的全省人事编制工资数据库，全面实现工资发放银行化和实时监控。省市两级要积极筹措资金，加大对困难县区的工资性转移支付，县级预算安排优先确保工资发放，努力通过开源增收增强保工资能力。二是促进就业再就业，做好“两个确保”和“低保”工作。要进一步完善再就业资金政策体系。各级要努力调整财政支出结构，增加资金投入，从2004年起，省级每年从一般预算税收收入中拿出1%专项列入再就业资金预算，各市县也要将所需再就业资金足额列入同级预算，并保证足额拨付到位。要继续贯彻落实国家和省出台的一系列促进再就业的优惠政策，确保与各项优惠政策相关的资金落实到位。要努力推进社保基金税务征收改革，加大征缴力度，努力做到应收尽收，逐步提高社会保障资金自求平衡能力。要确保离退休人员养老金和国有企业下岗职工基本生活费按时发放，完善低保资金转移支付办法，调动各市增加资金投入的积极性，加大对困难地区支持力度，实现应保尽保。要继续完善社会保障预算管理体系，进一步改进现行社保预算编制办法，强化社保预算管理，增强社保预算的约束力。三是加大公共卫生资金投入，支持建立与社会主义市场经济体制相适应的公共卫生体系。要管好用好国债资金和省补资金，完善省市县疾病控制体系和医疗救治体系，增强各级疾病预防控制能力、应急救治能力和应对突发公共卫生事件的能力。支持农村卫生基础设施建设，搞好新型农村合作医疗试点，着力解决农民看病难问题。四是切实做好政法和安全生产监督部门经费保障工作，保证有关部门履行职能的正常需要，促进社会稳定和生产安全。其他关于农民减负增收、农村教育、济困助残、城乡饮水、城镇治污、绿化治沙等涉及财政的工程，已在相关问题中进行了强调，这里不再重复，各地要认真落实好。

(六)围绕完善公共财政体制框架，继续深化财政改革。全省经济工作会议上，克明书记、允石省长在讲话中都明确了进一步深化财政改革的重大任务，我们要认真抓好落实。

第一，进一步规范省以下财政体制。按照公共财政的原则，合理界定省以下各级财政支出责任，相应调整财政收入划分体制，逐步建立分工明确、相互补充的一般和专项转移支付制度，尽早形成各级政府责权配置合理、能够有效实现财力分配纵向和横向平衡的分级财政体制框架。对此，我们要抓紧研究讨论，争取早日形成方案、逐步实施。

第二，下大力深化预算管理改革。以深入贯彻公共财政、零基预算、集中财力办大事原则为重点，以提高财政资金配置的科学性、效益性为目标，把预算管理改革切实引向深入。为此，要进一步改革预算编制办法，明确和强化预算编制的指导、审核责权，加大预算项目库的建设力度，研究试编三年滚动预算，制定绩效预算编制规范，选择部分单位试编绩效预算，建立支出效益评价、考核监督、责任追究制度。

第三，继续深化财政国库管理制度改革。在2003年试点的基础上，进一步将省直其他一级预算单位分期分批纳入试点范围，并向部分部门的二级、三级预算单位延伸，争取到今年底在省本级初步建立起国库单一账户体系、零余额清算方式的现代国库管理制度。市县要着手进行财政国库管理制度改革的规范和推广工作，2004年上半年先选择4个市进行零余额账户清算试点，下半年其他市本级要逐步推开，为2005年全面完成改革总体目标奠定基础。

第四，进一步推进政府采购改革。以公开、透明、规范操作为重点，继续扩大政府采购的规模和范围。制定科学合理的政府集中采购目录和采购限额标准，把财政拨款购买的粮食、救灾物品、基本建设工程、内部装饰、道路工程、城市基础设施、水利工程所需设备货物等纳入政府采购范围。要加强制度建设和监督检查，规范政府采购行为，切实提高政府采购工作效率和节支效果。2004年，市级集中采购机构与执行机构要完成依法分离，独立设置与行政部门没有隶属关系和利益关系的集中采购机构。

第五，继续深化和完善农村税费改革。全面落实中央改革农业特产税、降低农业税税率政策，严格执行中央提出的农村税费改革"八不准"，完善农业税减免制度，逐步建立农业税社会减免和灾歉减免正常机制。开展对农村中小学等涉农收费的专项治理工作，完善涉农税费"公示制"，全面实行农村义务教育"一费制"，强化农村订阅报刊"限额制"，制止涉农乱收费、乱摊派现象。力争经3—5年的努力，使全省农民负担比改革前平均减轻50%以上。

第六，继续加强粮食流通体制市场化改革力度，积极促进粮食补贴直补农民的全面推开。各地要认真总结试点经验，提前做好小麦种植面积调查等基础工作，为全面推开创造条件。要按照省政府的统一部署和制定的补贴政策有序进行，不得擅自决策。

第七，加强收费和基金管理，促进收支两条线规定的落实。严格收费政策管理，认真清理整顿现有收费项目，建立行政事业性收费信息管理检索系统，使收费政策公开透明，增强社会监督力度。积极落实涉及重点建设项目、下岗再就业、大中专毕业生就业的收费优惠政策。结合对行政事业收费年度稽查，开展落实收支两条线规定专项检查，促进执收执罚单位规范财务收支管理。

（七）加强财政法制和监督体系建设，构筑财政资金安全防护网。进一步加快依法理财、规范理财步伐，完善预算编制、执行、决算各个环节的财政监督机制。强化对财政收支政策执行、财政资金运行质量的监督检查，提高会计信息质量，探索建立和完善多层次、全方位、全过程、高效能的财政监督机制。进一步加强"金财工程"建设，以软件开发应用、网络建设和信息资源开发为重点，积极推进全省财政信息化建设，为深化财政改革、加强财政管理提供技术支持，保障财政资金的安全高效运行。

（八）以"三个代表"重要思想统率财政干部队伍建设，培养财政部门严细深实快工作作风。各级财政部门必须自觉地以"三个代表"重要思想指导理财实践，按照"树、讲、求"要求加强领导班子和干部队伍的政治建设，加强对干部职工的现代财政理论、业务、技能的教育培训，推进以才兴财，为财政事业发展提供有力的人才保障和智力支持。坚持不懈地抓紧党风廉政建设和行风建设，增强防腐拒变能力，切实转变财政部门思想工作作风，按照省委提出的"严细深实快"的要求，坚决有效地落实省委、省政府对财政工作的部署，落实财政工作目标任务，落实财政支持经济社会发展的各项措施，促进理财水平和效率的不断提高。

同志们！2004年财政工作任务十分艰巨，让我们在省委、省政府的正确领导下，抓住机遇，开拓进取，务实创新，团结奋进，以财政改革与发展的全新业绩，为全面建设小康社会再做新贡献！

（原载《河北财政信息网》）

树立和落实科学发展观
努力推进全省财政工作再上新台阶

——齐守印厅长在全省财政工作会议上的讲话（摘要）

（2004年8月23日）

一、以科学发展观为指导，科学分析和准确把握当前和今后一段时期的财政经济形势

把科学发展观落实到财政工作的各个环节，其前提之一是与时俱进地辩证分析和把握形势。所谓辩证，就是既要看到有利的方面，也要分析不利因素；既要认识表层情况，更要透过表象发现深层次问题；既要正确认识过去和当前，又要科学预测未来。惟有如此，才能真正做到求真务实，坚持按客观经济规律办事，克服片面性和盲目性，增强系统性和预见性。

今年以来，我省的财政形势和财政工作总体看是好的。全省各级财政部门在同级党委、政府的领导下，认真贯彻党的十六届三中全会精神，高扬"树正气、讲团结、求发展"的主旋律，按照省厅党组提出的"讲科学、求规范、重创新,兴财政、促发展、为人民"的基本工作思路,认真履行财政职能,使财政运行的良好态势得到进一步发展。一是财政收入持续快速增长。1—7月份,全省全部财政收入同比增长31.7%。其中,地方一般预算收入增长27.5%,增速在全国居第8位。唐山、邯郸、张家口、承德四市增幅分别达到51.5%、48%、47.2%、35.3%,其他各市增长率也都在24%以上。这样的高增长自1998年以来还是首次。其中自然有往年欠税缓税入库较多和今年欠缓税难度加大的因素,但主要还是建立在经济较快增长和财税征管加强的基础上。二是积极支持经济社会协调发展。各级财政部门围绕合理扩大投资、深化国企改革、发展民营经济、加快对外开放等四项重点经济工作,大力促进全省经济加快发展;严格落实取消农业特产税、减低农业税税率和粮食直补等惠农政策,加快农村公共事业发展,建立农业财政投入的稳定增长机制,促进城乡协调发展;加大对教育、科技、文化、环境保护的支持力度,促进经济社会环境协调发展;坚持以人为本,大力支持十项"民心工程"建设,促进就业和再就业、"两个确保"和低保政策的落实,支持公共卫生体系建设,做好救灾救济工作。三是财政改革取得新进展。预算管理改革围绕集中财力办大事和提高资金使用效益进一步深化,开始探索绩效预算、绩效评价和滚动预算改革,在预算编制规范化和预算决策科学化上继续进行新的探索,同时在全国率先试编了社会保障预算;以单一账户体系和零余额清算为特征的国库支付制度改革在省级106个一级预算单位全部实施,并向部分二、三级预算单位延伸,唐山、保定两市也已启动转轨;政府采购金额同比增长50.5%,并进一步完善了制度、规范了行为、提高了效率;农村税费改革和粮食直补工作进一步加大力度,有关政策落实较好;财政监督检查的深度和广度不断拓展,财政资金运行的安全性和有效性进一步增强。这些成绩的取得,为圆满完成全年财政工作任务奠定了良好基础。在此,我代表省厅党组,向为全省财政事业发展贡献辛勤和汗水的各级财政干部表示衷心的感谢!

在看到成绩的同时,我们也要冷静分析财政经济运行中的新情况、新问题。只有认清前进中存在的各种倾向性和苗头性问题,才能为之于未有、治之于未乱、防患于未然。

(一)关于科学认识中央宏观调控政策问题。去年以来,中央出台的一系列加强宏观调控的政策措施,是为了真正贯彻落实科学发展观,消除经济社会发展中不健康不稳定的因素,把各方面加快发展的积极性保护好、引导好、发挥好,促进国民经济既快又好地发展。中央宏观调控的基本原则是,果断有力,适时适度,区别对待,注重实效。坚持既要"控制总量",更要调整结构;不搞"急刹车",而是"点刹车";不搞"一刀切",而是有针对性地"切一刀"。与中央加强宏观调控的政策方针相适应,金人庆部长提出要实行由积极财政政策向中性财政政策的转变。上半年财政部适当调整了长期建设国债的力度和结构,国债项目资金比上年减少了300亿元,主要用于农林水、生态、技术进步和产业升级以及卫生、教育等社会事业发展项目;同时针对固定资产投资增长过快等新情况,适当放缓了国债项目资金和预算内基本建设支出拨付进度。上半年,省委省政府坚持积极、有所作为地贯彻中央加强宏观调控政策措施,使我省财政经济继续保持了平稳快速发展的良好势头,主要经济指标创近年来最好水平。在最近召开的省政府第五次全体会议和省委常委(扩大)学习会议上,白克明书记、季允石省长全面分析了当前全省经济形势,提出当前和今后一个时期要继续以积极姿态贯彻落实好中央宏观调控政策。在这次宏观调控中,进一步暴露出我省经济结构和财源结构不合理的突出矛盾及其对财政收入增长的制约性影响。我省产业结构偏重,增长投资类产品比重较高,经济增长主要依靠投资、能源原材料和重工业拉动,呈现出明显的投资主导型特征,而高新技术产业和新兴服务业则明显不足。由这种产业结构所决定,相对其它省市而言,我省受宏观调控影响不仅更快、更重而且会更深、更长。从利好方面来看,今年以来,美国、欧盟、日本三大经济体都呈现较好的发展态势,这为我国经济增长创造了较好的国际环境。同时,随着城镇住房、汽车等消费内需增强和农村购买力的提高,消费支出增长将为经济快速发展增添新的动力。因此,从总体上看,我国经济仍保持较高增幅。对我省而言,受宏观调控的影响,经济增长速度可能有所回落,但不会从根本上改变良好的发展局面。现在钢材价格开始出现一定程度的反弹,显示出经济形势向好的迹象。各级财政部门应当高度重视财政经济形势与政策分析工作,以便积极而正确地应对,始终掌握财政工作主动权。

(二)关于财政收支矛盾问题。一是财政收入增幅受国家宏观调控政策影响可能出现前高后低的走势。我省税源结构比较单一，上半年全省税收收入一、二、三次产业所占比重分别为 1.94%、71.04%、25.5%，税收主要来自第二产业，而其中采矿业又占 11.4%、制造业占 46.2%。在国家控制钢铁、水泥等行业过度投资政策的作用下，我省工业生产增加值增长率会有所回落，考虑到税收的时滞效应，预计下半年来自第二产业的税收增长会逐步放缓。由于税收收入是财政收入的主体，因而全年财政收入增长势必呈现前高后低的情况。这种趋势 7 月份已见端倪，该月全省全部财政收入只比去年同月增长 12.2%，其中地方一般预算收入同比仅增长 4.3%。二是新增政策性减收增支因素不可忽视。从收入方面看，仅实行新的出口退税政策、取消农业特产税和降低农业税税率、调高增值税起征点这三项就至少减收 25 亿元。这些减收因素对全年财政收入增速的影响将会更多地显现于下半年。从支出方面看，需各级财政负担的人员工资欠账仍然较多(上半年未落实国家统一工资政策的数额仍有 4.2 亿元)，国企改革等方面巨大的改革成本需要各级政府承担，解决"三农"问题、发展社会事业等也产生大量的资金需求。三是财政支出效益偏低使有限的财力更加难以满足支出需求。财政支出效益取决于预算编制科学性和预算执行刚性，关键在于预算编制，核心在于能否坚持集中财力办大事。由于预算内外财力统筹度低，同类财政性资金整合力度不够，预算细化不到位，预算编项目安排"散"和"碎"的问题仍然十分突出。财政资金配置形不成规模，"撒芝麻盐"式的投入方式很难产生明显的发展成效。四是各级政府沉重的债务负担也加剧了财政收支矛盾，冲击着财政正常运行。总之，目前全省各级财政运行都普遍感觉偏紧，县乡财政困难尤为突出。截止 6 月底，全省仍有 49 个县未能完全执行国家统一的增资政策，全省县乡需要消化以前年度工资陈欠还有近 11 亿元。

(三)关于财政职能转换问题。受政府职能转变滞后制约，财政职能转换举步维艰。一是财政支出范围和结构远不够合理。政府与市场边界不清，在财政支出上表现为财政"越位"与"缺位"并存。公共财政资源过多地介入市场领域，既影响公平竞争环境的形成，又导致财政资源低效率运作，其最终结果是整个社会资源的浪费。由于越位职能难以退出，加之各级财力较为紧张，本应由财政负担的教育、科技、社会保障、公共卫生等公共物品与服务提供不足，影响了公共财政基本职能的发挥。二是各级政府间公共经济和财政责权划分不合理，在很大程度上妨碍着财政有效运行。三是各地财政管理改革进展不平衡。财政管理改革既是技术层面的变革，更是制度层面的创新。改革的深度和广度直接关系到财政资金使用效益。总体上看，我们所着力推行的预算改革、国库管理制度改革和政府采购改革已经在省市县三级铺开，并且取得了一定成效。但改革进展不平衡问题也十分突出，有的市县在改革上有其名无其实，丝毫没有触动旧的财政运行机制，与全省、全国轰轰烈烈的改革氛围极不协调。比如政府采购改革，全省最快的秦皇岛市上半年完成采购金额 7.94 亿元，而最慢的市仅有 5800 万元，相差近 14 倍。又如国库管理制度的最新改革，唐山、保定已经开始试点，其他多数市也已经拿出试点方案，而有的市还在等待观望。四是财政监督职能行使乏力。与公共财政和市场经济相适应的财政监督机制还没有建立起来，财经领域的损失浪费现象和违规、违法问题还不少。单靠加大检查力度还不能从根本上杜绝截留、挤占、挪用专项资金，坐收坐支、私设小金库乱发钱物，会计信息失真等现象。

综上所述，在经济社会转型时期，财政一方面承载着各项改革所带来的成本，在解决公教人员工资发放、下岗职工再就业等问题，实现"两个确保"、一个"低保"和发展国民教育、公共卫生事业等方面发挥着愈益重要的作用，成为深化国有企业改革、推进农村税费改革等的主要支撑力量；另一方面，政府职能正处于转变过程之中，以推进依法理财、民主理财、科学理财、建设公共财政为目标的各项财政改革不断深入，政府理财的透明度不断提高，财政管理制度正在经历着一场深刻变革，但财政体制、财政管理改革和公共资源配置科学化距离理想状态还相差甚远。各级财政既要解决转型期改革成本加大问题，又要克服财政改革阻力，所承担的任务相当繁重，所面临的压力和困难也相当大。同时应当看到，无论是即期问题，还是长期困难，都属于经济社会转型期的特殊矛盾，是前进中的困难。我们一定要坚定信心，知难而上，把科学发展观融入到每一位财政干部的头脑中，落实到财政工作的每一个细节中，谋划新思路，解决新问题，争创新业绩。

二、全面理解和深刻领会科学发展观的内涵，进一步更新理财观念，创新理财思路

科学发展观把发展看作是全面的、系统的、协调的过程，其内涵十分丰富，需要用辩证的、历史的和实践的观点全面把握和深入研究。概括而言，科学发展观强调发展的宗旨和目的是一切为了人民群众的根本利益，不断满足人的全面发展的需要，更加注重发展的人文特征；强调推进各方面的良性互动，更加注重经济发展和社会发展的整体协调；强调人口增长、生产扩大、消费升级都要与资源和环境的承载能力相适应，从而更加注重发展的持久永续；强调一切从实际出发，发展要因地制宜、因时制宜，不搞单一的发展模式，从而更加注重发展的多样性。其核心是坚持以人为本的发展理念，把满足人的多层次需求和促进人的全面发展作为经济社会发展的根本出发点和落脚点，强调围绕实现人的全面发展来推动经济社会的协调发展。

公共财政的本质在于取之于公众、用之于公益、定之于公决、受之于公众监督，把财政政策的制定和实施、财政资源的筹措和运用与增进人民群众的公共福利紧密结合在一起，在日益提高的水平上解决人们难以通过市场实现的公共需要问题。从科学发展观的主要内容来看，无论它所强调的统筹经济与社会、城市与乡村、较发达地区与欠发达地区协调发展，还是实现人与自然和谐发展，以及实现社会公正等，都属于市场失灵的公共性问题；解决这些问题的责任主体基本上是各级政府，需要使用的政策手段和资源配置很大程度上要依靠财政。由此可见，落实科学发展观与公共财政职能之间具有内在的本质一致性，它们都服务于一个共同目的：满足人们的物质文化需要，促进人的全面发展。因此，对于贯彻落实科学发展观，财政不仅义不容辞，而且首当其冲。有鉴于此，各级财政部门必须认真学习、自觉树立科学发展观，将科学发展观作为制定财政发展战略、推进各项财政改革、正确履行财政职能的重要指导思想，把整个财政工作的思路与措施统一到科学发展观的要求上来，使科学发展观在财政实践中得到全面、有效的落实。

在具体的理财思路上，各级财政部门必须牢固树立“三种理财观念”，努力实现“六个转变”。

三种理财观念：一是强化公共财政理念，把握住财政“公共性”的内涵，合理安排支出顺序，有所为有所不为，优先履行好财政的公共服务和保障职能；二是强化统筹兼顾的科学发展理念，财政管理工作必须自觉服从服务于经济社会全面协调可持续发展的大局，集中财力重点解决影响经济社会协调发展的薄弱环节和突出问题；三是强化以人为本、执政为民的理念，各层次的预算安排都要优先解决关系群众切身利益的问题，使广大人民群众从改革和发展中得到更多实惠。

六个转变：一是从偏重于支持物质财富增长，转向着眼于促进人的全面发展；二是从重点支持经济发展转向促进经济社会协调发展；三是从重点支持城市社会发展转向统筹城乡社会发展，着力解决城乡公共物品供给失衡问题；四是从忽视资源、环境、生态保护转向促进人与自然的和谐发展；五是从普遍支持各地区发展转向重点解决落后地区经济发展和人民生活条件过差问题、促进区域整体协调发展；六是从浅近地、直接地为经济发展服务转向重在为长远发展和对外开放创造良好的软硬环境。

三、落实科学发展观，必须坚持以经济建设为中心，大力促进全省经济加快发展

（一）切实做好收入组织工作，拿出一部分超收财力加大支持四项重点工作的力度。由于前 7 个月全省财政收入已完成 8 个多月的任务，为全年预算的顺利完成打下了良好基础，因此，尽管后几个月财政收入增幅会有所回落，但只要各级财税部门组织收入的工作力度不减，在没有特殊因素影响的情况下，预计全年各级都会有较大幅度的超收。为此，一方面，各级财政部门一定要高度重视组织收入工作，继续把做大财政收入“蛋糕”放在更加突出的位置，毫不松懈地抓紧抓好。要认真坚持依法治税管费，做到应收尽收。要加紧建立并完善财源监控体系，加强对不同所有制企业的财源监控。另一方面，要认真研究超收财力的使用问题。一个基本的思路是，为实现协调发展，在保证工资发放、“三农”、公共卫生、社会保障等公共领域基本需要的前提下，要着眼于提高产业层次，增强企业竞争力，从超收财力中拿出一部分用于省委、省政府确定的四项重点经济工作，支持技术创新和运用先进适用技术改造传统产业，发展高新技术产业，积极推进结构调整，努力优化财源结构体系。同时，要拿出一部分用于增加国企改革成本投入，确保分离国有企业办社会职能资金和破产补助及时到位，支持国有企业改革，促进国有经济结构战略性调整;再拿出一部分分别用于扩充市县级中小企业信用担保资金规模和扩充出口退税备用资金,以促进民营经济发展和扩大出口贸易。

(二)继续转变财政支持经济发展的方式。按照市场经济条件下财政职能转换的要求,改变公共财政调节经济的环节和方式。要由计划经济思维主导下的直接投入、微观支持,转向市场经济条件下的间接支持和宏观调节。对于市场竞争型项目,要选择符合产业结构调整方向的,尽可能采用贴息、担保等方式,将财政支持限定在引导层面,避免成为投资主体。确须由政府作主体支持经济发展的各项资本性投入,要通过政府投融资机构进行市场化运作,形成国有产权。特别是要着眼于优化经济发展的内外部环境,完善财政体制和财政政策,重点支持具有公共物品性质、对经济发展有巨大推动作用的高新技术研发、基础设施建设等项目。

四、落实科学发展观,必须统筹兼顾,更加注重解决经济与社会、城市与乡村、较发达地区与欠发达地区的协调发展问题

(一)统筹城乡发展,重在解决"三农"问题。一是建立健全财政支农资金投入稳定增长的长效机制。各级财政要按照《农业法》要求,确保每年对农业总投入的增长幅度高于经常性收入的增长幅度,逐步提高农业投入的总体水平。各级当年新增财力也要依法向农业农村倾斜。同时,要加强财政支农资金的管理和监督,确保各项财政投入真正用在促进农业农村发展和改善农民生产生活条件的农业基础设施、生态工程、人畜饮水、农村公路、农业结构调整、农业社会化服务体系和动物疫情防控体系建设上。二是继续做好降低农业税税率和取消农业特产税政策的落实工作。按照中央要求和省内安排,我省农业税平均税率降低3.06个百分点,加上取消农业特产税,全年可减轻农民负担15.6亿元,这对广大农民是一个很大的实惠。各地、尤其是有秋征任务的市县,要严格按照省政府批复的方案和各项政策规定,认真核实每户农民减征税额和应继续交纳的税款及附加,并张榜公布,确保有关政策落实到户。同时,要加强转移支付资金管理。对于降低农业税税率、取消农业特产税及附加所相应减收部分,在中央给予补助的基础上,省里也将增加对县的转移支付。各市和有条件的县(市、区)要调整财政支出结构,加大对农村基层的转移支付力度。中央和省转移支付资金下达后,各级要确保及时足额到位,保证乡村政权机构运转和农村义务教育的正常需要。三是认真做好对种粮农民的直补工作。上半年,我们已经向农民兑付了补贴资金6.08亿元。从现在起,各级财政部门就要按照《国务院关于进一步深化粮食流通体制改革的意见》明确的补贴原则,总结今年直补工作的经验教训,着手研究明年的直补工作,争取10月底之前制定出方案,以便更好地发挥政策作用,调动农民的种粮积极性。

(二)统筹区域发展,重在促进欠发达地区加快发展。我们财政部门一定要按照省委、省政府确定的"加快发展中间一线,积极推进南北两厢"的工作思路,结合本地工作实际,实行分类指导,认真落实好区别对待的激励性财政收入体制。省里认真落实对各市的激励性体制返还没问题,各市也要不折不扣地落实对52个贫困县实行定额分享、超收全返政策,对其他各县实行超分成增长率收入全返政策,充分调动各县区加快发展的积极性。同时,进一步整合各类扶贫专项资金和其它相关的财政性资金,按照集中财力办大事的原则,从改善基础设施、发展社会事业、扩大经济规模等方面促进欠发达县区加快发展。

(三)统筹经济社会发展,重在大力发展社会事业。一是要认真落实《教育法》的有关规定,不断加大财政对教育的支持力度,健全农村义务教育经费投入机制,不断完善农村中小学危房改造和布局调整"两项工程"资金的分配方法,加强资金监督管理;继续支持重点大学和重点学科"双重工程"建设,支持职业教育、成人教育和幼儿教育发展。二是要加大公共卫生资金投入,加快突发性公共卫生事件应急机制和传染病防控治疗等公共卫生体系建设。管好用好国债资金和省补资金,完善省市县疾病控制体系和医疗救治体系,增强各级疾病预防控制能力、应急救治能力和应对突发公共卫生事件的能力。支持农村卫生基础设施建设,继续抓好迁安、枣强、曲周三县新型农村合作医疗试点,着力解决农民看病难问题。三是要加快科学、文化等事业发展资金支出进度,优化资源配置,加大资金整合力度,集中财力办大事,提高对重点公益事业的保障程度。

(四)统筹人与自然和谐发展,重在加强生态保护和污染治理。各级财政部门一定要加大资金投入力度，整合各类生态保护和环境治理专项资金，集中财力支持重点流域、重点城市、重点区域的水污染和大气污染治理，支持资源综合利用，支持农村环境治理工程、建设文明生态村，支持山区绿化、退耕还林（草）、水土保持、防沙治沙四大工程，促进可持续发展，营造良好的人居环境。

五、落实科学发展观，必须坚持以人为本，着力解决关系人民群众切身利益的突出问题

一是做好工资发放工作。省级要抓紧制定出台新的保工资财政转移支付方案，支持困难县落实提高职务津贴政策。市县财政部门也要加强资金调度，严格工资专户管理，积极筹措资金帮助困难县尽快全面落实国家增资政策、尽力而为地提高职务津贴标准，并逐步消化历史陈欠。在此基础上，积极探索推行“阳光收入”政策。

二是做好就业再就业工作。认真落实积极的就业政策，不断完善促进下岗失业人员再就业资金政策体系。对中央再就业补助资金和省财政按照一般预算收入的1%专项安排的再就业资金，要不折不扣落到实处。进一步落实税费减免和小额贷款政策，支持下岗失业人员自谋职业；通过再就业岗位补贴和税收减免政策，鼓励各类服务型企业吸纳下岗失业人员。

三是做好社会保障工作。近年来，我省的财政社保工作扎实有效，从政策和资金上促进了应保尽保。但社会保障的任务很重，筹措社会保障资金的压力很大。我们财政部门一定要加强与税务部门的协调配合，加大养老保险基金、失业保险基金等社会保险费税务征收力度，强化社会保障资金预算管理，健全社会保障基金的自求平衡机制。进一步完善基本养老保险费、下岗职工基本生活费和城镇居民低保资金的分配方法，加强资金使用的管理，确保落实到每一个应保对象手中，保障企业离退休人员、国有企业下岗职工和城镇贫困人口的基本生活。有条件的市县要积极探索建立农村最低生活保障制度。

四是做好帮助困难群体的工作。要分配使用好年初预算安排的专项资金，资助贫困地区义务教育阶段贫困学生，减轻家庭困难学生的书费、杂费和寄宿生生活费负担。用好生源地助学贷款贴息资金，支持高校贫困生完成学业。落实好救灾、优抚资金和农业税灾歉减免政策，帮助困难群众渡过难关。

六、落实科学发展观，必须坚持深化财政改革，争取早日形成科学的财政运行机制和高效的财政管理机制

（一）2005年预算编制要切实体现深化预算改革的各项要求。这几年的预算改革基本上可以分为两个阶段。第一阶段主要着眼于构建以部门预算为基础的预算管理新框架，以2002年预算管理制度体系的出台为标志，全省基本完成了第一阶段的任务。2003年开始，围绕集中财力办大事、提高财政支出绩效进一步深化预算改革，从而进入第二阶段。今年年初，省厅提出要推行项目绩效预算和试编2004—2006年三年滚动预算，在集中财力办大事上取得新突破。从上半年看，这几项工作都取得了一定进展。就当前来讲，最紧迫的是把2005年预算编好，通过落实各项深化改革的措施切实提高财政支出效益。一是要坚持集中财力办大事，提高项目预算编制水平。省级要抓紧完成并尽快向省政府提交《2005年预算编制纲要》；对发展性资金项目进行合理分类，更清晰地反映部门年度预算安排的大事；杜绝将零星散碎项目打捆包装成大事的现象，打捆项目必须具有实质内容和相同的绩效目标。各市县也要按照深化预算改革的要求，大力提高部门预算编制水平。二是完善预算决策机制。在预算项目、金额的确定上，要在基层预算单位、预算部门、财政部门、政府、党委等各个层次充分讨论的基础上，引入专家论证、公众参与和党委政府集体研究决策相结合的科学民主的决策制度。三是大力推行绩效预算管理。上半年，省级选择教育、科技、文化、农业、卫生、环保方面部分专项资金项目试行了绩效评价，并研究起草了绩效预算管理改革方案。下一步要认真总结经验，加大推进力度，抓紧研究建立全面绩效评价办法和评价指标体系，争取从2005年开始省级全面推行绩效预算改革。四是加强滚动预算编制工作。按照三年滚动预算的范围、内容和编制原则，结合各部门中长期发展规划，探索编制好项目滚动预算、部门滚动预算和政府滚动预算。预算改革第二阶段的任务很重，我们要按照自上而下循序渐进的思路，首先在省级探索推行，积累经验。希望有条件的市也要以积极作为的姿态主动开展试点。

（二）按照现代国库管理制度模式扩大改革试点范围。一是针对改革进度不平衡的状况，各市要加大改革的推动力度。秦皇岛、邯郸、廊坊、石家庄等市年内要及早启动改革，加上已经试点的唐山、保定，今年要有6个左右的市进行国库单一账户体系和零余额清算试点。其余5个市也要增强紧迫感，要认识到改革是大势所趋，早改早主动，争取年内有实质性步伐。二是抓紧解决试点过程中的各种矛盾和问题。通过扩展网络和软件升级，解决预算单位用款程序复杂问题，简化预算指标管理、预算单位用款计划申报、直接支付申请、主管部门和基层预算单位会计核算等程序，尽可能扩大实行通过网络单轨运行的范围，下大力提高支付效率；积极研究探索异地零余额清算的操作程序。

（三）整体推动全省政府采购上规模、上水平。一是扩大政府采购规模。我省70%的采购金额在各市，因此，上半年采购额较低的市要加大工作力度，凡适宜政府采购的货物和工程都要纳入集中采购范围，确保全省完成全年40亿元的采购规模目标。二是做好政府采购预算和政府采购计划的编制工作。各市在编制2005年部门预算的同时，要编制部门政府采购预算；采购办要加强对政府采购预算的审核，确保预算编实编细；在此基础上，要推广省级经验，编制政府采购计划，增强政府采购的规范性和计划性，硬化预算约束。三是加强政府采购监督管理。各市采购办要准确定位职能，主要负责政府采购工作的管理、监督和检查，避免参与应由采购执行机构承担的具体事务。同时要加强对招投标、评审专家等环节的监督管理。四是推行部门集中采购，扩大协议供货范围，提高采购效率；加强上下信息沟通，做好统计分析工作。

（四）积极构建新的财政监督机制。目前完善的财政监督机制正在摸索构建之中。在此情况下，我们要积极尝试适应公共财政要求的多种财政监督方式。财政监督要严格把握住三个重要环节，积极开展事前决策性监督、事中控制性监督和事后效果性监督。要稳步扩大财政监察特派员或财务总监制度试点范围。要积极探索推进行政事业单位国有资产管理机制改革，加强非经营性国有资产的监督管理。强化会计监督，提高会计信息质量。

（五）探索深化财政体制改革。完善财政体制，也是落实科学发展观的重要手段。随着县乡财政困难问题日渐突出，进一步改革现行财政体制成为各界关注的重点。一是按照公共财政要求，结合事业单位管理体制改革进程，重新界定财政支出范围，剔除应通过市场运作解决的支出事项，解决财政越位问题，集中财力把政府应当承担的“五个统筹”范围内的公共职能履行好。二是积极研究探索省以下各级政府财政支出责任的合理划分，科学界定省、市、县、乡各级之间的财政支出责任；并相应确定各级政府财政收入占全省财政收入的比重，合理划分省以下各级财政收入。三是进一步规范省以下转移支付制度。完善相关制度，加大一般转移支付力度，逐步缩小专项转移支付的规模和范围。四是重点抓好县乡财政体制调整工作，将深化财政体制改革作为缓解县乡财政困难的重要措施。县乡财政体制必须与乡镇机构改革、教育体制改革相适应，区别情况，加以改革。对经济实力强、已经建成小城镇或以后可能发展成小城镇的，要扩大乡镇自主权，实行较规范的分级分税财政体制，增强其财政功能，促其加快发展；对经济实力差，特别是工商税收少的乡，应实行乡财县管的财政体制。省以下财政体制改革工作情况复杂，任务艰巨，各级都要积极研究探索，提出可行的改革方案。

特别应当指出的是，缓解县乡财政困难，已经提上财政部党组的议程。财政部已经提出了以“两奖一补”为主要政策措施的缓解县乡财政困难工作方案，拟以国务院名义下发执行。我省各级财政部门都要及早结合自身实际研究谋划基本思路和政策措施，力争在缓解县乡财政困难进程中走在前面。

七、落实科学发展观，必须加强基础工作，提高全省各级财政干部的依法行政和科学理财能力

第一，加强学习，提高贯彻落实科学发展观的自觉性和能动性。学习十分重要，不学习就不能进步、更难以创新。学用相长、学以致用，更是时代赋予高素质人才的重要标准。党的十六大把“形成全民学习、终身学习的学习型社会”确立为全面建设小康社会的目标和任务之一。省委将“创学习型机关、建高素质队伍”活动列为今年的一项重要工作。全省各级财政部门一定要响应省委的号召，把加强财政干部的学习列入重要的议事日程。一是要认真学习邓小平理论和“三个代表”重要思想，从理论和实践的结合上，全面系统地把握科学发展观的精神实质、主要内涵和基本要求，增强运用科学发展观指导财政工作、促进经济社会发展的自觉性。二是要加强业务理论知识的学习与培训。要跳出就财政论财政的狭小思维空间，放宽视野，着眼经济社会发展全局，在学好用好财政、税收、财务、会计知识的基础上，广泛学习哲学、经济学、法学、公共管理学等方方面面的知识，提高观察问题、分析问题、解决问题的能力。培训中心要加强培训规划，努力提高培训效果。三是要加强技能培训。学习微机、网络、外语、公文写作等知识，提高动手能力，提高工作效率。

第二，健全各项规章制度。制度是集体选择的结果，是规范行为、形成秩序的基础。构建全新的基础工作体系，必须着眼于健全和规范公共财政管理，建立和完善各项规章制度。一要建立科学民主决策制度。财政决策至关重要，关系到公共资源的合理筹集与高效配置。一个人，甚至是单个集体的思路总是有局限性的，因此，在预算安排、重大财政举措的决策上，要坚持集体决策制度、专家咨询制度、社会听证制度，防止一个人说了算和"一言堂"。二要完善机关工作制度。要根据形势发展的需要，不断完善机关内设机构的职能配置和会议制度、公文处理制度、保密制度、信息宣传制度等，确保机关各项工作有条不紊地开展。三要坚持依法理财。加强财政普法教育，强化法律意识。认真贯彻《行政许可法》，清理行政审批项目，规范保留项目的审批程序。

第三，毫不放松地抓好党风廉政建设和行风建设。总体上看，我省财政系统的党风廉政建设和行风建设是好的。特别是行风建设，去年全省11个市都获得了第一名的好成绩。但是，作为管钱的部门，我们在党风廉政建设和行风建设上决不能有丝毫的松懈，必须始终做到警钟长鸣，常抓不懈。要加强党风廉政教育，增强贯彻落实党风廉政建设责任制的自觉性。坚决抵制送钱要钱、跑官要官、参与赌博和打着领导旗号办私事的歪风。要清醒地认识和把握省委关于免评不免建政策的深刻含义，切实将财政系统的行风建设往深里做、往实里做，突出抓好行风建设向窗口单位和基层站所的两个有效延伸，整体推进省、市、县、乡四级财政联动，为促进全省发展环境的优化做出应有的贡献。

第四，加快推进"金财工程"建设。几年来，我省在计算机和网络技术进入财政核心业务、服务财政管理改革方面是走在前面的。今后，要以构建完善的政府财政管理信息系统为目标，以软件开发应用、网络建设与安全管理、信息资源开发为重点，进一步加快全省财政信息化建设步伐，为财政改革和管理进一步提供有效的技术支撑。下一步要着力抓好财源监控网络建设和国库集中收付系统的推广与升级，推进办公自动化水平。

第五，加强财政科研和基础数据搜集分析工作，为财政决策科学化提供更好的政策咨询和基础数据支持。各级财政部门都要牢固树立求真务实的工作作风，进一步加强财政理论政策研究工作，带着需要解决的重要问题深入基层了解真实情况，掌握第一手资料，有根有据地提出解决问题的思路和办法。要进一步健全地方财政信息指标体系，完善报表制度，切实提高对预算执行、年终决算数据和其他相关信息资料的分析、运用深度。同时，无论涉及财政业务的哪个方面，各级都要及时向上级财政部门提供真实准确的数据和情况，以便上级部门全面、及时、客观地掌握财政运行动态，据此作出科学决策。

（原载《河北财政信息网》）

把握大局　突出重点
确保完成全年各项财政任务

——陈金城副厅长在全省财政工作会议上的讲话（摘要）

（2004年8月23日）

一、1—7月份全省财政运行情况良好，各项工作总体进展顺利

今年以来，全省各级财政部门在省委、省政府的正确领导下，高扬"树正气、讲团结、求发展"主旋律，认真学习和落实科学发展观，紧紧围绕促进全省经济社会持续稳定健康发展这一主题，努力把各项工作往深里做、往实里做，全省财政运行保持了良好态势，保证运转、推进改革、维护稳定、促进发展的作用进一步增强。

（一）财政收入持续较快增长，全面超过时间进度，各项重点支出得到较好保障。1—7月份，全省全部财政收入完成498.9亿元，占年计划的74.7%，同比增长31.7 %，如剔除降低农业税税率和出口退税分级负担等政策性影响，增幅为36.8%，进度和增幅均创1998年以来新高，呈现出增值税、营业税、所得税等地方主体税种和省市两级财政收入同步快速增长的良好局面。其中，地方一般预算收入完成251.3亿元，占预算的72.8%，可比增长32.7%，高出全国平均增幅5个百分点，增幅在全国居第8位。全省政府基金收入(不含社保基金，下同)完成51.5亿元，占预算的94.4%，同比增长68.3%。全省一般预算支出完成313亿元，占预算的49.5%，同比增长10.9%；政府基金支出完成42.9亿元，占预算的55.8%，同比增长1倍。社会保障、农业、科技、教育等各项重点支出均得到了较好保障。这是省委、省政府从全局和战略的高度出发，准确把握经济社会发展大局和中央加强宏观调控的契机，审时度势、抢抓机遇、科学决策的结果，也是我们各级财政部门围绕做大经济和财政"蛋糕"，从预算安排、财政政策、体制创新等方面促进全省经济发展，与税务部门密切配合，加强收入调度，依法治税管费的结果。

(二)紧紧围绕四项重点经济工作，拓展思路、多措并举，全力支持经济发展。一是继续落实积极的财政政策，统筹安排财政发展性资金，促进投资增长和结构调整。1—7月份全省财政基本建设支出15亿元、争取中央国债补助资金11.6亿元，重点支持了南水北调、大型水库除险加固、京津风沙源治理、退耕还林等项目；挖潜改造支出4.7亿元、科技三项费用支出2.6亿元，支持了传统产业技术改造升级、农副产品加工和高新技术产业等重点项目。二是坚持以"两增、两减、两分"为主线，促进国有企业改革向纵深发展。认真贯彻省委、省政府《关于加快推进国有企业改革的指导意见》，落实好支持国企改革的各项财税政策，省对市安排转移支付资金1.4亿元，支持省属企业分离办社会工作，筹措资金1亿元，妥善解决了拖了多年的涞钢、涞铜关闭破产问题，安置职工3600余人。积极探索编制国有资本经营预算，建立多元化的国有企业改革发展资金的筹措和管理机制。省财政安排3.7亿元粮食风险金用于支持国有粮食购销企业改革，粮食购销企业由2210个调减为1028个，分流5.66万人。三是积极支持和引导全省民营经济发展，促使其做大做强。进一步完善和落实财政扶持民营经济发展的各项政策措施，打破财政政策和资金支持的所有制界限，着力支持省政府确定的100家重点民营企业发展。围绕解决民营企业发展中的融资难问题，进一步加大财政投入，积极推进中小企业信用担保体系建设，督促各市县落实担保机构资本金，全省共建立担保机构36家，到位担保资金5.9亿元，其中，各级政府出资4.55亿元。四是积极支持引进外资和扩大外贸出口。1—7月份，全省新申报利用世行和外国政府贷款项目4个，申报金额5350万美元，实际利用3600万美元，同时，积极探索建立覆盖省市县三级的全省政府外债监控和风险防范体系，提高政府外债监控和风险防范水平。切实抓好出口退税改革政策的落实，与其他部门联合出台了管理办法，按照公开、公平、公正透明的原则，及时将中央分配我省的出口退税基数下达各市，保证了此项改革顺利推开，促进了全省外贸出口。五是做好激励性财政体制优惠政策兑现工作，调整了有关市的省市"四税"分成比例，及时下达增加返还资金4.4亿元，增强了各地保工资、保运转能力，调动了发展经济、增加财政收入的积极性。各市县财政部门也结合本地实际，为加快本地经济发展作了大量卓有成效的工作。

(三)坚持以人为本，认真解决群众关心的热点难点问题，积极支持全省社会事业发展。一是认真做好工资发放工作。1—7月份，省财政向各市超调资金20多亿元，完善保证工资发放的各项措施，有效缓解了市县资金周转困难，全省基本保证了公教人员工资发放和机关事业单位正常运转经费需要。研究测算了2004—2006年省级一般转移支付方案，以保工资、保运转为目标，逐步消化工资陈欠，不断提高县乡工资发放水平。石家庄、保定、秦皇岛、廊坊、邢台、邯郸、沧州等市不断完善工资发放机制，保证工资正常发放，并进一步消化了部分历史陈欠。二是积极促进就业再就业工作。认真贯彻省政府增加再就业财政投入的要求，在财力比较紧张的情况下，调整支出结构，专项安排再就业资金预算8400万元，比上年增加2400万元。进一步完善再就业资金与工作实绩挂钩补助的相关政策，加强督导检查，推进下岗职工出中心再就业工作。截至7月底，全省城镇新增就业人员23.2万人，12.2万下岗失业人员实现了再就业。三是认真落实"两个确保"和"低保"政策。1—7月份，全省共支出基本养老保险费

63亿元,下岗职工基本生活费3.1亿元,城市居民最低生活保障资金3.1亿元,全部实现了按时足额发放,较好地解决了养老保险基金缺口,提高了城市低保水平,基本做到了动态管理下的应保尽保。同时,在全国作为第一家,率先完成了全省社会保障预算编制工作,开创了全国社保预算管理的先河,促进了社保资金管理科学化、规范化水平的进一步提高。四是全力做好高致病性禽流感防治工作。在搞好资金调度和物资储备供应的同时,认真研究制定财政补助政策和资金管理办法,形成了比较系统的禽流感防治财政保障体系,为夺取防治高致病性禽流感战役的胜利做出了贡献。

积极支持全省社会事业发展,不断提高公共服务水平,满足人民群众多层次多方面需求。一是积极支持教育事业发展。1—7月份,全省教育事业费支出69.3亿元,重点支持了211工程、双重工程以及农村中小学危房改造和布局调整工程。省财政安排3000万元专项资金、争取中央财政资金1.6亿元,支持农村贫困家庭中小学生就学工程和"寄宿制"学校建设,改善贫困地区中小学生学习条件。二是积极支持基层文化基础设施建设。围绕省委、省政府确定的2007年县县有文化馆、图书馆、乡镇有综合性宣传文化站的目标,多方筹措资金,加大基层公益性文化基础设施的投入力度,列入2004—2005年国家规划的41个文化馆、图书馆工程建设进展迅速。同时,及时拨付资金,支持实施基层文化信息资源共享、送书下乡、民族民间文化抢救保护工程。1—7月份,文化信息资源共享省级中心、5个市级分中心和35个基层中心顺利建成,基层示范点正式开通,促进了基层公益性文化事业发展。三是积极支持公共卫生体系建设。认真落实和及时拨付公共卫生项目建设配套资金,加大工程建设督促、检查力度,在全省142个疾控项目中,已经竣工和主体完工96个。制定和建立了乡镇卫生院规范化建设标准与分年度改造项目库,加大了对农村卫生基础设施建设的财政支持力度,迁安等三县(市)新型农村合作医疗试点工作扎实推进。

(四)加大对"三农"的支持力度,认真落实中央和省定惠农政策。一是积极探索建立健全农业财政投入的稳定增长机制。制定了财政推进农村小康社会建设的综合性措施,坚持集中财力办大事,强化资金管理,重点支持"九大工程"、"六大体系"建设。认真落实惠农政策,研究制定良种补贴、农机补贴和扶贫资金的管理办法,确保补贴资金真正用到农民身上。二是严格按规定核减农业税税率、取消除烟叶以外的农业特产税,全省农业税平均税率比上年下降了3.06个百分点,比国家要求多降了0.06个百分点,农民人均负担在上年的基础上减少45.8%。三是认真抓好粮食直补政策的落实,制定了《河北省对种粮农民直接补贴暂行办法》,筹集粮食风险金6.08亿元,在较短时间拨付到位,全省1370万农户领取了种粮补贴,5300多万农民受益。四是积极支持农村公路建设。省财政共整合交通建设专项资金4.6亿元,同时广开融资渠道,多方筹措资金5.6亿元,重点用于农村公路建设。1—7月份,全省农村公路建设累计完成投资35.2亿元,占全年计划投资的91.6%,新增通油路行政村3861个。五是农业综合开发工作围绕农业基础设施建设和农业结构调整,抓重点、抓示范、抓典型,强化项目和资金管理,做好项目建设工作,取得了新的成绩。

(五)积极推进财政改革和创新,促进了财政管理机制科学化、规范化、制度化。一是预算管理改革进一步向纵深发展。围绕落实省委、省政府集中财力办大事的方针,解决财政资金使用"散"和"碎"的问题,对2004年省级预算专项资金项目安排情况进行了全面梳理和审查,压减和取消了部分"散、碎"项目。同时进一步完善预算决策和管理机制,修订了《河北省省级预算管理办法(暂行)》,明确了省政府及省直各部门在预算管理的责权配置、管理程序和操作规范。积极探索编制绩效预算和滚动预算,研究制定了《河北省省级绩效预算管理实施意见(试行)》、《河北省省级三年滚动预算实施意见》等一系列文件,省级选择部分部门和项目进行试点,预算编制的科学性和连续性进一步增强,开始实现由注重预算投入向重视投入效果的转变。二是财政国库管理制度改革取得较大进展。省级国库管理制度改革试点范围由上年的23个部门扩大到所有一级预算单位,并积极向基层预算单位延伸;唐山、保定、秦皇岛改革试点已率先启动,廊坊、邯郸、石家庄等市正在抓紧制定本级的改革方案和配套办法,准备年内启动。三是政府采购工作着重抓好规范管理、扩大规模、提高采购效率、加大监管力度四个重点,采购规模和范围进一步扩大。1—7月份,全省组织政府采购9425批次,采购金额28.1亿元,同比增长

50.5%，节约资金4.1亿元，节约率为12.7%。四是全面落实"收支两条线"管理规定。严格收费和基金管理，对收费项目进行了清理整顿，取消不合法、不合理的收费项目，行政事业性收费规范化管理水平明显提高。

(六)积极创新财政监管机制，财政法制建设和监督水平进一步提高。财政法规体系和财政监督机制建设进一步完善，积极探索加强部门预算执行监督的有效措施，强化财政投资项目监督管理，丰富财政监督管理手段，开展了财政收入征管、"收支两条线"、落实农村税费改革及农业税减免等专项检查，加强了财政内部监督，财政监督的整体效能明显提高。1—7月份全省财政部门共组成438个监督检查组，对2773户单位进行了监督检查，共查出有问题资金6.3亿元，并根据有关财经法律法规和财务制度进行了纠正和处理。

财政信息化建设，以推进"金财工程"为核心，财政业务系统开发、整合与应用，网络系统维护与管理，信息网站建设等取得了新的成绩，为推进财政改革和强化管理监督提供了有力的技术保障。

(七)各级财政机关干部队伍建设扎实有效。今年以来，各级财政部门以邓小平理论和"三个代表"重要思想为指导，认真学习十六大、十六届三中全会及省委六届三次、四次、五次全会精神，结合财政工作实际抓好"两个条例"和《行政许可法》的学习与落实，全面落实党风廉政建设责任制，民主评议行风工作在新的起点上扎实推进。以提高干部综合素质、增强队伍活力为目标，进一步推进以才兴财，努力创建学习型财政机关，加大干部教育培训力度，取得了新的成效。张家口市高度重视机关建设和队伍建设，财政改革和管理工作迈上新台阶。邯郸市加强财政部门自身建设，开展了"行政提速、服务提质"活动，很有创意。

二、正确认识当前财政经济运行中的新情况新问题，进一步增强做好财政工作的紧迫感和责任感

(一)在国家宏观调控条件下，我省经济结构、财源结构的缺陷更加凸显。今年1—7月份，全省税收收入(含海关代征增值税、进口消费税和银行、铁路等中央企业所得税)增长34.2%，其中一、二、三次产业所提供税收的增长比例分别是 —39.2%、41.8%和28.2%。第一产业税收减少，主要是受农业税税率降低和取消农业特产税的影响，属于政策性减收。这些属于落实科学发展观、调整城乡关系的惠农政策，是必须落实的。第二产业税收增长较快，主要是采矿业(增长79.1%、税收贡献率11.9%)、制造业(增长39.3%、税收贡献率45.3%)，特别是黑色金属冶炼加工业(增长91.6%、税收贡献率18.7%)、黑色金属矿采选业(增长2.4倍、税收贡献率3.9%)等行业所提供税收大幅度增长。但是在制造业的20个行业中，有9个行业对税收的贡献率不足1%，特别是作为高新技术产业的电子通讯设备制造业仅为0.4%，医药制造业仅为0.7%。第三产业税收同比增长28.2%，比全省税收平均增幅低6个百分点，使第三产业税收贡献率由上年同期的28.8%下降到27.5%，下降了1.3个百分点。在第三产业的行业中，除房地产业外，其他行业税收贡献率均有不同程度的下降。

二、三次产业税收情况表明，我省税源结构比较单一，属于资源型、偏重型产业结构，第二产业特别是制造业的行业结构和产品结构不合理，粗加工产品多，高深加工产品少，相对其他省而言所受宏观调控措施的影响可能会更快、更重、更深、更长。而且随着宏观调控措施的进一步落实，影响还将进一步加深，全年财政收入增长可能出现前高后低的走势。因此，必须准确把握宏观调控政策的内涵，结合我省实际，区别对待，有控有保，松紧适度，在继续保持制造业投资合理增长的基础上，加快经济结构调整，发展高新技术产业和新型服务业，确保财政收入持续较快增长。

(二)财政政策性减收增支因素增加，收支矛盾依然突出。从已知的政策性减收来看：一是出口退税将影响全年财政收入8亿多元。今年国家实行出口退税超基数部分中央与地方共担的新政策，中央核定我省出口退税基数为33.2亿元，预计全年出口退税可达42亿元，超基数8.8亿元。超基数部分将体现为财政减收，相应影响我省财力2亿多元。二是降低农业税税率预计减收农业税11.7亿元，取消农业特产税将减收0.8亿元。三是调高增值税起征点，增值税将减收3.8亿元。四是行政许可法从7月1日正式实施，一些行政性收费项目取消，也将造成部分非税收入的减收。

从财政面临的增支需求来看：一是人员工资欠账较多。目前我省企业职工、城镇居民以及机关事业单位人员的收入水平，与我省GDP在全国居第5

位的经济大省地位很不相称。据统计，2003年我省在岗职工年人均工资收入11189元，比全国平均水平低2851元，居全国22位；机关事业单位人均工资收入11025元，比全国平均水平低3158元，居全国第27位。同时全省仍有近50个困难县未能完全落实国家统一的工资政策，全省县乡需要消化以前年度工资陈欠还有近11亿元。二是目前推进我省相对滞后的国企改革、事业单位改革、职务消费改革、福利货币化改革等等，都需要财政付出巨大的改革成本。三是统筹城乡发展，扶贫济困、建立农村医疗救助体系、补贴种粮农民、转移农村劳动力、发展农村卫生教育事业和支持农业生产等增支压力巨大。四是随着社会进步，用于发展城乡公益事业、基础设施建设、信息化建设、改善执法条件等方面资金需求也在不断加大。

(三)政府债务包袱沉重，给财政经济可持续发展带来隐患。按财政部统计口径，截至2003年底，全省政府债务余额达650.1亿元，其中逾期债务245.7亿元。从预算级次上看，省本级98.4亿元，市本级188.7亿元，县乡两级363亿元，平均每个县区负债近2亿元。仅2003年，全省债务余额就增加了86.8亿元，增长15.4%，其中县乡两级增加了42.1亿元，增长13.1%。另外，在财政部统计口径之外，交通系统还有贷款454亿元(其中，非收费公路建设贷款115亿元)，省属高校贷款41.3亿元。这些部门借款，一旦出现偿债困难，政府也难辞其责，属于潜在的财政风险。沉重的债务负担，使各级政府及财政部门举步维艰，直接影响财政运行及经济社会的健康发展。

(四)整顿财经秩序任务艰巨，财政监督亟待进一步加强。近几年来，随着财政改革的深化以及治理整顿力度的不断加大，我省各级各部门依法理财、依法用财的水平明显提高，财经秩序逐步好转。但事实上，财经领域的违规、损失浪费问题还比较多，违法、违纪问题时有发生。从近几年审计检查和财政监督的情况来看，不管查到哪个部门、哪类专项资金，都或多或少地存在问题，有些还相当严重。比如虚报假项目套取财政资金，截留、挤占、挪用专项资金，坐收坐支、私设小金库，乱发钱物，会计信息失真等等。还有一些基建和大型维修项目超规模、超标准、超预算，甚至没有立项、没有预算就开工建设。

(五)财政改革和财政重点工作开展不平衡。个别地方面对繁重的财政改革和发展任务，以及方方面面的改革阻力，存在畏难情绪，缺乏创新和破解难题的对策，财政改革和重点工作进展缓慢，工作的主动性、创造性需要进一步增强。

针对当前财政经济运行中面临的新情况新问题，我们必须高度重视，冷静观察，准确把握，切实增强做好财政工作的紧迫感和责任感，以科学发展观指导和推进财政工作，迎难而上，坚持用改革和发展的办法有计划、有重点地加以解决。

三、以积极进取、奋发有为的精神状态，高质量、高效率地做好今年后几月的工作

(一)坚持抓好增收节支工作，确保全年预算任务的圆满完成。一是要密切关注国家宏观调控政策对我省税收收入的影响，结合建立内容完整、覆盖各种所有制企业的财源监控统计体系，搞好税源监控，增强收入预测的科学性、准确性和前瞻性，把握先机，主动应对。二是切实搞好收入调度，积极配合税务部门抓好税收征管，坚持国税、地税一齐抓，重点税种和零散税收一齐抓，强化征管和大力清缴欠税一起抓，清理税收优惠政策与打击偷逃漏税一起抓，努力克服各种减收因素的影响，确保税收收入平稳较快增长。三是加强非税收入征收管理。要在认真执行《行政许可法》、对各项收费项目全面清理整顿的基础上，严格执行收费政策，加大征管力度，堵塞收入漏洞，进一步完善和落实征缴责任制，抓好教育、公安、交通、工商、技术监督等大户，努力做到应收尽收。四是加快支出进度，使各项资金早到位、早使用、早见效，最大限度发挥财政资金使用效益。同时，要进一步硬化预算约束，严格控制和节减经常性支出，特别是会议、出国培训、车辆购置、接待等支出，保证重点支出需要，实现保运转、保重点、保稳定、保平衡的目标任务。

(二)适应宏观调控的新形势，更加积极主动和有效地支持全省经济发展。一是要充分利用目前国家积极财政政策，配合有关部门做好国债项目的筛选和申报工作，争取更多的国债资金支持。在国家积极财政政策逐步淡出、中性财政政策回归的大趋势下，要研究多渠道筹措建设资金的方式和途径。要重点支持省政府确定的200个重点项目建设，支持培育壮大十大主导产业，支持高新技术产业化十大工程，支持工业化、信息化和城镇化建设，努力培育新的经济增长点；支持能源、交通、农村水利、城市重点公共设施、卫生、教育、生态建设、环境保护等薄弱领域的项目，增强经济发展后劲和经济社会协调发展能力。要切实转变财政支持经济发展的方式、方法，有效发挥财政政策、资金和体制的激励、引导功能，尽可能地通过财政贴息、补助、担保等方式，或通过政府投融资机构融通社会各方面资源，支持企业发展，充分发挥财政资金的“乘数效应”。各级财政要切实增强工作的主动性，搞好项目谋划、论证和筛选，积极参与项目建设和管理，从整体上提高项目资金使用效益。二是大力支持国企改革，促进国有经济结构战略性调整。按照省委、省政府《关于加快推进国有企业改革的指导意见》的总体要求，着力推进企业改革、改组、改制，支持国有企业上市融资，实现产权主体多元化。积极推动建立多元化的国有企业改革发展资金筹措机制，将财政预算安排、国有资产经营收益、产权转让收入和国企改制中批准核销的呆坏账追索收入等纳入国有资本经营预算。继续做好分离企业办社会工作，推进主辅分离、辅业改制，推动重点国有企业改革方案的实施，做好煤炭、有色、军工企业和资源枯竭矿山关闭破产安置工作。三是着力解决民营企业发展中的困难，加大对民营经济的引导和支持力度。要完善制度，拓宽筹资渠道，落实好担保资本金，规范中小企业信用担保行为，推进中小企业担保体系建设，防范财政风险，力争实现省委、省政府提出的到年底有 116 个县(市、区)建立中小企业信用担保机构，全省担保资金总量达到 18 亿元，形成 90 亿元的担保能力。要贯彻国民待遇原则，认真落实支持民营企业发展的各项财税政策，重点支持省政府确定的 100 家重点民营企业的发展，减少行政审批，为民营经济发展创造良好的政策环境。四是进一步促进扩大对外开放。要做好世行、亚行和外国政府贷款项目的筛选和申报工作，力争使更多的项目列入国家规划。继续做好项目前期准备工作，加大在建项目监督检查力度，加快提款报账工作，缩短提款申请和资金回补周期，提高项目资金使用效益。五是大力支持县域经济发展。这次全国部分省区财政厅长座谈会，中心议题就是研究缓解县级财政困难。我们要围绕做大做强县域经济，研究通过完善财政体制、政策倾斜、转移支付和支持深化县乡行政管理体制改革等措施，大力发展县域经济，逐步解决县乡财政困难问题。

(三)坚持“多予、少取、放活”的总体要求，进一步加大“三农”支持力度。一是要坚持“多予”，切实增加“三农”投入，支持“九大工程”、“六大体系建设”，尤其是农业基础设施、农业结构调整、农业产业化经营、良种繁育、节水灌溉、扶贫开发及动物疫病防治体系、农业科技创新与推广体系、农产品质量安全体系、防风防汛体系、农业社会化服务体系建设。做好今年粮食直补收尾工作，认真总结验收，查找遗漏问题，确保农民真正得到实惠，并且尽早谋划为明年进一步做好打下基础。二是要坚持“少取”，进一步深化农村税费改革，在全面落实降低农业税、取消农业特产税政策的同时，将工作重点转移到深化配套改革上来。通过深化乡镇机构改革、加快农村教育布局调整和建立健全农民负担监督机制等，建立减轻农民负担的长效机制。中央增加对我省农村税费改革的专项转移支付，以及对由于降低农业税税率和农业税附加相应减收部分给予的补助资金，省市财政要按政策不折不扣地落实到基层。三是要坚持“放活”，认真落实好有利于农民增收的改革措施，激发农民生产经营的积极性。要积极支持实施“阳光工程”，落实农民培训资金，真正管好、用好、用出效益，提高农民劳动就业技能，促进农村剩余劳动力转移。四是进一步推进农业综合开发。要加强项目和资金管理，重点抓好 21 个重点县和示范区建设，各市县要抓紧项目实施工作，力争年底前全面完成项目建设任务，做到当年项目当年建成、当年发挥效益。

(四)坚持以人为本，满足人民群众多层次、多方面需求，促进经济社会和人的全面发展。一是要继续抓好中小学危房改造工程和布局调整工程，抓好配套资金落实，确保实现年度工作任务。要努力推进高等教育“211 工程”和省部共建工程建设，加大对重点学科和重点实验室支持力度。要按照公共支出责任，研究建立与完善农村义务教育保障机制，解决好农村税费改革后教育投入不足的矛盾。二是要拓宽政府科技融资渠道，加强科技资金管理，支持科研院所转制。要研究完善加快文化事业和文化产业发展的财政政策，积极筹措资金，支持文化信息资源共享和广播电视微波数字化工程。三是支持就业再就业工程，进一步做好“两个确保”和“低保”工作。要按照省政府的要求，积极调整财政支出结构和压缩一般性开支，努力增加财政社保资金投入，特别是市级财政要尽可能加大对县区转移支付的力度，不要把矛盾全压给县级，更不能把上级转移支付补助大量留在市本级。省财政在加大资金投入的同时，要进一步完善社保专项转移支付资金分配和管理办法，加强跟踪检查和考核，并把工作实绩与资金分配挂起钩来。要下大力抓好“三条保障线”与再就业政策的衔接，统筹研究制定社会保障和促进就业制度，形成良性互动机制，突出解决好重保障、轻就业、养懒人的问题，促进下岗职工基本生活保障向失业保险并轨。四是支持公共卫生工程建设。要继续完善资金管理政策，加大监督检查力度，确保疾病控制和医疗救助项目如期完工。支持农村卫生基础设施建设，落实乡镇卫生院改造规划，完善农村合作医疗实施方案，提高农村医疗救助能力。五是进一步做好工资发放工作。抓好2004—2006年保工资、保运转转移支付方案的落实，加大转移支付力度，增强县乡工资保障能力，分步落实国家增资政策目标。同时，要开展地方补贴政策调研工作，探索实行“阳光收入工程”。

（五）坚持财政体制和管理机制创新，进一步抓好各项财政改革措施的落实

第一，进一步深化预算管理改革。预算管理改革要以集中财力办大事、提高财政资金配置效益为核心目标，进一步改革预算编制方法，完善预算决策机制。探索编制绩效预算、滚动预算，逐步建立支出绩效评价、考核监督、责任追究制度。一是要明确“大事”的概念和内涵。“大事”的基本含义应该是指那些属于重点领域和重要方面，事关全省、全市经济社会发展全局，或对解决全局性问题起到关键作用的事项。“大事”项目应该具有明确的绩效目标。“大事”项目一般需要资金数量较多，具有较大的资金规模。但也不能只按资金数量大小而定，还要审视项目性质，有些项目资金需求量并不大，但能影响全局，或办不好可能会酿成大的问题，也属“大事”范畴。二是要改进“大事”决策机制。建立起领导提出、专家论证、公众参与和党委、政府集体决策相结合的科学民主的“大事”决策制度。首先由党委、政府主要领导和综合经济部门主要负责人，根据经济社会发展全局需要和党委、政府重大决策部署，初步提出年度“大事”项目；然后交付有关方面进行深入研究论证，也可交付由部门领导、行业专家、研究机构学者等组成的决策咨询机构进行研究，也可以委托有关专业组织进行评估论证，各级财政部门一定要参与重大项目的论证和审定工作；经过研究论证之后，对其中与人民群众密切相关的重大事项，也可举行听证会，广泛听取社会各界的意见和建议。在进行论证和听证之后，将有关“大事”项目正式提交政府常务会和党委常委会研究审定，按法定程序报人民代表大会审查批准。三是要做好“大事”项目预算的编制工作。“大事”项目一经确定，根据项目资金需求和财力情况，从财力中先行切出一块资金足额予以保障，确保项目如期完成。剩余财力再按资金性质筛选项目，按规定程序和要求编入部门年度预算。为确保编好“大事”项目预算，要切实加强中长期发展规划的制定和绩效预算、滚动预算的编制工作。目前省厅已按该思路进行2005年部门预算的编制，并选择部分省直部门进行绩效预算和滚动预算编制试点，各市也要积极行动，努力推进预算编制改革。

第二，进一步深化国库管理制度改革。要按照“分步实施、扎实推进、逐步深化”的总体部署，抓好国库管理制度改革扩面延伸工作。省级要在106个一级预算单位全部实行国库集中支付制度改革的基础上，继续完善相关制度办法，确保改革试点扎实推进。各市也要进一步加大力度，制定方案，完善制度，及时解决改革中存在的问题，争取在年底前有6个市本级财政资金实行国库单一账户体系下的零余额清算。

第三，进一步深化政府采购改革。要进一步加强制度建设，完善相关管理办法，建立全省统一的政府采购专家库，推行部门集中采购，扩大协议供货品种范围，实现全年采购规模突破40亿元的目标。要加强政府采购信息化建设，构建全省政府采购信息化平台，探索实现网上信息发布、网上招标采购。

第四，进一步落实出口退税机制改革政策。国务院决定从今年起实行出口退税机制改革，将出口退税由中央全部负担改为超基数部分中央与地方按75∶25的比例共同负担。我省也根据中央改革精神，结合我省实际，对出口退税机制进行了相应改革，实行了省市县各级按现行财政体制规定的增值税分享办法共同负担。从今年前7个月运行情况看，改革总体比较顺利，新的出口退税机制运行平稳。各市县财政部门要与国税、人行等部门加强协调配合，及时发现和反映出口退税管理中存在的问题，确保出口退税改革顺利进行。各市局要加大资

金调度力度，以缓解个别县(区)出口退税的压力。

(六)坚持依法理财，规范财经秩序。今年国家审计工作报告，披露了财经领域存在的严重违法违规问题，掀起了一场“审计风暴”；我省的审计报告也披露了许多问题。当然，这些问题发生的原因是多方面的，但同财政监督机制不健全、监督乏力密切相关。加快建立健全涵盖预算编制、执行、决算各个环节、全过程、高效能的财政监督机制已成为当务之急。一是要研究造成违纪、违规问题的制度缺陷，切实加强制度建设，建立以资金运行为主线，将事前审核、事中监控和事后检查评价有机结合的财政监督制度体系，从源头上预防和制止违法违纪问题的发生。二是研究改革现有财政监督方式，引进国际先进做法，探索实行财政委派部门财务总监制度；对使用政府资金的重大项目，也可考虑派出财务总监，以保证重点项目资金安全高效运行。这方面我省有的市县已进行了初步探索，希望各地进一步加大工作力度。三是要重点抓好国库管理制度改革试点单位的预算执行和财务管理、金融企业营业税征管、全省会计信息质量检查、落实粮食直补改革政策等专项检查，加强财政投资评审工作力度，创新和丰富财政监督管理手段。同时要进一步强化以“金财工程”为核心的财政信息化建设，抓好政府外债管理系统、财源监控系统和财政核心业务软件的整合，为财政改革和管理监督提供强有力的技术支撑。

(七)坚持以才兴财，大力加强财政干部队伍建设。坚持以人为本是科学发展观的本质和核心，是现代管理理念的出发点和归宿。人才是财政事业发展的主体，必须牢固树立人才资源是第一资源的观念，把建立一支政治合格、素质上乘、作风扎实、勇于创新的财政干部队伍作为财政发展最重要的目标之一。一是加强干部队伍的思想政治建设，用“三个代表”重要思想武装广大干部职工头脑，指导理财实践，增强财政工作的政治意识、大局意识和责任意识，进一步提升理财境界。二是努力建设学习型机关，加强广大干部的财政理论、业务、技能的教育培训，不断提高理财本领，高质量、高效率地做好各项财政工作。三是坚持抓好党风廉政建设和行风建设，落实党风廉政建设责任制和抵制“四股歪风”，增强广大干部防腐拒变的能力，依法理财、廉洁理财，正确运用人民赋予的权力，不以手中的财权为己谋私利，而为人民谋“公利”。四是进一步加强和改进干部队伍作风建设，弘扬求真务实精神，继续高扬“树正气、讲团结、求发展”的主旋律，在全省财政系统形成“干事、创业、为民”的浓厚氛围，调动各方面的积极性，推进各项财政工作顺利开展。

(原载《河北财政信息网》)

特　　载

季允石省长对财政工作的重要批示

2004年1月1日

财政是经济调控的重要手段，是政府工作的重要物质基础。在过去的一年里，全省各级财政部门认真贯彻党的十六大精神和省委、省政府的决策部署，加大财政改革力度，完善省以下财政收入体制，集中财力办大事，深化预算管理改革，实行集中收付，推行政府采购，巩固收支两条线改革成果，厉行增收节支，支持改革措施的出台，有力支撑了全省经济发展和社会稳定。特别是非典期间，筹集资金13亿元，为夺取抗击非典斗争取得阶段性重大胜利发挥了重要作用。今年，全省经济社会发展步伐将进一步加快，财政工作面临着新的机遇和挑战。希望财政战线的广大干部职工继续保持和发扬拼搏进取、务实创新的精神，把各项工作往深里做、往实里做，再创财政工作新局面。坚持依法理财，依法征税，千方百计增加收入，壮大财政实力。切实贯彻“一要吃饭，二要建设”的原则，调整财政支出结构，保证各项重点支出。树立科学发展观，坚持“五个统筹”，新增财力重点向“三农”倾斜，向社会发展倾斜，向生态建设和环境保护倾斜，向扩大就业、完善社会保障体系和改善困难群众生活倾斜，加大对县乡财政的转移支付力度，积极支持重大改革举措的出台。按照构建公共财政体系的要求，继续深化财税改革，规范财政体制，确保财政资金使用的规范、安全和有效。各级财政部门要进一步改进作风，搞好服务，以高度负责的精神，加强财政监督和管理，严肃财经纪律，提高财政资金使用绩效，努力为全省的改革开放和现代化建设做出新的更大贡献。

公共财政监督机制亟待强化

河北省财政厅厅长　齐守印

公共财政资金取之于公众，必须由公共权力部门有效地用之于提供公共物品和公共服务，以满足人民大众不可分割的公共需要。确保公共财政这一本质的实现，既有赖于构建一整套民主化、科学化的收支决策机制和财政资金运行机制，也有赖于建立起一套强有力的监督机制。

为什么要强化公共财政监督机制

强化公共财政监督机制，确保公共财政资金安全运行、规范管理和有效使用，是党和政府赢得人民群众拥护与信任的重要条件，因而同提高党的执政能力密切相关。具体而言，其现实必要性体现在三个方面：

首先，强化公共财政监督机制是推进民主政治的本质要求。既然公共财政资金取之于公众，它能否全部有效地用于提供公共物品和公共服务直接关系到人民群众的公共利益，那么，对公共财政资金运行全过程加强监督自然就是人民所拥有的政治权利。在现代民主政治制度下，国家应当构建有效的机制保证人民对公共财政监督权的实现。

其次，强化公共财政监督机制是保证国家宏观调控政策目标有效实现的重要条件。在现代市场经济条件下，公共财政收支政策是国家实施宏观调控的主要工具之一。财政收入能否依法征收入库，财政支出能否按照预算有效使用，直接关系到国家调控经济社会发展的政策能否及时、有效地落实到位。因此，为了确保国家宏观调控政策的实施效果，就必须有健全有力的公共财政监督机制加以保障。

再次，强化公共财政监督机制是从源头上防治腐败的重要措施。国内外大量事实表明，公共部门工作人员受个人利益或局部利益驱使导致财政收支运行偏离公共利益轨道，甚至贪污、挪用和滥用浪费财政资金，都是难以完全避免的。多年来，我国审计和财政部门每年进行监督的结果证明，一方面，公共财政监督不可或缺、极为重要；另一方面，现有的监督检查机制存在着明显的制度缺失，以致巨额财政资金的流失与浪费往往在事后才能发现，这时难以挽回损失不仅在于经济方面，而且严重损害了党和政府对广大人民群众的公信度。此种情况告诫我们，强化公共财政监督机制确已迫在眉睫。

我国现行公共财政监督机制的主要缺失

依据目前的公共财政监督机制是由《预算法》所确立的。现行《预算法》所规定的财政监督包括五个层次，其缺陷主要表现：一是各级人大的监督，主要侧重对预算和决算的审议批准，在监督内容上非常粗略的，难以发现具体问题。二是政府的监督，除审计和财政的专业监督之外基本上是虚置的。三是审计部门所进行的基本上是事后监督，等发现问题之时损失已经造成。四是财政部门的监督，因缺乏明确具体的法律依据，既难以覆盖财政资金运行的全过程，监督力量也显不足。五是部门和单位的自我监督，由于利益一体化使然，难以有效地发挥作用。这些，正是我国公共财政监督机制的薄弱环节所在。

发达市场经济和民主政治国家的成功经验

发达市场经济和民主政治国家的公共财政监督机制总体上比较完善，形成了一套包括立法机关、审计机关、财政机关、预算部门和公众直接参与在内的公共财政监督体系，尤其值得称道的是财政和审计部门的监督相当严密，因而源于公共财政领域的腐败案件比较少。就审计和财政部门的专业监督而言，有法国和德国两种不同模式。法国模式重在强化财政部门的全过程监督，主要是各级财政部门在实行严格的集中收付制度的同时，向同级各部门派驻财政监督机构，不仅事前参与部门预算建议计划的审核，而且在预算执行过程中附署部门首长签发的支付令（没有此项附署，财政部门不予支付）。与此不同，德国模式重在强化审计部门的全过程监督，审计法院不仅提前介入预算编制过程，而且预算通过以后还要对具体项目预算再次审计，对决算审计自不待言；相适应的规定则是，财政部门只负责预算编制和执行，没有监督责任。各国共同的做法则在于：(1)财政监督不仅重视财政资金运行的合规性，而且重视财政资金的使用绩效；(2)重视对财政监督结果的运用，被依法处罚的不仅是违纪的部门和单位，而且重在处罚违纪部门和单位的法人代表（即主要负责人）。

如何强化我国公共财政监督机制

构建完善的公共财政监督机制，既要总结我国历史和现实的经验教训，又要借鉴市场经济和民主政治国家经过几百年实践积累起来的成功经验。

首先，要将强化公共财政监督机制作为推进民主政治建设、加强宏观调控和从源头上治理腐败的重要措施摆上议事日程，就全面强化和完善公共财政监督机制问题作出总体制度安排。既要进一步加强各级人大对公共财政的高层权力监督和人民群众的直接民主监督，更要采取有效措施完善审计和财政部门为主体的经常性专业监督。

其次，就专业监督而言，要按照事有专责的分工规律，就公共财政监督机制的模式作出明确选择：或者强化审计部门的全过程监督，同时取消财政部门的监督职责；或者将审计部门的监督定位于事后的和再监督性质的审查，而将公共财政运行全过程监督的责权赋予财政部门。笔者认为，鉴于财政部门有结合预算编制和预算执行过程进行公共财政收支全程监督的方便条件，我国以采取法国模式为宜。如果采取法国模式，则需要在明确财政部门监督责权的同时，根据工作需要增加人员编制，适当提升财政监督机构和派驻部门监督官的规格，以便有效地履行监督职责。这样，自然会增加一些行政成本，但加强监督的政治经济效益肯定会远远超过其成本，或者说成本与效益相比是微不足道的；在此问题上应当进行成本效益比较，决不能因小本而失大利。

再次，根据监督模式选择，尽快制定《财政监督法》，明确监督主体的责权和被监督客体的违法违规责任，使财政监督有法可依、执法必严、违法必究，实现公共财政监督机制法制化，增强财政监督的法律权威性。

（原载2004年11月22日《人民日报》）

谋划新思路　采取新举措　实现新发展

河北省财政厅厅长　齐守印

白克明书记指出："财政工作是政府工作的重中之重。"季允石省长指出："财政是国家实行宏观调控的重要手段，是一个地区经济发展状况的综合体现。做好财政工作，是我们各级党委、政府的主要任务之一。"围绕全面建设小康社会的宏伟目标，牢固树立全面、协调、可持续的发展观，通过财政工作落实中央和省委、省政府确定的各项经济社会改革与发展任务，必须在新的一年里，认真谋划新思路，采取新举措，才能实现新的发展和跨越。具体说来，就是围绕一个中心，突出两条主线，深化三项改革，体现四个倾斜，加强五项建设。

围绕一个中心

各项财政工作都要以加快河北经济发展和全面建设小康社会为中心。牢牢把握发展是财政工作第一要务这一方针，坚持以改革创新为动力，以支持经济发展、做大国民经济"蛋糕"为基础，不断做大财政自身"蛋糕"，增强为全面建设小康社会服务的物质基础。通过科学、规范、高效地编制和执行预算，积极深化各项财政改革，充分发挥职能作用，大力抓好财政收入，综合运用财政政策、资金和体制等手段，合理配置财政资源，支持经济快速健康稳定增长，支持各项社会事业发展，着力解决诸如工资发放、社会保障、就业和再就业、扶贫、救灾、防治高致病性禽流感等人民生产生活特别是生命健康安全的热点、难点问题，更好地服从和服务于这个中心。

突出两条主线

各项财政工作要以圆满完成 2004 年预算任务和编制好 2005 年预算为主线。预算是筹集财政资金、进行财政分配的基础和重要手段。认真执行预算，提高预算执行的质量和效率，圆满完成 2004 年全省预算任务，才能充分发挥财政资金促进改革发展、维护社会稳定的作用。第一，要始终如一、毫不放松地把组织收入工作放在各项工作的首位。加强与税务部门的协调配合，严格依法治税管费，大力清缴欠税，坚决制止和纠正违反税法规定的减免，加大税费征管的监督检查力度，努力做到应收尽收，确保全省财政收入任务的顺利完成。二是坚持"一要吃饭，二要建设"的原则，区别轻重缓急，确保重点，兼顾一般，集中财力办大事。白克明书记强调："财政支出，保什么，不保什么；支持什么、控制什么，要有一个科学合理的安排。支出项目哪些该列，哪些不该列，要体现科学性和合理性。"确保机关事业单位职工工资和离退休人员退休费按照足额发放，保证国家机关正常运转和政法部门办案所必需经费；进一步加大对解决"三农"问题、公共卫生体系建设、扩大就业、完善社会保障体系、保障困难群众基本生活、农村公路建设、生态建设和环境保护的支持力度；保证教育、农业、科技等重点支出达到法定增长要求。根据河北经济社会发展形势和河北财政收支矛盾十分尖锐的状况，这些支出内容，在当前和今后一个相当长的时期内，都是财政预算安排必须予以首先保证的。第三、要强化长期过紧日子的思想，从严控制支出，最大限度地节约财政资金。白克明书记指出："在节约支出上还是大有余地的。必须做到能不花的不花，能节约的节约，有效益的事情多办，没效益的事情不办。"季允石省长也指出："厉行节约，防止铺张浪费。对财政资金要倍加珍惜，精打细算。"要大力压缩会议费、招待费、差旅费、出国考察培训费，严格预算约束，坚持制止无视预算严肃性、花钱大手大脚、花完再要、甚至先支后报的行为。要通过节俭一切不必要、不急需的支出，办成一些人民急需、社会关注的公益性事业。编好 2005 年预算，全面、准确反映全省经济社会计划和政府活动的方向、范围和重点，是提高 2005 年预算执行质量和效率的基础。要进一步深化预算管理改革，深入贯彻公共财政、零基预算和集中财力办大事的原则，切实解决预算资金安排"散"、"碎"问题，提高预算编制质量和财政资金配置效益。

深化三项改革

按照党的十六届三中全会提出的进一步完善财税体制的要求，继续深化财政管理改革、财政体制改革和农村税费改革。

一、继续深化财政管理改革。一是深化预算管理改革。省委省政府主要领导对深化预算编制改革、集中财力办大事非常重视，白克明书记更是将此称为一场"革命"，要求再下决心狠抓两三年，彻底解决预算安排中不符合公共财政原则和集中财力办大事的问题。2004年河北预算管理改革的重点，就是以整合资金集中财力办大事、提高财政资金配置效益为核心目标，进一步改革预算编制办法，明确和强化预算编制的指导和审核责权，加大预算项目库的建设力度，研究试编三年滚动预算，制定绩效预算编制规范，推行项目绩效预算，建立支出绩效评价、考核监督、责任追究制度。二是继续深化财政国库管理制度改革。要在总结经验、扩大试点的基础上，进一步加大工作力度，将省直其他一级预算单位分期分批地纳入试点范围，并向部分二级、三级预算单位延伸，到年底在省级初步建立起以国库单一账户体系、零余额清算为基本方式的现代国库管理制度。继续推进市县财政国库管理制度改革的规范和推广工作，选择4个市进行国库单一账户体系和零余额账户清算试点，县级财政集中支付向乡镇级延伸。三是进一步推进政府采购改革。围绕"讲科学、求规范、重创新、抓落实、上规模"，认真贯彻《政府采购法》，编制政府采购预算，规范政府采购行为，扩大政府采购的规模和范围，将财政拨款购买的粮食、救灾物资、基本建设工程、内部装饰、道路工程、城市基础设施、水利工程所需设备货物纳入政府采购范围，不断提高政府采购工作效率和节支效果。四是加强财政法制和监督体系建设，保障财政资金规范、高效和安全运行。进一步加快依法理财步伐，研究制定省级政府预算管理规章，规范省级预算编制、执行、决算各个环节的管理，创新财政监督途径，强化对财政收支政策执行、财政资金运行质量的监督检查，探索建立和完善多层次、全方位、全过程、高效能的财政监督机制。

二、继续深化财政体制改革。2003年我省进行的省以下财政收入体制改革，按照体现激励、重点扶持的原则，对省内经济欠发达和较发达地区实行分类激励，强化财政体制促进全省经济发展和财政收入增长的激励作用，收到了良好效果。2004年，要进一步巩固改革成果，按照建立公共财政体制的要求，合理界定省以下各级财政支出责任，逐步建立分工明确、相互补充的一般和专项转移支付制度，形成各级政府财政责权合理配置、有效实现财力分配纵向和横向平衡的分级财政体制框架。

三、继续深化和完善农村税费改革。要全面落实取消农业特产税、降低农业税税率政策，进一步完善农业税减免制度，逐步建立农业税社会减免和灾歉减免正常机制，开展对农村中小学等涉农收费的专项治理工作，完善涉农税费公示制，实行农村义务教育"一费制"，强化农村订阅报刊"限额制"，制止涉农乱收费、乱摊派现象，力争经3－5年的努力，使全省负担比改革前平均减轻50%以上。深化粮食补贴环节改革，全面推行按粮食保护品种直接补贴农民的办法，努力增加农民收入，保护农民种粮积极性。

体现四个倾斜

认真落实省委、省政府的各项战略部署，在保工资、保运转、保稳定的前提下，发展性财政资金和财政政策要向四项重点经济工作、"民心工程"、解决"三农"问题、重点社会事业发展倾斜。

一、突出四项重点经济工作，大力支持经济建设。2003年，河北省委、省政府针对经济发展中的主要矛盾和薄弱环节，部署了扩大投资需求、深化国企改革、加快对外开放和发展民营经济四项重点经济工作，着眼于以重点、难点问题的突破，增强全省经济发展的内在动力和活力，从而推动和活跃经济发展全局。2004年，要在支持四项重点经济工作方面，进一步加大力度，取得更大的效果。一是在扩大投资方面，发挥好财政资金的引导作用，强化政府宏观调控。研究制定财政投资、贴息、补助、担保等方面的管理制度和办法，规范发挥财政调控经济职能，着力实现财政支持经济发展方式方法的转变，有效发挥财政资金、政策和体制的激励、引导功能，切实将财政资金主要用于解决公共性问题和以杠杆方式发挥调节作用。进一步加强政府投融资体系建设，制定和规范对政府投融资机构的监督考核办法，强化考核监督，促进建立规范的政府投融资机构运作机制。省政府用于支持经济发展的资金，凡是适合市场化运作的，原则上都要通过投融资机构运作。拓宽省级投融资机构筹资渠道，壮大投融资机构资本实力。继续贯彻积极的财政政策，努力争取新的国债项目，管好用好国债资金，发挥国债投资对改善投资结构、优化产业结构的促进作用。综合运用财政基建支出、重点项目资本金、企业技改贴息、信息产业发展资金等，积极推进新型工业化。二是大力支持国企改革，促进国有经济结构战略性调整。认真贯彻落实促进国企改革的财政政策，支持国有企业主辅分离、辅业改制，减轻企业负担，确保省级分离国有企业办社会职能资金及时到位并发挥效益，研究编制国有资本经营预算,多渠道筹集并管理好国企改革发展资金。三是加大引导和支持力度,促进民营经济快速发展。财政安排的发展性资金和财税政策对各种所有制企业"一视同仁",用好中小企业发展专项资金,制定支持中小企业信用担保体系建设的政策措施,完善省市县中小企业信用担保体系。四是积极促进引进外资和外贸出口。落实国家和我省吸引外资的财税优惠政策,用好招商引资和外贸发展专项资金,努力开辟国际金融组织和外国政府贷款融资渠道,重点支持基础设施、清洁能源建设、城市污水和大气污染治理。积极参与出口退税管理,及时拨付出口退税资金,促进全省外贸发展。

二、积极落实"民心工程"建设资金,认真解决好人民群众生产生活问题。"民心工程"是河北省委省政府从解决人民群众最现实、最关心、最直接的问题入手,认真践行"三个代表"重要思想,推动我省经济社会协调发展的重大举措。推进"民心工程",财政部门义不容辞。一是确保机关事业单位职工工资按照足额发放。进一步完善工资发放保障机制,加大对县乡转移支付力度,增强困难县保工资、保运转的能力。二是促进就业再就业,做好"两个确保"和"低保"工作。进一步完善再就业资金政策体系。从今年起,省级每年从一般预算税收收入中拿出1%专项列入再就业资金预算,贯彻落实国家和省出台的一系列促进再就业的优惠政策,确保与各项优惠政策相关的资金落实到位。推进社保基金税务征收改革,加大征缴力度,努力做到应收尽收,逐步提高社会保障资金自求平衡能力。确保离退休人员养老金和国有企业下岗职工基本生活费按时发放,完善低保资金转移支付办法,加大对困难地区支持力度,实现应保尽保。继续完善社会保障预算管理体系,进一步改进现行社保预算编制办法,强化社保预算管理。三是加大公共卫生资金投入,支持建立与社会主义市场经济体制相适应的公共卫生体系。管好用好国债资金和省补资金,完善省市县疾病控制体系和医疗救治体系,增强各级疾病预防控制能力、应急救治能力和应对突发公共卫生事件的能力。四是加快农村公路建设,改善农村生产生活条件。集中国债和地方配套资金,力争用3年时间,基本实现全省村村通油路目标。

三、统筹城乡发展,努力加大对"三农"的财政支持力度。一是整合相关财政政策,完善县乡财政体制,支持农村小康社会建设,促进城镇化和县域经济发展。制定和完善财政促进农村小康社会建设的具体措施,从政策、体制、资金等方面推进城镇化和县域经济发展进程,改善县乡财政状况,增强县乡财政保障能力。二是优化各类财政支持农业资金投入结构,重点支持农业基础设施、农业综合开发、生态工程、农业结构调整、农业社会化服务体系和动物疫病防控体系建设。加强农村公共卫生体系建设,搞好农村合作医疗试点。教科文支出向农村倾斜,全面启动教育扶贫工程。三是完善市场建设资金的管理和使用,建立和完善劳动力市场网络,加大对农民的培训力度,为加快农村剩余劳动力转移创造条件。

四、突出重点,统筹社会各项事业发展,提高公共服务水平。一是认真落实《教育法》,不断加大对教育的支持力度,促进教育布局调整,健全农村义务教育经费投入机制。继续支持农村中小学危房改造和布局调整"两项工程"、支持重点大学和重点学科建设"双重工程",支持职业教育、成人教育和幼儿教育发展。二是落实好科学、文化等事业发展资金,以支持社会公益性事业建设为重点,加大资金整合力度,集中财力办大事。三是整合各类环保专项资金,加强生态保护和污染治理。着力支持重点流域、重点城市、重点区域的水污染和大气污染治理,支持农村环境治理,建设文明生态村,支持山区绿化、退耕还林(草)、水土保持、防沙治沙四大工程,营造良好人居环境。

加强五项建设

从五个方面加强机关党的建设和干部队伍建设,为实现财政改革与管理目标任务提供思想、政治和业务技术保障。

一是加强思想理论建设。进一步学习贯彻"三个代表"重要思想,以"三个代表"重要思想为指导定位财政职能、指导理财实践、拓展理财视野、更新理财思路、提升理财境界,以公共财政理论为指导谋划财政改革与发展,使全省财政工作沿着民主理财、依法理财、规范理财、科学理财的轨道推进。

二是加强干部队伍业务素质建设。牢固树立"人才资源是第一资源"的观念,加强对干部职工的财政理论、业务技能的教育培训,推进以才兴财,为财政事业发展提供有力的人才保障。

三是加强领导班子建设。努力加强民主集中制建设,切实发挥"一班人"团结协作、集体领导的作用，把民主集中制原则在推进财政改革与发展进程中进一步落实到位。

四是加强廉政和行风建设。严格落实廉政责任制和抓好党风廉政建设，认真开展警示教育、理想信念和廉洁从政教育，增强防腐拒变能力。倡导求真务实的优良作风，继续深入开展行风建设，按照省委提出的“严细深实快”的要求，切实转变干部思想作风和工作作风，促进理财水平和效率的不断提高。

五是进一步加快“金财工程”建设。以构建完善的政府财政管理信息系统为目标，以软件开发应用、网络建设和信息资源开发为重点，积极推进全省财政信息化建设，为实现规范理财、科学理财、高效理财提供良好的技术支撑。

2004 年是全省经济社会和财政加快改革发展的重要一年，各级财政部门要大力弘扬求真务实的精神，同心同德，扎实工作，奋发努力，开拓创新，进一步开创财政工作新局面。

（原载 2004 年 3 月 25 日《中国财经报》）

领导带头　精心组织
努力创建有财政特色的学习型机关

河北省财政厅副厅长　陈金城

党的十六大提出“形成全民学习、终身学习的学习型社会，促进人的全面发展”。为贯彻十六大精神，省委提出了创建学习型机关的战略举措。省财政厅党组把创建学习型机关作为“以才兴财”战略的重要措施，研究提出了《关于创建学习型财政机关的意见》，成立了创建学习型机关工作领导小组，明确目标任务和措施要求，深入开展了创建有财政特色的学习型机关活动。

一、厅党组率先垂范，以学习型领导班子促进学习型机关创建活动

以学习型“一把手”带动学习型领导班子，以学习型领导班子推动学习型机关建设是我厅创建学习型机关活动的基本思路。一是学习型“一把手”。厅党组书记、厅长齐守印同志堪称学习的典范，利用公休日、节假日阅读了大量中外政治、经济管理方面的著作；他勤于笔耕，积极探索，先后在《人民日报》、《光明日报》、《经济日报》、《财政研究》、《中国财政》等几十家省级以上报刊发表文章 200 多篇，出版专著 3 部。他致力于以“三个代表”重要思想提升理财境界，撰写了《以“三个代表”重要思想统领财政工作全局》、《牢记“三个代表”理好公共之财》等文章；他致力于推动财政管理改革，撰写了《积极探索建立预算管理新模式》、《推进制度创新的伟大实践》等文章；他致力于促进全省社会经济发展，撰写了《服务经济社会发展增强财政保障能力》、《支持经济发展做大切好“蛋糕”》等文章；他致力于政治经济理论的研究，撰写了《论公共经济学与马克思主义的相容性》、《论我国公共经济体制安排中国有资产管理方式的选择》等文章。他撰写的《财政改革与发展论》和《中国公共经济体制改革与公共经济学论纲》等专著得到著名经济学家黄菊波、中国人民大学资深教授陈共的较高评价。他的多篇文章和研究成果在省以上高层学术成果评选组织中获得高等级奖项。二是学习型领导班子。我厅领导班子非常重视学习，每位班子成员在繁忙的财政工作中充分利用休息日、节假日挤时间自学，有的连出差途中都坚持学习。厅党组十分重视中心组集体学习，在学习内容上，紧紧围绕提高班子政治素质、领导能力和决策水平，拓展学习内容，增强针对性和实用性。在学习方法上，中心组每次学习都结合财政工作列出专题，或请专家辅导、或收看专家讲座录像、或请各市财政局长、厅内有关处长参加学习讨论，同时，请一名主管厅领导作重点发言，其他党组成员一起学习讨论。今年，党组中心组计划围绕 11 个专题学习四次，目前已集中学习了两次。最近一次，厅党组紧紧围绕如何树立科学发展观组织了专题学习，齐守印同志利用上党校业余时间撰写了体会文章，提交了题为《以科学发展观指导财政实践》的书面发言材料。党组成员、副厅长高志立同志围绕如何把握科学发展观的精神内涵、在财政工作中如何落实科学发展观等问题作了重点发言。通过学习，大家进一步增强了发挥好财政职能作用，促进经济、社会全面、协调、可持续发展的政治责任感。

二、以学习型组织基本理念为指导，深入开展创建有财政特色学习型机关活动

在创建过程中，我厅坚持以学习型组织基本理念为指导，以建设“个体有活力，团体有合力”的干部队伍，进一步提升机关管理和财政工作水平为目标开展了一系列创建活动。

以建立共同愿景的理念为指导，认真谋划财政工作纲要和人才建设规划。我厅安排专门人员对未来五年财政工作和人才队伍建设进行了认真研究谋划，制定了《河北省财政厅 2003－2007 年财政工作纲要》，明确了中期工作思想、目标任务和重要措施，描绘了财政事业发展的宏伟蓝图，研究制定了《河北省财政厅 2002－2010 年人才队伍建设规划》，为全厅干部指明了奋斗方向。

以终身教育、终身学习的理念为指导，健全相关制度，鼓励干部在职自学。中央人才工作会议结束后，我厅进一步研究修订了机关干部教育培训工作管理办法，一方面鼓励大家利用业余时间积极参加学历教育和专项技能培训等，坚持终身学习。另一方面通过制度引导大家从追求高学历向追求高能力转变，切实做到学有所成、学有所用。同时，在我厅《关于建立健全财政改革与发展人才保障机制的实施意见》中，明确了政治素质与业务素质并重、人才引进与人才开发并举、制度建设与政策导向并用的人才队伍建设指导思想，提出了财政系统人才队伍建设的规划、目标、任务和措施。这些制度对干部积极自学起到了很好的鼓励和督促作用，先后有 169 名同志参加了本科、硕士研究生、博士研究生的学习，近 200 人参加了会计师、注册会计师的考试。

以团队学习的理念为指导，把个人自学与集中学习结合起来。学习型组织强调学习的基本单位是团体而不是个人，通过团体学习可以加速提高整体素质，产生 1＋1＞2 的效果。在团体学习方面，一是厅内各处室、单位积极响应厅党组号召，争创学习型处室和学习型个人，各处室都制定了详细的学习方案，明确了具体学习任务和学习责任人，并积极把学习型组织的管理理念引入处室管理中，让干部由被动接受工作部署转为主动勤奋工作，不断提高团体合力和创新力。二是强化脱产集中培训。在以前年度大规模培训干部的基础上，我厅今年将举办包括公共管理、科学发展观、财政理论、财政业务和基本技能在内的不同规模的培训班 35 期。三是坚持个人兴趣与财政工作要求相结合，组建了公文写作、英语、财务管理、计算机、法律等经常性学习研究小组，一方面通过干部之间的学习、交流、专题研究和专家指导，提升学习效率，扩大学习成果；另一方面通过学习小组对某一领域知识的深入学习，建成若干个攻关组，为财政改革与发展提供智力支持。四是配合干部自学，我厅充分发挥机关局域网的优势，开辟了培训园地、英语地带等学习网页，加载了丰富的学习资料，开辟了网上论坛等交流栏目，增设了语音室、资料室等学习场地，为干部学习交流创造了条件。

以工作学习化、学习工作化的理念为指导，积极促进学习与工作相互结合、相互促进。厅党组制定下发了《关于加强调查研究的决定》作为工作学习化的具体措施，通过对工作中热点难点问题的研究促使大家不断地学习新知识，不断地总结提高自己。2000 年以来，我厅组织开展课题调研达 659 项，其中有 462 项被评为优秀奖，有 183 项被采纳到财政改革的工作中。配合这项工作的开展，我厅连续几年举办了调研报告写作培训班，并开展了优秀调研报告评选活动，促进了学习与工作的有机结合。

三、强化机制建设，用机制保障“学习型机关”创建活动

要形成并保持持久的学习动力必须健全相关机制。创建活动中，我厅在建立有效激励机制方面进行了积极探索。一是名誉赋予激励。我厅连续几年开展了评选“拔尖人才”、“优秀人才”活动，按照德才兼备、群众公认、公开择优的原则，经过严格的选拔程序，在全厅范围内评选出一批拔尖人才和优秀人才，起到了很好的示范和激励效应。二是物质利益激励。我厅干部教育培训制度规定，在职参加学历教育或专业证书考试取得国家承认学历、学位或相关资格证书的，单位报销一定比例学费或培训费，以此来鼓励大家坚持不懈地学习、深造。三是岗位轮换激励。新工作岗位的锻炼，可以促进干部不断学习新知识和新技能，同时促进干部原有知识在不同部门间的共享和扩散。到目前，我厅除极少数特殊岗位外，90％以上干部都进行了轮岗交流。四是职务发展激励。几年来，我厅党组在选人用人上充分体现了选用学习型、素质高的人才的用人导向，同时采取竞争上岗的方法，激励优秀人才脱颖而出。随着学习型机关建设，我厅将继续研究制定机关干部学习考试考核制度。最近厅党组研究决定，每年对处室和干部学习效果进行一次全面的考核评估，考核结果与处室评先和干部的职称评定、职务晋升挂起钩来。考核采取分层次考试与平时考核相结合的办法，对 45 岁以下中青年干部进行公共财政经济理论和本处室业务知识考试,45 岁以上干部考核日常学习情况。对于考试或考核不合格的当年不得评为优秀等次,考试考核结果作为职称评定、选拔任用干部的重要依据之一。这四种激励机制的建立与实施为我厅学习型机关建设提供了强有力的制度保障。

创建学习型机关是省委"树讲求"教育活动的深入,核心在于提高执政能力和执政水平。省直工委传达张力书记批示,建议将公共管理 MPA 核心课程,作为创建学习型机关的必修课,我们认为很有必要。近几年,我厅一直将提高财政干部公共管理水平作为培训重点,连续三年在国家行政学院举办了公共管理与依法行政培训班,机关近 100 名处级干部参加了培训,效果很好。下一步,我厅将按照省委的统一部署,在省直工委指导下,积极探索创新,把创建学习型机关工作做细、做深、做实,继续把公共管理核心课程作为重要内容,对全厅干部进行培训,切实提高财政干部公共管理能力和科学理财水平,为我省财政事业发展提供强有力的智力支持和人才支撑。

(原载《河北财政》2004 · 8)

严肃财经纪律　加强财政监督

——陈金城副厅长在省政府第六次全体会议上的发言

(2004 年 10 月 15 日)

一、严肃财经纪律是摆在财政部门面前的重要任务

近年来,在省委、省政府的正确领导下,我省大力推进各项财政改革,努力从源头上、从体制和制度上加强和完善财政监督,财政资金分配管理的透明度和规范程度进一步增强,资金使用效益不断提高。在此基础上,我们把进一步完善财政监督机制、加强财政资金的监督管理作为整个财政工作的重要一环来抓。总体上看,随着财政改革的深化以及治理整顿力度的不断加大,各级各部门依法理财、依法用财的水平明显提高,财经秩序逐步好转。但财经领域的违规、损失浪费问题还比较多,甚至违法违纪问题也时有发生,不管查到哪个地方或哪类专项资金,都或多或少地存在问题,有些还相当严重,主要表现在:一是在财政收入方面,人为压低或抬高财政收入,违规减免、违规退库,影响了个别地方的收入质量;截留、坐支预算内外资金,形成部分财政资金的"体外循环"。二是在财政支出方面,虚报项目套取财政资金;挤占、挪用、截留财政专项资金;随意改变专项资金用途,预算约束软化等等。三是在执行财经纪律方面,虚列支出,坐收坐支,公款私存,私设小金库和违规套取现金滥发钱物;乱收费、乱集资、乱摊派;会计核算不规范,现金和票据管理混乱,编造虚假账表,造成会计信息失真。四是违法侵占公款,贪污腐败,索贿、受贿等。

二、财经领域违规违纪违法现象产生的原因

财经领域发生违规违纪违法问题的原因是多方面的,从财政监督管理方面来分析:

(一)财政改革尚未完全到位,财政资金管理仍然比较分散。尽管近几年我们通过各项财政管理改革,力求从制度上加强和完善财政监督,但由于许多改革措施还远未到位,目前,财政资金的管理使用仍然比较分散。在资金的流向上,除了上下级政府间的财政资金转移外,还存在部门系统内的纵向资金转移,资金使用的决策过程与资金的拨付过程还没有完全分离。特别是资本性支出以及其他一些专项资金支出,由于涉及项目决策、招标、管理、资金拨付、验收等多个环节,加上决策机制不完善,透明度不高,各自都拥有较多的自由裁量权,因此,这类资金发生的违纪违规问题机率较高。

(二)财政监督管理机制不够完善,职责不清。财政监督与预算执行部门监督之间的职责分工也不够明确,财政自身监督的职能也没有得到很好发挥。对资金审批、拨付、使用、考核等各个环节、各个层级的权限和责任划分的还不够清晰,规定不够具体,约束性不够强,导致层层把关不严,责任主体落实不到位。

(三)财政监督工作还不能适应形势发展的要求,监督方式落后,力度不够,查处不力。财政监督队伍建设远不能适应形势需要,尤其是县级机构队伍不健全。财政监督面窄、方式方法比较单一。同时,对一些违纪违规问题查处不力,特别是对一些带有"集体违纪"性质的问题,缺乏责任追究,往往是对事不对人,甚至下不为例、从轻发落、不了了之。

(四)财政监督的法制建设滞后,监督工作缺乏有效的法律支撑。尽管我国已相继出台了《预算法》、《预算法实施细则》、《税法》、《会计法》、《注册会

计师法》等财经方面的法律，但这些法律都有其特定的规范对象，对财政监督的责权、监督范围和内容、监督程序等没有完整、系统的规定，而且有些规定已不适应新形势的要求，影响财政监督效能的发挥。

（五）管理意识、责任意识和法纪观念淡薄。由于目前还没有建立起一套科学的财政资金绩效考核评价制度，导致在资金的使用上存在重争项目、重资金分配，轻资金管理、轻绩效考核的问题，部门内部管理规章制度不健全、不落实，缺乏强有力的内部监督机制。少数财务会计人员只听命于领导指令，无视财经纪律，会计监督职能不到位。特别是个别工作人员放松世界观的改造，私欲膨胀，以权谋私，最终导致了一些腐败问题的发生。

三、当前和今后一个时期着重抓好的几项工作

为进一步规范财经秩序，遏制财经领域的违规违纪问题，在进一步推进各项财政改革的基础上，今年四季度和今后一个时期将重点做好以下几项工作。

（一）建立和完善财政监督管理机制。以依法理财为核心，实现对财政资金全方位、全过程的有效监督，即监督跟着资金走，财政资金到哪里，监督工作就跟到哪里，构建多层次、全方位的财政监督体系，形成财政监督与其他经济监督的有效协调配合。一是明确监管职责。财政部门主要负责监督各支出部门财政资金使用情况和各项财经政策执行情况，各支出部门主要负责执行好预算，并监督所属单位财政资金使用和财政政策的落实。财政资金在哪个环节出现问题，哪个环节就承担责任，谁出问题就查处谁；二是实行部门预算执行月报制度。每月各部门要向同级财政部门报送部门预算执行和履行部门监督职责情况，同时还要对项目管理及效益情况进行反馈；三是实行财政监督分析报告制度。及时研究监督工作进展情况、存在的问题及改进措施，对重大违规违纪违法问题及时向同级政府报告。四是大力推进“金财工程”建设。建立和完善财源监控系统，及时掌握财源动态信息；建立健全预算执行监控体系，及时跟踪、记录和报告财政资金流动的全过程。

（二）加强和完善财政内部资金监管制度。研究制定《加强财政专项资金监督管理办法》，明确财政专项资金分配、项目审定、资金拨付、绩效考核等各个环节、各个层级、各个岗位的管理监督职责，印发全省财政系统执行。

（三）积极推动派驻财务总监试点工作。目前的财政监督基本上属于事后监督，这种监督方式难以从源头上和事前事中防止违规违纪问题的发生。我们建议改革现行财政监督方式，借鉴国内外先进做法，探索实行委派部门财务总监制度。经省政府批准后，拟先选择两、三个资金量较大的部门进行试点。对使用政府资金安排的重大项目，也可考虑派驻财务总监。

（四）加快财政监督法制建设步伐。今年，我们起草了《河北省财政监督办法》，对各级财政部门、预算执行部门的监督职责和监督检查的内容、方式、程序、处罚办法等作了相应规定。建议省政府责成有关部门，组织专门力量，进行充分论证，力争尽早以省政府规章出台。

（五）进一步加大责任追究和查处力度。财政部门要与纪检监察、司法部门密切配合，逐步建立联合办案和移送案件制度，把对单位的处罚与对责任人的追究结合起来，该移送的必须移送，该处理的坚决处理，使财政监督真正起到震慑和警示教育作用。

（六）今年第四季度重点抓好几项专项检查。一是组织部署各市县财政部门开展财政专项资金管理使用情况的监督检查，检查面不低于项目资金量的50%。二是省级组织开展对各市财政收入质量的专项检查。重点检查应征不征、违规减免、违规退库以及纳税人偷逃税款等问题。三是组织开展全省会计信息质量检查，对部份重点企业和行政事业单位抽查面不低30%。四是抓紧对省直23个部门预算执行和财务管理检查结果的审理工作，对各种问题严格按照有关规定做出纠正和处理，并督促做好整改工作。

（原载《河北省人大常务会公报》）

突出重点　明确要求
切实做好纠正行业不正之风工作

——左绍伟副厅长在全省纠风工作会议的发言

（2004年5月27日）

纠正行业不正之风，是维护群众利益、优化发展环境、促进社会经济健康发展的重要措施，是贯彻

"三个代表"重要思想,落实立党为公、执政为民宗旨的具体体现。涉及到财政部门的纠风工作有很多方面,有的由财政部门牵头,有的由财政部门配合。对牵头负责的工作,各级财政部门将认真落实有关责任制度,抓好工作部署、组织协调和贯彻落实;对需要配合的工作,要积极主动地做好本职工作,按要求完成任务。2004年,财政系统要重点围绕深化农村税费改革、减轻农民负担、治理乱收费和整顿统一着装方面做好工作。

一、深化农村税费改革,落实减税政策,减轻农民负担

进行农村税费改革,是党中央、国务院解决"三农"问题的重大举措,对于减轻农民负担、增加农民收入、促进农业和农村经济发展、维护农村社会稳定,具有深远的历史意义和重大的现实意义。按照中央要求,省委、省政府决定,全省农业税平均税率在2003年6.81%的基础上至少降低3个百分点,在降低农业税税率的同时,农业税附加相应降低。降低税率后,全省农民负担的农业税和农业税附加将比2003年降低45%以上,比改革前降低68%以上。目前各级制定了降低农业税税率方案,下一步要重点抓好组织落实。

一是加大力度,做细做实工作,不折不扣地落实减税政策。我省实行的是地区差别税率,县与县之间、乡与乡之间的税率不尽相同,要把降低农业税税率政策落实到位,需要逐村、逐户进行核实,工作量大,需要做扎实细致的工作。各级财政部门要认真做好工作部署,抓好政策培训,加强督促指导,按照新确定的税率制定农业税征收方案。各户应缴纳农业税及农业税附加的计税依据和应缴税额要以村、组为单位张榜公示,待农民认可后,向农户下达农业税纳税通知书。要规范农业税征收,继续实行农业税征收机关负责征税、聘请协税员协税的农业税收征管制度,对协税人员进行岗前培训、持证上岗;实行规范的完税证制度,征收农业税要做到"一手收税、一手开票、一户一票"。通过公开政策、规范征收和强化监督检查,全面落实减税政策,切实减轻农民负担。

二是深化有关配套改革,建立稳定或减轻农民负担的长效机制。督促各地切实精简乡镇内设机构和行政事业人员,清退聘用和临时人员,完成剩余分流人员任务,从长远上减轻乡镇人员支出压力;加快农村学校布局调整进度,合理核定学校教职人员和学生比例,清退代课和聘用教师,使教育资源更加有效使用,缓解教育资金紧张的矛盾;精简村组干部,减少吃补贴的村干部人数和村级开支;加强农村公益事业"一事一议"筹资筹劳管理,严格执行规定的筹资筹劳议事程序和上限控制标准。尊重多数农民意见,防止将农村筹资筹劳变成固定的农民负担项目。要通过配套改革,从源头上控制不必要的乡村支出负担,防止农民负担反弹。

三是强化改革督导,认真妥善解决存在和遇到的问题。主要针对改革运行中农民反映的突出问题,进行专项督查,解决存在问题,推动改革政策的全面落实,促进改革的深化和顺利进行。

二、深化治理教育乱收费,切实减轻学生家长负担

治理教育乱收费工作已开展多年。随着治理工作的不断深入,教育乱收费现象在一定程度上得到遏制。但由于种种原因,治理教育乱收费的机制还没有真正建立起来,教育乱收费现象时有反复,治理工作稍有松懈,就要反弹,严重损害了群众利益。今年财政部门要在做好清理整顿教育收费项目的同时,重点做好以下三方面的工作。

一是全面推行义务教育"一费制"。各级要按照公开、公正、公平的原则和落实政府投入责任、减轻学生家长经济负担的基本要求,积极稳妥地在全省义务教育阶段的学校推行"一费制"收费制度。核定"一费制"收费范围和收费标准,要严格遵守"一费制"的审批程序,做到合理收费,规范管理,防止收费范围定的过宽、标准定的过高,严禁通过"一费制"形式将乱收费合法化。严格执行"一费制"收费办法,决不允许在"一费制"之外另立其他名目收费。

二是强化政府投入责任,加大教育投入力度。各级财政部门要认真贯彻落实《中华人民共和国教育法》和《中共中央、国务院关于教育体制改革的决定》,建立健全教育经费投入稳步增长机制,确保教育事业费增长高于财政经常性收入增长。进一步完善"以县为主"的义务教育管理体制,强化县级财政对基础教育投入责任。加大对贫困地区的财政转移支付力度,促进教育事业协调、均衡发展。省每年都安排专项补助资金,用于基础设施薄弱学校的改造和建设,市、县也要安排资金并适当向国家和省扶贫开发重点县倾斜。农村税费改革后,对教育的投入要确保不低于改革前的总体水平,并应逐步有所增长，实现“保工资、保运转、保安全”的目标。要进一步完善中小学生均公用经费基本标准，并与“一费制”同时执行，确保中小学校日常公用经费需要。对实行“一费制”后因学杂费、课本费收费标准降低形成的经费缺口，要通过财政预算或上级转移支付予以解决，切实保障学校正常办学经费需要。各级财政部门要积极采取措施，建立帮困助学制度，通过免费提供教科书、建立奖学助学金、免收学杂费等形式，为家庭经济困难学生提供资助，帮助他们顺利完成学业。

三是加强教育经费支出管理，提高资金使用效益。推行“一费制”收费办法，增强了教育收费的透明度，提高了社会监督效果，可以有效地预防乱收费。切断了学校乱收费形成的经费来源，如果地方财政不能及时补足资金缺口的话，一些学校就可能以此为借口，再起乱收费之风。为了防止这种情况的发生，一方面，各级财政部门要积极筹措资金，尽力弥补实行“一费制”形成的资金缺口，另一方面，也要加强对学校收费和财务收支的监督管理，督促学校建立健全财务制度，强化会计核算和财务监督，认真执行国家规定的支出定额和标准，严禁将学校收费资金用于与教育无关的开支，严禁学校用收费资金从事经营活动，以及办福利、发奖金或组织公费旅游，确保学校收费资金真正用于补充公用经费，提高教育经费的使用效益。同时，各级还要认真落实《财政部、教育部关于严禁截留和挪用学校收费收入加强学校收费资金管理的通知》规定，认真查处向学校的乱收费和乱摊派问题，纠正少数基层政府和部门截留、平调、挤占、统筹学校收费收入用于非教育事业的行为。

三、抓好企业治乱减负，优化发展环境，促进社会经济健康持续发展

一是认真贯彻《中华人民共和国行政许可法》的规定，全面清理整顿行政事业性收费。取消一切没有法律法规依据的专门面向企业的政府性收费。对符合法律规定、但属于重复设置的收费项目要予以归并，收费标准偏高的要予以降低。

二是规范收费立项审批行为。对需要通过立法设立向企业的行政事业性收费，要按照公正、公开、公平的原则，在组织召开听证会广泛听取社会公众意见的基础上，向省政府、省人大或上级主管部门提出意见和建议。要严把收费立项审核关口，坚决制止没有法律法规依据的政府性收费项目出台。

三是规范收费行为，加强收费资金管理。对依法新设或变更的收费项目及时向社会公布，定期向社会公开合法收费目录和举报电话，积极配合纪检监察部门做好举报案件查处工作，建立起有效的预防乱收费社会监督机制；督促各级执收单位认真落实收费公示制度，向交费人公开收费项目、收费标准、征收对象和收费法规依据，做到亮证收费，做到使用省级财政部门统一印制或监制票据收费，并将收费资金全额缴入国库或预算外资金财政专户；财政部门要加强收费部门和单位的财务管理，强化财政预算约束，在预算编制和预算执行上，实行收、支脱钩。

四是建立健全收费稽查制度，加强收费监督管理。认真落实财政部《行政事业性收费和政府性基金年度稽查暂行办法》，督促执收部门和单位搞好收费自查自纠，并与实行收费规范化管理有机地结合起来，帮助执收部门和单位查找内部管理上的薄弱环节，采取针对性措施，堵塞漏洞，完善制度，改进和加强管理。要积极配合物价、教育和纪检监察部门，认真开展治理向企业乱收费专项检查，严肃查处乱收费乱摊派等加重企业负担的违纪违规行为。

四、认真做好整顿统一着装工作

整顿统一着装是国务院作出的重要决定，对于规范行政执法行为，维护制式着装的严肃性和权威性，树立执法部门的良好形象，节减财政开支，具有重要意义。省政府对此项工作十分重视，制发了工作方案，对清理整顿工作的范围、政策界限、方法步骤、组织领导等做出了具体部署，提出了明确要求，各级、各有关部门要认真组织落实并抓好监督检查。

整顿统一着装工作要从省直各着装部门抓起，重点整顿未经国务院批准着装、擅自扩大着装范围等问题。同时，也要对社会有关单位所配发的行业标志服或工作服与国务院批准的统一制式服装颜色、式样相雷同的行业及人员进行纠正。

各级财政部门要积极配合纪检监察机关，加强监督检查，加大执法力度，对 2004 年 7 月底以前，通过自查自纠解决违规着装和仿制制式服装等问题，并已脱装的地区和部门，不再追究单位和有关领导的责任。对群众反映强烈的、不认真自查自纠，有令不行、有禁不止的地区和部门，要严肃查处。对负有领导责任和直接责任的人员，要按照党纪政纪的有关规定追究责任，典型案件要予以通报，并在新闻媒体公开曝光。

2004 年财政部门担负的纠风工作任务繁重，做好这些工作，可以进一步改善社会经济环境，切实维护广大人民群众的根本利益，各级财政部门将采取得力措施，制定实施方案，分解目标任务，强化责任监督，狠抓工作落实，用求真务实的态度，站在落实“三个代表”重要思想的高度，圆满完成各项纠风工作任务。

（原载《河北财政信息网》）

努力做好新时期的农业财政工作

河北省财政厅副厅长　左绍伟

省委六届五中全会提出的全省农村小康社会建设的奋斗目标是：到 2020 年，全省县域综合经济实力明显增强，县域生产总值比 2000 年翻两番以上，达到 1.7 万亿元以上，力争到 2007 年实现翻一番目标；农民人均纯收入达 7000 元左右；可持续发展能力不断增强，人居环境得到明显改善，森林覆盖率达 30%以上；农村人口所占的比重大幅度下降，全省城市化率达 50%以上，工农差别、城乡差别和地区差别扩大的趋势基本扭转。全省农村走上生产发展、生活富裕、生态良好的文明发展道路。实现这一目标，完成这一历史任务，是一项惠及全省人民的伟大事业，也是一个非常艰辛的奋斗过程。各级财政部门必须紧紧围绕省委、省政府提出的奋斗目标和农业农村工作重点，往深里做，往实里做，不断提高农业财政工作水平，为实现全省农村小康社会建设目标做出新贡献。

一、加大力度，积极探索，建立健全农业财政投入的稳定增长机制

根据当前形势和中央有关要求，各级财政部门要加大对“三农”的支持和保护力度。一是要不断调整国民收入分配结构和财政支出结构，切实增加预算内农业的投入。基本要求是，各级财政每年对农业投入的增长幅度要高于财政经常性收入的增长幅度。二是按照国家和省有关规定，新增教育、卫生、文化等事业经费 70%以上用于农村，要确保新增财政资金的使用重点向“三农”倾斜。三是强化基金、收费征管，多渠道增加支农资金。当前需要进一步落实纳入预算管理的各项农业政府性基金和行政事业性收费的征管政策，足额征收水利建设基金、育林基金、土地有偿使用费、森林植被恢复费和水资源费，抓好国家库区建设基金的征收，积极谋划南水北调建设基金筹措，壮大支农资金力量。四是发挥财政资金的导向和酵母作用，鼓励和引导社会资本以及外资投入农业。要积极运用税收、补助、以奖代补、贴息等多种杠杆，吸引各种社会资本投向农业和农村。五是盘活农业存量资产，创新资产运营方式。对农业领域中的经营性国有资产，采取以产权制度改革为突破口，通过一次性买断、国有资产退出、股份制改造或置换等多种方式，盘活存量，促进企业转换经营机制，提高运营效益；对农业中的非经营性资产，应通过加强国有资产管理，提高资产活性入手，盘活这部分资产。当前应重点清理整合农口机关事业单位的政府性公共资源，实行调拨、转让和共享、共建相结合，提高公共资源的配置效率，降低公共管理成本。六是积极发展壮大县域经济。提高县级财政对“三农”工作的保障能力和发展能力。

二、科学定位，准确把握资金使用方向

没有钱不容易干成事；有了钱，用不好，用的不是地方，同样达不到预期效果。如何将农业财政资金花好、花出成效，必须要做到三个符合。一要符合省委、省政府确定的产业发展方向。要按照全省总体部署，组织、谋划和筛选项目，不能偏离要求，单纯从局部利益或部门角度出发组织、筛选、准备项目。二要符合市、县政府批准的行业发展规划。行业规划是全省国民经济中长期计划的具体化，体现了产业发展方向。既然定下来了，除情况发生重大变化外，要严格执行。要按照规划，根据财力可能，有计划、有重点、分步骤地通过项目实施，来实现目标任务。项目目标一旦实现，应在下一个预算年度对项目进行调整，转向下一个目标，围绕新的目标，再行组织、安排项目，各级财政和各部门都应坚持这样做，也要引导部门这样做。三要符合财政投资政策，尤其要符合公共财政的要求。从目前来看，财政对竞争性领域投入还没有完全退出，这与我们市场体制发育的不完善和正处于转型期有关系。但是必须明确财政资金必须退出一般性竞争性领域；暂时退不出来，财政的支持也只能是限于鼓励发展的领域，同时支持的方式也要相应改变，并建立起退出机制。

三、坚持有所为，有所不为，整合财力办大事

要真正做到集中财力办大事，首先必须统一思想认识，这是关键。要争取领导的支持和部门的配合，抓住领导重视的有利时机，积极做好工作，争取有大的突破。其次，必须把握住三个重点。一是认真解决越位问题。解决缺位问题，必须先从越位做起，认真梳理目前资金安排使用上有哪些不是公共财政应该做的事，资金安排从这些领域收缩回来，调整用于应由政府干的事情上。二是集中财力，抓大放小。在资金的安排使用上，一定要克服面面俱到、主次不分的做法，突出重点，该保的保，该压的必须压下来，切实做到有所为，有所不为。同时按照财权、事权相统一的原则，认真研究各级财政的支出责任问题。三是整合现有资源，捆绑使用，向整合要财力，向整合要效益。要按照"渠道不乱、方向不变、各负其责、集中投放"原则，整合中央与地方、预算内与预算外、财政部门与主管部门、财政内部各行业用于农业的资金，集中投放，集约使用。

四、根据公共财政要求，合理安排农业资金支出

——各级各部门在农业项目预算编制过程中，一定要遵循预算编制的基本原则。在资金安排上，要严格区分履行政府职能项目、公益基础性项目和政府引导型项目。

要优先保障履行政府公共职能项目。除财政预算按规定标准保障人员经费、公用经费和机构正常运转经费外，专项资金要优先安排诸如动植物病虫害控制、森林草原防火、防汛抗旱项目等政府公共职能的需要，并要严格划分省、市、县三级政府的权责范围，不应凡事都由上级大包大揽。要充分调动下级的积极性，同时应当由本级承担的支出，也不能把责任下卸。

——要重点安排公益性和基础性项目。按照公共财政要求，财政资金要解决市场失灵或不发挥作用领域的问题。农业专项资金应重点放在农村公益设施建设、农业基础设施建设、生态环境建设等政府一般服务上，诸如乡村道路、人畜饮水、农村沼气、节水灌溉、水库除险加固、河道治理、生态造林种草、水土流失防治等项目建设上。在安排这些项目时，要充分考虑本级的财力条件和上下级的实现情况及承受能力，宁可少办，但要办一件成一件，避免上下"钓鱼"，摊子铺得很大，项目定得很多，结果资金不足，劳民伤财，事倍功半。

——要妥善安排政府引导型项目。安排支持政府引导型项目的目的是为了体现政府对经济的宏观调控和政策引导作用，对影响农业和农村经济发展全局具有至关重要的薄弱环节和关系全局的重点项目给予一定方式支持，以促进全省经济持续、快速、健康发展。在安排此类项目时，要注意考虑以下因素：一是不能与世贸组织规则，尤其是农业协议规定相违背；二是着眼于市场不起作用或失灵的领域；三是真正体现政府的导向作用；四是体现公平和效率原则。目前，预算安排的这类项目，主要是畜牧、蔬菜、林果业中的良种繁育、种植业结构调整和果品提质增效以及农业产业化升级工程中的产业化贷款贴息等项目。要本着"少"、"精"、"高"的原则，切实把项目组织好，实施好（"少"就是有重点支持；"精"就是扶优扶强；"高"就是经济、社会和生态效益高）。

五、强化制度建设，改进管理，努力提高资金使用效益

要继续推行农业项目的专家评审制、招投标制和公示制。同时在安排项目过程中，除先行确定好项目的实施区域、实施内容、具体承担单位和建设地点之外，还一定要明确以下几项具体政策：一是要明确项目所必须具备的条件和要求，即支持什么样的项目，要有什么样的门槛。二是要明确资金在什么环节上投入。对诸如畜牧、蔬菜和果品业等政策引导型项目，要找出制约发展的薄弱环节，对症下药给予支持。是支持扩大规模，还是支持提高产品质量等。支持环节确定后，还要明确支持标准。三是要明确采取什么方式扶持。是采取财政贴息、费用补助，还是以奖代补或其他方式扶持。

要不断研究探索和改进资金管理办法，逐步实行政策公开、待遇公平和项目公示的阳光政策。政策公开，就是改变投资"暗箱操作"的做法，充分利用电子政务和新闻媒介，将投资方向、补贴环节、补助方式向社会公布，引导社会资金向全省农业发展的重点方向投入。对农业专项资金安排的政策导向型项目如农业龙头企业贷款贴息项目、畜牧良种繁育项目中的奶牛小区建设和羊的良种繁育建设、林业产业化贷款贴息项目和森林植被恢复费中省级安排项目要全部向社会公布。待遇公平，就是坚持国民待遇原则，政府投资对区域内国有、集体、外资、私营和农民个人一视同仁。项目公示，就是将确定后的农业投资项目，在正式实施前向社会公布，接受社会各界监督。从今年开始,对菜篮子工程、林产品结构调整、种草项目、秸秆综合利用设施、渔业贷款贴息、农村沼气等项目安排要在有关新闻媒体上公开。要不断完善农业财政资金管理制度,做到科学理财,依法行政。这些年各级财政部门都出台了一些制度规定,在资金管理的制度化、规范化方面做了一些探索。今后还要加大制度建设的力度。各市、县根据本地实际情况,本着缺什么补什么的原则不断完善有关的制度和规定。

六、严把预算执行关,加快支出进度,确保资金安全高效

搞好预算执行,要突出抓好以下几个方面:

一是严格预算执行,硬化预算约束。预算确定后,严禁随意调整和零星追加;除突发性事件应按程序报批调整预算外,其他支出项目一律在下年度预算考虑。部门预算确定后要切实落实到基层单位,不能再进行预算调整。预算要落实到具体项目,项目之间一般不得调整,确需调整的,要按程序报经批准。二是切实加快专项资金支出进度,尽早发挥资金效益。凡是预算已经确定的农业项目,要根据财政收入进度和项目进度及时拨付资金,特别是对下补助资金要及早下达。各市、县预算支出进度要务必上半年达到60%,10月底达到90%,年底达到98%以上。从今年开始,要对市、县(市、区)财政部门用农业资金垫付工资问题采取严厉地惩罚措施,停止安排以后年度项目,希望引起大家高度重视。三是围绕保证资金安全和提高资金效益这个中心,突出抓好项目资金管理和控制。要推行农业项目的政府采购制。对农业财政项目中的工程、物资及劳务等,要按照政府确定的采购目录,编制政府采购预算,实行政府采购制度,以节约开支,保证资金和物资及时到位。要实行农业项目资金的集中支付和报账制。对财政扶贫、生态环境建设等资金继续实行“县级财政报账制”,即县财政收到上级下达的专项资金后,连同县级配套资金一起,拨入开设的专用账户,实行专人管理,单账核算,由用款单位按照项目工程的实际发生额或项目建设进度凭证资料向县财政提出拨款申请,经县财政审核后,将资金直接拨到项目单位。按照国家对财政改革的要求,要推行集中支付制度,以规范支出管理,保证资金专款专用。要加强资金监督检查,特别是县级财政部门要把工作重点放在对资金使用的监督管理上。支持农业、农村资金最终结果都要通过县级财政部门去落实,并且这些资金又和农业、农村发展、农民切身利益直接相联系。县级财政部门加强对资金监管,责任重大,并且负有直接责任,切不可掉以轻心。各市应不断研究改进和加强项目管理和监督,强化监督力度,确保项目执行和资金使用达到预期效益。

七、积极开展项目的绩效评价工作

在项目全过程运作中,各部门包括我们财政部门往往重视项目执行工作,而忽视项目后评价工作。项目执行结束后,有的甚至连项目竣工报告都不写,这样就难以对项目进行科学评价和为今后决策提供依据。要搞好项目预算管理工作,就必须高度重视项目的绩效评价工作,这是项目管理环节中的关键一环。今后我们要强化这方面的工作,逐步探索并建立起农业财政项目的绩效评价机制。根据农业财政资金的特点,建立一套能反映农业资金投入产出效益的指标评价体系,逐步建立项目信息平台,为项目绩效评价打下基础,不断提高科学决策水平。

(原载《河北财政》2004.5)

以科学发展观为指导 努力开创我省教科文财政管理与事业发展新局面

——郭秀堂副厅长在全省教科文绩效评价培训暨工作座谈会上的讲话(摘要)

(2004年8月25日)

教科文财政管理是财政工作的一个十分重要的组成部分,它体现了政府的方针政策和导向,是政府与人民群众联系的纽带,事关人民群众的切身利益。做好新时期的教科文财政管理工作,需要准确把握党和国家的方针政策,需要了解各领域的发展规划及目标,进而研究切实可行的财政政策,制定相应的工作方案和措施,并切实抓好落实。

一、拓宽教科文财政管理工作思路

做好新时期财政教科文工作要求我们不断地去解放思想,进行体制创新、机制创新和制度创新。要在用足、用活、用好各项财政优惠政策,综合运用预算、税收、贴息、补助等政策手段，在提高财政资金使用绩效的前提下，要进一步研究，引导和带动更多的、多元化投资参与教科文事业发展，推进教科文事业健康发展。做好教科文工作一要吃透“上情”，使得上级政策具体化。二要摸透“下情”，做到下边经验理论化。三要了解“外情”，做到外边精神本地化。

二、建立稳定的教科文投入保障机制

加大投入是科教文事业发展的基础，也是财政教科文财务管理工作长期的任务和重点工作之一。首先要落实法定增长。从全省情况看，无论是教育投入还是科技投入，尽管每年初预算按可用财力算账基本都达到了法定增长要求，但这一增长仍然是一个低水平的增长，远远不能满足教育、科技发展的实际需求。其次各地要在落实法定增长的前提下，逐步加大投入，并且建立起稳定增长的保障机制。所谓稳定增长机制，就是各项投入增长要有稳定增长的可靠来源，增长要有可靠的政策依据作保证。从教育投入来看，每年教育有法定增长政策、“两个比例”政策、地方教育附加规定和一个“百分点”政策、危房改造与布局调整专项资金政策、农村费税改革教育专项资金政策、省部共建专项投入政策等，构建起全省义务教育、高等教育投入的政策体系，使各项教育支出有比较可靠的资金来源，确保投入不断地增加。今后要探索科技、文化、计划生育等投入增长的机制，使教科文各项投入的增长有一个完整的政策体系作支撑，从而达到稳定增长的机制要求。

三、放大财政资金的乘数效应

资金的投入与资金的需求是一对永恒的矛盾。财政资金的稀缺性决定了财政资金必须花在刀刃上，扩大财政资金的典型示范作用，充分放大财政资金的乘数效应。

一要优化支出结构，提高资源配置效益。财政支出结构在某种程度上直接影响经济结构优化，正因为如此，一方面要通过优化支出结构来缓解需要与可能的矛盾；另一方面，优化支出结构可以把好钢用在刀刃上，可以发挥财政投入对社会投入的带动作用和乘数效应。

二要集中财力办大事。近几年通过实行收支两条线、设置财政专户、试行综合预算等办法，在一定程度上改变了财政性资金分散管理的状况，但受各方面条件的限制，预算内外资金仍没有做到统筹安排使用。与此同时，政府预算资金的多头管理，难以形成财政投入的合力效应。解决财政资金分散的问题，要靠推进部门预算改革，统一预算制度，统一账户，理顺分配职能；要归并整合现有教科文口各项财政专项资金，进行统筹使用，集中财政办大事。具体讲，要搞好预算内专项资金的整合。对同类专项资金逐步实现归口一个部门管理，招标确定重点项目，对不同部门管理的同类专项资金，有关部门共同研究确定重点支持项目，共同安排资金；对不同科目使用方向相近的资金，要捆绑使用，协调整合，共同匹配用于关键项目；各类专项资金要减少规划、调研、管理等间接支出，把财力集中用到项目本身。同时搞好预算内外专项资金的整合。在逐步减少预算外资金规模的基础上，进一步加大综合财政预算政策的执行力度，按照“先预算外、后预算内”的原则，将预算内外资金捆绑在一起，合力支持教科文事业全面发展。

四、积极参与推进教科文事业改革

改革与发展是事业单位的主题，作为财政部门要抓住机遇，不失时机地推进教科文事业的改革与发展。在这方面，财政要找准自己的位置，分清楚哪些是必须由财政作为主角的改革，哪些是财政作为配角的改革，哪些是需要财政参与的改革。财务管理体制的改革，财政部门责无旁贷，要抓紧抓好。对财政专项资金的使用，要和部门一起研究，发挥资金的最大效益。对于教科文事业的改革，财政部门要当好参谋助手，本着有利于事业发展、有利于发挥财政资金的“四两拨千斤”的作用，在某些方面要有所突破。

五、挖掘教科文事业单位自身发展潜力

教科文事业单位资产数量庞大、潜力巨大，盘活事业单位资产大有可为。由资金支持到政策支持，是工作方式的转变，各地要结合当地实际探索积极可行的路子。一要搞好资源整合。教科文领域具有行业相近、联系紧密的特点。各级财政部门要与主管部门共同研究，统筹规划，按照先易后难、分步实施、先行试点、稳步推进的原则，搞好资源的整合。对不同单位之间、不同部门之间重复设置或功能相近的项目进行归并、整合，促进资源的共建共享，确保共享资源的良性运行。

六、搞好教科文财政支出绩效评价

开展支出绩效评价是提高财政资金有效性的重要途径。今年以来，省财政厅已经开始试点，教科文处已经对部分项目完成了绩效评价工作。总的看,效果不错,一是强化了部门的责任意识,二是推动了部门工作的规范,三是客观上推动了资金使用效益的提高。各地也要开始进行选项试点,积极推进,建立各专项资金指标评价体系和评价工作规范,逐步延伸到所有部门绩效评价工作。可以先行试点,取得经验后,再逐步推广。

七、确保财政资金安全高效运行

财政支出管理改革已经取得了较为明显的成效,但是财政资金脱离监管,挤占挪用、使用效益不高的问题在一些部门和地方一直没有得到很好解决。这里有财政资金管理体制的原因,也有管理手段跟不上监管需要的原因。因此,加强财政监管,解决财政资金安全性和有效性问题,必须进一步深化财政支出改革,健全财政职能,强化监管手段。当前,要通过加快以国库集中收付制度为重点的各项财政改革,尽快建立财政支出绩效评价体系,实现对财政资金事前、事中、事后全过程监控,从体制上、机制上入手,切实加大工作力度,有效提高财政监管水平。

八、建立健全规范的基础性管理制度

基础数据是做好工作的必要保证。近年来我省各级财政在教育等方面建立了基础数据收集与管理体系,收效很好。今后要进一步健全数据统计规范办法,提高工作质量和效率,为政府决策及时提供可靠的依据。要规范资金分配制度,预算编制制度、资金支出保障制度、资金监督检查制度等一系列办法,讲科学、讲程序、讲公平、讲公正,提高管理水平。

九、强化学习,提高干部素质

加强队伍建设,改进工作作风,是圆满完成教科文财务工作任务的重要保证,更是当前摆在我们面前的一项十分重要而紧迫的任务。近年来,财政部门主动服务意识明显加强,部门间勾通协调也取得了较好效果。但是从高标准要求,也有不足之处。客观上机构改革后,教科文主管人员少,工作任务繁重,但从主观上分析,我们的思想和认识还落后于形势发展要求,有许多新的知识需要学习,因此,今后要加强理论和业务学习,进行有针对性的培训。随着我省经济和社会的全面发展和省委、省政府制定的发展规划要求,教科文事业发展即将进入到一个新的快速发展时期。因此,各级财政部门的领导和主管同志一定要抓紧学习,跟上发展的步伐,不断提高政治和业务水平,提高服务质量,推动教科文事业的全面发展。

(原载《河北财政信息网》)

正确把握有利形势
把财政系统行风建设不断推向深入

——龚大来专员在全省财政系统
民主评议行风网络会上的讲话(摘要)
(2004年2月27日)

一、对2003年全省财政系统民主评议行风工作的简要回顾

两年来,特别是去年以来,全省各级财政部门认真践行"三个代表"重要思想,深入贯彻省委六届三次、四次全会精神,开拓创新、奋力拼搏,深入开展了民主评议行风活动。两年来,坚持不懈、不断深化,财政系统的行风建设无论在评议手段上还是评议效果上都取得重大创新和突破,省厅连续两年取得省级经济管理部门第一名的优异成绩,被省委、省政府授予"行风建设优秀单位"荣誉称号,并获得了两年免评的奖励。各市财政局也都在本级评比中取得了经济管理部门第一名的好成绩。总结去年以来全系统的行风评议工作,主要有以下几个特点:

(一)思想统一、认识到位是行风评议工作再创佳绩的基础。全省各级财政部门从领导到干部职工都能充分认识行风评议工作的重要意义和面临的新形势,切实摆正自身位置,坚定"再争第一"的决心,采取"更创佳绩"的措施,不骄不躁、自我加压,及时调整并充实了领导小组和行风办力量,进一步明确了班子成员和各部门的职责分工。同时,上级财政部门对下级单位进行了有力地督促和指导,一级抓一级、层层抓落实,在全系统形成了一套系统有效的工作机制,为行风评议工作的深入开展奠定了良好的基础条件。

(二)措施得力、组织到位,是行风评议工作再创佳绩的关键。在认真总结去年经验做法的基础上,省厅进一步加强了行风评议的各项制度建设。首先,健全完善了考核奖惩工作机制。以《河北省财政厅行风建设考核评比办法》的出台为标志,把行风评议工作纳入到年度目标责任制中,将日常考核与年终考核、内部监督与社会监督紧密结合起来,并坚持把行风建设与业务工作同部署、同落实、同检查、同考核，确保了行风评议工作的严肃性和实际效果。其次，健全完善了督导检查工作机制。省及各市财政部门均成立督导组，由厅、局领导亲自带队，采取巡回检查和明查暗访等方式，发现问题及时整改。去年以来，省财政厅督导组先后对全省十一个市以及部分县（市、区）财政局连续进行了三轮督导检查。同时，我们还利用召开行风建设调度会和制发《工作简报》等形式，对督导情况及时进行讲评和通报，表扬先进，鞭策落后，纠正不足，堵塞漏洞，取得了明显成效。另外，在向社会各界作出公开承诺后，各级财政部门均及时公布了行风评议热线电话，极大方便了群众监督。并本着“走出去、请进来”的原则，利用聘请监督员、印发征求意见函、召开肯谈会、走访调研等多种形式诚恳听取社会各界的意见与建议。经统计，全系统共聘请行风评议监督员 2876 人，发放征求意见函（卡）43457 份，召开肯谈会 697 余次，收到各界提出的意见、建议及咨询 5520 条。第三，健全完善了舆论宣传工作机制。一年来，全系统共印发工作专报 1977 期，在各种媒体上播出或刊登报道 367 篇。为便于信息沟通，省财政厅还充分运用“行风在线”信息网站加大对行风评议活动的宣传力度。另外，省厅还积极参加各种统一活动，去年先后三次参加了由省行风办和省电台联合举办的“阳光热线”活动。对于接到的 30 多个热线问题，都及时进行了落实处理。

同时，各级财政部门坚持与时俱进，不断创新和健全各项工作措施和规章制度，做到了内容具体、重点突出，具有较强的针对性和操作性。石家庄市财政局充分利用分片座谈、个别抽查和重点走访等方法，对下级部门的行风建设进行督导，促进了全系统行风评议工作的顺利开展；邯郸市财政局开展了以抓形象建设，促财政新风为内容的“三抓三促”活动，努力构建行风评议长效机制；唐山市财政局从问题整改上寻突破，在办实事上下功夫，全局上下形成了“比服务、比形象、比效率、比贡献”的良好氛围；张家口市财政局以践行向社会公开承诺为立足点，从健全规章制度，规范从政行为入手，制定和完善了包括“践诺措施”、“定期走访”在内的 10 项制度，为巩固扩展行风评议成果提供了可靠保证；廊坊市财政局把行风建设和党风廉政建设有机地结合起来，提出八条禁令和相应的《实施细则》，有效地规范了干部职工的工作行为；保定市财政局严格落实行风评议责任制，加大力度、强化监督，班子成员分工带队，开展形式多样的督导检查工作；承德市财政局推行“一站式”服务、预约服务制，强化服务意识，改进工作作风；秦皇岛市财政局实行“5432”工作法，积极做到行风建设与业务工作两手抓、两手硬；邢台市财政局开展接待办事五步曲和问题揭摆十查看活动，财政干部的工作作风得到明显改善。这些强有力的措施，为确保行风评议工作的稳步推进提供了有力保证；沧州市财政局摆牌办公，挂牌上岗，工作职能和工作范围统一上墙，切实将便民工程和透明工程落到实处；衡水市财政局抓教育、变观念，抓制度、重实效，抓监督、听民声，抓队伍、造人才，工作有创新、见实效。

（三）以民为本、求真务实，较好地解决了一大批事关群众切身利益的财政问题是行风评议最大的收获。在行风评议过程中，各级财政部门对照评议规则、内容和要求，深入细致地开展了作风纪律整顿活动。共在财政改革、财政管理、政务公开方面、工作效率、财政监督、服务态度、业务学习、廉洁从政等八方面查摆出存在的问题 604 项，并相应制定出 1094 条整改措施。在整改过程中，各级财政部门始终坚持“情为民所系、权为民所用、利为民所谋”，深刻分析自身存在的问题，实实在在地解决了一大批影响改革与发展和涉及群众切身利益的实际问题。一年来，全系统共解决财政热点、难点问题 1158 个，收到各类表扬信件 1013 份。特别是在抗击“非典”战役中，省厅及各级财政部门讲政治、顾大局，发扬不怕吃苦、连续奋战的优良传统，急事急办、特事特办，为取得抗击非典的胜利提供了有力的财力保障。

（四）立足当前、着眼长远，建立长效机制，是行风建设永葆活力的根本。在行风评议过程中，各级财政部门坚持与时俱进，不断丰富和完善行风建设的各项制度和方法，探索建立起行风建设的长效机制。我们建立了终身教育机制，适应营造“学习型”机关的要求，大力加强广大干部职工的政治教育和业务学习，切实提高全体财政干部的整体素质；我们建立了目标责任考核机制，主要领导亲自挂帅、率先垂范，主管领导明确分工、各尽其责，全体积极参与、支持配合，在全系统形成了齐抓共管、全员参与的工作局面；我们建立了公开透明的“阳光”机制，建立了一整套方便群众、服务基层、公开透明的办事指南，并向社会公开，把知情权和监督权交给群众；我们建立了长期有效的监督机制，健全完善了事前、事中和事后监督的长效机制。同时，发挥外部监督作用，把群众监督与职能部门监督、上级监督与下级监督有效地结合起来，形成内外、上下监督的整体合力，确保任何单位和个人都不能游离于监督之外。从总体上讲，我们的工作是有成效的，领导是放心的，群众是满意的。

在肯定成绩的同时，我们必须清醒地看到，在行风评议工作中，一些部门单位还存在着不容忽视的问题，有的思想认识不够端正，存有观望思想和麻痹松劲情绪；有的与业务工作结合不紧，形不成工作合力，工作成效不明显；有的对群众反映的问题解决效率不高，力度不够；有的安于现状，创新进取精神不强等等。所有这些问题都不同程度地影响了行风评议的整体效果，必须予以高度重视，在今后的工作中认真加以解决。

二、正确把握有利形势，把财政系统的行风建设不断推向深入

2004 年是全面落实党的十六大、十六届三中全会和省委六届三次、四次、五次全会精神，实现我省全面建设小康社会奋斗目标的重要一年，做好财政系统的行风评议以及财政改革与发展的各项工作意义重大。行风建设是一项必须长期坚持的工作，财政系统获得连续两年免评奖励，但免评不免建，2004 年我们还要一如既往地抓下去，并有所创新。

（一）要把优化财政发展环境作为主题。加快发展，是全省各项工作的大局，优化环境又是当务之急。今年的行风评议工作省里突出了优化发展环境这个主题，把全面贯彻落实省委、省政府《关于进一步优化发展环境的若干规定》作为评议重点，这也是我们今年行风建设的重中之重。各级财政部门要紧紧围绕这一主题，严格按照省行风办和《河北省财政厅 2004 年民主评议行风工作方案》的要求，转变作风，提高效率，认真完成行风评议的各项规定动作，集中解决妨碍发展思想观念，不适应市场经济的财政管理方式以及不符有关法律法规的行政审批事项；着力解决与民争利、侵害企业和群众利益的问题，切实提高全体财政干部的基本素质，健全规章制度，严肃工作纪律，规范理财行为；继续开展公开承诺、阳光服务、践诺公示等活动，自觉接受社会各界的监督，主动在为领导、部门、群众搞好服务上采取有效措施，提高工作效率，优化财政环境。

（二）要把解决事关群众利益的财政焦点、难点问题作为重点。行风评议工作得到群众拥护的一个重要原因，就是通过行风评议切切实实地为群众办了一些实事、好事，实实在在地解决了一些关系到群众切身利益的突出问题。各级财政部门要牢固树立“群众利益无小事”的观念，诚心诚意办实事，尽心竭力解难题，对办事不公、吃拿卡要、以权谋私等损害群众利益的问题，要认真加以纠正。对一些性质恶劣、久拖不决、影响较大的问题，要一查到底，追究有关人员的责任，确保行风评议工作的严肃性，维护财政部门以及财政干部的良好形象。

（三）要把建立行风建设长效机制作为基础。行风建设是一项标本兼治的长期任务，要取得实实在在的效果，必然有一套行之有效、科学规范的制度加以保证。两年来，各级财政部门时刻坚持与时俱进和开拓创新精神，总结自己、借鉴别人行风评议的新鲜经验，在建立行风建设长效机制上进行了有益尝试，取得了阶段性成果。在今后的工作中，希望各级财政部门密切配合、相互借鉴、积极探索，建立健全规范完善的运行机制，把财政系统的行风建设全面推向制度化、规范化和长期健康发展的轨道。

三、几点要求

第一，务必端正态度、求真务实。行风评议是加强自身建设，树立良好形象的内在需要，是适应形势、转变职能、加快发展的时代要求。希望各级财政部门进一步增强政治意识，统一思想认识，端正态度、集中精力，以更强的责任感和事业心，出色完成行风评议的各项任务。要弘扬求真务实精神，在摸清民情民意，找准问题关键，把握客观规律上下功夫，在讲实话、出实招、办实事上求突破，真正把着力点放到研究解决优化发展环境的重点问题上，放到研究解决事关群众切身利益的财政突出问题上，继续巩固和扩大民主评议行风工作取得的初步成果。要认真学习新理论、新知识，深刻分析新情况、新形势，以创新的精神解决发展中遇到的新问题，探索和完善纠风工作和行风建设的新路子。

第二，务必把握大局、明确方向。加快发展是全省工作的大局，优化环境是今后努力的方向，省委、省政府《关于进一步优化发展环境的若干规定》是工作的依据。因此，财政部门的行风建设和各项财政业务工作也要紧紧围绕这一目标来开展。要充分认识《若干规定》的意义，认真学习《若干规定》的精神，转变思想观念，掌握基本内容，明确目标要求，抓好贯彻落实。要着眼大局，勇于突破陈旧观念，敢于割舍部门利益，做到依法理财、文明行政，确保权力的正确行使。要把落实《若干规定》的情况作为行风建设的重点内容，作为考核评价的重要标准，确保省委省政府的重大决策不折不扣地落到实处。

第三，务必加强领导、强化责任。民主评议行风工作，是省委、省政府作出的一项重大决策。各级财政部门还要进一步加强领导、精心组织、抓好落实，做到组织领导到位、工作措施到位、整改落实到位。上级部门要加强对下级单位行风建设工作的督促和指导，一级抓一级，层层抓落实。各级各单位都是行风评议的重要一环，要正确认识自身的地位作用，不断加强队伍建设，以进取的精神风貌和良好的工作作风把财政系统的行风评议工作推向更高的层次。

（原载《河北财政信息网》）

用科学发展观指导农业开发工作

河北省农开办主任　乔　满

党的十六届三中全会进一步明确提出了"坚持以人为本，树立全面、协调、可持续的发展观，促进经济社会和人的全面发展"，强调"按照统筹城乡发展、统筹区域发展、统筹经济社会发展、统筹人与自然和谐发展、统筹国内发展和对外开放的要求"，推进改革和发展。这样完整地提出科学发展观，是我们党对社会主义现代化建设指导思想的新发展。牢固树立和全面落实科学发展观，对于进一步搞好农业综合开发工作，更具有重要的现实指导意义。

一、农业综合开发的实践体现着科学发展观内涵

农业综合开发的宗旨和开发方式表明，它追求的是全面、协调、可持续发展理念，完全符合科学发展观的界定范畴。首先是开发方式的综合，即对山、水、田、林、路实行综合治理。其二是资金来源的综合，即实行中央财政资金、地方财政资金、信贷资金、民间资本和农民自筹资金的综合投入。其三是治理措施的综合，即有针对性地采取工程、生物和技术措施相结合治理措施。第四是部门上的综合，即整个工作开展需要有关部门的协调联动。最后是治理效果的综合，既要求经济效益，又要兼顾社会效益和生态效益同步发展的综合效果。

农业综合开发作为政府支持保护农业的重要措施，多年来，始终紧紧围绕省委、省政府关于农业和农村经济工作的总体思路和部署，坚持"着力加强农业基础设施建设和生态环境建设，提高农业综合生产能力。着力推进农业和农村经济结构的战略性调整，提高农业综合效益，增加农民收入"的开发方针。取得了较好的经济效益、生态效益和社会效益。

农业综合开发的实践表明，采取工程、生物、科技等综合措施开发治理，农业生产生态环境条件同步改善，是当前我国农业农村实现可持续发展，取得经济、社会、生态三大效益协调增长的成功之路。

二、把握关键，突出重点，在农业开发工作中全面落实科学发展观

用科学发展观指导农业综合开发工作，必须强化统筹，突出重点，着力抓好事关全局的关键问题。当前应重点把握以下四个方面：

（一）把加快发展作为落实科学发展观的主题。科学发展观实质是要实现经济社会更快更好地发展，发展观的第一要义是发展，离开发展，就无所谓发展观。农业开发的发展，就是要进一步增加投入，加快开发步伐。河北农业基础落后，农业生产条件差，中低产田面积还很大，抗灾能力低，产出率低，农业产业化、市场化水平低，发展的任务很重，急需增加投入，加快项目建设步伐。增加投入，关键是落实地方配套资金。资金足额到位，才能保证项目计划全面落实。做好这项工作，就可以争取更多的中央资金。我省这方面工作，在全国还是比较好的。但多年来，因财力限制，也未能足额落实地方配套。所以，仍需进一步解决好配套资金问题。落实配套资金，一是增加预算。在有限的财力状况下，真正把重视和加强农业放在首位，按照地方财政年增长比率，适当增加农业开发的配套投入，与国家对河北投入增长比率相适应。二是整合资金，但整合资金需解决以谁为主和资金渠道的问题。农业开发是国家立项的项目，应该作为主体项目，其他项目配合农业开发项目进行整合。结合安排支农项目，总体规划，统一布局，各子项目相对独立，资金使用渠道不变，如坝上生态项目配合效果就很好，既整合资金办了大事，又保证了专项资金渠道不乱、用途不变，符合国家投入政策。

(二)贯彻全面协调的发展方针。加强对农业的支持保护是这次宏观调控的重要目标,加强农业就是落实科学的发展观。因为农业本身是一个大的生态系统,生产要素的多样性,生产过程的复杂性,以及生产成果获得的不可预测性等,都表明农业生产必须牢固树立全面、协调、可持续的科学发展观,用科学发展观的思想指导工作,才能取得最佳效益。在农业开发工作实践中贯彻全面、协调发展的科学发展观。一是在开发方针上要继续坚持"两个着力、两个提高",即:坚持以农业主产区为重点,着力加强农业基础设施建设和生态环境建设,提高农业综合生产能力。着力推进农业和农村经济结构的战略性调整,提高农业综合效益,增加农民收入。二是在开发目标上,兼顾粮食安全和农民增收。主要目标是以改造中低产田,提高现有耕地的生产能力为重点,力争平原地区大部分耕地旱涝保收、稳产高产,丘陵山区人均达半亩以上高标准基本农田。积极改善农业基础条件,稳步提高农业综合生产能力,保证基本农产品的稳定增长,确保粮食安全。在稳定粮食生产的同时,优化产业结构,积极发展多种经营,提高农业产出率,促进农业增效,农民增收。三是在开发投入上,坚持"国家引导、配套投入、民办公助、滚动开发"的投入方针,体现农业开发投入的综合性,最大限度地调动生产要素的投入积极性。以国家投入为主,农民自筹为辅,既体现了国家对农业的扶持,又体现了"谁投资、谁得益"的受益原则。四是在开发措施上,坚持山水林田路综合治理,工程、生物和技术措施相结合。同时,坚持高起点、高标准、高质量、高科技、高效益。综合运用工程措施、生物措施和科技措施,进行山水田林路综合治理。五是在开发重点上,以中改、产业化、科技推广示范紧密配合。中改项目,坚持突出重点,兼顾一般,以对资源条件好,投入产出效率高,开发贡献大的地区或项目为重点优先立项,做到开发一片,见效一片;产业化项目,坚持实行农业产业化经营,以市场为导向。立足资源优势,开发建设一批有市场、有资源,能带动农民增加收入的开发项目,加速农村经济向商品化、产业化、现代化转变。六是在开发区域上,突出农业主产区,重点和一般统筹兼顾。按流域或区域统一规划,先易后难,效益第一,集中连片,规模开发。七是在开发效益上,坚持经济、生态、社会效益同步发展。

(三)坚持资源开发与节约并举,优化资源的组合,走可持续发展的路子。可持续发展是促进人和自然的和谐,坚持经济发展、生活改善、生态良好的发展之路。发展要保持长期稳定,不大起大落,不以牺牲环境为代价,要从长远着想,不急功近利。农业综合开发恰恰为农业可持续发展找到了一条适合国情的道路。首先,稳定可靠的投入体系成为农业可持续发展的保障。长期以来,农业综合开发采取国家引导,各类资金配套投入的方式,使农业在相对稳定的投入环境下,取得了巨大的社会、经济和生态效益。其二,完善配套的技术体系成为农业可持续发展的重要支撑。农业综合开发针对我国农业非持续发展的众多因素,突出强调农业技术的投入,提高农业项目的科技水平和广大农民群众的科学文化素质,为农业生产获得持续和稳定的技术支撑发挥了重要作用。第三,协调平衡的农业生态体系成为农业可持续发展的样板。农业综合开发坚持山水田林路综合治理,建立协调一致的农田新格局;坚持建设规范的灌排体系,保证水资源的合理利用;坚持对小流域先保护治理、后开发经营的方针,实现了青山长在,绿水长流;坚持在项目区绿化造林,防风固沙,涵养水源,营造了适宜农作物生长的生态环境。因此,可持续发展之路,也是农业综合开发的发展之路。河北农业综合开发贯彻可持续发展观,一是突出抓节水,要因地制宜采取不同措施,推广节水灌溉技术措施,投资重点节水工程,为现有水资源配套,提高水资源利用率,宜开采的地方,科学规划、合理开采,节水措施同步到位,把农业开发项目区建成高标准节水农业示范区,为结构调整配套高效节水工程。二是与生态建设结合。进一步加强农业生态环境建设,土地治理项目要通过改良土壤、涵养水源、防风固沙,推进生态建设。坝上生态项目,要以改善生态环境和增加农民收入为目标,在项目安排上,以流域、区域为单元,对区域生态资源进行综合治理,对区域生态资源要素进行优化配置,促进农业的可持续发展。三是产业化经营项目,要按照全面规划、分步实施、总体布局、重点建设的思路,选择一批优势农产品优先规划布局,进行重点扶持。突出重点扶持畜牧、林果、蔬菜三大主导产业和花卉苗木、食用菌等新兴产业,特别是优先安排龙头连基地、基地带农户、产业优势明显、带动作用强、运营机制好的农产品加工类重点龙头项目,以及农民能直接受益的靠粮食转化的肉蛋奶项目。把农产品生产、加工、销售连接起来，实现农产品的加工转化增值。同时，在选择扶持产业化经营项目时，要切实加强环境影响评价，对浪费资源、污染环境的项目一律不予扶持。

（四）按照以人为本的科学发展观谋划和指导农业开发工作。科学发展观的核心是以人为本，这是立党为公、执政为民的本质要求。具体体现为群众切实解决生产生活问题，体现在以人为本的一系列惠农政策中。农业开发的宗旨是促进农业发展，而发展所要实现的目标就是让广大人民群众从中得到更多实惠。一是切实把农民群众利益放在首位。实施农业开发，发展的是农村生产力，改善的是农业生产条件，增加的是农民收入，直接受益的是农民群众。所以，我们在工作中必须坚持以人为本，以民为主，以民为先，把为民谋利、为民造福作为农业开发的根本出发点和落脚点。紧紧围绕农业增效、农民增收搞开发，解决一家一户想解决又无力解决的农业生产基础设施建设问题，为农民群众创造良好的生产条件和生活条件。二是树立正确的政绩观，大兴求真务实之风，坚持一切从实际出发，既要积极进取，又要量力而行。既要看开发的数量，又要看开发的质量，既要看开发任务完成情况，又要看广大农民是否得到实惠。坚决不提空规划，不喊空口号，不搞劳民伤财的假政绩，不虚报浮夸，不做表面文章，扎扎实实为农民办实事、办好事。三是维护项目实施过程中农民群众的利益。农民筹资投劳遵循“农民自愿、量力而行、民主决策、总量控制”的原则进行筹资。项目建设坚持因地制宜，科学规划，合理设计，讲求实效，不搞华而不实的形象工程。安排实施项目要为农业结构调整服务。结构调整要通过引导和示范，尊重农民意愿。项目立项、建设和竣工验收全过程要让农民群众参与，接受群众监督，实行阳光政策，坚持公开透明。

（原载《河北财政》2004.11）

深化认识 精心组织 狠抓落实 大力推进全省“金财工程”建设

河北省财政厅副厅长　高志立

一、站在改革与发展的战略高度，进一步深化对“金财工程”建设重大意义的认识

党的十六大报告提出，在本世纪的头二十年要大力推进信息化，加快建设现代化。省委六届三次全会也从我省全面建设小康社会的全局出发，对信息化工作进行了战略部署。“金财工程”作为财政管理领域的信息化系统工程，不仅是各项财政改革和财政管理的技术基础，而且本身也是财政改革和财政管理的重要组成部分，抓好“金财工程”建设意义重大，刻不容缓。

（一）“金财工程”建设是强化财政管理的必要手段，是财政管理水平提升的显著标志。“金财工程”建设是以先进的信息技术为手段，以大量的数据为基础，以规范的业务流程为运行模式的财政管理方式的根本转变。可以说，财政信息化是技术支持下的财政管理改革。通过定性、定量的标准和方法，信息化可以提升管理的高度、深度。正如金人庆部长所讲：“财政信息化不能看作是技术问题，它是支撑财政管理革命的保障。实施‘金财工程’必然会为财政管理带来一系列的变化，要充分发挥科技的作用，使财政管理上一个新水平。”全省各级财政部门必须站在全面提升管理水平的高度，来认识“金财工程”，来实施“金财工程”。

（二）“金财工程”建设既是各项财政改革与管理的基础，也正在成为各项财政工作的有机组成部分。财政部门是重要的综合经济管理部门。实施“金财工程”，推进财政工作和财政管理的信息化，是财政工作适应国民经济和社会管理信息化的必然要求，也是财政改革的基础和重要内容。近几年我省推行的预算管理改革，在具体操作过程中数据量之大、覆盖范围之广、涉及部门之多是前所未有的，靠人工进行是不可想像的，寸步难行；集中收付制度改革要求所有财政收支都纳入国库单一账户，详细记录每笔财政资金的来龙去脉，没有计算机系统辅助也是无法实现的；政府采购、税费管理等其他改革，也都离不开信息技术的支撑。总之，由于财政业务需要处理的数据量较大，政策性强、规程多，流程比较复杂，每一项财政改革必须有一个相应的系统作支撑，信息系统的建立和运行与财政改革连为一体、密不可分。可以说，没有“金财工程”，没有信息化，就没有市场经济条件下的财政改革，就没有现代化的财政管理。

（三）“金财工程”建设是实现财政工作科学化、规范化、全面提高工作质量的主要途径。随着改革

的深入和公共财政框架的建立，财政所需解决的有关社会经济问题日趋复杂，传统的工作方式已不能满足实际工作的需要。财政信息化技术既可把工作人员从繁杂的劳动中解脱出来，又可以借助信息化平台，把政策和规定的实施通过规范统一的操作系统固定下来，使财政工作更为科学、更为规范、更为便捷、更为高效。这也是省财政厅"讲科学、求规范、重创新"的理财思路的充分体现。

二、精心组织，狠抓落实，力争 2004 年全省"金财工程"建设取得新突破

2004 年是"金财工程"建设关键的一年。根据"金财工程"建设进度和财政改革、财政管理的实际需要，我们将这一年定为"应用年"。总体思路是：紧紧围绕财政改革，以构建完善的政府财政管理系统为目标，大力整合并推广应用核心财政业务软件系统，加大网络建设力度，强化网络安全管理，深化信息资源开发，开拓进取，务实创新，把全省财政信息化建设继续推向深入，为我省公共财政体制建设建立起强大的技术支撑体系。

根据这一工作思路，2004 年全省"金财工程"建设主要目标任务是：一是完善省级政府财政管理系统框架；二是搭建市级政府财政管理系统框架；三是积极推进县级财政业务软件推广应用；四是构筑全省财政网络安全体系框架；五是全面提高全省财政业务人员的计算机应用水平。

完成 2004 年全省"金财工程"建设工作任务，必须重点抓好以下六方面工作：

(一)加强领导，规范运作，确保全省"金财工程"建设顺利推进。目前，"金财工程"建设已经由探索、开创阶段进入规范、应用阶段，建立全省统一规范的"金财工程"管理机制已经提上重要议事日程。按照财政部"金财工程"建设的管理思路，结合我省实际，省财政厅要着眼于建立适应"金财工程"要求的运作制度与标准体系，研究制定《河北省财政系统业务软件运行管理办法》、《河北省财政系统网络运行规范》等有关制度和办法；各市局也要结合本地实际，制定相应的"金财工程"实施规范，并抓好落实，争取尽快在全省上下形成统一规范的"金财工程"建设管理机制，将全省财政信息工作纳入规范化、科学化发展轨道。"金财工程"是一项庞大的系统工程，涉及到财政改革和财政工作的各个方面。各级财政部门要在省财政厅"金财办"统一组织领导下，进一步加大组织协调力度，确保全省"金财工程"与财政业务工作协调推进，共同发展。

(二)强化财政业务系统的开发整合与应用推广，为财政改革建立强大的技术支撑。软件开发与应用是"金财工程"建设的核心。2004 年，要按照"金财工程"建设的"五统一"指导思想，进一步规范软件开发，整合业务软件，强化系统应用，为财政改革提供急需的技术支撑。

1. 做好预算编审、指标管理、总会计、工资发放等核心业务软件的整合完善工作，并加大在市级部门的推广应用力度。按照"大系统"思想，进一步加强核心业务软件系统的通用性和稳定性研究，考虑到市级的实际需要，对预算编审、指标管理、总会计、工资发放等核心业务软件进行科学的整体设计，努力实现数据信息实时、高效共享。同时，要着重抓好各系统的应用推广工作，在现有基础上进一步扩大应用范围。省财政厅要全力做好相关的技术培训和用户培训，确保软件运行达到预期效果，争取年内实现"预算编审系统"、"指标管理系统"、"总预算会计系统"、"工资发放监控管理系统"等财政核心业务软件在 11 个市全面运行，构建起一个涵盖市级主要财政业务的综合管理信息系统平台。

2. 完成"国库集中支付系统"和"网上支付系统"的升级改版，并配合国库集中收付改革在市县的试点工作，加大推广应用力度。要按照《财政国库管理制度改革试点方案》的总体要求，完成"国库集中支付系统"和"网上支付系统"的升级和完善，并在省级与部分市、县推广运行，实现经济部门间的网上信息交换、支付信息查询及网上对账等业务功能，推动以国库单一账户体系、零余额清算为基本方式的现代国库管理制度的建立。

3. 进一步加快以预算编审、集中支付、总会计账为主的财政业务软件向县级推广应用进程。要配合各项财政改革的不断推进，进一步加快以三大业务系统为重点的财政业务软件在县级的推广应用，推进县级现代财政管理制度模式的建立。

4. 升级改版并推广运行"政府外债管理系统"，建立覆盖省、市、县三级的外债监控体系。针对政府债务分布广、性质复杂、时间跨度大、动态变化强等特点，省财政厅要尽快完成"政府外债管理系统"的优化升级工作，并在省级应用的基础上，力争年内将该系统在各市和大部分县推广起来。

5. 完成“农税收入系统”、“政府采购系统”等业务软件的升级改版和推广应用工作。今年上半年要完成“农税收入系统”、“政府采购系统”等业务软件的升级改版工作，使这几个系统在伸缩性、扩展性和易用性等方面都有一个较大的提高，在省级全面应用的基础上，下半年在市县试点运行。

（三）进一步加强网络建设，夯实“金财工程”硬件基础。根据全省“金财工程”实施方案的总体要求，按照建立纵横交错的财政综合业务网络的总体思路，从基础入手，进一步加强网络建设，强化安全管理，为“金财工程”和财政业务运行建设创造比较完善的硬件环境。

1. 完善省级城域网，建设各市城域网。配合省级国库集中收付改革的进行，省级城域网建设进一步拓展层面，争取实现与一级预算单位全面联网，并向部分二级、三级预算单位延伸，实现省直单位财政支付的“一体化”。同时，以省级城域网建设模式为基础，充分考虑各市实际情况，省财政厅要研究制定全省统一、规范的城域网建设标准。各市要切实抓好实施工作，在市级建成资金拨付为主的市级财政城域网，为推进国库集中收付改革奠定基础。

2. 配备数据服务器等必需设备，提高市县核心业务数据的管理运用能力。数据和应用服务器是业务软件和业务数据存储的硬件平台，是各系统平稳运行的基本保证。2004年是我省“金财工程”建设的应用年，预算编审、指标管理、总会计账、集中支付等软件系统将在各市县全面推广应用。为保证应用效果，除省财政厅及时为各市县提供软件系统外，各市县也要尽快做好相应数据服务器的配置工作，搭建起软件系统运行的基础环境。

3. 构建全省财政系统网络安全体系。随着财政业务逐步上网运行，网络安全的重要性日益突出。省财政厅要结合我省实际，尽快制定出全省“金财工程”安全建设规划，并付诸实施。一方面要从加强管理入手，提高安全防范意识，制定并完善网络操作人员岗位和安全管理责任制；另一方面要加大病毒防范力度，采取设置并不断完善升级防火墙等多种网络防范措施，确保全省财政业务数据安全畅通运行。

4. 谋划建设财税银网与财源监控网络系统。按照建立纵横交错的财政综合业务网的要求，进一步加大与税务、银行等相关部门的联网力度。在与银行、税务等部门充分沟通和交流的基础上，通过实际规划和论证，谋划建设方案，使财政部门与税务部门、人民银行国库省级分库及承担支付代理和非税收入代理的商业银行协调联动，达到税源管理、收入征缴、支出管理的动态监控，为增强财政宏观管理和科学决策提供准确的基础信息。同时，配合财源监控体系的建立，以各种所有制企业实际情况为基础，积极谋划建设覆盖各种所有制企业财源监控网络系统，争取实现大部分企业纳入该系统管理，及时掌握财源动态信息，实现财源状况的动态监控。

（四）深化信息资源开发，打造综合信息服务平台。信息资源的开发与利用，是财政信息化建设的重要内容之一。要紧紧围绕“为财政改革和发展服务”这一宗旨，进一步加大信息资源开发力度，努力打造财政系统综合信息服务平台。内网网站要重点抓好信息的收集、筛选、整理，突出信息的“新、精、实”，为财政系统广大干部职工提供及时有效、方便快捷的信息服务。外网网站是财政系统的“门面”，要有计划、有针对性地做好新闻性、政策性、指导性信息的上网工作，使其成为财政部门面向全社会公开政务、宣传财政管理和财政改革成果、提供社会公共服务、展示我省财政干部风采的重要窗口。

（五）加强队伍建设与信息技术培训工作。经过几年的努力，省厅练就了一支能打硬仗的技术队伍，大部分市县也有了相应的机构和人员负责信息化工作，但与“金财工程”建设要求相比，部分市县的技术队伍还不够充实，技术水平还有差距。各市应认清形势，及时培养锻炼自己的专业技术人员，进一步充实信息化队伍。同时，要加强全系统的信息技术普及培训，使广大干部职工熟练掌握各类财政信息系统的操作技能，把“金财工程”的功能发挥好、运用好。

（六）加大“金财工程”建设的督导考核力度。为确保“金财工程”各项工作落到实处，省财政厅要进一步建立健全“金财工程”考核标准，加大对“金财工程”的建设资金、软件实施、网络建设等项目的监管力度；各市也要高度负责，狠抓落实，全省上下协调联动，形成统一规范的“金财工程”监管机制，确保全省“金财工程”建设规范有序推进。

（原载《河北财政》2007.7）

加强和规范管理认真做好我省资产评估行业检查工作

——尹立敏助理巡视员在全省资产评估行业检查培训班上的讲话(摘要)

(2004 年 4 月 2 日)

一、充分认识这次全面检查的必要性

目前,我省共有资产评估机构 115 家,其中,专职评估机构 46 家,兼职机构 69 家,具有上市公司评估资格的 3 家,执业注册评估师 663 人。从近几年的实践来看,资产评估中介服务已经成为企业改制、资产重组、中外合资合作、产权交易,以及出租、抵押、保险等重大经济活动的重要基础。

但是,我们也看到,当前我省资产评估行业在执业规范和执业质量方面还存在着许许多多的问题。一些执业人员不遵守执业标准和规范,不遵守职业道德;滥用评估假设;有的随意选择评估参数,高估或者低估资产价值;迎合委托方不合理的要求,弄虚作假;一些评估机构,管理不严,质量失控,违规执业,恶性竞争等问题。这些都严重影响了作为中介机构的公平、公正的形象,制约了资产评估行业的健康发展,影响了国有企业改革的顺利进行,不符合社会主义市场经济的发展要求。对此,我们必须高度重视。加强和规范对评估行业的监督管理,搞好这次对资产评估行业的全面检查工作是非常必要的,对促进我省评估行业健康发展具有非常重要的现实意义。

二、检查工作的目的和内容

这次检查是按照国务院 101 号文件和财政部 8 号文件的要求进行的,是一次统一的、全国性的、全面的检查。这次检查工作的目的和内容是财政部的统一要求,我们必须高度重视,全面落实。

(一)检查工作的目的

通过这次检查以及对检查出的违法行为的处理,对违规行为的惩戒、教育,清理不符合法定设立条件的资产评估机构,强化资产评估机构和注册资产评估师的执业质量意识,规范资产评估机构、注册资产评估师的执业行为,全面提升资产评估行业的执业质量,使资产评估行业更好地为社会主义市场经济服务。

(二)检查工作的主要内容

按照财政部的部署,这次检查是对全国范围内的各类从事资产评估业务的社会中介机构进行全面的检查。包括对资产评估事务所和具有资产评估资格的会计师事务所、财务咨询公司,以及这些事务所和公司的分支机构。对具有证券业务评估资格的资产评估机构的检查,财政部还要专门部署和检查。我省决定对资产评估机构的实地检查达到百分之百。对于涉及投诉、举报、诉讼和其他部门移交案件的资产评估机构和注册资产评估师,将进行重点检查。

这次检查的内容主要有以下四个方面:

1. 机构和人员资质情况

根据《资产评估机构管理暂行办法》(财评字[1999]118 号)及有关规章,对资产评估机构设立条件进行检查,重点检查注册资产评估师及专业职龄人员的数量和结构、注册资金出资人或合伙人等是否符合有关规定。

2. 评估机构内部制度建设及管理情况

根据有关的规章和准则,对资产评估机构内部管理制度和质量控制制度进行检查,重点检查资产评估机构内部管理、质量控制制度的完备程度,各项制度的执行情况,分支机构管理,是否按规定提取风险准备金和事业发展基金,是否存在不正当竞争行为等。

3. 执业情况

根据有关资产评估执业标准和规范,对 2001 年 1 月 1 日以来资产评估机构出具的评估报告的质量进行检查,重点检查是否履行了应有的资产评估程序,是否严格执行了相关的准则和规范,是否故意做出错误的专业判断,资产评估报告是否存在虚假、不实的内容等。如果财政部或地方检查办根据掌握的情况,还需对该日期以前的评估报告进行检查,可以进行追溯检查。

4. 职业道德情况

根据《注册资产评估师职业道德规范》及有关法规,对注册资产评估师职业道德进行检查,重点检查注册资产评估师是否履行了有关的行业义务,是否按有关的职业道德规范要求执业等。

三、检查工作的组织领导

省财政厅对此次检查工作非常重视。省财政厅组织成立了河北省资产评估行业全面检查领导小组,负责领导全省检查工作。厅党组副书记、副厅长陈金诚同志任组长,我任副组长,企业处曹建和处长、省注协郭志军秘书长任成员。领导小组下设办公室,办公室设在省注册会计师协会,具体负责组织协调检查的各项工作。曹建和处长任办公室主任、郭志军秘书长任常务副主任。另外,还专门成立了督导组,由我和企业处、注协秘书处有关人员组成,对我省检查情况进行督导。

四、几点具体要求

(一)要按时完成任务

这次检查,是在全国范围内开展的一次全面检查。如果一个地区的工作推迟,必然影响到整个工作的进行。我省要按照统一的部署,确保我省检查工作按时完成,不要因为我省延误而影响全国工作。

(二)要保证检查质量

这次检查的目的是发现和纠正资产评估中的问题,规范评估管理,约束评估行为,提高评估质量,同时为建立行业行政和自律管理体系、健全各种管理制度奠定基础。在组织检查过程中,要扎扎实实地做好每一项工作。切不可摆形式,走过场。要求真务实,确保检查质量。

(三)要遵守检查纪律,做好廉政工作

1. 参加检查人员要认真学习、领会资产评估管理的相关法规规定,坚持原则、尽职尽责,不说情、不徇情、不徇私舞弊,自觉遵守廉洁自律有关规定;

2. 认真、细致、高效工作,遇有重要情况及时请示、反馈,并积极研究解决办法;

3. 实事求是反映检查情况,严守秘密,不虚报、不隐瞒真实情况,不向被检查单位做出许诺和个人表态;

4. 检查人员与被检单位存在利害关系的,应主动请求回避。

最后,希望同志们共同努力,扎扎实实地把资产评估行业全面检查工作做好,真正落实国务院加强和规范资产评估行业管理的各项措施,促进资产评估行业的健康发展。

(原载《河北财政信息网》)

法 规 制 度

河北省人民政府关于印发《河北省突发公共卫生事件应急预案》的通知

冀政[2004]2 号　　2004 年 1 月 7 日

各设区市人民政府，各县(市、区)人民政府，省政府各部门：

《河北省突发公共卫生事件应急预案》已经省政府同意，现印发给你们，请认真贯彻执行。

河北省突发公共卫生事件应急预案

为了有效预防、及时控制和消除突发公共卫生事件(以下简称突发事件)的危害，指导和规范各类突发事件的应急处置工作，依据《突发公共卫生事件应急条例》、《河北省突发公共卫生事件应急实施办法》，制定本预案。

一、基本原则

(一)预防为主，常备不懈。各级、各有关部门要坚持对各类可能发生的突发事件进行分析、预测，并有针对性地制定应急处理预案，采取预防措施，防范突发事件的发生。

(二)统一领导，分级负责。各级政府负责本辖区内突发事件的应急处理工作。处理突发事件应在各级突发事件应急处理指挥部的统一领导下，根据突发事件的级别，实施分级控制、分级管理，并启动相应级别的预警和响应。

(三)反应及时，措施果断。突发事件发生后，有关政府及部门应及时作出反应，迅速采取措施。

(四)依靠科学，加强合作。要依靠科学处理突发事件。各有关部门要各司其职、通力合作，并动员社会力量广泛参与。

二、突发事件的分级

突发事件是指突然发生的，造成或者可能造成对社会公众健康严重损害的重大传染病疫情、群体性不明原因疾病、重大食物和职业中毒以及其他严重影响公众健康的事件。根据突发事件的性质、危害程度、涉及范围，突发事件划分为三级：一般突发事件、重大突发事件和特大突发事件。

(一)一般突发事件。指在局部地区发生，尚未引起大范围扩散或传播，还没有达到规定的重大突发事件标准的突发事件。

1. 在边远、地广人稀、交通不便的局部地区发生鼠间鼠疫流行，或肺炭疽流行范围局限在一个乡(镇)以内，一个平均潜伏期内病例数未超过 3 例。

2. 周边省(区、市)发生传染性非典型肺炎疫情，我省境内无病例报告；或者发生疑似病例或临床诊断病例，但无续发病例发生。

3. 霍乱病例在一个县(市)1 周内发病 5－10 例；或疫情波及 2 个及以上县(市)，发病 30 例以下；或设区市市区内发生疫情。

4. 乙类、丙类传染病在一个县(市、区)1 周内发病超过前 5 年同期平均发病水平 1 倍以上。

5. 在一个县(市、区)发生群体性不明原因疾病。

6. 一次食物中毒人数超过 50 人并出现死亡病例；或在学校地区性或省级以上重要活动期间发生食物中毒事件。

7. 预防接种或学生预防性服药出现群体性心因反应或不良反应。

8. 个人全身受照剂量≥1 戈瑞且受危害人数 10 人以下，或个人全身受照剂量≥0.5 戈瑞的受照人员剂量之和≥20 戈瑞的放射性突发事件。

9. 一次性发生急性职业中毒 10 人以上 50 人以下，并出现死亡病例。

10. 其他对公众健康可能造成危害的一般性突发事件。

(二)重大突发事件。指在较大范围内发生，出现疫情扩散，尚未达到规定的特大突发事件标准的突发事件。

1. 在县级市或交通便利、人口稠密地区发生鼠间鼠疫流行，或发生首例人间鼠疫病例，疫情有扩大蔓延的趋势；或肺炭疽疫情波及2个及以上乡(镇)，一个平均潜伏期内发病3例以上。

2. 局部地区发生传染性非典型肺炎继发病例，疫情局限在一个设区市范围内。

3. 霍乱在一个设区市范围内流行，1周内发病10例及以上；或疫情波及2个及以上设区市，1周内发病30例及以上。

4. 乙类、丙类传染病疫情波及2个以上县(市、区)，1周内发病超过前5年同期平均发病水平2倍以上。

5. 在一个县(市、区)发生群体性不明原因疾病，并扩散到该县(市、区)以外的地区。

6. 预防接种或学生预防性服药出现人员死亡。

7. 一次食物中毒人数超过100人并出现死亡病例，或发生一般性食物中毒事件，但引起中毒食品的扩散未得到控制，中毒或死亡人数不断增加。

8. 个人全身受照剂量≥1戈瑞且受危害人数10人以上，或个人全身受照剂量≥0.5戈瑞的受照人员剂量之和≥40戈瑞的放射性突发事件。

9. 一次性发生急性职业中毒50人以上或者死亡10人以上。

10. 丢失放射性物质，其放射性活度(Bp)密封型$\geq 4\times 10^{6}$，非密封型$\geq 4\times 10^{5}$。

11. 鼠疫、炭疽、传染性非典型肺炎、艾滋病、霍乱、脊髓灰质决等菌种、毒种丢失。

12. 省卫生行政部门认定的其他重大突发事件。

(三)特大突发事件。指影响大、波及范围广、涉及人数多、出现大量病人或多例死亡、危害严重的突发事件。

1. 首例人间鼠疫病例确诊后，两个鼠疫潜伏期内连续出现病例2例以上，或肺鼠疫流行，并有进一步扩散蔓延的趋势。肺炭疽在设区市市区发生；或在人口稀少和交通不便地区的一个县内一个平均潜伏期内发病5例及以上；或疫情波及2个及以上的县。

2. 传染性非典型肺炎疫情波及2个及以上设区市，并有继续扩散的趋势。

3. 群体性不明原因疾病或新发传染病，同时波及多个设区市并有扩散趋势，造成重大影响。

4. 重大生物和化学污染、放射事故，出现大量人员伤亡，扩散范围波及2个以上设区市。

5. 省政府认定的其他特大突发事件。

三、突发事件的报告与评估

(一)突发事件的报告。根据国务院卫生行政部门制定的突发事件报告规范，按国家突发事件信息报告系统报告。

1. 突发事件的责任报告人包括卫生行政部门指定的突发事件监测机构、各级各类医疗卫生机构、卫生行政部门、县级以上地方政府及有关单位。

2. 突发事件的报告时限和程序。突发事件监测机构、医疗卫生机构和有关单位发现突发事件，应当在2小时内向所在地县(市、区)卫生行政部门报告。接到报告的卫生行政部门应当在2小时内向本级政府报告，同时向上级卫生行政部门报告。各级政府应当在接到报告后2小时内向上级政府报告。省政府在接到报告后1小时内，向国务院卫生行政部门报告。

(二)突发事件的评估与确认。

1. 突发事件的评估。突发事件评估专家委员会根据突发事件类别、性质、危害程度和波及范围等进行科学分析和评估，初步判定突发事件的级别。

2. 突发事件的确认。省卫生行政部门接到突发事件报告后，立即组织突发事件评估专家委员会到现场调查核实，会同突发事件发生地市、县(市、区)卫生行政部门，进行科学分析和评估判定，提出应急处理方案，根据省突发事件评估专家委员会确认的突发事件级别，经审核后向省政府提出预警建议，由省政府批准启动预警。未被确认为突发事件的传染病疫情、食物中毒、职业中毒等由市、县(市、区)卫生行政部门负责调查处理。

(三)突发事件的通报与信息发布。

1. 县级以上政府有关部门，对已经发生的突发事件或者可能引起突发事件的情形时，应当及时向同级政府卫生行政部门通报。

2. 省卫生行政部门负责向驻冀军队、武警部队以及毗邻和可能波及的省、自治区、直辖市政府卫生行政部门通报突发事件的情况。

3. 省卫生行政部门经国务院卫生行政部门的授权向社会及时、准确、全面发布本行政区域内突发事件的信息。

四、突发事件的预警与应急响应

(一)预警启动。突发事件实行三级预警制度。一般突发事件启动黄色预警；重大突发事件启动橙色预警；特大突发事件启动红色预警。根据不同级别的预警，采取相应的应急响应措施。预警启动的级别和应急响应的范围由省突发事件评估专家委员会根据发生突发事件的危害程度、波及范围等进行科学分析、判定，由省卫生行政部门提出建议并经省政府批准。

（二）应急响应。根据预警级别，启动相应级别的应急响应。

1. 一般突发事件应急响应。

（1）设区市及以下卫生行政部门应急响应。一般突发事件发生后，设区市及以下政府卫生行政部门应迅速组织开展现场流行病学调查、致病、致残人员的救治、传染病人及其密切接触者的隔离、采集环境生物样品、消毒处理等紧急控制措施，及时向当地政府及上级卫生行政部门报告调查处理情况。

（2）设区市及以下政府应急响应。设区市及以下政府接到卫生行政部门的调查报告和应急处理方案后，立即组织有关部门协助卫生行政部门做好疫情信息收集、组织相关人员的疏散安置、依法进行疫区的确定与封锁、隔离和舆论宣传工作；保证突发事件应急处理所需经费、医疗救治和预防用防护设备、药品、医疗器械等物资的供应。

（3）省卫生行政部门应急响应。省卫生行政部门及时组织突发事件评估专家委员会对突发事件进行确认，指导督促当地开展突发事件应急处理工作，及时调集应急物资和设备。同时，向省政府建议，使各有关区域和部门进入应急准备状态，做好突发事件应急处理准备工作。

2. 重大突发事件应急响应。

（1）省卫生行政部门应急响应。省卫生行政部门迅速组织应急卫生救治队伍和相关技术人员到达突发事件现场，进行采样与检测、流行病学调查与分析，组织开展医疗救治、传染病人及其密切接触者隔离、人员疏散等控制措施，同时分析突发事件的发展趋势，提出应急处理工作建议，及时报告有关情况。

（2）省政府应急响应。省政府成立突发事件应急处理指挥部，由省政府主要领导担任总指挥，负责突发事件应急处理的统一领导和指挥。组织有关部门根据突发事件应急处理的需要，设立突发事件应急处理工作组织。紧急调停和征集有关人员、物资、交通工具以及相关设施、设备；进行现场隔离、疫区的确定与封锁；保证应急处理所需的物资、经费；组织相关部门协助卫生行政部门进行病人及密切接触者的隔离、伤员救治和人员疏散；做好舆论宣传工作。

（3）设区市及以下政府应急响应。突发事件发生地的政府及有关部门在省突发事件应急处理指挥部的统一指挥下，按照要求认真履行职责，落实有关控制措施；未发生突发事件地的各级政府，在省突发事件应急处理指挥部的统一调度下，做好支援突发事件发生地的应急处理工作。同时，采取必要的预防控制措施，防止突发事件在本辖区内发生，必要时处于应急准备状态。

（4）设区市及以下卫生行政部门应急响应。设区市以下卫生行政部门应迅速组织应急卫生救治队伍和相关技术人员到达突发事件现场，进行采样和监测，开展现场流行病学调查，实施医疗救治、传染病人及其密切接触者的隔离和人员疏散等紧急控制措施，及时报告有关情况，并积极配合上级部门完成突发事件的调查处理工作。

3. 特大突发事件应急响应。

（1）省卫生行政部门应急响应。省卫生行政部门负责组织和协调各方面工作，及时派出专业技术人员赴现场开展流行病学调查，组织落实医疗救治和各项预防控制等措施；配合上级专业机构对不明原因的突发事件开展病因查找、病人诊断、治疗等工作；检查督导基层组织对突发事件应急处理措施的落实；及时调整和整合卫生资源。

（2）省政府应急响应。省政府突发事件应急处理指挥部统一领导和指挥全省突发事件应急处理工作，组织协调市、县（市、区）政府调集社会力量，开展突发事件的应急处理工作。

（3）设区市及以下政府和卫生行政部门应急响应。在上级政府突发事件应急处理指挥部的统一领导和指挥下，突发事件发生地的各级政府和卫生行政部门，要各司其职，共同做好应急处理工作。

五、组织指挥与部门职责

（一）应急处理指挥体系。突发事件发生后，根据其性质、类别及严重程度，省政府成立突发事件应急处理指挥部，省政府领导担任总指挥，各相关部门为成员单位，对突发事件实行统一领导、统一指挥，调动社会力量和各种资源，负责突发事件的应急处理工作。指挥部应急办公室（突发事件应急指挥中心）设在省卫生厅，负责全省突发事件信息的收集、分析，组织突发事件评估专家委员会开展评估，提出预警建议和应急处理措施，为指挥部决策提供科学依据。

各市、县（市、区）政府成立相应的突发事件应急指挥部，负责本辖区内突发事件应急处理工作的决策和现场指挥，组织应急救援，制定控制措施；检查督促有关单位做好事件调查处置、后勤保障、信息上报、善后处理及恢复生产和生活秩序等工作；督促各职能部门、企事业单位、社会团体根据行业特点，制定应急处理预案，并监督执行；检查、督促各单位做好突发事件的防范和应急处理准备工作。必要时，组织重点防范单位进行应急演练。

各级应急指挥部办公室接报突发事件后，立即向指挥部汇报，并负责协调各有关部门按照突发事件应急预案的要求，做好应急预案的启动准备和各项措施的落实工作，保障整个应急处理工作有序进行，并负责向上级有关部门报告突发事件应急处理信息。

（二）部门职责。

1. 发展改革部门 把公共卫生体系建设列入国民经济和社会发展规划；组织应急物资的生产、储备和调度，保证供应。

2. 财政部门 保证疾病监测、疾病控制工作经费和非正常储备药械专项经费，确保突发事件应急处理所需的设备、器材、药品等费用。

3. 教育部门 加强校内突发事件防范工作，落实校内突发事件应急控制措施，做好在校学生、教职工的宣传教育及自我防护工作。

4. 公安、安全、司法部门 做好法制宣传，依法打击违法犯罪活动，维护社会稳定。协助卫生行政部门做好流行病学调查，落实各项强制隔离措施。

5. 工商部门 加强对市场经营秩序的管理，严厉打击非法经营活动，维护正常的市场秩序。

6. 药品监督管理部门 组织开展突发事件预警期间的药械市场治理整顿，打击制售假劣药械等违法行为，维护正常的药品生产、经营秩序。及时开辟防治突发事件急需药品、医疗器械申报审批的绿色通道，保证市场供应。

7. 物价部门 保持物价稳定，维护市场秩序。

8. 科技管理行政部门 根据突发事件需要，及时组织科技力量协作攻关，支持对突发事件预防控制、临床治疗、实验室检验等各项科学研究。

9. 新闻宣传部门 组织新闻媒体广泛开展科学知识宣传，坚持正确的舆论导向，消除群众的恐慌心理，营造有利于突发事件应急处理的舆论氛围。

10. 民政部门 做好突发事件期间的社会捐赠资金、物品的接收，负责赈灾资金和物资的筹集、发放及管理工作，对困难群体实行社会救助。督促殡仪馆按照有关规定，做好传染病患者遗体的运送和火化工作。

11. 民航、铁路、交通部门 对乘坐交通工具的人员进行交通检疫、查验工作，防止传染病通过交通工具传播。优先安排疫区紧缺物资的运送和人员疏散，做好疫区的交通管理工作。

12. 农、林部门 组织做好家畜家禽疫病的防治工作，开展与人类接触密切的家畜家禽及野生动物相关传染病的监测和管理工作。

13. 检验检疫部门 组织做好出入境卫生检验、检疫工作，防止传染病的传入和传出；收集和提供国外传染病检验动态和信息，负责用于突发事件应急处理相关产品的质量监督、检验和管理。

14. 商务部门 配合发展改革部门组织应急物资的生产、储备和调度，负责做好流通环节物资（不含药品、医疗器械）的储备和供应工作。组织做好外经贸活动人员的宣传、登记、观察工作。

15. 旅游部门 组织做好旅游团组的宣传、登记、观察工作。

16. 爱卫会、环卫部门 组织全社会开展爱国卫生运动和环境保护工作，清除垃圾污物，开展除“四害”活动。

17. 通讯管理部门 保障突发事件期间通讯联络畅通，加强有关信息的管理和控制工作。

18. 监察部门 负责调查处理突发事件期间的违规违纪、失职渎职事件，严肃追究有关人员的责任。

19. 其他有关部门 根据突发事件处理的需要，做好突发事件应急处理的涉外事务、紧急物资的进口、救济物资发放、接受或分配捐赠、污染扩散的控制、相关法规的制定以及省突发事件应急处理指挥部交办的相关工作等。

六、突发事件的应急保障

（一）组织保障。省、市卫生行政部门设立突发事件应急管理机构，并确定专人负责突发事件应急准备、预警、预报的各项协调管理工作等。

（二）技术保障。

1. 突发事件评估专家委员会。省卫生厅负责建立突发事件评估专家委员会，为指挥决策提供专业咨询。专家评估委员会由预防医学、临床医学、检验社会学、经济、行政管理等各方面、多学科的专家组成。其职责是：了解掌握国内外突发事件应急处理的相关知识和信息，提供咨询服务；综合评估突发事件，预测其发展趋势，提出启动和终止实施预案的建议；指导、调整和评估应急处理措施；参与突发事件的总结评估并提交评估报告。

2. 应急医疗卫生队伍。省、市、县(市、区)分别建立一支由疾病预防控制、医疗、卫生监督三部分组成的突发事件应急处理常备的机动队伍。随时能够处置突发事件，参与和指导基层医疗卫生等机构开展突发事件应急处理工作。其主要职责是：

(1)开展现场流行病学调查、检测检验、突发事件的分析、评估和上报；

(2)协助和指导突发事件现场救援、转运和后续治疗；

(3)督导各项现场应急处理措施的落实；

(4)开展突发事件应急处理的业务培训和咨询等。突发事件应急处理的常备队伍应当每年至少进行一次专门的培训和演练。

3. 培训和演练。各级卫生行政部门要完善考核制度，组织医疗卫生专业人员开展突发事件应急处理相关知识、技能的培训和必要演练。

4. 常规监测。充分发挥五级监测报告网络的作用，强化重大传染病疫情、群体性不明原因疾病、重大食物中毒和职业中毒及其它严重影响公众健康事件的相关疾病监测，规范对突发事件相关疾病的报告管理，提高监测的准确性、敏感性。

5. 医疗救治网络。按因地制宜、平战结合、防治结合的原则建立医疗救治网络，由指定的急救机构(包括院前急救机构和院内急救机构)、综合医院、传染病专科医院(或指定具备传染病防治条件和能力的医疗机构承担传染病防治任务)、后备医院及职业病防治机构组成，实现横向、纵向信息链接。

6. 信息系统。建立适合我省需求的突发事件信息系统决策支持与指挥调度的技术平台，承担全省突发事件及相关信息收集、处理、分析、发布和应急响应等工作。

7. 科研和交流。积极开展应对突发事件相关的防治科学研究，包括现场流行病学调查能力、实验室病因检测技术、药物治疗、疫苗和应急响应装备等，尤其是开展新发、罕见传染病快速诊断方法、诊断试剂以及相关的疫苗研究，做到技术上有所储备。同时，开展应对突发事件应急处理技术的国内外交流与合作，引进国内外的先进技术和方法，提高我省应对突发事件的整体水平。

(三)后勤保障。

1. 物资储备。各级政府及有关部门根据卫生行政部门提出的计划，建立处理突发事件的日常和战时两级物资储备。物资储备种类包括药品、疫苗、医疗器械、快速检验检测试剂以及传染源隔离、卫生防护用品等。

2. 经费保障。各级财政和发展改革部门应保障突发事件应急基础设施项目建设及其日常运转，突发事件应急处理费用等。捐助资金由应急处理指挥部统一掌握，集中安排使用。省级财政对边远贫困地区突发事件应急处理给予适当支持。

(四)社会宣传。利用电视、广播、报纸、互联网、手册等多种形式，对社会公众广泛开展突发事件应急知识教育，宣传卫生科普知识，指导群众以科学的行为和方式对待突发事件。

七、各类技术方案的制定

各地和有关部门应依照本预案，根据突发事件的种类、性质、范围等，制定具体的技术方案或工作方案。

河北省民政厅
河北省卫生厅
河北省财政厅
关于建立农村医疗救助制度的实施意见

冀民[2004]11号　　2004年2月11日

各市民政局、卫生局、财政局：

为了贯彻落实《中共河北省委、河北省人民政府关于进一步加强农村卫生工作的决定》(冀发[2003]12号)精神，根据《民政部、卫生部、财政部关于实施农村医疗救助的意见》(民发[2003]158号)，结合我省实际，对建立农村医疗救助制度，提出以下实施意见。

一、目标和原则

农村医疗救助制度是政府拨款和社会各界自愿捐助等多渠道筹资，对患大病农村五保户和贫困农民家庭实行医疗救助的制度。各市在全面推行农村医疗救助制度的同时，选择一个县(市)作为示范点。力争 2005 年在全省基本建立起规范、完善的农村医疗救助制度。

建立农村医疗救助制度，要从当地实际出发，医疗救助水平要与当地经济社会发展水平和财政支付能力相适应，确保这项制度平稳运行。农村医疗救助从贫困农民中最困难的人员和最急需的医疗支出中开始实施，并随着经济的发展逐步完善农村医疗救助制度。

二、救助对象

(一)农村五保户、农村特困(低保)户家庭成员。

(二)县级政府规定的其他符合条件的农村贫困居民。

救助对象的具体条件由县级民政部门会同财政、卫生部门制定，报县级人民政府批准。

三、救助办法

(一)在开展新型农村合作医疗的地区，资助五保户和农村特困(低保)户缴纳个人应负担的全部或部分资金，参加当地合作医疗，享受合作医疗待遇。因患大病经合作医疗补助后个人负担医疗费用过高，影响家庭基本生活的，再给予适当的医疗救助。

(二)尚未开展新型农村合作医疗的地区，对因患大病个人负担费用难以承担，影响家庭基本生活的，给予适当医疗救助。

(三)国家规定的特种传染病救治费用，按有关规定给予补助。

医疗救助对象全年个人累计享受医疗救助金额原则上不超过当地规定的医疗救助标准。对于特殊困难人员，可适当提高医疗救助水平。

四、申请、审批程序

(一)医疗救助实行属地化管理原则，申请人(户主)向村民委员会提出书面申请，填写申请表，如实提供医疗诊断书、医疗费用收据、必要的病史材料、已参加合作医疗按规定领取的合作医疗补助凭证、社会互助帮困情况证明等，经村民代表会议评议同意后报乡镇人民政府审核。

(二)乡镇人民政府对上报的申请表和有关材料进行逐项审核，对符合医疗救助条件的上报县(市、区)民政局审批。

乡镇人民政府根据需要，可以采取入户调查、邻里访问以及信函索证等方式对申请人的医疗支出和家庭经济状况等有关材料进行调查核实。

(三)县级人民政府民政部门对乡镇上报的有关材料进行复审核实，并及时签署审批意见。对符合医疗救助条件的家庭核准其享受医疗救助金额，对不符合享受医疗救助条件的，应当书面通知申请人，并说明理由。

(四)医疗救助金由乡镇人民政府发放，也可以采取社会化发放或其它发放办法。

五、医疗救助服务

(一)已开展新型农村合作医疗的地区，由农村合作医疗定点卫生医疗机构提供医疗救助服务；未开展新型农村合作医疗的地区，由救助对象户口所在地乡(镇)卫生院和县级医院等提供医疗救助服务。

(二)提供医疗救助服务的医疗卫生机构等应在规定范围内，按照本地合作医疗或医疗保险用药目录、诊疗项目目录及医疗服务设施目录，为医疗救助对象提供医疗服务。

(三)遇到疑难重症需转到非指定医疗卫生机构就诊时，要按当地医疗救助的有关规定办理转院手续。

(四)承担医疗救助的医疗卫生机构要完善并落实各种诊疗规范和管理制度，保证服务质量，控制医疗费用。

六、基金的筹集和管理

各地要建立医疗救助基金，基金主要通过各级财政拨款和社会各界自愿捐助等多渠道筹集。

(一)省、市、县各级财政每年根据本地区开展农村医疗救助工作的实际需要和财力情况，在年初财政预算中合理安排农村医疗救助资金。

(二)县级以上财政部门对实行农村医疗救助制度的困难地区给予资金支持。

(三)地方各级民政部门每年从留归民政部门使用的彩票公益金中提取一定比例或一定数额的资金用于农村医疗救助。

(四)社会捐赠及其它资金。

省具体补助金额的分配由省财政厅、民政厅根据各地医疗救助人数和财政状况以及工作成效等因素确定。

医疗救助资金纳入社会保障基金财政专户。各级财政、民政部门对医疗救助资金实行专项管理，专款专用。

七、组织与实施

医疗救助在当地人民政府领导下由民政部门管理，并组织实施，有关部门要各负其责，积极配合，共同抓好落实。县级政府要根据本级财政和"农村医疗救助基金"的实际情况，制订农村医疗救助管理办法。

(一)各县(市、区)民政部门要认真调查研究，掌握情况，建章立制，完善程序，并做好综合协调工作。按照公开、公平、公正的原则，实行医疗救助公示制度，接受社会和群众监督。

(二)财政部门应会同民政部门，制定医疗救助基金管理办法。县(市、区)财政部门根据审核确定的用款计划及时将医疗救助资金拨付到位。

(三)卫生部门应加强对提供医疗救助服务的医疗卫生机构等的监督管理，规范医疗服务行为，提高服务质量和效率。

(四)财政、审计部门应对医疗救助资金实施财务监管和审计，确保医疗救助资金按时拨付和合理使用，杜绝挤占挪用等现象的发生。

(五)有关单位、组织和个人应当如实提供所需情况，配合有关医疗救助工作的调查。

河北省财政厅 河北省地方税务局 转发财政部 国家税务总局 关于农村税费改革试点地区 有关个人所得税问题的通知 的通知

冀财税[2004]6号　　2004年2月19日

各市财政局、地方税务局：

现将《财政部 国家税务总局关于农村税费改革试点地区有关个人所得税问题的通知》(财税[2004]30号)转发给你们，请遵照执行。

财政部 国家税务总局 关于农村税费改革试点地区有关 个人所得税问题的通知

财税[2004]30号　　2004年1月17日

各省、自治区、直辖市、计划单列市财政厅(局)、地方税务局：

为贯彻落实中央农村工作会议和中共中央、国务院《关于促进农民增加收入若干政策的意见》(中发[2004]1号)精神，切实减轻农民负担，推进农村税费改革工作，经研究，现就农村税费改革试点期间取消农业特产税、免征农业税后的个人所得税政策问题明确如下：

一、农村税费改革试点期间，取消农业特产税、减征或免征农业税后，对个人或个体户从事种植业、养殖业、饲养业、捕捞业，且经营项目属于农业税(包括农业特产税)、牧业税征税范围的，其取得的"四业"所得暂不征收个人所得税。

二、各地要认真落实本通知的有关规定，在农村广为宣传国家税收政策，切实减轻农民负担，增加农民收入，大力支持农村税费改革。

三、本通知自2004年1月1日起执行。以前规定与本通知有抵触的，按本通知规定执行。

河北省财政厅 河北省国家税务局 关于调整个体经营者增值税 起征点的通知

冀财税[2004]4号　　2004年2月19日

各市财政局、国家税务局：

为了促进民营经济的发展和解决再就业问题，经省政府批准，从2004年1月1日起调高我省个体经营者增值税起征点，其中销售货物的月销售额由2000元提高到5000元，提供应税劳务的月销售额由1500元提高到3000元，按次纳税的每次(日)销售额由150提高到200元。

调高增值税起征点后，全省各级财政部门和税务部门要关注其它相关因素对财政收入的影响，加强税收征管，确保应收尽收。

河北省财政厅 河北省国家税务局 河北省地方税务局 转发财政部 国家税务总局关于教育税收政策的通知的通知

冀财税[2004]16号　　2004年3月10日

各市财政局、国家税务局、地方税务局：

现将《财政部 国家税务总局关于教育税收政策的通知》(财税[2004]39号)转发给你们，请遵照执行。

财政部 国家税务总局关于教育税收政策的通知

财税[2004]39号　　2004年2月5日

各省、自治区、直辖市、计划单列市财政厅(局)、国家税务局，地方税务局，新疆生产建设兵团财务局：

为进一步促进教育事业的发展，经国务院批准，现将有关教育的税收政策通知如下：

一、关于营业税、增值税、所得税

1. 对从事学历教育的学校提供教育劳务取得的收入，免征营业税。

2. 对学生勤工俭学提供劳务取得的收入，免征营业税。

3. 对学校从事技术开发、技术转让业务和与之相关的技术咨询、技术服务业务取得的收入，免征营业税。

4. 对托儿所、幼儿园提供养育服务取得的收入，免征营业税。

5. 对政府举办的高等、中等和初等学校(不含下属单位)举办进修班、培训班取得的收入，收入全部归该学校所有的，免征营业税和企业所得税。

6. 对政府举办的职业学校设立的主要为在校学生提供实习场所、并由学校出资自办、由学校负责经营管理、经营收入归学校所有的企业，对其从事营业税暂行条例“服务业”税目规定的服务项目(广告业、桑拿、按摩、氧吧等除外)取得的收入，免征营业税和企业所得税。

7. 对特殊教育学校举办的企业可以比照福利企业标准，享受国家对福利企业实行的增值税和企业所得税优惠政策。

8. 纳税人通过中国境内非营利的社会团体、国家机关向教育事业的捐赠，准予在企业所得税和个人所得税前全额扣除。

9. 对高等学校、各类职业学校服务于各业的技术转让、技术培训、技术咨询、技术服务、技术承包所取得的技术性服务收入，暂免征收企业所得税。

10. 对学校经批准收入并纳入财政预算管理的或财政预算外资金专户管理的收费不征收企业所得税；对学校取得的财政拨款，从主管部门和上级单位取得的用于事业发展的专项补助收入，不征收企业所得税。

11. 对个人取得的教育储蓄存款利息所得，免征个人所得税；对省级人民政府、国务院各部委和中国人民解放军军以上单位，以及外国组织、国际组织颁布的教育方面的奖学金，免征个人所得税；高等学校转化职务科技成果以股份或出资比例等股权形式给予个人奖励，获奖人在取得股份、出资比例时，暂不缴纳个人所得税；取得按股份、出资比例分红或转让股权、出资比例所得税，依法缴纳个人所得税。

二、关于房地产、城镇土地使用税、印花税

对国家拨付事业经费和企业办的各类学校、托儿所、幼儿园自用的房产、土地，免征房产税、城镇土地使用税；对财产所有人将财产赠给学校所立的书据，免征印花税。

三、关于耕地占用税、契税、农业税和农业特产税

1. 对学校、幼儿园经批准征用的耕地，免征耕地占用税。享受免税的学校用的具体范围是：全日制大、中、小学校(包括部门、企业办的学校)的教学用房、实验室、操场、图书馆、办公室及师生员工食堂宿舍用地。学校从事非农业生产经营占用耕地，不予免税。职工夜校、学习班、培训中心、函授学校等不在免税之列。

2. 国家机关、事业单位、社会团体、军事单位承受土地房屋权属用于教学、科研的，免征契税。用于教学的，是指教室(教学楼)以及其他直接用于教学的土地、房屋。用于科研的，是指科学实验的场所以及其他直接用于科研的土地、房屋。对县级以上人民政府教育行政主管部门或劳动行政主管部门审批并颁发办学许可证，由企业事业组织、社会团体及其他社会和公民个人利用非国家财政性教育经费面向社会举办的学校及教育机构，其承受的土地，房屋权属用于教学的，免征契税。

3. 对农业院校进行科学实验的土地免征农业税。对农业院校进行科学实验所取得的农业特产品收入，在实验期间免征农业特产税。

四、关于关税

1. 对境外捐赠人无偿捐赠的直接用于各类职业学校、高中、初中、小学、幼儿园教育的教学仪器、图书、资料和一般学习用品，免征进口关税和进口环节增值税。上述捐赠用品不包括国家明令不予减免进口税的20种商品。其他相关事宜按照国务院批准的《扶贫、慈善性捐赠物资免征进口税收暂行办法》办理。

2. 对教育部承认学历的大专以上全日制高等院校以及财政部会同国务院有关部门批准的其他学校，不以营利为目的，在合理数量范围内进口国内不能生产的科学研究和教学用品。直接用于科学研究或教学的，免征进口关税和进口环节增值税、消费税（不包括国家明令不予减免进口税的20种商品）。科学研究和教学用品的范围等有关具体规定，按照国务院批准的《科学研究和教学用品免征进口税收暂行规定》执行。

五、取消下列税收优惠政策

1. 财政部 国家税务总局《关于企业所得税若干优惠政策的通知》[(94)财税字第001号]第八条第一款和第三款关于校办企业从事生产经营的所得免征所得税的规定。其中因取消所得税优惠政策而增加的财政收入，按现行财政体制由中央与地方财政分享，专项列入财政预算，仍然全部用于教育事业。应归中央财政的补偿资金，列中央教育专项，用于改善全国特别是农村地区的中小学办学条件和资助家庭经济困难学生；应归地方财政的补偿资金，列省级教育专项，主要用于改善本地区农村中小学办学条件和资助农村家庭经济困难的中小学生。

2.《关于学校办企业征收流转税问题的通知》（国税发[1994]156号）第三条第一款和第三款，关于校办企业生产的应税货物，凡用于本校教学科研方面的，免征增值税；校办企业凡为本校教学、科研服务所提供的应税劳务免征营业税的规定。

六、本通知自2004年1月1日起执行，此前规定与本通知不符的，以本通知为准。

河北省财政厅
河北省国家税务局
转发财政部 国家税务总局
关于部分资源综合利用产品增值税
政策的补充通知的通知

冀财税[2004]13号　　2004年3月15日

各市财政局、国家税务局：

现将《财政部 国家税务总局关于部分资源综合利用产品增值税政策的补充通知》（财税[2004]25号）转发给你们，请遵照执行。

财政部 国家税务总局
关于部分资源综合利用产品
增值税政策的补充通知

财税[2004]25号　　2004年2月4日

各省、自治区、直辖市、计划单列市财政厅（局）、国家税务局，新疆生产建设兵团财务局：

《财政部 国家税务总局关于部分资源综合利用及其他产品增值税政策问题的通知》（财税[2001]198号）下发后，部分地区反映一些问题需要明确。经研究，现就有关政策问题补充通知如下：

一、利用石煤生产的电力按增值税应纳税额减半征收。

二、利用煤矸石、煤泥、石煤、油母页岩生产电力，煤矸石、煤泥、石煤、油母页岩用量（重量）占发电燃料的比重必须达到60%以上（含60%）；利用城市生活垃圾生产电力，城市生活垃圾用量（重量）占发电燃料的比重必须达到80%以上（含80%），才能享受财税[2001]198号文件和本通知第一条规定的增值税政策。

三、对燃煤电厂烟气脱硫副产品实行增值税即征即退的政策，享受政策的具体产品包括：二水硫酸钙含量不低于 85%的石膏;浓度不低于 15%的硫酸;总氮含量不低于 18%的硫酸铵。

四、为解决西部地区新型墙体材料产品生产企业因达不到财税[2001]198 号文件附件中对建筑砌块和建筑板材规定的生产规模标准,无法享受增值税减半的优惠政策的问题,对西部地区内的企业生产销售的列入财税[2001]198 号附件的建筑砌块和建筑板材产品,在 2005 年 12 月 31 日之前不再限定企业的生产规模,均可享受新型墙体材料产品增值税减半征收的优惠政策。上述西部地区是指重庆、四川、云南、贵州、西藏、陕西、甘肃、宁夏、青海、新疆、内蒙古、广西 12 个省(自治区、直辖市)以及湖南省湘西土家族自治州、湖北省恩施土家族苗族自治州、吉林省延边朝鲜族自治州。

本通知自 2004 年 1 月 1 日起执行。

河北省财政厅 河北省民政厅 关于印发《河北省农村医疗救助基金管理试行办法》的通知

冀财社[2004]21 号　　2004 年 3 月 30 日

各市财政局、民政局:

为了加强农村医疗救助基金管理,根据《财政部民政部关于印发〈农村医疗救助基金管理试行办法〉的通知》(财社[2004]1 号)的规定,结合我省实际,制定了《河北省农村医疗救助基金管理试行办法》,现印发给你们,请遵照执行。执行中遇到问题,请及时报告给我们,以便适时修订。

河北省农村医疗救助基金管理试行办法

为了加强农村医疗救助基金管理,保证资金的合理有效使用,根据财政部、民政部《关于印发〈农村医疗救助基金管理试行办法〉的通知》(财社[2004]1 号)及《河北省民政厅、财政厅关于实施农村医疗救助的意见》及有关规定,特制定本试行办法。

第一条　农村医疗救助基金是通过政府拨款和社会各界自愿捐助等多渠道筹集的,用于农民贫困家庭医疗救助的专用基金。

第二条　农村医疗救助基金的筹集、管理和使用,遵循公开、公平、公正、专款专用、量入为出、收支平衡的原则。

第三条　县级人民政府建立独立的农村医疗救助基金。

第四条　基金来源包括财政拨款、彩票公益金、社会各界自愿捐助、利息收入等。

(一)各级财政每年根据本地区开展农村医疗救助工作的实际需要和财力状况,在年初财政预算中合理安排的农村医疗救助资金。

(二)各级民政部门每年从留归民政部门使用的彩票公益金中提取一定比例或一定数额的农村医疗救助资金。

(三)社会各界自愿捐赠的农村医疗救助资金。

(四)农村医疗救助基金形成的利息收入。

(五)按规定可用于农村医疗救助的其他资金。

县级以上财政部门对实行农村医疗救助制度的困难地区给予资金支持。省财政、民政部门对中央补助、省级预算安排、省级福利彩票公益金安排的农村医疗救助资金,根据各地医疗救助人数和财政状况以及工作成效等因素确定对困难地区的补助。

第五条　农村医疗救助基金用于资助救助对象参加当地新型农村合作医疗或补助救助对象的大病医疗费用,以及符合国家规定的特种传染病救治费用。基金必须专款专用,不得提取管理费或列支其他任何费用。

第六条　农村医疗救助基金年度收支计划的制定。县级民政部门要在编制下年度财政预算前,根据本年度农村医疗救助基金的执行情况和下年度基金收支预测,提出本级农村医疗救助基金安排建议,制定基金年度收支计划,商财政部门同意后报同级人民政府批准执行。民政部门定期按规定向同级财政部门和上级民政部门报送收支计划执行情况。

第七条　农村医疗救助基金实行财政专户管理。县级财政部门在社会保障基金财政专户中建立农村医疗救助基金专账(以下简称"农村医疗救助基金专账"),用于办理资金的汇集、核拨、支付等业务。县级民政部门设立农村医疗救助基金专账,用于办理资金的核拨、发放业务。

第八条　预算和预算外补助确定后,财政部门应按规定及时将资金从国库或相关的预算外财政专户转入社会保障基金财政专户。县级财政预算安排资金按季或按月划拨至本级财政部门“农村医疗救助基金专账”，每年6月底前县级财政应将年初预算安排的资金全部拨入社会保障基金财政专户。经批准用于农村医疗救助的彩票公益金应及时由财政专户划拨至“农村医疗救助基金专账”。补助下级的预算资金全部通过国库划拨，预算外资金的划拨按相关规定办理。县级财政部门收到上级补助资金之后，应于5个工作日内全额划拨至“农村医疗救助基金专账”。社会各界的捐款及其他各项资金按属地化原则于5个工作日内交存同级财政部门“农村医疗救助基金专账”。

第九条 农村医疗救助基金财政专账利息收入直接记入农村医疗救助基金财政专账，民政部门农村医疗救助基金专账利息收入应定期转入财政专账。

第十条 农村医疗救助的享受对象及救助金额，由个人提出申请，村民代表会议评议，乡镇人民政府审核，县级民政部门根据县级人民政府的具体规定审批。经批准的救助对象参加当地新型农村合作医疗缴费有困难的，由农村医疗救助基金给予资助，并对患大病救助对象难以自负的医疗费用给予适当补助。国家规定的特种传染病救治费用按有关规定经批准后支付。

第十一条 用于资助救助对象参加当地新型合作医疗的资金，由县级财政部门从“农村医疗救助基金专账”核拨至新型农村合作医疗基金专户，并通知新型农村合作医疗经办机构为其办理有关手续。经县级民政部门批准的救助对象大病医疗费用补助资金，县级财政部门对用款申请审核无误后，按时将医疗救助资金核拨至民政部门农村医疗救助基金专账，由县级民政部门支付给乡镇人民政府发放，或由县级民政部门通过银行、邮局等直接支付给救助对象，也可以采取其他社会化发放方法。有条件的地方，应逐步实行国库集中支付。

第十二条 农村医疗救助基金必须全部用于农村贫困家庭的医疗救助，可结转下年使用，任何单位和个人不得截留、挤占、挪用。

第十三条 农村医疗救助基金的筹集、管理和使用情况，以及救助对象、救助金额等情况应通过张榜公布和新闻媒体等方式定期向社会公布，接受社会监督。民政、财政、审计等部门要定期不定期对农村医疗救助基金的使用情况进行监督检查，发现问题及时纠正，并及时向当地人民政府和有关部门报告。

第十四条 发现虚报冒领、挤占挪用、贪污浪费等违纪违法行为，按照有关法律法规严肃处理。对故意虚报有关数字和情况骗取上级补助的，除责令其立即纠正，并按规定追究有关单位和人员的责任外，将根据情况减拨或停拨上级补助资金。

第十五条 各地可根据实际情况，制定农村医疗救助基金筹集、管理和使用的具体办法。

第十六条 本办法自发布之日起执行。由省财政厅、省民政厅负责解释。

河北省财政厅
关于落实注册会计师行业行政监督职责的通知

冀财监[2004]4号　　2004年4月5日

省内各会计师事务所：

为做好注册会计师行业行政监督检查和处罚工作，确保注册会计师行业健康发展，根据财政部《关于落实注册会计师行业行政监督职责若干问题的通知》(财监[2003]121号)精神，结合我省实际，对我省财政部门贯彻落实注册会计师行业行政监督职责提出如下意见。

一、行政监督的指导思想

财政部门对注册会计师行业的行政监督工作，是财政部门依据《中华人民共和国注册会计师法》对注册会计师和会计师事务所执行业务，按照公平、公正、依法行政原则进行的监督检查和业务指导，通过监督检查和对违法违规行为的处罚，整顿和规范社会经济秩序，促进和保障注册会计师行业健康发展。

二、行政监督的职责

省财政厅监督处(局)负责全省注册会计师行业的行政监督检查工作。具体职责：对全省注册会计师行业的执业质量情况进行监控和统一检查；受理对注册会计师行业执业质量举报案件的调查处理；对注册会计师和会计师事务所违法违规行为进行处罚；开展注册会计师行业的行政监管政策研究。

各市财政部门可在省财政厅的统一组织下协助省厅对本辖区内的会计师事务所执业质量进行检

查，对有关举报案件进行调查。但对注册会计师和会计师事务所的处罚由省财政部门统一实施。

三、监督检查的方式

采取日常监控与重点检查相结合的监督检查方式。

（一）逐步建立和完善日常监控系统，实现对注册会计师行业执业质量的实时监控和跟踪分析。

1. 通过财政信息网络收集全省会计师事务所的日常执业信息，包括基本情况、审计业务动态、审计报告备案、被调查与检查情况、被处理处罚情况。

2. 采取问卷、座谈、走访、调研等多种形式，加强与会计师事务所的沟通与交流，听取广大注册会计师和会计师事务所的意见和建议。

3. 建立和完善日常监控信息分析制度。定期对注册会计师行业执业情况进行分析，对发现的异常情况和疑点问题，作为开展质询或重点检查的范围。

（二）建立投诉、举报制度。

省财政厅监督处（局）负责注册会计师行业执业质量方面的投诉举报工作。对具名的投诉、举报，在接到投诉、举报之日起30个工作日内对投诉举报内容进行核查，并将处理结果通知投诉、举报人；对匿名投诉、举报，将结合年度注册会计师行业监督检查工作一并处理。省财政厅注册会计师行业行政监督举报电话为：0311－7010226，举报邮箱：jdj@hebcz.gov.cn。

（三）做好重点监督检查工作。

根据注册会计师行业工作特点，结合日常监控掌握的信息、投诉举报和相关部门移送等情况，通过重点监督检查，严厉打击注册会计师行业的违法执业、出具虚假报告行为。重点检查：一是会计师事务所对社会影响大的上市公司、国有大中型企业、金融保险企业出具的审计报告；二是屡被投诉举报、具有多次不良记录的会计师事务所出具的审计报告；三是有明显压价竞争、不计后果“接下家”等会计师事务所出具的审计报告；四是出具非标准无保留意见的审计报告的会计师事务所。

四、监督检查内容

注册会计师行业执业质量检查的主要内容是注册会计师和会计师事务所是否按照《中华人民共和国注册会计师法》和《独立审计准则》的要求履行审计程序和出具审计报告。

（一）注册会计师执业过程中是否完整地实施了必要的审计程序，审计工作底稿是否完整，记录是否真实详细，是否有充分适当的审计证据支持，已执行的审计程序和过程在审计工作底稿中是否如实体现；

（二）会计师事务所内控制度是否完备，是否建立并严格执行审计业务三级复核制度，审计人员是否认真履行职责规范，审计工作底稿记录有无复核查实。

（三）提出的审计意见是否恰当；出具的审计验资报告是否真实可靠。

（四）相关的其他事项。

五、处理处罚的原则

（一）省财政厅依法对全省范围内的会计师事务所和注册会计师的违法违规行为做出行政处罚。

（二）省财政厅在履行行政处罚职责时，要严格按照《行政处罚法》规定程序执行，尊重注册会计师行业的特点，注意听取会计师事务所及注册会计师的意见；要按照财政部有关规定建立审理制度，邀请有关专家进行论证，合理确定会计责任和审计责任，正确区分故意与过失两种不同性质的问题。确保事实清楚、证据确凿、定性准确、法律依据充分、处理处罚恰当。

（三）经检查认定会计师事务所和注册会计师违规情节轻微、不够行政处罚标准的，可以采取约见谈话批评、下达整改意见函等方式做出处理；对注册会计师行业的违法违规行为，构成行政处罚标准的，要依法给予行政处罚；对情节严重、涉嫌犯罪的，要移送司法机关进一步查处。

六、行政监督工作协调

加强协调内外部关系，切实避免多头管理和重复检查，提高行政监督的效率和效果。

（一）省财政厅将加强与省审计厅、省证监局等部门的沟通协调，通过建立联席会议制度，协调检查计划，通报检查结果，避免重复检查。对省审计厅、省证监局等部门移交的案件，采取区别不同情况分别处理。对于事实清楚、材料齐全、证据确凿的案件，可直接进入审理程序；对达不到上述条件的，视同举报线索处理。

（二）加强工作协调，按照省财政厅《关于建立注册会计师行业管理工作运转程序的通知》（冀财办[2003]30号）规定，做好注册会计师行业监管工作，切实做到统一思想，分工协作，规范管理，资料共享，形成监管合力。

（三）建立注册会计师行业行政监督工作报告制度，于每年 1 月底前将上年度的《注册会计师行业行政监督工作总结》、《对注册会计师行业检查、处理、处罚情况汇总表》和本年检查计划上报财政部。对本行政区域内注册会计师行业出现重大违法违规案件、典型案例、涉嫌重大违法违规的投诉举报，及时报送财政部。

七、做好注册会计师行业行政监督宣传工作

省财政厅将加大对注册会计师行业行政监督工作的宣传和对违法违规行为曝光力度，增强财政监督的影响力、威慑力和社会效果，达到严惩少数、教育多数、弘扬正气的监管目的，促进我省注册会计师行业的健康发展。

有关以前下发的财政部门对注册会计师行业行政监督的文件与本通知精神不符的，按本通知精神执行。

河北省财政厅
河北省地方税务局
转发财政部 国家税务总局
关于严格执行个人所得税费用扣除标准和不征税项目的通知
的通知

冀财税[2004]25 号　　2004 年 4 月 20 日

各市财政局、地方税务局：

现将《财政部 国家税务总局关于严格执行个人所得税费用扣除标准和不征税项目的通知》（财税[2004]40 号）转发给你们，请遵照执行。

财政部 国家税务总局
关于严格执行个人所得税费用扣除标准和不征税项目的通知

财税[2004]40 号　　2004 年 2 月 6 日

各省、自治区、直辖市、计划单列市财政厅（局）、地方税务局，新疆生产建设兵团财务局：

近期以来，部分地区违反税法和全国统一规定，擅自提高个人所得税“工资、薪金所得”费用扣除标准和扩大不征税项目的适用范围，违背了依法治税的原则，不利于统一税政、公平税负、规范税制，对调节收入分配和组织个人所得税收入，整顿和规范税收秩序产生了很大负面影响。为了贯彻依法治国方略，切实落实依法行政要求，维护税法的严肃性、权威性和统一性，现就统一、规范个人所得税费用扣除标准和不征税项目的问题通知如下：

一、依法治税、统一税政是贯彻依法治国基本方略和依法行政的具体体现，也是完善社会主义市场经济体系、整顿规范市场经济秩序的重要举措。党的十六届三中全会通过的《中共中央关于完善社会主义市场经济体制若干问题的决定》指出：加大执法力度，提高行政执法的能力和水平，确保法律法规的有效实施，维护法制的统一和尊严。《中华人民共和国税收征收管理法》和实施细则规定：“任何机关、单位和个人不得违反法律、行政法规的规定，擅自作出税收开征、停征以及减税、免税、退税、补税和其它同税收法律、行政法规相抵触的决定”，“任何部门、单位和个人作出的与税收法律、行政法规相抵触的决定，一律无效，税务机关不得执行，并应当向上级税务机关报告”。《中华人民共和国个人所得税法》是全国人民代表大会制定的税收法律，各地、各部门、单位和个人都有自觉维护个人所得税法严肃性、完整性和统一性的义务、没有随意改变税法规定的权利。

二、现行个人所得税法实施十年来，我国社会主义市场经济建设有了很大发展，国民经济和个人收入情况都发生了很大变化，现行个人所得税法的一些规定已不能完全适应发展变化的要求，确实需要根据新的变化情况进一步修订完善。对此，党中央、国务院高度重视，《中共中央关于完善社会主义市场经济体制若干问题的决定》中明确提出了“改进个人所得税”的要求，国家立法部门据此已将修订个人所得税法列入了立法计划。但是，在个人所得税法修订完成前，必须按照现行规定执行。未经全国人大及其常委会授权，任何地区、部门和单位均不得擅自提高个人所得税费用扣除标准，不得随意变通或超越权限扩大不征税项目的适用范围。根据国家税收征管法，对于一些地方违反统一政策，擅自提高个人所得税费用扣除标准和扩大不征税项目适用范围的文件规定，各级税务机关一律不得执行，已执行的要停止执行。

三、1994年实施新税制以来，为适应经济发展和经济体制改革不断深化的要求，财政部、国家税务总局依据税收管理权限下发了有关个人所得税不征税项目的文件，这些文件规定的政策有明确的内容、标准和适用范围(对象)。各级税务机关执行中要按照规定严格把握，不得擅自扩大适用范围(对象)和提高标准，更不得将这些规定扩大为适用所有个人的统一标准。

四、各级财政、税务机关要坚决按照税收征管法的规定履行职责，对地方政府在研究并拟作出与个人所得税法不符的规定时，应提出依法治税的意见，向政府详细说明税法的有关规定，并按税收征管法的规定向上级财税机关报告。各级财政、税务机关接此通知后，要及时向地方党政领导汇报，做好向党政领导和社会各界、广大纳税人的宣传解释工作，保证个人所得税法的正确贯彻执行，促进社会主义市场经济全面、协调、健康发展。

河北省人民政府办公厅转发《河北省城镇退役士兵自谋职业实施办法》的通知

冀政办[2004]13号　　2004年4月30日

各设区市人民政府，各县(市、区)人民政府，省政府各部门：

《河北省城镇退役士兵自谋职业实施办法》已经省政府同意，现转发给你们，请认真贯彻执行。

河北省城镇退役士兵自谋职业实施办法

第一条　为适应社会主义市场经济发展的要求，进一步做好退役士兵安置工作，鼓励、扶持城镇退役士兵自谋职业，保障退役士兵合法权益，根据《中华人民共和国兵役法》、《国务院办公厅转发民政部等部门关于扶持城镇退役士兵自谋职业优惠政策意见的通知》(国办发[2004]10号)和有关政策规定，结合本省实际，制定本实施办法。

第二条　本办法所称城镇退役士兵，是指中国人民解放军和中国人民武装警察部队退出现役并符合城镇安置条件的士官和义务兵。

第三条　符合在本省境内安置条件的城镇退役士兵都有申请自谋职业的权利。

第四条　县(市、区)以上人民政府复员退伍军人安置部门(以下简称安置部门)负责城镇退役士兵自谋职业的有关具体工作。

第五条　经批准同意自谋职业的城镇退役士兵，由负责安置的本级政府发给一次性经济补助费，不再为其安排工作。

第六条　城镇退役士兵自谋职业补助费来源。

(一)各级财政拨付的城镇退役士兵自谋职业专项经费。

(二)城镇退役士兵安置任务有偿转移金。

(三)通过其他合法渠道筹措的安置保障资金。

第七条　城镇退役士兵自谋职业一次性经济补助费的发放标准：

同一城区、同一县(市)范围内，自谋职业经济补助费应按统一标准发放。

(一)城镇退伍义务兵按不低于当地人民政府公布的上年度职工年人均工资的二倍以上，给予一次性经济补助费。符合城镇安置条件复员的一、二期士官的自谋职业补助费，在城镇退伍义务兵自谋职业补助标准的基础上适量增加。

(二)转业士官按不低于当地人民政府公布的上年度职工年人均工资的三倍以上给予一次性经济补助费。

(三)对服役期间荣立二等功(含)以上、被大军区(含)以上授予荣誉称号、获得国家科技进步三等奖(含)以上奖励的退役士兵，在一次性经济补助费标准的基础上适量给予奖励。

(四)对二、三等伤残军人，除给予一次性经济补助外，另按现行抚恤标准发给伤残抚恤金。

第八条　城镇退役士兵自谋职业办理程序：

(一)城镇退役士兵按规定到当地安置部门报到后，由本人向安置部门提出自谋职业书面申请，填写《河北省城镇退役士兵自谋职业申请审批表》；

(二)当地安置部门审核批准后，与申请自谋职业的退役士兵签订《河北省城镇退役士兵自谋职业协议书》，填发《城镇退役士兵自谋职业证》(以下简称《自谋职业证》)；

(三)《河北省城镇退役士兵自谋职业申请审批

表》和《河北省城镇退役士兵自谋职业协议书》逐级上报省级安置部门备案；

（四）退役士兵凭退伍证和安置部门填发的领款凭证、《自谋职业证》领取一次性经济补助费。

第九条 被批准自谋职业的城镇退役士兵，凭《自谋职业证》和安置部门的落户介绍信、退伍证，办理落户手续，其家属和子女可根据户口迁移政策和本人意愿办理户口迁移。

各地在办理自谋职业城镇退役士兵及其随调（迁）配偶、子女落户时，不得收取国家政策规定以外的费用。

第十条 城镇退役士兵自谋职业或到用人单位再就业后，应按照有关规定参加基本养老保险、基本医疗保险、失业保险等社会保险，享受相应的社会保险待遇。

自谋职业的城镇退役士兵在未实现就业期间，本人自愿可按个体工商户的缴费基数和比例缴纳基本养老保险费，也可在实现就业后按个体工商户的缴费基数和比例补缴未就业期间的基本养老保险费。缴费后，实际缴费年限合并计算。由参保地社会保险经办机构为其建立基本养老保险个人账户。

自谋职业的城镇退役士兵到用人单位就业后，由用人单位和个人按规定的缴费基数和比例缴纳基本养老保险费；自谋职业后从事个体经营，按个体工商户的缴费基数和比例缴纳基本养老保险费。

自谋职业的城镇退役士兵的军龄视同缴纳基本养老保险费年限。原在服役期间参加基本养老保险的个人账户储存额，并入新建立的基本养老保险个人账户。

城镇退役士兵自谋职业后按灵活就业人员参加基本医疗保险标准缴纳基本医疗保险费，到用人单位就业后由用人单位和个人按规定的缴费基数和比例缴纳基本医疗保险费，享受基本医疗保险待遇。

第十一条 各用人单位在面向社会招聘员工时，同等条件下要优先录用自谋职业的城镇退役士兵。

各级行政机关在考录公务员时，应允许符合报考条件的自谋职业的城镇退役士兵参加考试，服役期间视为具有社会实践的年限，在同等条件下优先录用。

自谋职业的城镇退役士兵，在两年内被行政机关或财政补助的事业单位录用的，要将《城镇退役士兵自谋职业证》交回民政部门，并退回发给的一次性经济补助金，不再享受自谋职业优惠政策。

第十二条 自谋职业的城镇退役士兵报考成人高等学校的，投档总分可增加10分，其中服役期间荣立三等功以上的，投档总分可增加20分。

自谋职业的城镇退役士兵报考普通高等学校的，投档总分可增加10分，其中服役期间荣立二等功以上或被大军区以上单位授予荣誉称号的，投档总分可增加20分。

自谋职业的城镇退役士兵具有本科学历报考研究生的，在同等条件下，可优先予以复试或录取。

第十三条 城镇退役士兵自谋职业后享受下列税费优惠政策：

（一）自谋职业城镇退役士兵从事个体经营的，除国家限制的行业（包括建筑业、娱乐业以及广告业、桑拿、按摩、网吧、氧吧等）外，自工商部门批准其经营之日起，凭《城镇退役士兵自谋职业证》，3年内免缴下列费用：

1. 工商部门收取的个体工商户注册登记费（包括开业登记、变更登记）、个体工商户管理费、集贸市场管理费、经济合同示范文本工本费。

2. 卫生部门收取的民办医疗机构管理费。

3. 劳动和社会保障部门收取的劳动合同鉴证费。

4. 省政府及其财政、价格主管部门批准设立的涉及个体经营的登记类和管理类收费项目。

5. 其他有关登记类、管理类的收费项目。

（二）为安置自谋职业的城镇退役士兵就业而新办的服务型企业（除广告业、桑拿、按摩、网吧、氧吧外），当年新安置自谋职业的城镇退役士兵达到职工总数30%以上，并与其签订1年以上期限劳动合同的，经县级以上民政部门认定，税务机关审核，3年内免征营业税及其附征的城市维护建设税、教育费附加和企业所得税。

上述企业当年新安置自谋职业的城镇退役士兵不足职工总数30%，但与其签订1年以上期限劳动合同的，经县级以上民政部门认定，税务机关审核，3年内可按计算的减征比例减征企业所得税。减征比例＝（企业当年新招用自谋职业的城镇退役士兵÷企业职工总数×100%）×2。

（三）为安置自谋职业的城镇退役士兵就业而新办的商贸企业（从事批发、批零兼营以及其他非零售业务的商贸企业除外),当年新安置自谋职业的城镇退役士兵达到职工总数30%以上,并与其签订1年以上期限劳动合同的,经县级以上民政部门认定,税务机关审核,3年内免征城市维护建设税、教育费附加和企业所得税。

上述企业当年新安置自谋职业的城镇退役士兵不足职工总数30%,但与其签订1年以上期限劳动合同的,经县级以上民政部门认定,税务机关审核,3年内可按计算的减征比例减征企业所得税。减征比例=(企业当年新招用的自谋职业的城镇退役士兵÷企业职工总数×100%)×2。

(四)对自谋职业的城镇退役士兵从事个体经营(除建筑业、娱乐业以及广告业、桑拿、按摩、网吧、氧吧外)的,自领取税务登记证之日起,3年内免征营业税、城市维护建设税、教育费附加和个人所得税。

(五)本办法所称新办企业是指本办法印发后新组建的企业。原有的企业合并、分立、改制、改组、扩建、搬迁、转产以及吸收新成员、改变领导或隶属关系、改变企业名称的,不能视为新办企业。

本办法所称服务型企业是指从事现行营业税"服务业"税目规定的经营活动的企业。

(六)对自谋职业的城镇退役士兵,从事开发荒山、荒地、荒滩、荒水的,从有收入年度开始,免征农业税。对从事种植、养殖业的,其应缴纳的个人所得税按照国家有关种植、养殖业个人所得税的规定执行。对从事农业机耕、排灌、病虫害防治、植保、农牧保险和相关技术培训业务以及家禽、牲畜、水生动物的繁殖和疾病防治业务的,按现行营业税规定免征营业税。

第十四条 自谋职业的城镇退役士兵从事个体经营或创办经济实体,经营资金不足时,可持《城镇退役士兵自谋职业证》向商业银行申请贷款。符合贷款条件的,商业银行应优先予以信贷支持。

第十五条 城镇退役士兵自谋职业后就业服务和社会保障:

(一)各类职业培训机构,要根据劳动力市场变化和产业结构调整需要,为自谋职业的城镇退役士兵提供技能培训。对经过培训取得国家承认的职业资格证书的城镇退役士兵,安置地民政部门要对个人所付培训费给予一定的补助,具体补助标准由当地政府确定,所需经费由地方财政列入预算。

(二)自谋职业的城镇退役士兵的档案由劳动和社会保障部门免费为其保管一年,党(团)组织关系由户口所在地的镇(乡)、街道接收管理。城镇退役士兵符合低保条件的,要纳入城市居民最低生活保障范围。各类人才交流服务机构和公共职业介绍机构,要积极为自谋职业的城镇退役士兵提供职业介绍和指导服务。

(三)复员退伍军人两用人才职业技术培训服务中心或复员退伍军人两用人才介绍所,应组织退役士兵进行文化补习和专业技术培训,收集和适时发布用人信息,积极向用人单位推荐求职的退役士兵就业,为退役士兵自谋职业提供服务。

第十六条 下列人员不享受城镇退役士兵自谋职业优惠政策:

(一)按照现行安置法规和政策,安置部门不负责为其安排工作的退役士兵;

(二)安置部门按规定已为其安排工作,本人不服从分配的;

(三)其他不具备申请自谋职业条件的人员。

第十七条 县级(含县、市、区)以上人民政府要加强领导,切实把城镇退役士兵自谋职业工作列入重要议事日程,组织协调有关部门,共同做好此项工作。

第十八条 本办法自发布之日起施行。本省原有规定与本办法相抵触的,按本办法执行。

第十九条 本办法由河北省人民政府复员退伍军人安置办公室负责解释。

财政部 卫生部
关于印发《中央补助地方卫生事业专项资金管理暂行办法》的通知

财社[2004]24号 2004年5月2日

各省、自治区、直辖市财政厅(局)、卫生厅(局)、新疆生产建设兵团财务局、卫生局:

为了规范和加强中央补助地方卫生事业专项资金的管理,我们制定了《中央补助地方卫生事业专项资金管理暂行办法》,现印发给你们,请遵照执行。执行中发现问题,请及时反馈给我们。

附件：中央补助地方卫生事业专项资金管理暂行办法

中央补助地方卫生事业专项资金管理暂行办法

第一条 为规范和加强中央财政补助地方卫生事业专项资金的管理，提高资金使用效益，根据国家有关法律、法规及财务规章制度，制定本办法。

第二条 为提高公共卫生和农村卫生服务能力以及突发性公共卫生事件应急能力，建立健全公共卫生信息网络体系、疾病预防控制体系、医疗救治体系、卫生监管体系，加强重大疾病预防控制等，中央和地方各级人民政府要努力增加卫生投入。中央财政设立卫生事业专项资金（以下简称专项资金），重点支持中西部等困难地区卫生机构房屋修缮、设备和免费药物购置、重大疾病控制业务工作经费补助及人员培训等。

第三条 专项资金按照统筹规划、科学立项、统一分配、分级管理、专款专用、追踪问效的原则进行分配和管理。

第四条 专项资金根据需求调查和疫情报告等情况，按因素法进行分配。用于提高医疗卫生服务和执法监督能力的专项资金主要根据需求调查和卫生事业发展中长期规划及有关配置标准等因素分配；用于疾病预防控制等业务工作的专项资金主要根据疫情报告和疾病防治规划及防治工作要求等因素分配；用于重大突发疫情应急处置及救灾防疫等专项资金，根据地方申请报告及相关工作要求及时安排。

第五条 需求调查包括各地公共卫生和农村卫生状况，当地人民群众卫生服务需求、地方经济发展水平、卫生人力状况等。需求调查的具体内容根据专项资金用途由卫生部商财政部另行通知。省级卫生、财政部门要按照卫生部、财政部的统一要求按时报送有关情况。

第六条 财政部、卫生部根据各地医疗卫生资源现状和财力状况、疾病流行情况和当年实际需要、专项资金使用效益和管理等情况，统筹考虑中央和地方有关部门、国外贷款等渠道已安排的各项资金，综合平衡后，研究提出资金分配方案，并组织专家进行评审后按程序确定。

第七条 中央财政用于提高医疗卫生服务能力、建立健全卫生监管体系、监督执法及重大疾病预防控制等业务工作的专项资金按项目进行管理。卫生部、财政部根据专项资金用途研究确定具体项目管理方案，卫生部门具体负责项目实施工作。项目实施单位必须指定合格的专兼职财务人员，负责项目资金管理。

第八条 省级财政、卫生部门在收到中央财政专项资金补助和项目管理方案后，应结合本地实际情况和本级财政安排的资金，并参照中央专项资金分配办法和项目管理方案要求，及时将中央专项资金和省级补助资金分配到省级项目实施单位和市（地）或县（市）。同时将资金分配和拨付文件抄送财政部驻当地财政监察专员办事处（以下简称财政专员办）。

第九条 项目实施所需设备等按照《政府采购法》的规定实行招标采购。大宗物品采取中央招标、地方采购的运作方式，即由卫生部、财政部统一组织集中招标，地方在中标范围内认购，自行与供应商签订合同并付款、验收。零星物品等采购由省级卫生、财政部门按规定采购。

第十条 地方各级卫生部门和财政部门要按照卫生部、财政部核定的项目管理方案和有关规定安排使用专项资金，一般不作调整。如遇有特殊情况需调整项目或项目具体内容的，由省级卫生部门、财政部门报卫生部、财政部备案。

第十一条 专项资金要按照国家有关法律、法规和财务规章制度和项目实施方案的规定，专款专用。任何单位和个人不得以任何形式平调、挤占和挪用；不得用于卫生部、财政部下达项目管理方案规定用途之外的项目以及国家规定不得列支的其他费用；不得用于基本建设或抵充行政事业经费；不得用于各种罚款、偿还债务、捐赠赞助、对外投资等支出。

对出现虚报有关情况骗取中央财政补助、擅自变更项目内容、挪用专项资金、地方应安排资金不能按时到位、不按期报送有关材料等问题，卫生部和财政部根据具体情况和有关规定停止拨款、暂停安排新的补助项目或收回专项资金。

第十二条 已批准并拨款的项目，在规定时间内未按规定执行的，卫生部和财政部将收回资金。

第十三条 项目完成后如有资金结余，用款单位要及时上缴其主管部门或经省级卫生、财政部门审核批准后调整用于与该项目有关的业务工作，并报卫生部、财政部备案。

第十四条 凡使用专项资金形成的资产，均属国有资产，应纳入单位资产统一管理，合理使用，认真维护。

第十五条 各级卫生、财政部门要加强项目的监督检查。在项目执行期间，财政专员办要加强专项资金监督检查工作，对资金的安全性、合规性和绩效情况追踪问效，财政部门会同同级卫生部门根据需要对项目执行情况进行专项检查或抽查，也可委托有关中介机构对项目实施情况进行评估，发现问题，及时向财政部、卫生部报告，并按规定纠正和处理。

第十六条 各项目省卫生、财政部门在年度终了3个月内向卫生部、财政部提交项目年度执行情况报告。省级卫生、财政部门在项目结束后3个月内向卫生部、财政部上报项目总结报告，包括项目执行情况、资金使用和管理情况、目标完成情况等。项目执行情况报告和项目总结报告要抄送当地财政专员办。

第十七条 财政部和卫生部按照有关规定对专项资金使用和项目实施过程及完成结果进行绩效考评，追踪问效。

第十八条 省级财政、卫生部门要结合当地实际情况，根据本办法制定具体管理办法（包括地方卫生专款管理），报卫生部、财政部备案。

第十九条 本办法由财政部商卫生部负责解释。

第二十条 本办法自发布之日起施行。

河北省财政厅
转发财政部关于加强地方财政部门关税工作的通知的通知

冀财税[2004]32号　　2004年6月10日

各市财政局：

现将《财政部 关于加强地方财政部门关税工作的通知》（财关税[2004]25号）转发给你们，并结合我省实际提出如下意见，请一并遵照执行。

一、各级财政部门要充分认识关税工作的重要性，将其纳入财政部门的重要工作内容。

二、加强组织领导，明确机构人员及具体职责，在人员配备和经费保障等方面保证地方关税工作的正常开展。

三、结合本地实际，提出关税业务工作的建议，促进和保护地方经济健康发展。

四、建立联络和信息沟通工作机制。

各市及各重点骨干企业，要明确一名同志为关税联络员，进出口贸易额较大的县也应根据实际情况确定一名关税联络员，以形成覆盖面广、上下畅通的关税信息联络网，及时反映关税及进口税收方面的问题和建议。请各市将关税联络员的姓名、单位、职务及联系电话于7月底前报省财政厅，联系人：宋华军，联系电话：0311—7010236。

财　政　部
关于加强地方财政部门关税工作的通知

财关税[2004]25号　　2004年5月8日

各省、自治区、直辖市、计划单列市财政厅（局）：

关税具有维护国家主权权益、实施宏观调控、增加财政收入及适度保护国内相关产业和市场等方面的重要作用。关税工作是财政工作的重要组成部分。中国加入世界贸易组织以来，融入世界经济的步伐加快，国际经济交往与合作迅速发展，关税的地位和作用愈加突出，关税工作的任务日益繁重。新时期的关税工作，不仅对整个国家具有重要的政治意义和经济利益，而且与地方经济发展的关系也更加紧密，对地方经济发展的直接作用与间接影响与日俱增。做好地方各级财政部门的关税工作，对于提高制定和调整关税政策的科学性，充分发挥关税的各项职能，更好地促进国内经济结构调整和地方经济健康发展，起着十分重要的作用。

为充分发挥地方各级财政部门在关税工作中的重要作用，全面、扎实地开展工作，现就加强地方财政部门关税工作的有关问题通知如下：

一、加强领导，明确机构，落实人员，从组织上保障关税工作的有效开展

（一）切实加强对关税工作的领导。各省、自治区、直辖市、计划单列市财政厅（局）要有一位厅（局）

级领导主管关税工作，各地、县财政部门也要明确一位领导具体负责此项工作，将地方财政部门的关税工作落到实处。

（二）明确处室人员。关税工作政策性和技术性都很强，专业知识水平要求高，做好地方关税工作，必须有相对稳定的干部队伍作保证。各级财政部门应确定承担关税工作的处室，明确关税工作的具体职能，选派具有财政、国际贸易、经济统计等专业知识的人员从事关税工作，并保持人员的稳定。在人员配备和经费支持上，要根据本地产业结构、进出口贸易量、经济发展状况予以安排和落实，以满足地方财政部门开展关税工作的需要。

二、地方财政部门关税工作的主要职责

地方各级财政部门负责结合本地实际提出关税和进口环节税收政策的建议；负责对本地区有关行政管理部门、行业协会、生产和贸易企业提出的调整关税和进口环节税收政策的建议进行审核、协调和汇总上报；参与制定关税政策的研究工作；为拟定关税谈判方案提供依据和建议。具体任务是：

（一）负责本地区关税和进口税收政策的调研和建议工作。围绕本地区重点产业、重点产品、敏感商品、大宗进出口商品、上下游产品的关税税率、税目开展经常性的关税及进口环节税收政策调研，并及时提出相关的政策建议。

（二）负责调查进口产品对本地区相关产品的影响、冲击和损害情况，提出征收反倾销、反补贴税及实施保障措施、加征关税等方面的建议。

（三）负责对本地区行政管理部门、行业协会、生产和贸易企业提出的调整关税和进口环节税收政策的建议进行审核、协调和汇总上报。

（四）参与拟定年度关税调整方案的研究工作，提供相关素材和依据。负责审查、协调并汇总上报本地区各行业、企业对调整关税税率、增列关税税目以及调整年度暂定税率的商品范围和具体税率等方面的意见和建议。参加财政部"年度关税实施方案地方预备会"。

（五）参与关税谈判方案的拟定工作。结合本地区开展对外贸易的实际情况，按商品、国别或区域提出我国参加多边、双边关税谈判方案的具体出价、要价建议。

（六）负责关税及进口税收政策对本地区经济发展影响的分析、研究工作。跟踪分析研究关税及进口税收政策调整对本地区经济发展的影响，为国家相关政策的调整和制定本地区经济发展战略提供关税及进口税收方面的政策建议。

（七）负责本地区关税及进口税收政策的宣传、咨询工作。引导企业及时、准确地理解和执行国家关税及进口税收政策，为基层和企业做好相关的服务工作。关税及进口税收政策宣传、咨询和培训的主要内容是：(1)年度进出口关税税则、税率、税目的调整情况，进出口商品暂定税率的调整情况；(2)多边、双边关税协定的相关信息，包括参加协定的国家和地区，协定的关税优惠幅度，协定所涵盖的商品范围等；(3)国家重大的关税及进口税收政策；(4)对有关进口产品实施反倾销、反补贴、保障措施以及征收报复性关税的相关情况；(5)其他临时性关税及进口税收政策等。

（八）负责本地区并参与财政部有关关税基础信息搜集和数据库的建设工作。组织做好财政部下发的《重点产品国际竞争力调查表》定期编报工作，根据本地的产业、产品情况，选择并落实好调查对象，做好布置培训、报表收集、数据验收、汇总分析等工作，全面掌握本地区重点行业、企业、产品的国际竞争力情况，并在此基础上建立相应的信息数据库，为开展关税工作提供基础信息支持。

（九）受财政部委托，做好关税及进口税收政策方面的其他专项工作。

三、做好地方关税工作的几点要求

（一）要建立和完善多层次的关税联络员制度。各地财政部门要逐步建立和完善本地区重点行业及骨干企业关税联络员制度，形成重点覆盖、上下贯通的关税信息联络网，及时反映关税及进口税收方面的问题与建议。

（二）逐步建立有效的工作协调机制。加强与地方经贸商务管理部门、海关和企业的联系和沟通，逐步建立和完善以地方财政部门为主的本地区关税协调工作机制。

（三）开展制度化、经常化的关税信息沟通工作。一是视本地区实际需要，定期或不定期以多种方式，向财政部关税司报送本地区关税工作开展情况、经验、问题和建议等方面的信息；二是遇到紧急情况和特殊问题，以各种快捷形式，及时向财政部关税司反映，形成反映敏捷、规范高效的关税信息沟通工作机制；三是财政部将以编发《关税工作通讯》等形式，介绍全国关税工作的开展情况与工作经验、关税及进口税收政策动向和各种多边、双边关税谈判进展情况等前沿信息。在每次关税税则或关税或进口税收政策做出重大调整之后，财政部将及时把具体调整内容和有关说明通报各省(区、市)财政厅(局)。每年年初，对各省(区、市)提出的年度关税调整方案建议的处理情况，财政部将给予正式反馈。

(四)加强关税业务培训，提高关税工作人员和联络员的业务能力。各地要结合本地区实际情况，根据工作需要对本地区的关税工作人员和关税联络员进行业务培训和指导，加强对国际贸易、关税知识、关税政策、产业政策等方面的业务培训，逐步提高关税工作人员和联络员的工作能力及业务水平。

本通知自下发之日起执行。各地在执行本通知过程中，有何意见和建议，及时向财政部关税司反映。

河北省劳动和社会保障厅关于调整河北省职工最低工资标准的通知

冀劳社[2004]48号　　2004年6月18日

各设区市、县(市、区)人民政府，省立各部门：

根据国家劳动和社会保障部《最低工资规定》(劳动保障部令[2004]第21号)，经劳动和社会保障部审核，省人民政府批准，我省对职工最低工资标准做了调整，自2004年7月1日起执行。

一、调整后的最低工资标准：省辖设区市市区(含郊区)和深州市每月最低工资标准为520元，非全日制劳动者每小时最低工资标准为6元；除贫困县以外的其他县(含县级市)每月最低工资标准为470元，非全日制劳动者每小时最低工资标准为5.5元；贫困县每月最低工资标准为420元，非全日制劳动者每小时最低工资标准为5元。

月最低工资标准适用于全日制工作的劳动者。计入最低工资标准的工资报酬，包括由职工个人缴纳的养老保险、失业保险、医疗保险和住房公积金费用；不包括劳动者延长工作时间支付的加班加点工资，中班、夜班、高温、井下、有毒有害等特殊工作环境条件下的津贴，法律法规和国家规定的劳动者福利待遇等。

小时最低工资标准适用于每日工作不足5小时，累计每周工作不足30小时的非全日制就业的劳动者。小时最低工资标准除月最低工资标准的构成项目外，包括由用人单位应缴纳的基本养老保险费和基本医疗保险费。

二、最低工资标准实施范围是，在河北省行政区域内的企业、民办非企业单位、有雇工的个体工商户(统称用人单位)与之形成劳动关系的劳动者。

国家机关、事业单位、社会团体和与之建立劳动合同关系的劳动者依照执行。

各用人单位支付给提供正常劳动的劳动者的工资不得低于当地最低工资标准。用人单位应当在最低工资标准发布后10日内将新调整的最低工资标准向本单位全体职工公示，告知每一个劳动者。

各级人民政府及其有关部门要加强对最低工资标准执行情况的监督检查，对违反《最低工资规定》的用人单位依照法律法规予以处理。

河北省财政厅关于开展2004年会计信息质量检查和会计师事务所执业质量检查的通知

冀财监[2004]5号　　2004年6月15日

各市财政局：

为了加强会计监督，切实履行《会计法》和《注册会计师法》赋予财政部门的会计监督职责，提高会计信息质量，促进会计师事务所和注册会计师行业健康发展，根据财政部《关于开展2004年会计信息质量检查和会计师事务所执业质量检查的通知》(财监[2004]56号)精神，结合我省实际，现将今年开展会计师事务所执业质量检查和会计信息质量检查工作的有关事项通知如下：

一、检查范围和时间

(一)检查范围。根据财政部的要求，今年检查工作以会计师事务所为切入点，并延伸检查相关企业的会计信息质量。各市财政局受省厅委托对辖区内县(市、区)会计师事务所的执业质量进行检查(比例掌握在三分之一)，根据检查情况延伸检查相关企业的会计信息质量，在检查中要重点关注对民营企业、外商投资企业审计的会计师事务所。同时根据我省情况，各市财政部门可参考省财政厅确定的重点行业，结合本地实际、财政改革和管理的需要，自行组织开展会计信息质量检查工作。

（二）检查时间。今年全省会计信息质量检查和会计师事务所执业质量检查工作从 6 月中下旬开始，到 9 月中旬基本结束。9 月底，各市财政局上报检查工作总结材料。省财政厅将对检查工作进行汇总和总结，并按已发考核办法进行考核。

二、检查的组织实施

各市财政局根据省财政厅的统一部署，自行组织力量，抽调精干人员组成检查组，在本辖区范围内开展检查工作。

为保证检查质量，检查组可根据检查工作的实际需要，适当聘请注册会计师及相关人员参加。聘用人员必须符合财政部《委托会计师事务所及聘用注册会计师等相关人员开展会计信息质量检查暂行办法》规定的条件，被聘用人员必须严格遵守财政部门的各项检查规则和保密制度。各市财政部门开展检查工作发生的相关费用，由本级财政预算安排解决。

三、检查的主要内容及相关事项

（一）会计师事务所执业质量检查的主要内容是注册会计师和会计师事务所是否按照《中华人民共和国注册会计师法》和《独立审计准则》的要求履行审计程序和出具审计报告。包括以下几方面：

1. 注册会计师执业过程中是否完整地实施了必要的审计程序，审计工作底稿是否完整，记录是否真实详细，是否有充分适当的审计证据支持，已执行的审计程序和过程在审计工作底稿中是否如实体现；

2. 会计师事务所内部质量控制制度是否存在重大问题，是否存在违反质量控制基本准则的情况，是否建立并严格执行审计业务三级复核制度，审计人员是否认真履行职责规范，审计工作底稿记录有无复核查实。

3. 会计师事务所发表的审计意见是否恰当；出具的审计报告是否存在虚假、严重误导性内容，是否有重大遗漏。

4. 会计师事务所在办所条件、内部管理和会计基础工作等方面存在的违法违规问题。对内部管理混乱屡被投诉举报、低价招揽业务的会计师事务所，要进行深入检查。

5. 会计师事务所执业环境调查。在检查会计师事务所执业质量的同时，调查了解会计师事务所执业环境存在的问题，如有关部门滥设执业资格、收受事务所回扣、与事务所明脱暗不脱等。

对上述检查与调查中发现的重大违法违规问题，可以延伸检查以前年度。

（二）会计信息质量检查按照《财政部门实施会计监督办法》（财政部令[2001]10 号）的规定执行。

四、检查工作要求

（一）各市财政部门要加强组织领导，周密部署，务求实效，树立政府监管的良好形象。检查人员要认真学习相关法律法规，熟悉相关业务，充分利用专业力量，制定详细的检查方案，确保检查工作取得成效。

（二）避免重复检查。要注意与审计、税务、财政部门内部单位等的沟通协调，切实避免对企业和会计师事务所的重复检查。除核查人民来信等特殊情况，凡有关监管部门 2003 年度已检查或已列入 2004 年度检查计划的单位，一般不再纳入本次检查范围。

（三）检查要以《会计法》、《注册会计师法》、《中国注册会计师独立审计准则》等法律法规为依据，检查程序要严格按照财政部《财政部门实施会计监督办法》、《财政检查工作规则》等各项规定执行。检查人员要注意听取被查单位的意见，对被查单位有异议的问题，要附书面反馈材料；要认真收集检查证据和填写检查工作底稿，确保处理违法违规问题做到事实清楚、证据确凿、依据充分、处理恰当。

（四）要贯彻检查与调研相结合的方法，全面提高检查成效。要结合检查内容进行重点调研，要结合被查企业的行业特点，探讨如何提高企业的会计信息质量检查的效果，如何发挥财政监督职能，整顿和规范市场经济秩序。在调查了解注册会计师执业环境时，各检查组应认真全面地听取反映会计师事务所和注册会计师的意见，形成有价值的调查报告。要抓好信息工作，及时以工作简报形式向省财政厅上报检查工作进展情况、检查中的有效做法以及典型案例。对检查中发现的重大问题和政策不明问题，要及时请示省财政厅。

（五）检查人员要坚持实事求是、严格执法的原则，遵守廉政制度，注意保守被检查单位的商业秘密。对检查人员在检查过程中的违法违纪行为，要严肃追究有关责任人的责任。

（六）检查工作结束后，各市财政局要及时进行总结，于 2004 年 9 月 30 日前将检查报告及汇总报表、典型案例、会计师事务所检查报告等材料（包括电子数据）上报省财政厅财政监督检查处（局）。上报材料包括：

1. 检查总结报告。检查总结要着重突出对检查过程和检查结果的分析和归纳，深入剖析企业、会计师事务所存在的问题和原因，总结经验和有效做法，提出改进会计监督工作的意见和建议。

2. 汇总报表及软盘。在会计信息质量检查结束后，各市财政部门应及时汇总表 1 至表 6（见附件 1 略），将汇总数据及相应的软盘，按规定的时间和要求加盖单位公章后上报省财政厅。

3. 典型案例。各市应从今年检查的被查单位中挑选 1—2 个问题较多、有典型意义的被查单位，整理成案例报省财政厅。

4. 会计师事务所检查报告。具体包括对会计师事务所的检查结论和处理建议，会计师事务所基本情况表，会计师事务所主要客户清单，延伸检查企业基本情况及审计基本情况表，检查工作底稿，会计师事务所对检查结论的意见。会计师事务所检查报告格式见附件 2（略）。

河北省财政厅 河北省教育厅 关于制定农村中小学生均公用经费标准定额的通知

冀财教[2004]1 号　　2004 年 1 月 8 日

各市财政局、教育局：

根据国务院、省政府关于制定农村中小学生均公用经费标准的有关要求及财政部、教育部有关规定，经认真测算并报请省政府批准，现将农村中小学生均公用经费标准（以下简称生均公用经费标准）有关问题通知如下：

一、生均公用经费标准定额

（一）生均公用经费标准定额。生均公用经费标准定额分为两档，一档标准为：农村小学每生每年 160—230 元，农村初中每生每年 240—350 元；二档标准为：农村小学每生每年 100—160 元，农村初中每生每年为 160—240 元。

（二）财政预算内生均公用经费拨款标准。财政预算内生均公用经费仅指预算内正常公用经费，标准确定为：农村小学每生每年 15—60 元，农村初中每生每年 25—90 元，具体数额由各市、县自行确定，但不得低于上年实际执行水平。

二、生均公用经费标准的执行

（一）生均公用经费标准定额及预算内生均公用经费拨款标准自 2004 年开始执行。上年度人均可用财力（按财政供养人口计算）在全省平均值以上的县（市、区，以下简称“县”）执行一档标准，人均可用财力在全省平均值以下的县执行二档标准。执行生均公用经费定额一档标准及突破省定标准的县，其生均预算内公用经费应按省定高标准执行。

（二）按照生均公用经费应保持适度增长的原则，目前生均公用经费实际执行标准高于省定标准的，不得降低。财力允许的，可突破省定最高标准执行。财力确有困难，经努力执行省定标准仍有困难的县，可延至 2005 年执行。

（三）农村小学在校生规模在 200 人以下和初中在校生规模 600 人以下的较小规模学校以及寄宿制学校，生均公用经费标准应适度提高，具体幅度由各县在省定标准原则基础上根据实际情况自行确定。

县城所在地中小学生均公用经费标准参照本县应执行档次的高标准执行。

（四）生均公用经费增长比例。生均公用经费标准，要根据农村义务教育的发展需要和当地财力增长逐年提高，增长比例应与当地财力增长状况保持大体一致。

三、落实生均公用经费的保障措施

（一）切实保障公用经费投入。公用经费是农村中小学正常运转必需的经费，是农村义务教育投入的重要组成部分，事关农村基础教育的稳定和发展，因此，市、县特别是县级人民政府要采取有效措施，按照中央和省有关规定，加大支出结构调整力度，合理安排资金，确保农村中小学公用经费投入。农村中小学收取的杂费，应全部足额返还学校，严禁挤占、挪用及用于平衡财政预算。公用经费来源除学校按规定向学生收取的杂费外，不足部分由县级人民政府在年度财政预算中予以安排。对实行“一费制”的扶贫开发工作重点县和财力确有困难的县，上级政府要通过转移支付给予补助，建立起农村中小学生均公用经费的保障机制。

(二)认真执行生均公用经费标准和开支范围。各地要根据本通知规定的标准定额,认真贯彻落实,并按照《中小学校财务制度》(财文字[1997]281 号)等有关文件规定,明确开支范围。

公用经费开支范围包括:学校维持正常运转所需开支的业务费、公务费、设备购置费、修缮费和其他属于公用性质的费用等方面。特别要包括教师正常培训费用和新技术教学手段应用后的维持和运转费用。

(三)加强对公用经费的管理和监督。各地要按照《国务院关于进一步加强农村教育工作的决定》(国发[2003]19 号)及《河北省人民政府贯彻〈国务院关于进一步加强农村教育工作的决定〉的实施意见》(冀政[2003]64 号)精神,进一步加强对农村中小学公用经费的管理和监督,对违反国家和省有关规定,截留、挤占、挪用中小学公用经费和收费收入的行为,要严肃查处。为确保各地认真落实省定生均公用经费标准定额及财政预算内生均公用经费拨款标准,省对农村中小学公用经费执行情况实行年度通报制度。各中小学校要进一步加强财务管理,提高公用经费使用效益,确保农村中小学的正常运转。

国务院办公厅
转发卫生部等部门关于进一步做好新型农村合作医疗试点工作的指导意见的通知

国办发[2004]3 号　　2004 年 1 月 13 日

各省、自治区、直辖市人民政府,国务院各部委、各直属机构:

卫生部等部门《关于进一步做好新型农村合作医疗试点工作的指导意见》已经国务院同意,现转发给你们,请认真贯彻执行。

关于进一步做好新型农村合作医疗试点工作的指导意见

2003 年 12 月 15 日

卫生部、民政部、财政部、农业部、发展改革委、教育部、人事部、人口计生委、食品药品监管局、中医药局、扶贫办:

全国农村卫生工作会议以来,各地区、各有关部门认真贯彻落实《中共中央国务院关于进一步加强农村卫生工作的决定》(中发[2002]13 号)和会议精神,按照国务院办公厅转发卫生部等部门《关于建立新型农村合作医疗制度的意见》,积极组织开展新型农村合作医疗试点工作,取得了初步进展,受到了农民的欢迎。一些试点地区在实践中摸索出一些有效的做法,同时也发现了一些问题。为保证新型农村合作医疗试点工作顺利进行,现提出以下指导意见。

一、充分认识开展新型农村合作医疗试点工作的重要性和艰巨性

建立新型农村合作医疗制度,是新形势下党中央、国务院为切实解决农业、农村、农民问题,统筹城乡、区域、经济社会协调发展的重大举措,对于提高农民健康保障水平,减轻医疗负担,解决因病致贫、因病返贫问题,具有重要作用。建立新型农村合作医疗制度是一项十分复杂、艰巨的工作。各地区、各有关部门一定要从维护广大农民根本利益出发,因地制宜,分类指导,精心组织,精心运作,务求扎实推进试点工作,为新型农村合作医疗健康发展奠定良好基础。

二、明确试点工作的目标任务

建立新型农村合作医疗制度是一项复杂的社会系统工程,必须先行试点,逐步完善和推广。试点工作的主要目标任务是,研究和探索适应经济发展水平、农民经济承受能力、医疗服务供需状况的新型农村合作医疗政策措施、运行机制和监管方式,为全面建立新型农村合作医疗制度提供经验。各地区在试点期间不要定指标,不要赶进度,不要盲目追求试点数量,要注重试点质量,力争试点一个成功一个,切实让农民得到实惠。各地区试点工作多是在 2003 年下半年开始启动的,为有充分时间扎实做好试点机工作,2004 年原则上不再扩大试点数量。

三、必须坚持农民自愿参加的原则

开展新型农村合作医疗试点,一定要坚持农民自愿参加的原则,严禁硬性规定农民参加合作医疗的指标、向乡村干部搞任务包干摊派、强迫乡(镇)卫生院和乡村医生代缴以及强迫农民贷款缴纳经费等简单粗暴、强迫命令的错误做法。各地区要加强督查,发现这些问题,必须及时严肃查处,坚决予以纠正。

四、深入细致地做好对农民的宣传和引导工作

新型农村合作医疗制度真正受到农民的拥护，是这项制度不断发展的基础。地方各级人民政府必须高度重视，切实做好对农民的宣传教育和引导工作。要深入了解和分析农民对新型农村合作医疗存在的疑虑和意见，有针对性地通过典型事例进行具体、形象、生动的宣传，把新型农村合作医疗的参加办法、参加人的权利与义务以及报销和管理办法等宣传到千家万户，使广大农民真正认识建立新型农村合作医疗制度的意义和好处，树立互助共济意识，自觉自愿地参加新型农村合作医疗。

五、切实加强组织管理

各省、自治区、直辖市及试点地(市)人民政府要尽快成立由卫生、财政、农业、民政、发展改革、审计、食品药品监管、中医药、扶贫等部门组成的新型农村合作医疗协调领导小组，协调相关政策，加强工作指导和督查。合作医疗协调领导小组在同级卫生行政部门设办公室，负责有关具体工作。卫生部成立专家技术指导组，重点做好吉林、浙江、湖北、云南四省试点工作的跟踪指导、评估和全国省级业务骨干人员培训工作。各省、自治区、直辖市也要成立省级专家技术指导组，指导试点县(市)的工作。

试点县(市)要成立县级新型农村合作医疗管理委员会，建立经办机构，负责新型农村合作医疗的业务管理；在乡(镇)可设立派出机构(人员)或委托有关机构管理。县、乡经办机构的设立要坚持精简、高效的原则，合理配备人员，保证工作需要，编制由县级人民政府从现有行政或事业编制中调剂解决。经办机构的人员和工作经费列入同级年度财政预算，予以保证，不得从新型农村合作医疗基金中提取。地方各级人民政府要为试点县(市)开展新型农村合作医疗工作适当提供启动经费。

六、慎重选择试点县(市)

新型农村合作医疗试点县(市)原则上由省级人民政府确定，根据以下四个方面综合考虑：一是县(市)人民政府特别是主要负责人高度重视，积极主动地提出申请；二是县(市)财政状况较好，农民有基本的支付能力；三是县(市)卫生行政部门管理能力和医疗卫生机构服务能力较强；四是农村基层组织比较健全，领导有力，农民参加新型农村合作医疗积极性较高。暂不具备条件的县(市)先不要急于开展试点，可在总结试点经验的基础上逐步推进。

七、认真开展基线调查

各省、自治区、直辖市要组织有关专家，制订统一的基线调查方案，重点对试点县(市)的经济发展水平、医疗卫生机构服务现状、农民疾病发生状况、就医用药及费用情况、农民对参加新型农村合作医疗的意愿等进行摸底调查。已正式启动新型农村合作医疗试点工作，但尚未开展或未按要求开展基线调查的试点县(市)，要抓紧时间，尽快完成这项工作，减少试点工作的盲目性。

八、合理确定筹资标准

要根据农民收入情况，合理确定个人缴费数额。原则上农民个人每年每人缴费不低于 10 元，经济发达地区可在农民自愿的基础上，根据农民收入水平及实际需要相应提高缴费标准。要积极鼓励有条件的乡村集体经济组织对本地新型农村合作医疗给予适当扶持，但集体出资部分不得向农民摊派。中央财政对中西部除市区以外参加新型农村合作医疗农民平均每年每人补助 10 元，中西部地区各级财政对参加新型农村合作医疗农民的资助总额不低于每年每人 10 元，东部地区各级财政对参加新型农村合作医疗农民的资助总额应争取达到 20 元。地方各级财政的负担比例可根据本地经济状况确定。地方各级人民政府要根据《民政部、卫生部、财政部关于实施农村医疗救助的意见》制订实施细则，尽快建立农村医疗救助制度，资助贫困农民参加新型农村合作医疗，并对患大病的贫困农民提供一定医药费用补助，对患特种传染病的农民按有关规定给予补助；要注意把建立新型农村合作医疗制度同扶贫和医疗救助等工作结合起来，共同推进和发展。

九、进一步完善资金收缴方式

要改进农民个人缴费收缴方式，可在农民自愿参加并签约承诺的前提下，由乡(镇)农税或财税部门一次性代收，开具由省级财税部门统一印制的专用收据；也可采取其他符合农民意愿的缴费方式。各地区应将新型农村合作医疗资金运作周期与财政年度一致起来。地方各级财政要在农民个人缴费到位后，及时下拨补助资金，不得弄虚作假，套取上级财政补助资金，一旦发现要严肃查处。

十、合理设置统筹基金与家庭账户

各试点县(市)要在坚持大病统筹为主的原则下，根据实际情况，确定新型农村合作医疗的补助方式，鼓励基层积极创新。要积极探索以大额医疗费用统筹补助为主、兼顾小额费用补助的方式，在建立大病统筹基金的同时，可建立家庭账户。可用个人缴费的一部分建立家庭账户，由个人用于支付门诊医疗费用；个人缴费的其余部分和各级财政补助资金建立大病统筹基金，用于参加新型农村合作医疗农民的大额或住院医疗费用的报销。个人缴费划入家庭账户的比例，由各地区合理确定。

十一、合理确定补助标准

各试点县（市）要坚持以收定支、量入为出、逐步调整、保障适度的原则，在充分听取农民意见的基础上，根据基线调查、筹资总额和参加新型农村合作医疗后农民就医可能增加等情况，科学合理地确定大额或住院医药费用补助的起付线、封顶线和补助比例，并根据实际及时调整，既要防止补助比例过高而透支，又不能因支付比例太低使基金沉淀过多，影响农民受益。在基本条件相似、筹资水平等同的条件下，同一省（自治区、直辖市）内试点县（市）的起付线、封顶线和补助比例差距不宜过大。各地区根据实际确定门诊费用的报销比例，引导农民合理使用家庭账户。家庭账户节余资金，可以结转到下一年度使用。

十二、探索手续简便的报账方式

农民在县（市）、乡（镇）、村定点医疗机构就诊，可先由定点医疗机构初审并垫付规定费用，然后由定点医疗机构定期到县（市）或乡（镇）新型农村合作医疗经办机构核销。新型农村合作医疗经办机构应及时审核支付定点医疗机构的垫付资金，保证定点医疗机构的正常运转。新型农村合作医疗经办机构在审核诊疗项目和费用账目时，如发现定点医疗机构有违反新型农村合作医疗制度相关规定的情况，不予核销，已发生费用由定点医疗机构承担。农民经批准到县（市）级以上医疗机构就医，可先自行垫付有关费用，再由本县（市）新型农村合作医疗经办机构按相关规定及时审核报销。

十三、严格资金管理，确保基金安全

各省、自治区、直辖市财政等部门要组织制订新型农村合作医疗基金管理办法和基金会计制度，按照公开、公平、公正的原则管好、用好基金，不得挤占挪用。一旦发现有挪用或贪污浪费基金等行为的，要依法严处。省级新型农村合作医疗协调领导小组办公室应采取统一招标方式，选择网点覆盖面广、信誉好、服务质量高、提供优惠支持条件多的国有商业银行作为试点县（市）基金代理银行。可由财政部门在代理银行设立基金专用账户。所有新型农村合作医疗资金全部进入代理银行基金专户储存、管理。县（市）新型农村合作医疗经办机构负责审核汇总支付费用，交由财政部门审核开具申请支付凭证，提交代理银行办理资金结算业务，直接将资金转入医疗机构的银行账户。做到银行管钱不管账，经办机构管账不管钱，实现基金收支分离，管用分开，封阅运行。

十四、加强基金监管

新型农村合作医疗经办机构要定期向社会公布新型农村合作医疗基金的具体收支、使用情况，保证农民知情、参与和监督的权利，并接受有关部门的监督。试点县（市）要把基金收支和管理情况纳入当地审计部门的年度审计计划，定期予以专项审计并公开审计结果；县（市）、乡（镇）人民政府可根据本地实际，成立由相关部门和参加新型农村合作医疗的农民代表共同组成的新型农村合作医疗监督委员会，定期检查、监督基金使用和管理情况；各行政村要把新型农村合作医疗支付情况作为村务公开的重要内容之一，至少每季度张榜公布一次，接受村民的监督。

十五、努力改善农村卫生服务条件，提高服务质量

各地区要将试点工作同农村卫生改革与发展有机结合起来，大力推进县（市）、乡（镇）、村三级农村医疗卫生服务网的建设，改善基础设施条件，提高医疗服务水平，坚持预防为主，做好农村预防保健等公共卫生服务。要积极推进县、乡医疗卫生机构内部改革，推动乡（镇）卫生院上划县级卫生行政部门管理的工作，实行全员聘用制。鼓励县、乡、村卫生机构间的纵向合作，使县级医疗机构的技术服务向乡（镇）延伸，乡（镇）医疗卫生机构的技术服务向村延伸，同时鼓励发展民办医疗机构，让农民不出村、乡就能享受到较好的卫生服务。要制定引导医学院校大学毕业生到农村工作锻炼的政策，加大城市卫生支农工作力度，加强基层卫生人员培训，多方面提高农村卫生人员素质。县级卫生行政部门要合理确定新型农村合作医疗定点医疗服务机构，制订和完善诊疗规范，实行双向转诊制度，切实加强监管，严格控制医疗收费标准，不断提高医疗服务质量，向农民提供合理、有效、质优、价廉的医疗卫生服务。乡（镇）、村医疗卫生机构要转变观念，转变作风，立足于为民、便民、利民，端正医德医风，严格执行诊疗规范和新型农村合作医疗用药规定，深入到农民家庭开展预防保健和基本医疗服务，千方百计为农民节约合作医疗经费，使有限的资金发挥最大的效益。充分发挥中医药作用和优势，积极运用中医药为农民提供服务。

十六、加强农村药品质量和购销的监管

食品药品监管部门要加强农村药品质量的监管，严格药品批发企业、零售企业标准，规范农村药品采购渠道，切实加强对农村药品质量的监管力度，保证农民用药有效、安全。价格主管部门要加强对农村医疗卫生机构、药店销售药品的价格监督，严厉查处价格违法违规行为。卫生行政部门要规范医疗卫生机构用药行为，各省、自治区、直辖市卫生行政部门要制订新型农村合作医疗基本药物目录。推行农村卫生机构药品集中采购，也可由县级医疗卫生机构或乡(镇)卫生院为村卫生室代购药品，严格控制农村医药费用的不合理增长，减轻农民医药费用负担。关于加强药品质量和购销监管的具体办法，由食品药品监管局商有关部门另行制订。

地方各级人民政府要加强对新型农村合作医疗试点工作的领导，按照本指导意见提出的要求，加强调查研究和检查指导，结合本地区试点工作实际，不断调整和完善试点方案，扎扎实实地做好试点工作。

河北省财政厅
关于印发《河北省财政厅 2004 年工作思路》的通知

冀财办[2004]5 号　　2004 年 2 月 9 日

厅内各处室、单位，农开办：

为了深入贯彻落实好党的十六大、十六届三中全会精神，我厅于去年研究制定了《河北省财政厅 2003—2007 年财政工作纲要》。全省经济工作会议和省十届人大二次会议结束后，我厅结合财政工作实际，认真谋划 2004 年工作，研究制定了《河北省财政厅 2004 年工作要点》和《2004 年十四项突破性业务工作》。在上述基础上，根据省政府的要求，经过提炼和理整，又研究制定了《河北省财政厅 2004 年工作思路》，并已经 2004 年 2 月 6 日党组会讨论通过，现印发给你们，请遵照执行。

河北省财政厅 2004 年工作思路

为深入贯彻落实好党的十六大、十六届三中全会和省委六届三次、四次全会精神，遵循省委“往深里做、往实里做”的工作要求，体现“讲科学、求规范、重创新；兴财政、促发展、为人民”的理财思想，从财政方面落实中央和省委、省政府确定的各项经济社会改革与发展任务，2004 年我省财政工作思路为：围绕一个中心，突出两条主线，深化三项改革，体现四个倾斜，加强五项建设。

一、围绕一个中心

财政各项工作都要以加快经济发展和全面建设小康社会进程为中心。围绕这个中心，认真执行预算，合理配置财政资源，深化财政改革，完善财税政策，加快支出进度，充分发挥财政资金、政策和体制的调控引导作用，大力支持经济建设、“民心工程”建设，着力解决好“三农”问题，加快社会各项事业发展，促进社会全面进步。围绕这个中心，按照公共财政要求和集中财力办大事的原则，组织编制好 2005 年预算。围绕这个中心，大力加强财政干部思想建设、队伍建设和作风建设，树立为民、务实、清廉的财政工作形象。

二、突出两条主线

2004 年各项财政工作要以圆满完成 2004 年预算任务和编制好 2005 年预算为主线。认真执行预算，圆满完成预算任务，才能充分发挥财政资金促进改革发展、维护社会稳定的作用。编好下一年度预算，实现财政资金科学配置，才能为来年政府履行促进经济社会发展的职能提供良好的物质基础。

一是坚持不懈地抓好财政收入，通过完善财政体制，加强收入征管，努力做大财政“蛋糕”，壮大财政实力。进一步发挥财政体制的激励作用，充分调动各级财政增收的积极性，确保财政收入继续保持快速稳定增长。确保 2004 年全部财政收入计划完成 667.9 亿元，比上年预计完成可比增长 10.1%，其中，地方一般预算收入计划为 345.3 亿元，可比增长 9%；省级一般预算收入 92.1 亿元，可比增长 10.1%。二是严格预算管理，确保 2004 年支出预算顺利执行。坚持“一要吃饭，二要建设”和集中财力办大事的要求，突出重点，统筹兼顾，确保平衡。加快财政专项支出进度，发展性专项支出进度一季度达到20%以上，6月底达到60%以上，10月底达到90%以上。三是进一步贯彻公共财政和集中财力办大事的原则，深化预算改革，编制好2005年省级预算，切实解决预算资金安排“散”、“碎”问题，提高预算编制质量和财政资金配置效益。

三、深化三项改革

按照党的十六届三中全会提出的进一步完善财税体制的要求，继续深化财政管理改革、财政体制改革和农村税费改革。

（一）继续深化财政管理改革。一是深化预算管理改革。以整合资金集中财力办大事、提高财政资金配置效益为核心目标，完善预算决策和管理机制，进一步改革预算编制办法，合理配置各层次预算管理主体的责权。加大预算项目库的建设力度。进一步推行项目绩效预算，试编债务预算、三年滚动预算，建立支出绩效评价、考核监督、责任追究制度。二是继续深化财政国库管理制度改革。在2003年扩大试点的基础上，进一步将省直其他一级预算单位分期分批纳入试点范围，并向部分二级、三级预算单位延伸，到今年底在省级初步建立起以国库单一账户体系、零余额清算为基本方式的现代国库管理制度。选择4个市进行国库单一账户体系和零余额账户清算试点，县级财政集中支付向乡镇级延伸。三是进一步推进政府采购改革。认真贯彻《政府采购法》，进一步扩大政府采购的规模和范围，完善政府采购管理办法，编制政府采购预算。加强制度建设，规范政府采购行为，切实提高政府采购工作效率。四是加强财政法制和监督体系建设，保障财政资金规范、高效和安全运行。进一步加快依法理财步伐，研究制定省级政府预算管理规章，规范省级预算编制、执行、决算各个环节的管理。创新财政监督途径，强化对财政收支政策执行、财政资金运行质量的监督检查，探索建立和完善多层次、全方位、全过程、高效能的财政监督机制。

（二）继续深化财政体制改革。进一步探索推进省以下财政体制改革，按照建立公共财政体制的基本要求，合理界定省以下各级财政支出责任，逐步建立分工明确、相互补充的一般和专项转移支付制度，形成各级政府财政责权合理配置、有效实现财力分配纵向和横向平衡的分级财政体制框架。

（三）继续深化和完善农村税费改革，全面落实取消农业特产税、降低农业税税率政策，完善农业税减免制度，逐步建立农业税社会减免和灾歉减免正常机制，进一步减轻农民负担。深化粮食补贴环节改革，全面推行按粮食保护品种直接补贴农民的办法，努力增加农民收入。

四、体现四个倾斜

认真贯彻落实省委、省政府的各项战略部署，在保工资、保运转、保稳定的前提下，发展性财政资金和财政政策要向四项重点经济工作倾斜，向“民心工程”建设倾斜，向解决“三农”问题倾斜，向重点社会事业发展倾斜。

（一）突出四项重点经济工作，大力支持经济建设。一是在投资方面，发挥好财政资金的引导作用，强化政府宏观调控。研究制定财政投资、贴息、补助、担保等方面的管理制度和办法，规范发挥财政调控经济职能，着力实现财政支持经济发展方式方法的转变，有效发挥财政资金、政策和体制的激励、引导功能，切实将财政资金主要用于解决公共性问题和以杠杆方式发挥调节作用。进一步加强政府投融资体系建设，制定和规范对政府投融资机构的监督考核办法，强化考核监督，促进建立规范的政府投融资机构运作机制。今后省政府用于支持经济发展的资金，凡是适合市场化运作的，原则上都要通过投融资机构运作。拓宽省级投融资机构筹资渠道，壮大投融资机构资本实力。继续贯彻好积极财政政策，努力争取新的国债项目，管好用好国债资金，发挥国债投资对改善投资结构、优化产业结构的促进作用。综合运用基建支出、重点项目资本金、企业技改贴息、信息产业发展资金等，积极推进新型工业化。二是大力支持国企改革，促进国有经济结构战略性调整。认真贯彻落实促进国企改革的财政政策，支持国有企业主辅分离、辅业改制，减轻企业负担；确保省级分离国有企业办社会职能资金及时到位并发挥效益；会同有关部门研究编制国有资本经营预算，多渠道筹集并管理好国企改革发展资金。三是加大引导和支持力度，促进民营经济快速发展。财政安排的发展性资金和财税政策对各种所有制企业要“一视同仁”。用好中小企业发展专项资金，研究制定支持中小企业信用担保体系建设的政策措施，完善省市县中小企业信用担保体系。四是积极促进引进外资和外贸出口。认真落实好国家和我省吸引外资的财税优惠政策，用好招商引资和外贸发展专项资金，努力开辟国际金融组织和外国政府贷款融资渠道，重点支持基础设施、清洁能源建设、城市污水和大气污染治理。积极参与出口退税管理，及时拨付出口退税资金，促进我省外贸发展。

（二）积极落实、及时拨付"民心工程"建设资金，认真解决好人民群众生产生活问题。一是确保机关事业单位职工工资按时足额发放。加大对县乡转移支付力度，增强困难县保工资、保运转的能力。二是促进就业再就业，做好"两个确保"和"低保"工作。进一步完善再就业资金政策体系。从2004年起，省级每年从一般预算税收收入中拿出1%专项列入再就业资金预算。继续贯彻落实国家和省出台的一系列促进再就业的优惠政策，确保与各项优惠政策相关的资金落实到位。推进社保基金税务征收改革，加大征缴力度，努力做到应收尽收，逐步提高社会保障资金自求平衡能力。确保离退休人员养老金和国有企业下岗职工基本生活费按时发放。完善低保资金转移支付办法，调动各市增加资金投入的积极性，加大对困难地区支持力度，实现应保尽保。继续完善社会保障预算管理体系，进一步改进现行社保预算编制办法，强化社保预算管理。三是加大公共卫生资金投入，支持建立与社会主义市场经济体制相适应的公共卫生体系。管好用好国债资金和省补资金，完善省市县疾病控制体系和医疗救治体系，增强各级疾病预防控制能力、应急救治能力和应对突发公共卫生事件的能力。四是加快农村公路建设，改善农村生产生活条件。集中国债和地方配套资金，力争用3年时间，基本实现村村通油路目标，2004年全省各级筹措国债配套资金2.5亿元要如期到位。

（三）统筹城乡发展，努力加大对"三农"的财政支持力度。一是整合相关财政政策，完善县乡财政体制，支持农村小康社会建设，促进城镇化和县域经济发展。研究拟定财政促进农村小康社会建设的具体措施，从政策、体制、资金等方面推进城镇化和县域经济发展进程，改善县乡财政状况，增强县乡财政保障能力。二是通过落实农村税费改革各项政策和全面推进粮食补贴环节改革，进一步减轻农民负担，努力增加农民收入。三是优化各类财政支持农业资金投入结构。重点支持农业基础设施、农业综合开发、生态工程、农业结构调整、农业社会化服务体系和动物疫病防控体系建设。加强农村公共卫生体系建设，搞好农村合作医疗试点；教科文支出向农村倾斜，全面启动教育扶贫工程。四是完善市场建设资金的管理和使用，建立和完善劳动力市场网络，加大对农民的培训力度，为加快农村剩余劳动力转移创造条件。

（四）突出重点，统筹社会各项事业发展，提高公共服务水平。一是认真落实《教育法》，不断加大财政对教育的支持力度，促进教育布局调整，健全农村义务教育经费投入机制。继续支持农村中小学危房改造和布局调整"两项工程"、支持重点大学和重点学科建设"双重工程"，支持职业教育、成人教育和幼儿教育发展。二是落实好科学、文化等事业发展资金，以支持社会公益性事业建设为重点，加大资金整合力度，集中财力办大事。三是整合各类环保专项资金，加强生态保护和污染治理。着力支持重点流域、重点城市、重点区域的水污染和大气污染治理；支持农村环境治理，建设文明生态村；支持山区绿化、退耕还林（草）、水土保持、防沙治沙四大工程，营造良好人居环境。

五、加强五项建设

从五个方面加强机关党的建设和干部队伍建设，为实现财政改革与管理目标任务提供思想、政治和业务技术保障。

一是加强思想理论建设。进一步学习贯彻"三个代表"重要思想，以"三个代表"重要思想为指导定位财政职能、指导理财实践、拓展理财视野、更新理财思路、提升理财境界，以公共财政理论为指导谋划财政改革与发展，使我省财政工作沿着民主理财、依法理财、规范理财、科学理财的轨道推进。把进一步唱响"树正气、讲团结、求发展"的主旋律，作为凝聚人心、鼓足干劲、团结奋进、开拓创新的保证，推进各项财政工作任务顺利完成。

二是加强干部队伍业务素质建设。牢固树立以人为本观念，牢固树立"人才资源是第一资源"的观念，加强对干部职工的财政理论、业务技能的教育培训，推进以才兴财，为财政事业发展提供有力的人才保障。

三是加强领导班子建设。进一步学习贯彻省委六届四次全会精神，加强民主集中制建设，切实发挥"一班人"团结协作、集体领导的作用。把民主集中制原则在推进财政改革与发展进程中进一步落实到位。

四是加强廉政和行风建设。严格落实廉政责任制，坚持不懈地抓好党风廉政建设，认真开展警示教育、理想信念和廉洁从政教育，增强防腐拒变能力。大力倡导求真务实的优良作风，继续深入开展行风建设，按照省委提出的“严细深实快”的要求，切实转变干部思想作风和工作作风，促进理财水平和效率的不断提高。

五是进一步加快“金财工程”建设。以构建完善的政府财政管理信息系统为目标，以软件开发应用、网络建设和信息资源开发为重点，积极推进全省财政信息化建设，为实现规范理财、科学理财、高效理财提供良好的技术支撑。

2004 年是我省加快改革发展的重要一年。全省财政系统要大力弘扬求真务实的精神，同心同德，扎实工作，奋发努力，开拓创新，力争以重点工作的突破，进一步开创财政工作新局面。

河北省劳动和社会保障厅
河北省财政厅
关于企业离休人员有关待遇问题的通知

冀劳社[2004]5 号　　2004 年 2 月 16 日

各市劳动和社会保障局、各市财政局，省直有关部门，原行业统筹企业、中央直属军工企业：

根据《中共河北省委领导议事纪要》([2003]第 12 号)精神，按照企业离休干部与所在地党政机关离休干部待遇基本平衡的要求，现就企业离休人员有关待遇问题通知如下：

一、关于年终加发一个月生活补贴和误餐费问题。按照企业离休人员与所在地党政机关离休人员待遇基本平衡的要求分级负担、属地平衡、统一标准的原则，企业离休人员从 2003 年底按本人当年 12 月份的基本离休金数额增发一个月生活补贴（建国前参加革命工作并符合原劳动人事部劳人险[1983] 3 号文件规定条件退休的老工人，参照本通知规定按冀政办函[2003]27 号文件规定增发生活补贴）；从 2004 年 1 月份开始，按照当地有关政策和标准加发误餐费。所需资金由企业根据效益情况自行负担，并由离休人员原所在单位或原资金渠道发放，对特困企事业单位（三年连续亏损、连续半年不能发放工资的国有特困企业，原自收自支或实行企业化管理、连续三年收不抵支、连续半年不能发放工资的事业单位）由同级财政部门给予适当补贴。

二、关于丧葬补助金和遗属抚恤金问题。企业离休人员和建国前参加革命工作并符合原劳动人事部劳人险[1983]3 号文件规定条件退休的老工人自本通知下发之日起，不分职务级别，因公或因病死亡，按照冀劳人险[1988]360 号文件规定发放丧葬补助金；按照冀民优[1994]12 号和冀民优[1995]7 号文件规定，以本人生前基本离休金为基数计发一次性抚恤金。丧葬补助费和一次性抚恤金，参加基本养老保险统筹的，由养老保险统筹基金支付，未参加基本养老保险统筹的由原资金渠道支付。企业离休人员和建国前参加革命工作并符合原劳动人事部劳人险[1983]3 号文件规定条件退休的老工人死亡后，其遗属按照冀人发[2000]5 号文件规定领取的遗属生活困难补助金，属于 1945 年 9 月 2 日以前参加革命工作的，由养老保险统筹基金支付，未参加基本养老保险统筹的以及解放战争时期参加革命工作的由原所在单位或原资金渠道支付，其中，属于 1945 年 9 月 2 日以前参加革命工作并已经执行冀劳社办[1999]156 号文件规定的，仍按原标准和资金渠道支付。

三、关于冬季取暖补贴、住房差额补贴、电话费、原发生活补贴、目标津贴等问题。由石家庄市及其他有关设区市本着同一地区或同一系统企业（包括自收自支事业单位）离休干部与党政机关离休干部发放标准一致的原则，自行抓紧研究解决。

四、关于公用经费、特需经费问题。由各地各部门按照中央和省有关政策规定，督导企业予以认真落实。

劳动和社会保障部
关于农民工参加工伤保险有关问题的通知

劳社部发[2004]18 号　　2004 年 6 月 1 日

各省、自治区、直辖市劳动和社会保障厅(局)：

为了维护农民工的工伤保险权益，改善农民工的就业环境，根据《工伤保险条例》规定，从农民工的实际情况出发，现就农民工参加工伤保险、依法享受工伤保险待遇有关问题通知如下：

一、各级劳动保障部门要统一思想，提高认识，高度重视农民工工伤保险权益维护工作。要从践行“三个代表”重要思想的高度，坚持以人为本，做好农民工参加工伤保险、依法享受工伤保险待遇的有关工作，把这项工作作为全面贯彻落实《工伤保险条例》，为农民工办实事的重要内容。

二、农民工参加工伤保险、依法享受工伤保险待遇是《工伤保险条例》赋予包括农民工在内的各类用人单位职工的基本权益，各类用人单位招用的农民工均有享受工伤保险待遇的权利。各地要将农民工参加工伤保险，作为今年工伤保险扩面的重要工作，明确任务，抓好落实。凡是与用人单位建立劳动关系的农民工，用人单位必须及时为他们办理参加工伤保险的手续。对用人单位为农民工先行办理工伤保险的，各地经办机构应予办理。今年重点推进建筑、矿山等工伤风险较大、职业危害较重行业的农民工参加工伤保险。

三、用人单位注册地与生产经营地不在同一统筹地区的，原则上在注册地参加工伤保险。未在注册地参加工伤保险的，在生产经营地参加工伤保险。农民工受到事故伤害或患职业病后，在参保地进行工伤认定、劳动能力鉴定，并按参保地的规定依法享受工伤保险待遇。用人单位在注册地和生产经营地均未参加工伤保险的，农民工受到事故伤害或者患职业病后，在生产经营地进行工伤认定、劳动能力鉴定，并按生产经营地的规定依法由用人单位支付工伤保险待遇。

四、对跨省流动的农民工，即户籍不在参加工伤保险统筹地区（生产经营地）所在省（自治区、直辖市）的农民工，1至4级伤残长期待遇的支付，可试行一次性支付和长期支付两种方式，供农民工选择。在农民工选择一次性或长期支付方式时，支付其工伤保险待遇的社会保险经办机构应向其说明情况。一次性享受工伤保险长期待遇的，需由农民工本人提出，与用人单位解除或者终止劳动关系，与统筹地区社会保险经办机构签订协议，终止工伤保险关系。1至4级伤残农民工一次性享受工伤保险长期待遇的具体办法和标准由省（自治区、直辖市）劳动保障行政部门制定，报省（自治区、直辖市）人民政府批准。

五、各级劳动保障部门要加大对农民工参加工伤保险的宣传和督促检查力度，积极为农民工提供咨询服务，促进农民工参加工伤保险。同时要认真做好工伤认定、劳动能力鉴定工作，对侵害农民工工伤保险权益的行为要严肃查处，切实保障农民工的合法权益。

河　北　省　财　政　厅
河北省劳动和社会保障厅
转发财政部 劳动和社会保障部
关于中央管理企业下岗职工出中心
再就业有关问题的通知的通知

冀财社[2004]35号　　2004年7月1日

各市财政局、劳动和社会保障局：

现将财政部、劳动保障部《关于中央管理企业下岗职工出中心再就业有关问题的通知》（财社[2004]23号）转发给你们，请遵照执行。

财政部 劳动保障部
关于中央管理企业下岗职工出中心
再就业有关问题的通知

财社[2004]23号　　2004年4月26日

有关中央管理企业，各省、自治区、直辖市、计划单列市财政厅（局）、劳动保障厅（局），财政部驻各省、自治区、直辖市、计划单列市财政监察专员办事处：

为切实做好中央管理企业下岗职工出再就业服务中心（以下简称中心）再就业工作，根据《劳动和社会保障部财政部关于妥善处理国有企业下岗职工出中心再就业有关问题的通知》（劳社部发[2003]24号）精神，现就有关问题通知如下：

一、中央管理企业下岗职工出中心再就业工作实行总公司负责制。各总公司要加强领导，精心组织，周密安排，结合再就业工作的进展，制定下岗职工出中心再就业工作方案及应对突发事件的工作预案，帮助、指导所属企业按劳社部发[2003]24号文件有关规定，在确保稳定的前提下，推进下岗职工出中心，并妥善处理好职工与原企业的劳动关系，积极促进下岗职工再就业。

二、中央管理企业原则上执行企业所在地下岗职工出中心再就业政策，与下岗职工解除劳动关系所需支付的经济补偿金标准，原则上按照所在地级市的有关规定执行。拖欠下岗职工的各种债务，企业可按规定通过变现资产、转让土地使用权等方式筹措资金，具体偿还办法由企业与拟解除劳动关系的下岗职工协商解决。企业不能落实支付经济补偿金和拖欠职工债务所需资金的，原则上不得与职工解除劳动关系。对协议期未满且尚未实现再就业的下岗职工，要继续运用现有各类渠道筹集的资金保障其基本生活。

三、对距法定退休年龄不足 5 年或工龄已满 30 年，实现再就业有困难的下岗职工，原则上不再与企业解除劳动关系，可采取企业内部退养的办法，由企业发给基本生活费并按规定继续为其缴纳社会保险费，达到退休年龄时正式办理退休手续。对实现再就业有困难且接近内部退养年龄的下岗职工，在解除劳动关系时，经企业和职工协商一致，可以签订社会保险缴费协议，由企业继续为职工缴纳基本养老保险费和基本医疗保险费，不支付经济补偿金。

四、为鼓励下岗职工再就业，稳妥推进下岗职工出中心工作，对中央管理企业中的困难企业（以下简称中央困难企业）与已实现再就业的下岗职工解除劳动关系所需经济补偿金，由中央财政给予适当补助。中央财政对中央困难企业经济补偿金的补助，原则上不超过所需经济补偿金总额的 60%，人均最高补助额不超过 6000 元，其余部分由企业自筹解决，企业自筹确有困难的，由所属总公司帮助解决。此项补助政策暂定执行到 2005 年底。

本通知所指困难企业，是指自 2002 年以来连续 2 年亏损或上年度严重亏损、固定性支出大于现金流入的国有企业不包括执行国家专项政策规定的中央管理企业及新疆生产建设兵团。

本通知所指已实现再就业的下岗职工，是指已进入中心，协议期未满或协议期已满但未与原企业解除劳动关系，且申报已再就业的国有企业下岗职工。不包括已用国有资产安置的国有企业改制分流人员。

五、中央困难企业负责制定本企业下岗职工出中心工作方案，包括实施步骤、时间、组织领导、具体操作政策、拟解除劳动关系下岗职工的基本情况、经济补偿金需求及筹措办法、社会保险关系接续办法、拖欠下岗职工的债务偿还办法等。下岗职工出中心工作方案必须征求并充分吸取工会和职工的意见。总公司对所属企业的下岗职工出中心工作方案进行审核汇总后，分别报财政部和劳动保障部备案。

六、中央困难企业的下岗职工出中心及申请中央财政补助按下列程序办理有关手续：

（一）中央困难企业拟与已实现再就业的下岗职工解除劳动关系，首先要向当地劳动保障部门、财政部门提出申请，并同时报送本企业下岗职工出中心工作方案、《中央困难企业经济补偿金财政补助资金申请表》（表样见附件）、已实现再就业的下岗职工同意与原企业解除劳动关系的协议、已实现再就业的下岗职工进中心时签订的协议书、再就业证明（从事个体经营的，需提供个体工商营业执照复印件；单位就业的，需提供再就业单位出具的工资发放凭证；从事灵活就业的，个人申报后由户口所在地街道、社区劳动保障工作机构签署意见）、自 2002 年以来企业各年度的生产经营状况和职工工资发放情况等相关材料。中央困难企业必须在所在地市级工商银行开设单独的经济补偿金专户，并将企业自筹经济补偿金部分及时划入经济补偿金专户。

（二）当地劳动保障、财政部门对中央困难企业下岗职工出中心工作方案进行审核，重点审核中央困难企业当期拟解除劳动关系的已实现再就业的下岗职工基本情况、经济补偿金支付标准、经济补偿金数额、社会保险缴费情况等，并在《中央困难企业经济补偿金财政补助资金申请表》上签署意见后报送财政部驻当地财政监察专员办事处。

（三）财政部驻各地财政监察专员办事处在接到经当地劳动保障、财政部门审核同意的企业上报材料后，要严格把关，对辖区内中央困难企业及其已实现再就业的下岗职工是否具备享受经济补偿金中央财政补助条件、企业自筹资金到位情况等进行逐户审核，并在《中央困难企业经济补偿金财政补助资金申请表》上签署意见。

（四）总公司在对经当地劳动保障、财政部门和财政监察专员办事处审核同意的《中央困难企业经济补偿金财政补助资金申请表》进行审核汇总后，向财政部申请中央财政经济补偿金补助资金。财政部对总公司提出的经济补偿金财政补助资金申请进行审定后，将中央财政补助资金拨付给总公司，总公司要及时将中央财政补助资金直接拨付到中央困难企业经济补偿金专户。

（五）中央困难企业根据下岗职工出中心工作方案，办理与已实现再就业的下岗职工解除劳动关系手续，并将当地劳动保障部门出具的解除劳动关系人员档案移交、接续社会保险关系等有关回执及时上报总公司。同时，要在经济补偿金专户所在银行为每个解除劳动关系的已实现再就业的下岗职工建立个人收款账户，在收到中央财政补助资金后 5 个工作日内将经济补偿金从企业经济补偿金专户直接划入每个已实现再就业的下岗职工的个人收款账户。

（六）财政部驻各地财政监察专员办事处要及时对辖区内中央困难企业经济补偿金发放工作进行跟踪检查，对企业经济补偿金专户当年实际支付给解除劳动关系的已实现再就业的下岗职工本人的经济补偿金数额、财政补助和企业负担的经济补偿金数额等进行审核，并于下年 1 月底前汇总出具辖区内本年度中央困难企业经济补偿金发放情况的审核报告，上报财政部。

（七）年度终了后，财政部与总公司清算中央困难企业下岗职工基本生活保障财政补助资金时，对中央困难企业经济补偿金财政补助资金单独进行清算。

七、各总公司要规范操作，严格审核把关，确保资金专款专用，并督促所属企业认真做好中心的关闭善后工作。中央困难企业要对建立中心以来的情况进行全面总结并上报总公司，做到人员去向、劳动关系、资金使用、账目资料“四清”。总公司要对关闭中心历年来下岗职工基本生活保障资金的使用管理情况进行专项审计，负责将关闭中心时结余的下岗职工基本生活保障资金收回，并将审计报告作为总公司下岗职工基本生活保障资金年度清算报告的附件上报财政部。

八、各地财政、劳动保障部门要积极指导辖区内中央管理企业及其总公司做好下岗职工出中心再就业工作。要加强业务指导与监督检查，规范各项审核和审批工作，及时出具相关证明，认真做好解除劳动关系人员各项社会保险关系的接续、转移工作，街道、社区劳动保障工作机构要及时了解掌握下岗职工的就业状况（包括从事灵活就业）。要将中央管理企业纳入当地再就业工作规划，及时向中央管理企业中符合条件的人员发放《再就业优惠证》，落实好各项再就业扶持政策。各地劳动保障部门要加大对中央管理企业大龄就业困难对象的再就业援助力度，认真落实相应扶持政策，帮助他们尽快实现再就业。

九、本通知自 2004 年 5 月 1 日起执行，执行中出现的问题，请及时向财政部、劳动保障部反馈。

附件：中央困难企业经济补偿金财政补助资金申请表

河 北 省 民 政 厅
河 北 省 卫 生 厅
河 北 省 财 政 厅

关于印发《河北省贫困艾滋病患者家庭救助管理办法》的通知

冀民[2004]93 号　　2004 年 7 月 21 日

各市民政局、卫生局、财政局：

为了进一步推动艾滋病总体防治工作，体现社会关怀，有效保障生活困难的艾滋病患者家庭的生活权益，现将《河北省贫困艾滋病患者家庭救助管理办法》印发你们，请遵照执行。

河北省贫困艾滋病患者家庭救助管理办法

为切实维护生活困难的艾滋病患者、患者家属和患者遗孤的合法权益，做好贫困艾滋病患者家庭救助工作，依据国务院《关于切实加强艾滋病防治工作的通知》（国发[2004]7 号）和民政部《关于加强对生活困难的艾滋病患者、患者家属和患者遗孤救助工作的通知》（民函[2004]111 号），结合我省实际，制定本办法。

一、指导思想

以“三个代表”重要思想为指导，坚持“以人为本，为民解困”的宗旨，认真贯彻落实国务院《关于切实加强艾滋病防治工作的通知》（国发[2004]7 号），根据国家有关社会救助政策，及时将经济困难的艾滋病患者及其家属纳入政府救助范围，体现社会关怀，维护社会稳定。

二、遵循的原则

贫困艾滋病患者家庭救助工作遵循平等、关怀、保护隐私的原则。

(一)有关部门在救助办理过程中对艾滋病患者及其家属不得有歧视性行为,应一视同仁;

(二)对已发现的艾滋病患者,有关部门应采取积极措施,主动了解其家庭生活状况,符合条件的,按有关程序纳入救助范围;

(三)非经本人同意,任何单位和个人不得将艾滋病感染者和病人的姓名、住址等个人情况公布或传播,防止社会歧视。

三、救助对象

救助对象主要是家庭生活困难的艾滋病患者及其家属、已故艾滋病患者遗留的孤儿和孤老。

本文所称艾滋病患者是指艾滋病病人和艾滋病病毒感染者。

四、救助方式

对生活困难的艾滋病患者、患者家属及患者遗孤,根据本人意愿和有关政策,分别采取以下救助方式:

(一)将家庭人均收入低于当地最低生活保障(以下简称低保)标准的城镇艾滋病患者家庭纳入城镇居民最低生活保障范围;

(二)在已经建立农村低保制度的地区,将家庭人均收入低于当地农村低保标准的艾滋病患者家庭纳入农村低保范围;

(三)在尚未建立农村低保制度的地区,将生活困难的艾滋病患者家庭按规定列为农村特困户基本生活救助对象,发给《农村特困户救助证》,给予定期定量生活救济;

(四)对于农村居民中的艾滋病患者遗孤,符合五保供养条件的,根据本人意愿,按《农村五保供养工作条例》的规定纳入五保供养范围;

(五)对于城镇居民中的艾滋病患者遗孤,根据情况分别给予全额享受或差额享受低保金待遇,其中的“三无”人员,符合条件的要由福利机构依法收养;

(六)对于农村居民中生活困难的艾滋病患者家庭,按照有关政策给予必要的医疗救助。

五、申请审批程序

生活困难的艾滋病患者家庭申请救助,按照申请的救助方式,分别依照相关程序进行。

(一)申请享受城市居民最低生活保障待遇,由户主向户籍所在地的街道办事处或者镇人民政府提出书面申请,并出具有关证明材料,填写《城市居民最低生活保障待遇审批表》。城市居民最低生活保障待遇,由其所在地的街道办事处或者镇人民政府初审,并将有关材料和初审意见报送县级人民政府民政部门审批。

(二)申请农村低保或农村特困户救济,按照个人申请、村民代表会议评议、村委会申报、乡镇政府审核、县级民政部门审批的程序办理。

(三)申请五保供养待遇的由村民本人申请或者由村民小组提名,经村民委员会审核,报乡镇人民政府批准,发给《五保供养证书》。

(四)申请农村医疗救助的按照省民政厅、卫生厅、财政厅《关于建立农村医疗救助制度的实施意见》(冀民[2004]11号)和当地有关规定办理。

六、组织和实施

(一)保护贫困艾滋病患者家庭生活权益,对生活困难的艾滋病患者、患者家属和患者遗孤实施救助是全社会的共同责任。

(二)民政部门负责对生活困难的艾滋病患者、患者家属和患者遗孤救助的具体实施;基层民政部门应根据卫生部门提供的艾滋病患者名单和地址,深入调查了解其家庭生活状况,对生活困难的按有关政策给予适当救助。

(三)卫生部门负责向民政部门提供本辖区内艾滋病患者名单、居住地址及其家庭成员有关健康方面的资料;

(四)财政部门要加强对城镇低保、农村社会救济等资金的管理,确保贫困艾滋病患者家庭救助工作具有稳定的资金来源;

(五)提倡社会互助,鼓励社会各界对生活困难的艾滋病患者,患者家属和患者遗孤进行援助和捐赠;

(六)各县(市、区)民政部门应根据本《办法》制定实施细则。

河北省财政厅
河北省卫生厅
关于印发《河北省新型农村合作医疗基金财务管理办法(试行)》的通知

冀财社[2004]38号 2004年7月23日

各市财政局、卫生局:

为规范和加强新型农村合作医疗基金的财务管理,保证基金的安全运行和使用效益,根据《国务院办公厅转发卫生部等部门关于进一步做好新型农村合作医疗试点工作指导意见的通知》(国办发[2004]3号),并参照《社会保险基金财务制度》,我们对《河北省新型农村合作医疗基金财务管理办法(试行)》(冀财社[2003]81号)进行了修订,现印发给你们,请遵照执行。执行中遇到的问题,请及时反馈,以便进一步修订完善。冀财社[2003]81号同时废止。

附件:河北省新型农村合作医疗基金财务管理办法(试行)

河北省新型农村合作医疗基金财务管理办法

(试行)

第一章 总 则

第一条 为规范和加强新型农村合作医疗基金财务管理,保证基金安全运行,充分发挥基金使用效益,根据《国务院办公厅转发卫生部等部门关于进一步做好新型农村合作医疗试点工作指导意见的通知》(国办发[2004]3号),参照《社会保险基金财务制度》,制定本办法。

第二条 本办法适用于河北省行政区划内,由县级人民政府举办的农民自愿参加的新型农村合作医疗基金的财务管理。

第三条 县级合作医疗管理委员会下设的合作医疗经办机构,具体负责新型农村合作医疗基金的收缴、审核、报销工作。

第四条 新型农村合作医疗基金的会计核算,按照省财政厅、卫生厅印发的《河北省新型农村合作医疗基金会计核算办法(试行)》执行。

第五条 新型农村合作医疗基金是指由参加农村合作医疗农民自愿缴纳的保费和政府及集体资助等多方筹集的,专门用于对参加新型农村合作医疗农民基本医疗费用进行补偿的资金。

第六条 新型农村合作医疗基金纳入财政专户管理。合作医疗试点县的财政部门应在经省合作医疗领导小组办公室统一确定的国有商业银行(代理银行)设立新型农村合作医疗基金专用账户。新型农村合作医疗基金应单独核算、专账管理、专款专用,不得截留、挤占和挪用。

第七条 合作医疗经办机构应配备具有会计资格的专职财会人员担任财务管理工作。财会人员必须严格执行国家和省的有关规定,认真做好新型农村合作医疗基金的收缴、使用和管理工作,确保合作医疗基金合理使用、安全运行。财会人员发生变更时,必须按照有关规定认真做好财务手续交接工作。

第八条 新型农村合作医疗基金会计档案要按照档案管理的有关规定及时归档,妥善保管,保持完整,按时移交。

第二章 基金预算

第九条 新型农村合作医疗基金预算是合作医疗经办机构根据当地农民、集体和政府的经济承受能力,按照农民的意愿及新型农村合作医疗政策、实施办法、章程等规定,编制的合作医疗基金财务收支计划。

第十条 预算的编制、审批和执行

1. 合作医疗经办机构应按照"以收定支,收支平衡,略有结余"的原则,根据上年度基金预算执行情况和本年度基金收支预测,编制新型农村合作医疗基金预算草案。

2. 编制年度基金预算草案,应按照财政和卫生行政部门规定的时间及编制要求进行。

3. 新型农村合作医疗基金预算由县级财政、卫生行政部门按规定时限审核,并报县级合作医疗管理委员会审批。

4. 合作医疗经办机构按照合作医疗管理委员会批准的预算筹集和使用基金。在预算执行中,遇特殊情况需要调整时,应由合作医疗经办机构编制调整方案,按基金预算编制程序报批。

5. 合作医疗经办机构应每月向县级财政和卫生

行政部门报告基金筹集及使用情况;每季度向合作医疗管理委员会、监督委员会报告基金筹集及使用的执行情况。市、县级财政和卫生行政部门应每季向上级财政和卫生行政部门报告基金筹集及使用情况。

6. 财政、卫生行政部门要对新型农村合作医疗基金财务报表进行审核分析,发现问题及时核实、纠正。

第三章 基金筹集

第十一条 新型农村合作医疗基金实行个人缴费、集体扶持和政府资助相结合的筹资模式。

第十二条 新型农村合作医疗基金收入由个人缴纳保费收入,乡镇企事业单位缴纳保费收入,政府资助收入,农村集体经济组织扶持资金收入,医疗救助资金资助收入,利息收入和其他收入组成。

1. 个人缴纳保费收入是指农民自愿向合作医疗经办机构缴纳的参加合作医疗的保费收入。个人缴纳保费的标准原则上每人每年不低于10元,具体标准由县级合作医疗管理委员会根据当地社会经济发展水平和农民的承受能力确定。

2. 乡镇企事业单位缴纳保费收入是指乡镇企事业单位为本单位职工向合作医疗经办机构缴纳的保费收入。乡镇企事业单位为职工缴纳保费的标准,原则上不低于各级财政对参加新型农村合作医疗农民的补助和农民个人缴纳保费之和,具体缴纳标准由当地合作医疗管理委员会确定。

3. 政府资助收入是指中央和省、市、县级财政资助新型农村合作医疗的资金收入。

4. 农村集体经济组织扶持资金收入是指农村集体经济组织扶持新型农村合作医疗的资金收入。

5. 医疗救助资金资助收入是指民政部门利用农村医疗救助基金资助农村五保户和县级人民政府规定的贫困农民参加新型农村合作医疗,向合作医疗经办机构代其缴纳的保费收入。

6. 利息收入是指新型农村合作医疗基金存入财政专户的利息收入。

7. 其他收入是指社会募捐、捐赠、资助等。

第十三条 农民参加新型农村合作医疗的保费必须在上一年的年底前筹集完成,具体筹集时间和办法由县级合作医疗管理委员会确定。

第十四条 政府资助资金在个人保费收缴完成后,按县(市)、市、省的顺序逐级申报,依次经同级或上级财政部门对个人保费收缴和下级财政补助资金到位情况进行审核确认,各级审核确认时间应在7个工作日内完成,审核确认后的7个工作日内完成资金下拨。地方财政补助资金到位后,由省财政和卫生行政部门按照规定程序,向中央财政申请新型农村合作医疗补助资金,并于中央补助资金到达后7个工作日内下拨。

第十五条 收缴新型农村合作医疗基金,必须开具省级财政部门统一印制的收费凭证。

第四章 基金支付

第十六条 新型农村合作医疗基金按不超过5%的比例提取风险基金。

第十七条 新型农村合作医疗基金实行大病统筹与家庭账户相结合的补偿方式。家庭账户基金只能用农民个人缴费的一部分建立,个人缴费划入家庭账户基金的比例由县级合作医疗管理委员会确定,用于支付门诊医疗费用。大病统筹基金由个人缴费的其余部分和各级财政资助资金及其他渠道筹集资金建立,用于参加新型农村合作医疗农民的大额或住院医疗费用的补偿。

第十八条 新型农村合作医疗基金支出应按县级合作医疗实施办法规定的报销范围和补偿比例支付。具体报销办法由合作医疗管理委员会根据当地实际确定,任何个人不得随意更改。

第十九条 新型农村合作医疗基金支出项目可分为医疗基金支出和风险基金支出。

1. 医疗基金支出指按规定的补偿比例和限额,用医疗基金支付医疗费用的支出,包括家庭账户基金支出与大病统筹基金支出。根据不同的补偿方式可分为门诊医药费用支出和住院医药费用支出,还可以进一步将门诊和住院的医药费用分为医疗费支出和药费支出。

2. 风险基金支出指按当地合作医疗实施办法、章程和制度规定,用于弥补医疗基金超支的支出。

第二十条 严格基金支付审批程序。新型农村合作医疗基金支付必须经医疗卫生机构或就诊病人申请,由经办机构根据补偿规定审核,交由财政部门审核开具支付凭证,提交代理银行办理资金结算,将资金直接拨付给医疗卫生机构或就诊病人。

第五章 基金结余

第二十一条 新型农村合作医疗基金结余是指收支相抵后的余额,包括家庭账户基金结余与大病统筹基金结余。大病统筹基金结余转入历年结余，只能用于弥补合作医疗基金超支，不得挪作他用。家庭账户基金结余，转入下年度继续使用。

第二十二条 新型农村合作医疗基金在运行中出现缺口时，合作医疗经办机构应及时向同级财政、卫生行政部门报告；出现重大缺口时，应及时向合作医疗管理委员会报告，并按照第二十三条规定的程序妥善解决。

第二十三条 新型农村合作医疗基金当年入不敷出时，按下列顺序解决：

1. 经合作医疗管理委员会批准动用风险基金调剂解决；

2. 经合作医疗管理委员会批准动用历年滚存结余；

3. 调剂后仍存在不足的，可由同级财政部门给予适当支持；

4. 在财政给予适当支持的同时，由县级合作医疗管理委员会按国家和省有关规定，对合作医疗实施方案中的筹资标准、补偿比例等进行适时调整，并按照规定程序报批后实施。

第二十四条 合作医疗管理机构和经办机构应积极探索既保证农民基本医疗服务，又有利于控制医疗费用不合理支出的支付方式。

第六章 资产负债

第二十五条 资产是指新型农村合作医疗基金筹集、使用过程中形成的现金、财政专户存款、暂付款等。

第二十六条 财政部门和合作医疗经办机构应按有关规定建立健全内部控制管理制度。

第二十七条 合作医疗经办机构应按照《新型农村合作医疗基金会计核算办法》(试行)的规定，及时办理合作医疗基金存储手续，按月与开户银行、财政部门对账，保证账证、账账、账表、账款相符。

第二十八条 负债是指在新型农村合作医疗基金筹集、使用过程中，所发生的暂收款和临时借款等，应定期清理，及时偿还。

第七章 基金决算

第二十九条 合作医疗经办机构于年度终了后，按省财政厅和卫生厅颁发的《河北省新型农村合作医疗基金会计核算办法(试行)》统一规定的报告时间和编制要求等，编制新型农村合作医疗基金年度财务会计报告。编制年度财务会计报告应做到数字真实、计算准确、内容完整、报送及时。

第三十条 合作医疗经办机构应按照会计核算制度的规定，按时向县级合作医疗管理委员会和县级财政、卫生行政部门报送新型农村合作医疗基金财务会计报告。市级财政、卫生行政部门负责向省汇总、审核、上报全市新型农村合作医疗基金财务会计报告。基金财务会计报告包括新型农村合作医疗基金收支表、资产负债表和有关附表及财务情况说明书。财务情况说明书主要说明新型农村合作医疗基金的财务收支情况，对本期或下期财务状况发生重大影响的事项及需要说明的其他事项。

第三十一条 合作医疗经办机构编制的年度财务会计报告，经县级财政、卫生行政部门审核，审计部门审计后，报合作医疗管理委员会批复。经审核批准的新型农村合作医疗基金年度财务会计报告为基金决算。新型农村合作医疗基金年度决算应向社会公布，主动接受社会和参合农民的监督。

第八章 监督检查

第三十二条 合作医疗经办机构要建立健全新型农村合作医疗基金内部管理、控制和核算制度，加强基金管理，定期向社会公布新型农村合作医疗基金的筹集和使用情况，实行账目公开、民主理财，同时接受人大、财政、审计及合作医疗监督委员会的监督检查。

第三十三条 新型农村合作医疗基金的年度审计由县级审计机关负责并列入审计机关年度审计计划。

第三十四条 县级农村合作医疗经办机构在收到审计报告后，应针对审计报告反映的问题及时研究制定整改措施，认真解决基金管理中存在的问题，同时将审计报告和整改措施及结果报同级和上级财政、卫生行政部门备案。

第三十五条 合作医疗监督委员会应定期和不定期地对新型农村合作医疗基金筹集、使用情况等进行监督检查。对违纪或违法行为进行调查，向政府领导汇报并提出处理意见。

第三十六条 下列行为属于违纪或违法行为：

1. 截留、挤占、挪用、贪污新型农村合作医疗基金；

2. 违背新型农村合作医疗实施办法、章程和制度，擅自改变补偿项目或补偿比例；

3. 未将新型农村合作医疗基金及利息等收入存

入合作医疗基金财政专户；

4. 其他违反国家法律、法规、规章及规定的行为。

第三十七条 属于第三十六条所列行为，应限期纠正，并作相应的追回、退还等处理。对违反国家财经纪律和新型农村合作医疗管理规定的主管人员和直接责任人，按照国家和新型农村合作医疗的有关规定严肃处理，由主管部门给予行政处分。对触犯刑律的移交司法机关，依法追究刑事责任。

第九章 附 则

第三十八条 各县（市）财政、卫生部门应根据本办法的规定，结合当地实际制定实施细则，并报省、市财政和卫生部门备案。

第三十九条 本办法由省财政厅负责解释。

第四十条 本办法自发布之日起执行。

河北省财政厅 河北省卫生厅 关于印发《河北省卫生事业专项资金管理暂行办法》的通知

冀财社[2004]45 号　　2004 年 8 月 20 日

各市财政局、卫生局：

为了规范和加强中央及省补地方卫生事业专项资金的管理，根据财政部、卫生部《中央补助地方卫生事业专项资金管理暂行办法》(财社[2004]24 号)精神，我们制定了《河北省卫生事业专项资金管理暂行办法》，现印发给你们，请遵照执行。执行中有何问题，请及时向我厅反馈。

附件：河北省卫生事业专项资金管理暂行办法

河北省卫生事业专项资金管理暂行办法

第一条 为规范和加强中央及省补地方卫生事业专项资金的管理，提高资金使用效益，根据国家有关法律、法规及财务规章制度，制定本办法。

第二条 为提高公共卫生和农村卫生服务能力以及突发性公共卫生事件应急能力，建立健全公共卫生信息网络体系、疾病预防控制体系、医疗救治体系、卫生监管体系，加强重大疾病预防控制等，在积极争取中央财政支持的同时，省、市人民政府要努力增加对卫生事业的投入。省级财政设立卫生事业专项资金(以下简称省级专项资金)，重点支持贫困及困难地区卫生机构房屋修缮、设备购置和重大疾病控制业务工作经费补助及人员培训等。

第三条 专项资金按照统筹规划、科学立项、统一分配、分级管理、单独核算、专款专用、追踪问效的原则进行分配和管理。

第四条 专项资金根据需求调查和疫情报告等情况，按因素法进行分配。用于提高医疗卫生服务和执法监督能力的专项资金主要根据卫生资源配置、需求调查和卫生事业发展中长期规划及有关配置标准等因素分配；用于疾病预防控制等业务工作的专项资金主要根据疫情报告和疾病防治规划及防治工作要求等因素分配；用于重大突发疫情应急处置及救灾防疫等专项资金，根据地方申请报告及相关工作要求及时安排。

第五条 需求调查包括各地公共卫生和农村卫生状况，当地人民群众卫生服务需求、地方经济发展水平、卫生人力状况等。需求调查的具体内容根据专项资金用途由省卫生厅商财政厅另行通知。市级卫生、财政部门要按照省卫生厅、财政厅的统一要求按时报送有关情况。

第六条 省财政厅、卫生厅根据各地医疗卫生资源现状和财力状况、疾病流行情况和当年实际需要、专项资金使用效益和管理等情况，统筹考虑中央和地方有关部门、国外贷款(赠款)等渠道已安排的各项资金，综合平衡后，研究提出资金分配方案，并组织专家进行评审后按程序确定。

第七条 中央和省财政用于提高医疗卫生服务能力、建立健全卫生监管体系、监督执法及重大疾病预防控制等业务工作的专项资金要建立项目库，按项目进行管理。省卫生厅、财政厅根据专项资金用途研究确定具体项目管理方案，卫生部门具体负责项目实施工作。项目实施单位必须指定合格的专兼职财务人员，负责项目资金管理。

第八条 市级财政、卫生部门在收到中央和省财政专项资金补助和项目管理方案后，应结合本地实际情况和本级财政安排的资金，并参照省专项资金分配办法和项目管理方案要求，及时将中央专项资金和省级补助资金分配到市级项目实施单位和县

(市)。

第九条 项目实施所需设备等按照《政府采购法》的规定实行招标采购。大宗物品可采取中央或省级统一招标、地方分散采购的运作方式,即由中央或省级卫生、财政统一组织集中招标,地方在中标范围内认购,自行与供应商签订合同并付款、验收。零星物品等采购由市级卫生、财政部门按规定采购。

第十条 市县卫生和财政部门要按照省卫生厅、财政厅核定的项目管理方案和有关规定安排使用专项资金,一般不作调整。如遇有特殊情况需调整项目或项目具体内容的,由市级卫生部门、财政部门报省卫生厅、财政厅报批。

第十一条 专项资金要按照国家有关法律、法规和财务规章制度和项目实施方案的规定,专款专用。任何单位和个人不得以任何形式平调、挤占和挪用;不得用于省卫生厅、财政厅下达项目管理方案规定用途之外的项目以及国家规定不得列支的其他费用。

对出现虚报有关情况骗取中央、省财政补助、擅自变更项目内容、挪用专项资金、地方应安排资金不能按时到位、不按期报送有关材料等问题,省卫生厅和财政厅根据具体情况和有关规定停止拨款、暂停安排新的补助项目或收回专项资金。

第十二条 已批准并拨款的项目,在规定时间内未按规定执行的,省卫生厅和财政厅将收回资金。

第十三条 项目完成经验收合格后,如有资金结余,用款单位要及时上缴其主管部门或经省级卫生、财政部门审核批准后调整用于与该项目有关的业务工作。

第十四条 凡使用专项资金形成的资产,均属国有资产,应纳入单位资产统一管理,合理使用,认真维护。

第十五条 各级卫生、财政部门要加强对项目的监督检查。在项目执行期间,要加强专项资金监督检查工作,对资金的安全性、合规性和绩效情况追踪问效,财政部门会同同级卫生部门根据需要对项目执行情况进行专项检查或抽查,也可委托有关中介机构对项目实施情况进行评估,发现问题,及时向省财政厅、卫生厅报告,并按规定纠正和处理。

第十六条 各项目市卫生、财政部门在年度终了2个月内向省卫生厅、财政厅提交项目年度执行情况报告。市级卫生、财政部门在项目结束后2个月内向省卫生厅、财政厅上报项目总结报告,包括项目执行情况、资金使用和管理情况、目标完成情况等。

第十七条 省财政厅和卫生厅按照有关规定对专项资金使用和项目实施过程及完成结果进行绩效考评,追踪问效。

第十八条 市级财政、卫生部门要结合当地实际情况,根据本办法制定具体管理办法,报省卫生厅、财政厅备案。

第十九条 本办法由省财政厅负责解释。

第二十条 本办法自发布之日起施行。

河北省财政厅
关于加强省级财政专项资金监督管理的通知

冀财监[2004]32号　　2004年12月17日

各市财政局,省直各部门:

近几年来,随着各项财政改革的不断推进,省直各部门依法理财水平逐步提高,专项资金管理的规范性进一步增强,资金使用效益得到进一步发挥。但由于财政改革尚未完全到位、监督责任不明确、财政监督机制不完善等原因,目前专项资金分配管理使用中仍然存在不少问题。为进一步加强省级财政专项资金的监督管理,确保专项资金分配管理使用的规范性、安全性和有效性,特将有关要求通知如下。

一、进一步明确专项资金监督管理责任

省级财政部门、预算部门对财政专项资金的管理使用都负有监督责任,都要按照部门职责分工,切实加强财政专项资金的监督管理。

省级财政部门对中央下达和省级专项资金的安排使用,负有审核监督责任。主要是按照规定审核省级预算部门申报的专项资金项目和专项资金使用计划;按照规定程序和方式审核拨付资金;监督省级预算部门专项资金预算的执行;按照规定程序审核、批复省级预算部门编报的决算报告。

省级预算部门对本部门及所属单位(包括项目执行单位,下同)执行省级专项资金预算的情况,负有直接监督责任。主要是按照规定审核本部门及所属单位申报的专项资金项目和专项资金使用计划;

组织对本部门及所属单位管理使用省级专项资金情况进行监督检查;审核所属单位编报的决算报告。

省级财政部门将中央和省级财政专项资金下达到各市后,由市级财政部门负审核监督责任,市级预算部门负直接监督责任。市以下各级财政部门和预算部门比照执行。

二、加强专项资金项目确定和资金分配的审核监督

省级专项资金项目确定和资金分配,要严格按照《河北省省级预算项目管理办法》、《河北省省级专项资金预算管理办法》等有关规定执行。

对省级专项资金项目确定的审核监督,要严格按照规定程序进行,从项目库中择优筛选,进行科学论证,明确绩效目标,细化项目预算内容并确定项目执行责任人。对不宜实行项目库管理的专项资金的分配,由市级预算部门会同同级财政部门审核后,报省级预算部门会同省级财政部门共同审核确定。

省级财政部门和预算部门要认真履行各自的监督职责,加强对项目确定和资金分配的事前监督,严把政策关口,堵塞管理漏洞。省级财政部门和预算部门对专项资金项目审核的责任,必须明确到人。对违反国家政策规定和项目审核程序的项目申请,各级财政部门和预算部门不予受理。

三、加强专项资金预算执行的监督管理

省级专项资金预算执行中涉及的预算执行职责、资金拨付方式、拨款程序、预算变更等,要严格按照《河北省省级预算执行管理办法》、《河北省省级专项资金预算管理办法》、《河北省省级专项资金直接支付暂行规程》、《河北省省级政府采购预算编制及执行管理办法》等制度规定执行。

省级财政部门对专项资金预算执行的监督,重点是监督专项资金的拨付程序是否符合制度规定,拨付方式是否符合集中支付和政府采购制度规定,项目实施是否严格执行项目支出预算,专项资金管理使用是否安全、规范和有效。

省级预算部门及所属单位要强化内部约束,严格专项资金管理,确保资金完整、有效地运用到指定项目。不得随意改变投资方向,严禁挪用资金和虚列支出,严禁违反规定拨付资金、套取现金和支付所谓的争取资金费用或提成。

四、加大监督力度的措施

(一)进一步完善专项资金预算管理制度体系。省级财政部门和预算部门,要针对专项资金管理使用中的薄弱环节和问题,进一步完善各类专项资金管理制度,制定改进措施,严格审核程序,落实监管责任,并严格遵照执行。

(二)提高专项资金分配管理的透明度。省级财政部门、预算部门及所属单位,要将与专项资金管理使用有关的政策依据、资金来源、投资方向、项目确定、项目金额、执行进度和资金使用等信息,以及项目审核、管理、执行的责任人及其责任,通过微机网络等方式逐步予以公开,以加强相互制约,接受群众监督。

(三)建立专项资金档案资料备查制度。省级财政部门、预算部门及所属单位,要不断完善专项资金档案管理,及时搜集整理项目论证、项目审核、资金分配和监管责任等相关资料,按照规定要求存档,以备检查。

(四)实行专项资金预算执行情况年度报告制度。省级预算部门要结合年度财务决算工作,向同级财政部门报送专项资金预算执行及履行本部门监督职责情况的报告;市级财政部门要向省级财政部门报送专项资金规范管理和使用效果的报告。对专项资金运用好、效益高的部门和地方,要给予表彰和奖励。

(五)实行对下督察制度。省级财政部门建立专项资金监督管理的督察制度,重点是督察市级财政部门专项资金管理制度和内部控制制度的建立和执行情况、专项资金分配管理情况和履行监督职责情况等。督察情况要及时向当地政府报告,并在本系统予以通报。

(六)加大责任追究力度。财政专项资金监督管理按照职责分工,实行分级管理、分级监督、各司其职、各负其责的原则。专项资金在哪一级分配,在哪一级执行,由哪一级财政部门和预算部门负相应的审核、管理和监督责任。在哪一个环节出现问题,就由哪一个环节的行政主管部门追究责任人的责任。项目审核、资金拨付等环节出现问题,由财政部门负主要责任,并追究相关责任人的责任。项目申报、预算执行、资金管理等环节出现问题,由预算部门负主要责任,并追究相关责任人的责任。项目执行单位在项目实施和资金使用等环节出现问题,由项目执行单位法人负主要责任,由其行政主管部门追究其法人的责任。对其项目实施和资金使用中出现的问题，预算部门负直接监督责任，财政部门负监督责任。

河北省劳动和社会保障厅
河北省地方税务局
河北省财政厅
河北省人事厅
关于进一步做好事业单位参加失业保险和加强失业保险费征缴工作的通知

冀劳社[2004]24号　　2004年9月24日

各市劳动和社会保障局、地方税务局、财政局、人事局，省直有关部门，华北石油管理局：

国务院《失业保险条例》和省政府《河北省失业保险实施办法》发布实施以来，在当地政府的领导下，经过各级各部门的共同努力，绝大部分的城镇企业事业单位及其职工按规定参加了失业保险，按规定履行缴费义务。但是，目前仍有部分事业单位以上级主管部门没有文件、缴费资金未列入财政预算为由没有参加失业保险；有的虽然参加了，但申报缴费不到位，由此导致一部分事业单位职工的失业保险权利得不到有效保护和落实。为进一步做好扩大事业单位失业保险覆盖范围和加强失业保险费征缴工作，现将有关问题通知如下：

一、从实践"三个代表"重要思想和全面建设小康社会的高度，充分认识做好扩大失业保险覆盖范围工作的重要性

党的"十六大"指出："建立健全同经济发展水平相适应的社会保障体系，是社会稳定和国家长治久安的重要保证"。省委《关于深入学习贯彻党的十六大精神加快改革发展若干重大问题的决定》中要求："要进一步完善失业保险制度，争取三年内实现城镇企业事业单位失业保险全覆盖。"省政府办公厅下发《印发关于在全省事业单位试行人员聘用制度实施意见的通知》(冀政办[2003]10号)中进一步强调："要认真落实国家社会保障制度改革的有关规定，各级人事、财政、劳动和社会保障等有关职能部门和用人单位要按照国家和省的有关规定，积极为受聘人员办理养老、失业、医疗、工伤等社会保险，并享受各项社会保险待遇。"因此，进一步扩大失业保险覆盖范围，既是贯彻落实党的十六大精神，实践"三个代表"重要思想的具体体现，同时也是实现全面建设小康社会目标的客观要求。各级劳动保障、地税、财政、人事部门要进一步统一思想，提高认识，克服畏难情绪，积极争取当地政府领导支持，加强部门之间协调，明确政策措施，落实工作责任，全力以赴地做好以事业单位和非公有制企业为重点的失业保险扩面及失业保险费征缴工作。

二、切实落实国务院和省政府有关文件精神

各地要认真贯彻国务院《失业保险条例》和《河北省失业保险实施办法》，以扩大覆盖范围为着力点，进一步健全失业保险制度。目前尚未参加失业保险的事业单位，必须在今年12月底前到失业保险经办机构办理失业保险登记和申报手续，并到地税机关办理缴纳失业保险费手续，缴费单位申报补缴应缴纳的失业保险费有困难的，要做出补缴计划，经地税机关和失业保险经办机构共同批准后，在两年内补缴完毕。

缴费单位2004年12月底前仍未到当地失业保险经办机构和地税机关办理失业保险登记、申报缴费和补缴手续的，分别由劳动保障行政部门和地税机关责令其限期改正，逾期仍未改正的，按照国务院《社会保险费征缴暂行条例》和省政府《河北省社会保险费征缴暂行办法》的有关规定处理。

三、强化服务，规范管理，为失业保险扩面、征缴创造有利条件

各级劳动保障、地税、财政、人事部门要加强配合，规范管理，强化服务，及时沟通有关情况，研究解决制约扩面、征缴工作进展的障碍和问题，有针对性地做好各项工作。各级劳动保障部门失业保险经办机构要坚定不移地抓紧抓好扩面这项基础性、经常性工作，进一步挖掘扩面资源，不能因为单位规模小，职工流动比较频繁、失业风险大，征收失业保险费困难将此搁置在外，也不能因个别单位负责同志认识程度不高，资金来源不确定而放弃努力。

要结合事业单位改革，采取灵活多样的措施，将尚未参加失业保险的事业单位纳入范围。对已纳入失业保险范围的，要全部建立个人缴费记录，规范参保缴费行为。同时要进一步简化业务流程，不断改进和提高服务质量。

四、采取有效措施，督促事业单位依法参加失业保险

根据国务院和省政府的有关规定，对拒不办理失业保险登记，不履行申报缴费义务或者故意拖欠失业保险费的事业单位，除采取劳动保障监察和媒体曝光外，还要采取以下措施，督促其按有关规定参加失业保险，履行缴费义务，确保事业单位尽快参加失业保险。

（一）对于拒不参加失业保险，也不履行其申报、缴纳失业保险费义务或者故意拖欠失业保险费的，劳动保障监察机构通过日常巡视监察、专项检查、劳动保障年检等方式，加大对事业单位办理社会保险登记、申报缴费情况的监察力度。对事业单位不依法参保缴费等行为，及时按《社会保险费征缴暂行条例》和《河北省社会保险费征缴暂行办法》的有关规定严肃查处。失业保险经办机构要在个人缴费记录中相应扣减其缴费年限。

（二）对于应参保的事业单位，拒不参加失业保险，也不履行其申报、缴纳失业保险费义务或者无故拖欠失业保险费的，税务机关以书面通知其开户银行或者其他金融机构从其存款中扣缴；也可以扣押、查封、拍卖、变卖其价值相当于应缴费额的商品、货物或者其他财产，以拍卖或者变卖所得抵缴费款。

（三）对于拒不参加失业保险，也不履行其申报、缴纳失业保险费义务或者无故拖欠失业保险费的单位，凡其年度预算用财政拨款编列此项经费预算的，由经办机构将有关情况提供给财政部门，由财政部门直接扣缴。其中属于省级财政部门拨款的，扣缴的失业保险费直接划入省级财政专户不再返还各市，作为上解省级调剂金。

（四）凡拒不参加失业保险或拖欠失业保险费的事业单位，人事部门不予办理工资基金使用审批手续。事业单位必须及时填报《工资基金手册》中的“社会保险费征缴记录”，并到经办机构办理审核手续，人事部门办理工资基金使用审批手续时，以此作为事业单位缴纳失业保险费的依据。

河北省劳动和社会保障厅
河　北　省　财　政　厅
关于调整失业人员失业保险金标准的通知

冀劳社[2004]75号　　2004年9月21日

各市劳动和社会保障局、财政局，华北石油管理局：

从2004年7月1日起我省调整职工最低工资标准。通过对职工最低工资标准构成的定量分析，经省政府同意，失业保险金的计发基数暂定为：省辖设区市市区（含郊区）和深州市每月419元，县（含县级市）每月369元，贫困县每月319元，计发比例不变。为做好失业人员失业保险金调整及发放工作，现将有关事项通知如下。

一、调整失业保险金标准充分体现了党和政府对广大失业人员的关怀，是践行“三个代表”重要思想、切实维护失业人员社会保障权益、提高失业人员生活水平的重要举措，事关改革、发展、稳定的大局，各级劳动保障部门、财政部门要高度重视，认真组织，确保调标工作落实到位。

二、新的失业保险金发放标准自2004年7月1日起执行，失业人员医疗补助金等失业保险待遇同步调整。调整前已一次性领取失业保险金的不再补发差额部分。

三、各级劳动保障部门、财政部门要做好失业人员增减和失业保险基金收支测算，统筹安排好资金，确保失业保险金和其他补助资金按时、足额发放。

四、各级劳动保障部门要将新的失业人员失业保险金和其他失业保险待遇标准予以公示，接受社会监督。

附：河北省失业人员失业保险金发放标准

河北省失业人员失业保险金发放标准

累计缴费时间	领取月数	计发基数比例	月发放失业保险金(元)		
			设区市	县(市)	贫困县
满1年不满2年	3	75%	314	277	239
满2年不满3年	6	75%	314	277	239
满3年不满4年	9	75%	314	277	239
满4年不满5年	12	75%	314	277	239
满5年不满6年	13	80%	335	295	255
满6年不满7年	14	80%	335	295	255
满7年不满8年	15	80%	335	295	255
满8年不满9年	16	80%	335	295	255
满9年不满10年	17	80%	335	295	255
满10年不满11年	18	85%	356	314	271
满11年不满12年	19	85%	356	314	271
满12年不满13年	20	85%	356	314	271
满13年不满14年	21	85%	356	314	271
满14年不满15年	22	85%	356	314	271
满15年不满16年	23	85%	356	314	271
满16年及以上	24	85%	356	314	271

从领取失业保险金的第13个月起,累计缴费时间不满17年的一律按计发基数的75%计发失业保险金,累计缴费满17年及以上的按照下列标准发放。

累计缴费时间	计发基数比例	月发放失业保险金(元)		
		设区市	县(市)	贫困县
满17—21年	80%	335	295	255
满22—26年	85%	356	314	271
满27年以上	90%	377	332	287

计发基数:省辖设区市市区(含郊区)和涿州市419元/月,县(含县级市)369元/月,贫困县319元/月。

河北省人民政府印发《关于进一步完善城镇职工基本医疗保险制度的意见》的通知

冀政[2004]149 号

各设区市人民政府，各县（市、区）人民政府，省政府各部门：

《关于进一步完善城镇职工基本医疗保险制度的意见》已经省政府第 38 次常务会通过，现印发给你们，请认真贯彻落实。

关于进一步完善城镇职工基本医疗保险制度的意见

各设区市人民政府，各县（市、区）人民政府，省政府各部门：

《国务院关于建立城镇职工基本医疗保险制度的决定》（国发[1998]44 号）和《河北省人民政府关于印发〈河北省建立城镇职工基本医疗保险制度总体规划〉的通知》（冀政发[1999]12 号）下发以来，各级各有关部门积极推进医疗保险制度改革，初步建立了新型城镇职工基本医疗保险制度，参保职工总量过半，基金收支基本平衡，初步建立起公务员医疗补助、企业补充医疗保险、大额医疗保险等办法，较好地保障了不同层次参保人员的医疗待遇。为了进一步完善我省城镇职工基本医疗保险制度，不断提高医疗保障水平，提出如下意见：

一、进一步扩大医疗保险覆盖面

2005 年全省医疗保险参保人数达到 500 万人，2006 年达到 520 万人。

没有启动实施医疗保险制度的县要抓紧出台方案，在 2005 年 3 月前务必组织实施。

抓好经济效益好的企业职工参保工作。各级各部门一定要高度重视，通过政策引导、劳动监察、舆论监督和思想政治工作等，督促其做好参保工作。驻冀中央和省属单位要按照属地化管理的原则，积极参加当地的基本医疗保险。

抓好混合所有制企业和非公有制经济组织从业人员的参保工作。坚持权利与义务相对等、缴费与待遇挂钩的原则，把有一定规模、劳动关系规范、经营稳定的企业纳入基本医疗保险范围；对规模不大、经营不稳定、人员流动快的企业及个体经济组织，可以在明确雇主责任的前提下，先参加统筹基金支付范围的医疗保险和大额医疗费用补助。

积极探索解决农村进城就业人员的医疗保障问题。原则上与用人单位建立劳动关系的，可按单位参保的办法纳入医疗保险统筹范围；不具备参加单位医保条件的，可按灵活就业人员参保办法解决。

二、加快建立和完善多层次医疗保障体系

各统筹地区要在实施城镇职工基本医疗保险制度的基础上，尽快建立包括国家公务员医疗补助办法、企业补充医疗保险、职工大额医疗费用补助办法、社会医疗救助制度等多层次的医疗保障体系。

已经实施城镇职工基本医疗保险制度但还没有实行国家公务员医疗补助的，要按照《河北省人民政府办公厅印发省劳动和社会保障厅、省财政厅关于实行国家公务员医疗补助的意见的通知》精神，尽快把国家公务员医疗补助政策落实到位。医疗补助的水平要与当地经济发展水平和财政负担能力相适应，并随经济发展逐步提高，保证国家公务员原有医疗待遇水平不降低。公务员医疗补助经费主要用于基本医疗保险统筹基金最高支付限额以上，符合基本医疗保险支付范围的医疗费用补助和个人自付超过一定数额的医疗费用补助及医疗照顾对象的医疗费用。

督促有条件的企业和实行企业化管理的事业单位建立企业补充医疗保险。企业补充医疗保险可以由单位自行管理，也可委托医疗保险经办机构代管。提取额在工资总额 4% 之内的，直接从成本费用中列支。补充医疗保险不得划入个人账户，主要用于患重病、大病个人经济负担比较重的职工、劳动模范、科技和经营管理骨干的医疗费补助。

建立和完善职工大额医疗费用补助办法。在基本医疗保险缴费以外，向用人单位、参保职工和退休人员筹集少量资金，设立大额医疗费用补助金，单独列账管理，用于补助超过基本医疗保险封顶线以上部分的大额医疗费用。鼓励有条件的单位和职工在参加城镇职工基本医疗保险的基础上，自愿参加商业医疗保险。

做好城镇特困群体的医疗保障工作，尽快建立社会医疗救助制度。对无力缴纳医疗保险费的困难单位职工和退休人员、享受城镇最低生活保障的居民、因患大病个人经济负担较重的参保职工实施医疗救助。社会医疗救助所需资金可以通过各级财政在预算内适当安排一部分、开展献爱心活动筹集一部分、社会各界募捐一部分等多种渠道筹措。医疗救助的方式，可以由社会医疗救助资金直接为救助对象支付部分医疗费用，也可以由非营利性医疗机构提供部分免费或减费医疗服务。各级政府要加强对社会医疗救助工作的领导和组织协调，民政、财政、卫生、审计、劳动和社会保障等有关部门和工会组织要按照职责分工，密切协作，共同做好救助工作。

三、认真研究解决困难企业职工参保问题

根据困难企业经济承受能力差异较大的实际情况，采取分类指导的办法逐步解决。

对于具有一定缴费能力的困难企业，通过降低缴费率，采取只缴纳统筹基金和职工大额医疗费用补助，暂不建立个人账户等办法参加医疗保险。

对于关闭破产或改制企业，按照国家有关规定执行，其国有资产变现、土地出让所得优先用于支付退休人员医疗保险费用，不足部分按隶属关系由同级政府从国有企业改革专项资金中补足。

对实施基本医疗保险制度前已关闭、破产企业的退休人员，按照当地退休人员的实际医疗费用水平及城镇居民平均寿命，由同级人民政府多渠道筹集资金，参照基本医疗保险的办法解决。

各统筹地区要积极探索和实施多渠道的筹资办法，解决好困难企业和退休人员较多的单位职工参保问题。可根据当地经济发展水平、职工收入和医疗费消费状况，相应调整单位缴费率。

四、切实做好离休干部、二等乙级以上革命伤残军人等人员的医疗保障工作

按照“单位尽责，社会统筹，财政支持，加强管理”的原则，建立和完善离休干部医药费保障机制和财政支持机制，确保离休干部医药费按规定据实报销，不发生拖欠。

二等乙级以上革命伤残军人的医疗费用按原资金渠道解决，确保其医疗待遇不变。对安置在乡镇的二等乙级以上革命伤残军人，县(市)政府要切实负起责任，妥善解决其医疗问题。离休人员医疗费管理职能和机构未划转劳动和社会保障部门的市、县(市、区)，应尽快按有关规定划转到劳动和社会保障部门。

对原劳动人事部劳人险[1983]3号文件规定退休的建国前参加工作的老工人医疗待遇，由各设区市政府参照当地离休干部医疗水平确定。

五、进一步完善和加强医疗保险管理

加大基金征缴和基数稽核力度，确保基金的到位率。各级财政要足额安排应由财政负担的医疗保险费。为防止发生拖欠行为，机关事业单位的医疗保险费，应按照有关规定向经办机构缴纳。加强医疗保险基金管理，完善医疗费用结算办法和医疗保险诊疗项目及服务设施标准；加强医疗保险门诊慢性病的认定、费用支付的管理工作；严格基金财务管理制度，严禁挤占挪用；各地要形成基金使用情况报告分析制度和预警制度。

完善医疗服务管理制度。通过有效的协议管理办法和定点医疗机构、药店分类管理和信誉等级制度等，使医疗保险管理服务更规范、更有效。搞好医疗保险管理基础建设。简化办事程序，公开办事规则，继续推行经办服务规范化，树立良好的行业服务形象。加强队伍建设，搞好业务培训，充实具有一定专业水平和业务能力的人员，不断提高经办能力。

六、继续深化城镇职工基本医疗保险制度等三项改革

城镇职工基本医疗保险制度改革的核心是建立医疗费用分担机制，医疗机构和药品生产流通体制改革的核心是引入竞争机制。发展改革、劳动和社会保障、财政、卫生食品药品监管、物价等有关部门要加强协调，研究制定深化三项改革的有关政策。

打破区域、行业隶属、营利性和非营利性等界限，扩大医疗保险定点医疗机构和药品零售药店范围，建立和完善准入定点和退出定点机制，促进医疗机构之间、医疗机构药房和零售药店之间、零售药店之间的公正、公平竞争。督促医疗机构深化内部改革，实行医药分开核算、分别管理，降低医疗服务成本，改进服务态度，提高医疗服务效率和质量。

加强对药品生产流通的管理和基本医疗保险药品目录内药品价格的调控，大力推行药品集中招标采购，让利于患者。各级审计部门要加强对参保单位资金使用和缴费情况的审计。对有能力而拒不参保的单位，各级各部门可以在评先、奖励及调剂养老金和再就业基金等方面督促其参加职工基本医疗保险；新闻媒体要充分发挥舆论监督的作用，对有能力而拒不参保的典型案例要予以曝光。

民　　政　　部
财　　政　　部
国家发展和改革委员会

关于进一步做好农村五保供养工作的通知的通知

冀民发[2004]124号

各市民政局、财政局、发展和改革委员会：

农村税费改革后，五保供养工作出现的新情况、新问题引起了党中央、国务院高度重视。民政部、财政部、国家发展和改革委员会等部门经过广泛调查、深入研究，下发了《关于进一步做好农村五保供养工作的通知》(民发[2004]145号)(以下简称《通知》，现转发你们，请认真贯彻执行。

一、要充分认识进一步做好五保供养工作的紧迫性、重要性。五保供养对象没有自救能力，是农村中最困难的群体。这部分人的生活问题解决不好，会严重影响党和政府在农村工作中的形象，不利于全面建设小康社会的宏伟目标的实现。各地、各部门一定要站在“三个代表”的高度，充分认识进一步做好农村五保供养工作的紧迫性和重要性，并积极向党委、政府汇报，争取重视，加强领导。

二、进一步提高规范化管理水平。各地要认真按照三部委通知要求，进一步加强五保供养工作报规范化管理水平。按照“由本人申请或者由村民小组提名，经村民代表会议民主评议，村民委员会初审，乡镇人民政府审核，县级民政部门审批并颁发《五保供养证书》”的程序和“应保尽保”的要求，对五保供养对象进行重新认定，认定后的五保对象必须签订协议，明确责任，并建立五保户档案。集中供养的五保户档案由敬老院统一管理，分散供养的五保户档案由乡镇人民政府负责保管，也可委托敬老院管理。

三、真正实现“应保尽保”，确保五保对象的实际生活水平不低于当地居民一般生活水平。各部门要高度重视，详细核查，及时为愿意入保又符合条件的农村居民办理入保手续，纳入五保供养范围，真正实现“应保尽保”。各县(市、区)民政局、财政局、发改委应会同有关部门根据《农村五保供养工作条例》规定的“不低于当地村民一般生活水平”的要求，在本辖区制定统一的或若干个五保供养标准，以确保五保供养对象的生活不低于当地居民一般生活水平。当地居民一般生活水平发生明显变化时，五保供养标准要及时做出调整。

四、加强资金管理，足额落实五保供养资金。为了确保五保供养资金的稳定来源，各地要严格执行《通知》中有关规定，必要时可以由县级财政部门对各乡镇五保供养和敬老院建设资金进行统一平衡，确保全县五保供养资金足额到位。

五、进一步加强敬老院建设和管理工作。各地要统筹规划，把农村敬老院建设纳入当地经济社会发展总体规划。农村敬老院要以县为单位，充分整合、利用现有资源，改造和完善现有敬老院的服务设施，鼓励社会力量投资兴办或资助敬老院建设。推进农村敬老院管理体制改革，引导农村敬老院走自我管理、自我发展、以副养院的路子。

河北省工伤保险实施办法

河北省人民政府令[2004]第7号　　2005年1月11日

第一章　总　　则

第一条　根据国务院《工伤保险条例》(以下简称《条例》)，结合本省实际，制定本办法。

第二条　本省行政区域内的各类企业、有雇工的个体工商户(以下称用人单位)应当依照《条例》和本办法规定参加工伤保险。

用人单位应当为全部职工或者雇工缴纳工伤保险费，其职工或者雇工(以下称职工)均有依照《条例》和本办法的规定享受工伤保险待遇的权利。

第三条　县级以上人民政府劳动保障行政部门负责本行政区域内的工伤保险工作。

劳动保障行政部门设立的社会保险经办机构(以下称经办机构)具体承办工伤保险事务。

第四条　用人单位应当建立健全安全生产、职业病防治责任制，采取措施预防工伤事故的发生，避免和减少职业病危害。

第二章 工伤保险基金

第五条 工伤保险基金在设区的市实行全市统筹。

养老保险由省直接管理的,其工伤保险暂由省劳动保障行政部门管理,国家另有规定的从其规定。

第六条 统筹地区根据国家有关行业类别、行业费率的规定和本地区工伤保险基金支出、工伤发生率和职业病危害程度等情况,按照以支定收、收支平衡的原则,确定本地区工伤保险行业基准费率和浮动档次,向社会公布后施行。

工伤保险行业基准费率标准和浮动档次需要调整时,由统筹地区劳动保障行政部门会同财政、卫生、安全生产监督管理部门提出调整方案,报同级人民政府批准后施行。

经办机构根据用人单位的工商登记和主要生产经营业务等情况,按照国家有关行业类别、行业费率的规定确定用人单位的行业类别,并按照相应行业类别的行业基准费率和浮动档次,确定用人单位的缴费费率。

第七条 用人单位以本单位全部职工上月的工资总额为基数,申报缴纳工伤保险费。难以确认工资总额的用人单位,按照上年度本地区职工月平均工资总额为基数,申报缴纳工伤保险费。

用人单位参加工伤保险的职工人数发生增减变化的,应当在5日内向经办机构报告。

第八条 用人单位应当按月向经办机构申报应缴纳的工伤保险费数额,经办机构应当即时审核;因特殊情况不能即时审核的,应当于收到缴费申报材料之日起3日内审核完毕。用人单位应当于核定后5日内以货币形式全额缴纳工伤保险费。

用人单位不按规定申报应缴纳的工伤保险费数额的,由经办机构暂按该单位上月缴费数额的百分之一百一十确定应缴数额;没有上月缴费数额的,由经办机构暂按该单位的经营状况、职工人数等有关情况确定应缴数额。用人单位补办申报手续并按核定数额缴纳工伤保险费后,由经办机构按照规定结算。

第九条 工伤保险费由经办机构按照国务院《社会保险费征缴暂行条例》的有关规定征收。

经办机构收缴工伤保险费,应当出据由省财政部门统一印制的收费凭证。

第十条 工伤保险基金用于下列项目支出:

(一)工伤医疗费;

(二)一级至四级工伤人员伤残津贴;

(三)一次性伤残补助金;

(四)生活护理费;

(五)丧葬补助金;

(六)供养亲属抚恤金;

(七)一次性工亡补助金;

(八)辅助器具费;

(九)工伤康复费;

(十)工伤认定调查费;

(十一)劳动能力鉴定费;

(十二)法律、法规规定用于工伤保险的其他费用。

工伤认定调查费的支出,由统筹地区劳动保障行政部门会同财政部门提出使用计划,报同级人民政府批准后执行。

第十一条 省、设区的市两级建立工伤保险储备金制度。工伤保险储备金由统筹地区按照当年征缴工伤保险费总额的百分之十提取,其中百分之二上解省级工伤保险储备金。储备金滚存总额达到统筹地区工伤保险基金总额的百分之三十时不再提取。储备金用于重大、特大事故的工伤保险待遇支付。市级储备金不足支付的,由同级人民政府垫付,省级储备金按些例支付,具体比例由省劳动保障行政部门会同省财政部门征求设区的市人民政府意见后制定。

重大、特大事故处理完毕后,需要由省级储备金支付部分,省劳动保障行政部门应当在30日内支付。

第三章 工伤认定

第十二条 用人单位应当自职工发生事故伤害或者按照《中华人民共和国职业病防治法》规定被诊断、鉴定为职业病之日起30日内,向统筹地区劳动保障行政部门提出工伤认定申请。因交通事故、失踪、因公外出期间发生事故伤害及受其他条件限制暂时不能按规定时限进行申报的,经劳动保障行政部门同意,申请时限可适当延长,但延长时间不得超过3个月。

用人单位未按前款规定提出工伤认定申请的,工伤职工或者其直系亲属、工会组织在事故伤害发生之日或者被诊断、鉴定为职业病之日起1年内、可以直接向用人单位所在的统筹地区劳动保障行政部门提出工伤认定申请。

对工伤认定管辖发生争议的，由省劳动保障行政部门指定管辖。

第十三条 提出工伤认定申请应当提交下列材料：

(一)《工伤认定申请表》；

(二)劳动合同文本或者其他存在劳动关系(含事实劳动关系)的证明材料；

(三)医疗机构出具的受伤后诊断证明书或者职业病诊断机构出具的职业病诊断证明书(或者鉴定机构出具的职业指诊断鉴定书)。

属于下列情形的还应当分别提供相关证明材料，取得证明材料所需时间不计算在申请工伤认定的时限内：

(一)因履行工作职责受到暴力伤害的，提交公安机关有关证明、人民法院的裁决书或者其他有效证明；

(二)由于机动车事故引起的伤亡事故提出工伤认定申请的，提交公安交通管理等部门的责任认定书或者其他有效证明；

(三)因工外出期间，由于工作原因受到伤害的，提交公安机关证明或者其他证明；发生事故下落不明认定因工死亡的，提交人民法院宣告死亡的证明；

(四)在工作时间和工作岗位，突发疾病死亡或者在48小时之内经抢救无效死亡的，提交医疗机构的抢救和死亡证明；

(五)属于在抢险救灾等维护国家利益、公共利益活动中受到伤害的，提交有效证朗；

(六)属于因战、因公负伤致残的转业、复员军人旧伤复发的，提交《革命伤残军人证》和当地民政部门出具的证明及医疗机构对旧伤复发的诊断证明；

(七)其他特殊情形，依据有关法律、法规、规章规定提供的有关证明材料。

第十四条 职工与用人单位之间因劳动关系发生争议的，当事人应当向劳动争议仲裁委员会申请仲裁，且劳动争议仲裁委员会依法确定劳动关系。依法定程序处理劳动争议的时间不计算在工伤认定的时限内。

第十五条 劳动保障行政部门收到用人单位、工伤职工或者其直系亲属、工会组织(以下简称申请人)的工伤认定申请后，应当在15日内进行审查。对于申请人提供的材料完整，属于劳动保障行政部门管辖范围且在受理时效内的，应当受理；对于申请人提供材料不完整的，应当当场或者在5日内以书面形式一次性告知申请人需要补正的全部材料。

劳动保障行政部门不予受理的，应当书面告知申请人不予受理的理由。

第十六条 劳动保障行政部门受理职工或者其直系亲属提出的工伤认定申请，需要用人单位提交有关材料的，用人单位应当于15日内提交。用人单位未按时提交的，劳动保障行政部门可以依据工伤职工或者其直系亲属提供的材料作出工伤认定。

第十七条 劳动保障行政部门受理工伤认定后，需要调查核实的，应当指派两名以上工作人员进行调查核实。

第十八条 劳动保障行政部门应当自受理工伤认定申请之日起60日内作出工伤认定决定，并将《工伤认定决定书》于决定作出之日起20日内分别送达用人单位、职工或者其直系亲属。

对于认定为工伤或者视同工伤的核发《工伤证》，《工伤证》由工伤职工本人保管。

第十九条 职工在原用人单位受到职业病危害，到现用人单位后被确诊患职业病的，现用人单位参加工伤保险的，由现用人单位负责办理工伤认定申请，现用人单位未参加工伤保险的，其医疗和生活保障问题按照《中华人民共和国职业病防治法》有关规定办理。

第四章 劳动能力鉴定

第二十条 省和统筹地区应当依据《条例》第二十四条的规定设立劳动能力鉴定委员会，具体承担以下鉴定、确认工作：

(一)工伤职工伤残等级鉴定；

(二)护理依赖等级鉴定；

(三)延长停工留薪期确认；

(四)配置辅助器具确认；

(五)工伤直接导致疾病确认；

(六)供养亲属完全丧失劳动能力鉴定；

(七)其他受委托进行的劳动能力鉴定。

劳动能力鉴定委员会的日常工作由同级劳动保障行政部门承担。

第二十一条 职工发生事故伤害或者按照《中华人民共和国民业病防治法》规定被诊断或鉴定为职业病、在停工留薪期接受治疗的，应当自停工留薪期满之日起15日内进行劳动能力鉴定。

第二十二条 劳动能力鉴定申请由用人单位、工伤职工或者民直系亲属向统筹地区劳动能力鉴定委员会提出,并提交以下材料:

(一)《劳动能力鉴定申请表》;

(二)《工伤认定决定书》;

(三)医疗机构出具的病历、诊断证明、检查、检验等诊疗资料。

工伤职工由于工伤直接导致其他疾病的,应当在申请劳动能力鉴定时一并提出确认申请,并提交工伤医疗服务机构出具的相关证明。

第二十三条 申请鉴定的单位和个人对统筹地区劳动能力鉴定委员会作出的鉴定结论不服的,应当在收到鉴定结论之日起15日内向省劳动能力鉴定委员会提出再次鉴定申请,并提交初次鉴定的结论。

作出初次鉴定的统筹地区劳动能力鉴定委员会应当向省劳动能力鉴定委员会移送有关材料。

第二十四条 劳动能力鉴定委员会应当自收到鉴定申请材料之日起60日内作出鉴定结论。

因伤情复杂,涉及医疗卫生专业较多的,鉴定工作时限可以适当延长,但延长时限不得超过30日。

第二十五条 自劳动能力鉴定结论作出之日起1年后,工伤职工或者其直系亲属、所在单位或者经办机构认为工伤职工伤残情况发生变化的,可以到所在统筹地区劳动能力鉴定委员会申请复查鉴定。经鉴定伤残等级发生变化的,其工伤待遇中的定期待遇按照新的伤残等级进行相应调整。

第二十六条 初次劳动能力鉴定所需费用,参加JE伤保险的,由工伤保险基金支付;未参加工伤保险的,由受伤职工所在单位支付。用人单位或者个人申请再次鉴定的,由申请方预交鉴定费,再次鉴定结论与初次鉴定结论一致的,或者再次鉴定结论认为丧失劳动能力的原因与工伤无因果关系的,鉴定费用由申请方承担;再次鉴定结论与初次鉴定结论不一致的,鉴定费用由其统筹地区的工伤保险基金支付。

第五章 工伤保险待遇

第二十七条 工伤职工需要暂停工作接受治疗的,在停工留薪期内,原工资福利待遇不变,由所在单位按月支付。

停工留薪期一般不超过12个月。伤情严重或者情况特殊,经统筹地区劳动能力鉴定委员会确认,可以适当延长,但延长不得超过12个月。工伤职工评定伤残等级后,停发原待遇,按《条例》和本办法规定享受伤残待遇。工伤职工在停工留薪期满后仍需要治疗的,继续享受工伤医疗待遇。

工伤职工在停工留薪期间,用人单位不得与其解除或者终止劳动关系。生活不能自理的工伤职工在停工留薪期内需要护理的,由用人单位指派专人护理。经工伤职工或者其亲属同意,用人单位也可以按照本单位上年度职工月平均工资一人的标准支付护理费。

第二十八条 工伤职工在工伤认定之前的医疗费用由用人单位垫付,工伤认定后符合工伤保险诊疗项目目录、工伤保险药品目录和工伤保险住院服务标准的,由经办机构辜以报销。

第二十九条 用人单位应将受伤职工及时送往工伤医疗服务机构就医,情况紧急时可以先到就近医疗服务机构抢救,脱离危险后仍需治疗的转到工伤医疗服务机构就医。在外埠医院抢救治疗的,用人单位应当自伤害之日起7日内向经办机构报告,经抢救脱离危险后转到工伤医疗服务机构就医。脱离危险后未及时转到工伤医疗服务机构就医,或者在外埠医院抢救治疗未向经办机构报告的,其工伤医疗费用不予报销,由用人单位支付。

工伤职工日常就医或者回原籍就医的,可以在本人长期居住地选择一至二个工伤医疗服务机构,由用人单位到经办机构办理备案手续。

第三十条 具备资质的医疗服务机构、康复机构和辅助器具配置机构,拟开展工伤医疗服务的,可以向统筹地区劳动保障行政部门提出申请,符合工伤医疗服务条件的,由经办机构根据工伤医疗服务需要,在平等协商的基础上签订书面协议,明确双方的权利和义务。协议签订后,经办机构应当及时向社会公布工伤医疗服务机构名单。

第三十一条 用人单位、工伤职工或者其直系亲属申请工伤保险待遇,应当向经办机构提交《工伤保险待遇申请表》、《工伤认定决定书》和《劳动能力鉴定结论书》;申请享受供养亲属抚恤待遇的,还应当提交统筹地区劳动保障行政部门对职工供养亲属范围的确定材料。

经办机构应在15日内核定完毕,并按照规定支付相关待遇。

第三十二条 职工被派遣出境工作,在国内保留工伤保险关系的，因工作原因遭受事故伤害或者患职业病在境外进行治疗的，其工伤医疗费用及配置辅助器具所需费用，超过国家规定标准或者限额部分，由用人单位支付。

第三十三条 五级至十级工伤职工按照《条例》第三十四条、第三十五条规定与用人单位解除或者终止劳动关系的，用人单位应当支付一次性工伤医疗补助金和伤残就业补助金。一次性工伤医疗补助金标准为解除或者终止劳动关系时统筹地区上年度职工月平均工资的 44 个月至 8 个月工资，其中：五级 44 个月，六级 38 个月，七级 26 个月，八级 20 个月，九级 14 个月，10 级 8 个月；一次性伤残就业补助金标准为解除或者终止劳动关系时统筹地区上年度职工月平均工资的 22 个月至 4 个月工资，其中：五级 22 个月，六级 16 个月，七级 10 个月，八级 8 个月，九级 6 个月，十级 4 个月。

工伤职工距法定退休年龄不足五年的，终止或者解除劳动关系时，一次性伤残就业补助金按每减少一年递减百分之二十的标位支付，距法定退休年龄不足一年的按百分之十支付。工伤职工达到法定退休年龄办理退休手续的，不享受一次性工伤医疗补助金和伤残就业补助金。

第三十四条 工伤职工领取一次性工伤医疗补助金和伤残就业补助金后，由用人单位到经办机构办理工伤保险关系终止手续。符合享受失业保险待遇的，按规定享受失业保险待遇。重新就业后再次发生工伤的，按《条例》和本办法规定程序履行工伤认定和劳动能力鉴定手续，按照新认定和鉴定结论享受工伤保险待遇。

第三十五条 伤残津贴、生活护理费、供养亲属抚恤金标准，由统筹地区劳动保障行政部门按照本地区职工平均工资增长率和城市居民生活费用变化等情况每 2 年调整一次。

第六章 监督管理

第三十六条 用人单位应将参加工伤保险和缴纳工伤保险费的情况每半年在本单位公示一次，接受群众监督。

用人单位不按照《条例》和本办法规定参加工伤保险的，该单位职工可通过职代会、工会或者自行向单位法定代表人、负责人提出质询或者向劳动保障行政部门反映。劳动保障行政部门应当对该用人单位参加工伤保险情况实施劳动保障监察，并可以将有关情况通过新闻媒体向社会公布。

第三十七条 工会组织依法维护工伤职工的合法权益，对用人单位的工伤保险工作实行监督。

第三十八条 有下列情形之一的，有关单位和个人可以依法申请行政复议；对复议决定不服的，可以依法提起行政诉讼：

（一）申请工伤认定的职工或者其直系亲属、该职工所在单位对工伤认定结论不服的；

（二）用人单位对经办机构确定的单位缴费费率不服的；

（三）签订服务协议的医疗机构、辅助器具配置机构认为经办机构未履行有关协议或者规定的；

（四）工伤职工或者其直系亲属对经办机构核定的工伤保险待遇有异议的。

第七章 法律责任

第三十九条 劳动保障行政部门工作人员有下列情形之一的，依法给予行政处分；情节严重，构成犯罪的，依法追究刑事责任：

（一）无正当理由不受理工伤认定申请，或者弄虚作假将不符合工伤条件的人员认定为工伤职工的；

（二）未妥善保管申请工伤认定的证据材料，致使有关证据灭失的；

（三）收受当事人财物的。

第四十条 经办机构有下列行为之一的，由劳动保障行政部门责令改正，对直接负责的主管人员和其他责任人员依法给予纪律处分；情节严重，构成犯罪的，依法追究刑事责任；造成当事人经济损失的，由经办机构依法承担赔偿责任：

（一）未按规定保存用人单位缴费和职工享受工伤保险待遇情况记录的；

（二）不按规定核定工伤保险待遇的；

（三）收受当事人财物的。

第四十一条 用人单位依照《条例》和本办法规定应当参加工伤保险而未参加的，由劳动保障行政部门责令改正；未参加工伤保险期间用人单位职工发生工伤的，由该用人县位按照《条例》和本办法规定的工伤保险待遇项目和标准支付费用。

第八章 附　则

第四十二条 本办法自 2005 年 1 月 1 日起施行。

河北省财政厅
转发财政部关于加强政府非税收入管理通知的通知

冀财综[2004]86号　　2004年12月13日

各市财政局,省直各部门:

现将《财政部关于加强政府非税收入管理通知》(财综[2004]53号)转发给你们。请结合当地实际情况,认真贯彻执行。

财政部
关于加强政府非税收入管理的通知

财综[2004]53号　　2004年7月23日

各省、自治区、直辖市、计划单列市财政厅(局),新疆生产建设兵团财务局,财政部驻各省、自治区、直辖市、计划单列市财政监察专员办事处:

政府非税收入是政府财政收入的重要组成部分。加强政府非税收入管理是市场经济条件下理顺政府分配关系、健全公共财政职能的客观要求。近几年来,各级财政部门在加强政府非税收入管理,建立健全监督管理制度等方面进行了有益探索,对于规范政府收入分配秩序,从源头上防范腐败起到了积极作用。但是,由于目前各方面认识不尽一致,有关政府非税收入的政策界限不够明确,加之体制改革与法制建设滞后等原因,政府非税收入还存在管理不够规范、运行效率偏低等问题。为贯彻落实《中共中央关于完善社会主义市场经济体制若干问题的决定》精神,加强政府非税收入管理,现就有关事宜通知如下:

一、明确政府非税收入管理范围

政府非税收入是指除税收以外,由各级政府、国家机关、事业单位、代行政府职能的社会团体及其他组织依法利用政府权力、政府信誉、国家资源、国有资产或提供特定公共服务、准公共服务取得并用于满足社会公共需要或准公共需要的财政资金,是政府财政收入的重要组成部分,是政府参与国民收入分配和再分配的一种形式。按照建立健全公共财政体制的要求,政府非税收入管理范围包括:行政事业性收费、政府性基金、国有资源有偿使用收入、国有资产有偿使用收入、国有资本经营收益、彩票公益金、罚没收入、以政府名义接受的捐赠收入、主管部门集中收入以及政府财政资金产生的利息收入等。社会保障基金、住房公积金不纳入政府非税收入管理范围。

二、分类规范管理政府非税收入

政府非税收入应当在依法筹集的基础上,努力挖掘收入潜力,实行分类规范管理。

(一)从严审批管理收费基金,合理控制收费基金规模。一是严格把好收费基金审批关。行政事业性收费是指国家机关、事业单位、代行政府职能的社会团体及其他组织根据法律、行政法规、地方性法规等有关规定,依照国务院规定程序批准,在向公民、法人提供特定服务的过程中,按照成本补偿和非盈利原则向特定服务对象收取的费用。财政部和省、自治区、直辖市财政部门会同同级价格主管部门审批行政事业性收费项目,必须严格按照《国务院关于加强预算外资金管理的决定》(国发[1996]29号)和《中共中央、国务院关于治理向企业乱收费、乱罚款和各种摊派等问题的决定》(中发[1997]14号)规定执行,坚持以法律、法规为依据。其中,审批行政许可收费要严格执行《中华人民共和国行政许可法》,除法律、行政法规另有规定外,凡是行政机关实施行政许可、对行政许可事项进行监督检查以及提供行政许可申请书格式文本的,一律不得批准收费。政府性基金是指各级政府及其所属部门根据法律、行政法规和中共中央、国务院有关文件规定,为支持某项公共事业发展,向公民、法人和其他组织无偿征收的具有专项用途的财政资金。征收政府性基金必须按照国务院规定统一报财政部审批,重要的政府性基金项目由财政部报国务院审批。严禁各地区、各部门越权审批行政事业性收费和政府性基金项目、扩大征收范围、提高征收标准,禁止以行政事业性收费的名义变相批准征收政府性基金,严禁未经财政部和省、自治区、直辖市财政部门会同同级价格主管部门批准擅自将行政事业性收费转为经营服务性收费或者将行政事业性收费作为经营服务性收费进行审批,不得将国家明令取消的行政事业性收费、政府性基金转为经营服务性收费继续收取。二是继续清理整顿收费基金。在清理整顿的基础上,取消不合法、不合理的行政事业性收费和政府性基金项目,合理控制行政事业性收费和政府性基金规模。三是规范收费基金征收行为。符合国家规定审批程序批准设立的行政事业性收费和政府性基金，必须严格按照规定范围和标准及时足额征收。未经财政部和省、自治区、直辖市财政部门批准，执收单位不得减免行政事业性收费；未经国务院或财政部批准，执收单位不得减免政府性基金。

（二）完善国有资源（资产）有偿使用收入管理政策，防止国有资源（资产）收入流失。国有资源有偿使用收入，包括土地出让金收入，新增建设用地土地有偿使用费，海域使用金，探矿权和采矿权使用费及价款收入，场地和矿区使用费收入，出租汽车经营权、公共交通线路经营权、汽车号牌使用权等有偿出让取得的收入，政府举办的广播电视机构占用国家无线电频率资源取得的广告收入，以及利用其他国有资源取得的收入。要依法推行国有资源使用权招标、拍卖，进一步加强国有资源有偿使用收入征收管理，确保应收尽收，防止收入流失。国有资源有偿使用收入应严格按照财政部门规定缴入国库或财政专户。国有资产有偿使用收入，包括国家机关、实行公务员管理的事业单位、代行政府职能的社会团体以及其他组织的固定资产和无形资产出租、出售、出让、转让等取得的收入，世界文化遗产保护范围内实行特许经营项目的有偿出让收入和世界文化遗产的门票收入，利用政府投资建设的城市道路和公共场地设置停车泊位取得的收入，以及利用其他国有资产取得的收入。要尽快建立健全国有资产有偿使用收入管理制度，督促有关机构将国有资产有偿使用收入及时足额上缴国库或财政专户，防止国有资产收入流失。要积极探索城市基础设施开发权、使用权、冠名权、广告权、特许经营权等无形资产有效管理方式，通过进行社会招标和公开拍卖，广泛吸收社会资金参与经营，盘活城市现有基础设施存量资产，有关招标、拍卖收入全额上缴同级国库，增加政府非税收入。

（三）加强国有资本经营收益管理，维护国有资本权益。国有资本经营收益是政府非税收入的重要组成部分，包括国有资本分享的企业税后利润，国有股股利、红利、股息，企业国有产权（股权）出售、拍卖、转让收益和依法由国有资本享有的其他收益，应当严格按照同级财政部门规定执行，及时足额上缴同级国库。要进一步完善国有资本经营收益征收管理方式，防止国有资本经营收益流失。要逐步建立国有资本经营预算体系，将国有资本经营收益纳入国家预算管理，确保国有资本经营收益的安全和有效使用，促进国有经济结构调整和国有企业健康发展。

（四）加强彩票公益金管理，提高彩票公益金使用效益。彩票公益金是政府为支持社会公益事业发展，通过发行彩票筹集的专项财政资金。各级财政部门要积极支持彩票机构扩大彩票发行规模，筹集更多的彩票公益金。要切实规范彩票发行和销售方式，加强彩票机构财务收支管理，监督彩票机构严格按照国家规定的彩票资金构成比例筹集彩票公益金，并及时足额将彩票公益金上缴财政专户，不得拖欠和截留。要进一步改进彩票公益金分配管理方式，对彩票公益金实行专项预算管理，按照国务院确定的分配政策及有关管理制度分配彩票公益金，不得用于平衡预算。同时，加强对彩票公益金使用的监督检查，确保将彩票公益金用于规定的社会公益事业，防止被挤占和挪用，提高彩票公益金使用效益。

（五）规范其他政府非税收入管理，确保政府非税收入应收尽收。罚没收入必须严格按照法律、法规和规章规定收取。主管部门集中收入主要指国家机关、实行公务员管理的事业单位、代行政府职能的社会团体及其他组织集中所属事业单位收入，这部分收入必须经同级财政部门批准。今后，随着事业单位体制改革的深入进行主管部门应当与财务实行彻底脱钩，逐步取消主管部门集中事业单位收入。作为过渡性措施，目前主管部门集中收入应当统一纳入非税收入管理范围，实行“收支脱钩”管理，有关支出纳入部门预算，实行统一按排。以政府名义接受的捐赠收入，是指以各级政府、国家机关、实行公务员管理的事业单位、代行政府职能的社会团体以及其他组织名义接受的非定向捐赠货币收入、不包括定向捐赠货币收入、实物捐赠收入以及以不实行公务员管理的事业单位、不代行政府职能的社会团体、企业个人或者其他民间组织名义接受的捐赠收入。以政府的名义接受的捐赠收入，必须坚持自愿原则，不得强行摊派，不得将以政府名义接受的捐赠收入转交不实行公务员管理的事业单位、不代行政府职能的社会团体、企业个人或者其他民间组织管理。政府财政资金产生的利息收入是指税收和非税收入产生的利息收入，按照中国人民银行规定计息，统一纳入政府非税收入管理范围。

三、完善政府非税收入分成管理政策

政府非税收入分成比例，应当按照所有权、事权以及相应的管理成本等因素确定。根据分级财政管理体制凡涉及中央与地方分成的政府非税收入，其分成比例应当由国务院或者财政部规定；凡涉及省级与市、县级分成的政府非税收入，其分成比例应当由省、自治区、直辖市人民政府或其同级财政部门规定；凡涉及部门、单位之间分成的政府非税收入，其分成比例应当按照财务隶属关系分别报财政部或省、自治区、直辖市财政部门批准。未经国务院或省、自治区、直辖市人民政府及其财政部门批准，各部门和单位不得擅自对政府非税收入实行分成，也不得集中下级部门和单位的政府非税收入。

四、深化政府非税收入收缴管理改革

各级财政部门是政府非税收入征收主管机关。除法律、行政法规另有规定外，政府非税收入可以由财政部门直接征收，也可以由财政部门委托的部门和单位征收，委托征收所需费用，由财政部门通过预算予以拨付。各级财政部门要按照既有利于及时足额征收、方便缴款人，又有利于提高效率、降低征收成本的原则，确定政府非税收入征收管理方式。按照深化“收支两条线”管理改革和财政国库管理制度改革的要求，各级财政部门要积极推进政府非税收入收缴管理制度改革。要继续扩大中央政府非税收入收缴改革范围，完善中央政府非税收入收缴系统，实现中央财政、中央部门和代收银行间政府非税收入收缴信息联网，以及中央财政与省级财政政府非税收入收缴信息联网，保证地方代收的中央政府非税收入或中央分成的政府非税收入及时足额上缴中央财政。要加快地方政府非税收入收缴改革步伐，按照“金财工程”的要求建立健全本地区政府非税收入收缴系统。各级财政部门要加强对政府非税收入征收工作的监督管理，确保政府非税收入按照规定及时足额上缴国库或财政专户，防止隐瞒、截留、挤占、坐支和挪用政府非税收入。

五、加强政府非税收入票据管理

财政部门是政府非税收入票据的管理机关，各级财政部门要将政府非税收入票据纳入财政票据管理体系，按照管理权限负责政府非税收入票据的印制、发放、核销、检查及其他监督管理工作。除财政部另有规定外，执收单位收取政府非税收入，必须严格按照财务隶属关系分别使用财政部或省、自治区、直辖市财政部门统一印制的票据。政府非税收入来源中按照国家有关规定需要依法纳税的，应按税务部门的规定使用税务发票，并将缴纳税款后的政府非税收入全额上缴国库或财政专户。各级财政部门要通过统一印制、发放、核销行政事业收费票据、政府性基金票据、罚没收入票据、捐赠票据、非税收入一般缴款书等政府非税收入票据，确保国家有关政府非税收入管理政策的贯彻落实，从源头上预防和治理乱收费，从制度上规范部门和单位收费行为；监督各项政府非税收入及时足额上缴国库或财政专户，保证收入收缴管理制度改革顺利进行。要通过票据的验旧换新和票据年检工作，及时纠正和查处有关部门和单位执行政府非税收入管理政策过程中的违规行为。财政部驻各地财政监察专员办事处要严格按照《财政监察专员办事处实施中央财政非税收入监督管理暂行办法》(财监[2004]15号)等有关规定，加强对京外中央单位使用非税收入一般缴款书的监督核销工作。

六、强化政府非税收入预算管理

(一)政府非税收入分步纳入财政预算，实行“收支两条线”管理。

各级财政部门要继续深化“收支两条线”管理改革，将政府非税收入分步纳入预算管理。一是各级财政部门要严格按照《财政部中国人民银行关于将部分行政事业性收费纳入预算管理的通知》(财预[2003]470号)的规定，认真落实行政事业性收费纳入财政预算管理工作。二是各级财政部门要将尚未纳入预算管理的其他政府非税收入分期分批纳入财政预算管理。各省、自治区、直辖市财政部门要制定本地区政府非税收入纳入财政预算管理的具体实施步骤，确保这项工作扎实稳妥进行。三是从本通知发布之日起，按照国家规定审批权限新设立的行政事业性收费、政府性基金以及按照本通知规定新取得的其他政府非税收入一律上缴国库，纳入财政预算，不得作为预算外资金管理。四是要推进政府收支分类改革，为非税收入纳入预算实行分类管理提供制度保证。

(二)编制综合财政预算，统筹安排政府税收和非税收入。

各级财政部门要通过编制综合财政预算，实现政府税收与非税收入的统筹安排，要合理核定预算支出标准，进一步明确预算支出范围和细化预算支出项目。要继续扩大实行收支脱钩管理的范围，实行收支脱钩的部门和单位，其执收的政府非税收入必须全部缴入国库或财政专户，支出与其执收的政府非税收入不再挂钩，统一由同级财政部门按照部门和单位履行职能需要核定的预算予以拨付。各级财政部门要强化服务意识，按照预算及时核拨部门和单位的正常经费，确保部门和单位工作正常开展。要尽快研究制定政府非税收入成本性支出管理办法，确保"收支两条线"改革工作的稳步进行。要建立非税收入等财政预算资金绩效评价制度，加强对非税收入等财政预算资金使用情况的监督，切实提高资金使用效益。

七、健全政府非税收入监督检查机制

为确保政府非税收入管理规定的贯彻落实，提高政府非税收入管理效率，应进一步健全政府非税收入监督检查机制。一是健全财政监督机制。各级财政部门要在加强对政府非税收入日常检查的基础上，按照财政部制定的《行政事业性收费和政府性基金年度稽查暂行办法》(财综[2002]38 号)等有关文件规定，开展政府非税收入年度稽查工作。财政部驻各地财政监察专员办事处要严格按照财监[2004]15 号文件规定，强化对中央非税收入的直接征收、就地监缴和专项检查工作。二是积极配合审计监督。各级财政部门要积极配合审计部门依法对政府非税收入进行审计。三是发挥社会监督作用。各级财政部门应编制本级行政事业性收费和政府性基金项目目录，向社会公布，接受社会监督。四是加大查处力度。对政府非税收入监督检查中发现的问题，除了要严格按照国家有关财政法规处罚规定进行处理外，还要按照《违反行政事业性收费和罚没收入收支两条线管理规定行政处分暂行规定》(国务院令第 281 号)，追究有关责任人员的行政责任。

八、加快政府非税收入管理法制建设步伐

财政部将积极推动有关政府非税收入管理行政法规建设工作。地方各级财政部门应根据本地区实际情况，加强政府非税收入管理相关问题的研究和制度建设。条件成熟的地区，要在国家有关政府非税收入管理政策指导下，积极研究制定和完善地方性政府非税收入管理法规制度，加快政府非税收入管理的法规制化进程。

政府非税收入管理工作涉及面广、政策性强，各级财政部门要充分认识做好这项工作的重要性和复杂性，积极探索、勇于创新，不断总结经验、完善政策、健全制度，努力实现政府非税收入管理工作规范化、法制化。

财　　政　　部
国家发展与改革委员会
关于公布取消 103 项行政审批等收费项目的通知

财综[2004]87 号　　2004 年 11 月 24 日

党中央有关部门，国务院各部委、各直属机构，各省、自治区、直辖市财政厅(局)、发展改革委、物价局：

为全面贯彻落实《行政许可法》，促进依法行政，按照《国务院关于印发全面推进依法行政实施纲要的通知》(国发[2004]10 号)、《国务院办公厅关于贯彻落实全面推进依法行政实施纲要的实施意见》(国办发[2004]24 号)、《国务院关于第三批取消和调整行政审批项目的决定》(国发[2004]16 号)，以及《国家发展改革委、财政部关于清理行政机关和事业单位有关收费的通知》(发改价格[2004]1196 号)的有关规定，我们对全国性及中央部门和单位行政审批(含行政许可，下同)等收费项目进行了全面清理，决定公布取消 103 项行政审批等收费项目。现将有关事项通知如下：

一、下列 84 项已经财政部、国家发展改革委(含原国家计委、原国家物价局)批准，但不符合法律、行政法规规定的行政审批等收费，予以公布取消。

(一)公安部门

1. 边境管理区通行证工本费
2. 边境地区居民出入境通行证工本费
3. 外国人定居身份确认表工本费
4. 随船工作证工本费
5. 台湾同胞旅行证明工本费
6. 驾驶证年检费
7. 重大、特大交通事故处理费
8. 公务用枪持枪证工本费
9. 民用枪支持枪证工本费
10. 爆炸物品储存许可证工本费
11. 爆炸物品使用许可证工本费

12. 爆炸物品购买证工本费

13. 爆炸物品运输证工本费

14. 爆破员作业证工本费

(二)发展改革(煤炭)部门

15. 煤炭经营资格证工本费

(三)食品药品监督部门

16. 新生物制品审批费(并入新药审批费)

17. 特殊化学品出口准许证登记费

18. 药品包装用材料、容器生产企业许可证审评费

(四)农业部门

19. 出口农药审批费

20. 申请农药试验审批费

21. 土壤肥料测试费

22. 肥料土壤调理剂、植物生长调节剂登记费(含登记证费)

23. 农作物品种区域试验费

(五)工商部门

24.《商标注册证》验证费

(六)信息产业部门

25. 无线电注册登记费(含其他部门收取的)

26. 基础电信业务经营许可证工本费

27. 跨地区增值电信业务经营许可证工本费

28. 增值电信业务经营许可证工本费

(七)科技部门

29. 技术合同登记费

30. 科技奖评审费(含其他部门收取的)

(八)国土资源部门

31. 地质勘察报告审批费

32. 建设用地批准书工本费

(九)测绘部门

33. 测绘工作证工本费

34. 测绘资格证工本费

(十)烟草专卖部门

35. 烟草专卖许可证(含生产、批发、零售、临时)收费

(十一)中直管理局

36. 商用密码产品科研、生产单位评估费

37. 商用密码产品特许销售年费

(十二)人事等部门所属人才流动中心

38. 出国政审费

(十三)国防科工委

39. 核材料许可证费

(十四)中国人民银行

40. 贷款卡收费

(十五)安全生产(煤炭)主管部门

41. 危险化学品经营许可证工本费

42. 特种操作人员操作证(IC 卡)工本费

43. 乡镇煤矿矿井安全生产条件合格证费

(十六)司法部门

44. 律师执业证工本费

45. 基层法律服务工作者执业证工本费

46. 公证员执业证工本费

47. 律师事务所执业许可证工本费

(十七)新闻出版部门

48. 报刊出版许可证工本费

49. 记者证工本费

(十八)文化部门

50. 演出许可证费

(十九)林业部门

51. 木材运输证工本费

52. 木材采伐许可证工本费

53. 驯养繁殖许可证工本费

54. 特许猎捕证工本费

55. 猎狩证工本费

(二十)人口和计划生育部门

56.《流动人口婚育证明》工本费

(二十一)民航管理部门

57. 经营许可证工本费

58. 民用航空安全检查许可证工本费

59. 安全检查仪器使用合格证工本费

(二十二)铁道部门

60. 液化气体铁路罐车(罐体)运输许可证费

(二十三)建设部门

61. 注册建筑师证书费

62. 注册结构工程师证书费

63. 注册城市规划师证书费

64. 房地产估价师证书费

65. 房地产经纪人注册证工本费

66. 造价工程师证书费

67. 监理工程师证书费

68. 工程勘察设计资格审查发证收费

69. 施工企业资质审查证书费

70. 建设监理证书(含监理工程师证书、监理单

位证书)费

71. 城市规划编制资质证书费

(二十四)劳动保障部门

72. 工资基金管理手册工本费

(二十五)教育部门

73. 自费出国留学中介服务机构资格认定书工本费

(二十六)交通部门

74. 水上、水下作业许可证工本费

(二十七)中国证监会

75. 发行审核费

(二十八)海关总署

76. 免税商品海关监管手续费

77. 出口监管仓库货物海关监管手续费

78. 进口商品退税(关)手续费

79. 车辆超时占用验场费

80. 验车费

(二十九)卫生部门

81. 民办医疗机构管理费

(三十)口岸管理部门(地方政府)

82. 口岸管理(建设)费

(三十一)质量检验检疫部门

83. 棉花质量检验师注册证工本费

(三十二)知识产权部门

84. 知识产权培训中心办学经费

二、下列 7 项已经财政部、国家发展改革委(含原国家计委、原国家物价局)批准的行政审批收费,随国务院第三批取消的行政审批项目相应取消。

(一)公安(安全生产)部门

1. 爆炸物品(含烟花爆竹)安全生产许可证工本费

2. 爆炸物品(含烟花爆竹)销售许可证工本费

(二)财政部门

3. 注册会计师执行证券、期货相关业务报名考试费

(三)农业部门

4. 兽药制剂许可证工本费

(四)商务部门

5. 特定机电产品进口证明书工本费

6. 机电产品进口配额证明工本费

(五)海关总署

7. 报关单位注册登记手续费

三、下列 12 项行政审批等收费,属于有关部门越权审批的收费项目,予以公布取消。

(一)中国人民银行

1. 机电产品进口登记表工本费

(二)交通部门

2.《水路运输许可证》工本费

3. 建筑消防合格证工本费

4. 消防施工许可证工本费

5. 消防建审费

6. 爆炸物品管理证件工本费

(三)旅游部门

7. 旅游饭店星级报告书工本费

8. 旅行社经营许可证工本费

9. 旅行社申报技术报告书工本费

10. 出国旅游团队名单表工本费

11. 出境旅游领队证工本费

12. 导游员资格等级证书工本费

四、上述收费项目,除随国务院第三批取消的行政审批项目相应取消外,有关部门越权审批的收费项目应当立即纠正,其他收费一律自 2005 年 1 月 1 日起取消。有关执收部门和单位应当按照规定到原核发《收费许可证》的价格主管部门办理《收费许可证》注销手续,并到原核发收费票据的财政部门办理票据缴销手续,2005 年 1 月 1 日前有关收费资金余额应当严格按照财政部门原规定渠道如数解缴国库或财政专户。过去有关文件规定与本通知不一致的,一律以本通知规定为准。

五、上述收费项目取消后,有关部门和单位依照法律、行政法规以及国务院规定履行行政审批职能或核发证照所需要的经费,由同级财政部门通过部门预算或经财政部门批准的列支渠道予以保障。各级财政部门应当确保有关部门和单位依法履行行政审批事务所需经费开支。

六、各地区和有关部门应当严格按照本通知以及发改价格[2004]1196 号文件规定执行,认真贯彻落实公布取消的收费项目,并于 2005 年 1 月底前,将本地区、本部门落实取消收费项目情况、涉及金额等报财政部、国家发展改革委备案。

财政部关于印发《农业综合开发财政资金配套保障试点办法》的通知

财发[2004]71号　　2004年12月7日

内蒙古、吉林、江西、河南、重庆、贵州、甘肃、新疆省(区、市)财政厅(局)、农业综合开发办公室:

现将《农业综合开发财政资金配套保障试点办法》印发给你们,请遵照执行。试点过程中有何问题,请及时向国家农业综合开发办公室反馈。

附件:农业综合开发财政资金配套保障试点办法

农业综合开发财政资金配套保障试点办法

第一条 为完善农业综合开发资金投入政策,促进地方各级财政部门及时足额落实地方财政配套资金,依据《关于改革和完善农业综合开发若干政策措施的意见》(财发[2003]93号)及《关于调整农业综合开发资金若干投入比例的规定》(财发[2004]2号)等制度规定,制定本办法。

第二条 财政资金配套保障办法是指依据各省、自治区、直辖市(以下简称省)已经落实的农业综合开发地方财政配套资金数以及中央财政与地方财政资金配套比例,测算分配各地中央财政农业综合开发资金指标,以保障各地足额落实地方财政配套资金的办法。

第三条 按照财政资金配套保障办法确定中央财政农业综合开发资金指标坚持上限控制、实事求是、量力而行的原则。

第四条 配套保障办法适用于各省农业综合开发土地治理和产业化经营项目(不含部门项目,下同)中央财政资金指标的分配。

第五条 配套保障办法按以下程序实施:

(一)国家农业综合开发办公室(以下简称国家农发办)按照综合因素法计算确定应分配各省的农业综合开发土地治理和产业化经营项目中央财政资金规模,以此作为分配该省中央财政资金的上限,并及时通知各试点省。

(二)各省财政部门参照国家农发办下达的中央财政资金指标上限,安排落实地方财政配套资金(包括省、地、县三级),并据实上报当年实际安排的农业综合开发土地治理和产业化经营项目地方财政配套资金。国家农发办以此为依据,测算确定应分配各省的中央财政资金投资指标(不得突破按照综合因素法分配该省中央财政资金的上限)。

第六条 凡是发现虚假上报配套资金规模套取中央财政资金的,按上报数与实际落实数的差额两倍扣减该省下年中央财政农业综合开发资金指标。对能够超额落实配套资金的,在安排下年中央财政资金时给予一定奖励。

第七条 本办法自2005年在试点地区执行。

试点地区可根据本办法,结合本地实际情况制定实施细则,并报国家农发办备案。

财政部关于印发《村集体经济组织新旧会计制度有关衔接问题的处理规定》的通知

财会[2004]21号　　2004年12月13日

国务院有关部委、有关直属机构,各省、自治区、直辖市、计划单列市财政厅(局),新疆生产建设兵团财务局:

为做好村集体经济组织执行《村集体经济组织会计制度》的衔接工作,现将《村集体经济组织新旧会计制度有关衔接问题的处理规定》印发给你们,请遵照执行。执行中有何问题,请及时反馈我部。

附件:村集体经济组织新旧会计制度有关衔接问题的处理规定

村集体经济组织新旧会计制度有关衔接问题的处理规定

《村集体经济组织会计制度》(以下简称新制度)自2005年1月1日起在全国村集体经济组织执行,

财政部 1996 年颁发的《村合作经济组织会计制度(试行)》(以下简称原制度)同时废止。为了做好新旧制度的衔接工作,现对村集体经济组织执行新制度有关衔接问题规定如下:

一、做好调账前的准备工作

村集体经济组织在 2004 年 12 月 31 日之前,仍应按照原制度进行会计核算和编报会计报表,并按原制度的要求,认真做好 2004 年度的年终结账和年终决算分配工作。自 2005 年 1 月 1 日起,村集体经济组织应当严格执行新制度,根据新制度设置账目,将 2004 年各会计科目的年末余额转入新账并作调整后,作为新制度各会计科目 2005 年的年初余额,按照新制度编制 2005 年的年初资产负债表。

村集体经济组织应当在 2004 年年终决算前对本单位的资产和负债进行全面清查,对清查中发现的资产报废、毁损、盘盈、盘亏,按规定程序批准后,借记“其他支出”科目或贷记“其他收入”科目,贷记或借记相关资产科目。如有应确认而未入账的资产,村集体经济组织应当自 2005 年 1 月 1 日起按照新制度规定,经规定程序批准后,借记相关资产科目,贷记“公积公益金”科目;如有应确认而未入账的负债,经规定程序批准后,借记“收益分配——未分配收益”科目,贷记相关负债科目。

二、新旧会计科目结转

村集体经济组织应在上述核实资产的基础上,将有关科目的余额直接转至新账或沿用旧账。

资产类

(一)“现金”、“银行存款”、“应收款”、“内部往来”、“固定资产清理”科目

新制度设置了“现金”、“银行存款”、“应收款”、“内部往来”、“固定资产清理”科目,其核算内容与原制度相应科目的核算内容基本相同。调账时,应将原账中以上科目的余额直接转入新账相应科目或沿用旧账。

(二)“库存物资”、“产成品”科目

新制度没有设置“产成品”科目,但设置了“库存物资”科目,其核算内容包括了原制度“库存物资”和“产成品”两个科目核算的内容,以及原制度“经营支出”科目核算的部分内容。调账时,应在新账“库存物资”科目中按照库存物资的品名设置明细科目,将原账“库存物资”和“产成品”科目的余额,以及原账“经营支出”科目核算的完工入库尚未销售的工业产品的余额,转入新账“库存物资”科目所属相应的明细科目。

(三)“短期投资”、“长期投资”科目

新制度设置了“短期投资”、“长期投资”科目,其核算内容与原制度有所不同。调账时,应当对原账“短期投资”、“长期投资”科目的余额进行分析:

1. 原账“短期投资”科目如有存放在乡(镇)、村农村合作基金的代管资金的余额,应转入新账“应收款”科目;将剩余金额转入新账“短期投资”科目。

2. 原账“长期投资”科目如有以货币资金入股加入乡(镇)、村农村合作基金会且期限在一年以上的股金余额,应转入新账“应收款”科目;将剩余金额转入新账“长期投资”科目。

(四)“固定资产”、“累计折旧”、“在建工程”科目

新制度设置了“固定资产”、“累计折旧”、“在建工程”、“牲畜(禽)资产”和“林木资产”科目,“固定资产”和“在建工程”科目的核算内容与原制度有所不同。调账时,应当对原账“固定资产”、“在建工程”及相关资产科目的余额进行分析:

1. 将原账“固定资产”科目核算的产役畜的原值扣除原账“累计折旧”科目核算的产役畜累计折旧后的净额,转入新账“牲畜(禽)资产”科目所属“产役畜”二级科目。

2. 将原账“固定资产”科目核算的经济林木的原值扣除原账“累计折旧”科目核算的经济林木累计折旧后的净额,转入新账“林木资产”科目所属“经济林木”二级科目。

3. 将原账“在建工程”等科目核算的非经济林木的成本和尚未投产的经济林木的成本,分别转入新账“林木资产”科目所属“非经济林木”和“经济林木”二级科目;将剩余金额转入新账“在建工程”科目。

4. 将原账“累计折旧”科目的余额扣除上述 1、2 两项中产役畜和经济林木的累计折旧后的贷方余额,转入新账“累计折旧”科目。

新制度提高了固定资产的确认标准,调账时,按照“老问题老办法,新问题新办法”的原则处理。对原账中已经入账但低于新制度确认标准的固定资产,调账时不进行调整;新购入的固定资产按照新制度规定的标准进行账务处理。

(五)“其他资产”科目

新制度没有设置“其他资产”科目。调账时,应

当对原账“其他资产”科目的余额进行分析：

1. 原账“其他资产”科目所属“无形资产”二级科目如有余额的，应增设“无形资产”科目，将原账“其他资产”科目所属“无形资产”二级科目的余额直接转入新账“无形资产”科目。

2. 将原账“其他资产”科目所属“递延资产”二级科目余额中符合新制度资产规定的部分，转入新账有关资产科目；对于原账中不符合新制度资产规定的递延资产，经规定程序批准后，借记“收益分配——未分配收益”科目，贷记“其他资产——递延资产”科目。

3. 对于原账“其他资产”科目所属“其他长期资产”二级科目的余额，应根据实际情况转入新账有关资产科目。

负债类

（六）“短期借款”、“应付款”、“应付福利费”、“长期借款及应付款”科目

新制度设置了“短期借款”、“应付款”、“应付福利费”、“长期借款及应付款”科目，其核算内容与原制度相应科目的核算内容基本相同。调账时，应将原账以上科目的余额直接转入新账相应科目或沿用旧账。

（七）“应付工资”科目

新制度设置了“应付工资”科目，用于核算村集体经济组织应付给其管理人员及固定员工的报酬。调账时，村集体经济组织如有应付未付给其管理人员及固定员工的报酬，应将已记入原账有关科目的应付工资余额转入新账“应付工资”科目。

（八）“一事一议资金”科目

新制度设置了“一事一议资金”科目，用于核算农村税费改革后村集体经济组织为兴办生产、公益事业，按一事一议的形式筹集的专项资金。调账时，应将已记入原账有关科目的一事一议资金余额转入新账“一事一议资金”科目。

所有者权益类

（九）“资本”、“本年收益”、“收益分配”科目

新制度设置了“资本”、“本年收益”、“收益分配”科目，其核算内容与原制度相应科目的核算内容基本相同。调账时，应将原账以上科目的余额接转入新账相应科目或沿用旧账。

（十）“公积金”、“公益金”科目

新制度没有设置“公积金”、“公益金”科目，设置了“公积公益金”科目，其核算内容包括了原制度“公积金”和“公益金”两个科目核算的内容。调账时，应将原账“公积金”、“公益金”科目的额转入新账“公积公益金”科目。

成本类

（十一）“生产（劳务）成本”科目

新制度设置了“生产（劳务）成本”科目，用核算村集体经济组织直接组织生产或对外提供劳务等活动所发生的各项生产费用和劳务成本。调账应对原账“经营支出”科目的借方余额进行分析，将已记入原账“经营支出”科目的工业在产品生产费用、农产品的生产费用（如应结转下年的冬小麦费用、在塘存鱼费用等）和劳务成本的余额转入新账“生产（劳务）成本”科目。

损益类

（十二）“经营收入”、“发包及上交收入”、“其他收入”、“投资收益”、“管理费用”、“其他支出”科目

由于原账以上损益类科目年末无余额，不需要进行调账，自2005年1月1日起，应当按照新制度设置损益类科目进行账务处理。

（十三）“经营支出”科目

新制度设置了“经营支出”科目，但核算内容原制度有所不同。调账时，原账结转后的“经营支出”科目如有借方余额，应对其借方余额进行调账处理：

将原账“经营支出”科目核算的幼畜及育肥畜购买成本及饲养费用的余额，转入新账“牲畜（禽）资产”科目所属“幼畜及育肥畜”二级科目；将原账“经营支出”科目核算的完工入库尚未销售工业产品的余额，转入新账“库存物资”科目所属相应的明细科目；将村集体经济组织直接组织生产或对外提供劳务等活动所发生的各项生产费用（如工业在产品的生产费用、应结转下年的冬小麦费用、在塘存鱼费用等）和劳务成本的余额，转入新账“生产（劳务）成本”科目。

新制度“经营支出”科目只核算村集体经济组织因销售商品、农产品、对外提供劳务等活动而发生的实际支出。调账后，该科目期末应无余额。

（十四）“提留统筹收入”科目

根据农村税费改革后的新情况，新制度取消了“提留统筹收入”科目。

（十五）“农业税附加返还收入”、“补助收入”科目

新制度设置了"农业税附加返还收入"科目，用于核算村集体经济组织收到的乡(镇)农税征收部门返还的农业税附加、牧业税附加等资金。已免征农业税和牧业税的地区，不使用该科目。

新制度设置了"补助收入"科目，用于核算村集体经济组织收到的财政等有关部门的补助资金。

由于上述科目年末无余额，不需要进行调账，自2005 年 1 月 1 日起，应当按照新制度设置相应科目进行账务处理。

三、会计报表

资产负债表

村集体经济组织执行新制度当年年末(即 2005 年年末)"资产负债表"的"年初数"栏目各项目数字，应根据按新制度规定编制的 2005 年年初资产负债表的各项目数字填列，执行新制度当年的"资产负债表"应按新制度的规定编制。

附：村集体经济组织新旧会计科目对照表

村集体经济组织新旧会计科目对照表

原会计科目	新会计科目
一、资产类	一、资产类
现金	现金
银行存款	银行存款
短期投资	短期投资
应收款	应收款
内部往来	内部往来
库存物资	库存物资
产成品	
	牲畜(禽)资产
	林木资产
长期投资	长期投资
固定资产	固定资产
累计折旧	累计折旧
固定资产清理	固定资产清理
在建工程	在建工程

续表

原会计科目	新会计科目
一、资产类	一、资产类
其他资产	
二、负债类	二、负债类
短期借款	短期借款
应付款	应付款
	应付工资
应付福利费	应付福利费
长期借款及应付款	长期借款及应付款
	一事一议资金
三、所有者权益类	三、所有者权益类
资本	资本
公积金	公积公益金
公益金	
本年收益	本年收益
收益分配	收益分配
——	四、成本类
——	生产(劳务)成本
四、损益类	五、损益类
经营收入	经营收入
经营支出	经营支出
发包及上交收入	发包及上交收入
提留统筹收入	——
——	农业税附加返还收入
——	补助收入
其他收入	其他收入
其他支出	其他支出
管理费用	管理费用
投资收益	投资收益

河北省人民政府令

[2004]第6号

《河北省企业国有资产监督管理实施办法》已经2004年10月21日省政府第33次常务会议通过,现予公布,自2004年12月1日起实行。

省长 季允石

2004年10月27日

河北省企业国有资产监督管理实施办法

第一章 总 则

第一条 根据国务院《企业国有资产监督管理暂行条例》和有关法律、法规,结合本省实际,制定本办法。

第二条 本省国有及国有控股企业、国有参股企业的国有资产中的监督管理,适用本办法。

第三条 本办法所称企业国有资产,是指国家对企业各种形式的投资和投资所形成的权益,以及依法认定为国家所有的其他权益。

第四条 企业的国有资产属于国家所有。本省实行由省人民政府和设区的市人民政府分别代表国家履行出资人职责,享有所有者权益,权利、义务和责任相统一,管资产和管人、管事相结合的企业国有资产监督管理体制。

第五条 省人民政府和设区的市人民政府分别设立国有资产监督管理机构。国有资产监督管理机构根据本级人民政府授权,代表本级人民政府依法履行出资人职责,依法对企业国有资产进行监督管理。县(市、区)人民政府不设立国有资产监督管理机构,由设区的市人民政府国有资产监督管理机构和县(市、区)人民政府根据需要,确定有关组织对企业国有资产进行经营管理。

第六条 省人民政府、设区的市人民政府授权国有资产监督管理机构履行出资人职责的企业,统称所出资企业。省人民政府国有资产监督管理机构所出资企业,由省人民政府确定、公布,并报国务院国有资产监督管理机构备案;设区的市人民政府国有资产监督管理机构所出资企业,由设区的市人民政府确定、公布,并报省人民政府国有资产监督管理机构备案。

第七条 所出资企业依法享有企业经营自主权,对其经营管理的企业国有资产承担保值增值责任。

第八条 国有资产监督管理机构不行使政府的社会公共管理职能,政府其他机构、部门不履行企业国有资产出资人职责。国有资产监督管理机构应当支持企业依法自主经营,不得干预所出资企业正常的生产经营活动,不得违法收取费用,不得增加企业负担。

第二章 国有资产监督管理机构

第九条 国有资产监督管理机构是代表本级人民政府履行出资人职责、负责监督管理企业固有资产的直属特设机构、上级人民政府国有资产监督管理机构依法对下级人民政府的国有资产监督管理工作进行指导和监督。

第十条 国有资产监督管理机构的主要职责:

(一)依法对所出资企业履行出资人职责,维护所有者权益;

(二)依照有关规定向所出资企业派出监事会或者监事;

(三)依照法定程序对所出资企业的企业负责人进行任免、考核,并根据考核结果对其进行奖惩;

(四)对所出资企业的国有资产收益进行考核和组织收缴,按要求编制再投入预算建议计划;

(五)依法对所出资企业的重大事项进行审核;

(六)指导、监督所出资企业的法律顾问制度建设;

(七)指导国有及国有控股企业的改革和重组;

(八)依法监督企业国有资产的产权交易活动;

(九)建立和完善企业国有资产保值增值指标体系,通过统计、稽核等方式对企业国有资产的保值增值情况进行监管;

(十)本级人民政府规定的其他职责。

第十一条 国有资产监督管理机构的主要义务:

(一)探索有效的企业国有资产经营体制和方式,加强企业国有资产监督管理工作,防止国有资产流失,督促企业实现国有资产保值增值;

(二)推进国有资产合理流动和优化配置,推动国有经济布局和结构的调整,提高国有经济的整体素质和竞争力；

（三）推动建立归属清晰、权责明确、保护严格、流转顺畅的现代产权制度；

（四）指导和促进国有及国有控股企业建立现代企业制度，完善法人治理结构，推进管理现代化；

（五）尊重、维护国有及国有控股企业的经营自主权，依法维护企业的合法权益，促进企业依法经营管理；

（六）指导和协调解决国有及国有控股企业在改革、发展中的困难和问题；

（七）本级人民政府规定的其他义务。

第十二条 国有资产管理机构应当按规定向本级人民政府报告企业国有资产监督管理工作、国有资产保值增值状况和其他重大事项。

第三章 所出资企业负责人管理

第十三条 国有资产监督管理机构依照有关规定，任免或者建议任免所出资企业的负责人：

（一）任免国有独资企业的总经理、副总经理、总会计师及其他企业负责人；

（二）任免国有独资公司的董事长、副董事长、董事，并向董事会提出总经理、副总经理、总会计师等的任免建议；

（三）依照公司章程，提出向国有控股公司派出的董事、监事人选，推荐国有控股公司的董事长、副董事长和监事会主席人选，并向董事会提出总经理、副总经理、总会计师等人选的建议；

（四）依照公司章程，提出向国有参股公司派出的董事、监事人选。

省人民政府和设区的市人民政府对所出资企业负责人的任免、考核另有规定的按规定执行。

第十四条 国有资产监督管理机构应当建立健全适应现代企业制度要求的企业负责人选任制度，并按照规定的条件和程序选拔任用所出资企业的负责人。

第十五条 国有资产监督管理机构可以根据需要，向社会公开选聘所出资企业中的国有独资企业、同国有独资公司的高级经营管理人员。

第十六条 国有资产监督管理机构应当按照年度考核与任期考核、考核结果与兑现奖惩相结合的原则，建立健全对所出资企业负责人的业绩考核制度，与其任命的企业负责人签订年度经营业绩责任书和任期经营业绩责任书，对经营目标完成情况进行考核，并根据考核结果决定对企业负责人的奖惩。

第十七条 国有资产监督管理机构应当建立健全企业负责人的激励约束机制，制定所出资企业中的国有独资、企业国有独资公司的企业负责人薪酬分配办法。

第四章 所出资企业重大事项管理

第十八条 所出资企业的下列重大事项应当报国有资产监督管理机构审核批准：

（一）国有独资公司的章程；

（二）国有独资企业和国有独资公司的重组、股份制改造方案；

（三）国有独资企业和国有独资公司的分立、合并、破产、解散、增减资本或者发行公司债券；

（四）国有及国有控股企业的重大投融资计划；

（五）国有股权转让；

（八）在增资扩股中全部或者部分放弃国有股认股权；

（七）在上市公司配股中全部、部分放弃国有股配股权或者采用增发股票、定向吸纳其他非国有资本投资入股等方式，导致国有股比例下降；

（八）国有独资企业和国有独资公司处置重大有形资产或者无形资产；

（九）国有及国有控股企业的工资分配总额；

（十）省人民政府和设区的市人民政府规定的其他重大事项。

所出资企业投资设立的子企业的重大事项，依照国家和本省有关规定审核批准。

第十九条 国有资产监督管理机构在审核批准所出资企业的重大事项时，应当自接到所出资企业提交的全部资料之日起 20 个工作日内，决定批准或者不予批准。因特殊情况不能按期作出决定的，经国有资产监督管理机构负责人批准，可以延长 10 个工作日。逾期未作出决定的，视为批准。

第二十条 所出资企业的下列重大事项应当由国有资产监督管理机构审核后，报本级人民政府批准：

（一）重要的国有独资企业和国有独资公司的分立、合并、破产或者解散；

（二）转让全部国有股权或者转让部分国有股权致使国家不再拥有控股地位。

第二十一条 所出资企业中的国有及国有控股企业的下列重大事项应当向国有资产监督管理机构

报告：

(一)与自然人、法人或者其他组织进行超过国有资产监督管理机构规定限额的资产托管、承包、租赁、买卖或者置换活动；

(二)对外提供的单项担保额达到本企业净资产20%、累计担保额达到本企业净资产50%,以及向本企业以外的自然人、法人或者其他组织提供非对等担保；

(三)发生生产安全事故造成企业人员伤亡和重大财产损失；

(四)重大会计政策变更；

(五)捐赠企业资产；

(六)涉及企业资产的仲裁、诉讼或者企业资产被有关机关和单位采取查封、冻结、扣押等强制措施；

(七)产品被外国或者地区列入反倾销调查目录；

(八)企业负责人因被采取人身强制措施或者健康等原因不能履行职责；

(九)省人民政府和设区的市人民政府规定的其他重大事项。

第二十二条 国有资产监督管理机构应当依照《中华人民共和国公司法》的规定,向所出资企业中的国有控股公司、国有参股公司派出股东代表、董事,参加公司的股东会、董事会。在国有控股公司、国有参股公司的股东会、董事会决定公司的分立、合并、破产、解散、增减资本、发行公司债券任免企业负责人等重大事项时,国有资产监督管理机构派出的股东代表、董事,应当事前向国有资产监督管理机构报告,按照国有资产监督管理机构的意见行使表决权,并在股东会、董事会闭会之日起5个工作日内将其履行职责的有关情况向国有资产监督管理机构提交书面报告。报告应当附有股东会、董事会会议纪要。

第二十三条 国有资产监督管理机构依照有关规定,组织协调所出资企业中的国有独资企业、国有独资公司的兼并破产工作,并配合有关部门做好企业下岗职工安置等项工作。

第二十四条 国有资产监督管理机构可以对所出资企业中资产规模较大、法人治理结构完善、内部管理制度健全、经营状况较好的国有独资企业、国有独资公司进行国有资产授权经营。被授权的国有独资企业、国有独资公司应当承担企业国有资产的保值增值责任。

第五章 企业国有资产管理

第二十五条 国有资产监督管理机构依照国家和本省有关规定,加强和完善企业国有资产的产权界定、产权登记、资产评估监管、清产核资、资产统计和综合评价等基础管理工作。

第二十六条 下列资产应当界定为企业国有资产：

(一)国家和本省授权投资的部门或者单位以货币、实物和所有权属于国家的土地使用权、知识产权等向企业投资所形成的国家资本金；

(二)企业运用国家资本金所形成的税后利润留给企业作为增加投资的部分,以及企业从税后利润中提取的盈余公积金、公益金和未分配利润；

(三)国有企业用于投资的减免税金；

(四)由国家承担投资风险,完全用借入资金投资开办的企业所积累的资产；

(五)用国有资产兼并、购买其他,企业或者其他企业资产所形成的产权；

(六)应当依法界定为企业国有资产的其他资产。

第二十七条 国有资产监督管理机构应当依照国家和本省有关规定,对国有及国有控股企业、国有参股企业进行企业国有资产产权登记,并建立健全产权登记档案制度,定期分析和向本级人民政府报告企业国有资产产权状况。

第二十八条 国有及国有控股企业、国有参股企业在进行改制、分立、合并、破产、解散、产权转让、以非货币资产对外投资或者资产转让、拍卖、收购、置换时,必须依法采用公开招标投标的方式,委托具有相应资质的资产评估机构进行资产评估。国有资产监督管理机构应当对资产评估活动进行监督管理,并对企业国有资产评估报告进行审核确认。

第二十九条 国有资产监督管理机构应当依照国家和本省有关规定,组织所出资企业进行清产核资,并对清产核资结果进行审核确认。

第三十条 国有资产监督管理机构应当企业、国有资产的存量、分布、结构及其变动和运营效益等基本情况进行统计,掌握企业国有资产的基本情况和运营状况。国有及国有控股企业、国有参股企业应当依照国有资产监督管理机构的规定,提交国有资产统计报表和国有资产经营报表等有关资料。

第三十一条　国有资产监督管理机构应当依照国家和本省有关规定，建立健全企业国有资产指标评价体系，对企业国有资产的运营状况、财务效益、偿债能力、发展能力等情况进行定量、定性对比分析，作出准确评价。

第三十二条　国有资产监督管理机构应当建立和完善企业国有资产产权交易监督管理制度。

企业国有资产产权交易必须通过依法批准设立的产权交易机构公开进行，不得私下交易。

第三十三条　所出资企业国有资产的收益应当纳入本级预算管理。国有资产监督管理机构对所出资企业的企业国有资产收益依法履行出资人职责，按照优化国有经济布局的要求，编制再投入预算建议计划，并负责组织实施。

第三十四条　国有资产监督管理机构应当按照国家产业政策及当地的国民经济和社会发展规划，审核所出资企业中的国有及国有控股企业的发展战略规划、重大投融资规划，对企业的投资方向和投资总量进行监督管理，必要时对企业的投资决策进行后评估。

第三十五条　所出资企业之间发生国有资产产权纠纷时，应当协商解决。协商不成的，可以申请国有资产监督管理机构协调处理。

第六章　企业国有资产监督

第三十六条　国有资产监督管理机构代表本级人民政府向所出资企业中的国有独资企业、国有独资公司派出监事会；依照《中华人民共和国公司法》等有关法律、法规的规定和公司章程，向所出资企业中的国有控股、国有参股公司派出监事。

第三十七条　监事会的组成、职权、工作方式行为规范等，参照国务院《国有企业监事会暂行条例》的规定执行。监事会依法对企业的财务活动、国有资产保值增值状况以及企业负责人的经营管理行为等进行监督，并向国有资产监督管理机构提交监督检查报告。

第三十八条　派驻监事会的企业应当配合监事会的工作，如实向监事会报告重大事项，并定期报送企业财务会计报告。

派驻监事会的企业召开董事会和研究企业改革发展、年度财务预决算、重要产权变动和重要人事调整等重大事项的会议，必须邀请监事会成员列席。

第三十九条　国有资产监督管理机构可以根据需要，向所出资企业中的国有独资企业、国有独资公司派出总会计师或者财务总监，对该企业的财务状况和运管效益进行监督。

所出资企业中的国有独资企业、国有独资公司应当依照有关规定，定期向国有资产监督管理机构报告财务、生产经营和国有资产保值增值状况。

第四十条　国有及国有控股企业应当接受审计等有关部门依法实施的监督检查，并依照国家和本省有关规定，建立健全企业内部财务、审计和职工民主监督等制度，完善科学决策机制，强化内部监督和风险控制工作。

第四十一条　国有及国有控股企业应当建立企业法律顾问制度。企业法律顾问有权对损害企业合法权益、影响国有资产保值增值、企业损害出资人合法权益等违法行为，提出纠正意见和建议。

大型国有及国有控股企业应当设置企业总法律顾问，作为企业高级管理人员，负责企业法律事务的管理。

第四十二条　国有资产监督管理机构应当建立健全所出资企业负责人重大决策失误的责任追究制度，明确企业负责人在履行职责时，因玩忽职守、滥用职权或者徇私舞弊等违法行为给企业国有资产造成损失应当承担的责任。

第七章　法律责任

第四十三条　国有资产监督管理机构及其工作人员违反本办法规定，有下列情形之一的，对直接负责的主管人员和其他责任人员依法给予行政处分；构成犯罪的，依法追究刑事责任：

(一)违法干预所出资企业正常的生产经营活动，违法收取费用，增加企业负担的；

(二)侵犯所出资企业的合法权益，造成企业国有资产损失或者其他严重后果的；

(三)未按规定任免或者建议任免所出资企业负责人的；

(四)未按规定期限审核批准所出资企业上报的重大事项的。

第四十四条　国有资产监督管理机构派出的股东代表、董事未按照派出机构的指示发表意见、行使表决权或者未按时提交履行职责有关情况的报告的，予以警告；情节严重，造成企业国有资产损失或者其他严重后果的，给予相应的行政处分；构成犯罪的，依法追究刑事责任。

第四十五条 所出资企业中的国有及国有控股企业违反本办法规定，有下列情形之一的，予以警告；情节严重的，对直接负责的主管人员和其他直接责任人员给予纪律分；构成犯罪的，依法追究刑事责任：

(一)末按规定向国有资产监督管理机构报告财务、生产经营和国有资产保值增值状况的；

(二)对应当报人民政府或者国有资产监督管理机构审核批准的重大事项未报审核批准的；

(三)未经批准擅自出让企业国有资产产权，以及未通过产权交易机构进行产权交易的。

第四十六条 国有及国有控股企业的负责人违反决策程序、滥用职权、玩忽职守，造成企业国有资产损失的，应当负赔偿责任，并按规定对其给予纪律处分；构成犯罪的，依法追究刑事责任。

第四十七条 对企业国有资产损失负有责任受到撤职以上纪律处分的国有及国有控股企业的负责人，5年内不得担任任何国有及国有控股企业的负责人；造成企业国有资产重大损失或者被判处刑罚的，终身不得担任任何国有及国有控股企业的负责人。

第八章 附 则

第四十八条 非经营性的国有资产转为经营性的国有资产，由企业开发、经营的资源性国有资产，以及地方金融类企业中的国有资产的监督管理，参照本办法执行。

第四十九条 政企尚未分开的单位，应当依照国家和本省有关规定，加快改革，实现政企分开。政企分开后的企业，由国有资产监督管理机构依法履行出资人职责，依法对企业国有资产进行监督管理。

第五十条 本办法自2004年12月1日起施行。

工 作 概 况

河北省财政厅 2004 年工作概况

2004 年，全省各级财政部门在省委、省政府正确领导下，认真学习贯彻党的十六届三中、四中全会及省委六届五次、六次全会精神，高扬"树正气、讲团结、求发展"的主旋律，以科学发展观为指导，积极、有作为地落实中央宏观调控政策，努力把各项工作往深里做、往实里做，全省预算执行情况良好，全年各项目标任务顺利完成。

一、努力做好组织收入工作，超额完成全年收入任务

2004 年，全省各级财税部门充分利用经济快速发展的有利形势，加强协调配合，严格依法治税管费，认真解决征管中存在的问题，开展税收专项整治活动，大力清缴陈欠和缓征税款，坚决制止越权减免税，严厉打击偷税、逃税和骗税行为，努力做到应收尽收。同时，继续实行激励性财政体制和政策措施，省级分成增长率比上年降低 1 个百分点，对市县经济发展和财政收入的激励作用进一步显现，促进了全省财政收入快速稳定增长。据统计，2004 年全省全部财政收入完成 778.3 亿元，占年初计划的 116.5%，超收 110.4 亿元，同比增长 22.6%(按 2003 年口径，全部财政收入完成 837.3 亿元，可比增收 202.4 亿元，增长 31.9%)。其中，中央级收入完成 370.5 亿元，占年计划的 114.8%，增长 23.9%；地方一般预算收入完成 407.8 亿元，占预算的 118.1%，增长 21.4%。全省一般预算支出完成 785.6 亿元，占调整预算的 89.3%，增长 21.5%。全省政府性基金收入完成 233.6 亿元，占调整预算的 109.5%，增长 47.8%；全省政府性基金支出完成 219 亿元，占调整预算的 85.4%，增长 42.6%。

二、紧紧围绕四项重点经济工作，认真落实国家宏观调控政策，全力支持全省经济发展

2004 年，各级财政部门适应国家加强宏观调控的新形势，充分发挥财政政策、资金和体制的综合作用，紧紧围绕四项重点经济工作，促进全省经济快速增长。一是在控制部分行业投资过快增长的同时，统筹安排财政各类发展性资金，集中投向技术含量高、符合结构调整要求的项目，保持了投资合理增长和促进了结构调整。全省财政基本建设支出 61.9 亿元，利用国债转贷资金 5 亿元，重点支持了南水北调、大型水库除险加固、京津风沙源治理等重点项目；企业挖潜改造资金支出 14.9 亿元，重点支持了传统产业技术改造、农副产品加工和高新技术产业发展；科技三项和科学事业费支出 9.8 亿元，重点支持了高新技术研发、重大科技攻关、高新技术园区和重点实验室建设。二是认真贯彻省委、省政府《关于加快推进国有企业改革的指导意见》，落实好各项财税政策，促进国企改革向纵深发展。省级拨付资金 1.7 亿元专项用于分离企业办社会工作，保障了分离单位工作的正常开展，减轻了省属企业负担；拨付资金 1.35 亿元，妥善解决了涞钢、涞铜的下放和破产的前期准备工作；争取财政部破产资金 3.2 亿元，解决了峰峰矿务局三矿和秦皇岛船用机械厂两户破产企业的职工安置工作；积极推进粮食流通体制改革，制定粮销企业改制的财政财务政策，筹措资金 3.76 亿元用于支持国有粮食购销企业改制，全省粮食购销企业改制和布局调整基本完成，实际离岗分流 6.1 万人。三是进一步落实和完善财政扶持民营经济发展的各项政策措施，打破财政政策和资金支持的所有制界限，着力支持省政府确定的 100 家重点民营企业发展；围绕解决民营企业融资难问题，进一步加大财政投入，积极推进中小企业信用体系建设，督促各市县落实担保机构资本金，全省共建立中小企业信用担保机构 130 家，筹集担保资金 20.2 亿元，其中各级政府出资 7.9 亿元；在全国率先制定了《河北省中小企业信用担保机构代偿损补资金管理暂行办法》，初步建立了担保机构代偿损失补偿机制。四是积极促进对外开放，发挥外资和外贸对全省经济的拉动作用。全年新申报世行贷款和外国政府贷款5个,申报金额5950万美元。同时,积极探索建立覆盖省市县三级的全省政府外债监控和风险防范体系,提高政府外债监控和风险防范水平。切实抓好出口退税改革政策的落实,按照公开、公平、公正透明的原则,及时将中央分配我省出口退税基数下达各市,全年出口退税46亿元,保证了此项改革顺利推开,促进了全省外贸出口;充分利用财政贴息等手段,最大限度地发挥财政政策对扩大出口的导向作用,支持机电、高新技术出口企业技术改造,促进产品结构调整,拓展国际市场。五是做好激励性财政体制优惠政策的兑现工作,调整了有关市的省市“四税”分成比例,省级分成增长率在上年的基础上又降低了1个百分点,预计多返还市县财力10亿元,增强了各地保工资、保运转的能力,调动了发展经济、壮大财政收入的积极性。

三、以促进民心工程实施为契机,认真落实科学发展观,积极支持社会事业发展,解决事关人民群众切身利益的热点难点问题

2004年,全省各级财政部门按照统筹经济社会发展的要求,积极支持各项社会事业加快发展。一是积极支持教育事业发展。全省一般预算教育事业费支出142.4亿元,着重支持了重点大学、重点学科建设以及农村中小学危房改造和布局调整工程。新建、改扩建学校2144所,撤并学校2405所,教育资源配置进一步趋于合理。拨付专项资金6900万元,用于资助贫困家庭学生就学工程,资助人数达115.8万人。二是积极支持基层文化设施建设。围绕省委、省政府确定的2007年县县有文化馆、图书馆、乡镇有综合性宣传文化站的目标,多方筹措资金,加大基层公益文化基础设施建设投入力度。列入2004—2005年规划的41个文化馆、图书馆进展顺利。根据建设规划,及时筹措和拨付资金,支持基层文化信息资源共享和送书下乡工程,文化信息资源共享省级中心、16个市级分中心和156个基层中心顺利建成,基层示范点正式开通,促进了基层公益性文化事业发展。三是积极支持公共卫生体系建设。全省财政医疗卫生支出35.1亿元,重点支持了疾病预防控制和医疗救治项目、农村卫生基础设施、新型农村合作医疗等公共卫生体系建设。全省共竣工疾控和医疗救治项157个,新型农村合作医疗试点扎实推进。

坚持以人为本,认真解决群众关心的热点难点问题。一是认真做好工资发放工作。适当提高了行政事业单位职工职务津贴标准,省财政安排资金15.6亿元用于市县保工资转移支付,比上年增加4.6亿元,基本解决了多年来遗留的国家增资政策不到位问题。二是积极促进就业再就业工作。进一步完善再就业资金与工作实绩挂钩补助的相关政策,全省各级财政就业补助支出达4.1亿元,使全省城镇新增就业人员38.2万人,22.1万下岗失业人员实现了再就业。三是认真落实“两个确保”和“低保”政策。全省基本养老保险费支出109.1亿元,城市居民最低生活保障资金支出5.2亿元,全部实现了按时足额发放,提高了城市低保水平,基本做到了应保尽保。四是全力做好高致病性禽流感防治工作。在搞好资金调度和物资储备供应的同时,认真研究制定财政补助政策和资金管理办法,形成了比较系统的禽流感防治财政保障体系,保证了防治禽流感防治工作的胜利。五是努力做好扶贫、济困和企业军转干部解困工作,为47万人发放了农村特困户救助证,实行定期定量救济,保障了农村贫困群众的基本生活需要。

四、认真落实中央和省定惠农政策,促进粮食增产、农民增收和农村稳定

2004年,全省各级财政部门围绕解决“三农”问题,按照统筹城乡、区域发展的要求,制定和实施了财政推进农村小康社会建设的若干政策措施。一是建立健全财政农业投入的稳定增长机制。2004年全省财政农林水利和气象支出58.6亿元,重点支持了农业综合开发、土地管理、退耕还林和水利建设等。认真落实粮食直补政策,制定了《河北省对种粮农民直接补贴暂行办法》,筹集和发放粮食风险金6.08亿元,全省1370万农户领取了种粮补贴,5300多万农民受益。安排良种补贴3330万元、大型农机补贴1742万元,制定了相关管理办法,确保资金真正用到农民身上。二是严格按规定核减农业税税率、取消除烟叶以外的农业特产税,全省农业税平均税率比上年下降3.06个百分点,比国家要求多降了0.06个百分点,全省农民税负比上年降低16.6亿元。三是积极支持农村公路建设。省财政安排农村公路建设专项资金近5亿元,同时广开融资渠道,多方筹措资金5.6亿元,重点用于农村公路建设。全省农村公路建设累计完成投资57.9亿元,新增通车里程2.4万公里,新增通油路行政村10345个。四是农业综合开发工作围绕农业基础设施建设和农业结构调整，强化项目和资金管理，抓好项目建设，取得了新的成绩。

五、积极深化财政改革，促进财政管理科学化、规范化、制度化

一是预算管理改革进一步向纵深发展。围绕落实省委、省政府集中财力办大事的方针，解决财政资金使用“散”和“碎”的问题，对2004年省级预算专项资金项目安排情况进行了全面梳理和审查，压减和取消了部分“散、碎”项目。进一步完善预算决策和管理机制，修订了《河北省省级预算管理办法(暂行)》，明确了省政府及省直各部门在预算管理的责权配置、管理程序和操作规范。积极探索编制绩效预算和滚动预算，研究制定了《河北省省级绩效预算管理实施意见(试行)》、《河北省省级三年滚动预算实施意见》等一系列文件，省级选择一些部门和部分项目进行试点，预算编制的科学性、规范性和财政资金使用的责任意识、绩效意识进一步增强。二是财政国库管理制度改革取得较大进展。省级国库管理制度改革范围由23个部门扩大到所有一级预算单位，并向基层预算单位延伸；唐山、保定、秦皇岛、邯郸、邢台、廊坊市改革试点工作顺利推进。三是政府采购工作着重抓好规范管理、扩大规模、提高采购效率、加大监管力度四个重点，采购规模和范围进一步扩大。据初步统计，2004年全省政府采购金额达到72.5亿元，比上年增89.6%，超额完成了年初所定的规模目标，节约资金10.3亿元，节约率为12.4%。四是全面落实“收支两条线”管理规定。严格收费和基金管理，对收费项目进行了清理整顿，取消不合法、不合理的收费项目，行政事业性收费规范化管理水平明显提高。

以“金财工程”为核心的财政信息化建设继续向纵深推进，开发应用了一批财政软件，“财政供养人员信息管理系统”在全国推广应用，省级城域网延伸到105个一级预算单位，市县“金财工程”进展快速，对财政改革和财政工作的支持作用进一步增强。

六、着力推进依法理财，创新财政监管机制

一是积极完善财政监督制度，财政监督规范化程度进一步增强。起草了《河北省财政监督办法(草案)》，已报省政府法制办，拟以省政府行政规章的形式发布；制发了《关于加强省级财政专项资金监督管理的意见》，进一步明确了监督专项资金分配、项目确定、项目执行的重点，划分了财政部门、项目主管部门及项目实施单位的监督责任。二是向省直部门派驻财政监察员试点工作取得实质性进展。积极推进向部分省直部门派驻财政监察员试点工作，《关于借鉴国内外财政监督经验在省直部门进行财政监察员制度试点的请示》已经省政府批准，具体工作逐步展开。三是进一步强化财政监督检查工作，开展了财政收入征管、“收支两条线”、落实农村税费改革及农业税减免政策等专项检查，加强了财政内部监督，财政监督的整体效能明显提高。特别是对纳入第一批集中支付制度改革试点单位的省直23个省直部门，开展了部门预算执行及财务收支管理情况的综合性监督检查，检查金额135.6亿元，清理银行账户79个、收费项目50项、收费金额65.11亿元，发现和纠正了部分部门在预算执行、财务管理、专项资金使用管理等方面存在的一些问题。

七、努力推进“以才兴财”战略，创建学习型机关，财政干部队伍建设取得新成效

一是坚持以科学的理论武装党员干部头脑，不断创新理论联系实际特别是联系财政工作实际的学习方式，认真学习十六届三中、四中全会和省委六届五次、六次全会精神，组织开展了“发挥财政资金作用，进一步完善财政支持经济发展方式”、“财政工作如何树立科学的发展观”等专题学习，取得了良好效果。不断完善机关党的组织和制度建设，组织党员干部认真学习“两个条例”，学习李家庚、牛玉儒等先进人物事迹，强化了党员干部的先进性教育。二是认真执行《党政干部选拔任用条例》，严格选拔干部，加大了干部轮岗交流力度，继续引进高素质人才，财政系统干部结构进一步优化。三是制定了《关于创建学习型财政机关的意见》，举办公共财政管理、绩效预算、公文写作等30多个培训班，广大干部分析、解决财政问题的能力进一步增强。四是大力抓好党风廉政建设和民主评议行风工作。认真落实党员干部廉洁自律的各项规定，组织开展“警示教育月”活动，清理拖欠公款、严肃查处“四股歪风”等工作取得了良好效果。民主评议行风工作在获得省委、省政府连续两年免评奖励的情况下，坚持免评不免建，围绕优化发展环境和解决人民群众关心的突出问题，继续向深层次推进。

(办公室供稿，撰稿人：刘启生)

办公室工作概况

一、围绕财政中心工作，认真谋划和抓好落实，参谋助手作用不断增强

办公室正确发挥参谋助手作用，主要表现在两个方面：一方面，就是要当"参谋"，帮助领导出主意，为领导谋划工作、进行决策提供有效依据；另一方面，就是要积极协助领导抓好各项决策的贯彻落实，进行督促检查，把各项工作措施具体落实到位。

（一）围绕财政中心工作，认真研究财政工作思路和措施。在厅领导的正确领导和支持下，以全省财政工作会议精神为指导，集中全厅各处室单位智慧，认真搜集资料，深入研究，起草了《河北省财政厅2004年工作思路》、《河北省财政厅2004年工作要点》、《2004年十四项突破性业务工作》等，并且及时抓好督促落实，特别是对十四项突破性业务工作实行季度通报制度，促进了各项工作的落实。在7月份省委常委（扩大）学习会议上，我厅提出了我省以资源型为主的偏重型产业结构，存在着经济增长"热"得慢，"冷"得快的特点，面对国家宏观调控的新形势，要准确把握我省省情和经济发展现状，保持投资合理增长的建议，得到了省领导的充分肯定。

（二）积极做好综合材料起草工作。2004年是我厅财政工作任务十分繁重的一年，也是办公室综合材料撰写工作十分繁重的一年。省领导对财政工作高度重视，对财政工作调度更加频繁，财政工作大的活动多、会议多、汇报多、时间紧、任务重。除了两个全省性会议以外，还有省委常委（扩大）学习会议、省政府常务会、省人大工作会议、全省市县财政局长培训班等会议，加上省政府办公厅要求的经常性汇报材料，综合材料撰写工作量很大，只能依靠加班加点来保证按时保质完成，一年中大部分时间处于加班状态。2004年办公室起草各类综合性材料130多篇，文稿质量有所提高。

（三）进一步加大了信息宣传工作力度。与人民日报、中央电视台、中国财经报、河北日报、河北电视台、河北广播电台密切合作，积极撰写宣传稿件，邀请记者深入财政改革和工作第一线，开展了较大规模的宣传活动。充分发挥记者站在我省的窗口和阵地作用，立足河北，面向全国，积极宣传我省财政改革和财政工作情况，扩大了我省财政影响。2004年我厅在省级以上新闻媒体刊发宣传稿件200余篇，稿件的质量和数量都有较大提高。紧密贴近上级重大决策部署和财政工作的重点、热点和难点，不断提高信息内在质量，加大报送力度。2004年向省委、省政府、财政部报送信息560余条，采用280余条信息，编发《财政工作简报》40余期，信息的时效性和采用率进一步提高，被省委、省政府和财政部评为信息工作先进单位。

（四）积极做好督查督办工作。督查督办工作以抓落实为重点，为全面落实领导决策和各项工作措施，提高办事效率，确保政令疏通发挥了积极作用。全年办理督查、督办事项200余份（件），承办省人大代表建议和省政协委员建议244件，做到了按时办理，主办件的办结率、走访率、满意率均达100％，承办工作在省政府评比中继续保持先进。

二、以加强管理和提高工作效率为重点，做好综合协调和服务工作，机关正常运转得到了较好保障

办公室是机关的综合部门，综合协调和服务是办公室工作的一项重要职责。综合协调工作做好了，服务到位了，可以理顺工作关系，提高工作效率，避免过多牵涉领导精力，使领导腾出更多的时间谋大事、抓大事。

（一）认真做好综合协调工作。对省委、省政府、财政部的重要部署和省领导的重要指示以及厅长办公会、厅务会议定事项，厅领导批办事项，及时分办到有关处室办理，制定措施，加强督导，确保如期完成。同时，注意收集存在的问题和建议，并加以综合反馈，供领导决策参考。

（二）加强文件流转和档案管理工作。公文管理是办公室工作的重要内容，提高公文处理的质量，促进公文管理的规范化，事关机关运转效率。我们严格要求所有公文从起草、核稿、签发到印发者必须按规定程序办理，对所有需要办理的公文区别轻重缓急、明确职责，规定时限，及时催办。一年来全厅核发、流转公文几千件，基本做到了件件无差错，实现了收发文顺畅流转。档案管理工作，全年接受文件存档7000余件，做到了资料齐全、装订规范、全部目录实行微机管理，查阅方便，被省政府办公厅评为档案管理先进单位。

（三）不断强化保密意识，做好机关保密工作。加强了密码机、密码电报的管理，严格遵守各项保密制度，日常管理规范，密码通信安全畅通。全年接收机要件和明传特提电报 1000 余件，做到了及时批阅、传阅无差错，确保文件、电报安全，广大干部职工保密意识进一步增强，被省委、省政府评为机要和保密工作先进单位。

（四）积极做好信访和应对突发性事件工作。在财政事业加快发展、改革不断深化的形势下，财政部门担负的信访工作任务越来越重。把信访工作作为一件大事，进一步健全制度，完善程序，认真对待每一件来信来访，通过耐心细致的工作，较好地解决了来信来访所反映的问题，有效避免了矛盾上移，没有出现因我厅解决不力而导致来访者上访省委、省政府和财政部的现象。

（五）积极做好机关财务管理工作。坚持严格、规范、高效管理，强化审核审批，保证经费支出科学、合理、节俭，实现了机关收支平衡。

（六）积极做好机关安全保卫工作。密切关注不安全隐患和苗头，对机关干部职工子女在办公楼玩耍等行为及时告警，严格执行干部值班制度和门卫制度，为全厅干部职工创造安全稳定的工作环境。

三、坚持多方面教育和有效管理相结合，强化办公室窗口意识，树立崭新形象

办公室是厅机关的“窗口”和“门面”，对外一言一行、一举一动都代表着整个机关的形象。一年来，把转变工作作风、提高办事效率、加强廉政教育作为办公室基础建设的重点，提出“办公室工作无小事，事事关全局、处处有形象”，大力倡导敬业爱岗，强化服务意识，培养严谨认真、快捷高效的工作作风。要求全体同志无论是办文、办会还是办事，在每个环节上都要做到会办、能办、办得好、办得快，不断提高服务质量和效率。我们利用一切机会和场合对党员干部进行廉政教育和党风党纪教育，自觉做到遵纪守法，清正廉洁，没有发生过违法违纪和不廉洁行为。持之有效的内部制度建设和教育管理，使办公室内部形成一种团结向上、奋发进取、互相关心、互相补台、人人比工作、个个讲奉献的良好风气，促进了办公室各项工作任务的圆满完成。

（办公室供稿，撰稿人：刘启生）

人事教育工作概况

一、完善机制，强化管理，干部人事工作不断规范

积极为厅党组出主意、当参谋，按照干部任用程序，认真组织民主推荐，广泛征求群众意见，严格实行考察预告和任职公示等各项制度。按照党组决定，办理了 6 名同志提任正处级干部和 9 名同志提任副处级干部的各种手续。落实党组要求，积极推进干部轮岗交流，交流正处级干部 16 名，副处级干部 11 名，一般干部 3 名，促进了处室干部结构的优化。继续引进高素质人才，坚持“凡进必考”，周密组织笔试和面试，严格把关，招录了 6 名硕士研究生，充实我厅人员力量。精心组织 6 个事业单位的专业技术岗位竞聘，使 15 名同志通过竞争走上相关岗位，进一步调动了专业技术人员努力工作、钻研业务的积极性。

二、认真组织，多措并举，创建学习型机关活动初见成效

积极落实厅党组《关于建设学习型财政机关的实施意见》，组织成立了公文写作、财务管理等 5 个经常性兴趣学习小组，有 300 多名干部职工参加，定期开展活动；组织具有一定研究能力的同志，成立热点、难点问题攻关小组，积极为财政改革献计献策；及时更新“培训园地”网页，丰富学习资料，开辟网上论坛，为干部职工学习交流提供平台。我厅作为两个典型发言单位之一，在省直工委召开的创建学习型机关座谈会上介绍了经验。认真贯彻落实省直建设学习型机关动员大会精神，研究制定了《关于建设学习型财政机关的实施方案》，组织召开全厅动员大会，对 2005 年建设学习型机关活动进行了全面布置。

三、转变观念，创新方式，干部培训的针对性不断增强

从提高能力着手，围绕公共管理、公共财政、领导艺术等 6 个方面对厅机关和市、县财政局 3600 人次进行了培训，培训的针对性不断增强。着眼于提高干部公共管理水平，先后在国家行政学院和北戴河举办了两期公共管理培训班；着眼于提高干部写作能力，举办了调研报告专题培训班；着眼于推动绩效预算管理改革，邀请国内知名专家马国贤教授举办了《公共支出绩效管理与评价制度》专题讲座；着眼于提高干部依法理财意识，聘请国务院法制办吕锡伟司长举办了《行政许可法》专题讲座，都收到了很好效果。

四、以人为本，扎实工作，人教工作服务水平不断提高

一是认真准确完成了厅机关及代管事业单位300多人正常升级和部分人员滚动升级工作，做到了认真细致，万无一失。在落实事业单位3%提前晋升职务工资中，积极与省人事厅沟通，争取增加16个晋升指标，使符合条件的同志最大限度地享受了工资晋级政策。二是组织我厅13名技术工人经过统一培训，全部通过技师评审考试，努力争取增加指标，使13名同志全部参加并通过了评审。三是积极与省人事、编制部门沟通，拓展职能，争取编制，增加指数，通过艰苦、细致的工作，经省编委批准，成立了税政处和两个财政监察组，确定了职能和编制，增加了处级领导指数。同时，为适应事业单位改革的需要，对一些事业单位的职责和名称调整也取得了实质性进展。

五、弘扬正气，狠抓队伍建设，系统精神文明建设取得新成效

认真组织全省财政系统"双先"评选工作，严格标准，反复审核，确定了49名先进工作者和81个先进集体，精心策划和组织了先进工作者和先进集体表彰大会。为充分发挥先进典型的模范带头作用，采取多种形式广泛宣传先进事迹，组织人员对事迹特别突出的6个先进个人和2个先进集体的事迹进行总结提炼，印制成册，发送市、县财政局；除在表彰大会上请7位先进代表介绍先进事迹之外，还专门举办了先进事迹网络报告会，收到良好效果。

六、整章建制，狠抓学习，"树组工干部形象"集中学教活动基本实现预期目标

年初制定了学习教育活动实施方案，明确了三个具体目标和五项工作措施。以建设公道正派的干部职工之家为主线，坚持把学习教育贯穿始终，组织人教干部反复学习"三个代表"重要思想，深刻领会全国人才会议精神，努力打牢公道正派的思想基础。坚持边学边查、纠建并举，研究制定了《人教干部行为准则》、《人教处工作规则》等办法和规定，建立人教工作联络员制度、病困职工慰问制度，实行干部诫勉谈话制度，初步形成了保持公道正派的长效机制。集中学教活动多次受到省委组织部表扬，两次刊发简报介绍我厅经验。

（人教处供稿）

预算管理工作概况

一、审时度势，努力保证2004年预算的平稳运行

去年以来，国家实施宏观调控，经济形势不断出现新情况、新变化，这对预算的平稳运行和把握造成了很大困难。我们加强对财政经济的分析和监控，及时提出对策措施，确保了预算的圆满完成，促进了经济的快速增长。一是加强分析调度，对收入征管和全年收入把握，提出要实事求是，应收尽收不虚收，财政收入实现大幅超收和高速增长，体现了经济增长的成果。二是对出口退税改革政策执行情况进行跟踪分析，及时调度资金，提出对策建议，确保了退税政策的落实，支持了外贸经济发展。三是认真落实2003年激励性财政体制奖励政策，及时研究明确2004年返还办法，有力地促进了各地发展经济、组织收入的积极性。四是认真预测，整合上年结余、当年超收和预算调剂等各项财力20多亿元，及时提出预算调整方案，加大了对经济社会发展的支持力度，体现了向困难地区倾斜。

二、不断创新，预算改革又有新进展

一是精雕细琢、十易其稿，完成了《河北省省级预算管理规定》的起草修改工作，我省预算改革成果即将实现法制化。二是绩效预算管理改革方案和试点计划正式出台，明确了绩效预算的基本概念、管理理念和基本框架体系，成为我省推行绩效管理改革的基本指导性文件。三是省级三年滚动预算编制工作启动，增强了财政资金对经济社会发展中重大事项的长效保障机制。四是研究起草了《关于进一步推进省级财政集中财力办大事的指导意见》，进一步明确了集中财力办大事的指导思想、具体要求及标准。五是初步提出了省级支出标准体系建设方案，对现行人员经费、正常公用经费和部分专项业务经费标准政策进行了梳理。六是市县部门预算改革全面实施，全省编制部门预算的单位达到90%，预算编审技术支持系统已有9个市本级、10个县试用。

三、完善制度，规范预算管理取得较大突破

一是研究起草了《关于规范我省财政收入统计口径的意见》、《关于统一界定财政经常性收入口径的意见》，适应新形势对财政收入统计进行规范、统一，从而为提高领导决策和财政管理水平奠定基础。二是研究起草了《关于规范我省地方一般预算财力口径的意见》，这将增强预算的完整性，维护预算的严肃性，提高财政接受人大监督的自觉性。三是印发了《省直部门预算考评管理办法》，将部门预算管理考核扩大到编制、执行、决算、监督等各方面，有助于促进部门全面加强预算管理。四是印发了《省级垂直管理部门财务管理制度体系建设规划》，先后制定了包括垂管系统财务管理办法、固定资产管理办法等在内的十几个管理办法，全面规范垂管系统财务管理。五是适应各项改革要求，改进了部门预算编报系统，实现了以小型机和 ORACLE 数据库为平台的预算编审系统升级转换，成功研发了部门预算文本自动生成软件，实现了较大技术突破，提高了工作效率和预算编制质量。

四、办法创新，2005 年省级预算编制有了明显改进

一是改变传统编制方法，由过去先切资金再定事改为先定大事再切资金，将大事划分为全省大事、系统大事和部门大事三个层次，从而提高了整合资金、集中财力办大事的效果和水平。二是强调绩效管理理念，量化预算绩效目标有了明显改进。三是适当调整了公用经费定额和事业单位补助限额，预算编制更加合理、公平。四是规范了部门预算文本格式，实现了计算机自动生成，部门预算编制规范、准确，质量有了较大提高，得到了省人大财经委的充分肯定。

五、以人为本，县乡工资发放实现了历史性转折

一是十分重视机关事业单位人员工资收入问题，开展调研工作，研究出台了调整职务津贴政策，全省机关事业单位职工和离退休人员工资收入明显提高。二是加大对困难县转移支付力度，省筹资增加转移支付 4.6 亿元，加强工作督导和调度，全省县乡财政基本落实了国家统一工资政策，实现历史性转折。三是统筹兼顾各方面利益，增加了企业退休人员、农村优抚对象的生活补贴，努力促进社会稳定和社会公平。

六、深入调研，积极推进财政体制改革

去年以来，组织全省预算系统就重点问题开展了调研，完成了多篇调研报告和讨论文件，并提交全省财政预算工作座谈会进行了讨论。一是开展加强政府债务管理调研，起草了《加强政府债务管理的指导意见》，对现有债务消化和建立债务管理机制提出了措施建议。二是开展了省以下财政支出责任划分研究，撰写了调研报告。三是开展了县乡财政体制改革调研，起草了《关于改革和完善县乡财政体制的指导意见》。四是根据财政部的部署，开展了企业所得税、城建和房地产税费、关税等项调研工作，写出了调研报告，为国家新一轮税制改革提供了科学准确的基础数据。

（预算处、编审中心供稿，撰稿人：宋华军）

财政监督工作概况

一、认真谋划，积极运作，向省直部门委派财政监察组试点工作取得实质性进展

列入我厅十四件突破性业务工作的“完善监督机制，探索对部门预算执行事前审核、事中监督的新途径”取得实质性进展——关于借鉴国内外财政监督经验在省直部门进行财政监察员委派制度试点的请示经省政府同意，2005 年在省交通厅、国土资源厅、教育厅和林业局先行试点工作。

二、严密组织，依法检查，财政监督的影响力明显增强

一是由监督处（局）牵头组织、有关业务处室参与，对纳入第一批集中支付制度试点单位的省直 23 个部门 2003 年度预算执行及财务管理情况进行了综合性监督检查。这次检查涉及支出资金总额 135.6 亿元，专项公用项目 756 项，专项项目 1294 项。针对查出的问题，提出了整改建议，并认真督促落实，取得了较好效果：撤并不合规资金账户 8 个；催缴各项应缴财政非税收入和财政性资金 2.6 亿元，已全部缴入财政专户或国库；清理 23 个部门 2003 年末存款账户余额 28 亿元，其中，专项资金结余 21.8 亿元，加快了部门历年滚存结余专项资金支出进度，使财政资金效益得到充分发挥；纠正虚列支出财政专项资金 2532 万元，核实单位应记未记收入 1497 万元；纠正了部门和部分所属单位的一些会计基础工作不规范问题，处理了单位部分长期挂账的呆滞款项;对省交通厅长期存放的高速公路投资收益4997万元,用于归还公路贷款,已于2004年年底前落实;对省发改委的1050万元省党政机关信息化建设专项资金,提出了收回省财政的意见。

二是会同收费局组成检查组,对省国土资源厅2003年度行政性收费管理情况进行了专项检查。这次检查,涉及收费项目11项,其中仅新增建设用地有偿使用费一项的检查,就审核1423个批地卷宗,清理金额达9.22亿元。通过检查,发现了4个方面共12个主要问题,并针对这些问题,研究提出了3个方面共10条整改建议。

三是根据财政部统一要求,7月中旬至9月底,认真组织开展了全省性会计信息质量检查和会计师事务所执业质量检查。两项检查全省共抽调人员381人,组成检查组75个,共检查264个单位,34家会计师事务所。

四是组织开展了2002年和2003年全省农村公路国债建设项目资金管理使用情况的检查。这次检查从8月上旬开始,采取省市联查方式,到10月中旬结束,共抽调50多人,组成10个检查组,累计抽查项目71个,占项目总数的66%,占项目资金总量的75%,检查涉及11个市级财政部门和交通部门,57个的县级财政部门和交通部门,延伸检查了23个乡镇的配套资金落实情况和37个施工单位的财务管理情况。通过检查,发现被查单位在计划投资、项目执行、政策执行、财务和资金管理等五个方面共12个主要问题,并针对这些问题,依据有关法律规定研究提出了6条原则性处理意见。

五是较好地完成了我厅内部审计和离任审计工作。此外,还较好地完成了省政府领导布置的三项检查工作:一是对燕山发展有限公司香港总部和境内燕山公司及其所属投资机构1997年至2003年的经济业务进行了全面审计;二是开展了对六个市财政决算审计整改落实情况的督查工作;三是与省审计厅有关处组成联合检查组,开展了对石家庄、唐山、沧州和保定等四市1至9月份财政收入完成情况的督导检查。

三、完善制度办法,明确运作程序,财政监督规范化程度进一步增强

一是研究起草了《河北省财政监督办法(草案)》,并于2月下旬正式将《办法》呈报省政府法制办,建议以省政府行政规章的形式颁布实施。

二是印发了《关于加强省级财政专项资金监督管理的意见》,进一步明确了监督专项资金分配、项目确定、项目执行的内容及重点,划分了财政部门、项目主管部门及项目实施单位的监督责任,提出了建立完善有关制度的措施意见。

三是研究并向省内各会计师事务所印发了《关于落实注册会计师行业行政监督职责的通知》。

四是研究印发了《河北省财政厅聘用注册会计师等专业人员参加财政监督检查管理办法(试行)》,进一步理顺了监督工作关系,规范了聘用行为。

五是研究印发了《河北省财政厅接待外部审计职责分工及工作程序》,为提高接待审计工作质量和促进整改工作奠定了基础。

六是研究印发了《关于设立财政检查审理机构的通知》,健全了我厅审理机构,规范了财政检查审理程序。

(监督处、监督局供稿,撰稿人:王新庄)

国库管理工作概况

一、全力推进,国库管理制度改革取得突破性进展

(一)省级国库管理制度改革全面展开,初步建立了以国库单一账户体系为基础、资金缴拨以财政国库集中收付为主要方式的财政国库管理制度。制定印发了《关于扩大省级财政国库管理制度改革试点范围有关问题的通知》,从7月1日起,将正常经费由省级财政性资金保障的预算部门全部纳入改革试点范围,省级106个一级预算单位全面实行了国库集中支付改革。同时,印发了《关于省级财政国库管理制度改革试点向基层预算单位延伸有关问题的通知》,从8月1日起,将农业厅、科技厅、民政厅、审计厅下属的38个基层预算单位纳入了国库管理制度改革试点范围。在此基础上,我们积极谋划,与厅信息中心共同完成了预算外资金直接支付和授权支付清算系统的开发、测试和培训。率先对改革试点部门的预算外资金实行了规范的零余额清算,使省级试点单位的财政性资金全部纳入了国库单一账户体系。并分三期对即将纳入改革试点的一级预算单位和4个部门的38个基层预算单位进行了财政国库管理制度改革业务培训。

(二)加大力度,积极推动各市本级国库集中支付改革。根据财政部关于全面推进国库管理制度改革的要求,根据我省实际,紧紧把握建立国库单一账户体系、实行零余额清算这一改革的核心原则,大力推进市本级财政国库管理制度改革。组织召开改革试点工作座谈会,深入市、县进行调研,要求各市县按照国务院批转的财政部改革方案进一步加大改革力度。各市结合本地实际,在原实行财政集中支付的基础上,先后制定了本级改革方案和相应配套办法,其中唐山、秦皇岛、保定、邯郸、邢台、张家口 6 个市已于年内正式启动改革,廊坊市也于 2005 年 1 月 1 日正式启动。

(三)加强了对试点单位银行账户和授权支付的监管。对试点单位授权支付账户以外的银行账户进行了清理申报,进一步核实了试点单位账户数目和资金余额,并配合监督处对资金情况进行了审计。开发了授权支付网上监控系统,加大了对预算部门和单位授权支付情况的监督,全年共发现并纠正违反预算安排使用资金 40 多笔,涉及金额 697 万元。

二、发挥职能作用,全面做好预算执行与分析工作

(一)加强预算执行情况的沟通与协调,确保预算顺利执行。在按时编印预算收支旬、月报的同时,定期向业务主管处反馈专项资金用款计划上报和实际支出情况,协助督促部门加快支出进度。在 12 月还建立执行进度周报和日报制度,使各业务处及时了解分管部门支出进度。多次召开由部门预算主管处负责人参加的预算执行分析调度会,通报支出进度情况,分析存在问题,提出加快支出进度的意见。10 月份,又在深入调查研究和广泛征求意见的基础上,针对部门专项资金预算执行进度偏低、部门用款申请率低等问题,制定了《财政专项资金预算执行有关问题的若干规定》,印发省直各部门执行,要求切实提高用款计划的科学性,加快项目执行进度,保证预算资金在当年发挥效益,减少年终资金结转。

(二)切实加强预算执行分析工作,努力提高预算执行分析水平。一是,坚持财税联席会议制度,进一步扩大资料搜集的范围。加强了与国税局、地税局、统计局、发改委、银行的联系,不断扩大视野,将财政收支与全省、全国的宏观经济形势结合起来进行分析,密切关注财政经济生活中的热点、难点问题,努力避免就财政论财政、就收支论收支,财政分析水平有较大提高,成为各级领导研究财政经济不可或缺的重要资料。二是,研究制定了《河北省预算执行分析评比办法》,对各市预算执行数据报送和分析进行考核评比,对提高预算执行分析水平起到积极的促进作用。三是,改进收支月报形式,切实提高财政预算执行信息的时效性。在每月准确、及时向财政部报送财政预算执行旬、月报报表及分析的基础上,设计编印了《河北财政收支月报》,分别报送各级领导机关与有关部门。这一做法,提高了财政统计资料报送的及时性,也使资料的保管和使用更加方便。

三、全面加强信息系统建设,提高预算执行自动化、规范化水平

(一)着力解决内部管理软件不衔接问题。认真研究预算指标管理和资金拨付流程,针对各环节使用不同软件、数据不能共享的问题,与信息中心共同对预算指标管理、国库集中支付及总预算会计软件进行了全面改版升级,实现了指标管理、集中支付、会计核算各软件间数据的联接和自动传输,做到了数据一次性录入、资源共享,保证了数据的真实、准确,极大地减少了工作中核对账目的工作量,有效提高了工作效率。

(二)实现了财政与国库管理改革试点单位计算机全面联网。单位财务人员可以随时了解本部门预算指标情况、网上申报用款计划,有效提高了用款申报的规范化、自动化水平,大大方便了部门财务人员,提高了工作效率,也减少了申报环节的错误和遗漏。

(三)实现了财政与代理银行代理业务联网,并对相关业务人员进行了培训,为省级国库管理制度改革的顺利进行提供了技术保障。

(四)在系统内全面推广应用新版总预算会计软件。在全省 11 个设区市、11 个试点县已全面应用新版总预算会计软件的基础上,分三期对其余 125 个县(区)财政总预算会计进行了业务培训,确保 2005 年 1 月 1 日起在全省全面推行。新版总预算会计软件的使用,可实现全省各级次总预算会计记账、汇总、核算、打印报表的自动化,实现预算会计信息的网络传输,提高财政数据的准确性和时效性。

四、完善服务、规范管理,全面做好财政集中支付和工资银行化发放工作

(一)进一步做好财政集中支付工作。明确了试点单位集中支付和授权支付范围，简化并规范了资金用款计划的申报、资金支付的申报审核、会计核算处理和资金清算程序，对暂未纳入改革试点范围的省直部门下属基层预算单位，其全部预算资金由财政直接支付到基层预算单位账户。定期同试点部门的财务人员和代理银行召开座谈会，深入调查，及时了解改革中存在的问题，采取有针对性的改进措施，使财政资金支付流程进一步规范，支付效率进一步提高。全年办理财政直接支付 14000 多笔，资金总额达 205.74 亿元（包括一般预算、基金和预算外），其中，人员和正常经费支出 49.28 亿元、政府采购资金支出 3.72 亿元、其他专项资金支出 139.53 亿元。

（二）认真做好工资银行化发放工作。对纳入银行化统发工资的省级单位进行了分类整理，重新界定了财政统发工资范围，并认真研究工资账户实行零余额管理的实施办法和业务操作流程，提高了效率、方便了部门。2004 年省级财政统发工资单位 227 个，共计 40625 人，其中在职 28979 人，离退休 11646 人，累计支出 84456.92 万元。

五、全力做好 2003 年度决算编审和 2004 年决算布置工作

六、提高服务意识，努力促进业务工作再上新水平

（国库处、支付中心供稿，撰稿人：周庆华）

行政政法财务管理工作概况

一、围绕保障党政机关正常运转，坚持集中财力办大事，重点支出得到较好保证

一是不断加大资金投入，保障行政政法机关的正常运转。2004 年省级行政政法口支出完成 162387 万元，同比增加 51118 万元，占全年调整预算数的 96.8%。其中，行政部门支出 78128 万元，同比增长 38.65%；政法部门支出 84259 万元，同比增长 40.55%。行政政法部门经费的不断增加，对于巩固政权建设和提高党政机关的执政能力发挥了重要作用。

二是加大资金整合力度，着力解决政法机关的突出问题。其一，安排省级政法机关装备建设经费 700 万元，重点解决了省级政法机关业务用车陈旧、欠账较多的问题。其二，安排全省政法系统三级网络建设经费 1000 万元，使我省政法系统网络进一步延伸，提高了政法系统综合信息通信水平和综合联动能力。其三，在与省公安厅反复协商和多次到演习现场进行实地考察的基础上，安排反恐演习专项经费 550 万元，较好地保障了反恐演习的顺利进行。其四，为提高政法干警应急能力和反应能力，安排大练兵活动经费 150 万元；统筹安排 1.3 亿元政法补助专款，重点补助基层政法机关基础设施维修及装备建设；合理分配中央专款 3760 万元，重点解决了基层政法机关办案经费不足的问题，全省政法机关经费保障水平得到较为明显的提高。

三是认真做好企业军转干部解困有关工作，努力维护社会稳定。

二、积极推进行政政法机关福利性开支货币化和公用专项支出标准化，行政政法支出管理在改革和创新中取得新突破

一是着眼于减轻职工冬季取暖交费负担，研究拟定了提高驻石省直行政事业单位职工住宅取暖补贴发放标准的意见。

二是着眼于规范职务消费，研究拟定了省级党政机关移动通讯工具管理货币化改革的初步意见。

三是进一步规范了省级党政机关租用办公用房的管理。

四是改革了中央政法补助专款规划资金安排办法。

三、夯实基础，坚持原则，完善程序，资金审核工作进一步规范

一是夯实了基础工作。对预算管理、国库管理等方面的有关制度、政策和行政政法部门的有关财务资料进行了初步归集和整理，特别是针对近几年由于多方面原因造成的政法决算资料出现断档的情况，紧紧抓住财政部部署建立全国政法资料任务这一契机，克服时间长、资料分散等困难，加班加点完成了补充我省政法决算基础资料的任务，建立了全省近两年的政法决算基础资料库。对省委办公厅、省政府办公厅、省直机关事务管理局等资金量较大部门最近三年来的资金追加情况，进行了登记列表，基本摸清了底数。二是理清了资金审核的基本思路。在具体审核过程中，牢牢把握以下几条原则，即“首先按政策、按标准办，其次按领导批示精神办，再次按惯例办，最后在前述基础上根据实际情况适当加以调整”。按照上述原则，对每一笔资金、每一个项目都提出具体的审核依据或标准，最后计算出结果。三是规范了资金审核程序。要求部门申请文件一律先送办公室登记、批办，严格按照公文流转程序处理资金审核问题。上述审核思路和具体做法，得到了厅领导的肯定。主管厅长建议进行推广，厅党组副书记对此作出批示："行政政法处工作做得很细致，就应该这样认真审核。"

四、着眼于行政事业性资产的优化配置和有效使用，完善管理体制，推进资产整合，行政事业单位国有资产管理得到加强

一是积极探索改革和完善省直行政事业单位国有资产管理体制。这是2004年全厅14项突破性工作之一。为切实在建立健全行政事业资产的管理和监督体制上取得突破，从年初开始，搜集了大量相关研究资料，了解了部分省市行政事业单位国有资产管理情况。在此基础上，集中时间，集中人员，代省政府起草了《河北省人民政府关于改革和完善行政事业单位国有资产管理体制的意见(代拟稿)》，并征求了厅内13个处室的意见，召开了由省教育厅、文化厅、科技厅、体育局、水利厅、交通厅、卫生厅等7个厅局参加的座谈会，书面征求了省直机关事务管理局的意见。经厅长办公会议研究后，已上报省政府。

二是在学习考察的基础上，认真研究党政机关接待场所的整合问题。

三是加强了对省政府驻外办事处改革过程中财务资产清查界定调配等工作的管理。

五、严格范围和标准，认真组织开展自查自纠，清理整顿统一着装工作取得阶段性成果

六、注重政治业务学习，优化财政服务，转变工作作风，自身建设不断加强

（行政政法处供稿，撰稿人：郭玉清）

教科文财务管理工作概况

一、紧紧围绕"民心工程"建设，抓好基础教育和农村文化的扶持工作。一是抓好农村中小学危房改造和布局调整工程。以省政府名义召开了危房改造和布局调整工程现场会。努力开辟资金筹措渠道，基本建立和完善了省级补助、市级配套、县级积极筹措的资金保障机制。中央补助下达资金31100万元，省级下达省级配套资金26320万元，改建项目学校2191所，改造危房面积108万平方米，撤并学校2405所。二是稳步推进资助贫困家庭学生就学工程。中央和省共下拨10700万元专项资金，资助人数达到105.8万人。出台了我省国家助学贷款风险补助专项资金管理实施办法、贴息资金管理办法以及国家助学贷款银行招投标管理办法等，三是抓好"寄宿制"学校建设。会同省教育厅研究制订实施方案，共争取中央财政资金1.6亿元，已下达资金9000万元。四是为解决全日制普通高校家庭经济困难学生伙食补助问题，调剂安排资金1560万元，对省属高校1.7万名学生进行了伙食补助。配合制定了中小学"一费制"收费标准，并顺利通过了代表听证。五是努力为贫困地区人民群众办实事。安排专项资金500万元，确保了文化信息资源共享工程的开展。建成了省级中心、11个市级中心和136个基层中心。认真实施送书下乡工程，为我省19个国家级扶贫开发重点县图书馆和190个乡镇文化站赠送图书20.1万册。同时，围绕省委、省政府确定的2007年县县有文化馆、图书馆，乡镇有综合性宣传文化站的目标，积极配合做好列入国家规划馆的建设工作，全年建成17个文化馆、图书馆，18个馆正在紧张实施，剩余的6个馆正在选址或图纸设计。

二、积极落实厅内"十四项突破性工作"，全面启动教科文绩效评价工作。举办了全省绩效评价培训班。在认真研究的基础上，确定了"先易后难，先粗后细，以点带面"的教科文绩效评价原则。对分管专项资金进行了认真的疏理，分别选择了试点专项资金，确立了指标体系和实施方案。研究制定了《河北省高等学校重点学科建设经费绩效评价实施办法》、《河北省中小学危房改造和布局调整资金绩效评价办法》、《省级自然科学基金绩效评价实施办法》和《省级珍贵文物征集专项经费绩效评价办法》。并引入专家机制，聘请清华大学教授、省科学院院长等专家进行评价验收。教科文绩效评价取得了初步成效，中央电视台和中国财经报分别作了报道。

三、工作往实里做，切实解决事业发展中的问题。一是会同省文化厅、厅预算处、社保处重点就省直文化系统事业单位离休干部待遇不平衡问题进行了系统研究，提出了解决措施，得到了省政府的批准，解决了多年来困扰文化部门发展的难题。二是与有关部门多次协调，落实了省直科研机构转制前离退休人员医疗待遇和退休民办教师提高工资待遇问题。三是对实行计划生育的农村夫妇实行奖励试点问题开展了调研，提出了省市负担比例，举行了计划生育奖励扶助资金首发仪式，取得了良好的社会效果。四是为完善中小学投入保障机制，出台了农村中小学生均公用经费标准和中小学“一费制”收费标准，保证了农村中小学公用经费的投入。五是组织燕山大学等共 10 所共建高校开展了高校共建专项调查，编制了《2004—2006 年中央与地方共建高校专项资金基础实验室规划》。六是加强基础设施建设，促进公益性事业的开展。配合有关部门对省体育中心、历史博物馆、图书馆、河北剧场、河北画院、城南庄晋察冀军区司令部旧址、冉庄地道战遗址等建设项目的前期论证，协助开展了体育水上训练基地、廊坊省级全民健身中心等文体项目建设工作。研究制定省文学馆、省艺术中心工程缺口资金筹措计划，协调解决了工程遗留问题。修订了省科技馆、科技会堂建设方案，促进工程的顺利完成。配合开展了省广电网络公司组建方案的研究工作，并协助开展了网络资产评估等工作。七是努力做好人大代表建议和政协委员提案答复工作。共受理建议和提案近 100 份，并对主办件逐一走访，答复满意率达到了 100%。

四、工作往深里做，千方百计筹措资金，支持教科文事业的发展。一是努力争取中央财政对教科文事业补助资金。向财政部上报了中小学“两项工程”建设、“寄宿制”学校建设、地方科技基础条件专项资金、文化、体育基础设施维修和广播电视设备购置等方面的资金申请。共争取资金约 3.3 亿元。二是积极争取省委省政府对教科文事业的重视和支持。向省政府提出了提高科普经费的报告和对建立省地震紧急救援大队有关资金问题的建议，均被省政府采纳。研究下发了第十一届省运动会经费标准和财务管理办法，筹措落实了省运会和我省参加奥运会有关人员奖励经费，确保了工作的顺利开展。三是按照集中财力办大事原则，统筹安排资金，积极支持重点文物的维修与保护工作，大力支持艺术精品和基层文化活动，确保了评剧《胡风汉月》争创“国家舞台艺术精品工程”工作的有效进行，促进了大厂评剧团等基层文化院团工作的顺利开展。

（教科文处供稿，撰稿人：马学）

社会保障工作概况

一、以建立社保基金的有效管理机制为目标，社保资金预算编制工作取得新成果

完善社会保障预算管理，建立社会保障基金的有效管理机制是全厅 14 项突破性业务工作之一。为了圆满完成任务，一是制定了《河北省 2004 年社会保障预算收支科目》。共设计了 15 大类 135 个收入科目和 111 个支出科目。二是设计了一套社会保障预算收支总表，9 张社会保障预算收支明细表，形成了全省社会保障预算收支指标体系。三是出台了《河北省社会保障预算编制管理暂行办法》。四是设计了社会保障预算编制管理软件。五是认真编制 2004 年全省社会保障预算，加强社保预算执行分析，提升管理档次。2004 年全省各类社会保障资金收入预算总规模达到 404 亿元。这样比较全面、规范、科学、真实的编制社会保障预算，在全国我省是第一家。

二、支持就业再就业工程，再就业资金管理实现新突破

就业再就业工程是今年省委省政府确定的十项民心工程之首。面对再就业难题，我们结合财政工作实际情况，突出抓好完善政策、增加投入、强化管理三个环节，全力促进下岗失业人员再就业。一是省和各市都出台了从一般预算收入中安排不少于 1% 的资金专项用于促进再就业的政策，再就业资金预算安排形成制度，实现了历史性突破。二是突破难点，会同省直有关部门对经济补偿金、小额担保贷款及贴息等有关政策问题进行明确规定，进一步完善再就业资金管理政策。三是探索再就业资金绩效管理新方式，按照省政府批准的《促进再就业资金与各市工作实绩挂钩补助办法》，初步形成了资金分配和使用效果结合的资金分配制度。四是制定了农民工转移培训阳光工程资金管理办法和检查验收办法，确保了阳光工程的顺利实施。通过各级各方面的共同努力，2004 年，全省城镇新增就业人员 38.16 万人，22.14 万名下岗失业人员实现了再就业，其中，“4050”人员 4.5 万人，分别完成省政府确定的全年任务的 153%、148% 和 180%。

三、支持安康工程，公共卫生建设和新型农村合

作医疗试点取得新进展

一是支持公共卫生项目建设，提高突发公共卫生事件应急能力。2004 年，全省 142 个疾控项目已竣工 121 个，开工率 100%，竣工率达到 85.21%。国家批复的 104 个医疗救治体系建设项目中已有 91 个开工，累计开工率 85.58%。二是研究制定了《河北省卫生事业专项资金管理办法》，完善公共卫生事业财政补助政策。三是制定乡镇卫生院规范化建设标准，加强农村卫生基础设施建设。四是完善新型农村合作医疗试点，加强基金监管。五是研究制定了《河北省省级卫生支出绩效试点项目评价办法》，在公共财政支出绩效考核和监督管理方面迈出了第一步。

四、支持济困助残工程，城镇低保和救灾救济工作完成新目标

一是切实做好城镇居民最低生活保障工作。会同有关部门，制定了《河北省城镇居民最低生活保障工作操作规程》(试行)。2004 年争取中央补助 4.01 亿元。全省低保资金支出 5.48 亿元，保障了全省 78.3 万低保对象低保金的发放，全省月人均补差 57 元，比去年同期月人均补差额提高 13 元，基本做到了动态管理下的应保尽保，按月足额发放。二是对农村特困户实行定期定量救济，大部分市县已将农村特困户(低保)救济资金列入财政预算，落实了资金。三是与省民政厅联合制发了《关于实施农村医疗救助的意见》、《农村医疗救助基金管理试行办法》，为全省开展此项工作提供了政策支持。四是积极争取国家支持，及时调度资金，对因灾造成临时困难的家庭通过临时救济方式给予救助。

五、强化社保资金筹集管理，“两个确保”工作取得新成绩

一是多次协调税务、劳动保障等部门，加强社保费的税务征收工作，制定了全省养老金和失业保险金征收计划。2004 年，全省养老金征收完成 110 亿元，首次突破百亿元大关，比上年增加 22.3 亿元，增长 25.4%，失业保险征收完成 8.7 亿元，超额完成了年度任务。二是积极调度资金，在两节到来之前，提前预拨和预借各市社保资金 6.87 亿元，确保两节期间社会稳定。三是确保了养老金和下岗职工生活费的及时足额发放。2004 年争取中央财政补助养老金 24.8 亿元，下岗职工基本生活保障和再就业资金 6.74 亿元。2004 年，全省共支出基本养老保险金 104.4 亿元，保证了全省 143 万企业离退休人员养老金按时足额发放；全省再就业服务中心共支出 5.33 亿元，保障了 15.92 万名下岗职工基本生活，在再就业服务中心的国有企业下岗职工基本生活保障率为 100%。

六、加强监督检查工作，确保资金安全高效运行

一是与劳动保障厅共同组织了 2003 年度促进再就业四项补贴资金清算会审。根据有关政策，核减各项不符合规定的社会补贴 85.9 万元。二是两次参与了审计厅组织的中直单位养老保险费征缴管理情况审计，共审出漏缴、欠缴养老保险费金额 1404.85 万元。三是参与组织了全省社会保障基金监督检查。

（社保处供稿，撰稿人：胡毅东）

农业财政工作概况

一、认真贯彻落实中央各项惠农政策

一是认真谋划如何做好新形势下的农业财政工作。组织召开了全省农业财政工作会议，认真研究了在新阶段如何更好地发挥财政职能，管好用好支农资金，有效促进农业农村经济的发展的思路和措施。确立了更新观念，提高认识，创新机制，强化管理，把农业财政工作推向新水平的奋斗目标和着重解决好的“四个问题”和采取的“六项措施”。二是在深入调研分析的基础上，认真研究农业财政政策措施。对农村小康建设的财政投资的问题进行了全面调查摸底，就农业和农村基础设施建设、农业和农村经济结构调整、土地开发等八个方面、32 条财政措施的具体实施情况进行了总结分析，为省领导起草了《关于推进农村小康建设若干财政措施的落实情况的报告》。结合我省农业工作实际，研究完成了《农业工作面临的矛盾和财政工作思路》的报告，为领导决策提供了参考。还为省政府起草了《关于建立农业投入增长和政府补贴机制的有关措施》、《完善“一减三补”的政策建议》、《关于“三农”问题的报告》等多篇政策调研报告，为省政府制定政策提出政策建议。会同财政科研所研究制定了财政推进农村小康社会建设的若干财政措施，提出建立财政支农投入稳定增长机制，促进农业结构调整和产业化经营，创新机制、推进扶贫开发等一系列措施，形成了《关于促进农民增加收入和农村小康社会建设的意见》。三是认真研究措施和办法，切实把财政惠农政策落到实处。良种补贴和农机补贴是中央确定了支持“三农”的重要措施，我省安排农机补贴资金900万元，动用省长预备费1000万元实施良种补贴。尽管这两项资金数额不太大，但涉及农民切身利益，社会广泛关注。为切实把这件事做好，我们组织有关部门对这两项补贴的具体实施办法进行认真地研究，对各个环节都进行细致考虑安排，制定并下发了《河北省农作物良种补贴资金实施细则》和《河北省农业机械补贴专项资金使用管理办法》，并多次开会协调，使这两项补贴落实得较好，收到比较理想的社会效果：全省推广良种玉米95万亩，推广小麦良种238万亩；在我省72个县(市、区)，对农民、直接从事农业生产的农机服务组织和种粮大户购置大中型作业机械及其农副产品加工机械给予补贴和奖励，新增各类农机具4536台，使4510个农户直接受益。

二、积极促进农业农村经济发展

一是支持动物疫病防治与体系建设。为尽快建立动物疫病应急快速反应机制，提高我省动物疫病的防治能力，有效控制和扑灭重大动物疫情，保护畜牧业健康发展，保障畜产品和人民生命安全，积极会同有关部门研究制定了《河北省重大动物疫病防治体系建设方案》，千方百计筹措资金支持动物疫病防治与体系建设。全年省级财政筹集资金6200万元，重点支持建立动物疫病监测预警、控制和基层动物防疫等系统，850个基层站、51个公路检查站、27个县级测报站建设已进入实施阶段。

二是切实加强农业基础设施建设。以防洪安全、供水安全和水环境安全为中心，积极与有关部门研究谋划，并合理调度安排资金，投资16513万元重点用于岗南等水库的除险加固工程和滹沱河、大清河、滏阳河等治理工程建设，进一步增强了防洪保安能力；认真研究办法，突出重点，投资4260万元重点用于节水灌溉、小型水利基建、工程岁修等项工程建设，新增灌溉面积85.6万亩，新增节水灌溉面积200.8万亩。

三是积极推进农业结构调整，大力支持农业产业化经营。为切实提高我省农民收入水平，省级财政筹措资金3600万元支持了省委、省政府确定的畜牧、蔬菜、果品三大主导产业，2004年三大主导产业产值达到1607.6亿元，占农业产值的比重达到67.7%。筹措资金3400万元支持了具有带动辐射力强、与农民增收关联度高的农业产业化龙头企业和设施渔业发展，以财政贴息形式支持农业产化项目32个，累计撬动银行资金、工商资本和民间投资7亿多元，企业新增利税4.5亿元，新增基地面积120万亩，每个项目增加农户收入527万元。

四是支持生态环境工程建设。在积极争取国家投资并为国家投资留出空间的前提下，省级财政安排6900万元重点支持了退耕还林、太行山绿化、京津周围绿化等项目建设，造林607万亩，治理水土流失2536平方公里，使绿色生态环境逐步改善。

五是支持民心工程建设。认真落实省委、省政府和我厅关于抓好民心工程建设要求，投入专项资金6910万元，在47个县、530个村建设73000个沼气池，推进生态文明村建设。实施人畜饮工程，解决70万人的饮水困难问题。安排资金500万元，制订160个农产品省级质量标准。安排投资1500万元，启动了市级动物性产品质量检测工程建设。

六是积极推进扶贫开发工程。省级安排9000多万元，加上中央安排的41615万元，重点扶持了四大重点项目，“周转畜”项目覆盖重点村1425个，扶持贫困人口47.3万。“周转棚”项目覆盖446个重点村，扶持贫困人口9.9万。移民搬迁项目扶持太行山区13个县的7154人实施移民搬迁。劳动输出项目培训转移贫困劳动力32.4万人。

三、全力支持做好高致病性禽流感的防治工作

四、加强农业财政资金管理

一是创新制度，建立农业财政资金管理制度体系。

二是采取措施，强化农业财政资金监管。

三是积极探索支农资金使用方式的改革与创新。

(农业处、农研会供稿，撰稿人：郭京华)

经济建设财务管理工作概况

一、全力以赴，抓好全省粮食直补工作

粮食直补工作是党中央、国务院为确保粮食安全，解决农民增收采取的重大举措，惠及千万农户。对此，我们高度重视，认真组织，结合河北实际，先后十余次修改方案，测算大量数据。省委、省政府研究通过后，迅速建立机构，处里分管同志夜以继日地工作，先后承担组织全国和全省性大会7次。在短时间内将方案层层核批落实到县，争取中央资金 5 亿元，连同我省筹集的粮食风险金共 6.08 亿元，全部拨付到位。在 6 月底将全省 6.08 亿元直补资金补贴到 1370 万农户，5307 万农民从中受益。直补办同志无假日办公，做到落实迅速、有报必查。工作中严格阳光操作，全省共印发通知书和补贴卡 1700 万张，印发简报 200 多期，组织两次全省性督导，发现问题及时解决在基层。这项工作得到了中央专项稽查组的充分肯定和冯文海、宋恩华等省委、省政府领导的好评。财政部专文通报全国表扬了河北。

二、积极稳妥，推进粮食流通体制改革

一是主动核实家底，拿出方案，提出分类解决、多渠道解决筹资的意见。并两次向省政府主管领导阐述财政观点，使我们赢得了主动，最终获得通过，该方案比原部门上报方案压减 4 亿元。二是千方百计筹措资金。多次向财政部反映情况，经批准我们提前动用 3.76 亿元粮食风险金用以改制，确保了改制顺利推进，完成了既定目标。省委、省政府已就此项工作专门向国务院总理作了专题汇报并得到了肯定。

三、围绕宏观经济调控，按照省委、省政府“有所作为、加快发展”的思路，做好财政经济建设工作

按照“存量调优、增量调强”的指导思想，对专项资金支出结构进行调整，将国债资金、国土专项资金、环保专项资金重点支持产业结构调整，支持与人民群众切身利益密切相关的民心工程。进一步落实科学发展观，促进五个统筹，实现经济均衡发展。积极发挥财政职能，理清思路，明晰脉络，及时制定政策和措施，按照统筹城乡发展的要求，积极支持农村公路建设，2004 年省级补助 10 亿多资金用于农村公路建设，新增通车里程 30350 公里，新增通油路乡镇 81 个、行政村 11747 个。稳步实施我省城市化战略，按计划完成了 50 个省级重点小城镇规划，为城市化进程奠定了基础。按照人与自然和谐发展的要求，保护资源，大力改善生态环境和人居环境，2004 年拨出专项资金用于土地市场治理整顿，全省共清理撤销各类开发区(园区)92 个，占全部开发区(园区)规划面积的 29.49%。遏制了乱占滥用耕地的势头，切实保护了耕地。省级编制 2005 年预算时集中资金 12520 万元专项用于石家庄市生态环境保护工程，比上年增加 2960 万元，增长 31%。

四、紧紧围绕省委、省政府中心工作，开拓创新，落实重点工作

围绕“十项民心工程”，我们把精力放在调整支出结构，集中财力办大事，不留硬缺口上。2004 年，共整合经建类口资金 4.6 亿元，同时又通过政策支持引导广开融资渠道，多方筹措 5.6 亿元，有力支持了农村公路建设。另一方面，对全省农村公路建设项目的执行，工程进展，资金到位情况进行了督导检查。截止到 10 月底，全省农村公路建设已超额完成年初投资计划。为制定由我处牵头的财政支持经济社会发展资金管理办法，我们明确责任，细化目标，对全厅 38 大类专项资金进行分析，归纳和总结，多次征求部门和厅内职能处室的意见，中间几易其稿，提交厅长办公会通过后及时上报省政府，12 月 28 日召开的政府常务会已同意以政府办公厅名义下发。这是财政部门在加强规范经济社会资金管理，尤其是参与基本建设资金管理迈出的十分重要的一步。

五、进一步深化财政改革，加强预算管理

一是我们针对去年经济建设口预算编制中存在问题，在比较深入系统的分析基础上，先后多次召集部门就 2005 年预算编制如何围绕省委、省政府中心工作，构建河北战略支撑问题进行研究，理清了财政资金支持的方向和方式。纲举目张，为加强对预算编制的指导，我们编制了《2005 年经济建设资金预算编制指南》，明确预算编制指导思想、原则和编制程序。在编制环节上加强了专家科学论证程序，项目质量明显提高。把有限财力用于经济社会发展的重点领域，压缩一般项目，重点支持产业结构调整和高新技术研发，2005 年省发改委产业发展项目平均支持资金 256 万元，比去年提高 34%。预算处也认为经建处分管部门预算编得好，较好的体现了集中财力办大事的原则。我们还按照全厅一盘棋的思想，跨类口、跨部门整合资金，整合国土专项资金 1550 万元，用于环境保护，为切实保护耕地，调整土地出让收益结构，将部分土地出让金用于农业土地开发，并优先用于农开办中央立项配套所需资金。由于预算编制思路明确，管理科学，方法得当，使得我处 2005 年预算顺利通过省委、省政府、省人大的审核，并得到了厅领导肯定。二是认真抓了绩效评价工作。按照厅内的工作要求，我处认真研究安排，组成由处长牵头，抽调处内 2 名业务骨干，聘请有关部门和社科院研究人员参加的工作组，几次开会讨论，研究制定经济建设部门预算总体评价指标体系和环保专项资金评价指标体系。经反复研究修改并报厅领导批准后，省级经济建设部门、专项两个绩效评价办法及环保专项资金绩效评价办法，均已下发执行。三是完善专项资金财务管理。经建处 2004 年各项专项支出 45.4 亿元，占全厅省级支出的 33.4%，资金管理任务十分繁重。今年以来，我们对经济建设处 40 项专项资金逐一清理，缺规范的补办法，有些办法过时的抓紧重新修订。到目前，我们已起草制定各类资金管理办法十余个，有五个已下发执行。此外，我们先后组织四项全省性专项检查，对查出问题及时督促部门整改，规范资金管理收到一定成效。

六、加强协调，为领导当好参谋

（经济建设处供稿，撰稿人：邢秋洁）

涉外财务管理工作概况

一、十四项突破性工作任务完成情况良好

一是积极建立覆盖省市县三级的全省政府外债监控和风险防范体系。在完成邯郸、沧州两个试点的基础上，四月份成功举办全省政府外债统计软件培训班。各市县以软件推广为契机，全面清理本地政府外债项目的档案资料和基础数据。年底各市完成了初始数据的录入、审核、上报和政府外债借用还情况综合分析。全省政府外债统计和风险预警系统的正式启用，可以全面、及时、准确地了解我省政府外债的规模、结构、行业分布、债务负担等基本情况，为提高省市县三级的政府外债管理水平，防范债务风险发挥积极作用。二是配合财政支出效益评价体系建设，对省校合作基金项目试行效益评价制度，开展效益分析和评价，并形成了评价报告。三是积极配合预算处做好政府债务预算编制方案设计工作，及时分析和提供政府外债和中央专项借款情况，为做好债务预算编制工作奠定基础。

二、利用国外贷款工作取得新进展

一是以科学发展观为指导，有针对性地向“三农”倾斜，全年新申报国外贷款项目 5 个，申报金额 5950 万美元。二是做好列入规划项目的前期准备和生效启动工作。完成了全球环境基金赠款海河流域水资源与水环境综合管理、世行贷款沿海资源可持续开发等项目的谈判、协议签署、生效启动、帐户开设等工作，新增协议贷（赠）款 461 万美元。完成了保定八达公路等 4 个外国政府贷款项目商务合同的签署手续，办理了成安县医院等 3 个项目的担保手续。完成了日元贷款公共卫生基础设施项目转贷协议的签署，签约贷款额 1608 万美元。完成了日元贷款河北人才培养项目可研报告，列入国家计委 2004 年贷款规划。三是继续加大对执行中项目的业务指导和监督检查力度。由于在项目准备和执行表现突出，世行贷款/英国赠款结核病控制项目荣获 2004 年世界银行行长优秀项目奖。世行贷款河北城市环境、石家庄城市交通和亚行贷款张河湾抽水蓄能电站、海滦河流域污染防治等省、市重点项目进展顺利，部分子项目已建成投产。亚行技援赠款项目河北省发展战略研究 8 月份成功召开了最终报告研讨会，研究成果得到了省领导和亚行方面的一致好评。郭庚茂常务副省长认为报告是多年来我省在经济发展战略研究方面比较全面系统的、不可多得的研究成果，并要求有关部门在编制“十一五”规划时作为重点参考材料。四是充分利用财政部召开公共部门和私营部门合作论坛的契机，积极组织承德城市交通、燃气管网建设等基础设施项目到会洽谈。五是继续加强利用国外贷款工作制度建设，转发了《国际金融组织贷（赠）款项目执行监督检查管理办法》、《外国政府贷款项目采购公司招标办法》、《利用外国政府贷款采购非贷款国货物工作程序》等制度办法，进一步规范了国外贷款管理。六是积极督促项目单位缩短提款报账周期，加大债务清偿力度，维护了我省良好对外信誉，全年共提取世、亚行贷款 5500 万美元，偿还本息 6600 万美元。七是因工作成绩突出，我厅在财政部组织的 2004 年度国际金融组织贷款管理综合评比中再次荣获特等奖。

三、2004 年预算执行和 2005 年预算编制工作进展顺利

审核并按计划拨付涉外部门专项资金，及时跟踪支出进度，协调解决预算执行中出现的问题，保证预算顺利执行。拨付 2004 年省校科技合作资金 1270 万元和 2004 年省级援藏资金 700 万元，对 2005 年和 2006 年援藏资金安排提出了意见。做好 2005 年预算编审工作，对各专项公用经费和专项项目资金预算提出了审核意见。

四、努力争取国家对我省偿还中央专项借款的支持

认真落实省领导批示，及时向财政部反映我省城市信用社借款还款责任不清问题。经积极争取，最终财政部对我省还款责任不清的借款 1.49 亿元暂缓扣款，减轻了市县还款压力。

五、进一步规范外事外汇经费管理工作

一是参与了河北(香港)投资贸易洽谈会、厦门 9.8 投资贸易洽谈会和深圳高交会的前期准备工作，认真审核经费预算，及时拨付，保证了重大招商活动的顺利开展。二是为节约外事经费开支，制发《关于加强因公临时出国团组收费管理的通知》，建立了因公出国团组收费审核制度。三是对河北骥辉珠宝开发有限公司质押的物品进行委托拍卖，解决了该公司多年拖欠周转金问题。

六、做好厅内出国审批和非贸易用汇管理工作

七、深入实际开展调查研究

针对我省间接利用外资规模不断下降、后备项目匮乏的现状，完成了“全省间接利用外资情况调查及对策建议”等高质量的调研报告，受到郭庚茂常务副省长等省领导的肯定，并荣获全厅 2003 年度财政调研课题成果二等奖。

(涉外处供稿，撰稿人：刘俊业)

企业财务管理工作概况

一、勇于开拓，做深做实，为推进省政府确定的四项重点经济工作作出贡献

(一)以“两增、两减、两分”为主线，国企改革取得了实质性进展。圆满完成了 35 户省属企业划转属地管理和 88 户省直厅局属企业的改制脱钩工作；全面完成了 63 个辅业单位的改制，涉及资产 23 亿元，职工 2.5 万人；筹措破产补助资金 1.2 亿元，完成了涞钢、涞铜的下放和破产的前期准备工作，解决了红星汽车制造厂历经 8 年拖而未决的职工安置和破产重组问题；优化了全省国有经济布局。向财政部争取到位了破产资金 3.2 亿元，另有约 13 多亿元破产资金已审核完毕，将于今年初到位。

全面完成了省属 29 户国有企业分离办社会职能的工作任务，郭庚茂常务副省长和付双建副省长对此项工作给予了高度评价，认为是“办了多年想办而没有办和没有办成的事 ...”。国务院办公厅在 2004 年 11 月 2 日召开的妥善解决国有企业办中小学退休教师待遇问题座谈会上高度评价我省在政策方面有突破，财政措施到位，其他配套措施考虑的比较全面，趟出了一条路子，在全国开了一个好头，并要求我省撰写材料，上报国务院办公厅，作为经验在全国推广。

在国家尚未启动的情况下，顺利完成了对北京铁路局及其所属 5 个分局所办社会职能单位的接收工作。共接收普通中小学校 46 所，医院 10 所，在职职工 5381 人，离退休人员 2899 人，资产 3.4 亿元，争取经费 4.8 亿元，为铁道部与我省合作建设石太和京广客运专线等 8 个涉及 800 亿元投资的铁路项目奠定了合作基础。

牵头完成了对中石油、中石化在我省境内所办 61 个社会职能机构的数据核对和接收工作，财政部下划资产总额 24097 万元，下划经费基数 2.95 亿元，比原核对数增加了有效资产 4500 万元，经费基数 6300 万元。移交机构减少了 7 个，移交人员减少了 1930 人。

(二)充分发挥职能作用，促进中小企业和民营经济发展。争取中央财政扶持资金 2185 万元，重点用于支持中小企业和民营经济服务体系建设、技术创新和技术改造。鼓励民营企业参与国企改革，实现共同发展，全省共有 4000 多家民营企业投入 36 亿元，安置国有企业职工 18 万人，新吸纳就业人员 25 万人。

(三)创造良好的投资政策环境，促进对外经贸事业发展。2004 年共筛选上报了机电、高新技术出口产品更新改造贷款贴息、出口研发等 507 个项目，争取中央资金 5969 万元，支持了我省机电产品和高新技术产品出口，分别比上年同期增长 60%、65%。

向中央争取外汇借款以税还贷项目退税款 1152 万元，带动企业归还外债 1.88 亿元。

对全省 429 户外商投资企业 2003 年度财务报告进行了核查，共查出违纪金额 4642 万元，并按规定进行了处理，促进了外商投资企业财务管理工作的规范发展。

(四)对地方金融企业的财务加强监管，保障地方金融安全。加强地方金融企业财务管理是我处新增职能。为规范金融企业管理，防范地方金融风险转化为财政风险，维护社会稳定，年初省政府决定调整四家金融企业管理关系后，我处牵头会同省金融办、河北证监局及厅内有关处对四家金融企业经营管理情况、资产财务状况、法人治理结构情况及存在的风险进行了全面的考察了解，并及时向厅党组、省政府作了认真汇报，提出了加强管理，完善法人治理结构，防范金融风险、财政风险的建议和意见，得到了厅党组、省政府主要领导的高度重视并采纳。为四家企业进一步加强规范管理打下了坚实基础。

为搞好我省农村信用社改革，认真研究有关政策，会同有关部门对全省 2830 家农村信用社、153 家县级联社、3 家市级联社的资产质量和经营情况进行了摸底调查，并在此基础上参与研究论证了我省农村信用社改革方案。制定了支持农村信用社改革的 10 余个配套文件，为改革的顺利进行提供了政策保障。

二、突出重点，狠抓关键，全面完成了十四项突破性工作中我处承担的任务

（一）多渠道筹措国有企业改革资金，迈出了第一步。建立了包括财政资金、国有资产收益、国有资产产权转让收入等在内的多渠道国企改革资金筹措机制。会同省国资委第一次从国资委监管企业筹集国有企业改革专项资金 5100 万元，有力地支持了国有企业改革，为以后多渠道筹措国企改革和发展资金奠定了良好基础，在全国是第一家，在 2004 年 9 月 20 日召开的全国财政企业工作会议上得到了财政部的肯定和推介。

（二）初步建立起了中小企业信用担保体系。围绕解决民营企业融资难问题，积极推进中小企业信用担保体系建设，截至 2004 年底，全省共建立担保机构 130 家，筹集担保资金 20.2 亿元，超额完成了省委、省政府年初确定的 18 亿元的目标任务。制发了全国第一个行业性的担保机构财务管理办法——《河北省中小企业信用担保机构财务管理试行办法》，并在全国率先出台了对担保机构代偿损失的支持政策——《河北省中小企业信用担保机构代偿损失补偿资金管理暂行办法》，初步建立起担保机构代偿损失补偿机制，填补了担保行业财务管理制度的空白，加强并规范了担保机构的财务管理。

（三）建立了我省财源监控网络体系，目前全国只有我省和山东两家，受到了财政部的通报表彰。该套体系适用于除金融企业外的各个行业和各类所有制企业。为财政部门获取财源信息和领导决策提供了技术保障。

（四）对开滦热电分公司二期技改工程和邢台矿业矸石电厂技术改造项目进行了绩效评价，并撰写了评价报告，对建立和完善财政支出效益评价体系，提高财政资金配置效益起到了促进作用。

（五）加强财政财务制度建设，强化财政资金管理。按照财政部和厅党组的部署安排，为进一步加强党风廉政建设和反腐败工作，对全省党政机关和事业单位用公款为职工购买商业保险的情况进行了清理和清退。我省党政机关和事业单位为职工个人购买的商业保险已缴保费总额 351.3 万元，应清退资金 156.4 万元，现已清退资金 140.7 万元。

组织并参与了对全省 115 家资产评估事务所资质及执业质量的检查，行政处理了 33 户机构，促进了资产评估行业的健康发展。

制定了《河北省省级担保资金与设区市担保资金匹配使用暂行办法》等 6 个制度性文件，进一步规范了各项财政性资金的管理。

对 16 个破产项目使用 29.2 亿元中央和省财政补助资金的情况进行了专项检查，强化了对破产资金使用的监督和管理。

三、加强政治教育和业务理论学习，全面提高干部素质

（企业处供稿，撰稿人：吴红智）

综合财政工作概况

一、积极推进深化农村税费改革

一是认真贯彻落实中央和省委、省政府部署，切实降低农业税税率。按照省政府部署，我们召开专门会议，对全省降低农业税税率工作作了具体安排。各市、县、乡党委、政府高度重视，专题进行研究，认真贯彻落实，逐乡、逐村、逐户核实情况，并按要求制订了农业税率调整方案。我们研究汇总方案上报省政府，省政府以冀政函[2004]55 号文件批复各市执行。2004 年降低农业税税率后，全省农业税平均税率为 3.75%，比 2003 年的 6.81%低 3.06 个百分点，比国家要求多降了 0.06 个百分点。全省农民人均应负担农业税及附加 34.5 元，比 2003 年的 63.7 元减少 29.2 元，减幅为 45.8%，比改革前的 2001 年人均负担降低 68%。

二是认真做好转移支付资金测算和资金保障工作。对因降低农业税、取消农业特产税对地方形成的减收情况，各级税改办逐乡进行了核实，做到了底数清楚，情况明了。为解除县、乡政府的后顾之忧，使他们全面落实农业税减免政策，省税改办在深入调查研究的基础上，积极向中央反映我省财政困难状况，争取中央财政转移支付补助资金支持。中央对我省转移支付补助资金下达后，财政厅按照切实维护地方既得利益，巩固农民减负成果的要求，拟订了转移支付资金补助方案。该方案经省委、省政府批准下达各市，各市将转移支付资金下达到县、乡，确保了乡村两级运转和农村义务教育经费投入。

三是加强农民负担监督管理，认真解决群众反映的问题。省、市、县设立了举报电话或举报信箱，指定专人接待群众来电来访。在认真核实农民反映情况的基础上，及时妥善解决了存在问题，纠正了政策执行过程中的偏差。各级还加强了对农村“一事一议”筹资筹劳管理，严格执行规定的筹资筹劳议事程序和上限控制标准，防止将农村筹资筹劳变成固定的农民负担项目。

在各级党委、政府的高度重视和直接领导下，全省的农村税费改革工作进展顺利，取得了明显成效。全省农业税征收工作进展顺利，没有发生因征收农业税发生的严重事件和恶性案件。农民负担监督部门对全省 1100 户农民负担监测资料分析显示，我省各地认真落实农业税减税政策，农业税及其附加征收管理日趋规范，农民的农业税负担得到较好控制。

四是积极探索推进配套改革。2004 年农村税费改革工作，在全面落实减税政策的同时，把重点转移到深化配套改革上来。按照省领导指示，我们筹备、组织召开了全省农村税费改革试点工作会议，会上总结了 2000 年以来我省改革工作经验，分析研究了改革进程中的新形势、新情况，就改革乡镇机构、改革农村教育体制、改革县乡财政体制等深化农村税费改革的各项综合配套改革工作作了部署。会后，各级、各有关部门积极行动，深入调查研究，谋划工作思路，制订工作方案，探索推进配套改革的措施和办法。各市市委、政府专题研究贯彻意见，召开大型会议进行全面部署。

二、依法规范收费和基金管理

(一)建立规范，完善制度，进一步深化行政事业性收费管理。按照《中共河北省委 河北省人民政府关于进一步优化发展环境的若干规定》(冀发[2003]27 号)，在认真总结我省行政事业性管理经验的基础上，于 4 月中旬制定了《关于优化发展环境加强行政事业性收费管理的实施细则》，从收费项目审批、标准核定、资金征收、票据使用、资金使用和监督检查等方面建立了一系列业务规范。

(二)切实做好各项收费清理整顿工作。一是按照贯彻落实《行政许可法》的要求，对全省行政许可收费进行了清理整顿。对法律、行政法规没有明确规定收费的项目，提出了取消意见；对合法收费项目，编制收费项目目录并向社会公布，接受社会监督。二是按照国家规定标准，对全省 18 个城市道路收费项目进行了清理整顿，针对存在问题，提出了整改意见。经报请省政府同意，撤销了石家庄市和涿州市 2 个城市交通收费项目，撤消了 5 处不符合规定的收费站、点；对保留的 16 个项目，重新核定了收费标准和收费年限，并向社会公布。三是认真遵守“一费制”的审批程序，在对教育收费项目进行全面清理的基础上，按照公开、公正、公平的原则和落实政府投入责任、减轻学生家长经济负担的要求，提出了核定“一费制”收费范围和收费标准的意见和建议。加强教育收费资金管理，落实教育收费公示制度，规范教育收费行为，认真查处教育乱收费问题，进一步深化了治理教育乱收费工作。

(三)完善国有资源有偿使用管理制度。一是会同省国土资源厅认真研究拟定了我省用于农业土地开发的土地出让金收入管理办法。二是配合有关部门研究制定了关于推进国有土地储备工作的意见，提出设立土地储备机构和筹集土地储备资金的政策建议。三是进一步完善海域有偿使用制度。

三、加强彩票市场监管和资金管理

四、认真研究制定住房制度改革政策

一是加强住房资金管理，不断完善住房改革有关政策。会同有关部门研究完善《省直购房补贴发放办法》，摸清了省直财政供养单位无房和缺房户底数，建立了购房补贴基础数据库，为尽快落实无房户和缺房户的购房补贴打下了良好基础。配合有关部门研究拟定了《河北省易地调动干部住房管理暂行规定》，提出了妥善解决易地调动干部资金来源的政策。研究制定了《关于积极实施十项民心工程，解决城镇最低收入家庭住房困难的通知》。

二是加大住房资金使用监督力度。认真落实省政府《关于促进全省房地产市场持续健康发展的通知》，积极筹措购房补贴资金来源，向省政府报送了《省直公有售房收入的使用和管理意见》，提出直管公房和财政负担单位公房出售的净收入，全部纳入财政预算管理，统筹用于发放购房补贴的意见。按照《国务院关于进一步加强住房公积金管理的通知》要求，会同有关部门对全省住房公积金管理机构调整和住房公积金业务开展情况进行督促检查。认真编制住房改革支出预算，做好住房公积金补贴的审核工作。

五、做好2004年到期国债的兑付和清理工作

（综合处供稿）

农业税收工作概况

一、认真贯彻落实各项农业税收政策，切实减轻农民负担

（一）降低农业税税率，取消除烟叶外的农业特产税。一是将降低税率后的农业税负担逐户核定到户。各级农税征收机关和广大农税征管人员，克服任务急、工作量大、人手紧张的种种困难，通过挨村调查、逐户核定、认真测算、张榜公示、加强宣传等扎实的工作，将降低税率政策及时落实到每个农户。二是取消除烟叶外的农业特产税。按照国家政策要求，我省对已经征收的2004年度农业特产税进行了清理，除烟叶外，在农业税计税土地上征收的农业特产税，相应抵顶农业税后多余的部分退还农户；在非农业税计税土地上征收的农业特产税，退还纳税人；按照我省《农业税收票证管理办法》对农业特产税票证进行了缴销和销毁。三是建立农业税免征情况报告制度。四是下达我省2004年农业税收任务。

通过以上工作，2004年全省农业税平均税率为3.75％，比2003年的6.81％降低了3.06个百分点。全省农民人均应负担农业税及附加34.5亿元，比2003年的63.7元减少29.2元。

（二）严格落实农业税减免政策，切实保护农民利益。一是确保2003年农业税灾歉减免资金发放到受灾农户手中。为使省厅提出的落实农业税灾歉减免政策“五个到位”，即思想认识到位，核实灾情到位，政策措施到位，履行职责到位，督导检查到位落到实处，组织了省市县三级专项检查，从检查结果看，全省共计落实农业税减免资金2.84亿元，超额落实中央分配我省农业税减免指标0.37亿元，减免资金已经全部按照要求落实到户。二是认真做好2004年农业税灾歉减免准备工作。在全省建立了灾情报告制度，除认真整理各市报送的灾情报告、灾情照片、灾情光盘外，还积极收集报纸、电视、广播等关于各地自然灾害的报道并积极与民政、气象、统计部门联系，力求全面掌握灾情状况，为准确分配农业税灾歉减免资金做好准备。2004年，我省灾情尤以风雹灾害最为突出，给受灾群众造成很大损失，对此省厅多次向国家报告我省受灾情况，争取到农业税灾歉减免指标15600万元，其中中央财政补助资金7500万元，省级又拿出配套资金1500万元，并及时分配到各受灾县（市、区）。三是认真落实农业税社会减免工作。按照河北省农业税社会减免管理办法的规定，对五类应享受减免的人员办理了减免手续，规范了减免册籍，2004年共落实社会减免3000万元。

（三）坚持依法治税，规范征收，保护农民合法权益不受侵犯。一是严格征管制度。二是加强农业税收政策宣传。

二、大力组织收入，抓好契税、耕地占用税两个增长点，为地方发展提供财力保证

（一）组织农业税收入不放松。做到既坚决落实减轻农民负担、降低农业税率，又依法组织收入，坚持依法征管不松懈，保护了农民的合法权益，维护了国家利益。

（二）大力加强契税、耕地占用税征管工作。在农业税即将退出历史舞台的大形势下，我省将契税、耕地占用税作为全省农税征管工作转移的重心，切实加强征管，多措并举抓增收。一是针对征收中的重点、难点，各级征收机关积极向党委、政府汇报，争取各级领导重视和支持；二是加强与土地、房管部门的协调配合，坚持“先交税，后办证”制度，做好税收源头控制工作；三是组织全省对契税征管情况进行全面的检查、摸底，加大税源监控，清理漏征漏管户。四是准确把握政策，严格落实减免税制度。五是督导各地实现直接征收契税，成立契税征收机构，建立征收大厅，逐步建立“以申报纳税和优化服务为基础，以计算机网络为依托，集中征收，重点稽查，强化管理”的契税、耕地占用税征管模式。

三、加强征管基础工作，确保征收工作顺利开展

（一）强化税源管理，做到有的放失。结合降低农业税率和农税工作重心向契税、耕地占用税转移，开展了农业税、契税、耕地占用税税源基础数据和资料的重新核定工作，对台帐进行了全面清理核实，建立了新的农业税收征收台帐。在此基础上，在契税、耕地占用税征管上，又重点推行了掌控税源“源头治理”、“基准地价”和“专业评估”办法。

（二）改善征管条件，提高征管效率。一是根据国家关于全部实现契税直征的要求并结合我省工作重心向契税、耕地占用税的转移，指导各地成立机构，配备人员，建立征管场所，购置必要的征管用微机、打印机等，实现契税的直接征收。二是推进税收管理信息化建设。按照我省“金财工程”的要求，开发了适应我省征管需求的农业税收征管软件，并选择了5个县先行试点，在契税征管软件的开发上，已完成了部分前期工作，为2005年实现契税征管微机化打下了良好的基础。三是加强了农业税收票证管理。四是严把报表质量关。我省农业税收决算报表做到了数据准确，上报及时，质量较高，被国家税务总局评为全国农业税收决算第一名，这是我省连续第13年被评为农业税收决算先进单位。

四、管理、培训、调研并重，加强农税队伍建设

（农税处供稿，撰稿人：李明）

会计管理工作概况

一、认真贯彻落实《行政许可法》，依法做好会计管理工作

3月中旬，省财政厅在石家庄召开全省会计管理工作会议，会议对2003年工作进行总结和表彰、对2004年工作进行了部署，讲解了《行政许可法》并就如何开展会计管理工作进行了讨论。省财政厅下发了《关于贯彻行政许可法有关会计管理工作问题的通知》。12月初，省财政厅召开各市、县（区）财政系统新会计规章制度培训班，进行了《行政许可法与会计管理》专题讲座。

河北省取消了会计从业资格证书年检，不再发放会计电算化证书和继续教育证书，不再审批继续教育培训点和强制进行继续教育，不再要求统一购买会计账簿、凭证，不再以财政厅名义编写考试辅导教材或指定购买辅导教材等。

二、加强会计人员管理，努力提高会计人员素质

进一步规范会计市场准入，做好会计从业资格考试和管理工作。8月份，组织了2004年度全省会计从业资格统一考试，共有20280人报名参加，10126人成绩合格，合格率59.8%。

认真做好高级会计师考评结合试点工作。2004年人事部、财政部确定河北省为试点省，省人事厅、财政厅联合下发《关于高级会计师资格实行考试与评审相结合试点工作的通知》，省财政厅下发了《关于做好2004年度高级会计师资格考试报名工作通知》，并在《燕赵都市报》发布公告。9月5日，省会计考办组织了考试工作，共有1199人报名，924人参加了考试，其中60分以上567人，成绩3年有效；50分以上167人，成绩1年有效。12月中旬，省财政厅接受省人事厅职改办委托，重新组建了高级会计师评委会，对274名符合申报条件人员进行评审，淘汰24人。

做好2004年会计专业技术资格考试工作。全省共有49094人报名，中级一次四科合格人数4257人，初级合格人数3570人。河北省采取有力取措施整顿考风考纪：考生不许提前退出考场；带手机进考场属严重违纪，停考两年；对个别较差考区省直接派监考老师。

省财政厅制定下发了2004年度《河北省会计人员继续教育培训计划》，汇编《新会计制度规定和所得税法规》。7月和11月分两期举办了高级会计师入门培训班，还举办了国资委系统单位负责人会计法律法规知识培训。

省财政厅组织了“我是会计人”演讲比赛，全省300多名选手参加了初赛、45名选手参加了复赛、24人获得了一、二、三等奖。10月23日在河北电视台进行了决赛，实况两次在河北电视台卫视频道播出。

省财政厅与省会计学会组织了会计呼唤诚信有奖征文活动，共收到论文163篇，其中评选出一等奖1名、二等奖5名、三等奖10名。

三、认真贯彻落实新会计规章制度，开展会计法执法检查，加强会计基础工作

省财政厅成立了河北省会计咨询专家组，由11位来自全省学术界和企业的专家、学者组成。

省财政厅与省国资委联合下发了国有企业执行会计制度的时间表和具体要求，对列入省国资委第一批清产核资试点单位的相关人员进行了为期两天的新会计制度培训。11月底，省财政厅举办了全省财政系统新会计规章制度培训班，培训、学习《小企业会计制度》、《民间非营利组织会计制度》和《村集体经济组织会计制度》。

省财政厅对38家会计师事务所执行会计法情况下达了限期改正通知书，确定23个省属部门进行检查并进行了审理。

狠抓会计基础工作，省财政厅在省直单位开展了会计基础工作评比活动，评选出17个单位为会计基础工作先进单位，推广了经验。

四、贯彻落实《注册会计师法》，严把市场准入关，促进注册会计师行业的健康发展

2004年，全省新批会计师事务所26家，其中有限公司16家，合伙所10家，批准合并会计师事务所1家，全年办理会计师事务所证券期货资格、事务所名称、股东、法人等内部事项变更85项，清理注销会计师事务所4个，清理公务员兼职和跨所执业等10人，对遗留的违法和违反政策的3家事务所下达限期整改通知，处理人民群众来信60余件。

省财政厅还组织各市财政部门对省内会计师事务所及分支机构的办所资格进行全面调查。配合财政部拟出台的《会计师事务所监督管理办法》，省财政厅在邢台市、保定市、石家庄分别召开了3个座谈会，形成建设性意见提交了财政部。

五、开展调查研究和学术交流活动

省会计学会和珠算协会配合省财政厅会计处开展调研和学术交流活动。一是利用《河北会计动态》指导和交流工作，二是组织了《会计从业资格管理问题研究》、《小企业执行会计制度现状和问题》、《国有企业改制过程中会计政策、会计处理问题研究》、《会计诚信问题探讨》、《行政事业单位会计基础规范工作的问题与对策》5个调研课题的调研。在9月举行的北方会计学会第22次研讨会上，提交了《农村财会改革》等3篇论文，并作重点交流发言。在全国部分省市第20次会计理论及实务学术研讨会上，提交了会计准则和会计制度执行中的问题与建议论文。

（会计处、会计学会、珠算协会供稿，撰稿人：张学军）

条法工作概况

一、加强政治理论和业务知识学习，提高自身素质

二、加强财政法制建设，推进依法行政，依法理财

（一）清理行政许可事项取得初步成果。根据省政府的统一布署，按照行政许可法的要求，我处对省人大、省政府制定的400余件地方法规、政府规章和省委、省政府及省委省政府办公厅制定的600余规范性文件进行了清理，对涉及财政行政许可的事项，按照行政许可法的规定，进行对照，提出修改意见。在做好地方法规和政府规章清理的同时，重点对我厅制定的规范性文件进行了清理。经过清理共废止2001年以前年度规范性文件384件，需保留的规范性文件579件。保留的文件和废止的文件目录，即将印制成册。

（二）我厅规范性文件的制定、公布开始走向规范化。今年以来，结合清理文件，我处对各处室的主要领导和业务骨干进行了规范性文件制定程序及相关要求的初步培训，使我厅规范性文件的制定和公布进一步得到规范。按照WTO的规则，我处对全厅2002年1月1日后制定的涉及财税政策和会计管理方面的规范性文件在《河北财会》每月向社会公布一次。

（三）财政立法取得新进展。按照要求修订出台省政府财税规章7件。分别是：《河北省契税征收实施办法》、《河北省试点地区农业特产税征收实施办法》《河北省国际金融组织和外国政府贷款管理规定》《河北省罚没财物管理暂行办法》、《河北省小汽车编制管理办法》、《河北省境外投资财务管理办法》、《河北省会计奖励暂行办法》。上述规章2002年10月份均以省长令重新发布执行。

（四）财政执法监督得到了进一步加强。今年以来对我厅有关处室和单位拟作出的20余起行政处罚决定，依据现行财税法律法规进行认真的审核把关，确保了处罚的合法性。截止目前没有发生行政复议申请和行政诉讼案件。

（五）财政制度建设进一步完善。为了进一步巩固预算改革的成果，根据厅长的要求会同预算处组织各处室制定了河北省财政厅制度体系共计51个，主要是：河北省省级预算管理办法、河北省省级预算编制管理办法、河北省省级预算执行管理办法、河北省财政监督办法、河北省省级部门预算管理办法、河北省省级预算项目管理办法、河北省财政拨款单位统一发放工资实施办法、河北省省级决算管理办法、河北省部门预算文本技术规范标准、河北省省级预算管理信息系统技术规范、河北省省级部门预算正常公用经费支出定额标准、河北省省级预算项目技术规范、河北省省级采购预算编制及执行管理办法、河北省省级财政资金拨款管理办法、河北省财政内部监督检查暂行办法、河北省财政厅厅内财政资金拨付程序暂行规程、河北省政府采购管理办法、河北省财政专项资金直接支付试点操作规程等等。

为了适应 WTO 的要求，组织厅内英语基础较好的人员，历时三个月的时间，将 51 个制度全部翻译成英文，并已送财经出版社出版发行。

（六）审核修改地方法规政府规章和规范性文件草案效果明显。一年来，我处对省人大、省委、省政府及省直有关部门起草的地方性法规、规章、规范性文件草案 60 多件进行审核修改。对这些草案中规定财政支出比例、定额标准、税收返还等内容，根据有关财政法律法规的规定，提出了我厅意见。经过艰苦细致的解释、协调工作，严格把关，避免了一些肢解财政职能的内容写入法规、规章或政府规范性文件。

三、增强法律意识，搞好财政普法工作，提高财政干部依法行政的能力。

一是全面培训各处室的法制骨干。今年结合清理财政法规和规范性文件工作，我处先后 4 次对各处室业务骨干进行依法行政能力的培训。通过培训提高了他们依法理财的能力，促进了各项工作任务的完成。

二是重点做好法制宣传日的普法工作。每年的 12 月 4 日是国家确定的法制宣传日。今年的法制宣传日，我处编写了 3000 多字的以宣传党的十六大有关加强法制建设的精神为主线、以宪法和财政法律法规为主要内容、以《政府采购法》和新修订的《税收征管法》为重点的宣传材料，并请河北电视台的播音员将宣传材料录制成磁带，在厅机关等处反复播放；同时，组织了全厅人员的法律知识竞赛；撰写了法制宣传口号。通过 12.4 法制宣传日活动极大的提高了全厅人员的法律素质。

（条法处供稿，撰稿人：潘建国）

机关党建工作概况

一、围绕思想建设这条主线，努力提高党员政治素质和理论联系实际能力，为财政中心工作夯实思想基础。

一是认真组织好党组中心组学习。为了提高学习效果，我们积极创新理论联系实际的学习方式，根据当前理论学习的主要任务，紧密联系财政工作实际，确定了 11 个学习专题，列入 2004 年党组中心组学习计划，分别于 2 月份、6 月、9 月、10 月份，组织了“进一步深入学习贯彻“三个代表”重要思想，全面落实我省理财工作思路”、“发挥财政资金作用，进一步完善财政支持经济发展方式”、“财政工作如何树立科学的发展观”、“财政部门如何加强党的执政能力建设”等专题学习，都取得了良好效果，对此，省委宣传部、省直工委在对我厅中心组学习检查时给予了充分肯定和高度评价。二是进一步推动全厅政治理论学习，组织全厅党员干部职工认真学习中央 1 号文件和胡锦涛总书记在张家口考察时的重要讲话，深入学习了中央十六届四中全会和省委六届六次全会精神，先后组织 10 名处级干部和入党积极分子参加省直政治理论培训班，14 名厅级和处级干部参加了中央党校、省委党校和省行政学院的学习培训，使全厅党员进一步提高了理论水平，增强了政策观念。三是全面推进学习型财政机关的创建。按照我厅《关于创建学习型财政机关的意见》，成立了学习领导小组和办公室，明确了学习任务和目标，组织了创建学习型机关知识竞赛，并在省直“创学习型机关，建高素质队伍”座谈会上作了经验发言。为了配合全厅中心工作，我们编辑印刷了《河北省财政厅工作指导文件汇编》，突出了学习重点，增强了学习针对性。

二、不断强化组织和制度建设手段，努力提高党组织的凝聚力和战斗力，为各项财政工作任务提供组织保证。

一是健全制度。制定了机关党委委员岗位责任制，明确了党委委员的职责和委员分工，健全了党委内部制度。制定了党办人员分工办法，明确了党办工作人员的岗位职责，加强了机关党委自身建设。制定并实施了我厅党员发展公示办法，进一步完善了党员发展制度，增强了党员发展工作的监督力度。二是指导支部改选调整。针对新情况新变化，按照随变随调的原则，及时督导部分支部换届改选和补选调整，保证支部班子的健全和支部工作的连续、正常开展。三是认真开展党员民主评议工作。制发了《关于 2003—2004 年度民主评议党员的通知》，督导各支部认真开展民主生活会，经评议，评选出 75 名优秀党员和15名优秀党务工作者;组织了党建工作述职会,人教处等15个支部被评为先进党支部,并召开大会进行了总结表彰。四是慎重发展党员。按照“坚持标准、保证质量、改善结构、慎重发展”原则,坚持成熟一个发展一个,共发展党员6人,确保了新党员的质量。五是加强党员教育。组织党员认真学习《中国共产党纪律处分条例》、《中国共产党党内监督条例》和《中国共产党党员权利保障条例》,在加强党员纪律教育的同时检查党员权利的履行和落实情况,提高党员党内监督意识和党内民主意识。组织党员学习了开县井喷事故中党员发挥模范作用事迹,参观了《上饶集中营革命事迹巡回展》,鼓励广大党员发挥先进性作用。组织本年度优秀党员和优秀党务工作者赴狼牙山、西柏坡和涉县129师司令部进行革命传统教育,激励他们进一步发扬成绩,克服不足,保持先进永不变色。同时,按照上级要求,我们还组织学习了模范党支部书记李家庚同志、党的好干部牛玉儒同志的先进事迹,加强了党员干部的先进性教育。为此,我厅机关党委被省委评为先进基层党组织,农业处和企业处党支部被省直工委评为省直先进基层党支部;高云霄、沈诚君被评为省直优秀党务工作者和优秀共产党员;赵文海同志被评为全省优秀共产党员,其先进事迹被省直工委制成电教片,将配合党员先进性教育在省直进行宣传。六是继续开展民主集中制教育。按照省委组织部和省直工委意见,重点督导我厅处级干部进一步学习提高,组织了民主集中制知识考试,成绩良好。此外,按照省委办公厅要求,对我厅贯彻落实省委六届四次全会决定情况进行了自查,并向省直工委写出了自查报告。七是深入开展警示教育活动。按照省直纪工委要求,配合纪检组组织全厅党员干部认真学习了白克明书记在省直机关警示教育大会上的讲话,制发了《关于在全厅开展警示教育活动月的通知》,召开了财政系统先进事迹报告会暨警示教育体会交流会,利用李友灿等四个案件开展了廉政教育,我厅警示教育活动得到了省委书记白克明和省委常委、省直工委书记张力同志的肯定。

三、突出机关文明建设这个重心,不断丰富群众性文化活动,为完成财政中心工作提供良好的机关氛围。

一是围绕财政改革和热点难点问题,鼓励干部职工积极开展合理化建议活动,并向省直工会推荐合理化建议13份,有13人被省直工会评为合理化建议积极分子。这项工作受到省直工会的表彰,我厅被评为合理化建议优秀组织单位,并在省直工会工作经验交流会上作了典型发言。为了进一步做好合理化建议工作,印发了《关于进一步开展合理化建议工作的意见》,使今后的合理化建议工作进一步制度化、程序化。二是坚持做好公益事业。组织全厅干部职工为贫困儿童进行了“献爱心”捐款活动,对贫困大学生实行了结对子救助,对我厅4名家有丧事、4名患病、7名经济困难和1名援藏职工进行了走访慰问,切实贯彻了“三个代表”重要思想,落实胡锦涛总书记提出的“切实关心群众的生产生活,为群众诚心诚意办实事,尽心竭力解难事,坚持不懈做好事”要求,体现了厅党组对全厅干部职工的关怀,进一步增强了职工的凝聚力。三是组织开展文体活动。四是进一步完善工青妇群众组织。通过选评结合,选出了新一届机关妇委会和工会委员会。按照省直团工委要求,组建了支付中心团支部,进行了“创青年文明号”试点工作。新的群众组织在机关党委的领导下,利用自身优势,在机关文明建设中发挥了积极作用,我厅机关及非税收入管理局、机关服务中心、科研所、信息中心、投资评审中心和农开办投资公司被评为省直文明单位,预算处被评为省直“十佳”文明处室,办公室、人教处、教科文处、社保处、农开办综合处被评为省直文明处室;机关工会被省直工会评为先进职工之家,信息中心被评为先进职工小家。

(机关党委供稿,撰稿人:贺志)

纪检监察工作概况

一、做好对全厅党风廉政建设和反腐败工作的组织协调

一是厅党组高度重视反腐倡廉工作,坚持纳入财政工作整体格局通盘考虑,统一部署。2004年,厅党组多次召开会议研究或部署党风廉政建设工作,还召开了全省财政系统民主评议行风工作会议、全省财政系统民主评议行风表彰暨动员大会、厅机关党风廉政建设工作会议和党员干部警示教育大会等。二是做好2004年党风廉政建设责任分解。制发《关于2004年党风廉政建设责任分解的通知》,从廉洁自律等八个方面将党风廉政建设和反腐败工作的各项任务和责任落实到了每位厅领导成员和各处室、单位，并层层建立了责任制。三是抓好对责任制落实情况的督导和汇报。多次深入重点处室调研督导党风廉政建设责任制落实情况，根据调研结果，就财政改革进展情况、存在问题及建议，纠风工作及学习教育开展情况等多次向省委、省纪委和财政部进行汇报。在省委、省纪委对我厅完成 2004 年党风廉政建设责任制情况和对厅级领导干部述廉、评廉、考廉考核中，都得到领导的充分肯定。

二、强化学习和教育，增强党员和干部的拒腐防变能力

一是召开全厅党风廉政建设工作会议，组织全厅干部职工，传达学习了中纪委三次全会和省纪委 4 次全会精神，及时将中纪委、省纪委的要求传达给每个党员和干部。二是认真组织好党员和干部对两个《条例》的学习。与机关党委联合制发了《关于认真学习〈中国共产党纪律处分条例〉和〈中国共产党党内监督条例（试行）〉的通知》，对全厅的学习贯彻工作进行了具体的安排部署，利用网络资源，对全厅党员干部进行辅导，还编写了两个《条例》的小册子，方便大家学习。三是认真组织“立党为公、执政为民”的主题教育活动，下发了《关于在全厅党员干部中开展“立党为公、执政为民”主题教育的通知》。四是从 9 月 20 日起至 10 月 20 日止，利用一个月的时间，集中开展了一次以“严肃财经纪律，加强财政监督”及反腐倡廉为主题的“警示教育月”活动。通过“学习提高、对照检查、总结完善”三个阶段的学习，全厅干部职工受到了一次深刻的反腐倡廉、拒腐防变的教育。“警示教育”活动受到省委领导好评，省委书记白克明同志作了重要批示。

三、民主评议行风工作扎实推进

一是严格按省行风办的部署完成各项规定动作，履行了行风评议的各项程序。及时召开了全省财政系统民主评议行风工作表彰及动员大会。制订和完善了 2004 年省厅民主评议行风工作实施方案。推进政务公开，就群众普遍关心的问题坚持实行公开承诺，认真践诺，自觉接受社会各方面的监督。二是以“立党为公、执政为民”为基本着眼点，积极参加省行风办和省电台联合举办的“阳光热线”。今年共组织参加“阳光热线”3 次，我厅 3 名副厅长和 15 名处级干部参加，解决群众普遍关心，事关财政方面的热点、难点问题 65 件。三是深入调研和督导，及时解决影响行风建设的关键问题。为充分掌握全系统行风建设的进展情况存在问题，今年共对全省 11 个市的行风工作开展情况进行了 2 轮检查督导，并就行风建设中有关问题召开了全系统网络会议。纪检专员徐立海同志还亲自带队到唐山、秦皇岛、邯郸、邢台四个市，深入县、乡财政部门就行风开展情况进行调研，有利地促进了行风建设工作的深入扎实开展。

四、抓好党员和干部廉洁自律各项规定的落实

一是制定下发了《关于 2004 年元旦、春节期间严格遵守廉洁自律有关规定反对铺张浪费的通知》和《关于节日期间进一步抓好领导干部廉洁自律有关规定落实的通知》，对做好“两节”期间廉洁自律、反对奢侈腐败工作提出具体要求，对违反领导干部廉洁自律规定的行为提出处罚措施。二是认真做好对领导干部拖欠公款等行为的清理工作。与省纪委紧密配合，进行了周密安排，联合下发了《关于进一步做好党政领导干部拖欠公款清理工作的通知》。自查阶段，厅纪检组长徐立海同志和纪检组的同志一起深入到廊坊、唐山等 4 个市亲自督导清理工作。进入重点检查阶段后，我们和省纪委的同志利用一周的时间又深入 8 个基层单位进行了抽查。与此同时，还对我厅机关和所属事业单位处级以上干部是否违反规定兼任企业领导职务，是否拖欠公款及利用职权将公款借给亲友以及是否为干部购买商业保险问题进行了清理，并及时向省纪委进行了汇报。三是采取有效措施，坚决制止和查处领导干部送钱收钱、跑官要官等“四股歪风”。7 月 8 日下午，召开了全厅处级以上干部大会，认真学习传达了张毅同志在全省纪检监察机关负责同志会议上的讲话精神和省委批转省纪委、省委组织部《关于严肃查处领导干部送钱收钱、跑官要官等违纪违法问题的意见》，并将讲话和《通知》印发各处室、各单位。9 月 9 日，制发了《关于认真学习贯彻省纪委省委组织部〈严肃查处领导干部送钱收钱、跑官要官等违纪违法问题的意见〉的通知》，进一步将查处四股歪风作为我厅下半年党风廉政建设工作的重点。10 月 20 日，召开全省财政系统先进事迹报告暨警示教育学习交流网络会议，会议对中纪委、中组部《关于严禁党员和干部赌博的通知》进行了学习传达。

五、积极推进财政改革，抓好源头治理腐败工作

六、认真作好信访工作，强化对党员和干部的监督

一是认真处理群众来信来访，加强对党员和干部的监督。今年共受到群众来信10件，对这些举报信件，我们都认真做了分析处理，对涉及市、县财政的6个信访件，及时转到有关单位并责成市局认真处理；对涉及厅内部的4封信件进行了核查，并对涉及的8名干部进行了廉政谈话。二是认真做好领导述职、民主评议工作。三是积极配合省纪委做好重点案件的查处工作。

（纪检组、监察室供稿，撰稿人：黄险峰）

离退休干部管理工作概况

一、主要工作计划任务按时完成

（一）完成了春节慰问工作。1月份由厅长带队，对我厅离休干部和退休厅级干部及外地遗属等41人到家进行了慰问，询问了老干部的身体状况和生活等情况，带去了领导的关怀，征求了进一步搞好老干部工作的建议，使老干部深受感动。对退休干部、离岗、内退干部通过召开春节茶话会的方式进行了集体慰问。

（二）顺利完成了离退休干部参观、疗养任务。5月13日至20日利用8天时间组织退休干部到上海、杭州、无锡等地参观了工农业生产项目，开阔了眼界，增长了知识。7月19日至8月8日组织离休干部及家属16人到张家口市赤城县进行了为期20天的健康疗养。期间组织老干部到张北、沽源、崇礼等县参观了工农业生产项目。10月12日组织离退休干部一行33人到赵县、栾城参观了农业生产项目，使老干部受到了农业大好形势的教育。4月份组织离休干部和退休的厅级干部先后到顺平、西柏坡、石家庄植物园进行了党的传统教育和大好生产形势参观。

（三）4月份和10月份（九九重阳节）两次组织了离退休干部象棋、跳棋友谊比赛，决出了名次、赛出了风格，增进了团结，活跃了老干部业余生活。

（四）“七一”组织召开了由老干部各支部委员和厅级干部参加的座谈会。陈厅长向老同志们介绍了我省今年上半年财政收支、全国全省宏观经济形势、粮食补贴、国有企业改革、发展民营经济等情况。徐专员参加了会议并认真听取了老干部提出的意见和建议。会后经研究，解决和吸取了老同志提出的大部分意见和建议，一时解决不了或不易解决的给老干部进行了耐心的解释，受到了老干部的称赞。按照年初工作计划，拟在元旦前后再组织召开一次老干部座谈会，由厅长向老干部通报全省2004年度财政收支及运行等情况，进一步征求老干部的意见及建议，及时为老干部排忧解难。

（五）组织完成了老干部春、秋季趣味性运动会。两次运动会老同志们都积极踊跃参加，既锻炼了身体，增强了体质，也增强了老干部们的凝聚力和向心力。

（六）举办了老干部保健知识讲座。今年以来共举办老干部保健知识讲座三期，针对老干部的病情进行重点讲解，还对部分老干部的病情进行了检查，受到这些老干部一致好评。

（七）对住院、长期卧床的病号进行了多方面的关照。一是对一些需住院的病号，及时联系医院、床位，并及时到医院看望。二是对不能来机关参加活动的老病号经常到家中探望。一年来到医院、家中探望病号有50多次，及时把组织的关怀及厅领导的关心之情送到老同志的心中，受到这些老同志及家属的称赞。

（八）及时为全厅离退休干部分发各种物品。今年以来，共发送各种物品400多人次，除中华大街50号院就地分发之外，其余老干部物品全部送到院中、家中。

（九）及时为老同志订阅报刊。按照标准，为老干部订阅2004年度报刊50多种、600多份，做到了准确无误。

（十）保障了老干部看病、活动用车。对老干部看病、开会等活动用车做到了保障及时，服务周到。

（十一）及时完成了向省委老干部局报送的各种统计报表工作。做到了资料详实、数据准确、上报及时。同时，今年我处还加大了老干部工作的对外宣传力度，及时将厅领导重视和关心老干部、老干部工作动态等写成书面材料上报财政部老干部局和省委老干部局。有些文章被采纳，还有的在《老人世界》杂志、老干部信息刊物上进行刊登，得到了省委老干部局的表扬。

（十二）在财政系统网上建立了老干部管理网页，使厅内各处室及全体老干部能够及时了解有关老干部的政策规定、我厅老干部的组织建设、老干部处工作动态及老干部的活动情况等，加强了信息交流。这项工作目前在省直单位老干部工作中处于领先地位。

（离退休干部管理处供稿，撰稿人：郭顺）

非税收入管理工作概况

一、一般性工作完成情况

（一）认真执行各项非税财政收入征缴政策，努力完成收入任务。一是努力摸清收入底数。经过几年的改革，执收主体、收费项目都发生了很大变化，有的执收主体已撤销或划转，有的收费项目已取消或调整。为掌握准确资料，各级非税财政收入征管机构对现行的收费项目和执收主体认真进行了清理，在基本摸清底数的基础上，严格按征缴政策，应收尽收；二是认真落实责任制。年初按收入任务分解落实到每个专管员，尤其是对教育、公安、交通、工商、技术监督系统等对收入影响较大的重点大户，为保证收入及时收缴，专管员每周都要核对收入，及时入户督缴。三是加强协调沟通。专管员积极主动的与各部门、单位沟通情况，及时发现并解决征管工作中存在的问题；省局适时召开了全省非税收入征收调度工作会议，分析全省非税收入征缴进度情况，调整征缴措施，确保了收入及时入库。截止十一月底，全省非税财政收入入库 274.8 亿元，完成年收入计划的 123.1%。其中：省本级组织非税财政收入入库 168.8 亿元，完成年收入计划的 132%，较上年同期增加入库 49.1 亿元，同比增长 41%。预计年底全省可完成非税财政收入 285 亿元，完成年计划的 127.7%。其中省本级可完成非税财政收入 175 亿元，完成年收入计划的 136.9%。

省本级组织入库的非税财政收入中包括：①罚没收入 5.5 亿元，占年收入计划的 136.4%；②纳入预算管理的行政性收费收入 17.4 亿元，占年收入计划的 96.8%；③政府性基金收入 66.1 亿元，占年收入计划的 165.2%；④专项收入 6 亿元，占年收入计划的 151.1%；⑤预算外资金收入 73.8 亿元，占年收入计划的 119.3%。

（二）加强票据管理，强化财政票据的源头控制作用。为最大限度的发挥财政票据的源头控制作用，在票据储存、发放实现微机化管理的基础上，我们进一步改进票据印制技术，提高财政票据的技术含量。对过去印制的、不具有防伪功能的财政票据进行了清理、废止，全面启用了采用水印防伪纸、防伪反光油墨、加印带有防伪技术的高端底纹图案印制的财政票据。同时，从 6 月 7 日—7 月 25 日，省局组织了全省财政票据大检查。检查的主要内容为票据的印制、调拨、发放、存储、保管等情况；从 9 月 10 日—10 月 20 日组织了省直单位票据年检，对省直单位的票据使用及资金收缴情况进行了检查。通过检查，发现并纠正了存在的问题，进一步明确了收款收据发放的范围和用途，重申了票据式样设计权限，从而进一步规范了全省的票据管理工作。

（三）把监督稽查工作做实，促进和提高非税收入收缴管理工作质量。为规范收费行为，全省各级非税财政收入征管机构紧紧围绕“提高收缴管理工作质量”这一目标，加大监督稽查工作力度，深入执收单位，对其执行收费政策、票据领用和填开及资金上交等情况进行全面检查。上半年，省局配合厅监督处对省国土资源厅收费情况进行了检查，对发现的问题按规定提出了处理意见。下半年，对全省教育系统收费情况组织了检查，对全省的非税收入检查证件进行了全面核查，换发了新的“河北省收费罚没监督检查证”。

（四）稳步推进金财工程建设。对“金财工程”涉及的非税收入软件、网络建设，我们进行了认真研究，成立了领导小组，制定了工作计划，确定了专门人员，并与厅信息中心一道进行了多次研究、谋划，积极按拟定的收费管理网络建设方案稳步推进。

（五）不断加强机构自身建设。

二、十四项突破性业务工作完成情况

一是根据以往年度编制工作经验，对 2005 年非税财政收入预算建议计划表格内容提出了修改建议；二是利用月报、票据购领、审验等机会，对省直部门、单位财会人员宣讲 2005 年非税财政收入预算编制的内容、要求等有关知识；三是结合今年“行政许可法”的实施，对省直所有部门、单位的行政事业性收费、基金、专项等收入项目，进行了一次彻底清理，进一步摸清了底数，掌握了第一手资料；四是为科学编制 2005 年的非税财政收入预算，我们对每项收入的数额、来源、征收的可行性等情况，派专管人员深入到部门、单位，进行深入细致的调查了解，按项目

砸实收入任务，做到不虚报，不漏报，确保预算编制的准确性、严肃性和可执行性。

（非税收入管理局供稿，撰稿人：李香玉）

控购和政府采购工作概况

一、政府采购工作

政府采购工作取得了新的成绩，2004 年全省共完成采购金额 72.45 亿元，比上年同期增长了 89.61％，节约资金 10.28 亿元，资金节约率为 12.43％。我省政府采购工作获得了财政部的肯定和兄弟省市的认同。

（一）讲科学，调整思路，把握定位，制定具体计划。今年以来，我们遵循《政府采购法》的要求，调整思路，把职能定位在政府采购监督管理的范围内，根据这一定位，我们改变过去事无巨细，统抓统揽的做法，抓重点环节，结合 2004 年全厅十四项突破性业务工作的要求，制定了《采购办 2004 年政府采购重点工作进程表》，将全年重点工作进行了科学、合理安排，做到具体措施细化，职责落实到人，明确完成时限，增强了工作的计划性和目的性。

（二）积极探索、开拓创新，深化、完善政府采购预算编制改革。一是参与政府采购预算编制全过程，将政府采购预算编实。严把审核关，保证政府采购预算编制与部门预算编制成为有机的整体。二是对政府采购预算的内容、格式进行规范，将政府采购预算编细。对政府采购项目细化提出要求，使其能与采购目录及采购限额标准相对应。三是对政府采购预算进行细分、编制政府采购计划，将预算管理深入到预算执行环节。这样，一方面硬化了预算约束，保证了政府采购规模的扩大。另一方面增强了计划性和操作性，提高了采购的效率和效益。在 2004 年 12 月份召开的全国政府采购工作会议上，我省在会上作了经验介绍，得到财政部肖捷副部长的肯定，也受到了兄弟省市的关注。

（三）抓落实，扩大采购范围和规模。一是编好《河北省 2004—2005 年政府采购目录和采购限额标准》，将适合政府采购的项目纳入政府采购范围，为扩大规模奠定了基础；二是积极扩大工程政府采购的范围；三是抓好重点单位如垂管部门和采购预算较大的系统的采购计划落实；四是对数额较大的采购项目，从采购项目的计划编制、招标过程到签订政府采购合同建立跟踪制度，抓好落实。

（四）重点控制，加强政府采购规范管理。一是加强对招标文件的管理。我们在招标前设置了专家论证环节，请专家按照《政府采购法》的要求对招标文件进行论证，删除其中的歧视性条款。为了进一步规范对招标文件的管理工作，我们正在集中力量编制招标文件范本。这项工作已经引起财政部的重视。二是加强对政府采购评审专家的管理。一方面在财政部门内部建立政府采购评审专家库，对评审专家实行统一、分类、动态管理。另一方面要求评审专家的抽取必须在采购办的监督下进行。通过对政府采购评审专家的管理，评标更加规范，增强了评标工作的客观性。三是加强对政府采购信息公告的管理。我们制发文件对政府采购信息发布提出了明确要求，以促进政府采购信息的规范、透明。

（五）重研究，提高采购效率。一是实施部门集中采购。为了保证部门对非通用项目的采购，我们针对技术复杂、专业性强的项目，实施部门集中采购。这样保证了采购的顺利进行，受到部门的欢迎。二是推广协议供货制度。为了保证部门的及时使用，我们针对采购额度小、采购频率高、用户要求急的标准配置物品，推行协议供货制度。这样既降低了采购成本，又缩短了采购周期，采购周期由原来的一个月缩短为一天，较好的解决了公平与效率的问题。

（六）加大监管力度。一是加大培训和宣传力度，分别对政府采购系统工作人员和省直部门财务人员进行了相关制度培训，加强政府采购工作的宣传，提高从业人员的工作水平；二是加强对市级采购办的工作指导。对沧州等市政府采购工作进行了调研和工作指导，对发现的问题，提出相应的解决办法，使其工作有较大改进，采购规模有了较大增长。三是加强调查研究。在高志立副厅长的带领下，河北省政府采购工作考察团对英国、法国等欧洲国家的政府采购监督管理情况进行了考察学习。通过深入了解发达国家政府采购法律体系、管理模式、机构设置、操作程序等内容，撰写了《英、法政府采购监督管理体制考察报告》，提出了创新我国政府采购监督管理的建议，明确了我省下一步政府采购改革的方向。

二、控购工作

在认真做好日常控购审批工作的同时，重点做好对11个市市直单位及部分县（区）小汽车的核编工作。这项工作涉及面广、任务重、牵涉精力大，我们克服人员少的实际困难，精心组织安排，加班加点认真做好工作。已对11个市的市直3856个单位，县（区）18072个单位核定了小汽车编制，并下达了编制执行的批复。根据厅党组研究决定，我办与预算处于11月份顺利完成了控购的交接工作。

（政府采购办供稿，撰稿人：许金元）

机关服务中心工作概况

一、着力抓政治、道德、纪律教育，打牢思想基础

一是经常教育，常抓不懈。首先认真学习党的“十六届四中全会”和省委六届四中全会精神为重点，树立用“三个代表”重要思想、武装队伍的大局意识。其次教育全体职工时刻牢记“群众利益无小事，群众利益至高无上”的思想观念，坚持全心全意为人民服务的宗旨，切实把关心群众和服务群众作为机关服务的第一要务。一年来我们主要抓了“立党为公、执政为民”党员民主评议、民主集中制、党风廉政、政风行风学习教育活动。全年发展了2名新党员，按期转正2名预备党员，吸收2名重点培养对象。二是明确思想，规范行为。2004年中心上下始终不渝地从大家都满意作为工作最高标准，立足大局、服务全厅，坚持平等、文明、规范、创新的工作理念，进一步强化科学管理、完善管理制度。先后修定、制定了《河北财政厅机关服务中心接待管理办法》、《安全保卫工作制度》、《财政厅消防人员工作职责》、《财政厅宿舍门卫安全保卫工作制度》、《财政厅机关宿舍安全保卫工作纪律》、《机关服务中心财务管理制度》、《河北省财政厅经营性事业单位管理办法》等二十项制度、办法。

二、找准围绕全厅抓工作的着力点，争创一流的工作业绩

（一）遵照厅领导指导和厅内职工意愿，对全厅职工团购住房问题进行了半年多的考察、论证、协商与前期基础工作。

（二）充分利用厅局域网，做好机关服务的宣传及信息沟通工作。全年在网上发布信息192条，平均1.9天发布一条信息。回复提出问题信息50条。

（三）帮助全厅43名子女入学就读，做好厅机关集体户口的管理工作，办理身份证、保险、贷款、小孩入托、乘车证、出国手续、结婚证、出生证、及大学调入、迁出等各种集体户口有关手续约80人次。

（四）组织了全厅干部职工共470余人身体健康检查和流感疫苗的注射工作。

（五）为厅领导办公室和机关公共场所长期摆放花卉约600盆；为全体干部职工办理移动电话各种业务79次；做好了对厅14套办公室、二、三、四楼的会议室约1138.5平方米地面进行了装饰；制作了“厅机关各处室、单位办公室位置示意图”；办理了46名技术职称、任职人员和工资调整手续，圆满接待各类型会议193次。

（六）完成了实施财务统管的各项工作，编制了2005年各部门预算工作，严格执行了固定资产保全管理制度。

（七）接待了全国各地来宾及外宾5221人次，接待了亚行支援项目考察组、中央党校中青班、中央粮食检查组、财政部干教中心、财政部预算司、财政部机关服务局等7支团队。

（八）制作核发了2004年度财政厅《车辆准进证》30个，对厅机关和各宿舍区进行了6次安全大检查，及时处理消防、火灾16次隐患；组织机关保安人员、消防人员进行了两次安全知识、文明用语、业务理论知识、实战演练考核。

（九）对食堂员工进行2次爱岗敬业和遵纪守法的思想教育及业务技能培训考核工作，采用“走出去、引进来”的办法不断推出新菜，做到饭菜常吃常新；节假日为全厅干部职工发放18个品种、21000公斤的副食品，更换了餐厅桌椅，从原来的198个就餐座位变为现在206个座位；创办了4期“饮食与健康”专栏，大力宣传饮食、营养、健康卫生等常识；针对厅局域网上收到33条建议或意见，做到件件有回音、事事有着落。

（十）狠抓技术革新改造，大力挖掘节约潜力，认真研究并进行了6项技术革新改造，对电话程控总机改进，长途电话费由0.7元/分下降0.27元/分钟，全年节约电话费开支14.85万元；改造革新街和工农路自动补水系统，节约经费4万元；改造工农路和中华大街50号院冷凝水回收，每年可使用热水8个多月，节约水、汽费19万元；检查出厅机关18宿舍区自来水管漏点8处，避免经济损失32万元。维修煤炉、锅炉86次;维修太阳能热水器205次;疏通下水道37次;维修暖气192次;维修更换水泵8台;修阀门1585次;修换各种水暖件1620个。

(十一)认真抓好日常车辆管理工作,检查车辆36部,驾驶证年审160余人次,更换驾驶证35人次,办理进京证、通行证51人,更换新车3台,共调派车辆6000多台次,安全行车110万公里,无重大责任事故。

三、加强所属经营性事业单位管理、规范经营行为

中心作为经营性事业单位的主管部门,按照建立现代企业制度的要求,对经营性事业单位实行资本管理,产权归属管理。一是对所属经营性事业单位实行经营目标责任制,与各经营性事业单位签订了经营目标责任书。二是建立了所属经营性事业单位领导班子及主要成员考核体系。三是制定了经营者收入与单位经营业绩挂钩及经营者年薪兑现制度。四是加强经营性事业单位监督,组织了对所属经营性事业单位的会计基础工作规范化和财务审计工作。清理欠款12万元。截止今年11月底,今年所属经营性事业单位资产总额13127.79万元,负债总额2428.28万元,所有者权益总额10699.51万元,实现营业收入3268.81万地,比上年同期增长30%,实现利润总额233.5万元,比上年同期增长400%,上缴税金162.91万元,比上年同期增长8%,净利润171.11万元,比上年同期增长216%(不含金海圆宾馆财务数字)。

(机关服务中心供稿,撰稿人:张景波)

财政投资评审工作概况

一、突出重点、全面展开,建立健全财政投资项目事前、事中、事后全过程评审体系

遵循"往深里做,往实里做,往细里做"的要求,不断创新财政投资项目监管手段,建立健全财政投资项目全过程监管体系。一是突出重点,关口前移,为财政投资项目预算编制工作提供专业技术支撑。在项目评审环节上精打细算,把项目预算做深、做细、做准,变事后监督为事前控制,有效遏制项目"三超"现象的发生。二是加大项目事中跟踪评审力度,严把变更审批关。首先,采取有力措施,为政府工程采购提供可靠依据。通过对纳入政府采购范围的工程项目进行评审,为政府采购预算管理和政府工程采购提供技术支持,这在全国是一个先例。如某高校综合楼项目,在对其评审过程中发现单项工程既超面积又超投资,我们及时向主管处室进行汇报,经核实建设单位承认超面积超投资的事实,并承诺保证该项目总投资控制在批准的预算之内。这样有效遏制项目马拉松、投资无底洞现象的发生。其次,加大财政投资项目事中跟踪评审的力度,严把变更审批关。项目预算批准下达后由评审中心派工程、财务人员对项目实施跟踪评审,对每项变更做到心中有数,对超出批准预算的变更责成项目单位履行报批手续。如某医院综合楼项目从开工建设我们就跟踪评审直至竣工决算。由于加大了对变更跟踪评审力度,使各项变更严格控制在批准预算之内,该项目在一些合理变更认可的情况下,还比原概算节约1336万元。这样既维护了预算法的严肃性,强化了预算约束,又从源头上防止"三超"现象的发生。第三强化决算评审和评价工作,严把竣工决算评审和评价关。今年共评审决算项目41个,送审总投资214279.74万元,审定总投资201413.64万元,审减投资12866.1万元。如:省直某工程二期竣工财务决算的评审。该工程总投资估算3956.58万元,该项目决算送审金额4689.82万元,审定金额3871万元,审减818.82万元;审减率17.46%。通过竣工决算评审最终核定项目总投资,确定形成固定资产的现值,为财政部门批复项目决算提供可靠依据。根据项目的预算执行情况,变更报批情况,竣工决算实际完成情况进行对比分析,再依据不同项目指标体系对项目进行绩效评价,从而找出项目管理过程中存在的问题及产生的原因,总结出项目成功的经验,为领导决策提供科学依据。完全实现了财政投资项目事前、事中、事后全过程监督管理的目的。

二、多措并举、常抓不懈,创建文明高效的工作集体

积极探索新形势下加强物质文明、政治文明和精神文明建设的有效途径和方法,把组织各项政治学习活动同财政投资评审工作紧密结合起来,同贯彻执行党的方针政策和省委省政府重大战略部署结合起来,同加强党风廉政建设和行风建设结合起来,将各项业务工作与"三个文明"建设工作同时布置,达到任务、时间、效果三落实;用三个文明建设成果促进财政投资评审事业健康、协调发展;积极贯彻

"两手抓，两手都要硬"的方针；以团结奋进，务实创新，公正严谨，廉洁高效为宗旨，坚持与时俱进、开拓创新，紧紧围绕财政中心工作，谋大事，干大事，形成人人想干事、人人能干事，人人干成事的良好风气，营造出了环境整齐优美，管理科学规范和团结、紧张、严肃，活泼的发展环境，带出了一支具有良好的政治业务素质、热情周到的服务、严谨高效的工作作风、准确无误的评审质量、客观公正的职业道德、严明的工作纪律的评审队伍。评审中心连续二年被财政部评为"全国财政投资评审系统文明先进单位"、"全国财政投资评审系统先进单位"，今年被评为省直文明单位。多项财政投资评审工作走在了全国前列，《中国财政》杂志、《评审之友》杂志和《中国财经报》等多家媒体报道了我省财政投资评审等方面的经验，全国多个省前来学习考察，在推动我省财政改革，促进经济与社会协调发展等方面做出了贡献。

三、多方协调，为我省挽回国债资金 585 万元

《财政部关于对基本建设项目决算评审审减中央财政资金处理意见的通知》(财建[2003]117 号)将我省保定市西大洋引水外管线工程由保定市自筹的 13000 万元资金作为国债补助资金认定，并依此将评审机构净审减的 1793 万元，按中央财政性资金占总投资的比例计算，中央财政确定收回资金 585 万元。收到文件后，我们与预算处、经建处紧密配合，由中心崔青山副主任亲自带队，迅速赶往项目所在地，积极与项目有关各方联系、沟通、协调。在对项目资料进行了认真详细的复核的基础上，又通过深入细致的调查，及时向财政部进行了报告。财政部经过核实，认同了我们的处理意见，决定不再收回 585 万元资金。

(财政评审中心供稿，撰稿人：王进同、陈兵)

外债管理工作概况

一、大力推进世行贷款河北城市环境项目顺利实施

第一，认真、积极组织、配合国际咨询专家工作，注意发挥专家的作用，协调项目单位搞好项目实施的各项工作，保持与世行项目经理及世行北京办公室的及时有效沟通，解决项目实施中存在的问题。组织、配合 A 包专家对技术援助 A 包合同完成情况进行了总结，审核了机构改革、经营规划、财务管理、财务预测和水价制定、管理信息系统、地理信息系统、供水运行、污水运行和污泥管理、人力资源调研等咨询报告，与咨询专家共同组织了人力资源管理及 A 包项目总结会，完成 A 包最终报告。共同完成了 2005 年的财务预测，并提交世行。与 B 包专家组一起加强对项目工程进展、合同变更、报帐支付的管理，规范了项目管理。另外，还着手研究下一步技援工作方案，继续用好技援贷款(余额)。

第二，严格按照招投标法和世行采购指南的要求，督促项目单位做好招投标、合同管理、合同变更等工作。在合同变更管理方面，我们遵守的原则是以遵守和执行合同为中心，充分保障业主利益，公正对待承包商。严格遵守审核程序，逐级对合同变更的理由、单价的确定进行科学、公开、透明的论证和把关。截止目前为止，已完成了 38 个合同的招标工作，均已签订合同，施工已全面展开，还有 5 个合同包等待招标。邯郸桥西污水处理厂于今年"五一"前夕完成竣工并顺利通水，成为世行贷款河北城市环境项目第一个投入试运行的项目。

第三，指导各项目市及项目单位编制项目中期调整计划并确定备选项目，用好项目剩余资金。目前，根据各项目市上报的中期调整方案，中调项目包括 6 个项目，涉及老厂改造、管网建设等内容，总投资 2.8 亿元人民币，其中利用世界银行贷款 1600 万美元。这些项目的实施可以进一步提高现有设施的能力，节约能源，并完善相应管网的配套功能。目前正履行国内外审批程序。

第四，施工进度已超过大半，报帐提款进度加快。截止今年底全省工程资金情况为，施工方面已使用工程资金 1.33 亿多美元，向世行提款报帐近 5600 万美元，配套资金 6.4 亿人民币。我们严格审核报帐资料，注意报帐的时效性，全年报帐 3600 万美元。

第五，在厅领导的直接指导下，在涉外处的帮助下，我们在利用国际咨询专家对水行业的研究成果的基础上，深入分析比较，研究对策措施，完成了《我省城市水行业市场化改革对策研究的调研报告》，报送省政府，从水行业改革的法律保障、企业化经营、监督措施、科学的水价(污水费)定价体系、私营公司介入等方面进行了分析，并提出了我省的对策，得到了省领导肯定的重要批示，建议批转省发改委、省建设厅、省水利厅、省物价局、省编办阅研，在推进我省事业单位改革中予以借鉴。

第六，强化培训，不断提高相关人员素质。举办了两期项目工程设备合同管理规范化培训班，累计培训人员 80 多人次，较好地满足了工作的需要。

第七，6 月 8 日—12 日及 11 月 15 日—23 日，两次接待了世行监督团，监督团听取了工程进展情况，讨论了中调项目的准备情况，并给予了指导意见，机构官员听取了机构改革和加强方面的情况，财务官员抽查了部分项目的会计资料、原始凭证等，给予了肯定的评价。

第八，完成了世行贷款河北城市环境项目的 2003 年度决算和财务说明编报工作，并已上报财政部和世行。

二、亚行项目取得明显进展

第一，项目正式生效。亚行贷款河北省海滦河流域污染防治项目是我省的重点项目，经过三年多的前期准备工作，继去年签署了《项目协定》、《贷款协定》、《转贷协议》等文件后，并履行法律手续后，于 2004 年 2 月 4 日正式生效。

第二，举办了项目启动培训班。今年 2 月，在保定市举办了项目启动培训班，各项目单位、市项目办、财政局等相关人员共 80 人参加了培训，省项目办主任、省财政厅副厅长陈金城作了重要讲话，对项目实施提出了明确具体的要求，并分组对招标采购、财务管理与报帐支付、咨询服务等进行了培训。

第三，咨询公司已经到位并开始工作。项目通过招标选聘的咨询公司（CDM 公司）已于 2 月中旬到位，开始了标书审核、财务管理等方面的咨询工作，并初步完成了项目启动报告，报送各项目单位审核，并报送亚行审批。一年来，国际专家组经常到项目市指导工作。

第四，项目的初步设计均已完成。保定、张家口、宣化、唐山、承德子项目的初步设计已获批准，为招投标和工程施工做了充分准备。

第五，18 个合同包完成了招投标工作，张家口、宣化、保定项目已经开工。

第六，完成项目外资方案的申报工作。项目外资方案已经省发改委批准，为项目实施和设备进出口及免税手续的办理提供了条件。

第七，在国际咨询专家帮助下，制定下发了《亚洲开发银行贷款河北省海滦河流域水污染防治项目实施阶段运行管理暂行办法》，以规范和指导项目运行阶段的工作；还草拟下发了项目财务手册，正征求意见。

（外债中心供稿，撰稿人：崔盼来）

财政科研工作概况

一、集中力量，抓好重点工作

一是进行“财政支持农村小康社会建设”课题的组织研究工作。科研所牵头，与有关处相互配合。在厅长主持下，多次召开协调会，对这项工作进行指导、协调与研讨。我所集中主研人员进行研究，提出了 7 个方面，共 19 条政策措施，起草了《关于促进农民增加收入和农村小康社会建设的意见》。经广泛征求厅领导和各业务处室意见，7 次修改完善，报经厅领导和郭庚茂副省长审定，以我厅正式文件（冀财办[2004]16 号《河北省财政厅关于促进农民增加收入和农村小康社会建设的意见》）印发各地实施。相关成果《促进农村小康社会建设的财政体制保障》一文在《中国改革报》2004 年 5 月 15 日刊登。二是完成进一步深化财政体制改革工作研究。我们以亚行技术援助项目第九专题——省以下政府间财政转移支付制度为载体，系统研究了河北省省以下政府间财政转移支付制度改革问题，重点对现行财政支出责任情况和转移支付进行了研究分析，完成 2003 年度河北省哲学社会科学规划研究项目《完善省以下财政管理体制研究》，对进一步深化省以下财政体制改革的理论体系进行了总结和完善，为进一步深化省以下财政体制改革提供了具体的工作思路。课题研究过程中，我们以全国财政科研工作会议暨省以下财政体制改革研讨会为契机，撰写并提交《完善省以下财政管理体制的研究》和《划分省以下政府间财政支出责任实证研究》。三是完成财政系统培训教材《公共支出管理》统编工作。《公共支出管理》是我省财政系统培训系列教材之一，由齐厅长担任主编，科研所承担编写和协调工作，相关处室参与编写。该书总结了全国和我省过去几年财政改革最新的理论和实践经验，对未来改革方向作了较为系统的前瞻性研究。科研所组织 5 名骨干人员对书稿进行了认真修改和完善，目前该书稿已全部完成，并已提交审定。

二、服务现实，加强财政热点、难点问题研究

一是完成全省财政供养人口规模控制与结构优化的对策研究。近年来我省财政供养人口增加较快，带来财政负担沉重等诸多问题。省委常委、常务副省长郭庚茂在2004年全省财政工作会议上的讲话中指出我省存在"财政供养人口过多，负担过重"的问题，我所主研人员通过实证分析，阐述了财政供养人口规模过大的成因，提出了财政供养人口规模控制与结构优化的对策。该分析报告得到郭庚茂副省长和省人大王加林副主任重要批示。二是进行全省财政经济运行情况分析及政策建议研究。我们从纵向和横向上、从总量和结构上以及从财政级次上分析了我省财政收入、支出情况，"两项工程"的实施和2003年省内体制调整对我省财政运行的影响，现已完成报告初稿。三是完成提高我省财政收入占GDP比重问题研究。通过研究，我们认为对财政收入贡献率较低的第一产业比重较高、对财政收入贡献率较高的第三产业比重较低是河北省财政收入占GDP比重较低的重要原因。在此基础上，我们提出优化产业结构，提高我省财政收入占GDP的对策建议。课题论文《地方财政收入占GDP比重较低问题实证分析与对策建议》在《中国财政信息资料》、《财政探索》等多家杂志发表。四是运用科学发展观认识和解决县乡财政困难问题研究，已形成2万字初稿。本课题以此为依据，结合我省县乡财政实际，提出要清醒认识县乡财政困难的状况，全面分析县乡财政困难的原因，认真总结解决县乡财政困难的经验，积极探索解决县乡财政困难的新途径，特别是要全面贯彻实行民主财政。五是完成"政府扶持县域企业发展的对策"研究。这份报告具体研究了政府如何调动全社会力量，广泛组织社会资源，尽快建立完善有效的县域企业社会化服务体系。六是完成"分税制财政体制的激励与均衡效应的实证分析"，形成11000字论文。本文从激励和均衡的角度分析了分税制存在的问题。财政体制是否科学、合理，可从激励效应与均衡效应两方面衡量。激励效应在于通过体制激发各级政府取得财政收入的积极性，使财政收入随着经济的发展相应增长；均衡效应在于通过完善体制，实现各地区间的公共财政服务均等化，缩小地区间经济社会发展差距。七是其他一些财政重点、热点问题研究，包括参与财政部科研所主持的"酒类专卖"课题研究，已与河北酒类监督管理局成立课题组，目前课题正在调研过程中；完成省社科联立项课题——河北省财政支农资金管理和财政支农政策研究，形成10000字调研报告；完成"财政如何贯彻科学发展观"课题研究，形成"以科学发展观为指导，做好新阶段的财政工作"研究报告；完善公共财政体制研究，组织赴美考察，提出了美国财政收入预测方法和计算机网络系统信息处理技术研究报告；还有"治理经济过热财政对策研究"等等。

三、围绕中心工作，开展科研组织工作

一是为促进财政科研成果的应用和转化，组织2003年全省财政调研课题成果评审。收到计划内财政调研课题成果423项，经过评委会评审，共评出一等奖17项，二等奖26项，三等奖86项；优秀成果奖100项，成果奖138项，科研组织工作先进单位4个。通过网上交流、报刊宣传等方式推广优秀成果，促进转化应用。同时，充分依靠综合经济部门和大专院校的研究力量，在重点课题上开展合作研究；加强对市县科研工作的指导，提高基层搞财政科研的积极性；充分发挥学会作用，组织举办财政改革培训，积极宣传财政科学知识。二是积极组织和推动全系统广大财政干部进行调查研究。同时改进财政调研课题立项管理办法，本着围绕中心、突出重点、服务现实的原则，实行省市分级立项管理。共确定2004年度财政调研课题134项，下达厅内各处室、厅属事业单位及各市财政局组织实施。三是组织积极参加全国协作课题及省科技厅、省规划办、省社科联软科学项目研究，共组织课题申报立项10项、调研成果结项10项。四是选择优秀科研成果编发《财经决策参考》。

四、强化管理，增强责任意识

（科研所、财政学会供稿，撰稿人：段国旭）

财政信息化工作概况

一、全省"金财工程"建设取得重大进展，财政信息化应用更为全面、深入，为财政改革和财政事业发展提供了强有力的基础保障

（一）积极配合财政部，开发完成"财政供养人员信息管理系统"，并在全国推广运行。财政部决定由我省开发"财政供养人员信息管理系统"。经过近两个月努力，该系统于11月底成功开发完成，并在全国推广运行。该系统的应用可从整体上掌握全国各省市财政供养人员的增减趋势，实时反映各级财政预算单位的人员、工资和经费供给情况，有效地扭转财政供养人员基础数据不规范、不统一、利用效益低的现状，为中央和地方财政的宏观调控提供生动翔实的数据参考。

（二）按照厅《2004 年十四项突破性工作业务》要求，开发完成“河北省财源监控系统”与“政府外债管理系统”，有力地促进了全省财政中心业务的开展进行。一是开发完成“河北省财源监控系统”，搭建起财税信息通道。从今年三月份开始，我们积极配合企业处，结合全省各种所有制企业实际情况，谋划建设覆盖各种所有制企业的财源监控网络系统。经过半年多的努力，成功开发出“河北省财源监控系统”，并于今年 10 月份启动运行，基本实现了全省企业与省内各级财政部门间税源信息的网上共享。二是开发完成“政府外债管理系统”并投入运行，使我省政府外债管理工作更加科学、系统、规范。我们积极配合涉外处，于今年初成功开发出“政府外债管理系统”，结合我省外债管理工作实际，充分发挥网络优势，在范围上涵盖各级政府部门转贷和担保的国外贷款项目，在内容上包含项目信息、外债余额、币种、期限等重要信息，实现了指标监控、结构分析等监管手段，可以对债务规模、债务风险进行有效分析和预测，为我省政府外债管理提供了强有力的技术支撑手段。

（三）省级城域网拓展层面，已基本延伸到 105 个一级预算单位，有力地保证了省级集中支付工作的顺利进行。今年以来，配合省级集中支付改革，省级城域网建设进一步拓展层面，在 2003 年将省直 23 个一级预算单位本级（部门本级机关财务和系统财务，下同）纳入第一批集中支付改革试点范围的基础上，今年又将其余 82 个正常经费由省级财政性资金保障的一级预算单位本级全部纳入改革试点范围。截止目前，包括省政协、省委办公厅、地税局、工商局在内的 82 个省直单位陆续联通，省级城域网建设基本完成，有力地保证了省级集中支付工作的顺利进行。

（四）协助市县大力推进“金财工程”建设，为财政改革的深入推进建立起技术支撑。一是协助唐山、秦皇岛、保定、邯郸等四个市完成市级财政城域网建设，并成功开通网上支付系统，有力地保证了市级集中支付工作的顺利进行。二是软件推广应用工作成果显著，工资管理、总会计、集中支付等核心财政业务软件已在全省 11 市、134 个县（区）全面推广运行。今年以来，在省级财政业务系统安全稳定运行的基础上，我们积极配合市县财政部门，狠抓财政核心业务软件的推广应用工作，坚持以推广带应用，以应用求发展，在应用中完善软件功能，迈出财政业务软件面向全省全面推广应用的关键一步。截止目前，已有“人事编制工资管理系统”、“指标管理系统”、“总会计系统”、“集中支付系统”、“预算编审系统”等五大核心财政业务软件在全省 11 市、134 个县全面运行，且反响良好，为各项财政改革的深入推进提供了强有力的技术支撑。

（五）强化网络管理，优化网络性能，为实现财政现代化管理创造条件。首先，建立健全了网络维护管理责任人制度，注意跟踪每次出现的网络故障，及时响应并解决网络运行中所出现的各种问题，形成稳定的网络运行环境；其次，对网络性能进一步优化，重点解决了线路备份、关键设备备份、网络设备设置及设置备份的问题，最大限度地降低了单点故障的发生。

经过这一年来的努力，我省财政信息化工作呈现出崭新局面：省级政府财政管理信息系统得到进一步完善，部分市级基本搭建起政府财政管理信息系统框架，县级已全面推广应用核心财政业务软件，全省“金财工程”建设又向前迈进了一大步，总体进度已超过 2/3，为深化财政改革与财政中心工作开展提供了强有力的技术支持。

二、进一步加大信息采集及服务力度，信息网站建设再上新台阶。

一是优化信息采集渠道，畅通信息采集环节，切实加大了财政工作信息在内网网站的反映力度；二是建立并完善了省厅网站管理机制、市县信息上网考核机制及全系统财政信息网站管理机制，进一步规范了全系统信息上网工作，使全系统财政信息网站的管理效率、运行效率以及网站的安全性有了显著提升，达到了专业网站的技术水平；三是积极配合厅内业务处室，完成了机关党建、政府采购、人事教育等栏目的改版工作，并开辟了非税管理栏目，努力做好厅内各业务处室的信息收集与发布工作，保证了全省财政信息的及时发布，受到厅机关和市县财政部门的一致好评。

三、强化服务职能，认真抓好厅机关的维修维护工作。

一方面苦修内功，从完善维修维护制度入手，强化员工维修维护责任，全面塑造信息中心优质服务的良好形象；另一方面面向全厅提出了《信息中心技术服务承诺书》，以外促内，自觉接受监督，进一步提高技术支持服务的效率和质量，为厅机关各处室、单位提供一流的服务。截至目前，共上门服务达到6000余次，其中排除一般性故障1850次，硬件故障160次，复印机故障119次，打印机故障142次，疑难故障570次，更换硬件80余次，耗材供应3000多次。同时，对厅机关计算机及网络线路全面排查2次，有力地促进了厅机关办公的正常运转。

四、不断加大信息技术培训力度，全面提高财政业务人员和技术人员的业务素质和技术水平。

一是今年下半年，我们在黄骅进行了11个市局相关业务人员的软件培训，为新版预算编审软件在全省的推广应用奠定了基础；二是配合各市软件应用，我们分别在张家口、承德、秦皇岛等市举办了“集中支付软件培训班”和“总会计软件培训班”；三是全年期间，我们多次选派技术骨干深入各市指导培训软件应用，并采取网上教学、在职培训、专业教育等多种方式，在财政系统内部广泛普及信息技术和信息管理知识，增强信息化意识。基层技术力量进一步的壮大，为财政信息化建设的快速发展奠定了坚实的基础。

五、规范内部管理，保障中心业务工作高效运转。

（信息中心供稿，撰稿人：薛霖）

河北财会杂志社工作概况

一、围绕财政中心工作，积极搞好宣传报道

我们根据不同时期厅内的重点工作，确定每期的宣传重点，有针对性地组织稿件，我们先后确定了落实全省财政工作会议精神，落实科学的发展观，财政支持经济社会事业发展，落实加强财政社会保障体系，落实财政支持“三农”，集中财力办大事，以及创建学习型财政机关和表彰财政系统先进集体和先进个人的宣传等一系列鲜明的主题，使每一期都有宣传的重点，极大地提高了宣传的效果。与此同时我们努力改变过去由被动的从来稿中选稿的状况，主动地围绕每期的重点，加强了采访和组稿，增强了宣传工作的主动性和能动性，提高了宣传工作高成果和水平。

二、坚持高标准，不断提高办刊质量

首先，我们进一步严格和加强了审校制度。根据现代媒体发展的新要求，以“三审三校”为基础，对杂志社原有的审校制度进行了修订，从稿件收集、筛选、审核、编辑、校对等全过程进行规范，并制定和实施了相应的奖惩措施，进一步提高了稿件质量，减少了差错率；其次，我们结合行风建设，在杂志社内部进行了政治思想教育，增强了干部职工的事业心和责任感，提高了工作质量和效率；第三，根据出版界不断变化的新形势，及时组织有关人员进行编辑技能和财政、财会相关业务知识培训，提高了广大工作人员的综合素质。社内人员在做好文稿编审工作的同时，还发表各类文章40多篇。2004年社内有两位同志取得了正高级职称资格，一位同志取得了副高级技术职称资格。

三、着眼于经济效益，努力抓好经营管理

一是加强财务管理。结合省审计厅进行财务审计的机会，根据厅机关财务的要求，对杂志社内部的财务管理制度进行了规范，理清了支出范围和审批权限；二是大力强化增收节支工作，开支精打细算，能节减的尽可能节减，同时，千方百计抓创收，在《河北财会》转为内刊后收入大幅下降的情况下，基本上实现了收支平衡。三是抓好燕山图片艺术有限公司的经营。我们从经营方略、财务管理、人员培训等各方面给予指导和支持。2004年燕山图片公司克服了机器设备故障和公司迁址等一系列困难得到了较好的发展，目前公司的经营业绩不断上升，效益不断提高。

四、强化服务意识，认真为厅内及各处室服好务

我们深知，杂志社的生存与发展，离不开厅内各处室的支持，为厅内服好务是我们义不容辞的责任。因此，我们要求全社同志务必树立强烈的服务意识，认真做好厅内及兄弟处室委托的每一项工作。一年来，我们还先后配合条法处进行了法规知识竞赛的组织工作；与基建审核中心进行了编辑出版专刊的工作；为厅内及各处室拍摄各类宣传图片400多幅。燕山图片公司还充分利用机器设备、技术和人才优势，在厅办公室支持下承担了厅办公室全省财政系统图片库的具体组织工作。

（杂志社供稿，撰稿人：郑立会）

注册会计师协会工作概况

一、扎扎实实推进行业诚信建设

为进一步加强行业诚信建设，全面提升行业的社会公信水平，于8月份成功组织了全省注册会计师、注册资产评估师行业诚信建设宣传月活动。活动主要包括三项内容：一是举办了注册会计师、注册资产评估师行规知识大赛。大赛历时6至8月三个月的时间，决赛于8月28日在河北电视台隆重举行。省人大副主任王加林，中国注册会计师协会会长崔建民、党委副书记王丽然，中国资产评估协会副秘书长岳公侠（时任办公室主任），省财政厅党组书记、厅长齐守印，副厅长郭秀堂以及省直有关部门的领导同志应邀出席了决赛现场。二是在河北经济日报开辟了4期“扬起诚信风帆，铸就行业辉煌——全省注册会计师、注册资产评估师行业诚信建设巡礼”专版，对省注协及17家执业机构在诚信建设方面的做法和成绩进行了宣传报道。三是在河北电视台组织开展了行业诚信建设专家论坛。宣传月活动达到了弘扬正气、宣传行业、锻炼队伍、凝聚人心、展示风采的目的。

加强了行业自律监管区域性试点工作。在对邢台市行业自律诚信公约实施情况进行调查了解的基础上，对在执行中存在的问题提出了改进措施，并对相关事务所执行情况进行了检查验收。为进一步巩固推广行业自律公约成果，协会在全省范围内进行了广泛宣传，确定衡水市为另一试点，进行了企业工商年检审计业务的集中收费。

制发了《河北省注册会计师协会会员诚信档案管理暂行办法》，行业诚信档案建设工作正式启动。

二、圆满完成了全省资产评估行业全面检查工作

按照财政部的统一部署，对全省资产评估进行了全面检查。4月份，抽调30名检查人员，组成6个检查小组，在各机构自查的基础上，对全省115家资产评估机构、663名注册资产评估师的资质情况、机构内部管理、执业质量和职业道德情况等四方面内容进行了为期一个月的实地检查。检查结束后，根据有关规定，对资质存在问题的33家机构由省财政厅给予了限期整改处理，对业务质量和内部管理存在问题的13家机构由协会给予了限期整改处理，近20家评估机构中兼职或自行停业1年以上的34名注册资产评估师转为非执业会员。从全国的检查情况看，河北省的检查进度是最快的，完成质量也是较好的。

三、精心组织了“两师”资格考试和后续教育工作

强化组织领导，省市两级考办均成立了新一届考试委员会。召开了全省考务工作会议，与各市考办负责人签订了目标责任书。严格选派巡视人员，对易发生问题的考区及易出问题的环节“重点把守”，保证了各环节工作万无一失。全省注册会计师报名人数为26550人、54015科，其中石家庄市9646人、19467科。举办了多种形式的辅导班，石家庄考区共安排各种类型的辅导班22期，有3600多人参加辅导。积极与省、市人事局考试中心协调，组织全省并具体实施了石家庄市的注册资产评估师考试报名的资格审核、考试用书和考试合格证发放工作。

完善三级培训体系，较好地完成了全年培训任务。全年举办基建审计、资产评估、国有企业清产核资和纳税筹划、小企业会计与审计实务、专项审计等脱产培训班14期，培训2247人次，指导、监督6家执业机构自主培训265人；自修培训方式培训187人；组织参加中注协、中评协培训73人次。组织省外考察培训1期，培训12人，全年共计培训2784人次，培训人数占全省注册会计师、注册资产评估师总人数的98.2%。

四、认真做好会员服务和管理的日常工作

严格注册审批和年检工作。结合贯彻《行政许可法》，修订完善了《资产评估机构审批操作程序》、《注册会计师注册操作程序》和《注册会计师年检操作程序》，同时对不符合《行政许可法》的有关文件进行了清理并发文废止。审核了462人的申请注册会计师注册材料，审批396名；审核了127人申请注册资产评估师注册材料，上报中评协审批88名；审核审批了229人申请非执业会员和142名预备注册人员登记工作。本着严格条件、简化程序、方便会员的原则，认真做好会员的年检工作。应参加年检的注册会计师2036人，通过年检1900人，暂缓通过年检37人，未通过年检99人。开展了非执业会员的年检工作。

对秦皇岛、廊坊、保定等市的23家会计师事务所进行了执业检查。检查以帮助、教育、督促、提高为主要目的，对于检查中发现的问题进行了认真的总结、分析，对2家机构发出了风险提示函，对2家机构发出了整改通知书，对6家机构发出了检查意见书。完成了2003年下半年会计师事务所、资产评估机构业务报备工作，并对有关数据进行了汇总分析。

为规范全省会计师事务所、资产评估机构的会计核算工作，制发了《河北省会计师事务所、资产评估机构会计工作规范》，对组织机构、内部控制制度、会计核算等作了具体规定。举办了2期全省执业机构财务人员培训班，详细讲解了会计工作规范，并培训了财务软件。

理论研究和信息网络建设有了新的突破。制定了《河北省注册会计师协会行业科研课题开发与评审暂行办法》。围绕诚信建设、行业自律、执业风险控制等行业发展过程中的热点、难点、焦点问题，确立了10项带有普遍意义和全局意义的年度科研课题。实施了协会网站的第四次改版，技术含量和功能大幅度提升。

认真办理石家庄辖区执业机构存档人员的工资调整、职称评聘、出国（境）政审和保险缴纳等工作。行业党建工作有了新的进展。组织召开了年度理事会、常务理事会和惩戒与维权委员会、专业技术委员会和后续教育委员会会议。

（注协秘书处供稿，撰稿人：岳有志）

中华会计函校
会计人员服务中心
工 作 概 况

一、求真务实，优质高效创精品，努力开拓会计教育领域和阵地

（一）以诚信的态度，优质的服务，牢固占领会计人员继续教育市场。

1. 针对学员需求，顺应形势发展将培训与考勤有机结合，创新培训方式。2004年5－6月份组织省外继续教育考察培训班十一期，近500名会计人员参加了培训。由于聘请了上海国家会计学院和财政部会计司的会计专家和教授以及相关处室的主要领导授课，开阔了参训人员的视野，收到了极好的效果。

2. 加强管理，服务到位。为了认真做好会计人员的需求调研，真正了解他们需要什么内容的培训，我们每期都要进行抽样调查，征求学员意见，年终进行汇总，作为明年培训内容的参考。本年度142期培训班，期期如此，同志们不怕麻烦，任劳任怨，本着重实际、求实效的原则，立足于全方位为会计人员服务，真正做到供之所需，这是管理培训班的内在基础。针对有些会计人员带着应付心理参加学习的实际，我们每期培训班中心领导都亲自到场作开班讲话，明确培训意义，提出参训要求。同时，安排专职班主任全权负责培训班的管理，不定期点名，杜绝了学员请假和迟到、早退等现象，对不能出全勤者，安排免费参加下期培训。由于我们办班程序规范，要求严格，服务周到，逐步扭转了学员的应付思想，提高了参训学员的出勤率，保证了培训质量和效果。

2004年，省函校共组织会计继续教育培训班、职称考前辅导班142期，培训会计人员17300人次。

（二）以"会计为中心"精心组织各类会计培训和考试工作。

1. 函校作为会计管理部门指定的会计电算化考点，承担会计电算化考试任务。2004年，组织会计电算化培训100人次，组织会计电算化考试3073人次。

2. 负责省直单位的会计从业资格证书的报名、考试、办证和考前辅导工作，今年组织会计从业资格证1462人参加了。会计从业资格证书的报名考试，完成了为期2个月90课时的考前辅导。通过率为63.47%，在全省名列第四。

3. 配合全国会计系列职称考试，组织会计专业技术资格考试考前培训500人次。完成了为期5个月的考前辅导任务，共计180课时。

（三）扎扎实实做好中专学历教育的组织工作，积极开拓联合办学渠道，丰富函校的工作职能。

中专在校生虽然不多了，但麻雀虽小，五脏俱全，从考试命题到试卷的印发，从日常管理到办理毕业手续，每一个环节都马虎不得。负责学历教育的同志兢兢业业，认真负责，使得中专学历教育扫尾工作按部就班地进行，2004年共有1214名中专生从函校顺利毕业，并推荐 97 名学员升入大专。

2004 年共有联办大专在校生 1379 名，联办本科在校生 671 名。在此基础上，今年省校牵头运作，与石家庄经济学院签署了联合办学协议，建立 10 个函授站点，省校和保定市分校还与中央财经大学签署了联合办学协议。与上述两所高校的联合办学设站工作已全部通过省市两级教育行政部门的考察验收，得到省教育厅的批准。与石家庄经济学院的联办大专班本年度报名人数已达到 500 名，与中央财经大学的联合办学 2005 年开始招生。为了充分利用中华会计函授学校的教育资源我们积极地开展各项联合事宜并有了良好开端。

(四)开展建账监管情况调研。建账监管工作开展三年来，从根本上有效遏制了做假账和“两本账”现象的滋生，对提高会计信息质量起到了积极作用。为全面掌握我省的建账监管运行情况，会计人员服务中心向省直、中直驻石各单位及各市财政局发出调查表 100 多份，收到反馈表格 78 份。同时，从有关省直部门抽调得力的财务工作者组成调研小组对四个部门及其下属事业单位用账情况进行了实地调研，掌握了大量第一手资料，为积极当好省直会计人员的后勤服务站做好充分的准备，也赢得了广大会计人员的信任。全年共计售账 23480 册、接待 2650 人次。

三、与时俱进，开拓创新，不断拓展工作职能

(一)整合教育资源，明确工作职能。在财政部干教中心的具体指导下，在厅党组的大力支持下，在有关处室的积极帮助之下，促使省编办批准我厅成立“河北省财会干部教育中心”。进一步落实了财政部第七次干部教育工作会议精神，借鉴兄弟省市的先进经验，明确了函校今后的发展方向和职能定位。从而进一步调动了函校全体同志的工作热情，充分利用了财政部教育资源，节约了支出和费用，为大规模的开展财政系统干部教育和会计队伍的素质教育奠定了良好的基础，解除了函校的后记之忧。

(二)抓师资保质量促发展。为不断提高我省会计人员继续教育工作的水平和质量，充实全省会计人员继续教育的培训内容，改进培训方式，加强省、市、县三级会计教育工作者的内部联系，2004 年举办第一次“全省会计继续教育管理者暨师资培训班”，参加人员为各市、县(区)的会计继续教育管理人员和授课教师。今年的师资培训班于 4 月份在石家庄驻京办事处举办，共有 184 人分两期参加了培训。厅主管领导郭长悟及财政部干教中心副主任李东分别到会讲话，财政部会计司的领导和我厅会计处同志、政府采购办负责同志分别到会作专题报告，受到与会者的欢迎。

(三)积极谋划，开展高级会计师考前培训。

(四)立足服务搞配合，积极参与组织我厅新录用工作人员的岗前教育。

(五)汇编、出版会计培训教材。

(六)组织全省财政系统公共财政管理培训班。

(七)组织省直单位参加“我是会计人”演讲比赛，选拔出省直代表队参加了全省的复赛，获复赛组织奖，一名选手获复赛三等奖。

(函校、会计人员服务中心供稿，撰稿人：谢银元)

国富农业投资集团公司
工作概况

一、集中精力，全力拓展农业投资业务

(一)创新管理模式，以区域化管理规范奶牛小区发展。2004 年，集团公司以条件较成熟的石家庄、保定、唐山三地的现已建小区为基础，与当地合作，分别成立三个专业化的奶业公司，实现垂直管理模式，对所属各区域内的新建、再建小区进行直接管理，集团公司只负责对三个奶业公司的业务指导、经营目标考核。

(二)加强合资合作力度，扩大规模，壮大实力。奶牛小区：2004 年，建成小区 3 个，在建 1 个，筹建 4 个。已经经营的 4 个小区奶牛存栏 3426 头，年产销鲜奶 7500 吨，吸引养殖户 218 户，小区直接安排就业近 100 人，间接带动奶农就业 500 余人，年带动养殖户增收 300 多万元。其中有 3 个奶牛养殖小区获“河北省无公害畜产品产地”认定证书，国富盛邦小区还被国家科技部认定为“华北农区现代化生产技术集成与示范基地”、被中国奶协认定为“全国奶牛标准化饲养示范区”。

草业项目：2004 年，草业公司探索出了全新的收购和营销模式，年收购苜蓿干草 6000 余吨；带动了近千户苜蓿草种植户，创造了户均增收 400 元的良好效益；与韩国韩友公司共同出资成立了饲料加工企业，优化了产品结构、丰富了产品组合，90%的产品实现出口。草业公司被省政府认定为 2004—2005 年度农业产业化省级重点龙头企业。

良繁项目：密切与合资合作方的技术交流，不断增强现有技术实力，改进管理机制，到年底，项目一期已经建设完成，存栏受体母牛 2868 头，去年共移植 4863 头次，全年实现受体牛受孕 1522 头，取得了较好的经济效益和社会效益。该项目被省政府认定为“2004—2005 年度农业产业化省级重点龙头企业”。

（三）积极参加国家农业综合开发项目参股投资工作。2004 年下半年，公司积极参加了国家农业综合开发投资参股经营项目建设，全力配合省农开办并积极参与项目前期考察工作，组织并主持了对各项目单位的谈判，研究确定了项目合资合作、运营管理和投资收益保障的方式。在农开办的大力支持下，我集团争取到国家开发办投资的三个参股项目的资金支持。

（四）参加中法葡萄酒种植与酿造示范农业项目建设。2004 年，公司作为怀来葡萄产业有限责任公司中法葡萄酒种植与酿造示范农业项目省级资本金出资人代表，出资 1160 万元，参加了此项目建设。

（五）超细毛羊项目：集团积极参加沧州南大港华风超细毛羊繁育项目，组建了华风国富良种繁育有限公司，注册资本 5000 万元。我集团出资 1000 万元，占总股本的 20%。

2004 年，集团在做好以上项目的同时，立足长远，积极开展农业项目储备工作，主要对望都良种肉羊繁育基地、食用菌加工厂扩建等多个项目和其他省农业产业化项目进行了前期的考察和论证，建立了农业投资项目库。

二、创新担保业务品种，稳步扩大担保规模

今年以来，担保业务牢固树立风险防控观念，以“扩大规模、提高效益”为工作指导方针，开发出反担保再担保业务及招标信贷证明担保业务。截止年底，运作担保项目 40 个，实现新增担保业务规模将近 26000 万元，在保余额 21000 万元。

三、其他业务顺利运行

房地产业务：加强项目建设进度，其中 3302 项目前期筹备艰难开展，手续年底基本完成；涿州项目开盘销售形势看好；黄骅港项目前期销售较为乐观；其他项目正在积极筹建中。恒银期货公司：省内新增设的 2 个营业部通过验收；借新品种上市良机，加强研发力量，提高服务水平，保证金和成交金额比同期有了较大幅度的攀升。天翼和承天冀公司：明确了业务方向；创新内部管理，实行了全新的薪酬制度；积极参加我省农业信息网的建设；努力谋求改制。逾期欠款清收工作：在风险代理方面取得了重大突破，开发区项目逾期欠款全部回收；对厅转来的 1700 万元债权进行了认真的梳理，送达工作已基本完成。明新工贸、蓝桥酒店整合工作正在进行。

四、强化管理，集团内部建设取得新成效

（国富投资公司供稿，撰稿人：徐洪杰）

燕山发展有限公司工作概况

一、发挥中介融资职能，积极组织省内企业到香港上市

我们把发挥好全省境外上市的总策划、总顾问的作用，推介河北企业到香港上市融资一直作为公司重中之重的工作来抓。今年，我们主要抓了神威药业、德龙钢铁、旭阳焦化、天山集团、海湾科技、华日家俱（创业板 H 股）、双环汽车（借壳上市）等七家民营企业在港上市工作。神威药业、双环汽车已经成功上市，融回资金 10 多亿港币。与此同时，我们还积极物色、筛选了 4 家基本具备香港上市资格的省内企业，及时跟进，为今后上市做好储备。

二、坚持市场运作，进一步开展招商工作

我们在参加河北省 5.18（廊坊）经贸洽谈会前做了较充分的项目、客户准备，就我公司推荐的合作项目，派专人到项目单位进行了考察，详细了解企业情况，并与有关公司进行了多次沟通协调。一是协助大会组委会积极邀请 18 名香港重要客人参加了“5.18”经贸洽谈会；二是协助商务厅邀请客人参加“CEPA 商机恳谈会”，并邀请香港工商界知名人士到会作了精彩演讲，受到与会代表好评；三是积极与国外有关公司合作，开展投融资中介咨询服务业务，并初步签订了一些投资意向。四是积极发挥中介招商作用，牵线搭桥、引进境外财团投资河北，推动外商到省内投资项目。我们介绍的中华煤气拟参与省内煤气开发，与唐山、秦皇岛等正在进行接触；香港俊和集团拟合作、收购衡水至德州高速公路项目也在洽谈中。

三、认真研究提出燕山公司经营管理模式改革方案，供省政府决策时参考

我们按照省政府有关精神，以实现政府目标最大化为原则，以市场化、企业化为手段，在深入研究和参考吸收兄弟省市改革经验的基础上，结合公司近年来发展情况，认真谋划燕山公司新的职能定位，向省政府及有关部门提出了燕山公司改革经营管理模式的初步方案和公司下一步改革发展的思路、目标和措施，省有关领导也对此作了明确指示。今年以来，我们按照省有关领导关于燕山公司国资体制改革涉及有关问题情况报告的批示意见，通过走访中联办、拜访各省市窗口公司，了解了其他省市改革情况，向牵头燕山公司管理改革的省有关部门提出了燕山公司经营管理模式改革方案的建议，供省政府决策参考。

四、下力量抓好公司经营工作，做好现有投资项目的管理

在抓好几个重点项目的同时，继续抓好公司经营工作。一是在省政府明确我公司纳入省级投融资体系成员后，认真研讨谋划确定把现代服务业作为公司今后投资发展的重点；二是继续做好现有项目的管理工作。认真抓好正定投资项目、辛集房地产项目和几个长期投资项目的管理工作，继续做好保定房地产项目投资回收的收尾工作，力争取得较好收益；三是积极谋划新的投资项目，为公司今后投资进行先期储备。

五、加强基础管理工作，构建好业务开展平台

一是在开展推介上市、招商融资等中介服务同时，同我省多家重点企业建立了密切联系，及时了解和掌握他们的投融资服务的需求和意向；二是进一步完善冀港两地的项目库和信息库，探索在专业化招商上有所进展。根据有关企业发展水平和具体情况，已经实现数家客户与项目的快捷对接；三是积极筹备和探索建设冀港交流信息网，已经拿出经营冀港交流直投杂志的操作方案，为冀港两地企业和投融资机构提供专业化投融资服务，借助香港发达金融市场和资本运作专家优势，推进招商融资工作向专业化方向发展；四是进一步规范公司内部管理制度，把 2004 年确定为公司“管理年”。按照厅监督处内审报告，对公司财务等有关工作进行了比较彻底的整顿，对相关子公司进行了清理、注销及股权转让，对外长期投资项目进一步完善有关手续，对子公司股东借款等进行了清理和规范，进一步加强了财务管理和会计核算等方面规范管理工作；五是积极探索公司内部经营管理机制改革。已经拿出对香港公司 2005 年经营管理模式改革方案并开始试行，内地公司经营管理模式改革方案也正在探索中。

（燕山公司供稿）

农业综合开发工作概况

2004 年全省共投入农业综合开发财政资金 55791 万元，其中，中央财政资金 38402 万元（含部门项目 4090 万元，专项资金 1450 万元），地方配套 17389 万元（其中省级配套 13864 万元），加上项目单位自筹和农民筹资投劳，总投资达 9 亿多元。全省改造中低产田 89 万亩，生态综合治理 15 万亩，建设产业化经营项目 34 个，续建专项科技示范项目 6 个。配合农口有关部门实施了太行山绿化、名优经济林（花卉）、土地复垦、秸秆养畜、草场改良、良种繁育、水利骨干工程配套等项目。

一年来，全省农业综合开发取得了显著成效。一是提高了项目区农业综合生产能力。通过实施农业综合开发中低产田改造，加强了农业基础设施建设，项目区农业生产基本条件明显改善，农业综合生产能力特别是粮食生产能力明显增强，为粮食安全和粮食生产的恢复性增长做出了新的贡献。据统计，2004 年全省农业综合开发项目区新增粮食生产能力 12570.44 万公斤，亩均增加 150 公斤左右。二是促进了农业结构调整，增加了农民收入。产业化经营项目，重点扶持了畜牧、林果、蔬菜、粮油等特色主导产业和优势农产品基地建设，特别是积极扶持了农民直接受益的靠粮食转化增值的肉蛋奶项目。把农产品生产、加工销售连接起来，延长了产业链条。通过项目的实施，实现了农产品加工转化增值，促进了农业结构调整，拉动了农民增收。三是推进了农业科技进步。通过实施科技项目，引进、示范、推广了农业优良品种和先进技术，解决了一些项目区农业科技进步中急需解决的问题，加快了项目区科技兴农的步伐。四是改善了项目区农业生态环境，促进了农业可持续发展。海开项目在平原项目区按照方田设计营造农田防护林，在山区丘陵区进行生态综合治理，有效地改善了项目区的生态环境。

坝上生态农业项目区,紧密配合大生态工程项目建设,以流域、区域为单元进行开发治理,促进了坝上错季蔬菜等特色农产品基地建设,为退耕还林、还草稳得住不反弹创造了有利条件。

2004 年全省农业综合开发工作的主要特点是:

一、思路明确,用科学的发展观指导农业综合开发工作。按照中央和省委的要求,以全面建设农村小康社会为目标,用科学的发展观指导农业综合开发工作,加强农业基础设施建设和生态环境建设,提高农业综合生产能力,推进农业农村经济结构的战略性调整和农业产业化经营,提高农业综合效益,增加农民收入。在项目安排上,突出中低产田改造,重点向粮食主产区倾斜,突出扶持特色主导产业和龙头企业,坚持以人为本,走可持续发展的路子。根据我省水资源短缺的实际,中低产田改造突出节水措施,发展节水灌溉,建设节水农田。

二、突出重点,努力解决开发面铺得过大的问题。在财力有限的情况下,坚持突出重点,集中投入,充分发挥规模效益。重点抓了严格项目县管理和对重点县倾斜投入。全省围绕优势农产品基地建设,筛选确定了 24 个重点县和 2 个坝上重点示范区以及与之相配套的加工业龙头和产地批发市场,并进行了重点扶持。

三、求真务实,项目建设标准和质量有了明显提高。首先是项目前期工作更加深入扎实。各县在编制项目计划之前,自下而上、自上而下地征求项目区干部群众意见,然后再编制项目建议书和扩初设计。其次是强化了项目计划的严肃性。在项目计划执行过程中,坚决卡住随意变更和调整,严格按照计划和设计建设项目。第三是项目建设坚持高标准、高质量。在施工过程中,严把质量关,建立责任制,加强工程质量监督,对达不到施工标准质量的坚决返工,有效地保证了工程质量。第四是改进中期检查和竣工验收办法,实行奖优罚劣。省级检查借鉴专员办的检查方法对 2003 年度项目和资金进行检查,并聘请了会计事务所的注册会计师参加检查,实行检查验收工作责任制,对检查验收结果实行全程责任追究制。

四、投入落实到位,资金管理更加规范。一是严格落实"三专"规定,全面推行农发资金县级财政报账制。二是千方百计加快资金拨付,农发资金滞留和延期拨付现象明显减少。三是进一步增强了有偿资金偿还意识,加强了对项目单位资产经营情况和信誉情况的检查审计,切实落实抵押担保手续,确保了到期有偿资金的回收。四是推行大宗物资集中采购,节约了资金。五是会计核算工作有新突破,统计报表和决算上报工作在国家办年度评比中,我省获二等奖,取得了历史最好成绩。

五、创新机制,不断增强农业综合开发生机和活力。重点从项目县动态管理机制、多元投入机制、竞争立项机制、工程质量保障机制、农发资金安全运行机制、建成项目运行机制、激励约束机制和责任追究机制等八个方面进行了机制创新,取得了初步的成效。

六、扩大开放,农业开发利用外资工作卓有成效。我省世行二期项目已经顺利通过世行和国家的竣工验收。国家验收组认为,我省世行二期项目工程比较实在,符合河北的实际情况,管理比较规范,达到了预期目标。世行专家认为,我省二期项目完成并超出了原来的评估目标,是非常满意的项目。英国赠款项目已经通过世行和英国国际发展部的正式评估,进入实施阶段。全省世行三期项目评估前的准备工作已经完成。

七、宣传工作力度加大,各级领导和全社会更加关注重视农业开发工作。在《人民日报》、《农民日报》、《河北日报》、《中国财经报》、河北电视台等多家新闻媒体宣传我省农业开发工作。《人民日报》6 月 22 日头版头条以"不求项目有标牌,但求百姓有口碑,河北农业开发好钢用在刀刃上"为题,对我省农业开发成果和求真务实的作风进行了报道,在全省乃至全国立项开发以来都是首次,在全国农业开发系统和全省引起了广泛的关注和影响。6 月 29 日在中央电视台二套金土地栏目播报了尚义县坝上生态农业工程建设成果。河北电视台新闻节目多次播出农业开发消息,《河北日报》、《河北经济报》多次报道农业开发成果与经验。2004 年是宣传力度最大,档次最高,效果最好的一年,也是各级领导和全社会更加关注重视农业开发工作的一年。

八、加强制度建设和队伍建设,进一步推进规范化管理。

(农开办供稿,撰稿人:闫明珠)

2004年石家庄市财政工作概况

一、着眼增强市县财政实力,强化征管,努力增收,财政收入超额完成全年预算任务

全市一般预算收入加上中央和省分享收入,全部财政收入完成127.63亿元,可比增长17.59%。其中一般预算收入完成56.16亿元,占预算的104.65%,按可比口径比上年增长23.34%。市委、市政府对收入工作给予了高度重视,主要领导亲自谋划和调度财源建设,研究解决增收工作中存在的突出问题,采取多方面措施弥补政策性减收因素,努力把市场变化对财政收入的不利影响降低到最低限度。财税部门坚持"应收尽收不留后手,实事求是不搞虚收",加大了对收入的协调征管力度。同时,帮助县(市)区制定财政收入上台阶规划,进一步完善了财政体制。对城区税收由原来的按隶属关系划分改为"属地征管,比例分享"办法;对各县(市)区上划中央"两税"收入的增量部分,全部改为按省对市1∶0.3的系数进行返还;对县(市)区省"四税"增量,分别实行了定额分享、超收全返和超分成增长率全返的财政激励政策,并将增长率由上年的9%降为8%,使县(市)区能够从增收中得到更多实惠,调动了增收的积极性。税务部门全力挖掘收入潜力,对建筑安装、娱乐服务等重点行业,开展了大规模的税收专项整治行动,清缴收入约4亿元,为财政增收做出了突出贡献。由于经济的增长和收入管理的加强,全市全部财政收入比年初目标超收8.33亿元。城区以外的18个县(市)区中,全部财政收入超亿元的达到16个,其中3亿元以上的5个,一般预算收入超过亿元的县(市)区达到9个,市县财政整体实力进一步壮大。

二、贯彻为民理财思想,关注群众利益,解决突出问题,努力使财政改革发展的成果惠及全市人民

一是财政支出优先保证公教人员工资发放。去年,进一步加大了对县(市)区工资性资金的转移支付力度,加强了国库资金调度,完善了工资保障机制,实行了工资发放网络监控,各县(市)区都做到了按实际执行标准不欠发当年工资。同时,调整了机关事业单位津贴和补贴标准,市县机关事业单位工资收入水平有了较大幅度的提高。二是高度关注民生问题,努力增加社会保障方面的投入。全市企业养老保险金支出14.33亿元,20.4万离退休职工按时领到了养老金。下岗职工基本生活保障金及再就业资金支出1.84亿元,纳入再就业中心管理的人员和享受再就业补贴的人员达到2.9万人。城市"低保"资金支出6083万元,受益群众达7万多人,城市"低保"月人均财政补助额比上年增加20元。财政投入各类扶贫、救灾、救济资金6634万元,保证了困难群众的基本生活。筹集资金3780万元,完善了企事业单位离休干部和军转干部生活保障机制,维护了社会稳定。三是认真落实对种粮农民的直接补贴和减征农业税政策,努力增加农民收入。全市共发放粮食补贴资金7613万元,7个区全部免征农业税,17个县(市)下调农业税税率3个百分点。通过落实惠农政策,全市176万农户直接受益2.8亿元。

三、贯彻科学发展观要求,增加建设投入,改善投资环境,努力促进我市经济社会健康稳定协调发展

一是努力增加社会事业发展投入。农业、科技、教育等重点社会事业支出有了较大幅度增长。全市支援农业的支出达到4.39亿元,增长24.42%。用于科技方面的投入达到1.72亿元,可比口径增长23.27%。用于教育方面的支出达到20.48亿元,增长17.95%。二是着力培植经济发展后劲。市级财政用于培育五大主导产业、支持企业改革和产业结构调整方面的支出达6.36亿元。通过落实国家税收政策,为企业办理政策性退税19.2亿元,支持了出口企业的发展。市级财政调度资金1.3亿元,支持了12个县(市)区重点财源项目建设。这些项目的建设和陆续投产,为县域经济发展注入了活力,成为当地经济和财政收入新的增长点。三是大力支持城市建设。市级财政多种渠道筹措资金16.8亿元,用于城区主干道建设和改造、小街巷整修、滹沱河生态开发整治、污染治理以及绿化美化等项目,投资和生活环境进一步改善。着力推动城市资本经营,以建设带开发,以开发促建设,减轻了政府投资压力,增加了城市建设专项收入。市级仅土地经营性收入就达到5.08亿元。四是充分发挥财政政策和资金的引导作用,调动社会资源参与经济建设。财政安排贴息资金达2100万元,吸引各类投资5.3亿元。扩大了中小企业担保公司的资本金规模,为中小企业担保贷款 8900 多万元，为民营经济发展创造了良好环境。

四、围绕公共财政建设，改进管理，强化监督，提高了财政资金的使用效益

严格落实预算外资金"收支两条线"的规定，实行了"罚缴分离、票款分离"和综合预算管理，有效防止了"小金库"和"三乱"现象。全市行政事业单位的开支全部纳入了集中支付管理，部门预算改革进一步深化。全市政府采购额达到 8.4 亿元，比上年增长 63.95%，节支 1.33 亿元。市级对政府投资的建设项目实行了预决算评审制度，共审核财政投资建设项目 311 个，评审资金 16.96 亿元，核减投资 2.04 亿元。对社保、国债、扶贫等专款进行了专项审计，开展了预算外资金执法检查，共查处违纪问题 42 起，纠正有问题资金 1.53 亿元，有力地维护了财经秩序。

（石家庄市财政局供稿）

2004 年承德市财政工作概况

一、夯实基础，财政收入实现高速增长

2004 年，我市全部财政收入完成 292,908 万元，占调整预算的 104.5%，同比增长 52.6%。其中，中央级收入完成 137,347 万元，占预算的 100.7%，增长 59.4%；省级收入完成 26389 万元，占预算的 105.3%，增长 66.7%；地方收入完成 129172 万元，占预算的 108.6%，增长 43.5%。地方财政收入中，一般预算收入完成 120274 万元，占预算的 106.1%，增长 43%；基金收入完成 8898 万元，占预算的 161.8%，增长 51.2%。

二、抓住根本，财政发展步伐加快

一是谋好项目促发展。寻找项目与国家产业政策的对接点，与市场需求的对接点，与地方特色优势的对接点，谋划能增强财政发展后劲，具有市场需求的财源建设项目。二是用好政策促发展。综合运用担保、贴息等财政手段，引导、吸引和聚合民间资金、信贷资金等社会资金投向政府鼓励投资的领域。同时，用好所得税减免、出口退税、以税还贷、土地出让金、安置职工等政策，促进企业改革与发展，全年出口退税及免抵调共 8000 万元。三是优化结构促发展。年初预算安排中增加了建设性支出，安排了中小企业创新基金、中小企业担保体系建设资金及项目资金，支持中小企业发展以及企业科技创新。全市建设性支出累计完成 116263 万元，增长 73.1%，占全部支出的比重为 31.2%，同比上升 9 个百分点。四是争取资金促发展。2004 年共争取上级各类资金 27.4 亿元，比上年增长 20.2%，创历史最好水平。

三、以人为本，重点支出需要得到保障

全市财政支出累计完成 373217 万元，同比增长 23.6%。其中，一般预算支出完成 358182 万元，增长 22.2%；基金支出完成 15035 万元，增长 69.3%。

第一，把公教人员工资发放作为财政支出第一顺序，优先予以保证。在实施工资委托银行发放，建立工资发放网络化管理的基础上，建立工资专户制度。全市各级全部出台了国家统一工资政策标准，按实际执行标准当年没有出现新欠。市本级和各县区与省同步出台了增加机关事业单位工作人员职务津贴的政策。市本级从 10 月份开始机关事业单位误餐费人均月增加 100 元。行政事业机关的公用经费年人均支出标准由 800 元提高到 1000 元。第二，为企业离休干部解决了第 13 个月工资。将市直企事业离休干部 809 人纳入医疗统筹，并筹集离休干部医药费统筹金 1831 万元。将行政事业单位离休人员公费医疗经费标准从 6000 元提到 8000 元，筹集 800 余万元，解决了市属企业所有军转干部历年拖欠的工资、药费，并实行了医疗统筹。第三，加大社会保障力度，维护社会稳定。全年社会保障性支出 8.4 亿元，增长 44.8%。第四，加大对"三农"的支持力度，落实各项惠农政策。一是加大对农业投入力度，全年共投入支农资金 2.8 亿元，增长 21.7%。二是推进农村税费改革。严格落实降低农业税税率 3 个百分点和取消农业特产税政策，农民税收负担比上年减轻 54.1%，比改革前减轻 78.7%。核减 2003 年度农民社会照顾、灾歉和退耕还林农业税 5897 万元，使 48 万农户的 175 万农民受益。三是认真执行对种粮农民直接补贴政策。共补贴农户 76 万户，覆盖全市 2514 个自然村，受益人数 257 万人，合计补贴资金 1765.3 万元。四是认真落实农村部分计划生育家庭奖励扶助政策，争取到承德为河北省惟一试点市，争取中央、省扶助金 247 万元，市配套 46 万元，县区配套 15.3 万元，实际奖励扶助对象 4781 人，每人每年 600 元，已在 9 月 18 日前兑现到每位扶助对象，解决农村60岁以上独生子女老人的老有所养问题。第五，加大对科技、教育、公检法投入力度，保法定支出需要。科技、教育及公检法支出较上年分别增长23.0%、18.7%和26.5%。第六，积极推动社会事业发展，不断提高公共服务水平。一是积极支持教育事业发展。认真抓好农村中小学布局调整工作。二是积极支持公共卫生体系建设。第七，保证了城市重点建设项目的资金投放。全年组织城建资金收入6952万元，完成计划的109.5%。

四、深化改革，财政运行进一步规范化

第一，预算管理改革不断深入。采取零基预算的编制方法，稳步推进综合和部门预算的编制。建立了财政供养人员信息管理系统，为财政供养人员122987人和自收自支人员4403人建立了人员信息管理档案。第二，财政国库管理制度改革取得较大进展。全市所有一、二级预算单位全部纳入财政集中支付管理。全市“工资发放银行化”工作全部实行财政集中支付管理，工资统发单位1524户，占应发单位总数的99%。第三，政府采购改革力度不断加大。全市政府采购预算金额31523万元，采购680批次，完成采购项目75个，比预算节约资金3589万元，资金节约率11.39%，提高了财政资金使用效益。第四，促进收支两条线改革的落实。全市实行“票款分离”面达98%。通过“票款分离”征收收费资金占全部收入的83.4%。全市“罚缴分离”面77.34%，市本级“罚缴分离”面达94%。第五，积极创新财政监管机制，财政法制建设和监督水平进一步提高。

五、强化管理，依法理财水平不断提高

通过加强国有资产管理，契税征收管理，支农资金管理，城建资金管理，医疗费用管理，会计管理工作，投资评审工作，强化政府外债管理，收费管理，基础管理等工作，理财水平得到进一步提高。

六、抓好队伍，树立了良好的财政形象

第一，加强干部队伍的思想政治建设，提高理财境界。第二，坚持抓好党风廉政建设，建廉洁型机关。第三，加强精神文明建设，树立良好行业风气。一是进一步加强和改进干部队伍作风，建服务型机关。二是推行办事时限制。三是继续开展创文明单位活动。第四，继续创建“活泼、健康、向上”的机关文化。

（承德市财政局供稿）

2004年张家口市财政工作概况

一、围绕做大做强，全力支持发展，实现财政收支水平的历史性跨越

（一）站在全市发展的战略高度，抓好收支跨越式发展的统筹谋划。千方百计谋划应收尽收，做大做强财政收入蛋糕。科学合理地制定收入目标计划，建立并启用了财源监控体系，对市级税源大户和县区收入进行及时调度，不断加大税收征管力度。全年全部财政收入完成540232万元，增长38.24%，增收149428万元，完成预算的123.42%；其中地方一般预算收入完成152828万元，增长31.1%，增收36251万元，完成预算的125.12%。全市财政累计支出619925万元，同比增长38.86%，增支173485万元，完成调整预算的95.68%；其中地方一般预算支出526979万元，同比增长39.86%，完成调整预算的94.42%。

（二）紧紧扭住全市经济发展的三个支点，集中财力重点突破。一是倾心尽力支持“工业立市”和“百企振兴”，做强全市经济跨越式发展的支柱。市本级安排资金5920万元，重点支持了项目建设和百家工业企业振兴工程；调度和统筹资金6048万元支持烟厂扩建等重点企业技改项目。二是倾心尽力关注和支持解决“三农”问题，夯实全市经济跨越式发展的基础。2004年完成农业支出45408万元，支出进度达到93.6%。有力地支持了“千村经济振兴工程”、“文明生态村建设”和“生态家园富民工程”、扶贫和农业综合开发等一批农业工程的顺利实施。三是倾心尽力支持开放开发和民营经济，增强全市经济跨越式发展的后劲。安排中小企业担保基金1000万元；对民营龙头企业及重点项目给予了财政贴息；支持了中小企业信息网络和服务体系建设；实现了财政扶持中小企业发展的良好起步。

（三）全面落实科学发展观，全力支持社会各项事业发展。积极支持城市化发展战略，统筹资金1.08亿元支持了大境门综合开发、南城壕旧城改造等项目。支持落实生态兴市战略，安排生态环境建设资金2579万元，实施了通道绿化、“增绿添彩”工程等重点工程。积极支持推进科教强市战略,全市教育支出达到 79209 万元,比 2003 年增长 22.21%。积极推进政法部门基础建设,建立健全政法经费保障机制,提高了基层公检法司的办公条件和办案经费保障水平。积极推进公共卫生体系建设,安排资金近 5000 万元,对 28 个建设项目予以支持。积极推进文化体育事业发展,支持了报业大厦建设、文化精品工程和文化企业发展。

二、突出以人为本,构建和谐社会,实现财政保障水平的大幅度提高

(一)全力解决工资历史性欠账,切实提高干部群众的生活水平。在省市两级的共同努力下,各县区全部兑现了国家统一的增资政策,市直和 10 个县区出台了省提高职务津贴政策。争取资金 1.9 亿元,在全省各市中第一个解决了 1992 年以来拖欠的 38960 名退休人员养老金。

(二)认真维护群众的切身利益,着力提高社会保障工作水平。全市筹集征缴各项社保资金 15.6 亿元,比 2003 年增加 5.5 亿元,做到了按月足额发放。全市安排再就业资金 705 万元、小额贷款担保资金 500 万元,有力促进了再就业工作。安排资金 2948 万元,用于解决拖欠工程款、乡镇公教人员医疗保障、企业离休干部待遇、困难企业军转干部拖欠工资和经济适用房建设。

(三)认真落实中央各项惠农政策,让公共财政的阳光温暖广大农民。坚持多予少取,从八方面有力支持了农村各项事业发展。落实了降低农业税税率、取消除烟叶以外的特产税政策,农民人均负担减少到 22.6 元,减负率达到 77.2%;落实对种粮农民直接补贴政策,全市共发放直补资金 2346.9 万元,受益农民达 311 万人;落实退耕还林和禁牧舍饲粮食补助资金兑付政策,确保 6 亿多元补助资金按时发放到农民手中;筹集争取各类农业灾害补助资金 3128 万元,对农村受灾群众实施了救助;筹集专项资金 948 万元,全面落实了"两免一补"政策;争取安排资金 5000 多万元,改善了全市农村基础教育的条件和水平;同时,支持了新型农村合作医疗试点工作建设,全面推行了农村医疗救助制度,实施"阳光工程"和"双万人培训工程"培训农村劳动力 9.6 万人。

三、坚持往实里做,完善运行机制,实现财政管理水平的进一步提升

(一)各项改革得到了进一步深化。积极尝试编制绩效预算、项目预算和三年滚动预算,同步编制政府采购预算和社会保障预算,完善了县区财政收入"超收全返"的激励性财政体制。对县区财政部门资金账户进行了清理,实行了"零余额账户"试点工作,向财政"国库单一账户体系"建设又迈进了一步。全年共完成政府采购金额 4.8 亿元,完成省考核计划的 192%,节约资金 6500 万元。推进以"金财工程"为核心的信息化建设,在全省财政系统综合考评中继续名列前茅。

(二)各项管理得到了进一步规范。完善非税财政收入管理,实现非税财政收入 66573 万元。严格支出管理,对 20 项工程项目进行了预决算审查,审减 1147 万元,审减率 9.5%。先后对全市公教人员基础信息进行了审核录入,对全市政府外债借用还情况、各类财政周转金和行政事业性收费项目进行了清理核实,严格了会计市场准入关,制定了《张家口市直行政事业单位国有资产管理监督办法》及《实施细则》,完善了以物代资、专户直拨及"报账制"等措施。

(三)各项监督得了进一步加强。先后对各类专项资金等进行了检查,对有关财政政策落实情况进行了专题检查。2004 年,全市各级财政部门共组织检查组 61 个,累计检查 73 个(次)县区,110 个(次)乡镇,184 个村、507 个市县级单位,查出各类违规违纪问题 18870 万元。深入开展财政内部监督检查,探索构建长效预防机制,实现了资金管理的硬性约束。

四、狠抓推陈出新,不断自我加压,实现自身建设水平的新一轮突破

一是抓思想政治教育,进一步夯实了发展的基础。注重发挥好班子的表率作用、榜样的激励作用和教育的引导作用,形成了人人想干事、努力干成事的强大合力。开展"立党为公,执政为民"的宗旨教育和"四个珍惜"主题教育,进一步提高了财政干部的政治素养和政治责任感。二是抓机制和工作创新,进一步增强了机关建设的活力。抓理论研究创新,一年来共撰写各类调查报告和理论文章近百篇,一些研究成果在工作中发挥了作用。抓学习培训创新,推进了学习型机关建设。抓基础管理创新,夯实了财政部门自身会计基础工作,信息、宣传等工作继续处于领先水平。三是抓机关形象建设,进一步完善了服务措施。清理财政行政许可、审批事项,调整预算外资金内部核算管理职能，提高了资金管理效率。进一步深化行风建设，主动广泛征求社会各界意见、建议，完善了首问负责制、办事时限制等服务内容。四是抓机关软环境建设，进一步优化机关工作的氛围。注重用感染力来凝聚人心，积极组织开展各种帮扶救助活动、社会实践活动和丰富多彩的文化体育活动，增强了干部职工的社会责任感，增加了机关的文化品位。

（张家口市财政局供稿）

2004 年秦皇岛市财政工作概况

一、财政运行情况良好

2004 年，全市财政收入实现 476953 万元，完成预算的 104.4%，比上年增长 15.1%。按 2003 年口径计算，同比增长 23%以上。其中，地方一般预算收入 190319 万元，完成预算 110.8%，比上年增长 18.2%；基金预算收入 75186 万元，完成预算 121.5%，比上年增长 28.9%。

2004 年，面对财政收入增幅回落，出口退税及免抵调减增值税短收 2.94 亿元、农业税税率降低三个百分点造成短收 4400 万元等减收不利因素影响，各级政府加强领导，科学调度，强化督导，各级财税部门积极培植财源，严格执行税费政策，努力增收补缺口，确保了财政收支平稳运行。

2004 年，全市预算支出安排为 314515 万元，加省拨款、国债资金、上年结转等，当年支出预算为 453046 万元。到年底，全市全部财政支出为 422681 万元，完成预算的 93.3%，比上年增长 16.4%。其中，地方一般预算支出 342998 万元，完成预算的 94%，比上年增长 12.8%；地方基金预算支出 79683 万元，完成预算的 90%，比上年增长 35.1%。

二、落实各项政策措施，促进经济和社会事业协调发展

大力支持经济和事业发展，促进民心工程建设，推进国企改革。2004 年全市一般预算支出用于基本建设的支出 1.4 亿元，用于农、林、水的支出 1.75 亿元，用于科教文卫体的支出 9.4 亿元，用于企业挖潜改造支出 7037 万元。加大对城乡基础设施投入，进一步优化发展环境，贷款 10.5 亿元用于城市 11 条道路改扩建工程。财政预算安排市文化广场、护城河拆迁绿化、海港垃圾处理场、小街小巷改造等城市建设资金 6500 万元。安排“村村通”油路工程、长城旅游公路和文明生态村补助资金 2800 万元。对困难企业及污染企业退城进郊实行土地出让金先征后返政策，全年共返还土地出让金 9692 万元，大大改善了城市环境。为解决企业改制资金不足的问题，采取财政列支、统筹调剂、政府举债、资产变现等措施，实现改制资金筹集渠道多元化，争取银行贷款 3.6 亿元，审核发放职工安置费 3.5 亿元，确保社会稳定。不断扩大产权交易规模，完成交易 242 宗，成交金额 3.25 亿元，盘活存量资产 16.46 亿元。

三、坚持以人为本，认真解决与人民群众切身利益密切相关的重点、难点问题

建立工资性资金封闭运行机制，保公教人员工资的按时发放，市本级调度资金 1.5 亿元，确保县区级不再发生新的欠发。积极促进就业再就业，做好“两个确保”和“低保”工作。发放企业养老金 4.1 亿元，失业保险金 4452 万元，再就业资金 8487 万元，城市低保资金 4375 万元。积极贯彻落实中央 1 号文件，加大对“三农”的投入，安排支农专项资金 13954 万元。稳步推进农村税费改革，2004 年全市农业税平均税率由 2002 年的 6.8%降为 3.8%，降低 3 个百分点，全市农民人均负担 29 元，比税改前农民人均负担减轻 70 元。全市安排粮食直补资金 1655 万元，受益农户达 58 万户。

四、财政改革继续深化，公共财政建设取得新进展

改革现行出口退税机制，制订出口退税机制改革方案。进一步提高预算编制质量，加强定额管理，强化定性分析。试编政府债务预算，跟踪监控债务情况，防范和化解财政风险。全力推进新一轮国库管理改革，市本级一级预算单位实现由财政集中支付制度向国库集中收付制度转轨。政府采购规模和范围进一步扩大，2004 年，市本级实施采购 221 次，政府采购金额 1.21 亿元，节约资金 1600 万元，节支率为 13.2%。

五、强化财政监督，提高财政资金使用效益

对农村税费改革转移支付资金、粮食直补资金、行政事业性收费及涉农收费、财政扶贫资金等进行专项检查。将所有财政性投资、融资、担保项目纳入财政投资评审范围，完成包括城市道路拆迁、道桥工程、绿化工程在内评审项目 165 个，项目总投资 28.3 亿元，审减资金 2.36 亿元。将监督窗口前移，对财政性重大建设项目实行全员委派制，接管市奥体中心、文化广场等基建项目的财务工作，有效发挥了财政的监督作用。

六、抓好队伍建设，塑造财政部门良好形象

深入学习邓小平理论和“三个代表”的重要思想，认真学习贯彻党的十六届四中全会精神，切实加强执政能力建设。全面落实市委九届七次全会审议通过的两个《意见》，以执政能力建设为重点，以经济社会提速发展为目标，全面推进我市的财政工作。

举办多种形式的培训班，学习现代财政理论和相关业务知识，更新理财观念，打造“学习型”机关，提高队伍素质。学习《预算法》和《行政许可法》，学习《中国共产党党内监督条例》，进一步梳理财政行政审批事项，不断提高财政管理的规范性和透明度。加强党风廉政建设。认真落实党风廉政责任制，把财政系统自身廉政建设同各项源头治理腐败措施落到实处。开展警示教育，增强拒腐防变能力。加强民主集中制建设，进一步落实政务公开的措施，努力增强班子凝聚力。牢记两个“务必”，当好艰苦奋斗的模范，树立和维护财政部门的良好形象。

（秦皇岛市财政局供稿）

2004 年唐山市财政工作概况

一、坚持依法征收，财政收入实现快速增长

2004 年全市财税系统抓住国家对经济进行宏观调控的有利时机，加强税源监控，完善征管体系，推进依法征收，财政收入实现快速增长。全年完成全部财政收入 160.2 亿元，增长 44.9%，总量居全省各地市首位。其中，中央级收入 87.3 亿元，完成预算的 102.2%，同比增长 48.0%；省级收入完成 14.8 亿元，完成预算的 102.3%，同比增长 45.4%；地方一般预算收入 58.1 亿元，完成预算的 104.7%，同比增长 40.3%。基金收入 20.3 亿元，完成预算的 104.7%，同比增长 27.3%。

市本级全部财政收入 53.9 亿元，完成预算的 107.5%，同比增长 36.2%。其中，中央级收入 30.2 亿元，完成预算的 105.7%，同比增长 35.4%；省级收入 5.0 亿元，完成预算的 105.9%，同比增长 32.7%；一般预算收入 18.7 亿元，完成预算 110.8%，同比增长 38.4%。基金收入 8.7 亿元，完成预算的 108.2%，同比增长 15.0%。

全市一般预算支出 97.6 亿元，完成预算 95.7%，增长 33.6%。基金支出 20.9 亿元，完成预算的 90.3%，同比增长 32.9%。市本级一般预算支出 24.5 亿元，完成预算的 93.4%，同比增长 16.9%。基金支出 9.1 亿元，完成预算的 95.1%，同比增长 19.2%。市本级预算和全市总预算均实现了收支平衡。

二、坚持发展第一要务，不断壮大财源基础

一是加大财政资金投入。全市预算内经济建设支出 15.3 亿元，增长 21.4%，其中，基本建设支出 6.6 亿元，支持了大唐热电、曹妃甸供水、港口建设等 14 个重点项目。企业挖潜改造支出 3.2 亿元，重点支持产业结构调整项目 48 项，新增利税 1.2 亿元。二是拓宽融资渠道，争取国债资金 5712 万元，落实配套资金 1.6 亿元，重点支持了农村公路、退耕还林和人畜饮水等 11 项工程。利用国外政府、国际金融组织贷款 1255 万美元，重点支持了城市中心区供水、西郊污水处理二厂建设，完成总投资的 50.5%。三是放大融资功能。累计注入中小企业信用担保资金 1 亿元，为 52 个企业担保贷款 2.6 亿元。注入科技风险担保资本金 485 万元，为 7 个科技企业担保流动资金 3000 万元。农业投资资本化运作 1400 万元，重点扶持了 6 个农业产业化项目。四是抓好政策扶持。落实资金 1.6 亿元，支持 140 户国有企业完成改制，妥善安置职工 1.8 万人。为 215 户企业办理出口退税 4.6 亿元。

三、坚持促进城乡协调发展，认真落实各项惠农政策

全市财政系统按照城乡协调发展的要求，进一步加大支农资金投入力度。一是支持农业发展。投入支农资金 2.3 亿元，增长 43.8%，重点完善基础设施，支持五大良种繁育体系，壮大六大龙型经济。农业综合开发 4351 万元，改造中低产田 8.4 万亩，发展节水灌溉 6 万亩，扶持 4 个多种经营项目，农业产业化经营率达 53%。二是促进农民增收。取消农业特产税，降低农业税税率，落实农业税减免政策，调整和取消水土流失防治等 11 项涉农收费，减轻农民负担 2.4 亿元。落实农民种植粮食、选购良种和购置农机具补贴，增加农民收入6594万元，全市农民人均减负增收60元。三是改善农村人居环境。落实文明生态村镇建设资金6186万元，调动社会投入3.8亿元，新建沼气池9983个，植树259万株，硬化道路2400公里。四是支持农村社会事业发展。投入资金1084万元，支持迁安新型农村合作医疗试点，为33万农民报销医疗费用1168万元。拨付681万元，实施农村劳动力转移“阳光培训”工程，培训农民9.6万人。落实畜禽疫病防控资金1034万元，完善了市县乡三级防控体系。

四、坚持完善社会保障体系，加大对薄弱环节保障力度

一方面推进积极就业政策实施。投入400万元，免费培训下岗失业人员1.7万人。投入560万元，开发2376个公益岗位。支付国企下岗职工解除劳动关系补偿金3200万元，促进1.5万人出中心。为2503人落实税费减免2584万元，为168人担保小额贷款324万元，帮助2.7万名下岗失业人员实现了再就业。另一方面努力实现低收入群体应保尽保。筹集国企下岗职工基本生活保障资金1.7亿元，保障了3.7万人的基本生活。落实城市居民最低生活保障资金4400万元，将保障标准由每人每月199元提高到205元，保障人数61万人次。推行全市统一的农村低保制度，市级负担了原乡、村两级低保资金，按每人每年800元标准，为59.4万人次落实资金1554万元。安排专项资金1494万元，推行了企事业单位离休干部医疗费统筹，促进了保障政策的落实。

五、坚持强化公共服务职能，支持社会事业全面发展

一是优化教育布局。教育支出19.1亿元，可比增长40.6%，保证了教学活动正常开展。推进农村中小学危房改造和布局调整，改造危房26.5万平方米，撤并学校197所，支持了唐山学院北校区、市财经学校和唐山外国语学校新址建设，改善了丰南一中、迁安一中等重点中学办学条件。二是支持科技攻关。投入1.3亿元，重点支持了国家钢铁产业化基地、曹妃甸关键技术攻关等30个项目，结构调整步伐明显加快，产品技术含量明显提高，科技进步对经济增长贡献率达55%。三是完善公共卫生体系。医疗卫生投入5268万元，重点完善了卫生基础设施，市疾病控制中心主体工程竣工，7个县级疾控中心投入使用，市紧急救援中心开工建设，新建改造乡镇卫生院1.6万平方米，卫生服务体系进一步健全。四是支持文体事业发展。文化投入3049万元，支持了文化信息资源共享工程、第四届评剧艺术节和第三届社区文化艺术节，丰富了人民群众文化生活。体育支出3480万元，重点支持了体育场馆改造，进行了社区健身路径建设，促进了全民健身活动深入开展。五是改善城市人居环境。投资13.5亿元，新建改造翻修道路28条，改造旧小区37个，完成纪念碑广场改造工程，植树135万株，新增绿化面积150万平方米，城市环境进一步改善。

六、坚持依法理财，扎实推进财政改革

一是完善收入征管体系。强化税费征管，建立税源监控网络，对年纳税50万元以上的456户企业和投资亿元以上的50个重点项目开展全程监控，实现跟踪管理。非税收入严格落实收支两条线管理，全面实行票款分离、罚缴分离。二是完善支出管理体系。建立了财政重点事项集体决策制度和132人组成的专家库，加强了预算项目管理和专家咨询体系建设，对2005年重点项目预算实施了专家论证。扩大政府采购规模，全年采购资金7.4亿元，同比增长80%，节约资金9400万元。三是完善监督管理体系。加强监督检查，实施专项检查80次，纠正各类问题121个，清理违规资金1.2亿元。制定了预算项目支出绩效评价办法，建立了教育、科技、农业等八大类支出考核指标体系，初步构建了财政支出绩效评价框架，为推行绩效评价工作打下了基础。

七、坚持以人为本，大力提升队伍素质

按照免评不免建的要求，进一步“建一流队伍，创一流业绩”，努力探索自我评议运行机制。一是责任机制。落实民主评议行风目标责任制，强化一把手作为第一责任人的责任意识，亲自抓，负总责；按照“谁主管谁负责”和“管行政必须管行风”的原则，做到业务工作和民主评议行风两手抓；健全组织，完善机构，确保具体工作有人管，有人干。二是教育机制。坚持廉政谈话制度，开展好警示教育。三是约束机制。加强制度建设，用制度约束人。实施“员工待岗制”、“公开承诺制”、“责任追究制”和财政系统“六禁令”等制度，试行“一次查实下岗”制度。认真落实领导干部廉政自律各项制度，进一步完善“诺廉、述廉、评廉、考廉”工作机制。四是监督机制。设立了意见箱、对外公布了举报电话。从局内各处室、单位聘请了25名党风廉政建设内部监督员，对局领导班子和领导干部的执政行为及遵纪守法情况进行监督。坚持内部审计制度。五是质询机制。针对群众关注的工作，适时召开群众“质询会”、“座谈会”，倾听群众意见和建议，然后协调有关处室进行了整改。六是考评机制。对下属事业单位领导，进行半年和年终2次考核、考察，并召开群众座谈会和民意测验进行评议。在今年发放的问卷调查中，满意率达到了100％。

（唐山市财政局供稿，撰稿人：黎峰、姚淑妍）

2004年廊坊市财政工作概况

一、创新支持方式，促进全市财政经济持续快速发展

一是用足用好财政政策。制定出台了增值税、营业税、个人所得税、企业所得税市县分享办法，规范了对经济困难县的转移支付制度，充分调动了县乡政府生财、聚财、理财的积极性。综合运用预算、贴息、税费减免、担保等多种手段，对受禽流感疫情影响较大的家禽养殖加工业给予特殊照顾。

二是积极改善软硬环境。对软硬环境“双十工程”、“城区十件实事”、“十项民心工程”等重点项目给予了重点支持，有效缓解了基础建设资金“瓶颈”。积极提供资金支持，全力推进中小企业服务体系建设。

三是全力打造投资环境。建立了“项目引进财政支持机制”，有力地促进了招商引资工作。取消和降低了公安、农业、水利、国土资源、交通、工商、教育等7个部门的15项行政事业性收费。认真落实非税财政收入“收支两条线”管理，全面取消罚没收入任务指标和返还政策，维护了健康有序的经济环境。

二、坚持增收节支，实现财政收支健康平稳运行

一方面，大力加强税源监控、收入分析和税收征管，通过抓清欠、抓大户、抓规范，实现了以丰补歉。2004年，全市财政总收入累计完成460041万元，占全年任务的102.8％，同比增长20.4％。其中，地方一般预算收入完成202790万元，占任务的110.7％，同比增长23.1％，呈现了持续快速增长的良好态势。另一方面，进一步加快财政支出进度，农业、教育、科技、医疗卫生等各类支出增幅均实现了历史新高。2004年，全市财政支出执行444645万元，增长23.3％。大力压减一般支出，进一步完善了增人增支管理办法，规范细化了市直部门增人增支的具体执行程序和相关依据，严格按照“三证齐备”的规定审核单位人员变动，建立了财政预算增人增支领导审批制度。

三、坚持以人为本，各项社会事业实现了和谐发展

在社会保障方面，对国有企业下岗职工基本生活费、企业离退休人员养老金、已出再就业中心但尚未就业人员的生活救助等给予了重点保证。在北三县试点的基础上，进一步扩大了农村村民最低生活保障制度的覆盖范围。在卫生医疗方面，重点向农村倾斜，投入5432万元，重点支持了乡镇卫生院器械装备、乡镇卫生院房屋改造、农村合作医疗、农村公共卫生体系建设和疾病控制中心建设等项目。在教育事业方面，投入资金21800万元，对高中教育、基础教育、职业教育等领域给予重点支持。集中城市教育费附加400万元重点用于市区高中建设。进一步完善了教科文部门资金绩效考评程序，量化考核目标，促进了农村中小学规范化、标准化建设。

四、统筹城乡发展，对“三农”支持力度不断加强

其一，坚持“多予”，不断加大支农资金投入。2004年投入财政支农资金21200万元，对农业基础设施建设、文明生态村建设、人畜饮水、节水灌溉等重点项目给予了支持，进一步改善了农业生产条件。着力健全农业发展保障机制，支持了生态环境治理、农业科技推广体系、农产品检验检测体系、防疫灭病体系等项目。其二，严格“少取”，切实减轻农民负担。认真落实对种粮农民直接补贴政策，制定出台了“以奖代补”政策，做到阳光操作、全程公开，累计兑付直补资金3807万元，使282万种粮农民得到了实惠。降低农业税税率3个百分点，使全市农民人均负担降为36.1元，减幅达48％。对农村中小学生就学、农民结婚登记、农民建房以及农机监理等涉农收费项目实行了彻底的“票款分离”，遏制了随意加重农民负担的乱收费行为。其三，突出“放活”，推进农村经济快速发展。采取贴息、配套、补助、奖励、担保等多种形式，对农业产业化龙头企业给予了重点支持。支持农民工专业技能培训，对结合劳务需求特点开展的从业技能培训和必备知识培训进行财政补助，促进农村劳动力转移。

五、深化财政改革，公共财政体系建设实现新突破

预算管理改革向纵深发展。探索实施以政府采购预算、社会保障预算等为主要内容的复式预算管理改革，强化项目预算管理，积极推进事业单位管理体制改革，重新界定财政供给范围，补充预算编审政策法规60篇300余条，提高了预算编审自动化水平。政府采购规模不断扩大。继续完善政府采购制度，对人畜饮水、节水灌溉、气象雨晴自动收集系统和林业病虫害扑杀等大宗农业生产物资、设备实行了政府采购。2004年全市共组织政府采购946批次，采购资金7.24亿元，节约资金9565万元。国库制度改革稳步推进。积极谋划“国库单一账户体系、零余额清算方式”改革，积极与人民银行协调，制定了支付清算办法和银行账户管理办法，为国库集中收付改革全面推开打下了坚实基础。财政监督职能进一步拓展。继续扩大财政投资评审的覆盖范围，进一步完善了“五个结合、四步控制”的工作模式，对京山铁路桥、官董排渠改造、疾病控制中心、中学改扩建等工程进行了评审，累计审核资金10.72亿元，审减资金7860万元，审减率为14%。同时，对人防工程、城区快速路等重点工程项目采取派驻财务总监的方式进行严格监督，进一步提高了财政资金的使用效益。

六、提高干部素质，财政干部队伍建设有新的提高

行业风气进一步转变。开展“阳光投诉”活动，认真倾听社会各界的意见和建议。大力清理行政许可事项，并在第一时间进驻行政审批大厅办公，为群众提供更加方便快捷的服务。为此，荣获“全省财政系统2003年民主评议行风工作优秀单位”和“市民评议行风工作优秀单位”称号。干部素质进一步提高。组织了全局45岁以下干部职工会计电算化培训及科级公务员培训工作，开展了全系统科研成果评比，使主动学习和深入调研精神蔚然成风。廉政勤政意识进一步增强。将党风廉政建设和反腐败工作任务量化分解，形成了一级抓一级、层层抓落实的工作机制。创新党组成员轮流组织一次学习活动、举办一次辅导讲座、组织一次条例知识考试、撰写一篇体会文章的“四个一”工作机制，将两个《条例》学习真正落到实处。

（廊坊市财政局供稿）

2004年保定市财政工作概况

——财政收入跨上新台阶。全市财政收入完成87.5亿元，占任务的118.1%，增收19.4亿元，增长29.3%；其中，地方一般预算收入完成33.6亿元，占任务的113.1%，可比增长22.7%。对此，市委书记王斑玖批示：“感谢财税系统的广大职工，同时对市财政局围绕中心、服务大局的行为应予表扬”，市长王昆山、市委常委常务副市长周立柱也作了批示。

——保障能力得到新提高。多措并举保工资，拿出9.8亿元，支持了县级的工资发放；按照部门预算和时间进度均衡拨付经费10.4亿元，确保了机关的正常运转；精心调度，及时拨付社会保障资金11亿元、稳定经费1480万元、大要案准备金532万元、企业军转稳定经费1546万元，筹措608万元，妥善解决了1173名离休老干部医药费拖欠问题，积极争取省预拨养老金补助10500万元，维护了社会稳定。市长王昆山批示：“很好，这对于我们这个养老金缺口较大的市，确保全年做到不拖欠，按时发放争取了主动，应予表扬”。

——科学理财再出新成果。部门预算做到了项目细化，标准统一，编制规范，执行严格，实现了四个到位（即编制面到位、细化到位、工作流程到位、把关到位）。国库集中支付实现了四个统一（即统一了帐户管理、支付范围、支付渠道和支付程序），走在了全省前列。政府采购完成5.1亿元，资金节约率达12.7%。农村税费改革减轻农民负担2.22亿元，人均减负25元，亩均减负22元。粮食直补兑付补贴9103万元，224万农户、876万农民受益。

——支持经济建设实现新突破。筹集资金3.4亿元，支持了长城、天威、宝硕等企业的重点项目建设，促使优势企业做大做强。争取建设资金1.4亿元、土地专项资金6663万元、环保资金983万元，重点支持了企业技改、土地开发、疾病防控中心、水污染治理、农村公路等项目建设。安排资金2945万元，支持了燃气、公交、排水等公益事业和大众厨房、无公害蔬菜等便民利民项目建设。投入城建资金2.4亿元，支持了土地储备、城区道路改造、园林绿化等项目。投入支农资金4亿元，支持了草牛奶工程建设,扶持了龙头企业,促进了农业增效和农民增收。副市长曹汝涛批示:“2004 年市财政局在市委、市政府的正确领导下,主动克服困难,倾力支持三农,为农业增效、农民增收、农村稳定做出了积极贡献,特别是五大支农举措,直接、具体、有力,实实在在,效果明显,成为全市农业农村经济的一大亮点”。

——优化环境再创新佳绩。及时办结长城等 7 家企业减免或退费 8848 万元。清理取消收费项目 11 项,编制了《收罚项目明白手册》;统一收费进厅,实现了一个窗口收费;认真落实鼓励、支持和引导民营企业发展的九条措施。《中国财经报》在头版头条报道了我们的做法。对此,市委书记王埏玖批示:“市财政局围绕中心,服务大局,在优化环境、促进发展中做了大量卓有成效的工作,应予表扬。”市委副书记武国堂批示:“市财政局在对上争得支持,对全市提高服务水平,局内转变作风、强化素质、塑造良好形象等工作中取得了突出成效,为全市改革、发展和稳定做出了优异成绩,在优化环境工作中,起到了示范作用,可喜、可贺、可敬”!市领导周立柱等也作出批示,给予肯定。

——行风建设取得新进展。一是强化素质。通过业务培训、高校进修、访贫问苦、结缘帮扶、参观革命圣地、干部到基层挂职、与工人农民交朋友等活动,提高了干部的综合素质。二是深化调研。举办了首届“区域财政改革与发展论坛会”,财政部科研所等专家教授到会,《经济日报》、《中国财政》等多家媒体进行了报道;在省厅组织的调研成果评比中,荣获一、二、三等奖 9 篇。三是规范管理。成立了政策论证、案件审理和行政处罚听证 3 个委员会,制发了《保定市财政业务操作规程》,出台了《乡镇行风建设七条标准》,进一步完善了管理制度和措施,推动了全市财政系统行风建设再上新台阶。

——财政监督再上新水平。进一步健全和完善了执法责任制、执法考核评议制和责任追究制,不断规范财政执法行为。开展了机关处室内审及延伸检查、农村税费改革转移支付资金、开发银行“防非”贷款使用、财政专项资金、会计信息质量和会计师事务所执业质量、县级财政资金运行、落实收支两条线规定等专项检查,查处违纪资金 8300 万元,均依照有关法律、法规进行了纠正和处理,规范了财政管理。

2004 年,全局共获得各种集体奖励 62 项,其中国家级 1 项,省级 38 项,市级 23 项。已连续 9 年被评为实绩突出单位,连续 3 年荣获优化环境金玉兰杯,连续 2 年获行风评议经济管理部门第一名。对我局的工作,市委、市政府主要领导给予了高度评价,先后 21 次作出重要批示。

(保定市财政局供稿)

2004 年沧州市财政工作概况

一、坚持发展是第一要务的思想,狠抓组织收入工作

一是坚持依法治税管费,严禁越权减免和随意批准缓缴、欠缴各项税收及非税财政收入现象,严厉打击偷、逃和抗税行为,保证了各项收入及时、足额入库。二是进一步完善了财税激励政策,增强了广大征管人员的责任感和使命感,调动了各级各部门组织收入的积极性。三是协调好与税务部门的关系,坚持旬调度和月分析制度,尤其对重点税源做到及时把握其动态,做好追踪调查,对增减变化因素进行深入分析,确保了主体税种收入增长。四是坚持国税地税一起抓,重点税种和零散税种一起抓,预算内外一起抓,确保了财政收入的稳定增长。全市财政收入完成 651045 万元,完成预算的 106.4%,较上年增长 17.1%。

二、站在政治的高度,全力保证重点支出需要,解决好社会热点、难点和焦点问题

一是切实做好保工资发放工作。2004 年,继续把保工资发放作为财政工作的重中之重来抓。加强工资专户管理,按时拨付工资专户资金,市对县工资专户资金全年累计拨付总额达到 71483 万元。并严格按照省有关规定,本着科学、公正、公平的原则,及时测算制订了 2004 年度保工资转移支付方案,将省下达的保工资专项转移支付资金足额分配到有关财政困难县,同时按规定落实了市财政配套资金 4503 万元。经过全市上下共同努力,2004 年,市本级和所有县(市、区)全部保证了公教人员工资按时发放。二是努力提高财政的社会保障能力,实现了“两个确保”和“一个低保”的目标。同时,认真落实全国就业和再就业工作会议精神,加大再就业资金投入,支持下岗失业人员再就业,共安排就业和再就业资金 1058 万元,并在财政支出中相应增加了职业培训和职业介绍补贴、小额贷款担保资金和社会保险补贴、公益性岗位补贴等开支,促进了下岗职工再就业工作。三是积极构筑公共安全工程,维护社会稳定。为了维护和创造良好稳定的社会环境,各级财政部门普遍加大了资金投入力度,共安排政法各部门专项业务费 1200 万元,社会治安综合治理专项经费 385 万元,均高出全市平均支出的 10%以上。另外反邪教、统战协调等专项经费也有不同程度的增加。

三、立足建立和谐社会,关注“三农”问题,落实好各项惠农政策

一是不断增加财政对农业和农村生产、生活等基础设施建设投入,极大地改善了我市农村农民生产、生活设施条件。第一,财政投入资金 1000 余万元,重点实施了人畜饮水工程、农业灌溉工程、小型水利建设工程、土地治理、粮田改造、人影工程、优质种子工程等,激发了农民种粮的积极性,使种粮农户在粮食生产中得到较高的收益。第二,重点抓了退耕还林和生态环境建设保护工程,改善了农业生态环境,促进了人与自然的协调发展,为农民增收创造了良好的外部环境。第三,多方筹措资金,积极支持农口部门搞好农村社会化服务体系建设,为农业发展创造了良好的外部环境,全年共筹资 400 余万元,重点支持了农业科技推广、农林、牧病虫害防治防疫体系建设和乡镇防疫站点的建设工作。有效地防止了禽流感在我市的传播,保护了广大养殖农户的利益。第四,财政投入资金 300 余万元,先后支持了农村沼气池建设、文明生态村建设、乡村道路建设等一批民心工程和农村公益事业,改善了当地农民的生存、生活条件,增加了农民收入。二是按上级要求核减了农业税税率。全市农业税税率由 7%下调至 4%,下降了 3 个百分点,农民人均负担比上年下降了 42.8%。此外,按省要求黄骅、海兴、港口开发区捕捞和养殖业特产税全部取消。三是及时兑现了粮食直补政策。全市共发放种粮补贴资金 7779 万元,受益农民达到 156 万户,539 万人。四是全力做好高致病性禽流感防治工作。积极筹措应急资金,认真落实省制定的财政补贴政策和资金管理办法,保证了全市防治高致病性禽流感工作的顺利进行。五是搞好农村教育扶持工作。积极改善农村中小学办学条件,积极争取中央和省专项资金 2890 万元,用于改善农村办学条件。

四、创新理财机制,进一步深化和完善各项财政改革

一是继续推进部门预算编制改革。市直各预算单位 2004 年度部门预算首次提交市人代会审议,在编制支农、城建和政法专项支出预算的基础上,试编了政府采购、科技三费、教育费附加等专项支出预算,进一步细化了预算编制内容。二是继续推进市以下财政体制改革。2004 年,我们组织力量进行了认真调研和反复测算,研究制定了进一步完善市以下财政收入体制的方案,经市政府批准后执行。新体制完善的主要内容是:对市以下分享的增值税、营业税、企业所得税、个人所得税、资源税(简称“五税”)增量,实行了“超分成增长率收入全返”政策。同时,对个别税种分享比例进行了适当调整。此外,完善了对新华区、运河区的税收增量返还办法。新体制的顺利实施,产生了较好的激励效果。全年市县区级财政收入增幅普遍高于市本级水平。三是继续推进财政集中支付改革。全市纳入集中支付的单位达 1240 个,占应纳入单位总数的 80%,其中市本级及黄骅、泊头、河间等 12 个县(市、区)已将所有单位全部纳入。同时,各级普遍加大了对支出活动的审核力度,据不完全统计,全市共拒付各种不合理开支达 1000 多万元,保证了财政资金的有效使用。四是继续推进政府采购改革。以规范管理、扩大规模、提高采购效率、加大监管力度为重点,继续抓好政府采购工作。全年共组织政府采购 368 批次,实际支付采购金额 3.2 亿元,节支率为 8.9%。

五、发挥财政职能,积极支持经济建设

一是加大城建支出进度。市本级用于城建方面的资金投入已达 5400 多万元,有力地支持了市区绿化、美化、亮化工程,支持了运东污水处理等重点项目建设,提升了城市品位,为我市扩大开放、招商引资工作创造了良好的环境。二是多措并举,促进民营经济加快发展。全市财政部门现已建立了中小企业贷款担保体系,安排专项资金 850 万元,其中,市本级专项资金投入已达 400 万元。三是发挥财政职能,支持对外开放。为全力支持外向型经济发展,认真落实各项税收优惠政策。全市出口退税总额已达 27427 万元。四是对各项收费进行清理整顿,进一步优化经济环境。按照上级要求,取消了公安、建设、国土、工商、质检等部门的 7 个收费项目。五是整合财力,加大投入,促进农业和农村经济快速发展,增加农民收入。安排专项资金 1400 余万元,确保支农资金总量不断增加;搞好支农项目立项申报工作,以项目带资金,争取上级财政资金 1.5 亿元,有力地支持了沧州农业和农村经济的发展。同时,充分发挥财政资金的杠杆作用,运用财政政策的导向、吸附功能和贴息、补贴等手段,吸引各类资金加大对农业的投入,先后投入贴息资金 200 万元,吸纳社会各类资金近亿元。支持了沧县小枣批发市场建设项目、青县纸业加工项目、泊头东方果品公司、孟村华升肉类公司等一批龙头项目。

六、进一步完善监管机制,加强财政监督

一是配合省审计厅对市本级 2001 至 2003 年度预算执行情况进行了全面审计。省审计厅领导对我市财政系统近几年来加强财政监督,规范财政管理方面取得的成绩,给予了充分肯定。二是组织开展了内部审计和会计信息质量等专项检查,先后查出有问题资金 7818 万元,按有关规定及时进行了纠正处理。三是组织力量在全市范围内组织开展了收支两条线专项检查,有效地制止了"三乱"现象,净化了社会环境。四是积极探索监督方式改革。组建了罚没财物管理中心,制定了《加强罚没财物管理的实施意见》,与有关部门联合对市直和各县(市、区)的罚没财物管理情况进行了全面检查,为进一步规范我市罚没财物管理奠定了基础。

七、切实加强财政干部队伍建设,夯实财政工作基础

一是按照创建"学习型机关"的要求,以"三个代表"重要思想、两个《条例》、《行政许可法》等内容为重点,强化干部队伍的政治理论和法制观念教育,组织开展了多种形式的业务培训活动,促进了队伍整体素质提高。二是继续抓好行风评议活动。研究制定了《2004 年度行风评议实施方案》,召开了全市民主评议行风工作动员大会。围绕优化财政发展环境这一主题,充实了公开承诺内容,完善了首问责任制、特殊岗位否决制、机关效能测评投诉、政风行风建设督办和通报等工作措施,保障了全系统行风建设扎实有效地开展。三是着眼于增强队伍活力,认真做好干部选拔任用工作。市局机关和县(市、区)财政局近百名干部,通过民主推荐和竞争上岗方式,走上了部门和科室领导岗位,增强了干部队伍的朝气和活力。

(沧州市财政局供稿)

2004 年衡水市财政工作概况

一、围绕目标抓收入,全市财政预算执行情况较好

2004 年,面对诸多减收增支因素的不利影响,我们积极研究对策,采取有力措施,通过抓目标、抓体制、抓协调、抓督导、抓税源等工作,挖掘收入潜力,严格审查各项减、免、退税手续,千方百计堵漏增收,实现了财政收入的稳步增长。全市全部财政收入累计完成 291927 万元,占任务的 113.9%,同比增长 23.7%(按可比口径增长 32.3%),其中,一般预算收入完成 113691 万元,占任务的 116.5%,同比增长 10.8%(按可比口径增长 29.7%)。

二、贯彻落实科学发展观,支持和促进经济社会事业协调发展

(一)大力支持经济建设,促进全市经济加快发展。一是积极完善市县财政收入体制,运用体制杠杆促进经济加快发展。代政府起草了《关于进一步规范和完善现行市区财政管理体制的意见》,以市政府名义下发,对市本级与市辖区现行财政管理体制进行调整和完善,在坚持效率优先、坚持分税制改革方向的基础上,实行按税种比例分享的财政管理体制,促进了市区两级财政收入的稳步增长。二是加大财政建设性投入力度,促进经济发展和结构调整。全市财政经济建设性支出达 25486 万元,同比增长 136.5%,支持了农村公路、城乡电网改造、市政工程等一批基础设施项目建设,以及骨干企业技术改造、传统产业优化升级和高新技术产业化等。三是大力支持农业发展。争取国家财政资金 6000 多万元,重点支持了农业信息服务体系、农业产业化龙头企业发展。着力加强农业基础设施和生态建设,提高农业综合生产能力,完成总投资 7317 万元,改造中低产田 5.17 万亩,建设多种经营及龙头项目 3 个。四是大力支持外向型经济发展。认真落实新的出口退税政策,研究起草了一系列符合我市实际的措施办法,有力地支持了出口企业的生产经营;争取出口商品贴息资金 248 万元,有效发挥了财政政策对扩大出口的引导作用;积极拓宽利用外资渠道,争取外国贷款 205 万美元,争取上级涉外专项资金 265 万元,有力地促进了我市招商引资工作和企业新产品的研发。

（二）坚持以人为本，大力支持“民心工程”建设，认真解决好人民群众生产生活问题。一是努力做好社会保障工作，维护社会稳定。继续落实“两个确保”、“一个低保”政策，全市共发放养老保险金 1.77 亿元，发放低保资金 1719 万元，全市城市低保水平有所提高，并做到动态管理下的应保尽保，按月足额发放。二是做好就业再就业工作。制定了包括增加资金投入、小额担保贷款、社会保障补贴、岗位补贴、再就业服务补贴和税费减免等在内的一整套政策体系。三是做好工资发放工作。在预算确保优先安排工资性支出的基础上，进一步完善编制、人事、工资管理系统，形成了保工资的“绿色通道”，全市公教人员工资按实际执行标准不欠发。四是大力支持家庭困难学生就学，共为四万余名学生提供“两免一补”，为 641 人提供生源地高校国家助学贷款市级贴息。

（三）突出重点，统筹各项事业发展，提高公共服务水平。在支持教育方面，不断加大财政对教育的支持力度，向上级争取危房改造资金 881 万元、布局调整资金 358 万元，支持了农村基础教育布局调整、中小学危房改造“两项工程”的顺利开展。在支持文化发展方面，重点支持了我市民间文化资源的保护与开发，建立了民族民间文化档案。在支持公共卫生建设方面，在枣强进行了新型农村合作医疗试点工作，市县财政筹资 227.5 万元与省补助配套，着力解决农民看病难。在支持城市建设方面，加强资金调度和监管，确保有限的资金发挥最大效益，促进了“168”工程的顺利实施，并配合有关部门，编制完成了城市化战略规划。

三、稳步推进财政改革，财政管理的规范化、科学化水平进一步提高

预算管理改革进一步深化。重新测算和修订了部门公用经费的开支标准和定额，加大了综合预算力度，增强了预算编制的完整性、真实性和准确性。财政集中支付在全市全面推开。市本级已有 130 多个行政事业单位纳入集中支付范围，占预算单位的 85%，月支付资金达 2600 万元，并尝试向国库单一帐户改革进行积极探索，制定了《衡水市市级财政资金收付管理制度改革暂行办法》，为实行国库单一帐户试点工作提供了政策依据。政府采购范围进一步扩大。全市共完成政府采购金额 36137 万元，节资率达 11.99%，同比增长 21.32%，党政机关事业单位政府采购普及率达到 100%。农村税费改革进一步深化。严格落实农业税率降低三个百分点政策，使党的惠农政策进村入户，家喻户晓，今年农业税减少 15500 万元，全市农民人均负担降至 63 元，与改革前相比减负率达 59%。粮食流通体制改革继续深化。筹集资金 1579 万元用于解决粮食企业多年存在的“老粮、老人、老账”问题，并在全市进行了财政直补农民的工作，为 92 万农户发放补贴 7448 万元，调动了农民种粮积极性。收支两条线管理规定得到全面落实，全市“票款分离”面已达到 98%。

四、依法理财，财政法制建设和财政监督进一步强化

围绕《行政许可法》的贯彻实施，组织干部职工认真学习，规范部门规范性文件的制定程序，对涉及财政部门的行政许可事项进行了清理。开展了防治非典资金专项检查、会计信息质量检查，努力加强财政内部监督和会计从业人员的监管。开展了专项清理活动，集中清理党政机关用公款为干部职工购买商业保险以及党政领导干部拖欠公款或利用职权将公款借给亲友的问题，共查出用公款为干部职工购买商业保险的单位 27 家，73 个单位拖欠、外借公款 398.5 万元。

五、多方入手，队伍建设取得新进展

一是纵深推进行风评议。将行风建设延伸到各科室，在办公场所显著位置张贴办公内容和程序、行为准则、服务承诺等内容，更好地接受社会监督，进一步完善行风建设制度，对违犯财经纪律、损害财政形象、群众意见较大的，予以严肃处理。二是加强培训，提高素质。3 月份与南京大学联合举办科级干部培训班，50 余名干部系统学习了现代财经理论和市场经济方面的知识，提高了行政能力和理财水平。三是廉政建设常抓不懈。对班子成员、科室的责任进行层层分解，局领导和分管科室的负责人都签定了廉政建设责任状，严格考核，实行责任追究，真正做到了“履行责任有规范、检查考核有标准、追究责任有依据”，使党风廉政建设责任制与业务工作真正地结合起来。

（衡水市财政局供稿）

2004 年邢台市财政工作概况

一、全市财政收入快速增长，增收 10.9 亿元，增幅 30.8%，创八年来新高

2004 年，全市全部财政收入完成 46.4 亿元，占任务的 117.3%，同比增长 30.8%，增收 10.9 亿元，其中市本级完成 18.8 亿元，占任务 116.5%，同比增长 33.7%，县市区完成 27.6 亿元，占任务 115.9%，同比增长 28.9%。全市全部财政收入和地方一般预算收入增幅双超同期 GDP 增长幅度，全年财政收入增幅均保持在 30%以上高位增长，增幅是近年来最高的。沙河、邢台县财政收入实现翻番，分别突破 6 亿元和 4 亿元，内邱县财政收入突破 2 亿元。

二、牢固树立发展是第一要务的思想，积极主动和有效地支持全市经济发展

一是支持了国有企业改革。完成了水泥制品厂等 5 户企业改组改制工作。利用财政政策支持雪绒纺织厂等 3 户企业改制，支持资金 100 万元。参与了长征厂等 15 户工业企业的破产重组工作。利用中小企业发展资金和新产品开发资金，支持了色织厂等 11 个省级新产品开发项目和 6 个贷款贴息项目。二是积极争取项目发展资金。全市共争取各类项目资金 30987 万元。其中，争取国债项目 26 个，国债专项资金 15031 万元；土地开发、矿产资源治理等项目 15 个，资金 10119.6 万元，重点支持了我市滞洪区安全建设、农村公路、土地开发治理等项目。三是支持民营经济发展。财政部门为市中小企业担保中心注入资金 1500 万元，并为部分中小企业提供了贷款贴息。四是积极推进国有粮食购销企业改革。结合有关部门，研究制定了《邢台市国有粮食购销企业改革方案》，安排改制资金 5195 万元，粮食购销企业由原来的 283 家压减为 153 家，分流人员 5945 人，占应分流的 75%，基本完成了粮食购销企业布局调整。

三、坚持以人为本，认真解决群众关心的热点难点问题，积极支持全市社会事业发展

一是保障了公教人员工资及时发放。按照“压缩一般，保障重点”的原则，严格财政支出顺序，加强支出管理，完善了工资发放长效机制。科学合理地分配使用上级转移支付资金 10.5 亿元，并及时拨付县市区，确保了公教人员工资及时发放和机关正常运转。截止目前，11 个财政困难县全部落实了国家规定的工资政策，解决了多年来遗留的国家增资政策不到位问题。全市公教人员月人均工资达到 1070 元，比上年增加 135 元。其中，市本级达到 1450 元，县级达到 997 元。二是社会保障水平不断提高。2004 年，全市社会保障资金支出 72475 万元，其中，支付养老金 46655 万元，国有企业下岗职工基本生活保障和再就业资金 10183 万元，失业保险基金 5379 万元，城镇居民最低生活费 3967 万元，保障了全市 7 万名企业离退休人员、2200 名下岗职工、近 1 万名失业人员、6 万多名城镇低保对象按时领取了生活费。同时，通过发放小额担保贷款、社会保险补贴、岗位补贴等措施，支出 130.8 万元，购买公益性岗位 2000 个，安排了部分“4050”人员就业。建立小额贷款担保基金，保证了下岗失业人员小额贷款政策的实施，支持了全市再就业工作，充分发挥了促就业保稳定作用。三是千方百计挤出资金 2000 多万元，落实了企业军队转业干部各项待遇，维护了社会稳定。四是支持了公共卫生体系建设。市县加大了对市和县级 17 个疾病预防控制中心、市传染病院和 9 个县传染病区的投入力度。其中，利用国债资金 750 万元、市财政安排专项资金 600 万元，对市二院进行了全面改建和扩建，传染病医院基础设施得到较大改善；利用国债资金 166 万元，预算安排 100 万元，支持了紧急救援中心改建项目，我市应对突发性公共卫生事件的保障能力得到加强。

四、惠农政策得到落实，维护了农民的切身利益

一是农民负担进一步减轻。落实上级取消农业特产税，降低农业税率 3 个百分点政策，全市减轻农民负担 1.52 亿元。农民人均负担由上年的 62.9 元减少到 34.5 元，亩均负担由上年的 39 元减少到 21.8 元。同时，不折不扣地将上级农村税费改革专项资金落实到县乡，保障了农村义务教育和基层政权的正常运转。二是积极落实粮食直补政策。向农民兑付直补资金 6024 万元，受益农民达到 130 万户、520 万人，调动了农民种粮积极性，促进了粮食生产。三是认真做好禽流感防治工作。多方筹集资金 920 万元，普查养殖场 1.6 万个、普查禽类 4186 万只，免疫率达到 100%，保障了禽流感防治工作的顺利开展。

五、创新理财机制，财政各项改革进展顺利

一是进一步完善了财政体制。按照上级烟草商业流通体制改革精神，撤销了县级烟草公司并取消其企业法人资格，与市级烟草公司合并，原在各县缴纳的增值税、企业所得税、城建税及教育附加等四个税种上划市级。为保护企业所在县市的既得利益，结合省指导意见，我市按照“核定税收、定额返还”的原则，认真测算核定各项收入基数并考虑10%增幅后，折算成财力定额返还县级。二是推进了国库集中收付制度改革。研究制定了《邢台市集中收付制度改革实施细则》等文件，完善了自动拨款系统和银行辅助核算系统，为实现政府集中支付向以零余额为主要形式的国库集中收付制度改革的平稳过度奠定了基础。三是推进涉企收费改革，优化经济发展环境。为落实市优化经济发展环境会议精神，结合我市的实际情况，制发了《关于在大中型企业试行“一口收费”的暂行意见》，沙河、隆尧、南和、巨鹿、宁晋等县市的部分企业和市直部分企业实行了“一口收费”试点，可减轻企业负担9400万元。制发了《邢台市行政事业性收费和政府性基金减免暂行办法》，收费管理在制度建设上取得了新突破。同时，开展了收费项目清理整顿工作，全市共清理登记收费项目204项，经分析建议保留的176项，拟取消13项，变更或由省重新核定15项。四是政府采购范围进一步拓宽，管理进一步规范。认真落实《政府采购法》，制发了《邢台市市直公共工程政府采购管理暂行办法》，进一步规范了采购行为。全市政府采购规模达到49777万元，比上年增长2.1亿元，节约资金6934.5万元，节约率达12.8%。

六、强化财政监督，推进依法理财，维护了财经秩序

一是开展了专项检查。对819个单位实施了“收支两条线”执行情况检查，查处违纪资金2874万元。其中，查处“小金库”19个，涉及金额276万元。同时，配合有关部门组织开展了支农、国债、社保、农业税减免等专项检查。二是开展了两项清理工作。根据市统一安排，牵头组织了市直单位两项清理工作（用公款购买个人商业保险、拖欠公款或利用职权将公款借给亲友）。对市直97个单位，发放自查报表4000余份，自查面达100%。为了防止清理工作走过场，对市直55个单位进行了抽查，抽查出拖欠公款389笔，涉及360人，金额252.5万元。“两项清理”工作得到了市纪委的肯定和好评，并顺利通过了省纪委的检查验收。

七、实施人本战略，推进素质工程，提高了财政干部整体素质

一是狠抓思想、业务和廉政教育，提高了为民理财和依法行政意识；二是制定和完善了内部规章制度；三是创新了科级干部试用考核机制；四是扎实开展民主评议行风工作；五是财政调研、宣传工作取得新进展。

（邢台市财政局供稿）

2004年邯郸市财政工作概况

一、收入规模进一步壮大。全市全部财政收入连上三个台阶，一举达到92.4亿元，比上年增长48%，总量稳居全省第三位，增幅由上年第四位上升至第三位。武安市、复兴区、峰峰矿区、丛台区、涉县、磁县、邯郸县、邯山区、永年县等9个县（市、区）全部财政收入超过2亿元，其中武安市全部财政收入达到18.8亿元，在全省136个县（市）中居第5位。

二、收入质量进一步提高。市委、市政府对县（市、区）实行分类指导的工作方法，在鼓励中西部有条件的县（市、区）大干快上、全力做大财政收入“蛋糕”的同时，对东部财政困难县有关财政收入指标淡化考核一年，并对因消虚而减少的县级财力进行补助，彻底解决了困扰东部10县多年的虚收问题。全市税收收入占地方一般预算收入的比重由上年的59%提高到65%，提高6个百分点；全部财政收入占GDP的比重由上年的8.37%提高到9.87%，提高1.5个百分点。

三、财政实力进一步增强。地方一般预算收入完成34.1亿元，可比增长34.7%，总量由全省第四位上升至第三位，增幅由全省第九位上升至第四位。全市可用财力达到54.8亿元，比上年增加12.6亿元，增长23%，为全市经济发展和社会稳定提供了强有力的财力支撑。

四、争取上级资金成效显著。2004年，市直各部门和各县（市、区）按照市委、市政府“一跑三争”的工作部署认真谋划，特别是财政局、发改委、劳动和社会保障局、民政局、教育局、农业局、水利局等有关部门和有关县(市、区)积极工作,全市共争取上级财政性资金 27 亿元,比上年增长 28%,有效地缓解了我市财政资金紧张的压力,促进了全市经济建设和各项社会事业的发展。

五、关系群众切身利益的问题得到有效解决。市委、市政府坚持以人为本,把解决群众生活问题放在突出位置去抓。一是国家出台的机关事业单位调资政策得到全面兑现。市财政共筹措拨付工资性转移支付资金 7.87 亿元,比上年增加 1.54 亿元,彻底解决了部分县(市、区)国家出台的调资政策执行不到位的问题,2004 年 12 月份县乡公教人员人均工资达到 1014 元,比上年同期提高 107 元,增长 11.8%。同时市本级和一些县(市、区)还增加了职务津贴,实施了住宅取暖费改革,提高了误餐费标准。二是实现了下岗职工基本生活费、企业离退休人员养老金、城镇居民最低生活保障金"三个确保"。全年拨付再就业资金 4264.2 万元,帮助 2.8 万名下岗失业人员实现了再就业;拨付基本生活保障资金、企业养老金和低保资金 11.9 亿元,做到了应保尽保。三是拖欠农民工工资、拖欠企业军转干部"三费"、东部困难县拖欠离休干部医疗费以及市区贫困居民发放廉租住房补贴等问题得到较好解决。全年市财政为此筹措拨付资金近 7000 万元。

六、支持"三农"力度进一步加大。2004 年市财政共筹措支农专项资金 17738.5 万元,其中争取省以上资金 13658.7 万元,市本级安排 4079.8 万元,重点支持了百万吨奶业工程、生态文明村、基层动物防疫体系等项目建设;农业综合开发共立项改造中低产田 11.03 万亩,完成常规农业开发 22 万亩、山区农业开发 7.2 万亩,项目区农民比同类非项目区农民人均多增收 110 元。农业税税率由 2003 年的 6.4%降至 3.4%,并同比例降低农业税附加,农民人均负担由上年的 59.83 元降低到 31.85 元,人均减负 27.98 元;对种粮农民兑付直补资金 7448 万元,使 155.5 万农户受益,户均受益 46 元;同时筹措资金组织实施良种补贴和购买大型农机具补贴,有效调动了农民种粮的积极性,促进了粮食增产和农民增收。2004 年全市粮食总产达到 395.8 万吨,比上年增长 9%,改变了连续 4 年负增长的局面;农民人均纯收入达到 3234 元,比上年增长 11.5%。

七、经济社会协调发展的保障功能进一步增强。筹措国企改革专项资金 1 亿多元、国有粮食购销企业改制资金 5899 万元、分离企业办社会资金 9819 万元、中小企业担保资金 2 亿多元。利用国际金融组织和外国政府贷款 2165 万美元,为引岳济邯二期工程、铁西污水处理厂建设、节水灌溉、疾病预防和结核病防治以及市中西医结合医院和传染病医院改造等项目提供了资金支持。同时还筹措教育、计生、文化和医疗卫生等资金 18.6 亿元,重点支持了农村中小学危房改造和教育布局调整、义务教育资助贫困生"两免一补"工程、计划生育"四术"补助、农村计划生育家庭奖励以及体育场馆、农村"两馆"、医疗救助体系、疾控中心和传染病区建设、文物保护和旅游开发等,促进了社会事业与经济建设的协调发展。

八、公共财政体制进一步完善。在市本级实施了部门预算编制软件,同时对日常公用经费实行定额管理,对专项公用经费实行项目管理,进一步提高了部门预算的科学性和合理性。国库集中支付改革进一步深化,有 2059 个预算单位纳入集中支付范围,占应纳入单位总数的 91.5%,比上年提高 18 个百分点。政府采购规模进一步扩大,2004 年政府采购金额达 7.5 亿元,比上年增加 4.86 亿元,增长 186.6%,节约资金 0.9 亿元。产权交易市场更加完善,采取公开招标、拍卖和协议转让等形式组织实施产权交易项目 27 宗,实现资产合理流动 3.5 亿元,国有资产变现收益 0.6 亿元。在继续抓好"票款分离、罚缴分离"工作的基础上,按照自愿原则从国有、民营和外商投资等企业中选择有代表性的 36 家企业实行行政事业性收费集中缴费试点,较好地解决了企业接待多、负担重和个别收费人员"吃拿卡要"等问题,优化了经济发展环境。

(邯郸市财政局供稿)

财政大事记

2004 年河北省财政厅大事记

1 月

1 月 2 日　全省财政工作会议在石家庄市召开。会议传达了全国财政工作会议和全省经济工作会议精神，总结了 2003 年财政工作，研究部署了 2004 年财政工作。各市财政局局长和办公室主任、预算科长，省直有关部门主管财务工作的领导同志及财务处长，厅机关副处级以上干部参加会议。省长季允石对会议作了重要批示，省委常委、常务副省长郭庚茂作了《开拓进取，求真务实，努力推进财政改革与发展再上新台阶》的讲话，省人大副主任王加林作了《深化改革，规范管理，加强发展，推动财政工作再上新台阶》的讲话，厅党组书记、厅长齐守印作了《奋发求突破，励精创新业，把各项财政改革与管理工作做深、做实、做出新成绩》的讲话。会议由省政府副秘书长刘印楼主持，省人大财经工委主任杜书箱，厅领导陈金城、左绍伟、郭秀堂、龚大来、乔满、高志立、尹立敏、郭长悟同志参加了大会。

1 月 7 日—9 日　厅党组副书记、副厅长陈金城带队参加了财政部在厦门召开的全国利用国际金融组织贷款工作会议。省财政厅在全国国际金融组织贷款管理综合评比中再次荣获特等奖。

1 月 8 日　助理巡视员、机关党委副书记尹立敏率领机关党委、工会对省财政厅困难职工进行了走访慰问，向这些职工转达了厅党组的关心和问候。

同日　厅党组书记、厅长齐守印在省十届人民代表大会第二次会议上作了《关于河北省 2003 年省级预算和省总预算执行情况及 2004 年省级预算和省总预算草案的报告》，会议审议批准了《2004 年河北省省级及全省政府预算（草案）》。

1 月 10 日—11 日　在我省涿州诚信大厦召开华北三省市行政机关后勤服务中心迎春联谊会。财政部机关服务中心主任吴畏带领部机关服务中心班子全体成员及部分处长参加了会议，助理巡视员郭长悟到会并作了重要讲话。

1 月 12 日—14 日　由厅领导齐守印、陈金城、左绍伟、郭秀堂、龚大来、乔满、高志立、尹立敏、郭长悟同志带队，分别到省财政厅 20 位离休干部和 8 位退休厅级干部及厅级干部遗属家中进行了春节慰问，征求对进一步搞好老干部工作的建议。同时还到邢台、保定、衡水看望了异地安置的退休干部遗属。

1 月 13 日　厅党组书记、厅长齐守印主持召开党组会，厅党组成员陈金城、左绍伟、郭秀堂、龚大来、乔满同志参加了会议，厅内部分处室主要负责同志列席了会议。会议主要内容：①传达全国人才工作会议精神，学习《中共中央、国务院关于进一步加强人才工作的决定》，提出了财政厅贯彻落实意见；②学习贯彻《中国共产党党内监督条例》、《中国共产党纪律处分条例》；③传达省政协九届二次及省人大十届二次会议精神；④传达刘德旺同志在全省市厅级领导班子民主集中制集中学习教育活动总结电视电话会上讲话精神；⑤研究确定财政厅 2004 年财政工作要点及突破性工作；⑥听取省注协近期工作汇报；⑦听取对金海园、涿州培训基地收支检查情况的汇报，研究进一步加强财务管理意见和整改措施；⑧研究监督处关于在省直部门推行财务总监制度试点的报告；⑨对省财政厅机构编制进行综合分析，提出调整建议；⑩2003 年述职考核情况；⑪听取关于厅老干部座谈会情况的汇报。

同日　在金谷大厦召开省直、中直单位会计继续教育座谈会，副厅长郭秀堂到会并讲话。

1 月 14 日　召开厅离退休干部和提前离岗、内退干部春节茶话会。会议由厅党组成员、纪检组长、监察专员龚大来主持，厅党组书记、厅长齐守印作了重要讲话，向老干部通报了 2003 年度全省财政工作情况及 2004 年度工作设想，向老同志们拜年。厅领导陈金城、郭秀堂、乔满、尹立敏同志参加了茶话会。

同日　厅党组副书记、副厅长陈金城主持召开了全省企业财务管理工作座谈会，并作了《转变思路，准确定位，做好新时期企业财务工作》的重要讲话。

1月19日　厅党组书记、厅长齐守印主持召开党组会，厅党组成员陈金城、左绍伟、郭秀堂、龚大来、乔满、高志立同志参加了会议。会议主要内容：学习贯彻省委2004年工作要点，讨论《中共河北省委关于推进农村小康社会建设若干重要问题的意见》，讨论齐守印同志在春节后全厅表彰动员大会上的讲话。

1月24日　厅党组副书记、副厅长陈金城参加了企业处组织的关于建立财源监控体系座谈会，并作了重要讲话。

1月31日　省财政厅召开2003年度总结表彰暨2004年工作动员大会。会议表彰了2003年度先进集体和先进个人。根据《中共河北省财政厅党组关于表彰2003年度先进集体和先进个人的决定》，授予人教处（培训中心）等14个单位"先进集体"称号；授予李杰刚、范素文同志优秀公务员称号，并记二等功；授予沈诚君、张文杰、张铁池、张丽莉、郑桂媛5名同志优秀公务员称号，并记三等功；授予高宏伟等34名同志优秀公务员称号，并给予行政嘉奖；给予赵森等8名同志行政嘉奖；授予冯兴平、石晓焕同志优秀工作人员称号，并给予行政嘉奖；授予厅和农开办直属事业单位主要负责人王洪卫等6名同志和冀平等30名同志优秀工作者称号，并给予嘉奖奖励；给予赵增群等7名同志嘉奖奖励。

厅党组书记、厅长齐守印作了《发扬成绩，继续前进，努力实现全厅工作新跨跃》的重要讲话，大会由厅党组副书记、副厅长陈金城主持，厅领导左绍伟、郭秀堂、龚大来、乔满、高志立、尹立敏、郭长悟同志出席了会议。

2月

2月6日　厅党组书记、厅长齐守印主持召开厅长办公会，厅领导陈金城、左绍伟、郭秀堂、龚大来、乔满、高志立同志参加了会议。会议内容：

①研究部署防治高致病性禽流感工作，成立了财政厅防治高致病禽流感工作小组，副厅长左绍伟任组长，石树鹏同志任副组长，预算处、经济建设处、社保处等负责同志为小组成员。②安排部署2004年全省"金财工程"建设工作，研究通过《2004年全省"金财工程"建设总体安排》。③研究通过《财政厅2004年出国考察（培训）组团计划初审意见》。④研究省财政周转金有关项目处理意见。

同日　厅党组书记、厅长齐守印主持召开党组会，厅党组成员陈金城、左绍伟、郭秀堂、龚大来、乔满、高志立同志参加会议。会议学习了胡锦涛总书记在河北考察时的重要讲话，提出省财政厅贯彻落实意见。会议还研究确定了省财政厅2004年财政工作思路。

2月4日—8日　财政部社保司路和平司长一行到涿州调研社会保障工作，省财政厅副厅长郭秀堂陪同调研。

2月11日　龙庄伟副省长主持听取省地震局和省财政厅关于组建应急救援大队的意见，省财政厅副厅长郭秀堂参加了会议。

同日　厅党组书记、厅长齐守印主持召开厅长办公会，厅领导陈金城、郭秀堂、龚大来、高志立同志参加会议。会议主要研究了《河北省省级预算管理办法》、《河北省省级财政监督办法（试行）》等。

2月12日　省财政厅副厅长郭秀堂到省政法职技学院就其建设问题进行调研。

2月12日—13日　厅党组副书记、副厅长陈金城率亚行技援"河北省发展战略研究"项目部分咨询专家和省直有关部门代表参加了国家发改委在廊坊举办的"京津冀区域经济合作研讨会"，并就亚行项目研究报告框架进行了讨论。

2月13日　批复省直121个部门2004年部门预算，其中：省地税局、省工商局、省质量技术监督局、省公安交管局、省公安交警高速总队等省级垂管部门，首次将预算编制到了县级预算单位。

2月17日　省财政厅厅长齐守印、副厅长郭秀堂、高志立和助理巡视员尹立敏到支付中心检查指导集中支付改革工作。

2月17日—19日　省项目办在保定市举办了亚行贷款河北省海滦河水污染防治项目启动班，对市项目办、财政局、项目单位、设计院及招标公司的70余名代表进行了培训，厅党组副书记、副厅长、省项目办主任陈金城到会讲话。

2月19日　厅党组书记、厅长齐守印主持召开党组会，厅党组成员陈金城、左绍伟、郭秀堂、龚大来、乔满、高志立同志参加了会议。会议主要内容：传达贯彻全省组织部长、全省保密工作和全省老干部工作会议精神，通报了2003年度财政系统行风评议情况。

同日　龙庄伟副省长主持听取全省危房改造和布局调整工程情况汇报，省财政厅副厅长郭秀堂参加了会议。

同日　经考核试用期间表现，厅党组研究决定：张承东同志任省财政厅国库处副处长；白志平同志任《河北财会》编辑部副总编；赵增群同志任省财税信息中心副主任；崔盼来同志任省政府外债项目管理服务中心副主任。以上 4 名同志任职时间自 2003 年 1 月 29 日算起。

2 月 20 日　为贯彻落实省委、省政府在全省实施"十项民心工程"的决定，根据省财政厅的工作职责，经厅领导研究决定，成立"十项民心工程"财政工作领导小组。副厅长郭秀堂任组长，领导小组办公室设在社保处。3 月 11 日，根据厅领导批示，制定了"十项民心工程"财政工作领导小组办公室工作制度。4 月 22 日，向省政府督查室报送了省财政厅关于"十项民心工程"实施方案。4 月 27 日，制定印发了《十项民心工程财政工作暨责任制一览表》，进一步落实了责任。

2 月 25 日—26 日　国家西部地区"两基"攻坚会议在北京召开。国务委员陈至立就普及九年义务教育、建立寄宿制学校等问题作了重要讲话，副厅长郭秀堂参加了会议。

2 月 27 日　厅党组书记、厅长齐守印主持召开党组扩大会，厅领导陈金城、左绍伟、郭秀堂、龚大来、高志立、尹立敏、郭长悟同志参加了会议。会议传达贯彻省委六届五次全会、省纪委第四次全体会议、省政府第二次廉政工作会议和全省贯彻实施行政许可法工作会议精神，研究了《河北省财政厅关于创建学习型机关的意见》、《关于推荐参加省直文明单位、文明处室评比的请示》，对今后一段时间厅内工作做出安排部署。

同日　全省财政系统 2003 年民主评议行风工作总结表彰暨 2004 年动员网络电视大会召开。省厅机关全体党员干部、事业单位处级以上干部，各市财政局科级以上干部，各县(市、区)财政局主要领导参加了会议。会议由厅纪检组长、监察专员龚大来主持，厅党组书记、厅长齐守印作了动员讲话。

2 月 28 日　厅党组书记、厅长齐守印主持厅务会，厅领导陈金城、左绍伟、郭秀堂、龚大来、乔满、高志立、尹立敏、郭长悟同志出席会议，厅机关各处室、各单位主要负责人参加了会议。会议内容：①传达了省委六届五次全会精神，学习讨论了省委、省政府《关于推动农村小康社会建设若干重要问题的意见》，研究通过了《河北省财政厅关于促进农民增收和农村小康社会建设的若干措施》；②传达了省纪委四次全会、省政府第二次廉政工作会议和全省评议行风动员大会情况；③省委决定，齐守印同志自 3 月 1 日起到中央党校学习一年，期间由陈金城同志主持厅内日常工作。会议部署了当前各项工作，调整部分厅领导分工：陈金城同志代管预算处(预算编审中心)、人教处；尹立敏同志分管机关党委的同时，分管机关服务中心，协助陈金城同志分管企业处；郭长悟同志在分管培训中心的同时，分管函校(省直会计人员服务中心)；④传达了全省保密工作会议精神，提出省财政厅贯彻落实意见。

同日　国富集团召开 2003 年总结表彰暨 2004 年目标责任书签字大会。副厅长左绍伟出席会议并讲话。

2 月 29 日　郭庚茂常务副省长、刘印楼副秘书长一行到省财政厅听取工作汇报。厅党组书记、厅长齐守印汇报了当前的财政工作和 2003 年省级财政决算有关问题。省委常委、常务副省长郭庚茂作了重要指示：

一、关于齐守印同志在中央党校学习期间，省财政厅领导班子工作问题。齐守印同志在中央党校学习期间，省财政厅日常工作由陈金城同志主持，陈金城同志要履行好主持工作职责，做到大胆负责，大事沟通，重大问题要与齐守印同志沟通。各位厅领导要密切配合，齐心协力，恪尽职守，做好工作。

二、关于当前财政工作问题。财政工作是各种利益交汇中心。目前处于体制调整完善过程中，矛盾突出，做好财政工作要注意五点：一是要讲政治。财政与政治密切相关，要有统筹兼顾的思想，兼顾各方面利益，考虑各方面的承受能力。首先要保持政治安定和社会稳定，其次要处理好上下级之间的关系、行政事业与社会公众的关系。二是要坚持"五个统筹"，经济是财政基础，要做好财源建设。三是要善于综合地考虑实际问题。四是财政要发挥综合职能，要抓大事。处理好分级管理，处理好与各部门之间关系。抓好政策、法规、体制的建设，综合平衡，责任分散，从具体事务中跳出来，不能抓小事丢大事，管具体事多，矛盾就集中，凡有主管部门的，责任一定要压在部门。要抓好监督落实,加强财政监督。五是财政要注意机制和导向,建立长效财政管理机制,促进良性发展。

郭庚茂常务副省长还对2003年省级财政决算和全省金融监管问题讲了具体意见。

厅领导陈金城、左绍伟、郭秀堂、龚大来、高志立同志和有关处室负责人参加了汇报会。

同日 省委常委、常务副省长郭庚茂在中国大酒店会见了前来参加亚行技援“河北省发展战略研究”项目第二次技术研讨会的亚洲开发银行驻华代表处副代表、首席经济学家汤敏及全体中外咨询专家。厅党组副书记、副厅长、项目办主任陈金城参加了会见。

3月

3月1日—2日 副厅长左绍伟先后考察了恒实房地产公司沧州项目部和河北国富草业公司。

3月2日 副厅长左绍伟参加了在吴桥县财政干部培训中心召开的全省收费管理工作会议,并作了重要讲话。

3月2日—3日 财政部在我省廊坊市召开了全国财政系统粮食直补工作会议。各省(市、自治区)财政厅(局)主管厅(局)长、处长等共120人参加会议,会议对2004年粮食直补工作进行了安排部署,朱志刚副部长出席会议并作了重要讲话。郭庚茂常务副省长会了朱志刚副部长一行,省财政厅党组副书记、副厅长陈金城参加了会议。

3月3日 省财政厅副厅长郭秀堂主持召开2004年厅机关党风廉政建设工作会议。厅机关及所属企事业单位全体干部职工参加了会议。厅纪检组长、监察专员龚大来作了重要讲话。

3月7日 省财政厅党组书记、厅长齐守印主持召开党组会,厅党组成员陈金城、左绍伟、乔满、高志立同志参加了会议。会议主要通报和研究了燕山公司香港诉讼案问题。

3月8日 全厅妇女职工赴北京观看升国旗仪式,接受爱国主义教育。厅党组书记、厅长齐守印、助理巡视员尹立敏一起参加了活动。

3月9日 厅党组副书记、副厅长陈金城到支付中心检查指导工作。

3月11日—12日 河北省会计管理工作会议在石家庄召开。各市财政局主管会计工作的局长、会计科(处)长等参加了会议。省财政厅副厅长郭秀堂出席了会议并作了重要讲话。

3月12日 厅党组副书记、副厅长陈金城主持召开党组会,厅党组成员左绍伟、郭秀堂、乔满、高志立同志参加了会议。会议主要内容:研究通过了《河北省财政厅2004年度财政干部培训计划》,研究省政府十项民心工程责任制中涉及财政的工作问题,传达全国财政粮食直补工作会议精神及我省贯彻意见。

同日 召开了全省财政系统“金财工程”建设网络电视会议。厅领导陈金城、高志立同志出席会议,并作重要讲话。全省各市县财政局局长,预算(编审中心)、国库(支付中心)、收费局、信息中心等处室部门的主要负责同志参加了会议。

3月13日 芬兰、丹麦、冰岛、瑞典、挪威等北欧五国大使和联合国亚太组织农业工程及机械中心顾问范铭义等组成的访问团到国富爱德生物工程有限责任公司参观。

3月16日 厅党组研究决定:高景良同志任省财政厅国库处处长、省级财政支付中心主任,免去其省财政厅条法处处长职务;王振东同志任省财政厅教科文处处长,免去其省财政厅预算编审中心主任职务;李博同志任省财政厅经济建设处处长,免去其省财政厅教科文处处长职务;姚绍学同志任省财政厅综合处处长,免去其省财政科学研究所主任职务;王中敏同志任省财政厅农税处处长,免去其省财政厅国库处处长、省级财政支付中心主任职务;张鹏柱同志任省财政厅条法处处长,免去其省收费管理局局长职务;吕国新同志任省收费管理局局长,免去其省财政厅农税处处长职务;赵文海同志兼任省财政厅预算编审中心主任;邢永春同志任省财政科学研究所所长,免去其省财政厅综合处处长职务;李毅同志任省财政厅办公室副主任,试用期一年,免去其省财政厅办公室助理调研员职务;孙仁宏同志任省财政厅行政政法处副处长,免去其省财政厅办公室副主任职务;闫振武同志任省财政厅经济建设处副处长,试用期一年,免去其省财政厅经济建设处助理调研员职务;冯鸿雁同志任河北财政干部培训中心副主任,试用期一年,免去其省财政厅统计评价处助理调研员职务;王占虎同志任省财政厅社会保障资金审核服务中心副主任;谷明印同志任省财政厅机关工会专职副主席(副处级);张爱民同志调财政监督检查局工作(副处级),免去其河北省经济开发投资公司专职工会主席职务；金燕平同志任《河北财会》编辑部总编助理（副处级）。

同日　经考核试用期间表现，厅党组研究决定：王晓轩同志任省财政厅机关服务中心主任，任职时间自2003年2月24日算起。

3月17日　全省公共卫生项目建设调度会在石家庄召开，省公共卫生项目建设领导小组组长、副省长孙士彬主持会议并作重要讲话。省财政厅副厅长高志立参加会议并作了《认真落实资金，切实加强监管，积极支持公共卫生项目建设》的发言。

3月18日　河北省人民政府办公厅转发省财政厅《关于全面推进政府采购制度改革意见的通知》。

3月20日—4月29日　由专员助理李永和带队的财政部驻青海专员办一行11人来冀，就我省农村税费改革及转移支付资金分配使用情况进行专项检查。副厅长陈金城、左绍伟在石家庄分别会见了检查组。

3月22日　副厅长郭秀堂参加了孙士彬副省长主持召开的河北省体育中心筹建工作调度会，会议确定了省体育中心的建设规模、筹资渠道等。

3月23日—25日　在廊坊召开全省农业财务工作会议暨第三届农财研究会理事会议。副厅长左绍伟到会并作重要讲话。会议邀请国务院发展研究中心农村研究部韩俊部长作了"三农"问题专题讲座。

3月23日—25日　郭庚茂常务副省长率省直有关部门主要负责同志参加了国务院粮食工作会议，听取了温家宝总理关于粮食问题的重要讲话。省财政厅副厅长陈金城参加了会议。

3月25日　付双建副省长一行到省财政厅视察信息化建设工作。厅党组副书记、副厅长陈金城出席汇报会，厅党组成员、副厅长高志立代表厅党组汇报了几年来我省的财政信息化建设情况。随后，付双建副省长一行参观了厅信息中心机房，现场观摩了人事编制工资发放系统、预算编审支持系统、国库支付系统等软件的运行使用情况，对我省财政信息化建设工作给予高度评价，同时希望省财政厅再接再厉，努力推进全省财政信息化建设工作再上新台阶。

3月27日　厅党组书记、厅长齐守印主持召开厅长办公会，厅领导陈金城、左绍伟、郭秀堂、乔满、高志立、尹立敏同志参加了会议。会议主要内容：①陈金城同志汇报国务院粮食工作会议精神，研究省财政厅粮食直补办法；②研究通过了《省级财政支持经济社会发展资金管理办法》；③就省政府《关于省级投资调节类和地方金融类机构（企业）管理方式若干意见》提出贯彻意见；④研究了一季度省财政厅十四项突破性业务工作进展情况。

同日　在石家庄市召开了省粮食直补工作座谈会。各市财政局主管粮食财务工作的局长和经建（商贸）科长参加了会议，副厅长左绍伟出席会议并参加了座谈。会议讨论研究了我省粮食直补方案，研究了粮食直补资金筹措办法。

3月29日　省财政厅助理巡视员尹立敏参加了省政府组织召开的全省企业兼并破产和债转股工作会议，并在会上作了题为《充分发挥财政职能，稳步推进企业关闭破产工作》的发言。

3月31日　全省农业和粮食工作会议提出，2004年全省农业税平均税率降低3个百分点，有条件的地方可以多降一些或免征农业税。取消除烟叶以外的农业特产税。农业税附加和农业特产税附加随正税相应减少或取消。

4月

4月2日　召开了全省资产评估行业检查动员暨培训工作会议，省财政厅助理巡视员尹立敏到会上作了重要讲话。

4月5日　左绍伟副厅长主持召开全省农村税费改革和农税征管工作座谈会，传达全省粮食和农业工作会议有关精神，对我省降低农业税税率工作进行部署。省财政厅综合处、农业处及各市财政局主管农村税费改革的局长和综合科（处）长、农税科（处）长参加了会议。

4月5日—17日　在北京举办了两期全省会计继续教育管理暨师资培训班。财政部干教中心副主任、中华会计函授学校副校长李赤，省财政厅助理巡视员郭长悟到会并作重要讲话。

4月8日　省财政厅组织召开了省直加强财务管理暨2005年预算编制工作会议，省政府刘印楼副秘书长主持会议，省人大财经工委主任杜书箱同志和厅党组副书记、副厅长陈金城作重要讲话。会议总结了2004年省直预算编制工作，表彰了40个2004年省级部门预算编制先进单位，部署了2005年省级预算编制工作。

同日　郭秀堂副厅长参加了龙庄伟副省长主持

召开的“省十所骨干高校加快建设发展”座谈会。

同日　经厅党组研究，报省人事厅批准：胡宝民同志任省财政厅经济建设处调研员，免去其省财政厅经济建设处副处长职务；王清民同志任省财政厅行政政法处调研员，免去其省财政厅行政政法处副处长职务；张铁池同志任省财政厅农业处助理调研员；吕申国同志任省财政厅企业处助理调研员；张杰同志任省财政厅国库处助理调研员。以上 5 名同志任职时间自 2004 年 3 月 17 日算起。

4 月 9 日　省政府在石家庄市召开对种粮农民直接补贴工作座谈会。各市主管财政（农业）的副市长、财政局主管局长参加了会议。会议由省财政厅副厅长左绍伟主持，宋恩华副省长出席并讲了重要意见。会议讨论了省财政厅起草的《河北省对种粮农民直接补贴暂行办法》。

4 月 12 日　省委召开六届省委常委会第 84 次会议，听取并研究了全省对种粮农民直接补贴工作，原则同意《河北省对种粮农民直接补贴暂行办法》，以省政府文件印发。

同日　厅党组研究决定：李杰刚同志任省财政厅预算处副处长，试用期一年；范素文同志任省财政厅社会保障处副处长，试用期一年；高志勇同志任省财政厅机关服务中心副主任，试用期一年。以上 3 名同志任职时间自 2004 年 3 月 12 日算起。

同日　厅党组研究决定：解建国同志任省财政厅经济建设处副处长，免去其省监察厅驻省财政厅监察专员办公室副主任职务；宋立根同志任省财政科学研究所副所长（正处级），免去其省财政科学研究所副主任职务；陈国绪同志任省财政科学研究所副所长，免去其省财政科学研究所副主任职务。

4 月 14 日　省政府召开全省对种粮农民直接补贴和减免农业税政策培训电视电话会议。会议由省政府副秘书长曹振国主持，宋恩华副省长出席并讲话，左绍伟副厅长作了关于《河北省对种粮农民直接补贴暂行办法》和 2004 年深化农村税费改革工作的说明。

同日　河北省对种粮农民直接补贴工作小组办公室成立。办公室主任由省财政厅副厅长左绍伟担任。当日召开了办公室第一次全体会议，研究确定了办公室内部机构设置、组成人员、职责分工、工作制度和近期重点工作。

4 月 15 日—16 日　全国财政系统第一次关税税政工作会议在浙江杭州市召开。财政部朱志刚副部长出席会议并讲话。省财政厅党组副书记、副厅长陈金城参加了会议。

4 月 16 日　按照省政府的要求，陈金城副厅长主持召开了省属金融企业工作会议，并就如何加强金融企业资产财务监管工作讲了意见。

4 月 17 日　省政府在保定市博野县召开部分市、县参加的对种粮农民直接补贴工作座谈会。左绍伟副厅长主持会议，宋恩华副省长出席会议并讲话。

4 月 20 日　在涿州召开部分市、县参加的对种粮农民直接补贴工作调度会。左绍伟副厅长主持会议并讲话。

4 月 20 日—21 日　由河北省资产评估行业全面检查领导小组副组长、省财政厅助理巡视员尹立敏带队，赴石家庄、衡水两地的检查，对检查组的工作进行了督导巡视。

4 月 22 日—23 日　全省财政涉外工作暨政府外债管理软件培训会议在唐山召开。各市财政局主管局长、涉外科长及部分县国外贷款业务主管共 70 余人参加会议。厅党组副书记、副厅长陈金城出席会议并作了题为《提高认识，扎实工作，努力把全省利用国外贷款工作做深做实》的讲话。

4 月 23 日　财政部经济建设司李敬辉副司长一行到我省廊坊市就农业土地开发专项资金管理有关事项进行了调研，并实地察看了部分土地开发整理项目。

4 月 23 日—24 日　全省中小学危房改造和布局调整两项工程现场会在沧州召开。教育、财政、发改委三部门的省市两级领导及各市主管市长参加了会议，龙庄伟副省长出席会议并作了重要讲话，郭秀堂副厅长以《支持两项工程，促进农村教育发展》为题作了大会发言。

4 月 24 日—28 日　省直补办组成 5 个检查督导组，分赴 11 个市，深入 23 个县、43 个乡（镇）、80 多个村进行检查督导。左绍伟副厅长带队对石家庄、保定两市部分县的粮食直补工作进行了督导。

4 月 26 日　厅党组副书记、副厅长陈金城主持召开党组会，厅党组成员左绍伟、郭秀堂、龚大来、乔满、高志立同志参加了会议。会议主要内容：研究全省财政系统先进工作者和先进集体评选问题，传达贯彻全国深化干部人事制度改革工作电视电话会议精神,安排部署2004年党风廉政建设责任制工作及分工。

同日 厅党组副书记、副厅长陈金城主持召开厅务会,厅领导左绍伟、郭秀堂、乔满、高志立、尹立敏、郭长悟同志出席会议。各处室(单位)主要负责同志参加了会议。会上,左绍伟副厅长通报了加强粮食生产和粮食直补工作情况;郭秀堂副厅长通报了“民心工程”进展情况;乔满主任通报了农业开发工作情况;高志立副厅长通报了拟研究出台的手机话费补贴和行政事业单位资产管理工作情况;办公室王秋民主任通报了厅十四项突破性业务工作进展情况。最后,陈金城副厅长总结了今年一季度的工作,对第二季度的工作进行了安排部署。

4月29日 省财政厅召开了答复省政协“关于强化财政监督的建议”第54号提案(开门办案重点提案)座谈会。农工党河北省委李寿龄副主委、徐英秘书长、党春英调研员,省政协提案委伊芳宝副主任、办公室党建华副主任,省政府督查室王云飞副主任,省财政厅郭秀堂副厅长参加了座谈会。会上,郭秀堂副厅长汇报了我省财政监督工作,李寿龄副主委对省财政厅关于54号提案的答复意见给予了充分肯定。省政协提案委伊芳宝副主任、省政府督查室王云飞副主任也分别对提案答复工作讲了几点意见,对省财政厅的提案答复工作给予了高度评价。

5月

5月8日 省委召开推进农村小康社会建设宣讲团政策培训大会,左绍伟副厅长就对种粮农民直接补贴和减免农业税政策作了专题辅导。

5月9日 省政府在石家庄市河北会堂召开电视电话会议,安排部署全省2004年治理教育乱收费工作。左绍伟副厅长就财政系统做好治理教育乱收费工作作了部署。

5月9日—12日 河北省注册会计师协会组织召开了“河北省资产评估行业全面检查情况审理汇报工作会议”,就本次检查的具体情况向省资产评估行业全面检查领导小组作了详细汇报。省资产评估行业全面检查领导小组副组长、省财政厅助理巡视员尹立敏出席会议并作了重要讲话。

5月10日 厅党组研究决定:胡宝民同志任省财政厅办公室调研员,免去其省财政厅经济建设处调研员职务;王清民同志任省财政厅社会保障处调研员,免去其省财政厅行政政法处调研员职务;杨焕族同志任省财政厅预算编审中心调研员,免去其省财政厅社会保障处调研员职务。

5月12日 厅党组副书记、副厅长陈金城就农民粮食直补问题赴保定定兴农村调研。

同日 郭秀堂副厅长随同龙庄伟副省长到张家口就北方学院、河北建筑工程学院建设问题及市属高校布局调整问题进行调研。

同日 省财政厅再次对粮食直补工作进行调度。11个设区市财政局的经建(商贸)科长参加了会议,左绍伟副厅长出席了会议并对粮食直补工作提出了具体要求。

5月15日 按照省委统一部署,省委第二考核组对省财政厅领导班子和省管干部2003年度工作进行实地考核,厅党组书记、厅长齐守印代表领导班子和个人作大会述职述廉报告。

5月16日 省财政厅第八届春季运动会在河北经贸大学会计学院举行,全厅近500名干部职工参加了这次运动会,厅领导齐守印、陈金城、左绍伟、郭秀堂、龚大来、乔满、高志立、尹立敏、郭长悟同志出席并参加了运动会。运动会由助理巡视员、机关党委副书记尹立敏主持。

5月17日 厅党组副书记、副厅长陈金城主持召开厅长办公会,厅领导左绍伟、郭秀堂、乔满、高志立、尹立敏、郭长悟同志参加了会议。会议研究了《河北省人民政府关于改革和完善行政事业单位国有资产管理体制的意见》、《河北省财政厅内部接待外部审计职责分工及工作程序》、《河北省财政厅聘用注册会计师等专业人员参加财政监督检查管理办法(试行)》。

5月19日—20日 在北戴河财政干部培训中心召开全省财政系统纪检监察工作会议。厅党组副书记、副厅长陈金城主持会议,厅纪检组长、监察专员龚大来作了重要讲话。各市财政局纪检组长、监察室主任参加了会议。

5月20日 郭秀堂副厅长参加了龙庄伟副省长主持召开的全省高校后勤社会化改革会议。

5月22日—25日 省财政厅举办了全省外资外贸企业财务管理培训班,各市财政局和省属外资外贸企业的有关人员参加了培训,省财政厅助理巡视员尹立敏到会并作了重要讲话。

5月24日 省政府召开全省国有粮食购销企业改革调度电视电话会。会议由省政府副秘书长曹振国主持，宋恩华副省长出席会议并讲话，厅党组副书记、副厅长陈金城参加会议并发言。

同日　郭秀堂副厅长在河北会堂参加省政府2004年重点调研课题发布会。

5月25日　郭秀堂副厅长在省图书馆参加了河北省“送书下乡工程”图书赠送仪式。

5月26日　在石家庄召开市级财政国库管理制度改革试点工作座谈会。左绍伟副厅长到会并作了重要讲话。

同日　厅党组副书记、副厅长陈金城带队参加了财政部和世界银行联合在上海举办的全球扶贫大会，听取了温家宝总理的重要讲话。

同日　河北省2004年会计专业技术资格考试考务工作会议在保定满城召开。郭秀堂副厅长出席会议并作了重要讲话。

同日　《河北省人民政府关于各市农业税适用税率的批复》(冀政函[2004]55号)同意各市按降低后的新税率征收农业税和农业税附加，农业税附加仍为农业税税额的20%。按照降低后的税率测算，2004年全省农民农业税及附加负担将比2003年减少15.6亿元。

5月27日　全省纠风工作会议在石家庄召开，省委副书记、省纪委书记张毅，省委常委、常务副省长郭庚茂到会作重要讲话。左绍伟副厅长就财政系统2004年深化农村税费改革、减轻农民负担、治理乱收费和整顿统一着装工作进行安排部署。

5月28日　省政府在石家庄市召开全省对种粮农民直接补贴和减免农业税工作电视电话会议。曹振国副秘书长主持，宋恩华副省长出席会议并讲话，左绍伟副厅长参加了会议。

5月30日　厅党组书记、厅长齐守印主持召开党组会，厅党组成员左绍伟、郭秀堂、高志立同志参加了会议。会议研究了《河北省财政厅关于创建学习型财政机关的实施方案》及有关干部人事问题。

5月31日　郭秀堂副厅长参加了省历史博物馆建设方案论证会，与有关部门领导和专家一起对拟扩建的历史博物馆6个方案进行了研究论证。

6月

6月1日—3日　全国税政工作会议在吉林省长春市召开，各省、市、自治区主管税政工作的厅局长、主管处长近100人参加了会议。会议研究了新一轮税制改革的进展情况，并布置了2004年度及以后年度的税政工作。省财政厅高志立副厅长参加会议。

6月1日—5日　由厅助理巡视员尹立敏带队的省人事厅、劳动厅、财政厅相关人员组成的省政府督查组，对秦皇岛市企业军转干部解困工作进行了督查。

6月4日　省委批准：徐立海同志任省财政厅党组成员、省纪委驻省财政厅纪检组组长；免去龚大来同志的省财政厅党组成员、省纪委驻省财政厅纪检组组长职务。

6月10日　厅党组副书记、副厅长陈金城主持召开党组会，厅党组成员左绍伟、郭秀堂、龚大来、乔满、高志立同志参加了会议。会议研究了《关于四家省级金融企业经营管理情况和管理意见》和有关干部人事问题。

同日　经考核试用期间表现，厅党组研究决定：王洪卫同志任省财税信息中心主任；王进同同志任省财政投资评审中心主任。以上2名同志任职时间自2003年5月18日算起。

6月11日—12日　省政府召开了全省粮食流通体制改革会议，郭秀堂副厅长参加了会议。

6月11日—13日　河北省财政投资评审工作经验交流会议在我省廊坊市召开。财政部投资评审中心康学军主任及省财政厅党组副书记、副厅长陈金城参加了会议并作了重要讲话

6月12日　财政部在涿州召开全国中央政法补助专款管理工作会议，会议布置了2004年新增中央政法补助专款规划编制并下达专款预分配方案；培训了政法部门基本情况统计报表软件；讨论了中央政法补助办案专款管理办法。财政部行政政法司司长李林池同志到会作了重要讲话。厅长齐守印、副厅长高志立参加了会议。

6月14日　副厅长高志立向省人大财经委汇报了2003年全省和省级财政决算及2004年1—5月预算执行情况。

6月16日　河北省红十字会第三次会员代表大会在石家庄市召开，郭秀堂副厅长参加会议并当选省红十字会第三届理事会副会长。

6月17日　省厅“金财工程”建设领导小组召开了第三次工作会议。会议由高志立副厅长主持，办公室、预算处、国库处、收费局、信息中心、行政政法处、社保处、农税处等“金财工程”领导小组成员单位

负责同志参加了会议。

6月21日 河北省文化工作调度会在石家庄市召开，孙士彬副省长到会作了重要讲话。郭秀堂副厅长参加会议，并作了《发挥财政职能作用，促进文化繁荣发展》的发言。

同日 省政府就我省落实企业军转干部解困工作向国务院联合督查组进行了汇报。省财政厅助理巡视员尹立敏和行政政法处负责同志参加汇报会。

6月25日 财政部老干部局胡华庭局长带队一行17人，由厅党组成员、纪检组长徐立海陪同到我省黄骅市进行了为期两天的参观活动。

6月30日 省政府决定：任命徐立海同志为河北省监察厅驻河北省财政厅监察专员；免去龚大来同志的河北省监察厅驻河北省财政厅监察专员职务，退休。

同日 厅党组研究决定：李新同志任省财政厅预算编审中心副主任，试用期一年，任职时间自2004年6月10日算起。

同日 召开全省防汛工作会议，省委副书记冯文海、副省长宋恩华参加会议并作重要讲话。左绍伟副厅长参加了会议。

7月

7月1日 厅党组副书记、副厅长陈金城主持召开了老干部各党支部委员和离退休厅级干部参加的座谈会，纪检组长、监察专员徐立海，助理巡视员尹立敏参加了会议。陈金城副厅长向老干部通报了我省1—5月份财政收入情况，分析了当前我省财政经济形势，并围绕如何进一步做好省财政厅老干部工作进行了座谈。

同日 省本级扩大国库管理制度改革试点范围工作启动。根据我省财政国库管理制度改革“分步实施、扎实推进、逐步深化”的总体部署，在2003年将省直23个一级预算单位本级纳入第一批改革试点范围的基础上，将省级其余83个正常经费由省级财政性资金保障的一级预算单位纳入改革试点范围。

同日 省财政厅机关妇委会召开代表大会，选举出了新一届机关妇委会。厅助理巡视员、机关党委副书记尹立敏参加了会议并作重要讲话。

7月2日 厅党组副书记、副厅长陈金城主持召开党组会，厅党组成员左绍伟、乔满、徐立海同志参加了会议。会议传达贯彻省纪检监察工作座谈会精神；研究了《2004年厅属事业单位专业技术职务聘任问题》；通报了近期工作；研究了干部人事工作。

同日 省直部分部门“创学习型机关，建高素质队伍”经验交流会在省人事厅召开，厅党组副书记、副厅长陈金城作了重点发言。

7月3日 2003—2004年度厅机关党建工作总结表彰大会在厅机关三楼会议室召开。会议表彰了本年度先进党支部、优秀共产党员、优秀党务工作者，会议由助理巡视员、机关党委副书记尹立敏主持，郝炳新同志代表机关党委作了工作报告，党组副书记、副厅长陈金城代表厅党组作了重要讲话，党组书记、厅长、厅机关党委书记齐守印为全厅党员上了一次党课。

7月5日—6日 全国农村税费改革试点工作会议在北京国谊宾馆召开。各省、自治区、直辖市主管农村税费改革的政府领导和有关部门的负责同志参加会议。省财政厅副厅长、省税改办副主任左绍伟参加会议。

7月6日 省财政厅助理巡视员尹立敏参加了由付双建副省长主持召开的石家庄铁路分局分离办社会职能工作会议，并在会上作了题为《发挥财政职能，积极推进分离企业办社会职能工作》的发言。

7月8日 省财政厅副厅长、省税改办副主任左绍伟向省政府常务会议汇报全国农村税费改革试点工作会议精神及我省贯彻意见。省委副书记、省农村税费改革领导小组组长冯文海听取专题汇报。

7月9日 省政府召开河北省国有粮食购销企业改革电视电话会议，总结前一段全省国有粮食购销企业改革工作，分析存在的问题，安排部署下一步工作。宋恩华副省长作了重要讲话，省财政厅左绍伟副厅长参加了会议。

7月10日 邀请国务院法制办秘书行政司吕锡伟司长就贯彻《行政许可法》和国务院《全面推进依法行政实施纲要》进行了专题讲座，左绍伟副厅长主持了讲座，并就学习贯彻《行政许可法》提出了具体要求，讲座通过网络电视向各市财政局进行了现场直播。

7月12日 经省政府同意，河北省国有粮食购销企业财务挂账清理审计办公室举办了国有粮食购销企业财务挂账清理审计培训班，安排部署了国有粮食购销企业政策性亏损清理审计工作，对有关政策进行了培训。省财政厅郭秀堂副厅长到会并讲话。

7月13日—15日 厅助理巡视员尹立敏参加了由付双建副省长主持召开的全省市县属国有企业改革工作调度会，并在会上作了题为《发挥财政职能，支持国企改革》的发言。

7月14日—15日 郭秀堂副厅长随同孙士彬副省长到沧州进行调研，考察了市、县文化工作管理情况。

7月17日—18日 河北省院士联谊会第三次会员会议在承德市召开。郭秀堂副厅长参加了会议。

7月17日 厅党组副书记、副厅长陈金城受省政府委托，在省十届人大常委会第十次会议上作了《关于河北省2003年省本级决算及全省总决算情况的报告》和《关于2004年1—6月全省及省本级财政预算执行情况的报告》。

7月18日 全省农村税费改革工作试点工作会议在石家庄市召开，副省长宋恩华主持会议，省委副书记冯文海，省委常委、副省长郭庚茂作了重要讲话。会议总结了4年来我省改革工作经验，分析研究改革进程中的新形势、新情况，结合贯彻落实全国农村税费改革试点工作会议精神，安排部署了我省深化改革的各项工作。省财政厅副厅长、省税改办副主任左绍伟参加会议。

7月21日—23日 河北省财政投资评审培训班在石家庄市举办，11个市财政局及省直有关部门基建财务管理人员共120人参加了培训。财政部评审中心王淑荣副主任、天津理工大学尹贻林教授和柯洪博士应邀进行授课。郭秀堂副厅长到会并作了重要讲话。

7月23日 省机构编制委员会办公室批准：河北省收费管理局更名为河北省非税收入管理局；河北财政干部培训中心挂河北省财会干部教育中心牌子。

7月25日 在北戴河召开的省委常委(扩大)学习会议上，省财政厅党组副书记、副厅长陈金城作了《关于今年上半年全省财政经济形势及下半年工作建议的汇报》。所提建议得到了省领导的重视和肯定。由省财政厅亚行课题项目办组织撰写的《河北省发展战略前沿报告》得到了白克明书记的肯定，并指定印发省委常委(扩大)学习会上参阅。

同日 省财政厅副厅长、省税改办副主任左绍伟在北戴河向省委常委会汇报全国农村税费改革试点工作会议精神及我省贯彻意见。

7月27日—28日 河北省2004年度高级会计师培训班(第一期)在北戴河金海园宾馆举办，厅党组副书记、副厅长陈金城到会并讲话，郭秀堂副厅长作了《高度重视，勤奋学习，进一步提高全省会计队伍的专业素质和管理水平》的讲话。

7月30日 财政部社保司路和平司长一行到我省秦皇岛市调研社会保障工作。

8月

8月1日 按照《河北省财政厅关于省级财政国库管理制度改革试点向基层单位延伸有关问题的通知》(冀财库[2004]11号)要求，省科技厅、民政厅、审计厅、农业厅等4个省级预算部门的38个基层预算单位作为改革试点单位，省级基层预算单位财政国库管理制度改革工作正式启动。

8月3日 厅党组书记、厅长齐守印主持召开了厅长办公会，厅领导陈金城、左绍伟、徐立海、郭长悟同志参加了会议。会议听取有关处室关于全厅十四项突破性业务工作情况的汇报，并就下一步工作作出安排部署。

8月5日—6日 财政部财政科研宣传工作会议在张家口市赤诚县召开，财政部科研所贾康所长、省财政厅副厅长左绍伟参加会议并讲话。

8月6日—12日 厅党组副书记、副厅长陈金城就财政改革和财政如何支持经济发展等问题赴保定、廊坊、张家口市及所属徐水、香河、赤城、沽源、崇礼等县开展调研，厅办公室、预算处、经济建设处、企业处、国库处有关负责同志参加了调研活动。

8月9日 龙庄伟副省长召集研究全省义务教育实行收费"一费制"有关问题，郭秀堂副厅长参加了会议。

8月12日 财政部在内蒙召开全国部分省市财政厅(局)长座谈会，省财政厅党组书记、厅长齐守印参加了会议。

同日 左绍伟副厅长主持召开预算执行分析调度会议。国库处、预算处、农业处、经济建设处、教科文处、社保处、农开办、涉外处、行政政法处、企业处、支付中心、政府采购办公室的负责同志参加了会议。会议通报了1—7月份省本级专项资金的支出进度，分析了支出进度偏低的原因，提出了进一步加快省本级支出进度的要求，研究了相关措施。

8月16日　郭秀堂副厅长赴承德丰宁参加农村部分计划生育家庭奖励扶助金首发式。我省承德市被国家列为试点地区,有5103名年满60岁以上的符合执行计划生育政策的农村群众领到了一年一人600元的政府奖励金。这在我省执行计划生育政策历史上是第一次。

8月17日　厅党组书记、厅长齐守印主持召开厅长办公会,厅领导陈金城、左绍伟、乔满、尹立敏同志参加了会议。会议研究了2003年度财政结算有关情况等问题。

同日　厅党组书记、厅长齐守印主持召开党组会,厅党组成员陈金城、左绍伟、乔满、高志立同志参加了会议。会议传达全省市委书记、市长会议和全国部分省市财政厅(局)长座谈会精神,研究了干部人事问题。

8月20日　省政府再次召开河北省国有粮食购销企业改革电视电话会,会议总结前一段全省国有粮食购销企业改革工作,分析存在的问题,安排部署下一步工作。宋恩华副省长作了重要讲话,省财政厅陈金城副厅长参加了会议。

8月21日　厅党组副书记、副厅长陈金城在国富集团徐洪杰总裁、马国栋副总裁、河北恒实房地产开发有限公司张宗全副总经理的陪同下到其沧州项目部蝶园新村小区及河北国富草业有限公司、丰润县奶牛基地视察了解情况,并对公司发展提出了建设性意见。

8月22日—23日　全省财政工作会议在秦皇岛市召开。会议传达了全省市委书记、市长会议和全国部分地区财政厅(局)长座谈会精神,总结了1—7月份全省财政工作,研究部署了后几个月工作。各市财政局局长、办公室主任、预算科长参加了会议。厅党组书记、厅长齐守印作了《树立科学发展观,努力推进全省财政工作再上新台阶》的讲话,厅党组副书记、副厅长陈金城作了《把握大局突出重点,确保完成全年各项财政任务》的讲话。

8月23日　全省财政系统先进工作者和先进集体表彰大会在秦皇岛市召开。授予周巧娥等49名同志"全省财政系统先进工作者"称号,赵县财政局等81个单位"全省财政系统先进集体"称号。厅党组书记、厅长齐守印,厅党组副书记、副厅长陈金城向先进集体和个人代表颁发了奖牌和证书,并分别就财政队伍建设作了重要讲话。各市财政局主要负责同志、有关科室负责人及厅内各处室、事业单位负责同志约120人参加了会议。

同日　省农业产业化办公室召开农业产业化工作会议,省委副书记冯文海、副省长宋恩华参加会议并作重要讲话。左绍伟副厅长作了《加大投入,完善政策,积极支持农业产业化建设》的典型发言。

8月25日　省政府召开用科学发展观指导农业工作座谈会。宋恩华副省长参加会议并作重要讲话,左绍伟副厅长参加了座谈会并作《树立和落实科学发展观,积极做好农业财政工作》的发言。

同日　在沧州吴桥召开全省财政教科文绩效评价培训暨工作座谈会,全省11个市的财政局局长、教科文科长参加了培训。郭秀堂副厅长参加会议并作了《以科学发展观为指导、努力开创我省教科文财政管理新局面》的重要讲话。

8月25日—26日　世行贷款河北城市环境项目办公室(设在财政厅)在廊坊香河召开了世行贷款河北城市环境项目(项目总投资24亿元人民币,利用世行贷款1.5亿美元)技援A包(机构改革和加强咨询)最终报告研讨会。省项目办、美华公司和项目单位有关负责人参加了会议。会上,省项目办主任、财政厅副厅长陈金城作了重要讲话。

8月27日　厅党组书记、厅长齐守印主持召开党组会,厅党组成员陈金城、左绍伟、郭秀堂、乔满同志参加了会议。会议主要内容:①研究同意成立河北省财会干部教育中心,河北省财会干部教育中心受财政干部教育领导小组领导,牌子挂省函校院。齐守印同志任财政干部教育领导小组组长,郭秀堂、郭长悟同志任副组长。高宏伟任河北省财会干部教育中心主任,许亚琴为常务副主任,徐静、郭志军任副主任;②研究调整冀财组干[2000]13号文件内容如下:对"机构改革后,凡男年满56周岁、女年满53周岁的,均不再安排领导职务",调整为"厅机关各处室、依照公务员管理事业单位,凡男年满58周岁、女年满55周岁的处级及以下干部,均不再安排领导职务";对事业单位女处级干部或女高级专业技术人员年满55周岁退休的规定,调整为"按国家和我省有关政策规定办理"。以上两项调整意见,自党组议定之日起执行。凡以前已按原规定办理的,不再重新办理。

同日　亚行技援"河北省发展战略研究"项目最终报告研讨会在省会白楼宾馆召开。省委常委、常务副省长郭庚茂，财政部国际司副司长梁子谦，亚行驻华代表处首席代表布鲁斯·莫利，亚行驻华代表处副代表、首席经济学家汤敏，厅党组副书记、副厅长陈金城以及中外咨询专家、省直有关部门代表共60余人参加了研讨会。郭庚茂常务副省长认真听取了中外专家的发言，并对课题的研究成果给予了充分肯定，讲了重要意见，他认为，这项研究成果，运用新的理念，对河北省区域经济的发展阶段、主要矛盾、战略构思、生产力布局等进行了深入研究，是一个理论和实践相结合的报告，对指导我省的经济发展具有现实和战略上的意义。

8月28日 由河北省注册会计师协会和河北电视台联合举办的全省注册会计师、注册资产评估师行规知识大赛决赛在河北电视台演播室举行。省人大副主任王加林，中国注册会计师协会会长崔建民、党委副书记王丽然、综合部主任蔡晓峰，中国资产评估协会办公室主任岳公侠、编辑部乔淑萍，省财政厅党组书记、厅长齐守印，党组成员、副厅长郭秀堂出席了决赛仪式。省民政厅民间组织管理局、省人才交流服务中心流动人员党委领导及省国资委、省财政厅有关处室负责同志应邀莅临。

8月29日 全省重点建设项目观摩总结会议在廊坊召开，季允石省长、郭庚茂常务副省长参加会议并作了重要讲话，省财政厅助理巡视员尹立敏和有关处室负责人参加了会议。

同日 河北省政协主席赵金铎到河北国富爱德生物工程有限公司视察参观，对公司的发展给予了高度评价。

8月30日 厅党组书记、厅长齐守印主持召开厅长办公会，厅领导左绍伟、郭长悟同志参加了会议，有关处室负责同志列席了会议。会议研究了省财政厅2005年部门预算安排情况等问题。

8月31日 厅党组书记、厅长齐守印主持召开厅长办公会，副厅长左绍伟参加了会议，各业务处室负责同志列席了会议。会议研究了2005年预算编制问题，并对2004年预算执行提出要求。

9月

9月1日 省财政厅助理巡视员尹立敏到投资评审中心指导工作，认真听取了《财政投资项目预算编审系统》和《财政投资项目绩效评价系统》两个软件的演示汇报。

9月4日 厅党组书记、厅长齐守印主持召开党组会，厅党组成员左绍伟、郭秀堂、乔满、徐立海同志参加了会议。会议传达了全省组织部长工作会议精神，研究了有关干部人事工作。

9月8日 郭秀堂副厅长主持召开了省财政厅财政检查审理工作会议。条法处、会计处、预算处、国库处、经济建设处、行政政法处、教科文处、农业处、企业处、综合处、统计评价处、社保处、政府采购办、非税收入管理局、财政监督处(局)等审理委员会成员单位的负责人参加了会议。

9月12日—14日 以中编办三司副司长邹锡明为组长的国务院税改办农村税费改革督导组一行5人，对我省唐山、沧州2004年农村税费改革进展情况进行了督导检查。左绍伟副厅长向督导组汇报了全省工作，并陪同督导组检查了唐山、沧州两市的农村税费改革工作。

9月14日—16日 全国预算信息管理系统——财政供养人员管理子系统需求论证会在我省涿州财政干部培训中心举行。山东、河北、河南、江苏、安徽、四川、云南等7省预算系统有关人员参加了会议。财政部部长助理王军、预算司副司长许宏才专程到会。左绍伟副厅长、尹立敏助理巡视员到会看望了与会代表。

9月15日 全省2004年度注册会计师全国统一考试考务工作会议在保定市召开，各市考办负责人和省考办派往各市的巡视人员共40余人参加了会议。省财政厅副厅长、省考委会主任郭秀堂出席会议并作重要讲话。

9月17日—19日 2004年度注册会计师全国统一考试举行。郭秀堂副厅长、张保生会长和郭志军秘书长在石家庄考区进行了巡视。

9月16日—23日 在北戴河培训中心举办了河北省财政系统公共财政管理培训班，厅党组副书记、副厅长陈金城主持了开班仪式，并作了宏观经济形势报告。全省11个市财政局副局长和130多个县区财政局局长参加培训。

9月19日 厅党组研究决定：刘启生同志任省财政厅办公室秘书科科长。

9月20日—21日 财政部预算司组织全国部分省市预算处和有关处室就企业军转干部解困工作在我省涿州培训中心召开了座谈会。全国有24个省的财政厅预算处和社保处、企业处、行政政法处的主管处长参加了会议。会议由预算司副司长许宏才主持，财政部部长助理王军到会并作了重要讲话，左绍伟副厅长致辞。

9月23日　厅党组研究决定：吕国新同志任省非税收入管理局局长，免去其省收费管理局局长职务；孙尚云同志任省非税收入管理局调研员，免去其省收费管理局调研员职务；刘文通同志任省非税收入管理局副局长，免去其省收费管理局副局长职务；鄂学育同志任省非税收入管理局副局长，免去其省收费管理局副局长职务；谢秋林同志任省非税收入管理局助理调研员，免去其省收费管理局助理调研员职务；刘运通同志任省非税收入管理局助理调研员，免去其省收费管理局助理调研员职务。

同日　省直举办"祖国颂"庆祝中华人民共和国共和国成立55周年文艺晚会，省财政厅选送的两个节目分别获得二等奖、三等奖，厅党组副书记、副厅长陈金城和助理巡视员、机关党委副书记尹立敏出席了晚会。

9月25日　全省广电网络整合工作会议在燕山大酒店召开，郭秀堂副厅长参加了会议。

9月27日　季允石省长就河北历史博物馆改扩建问题在省政府主持召开会议，郭秀堂副厅长参加会议。

同日　省政府副秘书长李靖主持召开教育远程教育网络会议。省财政厅郭秀堂副厅长参加会议。

同日　省财政厅召开警示教育动员大会，大会由厅党组成员、纪检组长、监察专员徐立海主持，党组副书记、副厅长陈金城作了重要讲话。

9月29日　省领导赵世居主持召开城南庄晋察冀军区司令部旧址改陈问题会议。郭秀堂副厅长参加会议。

9月30日　为庆祝中华人民共和国成立55周年，省财政厅举办大合唱比赛，全厅300多名干部职工参加了比赛，厅领导陈金城、乔满、徐立海、尹立敏、郭长悟同志参加了比赛。

10月

10月7日　省委常委、常务副省长郭庚茂专程到省财政厅，听取2005年预算编制情况的汇报，并作出重要指示。

(一)关于2005年预算编制的指导思想。郭庚茂常务副省长指出，2005年省级预算编制必须坚持正确的指导思想，预算安排要很好地体现五个方面的要求。

第一，要体现科学发展观要求，在统筹兼顾基础上重点支持我省事权范围内的薄弱环节。对科学发展观要科学地理解和把握，科学发展观基本前提是发展，不能动摇经济建设这个中心。同时，科学发展观也要求因地而宜，实事求是，加强对属于地方事权范围内的薄弱环节的支持。

第二，要体现集中财力办大事要求，突出解决主要矛盾和问题。对集中财力办大事，省委、省人大和省政府都非常重视，去年克明书记作出了重要批示，今年省人大又专门给省政府提出了建议，2005年预算安排必须在上年基础上进一步取得新的突破，真正解决好资金使用分散、效益不高的问题。科学发展观讲求协调发展，但也并非要求百业俱兴，齐头并进，在不同阶段和不同发展水平条件下，应该集中财力解决不同的突出矛盾。如贫困县，一是解决吃饭，二是办好教育，其他的可稍后再办。实现集中财力办大事，要研究改进决策程序，应由上到下提出关系全省的大事，再由下到上进行科学论证。明年我们要办点什么大事？要好好研究旗帜鲜明地提出来，以便统一思想。比如解决我省工资偏低和分配不公问题；解决国企和事业单位改革问题，多渠道筹集改革成本；发展一些社会事业问题，如质检、防疫体系建设，环境保护，民心工程等薄弱环节；影响提高执政能力的重要环节，如公检法必要设施等。

第三，要体现公共财政要求，增加政府必要投入。一是增加政府投入，发挥财政杠杆作用，主要是为经济发展创造必要的环境和条件。公共财政下，政府也有支持发展经济的责任，但不要过多搞直接投入，而要着重创造环境和条件，如改革一些旧体制，从而激活生产力。当前重点是支持国企改革、事业单位改革。二是支持政府应该兴办的公益事业和公益设施建设，支持中介组织这些市场经济运行的载体。三是安排必要的引导性资金，如推动技术进步，搞好规划、信息服务等。不适宜政府直接运作的事情要尽力推向市场。

第四，要体现党的十六届四中全会精神，突出加强执政能力建设方面的投入。这方面，要突出加大对公检法必要设施建设的支持力度，改善执法条件，增强执法能力。

第五，要强调资金使用绩效和厉行节约。目前，财政一方面收支矛盾突出，另一方面浪费奢侈现象也很严重。预算安排时，说不清楚资金具体用途的、项目规划不具体、绩效不明确的事不能安排。不办不行，又不好把握的，要从严掌握。

（二）关于2005年收支预算安排。庚茂常务副省长指出，2004年收入预计和2005年收入计划需要再进一步研究，然后进行调整。

对2004年收入预计，主要把握好三点：一是要应收尽收，杜绝虚收，坚决反对人为压低收入，坚决反对没有税源搞虚收。二是现在你们的数作为一个初步预测数，"十一"假期过后，省政府责成审计厅牵头到各市检查收入，可根据检查结果再进一步测算预计收入完成数。三是要对今年收入完成预测做一个详细的说明。主要说明今年收入的口径，并按同口径与上年进行比较，对大幅增收和收入增长前高后低要认真分析，到底是些什么因素。要注意从税收征管、宏观经济、企业经营等多个角度进行分析。过去也前高后低，主要是上年底留余地，第二年一季度集中入库，到第四季度就压，这是否是过去前高后低的因素？今年要考虑宏观调控因素，后半年为什么增幅下降？特别是钢铁行业要说清楚。

对2005年收入计划，要注意与全省经济发展相衔接，在2004年实际收入基础上保持合理增长幅度。全省全部收入应保持在增长9—10%左右，力争达到10%以上，全部收入争取达到800亿元。财政厅可先与两个税务局沟通。今年收入完成有不可比因素，明年宏观调整也有一定影响，但增长10%左右应该是比较实际的，这个幅度也大大低于2004年的增幅。从现在情况看，我省同全国一样，经济正在进入一个快速发展时期，经济增长带动作用仍是收入增长的主导力量，各级财税部门要认清形势，增强信心，实事求是地安排收入计划。

对于财政厅提出的区别部门情况给予不同比例的提高职务津贴补助、提高交警部门行政性收费集中比例、法定支出中人员经费和增加发展性资金统筹考虑等预算平衡措施，可以这样考虑。总之，人头费要打足，正常运转经费要打紧，严格控制业务费，建设资金适当安排。

（三）关于改进预算编制与管理工作。庚茂常务副省长指出，去年我们研究制定的分类分口切块预算办法花费了很多精力，实践表明取得了一定效果，但也存在一些问题。有的部门没有把办大事放到重要位置，预算安排中甩下了硬缺口，执行中又再申请追加。因此，我们要研究改进编制方法，对必须安排的项目一定要明确下来，优先安排，财政部门要切实负起责任，把好关，确保不甩下硬缺口。对预算编制中存在的问题，我们确实有需要检讨的地方。财政部门要打破原有的运作方式，多研究政策和办法，一事一议地处理问题有时就说不清楚，搞不公平。部门一些违反财经纪律的现象，他们有责任，财政部门也有责任。你们让他自筹解决，他没钱怎么办？有权的明着弄，没权的就偷着干。财政办事一定要出以公心，要想不得罪人就要办事公正。一是体现保障，二是体现导向，不能自己给自己堵路。

2005年省级财力安排，人员经费要足额保证，正常公用经费要按标准定额核定，业务经费要从紧，发展性资金要切实体现集中财力办大事要求。大事要从三个层次进行提炼：第一层次是全省性的大事，可以是跨类跨口的大事；第二层次是各类各口内的大事，可以是跨部门的大事；第三层次是部门内部需要解决的大事。在财力分配上，要将新增财力和基数内财力一并统筹考虑，按照三个层次先后顺序安排大事。首先确定全省大事，从预算总量中先切出来予以保证；然后再将属于各类各口的大事及预算数额明确下来。将这两类大事确定下来后，剩余资金再由各部门根据轻重缓急安排项目。省财政厅要结合各部门报送情况，向省政府提出明年必须办的大事，要打出几面旗帜，明确办好哪些方面的大事。比如，解决机关事业单位职工工资偏低和分配不公问题，积极推进国企、事业单位改革问题，加强执政能力问题，河北经济社会发展薄弱环节、民心工程方面的问题，等等。

对于农业、教育、科技等有法定增长要求的支出，庚茂常务副省长提出必须达到要求，但必须强调办好这些部门内部的大事。比如，农业方面可以重点解决食品安全体系、动物疫情防治体系建设和发展奶业；教育方面重点搞好中小学危房改造；科技方面重点解决好养人、撒小钱的问题，核心是解决体制问题。

郭庚茂常务副省长最后要求省财政厅，要将此次研究的意见切实体现在预算编制上。按这些意见抓紧修订《2005年省级预算编制纲要》，认真审查部门报送的收支建议计划，提炼出每个层次的大事向省政府提出明确的建议方案，确保2005年预算编制有一个明显改进。

厅党组书记、厅长齐守印，党组副书记、副厅长陈金城和预算处有关同志参加了汇报会。

10月9日—10日 财政部在山东威海召开全国地方预算编制与管理座谈会。财政部预算司张弘力司长主持会议，楼继伟副部长作了重要讲话，省财政厅副厅长陈金城及预算处负责同志参加了会议。

10月10日 省政府常务副省长郭庚茂、副省长龙庄伟召集部门研究加强教育科技工作意见。郭秀堂副厅长参加会议。

同日 郭秀堂副厅长参加孙士彬副省长主持召开的省广电网络整合领导小组第二次会议。

10月12日 邀请上海财经大学公共政策研究中心主任、博士生导师马国贤教授举办了公共支出绩效管理与评价制度专题讲座，省财政厅副厅长左绍伟主持了大会，并作了总结发言。之后，马教授与厅内各业务处室的主管处长及主要业务骨干进行了座谈，省财政厅助理巡视员郭长悟主持了座谈会。

10月15日 省政府召开第六次全体会议，省财政厅党组副书记、副厅长陈金城参加会议并作了《严肃财经纪律，加强财政监督》的发言。

10月16日 厅党组书记、厅长齐守印主持召开党组会，厅党组成员陈金城、左绍伟、乔满、高志立、徐立海同志参加了会议。会议研究了今年财政收入问题，研究同意《河北省财政厅在职研究生学历教育管理办法》，会议还研究了有关干部人事工作。

同日 厅党组副书记、副厅长陈金城主持召开厅长办公会，有关业务处负责同志参加了会议。会议传达、学习了郭庚茂常务副省长10月7日在省财政厅听取2005年预算编制情况汇报时的讲话精神，研究讨论2004年收入预计和2005年收支计划情况，听取各有关处对改进预算编制工作的具体意见，着重讨论了如何改进预算编制，体现集中财力办大事问题。

10月18日 经考核试用期间表现，省财政厅党组研究决定：郭志军同志任省注册会计师协会秘书处处长；于永春同志任省注册会计师协会秘书处副处长。以上同志任职时间自2003年9月18日算起。

10月20日 召开全省财政系统先进事迹报告暨警示教育学习交流网络会议。省厅机关全体党员干部、事业单位处级以上干部，各市财政局科级以上干部，各县(市、区)财政局主要领导参加了会议。会议由厅纪检组长、监察专员徐立海主持，厅党组副书记、副厅长陈金城作了动员讲话。

10月22—23日 国务院办公厅在北京召开2004年全国新型农村合作医疗试点工作会议，郭秀堂副厅长参加了会议。

10月25日—11月3日 由助理巡视员尹立敏带队，组织全省部分市县机关服务中心主任赴广西、广东、吉林、黑龙江学习先进后勤管理经验。

10月26日 季允石省长在省财政厅报送亚行技援“河北省发展战略研究”项目研究成果的报告上批示：希望充分利用这一研究成果，服务河北的改革开放和现代化建设。

10月27日 厅党组副书记、副厅长陈金城随省政府副秘书长刘印楼赴香河参加了财政部组织召开的2005年20国集团财长及央行行长会议筹委会第一次会议。会议确定河北省政府为筹委会组成单位，刘印楼副秘书长任G20会议领导小组副组长，陈金城副厅长担任筹备会秘书处副秘书长。

10月29日 为落实省委、省政府关于提高全省机关事业单位工作人员职务津贴问题，省财政厅、人事厅联合召开网络会议，对各设区市财政、人事部门进行了部署。省财政厅党组副书记、副厅长陈金城，省人事厅副厅长赵继春分别讲了有关政策。

同日 省机构编制委员会办公室批准：撤销统计评价处；成立税政处；在预算处挂省政府控制社会集团购买力办公室牌子；单设省政府采购办公室。

11月

11月3日—4日 按照省政府工作安排，郭秀堂副厅长带队对石家庄市再就业工作进行了督查。期间听取了市政府和有关部门的汇报，召开了下岗失业人员和基层工作部门的座谈会，并到井陉县进行了实地考察。

11月5日 省机构编制委员会办公室批准：同意在省直部门开展财政监察员派驻制度试点工作，先成立2个财政监察组(处级)。

同日 我省国企改制问题工作小组向中央联席会议办公室督查组汇报工作情况，省财政厅助理巡视员尹立敏参加了会议。

11月8日 全省财政系统民主评议政风行风工作网络电视大会召开，厅机关全体党员干部、事业单位处级以上干部，各市财政局科级以上干部，各县(市、区)财政局主要领导参加了会议。会议由省财政厅党组副书记、副厅长陈金城主持，厅纪检组长、监察专员徐立海作了题为《探索特点规律，坚持创新发展，努力把全省财政系统民主评议政风行风活动提高到新水平》的讲话。

11月10日 全省公共卫生项目建设调度会在沧州市召开。会议传达了贯彻全国加快公共卫生两个体系建设工作会议精神，听取了各市公共卫生项目建设情况的汇报，考察了公共卫生项目，总结项目建设中的经验教训并部署了下一阶段的工作。孙士彬副省长到会并发表重要讲话，郭秀堂副厅长代表省财政厅作大会发言。11日，郭秀堂副厅长一行到枣强县调研，并召开了新型农村合作医疗座谈会。

11月11日 银监会副主席李伟与郭庚茂常务副省长就我省农村信用社改革情况进行了座谈，省财政厅副厅长高志立参加了座谈会。

11月15日 国家再就业工作调研组到我省开展调研工作。郭秀堂副厅长参加了省政府组织的工作汇报会，并汇报了我省2004年再就业资金管理工作情况和下一步工作安排。

11月16日 省委批准：免去杜彦卿同志的省农业开发办公室副主任职务。

同日 全省重点实验室总结表彰会议在省科技宾馆召开，郭秀堂副厅长出席并给获奖单位颁奖。

11月17日 郭秀堂副厅长参加副省长孙士彬主持的自然村“村村通”广播电视问题会议。

同日 省委批准：左绍伟同志任省财政厅党组副书记。

同日 厅党组副书记、副厅长左绍伟向在衡水市视察的我省中直、省直和衡水市的全国人大代表、省人大代表汇报2004年1至10月全省财政预算执行情况。

11月18日 厅党组副书记、副厅长左绍伟到衡水市财政局考察财政集中支付中心运行情况。

11月19日 省政府常务会听取并研究了省财政厅党组副书记、副厅长陈金城关于2005年预算编制纲要及分类分口预算安排初步建议的汇报。会后，省财政厅就有关内容分别向各位副省长作了汇报，征求意见，各部门根据主管副省长意见，对具体项目预算提出了初步安排意见。在此基础上，省财政厅汇总编制了《2005年省级预算草案》，11月26日，省财政厅党组副书记、副厅长陈金城再次向省政府常务会作了汇报，省政府常务会研究通过。

同日 国家职业教育督导团来听取我省职业教育工作汇报，郭秀堂副厅长参加会议。

11月20日 省财政厅党组副书记、副厅长陈金城主持召开厅务会，厅领导左绍伟、高志立、徐立海、尹立敏同志出席会议，机关各处室负责同志参加了会议。会议通报2005年省级预算情况，部署下一阶段预算编制工作。

11月21日 郭秀堂副厅长参加了由孙士彬副省长主持召开的吴桥杂技学校建设和省红十字会办公楼建设问题会议。

11月22日 厅党组研究决定：杜彦卿同志任省财政厅人事教育处处长、河北财政干部培训中心（河北省财会干部教育中心）主任。

同日 厅党组研究决定：赵宝贵同志任省政府采购办公室主任，免去其省控制社会集团购买力办公室副主任职务；吕志林同志任省政府采购办公室调研员，免去其省控制社会集团购买力办公室调研员职务；孟占起同志任省政府采购办公室副主任，免去其省控制社会集团购买力办公室副主任职务；韩孟玉同志任省政府采购办公室副主任，免去其省控制社会集团购买力办公室副主任职务；刘桂荣同志任省政府采购办公室助理调研员，免去其省控制社会集团购买力办公室助理调研员职务。

11月25日—26日 全省再就业工作表彰会议在石家庄召开。会议表彰了全省再就业工作先进单位和先进个人，总结交流了再就业工作的新成果、新经验，并安排部署了下一阶段就业再就业工作。省委书记白克明、省长季允石等省委省政府领导同志接见了出席会议的先进集体代表、先进个人，并为他们颁发了奖牌和荣誉证书。省财政厅陈金城副厅长参加会议。

11月26日—27日 财政部在山东省威海市召开2004年全国财政社会保障工作会议，肖捷副部长到会，并发表了《以科学发展观为指导，努力开创社会保障和再就业工作的新局面》的重要讲话。省财政厅郭秀堂副厅长参加了会议。

12月

12月1日 省财政厅建设学习型机关领导小组召开会议，会议由厅党组成员、副厅长高志立主持，研究部署了省财政厅建设学习型机关工作，厅助理巡视员尹立敏、郭长悟及领导小组成员参加了会议。

同日 省政府在石家庄市召开了“河北省艾滋病防治工作会议”，传达了全国艾滋病防治工作会议精神，通报了我省艾滋病疫情及防治工作情况。孙士彬副省长到会作重要指示，郭秀堂副厅长代表省财政厅发言。

12月2日　省政府在石家庄市召开了河北省新型农村合作医疗试点工作会议。孙士彬副省长到会并作重要指示，郭秀堂副厅长作了题为《强化管理，促进规范运行，推进和完善新型农村合作医疗试点工作》的发言。

同日　省委常委会第107次会议听取并原则通过了省财政厅党组副书记、副厅长陈金城关于2005年预算安排意见的汇报。

12月3日　省人大财经委员会听取了省财政厅党组副书记、副厅长陈金城关于2004年财政预算执行和2005年预算安排有关问题的汇报。

12月8日—9日　全省会计师事务所主任会计师、资产评估机构负责人培训班在石家庄市北方大厦举办。省注协会长张保生传达了中注协第四次全国会员代表大会精神；省财政厅副厅长郭秀堂作了题为《认清形势，扎实工作，开创我省注册会计师事业新局面》的重要讲话。

12月10日　在廊坊召开全省财政预算工作座谈会。各市财政局长、预算科(处)长参加了会议，厅党组副书记、副厅长陈金城出席了会议并作了重要讲话。

12月15日　省人大财经工委与省财政厅就2005年省级预算初审交换意见，省财政厅副厅长高志立参加会议。

12月16日　以省财政厅党组副书记、副厅长左绍伟为组长的省减轻农民负担检查组对邢台市2004年减轻农民负担工作进行了检查和走访。

同日　省人大召开2005年教育部门预算听证会，教育、财政等有关部门代表及社会有关人士近百人参加会议。省财政厅高志立副厅长参加会议，并就2005年教育部门预算安排情况作了说明。

同日　根据中共河北省委组织部《关于张玉才同志任职的通知》(组干字[2004]199号)，经研究决定：张玉才同志任省财政厅会计处处长助理(挂职，时间一年)。

12月21日　全国财政工作会议在北京召开，会议以邓小平理论和“三个代表”重要思想为指导，认真贯彻党的十六大、十六届三中、四中全会和中央经济工作会议精神，按照全面落实科学发展观的要求，总结2004年财政工作，分析经济财政形势，安排2005年财政收支计划和工作。省财政厅党组副书记、副厅长陈金城参加了会议。

12月24日　厅党组副书记、副厅长陈金城主持召开厅长办公会，厅领导左绍伟、乔满、高志立、徐立海、尹立敏、郭长悟同志参加了会议，有关处室负责人列席了会议。会议传达了全国财政工作会议精神，安排部署召开我省财政工作会议的有关工作，研究省财政厅《关于委派财政监察组试点工作意见》和《建立学习型财政机关的实施意见》。

同日　省财政厅召开工会会员代表大会，大会听取了上一届工会委员会报告，选举出了新一届机关工会委员会和工会经费审查委员会。厅助理巡视员、机关党委副书记尹立敏出席会议并作了重要讲话。

同日　龙庄伟副省长主持召开驻石部分高校书记座谈会，就2004年高校教师增长职务工资情况进行了座谈，省财政厅副厅长陈金城参加会议，并就有关情况作了说明。

12月30日　龙庄伟副省长召集教育、财政部门商议落实高校贫困生助学贷款风险金有关问题，省财政厅副厅长郭秀堂参加会议。

12月31日　召开建设学习型机关动员大会，省财政厅党组副书记、副厅长陈金城主持大会，厅党组副书记、副厅长左绍伟传达了省委动员大会精神，副厅长高志立代表厅党组作了动员讲话。厅领导郭秀堂、乔满、郭长悟同志出席了会议。会议进一步明确了建设学习型财政机关的总体目标和要求，部署了近期的学习任务。

(省厅办公室提供)

2004年石家庄市财政大事记

1月2日　市委书记吴振华、副书记、常务副市长马静到市财政局现场办公，在对财政部门工作给予高度评价的同时，要求财政部门正确认识当前面临困难，看到有利因素，把握机遇，争取2004年全市财政收入再上新台阶，继续坚持保工资、保稳定、促发展的支出原则，精打细算过日子，集中财力搞建设。

1月6日　根据市纪委行风评议初评结果，我市财政系统2003年取得较好成绩。市财政局在市直经济综合部门位列第一,24 个县(市)区财政局中,排位第一名的 17 个,第二名的 6 个,第三名的 1 个。

1 月 16 日　召开离退休干部座谈会,由李和平主持,并简要通报市财政局 2003 年工作和今年的主要任务。

1 月 18 日　召开全局 2003 年度总结表彰暨春节联欢会。会议由李和平同志主持,赵志卿同志宣读表彰决定,赵悦贞局长讲话,并进行了联欢。

2 月 9 日　参加了我市第十一届人民代表大会第二次会议。会议听取并审议通过了赵悦贞代市政府所作的《关于 2003 年市本级预算及市总预算执行情况和 2004 年市本级预算及市总预算(草案)的报告》,同时提交大会审查了全部市直单位 2004 年部门预算文本。

同日　为做好禽流感疫病预防工作,市财政局成立疫病预防工作领导小组,并就做好市财政局重点部位消杀预防,以及建立疫病防治应急基金、确保财政资金及时拨付等工作进行了安排部署。

2 月 16 日　关于市机构改革后对有关部门的归口管理问题,局长碰头会研究确定,市国资委、发改委、信息产业局归口行政政法处管理,商务局归口外经处管理,中小企业局归口农业处管理。

2 月 18 日　市财政局召开局务会。会议听取了各处室、局属单位对 2003 年工作简要总结及 2004 年工作安排的汇报。

2 月 20 日　市委考核办对市财政局领导班子及班子成员进行考核。考核结论是,财政局的领导班子是一个心齐、气正的集体,班子成员团结一致、相互支持,保持了力争上游、不甘落后的精神状态。

3 月 6 日　省下划我市八家国有企业,包括化肥厂、林产品公司、铝业公司、炭素厂、有色金属公司、农业机械总公司、石家庄农机公司、液晶显示厂。按照省有关政策要求,此次下划企业中的财政周转金债权划归市级财政,由市财政按政策负责清理回收;企业各类债务随企业划转,如数按期归还。

3 月 22 日　关于行风评议工作奖励问题,市局对县(市)区的奖励原则确定为:连续两年获第一名的县(市)区为优胜单位,各奖励资金 5 万元;2002 年第一名、2003 年第二名的,2002 年第二名、2003 年第一名的,均为先进单位,各奖励资金 3 万元;其他名次的县(市)区不予奖励。

4 月 1 日　市委、市政府召开全市农业和粮食工作会议预备会,就如何贯彻全国和全省有关会议精神及政策要求,开好全市农业和粮食工作会议进行了安排部署。市领导要求各级各部门要认真落实行政首长负责制,建立工作机构,由财政局牵头负责落实全市的粮食直补工作;在全面落实农业税税率降低 3 个百分点的基础上,进一步加大调减力度,争取在市区年内全部取消农业税。

4 月 5 日　全市实现财政收入"首季开门红"目标。到 3 月底,全市财政总收入完成 35.56 亿元,地方一般预算收入完成 14.5 亿元,分别占全年预算的 26%和 27%,同比分别增长 14.52%和 17.84%。

4 月 8 日—9 日　在平山温塘召开了全市财政形势分析会。24 个县(市)区财政局局长和局内各处室、单位负责人参加了会议。会议听取了各市县财政部门一季度财政收支情况分析,围绕实现全年工作目标提出了要求。另外安排部署了行风评议、廉政建设等工作。

4 月 14 日　参加了全市计划生育工作会议。市财政局被授予 2003 年度人口与计划生育综合治理先进单位。

4 月 15 日　市财政局召集城管、园林等部门负责人举行了专题协调会,研究了增设植物园公交线路问题,以方便群众游园,真正体现财政资金"取之于民、用之于民"。

4 月 19 日　市委、市政府召开全市粮食直补工作动员大会,成立了粮食直补工作领导小组,其办公室设在市财政局。

4 月 29 日　历时 35 天的市直机关运动会结束,市财政局取得了优秀组织和篮球道德风尚两个集体奖,另外 6 人取得了 7 个项目的名次。

5 月 11 日　参加了市委、市政府第 23 次联席会议。会议传达了中央 16 号文件精神;关于文明生态村建设工作,要求财政给予资金支持,在预算已安排 250 万元的基础上,从年底超收中再支持 250 万元。

5 月 15 日　参加了全市经济工作调度会议。吴振华书记、臧胜业市长在讲话中要求各级各部门珍惜当前经济工作的良好态势,高度重视存在问题,切实加强组织领导,贯彻落实好上级政策,卓有成效地做好经济工作。

5 月 26 日　省政府正式批复我市今年的农业税减免政策,调减后的全市农业税税率为 3.61%,农业税附加仍按正税的 20%计征。

5月29日—30日　顺利组织完成了全市会计职称资格考试工作。

6月1日　市财政局召开局领导班子民主生活会，各成员按照“六查六看”的要求认真进行了发言。

6月11日　围绕贯彻落实省会议精神，臧市长指示，粮食储备资金仍从粮食风险基金中解决；粮食企业改制工作由市财政局审批，涉及到产权的由国资委负责；粮食企业改革资本金目前已有7000万元，仍有缺口6000万元，主要通过粮食企业资产置换来解决，财政部门要认真把关；粮食市场建设必须坚持投资主体多元化，财政不作投入。

6月27日　参加了全市行政审批制度改革领导小组会议。会议要求各部门落实好“一门受理、分别办理、统一答复”的工作机制。

7月1日　参加了市政府城市建设工作例会。会议要求财政安排的1500万元的市内烟囱拆除资金要尽快到位，以确保在规定时间内将市内烟囱全部拆除。

同日　参加了全市“两优一先”表彰大会，市财政局直属党委被评为市级先进基层党组织。

7月5日　全市财政收入圆满完成了时间过半，任务完成过半目标。截止6月底，全市全部财政收入完成73.3亿元，其中一般预算收入完成30亿元，分别占预算任务的51.73%和56.32%，同比分别增长15.13%和27.9%。

7月10日　参加市长办公会，主要研究了我市机关干部工资补贴工作，要求有关部门认真运作，考虑周全，在做好部门间沟通的基础上，尽快向市委、市政府报送补贴方案。

7月17日　参加了全市经济工作调度会。市财政局在会上作了发言，臧胜业市长、吴振华书记先后做了重要讲话。

7月23日　局机关召开了副科以上干部参加的反腐败专项治理及思想作风整顿会议，就有关工作进行了安排部署。

8月3日　参加了全市农村劳动力转移培训“阳光工程”启动仪式。要求今年全市培训农村劳动力10万人次，积极向省争取资金支持的同时，市财政按1:1的比例进行配套。

8月10日　向市人大财经委报告了我市2003年财政决算及2004年1—6月份财政预算执行情况，并按照人大财经委提出的意见作了进一步的修改完善。

8月17日　陪同省人大调研组对我市中央1号文件及有关惠农政策的贯彻落实情况进行了调研。

8月26日—27日　参加了市人大常委会。市财政局作了全市2003年财政决算及市本级2004年1—6月份财政预算执行情况的报告。

8月31日　为进一步发挥好局机关7名副县级人员的作用，局长碰头会研究确定成立局调研督导组，由王志良同志担任组长，具体负责组织调研和督导工作。

9月7日—9日　在新乐市召开全市财政工作会议。会议听取了24个县(市)区财政部门和市局各处室(单位)今年1—8月份的工作汇报，最后赵悦贞局长就全市财政工作如何进一步落实科学发展观，促进全市经济更好更快发展和确保完成全年各项财政任务讲了具体意见。

9月11日—12日　随同市委、市政府领导赴唐山考察县域经济发展。市领导要求各市直部门大力支持发展县域经济，为县级项目建设开“绿灯”，千方百计帮助县级搞发展。

9月17日　市财政局参加了马静副市长主持召开的市长办公会。研究了出口退税机制、机关事业单位人员辞职补助和对市国税、地税及财政部门领导班子的奖励问题，

9月30日　组织机关干部职工开展节前教育，结合臧胜业市长提出的十个方面的要求，对市财政局过节有关事项进行了安排部署。

10月12日　市财政局参加了市政府召开的项目调度会。会议确定，书画院项目选址调整到东南规划分区，建筑面积8000平方米，除原确定的财政投资数额外，其新增加的征地费用由财政负担，市级收费项目全免；同意市档案馆与市监狱合作开发建设意见，项目建设所需投资由市发改委、财政部门联合提出意见，市级收费项目全免；关于烟厂搬迁，由市财政支持一定的征地费用。

10月15日　市财政局参加了市政府编委工作会议。会议涉及市财政局政府采购中心的管理问题，确定采购中心不再向市政府有关部门划转。在维持目前现状的基础上，进一步加强对采购中心的规范管理。

10月29日　市政府召开协调会，专门研究了市计委建投公司和市财政局国有资产事务中心划归市

国资委有关事宜。

11 月 2 日　市财政局召集市委农工委、中国长城资产管理公司石家庄办事处有关人员，就解决石家庄辖区内长城公司不良资产问题进行了专题协调和研究。

11 月 14 日　参加了市委、市政府召开的城建工作调度会。提出明年的城建投资继续维持今年水平，重点抓好裕华路拓宽、市外环开工、北国立交桥建设，以及小街道改造(改造资金市、区各负担一半)等重点项目。对市区 3 米以上 10 米以下房屋建筑实行“平改坡”改造，改造资金由市、区财政负担 50%，产权单位负担 50%。

11 月 25 日　召开县(市)区财政局长座谈会，听取了收入组织工作进展情况的汇报，研究部署了确保完成全年收入任务的办法和措施。

11 月 26 日　省委书记白克明、省长季允石一行五人来我市现场办公。提出要将省会城市建设摆在比经济总量增长更重要的位置来对待，走以城市化建设促工业化发展的路子。市财政局负责起草并提交了争取省资金和政策支持的意见。

12 月 2 日　参加了市政府召开的经济指标汇报会。会议强调必须保证国内生产总值、财政收入等主要经济指标，并安排了明年的六项重点工作和拟采取的措施。

12 月 6 日　参加了市政府召开的深化农村信用社改革会议。会议要求财政部门研究提出支持深化农村信用社改革的优惠政策，并积极向省争取改革资金。

12 月 24 日　参加了市委、市政府召开全市经济工作会议。会议传达贯彻了中央和全省经济工作会议精神，在总结分析今年经济形势的基础上，安排部署了明年的工作任务。市财政局在会上作了重点发言。

(石家庄市财政局)

2004 年承德市财政大事记

1 月 1 日起，对排污费的收费管理进行改革。

1 月 1 日　市直离休干部医疗统筹管理工作职能划归市财政局管理。

1 月，市财政局将市级预算单位“工资发放银行化”纳入集中支付中心统一管理。

1 月 3－5 日　国务院农村税费改革检查组在国务院税改办副主任、农业部经管司司长郑文凯的带领下，在省财政厅副厅长左绍伟、市常务副市长袁福和副市长于明的陪同下，就承德县农村税费改革工作开展情况进行了全面检查。

1 月 6 日　市财政监督稽查局被省财政厅评为 2003 年度全省财政监督检查工作先进单位。

1 月 7—8 日　市财政局、卫生局联合举办了“卫十项目”管理暨财务培训。承德八县三区的财政主管世行项目人员、卫生主管卫十项目的财务人员、结核病防治科主任参加了培训。培训班系统地讲解了《世行贷款/英国政府赠款结核病控制项目财务管理办法》，结合承德实际，就项目实施、贷款管理、配套资金落实、报账提款程序、偿债准备金、日常财务核算、年度财务报告等方面提出具体要求。

1 月 8 日　召开老干部茶话会。

同日　市政府任命刘丽红为市财政局助理调研员(试用期一年)，免去赵兰春的市财政局助理调研员职务。

1 月 9 日　召开全市财政工作会议。

1 月 12 日　市财政局成立了市直离休干部医疗费用管理工作小组。宋玉君局长担任组长，明确了各成员单位的职责。

1 月 15 日　围场县双九马铃薯淀粉有限公司利用荷兰政府贷款引进荷兰 NIV0BA 公司先进的马铃薯蛋白提取设备和工艺，利用原生产线随污水排放的马铃薯汁液，建设一条产马铃薯蛋白淀粉 900 吨的生产线。经过省、市财政部门的转报和争取，财政部将该项目列入 2004 年的第一批外国政府贷款备选项目计划。

1 月 17 日　由局党组书记、局长宋玉君、主管局长裴越带队，分别走访看望了老红军姚顺成、离休厅级老干部和有病住院的老干部，为他们带去了慰问品和慰问金。

1 月初，完成 2004 年全市机动车辆统一保险公开招标工作。

1 月开始编制并上报承德市 2004 年－2006 年政法补助专款项目规划，并对县区规划项目的实施情况进行专项检查。

1－2 月开始对医疗费用进行检查。

2 月 6 日　召开市财政局目标签订大会。

2月12日　组织市局科级以上干部参观市纪委举办的“廉政假日”活动展览。

2月17日　我市污水处理项目初步设计通过专家评审。

同日　制定、印发《承德市市直离休干部医疗费用暂行管理办法》、《承德市市直离休干部医疗统筹基金收缴办法》。

2月18日　市财政局召开财务总监座谈会。

同日　组织党员学习《中国共产党党内监督条例(试行)》和《中国共产党纪律处分条例》。

2月20日开始　我市对2002年、2003年农村税费改革转移支付资金的分配使用情况进行全面检查。检查分两阶段,第一阶段为各县区自查,第二阶段为市税改办组织对县区进行抽查。

2月24日　市财政局与承德医学院附属医院签订市直离休干部定点医疗机构医疗服务协议书。

同日　市机构编制委员会批复市公费医疗管理办公室为市财政局机关另设机构,科级规格,经费形式为全额拨款。事业编制,其中主任一名,副主任2名。

2月27日　市财政局与市中心医院、市政府机关卫生所签订市直离休干部定点医疗机构服务协议书。

同日　荣获2003年度全省财政系统行风建设优秀单位。

2月29日　省财政厅对各市政府采购信息统计工作进行考评,市财政局获二等奖。

2月—3月　对原承德市光大农业发展有限责任公司(含承德金山岭长城旅游发展有限责任公司、承德市光大水电开发有限责任公司)董事长应占义同志1998年－2003年任职期间的经济责任进行了离任审计。

3月2日　市收费局被评为省收费管理先进单位,稽查科被评为省先进科室。

3月4日　开始分解落实供销合作社财务挂账工作。

3月9日　市收费局召开了市直非税财政收入征收管理表彰会议。会上,总结了2003年度工作并对2004年非税财政收入征收管理工作进行了安排部署,对2003年度超额完成收入任务和对政府集中资金贡献大的63个执收、执罚单位进行了表彰和奖励。

3月10日　召开市直收费管理工作会议。

3月11日　市财政局被市政府评为2003年度开放工作先进单位。

同日　任命王文元为市财政局副局长(正处级);王淑华、张树民、胡庆川为市财政局助理调研员。

3月15日　受市政府委托,由市财政局、教育局抽专人组成评估组对八县三区的2003年政府教育工作进行评估。

同日　申请利用外国政府贷款为双滦区医院引进螺旋CT机、彩超、1000毫安X光机、心电除颤起搏监护仪等设备。该项目列入国家2004年第二批外国政府贷款备选项目计划。

3月16—17日　我市2004年度收费管理工作会议在承德县召开,会议贯彻了全省收费管理工作会议精神,并就我市2004年的收费管理工作进行了部署,各县区交流了2003年度收费管理工作开展情况。

3月16日—20日　省农业综合开发办土地处张文杰副处长、鲍兰聚科长对我市的土地治理项目工作进行了调研指导。

3月17日　市财政局被市委、市政府评为市行风评议优秀系统、市直行风评议优秀单位。

3月18日　被市政府评为2003年度承办代表建议政协提案优秀单位。

3月20日　我市召开了农村税费改革转移支付资金使用管理情况网络汇报会。市、县税改办主管副主任、主管农村税费改革转移支付资金使用管理工作的科股长和农税科股长参加了会议。会议听取了各县区对2002－2003年度农村税费改革资金安排、使用、管理和监督检查情况的汇报,并对下一步工作提出五点要求。

3月20日—4月20日　我市注册会计师考试报名。

3月22日　组织市局科级以上干部参加全市优化经济发展环境暨民主评议行风动员大会。

3月23日　市财政局召开全体离退休党员大会,认真学习了《中国共产党党内监督条例》和《中国共产党纪律处分条例》,并结合财政工作生活实际进行了讨论。

同日　召开市本级离休干部医疗统筹基金征缴落实情况汇报会议。

截止3月23日完成了城建单位离休干部医疗统筹基金的收缴任务,共收缴医疗统筹基金17.6万元,涉及到5个单位的离休干部22人。

3月31日 尹云峰书记在全局职工及各县区财政局主要领导参加的大会上,传达赵文鹤书记在全市优化经济发展环境暨民主评议行风动员大会上的讲话。

3月,对"农村中小学危房改造"和"布局调整工程"实施情况进行检查。

3月—5月 对局机关行政科室和局属事业单位及其下属二级单位的所有银行账户2003年度财政财务收支、2004年度上半年财政财务收支情况进行了审计,并对以前年度内部审计中提出的整改意见的落实情况进行再监督。

4月1日 经党组研究决定,认真贯彻执行"考勤请销假制度"。

4月8日 制订印发《市财政局2004年优化经济发展环境暨行风建设工作实施方案》。

4月6日—17日 财政部青海省专员办受国务院农村税费改革工作领导小组办公室的委托,对承德市2002年、2003年农村税费改革转移支付资金的管理使用情况进行专项检查。通过对市本级、宽城县、承德县的检查和调研,充分的肯定了承德市农村税费改革转移支付资金管理使用情况,并就个别存在的问题给予了指正。

4月13日 制订印发《中共市财政局党组2004年党风廉政建设工作实施意见》和《市财政局领导成员2004年党风廉政建设责任及专项治理任务分解表》及《市财政局党组廉政建设责任制任务落实表》。

4月15日—5月15日 继续深入开展会计法执法检查,加大对违法违规行为的惩罚力度。

4月19日 在全市纪律宣教工作会议上,被市纪委、市监察局授予全市纪律宣教工作先进单位。

4月—8月 对我市八县2002—2003年两年国债专项资金使用情况进行检查。

4月22日 召开关于"河北省委、省政府在丰宁民族自治县经济现场办公财政局有关科室支持项目协调会"。

4月23日 市开发办公室组织专家组在会龙大厦对我市2004年度农业综合开发土地治理项目扩初设计进行审定,来自市水利局、农业局、蔬菜研究所、财政局和农业开发办的8位专家对4个县区上报的5个项目扩初设计认真地进行了审查和评价。

4月24日 市财政局参加了由市政府纠风办在南营子大街组织的"阳光服务"活动。市财政局以"优化经济环境、树立财政新风"为主题,广泛接受群众的咨询、投诉和监督。

4月25日 完成了领导干部廉洁自律三项(拖欠公款、借用公款、用公款购买个人商业保险)清理工作。

4月26日 市政府任命李金华为市收费局局长(试用期一年)。王淑琴为市财政局助理调研员。免去李金华的市财政干部培训中心助理调研员职务,王淑琴的市收费局局长职务。

4月28日 召开全市对种粮农民直接补贴工作会议。会议印发了《承德市对种粮农民直接补贴办法》并就如何贯彻全省粮食直补工作会议精神,做好我市的粮食直补工作提出了六项措施。

4月30日 召开落实承财办[2004]9号会议纪要议定事项情况的汇报会议。

同日 围场县小拨小学教学楼工程决算评审工作完成。

4月,对市水利水电勘测设计所、市水土保持科学研究所2001年—2003年的收费情况进行了检查。

4月,在营子区、双桥区分别设立产权交易分支机构。

4月—7月 对我市八个县的2002年—2003年国债专项资金使用情况进行了重点检查。

4月—10月 在全市范围内开展了省市共享收入落实"收支两条线"规定检查工作。

5月10日 市财政局在《承德日报》向社会各界郑重公开四条承诺。

同日 完成领导干部在企业兼职自查自纠申报工作。

5月,完成《宽城县财政运行情况财源建设及几项重点工作的调研汇报》。

5月11—12日 召开了全市财政涉外工作暨政府外债管理统计软件培训会议。会上讲解和演示了政府外债管理统计软件使用,并就世行贷款卫五、卫七两个项目的数据进行测试。

5月12日 市政府免去刘俐宏的市财政局助理调研员职务。

同日 召开全市财政系统"对种粮农民直补"工作调度会,会议由宋玉君局长主持,会上各县区分别汇报了"对种粮农民直补"工作的实际进度，李晓东副局长提出了具体要求。

5月12日起，分别从服务对象中聘请100名行风监督员，并致聘函，配发监督证。

5月15日起，在全国范围内暂停集中销售即开型彩票。同时对2004年1月1日以来举办的集中销售即开型彩票进行全面清理和检查。

5月18日—25日 市农业开发办公室组织验收组对承德县、宽城县、平泉县和双滦区2003年度农业综合开发土地治理项目进行了检查验收。

5月26日—6月4日 由市农开办领导和项目、资金管理人员参加的检查组，对丰宁县、围场县、隆化县、滦平县、鱼儿山牧场、御道口牧场及市直单位承担的2003年度坝上生态农业工程所有项目进行了全面检查。

5月29日 参加市纠风办、市广播电台联合举办的"优化环境、聚焦行风"百姓热线专题栏目，接受百姓咨询。

5月31日—6月3日 在隆化县召开县区票据软件升级培训会。

5月，开展为期一个月的政府采购定点单位监督检查工作。

6月2日 组织全体离退休老干部学习宪法。

6月3日 基本完成我市对种粮农民直接补贴工作。

同日 市委组织部决定单庆林同志在市财政局享受正处级待遇。

6月7日 组织市局和县(区)局主管行风建设的领导收听河北省"阳光热线"和"阳光论谈"节目。

6月12日 组织市局和县(区)局主管行风建设的领导收听河北省"阳光热线"和"阳光论谈"节目。

6月14日 经市机构编制委员会研究，将市财政局承担的以下职能划归承德市国有资产监督管理委员会：(1)贯彻执行国有资本金基础管理的法律、法规，拟定国有资本金基础管理的规章制度。(2)监缴所监管企业国有资本金收益。(3)组织实施国有企业清产核资，资本金权属界定和登记、划转、转让、纠纷调处等，组织实施国有股权管理；负责国有资本金统计分析；拟定国有资本金保值增值的考核指标体系。(4)原市国有资产管理委员会办公室的有关工作。根据职能调整情况，市财政局在原15个职能科室的基础上增设企业科、统计评价科；在原9个另设机构的基础上增设财政投资评审中心、公费医疗管理办公室。市财政局机关行政编制62名，其中局长1名，纪检组长1名，正副科长职数24名(含机关党委书记)；事业编制由111名增加到138名，其中正副科长职数54名。纪检(监察)员按有关规定设置，不占科级领导职数。机关老干部服务工作人员编制3名，设老干部科，科级领导职数1名。机关工勤人员编制6名。

截止6月16日通过预算拨款61.7万元，为市直企业退休军转干部92人办理了终身的医疗保险；借款为所有在职军转干部发放了工资(目前已不欠发军转干部工资)；给企业主管部门借款，为所属企业军转干部报销了2003年7—12月份拖欠的部分药费。

6月22日 市财政集中支付中心被市政府评为先进财会集体。

6月23日—7月1日 省农业开发办公室分多种经营项目、土地治理项目和坝上生态项目进行省级验收。

6月27日—7月2日 对我市2003年度土地治理项目进行检查验收。

6月29日 市财政局被评为2003年全市组织财政收入先进单位。

同日 任命张建军为市农业开发办公室助理调研员，免去单庆林的市财政局副局长职务。

截止6月底，共纳入市级工资发放银行化的预算单位179个，总人数12309人，月均发放工资总额1552万元，累计发放工资10639万元。

6月，对市财政局所属11个独立核算的事业单位的26个银行账户2003年度的经营情况及历年内部审计掌握的情况进行了分析。

6月，开展"廉内助"活动。

6月，完成党风廉政建设和反腐败工作调研《建立健全教育制度监督、惩治和预防腐败体系的思考与探究》。

6月，组织新提拔的副科级以上干部分别在市纪委和市局召开集体廉政谈话会。

7月2日 经市财政局选拔，以市政府名义对近几年在会计工作中做出显著成绩的承德统建实业集团等21个单位和刘素华等72名同志予以表彰，并在承德日报上刊登了先进财会集体和先进财会工作者名单。

7 月，省农业开发办公室项目检查组，对我市 2003 年度承担的平泉县食用菌罐头加工，营子怡达果品加工，承德县牧兴肉鸡养殖和承德长城花卉种植等 4 个产业化项目的建设任务，工程标准质量、设计生产能力、资金使用和管理以及发挥经济效益和社会效益指标、进行了全面检查。

7 月 14 日—17 日　省检查组对我市财政票据进行检查。

7 月我市根据财政部有关《通知》精神，采取行动，停止全市集中销售即开型彩票，并对在平泉、滦平、宽城等县集中销售即开型福利彩票，丰宁县集中销售即开型体育彩票进行了全面检查。

7 月中旬，按照省统一部署，我市积极开展国有粮食购销企业财务挂账清理审计工作。

7 月 19 日—10 月 27 日　对全局 1997 年以来 276 人档案进行了彻底认真整理。2004 年市财政局干部人事档案管理工作被市委组织部评为先进单位，李国强被评为先进个人。

7 月 21 日　我市涝洼滩煤矿进场交易。

7 月 22—23 日　市财政总预算会计培训工作会议在丰宁县召开。

7 月 26 日—8 月 1 日　省农开办主任乔满同志在省办生态处处长王文才的陪同下来我市就农业开发工作进行调研。

7 月 28 日　省财政厅在我市召开由各市农税局（处、科）长参加的全省农业税收工作座谈会。省财政厅副厅长左绍伟、市人民政府副市长于明出席会议并讲话。

同日　召开各科负责人参加的全局半年考核工作动员会。

7 月 29 日—8 月 1 日　省财政厅全省农税科长座谈会在我市召开。

7 月—8 月　对我市 5 个县的 10 个农村公路国债建设项目 2002 年和 2003 年资金管理和使用情况进行了检查。

7 月—9 月　开展 2004 年会计信息质量和会计师事务执业质量检查。

8 月 2 日—6 日　全国 18 个省市财政投资评审工作研讨会在我市召开。

8 月 5 日　河北省非税收入分析调度会在我市召开。

8 月 9 日—12 日　河北省税政工作会议在我市召开。

8 月 10 日　局党组为严肃党纪政纪，认真贯彻落实市委、市纪委要求，狠刹领导干部送钱收钱、跑官要官、参与赌博和打着领导旗号办私事等“四股歪风”，结合廉洁自律各项规定，市财政局党组全体成员公开八条承诺，并登录局域网接受监督。

同日　市政协副主席任萍率视察组来市财政局检查“优化经济发展环境、行风建设和窗口服务”等工作。

同日　市政府任命司瑞安为市财政稽查局局长。

8 月 14 日　我市 2004 年度会计从业资格统一考试工作如期举行，并圆满完成了考试各项工作。

8 月 16 日　河北省农村部分计划生育家庭奖励扶助资金首发式在我市丰宁满族自治县隆重举行。

8 月 18 日　邀请承德师专中文系主任、市广播电视局总编室主任做评委，在市财政局九楼会议室举行了“我是会计人”演讲比赛的复试。

8 月 21—22 日　国家税务总局农业税征收管理局契税培训教材讨论会在我市召开。

8 月 25 日　在河北省财政厅、人事厅 2000—2003 年度财政系统先进集体、先进个人表彰活动中，我市有三人、七个单位榜上有名，分别是：先进个人：张明义、张彩霞、史林鑫。先进集体：围场满族蒙古族自治县财政局、宽城满族自治县财政局、隆化县张三营镇财政所、平泉县榆树林子镇财政所、滦平县财政集中支付中心、丰宁满族自治县大阁镇财政所、鹰手营子矿区汪家庄镇财政所。

8 月 26 日　市财政局党组书记、局长宋玉君同志及党组成员带领全局党员干部近 50 人，奔赴滦平县和双滦区实地参观考察了张百湾镇周台子村、承钢生产车间和双滦区城建。

8 月 28 日—9 月 3 日　市农业开发办公室组织丰宁、滦平、围场、隆化四县的开发办主任、副主任、业务股长一行 21 人，赴张家口市的沽源、康保、尚义、万全四县进行了学习考察，并顺道参观了承德市丰宁县大滩和滦平金沟屯项目区。

8 月，第三次被省委、省政府评为省级文明单位。

8—9 **月份**　对局机关行政科室和局属事业单位及其下属二级单位的所有银行账户 2003 年度财政财务收支、2004 年度上半年财政财务收支情况进行了审计，并对以前年度内部审计中提出的整改意见的落实情况进行再监督。

8月，顺利完成林业局扑火设备竞争性谈判采购。

9月5日 召开了由市财政、物价、教育、监察组织，由市直各有关学校的领导、各县区财政、物价、教育部门的有关领导参加的落实《全省义务教育学校推行“一费制”收费试行方案》的动员大会。

9月7日 市农业开发办公室召开土地治理项目建设调度会。

9月13—24日 由财政、物价、文化等部门联合对各县及市直属学校的校务公开、收费公示、收费项目、收费标准的执行情况、义务教育中小学“一费制”的落实情况、学校征订课本情况等事项进行了全面系统的检查。

9月16日 分别向社会各界和服务对象发《市财政局征求意见函》。

截止9月17日，市财政局为市直企业退休军转干部92人办理了终身医疗保险；为市直企业在职军转干部58人办理了2004年度医疗保险；为所有在职军转干部发放了2004年1－8月份的工资（目前已不欠发军转干部工资）；为所属企业军转干部报销了2003年7－12月份拖欠的药费。

9月18日 参加了由市政府纠风办在南营子大街组织的“阳光服务”活动。

9月19日 召开了由市农村税费改革领导小组全体成员参加的全市农村税费改革领导小组会议。

9月20日 市人民政府正式接收北京铁路局在承德市的普通中小学三所（承德铁路中学、承德铁路小学、隆化铁路小学）、医院一所（承德铁路医院），按时完成了移交接收工作。

9月21日 全市农村税费改革试点工作会议。会议贯彻落实省农村税费改革试点工作会议精神，总结我市前一阶段改革工作的经验，分析和研究改革进程中的新形势、新情况，安排部署当前和今后一个时期深化改革的各项工作任务。

9月23日 市财政局将足额筹集到的各级财政资金及时足额拨付到各县区计划生育家庭奖励扶助资金专户，要求各县区计划生育部门和农行系统的经办机构确保在中秋节前夕，将计划生育奖励扶助金落实到每一位扶助对象手中。

同日 签署了两个日元贷款公共卫生项目转贷协议，转贷限额23890万日元。具体分配：市疾病预防控制中心检验检测业务设备的购置10200万日元；市第三医院的医疗设备购置和人员培训13690万日元。

9月23—26日 双滦区2002年农村能源生态项目接受并通过国家办专家验收组验收。

9月26日 我市选派的4名选手参加河北省“我是会计人”演讲比赛复赛，其中两名获比赛二等奖，两名获优秀选手奖，同时，我市被省财政厅评为优秀组织奖。

9月—10月，对原市财会干部培训中心主任王海同志1998年－2003年任职期间的经济责任进行了离任审计。

9月—10月，进一步做好领导干部拖欠公款清理工作和复查考核工作。

10月10日 对我市第一座钢混结构大跨度拱桥工程预算评审结束。

10月12—15日 市农业开发办公室组织召开了双滦、承德、平泉、宽城三县一区开发办主任现场交流会，分别考察了三县一区的2004年度土地治理项目建设情况，各县区汇报了2004年度项目的进展情况和2005年度项目谋划情况。

10月19日 市财政监督稽查局组建完毕，由科级单位升格为副处级单位，内设监督一科、监督二科、监督三科三个科级单位，现有9名专职财政监督干部。

同日 召开全市财政监督工作会议。

10月19日—23日 举办全市财政监督干部培训班。

10月21日 市财政局召开老干部座谈会，向老干部表示重阳节的问候和祝愿。

10月24—26日 参加了关于城市基础设施领域中公私合作新模式的论坛。我市的南环道路工程二期和城市燃气两个项目代表河北省参加了基础设施项目展。

10月24—27日 省民政厅、省财政厅组成调研检查小组，先后到鹰手营子矿区了解城市居民最低生活保障工作开展情况，到宽城、平泉两县了解农村医疗救助制度出台和运作情况。

10月25日 《承德日报》对省财政厅和省扶贫领导小组批复的2004年扶贫项目计划和资金额度进行了公示。

10月25日 参加纪检监察专业知识测试活动。

10 月 26 日　“市级预算单位纳入财政集中支付管理会议”召开。至此，市级全部一、二级预算单位计 179 户均纳入集中支付管理，其中一级预算单位 116 户，二级预算单位 63 户。

10 月 28 日—12 月底　按照新的要求，统一人员信息采集标准。被评为 2004 年人才资源统计工作先进单位。

10 月，向财政局服务对象发《市财政局行风及践诺情况征询表》。

10 月—11 月　对兴隆县、营子区及兴隆县兴隆镇、营子区汪家庄镇 2003 年预算执行情况及部分专项资金使用情况进行了审计。

11 月 2 日—4 日　卫生部国外贷款办在承德市举办了“世行贷款/国外赠款中国传染性非典型肺炎及其他传染病应对项目”咨询服务采购现场培训班。

11 月 3 日　市财政局开展依法行政法律法规知识竞赛。

同日　全市学区建设会议在围场县召开。

11 月 8 日　尹云峰书记在全局职工大会上通报行风评议进展情况。

11 月上旬，省劳动保障厅、省财政厅组成社会保障基金监督检查小组，先后对承德市市本级、围场满族自治县的企业职工养老保险、机关事业养老保险、失业保险、医疗保险等项基金和财政专户管理情况进行监督检查。

11 月 15 日　组织市局和县(区)局主管行风建设的领导收听河北省“阳光热线”和“阳光论谈”节目。

11 月 15 日—19 日　省农业开发办土地处张文杰副处长在市办姜凤祥主任、刘伟民副主任的陪同下对全市 2004 年度农业综合开发土地治理项目进行了检查。

11 月 16—18 日　中国进出口银行转贷部转贷业务二处的朴明琦副处长和项目官员李杰到承德调查了解正在执行的外国政府贷款项目运行情况。并到承德德厦建材公司和围场双九马铃薯淀粉有限公司检查国外设备运行情况。

截止 11 月底，我市共有 11576 名(其中市直 4600 名)会计人员参加了在全市范围内开展的会计人员继续教育培训。

11 月 23 日　市政府免去王淑华的市财政局助理调研员职务。

11 月 30 日　荣获省财政厅全省农业税收工作先进单位。

11 月 29 日—12 月 3 日　我市在省厅举行的全省财政系统新会计规章制度培训班的结业考试中，取得团体第一名的好成绩，其中：开发区、围场县、承德县、兴隆县、丰宁县分别进入个人前十名。

11 月 29 日—12 月 31 日　开展了对 8 县 1 区 2002 年—2004 年 10 月份的农业财政专项资金检查工作。

11 月—12 月，组织全市开展了教育系统收费情况检查工作。

12 月 2 日　制定印发市直离休干部“医疗费用结算办法”、“医疗费用考核办法”、“奖惩办法”。

12 月 7—9 日　在 2004 年财政决算会上，市财政局被评为 2004 年财政预算执行分析先进单位。

12 月 9 日　开展 2004 年度机关事业单位工作人员年度考核奖惩工作。局党组高度重视，对指导思想、考核对象、依据、办法等进行了认真部署。

12 月 21 日　召开 2004 年全市财政决算会议。会议传达了省厅决算工作会议精神，总结表彰了 2003 年度财政决算工作先进单位，对 2004 年度的财政决算工作进行了全面部署。

同日　荣获省农村税费改革领导小组办公室全省农村税费改革工作先进单位。

12 月，社会保障基金决算在全省评比中获一等奖，受到省财政厅通报表彰。

12 月，荣获“河北省财政厅 2004 年度论文调研评选活动优秀单位组织奖”。

12 月 24 日　市财政局就当前群众关心的涉及财政的法律法规政策等热点、难点、疑点问题进行了宣传与咨询活动。

12 月 27 日　组织述廉评廉考廉工作，接受市党风廉政建设责任制领导小组对落实 04 年党风廉政建设责任制情况进行考核。

12 月 31 日　市财政局被省财政厅评为 2004 年度全省财政监督检查工作先进单位。

(承德市财政局)

2004 年张家口市财政大事记

1 月 1 日　《张家口日报》头版头条刊登了题为《岁末年初市领导看望财税金融系统干部职工——

勉励大家再接再厉再立新功》的长篇报道，全面真实地反映了市财政局一年来各项工作取得的好成绩和市领导同志给予财政工作的高度评价。

1月2日　王大鹏副局长携有关科室负责人赴石家庄参加全省财政工作会议。

1月5日　市财政局召开2004年第1次局务会议。

同日　市财政局召开2004年第1次局长办公会议。

1月7日　市财政局召开离退休干部春节团拜会。

1月8日　市财政局召开2004年第1次局党组会议。

1月9日　王大鹏副局长带队到怀来县财政局慰问。

1月10日　市财政局纪检组长梁大维、局机关党委专职副书记陈志分别带队到市财政局下属单位赤城温泉疗养服务中心和市财经学校进行慰问。

1月12日　市政府召开2004年全市财税工作会议。

同日　市财政局组织召开财政专业会。

1月14日　李雪荣局长带领慰问组前往宣化县财政局、宣化县姚家坊镇财政所和该镇民营企业慰问。

1月15日　市财政局助理调研员姚溢带领帮扶工作队队员到市财政局帮扶村康保县芦家营乡白脑包村进行慰问。

1月16日　市财政局举办2004年迎新春团拜会。

1月30日　市财政局召开2004年第2次局长办公会议。

2月3日　市财政局召开“深入学习贯彻落实胡锦涛总书记重要指示精神，开创求真务实为民理财新局面”大会。

2月4日　市财政局召开局机构改革座谈会，安排部署有关科室、人员和工作的划转交接工作。

同日　李雪荣局长携有关科室负责人同市人大财经委负责同志就2004年部门预算编制情况交换了意见。

2月6日　市财政局隆重召开局机关考评大会，对各科室2003年度工作进行考评。

2月9日　市委书记刘永瑞、市长高金浩、常务副市长徐受棠听取李雪荣局长作《关于2004年全市财政收入预算及市本级财政收支预算安排建议计划的汇报》，给予充分肯定，并分别就财政工作做出重要指示。

2月10日　市委组织部派出考核组，对市财政局领导班子及领导成员2003年工作进行考核和民主测评。

2月13日　市财政局召开2004年第2次局党组会议。

2月16日　市财政局召开2004年第2次局务会议。

同日　市财政局召开2004年第1次局机关党委会议。

2月17日　李雪荣局长向市人大财经委员会汇报了《关于张家口市2003年市本级预算及全市总预算执行情况和2004年市本级预算及全市总预算（草案）的报告》。

2月18日　市人大财经委组织部分人大代表审查市财政局提交的《关于张家口市2003年市本级预算及全市总预算执行情况和2004年市本级预算及全市总预算（草案）的报告》，并提出修改意见和建议。

2月24日　市财政局隆重召开2003年度总结表彰大会。

2月27日　李雪荣局长参加了第十一届人大第二次会议，并做《关于张家口市2003年市本级预算及全市总预算执行情况和2004年市本级预算及全市总预算（草案）的报告》。

2月28日　张家口市第十一届人民代表大会第二次会议计划预算审查委员会会议召开，通过了《张家口市第十一届人民代表大会第二次会议计划预算审查委员会关于张家口市2003年市本级预算及全市总预算执行情况和2004年市本级预算及全市总预算（草案）的审查报告》，决定向张家口市第十一届人民代表大会第二次会议主席团提交。

同日　张家口市第十一届人民代表大会第二次会议主席团第二次会议召开，通过了《张家口市第十一届人民代表大会第二次会议计划预算审查委员会关于张家口市2003年市本级预算及全市总预算执行情况和2004年市本级预算及全市总预算草案的审查报告》。

3月2日　王小军副局长赴吴桥参加了全省收

费工作会议。

3月3日 市财政局组织召开民主党派经费保障及管理问题专题座谈会，李雪荣局长与市民建、民盟、民进、民革、农工及九三学社的驻会负责人及民主党派办公室负责同志进行了座谈。

同日 亚行咨询专家组和省财政厅外债管理中心靳海增主任一行到我市实地考察市区和宣化区污水防治项目，市局助理调研员姚溢携有关科室负责人陪同视察。

3月8日 市财政局机关工会妇女工作委员会组织举办了“庆‘三·八’妇女才艺作品展”。

3月9日 市财政局助理调研员姚溢赴石家庄参加了全省会计管理工作会议。

3月11日 市财政局召开2004年第3次局党组会议。

同日 市财政局召开2004年第3次局长办公会议。

3月12日 省财政厅召开全省财政系统“金财工程”建设工作网络电视会议，播放了市财政局及部分市、县财政局录制的经验交流专题片。

3月15日 市财政局召开2004年提前离岗人员座谈会。

3月16日 李雪荣局长参加市委召开的全市领导干部会议。

3月19日 市财政局举办2004年第一期财政业务知识讲座。

3月21日—28日 李雪荣局长赴港参加了2004年河北(香港)投资贸易洽谈会。

3月22日 市财政局纪检组组织全体干部职工收看了中纪委电教中心录制的警示教育片。

3月22日—29日 财政部驻河北省财政监察专员办事处业务二处岳党生副处长一行在王小军副局长的陪同下，对我市2003年解决部分困难企业军转干部生活困难专项资金的使用安排情况进行了专项检查。

3月24日—4月1日 财政部青海专员办检查组来我市检查农村税费改革专项转移支付资金使用情况，王大鹏副局长汇报工作并陪同检查。

3月24日 市委、市政府下发《关于对荣获2003年度民主评议行风优秀单位和先进单位及优秀参评员进行表彰的通报》，市财政局名列2003年度民主评议行风优秀单位之首。

3月31日 李雪荣局长与财政部驻河北省财政监察专员办事处检查组就坝上四县、乡财政收入和专项资金使用存在的问题交换了意见。

同日 《中国财经报》政府采购周刊和中央电视台新闻频道早间新闻以《救命水、幸福水、致富水》为题，分别报道了我市政府采购支持农民增收的做法。

4月1日 市纠风办和市人民广播电台“行风热线”节目组来到市财政局录制“行风热线——张家口市财政局专辑”。

4月1日—2日 张家口市第五届会计知识竞赛和全市财政系统会计基础工作展评活动在市财政局举行，市委常委、常务副市长徐受棠莅临现场并做重要讲话。

4月2日 市委常委、常务副市长徐受棠在市财政局组织召开专题会议，就我市财政专项资金管理工作做出重要指示。

同日 王大鹏副局长到涿州参加省财政厅召开的农村税费改革工作会议。

4月7日 市委召开全市行风评议总结表彰暨动员大会，会上，李雪荣局长就我局2004年行风建设做了表态发言。

同日 市财政局召开2004年第4次局长办公会。

4月9日 王大鹏副局长出席全市农村税费改革工作会议并讲话。

同日 省政府召开粮食直补工作征求意见座谈会，王小军副局长赴石家庄参加会议。

4月12日 市财政局召开2004年第5次局长办公会。

4月13日 市财政局召开全市财政系统民主评议行风工作总结表彰暨动员网络大会，李雪荣局长和市纪委副书记宋忠礼分别做重要讲话。

4月14日 市政府召开全市一季度经济分析会议，李雪荣局长参加会议并作汇报。

同日 市财政局召开2004年第6次局长办公会。

同日晚 李雪荣局长、王小军副局长到市政府向徐受棠常务副市长、侯桂兰副市长汇报了我市粮食直补工作方案。

同日晚 市财政局2004年度英语基础班和新概念英语班开课。

4月15日晚 市政府召开会议，研究粮食直补和农村税费改革有关问题。李雪荣局长参加会议并作汇报。

4月19日　市委、市政府召开联席会议，分析全市一季度经济运行情况。李雪荣局长列席并汇报全市财税工作。

同日　李雪荣局长向市政府汇报我市烟草商业流通体制改革有关问题。

同日晚　李雪荣局长、王小军副局长列席市委、市政府联席会，汇报我市对种粮农民直接补贴方案。

4月20日　市政府召开全市对种粮农民直接补贴暨国有粮食购销企业改革工作会议。李雪荣局长、王小军副局长参加会议，李局长就我市《对种粮农民直补暂行办法》做说明。

同日　我市召开政府采购和财政监督工作会议，市委常委、常务副市长徐受棠出席会议并做重要讲话。

4月23日　李雪荣局长参加全市党政领导班子领导干部述职述廉会议。

4月24日　郭庚茂常务副省长到我市视察工作，听取我市重点建设项目和经济、财政运行情况汇报。李雪荣局长参加汇报会。

4月25日　郭庚茂常务副省长一行到我市康保县、察北管理区、塞北管理区视察，李雪荣局长同市政府主要领导及有关部门领导陪同调研。

4月26日　王小军副局长主持召开各县区对种粮农民直接补贴工作调度会。

4月27日　李雪荣局长参加全市“千村经济振兴”工程市直下派干部动员大会。

4月28日　市财政局机关团支部组织机关青年干部赴市财政局包扶的康保县芦家营乡白脑包村开展社会实践活动。

4月30日　市委、市政府召开全市表彰劳动模范、模范集体暨庆祝“五一”国际劳动节大会，市财政局、赤城县财政局、宣化县财政局被授予“模范集体”荣誉称号，市财政局李雪荣局长、尚义县财政局王成局长、阳原县财政局干部赵根生同志被授予“全市劳动模范”荣誉称号。

5月1日　市财政局会同市国税、地税和人行等部门，联合对烟草流通体制改革后有关税收收缴做出调整。

5月1日—7日　王小军副局长带领市粮食直补领导小组办公室成员到怀安、阳原、宣化等县检查粮食直补工作。

5月11日　市财政局召开2004年第7次局长办公会。

5月11日—13日　省政府龙庄伟副省长、省财政厅郭秀堂副厅长一行来我市调研指导教育工作，李雪荣局长、局助理调研员马福海陪同调研。

5月11日—20日　财政部驻河北省财政监察专员办事处对我市第一期中小学危房改造工程实施的基本情况及工程资金筹集和使用等情况进行专项调查，王小军副局长参加汇报会并陪同检查。

5月12日　王大鹏副局长、局纪检组长梁大维到市广播电台参加“行风热线”节目。

5月13日　省财政厅郭秀堂副厅长专程到市局调研，李雪荣局长汇报了全市财政运行情况和社会保障工作。

5月14日　李雪荣局长、王小军副局长陪同郭秀堂副厅长一行到宣化县沙岭子镇调研了解教育“两项工程”情况。

5月17日　王小军副局长主持召开粮食直补检查组工作会议，并到部分县区检查验收粮食直补工作。

5月18日　市财政局召开2004年第8次局长办公会。

5月19日　李雪荣局长参加市人大常委会召开的市政府组成人员述职评议动员大会。

5月28日　王小军副局长到市政府先后参加了市粮食改革会议和粮食直补及农业税减免会议。

同日　根据有关文件精神，市财政局成立支持民营经济发展领导小组，并就财政支持民营企业发展提出五项政策措施。

5月29日—30日　2004年全国会计专业技术资格考试举行。我市报考人员2862人，初级资格考试应试科目2216人次，实际参考1335人次；中级资格考试应试科目5454人次，实际参考2631人次。

6月1日　市财政局机关党委专职副书记陈志率局干部职工代表到怀来县狼山乡中心小学参加救助失学女童捐赠仪式，为该县21名贫困女童送去我局干部职工8000多元捐款和部分学习用品。

6月3日　王小军副局长赴省财政厅汇报我市粮食购销企业改革情况。

6月8日　市财政局召开2004年第4次局党组会议。

6月9日—11日　王大鹏副局长陪同省财政厅农税处赵振刚调研员一行到怀来县调研农税及票据管理工作。

6月12日　《中国财经报》一版刊登了该报专刊部副主任蔡劲松撰写的专访文章《主动出击:填平“贫困陷阱”——河北张家口市财政改革与发展创新纪实》。

6月14日—18日　由省财政厅社会保障资金审核服务中心杜义胜副主任带领的省社保专项资金检查调研组,对我市2002—2003年社保资金进行了专项检查和调研。

6月15日　王大鹏副局长赴北京参加张家口市政府与北京三元集团公司农业经济技术合作框架协议签字仪式。

6月17日　省人大副主任王加林率省人大视察组在我市视察调研全市上半年经济运行和预算执行情况期间,专程到市财政局视察指导工作,听取李雪荣局长的简要汇报,对市财政局近两年来取得的成绩给予充分肯定和高度评价。

6月18日　王大鹏副局长陪同省人大视察组到崇礼县视察调研。

同日　付双健副省长听取市政府关于全市下岗职工再就业情况的工作汇报,王小军副局长参加汇报会。

同日　市财政局在市文化广场隆重举行主题为“阳光收费、强市利民”的明白册面向市民发放活动。王小军副局长、市收费局全体工作人员及有关人员参加了活动,共发放《张家口市行政事业性收费(基金)项目明白手册》3000余册,并解答了市民提出的各种政策问题。

同日　市财政局召开市直契税自征一周年座谈会。市直契税直征一年来,共完成市直契税收入2481万元,超过2002年代征收入497万元近2000万元。

6月24日　市财政局在宣化召开全市收费管理工作会议,王小军副局长出席会议并讲话。

6月26日　市财政局到赤城县大海陀平北抗日根据地纪念地举行“继承先烈遗志,发扬革命传统”主题党日活动。

6月28日—29日　市第十一届人大常委会第八次会议召开。李雪荣局长列席会议,并受市人民政府委托作了《关于张家口市2003年市本级财政决算(草案)的报告》。经审查,会议决定批准张家口市2003年市本级财政决算。

6月29日　王小军副局长列席市第十一届人大常委会第八次会议,参加《关于张家口市2003年市本级财政决算(草案)的报告》的分组讨论。

7月1日　市财政局召开2004年第3次局务会议。

7月3日　市财政局举办“请专家学者进机关”首场财政学术报告会,著名经济学家高培勇、贾康分别作了题为《当前的中国财政政策选择》和《县乡财政解困与财政体制改革的大思路》的报告。

7月5日—6日　市财政局召开2004年上半年全市预算执行分析会、全市2004年企业所得税税源调查会议。

7月6日　市财政局召开2004年第9次局长办公会议。

7月10日　市直机关“网通杯”篮球赛降下帷幕,局男子篮球队取得第四名的历史最好成绩,局机关工会被授予优秀组织奖。

7月13日　李雪荣局长携有关科室负责同志到局离休干部姜逢华同志家中,代表局党组为他庆贺80岁生日。

7月18日　王大鹏副局长赴石家庄参加全省农村税费改革工作会议。

7月19日　市政府召开全体会议,李雪荣局长参加会议并汇报我市上半年财政经济运行情况。

7月19日—21日　由省收费局票据科刘运通科长带队的省财政票据检查组,到市财政局和宣化区财政局检查了票据管理工作。

7月20日—21日　市委、市政府召开2004年上半年工作调度考核会议,李雪荣局长参加会议并就全市上半年财政经济运行形势做汇报。

7月20日—21日　王大鹏副局长陪同省财政厅农业处范海秀副处长一行到张北县调研。

7月20日—22日　省财政厅行评办张爱民处长到市财政局督导行风工作,并到有关县区调研。

7月23日　市财政局邀请中国军事科学院台海军事研究中心王卫星副主任来市局作题为《当前台海局势及其发展走向》的报告。

7月23日—26日　王大鹏副局长陪同省财政厅农业处王伟、和辉副处长赴蔚县调研。

7月27日—28日　市局纪检组长梁大维陪同

省财政厅监察室主任朱平到赤城县调研。

7月27日—29日　由省收费局稽查科王建勇科长带队的检查组，来张检查了我市省级收入收缴情况。

同日　局纪检组长梁大维携有关科室负责同志参加市广播电台行风热线节目。

8月2日　王小军副局长到高新区参加财税移交工作。

8月2日—4日　王大鹏副局长陪同省财政厅农税处李忠副处长到怀来县调研农税工作情况。

8月3日　省财政厅信息中心主任王洪卫一行到市财政局调研全市财政信息化工作，局纪检组长梁大维陪同调研。

8月4日　市政府举行全市农村劳动力转移培训“阳光工程”和“双万人培训工程”启动仪式，李雪荣局长在会上做了表态发言。

8月6日　全国财经科研宣传工作座谈会在我市召开，财政部科研所所长贾康博士，省财政厅副厅长左绍伟、科研所所长邢永春，全国27个省市自治区科研部门领导同志近100人参加会议。

8月9日—12日　省财政厅党组副书记、副厅长陈金城携有关处室负责人到我市调研，期间听取了李雪荣局长汇报，对我市近几年来的成绩给予充分肯定。

8月18日　季允石省长到我市视察工作，李雪荣局长参加了省领导在我市的现场办公活动。

同日　市人大财经委到市财政局听取我市1—6月份全市财政预算执行情况的汇报，王小军副局长作汇报。

8月20日—23日　李雪荣局长携有关科室负责人赴北戴河参加全省财政工作会议。

8月26日　市十一届人大常委会第九次会议在市迎宾馆召开，李雪荣局长列席会议，并在会上做2004年上半年财政预算执行情况的报告。

8月27日—29日　李雪荣局长携有关科室负责同志赴北京钓鱼台国宾馆参加“京张区域协调发展论坛”。

8月30日—9月9日　李雪荣局长作为市“南下学习考察推介招商代表团”成员，随团赴温州、宁波、苏州、厦门、上海、珠海等市进行学习考察和招商推介活动。

9月1日—2日　市财政局在宣化召开全市会计管理工作研讨会。

9月4日—15日　市财政局举办计算机应用培训班，分三期对全局150多名干部职工进行了培训。

9月8日—9日　王大鹏副局长与市监察局宋忠礼局长、马金华副局长一同听取市财政局与市纪委联合派出的检查组就全市“收支两条线”重点检查情况的汇报。

9月14日　市委召开常委会，王大鹏副局长列席会议并汇报省农村税费改革会议精神贯彻情况。

9月14日—15日　市财政局召开全市财政工作会议。

9月15日　市财政局召开2004年第5次局党组会议。

9月16日　受市粮食局委托，市财政局监管的政府采购代理机构——张家口冀北粮油批发交易市场组织了张家口市2004年地方储备粮（小麦）公开招标采购。这是我市首次对市级国家储备粮实施政府采购。

9月21日　徐受棠常务副市长召集会议，研究原经贸委8个行业管理办公室下属公司职工养老保险和工资有关问题。李雪荣局长参加会议。

9月23日　市财政局百人大合唱参加了市直机关工委庆祝建国55周年“祖国颂”文艺演出。

9月27日　徐受棠常务副市长、陈建军常务副秘书长到市财政局听取关于今年收入完成预计及平衡情况的汇报，李雪荣局长和市国税局董存英局长、市地税局赵英华副局长分别作了汇报。

9月28日　市财政局举办了“张家口市财政系统迎国庆书法摄影作品展”。

9月30日　市财政局召开2004年第10次局长办公会议。

本月，针对我市大部分乡镇国库职能已弱化的实际，为了避免潜在资金风险，市财政局与人民银行张家口中心支行对全市乡（镇）国库进行的历时近两个月的清理整顿工作结束，共撤销8个县区的63个乡镇国库，除宣化区和怀安县各保留一个乡（镇）国库外，其他乡（镇）国库全部撤销。

10月1日　市财政局召开2004年第6次局党组会议。

10月8日　市财政局召开全局学习贯彻十六届四中全会精神大会。

10月9日　市委书记刘永瑞、常务副市长徐受棠听取了李雪荣局长所作的我市 2004 年财政预算平衡情况及 2005 年财政预计收支情况汇报，并就财政工作分别做了重要指示。

10 月 12 日—21 日 市财政局分两期举办了基层乡镇财政干部业务理论培训班，全市 210 个乡镇财政所所长参加了培训。

10 月 13 日 市财政局在宣化区召开全市农业税收征管工作会议。

10 月 14 日 市财政局召开局党组民主生活会(2004 年第 7 次局党组会议)。

同日 市财政局召开 2004 年第 8 次局党组会议。

10 月 19 日 省非税收入管理局吕国新局长一行三人到我市就收费管理工作进行调研，王小军副局长陪同调研并作汇报。

10 月 21 日 高金浩市长、徐受棠常务副市长听取市财政局、国税局、地税局关于 2004 年收入完成预计情况，市财政局关于后几个月支出安排、2005 年收入计划及部门预算编制方案的汇报。李雪荣局长携有关科室负责人参加汇报会并作汇报。

同日 市财政局召开行风监督员座谈会，邀请来自全市各行各业的 12 名行风监督员和评议员来局座谈。

同日 由部分市人大代表、政协委员以及市人大、市政府、市政协提案建议分管部门联合组成的人大政协提案建议承办工作检查组，到市财政局检查提案建议承办工作，局助理调研员马福海作汇报。

10 月 22 日—23 日 王大鹏副局长到赤城参加全市“用科学发展观指导农业工作”研讨会并发言。

10 月 26 日 李雪荣局长参加市政府综合口述职述廉座谈会并发言。

10 月 27 日 市财政局纪检组长梁大维、副局长王小军携有关科室负责人到市广播电台参加“行风热线”直播节目。

10 月 28 日 市财政局召开 2004 年第 4 次局务会议。

10 月 29 日 省人大常委李九元、省档案局副局长李量率省档案执法检查组在市人大和市档案局有关领导的陪同下，到市财政局检查档案工作。检查组听取了李雪荣局长和王小军副局长关于档案工作的汇报，并到局档案室实地视察，对市财政局档案工作给予了高度评价和充分肯定。

10 月 30 日—31 日 市财政局举办了“全市市县财政局长计算机网络应用培训班”，市局、各县区财政局局长、副局长，信息中心负责人近 100 人参加了培训。

11 月 3 日—5 日 李雪荣局长赴省财政厅汇报工作，就请求省政府帮助解决我市财政供养人员工资问题向陈金城副厅长作了专题汇报。

11 月 4 日—7 日 市财政局举办第二期市县财政局长计算机网络基础应用培训班。

11 月 5 日 市财政局邀请市委党校邱晓清教授来局作题为《学习贯彻全会精神，加强执政能力建设》的辅导报告。

11 月 8 日 省财政厅召开全省财政系统深化民主评议政风行风工作网络会议，会上李雪荣局长代表市财政局作典型汇报发言。

11 月 8 日—9 日 王大鹏副局长赴省财政厅参加全省农业专项资金监督检查会议。

11 月 10 日 市财政局召开市属医疗卫生机构财务管理工作座谈会，李雪荣局长、局助理调研员马福海同市属各医疗机构负责人座谈。

11 月 12 日 王大鹏副局长参加全市农业产业化工作会议并发言。

同日 市财政局干部职工积极响应市献血领导小组的号召，29 名同志在市中心血站无偿献血。

11 月 15 日 市财政局召开全市农业专项资金监督检查会议，王大鹏副局长出席会议并讲话。

11 月 16 日 市财政局召开 2004 年第 11 次局长办公会议。

11 月 17 日 根据工作需要，市财政局向社会发布公告，公开招录所属事业单位工作人员。

11 月 20 日 市财政局召开 2004 年第 12 次局长办公会议。

11 月 22 日 市委刘永瑞书记、市政府高金浩市长、徐受棠常务副市长听取市财政局和市人事局关于调研行政事业单位职务津贴转移支付的汇报，李雪荣局长参加汇报。

同日 市财政局召开 2004 年第 5 次局务会议。

同日 市直机关工委赵振忠副书记一行 3 人莅临市财政局，就市财政局贯彻落实省委六届四次全会《决定》情况、机关党建工作开展情况以及机关工作纪律情况进行检查指导。局纪检组长梁大维、局机关党委专职副书记陈志分别作了汇报。

11月23日　郭庚茂常务副省长听取市政府关于全市经济工作的汇报,李雪荣局长参加汇报会。

11月25日—12月1日　王小军副局长带领有关科室负责同志,与市国土资源局有关领导及同志共同组成考察组,赴无锡、宁波等市财政局学习考察了经济发达地区城建资金管理的成功经验与做法。

11月26日　张钰副市长听取市直涉农部门2005年工作安排,王大鹏副局长参加会议并作汇报。

同日　市局纪检组长梁大维为干部职工做廉政教育专题讲座。

11月29日　市财政局召开2004年第13次局长办公会议。

12月1日—3日　王大鹏副局长赴保定容城参加全省农业税收工作会议。会上,我局作为全省农税工作先进集体受到省财政厅表彰。

12月2日　李雪荣局长、局助理调研员姚溢赴宣化冶金环保设备厂调研。

12月4日　市财政局召开2004年第14次局长办公会议。

同日　市财政局以闭卷形式进行2004年度机关培训知识考试。

12月5日　市财政局召开2004年第9次党组会议。

12月6日—9日　李雪荣局长率有关科室负责人赴石家庄向财政部驻河北专员办汇报工作。

12月10日　徐受棠常务副市长主持会议,研究高新区财政体制问题,李雪荣局长参加会议。

12月10日—11日　省财政厅在廊坊香河召开全省预算工作座谈会,王小军副局长参加会议。

12月11日　市财政局对公开招录公务员进行笔试。

12月12日　市财政局召开2004年第15次局长办公会议。

同日　市财政局对经过局公务员公开招录笔试环节的15名同志进行了面试。

12月13日—15日　王小军副局长带领有关科室负责人及有关县区财政局长到包头市财政局学习考察了市县财政激励机制、财政目标考核奖励机制、城建资金管理体制等方面的做法和经验。

12月14—15日　市财政局召开全市2004年度财政决算工作会议。

12月16日　我市部分全国和省人大代表到市财政局视察,李雪荣局长向代表们汇报了2004年财政预算执行情况及财政各项改革与发展情况。

12月17日　市财政局召开2004年第2次局机关党委会议。

12月18日　市财政局召开新提拔和调整职位的科级干部集体谈话会议。

12月20日　市财政局召开2004年第16次局长办公会议。

同日　市政府召开全市退耕还林、禁牧舍饲粮食补助资金兑付工作会议,批转了包括市财政局在内的七部门制定的《张家口市退耕还林禁牧舍饲粮食补助资金兑付管理暂行办法》。会后,我局将省下达的6亿多元粮食补助资金迅速下拨到县区财政局。

12月29日　市财政局召开2004年第3次局机关党委会议。

同日　中国财经报头版刊登了该报总编室主任苗福生撰写的通讯《张家口交出一份“三农”答卷》。

12月31日　市委书记刘永瑞、市长高金浩、常务副市长徐受棠,市委常委、市委秘书长李建举等领导冒着严寒来到市财政局,亲切看望慰问广大干部职工。市领导一行先后到市财政局财政集中支付大厅、契税征收大厅看望工作人员,并与现场办理业务的有关人员进行交谈。在市财政局网络可视会议室,市领导饶有兴致地观看了由市财政局组织拍摄的专题片《跨越》。随后,市领导一行与全局干部职工合影留念,市委书记刘永瑞代表市委、市政府发表了热情洋溢的讲话。

2004年,全市财政收支双双突破50亿大关,实现了历史性的跨越。全市财政收入亿元县(区)由上年的5个增加到9个,涿鹿、阳原、赤城、桥西四个县区全部财政收入首次突破亿元大关。

(张家口市财政局)

2004年秦皇岛市财政大事记

1月6日　市财政局召开领导班子民主集中制学习教育活动专题民主生活会。要求局领导班子成员在对民主集中制有关文献和指定学习内容认真学习加深理解的基础上,相互交流思想,沟通情况。

1月,我市财政系统荣获2003年民主评议行风活动第一名。

1 月上旬　对市财政局 252 名工作人员(其中机关科级以下公务员和工勤计 105 名，事业单位 147 名)进行了考核，共产生优秀等次 34 人。

1 月 21 日　我市取暖煤“三专一统”招标采购的做法和取得的成绩受到了市领导和用煤单位的好评。

2 月 2 日　市财政局召开全体党组成员专题会议，认真学习和贯彻胡锦涛总书记在河北视察时的讲话，并传达了市委领导关于认真学习和贯彻胡锦涛讲话的指示。

2 月 6 日　设立在市行政服务中心的市财政局服务窗口，以优质高效、热情周到的服务荣获中心管委和市纪检监察处授予的“优质服务窗口”称号。

2 月 12 日　我市成功举办柳江储木厂产权出售第二次竞价会。北京富泰盟商贸有限公司最终已 211 万元的报价中标，比第一次竞价高出 61 万元。

2 月 21 日　市财政局召开 2003 年度总结表彰大会，对 2003 年以来各科室、单位和个人获得了各级各类荣誉进行了表彰。

3 月 2 日　我市完成县区粮改人员安置费核定工作，核减粮食企业改制职工安置费用 486 万元，直接减少市财政负担 291 万元。

3 月 3 日　在河北省农业开发工作会议上，市财政局汪虎和昌黎县财政局张兆红两名同志被省人事厅、省农开办授予“河北省农业开发系统先进工作者”称号(享受市级劳模待遇)，昌黎县农业综合开发办公室被授予“河北省农业开发系统先进集体”，抚宁县农业开发示范园项目被授予“2002 年度河北省农业综合开发多种经营项目建设先进项目”。

3 月 5 日　市财政局荣获省厅授予的“2003 年度全省金财工程建设网络建设优生单位”和“2003 年度财政新闻宣传组织奖”。

3 月 8 日　在市直机关工委“庆三八巾帼建功文明行动诗歌朗诵赛”中，市财政局代表队表演的《财政巾帼风采赞礼》荣获一等奖。

3 月 8 日　市财政局妇委会积极响应全国妇联提出的“关爱女孩行动”号召，全局女职工为两名因家境窘迫而辍学的女孩子捐款。

3 月 10 日　市财政局召开“2003 年度领导班子和领导干部考核述职大会”。

3 月 11 日　全市财政工作会议召开，市委常委、常务副市长邢录珍同志，市人大副主任毕登启同志出席了会议。

3 月 12 日　我市首次建设项目跟踪评审审价机构公开招标，获得圆满成功。

3 月 16 日　我市召开全市农业综合开发工作会议，副局长、农开办主任张树江同志做了讲话。

同日　市产权交易中心召开全市行政事业单位非经营性国有资产产权登记年检工作会议，对 2003 年度行政事业单位国有资产产权登记年检工作进行了部署。

4 月 29 日　全市税收征管工作先进集体、先进个人经验交流暨表彰会召开，对全市财税系统 50 个先进集体和 150 名先进个人进行了表彰。

5 月 10 日　我市召开 2005 年市级部门预算编制工作会议，总结表彰 2004 年度市级部门预算编制先进单位，布置 2005 年的市级部门预算编制工作。

5 月 16 日　我市粮食直补资金发放工作完成，全市共发放粮食直补资金 1655 万元。

5 月 26 日　市财政局召开动员大会，部署“学、比、赶、促”教育活动。

5 月　市财政局对省运会财务管理工作实行专人驻会监督。

6 月底　我市财政收入实现了时间过半，任务过半，上半年全市财政收入累计完成 229619 万元，占预算的 50.2%，同比增长 24.7%。

7 月　省农业开发办两个检查组分别对我市 2003 年度土地治理项目和产业化经营项目进行了年度检查。

7 月 6 日—14 日　对县区 35 个支出大户的政府采购执行情况进行了重点检查。

7 月 20 日　召开国库改革试点工作会议，为改革做好前期准备工作。

8 月 1 日起　在 15 个试点单位中，推行新一轮国库管理制度改革。

8 月份，市本级契税征收入库 5004 万元，提前四个月完成全年契税征收入库任务。

9 月 8 日　我市出台了《关于灵活就业人员参加基本医疗保险暂行办法》，标志着我市医疗保险制度更趋完善。

9 月，我市“公务用车专用加油管理系统”改革取得圆满成功。

9 月 19 日　我市 2004 年度全国注册会计师考

试工作圆满结束。此次考试报名人数共 2060 人，参考率达到 47.83%。

9 月 20 日 在“秦皇岛市直机关庆祝建国 55 周年文艺汇演”中，我局包揽了全部奖项，获得表演特等奖、最佳组织奖、最佳创作奖。

10 月末 青龙县全部财政收入累计完成 21262 万元，占年度任务的 137.6%，同比增长 92.9%，提前 2 个月实现了年内财政收入超两亿，

11 月 22 日 召开国库改革工作会议，安排部署对市本级一级预算单位全面实行改革的相关事项。

12 月 1 日起 对市本级一级预算单位全面推行国库管理制度改革。

12 月 15 日 市契税征收管理所共组织征收入库 8413 万元，较去年同比增加 11.2%，首次突破 8000 万元大关。

（秦皇岛市财政局）

2004 年唐山市财政大事记

1 月

为提高国库资金运转效率，突出抓好网络建设，完善软件运行，提高了国库集中支付的整体效率。

继续贯彻落实《唐山市采购管理实施办法》，切实规范采购行为，采购工作收到较好效果。

2 月

莫连营局长在市十二届人大二次会议上作《关于唐山市 2003 年市本级预算及市总预算执行情况和 2004 市本级预算及市总预算草案的报告》

3 月

召开全市财政工作会议，莫连营局长部署全年工作。确定了 2004 年八项重点工作，力争年内取得突破性进展。

4 月

认真落实中央对种粮农民直接补贴工作，发放粮食直补资金 6154 万元，受益农户 139 万户，受益农民 483 万人。

5 月

召开全市经济分析会议，科学应对国家宏观调控政策对我市钢铁行业的影响，分析财政减收因素，提出下步工作目标。

6 月

莫连营局长在市十二届人大常委会第九次会议上作《关于唐山市 2003 市本级决算及市总决算的报告》。

7 月

进一步深化农村税费改革，全市农业税税率总体降低三个百分点，取消除烟叶之外的农业特产税，可减轻农民负担 1.7 亿元。

8 月

落实省良种补贴有关政策，共争取省良种补贴资金 250 万元，市本级安排配套资金 30 万元，涉及遵化、迁安、丰润三个县（市）区。

9 月

根据国务院和省委、省政府的部署，进一步落实再就业工作会议精神，将再就业资金纳入财政预算，在安排下岗职工基本生活保障资金 3800 万元的基础上，又安排促进再就业资金 2000 万元。

制定并下发了《唐山市市属困难企业离休干部医疗周转金管理办法》，解决了 1348 名困难企业老干部医药费长期没有保障的问题。

按省委、省政府的部署，分离企业办社会工作全面铺开，明确牵头部门，集中精力在 12 月 20 日前全部完成。

10 月

莫连营局长向市人大常委会作调整预算的报告。

11 月

为深化市级预算管理改革工作，重点加强制度建设工作。起草制订了《唐山市市级预算管理办法》。

12 月

全市全部财政收入实现 160.2 亿元，增长 45%，总量和增量均居全省首位。总结 2004 年工作并谋划 2005 年思路。

（唐山市财政局）

2004 年廊坊市财政大事记

1 月上旬 制定出台《廊坊市国债专项资金管理办法》，对国债项目的前期论证、资金使用、监督检查等情况做出明细规定。

1 月 12 日 召开廊坊市财政工作会议，局长李

春山作重要讲话。

2月　市财政部门从四个方面加强禽流感防治工作。

3月2日—3月4日　全国财政系统粮食直补工作会议在我市召开。

3月下旬　市财政局喜获全市和省财政系统2003年民主评议行风优秀单位两项殊荣。

3月24日　召开全局工作总结暨动员大会，系统总结2003年财政工作，并就如何做深做细做实2004年工作进行了深入部署。

3月26日　组织召开廊坊市会计管理工作暨会计学会理事会议，副局长张环录要求进一步加大“四项制度”建设力度，全面提高会计监管工作的质量和水平。

3月31日　全市财政收入顺利实现“首季开门红”。

4月7日　市财政局宣讲组进驻安次区仇庄乡幸福、西尤两村开展宣讲活动。

4月14日　我市召开紧急会议，全面部署对种粮农民补贴工作。

4月18日　2004年廊坊市行政事业单位会计人员继续教育培训圆满结束。

4月20日　召开市财政局机关团委成立大会，选举产生了机关团委第一届委员会。

4月22日　市财政局选手苗瑞耘在由市直工委主办的“‘交通杯’实现‘进位·追赶’，建设美好廊坊”演讲比赛中发挥出色，荣获全市第一名。

4月23日　省对种粮农民直接补贴工作小组一行，深入我市香河县、固安县检查指导粮食直补工作的进展情况。

4月27日　召开2004年廊坊市收费管理工作会议，集中表彰了2003年度我市收费管理工作的先进单位。

4月28日　紧急召开粮食直补工作集中督导调度会议，对下一阶段的工作提出明确要求。

同日　市财政局纪检组长邢凤华带领市财政局相关科室负责同志走上街头，积极开展“阳光投诉”活动。

5月12日　召开第二次粮食直补工作集中督导调度会议。

5月25日　我市圆满完成了对种粮农民直接补贴工作，累计发放补贴资金3807万元，惠及全市粮农282万人。

6月11日　全省财政投资评审工作会议在我市召开。

6月15日　召开全市财政系统纪检监察工作研讨会。

6月25日　市财政局机关党委召开了全体党员大会，选举产生了新的一届机关委员会。

7月2日　举行廊坊市2004年人畜饮水工程政府采购会，首次将水利工程大宗物资采购纳入政府采购范围。

7月27日　召开全市预算布置工作会议，从五个方面深化部门预算编制改革。

8月12日　市财政局、教育局联合召开会议，对2004年“两项工程”任务进行了深入部署。

9月中旬　河北省单位负责人会计法律法规知识培训班在我市举行。

9月19日　市人大常委会在市财政局召开专门会议，对政府系统办理市四届人大二次会议代表建议工作进行督导检查。

9月24日　召开全市财政工作会议，认真学习传达省厅会议精神。

9月30日　全市契税累计征收入库5745万元，占全年任务的105%，提前一个季度超额完成了全年契税任务。

10月21日　举办财政供养人员信息管理系统培训班。

11月22日　全市财政系统“我是会计人”演讲比赛圆满结束。

12月4日　市财政局组织相关科室负责同志走上街头，积极开展财政法律法规宣传活动。

12月24日　制定出台了《城镇最低收入家庭住房保障暂行办法》。

12月25日　市财政局召开“为基层群众服务、为党和政府争光”典型事迹报告会。

12月31日　市委书记吴显国，市委副书记、市长王爱民等市领导到市财政局亲切慰问仍在坚守岗位加班工作的财政干部职工。

同日　全市财政收入累计完成46亿元，同比增长20.4%，超额完成了2004年度财政收入任务。

（廊坊市财政局）

2004年保定市财政大事记

1月4日 召开局长办公会和局党组会,传达全国、全省财政工作会议精神和全市稳定工作会议精神,研究贯彻落实意见。研究实行AB工作法。

1月6日 召开全市财政工作会议,市长王昆山专门做出重要批示;市委常委、常务副市长周立柱在会上做了重要讲话;市财政局党组书记、局长吕宝生做了《抓收入倾心尽力,抓管理求深务实,构筑全市财政工作新的平台》的讲话。

1月15日 参加市政府常务会议,一是研究2004年政府工作报告,二是通报市依棉集团合资事宜,三是研究解决农民工工资问题,四是研究水管理体制调整事宜,五是研究开行贷款管理事宜。

2月3日 市财政局主持召开财企联谊会,邀请全市大型企业负责人参加,沟通情况,征求意见,共商发展大计。

2月4日 市人大财经委初审2004年度市本级预算及市总预算草案。

2月6日 参加市长王昆山主持召开的全市防治高致病性禽流感工作会议,汇报了如何做好防治禽流感资金保障工作。

2月9日 召开局长办公会,通报了全市防治高致病性禽流感工作有关情况及市财政局成立领导机构和采取相关措施情况。

2月11日 参加全省防治高致病性禽流感工作电视电话会。

2月27日 我局被省财政厅授予全系统"行风建设优秀单位"。

2月29日 参加市委、市政府组织召开的保定市优化环境、加快发展广播电视大会。市财政局被授予"金玉兰"杯先进集体。

3月8日 召开全市2003年度财政收入工作表彰暨2004年首季开门红工作调度会。提出了"求深务实再创佳绩"的要求。

3月15日 召开下基层挂职锻炼干部动员会。要求他们:一是真下去,与基层同志和群众打成一片,光大财政形象;二是尽快转入角色,融入当地党政领导班子集体之中,甘当助手,当好助手;三是严格要求自己,不搞特殊化,廉洁自律;四是发挥好桥梁和纽带作用;五是要创造性地做好工作,在工作中增长才干,积累经验。

3月18日 参加市检察院组织召开的全市"保护财政周转金"专项活动会议。

3月10日至4月底 市财政局班子成员不定期地到26个县(市、区)财政局和80余个乡镇财政所,就行风建设情况进行了明查暗访。经过广泛征求意见后,制定出台了《乡镇财政所行风建设标准》。

4月9日 参加保定市汽车工业发展研讨会。

4月12日 吕宝生局长参加市政府第三次全会议暨政府机关廉政建设会议。代表财政部门对今年一季度财政经济运行情况进行分析。

4月19日 召开全局干部职工大会。总结了一季度财政工作,部署了二季度任务,对机关干部提出了"六个带头"的要求。

4月28—29日 参加河北省表彰劳动模范、先进集体暨庆祝"五一"国际劳动节广播电视大会。

4月30日 组织局机关全体人员开展文体活动比赛。

5月13日 参加全省国有企业改革经验交流会。

5月21日 吕宝生局长陪同省财政厅副厅长郭秀堂到阜平县,看望了省财政厅宣讲团成员,并到部分乡村调研。

5月29—30日 组织全国会计专业资格统一考试保定考区统考工作。

6月4日 参加全市经济运行调度会议。市财政局作了《抓收入,控支出,促发展,确保全市预算任务超额完成》的发言。

6月25—26日 省财政厅厅长齐守印一行到保定调研。

7月5日 接待国务院全国粮食直补工作督导组,并汇报了我市粮食直补工作情况,陪同到容城县检查工作。

7月28日 针对我市上半年财政经济运行情况,局领导带队到财政部到有关司局沟通情况,了解政策,谋求发展。

7月29日 参加市政府第十八次常务(扩大)会议,分析上半年全市经济运行情况,安排部署下半年经济工作。财政局介绍了全市上半年财政经济形势。

8月3日 召开全市农村税费改革工作会议,主题是"落实政策,理顺关系,加强协调,用好资金,圆满完成第二阶段改革任务”。

8月4日　召开“零余额”清算方式试点单位运行情况汇报会。

8月19日　召开全市财政系统调研课题成果评定会。

8月23—24日　随市委、市政府考察团赴唐山、廊坊、北京、天津等地考察开发区项目建设情况。

8月30日　召开市十二届人大常委会第八次会议，市财政局作了《关于保定市2004年上半年市本级预算及全市总预算执行情况的报告》。

9月7日—13日　随市委、市政府考察团赴厦门、珠海、深圳、东莞等地与香江、格力、天扬电子等公司洽谈项目合作事宜，促进财政经济发展。

9月22日　召开全市财政经济形势分析会。

10月13日　召开第二十一次市政府常务会，会议听取了2004年为民办十件实事进展情况，讨论了《保定市离休干部医药费统筹管理办法》。

10月18日　召开全局干部职工大会，主题是“鼓劲、加压、冲刺，确保超额完成各项财政工作任务”。

10月26日上午　吕宝生局长主持召开全市财政工作和行风建设座谈会，并就如何做好下一步工作提出具体意见。

12月16日　吕宝生局长主持召开财政收入调度会。

12月21日—28日　吕宝生局长随市委常委、常务副市长周立柱、副市长贾体新赴南京、上海等地考察医疗保险改革情况。期间，与南京市政府、南京市第二医院、上海市医保局等有关单位领导进行了座谈，就基本医疗保险改革及离休干部医药费管理等情况进行了交流，并实地考察了上述两市医疗保险机构、医保网络建设等情况。

（保定市财政局）

2004年沧州市财政大事记

1月1日　经市政府研究决定，从2004年1月1日起，运河区、新华区、市开发区三个公安分局经费由区财政管理，改为上划市财政管理。

1月13日　市委常委会研究通过《关于2004年市本级收支预算安排意见》。2004年全部财政收入预算安排595387万元，比上年增长10%。其中市本级一般预算收入安排96826万元，比上年增长9%。2004年，市本级个人部分安排35434万元，社会保障及抚恤和社会救济支出安排2094万元，公用经费安排7888万元，专项支出安排10629万元，其他支出安排2875万元，总预备费安排1500万元。

1月30日　根据沧政[2003]126号文件规定，市财政局印发了《关于烟草企业统一纳税有关问题的通知》规定：自2004年1月1日起，各县市区烟草企业法人资格取消，其应缴税收全部由沧州市烟草公司统一缴纳，就地入库。

同日　市控办室被评为2003年度省控工作先进单位一等奖。

1月31日　市十一届人大二次会议开幕，市财政局局长高健受市政府委托向大会作《关于沧州市2003年市本级预算及市总预算执行情况和2004年市本级及市总预算草案的报告》。2003年全部财政收入实现563745万元，完成预算的102.3%，比上年增长6.4%。其中一般预算收入232622万元，完成预算的105.3%，比上年增长10.6%，全市一般预算支出430220万元，完成预算的95.6%，比上年增长13.1%。2004年，市本级全部财政收入预算安排172462万元，比上年增长11%，市本级一般预算支出85478万元，比上年初预算增长5.3%。全市全部财政收入预算安排595387万元，比上年增长10%，其中：一般预算收入237358万元，比上年增长9%。全市一般预算支出370659万元，比上年年初预算增长14.2%。

1月31日—2月3日　市财政决算汇审会议在沧州市区召开。

2月4日　市人大二次会议审议通过了市财政局局长高健受市政府委托向大会所作的《关于沧州市2003年市本级预算及市总预算执行情况和2004年市本级预算及市总预算草案的报告》，批准了市政府提交的2004年市本级预算及市总预算草案。

2月16日　市委组织部任命魏克智为市财政局党组成员。

2月9日—29日　市审计局对市财政局及市直部门财政收支情况进行了同级审计。

2月19日　省财政厅副厅长高志立来沧参加省检察院召开的全省“保护财政周转金”现场会，他听取了市财政局关于财政周转金管理情况的汇报。

2月24日—28日　河北省财政总决算汇审会议在黄骅财政培训中心召开。

2月　市财政局对市辖区15家会计师事务所办所资格进行了调查和初审，将查出的问题按照批办程序和处理权限及时进行了上报和整改。

2月28日　根据国务院和河北省关于改革出口退税负担机制指批示精神，沧州市财政局印发了《关于出口退税机制改革后有关预算管理问题的通知》（沧市财预[2004]29号）。规定从2004年1月1日起，各县市区出口退税基数部分的退税额，由中央财政负担；超基数部分的退税额，由中央、省、市、县（市、区），按入库级次的比例分别负担。

3月15日　经市政府批准，市财政出资500万元，用于支持商业银行增资扩股工作。

3月23日　市人事局任命魏克智为市财政局稽查大队大队长。

同日　2004年度市直部门预算开始批复并陆续下达到市直各部门。

3月25日　召开沧州市会计管理工作会议。各县市区财政局主管会计工作的局长、会计股长共40人参加了会议。主要内容：一是传达全国会计管理工作会议精神；二是总结2003年会计管理工作，研究部署2004年工作任务；三是表彰2003年会计管理工作先进单位；四是学习《行政许可法》，在《行政许可法》的框架内梳理会计管理事项。

3月　市财政局获得中共沧州市委、沧州市人民政府颁发的"行风建设优秀单位"，免评两年的奖励。

3月　市财政局获得市委、市政府颁发的2003年度民主评议行风活动"优秀单位"称号。

3月　市财政局获得河北省财政厅授予的2003年度行风工作先进单位奖励。

4月12日　市机构编制委员会办公室（沧机编办字[2004]27号文件），通知将"监督管理经营性国有资产"的职责划归市国有资产监督管理委员会，撤销财政局企业科、统计评估科（注：另据人教称此时由市政府决定将财政局清产核资办公室、国有资产管理中心、产权交易服务中心划归国有资产监督管理委员会）。市财政局设置企业财务监督管理科。通知对财政局机关人员（行政）编制由55名调整为50名，科级领导指数由27名调整为25名。其中企业财务监督管理科编制3名，科级领导职数1名。

4月15日　省财政厅下发《关于2003年度预算综合管理工作考核评比情况的通报》，我市评为2003年度预算综合管理工作二等奖。

5月9日　市财政局下发了《关于下发"在全局党员干部中开展'立党为公、执政为民'主题教育实施方案"的通知》，在全局党员干部中开展了"立党为公、执政为民"主题教育活动。

5月19日　财政部驻河北省专员办孔专员在省财政厅教科文处刘允处长陪同下对河间、吴桥、黄骅"两项工程"（农村中小学危房改造和布局调整）专项资金及项目情况进行了检查，对"两项工程"建设的成绩给予了肯定。

5月26日　省人大常委、财政厅原厅长张献镁带领预算会计研究会一行人员，就预算法修订问题莅沧并赴黄骅市进行调研。

6月3日—27日　河北省审计厅对我市2001年至2003年财政收支情况进行了审计。

6月10日　市财政局制发了《沧州市级政府采购预算编制及执行管理暂行办法》，进一步强化了政府采购预算管理。

6月24日　受市政府委托，高健局长向市十一届人大常委会第十次会议报告2003年市本级财政收支决算情况。6月25日，市十一届人大常委会的第十次会议经审议，同意市财政局局长高健受市政府委托作的《关于2003年市本级财政收支决算的报告》，决定批准市人民政府提出的2003年市本级财政决算。

7月1日　市机构编制委员会办公室，批准成立"沧州市罚没物资管理中心"，隶属市财政局，为自收自支事业单位，编制8人。同时，撤销市直汽车服务处。

7月13日　根据市政府领导指示精神，高健局长带领有关科室负责同志向市直有关部门通报省审计厅来沧审计的有关结果，要求各有关单位认真对待存在的问题，并严格按照有关规定进行彻底纠正。

7月17日　市人事局任命邢烟为财政局文教行政科科长；李荣为财政局支付中心主任；于宇为财政局社保中心资金审核服务中心主任；申学增为沧州财政培训中心主任；郭振通为财政局机关事务所所长；杜义利为收费局副局长（正科）；宋华荣为财政局稽查支队监督检查科科长；左学良为财政稽查大队法规科科长；陈云丽（女）为财政局预算编制审核中心主任；李健夫为财政局物资罚没中心主任；张树枝

为预算科主任科员;周儒青为国库科主任科员。免去邢烟局机关事务所所长;免去郭振通政府采购中心主任;免去杜义利社保资金审核服务中心主任;免去宋华荣财政稽查大队负责人。

7月22日　省财政厅转发财政部、国家税务总局关于去除烟叶以外的农业特产税有关问题的通知,通知规定2004年起,对烟叶仍征收农业特产税,取消其他农业特产品的农业特产税。市财政局于8月8日转发各县、市、区、场执行。

7月27日—28日　河北省举行高级会计师培训班,沧州市派30人参加。

7月28日　市财政局在肃宁县召开了全市财政系统民主评议行风工作会议,表彰了2003年度财政系统民主评议行风优胜单位,对2004年度民主评议行风工作进行再部署、再动员。

7月　市财政局在全市财政系统举办了“如何加强财政系统党风廉政建设和反腐败工作征文活动”。参评征文22篇,形成了一批党风廉政建设理论研讨成果。

8月1日　市财政局下发了沧市财经[2004]11号文件《关于在全局党员干部中开展查处和制止送钱收钱、跑官要官等违法违纪问题学习教育活动的安排意见》。

8月17日至21日　河北省财政系统总预算会计培训班在我市黄骅财政培训中心举行。

8月23日—26日　河北省财政厅在我市吴桥县召开绩效评价工作会议。

8月26日　市委组织部任命李长周、郭坤彦为市财政局党组成员。

8月31日　全市农村税费改革工作会议在市迎宾馆召开。各县(市、区)主管县(市、区)长,书记以及农工委、财政局、农业等部门的领导参加了会议。市委常委、常务副市长张宇、市委副书记王光星到会并做了重要讲话,对第二阶段农村税费改革工作进行了动员部署。

9月17日　市委组织部任命刘树祥为市财政局党组成员,免去崔铣吉市财政局党组成员职务。

9月　国务院税改办和财政部驻青海专员办先后来我市进行检查指导,通过对市、县两级的检查以及进村入户了解情况,给我市的税费改革工作给予了充分肯定,同时也给我们提出了宝贵意见,极大地促进了全市税费改革工作。

9月28日　市收费局下发《关于行政事业单位购领财政票据的通知》。

10月9日　市财政局下发了《关于下发建立健全财政源头治理腐败工作制度意见的通知》。

10月10日—12日　省财政厅政府采购管理办公室在黄骅市财政局培训中心举办了“河北省政府采购预算编制培训班”。

10月11日　市人事局任命王炳华为政府采购办公室主任,于建存为工程预决算审查中心主任,方月辉为中华会计函授沧州分校校长;田广清为财政经济咨询管理中心主任。免去田广清市直汽车服务处主任。

同日　市财政局通知,根据市人事局的批复,任命下列人员:韩贵昌为经济建设科副科长;殷宗泉为综合科副科长;李冲为农税科副科长;齐瑞海为政府采购办副主任;冀秋刚为稽查大队监督检查科副科长;崔增刚为法规科副科长;边志诚为会计科副科长;穆玉梅为收费局收费科副科长;邹殿华为社保科副科长;任洪升为预算科副科长;韩胜民为农业科副科长;张学勤为国库科副科长;刘莉为机关事务所副所长;刘艳霞为控办副主任;蒋志荣为预算编制审核中心副主任;郝福君为罚没物资管理中心副主任。

10月25日　沧州市财政局、沧州市监察局下发了关于《印发〈机关党政干部借用公款的若干规定〉的通知》。

10月28日—29日　我市在吴桥财政局培训中心召开了“沧州市政府采购工作会议”,会议由市局采购办王炳华主任主持,张焕坤副局长就如何做好2005年政府采购预算编制作了重要指示。参加会议的人员,各县(市)区主管局长、主任、采购办采购中心(设在财政局)。

11月10日　市政府市长孙瑞彬、常务副市长张宇召集市国资委、发改委、财政局、国税局、地税局主要负责人座谈讨论如何做强市本级财政问题。

11月17日　市人事局文件,经市政府常务会议决定,任命张志平为市财政局助理调研员。

11月16日　省控办下通知,规定自2004年10月27日取消行政事业单位小汽车控购审批。

11月25日　我市召开深化农村信用社改革工作会议。总体要求是“明晰产权关系,强化约束机制,增强服务功能,国家适当支持,地方政府负责”。对亏损信用社因执行国家宏观政策而多支付的保值贴补息给补贴。这次会上统计约 3 亿元，由市财政局上报待审批。

11 月 29 日—12 月 2 日　沧州市财政系统会计管理人员共 22 人，参加了河北省新会计规章制度培训班。学习了《小企业会计制度》、《村集体经济组织会计制度》、《民间非盈利经济组织会计制度》以及《会计从业资格管理办法》、《会计代理记账管理办法》、《会计师事务所管理监督暂行办法》等。

12 月 6 日　市政府印发《关于进一步完善市以下财政收入体制有关问题的通知》，决定从 2004 年 1 月 1 日起至 2005 年底，进一步完善了市以下财政收支管理体制，主要内容是：一是调整石油增值税分享比例。原省下划的华北石油（包括：华北石油管理局、中国石油天然气股份有限公司华北油田分公司、华北石油第一机械厂）、大港油田（包括：中国石油天然气股份有限公司大港油田分公司、大港油田集团有限责任公司）增值税下划到相关县（市、区）。市以下分享比例由市级独享 15%，调整为市分享 10%，县分享 5%。二是完善市以下分享的增值税、营业税、企业所得税、个人所得税、资源税（以下简称“五税”）增量返还办法。自 2004 年起，市对各县（市、区）（不含新华区和运河区）“五税”增量实行“超分成增长率收入全返”政策。即市以 2003 年为基期年，确定“五税”收入分成增长率，2004 年、2005 年分成增长率分别为 9%、8%。对分成增长率以内的增量，市、县按改革前各自所占比重和系数进行分成；对超过分成增长率部分，市分享“五税”收入实行全额返还。三是调整完善对新华区、运河区的税收增量返还办法。市对新华区和运河区“五税”收入增量返还实行“总额比例分成”政策，即：两区以 2001 年为基期年，其增量部分市与区按改革前各自所占比例分成。此外，自 2004 年起，对新华区、运河区上划中央“两税”返还，实行和其他县（市、区）统一的政策。四是完善收入约束考核保障机制。为了确保新财政收入体制正常平稳运行，对本激励体制实施期内和实施期结束后一年，实行“五税”收入增长考核制约措施。各县（市、区）每年“五税”收入增长率不得低于 5%，否则，市财政按 5% 的增幅计算并扣回省、市应得的增量分成收入。

12 月 10 日　全省预算工作座谈会在廊坊香河召开，会议期间，我市汇报了 2004 年预算管理工作开展情况。

12 月 14 日　市财政局、市监察局下发了《关于转发省财政厅、省监察厅〈关于转发财政部、监察部关于党政机关及事业单位用公款为个人购买商业保险若干问题的规定的通知〉的通知》，对党政机关及事业单位用公款为干部职工购买个人商业保险开展了进一步深入的集中清理工作。

12 月 17 日　高健局长受市政府委托向市人大常委会主任会议报告 2004 年市本级和全市收支预算调整方案。

12 月 22 日　市财政局、市审计局、市监察局印发了《关于加强财力管理严肃财务工作纪律的意见》。

12 月 23 日　市十届人大常委会第十五次会议审议批准了 2004 年市本级收支预算调整方案，据此方案 2004 年市本级财政收支预算最终调整为：一般预算收入 85879 万元，一般预算支出 113143 万元。

12 月 29 日　市人大常委会副主任张春荣同志召集市政府、市发改委、市财政局、市中级人民法院、市检察院有关人员，按排部署向市十一届人大三次会议提交的有关报告起草工作。

12 月 30 日　市委通知，经研究同意市财政局副局长、党组成员刘云强提前离岗，享受市直机构改革分流人员优惠政策，待到达退休年龄后即办理退休手续。

同日　市人事局通知，任命李东旺为经建科科长；郭三宝为农业科科长；王向华为人教科科长；胡向晨为投资公司经理，张树枝为预算科科长。

12 月　全市全部财政收入 651045 万元，完成预算的 106.4%，按可比口径同比增长 17.1%。其中，地方一般预算收入完成 258396 万元，完成预算的 106.9%，同比增长 17.4%。收入进度和增幅高于往年。同时，争取中央及省财政资金 92246 万元，有力地支持了全市社会和经济的发展。全市一般预算支出完成 501998 万元，完成预算的 95.9%，同比增长 15.2%。圆满完成全年收支计划，实现了当年收支平衡。

（沧州市财政局）

2004 年衡水市财政大事记

1 月 1 日　根据市委办公室《关于建立和完善离休干部离休费、医药费保障机制和财政支持机制的意见》文件精神，离休干部医药费报销工作由市财政局移交市劳动保障局医保中心管理，对市直所有行政、事业、企业单位的离休干部医药费实行统筹保障机制。

1月5日　由于烟草商业流通体制改革，市财政局下发了《烟草商业流通体制改革后烟草企业实行统一纳税有关问题的通知》。

1月15日　市财政局召开全体干部职工大会，韩石利局长代表局党组作了题为“树正气，讲团结，求发展，以崭新的精神面貌推进全局工作再上新台阶”的重要讲话。

2月28日　市三届人大二次会议通过了《关于衡水市2003年市本级预算及市总预算执行情况与2004年市本级预算及市总预算的决议》。

3月1日　市财政局荣获2003年度河北省会计管理工作三等奖。

3月12日　全省财政系统“金财工程”建设工作网络电视会议召开，总结交流经验，部署下一步工作。会上，播放了市财政局及部分市、县财政局录制的专题片。

3月17日　我市召开全市财政工作网络会议。会议学习贯彻了全省财政工作会议精神，总结了去年全市的财政工作，表彰2003年度全市财政系统行风评议先进单位，安排部署今年的财政工作。会议由市政府副秘书长李英鸣主持，市委常委、常务副市长孙志人到会并做重要讲话。市财政局全体干部职工、下属单位负责同志，各县市区财政局全体干部职工，各乡镇财政所长参加了会议。

3月20日　韩石利局长代表市财政局在市政府全体会议上发言，发言题目是《以廉政促勤政，推动财政工作再上新台阶》。

3月23日　韩石利局长代表市财政局在全市优化发展环境暨民主评议行风动员会议上作了题为“再接再励，搞好行风建设，脚踏实地，做好财政工作”的典型发言。

3月28日—4月4日　市财政局与南京大学联合举办了一期财政干部培训班，对全市财政系统科级以上干部进行公共财政方面知识的系统培训。这在我市财政系统尚属首次。

本月，市政府决定，免去曹瑞祥同志的副局长职务，袁荣三同志的调研员职务；任命曹瑞祥、袁荣三为市财政局督导员。

4月5日　市委、市政府党政联席会议就如何贯彻落实全省农业和粮食工作会议会议精神，搞好全市对种粮农民直补工作进行了安排和部署。

4月13日　市政府常务会议对做好对种粮农民直补工作进行专题研究。

4月21日　市委、市政府召开全市农业和粮食工作电视电话会议，对全市对种粮农民直接补贴等工作进行统一安排部署。会议决定，成立以市长冀纯堂为组长的衡水市对种粮农民直接补贴工作领导小组，同时成立了由市财政局牵头，农委、农业局、监察局参加的衡水市对种粮农民直接补贴工作办公室。

4月23日　赵敢齐副局长代表市财政局向省委常委、组织部付志方部长汇报我市四项政策落实情况，

4月25日　市财政局预算科荣获省政府授予的“河北省先进集体组”称号。

5月9日　市财政局起草并报市政府同意后，发布了《衡水市关于进一步规范与完善现行市区财政管理体制的意见》(衡政[2004]99号)。

5月12日　河北电视台《河北新闻》节目报道了我市粮食直补工作的经验。

5月20—22日　全市政府外债管理软件培训会议召开，全市所有政府外债项目数据资料纳入财政网系统管理。

6月10日　市政府召开全市财税工作调度会。会议分析了当前我市的财税经济形势，深入研究财税工作中存在的问题，统一思想，坚定信心，全力推动财税经济的健康发展，确保全市财税收入实现时间任务“双过半”。市委常委、常务副市长孙志人作了题为《坚定信心再鼓干劲确保全市财税收入实现时间任务“双过半”》的重要讲话。市财政、国税、地税主要领导出席会议，各县市区主管财税工作的副县(市、区)长，财政、国税、地税部门的有关负责人参加了会议。

6月11日　中央电视台《新闻联播》节目报道了我市粮食直补工作的经验。

6月15日　全省城市化工作会议在我市召开，省财政厅领导尹立敏和经建处有关负责同志与会，并视察了冀州市的小城镇建设工作。

6月19日　全市对种粮农民直接补贴工作全面完成，7448万元粮食直补资金全部兑付到92万种粮

农户,受益农民达240万人。

6月22日　省财政厅国库处处长高景良、副处长张承东到我市就财政国库制度改革情况进行调研,韩石利局长及有关科室负责人汇报了我市财政国库制度改革进展情况及下一步工作计划,并进行了座谈。下午,省财政厅国库处领导在韩石利局长陪同下视察了我市财政集中支付中心。

6月30日　全市完成农业税征收18126万元,占全年任务的97%,基本完成全年任务。

7月23日　韩石利局长在参阅市委信息中心《上半年信息采用情况》后,对财政信息工作作出重要批示:信息的传递与沟通是开拓视野、提升执政水平和管理能力的助推器,希望大家继续努力,把这项工作做得更好。

8月20日—23日　韩石利局长携有关科室和县局负责人赴北戴河参加全省财政工作会议。

9月8日　按照市人大常委会的要求,韩石利局长向全局干部职工作述职报告。

9月15日　市财政局起草并报市政府同意后,发布了《衡水市关于进一步规范与完善现行市区财政管理体制的补充通知》(衡政[2004]142号),新的市区财政体制开始正式运行。

9月20日　局党组召开民主生活会,就治理四股歪风活动交流学习感受,开展批评与自我批评。

9月23日　市政府召开全市财税工作调度会,会议回顾总结了2004年以来全市财税工作,分析了当前组织收入工作中面临的新形势、新情况、新任务,研究部署了今后几个月的工作思路和任务。会议由市委常委、常务副市长孙志人主持,市长冀纯堂作重要讲话。市财政、国税、地税部门科级以上干部出席会议,各县(市、区)长和财政、国税、地税部门的有关负责人参加了会议。

9月30日　韩石利局长向市三届人大常委会第十一次会议进行述职,会议对韩石利局长的履职情况进行了评议,评定结果为"满意"。

本月,与省财政厅签署利用日本政府贷款205万美元建设公共卫生设施项目的转贷协议,同时,市财政局与市三院、市防疫站签署了相应的项目实施协议。

10月20日　省财政厅召开全省财政系统先进事迹报告暨警示教育学习交流网络会议。全局干部职工在局网络会议室、各县区财政局全体干部职工在各县区分会场参加了会议。

10月22日　市政府召开全市财税工作调度会,市委常委、常务副市长孙志人就做好后几个月的财税工作进行了部署。

10月23日　河北省"我是会计人"演讲比赛决赛在石家庄举行,我市选手苏志勤获得二等奖,市财政局获得组织奖。

11月8日　省财政厅召开全省财政系统深化民主评议政风行风工作网络会议,韩石利局长代表市财政局作典型汇报发言。市、县财政局全体干部在各局分会场参加了会议。

11月18日　省财政厅左绍伟副厅长来我财政局就财政集中支付情况进行调研。

11月25日　市财政局经建科被省财政厅评为"国有建设单位决算报表工作先进单位"。

同日　市财政局社保科王卫民同志获得"河北省再就业先进工作者"称号。

12月3日　市财政局在休闲广场参加12.4大型法制宣传咨询活动。

12月5日　河北电视台《聚焦行风》栏目播放衡水市财政局上门服务为民解难的报道。

12月7日　韩石利局长主持召开局务会。会上各科室负责同志汇报了今年工作开展情况和明年的工作打算。

12月9日　经认真测算,我局起草了提高职务津贴等转移支付方案,报市委、市政府主要领导同意后下发了《关于下达2004年转移支付及做好相关工作的通知》。

12月10日　市财政局经建科和城建科一同参加了全市国有建设单位决算工作会议。

12月15日　市财政局召开全市财政系统办公室工作会议,杨新丽副局长出席会议并讲话,各县区财政局办公室主任及负责文字工作的同志参加了会议。

12月16日　市财政局社保科获得省财政厅2003年度社保基金决算工作第一名。

(衡水市财政局)

2004年邢台市财政大事记

1月2日　局长崔尽忠携办公室主任、预算科长参加了全省财政工作会议。

1月5日　局长崔尽忠向人大常委会作述职报告。

1月5日至7日　省厅农税处吕国新处长来我市督察农业税灾歉减免工作。王素平副局长及农税科有关人员陪同先后到邢台县、宁晋县、隆尧县检查指导农业税灾歉减免工作。

1月13日、18日　根据市领导指示，市财政调度资金2.08亿元，及时拨付各县市区，确保全市公教人员和社保对象，在春节前及时、足额领取2月工资和社保补助。此项工作被市直工委评为2004年一季度最佳实事。

1月29日、31日　局长崔尽忠分别向市政府张洪义市长、王金廷副市长、市人大副主任陈雪及人大财经委汇报2003年预算执行及2004年全市及市本级预算安排情况。

2月10日　局长崔尽忠向市政府常务会汇报2003年预算执行及2004年全市及市本级预算安排情况。

2月11日　市政府麻庆重副秘书长召集市财政局、市国税局、市地税局有关科长，布置省、市间“四税”比重调整的准备工作。经过财政部门的积极努力，省分成比例下调3.13个百分点，从2003年起，我市每年可多得财力200多万元，并以每年200多万元的速度递增。

2月12日　人大财经委听取预算科关于2004年部门预算的编制情况汇报。

2月13日　局长崔尽忠向市委联席会议汇报2003年预算执行及2004年全市及市本级预算安排情况。董经纬书记对财政工作做出重要指示。

2月24日　政协邢台市第十届委员会第二次会议，在市人民影剧院隆重召开，崔尽忠局长列席了会议。

2月25日　邢台市第十二届人民代表大会第二次会议，在市人民影剧院召开，崔尽忠局长出席了会议，并受市政府委托向大会作了《关于邢台市2003年市本级预算及市总预算执行情况和2004年市本级预算及市总预算草案的报告》。

同日　我市行政事业、国有建设两套决算在黄骅市顺利通过全省汇审。

2月26日　市委常委、常务副市长王金廷来市财政局宣布市委、市政府关于对王兰云、刘青戍、韩明旋、王春瑞四位同志的任免决定。

2月27日　唐山市财政局预算处韩青才副处长和国库处刘志远副处长到邢台考察市对区财政体制。

3月3日　全市财政工作会议在邢台宾馆召开，会议明确了2005年各项财政工作目标任务和工作措施。局长崔尽忠作了重要讲话。

3月15日　根据领导指示，对2004年财政收入“开门红”进行了安排，市局派出10个由局领导带队的督导组，深入21个县市区督导“开门红”。

3月23日　河北省2003年度国有企业、集体企业、集体金融企业类决算汇审会议在我市召开，省厅统评处领导刘崇玲、冯鸿雁和市财政局崔尽忠局长、刘青戍副局长以及各市统评科、决算主管人员参加了会议。

3月26日　局长崔尽忠听取了10个督导组对2004年财政收入“开门红”督导情况的汇报。

2004年3月下旬，举办了全市政府外债软件培训班，并开始对我市政府外债进行清理。

3月30日　根据有关文件要求，烟草商业企业实行流通体制改革，撤销县级烟草公司并取消其企业法人资格，企业缴纳增值税、企业所得税、城建税及教育费附加上划市级合并缴纳。为保证烟草商业流通体制改革顺利进行，对企业所在县（市）改革前的财政利益给予适当保护。

4月，市财政局代起草、印发了《邢台市利用开行贷款资金使用管理办法》。

4月5日　《邢台市预算管理综合考核评比办法（施行）正式印发。

4月上旬，省厅会计处在我市召开河北省南片座谈会，对财政部拟出台的《会计师事务所监督管理办法》、《代理记账管理办法》征求意见。会计处处长许亚琴、副处长卢金霞及石家庄市、沧州市、衡水市、邯郸市和我市会计科（处）长以及部分会计师事务所所长参加了会议。

4月13日至17日　全省债务决算汇审会议在临城召开，省财政厅预算处刘文洲副处长、赵洪亮科长、蔡建军科长及全省11市预算处（科）有关同志共30余人参加了会议。会议期间，局长崔尽忠专程到临城看望了与会同志，并进行了座谈。

4月16日　在电信大厦召开了全市农业和粮食工作电视电话会议，崔尽忠局长就全市粮食直补政策进行了说明。

4月21日、28日 全市预算管理座谈会分别在宁晋和南和召开，各县市区主管财政工作的领导及预算科(股)的有关人员参加了会议，局长崔尽忠到会作了指示。

4月29日 由市财政局代政府起草的"邢台市人民政府关于邢台矿业集团东庞煤矿恢复生产初期影响税收申请补助的报告"，上报省政府及有关部门后。省财政通过2003年决算补助我市财力1000万元，

5月13日 财政部预算司地方预算处蔡强处长在省财政厅预算处赵文海处长的陪同下，到我市指导预算管理工作，局长崔尽忠与上级领导进行了座谈，并陪同到临城和邢台县指导工作。

5月21日 在宁晋县召开全市农税工作会议。市局党组副书记、副局长王素平作了题为《求真务实规范征管努力做好新形势下的农税工作》的讲话。

5月29日至30日 组织全国会计专业技术资格考试邢台考区考试考务工作。全市共设3个考点，218场次，初级1203人、中级1213人参加了考试。

6月15日 在邢台宾馆召开全市整顿统一着装工作会议，会上，市政府副秘书长盖风安、市财政局副局长王兰云分别作了讲话。

7月1日 市人大副主任陈雪及人大财经委领导同志到市财政局调研，局长崔尽忠汇报了上半年财政工作。办公室、预算科有关人员参加。

7月，在全省召开的纪念建党83周年暨"两优一先"、农村基层组织建设先进县表彰大会上，市财政局机关党委被省委授予河北省2004年先进基层党组织。

7月3日至6日 省厅农税处李忠副处长、智荣卿科长来我市检查2003年农业税灾歉减免资金落实情况。助理调研员王增平及农税科有关同志陪同李忠副处长一行先后深入到临西县和沙河市，分别察看了临西县财政局及枣园乡、城关镇财政所、沙河市财政局及桥东办事处、留村乡财政所的有关账簿及凭证，并走访了部分受灾农户。

7月9日 市财政局涉外科配合国家科技评估中心一行5人，到邢台方圆纺织印染集团有限公司就该公司利用荷兰政府贷款引进印染设备进行中期评估。

7月30日 局长崔尽忠向市委理论中心组汇报关于十六大以来财政运行情况。

8月3日 局长崔尽忠在市委六届六次全会上作了题为《着眼全局，奋发工作，全力以赴支持发展，服务发展》的发言。

8月10日 由省委组织部、省纪委、省直工委组成的省党员先进性教育调研组一行三人，就党员教育管理工作、如何开展保持党员先进性教育到市财政局进行调研座谈。崔尽忠、郭路芳等局领导参加了座谈。

同日 在邢台县野河山庄宾馆召开全市契税工作座谈会。

8月22日至24日 局长崔尽忠带领办公室主任、人教科长、预算科长参加了省财政厅在秦皇岛召开的全省财政工作会议。

9月2日 市财政局召开了人大代表建议、政协提案面复会。

9月6日 在邢台宾馆召开全市财政工作会议。

9月9日 市财政局代市政府起草的《邢台市市直公共工程政府采购管理暂行办法》经市政府第23次常务会议审议通过，并公布施行。

9月，我市沙河市财政局、巨鹿县财政局、宁晋县财政局、南和县贾宋镇财政所、临城县郝庄乡财政所、新河县新河镇财政所、柏乡县西汪乡财政所、广宗县核桃元乡财政所、张立杭、孙连涛、马建军、张增群、张振强在全省财政系统开展的第三届(2000—2002)先进集体和先进工作者评选活动中，受到省人事厅和省财政厅的隆重表彰，并分别授予河北省财政系统先进集体、先进工作者荣誉称号。

9月下旬，初步完成与省、与县的政府外债数据的核对工作，完成我市政府外债有关资料、数据的清理、录入、汇总、上报工作。我市政府外债管理系统正式上网运行。

9月22日 局长崔尽忠在市十二届人大常委会第十一次会议上，作关于2003年市本级预算和全市总决算情况的汇报。

10月15日 市财政局正式下达各县市区出口退税基数，至此，我市出口退税机制改革工作圆满完成。

11月12日 根据上级安排，我市财政供养人员信息管理系统建设全面启动，为进一步加强财政预算管理工作，建立全面、科学、准确的信息化管理体系打下了基础。

11 月 27 日　大曹庄管理区公安分局经费正式上划，至此，有关大曹庄管理区的财政体制调整工作全部完成。

12 月 11 日　市政府正式批准我市 2004 年保工资转移支付方案，标志着全市 11 个财政困难县在 2004 年底全部落实国家统一工资政策。至此，我市的 21 个县市区已全部兑现了公教人员国标工资，部分县市区还出台了提高职务津贴政策。全市公教人员人月均工资由 2004 年初的 935 元，提高到 2004 年底的 1070 元，人均提高 135 元。其中，11 个财政困难县由 800 元提高到 940 元，人均提高 140 元。此项工作得到了市委、市政府领导的充分肯定，被市直工委评为 2004 年第四季度最佳工作。

12 月 27 日　在邢台宾馆召开了邢台市市直 2004 年度部门决算工作会议。局长崔尽忠到会作了讲话，全市市直各行政、事业单位的财务科长、会计共计 360 人参加了会议。

12 月 31 日　2004 年全市全部财政收入完成 46.4399 亿元，占年度预算的 117.3%，同比增长 30.8%，增收 10.9 亿元。其中，沙河市财政收入突破 6 亿元大关，邢台县财政收入突破 4 亿元大关，内邱县财政收入突破 2 亿元大关。

（邢台市财政局）

2004 年邯郸市财政大事记

1 月初，市委常委、常务副市长赵风楼对市财政局报送的《关于对部分行政事业单位会计基础工作规范化检查的报告》作出重要批示："此报告甚好，切中要害。所提改进措施建议切实可行。以市政府办公厅名义转发此报告，要求各单位按建议执行和改进财会工作"。市政府办公厅以[2004]1 号文予以转发。

3 月份，根据市委统一部署，市财政局抽调助理调研员孙道志和宋进民、李如涛、吴汝敏等三位科级干部到馆陶县农村参加"推进农村小康社会建设宣讲团"，宣讲中央 1 号文件和省委六届五次全会主要内容。

3 月 12 日　我市召开了全市财政工作会议。市委常委、常务副市长赵风楼作了重要讲话。市财政局局长李少波结合贯彻落实全国、全省财政工作会议精神，部署了 2004 年全市财政工作。

同日　局党组会研究决定，采购办与采购中心分开设置，实现了"管采分离"。

3 月 30 日　我市召开了"全市企业集中收费工作会议"，开始推行企业集中收费改革。

4 月 3 日　根据市编办批复，市财政局清产核资办公室更名为财政政策研究中心，其职责相应调整。

4 月 22 日　全省外资外贸企业财政财务管理培训会在邯郸宾馆召开。省财政厅、商务厅领导和各市财政局、外贸企业财务主管等约 60 人参加了会议。

5 月 19 日—21 日　省委农村税费改革调研组到我市曲周县、永年县进行调研，调研组对我市的税费改革工作给予了高度评价。

5 月 24 日　省收费管理局吕国新局长到我市调研收费管理工作。

6 月 10 日　市财政局召开了全市农村税费改革工作会议，市委副书记、代市长王三堂作了重要讲话，市委常委、常务副市长赵风楼主持会议，市财政局局长、农村税费改革办公室主任李少波讲解了农村税费改革具体政策。各县（市、区）负责农村税费改革的同志参加了会议。

6 月 24 日　市财政局举行了全市领导干部财会知识培训班。市委常委、常务副市长赵风楼作了重要讲话，市人大副主任黄月芳、市财政局局长李少波参加了培训动员会。各县（市）区主管领导、财政局局长和会计、预算负责人，市直部门和单位财会负责人等 300 多人接受了培训。

6 月份，市财政局被省委、省政府、省军区授予爱国拥军模范单位。

8 月 3 日　省委组织部、省委研究室、纪检委、省直工委组成的"保持共产党员先进性教育"调研组，到市财政局进行了专题调研。

8 月 25 日　市财政局被省委授予省级先进基层党组织。

8 月份，市财政局被省委、省政府授予省级精神文明单位。

9 月初，我市国库集中收付改革正式启动。我市是全省国库集中支付改革试点市之一，为做好这项改革，市财政局制定了《市级财政资金收付管理办法》、《市级财政资金收付管理制度改革试点有关问题的通知》、《市级财政资金收付管理办法试点单位银行账户管理办法》等配套文件，选取人事局、发改委等5个单位为试点单位。

9月15日 按照市委书记聂辰席对“村干部垫交农业税引发的问题不可忽视”的批示，市财政局与市农工委联合对有农业税征收任务的县(市)区进行了排查，向市委写出了专题报告，对存在问题的县进行了通报，提出了相应的预防措施。

10月15日 省财政厅、交通厅的同志来我市对武安市和涉县建立公路收费站的情况进行了调研。

10月22日 农业部农村改革实验区办公室的同志到临漳、魏县对农村税费改革相关情况进行了调研。

11月26日 市政协主席王光龙带领政协委员到市财政局视察工作，局长李少波汇报了各项财政工作进展情况。

11月份，市财政局被省政府授予河北省再就业工作先进单位。

12月15—17日 市财政局举办了会计基础工作规范化展示会。市、县两级人大、政协、政府的领导同志，市、县财政局局长及有关人员、市直部门财务负责人及18000多名会计人员参加了展示观摩会。邯钢集团、阳光百货集团、市水利局等19个单位现场展示了会计凭证、账簿、报表、内部控制制度等。

(邯郸市财政局)

调研成果

2004年河北省财政调研课题成果获奖名单

获奖等级	成果名称	作者单位	参加人员
一等奖（7项）	河北省县乡财政体制改革研究	厅预算处	赵文海　刘文洲　赵宏亮　相德伟
	我省绩效预算管理基本框架与改革思路研究	厅预算处	张拥军　李杰刚　蔡建军　武　炜
	财政监察员派驻制度若干问题研究	厅监督处	刘洪林　王新庄　胡雅宁
	进一步加强政府投资管理问题的研究	厅经建处	李　博　白鹤天　牛显杰
	河北财政支持农村小康社会建设研究	厅农业处	石树鹏　宋立根　王　伟　郭玉清　郭京华
	财政支出项目绩效评价方法及实证研究	厅税政处	刘崇玲　冯鸿雁　宋　炜
	完善省以下政府间财政转移支付制度研究	厅科研所	宋立根　成　军　宋　超　郭玉清
二等奖（17项）	义务教育投资分担机制研究	保定市财政局	吕宝生　王延杰　冯建虎　王占革　钱秀菊
	关于财政支持城乡协调发展的思考	唐山市财政局	莫连营　周凤松
	邢台市“十五”期间财政改革与发展情况的调研报告	邢台市财政局	崔尽忠　王晓英　董国栋
	县乡财政困难调查	邯郸市财政局	李少波　王学生　赵　宇
	集中财力办大事的预算思考与制度设计	厅预算处	李杰刚　武　炜　牛利华　林　岐
	我省农村医疗救助现状与问题研究	厅社保处	冯建凯　李立新　马　杰　卢平聚
	河北省文化事业发展问题对策	厅教科文处	高德义　孟吉清
	运用土地政策　参与宏观调控　保障经济发展	厅办公室	胡宝民　杨绍军　邢秋洁
	农村财会改革问题研究	厅会计处	许亚琴　谢振莲　孙国良
	深化粮食企业改革的问题研究	厅经建处	闫振武　张丽莉　李宗许
	河北省担保体系建设的现状及政策建议	厅企业处	沈诚君　赵海英　黄朝文
	深化财政国库管理制度的探索与思考	厅国库处	高景良　张承东　唐世民
	关于完善国库集中支付制度改革的思路	厅支付中心	张振川　马雪敬　潘志超　郜玉乔　刘　姗　乔毅飞　王鹤霓
	取消农业税对县乡财政的影响及政策建议	厅科研所	陈国绪　李小捧　曹春芳
	河北省地区间财力差异与调节	厅科研所	胡德仁　张歆蕊　李素枝　陈国绪　刘　亮
	财政投资项目绩效评价研究	厅评审中心	王进同　陈　兵　杜　伟　周　华
	完善政府投融资体制的研究	省国富公司	徐洪杰　韩继普　张梅红　张　颖

获奖等级	成果名称	作者单位	参加人员
三等奖（30项）	建立多元化科技投融资机制	厅教科文处	马　学
	对会计师事务所注册会计师人力资源管理的思考	厅会计处	关瑞兰　孙国良　郭　颖　徐　芳
	我省国有企业公司治理结构存在的问题及完善的对策	厅企业处	曹建和　吴红智
	支持产业结构调整财政对策研究	厅综合处	张兰君　肖士恩　刘文艳　陈志鹏
	居安思危　防范社保资金风险，努力创建和谐河北	厅社保处	徐联中　李立新
	加强部门财政财务管理的几点思考	厅监察二组	吴建明
	我省城市水行业市场化改革对策研究	厅涉外处	堵皆兵　靳海增　崔盼来　徐　卫　吴志刚
	当前农业工作面临的矛盾和财政工作思路	厅农业处	石树鹏　张铁池
	财政国库管理制度改革实证研究	厅支付中心	张振川　曹春芳　赵景超
	乡镇财政管理制度的目标定位与改革思路	厅科研所	朱祥林
	科教兴冀战略实施的财政政策	厅科研所	李小捧　马　学
	强化会计监督的若干对策	厅杂志社	吴雪贞　候冰雪
	完善会计师事务所内部管理机制研究	厅注协	于永春　谢振莲　袁振江　张建文
	注册会计师行业自律约束机制有关问题的探讨	厅注协	张宪宁　李万军　赵翠云　于绍勇
	论公共财政政策中政府的职能作用	厅社保中心	蔡笑腾
	完善政府投资项目监管机制　提高财政资金使用效益	厅投资评审中心	崔青山　侯宝辉　程一军
	以科学发展观为指导促进全市财政经济更好更快发展	石家庄市财政局	赵悦贞　赵汉增　焦树超
	建立城区新型财政收入体制的改革探索	石家庄市财政局	赵志卿　周巧娥　冯英录　马新天
	实施绩效预算管理是深化部门预算改革的方向	保定市财政局	赵留强　马　磊
	财政支出管理的探讨	保定市财政局	李照力　冯建锐　谷岭雪
	关于湖北恩施财政支出绩效评价工作的考察报告	唐山市财政局	马兰银　郭虎巨
	合理界定县级政府的财政支出责任	唐山市丰南区财政局	徐敬成　李凤庆
	浅谈取消农业税对基层财政的影响及建议	唐山市丰润区财政局	王景生　李　为
	加强政府债务管理的实践与思考	秦皇岛市财政局	胡　田　柳　荣　成卫东
	加强财政投资项目评审控制的思考	秦皇岛市财政局	张玉文　朱　绵
	按照科学发展观推进地方公共财政建设研究	廊坊市财政局	左得江　王巨红
	地方政府实施绩效预算的思考	承德市财政局	张树民　翟少春　马慧霞　吴永利
	国库管理制度改革应坚持因地制宜	承德市财政局	刘德涛　宋玉君　刘文龙　谢志刚
	对化解乡村债务的思考	承德市财政局	胡维俭　丁福志　韩艺明
	张家口市财政局扶持重点骨干财源增收增效的若干思考	张家口市财政局	李雪荣　赵红革

获奖等级	成果名称	作者单位	参加人员
成果奖（31项）	非公有制经济研究	厅会计处	卢金霞　孙国良　杨智杰　王彦卿
	关于对农村部分计划生育家庭实施奖励扶助情况的调研、思考及建议	厅教科文处	马　学　刘子均
	公用事业融资及绩效评估	厅老干部处	李书山　张丽英　刘　杰
	行政事业单位国有资产管理体制研究	厅培训中心	孟祥群　李文玲　李文梅
	财政综合绩效评价方法及实证研究	厅培训中心	冯鸿雁　宋　炜
	贯彻实行民主财政，促进城乡协调发展	厅科研所	管荣开　张　颖　张歆蕊
	支持非公有制经济发展的对策研究	厅函校	郭荣华　高志敏　杨秀罗　靳素姣
	河北财政多业务综合信息网	厅信息中心	侯冰雪　伍均玺　吴雪贞
	加速金财工程建设，实现政府采购网络化	厅信息中心	徐伟荣
	完善政府采购工程项目评审机制的思考	厅评审中心	周建民　王景颖
	提高政府采购效率问题探讨	厅杂志社	潘玉欧
	关于石家庄市城市建设衍生资源管理的现状及对策	石家庄市财政局	李和平　刘生彦　王素敏
	创新财政支农方式　加快农民增收步伐	石家庄市财政局	徐树兵　许彦珍　陈宪民
	规范政府采购管理研究	石家庄市财政局	王铁英　李龙耀　张秀珠
	关于乡镇级国库管理制度改革的方向和使用模式	石家庄市财政局	李京朝　刘永丽
	粮食补贴财政直补工作的初步实践与思考	保定市财政局	李伯江　绳春梅　齐兰芳
	浅议农业财政资金管理中存在的问题与对策	秦皇岛市财政局	万裕增　李文学　姜　军
	强化绩效预算管理建立和完善财政支出效益评价体系研究	廊坊市财政局	崔宝珍　高志成　侯冬梅
	合理划分省以下各级政府支出责任研究	廊坊市财政局	刘树发　张庆国　翟雅静　丁　勇　陈　琨
	积极稳妥地推进我市国库管理制度改革	廊坊市财政局	张四新　王淑霞　王立波
	浅析对种粮农民直接补贴的长效机制	承德市财政局	王晓光
	市对区财政体制的实践与探索	邢台市财政局	崔尽忠　胡海忠　张占平　刘培府
	完善社会保障征缴机制，保障社保体系正常运行	邢台市财政局	王素平　商黎英
	税制财政体制下隆尧县财源建设思路	邢台市隆尧县财政局	董计峰　边荣国
	乡镇财政运行中存在的问题及对策	邢台市清河县财政局	李全厚　安　顺
	完善重大基本建设项目决策程序研究——财政性资金投资决策程序科学化	衡水市财政局	李玲玲　杨书印　张锡河　朱彦生
	关于行政机关消耗性福利开支货币化改革的探讨	邯郸市财政局	井俊芳　王春霞　谷清恩
	创优财政经济发展环境的研究	张家口市财政局	王小军　马晓勇　段　炼　马经纬
	尚义县化解世行贷款地震项目债务风险的对策研究	张家口尚义县财政局	李森武　张　亮　郝启兵
	新形势下农业财政专项资金管理与监督初探	沧州市财政局	卢新民　姚忠义
	行政事业单位国有资产管理的现状及对策	沧州市东光县财政局	李文通

河北省2004年财政
调研课题成果一等奖作品之一

河北省县乡财政体制改革研究报告(摘要)

《河北省县乡财政体制改革研究》课题组

三、县乡财政体制改革思路

(一)总体思路:根据我省县乡财政经济状况及其发展趋势,大力推行县乡统收统支体制,强化县级财政的统筹保障机制,对于经济较发达、财政实力较强、具备良性循环和自我积累与发展能力的乡镇实行分税制财政体制,构建以统收统支为主、分税制为辅的县乡财政体制格局。

(二)改革目标:通过改革,理顺县乡财政分配关系,重构县域财力配置格局,实现两个基本目标:一是建立健全县乡公共支出保障机制,集中县乡财力,统筹整个县域内经济社会事业发展;二是建立和强化财政体制的激励机制,调动县乡尤其是乡镇发展经济、增收节支的积极性,促进乡镇发展壮大。

(二)基本原则:一是因地制宜。县乡情况千差万别,情况各异。改革县乡财政体制,要从各县乡实际出发,在深入、客观地分析县乡财政经济状况,准确把握发展趋势的基础上,合理确定体制模式和具体方式不能简单划一,搞一刀切。二是公平效率。改革县乡财政体制,要兼顾公平与效率,既要保证乡镇工资发放和机关运转两方面基本支出需要,又要激励有条件的乡镇加快发展。三是简明规范。在努力实现财政体制改革目标的前提下,力求简明,规范,稳定,容易执行和操作。四是区别对待。根据县乡财政收入规模、经济发展水平和发展潜力、人口多少和地域面积大小等因素,区分不同情况,分别实行统收统支和分税制两种体制模式。

(三)县乡财政体制模式

1. 统收统支。适用范围:经济欠发达,税源单一、财政收入规模小,主要靠上级补助的乡镇。体制内容:乡镇的收支全部上划县级集中统一管理,由县按既定工资标准、公用支出标准、必保支出项目核定乡镇支出数额并加以保障。

大力推广县乡统收统支财政体制,是从我省县乡财政经济实际出发,具有特定针对性的现实选择。其一,由我省县乡地域空间的局限性所决定。我省县乡行政区划设置的突出特点是数量多、规模小,在全国31个省(市、区)中仅略少于四川省居第二位,平均每个县市(不含市辖区)辖区面积仅1313平方公里,82个县市低于1000平方公里,24个县低于500平方公里,其整体规模与乡镇无异,经济承载量和发展空间十分有限。如普遍实行包括分税制在内的分级财政体制,由于分级体制的利益诱导机制,不仅难以形成规模经济,还势必增加乡镇之间发展的磨擦和不协调、增大发展成本,容易导致狭小区域内的低层次重复建设,造成县域恶性内耗和有限经济资源的浪费,不利于县乡经济的协调健康发展。其二,由我省县乡财政收入空间局限性所决定。受县乡行政区划多、现行分税制财政体制上级集中收入以及县乡经济薄弱影响,县乡财政收入规模普遍过小,已无分税之必要。2003年,全省县乡两级一般预算收入为107亿元,平均每县市仅0.79亿元,其中今年已经取消的农业特产税和很快也将全部取消的农业税又占23%,剔除这两个税种后县乡一般收入规模更小(0.61亿元)。总体情况如此,具体到作为个体的县市问题更为明显,136个县市中有104个县市一般预算收入总规模低于1亿元,59个县市在5000万元以下,部分县一般预算收入仅1000多万元;59个县农业税和农业特产税占一般预算收入比重超过30%,其中19个县超过50%,农业税、农业特产税和行罚收入等非税收入合计,则占到一般预算收入的48%。

综上所述,实行县乡统收统支财政体制具有两个明显优势:其一,能够有效提高乡镇财政保障能力和保障水平。我省县乡财政困难问题突出,相对于县级而言,乡镇经济基础更为薄弱、财政自我保障能力更差。实行县乡统收统支财政体制,由县财政集中统筹安排全县财力,较之分级管理、“分灶吃饭”,能够更加有效地保障乡镇工资发放和机关运转支出需要。其二,更为重要的是,实行统收统支体制,由县级财政统筹全县财力,有利于集中财力办大事,使有限的财政资金发挥出最优效益,促进县域经济社会事业的统筹协调发展,同时也有利于消除乡镇的后顾之忧,更好地发挥社会管理和公共服务职能,集中精力做好农村工作，促进农村全面小康社会建设。这与目前县乡财政体制实践也是相吻合的。

针对统收统支体制收支脱节、权责脱钩，影响乡镇抓收入、促发展方面积极性的弊端，同时必须建立对乡镇收支的考核奖惩机制，通过建立配套机制，兴利去弊，提高体制的运行效率，达成改革目标。借鉴一些县市经验做法，可以考虑两种办法：①实行“公用经费分档管理”办法。即：将乡镇辖区内形成的财政收入分档，制定分档公用经费标准，不同档享受不同的公用经费标准。同时档次间隔不要过大，使乡镇通过努力能够不断升档。②支出与收入挂钩，超收奖励，短收扣减支出。每年核定乡镇收入任务，乡镇超额完成核定任务的，按超额部分留县财力的一定比例奖励乡镇；因非客观因素未完成核定收入任务的，相应扣减乡镇部分支出。③借助行政手段，将收入完成情况与乡镇政绩考核挂钩。

2. 分税制财政体制。适用范围：与推进农村城镇化发展战略相结合，对于人口较多，地域面积较大，经济比较发达，财政收入规模较大，具有较强的自主发展、自我积累能力和城镇化发展潜力的乡镇，原则上应实行分税制财政体制，强化体制激励机制，调动乡镇发展积极性，促进其发展成为具有适度规模、功能健全、工商业发达、经济繁荣、对周边区域经济社会发展具有较强吸附和辐射带动作用的小城镇。体制内容：考虑当前收入划分体制下县乡收入规模已经很小，无按税种比例分享空间，县乡分税制财政体制宜以“按属地原则划分收入范围，核定收支基数，超收县乡比例分成，不足收入基数乡镇自己负担”为主要模式。

(1)收入划分。县乡收入划分应坚持如下三项原则：一是属地原则，按收入所属地域划分归属，不实行按税种比例分享的做法；二是倾斜乡镇原则，乡镇地域内实现的收入，除中央、省、市分享部分外，原则上应全部或大部留给乡镇，县级不再分享乡镇收入，乡镇新上项目实现的工商税收原则上也要全部或大部留给乡镇，使乡镇能够真正从发展中受益；三是县乡兼顾原则，考虑县级收入需要及乡镇财政承受能力，可将一些税源大户缴纳的收入确定为县级收入，保证县级比较稳定的收入来源，以及缓解这些企业经营波动对乡镇财政的冲击。据此，县乡收入范围具体划分如下：

县级收入范围原则包括：县域内税源大户缴纳的税收（或其缴纳的部分税收，如增值税、企业所得税划为县级收入，其他收入划留给乡镇），以及县级财政部门组织征收的行政性收费、专项收入、罚没收入及其他收入。

乡（镇）收入范围原则包括：乡（镇）地域内产生的所有工商税收（不含县级收入），农业税收（农业税收取消后的转移支付补助）及其他各种收入。

(2)支出划分。根据现行中央和省有关政策规定及县乡实际，对县乡财政支出范围初步界定如下：

乡（镇）支出范围包括：乡（镇）的正常公用经费，遗属补助，补助村级支出，原由统筹资金支付的项目及必要的经济和事业发展支出等。

县级支出范围原则包括：全县财政开支人员的个人经费，科技三费，支援农村生产，农林水、工交、文体广播、教育、卫生、抚恤和社会救济、社会保障等部门的事业费，公检法司支出，城市维护费，专项支出，县本级的行政管理费、行政机关事业费、公费医疗经费，贯彻执行党的政策、维护社会稳定、促进全县经济和事业发展所需及其他支出。

(3)体制确定后，应保持相对稳定，原则要求适用三年以上。以使乡镇对于一定时期内的情况能够“心中有数”，促进其一心一意抓发展，搞建设。

(4)对于实行分税制财政体制的乡镇，如县级认为必要和必需，可实行“乡财县管”管理方式。

四、配套措施

（一）积极推进以预算改革为核心的财政改革，改善与加强财政收支管理，努力提高财政资金使用效益。一是深化财政预算管理改革，积极采用部门预算、综合预算、零基预算等方法科学编制预算，进一步扩大国库集中收付、收支两条线、政府采购实施范围，以改革推进县乡财政管理水平的提升。二是按照公共财政的要求，重新合理界定县乡财政支出范围，调整县乡支出结构，解决好越位、缺位、错位问题，按照保工资、保稳定、保发展的顺序，合理安排财政支出，优先保障工资发放及机关运转两项最基本的支出需要。三是树立正确的政绩观，集中财力尽可能办一些能够促进经济社会发展以及改善人民生产生活条件的实事，坚决杜绝各种形式的政绩工程、形象工程。

（二）积极研究采取各种行之有效措施，贯彻落实财政供养人员总量控制工作，保证分阶段压减目标和总体目标任务的实现，精减县乡机构和财政供养人口。一要适应社会主义市场经济的要求，本着“小政府、大社会”的原则，合理界定县乡政府职能，促进县乡政府转型，努力建设服务型政府。二要加强机构编制和人员的清理整顿，深化县乡机构改革，按照市场经济的原则和要求重新合理核定县乡机构及其编制。三要加强县乡机构编制和人事管理的协调衔接，强化机构编制的源头控制，严把人员“进口”，按照新的机构及编制规范岗位设置及人员配备，清理清退混岗混编人员、临时聘用人员和靠收费供养的人员。四是按照政事分开原则，以社会化、市场化为导向，加快县乡事业单位改革，撤销职能萎缩、名存实亡和长期不开展业务的单位，合并职责任务不满或业务相近的单位，对具备企业化经营条件的单位尽快推向社会。五是根据县乡实际，探索多种分流方式，妥善安置分流人员，确保财政供养人员总量控制工作的顺利推进和农村稳定。

（三）规范和加强乡镇国库管理。根据现行有关制度规定和工作实际需要，清理规范乡镇国库，实行统收统支体制的乡镇以及不符合乡国库设立条件、业务较少的乡镇，可撤销乡镇国库；对确需保留乡镇国库的，要与人行等部门搞好协调，研究完善有关制度和办法，切实加强乡镇国库管理。实行“乡财县管”的乡镇，根据实际工作需要，也可撤销金库。

（四）积极稳妥解决县乡政府债务问题，化解财政风险。首先是制定措施，严格控制县乡政府性债务总量，遏制其增长势头。其次是对县乡已形成的存量债务，分类处理，逐步消化。为企业或所属单位贷款担保形成的债务，组织力量限期追回或以资产拍卖等形式收回；对企业的直接借款，在保证债权的前提下积极回收或转增国有资本金；对兴办公益事业和发放工资形成的债务，要制定还款计划，逐步归还；借用上级财政的资金要认真清偿。其次是建立长效机制，化解财政风险。转换政府职能，完善制度措施，建立起借款评价体系指标，增强借款的约束性；加强管理监督，保证借款的使用效益；有条件的地方，可建立偿债准备金，以及时归还到期债务，减轻财政运行压力。

课题负责人：赵文海

课题组成员：刘文洲　相德伟　胡海中　刘培府　冯英录　温　彪　郭雪东　楚福元

河北省2004年财政调研课题成果一等奖作品之二

我省绩效预算管理基本框架与改革思路研究（摘要）

张拥军　李杰刚　蔡建军　武　炜

四、我省绩效预算管理基本框架体系设计

绩效预算管理框架体系从管理对象上可分为政府、部门（单位）、项目三个层次。政府绩效预算管理以提高政府财政支出整体经济社会绩效水平为目标；部门（单位）绩效预算管理以提高部门（单位）支出所取得的业绩水平为目标；项目绩效预算管理以提高项目本身所应取得的效益效率为目标。

从管理程序上分为制定战略规划、编制绩效计划、编制绩效预算、编制绩效评价和绩效报告、编写改进评价报告等五个步骤。与此相对应，战略规划、绩效计划、绩效预算、绩效评价报告、改进评价报告等五部分成为绩效预算管理的主要内容。

1．战略规划

战略规划是立足于长远和宏观而制定的中长期计划，一般以五年或十年为战略规划期。绩效预算管理中的战略规划包括政府战略规划和部门战略规划。

政府战略规划是政府综合考虑未来一个时期社会经济形势，所研究制定的促进经济持续快速健康发展和社会全面进步的政府施政纲领和中长期规划。国民经济和社会发展五年规划是典型代表。

部门战略规划是政府各职能部门根据法定职责、国家产业政策、政府战略规划，所研究制定的包括部门工作和重大项目在内的中长期工作计划，是政府战略规划的细化和具体化，一般包括以下主要内容：（1）部门工作任务说明。介绍本部门主要职能和管理、服务的对象，分析部门职能领域国内外现状和发展趋势，提出部门一定时期内发展的整体目标规划。（2）部门发展战略目标。描述本部门发展战略与政府发展战略目标之间的关系，并根据对经济社会发展可能产生的作用大小，排列出一定时期内各个战略目标的优先次序。(3)部门管理的重点方面的发展目标和预期成果。根据本部门管理的行业、产业或重点工作的不同,提出一定时期内分类的战略发展目标,并明确具体的预期绩效目标。(4)相关重大影响因素。分析部门战略规划实施过程中可能的重大外部因素,评估可能带来的影响,据此做出可能的假设性推论。(5)战略行动计划。简要阐述完成各项战略目标和预期成果所需要的条件和拟采取的措施,包括重大发展项目、技术和技能、人力资源、资金投入、信息和其他资源等几个主要方面的需求,实施战略规划的行动计划、步骤、措施。(6)绩效评价方法。对战略规划中提出的重大战略目标和重要项目的预期成果,提出明确具体的评价方法。

2. 年度绩效计划

年度绩效计划是战略规划的年度实施计划。绩效预算管理框架下的年度绩效计划,不仅包括政府和部门年度内所有财政预算资源,也包括目前未纳入部门预算管理的各类资金或资源,是一个综合使用各类可支配资源所形成的绩效计划。年度绩效计划一般包括以下几个方面内容:(1)阐明绩效目标。绩效目标包括产出目标和成果目标,一般用客观的、可以量化的形式来表述。确实不能以客观和量化的形式表述的,可以采取定性的分级分档形式描述。部门年度计划的绩效目标要与战略规划中的绩效目标相衔接。(2)建立用于衡量预算项目成本、服务水平及产出和成果目标的绩效指标体系。(3)提供预算项目决策分析及执行结果评价的绩效评价方法。(4)说明为达到已定绩效目标所需要的工作程序、技术、人力资源、信息和其他资源等情况。(5)明确项目管理者对预算资金具体使用过程中的适度调剂权、项目节余资金的奖励权等。

3. 年度绩效预算

年度绩效预算是年度绩效计划的预算表现形式,反映财政性资源配置及其预算项目的预期绩效情况,一般包括两部分内容:(1)部门项目预算安排背景分析。主要分析预算安排项目与政府战略目标、本部门战略规划目标以及年度计划目标的相关性,并依此排列各个预算项目的先后次序。(2)部门预算项目绩效。逐个项目说明资金需求、财政投入、预期产出和成果。连续多年实施的项目,应编制项目周期规划。项目周期规划应包括项目筹建、完成、运行、维护和报废的全部过程,并列明每个阶段内各种财政资金的投入、产出和成果情况。

4. 年度绩效报告

年度绩效报告是省政府发布的年度预算绩效完成情况的报告,分为政府功能预算绩效报告和部门预算绩效报告,一般包括以下几个方面内容:一是部门绩效评价。对比分析本部门(单位)预算执行的实际产出和成果与年度绩效计划预期目标的差异,说明目标任务完成情况,并做出自我评价。二是项目绩效评价。对编制绩效预算的项目,逐一对比分析项目实际产出和成果与项目绩效目标的差异情况,做出说明和评价。三是绩效预算管理工作评价。客观总结预算管理中成功的经验和做法,深入分析未能实现预期绩效目标的管理原因,查找预算管理中存在的问题。

5. 改进结果评价报告

改进结果评价报告是省政府发布的部门(单位)采取整改措施后预期成果完成情况的评价报告,一般包括以下几个方面内容:一是综述部门采取的改进措施和落实情况。包括明确责任人员、需要的各种资源、预期的产出和成果绩效、工作组织、进度安排等具体内容。整改措施要包括提升管理理念、改进管理方式方法、制定和落实奖惩等切实可行的管理举措。二是评估改进后的绩效指标完成情况。三是改进工作总结。总结部门改进绩效管理的成功经验,分析仍然没有达到预期目标的主客观原因。四是惩罚与责任追究。对于由于主观原因没有完成既定改进绩效目标的,采取的处罚措施和责任追究情况。

五、绩效预算管理的基本程序

根据我省绩效预算的基本框架,绩效预算管理程序可以分为制定战略规划、编制年度绩效计划、编制绩效预算、执行绩效预算、开展绩效评估和编制绩效报告、编写改进结果评价报告等六个阶段。

1. 制定战略规划阶段。在预算编制年度的前一年,政府发展与改革部门根据国家中长期发展规划,研究制定政府战略规划草案报政府审定。同时,各预算部门着手编制本部门战略规划。

2. 编制年度绩效计划阶段。年度绩效计划与年度预算同步编制,各部门依据战略规划和年度预算编制要求,编制本部门年度绩效计划报财政部门审批。

3. 编制绩效预算阶段。预算部门将经过财政部门审批的年度绩效计划向下属各单位布置，汇总下属单位绩效预算建议计划，形成部门整体绩效预算建议计划并入部门预算建议计划后报财政部门。财政部门对各预算部门报送的绩效预算建议计划进行审核后编制绩效预算草案报政府，政府审定后编入部门预算草案，并汇总编制政府功能预算草案，按法定程序报批。

4. 执行预算阶段。实行四项管理方法：一是实行协议管理，财政、部门和项目承担者等各个绩效预算管理主体，根据绩效计划签订绩效目标协议书，明确各方责权。二是对使用预算资金数额超过一定规模且须分批拨款的预算项目，按绩效完成情况拨付预算资金。三是严格按绩效预算管理规定安排新增支出项目，同时新增项目均要按照绩效预算管理规定，制定明确的项目产出和成果目标，列明评价方法和时间表，按法定权限报经批准后执行。四是建立绩效预算管理执行反馈制度。

5. 开展绩效评价和编制绩效报告阶段。年度预算执行终了，预算部门和单位对上年度预算执行和绩效目标完成情况进行分析评价，撰写年度绩效报告，随同财政决算一并报财政部门。大体程序如下：(1)项目管理者在对项目绩效评价的基础上，向主管单位汇报项目执行情况和绩效目标实现情况，统计各项预定指标完成程度，查找问题和差距，总结工作和经验，分析原因，提出改进措施。(2)预算单位在对项目绩效评价的基础上，总结本单位预算年度各项目绩效目标完成情况及存在问题，提出改进有关工作的意见和建议，报主管部门。(3)预算部门在对项目绩效评价的基础上，汇总分析所属单位当年绩效预算执行和目标完成情况，编写年度绩效预算报告报财政部门。(4)财政部门对各部门绩效预算管理情况进行总体评价和专项项目评价，并对年度预算执行绩效情况进行整体分析总结，提出改进预算管理、提高预算运行质量和资金使用效益的意见，编写功能预算绩效报告报政府。(5)政府审查年度绩效报告，并对绩效评价情况进行抽查或进行专项评价，形成政府年度绩效报告并以适当形式向社会公告。

6. 制定和落实改进措施，编写改进结果评价报告。在政府年度绩效报告公布后，财政部门和各预算部门应针对绩效报告中指出的问题，深入剖析管理方面的原因，制定切实可行、针对性强的改进措施，并制定详细的实施方案，明确落实各项措施的时间表和预期成果指标。

六、绩效预算管理改革的配套措施

推行绩效预算改革是一项难度较大的综合性工作，限于目前各方面条件并不十分成熟，除财政部门积极努力外，还需要有关方面共同做好配套工作。

1. 建立问责和奖惩制度。明确部门和相关人员的支出绩效责任，并根据绩效评价情况进行奖惩，是国外绩效预算管理的通行做法，也是提高绩效效果的重要手段。在推进绩效预算改革进程中，政府与部门、部门与下属单位要层层明确各自的绩效责任。每年的绩效完成情况要逐步与公务员考核、部门领导述职考评挂起钩来，奖优罚劣。同时，绩效预算管理改革成效与部门管理的专项资金也要挂钩，在下达切块限额时向成效突出的部门倾斜。在改革初期，省财政将专门安排此项改革经费，根据部门改革态度、付出的努力和取得的成效给予经费补助。

2. 建立绩效信息管理制度。各级预算管理单位均应建立绩效信息基础数据库，将战略规划、年度绩效计划和预算、绩效报告以及其他相关资料等基础信息，纳入数据库管理。省财政厅要做好省级绩效信息的搜集、整理和维护工作。预算部门要做好本部门绩效信息的搜集、整理等项工作。要逐步建立省级绩效信息网络，实现省级绩效信息共享。

3. 逐步引入权责发生制会计核算方法。权责发生制以权利的形成和责任的发生作为记账的标准，能够有效克服收付实现制下年度会计核算的局限性，更准确、全面地反映一定时期内政府提供公共物品和服务所耗费的全部资源(资金、资产)成本，特别适用于评价跨年度实施项目的绩效情况。在绩效预算改革试点时期，可在一些项目上探索采用这种核算方法，随着国家会计核算方法改革的推进不断扩大项目范围直至全面推开。

4. 逐步建立项目负责人备案和评级制度。项目绩效预算管理是整个部门绩效预算管理的基础，要引入项目负责人制度，对项目负责人进行严格管理。省财政厅将建立项目负责人专门档案，所有承担省级预算项目的负责人都要在省财政厅备案，其承担项目执行、产出和成果有关信息都要及时录入本人案卷。根据项目负责人的项目管理能力、创新能力和信誉等情况对其评级，以评级结果作为财政分配资金的重要参考。

河北省2004年财政
调研课题成果一等奖作品之三

财政监察员派驻制度若干问题研究(摘要)

刘洪林　王新庄　胡雅宁

四、实施财政监察员派驻制度需要解决的几个具体问题

(一)财政监察员管理机构设置问题

科学合理的设置财政监察管理机构并配置人员是保证财政监察员派驻制度成效的关键因素。在这方面,我们应充分借鉴法国的成功经验。一是从财政部门具有结合预算编制和预算执行过程进行公共财政收支全程监督的方便条件考虑,不再另设财政监察员专职机构,财政监察员由财政部门管理,这样可降低财政监察成本,符合成本效益对比原则。二是按照机构设置必须与财政监察职责相匹配的原则,应适当提升财政监察员管理机构和财政监察员规格,以保证财政监察员监督职权的有效行使以及工作的独立性和权威性。三是在人员配备方面,为保证财政监察工作的公允性和客观性,按照每个实施财政监督的小组不得少于2—3人的基本原则,应根据财政监察工作的需要增加人员编制;同时,派驻各部门的财政监察员必须要具备高超的业务水平和良好的职业道德。

(二)财政监察员派驻制度的配套制度制订问题

一是制订财政监察员回避制度和定期轮岗制度。对财政监察员和派驻部门决策者、财务机构负责人和工作人员有亲属关系或经济利益关系的,必须实行委派回避制度;财政监察员应实行定期轮岗制度,每个派驻部门的财政监察员任职不得超过一定年限,以防止因客观性淡化而影响正常的监察工作。二是制订财政监察员工作信息反馈制度,主要包括定期反馈和即时反馈。定期反馈指财政监察员应按照年度或季度向财政部门提交派驻部门监察报告,其中年度监察报告应同时提交本级政府;即时反馈是指对于财政监察员拒签的公共支出而派驻部门执意支付的、日常监督中发现派驻部门存在的违规违纪行为等,财政监察员要随时向财政部门反馈相关信息。三是制订财政监察员工作考核制度。对财政监察员的考核应包括对其业务素质、政治素质、协调能力等方面的考核,财政监察管理机构除考核个人有关情况外,应把与财政监察员行使其建议权而直接相关的派驻部门财政财务制度建立完善、管理水平提高改进等作为参考依据,此外,还应充分考虑派驻部门意见。四是制订财政监察员责任追究制度。按照职责分工,财政部门对财政监察员的工作实施日常监督检查,审计部门在对派驻部门实施审计监督的同时对财政监察员工作实施再监督。监督过程中,一旦发现派驻部门及其有关工作人员存在违规违纪行为,而财政监察员未制止、未报告的或财政监察员本身有违规违纪行为的,财政监察员应承担监督责任和个人法律经济责任。

(三)财政监察员与各方的工作关系

1. 理顺财政部门内部的关系

财政监察员派驻制度作为财政部门履行财政监督职能的重要手段,其实践和推广需要进一步理顺财政部门内部各管理机构的关系。

一是要重新对财政部门内部各管理机构职能进行界定,重点是对各机构的监督职能进行调整和划分。目前,在我国财政部门管理框架中,履行财政监督职能是各管理机构和监督机构的共同职责,各管理机构侧重于对财政资金的日常监管,监督机构侧重于对财政资金的专项监督。这种监督主体的设定和监督职能的划分具有明显的缺陷性,一方面各业务管理机构限于人力、时间等多种因素,无法履行财政日常监管职能,形成监督缺位;另一方面,监督机构无法从各业务管理机构获得足够的本应从日常监管中发现的萌芽性问题或信息,所开展的专项监督缺乏针对性和有效性。财政监察员派驻制度的推广迫切需要对财政部门内部各管理机构的职责进行重新界定。明确财政监察工作是财政部门内部各管理机构业务工作的延伸和细化,对于同一部门的财政财务管理事项来说,财政部门内部各管理机构从事的是资金分配和调节事宜,监督机构履行的是对资金分配和调节的保障监管职能,二者相对独立,但又统一结合起来构成完整的财政管理工作。因此,必须制定科学、规范、合理的程序办法对各管理机构和监督机构从事财政业务管理和监督事项的边界及衔接加以界定。

二是财政监察员和财政部门内部各管理机构应加强工作协调与互动,一方面财政部门内部各管理机构在处理部门财政财务管理事项时,要充分听取财政监察员的意见,尤其是对财政监察员与派驻部门持有不同意见的财政资金支付和预算调整事项,财政管理机构应给予重点关注;另一方面,财政管理机构对部门下达的财政财务管理事项审批文书,应及时抄送或告知派驻部门的财政监察员,保证信息渠道的畅通。此外,财政监察员在履行监督职能过程中,财政部门内部各管理机构要给予其足够的业务和政策支持、指导。

2. 妥善处理财政监察员与派驻部门的关系

为了充分发挥财政监察员派驻制度的作用,使得财政监察员既能维护财政资金获取与使用的合规性、安全性及有效性,又能为派驻部门提供财政财务管理方面的政策支持及服务,必须要妥善处理好财政监察员与派驻部门的关系。

一是相对独立。财政监察员与派驻部门领导及其工作人员无隶属关系,在行政级别、行政岗位设置上也无领导与被领导关系,财政监察员履行财政监督职责具有相对独立性。二是权责明晰。财政监察员与派驻部门有不同意见情况下,财政监察员有权拒签支付令,国库不得拨付该项预算资金;派驻部门无权命令或影响财政监察员违背初衷签署支付令。因财政监察员未履行监督职责而发生的问题,由财政部门追究财政监察员责任;因派驻部门未采纳财政监察员意见而发生的问题,由派驻部门负责。三是监督与服务相结合。要妥善处理好服务与监督的关系,做到服务与监督并重。既不能超越自己的职权范围,影响甚至干扰派驻部门的正常工作,也不能应付了事,甚至一团和气,放弃监督。

(四)明确财政监察工作与审计监督工作的关系

一是相互配合。财政监察工作的时效注重事前和事中环节,审计监督工作的时效注重事后环节,二者分工明确,相互配合,对于已派驻财政监察员的部门,不影响审计部门对其实施高层次的事后审计监督。二是相互制衡。财政部门对各预算部门,包括审计部门派驻财政监察员,对部门财政资金收支运行过程实施监督;审计部门对各预算部门实施审计监督的过程,也是对财政监察员履行监督职责情况实施再监督的过程,二者形成监督链条,相互制衡,相互促进。三是信息共享。审计部门对派驻部门实施预算执行审计和年终决算审计的信息和财政监察员对派驻部门实施预算执行日常监督信息资源共享。

(五)妥善处理好积极推进与稳妥实施的关系

构建公共财政框架下的财政监督新机制是目前财政管理体制改革中的关键环节,在预算部门推行财政监察员派驻制度是创新财政监督机制,推进财政综合改革的重要措施。由于财政监察员派驻制度是一项新工作,需要在借鉴国外先进经验的基础上,结合我国国情,不断实践和探索。同时,此项工作涉及面广,难免会触及一些部门的既得利益,遇到一定的阻力。因此必须处理好积极推进与稳妥实施的关系,既要勇于探索,大胆推进,又要周密安排,谨慎稳妥。一是要坚持试点先行、稳步推开的原则,先行选择掌管财政性资金较大或财政资金分配渠道较多的部门进行试点,在取得经验后,逐步推开。二是要做好财政监察员派驻制度的总体规划,尽快制定出台与其相配套的管理制度,加强对财政监察员的后续管理。三是要做好与其他经济监督主体的衔接工作,明确分工,相互配合,发挥财政监督的整体功效。

河北省 2004 年财政调研课题成果一等奖作品之四

进一步加强政府投资管理问题的研究(摘要)

李 博　白鹤天　牛显杰

三、提高政府投资管理的对策

(一)严格界定政府投资范围,采取相应措施吸引社会资金投资公共基础设施

1. 政府投资要明确限定在提供公共产品和公共服务领域,此外领域原则上不投。要下决心把政府投资从经营性或可交由企业承担的项目退出来,能利用社会资金解决的要尽量利用社会资金解决。

2. 采取多渠道筹措资金的办法,通过政府补贴,吸引社会资金投资公共基础设施。公共项目投资制度创新、方式创新,主要是引入市场机制,以提高政

府投资的有效性、带动性。具体包括政府投资、企业经营；政府补贴、企业投资经营；政府特许经营、特许项目收费、企业投资经营；公开招标、代建制等。一是公路基础设施建设。对经济条件好、民间投资能力强的地区，资金可通过自筹解决；对条件较差、民间投资较弱的地方，实行政府补助。二是能源基础设施建设。如大型煤炭基地，政府只需引导、组织，具体建设应由企业联合或单独投资；能源企业利润高，资金实力雄厚，不需要政府直接投资。三是城市垃圾、污水等基础设施建设。改革城市公用基础设施管理体制，理顺价格和收费机制，吸引外资和国内民间资金参与城市污水、垃圾处理项目建设，但在一定时期内采取政府投资、财政贴息以及对投资者给予适当补偿等方式，加快和推动污水、垃圾处理产业化。四是教育、医疗等社会基础设施建设。政府投资重点放在义务教育、普通大中专教育和基本医疗上，同时鼓励社会投资办学、办医院，政府要为社会投资提供服务和创造条件。

（二）划清省政府与地方政府事权

省级政府主要负责审批并组织实施跨地区、跨流域以及对经济和社会发展全局有重大影响的项目。属于地方事权，省级部门主要是做好规划，有能力的地方按规划自己实施；地方财力不足，但又确需省级安排补助的项目，在规划内省级对地方财政转移支付制度解决。

（三）量力而行、突出重点，逐步改善公共基础设施条件

长期以来，我们只注重经济发展，公共基础设施欠账较多，如行政设施、市政建设、公路建设、环境保护、生态建设、教育、科技以用改善农村教育、医疗卫生条件等投入不足。随着社会经济的发展，这方面需求也会越来越高，政府要根据财力可能，逐步改善公共基础设施条件，提高政府公共产品供给能力，特别是要突出重点，将政府投资集中用于城市与农村、经济与社会协调发展所需支出上。

（四）切实强化对政府性投资的监督管理

1. 借助和发挥投资评审机构的作用，严把具体项目进部门预算关，加强项目预算审查。在部门预算批复前或者预留待分配部分预算下达前，对有疑问或拿不准的项目实行“先审查后下达预算”的办法，重点了解该项目是否该上，是否已具备下计划和预算条件，到底要多少钱等进行审查，以此来作为决定是否下达预算和拨付资金的依据。

2. 发挥国库集中支付作用，严把预算执行和资金拨付关，加强资金监管。项目支出预算，除按照国库管理制度要求实行集中支付外，要坚持按基本建设程序、按年度基建投资计划、按基建投资预算和按工程建设进度等“四按”原则拨付财政建设资金，既要保证资金及时足额拨付，又要避免资金拨付过早，形成闲置。

3. 加强监督检查。重点发挥财政监督处、投资评审机构的作用除了前面项目预算审核把关外，重点审查项目执行情况和竣工决算。

4. 建立起政府投资项目绩效评价体系。通过绩效评价，改进和加强预算管理、提高投资效益。

河北省2004年财政调研课题成果一等奖作品之五

河北省财政支持农村小康社会建设研究（摘要）

石树鹏　宋立根　王　伟
郭玉清　郭京华

三、河北省财政支持农村小康社会建设的对策措施

党的十六大提出统筹城乡经济社会发展的要求，是根据我国经济社会发展的阶段性特点，为加快农村经济发展，促进农村社会进步，实现全面建设小康社会的奋斗目标做出的重大决策，为加快推进农村全面建设小康社会进程拓宽了思路。统筹城乡经济社会发展是农业发展新阶段的要求，最根本的是要加快发展经济，推进农业农村经济结构调整，增加农民收入，这是现阶段在农村坚持以经济建设为中心，全面建设小康社会的必然要求。河北省财政系统支持农村小康社会建设，应采取以下对策措施：

（一）努力振兴县级财政，为推进农村小康社会建设提供财力保障。第一，切实发挥激励性财政体制作用，促进县域经济加快发展。省委六届三次全会和省十届人大一次会议确定了加快河北经济发展的总体思路，为了以体制创新来增强经济发展活力，

强化财政体制激励机制，经省政府批准，从 2003 年 1 月 1 日起至 2005 年 12 月 31 日止，省对市县执行新的激励性财政收入体制。此次体制调整的重大意义在于充分发挥财政体制杠杆作用，对经济欠发达和较发达地区分类实行激励政策，建立促进全省经济加快发展的激励机制，充分调动各级政府增收节支的积极性，努力提高基层机关事业单位职工工资发放和政权正常运转经费的保障水平，通过体制创新促进我省全面建设小康社会目标的实现。各级财政部门要紧紧抓住改革的有力契机，认真抓好激励性财政体制的落实，切实调动各级特别是县乡发展经济、增加收入的积极性。第二，加大转移支付力度，增强县乡保工资保运转的能力。为确保公教人员工资正常发放，经省政府批准，2001－2003 年省财政对市实行了三年保工资专项转移支付，有效地保证了县级特别是享受转移支付补助县的正常运转。目前，县乡财政仍普遍困难，财政保障能力低和水平还不高，仅仅靠县乡两级财力难以保证公教人员工资发放和基层政权运转，因此，2004 年以后，省财政要继续实施以保工资保运转为目标的转移支付，且转移支付力度要不断加大，转移支付方法要更加科学规范。通过新一轮转移支付，稳固县乡现有工资发放水平，逐步提升县乡工资发放标准，落实国家统一工资政策，使县乡公共支出保障能力提高到一个新水平，稳定县乡干部队伍，推进公共财政建设，为加快发展、全面建设小康社会创造基础条件。第三，将振兴县级财政，作为全面建设农村小康社会的一项重要目标。县级财政是国家财政的基础，县级财政状况的好坏直接制约着县乡经济社会发展。目前，全省县级财政保障能力普遍较差，县级公教人员工资发放靠转移支付、发展事业靠上级支持的局面一时还难以扭转，与加快我省发展的新形势很不适应，不仅影响着基层政权运转和农村公共事业发展，而且制约着推进农村小康社会建设目标的实现。因此，各地要高度重视财政的振兴与发展，要把振兴县级财政，提高县级财政保障能力、发展能力当作全面建设农村小康社会的一项重要目标和推进农村小康社会建设的一项重要保障措施。

（二）进一步改革和完善财政体制，为推进农村小康社会建设打下基础。要树立全新的发展观，树立统筹城乡经济社会发展的思想，即城乡一体、工农并举、农民和城镇居民平等相待。坚持以城市带乡村，加快发展农村文化、教育、科技、卫生事业，提高农民的科学文化素质和生活质量。加快建立促进农村教育、卫生等各项社会事业发展的公共财政体制，是促进农村全面进步是推动城乡统筹的重要保证。当前，要切实解决农村公共财政体制存在的各种突出矛盾，建立和完善根据基础教育和公共卫生服务等基本需求向农村确定转移支付的制度。农村基础教育是最为典型的公共产品，如果缺乏中央政府和省级政府的必要财力支持，势必会造成农村基础教育发展严重失衡的状况。实现“将农村义务教育的主要责任从农民转移到政府，将政府对农村义务教育承担的责任从以乡镇为主转移到以县为主”，关键是进一步调整并完善农村义务教育的管理体制和投入机制，加大省级政府对农村基础教育的投入比重。统筹安排城乡义务教育经费，对农村义务教育制度实行国家解决经费的办法，减轻农民义务教育负担。增加对农村教育等社会事业的财政支出，促进农村社会全面发展。要改变重城市轻农村的偏向，按照公共财政的要求，加大对农村共公事业发展的财政支持力度，逐步提高投入比重。省、市、县财政今后每年新增教育、卫生、文化等事业发展经费，70%以上要用于农村。有重点地发展农村科技、文化、卫生事业，办好农村新型合作医疗，逐步实行农村大病、困难群众的医疗救助制度。目前农村合作医疗的覆盖面只有 10%左右，农村卫生投入的各项指标均远远低于全国平均水平。农村公共卫生服务是政府的职能，应该通过建立专项农村卫生专项转移支付制度，保证落后地区对农村公共卫生服务的投入。农村公共卫生资金投入的重点应该放在支持乡镇卫生院防保等公共卫生服务职能，加强对基本医疗服务的支持。加大农业科技投入，搞好农民培训，提高农民的农业科技、市场经济和法律知识水平。逐步扩大社会保障体系在农村的覆盖面。

第一，按照建立公共财政框架基本要求，以科学界定各级政府财政支出责任为核心，完善财政体制整体思路，促进县域经济加快发展。一是积极研究探索省以下各级政府财政支出责任的合理划分，科学界定省与市、市与县、县与乡各级财政支出责任。凡属于省、市政府承担的财政支出，省、市级财政应积极筹措资金加以保障，不得以任何形式转嫁给县、乡财政。省、市级政府委托县、乡政府承办的事务，要足额安排对县、乡财政的专项拨款，不留资金缺口,不要求县、乡财政安排配套资金。属于共同事务,应根据各方受益程度,并考虑县、乡财政的承受能力,确定合理的负担比例,积极探索共同事务的经费负担办法。二是合理划分省以下各级财政收入。根据各级政府的财政支出责任以及收入分布结构,合理确定各级政府财政收入占全省财政收入的比重。市以下地区间人均财力差距较小的地区,要适当降低市级财政收入比重,保证基层财政有稳定的收入来源,调动基层政府组织收入的积极性。省、市级财政因完善体制增加的收入要全部用于对下转移支付,不得用于提高本级财政支出标准或增加本级财政支出。三是进一步规范省以下转移支付制度。一是一般转移支付要加大力度、完善制度。省、市级财政要采取有效措施,切实帮助解决县、乡财政困难,切实保障县乡机关事业单位工作人员工资和政权正常运转等基本财政支出需求。对县、乡财政收入不能满足基本财政支出需求部分,省、市级财政要通过增加一般性转移支付的方式逐步加以解决。省、市级政府要切实承担起分级管理的应尽职责,除了中央财政下达的转移支付资金外,要通过优化财政支出结构,压缩本级支出和专项拨款等方式,积极筹措资金,增加一般性转移支付资金规模,加大对财政困难县、乡的支持力度。二是专项转移支付要调整结构、完善制度。在科学合理划分各级财政支出责任的基础上,调整专项转移支付结构。该下放下级财政的支出,要下划基数下放事权;该上划的支出责任,要切实加以保障。

第二,进一步改革和完善县乡财政体制。深入研究分析阻碍县乡发展的体制性问题,从符合公共财政、市场经济要求,有利于调动县乡发展增收积极性、加强县乡财源建设出发,按照分类定制的原则,构建适合县情乡情、统一规范、科学高效的县乡体制模式,通过新的体制模式,实现县乡财源的科学合理配置,促进县乡经济协调发展,增强县乡财政整体保障能力和发展能力。

第三,进一步加强地方税源建设。围绕促进农民增收和农村小康社会建设目标的实现,各级财政部门尤其是市、县财政部门,要在加强地方财源建设方面下功夫,不断扶植财政经济发展亮点,堵漏增收,促进财政经济的良性循环。同时,要积极开展税源结构、收入质量的研究与分析,并结合新一轮税制改革的精神和要求,积极研究在加快发展、全面建设小康社会新形势下,加强地方税源建设的新思路。

(三)多渠道筹集资金,建立财政支农资金稳定增长机制。要积极争取国家资金,合理安排地方投资,千方百计引进外资,广泛吸引民间投资,建立起以农民个体投资为主体,国家财政性投资为引导,信贷、外资等各方面资金为补充的多渠道多元化的农业投资格局。一是严格执行《农业法》,依法确保财政农业投入的法定增长。按照《农业法》“中央和县级以上地方财政每年对农业总投入的增长幅度应当高于其财政经常性收入的增长幅度”的规定,不断增加农业投入,同时进一步整合各项农业财政资金,提高资金使用效益,促进农业农村经济发展。二是合理运用财政投资政策,放大政府投资功能。积极拓宽财政投资渠道,综合运用税收、贴息、补贴、财政体制和政府投融资体系等多种经济杠杆的“有形之手”,牵引市场机制的“无形之手”,积极引导民间资金流向和市场活动主体行为,引导各种社会资本投向农业和农村经济,放大财政资金作用。要适应多种经济全面发展的形势要求,强化政府的宏观调控和指导功能,不论是何种经济成份,凡是符合政府投资政策和投资导向的农业项目,要按国民待遇原则,实行无差别的政策。三是利用国外贷款支持全省农村小康社会建设。做好利用国际金融机构贷款渠道的基础上,进一步加大间接利用外资工作力度,努力拓宽国外贷款融资渠道,研究国际农发基金、全球环境基金、国际金融公司等国际金融组织贷款机构及外国政府贷款的政策、产品和投向,为我省农村小康社会建设提供资金支持。四是建立和完善农业投融资体系。进一步增加资本金投入,发挥农业投资公司的带动作用。鼓励有条件的市县建立区域性的投融资机构和农业担保机构,积极探索建立担保基金和农业投融资风险补偿机制,并探索建立农业保险体系,为农村、农业发展和农业经济结构优化升级提供有力的资金支撑。五是积极争取国家资金,用足用好国家扶持政策。

(四)发挥财政宏观调控作用,加大对农业、农村经济支持力度。统筹城乡经济社会发展是实现全面建设小康社会的客观需要,也是加快农村工业化、城镇化、现代化的必然要求。第一,发挥财政宏观调控作用,引导社会资金投向农业和农村。对于投入少、增收快、效益好、科技含量高、示范作用强的项目,财政部门要通过贴息等手段给予支持,并通过财政资金导向作用，吸引更多的社会资金投入农业和农村。同时，要运用市场化手段，规范运作，加强贴息和补贴资金管理，放大财政资金使用效益；进一步完善补贴机制，直接补贴到项目和农户。第二，发挥税收政策功效，促进农业、农村经济发展。要全面落实国家支持农业、农村经济发展的各项税收优惠政策，确保各项政策不折不扣落实到政策享受对象，切实减轻农民负担、增加农民收入。第三，切实加大支农、扶贫资金的投入。要依法确保各级财政每年对农业总投入的增长幅度高于财政经常性收入的增长幅度，新增财力有计划地向农业和农村倾斜。要进一步优化和调整农业支出资金结构，支持农业、农村经济结构调整，集中整合资金，支持解决农业、农村经济发展中的关键、要害问题。要加强支农专项资金的有效管理，防止挤占挪用，确保支农资金效益的充分发挥。

农业生产既要计算投入产出，讲究经济效益，还要计算对自然资源和人力资源的消耗，讲究社会效益。坚持走可持续发展的路子，把农业发展转向依靠科技进步的轨道，发展现代高效生态型可持续农业，提高农业效益。同时要注意发挥农村劳动力多的优势，大力发展劳动密集型产业，增加就业，保持农产品的价格优势，提高农业的竞争力。尽快从体制上改变不合理的相互分离的城乡关系，进而缩小城乡差别，已成为解决"三农"问题的关键。按照国民待遇原则，逐步完善政府农业投资制度体系，建立与国际贸易规则接轨的公益性、费用补助性和贷款贴息等方面的管理办法，推行政策公开、项目公示、竞争招标、政府采购、财政报账、项目监理、效绩评价等一系列行之有效的管理制度。

（五）推进农业和农村经济结构调整，发展农业产业化经营。农村经济发展新阶段要求加快农业和农村经济结构的战略性调整。畜牧业是我省农业的第一主导产业，为了加快支持畜牧业发展，一是加大投入，建立有效的动物疫病防治体系，控制重大疫情的发生，保障畜牧业发展。二是支持畜禽良种繁育体系建设。安排专项资金引进和繁育牛、羊、猪等畜禽优良品种，实现畜牧业良种化。三是加强草原保护和草业基地建设，强化饲草基础。四是支持发展秸秆养畜。推进种植业结构调整。增加对粮食主产区投入，提高主产区粮食生产能力，保障粮食安全；支持发展蔬菜业。适应市场需求的变化，引进、培育和推广优良蔬菜品种，发展设施农业、加强蔬菜生产出口基地、错季菜基地、特色蔬菜基地、无公害蔬菜基地和食用菌生产基地建设，扩大基地生产规模；推广食用菌技术；支持发展新兴特色农业。加快林果业发展。支持太行山绿化、京津周围绿化、省会周围绿化、林果业提质增效、森林防火和林业技术推广等。建立生态公益林补偿制度，保护现有森林资源。加快农民专业合作经济组织发展是提高农民组织化程度的重要措施。要继续搞好财政扶持农民专业合作组织试点工作。各级财政要结合具体财力情况，安排专项资金支持农民专业合作经济组织的发展，要规范资金管理，提高资金使用效益。进一步完善财政对农业产业化经营的扶持政策，增加对农业产业化重点龙头企业的投入。对符合条件的农业产业化龙头企业的技改贷款继续给予财政贴息，支持奶类、肉类、蔬菜和果品加工等重点产业和规模养殖业当年技术改造和产业升级，提高市场竞争能力。

（六）实施农民工职业技能培训扶持政策，推进农村劳动力转移。既要抓经济增长，更要抓社会发展，注重提高农民的生活质量，把人的全面发展作为全面建设小康社会的根本目标，既要着眼于满足广大农民现实的物质文化需要，又着眼于农民素质的提高，努力实现人的全面发展、人与自然的和谐。切实加强农民工职业技能培训是提高农民就业能力、加快农村富余劳动力转移的重要措施，财政要安排专项资金支持这项工作。农民工培训经费实行财政、用人单位和农民工个人共同负担的投入机制。财政负担部分由省、市、县按比例分级负担，并纳入财政预算，确保农民工培训工作资金支持。要积极探索政策补贴的有效模式，使各级财政安排的农民工培训经费切实落实到农民工身上，让农民在培训中真正得到实惠。要加强对培训机构的监督管理，确保享受补助的培训机构相应降低对农民工学员的收费标准，防止借培训之名，向农民乱收费。加大扶贫投入，完善扶贫机制，提高扶贫资金使用效益。财政扶贫要坚持以扶持产业开发为重点，兼顾扶持基础设施建设的原则，要创新扶贫机制，改进投资方式，不断提高财政扶贫资金的使用效益。今后一个时期，要重点扶持以"周转畜"为主的畜牧业和以"周转棚"为主的设施农业的发展。省级财政每年从扶贫资金中安排 4000 万元扶持以"周转畜"为主的畜牧业、安排 3000 万元扶持以"周转棚"为主的设施农业。安排专项资金用于国家和省扶贫开发工作重点县贫困农民小额贷款贴息。继续在贫困县实施人畜饮水工程、生态家园富民工程和移民工程，发展社会公益事业，改善贫困地区生产生活条件。

(七)加快农村公路建设，改善农村生产生活条件。解决农民问题的关键是增加农民收入，解决农业问题的关键是调整农业产业结构，解决农村问题的关键是改善城乡二元结构，加快城镇化进程。要统筹城乡经济社会发展规划，统筹安排城乡基础设施建设，对农村道路、供水、用电、邮政、电讯等基础设施建设，加大向农村基础设施的政府投入，改善农民的生产生活条件。而发展和改善农村公路交通，是解决好"三农"问题的重要前提和基础条件。农村公路建设是落实省委六届三次全会精神，全面建设小康社会的重要举措。我省作为农业大省，要实现分"三步走"全面建设小康社会的宏伟目标，最繁重、最艰巨的任务在农村。农村公路作为农村重要基础设施之一，对农业产业结构调整，农村经济发展和加快农民致富奔小康的步伐，具有明显的推动作用。

根据党的十六大和中央农村工作会议精神，交通部从 2003 年起加大了对农村公路建设的投资力度，提出了"修好农村路，服务城镇化，让农民兄弟走上油路和水泥路"的建设目标，具体发展目标是：到"十五"末，全国农村公路的通达深度和服务水平有明显提高，力争使全国乡镇通公路率达到 99.8%，高级、次高级路面铺装率达到 80%以上；行政村通公路率达到 96%，高级、次高级路面铺装率达到 50%以上。2003－2007 年我省农村公路发展目标：全省农村公路通车总里程达到 91000 公里，实现乡乡通沥青(水泥)路，行政村村村通沥青(水泥)路，桥梁安全问题得到基本控制，县道全部达到等级路。其中 2005 年底全省实现县到乡通油路、行政村村村通公路，90%的行政村通沥青(水泥)路。至 2007 年底，实现农村公路基本适应农村社会经济发展的需要。2003 年至 2007 年重点实施县道改造、通乡油路建设、通村油路建设"三大工程"，全面提升农村公路通达深度和服务水平。全省共建设农村公路约 56000 公里，估算投资 133 亿元，其中国债资金项目约 5000 公里，估算投资 40 亿元。一是县道改造工程。共完成 6600 公里，完成县道桥梁改造 20000 米。估算投资 63 亿元，其中，2003 年－2005 年每年改造 1200 公里(利用国债资金改造 1000 公里，省补资金改造 200 公里)；2006－2007 年每年改造 1500 公里，全部为省补资金项目。二是通乡油路建设。至 2005 年完成所有通乡油路工程，3 年累计完成 2310 公里，其中国债资金项目约 2000 公里。估算投资约 9 亿元。共涉及 102 个乡，每年约完成三分之一。三是通村油路建设。至 2007 年完成通村油路建设 47700 公里，其中 3900 公里为新建路基。估算投资约 61 亿元。其中至 2005 年底，石家庄、唐山、廊坊、衡水、沧州 5 市提前实现村村通油路。

(八)整合财政资金，全力支持农村基础设施重点项目建设。

按照整合资金集中财力办大事的原则，调整对农业和农村的投资结构，增加对农业结构调整和农村中小型基础设施建设的投入，大力发展节水灌溉、人畜饮水、乡村道路、农村沼气、农村水电、草场围栏等"六小工程"，改善农民生产生活条件，带动农民就业、增加农民收入。加强农村和农业基础设施建设，改善政府对农村的公共服务。搞好种养业良种、农业科技创新与应用、动植物保护、农产品质量安全、农业信息与农产品市场、农业资源与生态保护及农业社会化服务与管理等农业支撑体系建设。

2004 年安排基本建设资金 8920 万元，重点支持大中型水库除险加固、骨干河道治理、退耕还林以及林业、节水等重点建设项目，支持农产品质量标准检验检测体系、动物疫病防治体系、良种繁育体系和省委省政府确定的重点项目。主要目标为：搞好岗南、王快等 5 个大中型水库除险加固、大清河、滏阳河等骨干河道险工险段的治理，发展 2－3 万亩高标准灌溉示范区；完善省级苗木、农作物、畜牧、水产 4 个良种繁育中心和畜产品、水产品两个质检中心；加快太行山、首都周围、"三个林场"、德国援助二期造林等 5 大造林工程建设。

(九)统筹城乡经济社会发展，加快农村城镇化进程，充分发挥城镇的带动和辐射作用。农村要实现工业化、城镇化、现代化，首先要让农民致富，而进城打工，是农民增加收入的有效途经。要鼓励农村剩余劳动力向非农产业转移，鼓励农民围绕主导产业兴市建城，加快城镇化步伐。城镇化既是一个奋斗目标，也是统筹城乡经济社会发展的过程。按照季允石省长在全省经济形势分析会上提出的城镇化要"四抓"(抓重点、抓龙头、抓产业、抓机制)的要求，从河北省财政实际出发，要重点做好以下几个方面：

(1)努力探索，积极推进小城镇财政改革。改革开放，特别是1994年分税制财政体制改革以来，随着小城镇综合改革的深化，各地在小城镇财政改革方面进行了有益的探索，取得了明显成效。但是，受多种因素的影响，财政体制改革各地进展不平衡。各级政府及财政部门要按照国务院批转《财政部关于完善省以下财政管理体制有关问题的意见》和《河北省乡镇财政管理条例》，积极推进小城镇财政体制改革。一是在明确小城镇功能定位的基础上，合理划分经济社会事务管理责权，改变县与镇责权不分、县级包揽过多的局面，遵循镇事镇办、财权与管理责权相统一、动力与压力相结合的原则，充分调动镇政府当家理财、发展经济的积极性。要充分发挥市场的作用，逐步将一些应由市场发挥基础性作用的领域社会化、企业化，解决政府包揽过多的问题。而应由政府承担的制定经济社会发展规划等事务，要切实做好。二是进一步深化小城镇财政体制改革。根据小城镇经济状况，区别对待，合理确定财政管理体制，妥善处理县与乡镇的财政分配关系，避免向乡镇转移财政支出。对经济欠发达、财政收入规模较小的小城镇，其财政支出可由县财政统筹安排，以保障其合理的财政支出需要；对经济较为发达、财政收入规模较大、财政收入增长能够满足自身支出需要的，特别是50家重点小城镇，可实行相对规范的分税制财政管理体制，以调动其发展经济和增加财政收入的积极性。三是加强小城镇债务的管理，防范财政风险。各级政府财政部门必须重视对小城镇债务的管理，除接受中央转贷外，小城镇财政不得举债或为企业、建设项目出具担保。对已形成的债务进行清理，摸清底数，建立必要的偿债机制。乡镇政府要为化解财政风险创造良好的环境，做到统筹规划，分步实施，量财办事，防止为造“政绩工程”，将债务负担留给后人的短期行为。

(2)完善中小城市投融资体制，促进城镇健康协调发展。一是落实政策，支持小城镇发展。在重点镇征收的土地增值税、城镇土地使用税、城市维护建设税和城镇公用事业附加费，除按现行财政体制规定上缴省和设区市级财政外，留县部分应全部留所在镇；在重点镇征收的原有建设用地有偿使用收益和新增建设用地土地收益，除依照国家规定上缴新增建设用地土地有偿使用费之外的剩余部分和市政公用设施配套费、旧城改造费，应全部留所在镇，专项用于重点镇土地开发、市政和公用设施建设与维护。二是拓宽融资渠道，走经营城市之路，加快城市基础设施建设。我省各级财政普遍比较困难，而基础设施建设项目投资很大，完全从一般预算中安排资金很不实际。要根据基础设施项目寿命期长、投资风险小、社会效益好的特点，积极探索建立多元化的投融资体制。通过财政贴息等形式，鼓励和引导社会资本以独资、合资、合作、联营、项目融资、BOT、TOT等方式，投向城镇基础设施。可本着“谁投资、谁经营、谁受益”的原则，对一些有投资回报的给水、排水、垃圾处理等基础设施项目实行收费式经营。有条件的地方，还可以出台优惠政策，吸引外商投资经营。三是加快市政公用事业改革。全面开放公用资本市场、经营市场和作业市场，引入竞争机制，推动市政公用行业产业化、市场化。改革市政公用价格机制，运用价格杠杆促进公用行业的改革和发展。

(3)增加财政投入，做好城镇规划编制工作。我省城镇发展还比较缓慢，与先进省份特别是沿海发达省份相比差距很大，主要体现在城镇规划滞后，水平不高，约束性不强。为此，根据省委、省政府关于实施城镇化发展战略和公共财政的要求，要把城镇规划编制工作列为财政支持小康社会建设的重点，采取有力措施，给予必要支持。使城镇规划按照“高标准、高起点、突出特色、适度超前”的原则，与当地经济与社会发展规划相适应，突出产业特色，突出城镇文化特色。

(4)突出重点，梯次推进中小城市发展。按照规模做大、实力做强、功能做优、环境做美的原则，发展壮大区域中心城市，增强其辐射带动能力；出台具体政策措施，支持县级市发展，按照基础好、实力强、发展潜力大、区位条件优的原则，有选择地将几个县级市发展成为中等城市；加强县城基础设施建设，增强其聚集产业和人口的能力，在城镇化进程中发挥桥梁和纽带的作用；建制镇的发展要与农村经济社会发展结合起来，从重数量转移到重视质量，重点支持全省50个重点镇发展。城镇化表现为人口聚集，实质是产业和生产要素的聚集，产业聚集带动人口聚集。要把产业发展和产业聚集放在首位，把推进城镇化与经济发展和生产力布局紧密结合起来。

河北省 2004 年财政
调研课题成果一等奖作品之六

财政支出项目绩效评价方法及实证研究(摘要)

刘崇玲　冯鸿雁　宋　炜

二、构建财政专项资金绩效评价体系

由于财政专项资金种类繁多、千差万别,构建财政专项资金绩效评价体系,必须对众多的财政专项资金进行分类,才能将性质相同或相似的资金归并在相同类别中进行评价,增强项目的可比性,也才有可能建立科学的评价指标和标准。在借鉴《政府财政统计 GFS(2002 年)》及现行《政府预算收支科目》的基础上,本文认为,对财政专项资金绩效评价分类可以采取按照财政经费功能分类、经济分类及中央、地方的专项资金管理情况进行划分,这也是将来政府预算收支科目改革的方向。

为什么在构建财政专项资金绩效评价指标体系时,要由财政功能分类和经济分类组成呢?首先,政府在财政事务管理中涉及政府职能、支出结构、支出政策等问题时,需要有一套功能分类,通过功能分类可以分析资金使用的效果,实现产出。第二,为了建立财务会计制度,需要有一套完整的经济分类,形成成本。第三,更为重要的是,经济分类是一个稳定的分析框架,无论政府的职能、政策、支出结构如何变化,都不会影响经济分类的科目设置。经济分类科目反映的历史数据是可比的。这一点功能分类替代不了。比如,在某一时期功能分类中设置了"扶持乡镇企业支出",相应地,在经济分类中列为"对企业的补贴";在另一历史时期功能分类中可能有"扶持环保企业支出",其经济分类也是"对企业的补贴",同时不再安排"扶持乡镇企业支出"。那么功能分类的数据就不具有可比性,而经济分类中"对企业的补贴"的数据在任何时候都是可比的。

构建财政专项资金绩效评价体系的过程,是一个复杂的系统过程,是一个循序渐进的过程,应遵循"先易后难、由点及面、逐步推开"的原则。本文将以河北省科技专项资金为例,构建省级财政专项资金绩效评价体系。通过科技专项资金,探索其他专项资金绩效评价的方法和途径。

(一)科技专项资金的具体分类

科技专项资金包括财政预算安排的科技三项费和科学事业费,反映用于科学技术管理事务、基础科研、社会公益研究、高技术研究、应用技术研究与开发、科技成果应用、科技服务、社会科学、科普等方面的专项经费。

评价财政科技专项资金的效益,需要对科技专项计划项目进行分类,因为不同类型的科技项目计划,目标定位不同,绩效的体现不同。这就需要制定不同的指标体系对不同类型科技投入效益进行评价。从绩效评价的角度看,结合河北省财政科技投入的实际,科技专项资金大体可以分为如下六种类型:

第一,基础研究计划。反映从事基础研究、近期无法取得实用价值、带来经济效益的应用研究机构的支出和专项科学研究支出项目,包括自然科学基金、重点实验室、博士基金及重大科学工程等计划。

第二,应用技术研究与开发。反映从事技术开发研究和近期可望取得实用价值、带来经济效益的应用研究机构支出和专项技术开发研究支出,包括科技攻关计划、重点新产品计划、火炬计划、工程技术中心计划、省校合作资金及一般应用技术研究与开发等计划。

第三,科技成果转化。反映促进科技成果转化为现实生产力的应用和技术推广,包括星火计划、推广计划和国际科技合作计划等。

第四,科技研究与创新环境条件建设。包括用于科技园区及中介机构建设、科技型中小企业创新基金、科技风险投资等方面的专项资金。

第五、社会公益研究。反映从事卫生、劳动保护、计划生育、灾害防治、环境科学、农业等社会公益科学研究的专项资金。

第六、社会科学研究。反映用于各项社会科学研究的专项资金,包括社会科学基金、社会科学研究等方面的专项资金。

(二)科技专项资金的绩效描述

不同类型科技专项资金,其绩效的体现方式不同,大致可分为以下 8 种类型:

(1)资金保障效益,反映专项资金及配套资金分期拨付及时到位情况，也反映省级财政投入带动或匹配国家、市、县、乡财政投入资金以及省级财政投入带动企业、银行、个人和社会的投入资金；

(2)科技成果效益，主要包括发表论文、获得专利发明、获得科技奖及其他成果方面的成果；

(3)人才培养效益，主要包括培养大学生、硕士研究生、博士研究生、博士后、学术骨干及学科带头人方面的成果；

(4)科技成果转化效益，主要反映基础研究、应用研究、开发研究之间的转化成果；

(5)经济效益，主要包括科技投入所带来的产值、增加值、税收等效益；

(6)社会效益，主要包括科技投入对收入分配、就业的影响，对社会全员劳动生产率的提高等；

(7)生态环境效益，主要包括科技投入对自然资源的节约和开发利用，对自然环境的净化及生态平衡的影响；

(8)实施管理效益，反映专项资金战略发展规划、立项、筛选、进度及财务合规等方面的成效。

上述8个方面的绩效情况可以通过相应的指标来衡量，形成总的指标体系框架。但是，对某一种类型的科技专项资金，上述8种效益不一定都有或都重要，这就要根据其目标定位，从上述8种效益中选择若干内容，并用恰当的指标分别表示各种效益，形成衡量该种科技专项资金绩效的指标体系。

(三)构建科技专项资金绩效评价指标体系

财政科技专项资金绩效评价指标体系的基本框架，如图2所示。

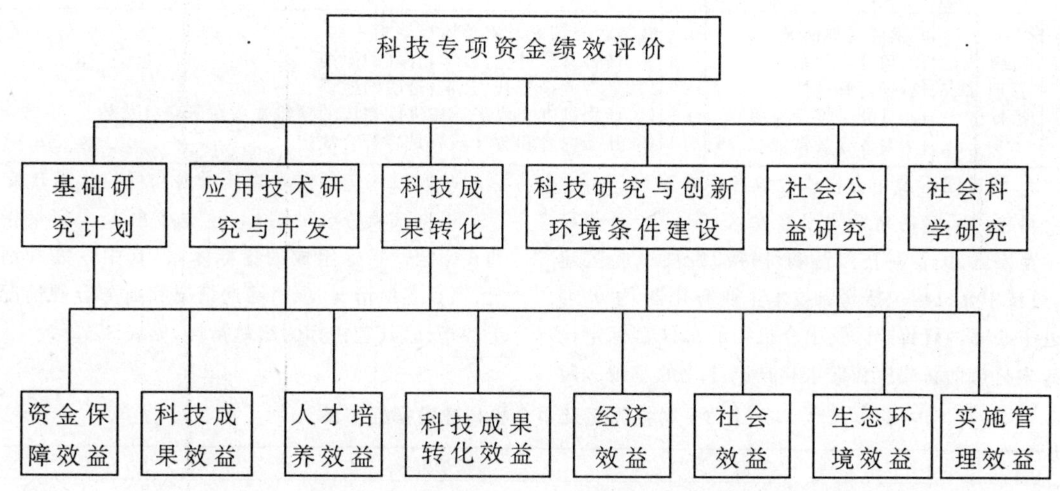

图2 科技专项资金绩效评价指标体系结构图

在构建各类科技专项资金绩效评价指标体系时，除科技成果转化计划外，其他各类科技专项资金都很难准确地衡量其经济效益、社会效益，因此很多学者只能对科技专项资金产出及效果进行分析，通过国内外横向比较来衡量科研支出成果，从资金保障、科技成果、人才培养、实施管理等四大指标来考察专项资金绩效情况。此外，由于不容易严格区分科技成果效益、人才培养效益、科技成果转化效益、经济效益、社会效益和生态环境效益，因此，本文将这几项效益通称为经济、社会效益。同时，由于每一种类型的科技投入都是多目标的，因此，选择指标时，既要尽量全面地反映各种类型科技专项资金效益，又要尽量简捷，抓住主要指标，具有较强的可操作性，并且指标应该有相应的统计数据。

基于这样的基本思路，根据河北省省级科技专项资金支出重点，通过专家(专项资金管理部门人员及科技评估专家)反复讨论，分别提出了六类科技专项资金绩效评价指标体系。本文仅列举以下两类科技专项资金评价指标及其权重。

1. **科技成果转化计划指标体系**

科技成果转化计划目标定位是扩大科技成果覆盖面和转化率。此项投入应以政府财政投入为引导，企业及实施者为主体，积极吸引社会资金，充分发挥市场机制配置资源的作用。

根据该项资金的目标，建立了由 9 个定量指标和 4 个定性指标组成的指标体系，其中发展规划情况、项目立项情况、项目筛选情况和财务合规情况为定性指标，其它指标为定量指标，见表 1。

表 1　科技成果转化计划指标体系

	二级指标		三级指标		
	指标名称	权重	指标名称	权重	指标说明
科技成果转化计划绩效评价指标体系	资金保障指标	0.2	1、专项资金到位率	0.4	1、专项资金到位率＝当年省财政拨款额÷当年基金支出额
			2、专项投入乘数	0.3	2、专项投入乘数＝当年(专项资金＋单位自筹＋其他拨款)÷当年专项资金
			3、配套资金到位率	0.3	3、配套资金到位率＝实际配套资金÷应配套资金
	经济社会效益指标	0.5	4、成果转让收入增长率	0.2	4、成果转让收入增长率＝本期成果转让收入÷上期成果转让收入－1
			5、新产品增加值增长率	0.1	5、新产品增加值增长率＝(本期新产品增加值÷上期新产品增加值－1)
			6、就业增加率	0.2	6、就业增加率＝新增就业岗位人数÷专项资金实际拨付额(人/万元)
			7、成果转化率	0.4	7、成果转化率＝转化为应用开发成果数÷成果数
			8、争取国家资金增长率	0.1	8、争取国家资金增长率＝当年争取经费总额÷上年争取经费总额－1
	实施管理指标	0.3	9、发展规划情况	0.1	9、是否与国家及省整体规划相一致
			10、项目立项情况	0.1	10、是否遵循可行、科学、合理的原则
			11、项目筛选情况	0.4	11、是否遵循公开、公正、透明的原则
			12、计划进度完成率	0.3	12、计划进度完成率＝按进度完成的项目数÷在研项目总数
			13、财务合规情况	0.1	13、开支内容和会计核算是否符合规定

2. 科技园区及中介机构建设指标体系

科技园区包括高新技术开发区(园区)、农业科技示范园区、民营科技园区和可持续发展试验区建设；科技中介机构包括高新技术企业孵化器、生产力促进中心等。科技园区及中介机构的总体目标定位是成为科技创新载体和促进科技产业化的基地。园区的政府投入包括财政直接投入和税收优惠政策。

根据该项资金的目标，建立了由 8 个定量指标和 5 个定性指标组成的指标体系，其中发展规划情况、项目立项情况、项目筛选情况和财务合规情况为定性指标，其它指标为定量指标，见表 2。

表 2　科技园区及中介机构建设指标体系

	二级指标		三级指标		
	指标名称	权重	指标名称	权重	指标说明
科技成果转化计划绩效评价指标体系	资金保障指标	0.2	1、专项资金到位率	0.4	1、专项资金到位率＝当年省财政拨款额÷当年基金支出额
			2、专项投入乘数	0.3	2、专项投入乘数＝当年(专项资金＋单位自筹＋其他拨款)÷当年专项资金
			3、配套资金到位率	0.3	3、配套资金到位率＝实际配套资金÷应配套资金
	经济社会效益指标	0.5	4、增加值增长率	0.2	4、增加值增长率＝本期增加值÷上期增加值－1
			5、新产品增加值增长率	0.1	5、新产品增加值增长率＝本期新产品增加值÷上期新产品增加值－1
			6、就业增加率	0.2	6、就业增加率＝新增就业岗位人数÷专项资金实际拨付额(人/万元)
			7、企业户数增长率	0.2	7、企业户数增长率＝本期企业户数÷上期企业户数－1
			8、技工贸收入增长率	0.2	8、技工贸收入增长率＝(本期技工贸收入÷上期技工贸收入－1)
	实施管理指标	0.3	9、发展规划情况	0.1	9、是否与国家及省整体规划相一致
			10、项目立项情况	0.1	10、是否遵循可行、科学、合理的原则
			11、项目筛选情况	0.4	11、是否遵循公开、公正、透明的原则
			12、计划进度完成率	0.3	12、计划进度完成率＝按进度完成的项目数÷在研项目总数
			13、财务合规情况	0.1	13、开支内容和会计核算是否符合规定

河北省2004年财政调研课题成果一等奖作品之七

完善省以下政府间财政转移支付制度研究(摘要)

宋立根　成　军　宋　超　郭玉清

四、完善省以下政府间财政转移支付制度的对策选择

省以下财政转移支付制度的完善,要在整个省以下财政体制不断调整和规范的框架下进行;应避免急于求成、盲目推进,不思进取、流于形式,生搬硬套、不合国情这三种倾向;从破除约束条件和克服自身不足两方面同时着手;以公正性、激励性、规范性、客观性和透明性为原则;从经济社会发展和维护社会稳定的大局出发;协调好财政转移支付制度与社会主义市场经济体制、预算管理体制、行政管理体制等的关系;能够充分创造条件,积极调动各级政府在公共财政框架下发展经济、培植财源、做大财政"蛋糕"、为人民群众提供更好的公共服务积极性;落实全面、协调、可持续的发展观,按照统筹城乡发展、统筹区域发展、统筹经济社会发展、统筹人与自然和谐发展的要求,提出省以下政府间转移支付方案的设计原则和方法,根据国际和国内其他省的经验,设计未来3年的省以下政府间财政转移支付方案,建立有效的财政转移支付责任制和对省以下政府间的财政转移支付监控办法。在确保中央财政基本平衡和宏观调控能力有效发挥的基础上,加大对省以下转移支付力度,适度扩大规模和优化结构。通过完善省以下财政转移支付制度,一是解决我省对市县专项转移支付不规范,种类过多、项目规模较小、随意性较强的问题;二是解决我省对市、县一般转移支付不均衡,省级用于一般转移支付的资金少,调控力度不够,对困难地区没有体现足够的照顾,对发展较快的地区缺乏激励机制的问题;三是达到改善我省财政困难县状况,促进地区均衡发展的目的。要落实全面、协调、可持续的发展观的要求,对省以下财政转移支付制度进行制度创新。

(一)科学合理地调整财政管理体制。实施转移支付制度的基础是财政体制,我们认为,调整财政体制的范围不单独只是省以下,也应包括中央对省,因为这是一个有机的整体。地方各级政府的职责范围和履行其职能的权限与责任的界定,首先相对于中央政府而言,是国家政府职能中除了中央政府应承担的职能外,地方政府应该担当的职能及其在地方各级政府之间如何进一步具体划分的问题。

要实现财政体制良性循环,必须协调好中央集权与地方分权的关系,要尽快解决中央税种单一、功能不全,地方税种杂乱、搭配不当、没有主体税种,且两大税系界限不清、税种归属不规范等问题,形成税种结构合理、收入规模适度、运行机构健全、科学规范的中央与地方税收体系。一是要增加地方政府的主体税种。改变目前地方政府的主体税种只有营业税的情况,应进一步发展房产税等财产税。二是调整税种的税率。随着我国经济和社会的发展,居民收入水平、消费水平和消费结构的变化,要对一些税种的税率或单位税额,进行必要的调整,如消费税的税目和税率、个人所得税的起征点和免征额等。三是赋予地方政府适当的税收立法权。应有条件的赋予地方政府适当的税收立法权,这样有利于税收制度的完善,由于我国各地的情况差异较大,也能让地方政府因地制宜的更有效的组织地方财政收入。

省以下财政体制框架设计的理论依据。一是政府经济社会事务管理责权活动范围的理论依据。对其分级分类范围的界定必须统筹规划、突出重点,优先考虑直接成本较小而间接效益最大的事项,而对那些混合物品只能保证提供最必需的部分,其他部分则需要通过市场提供或由既非政府又非企业的社会组织承担;对不同时期政府经济社会事务管理责权活动范围的具体选择顺序上,应当根据各项公共物品的整体效益大小来确定,而不是看直接效益多寡来决定。二是政府经济社会事务管理责权在各级政府间的纵向配置的理论依据。①在公民受益和边际成本相同的前提下,将公共物品提供责权优先配置于基层政权机构,更有利于实现资源配置的最优化;②政府经济社会事务管理责权的纵向划分,要尽量使承担提供公共物品责权的政权层级与该公共物品受益群体的范围相一致;③政府经济社会事务管理责权纵向配置要适应规模经济要求的原理;④不同层级政权机构比较优势原理。三是财政支出责任在各级政府之间配置的理论依据。①政府间财政支出责任的划分总体上应当与政府经济社会事务管理责权的纵向配置格局相一致;②纠正效益外溢性的成本补偿原则;③财政支出责任划分与辖区居民受益紧密衔接;④财政支出责任配置与财政收入筹集能力相适应。四是财政收入纵向配置格局的理论依据。①受益原则;②功能原则;③效率原则;④便利原则;⑤与财政支出责任相适应原则。

省以下财力的纵向配置是从省到市、县、乡困难程度从低到高逐级加剧,鉴于省级政府过多地包揽了市县乡各级地方政府财政支出责任的现状,可以在遵循地方各级政府间财政支出责任划分原则的基础上,以省级专项支出为主要切入点来进行地方各级政府间财政支出责任的调整。省以下转移支付制度的完善,需要处理好各种关系、克服较多的困难,所以具体的操作应采取先易后难,逐步推进的方式。

(二)进一步加大对转移支付各组成部分的整合力度。这种整合既包括种类上的调整,也包括转移支付制度各组成部分实施范围的合理界定。转移支付并不能增加社会总财富,但是根据边际效用递减原理,同一笔资金在富裕地区使用可能是边际效率递减,在贫困地区却为边际效率递增,这样实际上增加了社会总效益,所以实施种类科学的转移支付在不改变"蛋糕"大小的前提下,能够通过"分蛋糕"使社会和经济的总效益达到最大化。

从近期看,一是应取消原体制补助或上解。并对原体制补助地区由此所造成的财政缺口归并到一般性转移支付中进行统筹,由此真正解决原体制补助或上解数额中的不合理因素,也可以通过对横向转移支付的归并,完善我国的均衡化转移支付制度。二是对增加工资补助、农村税费改革转移支付补助进行归并。这类为了新出台政策能够顺利推行的转移支付,在一开始以专项转移支付的形式进行,随着财政收入的增长、财政管理体制的调整等外部环境的改善,政策的推行仍然需要依靠专项补助时,则应把其调整到一般性转移支付中,和其他的财政收支缺口一并计算一般性转移支付的数额。这一转化的过程不应拖延过长时间,最长时间以三年为限,因为三年的时间既可以考察新政策和相关专项补助的实施情况,又可以为归并到一般性转移支付中做好基础性工作,同时又不会因为时间过长而造成更大的效率损失。三是要对其他补助进行清理。即对其中的项目以效率、公平和透明作为标准来衡量,需要取消和调整的项目,进行调整或与其他类型的转移支付进行合并,直至最终取消其他补助。四是要合理划分一般性转移支付与专项转移支付的实施范围。省以下财政转移支付的模式不仅是政府间和地区间利益关系的调整与协调,同时还会直接影响到国民经济的运行质量,并与生产关系及整个生产方式的发展与变革相联系。因此,选择什么样的转移支付模式,要借鉴国际经验,并结合本地区的经济发展情况、本级及下级的财政收支状况和整个财政体制的主观设计来决定,由此我省省以下转移支付制度改革的方向,应该是由一般性转移支付和专项转移支付两部分组成。

一般性转移支付主要是要调节各地的财力状况,使各地达到财力的相对均衡;专项转移支付的实施目标主要是:一是为了解决地区间具有外溢性的公共产品或公共服务及其相关内容的提供问题,这里包括正的外溢性和负的外溢性,同时还必须明确这类公共产品或公共服务为一次性的或有限次数的暂时提供,而不是长期和固定的项目,如用于修建防汛抗旱的水利设施、跨地区公路等的专项资金;对与义务教育相关的危房改造、教育布局调整和解决教师欠发工资等问题设立的项目。另外对于有些具有重要意义或特殊意义,但却属于下级政府权责范围内的公共项目,地方政府没有能力投资或不愿投资,而上级政府直接投资又由于存在一些如信息不完全、管理成本高等方面的问题缺乏效率时,就要进行专项转移支付;二是为了对经济进行宏观调控、促进各地协调发展和调整产业结构、优化资源配置,如对贫困地区的专项开发资金、对农业的专项投入等;三是保证国家新出台政策得以顺利进行。一项新出台的政策措施,如果推行时遇到资金方面的困难,就需要针对此项政策涉及到的方面设计专项转移支付项目,以便使政策得以实施达到预期效果。四是用来解决某些突发事件,如对重大自然灾害进行救济的专项拨款,防治"非典"的专项资金等。明确区分的标志是:一般性转移支付具有长期性和相对固定性,而专项转移支付为一次性或有限次数的暂时提供。也就是说,如果专项转移支付项目被固定化并将在未来较长时期内一直实施下去,则应将其归并到一般性转移支付中。

从远期看,主要是税收返还和所得税基数返还的调整。这部分由于涉及的既得利益最多,调整的所遇到的阻力也最大。但是,如果不对这部分转移支付进行调整,即不以较大的力度触动地方既得利益,我省不可能真正建立起科学、合理、高效的省以下转移支付制度。首先,要完善政治体制。我国作为单一制国家,上级政府尤其是中央政府必须要加强对下级政府的宏观管理和调控权威,这是与联邦制国家明显不同的地方,也只有这样,才能使全国统一的改革更加顺利地推行。其次,税收返还(包括所得税基数返还)的改革必须以其他类型转移支付的完善为基础,这样才能使转移支付的整体效果随着改革的推进越来越好。再次,在各项准备工作和配套措施都到位的前提下,应一次性地取消税收返还。

(三)进一步完善一般性转移支付制度。一般转移支付,仅规定使用的范围,不规定具体用途,具体用途由接受转移支付的政府决定,它是转移支付的主体形式。应适当加大省级财政的一般转移支付的规模和力度,减少对下级财政支出的政策干预和直接领导,缓解县乡财政困难,给基层政府更大的自主权,用于解决其他项目的缺口问题,更好地在财政体制中体现民主。在制度的目标定位上,应继续保证维持政府机构的正常运转和保障各级政府提供最低标准的公共服务,即基本的公共服务层次上的需求。目前,我省基层财政收支缺口比较大,公教人员正常的工资也难以按时、足额发放,势必会降低基层政权工作效率,甚至危及基层政权稳定。因此,这部分财力要必需保证,在当前也有很大的紧迫性。同时,从我省现实情况来看,由于经济社会发展的不平衡由来已久,并且导致不平衡的原因也很多,造成了社会公共服务能力的差距较大,这意味着只有在对各地财政收支状况和征税努力程度统一评估的基础上,才能把实现各地公共服务的均衡作为实施转移支付制度的一个中长期目标。

另外,在制度的具体设计上,增强一般转移支付的测算和分配的科学性,以提高财政体制的整体性和综合性。一是标准收入的计算。要改变分税种测算人均财政收入能力只与地方的税基和名义税率相关,而并不是由其征税努力程度不同所形成的实际税率决定的情况。这样,如果一个市努力增收,使其实际税率高于名义税率和全省平均税率,则意味着该市用于计算转移支付的财政收入低于实际收入,而这种增收也不会造成它所得到的转移支付有所减少,这样就把征收努力程度这个影响地方财政收入的重要因素有机的与转移支付制度结合起来了,它可以明显的鼓励地方政府增加财政收入。不但提高了效率,还使效率与公平很好地结合了起来。相反,如果在计算各地的标准财政收入时,使用各地的实际税率,一个地区增加税收的努力便会增加其用于计算转移支付的财政收入,进而减少其所得的转移支付额,这样便会更大程度的损害效率,出现"鞭打快牛"的情况。要加强税收征管,严厉打击偷漏税行为,控制税收减免,强化税法约束;要继续稳步推进税费改革,即减轻了农民负担,又杜绝了"制度外收入";要彻底实行"收支两条线"、推行综合预算,把预算外资金完全纳入预算管理,并最终取消预算外资金,这些不但是各级地方政府应尽的职责,来保证各项财政收入的及时足额、合理的组织,使其有更多的财力用于加大对下转移支付,而且将全部收入列入标准收入计算,还会使地方实际财政收入与计算出来的标准财政收入更加协调。

二是标准支出计算。首先,要严格按编制和费用定额来确定个人经费,按事业发展任务和标准确定公用经费,按项目和目标确定事业发展专项经费。其次,要对现行标准支出项目的合理性进行考察,取消没有必要的项目,同时要加入那些应属于各地标准支出,但未被现行标准支出计算在内的项目,还要对一些支出项目随情况的变化进行调整,如项目的设计要体现出加大对农村地区的转移支付力度。再次,支出标准要考虑到地区差异,即应根据各地如物价水平等支出成本的差异,分别制定出各地的标准值。最后,标准财政供养人口的计算应把行政公检法、教育和其他事业单位这三大类分为更多的小类,并结合以往的经验数据,确定每个岗位所需的标准化人数进行汇总。

三是转移支付系数的确定。要采用公式化的方法,按各地区的困难程度定量分档确定比率,应尽可能地把各档分细,这样既有利于操作,又有利于程序规范。根据区域间经济、财力的不平衡程度和省以下政府间的公共服务水平,设置横向均等化转移支付项目和指标,从体制上遏制当前地方财力差距拉大的趋势,力求实现省以下区域间财力横向基本均衡的战略目标。

总之,一般性转移支付的方案设计不能过于复杂,因为过于繁琐的计算和过程会使无论是执行者还是监督者都无从下手，并且会增加转移支付的成本。但是，也不能过于简单，否则会漏洞比较多，严重影响制度的科学性。另外，计算出的标准收支也应根据当年对财政收支有较大影响的情况，作适当的标准化调整，使其更加科学、合理。

(四)进一步完善专项转移支付制度。专项转移支付，实际上是上级为了补偿某些公共产品的正效益外溢性成本直接相关的，按照应付事件的性质可分为突发性专项转移支付和经常性转移支付两类。对于突发性专项转移支付资金，应主要由省级财政部门统一掌握，以保证应对全省范围内的突发事件需要；而对于经常性专项转移支付资金，遵循“吃饭讲公平、建设讲效率”指导思想，优化专项转移支付结构，应逐步减少转移支付的类别和规模，并将其补助范围相对集中到义务教育、社会保障、扶贫救灾、环境保护、公共交通等主要项目上，并建立规范的专项转移支付方案，按照不同用途对专项转移支付方案进行分类设计，提高专项转移支付的效益，并从制度上减少不规范争取专项资金中存在的腐败现象。

对于属于上级委托事项的专项转移支付资金分配数额，应根据委托事项的直接成本计算确定；无配套条件要求的专项转移支付资金分配数额，要按照各种保障性公共物品提供水平达到标准时缺口数量和受援地区该项公共物品的单位成本计算得出；有配套条件的专项转移支付资金分配数额的计算，不仅要测算出受援地区改善性公共物品需要提供资金的总量，还要根据受援地区不同的人均财力水平确定有差别的资金配套比例。专项转移支付要体现出上级政府的政策意图，如对教育、医疗等专项补助要根据不同时期经济社会发展的薄弱环节或宏观调控重点的变化，对专项补助的项目范围及其补助比例都应不断地有所调整。同时，要整合专项资金的拨付范围，并对专项转移支付项目进行归并，专项补助范围大小和比例的高低，也应根据上级政府的财力状况量力而行。

目前，应采用基数法加因素法，并逐步完全过渡到因素法上。因素法相对于基数法无疑更加先进、合理，因为基数法的基数如果不合理，由于利益刚性的原因，这种不合理会持续下去，而因素法则可以较好的解决这个问题。完全的因素法必须将所选的因素达到非常科学的程度，而且所需要的基础数据巨大，必须要有比较完备的技术支持，这些条件从目前看，还达不到完全具备的能力。

我们改革的目标非常明确，即采用完全的因素法计算转移支付，所以应在当前基数法加因素法的基础上，逐步扩大因素法的应用，这一过程实际上在两个动态的方面：一是不断完善因素法所选用的因素。采用因素法的关键就是要达到科学、合理、准确，必须全面地找出相关因素。①因素的选择应根据各地区不同情况有所差异。我国各地区的情况差异比较大，影响公共服务支出成本的因素由多方面决定，如人口密度与人口的分布问题，经济发展水平，物价水平，地理环境等问题；②要着重考虑我国目前严重的城乡二元结构所造成的城乡之间因素的不同，并要结合新的科学发展观，按“五统筹”的要求确定今后的发展方向，考虑城市化等相关因素；③各因素权重的确定。必须综合各方面的情况统筹协调。二是不断充实完善因素法所需基础数据。实际上，因素法与基数法两者并不完全对立，有许多因素所需基础数据的准确测算存在着比较大的困难，而其完全可以在基数法的基础上，把相关基数中的不合理性剔除出去，从而提供大量科学的基础数据，这一过程需要在不断地由因素法加基数法向完全的因素法过渡中完成。

(五)完善以纵向转移支付为主，横向转移支付为辅的转移支付制度。从长远来看，应建立以纵向转移支付为主，横向转移支付为辅各有侧重、相互配合的转移支付制度。在我省经济高速发展这二十多年的过程中，地区间经济和社会发展已经出现了严重的不平衡，众多领域分配的不公平已经严重的影响了经济的持续、健康、快速的发展，尤其是伴随着社会主义市场经济体制的不断深化，我省的城乡二元社会经济结构越来越明显地呈现出来，农民与城市居民在收入方面的异质性也越来越大，从而形成了两个不同质的利益群体，城乡之间的公共服务水平也出现了较大的差距，基尼系数不断扩大，所以在制度设计和政策制定时应充分考虑这些严重影响我国各地区经济社会可持续发展的问题，尽可能的缩小地区和城乡之间的差别，解决地区和城乡之间的横向失衡，才能实现在本世纪的头 20 年全面建设惠及十几亿人口的更高水平的小康社会的奋斗目标。然而，市场配置资源具有非均衡性，使得贫富差距不可能依靠市场来进行调整，通过“用脚投票”来达到地区间基本公共服务的大体一致，受到了更多的经济因素、社会因素、户籍等制度因素以及其他因素的限制，不可能取得较好的效果，所以解决这一问题最有效的制度设计就是实行横向转移支付。

初次分配体现效率，再次分配体现公平。在我省现阶段，社会生产力还不发达，发展经济仍然是各地的第一要务，如果进行较大程度的再分配即过分的强调公平势必会降低各地区财源建设和组织收入的努力程度，不但会挫伤富裕地区的积极性，还极有可能使贫困地区产生依赖心理，出现"等、靠、要"的局面，这两方面都会损害效率的提高，并且在一定意义上来说也是一种不公平，这也就意味着目前保持各地一定的财力差距比较合理。因此，在现阶段，应充分发挥上级政府的财政调节能力，实行纵向转移支付，既解决纵向之间的不平衡，又要尽量促进各地的协调发展，使下级政府能达到公共支出水平的相对均衡，以保证当地居民生活改善和社会稳定。但是，从目前我省各级政府上级财力相对聚集度的情况看，这些不可能完全做到，如果上级政府大力提高了财力聚集度，只使用纵向转移支付来解决纵向和横向两方面的不平衡，则这种财政体制一定是不合理的。而另一方面，现阶段横向转移支付并不作为调节各地财力差异的主要手段，也不应对各地所实施的横向转移支付做强制性的规定。可以实行财力比较充裕地区向财力困难地区自愿性的进行财力转移，以期望在一定程度上缓解一些地区的财政困难。等待经济发展到一定程度后，照目前的情况，即到2020年以后，我省就应实行以纵向转移支付解决制度性的纵向不平衡、以横向转移支付解决地区之间的横向不平衡，完全实行纵横结合的转移支付制度，这才是科学、合理的财政体制在解决财力不平衡时所应达到的目标模式。

还有一点必须要明确，就是实行横向转移支付也并不是要达到各地财力的均等，而应是财力的均衡，均衡是有一定区间范围内的平衡，而均等则是一种平均主义，是数量与质量上的一致。对于转移支付来说，其实现均衡的界限应限定在一方面对于财力不足地区能实现最基本的公共支出需要，创造一种机会上的公平，而不是结果的公平。但其水平应低于财力自给地区，并且保证财力充裕地区仍留有适量的自主财力来进行发展，也就是说只有既实现了各地公共支出水平的相对公平，又能保持效率激励机制，才能使各地最大限度发挥本地的优势，因地制宜的发展经济，促使横向的不平衡尽可能缩小，最终促进整体效益的提高，以达到公平与效率的统一。当然，也正是由于我省各地财力的不平衡，才有了实行横向转移支付的可能性和必要性。

（六）进一步完善省以下财政转移支付的监督机制。下级政府与上级政府安排支出项目的优先顺序常常不一致，并且下级政府的支出顺序往往会受到短期政治行为和局部利益的左右，具有很大的不合理性，并会造成效率的损失，而如果缺乏有效的监督、惩治和制约机制，则资金的挪用和截留行为的发生也就不足为奇了，这样会极大的增加转移支付的成本。一是要不断健全有关转移支付的法律法规。这是监督任何资金的基础，转移支付资金也不例外。首先，应进一步修订《预算法》，明确转移支付在预算中的地位、作用及表现形式；其次，应制定《政府间转移支付法》，明确实施转移支付的形式、原则，组成转移支付制度各部分之间的关系、各自的实施目标、资金的分配方法和拨付程序，以及违反时进行处罚的标准等；最后，各省也应出台相应的规章条例，以进一步指导省以下转移支付制度的监督。二是财政转移支付资金的决策和运作过程，要透明、公开、民主，并对转移支付资金进行全过程监督和多部门的共同监督。应对转移支付资金从计算依据的因素选取、相应指标的确定、资金的具体计算，到资金的分配和拨付过程，直到对资金的使用方向和使用效果的评估上，都要做到公开监督、制约透明，并运用比较法、成本—效益分析法等方法进行深入的绩效分析。构建起由各级人大、审计部门、财政内部监督部门和社会所组成的监督体系。要进一步推进复式预算，编制专门的转移支付预决算，对转移支付资金最有效的监督，应该是通过预算法案的形式进行：①主要由一般性转移支付预决算和专项转移支付预决算组成；②要细化预算编制，并注意其与一般预算的衔接；③应严格按照人大批准的预算执行，如需调整，必须通过相应的法律程序。

（七）调整省以下政府机构。一是应在各级财政的预算部门建立集中统一的财政转移支付机构，机构是执行制度的保证，以改变目前存在的各部委几乎都有本系统内部转移支付系统的状况。二是地税与国税的合并。随着我国各税种在税收收入中结构的变化及国税、地税各自征收权限的变化，国税与地税的合并具有其可行性和合理性，这样可以很大程度的降低征税成本。但这项改革必须要妥善处理好两个问题:国税和地税的合并将涉及到整个税务体制的变革而由此带来的各种影响和地税系统现存大量人员的安置。三是要在合适的时候撤并乡镇。目前作为基层的乡镇政府随着工商、税务等机构和教师工资发放权的上划,作为一级政府的职能已经残缺不全。撤销乡镇一级政府,在乡镇仅设立县级政府的派出机构,不仅可以削减大量的财政供养人口,还有利于分税制财政体制的完善,即按照精简高效、大市场、小政府、城乡一体化的原则,简化财政管理级次,并可实行"乡财县管乡用"的制度模式。四是为了进一步理顺和规范省以下财政分配关系,建议实行省直接管县财政体制。其基本原则:一是各级政府共同支持县域经济发展。妥善处理省、市、县三级政府间的利益分配关系,在充分调动县级政府自我发展积极性的同时,省、市财政继续加大对县级财政的指导和支持力度。二是坚持责权统一。在调整财政管理体制的过程中,省、市、县财政要承担相应的管理责任。省财政要加大对县财政的支持力度,帮助县乡财政逐步解决困难;市财政要继续履行对县财政指导、支持和监督的职责;县财政要加强自我约束,规范管理,努力加快发展。三是坚持积极稳妥、循序渐进。先建立省直接管县财政体制改革的基本框架,再逐步完善和规范。

总之,完善省以下政府间财政转移支付制度,应在明确划分省以下政府间经济社会事务管理责权和财政支出责任的前提下,改变我省省级对下专项转移支付种类过多且覆盖范围过宽现状,与基层密切的经济社会事务管理责任相应的专项资金和工资性转移支付资金一律要以规范的方式下放到县乡,对于各级政府共同承担的公共事务,根据各方受益程度和基层财政承受能力,来确定合理的分担比例,规范我省省以下政府间财政收入划分格局和财政转移支付制度,在纵向上形成划分科学、责权匹配与集散适度的省以下政府间财政转移支付制度的新模式。

河北省2004年财政
调研课题成果二等奖作品之一

义务教育投资分担机制研究(摘要)

保定市财政局　吕宝生　王延杰　冯建虎
王占革　钱秀菊

四、重建义务教育投资分担机制的政策建议

针对现行财政体制下各级政府的投资分担机制不合理造成的中小学义务教育投入水平低、投资结构不合理和不同区域间投资差距过大等各种问题,要使我国中小学义务教育真正做到名实相符,必须进一步加大政府对中小学义务教育的投入力度,缓解中小学办学经费的紧张局面。考虑到我国现行财政体制下的县级政府财力的有限性,无论从增加中小学义务教育公共投资还是从促进不同区域间义务教育协调发展方面看,都必须调整县级财政为主体的义务教育投资体制,形成中央、省、县各级政府共同分担的新型的义务教育投资分担机制。

(一)义务教育投资分担机制的基本目标

1. 义务教育投资分担机制的横向调整目标。从处理政府与民间的义务教育投资的横向关系上,应该按照中小学具有强烈的外部性特征和政府弥补中小学外部效应的要求,对中小学实行公共兴办的政府投资管理模式。针对我国各级政府在中小学义务教育投资方面存在的"公共缺位"现象,今后必须按照"国进民退"的原则,加大政府对中小学义务教育的投资力度,提高中小学义务教育经费中的公共投资比例,减轻和免除居民家庭的学杂费负担,保证广大学龄儿童平等享受义务教育的权力。在具体目标上,建议将中小学义务教育经费中的公共投资比例由现在的63%提高到80%左右,同时,通过采取减免税等税收优惠措施,鼓励企事业单位和个人对义务教育的捐赠行为,提高中小学义务教育经费中社会捐赠的比例。

2. 义务教育投资分担机制的纵向调整目标。从处理各级政府对中小学义务教育投资的纵向关系

上，应该按照各级政府的投资责任与各级政府财力相适应的责权对称和收支对称原则，具体界定我国各级政府在中小学义务教育方面的投资分担比例。针对我国现行财政体制中存在的县乡政府财力水平过低和奉行县级财政为主体的义务教育投资体制所产生的财政体制与义务教育投资体制矛盾，必须重新调整各级政府对中小学义务教育的投资分担比例，通过提高中央和省级政府对中小学义务教育投资分担比例，增加中央和省级财政对中小学义务教育的公共投资，缓解县级财政对小学义务教育的投资压力，形成与现行财政体制相适应的义务教育投资分担机制。在具体目标上，建议将中央、省、县三级政府对中小学义务教育的公共投资分担比例由目前的“0.3∶1∶8.7”的比例结构调整为“3∶4∶3”的比例结构。即在中小学义务教育的公共投资方面，中央政府负担30%，省级政府负担40%，县级政府负担30%。

3. 义务教育投资分担机制的管理责任目标。为了保证各级政府必须承担起义务教育的投资责任，防止各种挤占、挪用义务教育资金等违规现象，减少义务教育资金的中间消耗，提高义务教育资金的使用效益，一是必须按照“谁投资、谁监督”和“谁使用、谁管理”的原则，建立严格的监督管理责任制，明确责任目标，通过加大对义务教育资金投资和使用情况的监督检查力度，保障义务教育资金的足额投入和合理使用。二是必须对义务教育主管部门和中小学实行严格的单位预算管理制度，通过加强对义务教育主管部门和中小学单位预算的审核与管理，按照国库集中支付方式，分别向义务教育主管部门和中小学拨付资金，满足其正常、合理的资金需要。

（二）实行义务教育投资分担机制的配套措施

1. 必须据实核定中小学的实际在校生人数。由于中小学的实际在校生人数是确定中小学教职工人数和所需办学经费的基础数据资料，是财政部门具体核算义务教育拨款额的主要依据，为了防止一些地方产生弄虚作假和骗取中央、省级义务教育专项转移资金的不合理现象。必须对各地中小学的实际在校生人数采取详细核查与重点抽查相结合的办法，加大对中小学基础数据的监督检查力度，对在基础数据上的弄虚作假者依法严厉惩罚，以保证中小学实际在校生人数基础数据的真实性和可靠性。

2. 根据全国中小学的生均经费水平，确定中央和省级财政对中小学义务教育的投资额。由于我国各地中小学义务教育的生均经费水平差别较大，为了发挥中央和省级政府对义务教育投资的宏观调控功能，适当缩小不同区域间中小学义务教育投资差距，促进各地义务教育协调发展，防止个别地方依靠提高本地中小学义务教育的生均经费水平套取中央和省级教育专项转移资金现象，建议中央和各省级财政以全国中小学的生均经费水平为依据，根据县域中小学的实际在校生人数，确定中央和省级财政对各县中小学义务教育的投资额。即：

中央和省级财政义务教育投资额＝某区域的中小学实际在校生人数×全国中小学的生均经费水平×投资分担比例

3. 按照有利于义务教育发展原则，做好新旧投资机制转换工作。具体要求是，在中央和省级政府启动新型的义务教育投资分担机制和对中小学义务教育按照分担比例进行投资的同时，县级财政为主体的义务教育投资机制原则上应该继续运行一段时间，即在中央和省级政府增加对中小学义务教育投资的过程中，县级财政在短期内继续保持原来的义务教育投资水平，将多出的财力用于偿还旧体制下形成的义务教育欠账，直到将原来的历史欠账偿还完毕，县级财政才能按照新型的义务教育投资分担机制，按比例承担中小学义务教育的投资任务。这种义务教育投资机制选择上的“旧机制—新旧机制并存—新机制”的渐进试替换方式，有利于在明确义务教育投资偿债责任的前提下，由县域财政承担起偿还义务教育欠账的历史责任，为新型的教育投资分担机制的健康运行扫清障碍。

4. 做好中小学义务教育经费拨付和使用情况的监督检查工作。重点是监督检查中央、省、县三级财政对中小学义务教育投资责任的落实情况；县级财政对中小学义务教育投资历史欠账的偿还情况；中小学和义务教育主管部门对教育经费的具体使用情况；中小学和义务教育主管部门单位预算的编制与执行情况；中小学和义务教育主管部门对“收支两条线”政策的贯彻执行情况等。通过监督检查，督促各级财政部门按照义务教育投资分担比例要求，及时、足额地拨付义务教育经费，督促义务教育主管部门和中小学按照年初单位预算的安排，合理使用教育经费。

河北省 2004 年财政调研课题成果二等奖作品之二

关于财政支持城乡协调发展的思考(摘要)

唐山市财政局　莫连营　周凤松

三、解决问题的出路

当前,中央出台了取消农业特产税,降低农业税税率,对种粮农民直补等一系列惠农政策。在不折不扣落实好上述政策的同时,财政部门必须树立统筹城乡发展的新型财政理念,优化财税政策,加大资金扶持,发挥好宏观调控作用,促进城乡协调发展。

(一)在城市发展方面,建立开放性的财政理念。计划经济时期,财政将城市和农村视为两个各自封闭、相互独立的系统,形成城乡分治,阻碍了资源自由流动。改革开放后,城乡联系日趋紧密,据不完全统计,近 20 年多年来,中国已有近 2 亿农村劳动力通过不同方式实现了在非农产业就业,但由于体制制约,这部分人基本被排斥在城市公共服务范围之外,形成了农民工这样一个特殊群体。当前,作为产业工人的一部分,农民工应尽早纳入城市公共服务范围。一是要将农民工培训尽早纳入各级财政支持范围,建立"政府主导、多方筹集"的投入机制,以满足市场需求作为出发点,逐步加大政府扶持力度,切实提高农民工就业技能。二是保障农民工子女享受义务教育的权利,逐步建立进城务工就业农民子女义务教育经费筹措保障机制。三是在公共卫生领域给农民工市民待遇。将无法享受到医疗保险的民工吸纳到城市医疗救助的范围,做好将农民工纳入工伤保险工作。四是妥善解决城市农民工的社会保障问题。按照实际需求,分层次、逐步推进,对那些在非正规部门就业的劳动力,如个体商贩等,主要以个人储蓄和参加商业保险的方式取得养老、失业和医疗保障。对那些在正规部门就业、签订劳动合同的,可逐步纳入城市社会保障的范围。五是大力清理整顿对外出或外来务工人员乱收费。输入地政府要将对外来人口的管理费用纳入政府的财政预算中,防止变相向企业或个人转嫁负担。尤其要严厉查处强迫农民接受培训,以培训之名乱收费的行为。

(二)在县域经济发展方面,建立导向性的财政投入机制。发展县域经济是加快城乡一体化的重要步骤,政府要搞好引导和服务,财政部门要强化资金和政策扶持。一是要坚持工业强县。我国总体上虽然已进入工业化中期阶段,但多数县工业化程度还相当低,且存在城乡工业结构趋同问题,不但不能实现城乡互补,而且形成工业贡献率低、低水平重复和结构性过剩等一系列矛盾。各级财政要通过资金整合,建立县域产业发展引导资金,在合理分工基础上,引导乡镇企业把劳动密集型产业作为主要发展方向,增强农村剩余劳动力就地转化能力;把发展农副产品深加工和运销作为重点,提升农产品附加值;大力发展有地区资源优势、传统工艺和特定市场优势的特色产业,并引导乡镇企业向重点小城镇合理集聚,逐步形成区域优势产业群。二是要坚持龙企富民。在推进农业产业化的同时,要积极发挥龙头企业、行业协会的组织协调作用,千方百计提高农民组织化程度。大力发展民营经济,加快实施企业加农户、公司加农户等模式,逐步尝试建立财政补贴的农业保险制度,提高农业抗御风险能力。三要坚持城镇带动。进一步深化小城镇财政体制改革,合理确定城镇财政管理体制,妥善处理县与乡的财政分配关系,在重点小城镇征收的土地增值税、城镇土地使用税、城市维护建设税和城镇公用事业附加费,除按现行财政体制规定上缴外,留县部分应全部留所在镇。完善小城镇投融资体制,进一步拓宽融资渠道,根据基础设施项目寿命期长、投资风险小、社会效益好的特点,积极探索建立多元化的投融资体制。通过财政贴息等形式,引导民间资本投向城镇基础设施。本着"谁投资、谁经营、谁受益"的原则,对一些有投资回报的给水、排水、垃圾处理等基础设施项目实行收费式经营。有条件的地方,还可以出台优惠政策,吸引外商投资经营,加快小城镇建设步伐。

(三)在城乡公共服务方面,建立一体化的财政政策导向。之所以讲建立政策导向,是因为当前的城乡差距和财力状况,决定了财政实现城乡一体化将是一个长期的渐进化过程。从 2003 年情况看,占全国人口 65%的农村人口仅创造了当年 GDP 的 15%,因农村人口基数太大,稍稍提高国家财政对农村人口投入的标准,财政将承担沉重负担,据有关专家以明显低于城市的标准来进行匡算，我国农村仅建立教育、卫生、社会保障、基础设施、文化科技五项内容的公共服务体系，就需要财政支付9800亿，相当于2003年全国财政收入的近50%，2003年农村人口所创造GDP的60%，2003年农业向国家交纳税收的20倍。一系列数字说明，城乡公共服务非均等化将在一定时期长期存在，只能随着城市人口比例上升和农村人口比例下降、随着国家财力增强而逐步加以解决。为此，我们必须立足长远，制定分阶段规划，分步骤组织实施。当前要抓住突出问题，重点抓好以下几项工作。一是农村的义务教育首先需要财政包下来，但实事求是讲，只能是低标准的，不能片面地、一刀切地强调农村义务教育和城市义务教育水准划等号。其次，农村的公共卫生体系需要建立起来，然而也只能是政府适当投入县乡级卫生机构一些设备，乡村医疗体制应当以农村合作医疗为基础，各级政府给予适当补贴。三是社会保障方面，应先在农村建立最低生活保障，从最需要保障的困难群体入手，逐步扩大保障范围。养老保障在农村大部分地区，还只能采用以土地保障和家庭保障为基础的养老模式；有条件的地区，可以建立非土地和社会性的农村养老保障体系。四是农村基础设施的投入，则应当集中在人畜饮水、退耕还林、农业综合开发和县城集镇基础设施方面，而不应当摊子铺得过大，造成投资过度分散。最后，特别要注意统筹城乡社会事业发展规划，加强城乡公共资源整合，打破城乡壁垒，促进城市公共资源向农村有序流动，增强城市对农村的辐射带动功能。

（四）在资源利用方面，建立平等型的财政理念。歧视性政策是加剧城乡差别的重要体制性因素。据不完全统计，改革开放前20多年，通过工农产品不平等交易，以价格“剪刀差”形式从农业中提取的经济剩余估计在6000亿元一8000亿元。当前，突出问题是对农村土地资源的掠夺式开发，部分地方政府将“以地生财”作为增加财力的重要途径，据有关资料显示，有些县、市，土地出让金收入已经占到财政收入的35%左右，财政用于城市基础设施建设的资金60－70%来自出让土地的收入。在土地成为“第二财政”的同时，各地上报国务院审批的建设用地项目中，90%以上是给被征地农民发安置补助费，让其自谋出路。据估算，1987－2001年至少有3400万农民失去和部分失去了土地。按现在的经济发展进度，2000年至2030年的失地和部分失地农民将超过7800万人，如果不采取有效措施，这部分人将成为“种田无地，就业无岗，低保无份”的“三无”阶层。这种在资源分配上得歧视性政策，不但造成耕地大量流失，而且留下了社会不稳定得隐患，需要采取措施，认真加以解决。一是明确政府只有为“公共目的”才动用强制性的征地权。工商业等营利性用地只能通过购买获得。征地补偿必须以土地的市场价值为依据，实行公平补偿，不能以侵害农民利益为代价降低建设成本。二是妥善安置失地农民，并为他们提供社会保障。在保障资金筹集方面，应坚持政府、集体、个人共同出资的原则。在征用土地时，必须从土地出让金中拿出一部分，建立起农村养老保险基金。对这部分基金可采取信托管理等多种有效方式运作。有条件的地区，要加大财政转移支付力度，为失地农民建立起与城市地区统一的养老保险制度，切实维护失地农民利益。此外，对于农村水利、矿产、森林等资源的利用，也应按照城乡平等的原则，进行合理适度开发，并逐步建立对农村和农民有效补偿机制，促进农村经济社会可持续发展，真正实现城乡协调良性互动。

河北省2004年财政调研课题成果二等奖作品之三

邢台市“十五”期间财政改革与发展情况的调研报告（摘要）

邢台市财政局　崔尽忠　王晓英　董国栋

三、进一步推进邢台市财政改革与发展的措施与建议

（一）发挥财税职能作用，积极支持和服务于经济发展。发展是硬道理，是执政兴国第一要务，作为财政部门支持经济发展责无旁贷。一要加大对农村的支持力度，解决好农民增收问题，改变农村的落后面貌，缩小城乡差距。认真贯彻落实“两减免、三补贴”等惠农政策，不能打折扣，确保落到实处，进一步调动农民积极性。同时要扎实推进粮食流通体制改革，维护粮食流通秩序。深入开展涉农收费和农资市场专项治理，切实减轻农民负担。二要继续落实好有关企业改革的财政政策。在国有资产处置上，尤其是在国有资产核销上，一方面要给企业适当优惠，一方面要避免造成国有资产流失，避免产生新的问题。三要发挥财政部门优势，千方百计争取国家和省支持的建设项目和资金。

（二）狠抓县乡财政解困工作，促进县域经济协调发展。首先要完善政策，抓住上级实行激励政策的机遇，大力发展县域经济，增强县级自我解困能力，缓解县乡财政困难。研究制定对清河、宁晋两个扩权县的财政管理体制，积极支持经济基础较好的县（市）更快发展。发展县域经济，项目建设起着决定性的作用。从一些县（市）的发展经验看，经济要想快发展都离不开大项目，上一、两个大项目就能翻身。因此，财政部门在支持县域经济发展时，一定要当好参谋，帮助企业跑项目、上项目，将"输血功能"变为"造血功能"。促进县域经济发展，增强县级自我解困能力。其次缓解县乡财政困难是一项复杂的系统工程，必须多措并举，综合施治。市要将中央有关奖补政策不折不扣地落实到纳入中央缓解财政困难范围的县；在测算对下一般转移支付时，要将缓解县乡财政困难作为一个重要因素考虑；市对县的支持要与县级发展经济、精简机构人员、控制一般性支出等工作挂起钩来。第三要建立严格的责任考核制度。县级领导班子作为第一责任人，要把缓解本县财政困难问题作为党委、政府的头等大事紧紧抓住不放，对有关方面实行责任分工，量化考核，严明奖惩，千方百计保证工作顺利推进。

（三）继续加大以预算支出管理为核心的各项改革力度。一是加强预算管理改革。全面贯彻绩效预算的编制和管理办法，特别是对办事业的专项资金安排，要进行绩效评价，不断提高预算资金的使用效益。二是继续推进国库集中收付制度改革。市级要逐步建立现代国库管理制度，实现统一账户管理，统一支付范围，统一支付渠道，统一支付程序。县级，要进一步完善和规范现有管理模式，专项资金要全部实行直接支付，并积极探索向乡级延伸的办法。通过改革，使所有财政性资金都纳入国库单一账户体系管理，收入直接缴入国库或财政专户，进一步增强财政收支活动的透明度。随着农业税的减免，要研究乡级财政职能、财政管理，特别是乡级财政所的职能定位。南和县贾宋镇搞了"村财乡代管"，其它乡镇可研究这个办法，借鉴贾宋镇经验，逐步推行"村财乡代管"，积极探索新形势下乡镇财政职能定位问题。三是政府采购改革要进一步扩大规模，提高规范操作的水平。凡是由财政性资金安排的项目，都要实行政府采购，不准以任何理由不参加政府采购。四是深化"收支两条线"管理改革，清理"小金库"。"小金库"问题清理难度很大，从检查情况看，现在"小金库"不是少了而是多了，金额不是小了而是大了。要继续清理和规范行政事业性收费，认真开展落实"收支两条线"规定专项检查，清理"小金库"，加强和规范财务收支管理，认真落实"收费公示制"，发放"收费明白卡"，扩大"一口收费"范围，提高收费政策透明度，扼制"三乱"现象。

（四）建立健全政府债务清理偿还机制，努力化解财政风险。(1)对地方政府统一承诺的停业整顿金融机构专项借款的本息，应按照"谁组建，谁负责"、"分清责任，以责清偿"的债务清偿原则，实行依责偿还。由专业银行组建的城市信用社的专项借款，应分别由各专业银行负责；由人行和专业银行组建的城市信用社又组建的典当行的专项借款，亦应由人行和专业银行分别负责；与人行和专业银行有组建关系或经济关联的停业整顿金融机构的专项借款，人行和专业银行应分别依责承担相应部分。决不能让责任单位和责任人逃脱责任。(2)对历年形成的其他政府债务，要摸清情况，建立台账，因地制宜、区别对待。对有一定偿还能力的，要制定分期偿还计划，督促其逐步偿还。(3)对由财政担保的城建资金借款，要按照财政资金管理办法实施全过程跟踪问效，确保资金发挥最大效益，确保政府债务借得来，用得好，还得上，努力把政府风险控制在最低限度。

（五）创新财政监督机制，切实规范理财行为。加强财政监督，需要不断创新监督制度。一是对财政资金支持的大项目，实行财政监察员派驻制度；二是实行专项资金项目公开制度，将与专项资金管理使用有关的政策依据、资金来源、投资方向、项目确定、项目金额、执行进度和资金使用等信息，以及项目审核、管理、执行的责任人及其责任，予以公开，自觉接受群众监督；三是实行专项资金预算执行情况年度报告制度。结合年度财务决算工作，资金使用部门要向财政部门报送专项资金预算执行及履行本部门监督职责情况的报告；实行对下督察制度，市对县、县对乡实行逐级对下督察，重点督察财政专项资金管理使用情况，发现问题，及时查处；四是依法加强监督，加大查处力度。2004年，国务院颁发了《财政违法行为处罚处分条例》，为加强财政监督提供了法律保障。各级财务部门要认真抓好《条例》的学习宣传，强化依法监督意识，履行应尽职责。财政资金在哪一级分配，在哪一级执行，就由哪一级财政部门和预算部门负相应的审核、管理和监督责任；在哪一个环节出现问题，就追究哪一个环节直接负责人和相关责任人的责任。通过加强监督，追究责任，有效地遏制各种财政违法违规行为的发生。

（六）要合理调整中央与地方的分配关系，扭转财力过分向上集中的态势，建立规范的转移支付制度，缓解基层财政的困难。

（七）要适当把握扣款力度。

河北省2004年财政调研课题成果二等奖作品之四

县乡财政困难调查（摘要）

邯郸市财政局　李少波　王学生　赵　宇

三、进一步推进困难县发展的措施

（一）邯郸市县域经济发展方向

1. 实现县域经济由传统农业向现代农业的根本转变，改变县域二元经济结构，走县城新型工业化的道路。所谓农业现代化就是用现代工业装备农业、现代科技武装农业、现代管理手段经营农业，现代思想观念指导农业，从而把传统落后的农业转变为具有当代世界先进水平农业的过程。

2. 大力推进以发展农副产品加工业为主导的农业产业化经营，提高农民进入市场的组织化程度和农业综合效益。农业产业化就是以市场为指导，以农户为基础，以龙头组织为依托，以经济效益为中心，以系列化服务为手段，通过实行种养加、产供销、农工商一体化经营，将农业生产过程中的产前、产中、产后诸环节联结成一个完整的产业体系。它是由传统农业转变为现代农业的演进过程，也是实现农业现代化的一种有效途径。支持县域民营企业和龙头企业；发展农业产品加工业，特别是精深加工业，壮大县域经济。开拓农村市场，搞活农产品流通，健全农产品市场体系。

3. 要特别加强科技的作用和人力资本贡献率的作用。重视对人力资本的投入，最终将极大地提高农业劳动生产率。同时加速农业机械化、电子化、自动化的进程，加快农业集约化经营。特别是要采用现代高新技术，在充分发挥传统工艺特长的基础上，经过改造、提练和标准化、流程化，发展各种特色产品、传统产品、民族产品和绿色产品、有机产品等，提高市场占有率。

（二）现阶段我市支持困难县的财政政策取向

一是创造性地落实省激励性财政收入体制。从2005年起对东部10县中的6个非贫困县实行与贫困县相同的“四税”增量全返的激励性财政政策。市财政原定分成增长率之内集中的增量不再集中，省财政分成增长率之内集中的增量由市财政代为缴纳，并连续实行三年。

二是鼓励东部10县发展外向型经济。市财政安排专项资金对东部10县因出口退税超基数部分减少的财力予以全额弥补。

三是组织东部10县政府和财政部门认真学习研究国家出台的“三奖一补”政策，认真细致地做好基础工作，争取更多的上级支持。

四是继续提高东部10县保工资、保运转能力。2005年市本级共安排支持东部10县保工资转移支付资金11774万元，比上年预算增加4440万元，增长60.5%。在预算执行中新增加的财力，还要按照“三奖一补”的政策要求尽可能地追加。

五是市本级预算安排的专项资金尽可能向东部10县倾斜。如离休干部医药费补助，省财政厅为贫困县每位离休干部每年补助1000元，要求市级配套1000元，我市在此基础上又为东10县中不是贫困县的离休干部每人补助2000元，共补助228万元。在农业、教育、科技、卫生、社保等专项资金安排上都体现了向东部县倾斜。

六是市财政预算安排5000万元，用于支持全市的重点项目建设和县域经济发展，将重点向东部10县倾斜。

河北省 2004 年财政调研课题成果三等奖作品之一

落实可持续发展观合理界定县级政府的财政支出责任（摘要）

唐山市丰南区财政局　徐敬成　李凤庆

三、落实可持续发展观，合理界定县级政府财政支出责任

县级政府财政困难的现状不容回避，从根本上解决县级财政困难，在县级政府立足于发展县域经济的同时，有必要从体制层面上研究界定县级政府的财政责任，从而使目前县乡财政紧张的局面得到有效缓解。对此，提出以下建议，以供商榷。

（一）尽快建立最低支出保障制度，通过增加一般转移支付的办法，解决部分县区财政“吃不饱饭”问题。财政的职能首先是保障，其次才是发展，县级财政尤其如此。目前的现实情况是：一方面，一些县的区域经济发展极其缓慢，财政实力捉襟见肘，公教人员欠发工资现象普遍存在；另一方面，这些县区的经济发展却不能立足于实际，热衷于“政绩工程”，习惯于勒紧裤腰带搞建设。这种问题从目前财政体制设计上也可略见一斑：即对困难地区的一般转移支付的数额几乎等同于甚至远远低于专项转移支付的数额，这些数额庞大的专款不仅要求地方专款专用，不得挪用，而且地方一般要拿出相应配套资金，用于相关项目。一要吃饭，二要建设是财政支出的基本准则和“惯性定律”，在公教人员工资尚且不能保证的情况下，要求基层专款专用，近乎于“一厢情愿”。因此，我们认为，在财政体制的设计上，尤其是在转移支付因素的确定上，首先要根据一个地区的财政供养人员的基本情况，计算出所需工资和社保资金的数额，结合办公经费的最低限额，确定这个地区的财力需要，通过与该地区实际的财力对比，计算出对该地区增加的一般转移支付数额，即首先立足于“吃饭”，在确保“吃饭”的基础上，再结合全省财力考虑对县区经济领域的专项转移支付数额，即各项专款的数量，宁肯少搞甚至不搞一些所谓形象工程，也要首先确保贫困县区“吃饱饭”。此外，我们认为，目前各项专款过多现象已是不争的事实，因此有必要在削减专项转移支付的基础上，增加一般性转移支付的数量，各项专款也应从一个地区的财力出发，结合人口等采用因素法加以确定。在年度预算的编制上，应通过提前预算编制时间，增强预算编制透明度的办法，切实消除“跑部进厅”、“会哭的孩子有奶吃”等现象。

（二）合理界定各级政府的事权范围，实现政府间财政支出责任的优化配置。关于政府间事权的界定，涉及政府工作的方方面面，同时涉及到从中央到地方的不同层级，划分起来相当复杂。以下从目前事权工作的重点出发，着重分析在县级财政支出中占较大比重的相关重点事权在各级政府间的配置。一是应合理划分农村义务教育支出在各级政府间的配置。首先，对于农村中小学教师工资性支出，应实行县级负责，中央、省财政“兜底”的办法。对因本级财力不足，存在欠发农村中小学教师工资的地区，由中央、省财政予以专项补助，不仅如此，对在边远地区的教师，还应给予一定数量的补贴，提高边远地区对优秀教师的吸引力。其次，鉴于农村中小学布局调整和危房改造具有一定的时效性和紧迫性，且资金需要量大的实际，所需资金应实行中央、省、市、县四级共同负担的办法，乡镇和村一般不应再负责此项支出。第三，对于教育装备购置支出，中央、省级财政应设立专门资金，予以一定补助。县乡由此节约出的资金，可用于农村中小学办公经费的保障和其他教育支出，从源头上消除部分中小学存在的通过乱收费弥补办公经费不足的现象。二是加大社会保障资金的投入力度。对养老及失业保险所需资金，由于关系到被保障对象的基本生活来源而且所需资金数额巨大，应作为中央、省、市、县共同承担的责任。医疗保险、工伤保险等可由省市两级共同承担。与此同时，应进一步增加对农村医疗的投入。在做好乡镇行政区划改革的基础上，每个乡镇都应该有自己的卫生院，卫生院要承担起公共卫生保健的职责。农村卫生院的改造支出可由县以上地方政府共同承担，以市、县为主，省予补助。对农村卫生院承担公共医疗保健职能支出，由县级财政负责。对农村卫生院的经营亏损，县乡两级财政应给予一定比例的补贴。三是整合资金，确保对农业项目的投入。鉴于农业产业所具有的最充分竞争性和特殊的重要性，在公共财政职能逐步明晰的今天，对其投入不仅不能减少，反而应进一步加大。从目前情况看，应该说各级财政对农业的资金投入并不少，之所以总体成效不够明显，还在于资金的投入太过分散。以丰南区为例，2001年，市级以上财政下达的支农专款为950万元，从资金总额看，似乎并不少，但上述资金却下达到了32个具体项目，平均每个项目不足30万元，总体效果并不明显。

为提高资金的使用效益，笔者建议，对农业的专项投入应坚持“总量增加，上下结合，部门对口，集中投入”的总体原则，具体讲，由县级农业主管部门根据区域农业发展的总体规划，与同级财政部门结合，确定支持农业发展的项目规划（一般为三至五年），逐级上报到省级农业主管部门，省级农业主管部门结合全省农业发展的总体规划，对项目进行初步整合，确定一家牵头部门，在部门内部建立农业发展项目库。在编制年度预算时，由省级财政部门与省农业主管部门结合，确定年度支持的具体项目（一般每县每年二至三项为宜）。项目预算经批准后，及时下达到市县财政部门，资金按预算逐级拨付到县级财政部门，确保除防汛、抗旱等不可预见的灾情外，农业项目确定一项，建成一项，见效一项。对于预备役建设、武警部队补助经费，应全部纳入中央、省级政府预算，对军队离退休人员经费、伤残军人医药费，中央政府应当负担一定的转移支付资金，而不应全部由县乡等基层政府负担，以保障这部分人员的基本医疗。

（三）进一步完善分税制财政体制，从制度上确保县级政府事权与财权的对接。一是要确定合理的税收返还办法。原分税制财政体制中的体制补助基数和体制上解基数是1993年制订的，随着经济与社会各项事业的发展，已与目前各地的实际财力状况不相适应，因此建议取消原体制补助和上解，对困难地区实行以奖代补，充分调动其发展经济的积极性。改变“两税”税收返还计算方法，实行超出基数部分增量分成，这样既可以保证地方财力与收入的同步增长，同时也与所得税改革方案一致。二是应进一步规范转移支付制度。所得税分享改革后，中央和省级财力进一步增强，有必要进一步规范转移支付制度。在对下转移支付运作中，应更多地考虑人口指标和实际人均财力。在中央所得税分享的基础上，从稳定目前分税制财政体制框架出发，中央和省应增加一般性转移支付的力度，以适当增加地方的可用财力。

对转移支付应从种类上予以简化，应将原体制定额补助、调资专项转移支付，作为转移支付的主体形式，合并简化为一般性补助。将专项补助的覆盖范围缩减到义务教育、社会保障、扶贫救灾、环境保护等少数项目上，以保障地区间基本公共物品提供水平的基本平衡。三是合理确定县级政府的事权财权，实现县级政府责权利的统一。在目前中央和省集中了主体税种及增量的分税制财政体制下，对一些涉及国计民生的公共财政支出也应由国家和省负担，一是按照责权利相对等的原则，对近年来上划到省级管理的地税、工商、计量、药品监督等部门的经费，不应再由县级财政负担，应作为省级财政支出范围。二是在进一步研究确定各级政府间财政支出责任的前提下，按照责权利相对等的原则相应调整现行财政体制，并以法律、法规的形式固定下来，以保持政策的连续性，调动县乡政府发展经济、培植财源的积极性。四是应改变目前部分基金收支的管理办法，下放相应的财权、事权。这部分基金收入涉及文化建设事业费、公路养路费等。这些收入由基层部门征收，全部上缴省，由省直部门负责支出管理。鉴于相应的支出责任主要在市县一级，因此应下放相关的财权和事权。就养路费而言，应改革目前的公路建设体制，实行由省统一规划，由市县负责行政区域内建设与维护的办法，养路费的大部分应留给基层政府。

（四）加强乡镇财政建设，增强乡镇财政实力。根据农村税费改革后的实际情况，一是要推进乡镇机构改革，精减乡镇机构、人员。二是转变乡镇政府职能，合理确定政府职责，根据区划和财政收入状况，明确乡镇支出范围，对经济发达的乡镇，要按照小城镇建设规划，适当扩大财权；对经济欠发达乡镇，要通过财政体制的设置，确保乡镇基本支出需要。对由乡镇政府承担的农村最低生活保障、敬老院建设、农村医疗保障体系建设等支出，按照以人为本的原则，应由中央、省、市、县、乡分别承担。

河北省2004年财政
调研课题成果优秀奖作品之一

乡镇财政运行中存在的问题及对策(摘要)

邢台市清河县财政局　李全厚　安　顺

三、加强办事处财政管理的几点建议

(一)实事求是地处理好历史遗留问题。对历史遗留问题要分清性质、区别对待、分别处理,凡是有希望收回的暂付款项,要应收尽收,没有希望收回的要及时冲减结余;对各办事处共有的暂付款项,如县委、县政府建设清河宾馆和清河商厦时在各办事处的借款,可暂不处理,待县里有明确说法后再做相应的帐务处理;对已经垫付的税款可列为支出,冲减结余。处理程序为:先由财政所对本办事处历年的暂收、暂付款项拉出清单,提交办事处党政联席会研究,根据会议研究的意见,及时做帐务处理。同时,要将帐务处理情况抄报县财政局备案,作为今后办事处主要领导离任审计的依据之一。

除以上遗留问题外,还要解决办事处"滚存结余"与县财政局掌握数额不一致的问题。解决的原则是:各办事处对历年帐务进行核对平衡后,帐务处理确有错误的要及时纠正,没有错误的不再调整,由县财政局根据该办事处的实际情况,在支出科目上做适当调整,最终达到县乡一致。

(二)积极推行"零户统管"和"村财乡管"制度。"零户统管"是指对包括计生、教育在内的乡镇"七所八站",在保持单位会计主体和财务收支自主权不变的前提下,取消单位银行账户,由财政所统一管理会计人员,统一办理资金结算和统一代理会计核算,资金支出由单位或乡镇政府审批,会计凭证由财政审核。实施"零户统管"最后过渡到国库单一账户是预算管理改革的方向,可以有效遏止乱收滥支,乱设账外账和小钱柜的不良势头,可以进一步规范预算单位财务管理,优化经济发展环境,强化财政监督职能,不失为一项"民心工程"。此项改革可采取"先试点,再推广"的方式进行。"村财乡管"制度为保护村集体和农民的合法利益,推进村级财务管理的制度化、规范化建设,保障村级组织正常运转,促进农村经济发展和社会稳定而推行的一项改革举措,是农村税费配套改革的重要组成部分。此项工作在去年的农村税费改革中已提出具体要求,下一步的工作重点是完善、落实。

(三)彻底清退办事处机关的自筹(临时)人员和学校代课教师。按照县乡机构改革和农村税费改革的要求,对乡镇长期没有履行和开展社会服务功能的自收自支单位要予以撤消,其自筹人员要清退离岗;对服务功能健全、运转正常的自收自支事业单位人员要进行清理,禁止用办公经费或罚没收入支付工资。建议目前仍使用自筹和临时人员的办事处要认真清理清退,确因工作需要,人员不足的,可以向县委、县政府写出请示,由县委、县政府在全县范围内调剂解决。随着农村教育布局的逐步调整,代课教师也要适时清退,建议由教育部门会同各办事处拿出具体意见。

(四)进一步规范财政人员的管理。鉴于财政工作具有较强的政策性、专业性、连续性,建议各办事处要保持财政干部的相对稳定,不得随意调整或变动。因工作需要,需要对财政干部特别是财政所长进行调整时,应主动征求财政部门意见。

河北省2004年财政
调研课题成果优秀奖作品之二

尚义县化解世行贷款地震项目债务风险的对策研究(摘要)

尚义县财政局　李森武　张　亮　郝启兵

四、债务偿还的途径和办法

政府债务已成为制约我县经济发展的障碍。从根本上讲,努力发展经济,增加财政收入是及时偿还债务的积极手段。但是,发展经济是一个渐进过程,需要时间来体现。所以,要结合本地实际,采取多种办法来化解政府债务形成的风险。

1. 增收节支,积极偿还。县乡政府要在增收节支上下功夫,一方面要努力增加财政收入和财政预算外收入，充分调动财税部门增收积极性，力争实现超收，为政府偿还债务的提供资金保障。另一方面要采取有效措施，压缩部门、单位不合理支出，特别是会议费、招待费、汽车购置及修理费等公用开支。通过采取这些措施，节减财政支出用于偿还政府债务。同时，要在各级财政年初预算中安排部分资金作为偿债准备金，努力降低偿债对预算执行的冲击。

2. 制定偿债计划。目前县乡两级财政的困难是较为严重的，所以县乡两级财政要根据债务构成和偿还协议的要求，考虑轻重缓急，结合本地实际，制定长期和短期还款计划，按计划积极偿还债务。

3. 加强对政府债务偿还的考核。将政府债务的偿还列入乡镇政府和企业重要目标考核内容，县政府每年对还款情况予以通报，对按时上缴县财政的，给予适当奖励，对拖欠政府债务超期不还的，进行必要的惩罚。

4. 加大对逾期贷款的清收力度。要通过行政、法律、经济等手段，对世行贷款进行有计划、有步骤地清收，对有能力还款而拒不还款的企业、单位和个人，采用法律手段予以清理，对确有困难无力偿还的企业和个人可以采取“减、免、缓”的办法，由承借的债务人负责偿还。偿还的根本出路在于增强债务人的偿还能力，因此通过整合各类资金，加大对灾区的扶持力度，帮助灾民脱贫致富，只有这样还款才能得到保证。对正常运营的企业，要制定还款计划，按规定将其有关收入纳入还贷准备金专户，保证到期贷款的偿还；对微利、亏损和停产等无力偿还贷款的企业，可通过企业的兼并、拍卖和资产转让等形式筹集资金用于还贷。对发生债务转移的，要办理债务变更的法律手续，明确新的债务人；对破产企业，在资产清算时要按规定清偿债务。

5. 强化政府性债务和或有负债的监管。主要是完善债务预警和监测制度，实行政府债务全口径风险管理和报告制度；严格控制举借规模，强化政府管理债务的责任，严格控制基层政府举债，按照“谁决策、谁负责、谁受益、谁偿还”的原则实行新增债务审批制度，防止出现新增不良债务，有计划、有步骤地消化基层政府债务等。

6. 齐抓共管。县乡政府债务是历史遗留下来的且在现实中又回避不了的问题。事实证明，财政越是困难的县乡债务越重。对此，防范和化解政府债务危机已不单纯是县乡财政自身的事情，上级政府应给予高度重视，提供必要的帮助和支持，以彻底改变基层“头重、脚轻、根基浅”的现状。

河北省第九届优秀财政理论研究成果一等奖作品之一

区域财政管理初探（专著节选）

保定市财政局　吕宝生

用财篇　第一章　区域财政支出效果评价指标体系

第三节　财政支出效果评价指标内容

一、财政支出效果评价指标的主要内容

（一）财政支出效果评价指标，按其适用范围，分为综合指标和单项指标

1. 综合指标

适用于财政支出两个以上费类（含两个）的通用指标。

(1) $\text{经费支出占财政支出的比重} = \frac{\text{经费支出数}}{\text{同期财政支出数}} \times 100\%$

主要适用于教育、科学事业费、行政管理费、公检法司支出。财政支出，是指经常性财政支出。

(2) $\text{经费增长速度比同期财政收入增长速度增减百分点} = \text{经费增长速度} - \text{同期财政收入增长速度}$

主要适用于教育、科学事业费、行政管理费、公检法司支出。财政支出，是指经常性财政支出。

(3) $\text{经费增长速度比同期财政支出增长速度增减百分点} = \text{经费增长速度} - \text{同期财政支出增长速度}$

主要适用于教育、科学事业费、行政管理费、公检法司支出。财政支出，是指经常性财政支出。

(4)年度执行完成预算的比例。用公式表示为：

$$\text{年度预算调整指标占年初预算的比例} = \frac{\text{年度预算调整指标}}{\text{年初预年算指标}} \times 100\%$$

主要适用于农林水气部门事业费、教育、卫生、文体广播、科学事业费、行政管理费、公检法司支出。

(5)人年均开支水平，主要考核各项事业费支出水平

1) $\text{每万人口年均支出}=\frac{\text{实际支出数}}{\text{年末总人口数}}\times 10000$

主要适用于农林水气部门事业费、教育、卫生、文体广播科学事业费、行政管理费、公检法司支出。

2) $\text{“工资”目职工年均支出}=\frac{\text{实际支出数}}{\text{“工资”目开支年均人数}}$

主要适用于行政管理费、公检法司支出。实际支出数，是指工资目职工实际开支数，不包括助学金、离退休人员费用、差额补助费。

3) $\text{“工资”目职工年均人员经费支出}=\frac{\text{人员经费支出}}{\text{“工资”目开支年均人数}}$

主要适用于文化、教育、体育、广播、计划生育、科学事业费、行政管理费、公检法司支出。人员经费，包括工资、补助工资、职工福利费、主要副食品价格补贴，不包括离退休人员费用、助学金、差额补助费。

4) $\text{“工资”目职工年均公用经费支出}=\frac{\text{公用经费支出}}{\text{“工资”目开支年均人数}}$

主要适用于行政管理费、公检法司支出，公用经费包括公务费、设备购置费、修缮费、业务费、其他费用。

2. 单项指标

适用于财政支出某一个款项或费类的指标，分为经济效益指标和社会效益指标。

——经济效益指标

直接反映经费的筹集、分配、使用和效益的财务指标。

(1)文化事业费

1) $\text{剧团年人均财政补助数}=\frac{\text{财政差额拨款}}{\text{剧团年均职工数}}$

主要适用于各级财政部门、文化主管部门、艺术表演团体。

2) $\text{图书馆购书费占经费支出的比重}=\frac{\text{图书馆购书费实际支出}}{\text{图书馆经费实际支出}}\times 100\%$

主要适用于各级财政部门、文化主管部门、图书馆

3) $\text{“以文补文”单位占单位总数的比例}=\frac{\text{开展“以文补文”活动的单位数}}{\text{文化事业单位年末数}}\times 100\%$

主要适用于各级财政部门、文化主管部门。

(2)体育事业费，用公式表示为：

$\text{“优秀运动队”运动员年人均开支}=\frac{\text{“优秀运动队”实际支出数}}{\text{“优秀运动队”年均运动员数}}$

主要适用于各级体育主管部门、体育运动队。

(3)广播电视事业费

$\text{每千瓦小时发射费用}=\frac{\text{经费实际支出数}}{\text{播出时间数}\times\text{发射功率}}$

主要适用于广播电视主管部门及其广播、电视发射台、转播台和调频台。

(4)计划生育事业费

$\text{平均每例计划生育手术费}=\frac{\text{手术减免经费实际支出数}}{\text{手术减免经费开支的手术例数}}$

主要适用于各级财政部门、计划生育主管部门。

(5)科学事业费

1) $\text{收入收益率}=\frac{\text{纯收入(收益)}}{\text{事业收入}}\times 100\%$

主要适用于各级主管部门、各预算单位。事业收入，是指科研单位的各种收入之和，包括科研成果收入、技术性收入、中试产品收入和新产品收入、生产性收入和其他收入等。

2) $\text{技术收入率}=\frac{\text{技术性收入}}{\text{事业收入}}\times 100\%$

主要适用于各级主管部门、各预算单位。技术收入，是指科研单位开展技术转让、技术咨询、技术服务、技术培训、技术承包、技术出口、技术入股、联营分红等活动所取得的收入。

3) $\text{基金管理费水平}=\frac{\text{当年基金管理费支出}}{\text{当年基金总额}}\times 100\%$

主要适用于各级主管部门、基金管理单位。此项指标主要用于，考核自然科学基金和社会科学基金管理单位的管理费用开支水平。

4) $\text{设备利用率}=\frac{\text{设备实际使用小时(次)}}{\text{设备计划使用小时(次)}}\times 100\%$

主要适用于各级主管部门、各自然科学研究单位。设备计划使用小时(次)，是指年内根据工作计划和设备情况规定的设备运转时间或次数。设备，主要是指单位的价值较高的专用设备，其范围可由主管部门和单位，根据实际工作需要自行确定。

5) $\text{基础研究经费支出占自然科学事业费支出的比重}=\frac{\text{基础研究经费}}{\text{自然科学事业费}}\times 100\%$

主要适用于各级财政部门。

(6)档案事业费，用公式表示为：

$\text{每米档案上架整理费用}=\frac{\text{档案整理费用}}{\text{整理上架档案长度}}$

主要适用于各级主管部门、各预算单位。

整理上架档案，是指经整理和修复，并已上架可供利用的档案。

(7)公检法司支出，用公式表示为：

1) $\text{业务经费占总支出的比重}=\frac{\text{“业务经费”项实际支出}}{\text{实际支出总数}}\times 100\%$

主要适用于各级财政部门、主管部门。

2)公检法司部门办案费占公检法支出的比重

$=\frac{\text{公检法部门办案费实际支出}}{\text{公检法支出实际支出数}}\times 100\%$

主要适用于各级财政部门。

(8)行政管理费,用公式表示为:

1) $\text{单项经费人年均支出水平}=\frac{\text{单项经费实际支出数}}{\text{“工资”目年均人数}}$

主要适用于各级财政部门、主管部门考核到“目”级科目,其中公务费“目”还要考核到会议费、办公费、邮电费、取暖费等“节”级科目。

2)机动车辆年均燃修费$=\frac{\text{燃修费实际支出数}}{\text{年末机动车辆数}}$

主要适用于各级财政部门、主管部门。

3) $\text{修缮费年均支出水平}=\frac{\text{修缮费实际支出数}}{\text{年末房屋建筑物面积数}}$

主要适用于各级财政部门、主管部门。

——社会效益指标

用以反映与经费使用有密切联系的、体现事业发展成效和工作质量的指标。

(1)文化事业费,用公式表示为:

1) $\text{剧团年均演出上座率}=\frac{\text{观众总人次数}}{\text{剧场座位数}\times\text{演出场次}}\times 100\%$

主要适用于艺术表演团体。

2)剧场使用率$=\frac{\text{剧场使用时数}}{365\times 8\text{ 小时}}\times 100\%$

主要适用于各级文化主管部门、剧场。

3) $\text{每百人年均图书册数}=\frac{\text{馆藏图书总册数}}{\text{所辖地区年末人口数}}\times 100\%$

主要适用于各级财政部门、文化主管部门。馆藏图书,指公共图书馆的藏书。

(2)体育事业费,用公式表示为:

1)场馆使用率$=\frac{\text{场馆开放时数}}{365\times 8\text{ 小时}}\times 100\%$

主要适用于各级体育主管部门、体育场馆。

(3)广播电视事业费,用公式表示为:

1) $\text{广播人口覆盖率}=\frac{\text{可收听广播人口数}}{\text{年末人口数}}\times 100\%$

主要适用于各级广播电视主管部门。

2) $\text{电视人口覆盖率}=\frac{\text{可收看电视人口数}}{\text{年末人口数}}\times 100\%$

主要适用于各级广播电视主管部门。

3) $\text{自办节目播出率}=\frac{\text{自办节目时数}}{\text{播出总时数}}\times 100\%$

主要适用于广播电台、电视台。

(4)计划生育事业费

计划外生育率$=\frac{\text{计划外出生人口数}}{\text{年出生人口数}}\times 100\%$

主要适用于各级财政部门、主管部门。

(5)档案事业费

档案利用率$=\frac{\text{年末实际利用档案卷次}}{\text{馆藏开放档案总卷数}}\times 100\%$

主要适用于各级主管部门、档案馆。

(6)科学事业费

1)课题成果率$=\frac{\text{成果数}}{\text{课题数}}\times 100\%$

主要适用于各级主管部门、各自然科学研究单位。

2)成果转化率$=\frac{\text{应用成果数}}{\text{成果数}}\times 100\%$

主要适用于各级主管部门、各自然科学研究单位。

3) $\text{课题数与科研人员的比例}=\frac{\text{年末科研人员数}}{\text{课题数}}$

主要适用于各级主管部门、各自然科学研究单位。

4) $\text{科研人员占职工总人数的比重}=\frac{\text{年末科研人员数}}{\text{年末职工数}}\times 100\%$

主要适用于各级主管部门、各科研单位。

(7)公检法司支出

1)破(结)案率$=\frac{\text{当年破(结)案数}}{\text{立案数}}\times 100\%$

主要适用于各级公检法部门,立案数指公检法部门查获、或群众申报的符合立案条件的各类案件。

2)发案率$=\frac{\text{当年发案数}}{\text{当年人口数}}\times 100\%$

主要适用于各级公检法部门。

3)普法率$=\frac{\text{实际普法人数}}{\text{应普法人数}}\times 100\%$

主要适用于各级司法部门。应普法人数,是指所有能接受教育的对象。

4) $\text{每万人口中公检法人员}=\frac{\text{“工资”目开支年末人数}}{\text{年末人口数}}\times 10000$

主要适用于县级以上财政部门、主管部门。按公安、检察、法院部门分别计算。

(8)行政管理费支出

1)每万人口中行政人员 $=\frac{\text{年末人数}}{\text{年末人口数}}\times 10000$

主要适用于县以上财政部门。

2) $\frac{\text{小汽车与}}{\text{职工的比例}}$ $=\frac{\text{“工资”目开支年末人数}}{\text{年末小汽车数}}$

主要适用于县以上财政部门、主管部门。

(二)区域财政支出效果评价指标体系,按其性质和用途可分为以下几大类

1. 结构效益考核指标

重点考核各类经费支出占国民收入、财政收入、财政支出的比重。

2. 政策性指标

主要考核对国家规定的有关支出政策的落实情况。如规定政法部门公务费,要高于一般行政单位一倍安排;教育、科学事业费增长,要高于经常性财政收入增长;中小学布局调整工作,要完成规划进度;贫困地区义务教育工程,要如数配套,并保证资金到位等。

(1)经费增长速度比同期财政收入增长速度增减百分点=经费增长速度-同期财政收入增长速度

主要适用于对教育、科学事业费投入的考核。财政收入,是指本地区经常性财政收入。

(2)经费增长速度比同期财政支出增长速度增减百分点=经费增长速度-同期财政支出增长速度

主要适用于对教育、科学事业费、行政管理费类的考核。财政支出,是指本地区经常性财政支出。

(3) 中小学生均经费增长速度 $=(\frac{\text{本年生均经费}}{\text{上年生均经费}}-1)\times 100\%$

主要考核对中小学生经费的投入。

(4) 中小学生均公用经费增长速度 $=(\frac{\text{本年生均公用经费}}{\text{上年生均公用经费}}-1)\times 100\%$

主要考核中小学生公用经费增长幅度。

3. 单位经费自给率

采用以单位总收入(不包括财政补助收入和上级补助收入)占总支出的比例大小,确定财政补助的额度。

公式为:

公共支出占总支出的比重 $=\frac{\text{业务收入+其他收入}}{\text{财政总支出}}\times 100\%$

4. 资源配置的规模效益考核指标

一方面,考核各类事业布局是否合理,是否与财力相适应;另一方面,考核资源配置是否重复、效益是否最大化。

5. 决策效益考核指标

主要考核各类专款设置的决策程度,是否科学、民主、合理,财政政策的有效性和正确性。

6. 事业项目投入效益考核指标

主要考核项目对各项事业发展,提高人民的文化道德素质,满足人民群众的精神物质需要,促进经济增长等方面的效果。

7. 事业发展考核指标

主要结合预算执行考核各类事业部门事业计划的执行完成情况。

8. 定额标准效益考核指标

主要考核标准的积极性、合理性和适时性。

9. 预算执行效益考核指标

主要考核预算的科学性、合理性、权威性及约束力的强弱。

二、地方政府支出合理化评价

建立财政资金使用效益考核评价制度,有利于提高政府理财的综合效益。所谓综合效益是指涵盖经济、政治和社会多个方面的效益,即讲宏观上的效益,又讲微观上的效益。政府理财的综合效益具有战略性质,关乎党和政府的总体部署和经济发展与社会进步的全局,以效益为基本取向,来构建地方政府支出合理化评价,应重点从以下四个方面进行考核:

(一)地方经济公共支出占总支出的比重及其动态变化

公共支出占总支出的比重 $=\frac{\text{公共支出}}{\text{财政总支出}}\times 100\%$

(二)财政供养人口比重递增率

财政供养人口比重 $=\frac{\text{财政开支人数(人)}}{\text{地方总人口(万人)}}\times 100\%$

(三)卫生改善状况

1. 每万人拥有的医生、护士人数 $=\frac{\text{医生、护士人数}}{\text{年末总人口(万人)}}\times 100\%$

2. 每万人拥有的病床数 $=\frac{\text{病床数}}{\text{年末总人口(万人)}}\times 100\%$

3. 病床使用率 $=\frac{\text{一定时期内出院人数}}{\text{同期内平均开放总床总日数}}\times 100\%$

病床周转次数 $=\frac{\text{一定时期内出院人数}}{\text{同期内平均开放病床数}}\times 100\%$

主要反映病床开放利用情况。

4. 反映财务收入情况的指标

(1) 平均每床日住院收入 $=\frac{\text{一定时期内住院收入}}{\text{一定时期内病床使用日数}}\times 100\%$

(2) $\text{平均每床日药品收入}=\frac{\text{一定时期内住院药品收入}}{\text{一定时期内实际病床使用日数}}\times100\%$

(3) $\text{平均每门诊人次收入}=\frac{\text{一定时期内门诊收入}}{\text{一定时期内门诊人次数}}\times100\%$

(4) $\text{固定资产利用率}=\frac{\text{固定资产全年平均原值}}{\text{全年业务收入}}\times100\%$

5. 辖区内拥有的医院、卫生院、妇幼保健院、防疫站数量。

6. 居民健康状况。

(四)教育状况改善程度

1. $\text{每校平均学生人数}=\frac{\text{年末在校生数}}{\text{年末学校机构数}}$

主要适用于各级财政部门、教育主管部门,各级各类学校。

2. $\text{教职工与学生的比例}=\frac{\text{年末在校生数}}{\text{年末教职工数}}$

主要适用于各级财政部门、教育主管部门,各级各类学校。

3. $\text{专任教师与学生的比例}=\frac{\text{年末在校生数}}{\text{年末专任教师数}}$

主要适用于各级财政部门、教育主管部门。各级各类学校专任教师,是指专职从事教学工作的人员(包括以从事教学工作为主,兼做党政工作的人员)。

4. $\text{专任教师占教职工的比重}=\frac{\text{年末专任老师数}}{\text{年末教职工数}}\times100\%$

主要适用于各级财政部门、教育主管部门,各级各类学校。

5. $\text{学龄儿童入学率}=\frac{\text{实际入学学生数}}{\text{学龄儿童数}}\times100\%$

主要适用于各级教育主管部门、各小学。

6. $\text{生均校舍面积}=\frac{\text{年末校舍面积总数}}{\text{年均在校生数}}$

7. $\text{生均教学仪器设备值}=\frac{\text{年末教学仪器设备原值}}{\text{年均在校生数}}$

8. $\text{生均图书资料册数}=\frac{\text{年末学校公共图书总册数}}{\text{年均在校生数}}$

9. $\text{危房比例}=\frac{\text{年末危房面积}}{\text{年末房屋建筑面积}}\times100\%$

考核教育状况改善程度的指标,还有中小学生均经费增长速度、中小学生均公用经费增长速度等。

三、考核新增财政转移支付资金的使用效果

(一)建立财政转移支付资金考评体系的必要性

1. 转移支付,是财政体制的重要组成部分,是政府利用财政杠杆,实施宏观调控、实现社会公平、促进地区间经济社会协调发展的主要手段;科学规范的政府间转移支付制度,作为分税制财政体制的重要组成部分和配套措施,必须正确地谋划设计,认真组织实施,同时,必须加强监督考核。

2. 为了反映政府间转移支付的整体情况,加强转移支付政策的连续性和计划性,正确地核算和反馈转移支付,特别是专项补助性转移支付实施监督,要建立政府间转移支付的专项预算、决算和发展计划;并且按一般补助、专项补助和特殊灾害补助分别编列,这样便于考核资金使用情况。

3. 为了提高专项补助性转移支付预算,和中期计划的科学性水平,该项年度预算和中期计划草成后,应事先交给专家组进行评审论证;对上级政府给予下级政府的转移支付补助资金,要单独建立支出效果评价指标,要根据转移支付的功能目标,分别进行考核。

(二)政府间转移支付的种类

主要包括一般补助、专项补助和特殊灾害补助。

1. 一般补助的功能主要是,为财政困难地区的政权组织正常施政,和公职人员按标准享受工资福利待遇,提供财政资金保障,弥补其各项刚性财政开支来源的不足。

2. 专项补助的功能主要是,保障各地区居民享有与整个国民经济发展水平相适应的教育、医疗、文化生活、生态环境条件,帮助地方改善交通、能源等经济发展的基础设施条件,以及贯彻国家的宏观经济决策,促进各地区产业结构优化和科技进步等。

3. 特殊灾害补助的功能主要是,帮助地方及时抗御灾害和尽早完成灾后恢复,以实现人道主义和维护社会安定。

(三)财政转移支付资金的考评体系

要建立一个专门的考评体系和一系列量化指标,对其进行社会效益、经济效益的考察评价,以保障转移支付资金运用的政策性要求,和不断提高资金的使用效率。

考评体系可分为一般补助、专项补助、特殊灾害补助三个部分。

1. 一般性补助,主要考评资金运用的社会效果

考评的指标可以有:政府施政能力和政府提供公共服务水平两大类。

(1)政府施政能力可细分为:公职人员工资福利待遇,包括工资标准、福利补贴及发放进度、发放数

额等具体量化指标。

(2)政府提供服务水平可分解为:必要公共设施,如:市政建设、文体活动场所、学校、公共交通等的数量、质量;基本生活环境,如:社会治安状况、环境保护水平、劳动就业率,中小学就学率、副食品生活保障等。这些具体的指标,可制定出详细的数量化可操作的标准和等级,依此标准计分考评。

2. 专项补助,主要考评专项资金的运用方向和使用经济效率

(1)对专项资金,首先要考评该资金是否被运用到指定项目,有无被挪用现象,从使用方向上严格把关。

(2)对每一个具体项目资金使用效率的考察,可以根据各项目的特点,单独制定考核标准。如:教育专项补助,要考察资金在各类学校间的使用比例、添置教育设施的数量;符合入学条件的学生就学率,在校学生总数及构成等项;医疗专项补助,要考察新建、扩建医疗设施,如医院、卫生院、保健院、救护中心、防疫站等的数量、水平、每万人拥有的医生人数、护士人数、病床数等指标;交通专项补助,要考察新建、改建铁路、公路里程数及标准提高的幅度、单位面积内交通道路的里程、质量等各项具体指标。

3. 特殊灾害补助,主要考评该项补助资金对灾后重建所产生的社会效果和经济效益

考评指标可以有:恢复基础设施,如桥梁、涵洞、水库、道路等的数量,帮助居民重建家园的房屋、校舍、厂矿的总数,以及救助灾民发放钱物、衣被数量、灾后恢复生产的程度等一些指标。

第四节　区域财政支出效果评价方法

一、支出效果评价的一般方法

(一)各级财政部门、财务主管部门和基层预算单位,在考核工作中,一般采用主要指标百分制量化考核办法。

(二)考核指标的计算,可采用比较法、比例法、定额法、因素分析法,在对不同地区、部门和单位进行考核时,应采用因素调整法,力求考核结果更加科学、合理。

二、公共预算支出的效率评估方法

(一)成本—效益分析方法

成本—效益分析,是用来衡量非盈利组织的,各项特种服务项目所产生的效益,是否与其成本相当的一种分析方法。它主要运用经济学、数学和系统科学等方面的知识,按照一定的程序准则和公式,分析决策(如工程项目、方案和规划、社会措施等)会给社会造成的与带来的效益,为决策的改进提供科学的依据。这种分析方法,主要研究如何使资金和资源分配,达到成本与收益的最佳比例关系,实现收益最大化。

在西方国家中,成本—效益分析方法,被广泛应用于对财政支出的社会经济效果,进行考察和评价,包括教育、环境保护、就业训练、交通运输、城市和地区建设、社会福利和对外援助等方面。

了解成本—效益分析方法,必须首先明确这样几个基本概念:

1. 成本—效益

这里的成本与效益包括直接的和间接的两个方面,即直接成本和直接效益、间接成本和间接效益。

(1)直接成本,是一个项目本身的具体支出和投入;直接效益,则是这个项目本身的具体收益或产出。

(2)间接成本,是由于某个项目的存在,而引起的项目以外的社会支出或投入;间接效益,则是由于该项目的存在,而引起的项目以外的社会收益或产出。

成本—效益分析,要求尽可能全面、完整地考虑直接的与间接的成本和支出。

2. 效益的衡量—价值标定

在现代社会,成本总是采取货币的形式发生,即直接表现为一定的货币金额,但效益就比较复杂。

(1)对于那些易于直接以货币形式来衡量其价值的效益,被称为钱衡效应。

(2)对非钱衡效应的价值标定,一般采用非数量化、影子价格和补偿差异这三种方法来处理,其中以补偿差异最为常用。

3. 补偿差异

就是一个计划项目的存在,将使社会经济系统内的某些元素的现有存在状况产生差异——变好或变坏,亦即受益或受损。从补偿的角度看,就表现为补偿差异。

4. 收益最大化

收益最大化的主要涵义

(1)它意味着在资源一定的条件下,使平均收益最大化,即总收益减总成本的差额最大。

(2)在公共部门可支配资源尽可能全部花费掉的情况下,使总收益最大。

(二)成本—效益分析方法的基本原理

在多种可供选择方案的情况下,首先,根据一定的方式,计算出每种备选方案的成本和收益;然后,将收益与成本相比,所得比值按从大到小排列;在此基础上,确定选中方案。在选择方案时,基本前提是:

1. 要使收益—成本比率大于1。

2. 资金全部分配完毕时,选择的方案量也确定下来;选择哪种方案,取决于选择方案的原则。

3. 所剩资金最小原则。

这三个原则,也就是前面阐述的三种意义上的收益最大化。

(三)成本—效益分析的工作程序及其具体内容

目前,在西方国家广泛运用,并被认为是最行之有效的成本—效益分析工作程序,是效益分析的八步工作,各步的名称和内容如下:

1. 明确决策者及其价值观

就是指出哪些人应在分析中加以考虑,不同的人受不同效应的影响程度如何,以及对不同类型的效应,根据其相互关系进行加权。

2. 确定各种选择,就是要明确有哪些决策的选择,一笔资金如果不被用于某一计划,就可以被用于另一计划;因而,通过这个计划所带来的效应,必须与此资金作为他用时,所能取得的效应作比较。要将资金支出计划,与这笔资金的其他各种可能的投向计划相权衡。

3. 确定费用,包括计划的支出、投入,或是因为资金用于该计划,而不能用于其他用途而造成的效益损失。

4. 确定效应,从理论上说,每一个因为计划的存在,而比原来处境好的人,都是受益者;一般地说,直接成本与效益,是比较容易确定的,但间接成本与效益的确定,往往比较困难,特别是在直接效应较小,而间接效应较大的情况下,效应的确定尤为困难。直接效应越小,就越不容易明确间接效应。

5. 用货币形式对效应进行标价,这就是对所有确定了的成本和效益,都要以每一个受计划影响的人的补偿差异来进行标价,从而使效应在价值标定上,以货币形式可比,以便于具体地比较和计算。

6. 折算,是出于对时间因素的考虑,把在某一时刻的用钱,或其他价值单位(如效用性单位)标价的效应,转换为另一时刻的用钱,或其他价值单位的价值,以便使不同时间发生的成本和效益,可以相比较。在这个转换中,把某一年的价值,与上一年或下一年的价值联系起来的一个数字,就是折算率。

7. 考虑分配性效应,不同的价值观下,分配所产生的效应也不一样。

8. 汇总与解释已被标价的效应,就是将一个计划的效应汇总起来,计算出净效益或效益成本率,然后,对计算结果,根据分配性效应方面的考虑,和决策者的价值观进行解释,得出分析结论。

总的看,成本—效益分析方法比较科学,对支出所产生的社会效益,进行定量分析比较,有助于对支出进行科学决策,提高支出效益。我们应该很好研究,吸收借鉴这一方法,应用到财政支出,特别是公益性和建设性支出管理当中。

河北省第九届财政理论研究成果一等奖作品之二

中国财政改革:立足点、着眼点与着手点

管荣开

财政改革的立足点:公共财政与民主财政

公共财政是全面贯彻“三个代表”重要思想的明确体现,是全面建设小康社会的基本保障,是构筑社会主义市场经济体制的紧要环节,是合理转变政府职能的迫切需要。建立和完善社会主义公共财政事关治国安邦、强国富民大计。把建立科学、规范、完善的“公共财政”总体框架作为中国财政改革的立足点和归宿,应该是没有疑义的。

(一)关于公共财政

自我国确定建立公共财政的5年来,大家对于公共财政虽然都有了一定的认识和理解,但由于实践的时间还比较短,经验教训还不够丰富,有些人的认识还比较肤浅,仍然沿袭计划经济的思路,认为财

政支持经济发展就是把财政资金大量地投向生产性、经营性领域，坚持大办“官营”工商企业，在资金不足时甚至不惜背上沉重的债务包袱；有的或许是受地方利益、个人利益的驱使，大搞脱离实际的所谓“形象工程”、“政绩工程”，而对教师干部工资、社会保障、支农资金等社会公共需要的支出该保的不保。发展经济作为党和国家政策的基本点，财政自然应该给予支持和配合。但在市场经济下，经济发展有其自身客观的规律。只要是生产资源丰富、产品优质畅销、经济环境优良、税费负担较轻、企业利润丰厚，企业自然会有迅速的发展，并且会吸引大量的社会投资；“经济”有工业经济、农业经济、第三产业经济，在三者现有比例下应该支持哪个产业发展？经济建设又分生产加工企业和基础设施建设。对这二者应该如何分别支持？“经济”有国有经济、民营经济，应该支持哪种类型发展？这在财政给予“支持”之前都是需要认真讨论的。再者，一般而言，财政支持经济发展首先就要多支出，多支出的前提是多收入、多收税，这又与“支持经济发展”相矛盾。这里存在一个合适的“度”。而这是要靠建立在公共财政基础上的税收法规和政策解决的问题。

再比如，当提到支持经济发展时又常说“要集中财力办大事”。这里也有必要先搞清什么是“大事”，搞清“大事”和“小事”的辩证关系；现有的财力是如何分散的，哪些财力可以集中，哪些财力不能集中，“大事”如何办，由谁来办等等。“经济发展”是客观运动，“发展经济”是人的主观愿望。当人们发展经济的主观愿望与经济发展的客观规律相符合时，经济就能得到健康、持续的发展；当二者不相符合甚至违背时，经济就可能畸形“发展”。或者走上弯路，甚至出现倒退。因此，还需要从更高层次上加深对公共财政的认识，进一步加快改革完善公共财政体制。这里的关键便是要用公共财政的理论、观点分清哪些产品是非公共物品，是可以和应该由市场提供的，哪些是公共物品，是应该由财政提供支持的。这些公共物品中哪个又是最短缺的。是财政必须首先支持的，从而把“好钢”真正用在“刀刃”上，使财政资金产生良好的社会经济效益。

（二）关于民主财政

财政的民主化建设在我国历来是个薄弱环节，平时强调不多，重视不够，因此关键时刻往往出问题。目前我国社会经济中存在的诸如国有资产严重流失、社会保障体系不健全、社会贫富差距偏大、农民负担仍然过重等问题，除了社会生产力水平、经济管理水平较低的原因外，政治管理、财政管理缺乏民主化也是重要因素。

政治是经济的集中表现，财政是经济与政治的结合部。民营经济的发展相应要求政治的民主化和财政的公共化。公共财政是一种体制，也是一个结果。财政要支持经济发展，公共财政要合理有效地提供公共物品，其保障措施和切实手段就是民主财政。民主决策、民主财政一旦实行，违背公共财政原则的事便一般不会发生，即使发生也会减少到最低程度。

有无经常的、认真的批评和评论，是民主政治、民主财政的试金石，是财政监督的有效形式。开展认真的而不是敷衍的、及时的而不是过时的、公开的而不是“私下”的批评和自我批评，是毛泽东倡导的党的三大优良作风之一。这种优良作风有些久违了，现在应该继续发扬光大。还是罗素认为。在同一张报纸上用相当篇幅发表不同观点。是民主政治的良好体现，这能使读者通过比较，自己判断是非，从而减少许多偏见。如果报纸总是一种观点、一种论调，只是“表扬和自我表扬”，那就与批评和自我批评背道而驰，从而离民主政治相去甚远。那些脱离实际的所谓“形象工程”、“政绩工程”之所以不能及时制止，就是因为缺少民主监督，缺少批评，缺少社会正气。在现实条件下，接受人大的监督和审议是最有实际意义的，同时更要发展充分广泛的人民监督。

财政改革的着眼点：
政府职能转变与依法理财

财政，从字面看，是“财”与“政”的结合：“以政敛财”时，“政”是“财”的靠山；“以财行政”时，“财”是“政”的依托。这里的“财”是与“政”即公共管理、国家政治相联系的“财”，“政”是与管理公共“钱财”相联系的政府事务。财政的职能是以分配为主线，并再派生出资源配置、调节、监督三大方面。各级政府是财政分配的主体，它们以国家权力为依托，并藉靠财政分配来履行政府的各种职能。政府作为公共钱财的管理者。其政治经济职能决定了它对公共钱财的分配和使用的特性。

（一）关于职府职能转变

建国以来直至改革开放之前的 30 年间，我国实行单一的计划经济体制。这在取得巨大成绩的同时,也走了一些弯路。中央计划包揽一切,对生产经济统得过多过死,分配上的平均主义等,严重挫伤了生产者的积极性,同时也造成宏观经济中的产需脱节,比例不协调。这种缺乏科学性的计划经济体制与其称之为"计划经济",不如称之为命令经济、统制经济更恰当些。改革开放以来,中国逐步实行社会主义市场经济体制,就是以市场作为资源配置的基础性手段,社会经济活动主要通过市场发生联系,一切经济活动都要遵循价值规律。政府通过财政、税收、金融等经济杠杆来间接地调控经济,实行适当、适度的干预。政府职能与财政分配之间紧密相连、互相依赖的关系,决定了财政改革的着眼点应该也必须放在政府职能转变上。

我国已经加入了世界贸易组织。这对我们既是巨大机遇,又是严峻挑战。世贸组织是政府间的组织,它所约束的第一主体就是各成员方政府。各缔约方政府对世贸组织的规则和协议必须严格遵守,并对以前的职能、行为作出必要的调整。对于世界上人口最多、且正在从传统计划经济向市场经济过渡的我国,特别对于社会的组织者和管理者来说,各级政府如何应对挑战,其意义和作用更为重要。政府要扩大市场调节的范围和规模,完善和加强对宏观经济的调控和管理;要组织和管理好公共物品的生产,加强公共基础设施的建设;要制定健全的市场运行规则,规范市场交易行为,营造统一开放的市场环境,保护市场的公平竞争。这就要求政府继续转轨变型,改革过去传统的管理理念、管理模式和管理方法,关键就是要扭转政府"越位"和"缺位"情况。必须改变过去那种大包大揽、事无巨细无所不管、凡事必由政府部门审批的做法。只要是市场机制能够解决的问题,政府就不要介入,财政就不需支持,不要越俎代庖,否则就是浪费国家财力,就是"越位";凡是社会公共需要而市场不能有效地提供、必须由政府提供的物品和服务,财政则要积极介入,尽力支持,不能推诿,不能"缺位"。要完全解决政府的职能"错位"问题,就是要实行政府职能的改革,从计划经济的统管一切的职能转移、定位到为市场经济和社会发展提供"到位"的公共服务上来。

政府与经济的关系突出地表现在政府和企业的关系上。我国计划经济的组织基础就是大量的国有、国营企业。与高度集中的计划管理体制相适应,国家对企业长期采用集中的统收统支办法。对国有企业的改革是中国经济改革中最重大而又最复杂的问题。这当中,政府方面占据着主导的地位,是矛盾的主要方面。政企关系的规范在政府,政企是否分离、如何分离在政府,建立"产权清晰、权责明确、政企分开、管理科学"的现代企业制度关键也在政府。政企关系特别在财政和企业财务中鲜明地体现出来。从改革前的统收统支与奖励基金制度,到改革后的利润留成,从两步"利改税"到承包制,再从税利分流到今天的所得税分享,各级政府与企业的关系从亲密无间到逐步分离,越来越合理、规范,向现代企业制度迈进。这既是政府职能转变的结果,也是政府对企业财务关系改革的结果。同时,这既是政府职能进一步转变的动因,也是财政继续改革的强大动力。

党的十六大报告提出要"按照精简、统一、效能的原则和决策、执行、监督相协调的要求,继续推进政府机构改革。"要通过行政体制和机构改革,转变政府职能,建设"行为规范、运转协调、公正透明、廉洁高效"的政府。机构改革是政府职能转变的前提条件,政府职能转变又是机构改革的原则基础。财政资金使用分散其背景就是政府职能的肢解。适应市场经济的政府职能定位对了,政府职能的转变就有了明确的方向,机构改革就有了具体的目标,财政资金的分配也就有了科学合理的标准。财政改革的每一步必须紧盯着政府职能的转换,政府要干什么,财政就要及时跟上;政府不再干什么,财政就要迅速撤退。因此,政府的职能转换正是财政改革的着眼点。

(二)关于依法理财

市场经济条件下,政府的经济职能就是正确处理效率与公平的关系,促进市场效率,保持社会公平。依法理财是为了实现财政的规范运行,抵制不适当的行政干预和长官意志,减少工作失误,提高财政资金的使用效益。归根到底,是为了实现全社会资源配置的公平与效率,保证国家政治、经济和社会的平稳健康发展。依法理财是依法治国、依法行政的重要内容,又是建立公共财政、民主财政的核心问题。

依法理财首先要求实行"公开财政",形象地可称为"阳光财政",即政策公开透明、腐败无处藏身、百姓能够了解、人大便于监督、政府行政效率提高、社会诚信和法治程度加强的财政状态。这就要求信息公开透明，资金完整统一，各项开支具有明确的标准和定额，还要接受有效的外部监督。

财政监督的目的是保证财政活动切实遵守国家的法律、法规和有关的方针政策，同一切违反法律、法规和财经纪律的行为作斗争。强化财政监督是保证财政管理和改革任务实现的重要条件，也是实现民主财政的可靠手段。不仅要加强财政内部的监督，还要加强人大、舆论和社会各界的外部监督；不仅要重视加强财政事后的监督，特别要加强事前和事中的监督。要严格整顿财政收支秩序，完善财政监督机制，提高财政监督水平。

新中国成立后，旧社会遗留下来深厚的封建专制传统并未肃清，加上革命者对西方法律的蔑视，使得我国没有健全完备的法律体系，国家活动中缺乏依法办事的规程，国家的政治、社会和经济生活仍然在很大程度上因循着“人治”和“礼治”的老路。我国的财政法律法规也一直处于不完备、不健全的状态。那些脱离实际的所谓“形象工程”、“政绩工程”，说到底不过是“长官工程”，是“人治”的体现。党的十六大再次强调“必须严格依法办事。任何组织和个人都不允许有超越宪法和法律的特权”，“坚持有法可依、有法必依、执法必严、违法必究”，这对我国公共财政和民主财政的建立和完善也是完全必要、非常及时的。

财政改革的着手点：调整支出结构与加强制度建设

公共财政体制的建立与政府职能转变都是改革的目标，它们的实现需要有一个过程。作为执行具体财政职能的部门，改革的着手点要放在调整财政支出结构、通过制度建设加强支出管理、提高财政资金分配效益上。

(一)关于调整支出结构

广义的财政包括收入和支出两个方面，而调整财政支出结构、加强支出管理的意义较之对收入管理更大。财政收入讲的是国家聚财，国家聚财之道在于聚财有度，聚财的“度”是由公共需要和私人需要之间的数量关系决定的，既不是越少越好，也不是越多越好。聚财还要讲究公平、合理，要完善税制，公平税负。要依法征收，依法减免，降低税收成本。这时有财政的部分职能，但主要有专职的税务部门负责。财政收入具有客观性、不确定性即预测性；相比而言，财政支出更具有主观性和决策性。对财政部门来说，如何分配财政资金、如何有效地管理好财政资金更为重要。因为，“取之于民(纳税人)的财政资金如果真的完全“用之于民”，则多取一些或少取一些问题并不很大，即对聚财“度”的掌握可以不必太过严格，稍有过度人们也能承受；但若财政资金不是完全用之于民，不是为满足公共需要，而是被某些人乱支滥用，造成浪费，甚至拿去用于私人目的，大肆挥霍，搞公款消费、贪污腐败，则定会导致纳税人和广大民众的不满，严重的还会引起反抗。所以财政资金的分配和管理更是重大问题。调整优化财政支出结构，分对、管严、用好财政资金，应该成为国家专司其职的财政部门改革的着手点。

(二)关于财政制度建设

财政机制的创新和运行有赖于制度作保证。已经形成的、经过实践检验的制度要严格遵守；成熟的改革成果要得到巩固，也要通过正当的程序，把它提升为法律、法规或规范性制度。

国家管理也同企业经营一样，在提高管理水平的同时也应该降低施政成本。市场经济要求的是“小政府、大社会”。“小政府”不仅人员要精干，费用还要低廉。政府机构改革不仅机构要撤并，人员要减少，行政经费支出也要降低，主要是占财政总支出的比重要逐步降低。有些地方政府财政收入增长不快，供养人员过多，再加上人均经费水平提高，行政经费支出增速过快、比重偏高，这一方面是人员编制控制不紧；另一方面是行政经费掌握不严。如果某级政府的行政经费总量、其占财政支出或收入的比重以及上级财政补助的限量从制度上严格规定，用费用控制来达到严格的人员控制，“小政府”和廉洁政府的目标就一定能实现。

财政预算是国家意志的体现，是政府收支计划的法律性文件，是财政工作的“宪法”。预算是上一财政年度支出结构调整的总结性成果，也是规范本年度财政支出结构调整的纲领性文件。因此，财政支出结构调整从预算编制开始就要抓紧抓好。要把《预算法》第三十条规定的“贯彻厉行节约、勤俭建国的方针”，“统筹兼顾、确保重点，在保证政府公共支出合理需要的前提下，妥善安排其他各类预算支出”落到实处。财政预算要实行编制、执行和监督相互分离、相互制约的运行机制，采取部门预算和功能两种管理形式，对预算外资金实行“收支两条线”管理，对预算内外资金实行综合预算，对财政信息管理实行电子化、网络化。

政府预算执行和调整是组织政府预算收支实现，并对其平衡和监督的过程。只有政府预算的正确执行才能把国家的财政收支计划由可能性变为现实性。因为收入的客观性和不完全确定性，预算执行主要是对支出的调整、平衡。通过对各项支出进度的控制(同时也是对“即期”支出数量和结构的调整)，及时解决预算执行中出现的问题，最后实现政府预算的动态收支平衡，并切实履行财政代表国家宏观调控经济的职能。

国库集中收付制度是将所有的财政性资金集中在国库或其指定的银行账户，所有的财政支出均通过这一账户拨付。集中收入，加强管理，防止挤占挪用，保证及时足额入库，这是集中收付中“收”的内容。集中收付更主要的是对财政资金支出的集中管理，是集中支付，是对从预算分配到资金拨付、资金使用、银行清算，直至资金到达商品或劳务供应者账户全过程的监控。管住、管好支出资金，才能真正硬化预算约束，从源头上杜绝各种不合理的奢侈浪费行为，防止腐败滋生蔓延。因此，它是预算执行的关键制度。

政府采购制度是对用财政资金购买商品、工程和劳务方式的规范化管理。花财政性资金搞政府采购，切实遵循公开、公平、竞争的原则，进行规范化操作，不仅直接降低采购成本，节省财政支出，提高财政性资金的经济效益，而且有利于实现政府对生产和消费的宏观调控，有利于形成有效竞争的市场环境，提高微观经济效率，还能大量减少政府官员的“寻租”行为，促进政府的廉政建设。这也是财政对资金支出管理职能的必要的延伸和加强。

发展社会主义市场经济在我国是一项伟大的事业。全面建设惠及十几亿人口的富强、民主、文明的小康社会更是一个宏伟的目标。建立和完善与之相适应的公共财政体系也是一项艰巨复杂的系统工程。财政改革任重而道远。这就需要财政改革的推进者们脚踏实地、坚定立场，更新观念、放远眼光，努力实干、拼博向上，不辜负党和人民的殷切期望，圆满完成历史赋予的光荣使命，在财政改革和发展中实现自己的理想和价值。

河北省第九届财政理论研究成果一等奖作品之三

“税收管制”条款的法律源流(节选)

河北省地税局课题组

三、我国当前税法中关于税收管制的条款及其渊源

(一)税收管制权是一个渐次增广的过程

1986年以来，税收征管法律、法规不断走向成熟的过程，也是一个税收管制权日益扩张的过程。这种管制权的层累递进、次第积累有一种“滚雪球”效应，对于强化税收征管能力产生了良好的促进作用。

1986年《征管条例》，赋予了税务机关以下税收征管权：

1. 核定税额权。第十八条规定：纳税人发生纳税义务超过三十日或者超过税务机关核定的纳税期限十五日，未向税务机关申报纳税的，主管税务机关有权确定其应纳税额，限期缴纳。

2. 责成提供纳税担保权。第二十四条规定：“对从事临时经营的纳税人，主管税务机关可以责成纳税人提供纳税担保人或者预缴纳税担保金限期进行纳税清算。逾期未进行纳税清算的，由其保证人负责缴纳税款，或者以纳税保证金抵缴税款。”

3. 实施相关措施的权利。第三十八条规定：纳税人拖欠税款、滞纳金、罚款，经催缴无效，主管税务机关可以酌情采取以下措施：

(1)正式书面通知其开户行扣缴入库；

(2)吊销其税务登记证，收回由税务机关发给的票证，限时缴纳；

(3)提请工商行政管理部门吊销其营业执照，停止其营业，限时缴纳；

(4)采取以上一、二、三项措施无效时，由税务机关提请人民法院强制执行。

1992年《征管法》在进一步规范和充实以上征管权的基础上，又追加了以下权力：

1. 税收保全措施执行权。

2. 税收强制执行措施实施权。

3. 离境清税。

2001年征管法修订与1986年的《征管条例》、1992年的《征管法》相比，新《征管法》在扩充了某些管理权（如发票管理权）的基础上，又使税务机关的税收执法权力增添了新的内容，使税收管理权更具现实性。

为确保国家税收利益得到保全，新《征管法》第四十五条、第五十条规定了税收优先权、税务机关代位权和撤销权。

为使税务机关的税收保全措施和强制执行措施得到延伸，新《征管法》第三十七条规定了对于“未按照规定办理税务登记的从事生产、经营的纳税人以及临时从事经营的纳税人”采取简单程序的税收保全和强制执行的处理办法，在第五十五条规定了对“从事生产、经营的纳税人以前纳税期的纳税情况依法进行税务检查时”依法采取保全措施和强制执行措施的处理办法。

为使税务检查更为彻底，新《征管法》第五十四条增加了“税务机关在调查税收违法案件时，经设区的市、自治州以上税务局（分局）局长批准，可以查询案件涉嫌人员的储蓄存款”的权力等等。

在税务机关可以选择的税收行政措施方面，从《征管条例》时仅仅限于罚款、吊销税务登记证等，到1992年《征管法》第六十条追加的没收非法所得，新《征管法》又增加了收缴发票和停供发票、停止办理出口退税两种，使税务机关的可以运用的“组合拳套路”日益丰富。

（二）目前我国税法（主要是税收征管法）中涉及税收管制的主要条款及其基本渊源。

税收管制包括强制检查、强制保全、强制拍卖（扣缴）、代执行、执行罚、即时强制等。它涉及对人身自由的限制、对财物的扣押、查封、拍卖、对资金的冻结及划拨、对有关权利许可资格的停止或撤销。其各种形态在税收法律及执法实践中均有体现。

1. 税收保全措施：包括规范形式的税收保全、简易形式的税收保全、税务检查中的税收保全等几类。

征管法第三十八条规定了规范的税收保全程序：税务机关有根据认为从事生产、经营的纳税人有逃避纳税义务行为的，可以在规定的纳税期之前，责令限期缴纳应纳税款；在限期内发现纳税人有明显的转移、隐匿其应纳税的商品、货物以及其他财产或者应纳税的收入的迹象的，税务机关可以责成纳税人提供纳税担保。如果纳税人不能提供纳税担保，经县以上税务局（分局）局长批准，税务机关可以采取下列税收保全措施：

（1）书面通知纳税人开户银行或者其他金融机构冻结纳税人的金额相当于应纳税款的存款；

（2）扣押、查封纳税人的价值相当于应纳税款的商品、货物或者其他财产。

纳税人在前款规定的限期内缴纳税款的，税务机关必须立即解除税收保全措施；限期期满仍未缴纳税款的，经县以上税务局（分局）局长批准，税务机关可以书面通知纳税人开户银行或者其他金融机构从其冻结的存款中扣缴税款，或者依法拍卖或者变卖所扣押、查封的商品、货物或者其他财产，以拍卖或者变卖所得抵缴税款。

简易形式的税收保全即属于所谓的即时强制。征管法第三十七条规定：对未按照规定办理税务登记的从事生产、经营的纳税人以及临时从事经营的纳税人，由税务机关核定其应纳税额，责令缴纳；不缴纳的，税务机关可以扣押其价值相当于应纳税款的商品、货物。扣押后缴纳应纳税款的，税务机关必须立即解除扣押，并归还所扣押的商品、货物；扣押后仍不缴纳税款的，经县以上税务局（分局）局长批准，依法拍卖或者变卖所扣押的商品、货物，以拍卖或者变卖所得抵缴税款。

税务检查中的税收保全（强制执行措施）相对于规范程序而言也是一种特别管制措施。征管法第五十五条规定：税务机关对从事生产、经营的纳税人以前纳税期的纳税情况依法进行税务检查时，发现纳税人有逃避纳税义务行为，并有明显的转移、隐匿其应纳税的商品、货物以及其他财产或者应纳税的收入的迹象的，可以按照本法规定的批准权限采取税收保全措施或者强制执行措施。

2. 税收强制执行措施。征管法第四十条规定：从事生产、经营的纳税人、扣缴义务人未按照规定的期限缴纳或者解缴税款；纳税担保人未按照规定的期限缴纳所担保的税款，由税务机关责令限期缴纳，逾期仍未缴纳的，经县以上税务局（分局）局长批准，税务机关可以采取下列强制执行措施：

（1）书面通知其开户银行或者其他金融机构从其存款中扣缴税款；

(2)扣押、查封、依法拍卖或者变卖其价值相当于应纳税款的商品、货物或者其他财产，以拍卖或者变卖所得抵缴税款。

征管法第八十八条第三款规定：当事人对税务机关的处罚决定逾期不申请行政复议也不向人民法院起诉、又不履行的，作出处罚决定的税务机关可以采取本法第四十条规定的强制执行措施，或者申请人民法院强制执行。

税收保全与强制执行条款的引入，拉开了我国税收管制条款的法律移植的序幕。为了引进这两项重要条款，法工委的研究单位曾经对美、英、法、加、日、德、荷、印度等国以及港台地区关于税收征收管理的不同法律规定做了调查研究。激烈的讨论和周密的研究之后，税务机关在依法取得了采取查封、扣押措施(税收保全)权利的同时，也取得了不经申请法院强制执行而采取变卖、划拨措施(强制执行)的权利。

3. 关联企业间业务往来的税收处理。征管法第三十六条规定：企业或者外国企业在中国境内设立的从事生产、经营的机构、场所与其关联企业之间的业务往来，应当按照独立企业之间的业务往来收取或者支付价款、费用；不按照独立企业之间的业务往来收取或者支付价款、费用，而减少其应纳税的收入或者所得额的，税务机关有权进行合理调整。

对关联企业转让定价的税收处理，是一个国际性的经典话题。

在这方面，先进国家的有关作法都构成这项税收管制措施的渊源。从性质上看，纳税核定与此相通。

4. 离境清税。征管法第四十四条规定：欠缴税款的纳税人或者它的法定代表人需要出境的，应当在出境前向税务机关结清应纳税款、滞纳金或者提供担保。未结清税款、滞纳金，又不提供担保的，税务机关可以通知出境管理机关阻止其出境。

离境清税可视为一种轻度规模的限制人身自由的作法，是征税权作为一种政治主权的体现。香港的《税务条例》也规定：欠税者在未缴清税款前试图离开香港的，税务部门可将欠税者的姓名、住址或营业所、欠税详情通知法院，要求协助。法院将通知警方采取必要行动，包括强制不让离开香港。我国在设定这项立法时，简化了报经法院的程序，可以大大提高限制离境措施的效率。

5. 代位权与撤销权。征管法第五十条规定：欠缴税款的纳税人因怠于行使到期债权，或者放弃到期债权，或者无偿转让财产，或者以明显不合理的低价转让财产而受让人知道该情形，对国家税收造成损害的，税务机关可以依照合同法第七十三条、第七十四条的规定行使代位权、撤销权。

代位权与撤销权的法律渊源是中华人民共和国合同法。此项权利的设定，从法律上确认了税收征管行为做为一种国家债权的追索行为的实质。而且，代位权还在一定程度上启发更广阔的管理思路(比如代执行)。

6. 停办出口退税。征管法第六十六条第二款规定：对骗取国家出口退税款的，税务机关可以在规定期间内停止为其办理出口退税。

7. 停供发票。征管法第七十二条规定：从事生产、经营的纳税人、扣缴义务人有本法规定的税收违法行为，拒不接受税务机关处理的，税务机关可以收缴其发票或者停止向其发售发票。

停办退税和停供发票，是一种对于纳税人既定权利的冻结。其现实渊源应为近年来国家基于出口退税和发票管理环节上的反避税、反偷税方面所获取的经验和教训。

8. 纳税核定。征管法第三十五条规定：纳税人有下列情形之一的，税务机关有权核定其应纳税额：

(1)依照法律、行政法规的规定可以不设置账簿的；

(2)依照法律、行政法规的规定应当设置但未设置账簿的；

(3)擅自销毁账簿的或者拒不提供纳税资料的；

(4)虽设置账簿，但账目混乱或者成本资料、收入凭证、费用凭证残缺不全，难以查账的；

(5)发生纳税义务，未按照规定的期限办理纳税申报，经税务机关责令限期申报，逾期仍不申报的；

(6)纳税人申报的计税依据明显偏低，又无正当理由的。

税务机关核定应纳税额的具体程序和方法由国务院税务主管部门规定。

纳税核定又称“推定课税”(美国)，或“推计课税”(日本)，是一些发达国家已经确立了的较为成型的课税技术。这种技术可以理解为一种具有强制含义的推定技术。一般而言，推定的结果至少应该足以弥补纳税人正常纳税所应达到的税额，或者略高于这个数额。纳税额由税务当局推定而不是由纳税人申报或双方“商定”，这本身就具有足够的管制色彩。

9. 滞纳金。征管法第三十二条规定：纳税人未按照规定期限缴纳税款的，扣缴义务人未按照规定期限解缴税款的，税务机关除责令限期缴纳外，从滞纳税款之日起，按日加收滞纳税款万分之五的滞纳金。

滞纳金，又称执行罚（德国 1953 年行政强制执行法）、强制金（德国 1957 年莱茵邦柏尔兹行政强制执行法）、罚锾（中国台湾 1947 年“行政执行法”）、怠金（中国台湾 1998 年“行政执行法”）、强制罚（西班牙 1958 年行政程序法），用来催促义务人履行相应行为。

10. 强制检查。征管法第五十四条规定：经县以上税务局（分局）局长批准，凭全国统一格式的检查存款账户许可证明，查询从事生产、经营的纳税人、扣缴义务人在银行或者其他金融机构的存款账户。税务机关在调查税收违法案件时，经设区的市、自治州以上税务局（分局）局长批准，可以查询案件涉嫌人员的储蓄存款。税务机关查询所获得的资料，不得用于税收以外的用途。

强制检查目的在于查明情况。但因为与商业银行法承诺的保密规定相冲突，所以具有相当的管制特征。

河北省第九届财政理论研究成果一等奖作品之四

“入世”后我国财政面临的机遇与挑战（节选）

河北大学　孙健夫

三、我国财政面对“入世”挑战的应策

面对“入世”给我国财政运行带来的机遇与挑战，我们应抓住有利条件，克服其不利影响，力争使其成为优化我国财政运行质量和环境的转折点。

第一，努力开辟财源，增加财政收入。“入世”后我国的税收虽然总体上会呈上升趋势，但面对国外资本大规模进入所引起的公共需求的增长，我国财政收入的现有水平将难以承受更大规模的支出要求。因此，要保持财政稳定运行，就需要开辟其他财源。以下方法值得考虑：(1)清理和规范税收减免政策。1994 年我国税制改革后，对税收优惠政策做了较大范围的清理和调整，但仍有大量不合理的优惠政策被保留下来。如项目过多，内容庞杂，未能形成一个有机的整体等。为此，有必要按照突出重点、有限支持、确保成效的原则，对我国现行税收优惠政策进行一次全面、深入的清理，最大限度地剔除其不合理、不适当、不规范的成份。(2)加快税收改革步伐。政府机构的各种预算和制度外收费项目大量存在，对税基造成了严重侵蚀，国家预算内收入占 GDP 的比重过低，而企业又不堪重负。为适应建立公共财政目标的要求，从长远看，必须将所有政府收入全部纳入统一的国家预算；从近期看，则要加强预算内的规费和罚没收入管理，坚决制止部门私自留用；对现行预算外具有税收性的收费要改为税收，使其进入预算内管理轨道；暂时需要保留下来的收费，也应从制度外纳入预算内，实行专户存储、收支两条线管理。(3)加快产业结构调整。目标是实现资源配置的合理化，并以此为基础促进经济质量和效率的提高。财政收入的增加，说到底还是要依赖于 GDP 中新增产值的扩大。产业结构调整的过程，是创建资源优势产业、消除重复建设对资源低效利用和产业升级的过程，这都会使新增产值在 GDP 中所占比重得到提高。(4)扶持非国有经济发展。加入 WTO 后，国家财政不只是依赖于国有企业，而是要依赖于各类企业。无论是内资还是外资企业，无论是国有还是非国有企业，都应平等对待。

第二，优化国债市场质量与环境，防范财政风险。为此，必须从优化质量和运行环境两方面入手。首先是要优化国债结构。1997 年以来，我国国债结构过于突出中短期品种，长期品种较少；1997 年以后，则将重点转向中长期品种，短期品种又不见了。事实上，各种期限不同的品种都有自己的优势。长期国债可降低筹资成本，分散付息的压力；短期国债则可适应商业银行的国债结构，鼓励机构投资者进入国债市场。其次是要大力发展各种投资基金。在发达国家，各种基金占 GDP 的比重越来越大，在国债市场上成为主要的机构投资者。而在我国，各种基金的资产比较少，且很少投资于国债。因此，我们

要采取积极措施,大力发展投资基金,并规定基金投资于国债的比例,使之成为国债市场重要的机构投资者。

优化运行环境,首先是推进市场信息建设;其次是建立国债市场结算、清算和托管系统。为了减少国债交易风险,西方发达国家建立了清算公司。在美国,其联邦储备银行通过电子记帐系统向金融界提供资金和国债转移服务。这些做法值得我们借鉴。

第三,完善反避税制度,加强涉外税收管理。其主要措施包括:(1)对转让定价避税行为的约束。我国不少外资企业一旦到了减免税收优惠期满,便很快变成亏损企业。这与其通过转让定价实现利润转移以减少缴税密切相关。为此,我国应规定纳税人对转让定价的举证责任,并对调整的税款规定一定比例的罚款。(2)对避税地关联公司避税行为的约束。为此,我们应该明确规定避税地名单及适用于避税地纳税制度的特定法人或自然人,要求他们向我国税务机关申报其避税地关联公司的财务状况和利润。(3)对弱化资本避税行为的约束。外商投资企业往往人为扩大融资中的债务比例,加之我国又没有规定债务与权益资本的比例,因而由扩大利息支付出现的避税情况较多。这就需要设定债务与权益资本的比例标准,并对利息支付进行控制。我国境内公司(含外资公司)向其境外公司支付的利息超出限额部分,不允许在税前扣除。(4)对滥用税收协定避税行为的约束。要加强同相关国家的情报交换,并对跨国纳税人的交易目的开展调查。凡不能取得非避税目的有效证明的,均应视为滥用税收协定,据实征税。

第四,以财政投融资为载体,积极拓宽基础设施投资渠道。要保证基础设施投资,只靠财政预算是不可能的。应借鉴国际经验,利用财政融资办法,积极寻求扩大基础设施投资的渠道,我国所发行的各种建设国债就是财政融资的办法。但是,它只是中央政府的债务,不仅渠道单一而且某些地区盲目投资,影响了投资效率。因此,需要解放思想,运用多种形式,进一步动员非财政资金:(1)发行城市建设债券,是许多国家筹措城市建设资金的普遍做法。其优势是有利于地方政府将本地城市建设与某一税种或年度预算节余相结合,便于简化资金的筹措。(2)利用财政贴息杠杆,扩大城市建设的银行融资规模,特别是政策性银行的融资规模。(3)推行 BOT 项目(限期经营、期满移交给政府的项目投资)融资,在基础设施中导入外来和民间资本。如针对部分有稳定经营收益的基础设施项目,由政府授予私营公司特许权力,使融资、建造、经营相结合,并在规定的运营期满后移交给政府。这种融资方式在供水、供电、地铁、高速公路等建设上,具有良好的应用前景。

第五,大力提高财税管理干部素质。“入世”不仅使财税工作量增加,而且也会出现大量不曾遇到或不熟悉的国际财税业务。与国内业务相比,这些业务往往具有很强的技术性和政策性,缺乏相关的专业知识,没有管理国际经济活动的法律知识,就很容易产生国际性的财税纠纷,损害我国的国际声誉和权益。所以,要把财税人员的业务培训作为一项应对“入世”挑战的重要环节抓紧抓好。

河北省第九届财政理论研究成果一等奖作品之五

推进我省省以下财政体制改革的总体设想(节选)

朱祥林　郭　宏　李延波
沈诚君　杨慧卿　黄险峰

从 1994 年起,我省按照中央实行分税制财政体制改革的总体要求,从本省经济发展、社会进步和财政收支的实际情况出发,进行了一系列的财政改革,实现了财政事业的历史性飞跃,有力地支持和推动了全省经济和社会各项事业的快速健康发展。但是,我们也应该看到,财政体制的频繁变动,省以下政府间事权的交叉以及政府间不合作的博弈行为(比如上级“点菜”下级“买单”、下级侵蚀上级税基等),急需我们对政府间的财政关系加以规范,今后一段时期,我们应按照“不越位、不缺位”的原则来重新界定财政的职责范围,对省以下财政体制进行重点突破和创新,以“以人为本,四两拨千斤,建立理财新机制”为根本理财思想,以“抓两头,带中间,分类指导”为基本财政政策,以“还财政于政府,赋权力于制度，建立公共财政新秩序”为措施保证，逐步从实践和理论上探索一条具有河北特色的理财新路子，总体设想如下：

一、第一步变革：建立有河北特色的分税制财政体制

（一）因地制宜地实施省管县的财政管理模式

在当前省以下存在四级政府的状况、还不能完整地按税种划分收入，而只能走加大共享收入道路的分税制财政体制的情况下，为使基层政权的事权、财权在合理化、法制化框架下协调，职责与财力对称，进一步化解县乡财政困难，借鉴浙江等地先进经验，有必要考虑近期在我省实行省财政直接对县财政即省管县的财政体制。实施这种别具一格的财政体制，是基于我省目前的实际情况和实际条件的。我省地域面积居中，市、县（市）数量148个，人口稠密，交通通讯快速发展，客观上有条件实行省管县。同时，县制是我国的行政主体，县域经济是国民经济基本单元，是最具活力的，县域经济发展了，意味着基本解决了人口众多的农民问题。论证证明，从我省实际出发，实行省管县的财政管理模式，不仅在体制上是一个大胆的创新和探索，而且是实践“三个代表”的重要思想。在当前全面建设小康社会的形势下，财政体制的与时俱进和开拓创新，必将大大提高我省县（市）的综合经济实力，有力地改善我省部分困难县的贫困状况，从而实现全省财政收入长期、稳定地增长。

（二）集中市、县（市）财力增量的20%，确保省级财政宏观调控能力

实行省管县后，为保证县市财力的综合平衡和兼顾省一级财政的调控能力，从当年起，省财政对市、县（市）财力的增量集中“两个20%”，即地方财政收入增收额的20%和税收返还增额的20%，同时对少数贫困县和坝上县予以适当照顾。

（三）省对市县转移支付制度的改革

从实行省管县的当年起，省对全省148个市（地）、县（市）实施“抓两头，带中间，分类指导”的财政政策。具体是：地方财政收入超过亿元的县（市），实行亿元县上台阶奖励政策；贫困县和次贫困县，实行“两保两挂”补助和奖励政策；经济发达或较发达市县，实行“两保两联”补助和奖励政策；地级市实行“三保三联（挂）”补助政策。

1.“亿元县上台阶”奖励政策。“亿元县上台阶”政策是一种鼓励财政收入大县（市）抓收入、上台阶的奖励政策，基本思路是：发达县给小钱，换大钱。从当年起，对地方财政收入首次上亿元的县（市）一次性奖励30万元，以后每年以3000万元为一个台阶，每上一个台阶一次性奖励20万元。

2.“两保两挂”补助和奖励政策。“两保两挂”政策是一种激励与约束相结合、鼓励贫困县以及经济欠发达市、县（市）增收节支保平衡的财政政策，目的是解决“吃饭”问题。从当年起，省对70个县（市）实行“两保两挂”财政政策，规定这些县（市）在确保当年财政收支平衡和完成消化历年累计赤字任务的前提下（两保），省财政的体制补助和奖励与地方财政收入增长相挂钩（两挂）。具体办法是：以这些县（市）当年补助和地方财政收入实绩为基数，从下一年起，地方财政收入每增长1个百分点，省补助增长0.5个百分点；地方收入每增收100万元，省财政一次性奖励5万元。此项政策第一轮执行期为3年。3年后，在此基础上，根据“大稳定，小调整，既不鞭打快牛，也不鼓励落后”的原则，对“两保两挂”政策作适当调整，同时延长实施期限，一定五年不变。

在推行“两保两挂”补助和奖励政策的同时，从当年起，省财政对“两保两挂”市、县（市）实施财源建设技改贴息补助政策，以扶持这些市、县（市）大力发展经济，开辟、涵养财源。

3.“两保两联”补助和奖励政策。为了鼓励经济发达以及较发达市、县（市）努力做好增收节支保平衡工作，从当年起，省对实行“两保两挂”政策以外的市、县（市）实行“两保两联”政策，这是一种激励与约束相结合的政策。这些市、县（市）在确保实现当年财政收支平衡，确保完成消化历年累计赤字任务的前提下，省财政的技改补助和奖励与地方财政体制收入比上年增收上缴额相联系（环比）。技改补助和奖励的联系比例是：地级市及部分县（市）当年地方财政收入2亿元以上的县（市）为11%和4%，即市、县（市）地方财政收入增收上缴（环比）100万元，省财政给予技改补助11万元和奖励4万元；其他县（市）为10%和5%，即市、县（市）地方财政收入增收上缴（环比）100万元，省财政给予技改补助10万元和奖励5万元。3年后，省财政适当加大“两保两联”政策的挂钩力度，增加5个百分点作为技改补助，以加大各级政府技改资金的投入。

4.“三保三联（挂）”补助政策。为支持区域中心

城市发展，加快我省的城市化进程，推进区域经济协调发展，增强中心城市集散功能。从省管县的当年起，省对11个地级以上市实施“三保三联（挂）”财政政策。即对石家庄、唐山、廊坊、保定、沧州、邯郸等六市实行“三保三联”政策，即在“两保两联”基础上，增加“一保一联”：一保所辖县（市）当年财政收支平衡，一联城市建设补助（含市管县经费），联系比例为全市范围内增收上缴省20%部分（环比）的25%（即5个百分点）。对张家口、承德、秦皇岛、衡水、邢台等五个市实行“三保三挂”政策，即在“两保两挂”的基础上，增加“一保一挂”：一保所辖县（市）当年财政收支平衡，一挂城市建设、补助（含市管县经费），挂钩比例为当年全市范围内增收上缴省20%部分（环比）的25%（即5个百分点）。

（四）加大实施财政贴息政策的力度

从1999年起，我省财政开始在全省实施以财政贴息为主的财政政策，实行省管县以后，力度要进一步加大，范围要进一步扩大，并不分所有制形式，只要条件符合，都可享受财政贴息。贴息范围包括支持经济结构的战略性调整，促进企业的技术改造、技术进步、技术创新，加快污染治理、节能培育、提高生态环境保护质量和第三产业发展等各个领域。力争全省财政每年投入财政技改贴息（补助）资金不少于20亿元，以此拉动全省企业技改投资总额，并使杠杆作用比达到1∶25。

二、第二步变革：财政管理规范化、制度化

我省在逐步建立起一整套有自己特色的分税制财政体制的同时，必须进行以“还财政于政府，赋权力于制度”为中心的财政系统自身的改革，以规范财政行为，保证各项财政政策措施实施到位。

（一）赋权力于制度，严格规范理财行为

加强规范、公开、透明的法制化制度建设，主动地放弃权力，使财政工作脱离复杂的行政关系，赋予制度化的管理手段应是我省实行省管县财政改革的一大特色。

1. 补助制度化，减少行政成本

从实行省管县的当年起，省财政对市县转移支付的工资、专项补助等财政性补助进行归并，统一调整为“两保两挂”市县的补助基数或“两保两联”市县的定额补助，进一步规范财政行为，减少财政资金分配中的人为因素，有效地防止权力腐败的发生。同时，免除省财政部门每年需核定市县补助额度的工作，各地只要根据补助政策，年初就能测算出补助额，既减少了各级财政的工作量和行政成本；又避免了以往的随意性、主观性，有利于规范化的管理和财政机关自身的廉政建设。

2. 继续实施部门预算等各项改革

要继续实施部门预算编制改革，扩大编制范围，细化编制内容。要继续实施会计集中核算制度改革，在全省有条件的市、县（市）继续组建会计核算中心，将全部行政事业单位纳入会计核算中心，逐步将省级机关财务收支进行会计集中核算。逐步扩大政府采购的网络和规模，提高政府采购占财政支出的比重，全省11个地级市以上和省本级都必须实施政府采购制度。要继续实施会计委派制度改革，实施在国有企业试行财务总监委派制、国有事业单位试行会计机构负责人委派制、行政单位实行“会计核算中心”制三种模式。此外，在规范财政工作，规避财政风险，规范省级机关行政经费和机关干部福利待遇等方面，都要继续进行系统的改革。

（二）还财政于政府，提高领导干部理财意识和水平

财政部门是政府的经济综合职能部门，是政府的“管家”，但财政的最终决策者是各级党政领导，其决策是否正确，对当地经济和社会的发展起着举足轻重的作用。因此，我省财政厅应注意把握这一特点，积极创造条件让各级党政领导有机会参与财税业务研讨，参加财税理论培训，走上财税讲台，从而提高各级领导的理财意识和理财水平。

三、实行省管县财政体制改革应达到的成效、要点与思考

（一）应达到的成效

1. 财政收入快速、稳定增长，财政综合实力显著增强。实行省管县财政体制，必须促进我省财政收入持续快速稳定增长，实行改革后，全省财政总收入和地方收入在全国的位次均应由目前的第8位上升到3年后的第7位和5年后的第6位。全省财政支出应由目前的第10位上升到3年后的第9位和5年后的第8位。财政收入占GDP比重要呈稳步提高态势，从目前的8%上升到3年后的9%和5年后的10%。

2. 壮大了市、县（市）财力，提高了“消赤保平促发展”的能力。实行省管县财政体制后，全省财政收支保持平衡；全省地方财政收入上亿元的县力争达

到 82 个，占全部县(市)的比例力争达到 60%；同时消化掉历年累计的财政赤字。

3. 发挥了财政促进经济结构调整、保持社会公平和稳定的调控职能。重点保障了国家政权建设、科技、教育、文化、卫生、社会保障、环境保护以及农业等重点领域和重点项目支出的需要。确保了全省企业离退休人员基本养老金、国有企业下岗职工基本生活保障费、公职人员和中小学教师工资的及时足额发放，做到能依靠自身财力不欠发工资的省份。

(二)要点与思考

1. 财政改革也必须以人为本。以人为本的理财思想，就是财政政策的制定和制度的设计，要充分考虑到人的因素，考虑到不同地区、不同部门的个人、单位、团体的利益，以最大限度地调动各方面的积极性。财政是集中调节人和单位各种利益的工作，因此，财政政策的实质是为了处理多角经济利益关系而形成的一种制度约定。我省财政改革应抓住这一本质特征，在充分承认并尊重人的利益的基础上，协调各方利益，并求得个人、地区和社会利益的统一和最大化。如“两保两挂”等分税制财政政策，针对的就是多年来存在的上下级政府之间的逆向思维而进行的改革，这种逆向思维的结果是“越补越穷，越穷越补”的恶性循环。“两保两挂”等财政政策，正是紧紧抓住了人性中的“趋利避害”心理，通过“保”与“挂”相结合的激励和制约机制，形成上下共同为增加财政收入而努力的同向思维，其结果必然是各级财政走上同步增长的良性循环。

2. 应发挥“四两拨千斤”的财政杠杆作用。这个作用主要体现在两个方面。首先，财政政策对促进经济发展的杠杆作用，其内涵是，利用财政资金的无偿性和引导性特点，使得民间资本被最大限度地调动起来，以有限的财政资金带动无限的民间投资资本。其次，在调动各级理财积极性中发挥的杠杆作用。省管县体制实施的“亿元县上台阶”等补助和奖励财政政策，都是挂小利而保大利的财政政策，你要拿到补助和奖励，首先必须增加财政收入，这样个人、地方、国家三方的利益才能得到高度的统一。

3. 改革创新要结合我省实际。任何一项重大改革都是一种利益关系的重新调整，财政体制改革更是如此。要不要改，怎么改，力度多大，都要充分考虑我省经济发展水平、社会各项事业发展状况、财政收支情况等综合因素，以及改革可能带来的负面效应和困难。首先，财政体制改革不仅仅是财政部门的事，而是涉及全社会的大事，必须得到各级党委政府的支持。其次，财政改革必须与我省经济发展水平相适应。经济决定财政，财政影响经济。财政改革的目的是以科学理财的手段促进经济社会发展，财政改革成功与否主要体现在经济社会是否有长足的发展。第三，财政改革必须符合一定的法律程序，同样，改革的成果必须以法律的形式予以确认。

理 财 经 验

河北省部门预算编制与管理情况介绍

——在全国地方预算编制与管理座谈会上的发言材料

(2004年10月9日)

我省部门预算改革从1999年初正式启动,并于同年编制出2000年省级所有部门的预算文本。几年来,我们在部门预算编制与管理方面,进行了一系列的改革与探索。确立了部门预算的基本管理形式,采用了零基预算、综合预算、标准定额、项目预算等编制方法,制定了比较规范的部门预算文本,建立了一套部门预算管理制度,实行了全面的规范化管理。

一、部门预算编制

(一)部门预算编制的原则及要求

部门预算编制遵循五条基本原则:一是量入为出、收支平衡。二是积极稳妥、统筹兼顾,预算编制与经济和社会发展相适应,根据财力可能据实编制。三是"一要吃饭,二要建设",优先保证个人经费和单位办公经费,再视财力安排经济建设和事业发展支出。四是集中财力办大事,支出安排突出重点,有计划、有步骤地解决部门发展中的突出矛盾和问题。五是勤俭办一切事业,提倡艰苦奋斗,反对铺张浪费。

部门预算编制工作要求做到:第一,早编细编预算。每年3月份部署启动下年度预算编制工作,部门收支预算要细化到具体单位和具体项目。第二,公开透明。预算编制的政策、标准和结果要公开。第三,科学规范。预算编制要采取科学的方式、方法,编制工作要规范有序。第四,严谨求实。实事求是地编制各项收支预算,确保预算的真实性和准确性。第五,民主高效。建立民主决策机制,提高预算编制工作效率。

(二)部门预算编制的基本方法

1. 标准收入法。收入预算建议计划编制要坚持实事求是,做到不漏报,不虚报。财政一般预算拨款收入,充分考虑需要和可能,参照本部门预算年度前两年部门决算及预算安排情况,合理确定一般预算拨款收入预算;政府基金拨款收入和财政预算外专户核拨收入预算,结合组织收入计划安排及相关收费项目有关政策和单位性质、支出需求情况综合确定;其他收入预算,参照历年收入完成情况,根据预算年度收入增减变动情况,据实测算。

2. 零基预算方法。部门预算编制按照预算年度所有因素和事项的轻重缓急程度,测算每一科目和款项的支出需求。人员经费实行完全的零基预算,按照有关政策和标准逐人核定。

3. 综合预算方法。把财政预算内拨款、财政专户核拨资金和部门其他收入均列入部门预算收入,统筹安排部门预算支出,按照个人经费、公用经费、事业发展支出的顺序,依据有关标准、定额核定。

4. 标准定额预算方法。对人员和公用经费,分类核定定额和标准,按定额和标准测算确定预算。个人经费支出按照规定标准、政策和享受人员范围测算确定。部门基本工资、津贴、奖金及离退休费等工资性项目,按国家和省规定的统一标准审核到每一个人。福利费、社会保险缴费、抚恤金、救济费、医疗费、住房公积金、助学金等个人性支出,根据国家有关政策,按部门工资项目的一定比例或相关因素审核编列到部门。正常公用经费按标准定额方法测算,采用分项因素测算法,根据政策和单位职能性质、工作任务、人员编制、办公条件、资产状况等基础数据,实行分类分档核定。

5. 项目预算方法。对基本支出之外的资金要求落实到项目,编制项目预算。根据专项资金性质,将专项资金项目界定为11类:基建工程项目、农业(生产、开发)项目、企业技改项目、科研(课题)项目、社保抚恤项目、粮食政策补贴项目、器材购置项目、修缮项目、专项业务项目、大型会议项目、其他专项项目。项目预算的确定要经过科学的编报和严格的审查论证程序。

(三)部门预算编制的基本程序

部门预算编制采用自下而上的程序，从基层预算单位编起，逐级审核汇总。从省级部门预算编制来看，省财政厅于每年 3 月份部署部门预算编制工作，11 月 20 日前向省人大常委会报送部门预算草案。整个预算编制过程可以分为六个阶段和“三上三下”的程序。省级预算编制的六个阶段为：布置预算编制阶段、编制预算建议计划阶段、财政审核阶段、征求意见和编制部门预算文本阶段、编制并上报预算草案阶段和批复预算阶段。省级预算编制的“三上三下”程序为：预算部门于 8 月上旬向省财政厅报送部门预算收支建议计划和单位基本情况(一上)；省财政厅根据省政府批准的年度预算编制纲要和审核汇总的部门收支建议计划情况，于 8 月底下达部门支出限额和预算建议计划初步审核意见(一下)；部门于 9 月 15 日前根据限额和省财政厅意见，调整预算建议计划，编制部门预算文本，报省财政厅(二上)；省财政厅根据政府确定的省级预算草案调整修改部门预算文本，于 10 月上旬下达部门征求意见(二下)；部门于 10 月 15 日前向省财政厅反馈部门预算文本意见(三上)；全省人民代表大会批准预算后，省财政厅在 30 日内批复省级部门预算(包括部门政府采购预算)，各部门在省财政厅批复部门预算后 15 日内下达所属单位预算(三下)。

二、部门预算执行

(一)收入预算执行

主要由税务和有组织收入职能的部门负责执行。预算收入征收部门，必须依照法律、行政法规及财政部门的有关规定，将应当上缴的财政预算收入按照规定的预算科目、级次、缴库的方式、期限及时、足额缴入国库或财政专户。

(二)支出预算执行

主要包括三个环节：部门申请、财政审核拨付、部门使用管理。在拨款方式上根据资金性质采取财政集中支付、授权支付两种拨款方式。在拨款程序上也根据资金性质明确了不同的程序：人员经费和正常公用经费由财政按月直接拨付部门，不需部门申请。专项项目资金，由部门根据预算及项目进度情况编制季度和分月专项资金用款计划，报省财政厅审核批准，根据批准的用款计划，开据拨款申请单，省财政厅按规定程序审核后办理拨款手续。其中：列入政府采购预算的项目，部门要编制具体采购计划，经省财政厅审核批准后，履行有关审签程序后拨付；列入集中支付预算的项目，按照项目进度，履行有关审签程序后由财政直接拨付。

(三)部门预算调整

预算批复后不允许随意调整。(1)需经省人民代表大会常务委员会批准调整事项：预计引起省级预算收支不平衡的；预计省级预算总收入超收或者减收的；预计省级总支出增加或者减少的；上年度结余收入未列入预算而动用的；农业、科技、教育、社会保障支出预算需要调减的；省人民代表大会批准的预算决议中规定确保的支出项目需要调减支出的；不同部门之间资金调剂的。(2)在发生突发公共事件或者其他难以预见的紧急状态时，因预备费不足需要增加支出的，由省财政部门会同有关部门提出应急支出预算调整方案，报省人民政府决定执行，然后报省人民代表大会常务委员会备案。(3)同一部门的预算资金需要调剂使用的，由部门向省财政厅提出书面申请，在不超过该类预算资金总额 5%的情况下，由省财政厅审核批准，超过 5%的报省政府审核批准后由省财政厅批复调整预算。

(四)部门预算执行中新增支出事项的处理

对于非普遍性的增人、调资、奖励等引起的人员经费增支，以及部门运转中新增事项引起的公用经费增支，由财政安排的部门不可预见费解决。对于政策调整或经济建设及事业发展中不可预见事项引起的新增支出，由部门提出申请报省财政厅审核后，首先由相关预留配套资金中解决；符合预备费使用范围的，可申请预备费解决。

(五)部门预算结余处理

上年未拨款形成的结余资金，由省财政厅根据结余资金项目情况确定结转项目，需要结转的，批复结转指标，与当年预算一并执行。(1)个人经费(包括银行化发放工资结余资金)和正常公用经费结余资金，结转部门下年继续使用。(2)部门预算专项资金，一般不允许连续两年结转，确实难以执行的，取消项目，专项资金由省财政收回。中央专款和政策规定有特定用途的资金除外。(3)对部门预算中专项支出进度低于 95%的专项资金结余，将视具体情况削减结转项目，相应资金由省财政收回。(4)政府采购和集中支付项目节余资金，按一定比例或数额用于补充部门公用经费，超过规定比例和数额部分，由省财政统一安排。(5)部门组织的预算外收入,比年初预算短收部分由省财政厅相应调减部门支出预算。比年初预算超收部分,省财政集中50%;确因政策性因素影响形成的超收,经省财政厅审核后可减少集中比例,剩余部分由部门提出支出计划,由省财政厅追加部门预算或结转下年使用。

(六)部门预算执行分析

各部门要每月对本部门及所属单位预算收支活动进行分析,分析各项收支完成情况,预算执行过程中各项政策落实情况及对预算的影响,分析预算专项资金使用效益情况,针对存在的问题提出对策和建议。每季度要进行季度分析,并将季度分析报省财政厅。财政厅各部门预算主管处要对分管部门预算收支情况进行综合分析,并对执行中存在的问题,提出对策建议。国库处对预算执行整体情况按月进行分析。

三、部门预算文本

2002年我省制定了部门预算文本的技术规范标准,对文本格式及内容做了程式化规定。部门预算文本主要包含五个大的部分:

(一)预算编制的指导思想和基本原则

在部门预算文本中将预算编制的指导思想和原则放到首位,用以指导整个部门预算的编制工作。预算编制的原则主要根据党和国家的大政方针,省委省政府的工作思路、对财政工作的总体要求,以及预算编制和执行的有关规定来确定。

(二)部门预算编制的政策口径和主要内容

政策口径主要是将编制部门预算所依据的有关政策和标准列明,以便于部门对照检查和审计监督部门进行审查。要全面细致地提出编制预算所依据的各项制度、规定、标准,指明各项规定和标准适用单位的性质、范围和涉及人员。

(三)部门概况及年度工作任务目标

了解掌握部门基本情况可以说是编制好部门预算的重要基础。主要包括单位编制、人员、资产等基本情况,部门所属单位组成及其财政供给政策,部门主要职责,部门年度主要工作任务及目标规划等。

(四)部门预算总体情况

一般包括部门收入预算总表、支出预算总表、专项项目一览表、政府采购预算一览表等。

(五)分单位预算情况

根据部门的组成结构,按系统、机关、一般事业单位等三类预算单位单独编制,基本内容包括单位收支预算总表、收入预算详表及收入项目说明、个人经费预算表及说明、正常公用经费预算安排情况、专项公用经费安排项目表及项目预算文本说明、专项项目支出安排项目表及项目预算文本说明、其他支出预算安排说明。

2004年,为使部门预算文本篇幅尽可能压缩,省级部门预算将预算编制的政策口径说明和部门预算公用经费编制有关政策及定额测算方案说明从部门预算文本中抽出,单独编制成册,发给省直部门。

四、部门预算管理机制

实行部门预算后,逐步建立了以部门预算管理为基础,预算编制、执行、监督相对分离、相互制约的预算管理新机制。

(一)进一步明晰和规范预算管理机构责权

按《预算法》规定,全省人民代表大会批准省级预算;省人民代表大会常务委员会审查和批准省级预算的调整方案,审查和批准省本级政府决算,监督省本级预算执行。省政府审定财政部门报送的年度财政预算草案、预算调整方案和决算草案,并负责报人民代表大会或常务委员会审查和批准,组织和监督本级总预算的执行。

财政厅是省级财政预算管理的行政机构,具体编制省本级财政预算、决算草案、预算调整方案和批复省直各部门预算;负责组织省本级预算的执行;实施财政监督。同时,我们还明确财政部门负责具体组织、指导、协调各部门(即一级预算会计单位)编制预算建议计划和部门预算草案,并对其进行审查,及时纠正符合规定的内容;按照规定权限审核和批准部门预算的变更事项;组织对部门预算管理工作、预算执行情况及预算资金使用绩效进行评价。

各部门主要负责审核、汇总本部门所属单位的预算建议计划,编制本部门预算、决算草案,组织和监督本部门预算的执行,定期向财政厅报告预算执行情况,具体组织对本部门及所属各单位预算资金使用绩效进行评价,接受省财政厅、审计厅及有关部门的财政财务监督。

(二)改革、调整财政内部机构职责设置

调整财政内部机构设置,增强预算管理各环节相互制衡性。主要有四个要点:一是集中预算编制职能,各处原有编制预算职能调整到预算处;二是成立预算编审中心,加强预算审核、编制力量,专职从事预算编制具体事务；三是成立专门的财政国库机构和集中支付机构，专职负责预算执行日常事务管理和财政资金账户管理，将预算处总预算会计职能和各业务处管理账户的职能集中起来，统一全厅财政账户管理，加强预算内外资金核算、决算。四是调整厅内各业务主管处的职能，强化对各支出部门财政资金使用及财务活动的管理和监督，并配合主管部门对事业发展项目进行研究和论证。加强了财政监督的力量。新的职能分工，使预算编制、执行、监督相对分离，各个环节既相互配合，同时又相互监督。

（三）加强部门预算监督

1. 创新财政监督模式。根据新的预算管理模式要求，在几年的实践中，我省财政部门创造性地开展了监督管理工作，基本上形成了以日常监督与专项监督相结合、事后监督与事前事中监督相结合、专业监督与社会监督相结合的监督模式，财政监督的深度、广度和力度都有了比较明显的改观。财政对部门重点监督以下内容：一是部门预算编制内容的合法性、真实性、合理性和效益性；预算编制程序的民主性、透明性、规范性和效率性；预算编制方法的科学性、先进性。二是部门预算的执行和完成情况，专项项目的使用效益情况以及执行过程中贯彻国家方针和重大经济政策的情况。三是按有关要求监督检查部门决算草案编制质量。

2. 各部门对所属单位预算管理负有监督责任。部门要建立预算管理内部监督制度，对部门机关及下属单位的预算编制、执行、决算和日常财务管理实行全程监督，对部门预算管理负直接或连带责任。

3. 各部门应当依法接受省人民代表大会及其常务委员会、省政府、省审计厅、省财政厅对部门预算管理工作的监督检查，要按要求如实提供有关信息资料，及时做好信息反馈工作，针对上述部门提出的检查意见，改进和加强部门预算管理工作。

（四）强化部门的预算管理责任

实行部门预算管理，部门是基础，必须充分调动部门当家理财积极性，做好本部门预算编制、执行各项工作。一是部门预算的编制、执行以部门为主体，部门负第一位和直接责任。二是加强和重视财务工作，部门财务要实行统一管理，将各类资金全部集中到一个财务（计划）部门统管。三是切实加强本部门基础管理，建立起自己的基础资料和信息数据库，全面、准确掌握本部门人、财、物等基本情况。四是在研究确定发展目标、工作重点时，要与预算安排紧密结合起来，围绕预算谋划和开展工作，在完成预算管理任务的同时，全面提升部门的财务管理水平。

（五）完善预算决策机制

完善预算决策机制，建立领导提出、专家论证、公众参与和党委政府集体决策相结合的科学民主的预算决策机制。一是实行分工负责、集体决策制度。破除资金层层分解、项目分散决策的做法，强化集中决策。预算安排首先由省政府常务会（或部门领导集体）研究提出工作重点和重大项目，进行预算资金切块；再按工作分工由负责单位统筹安排，落实具体项目预算；最后集体研究确定预算草案。二是建立决策咨询制度。加强咨询研究部门力量，成立由部门领导、行业专家、研究机构学者等组成的决策咨询机构，对全省战略发展规划和年度发展重点进行专门研究，必要时委托有关中介组织进行论证，为省政府决策提出咨询意见。省直部门可以比照这种形式，设立内部决策咨询机构，研究提出本部门、本行业发展规划和年度预算安排意见。三是推行听证决策制度。对关系广大群众切实利益的重大项目，省政府或有关部门可以举行听证会，听取有关方面的意见和建议。四是建立审查监督机制。省财政厅对部门预算草案进行审查，省政府主管副省长对分管部门预算进行审查，省政府常务会对财政厅汇总提交的专项资金预算进行审查，省人大常委会对部门预算进行初审，层层把关，对不符合要求的退回部门重新编制。

（六）建立预算评价机制

预算年度终了后，按照省政府统一安排，由省财政厅组织各部门对省级预算管理工作、预算执行情况及预算资金的使用绩效进行评价。预算评价的主要内容是：预算管理工作的质量和效率；预算运行的安全性、平稳性和效率性；预算资金使用的效益和效果，以及预算绩效计划的落实情况。预算评价的方法是定性和定量相结合，逐步建立科学、规范的定量评价体系。在工作分工上，各部门要对本部门和所属单位进行评价，审计部门进行抽查和专项评价，财政厅审查部门自我评价，组织对省级预算进行总体评价。省政府根据财政厅的总体评价和审计厅的审计报告，总结省级预算的年度管理工作，针对存在的问题提出整改要求，并将对各部门的预算评价结果作为以后安排部门预算支出的重要依据。

五、部门预算管理制度和技术

机制的运行，有赖于制度作保证。我们在探索部门预算管理改革的过程中，十分注重制度建设，不断推进预算改革的制度化、规范化。同时，开发技术支持系统，以先进的技术促效率、促规范，以技术保障制度的实施。

（一）预算管理制度体系

2002年，我省建立了省级预算管理制度体系，去年各省辖市按照要求、结合自身改革实际，也基本完成了市级制度体系的建设。河北省的预算管理制度体系，主要是从制度管理的角度，用规章制度的形式对新预算管理模式的表现形式、基本内容、职责划分、运行机制和管理程序等进行规范。通过建立预算管理的制度体系，使预算管理活动从思想到实践均有制度依据，都有详细明确的办法和规定。制度体系包括四个层次：第一层次为预算管理的基本制度，主要确定河北省预算管理的基本模式、机制、方式和方法，形成了《河北省省级预算管理办法》和《河北省省级部门预算管理办法》。第二层次为预算管理的程序性制度，主要对预算管理各个环节的运作程序和各部门（单位）的职责做出规定。即规定新的预算管理是按何程序流转的，各有关方面从中做什么、如何作，共15项制度。第三层次为资金预算管理制度，主要对各项财政专项资金的使用、管理做出制度规范，共28项制度。第四层次为预算管理的监督制度，主要对预算管理活动的各个方面，以制度条文形式进行监督。包括《河北省财政监督办法》和《河北省财政厅内部监督办法》。

（二）预算管理技术规范标准体系

2003年上半年，我省建立了预算管理技术规范标准体系。技术规范标准体系，主要是从技术管理的角度，对预算的编报、审核、执行、决算等有关方面的信息资料、管理技术等制定统一的标准，提出规范化要求。主要包括四个方面的内容：(1)部门预算信息系统技术规范。主要对预算管理过程中所应用的预算基础信息管理、预算编审、指标管理、总会计核算、运行监测分析、财政集中支付、工资银行化发放、人员编制工资监控等项预算管理软件进行规范，对这些软件的系统工作环境进行界定。(2)部门预算和功能预算文本技术规范标准。主要对预算的文本样式、结构、内容、技术表现形式等进行规范，相对固定。(3)部门预算正常公用经费支出定额标准。主要是对部门公用经费的项目、分档、单项支出标准和整体定额等内容进行规范。(4)项目预算技术规范。主要对财政专项资金使用划分不同类型的项目，建立项目库，制定相应的项目预算文本格式。

（三）预算管理信息技术支持系统

预算管理由粗到细、由定性到定量，依靠传统的手工作业根本无法做到，必须引入现代科技手段，特别是计算机的应用。基于这种考虑，在改革之初，我省就着手设计预算管理计算机网络系统。经过几年努力，现在已经研究开发出工资发放管理、预算基础信息管理、预算编审、预算支出指标管理、总预算会计、财政集中支付等六个子系统，并全部应用到预算管理实际工作中。这几个管理子系统经过多次升级，运行基本正常，稳定性较强，目前正在研究进行整合，建立统一的预算管理信息系统。

以上是我省在部门预算改革方面的探索和尝试，希望兄弟省市多提宝贵意见，特别希望财政部给予大力指导，同时我们也将虚心学习各地好的经验和做法。改革的路还很漫长，我们有信心继续把改革推向深入。

（预算处供稿，撰稿人：赵文海、李杰刚）

抓改革　重规范
在创新中强化行政政法财务管理

——在全国行政政法财务工作会议上的发言材料

（2004年9月）

在财政部和河北省委、省政府的正确领导和具体指导下，近年来，我们以保证党政机关的正常运转为目标，以深化行政政法财务管理改革为主线，在规范行政政法财务管理、创新支出管理方式、集中财力办大事、加强行政事业国有资产管理等方面下了很大的功夫，各项工作在稳步推进的基础上取得了不同程度的新进展。

一、围绕保证党政机关正常运转，加大资金投入力度，行政政法经费保障水平不断提高。一是按照构建公共财政基本框架的目标要求，转变行政政法经费管理理念。保证行政政法单位必要的正常经费,弥补其运行成本,是确保行政政法单位履行职能的基本需要,也是公共财政的基本任务。我们对长期以来压缩、控制行政性经费的传统管理方式进行了重新审视,在思想上牢固确立了优先保证行政政法单位必要、合理的经费的理念。二是根据财力可能,逐步加大了对行政政法经费的投入力度。据统计,2003年全省行政政法支出126.2亿元,较2000年的81.2亿元增加45亿元,年递增18.5%。其中,行政管理费支出年递增22%,公检法司经费支出年递增13.8%。三是坚持有保有压,积极调整支出结构,确保重点支出需要。重点保证了省委、省人大、省政府、省政协、省纪检委和公检法司等重点部门的正常运转经费。从2001年开始三年累计投入2030万元用于省政府电子政务建设项目,2003年又投入903万元用于省委系统综合信息网络的改造。目前,以上两个网络和大多数省直部门、各市都实现了互联互通,既提高了工作效率,又节减了财政开支。同时,我们从2003年开始对省级大型会议费预算进行压减,节约的资金用于保证其它重要项目支出。

二、着眼于科学配置有限的财力资源,积极推进预算管理改革,行政政法部门预算管理不断深化。一是大力推进预算编制改革。在预算的组织形式上实行了部门预算,省直行政政法部门一个部门一本预算;在预算的编制方法上,采用了零基预算,预算的编制充分考虑每个项目的轻重缓急,按照实际需要排列优先次序;在预算编制的时间上,从每年的三、四月份即开始布置编制下一年度的预算,并尽量将专项资金细化到项目,初步实现了早编、细编预算;在预算的编制内容上,实行了综合预算,预算的编制统筹预算内外资金,特别是认真落实"收支两条线"的管理规定,将公安、法院等部门的预算外资金纳入财政预算,直接缴入国库,各项开支由财政统筹安排。二是全面推进政府采购。目前,我省各级行政政法部门的车辆、计算机、锅炉、办公用品、办公家具、空调等货物购买,办公楼改造、热力交换站工程设备及土建、房屋装修维修、汽车维修等工程项目,网络开发、车辆保险、会议接待等服务项目已普遍实行了政府采购,收到良好效果。三是逐步扩大省级财政国库管理制度改革试点范围。在2003年将省直23个一级预算单位本级(部门本级机关财务和系统财务)纳入第一批改革试点范围的基础上,今年又将其余的82个正常经费由省级财政性资金保障的一级预算单位本级纳入了试点范围。同时,合理划分了财政直接支付和财政授权支付的范围,在纳入改革试点范围的省直一级预算单位本级预算中,实行零余额财政直接支付的项目包括实行工资发放银行化的工资发放项目,所有纳入政府采购的预算项目,专项公用经费中的设备购置费、印刷费、房租费和网络建设费,以及50万元以上的专项项目支出。除上述实行零余额财政直接支付和按规定由原渠道支付的资金外,其余预算项目实行零余额财政授权支付。对暂未纳入改革试点范围的省直部门下属二级及以下基层预算单位,其全部预算资金,不再经一级预算单位账户转拨,由财政直接拨付到基层预算单位账户。

三、立足于规范支出管理,不断创新支出管理方式,在行政政法机关福利性开支货币化和公用专项支出标准化方面取得新的突破。一是改革了省直行政事业单位职工住宅取暖补贴和交费办法。从2003年起,按照属地管理原则和谁受益谁拿钱、基本不增加大多数职工实际负担的原则,将原来由财政暗补、单位统一负担职工住宅取暖费,改为按标准向职工个人发放取暖补贴,个人按实际住房面积和规定标准交费。一个取暖期的取暖补贴发放标准为:(干部职工或离退休人员当年10月份的基本工资或基本离退休费+200元误餐补贴)×85%。今年又根据实际运行情况将对个人的补贴标准提高为(基本工资或基本离退休费+200元误餐补贴)×100%。还在各部门年度预算中按职工应发放取暖补贴总额的2%核定了职工交费困难补助,对个别干部职工、离退休等人员因特殊原因而造成的交费困难问题,给予适当特殊补助。新的取暖补贴和交费办法理顺了单位与职工个人的关系,公平了职工个人的负担。

二是初步统一了省直党政机关办公家具、办公设备的配备标准。为统一省级党政机关办公家具、办公设备配备标准,规范配备行为,我们经过调研和实际测算,研究制定了省级党政机关配备办公家具、办公设备的试行标准,并征求了省委、省人大、省政府、省政协四家办公厅的意见。从2002年开始对新成立单位办公家具、办公设备的配备,按厅级干部每人4万元、处级及其以下干部每人2.5万元(包括公用部分)的标准掌握,由单位包干使用,用于购置配备机关工作人员办公使用的和会议室等公用部分的办公家具和办公设备等。目前,我们已按此标准掌握执行。经过两年的实践，各部门反映此标准基本可行。我们准备再执行一段时间后，根据实际情况再进一步完善和细化，择机报请省政府批准后正式对外颁发。

三是规范了省级党政机关租用办公用房的管理。为改变省级党政机关外租办公用房中“各自为政”的状况，加强办公用房租赁费的预算管理，缩小省级党政机关在租用办公用房方面的差距，我们和省直机关事务管理局一起，共同研究制定了《关于规范省级党政机关租用办公用房的意见》。一方面，统一了办公用房租用面积标准和房租费标准，对省级党政机关租用办公用房面积，包括会议室、档案室、卫生间等公共部分，厅级单位人均建筑面积上限为26平米，处级单位人均建筑面积上限为20平米，临时性机构人均使用面积上限为10平米；房租费定额标准包括租金、物业管理费等，每平米每月最高不超过40元。凡是租用办公用房的单位，省财政只安排房租费，不再安排物业管理、维修、装修、改造等经费。另一方面，规范了租用办公用房的审批程序。凡已(续)租和拟租办公用房的省级党政机关，须在每年10月底前以及租赁协议到期前3个月内向省直机关事务管理局申报，能从省直机关存量办公用房中调剂解决的要首先通过调剂予以解决；调剂解决不了确需租房的，由省直机关事务管理局按上述规定标准提出审核意见报省政府审批。同时，明确规定省直机关事务管理局一口对外，作为承租人为使用单位解决办公用房并与出租人签订租赁协议。省财政按照租赁协议，将预算安排的房租费直接支付到出租方。

四是研究拟定了省级党政机关移动通讯工具管理货币化改革的初步意见。我们参照《中央和国家机关移动通讯补贴管理办法》，在对省级机关通讯工具按职级补贴情况进行认真测算的基础上，研究提出了改革省级移动电话管理的初步意见，准备由公费配发通讯工具和限额报销费用改为按不同职级和岗位工作需要，发放移动通讯补贴，实行“定额补贴、超支自负、节余归已”的管理办法，并对省级、厅级和处级一把手给予适当倾斜。目前这个《意见》已上报省政府，待批准后执行。

五是初步建立了专项资金的监管约束机制。委托省审计厅对我省24所监狱的专项资金使用情况进行了审计，找出了存在的问题，制定了整改措施；针对基建专项资金投资规模大，容易出现损失浪费的情况，对技术性、专业性强的大项目先评审、后拨款，并进行跟踪监督，及时掌握工程项目资金使用情况，提高了财政资金的使用效益。

四、坚持集中财力办大事，整合专项资金，资源共建、共享工作稳步开展。一是推进政法网络的共建、共享。按照“科技强警”的要求，我们和省公安厅牵头，各有关政法部门参加，从2001年10月开始组织实施了河北省政法系统综合信息网(二级网)建设工程。省财政通过采取集中省级政法机关2000年结转资金、2001—2002年的预算外资金、调剂省级政法专项资金等方式整合资金5000万元一次性投入，比省级政法机关各部门分散建设节省3000多万元，每年节约运行成本约1000万元。此项工程已于2003年顺利通过工程测试、验收和成果鉴定。为进一步发挥综合通讯网的作用，去年我们又通过调整资金结构，投入2700万元建成了政法综合通讯三级骨干网，全省政法综合信息网络建设已初具规模，顺利投入使用。这是我省进行的第一个跨部门、跨市县的基建工程，打破了过去政法装备建设方面部门为主、条块分割的限制，优化了资源配置，避免了重复建设，发挥了财政部门的宏观调控作用。二是按照零基预算、综合预算和集中财力办大事的原则，认真审核、编制分管部门专项资金项目预算，突出“大事”、“要事”，审减压缩零星分散项目以及不属于政府职能范围的支出，努力解决财政资金投入“散”和“碎”的问题。三是为实现党政机关电子政务网络建设资源合理配置和共享共用，加快我省党政机关电子政务网络建设，防止各自为政、重复建设，我们在研究总结政法部门设施共建、资源共享的成功经验的基础上，对我省党政机关电子政务网络建设的现状进行了认真分析研究，提出了统筹规划有序推进；整合现有电子政务网、避免重复投资；以及按照分工明确分级负担的原则，共同推进全省电子政务网建设的党政机关信息化建设规划建议。此方案受到省委省政府领导的肯定，在省信息化建设领导小组制定的我省电子政务建设规划中得以应用。

五、严格按照财政部的要求，科学编报项目规划，认真组织项目实施，中央政法补助专款项目规划任务完成较好。一是提高认识，精心组织。我们从加强政法机关经费保障，推动全省经济建设和社会发展的高度充分认识此项工作的重要性，多次分别召开专门会议，及时向各市传达中央对政法专款进行项目管理的精神，及时布置并认真完成申报政法补助专款项目三年规划工作，及时了解基层落实政法三年规划的有关情况和反馈意见，并多次到基层政法机关调查研究，确保了我省政法三年规划各项工作顺利有序的进行。二是突出重点，认真编报。在编制 2001—2003 年中央政法补助三年规划过程中，我们时刻注重整合资金办大事和突出贫困地区、中心工作的原则。一方面科学地制定补助标准，力求安排一个项目就要从根本上解决问题；另一方面通过共建共用，跨地区、跨部门组织实施共建项目，整合资金、集中财力，努力提高资金的使用效益。三是科学分配，加强监督。在确定专项资金补助数额时，坚持在科学、合理的基础上，采用因素法进行分配，增加资金分配的透明度。同时，建立健全对专项资金的追踪问效制度。计划安排上尽可能避免因重复设置等问题造成浪费，并要求各政法机关定期向财政部门反映资金到位、使用和效益情况。对专项资金的安排坚持事前调查论证，事中检查落实是否专款专用，是否被上级机关截留挪用，事后考核使用效果。三年来，通过各级财政部门、政法部门的共同努力，全省共投放政法补助专款 2.7 亿元，安排装备及基础设施维修项目 1200 余个，实现了预期目标，收到明显的成效。

六、着眼于行政事业性资产的优化配置和有效使用，加强基础监管，完善管理体制，行政事业单位国有资产管理得到加强。一是加强行政事业单位国有资产管理的制度建设。针对机构改革中国资局并入财政的情况，为防止行政事业性资产出现管理“真空”，及时研究制定了《河北省行政事业单位国有资产管理实施办法(修订)》，对机构改革后如何加强国有资产管理工作提出了要求；制发了《河北省省直行政事业单位国有资产监督管理办法(试行)》，明确了财政部门、省直机关事务管理部门和各事业单位主管部门、各资产占有使用单位在国有资产管理方面的具体管理职责。在市县级进行机构改革时，又及时对市县在机构改革中加强国有资产管理工作提出了明确要求。

二是加强了产权登记和资产报告等基础监管工作。明确规定新设立的行政事业单位，应在正式成立后的三十日内，向同级财政(国资管理)部门申报、办理产权登记手续；行政事业单位因分立、合并、改制、撤销等机构变化以及隶属关系变化引起的国有资产相应变化的，应在机构变化后三十日内申报、办理相关产权手续；并对行政事业资产实行了年度检查和年度报告制度。这几年我省行政事业单位国有资产产权登记年度检查、资产清查、资产处置审批等各项日常工作都在按规定进行。

三是进一步规范了资产处置工作。针对行政事业单位国有资产处置管理中存在的审批职责不清、随意处置等行为，我们于 2002 年 9 月制发了《河北省省直行政事业单位国有资产处置管理实施细则(暂行)》，明确了资产管理部门和占有使用单位在资产处置管理方面的具体审批权限，即每单台(件)资产 5 万元、每批资产 10 万元以下的国有资产处置，行政单位由省直机关事务管理局审批，事业单位由主管部门审批，并报省财政厅备案；每单台(件)资产 5 万元、每批资产 10 万元及其以上的国有资产处置，省直行政单位经省直机关事务管理局，事业单位经主管部门审核后，报省财政厅审批；凡处置重要设施或资产，需经省直机关事务管理局或主管部门审核，财政审批后，报省政府批准后办理。

四是积极探索改革和完善省直行政事业单位国有资产管理体制。为进一步建立健全行政事业资产的管理和监督体制，今年上半年我们集中时间，集中人员，代省政府起草了《河北省人民政府关于改革和完善行政事业单位国有资产管理体制的意见(代拟稿)》。该《意见》首先进一步明确了省直行政事业单位资产实行分类管理和分层控制的管理原则。分类管理，就是行政事业资产按其功能分为党政机关等行政性资产、公益性事业单位资产和后勤服务机构等营利性事业单位资产，并对不同的资产实行不同的监管办法。分层控制，就是对行政事业资产实施财政部门、机关事务管理部门和事业单位主管部门、使用部门单位三个层次不同形式的监管。其次，明确提出对省直行政事业资产实行“政府统一所有、财政综合调控、部门分层监管、单位使用”的管理体制。政府统一所有，就是省直行政事业资产统一归省政府所有。财政综合调控，就是省财政部门代表省政府行使行政事业资产综合管理和调控职责。部门分层监管，就是经省政府批准，财政部门将党政、群团机关行政性国有资产及与行政性资产不可分割、为机关提供直接服务的部分公益性事业国有资产委托给省直机关事务管理部门管理，将党政、群团机关所属独立事业单位国有资产委托给事业单位主管部门管理。单位使用，就是各党政、群团机关和事业单位对省政府所有的行政事业资产享有使用权利，并按有关规定负责对使用的资产进行日常管理。同时，按照分层控制的原则，重新界定划分了财政部门、机关事务管理部门和事业单位主管部门、资产使用单位的具体管理监督职责，规定了对行政事业单位国有资产实行分类管理和具体的管理方式。目前，该《意见》已上报省政府审议研究。

回顾几年来的工作，尽管我们在加强行政政法财务管理方面采取了一些措施，想了一些办法，也取得了一定的成效，但与部里的要求相比还有很大的差距，与兄弟省市相比还有许多需要改进和完善的地方。总的看，目前我省的行政政法财务管理工作还存在一些不容忽视的问题：一是资金供求矛盾仍然十分突出，行政政法部门的经费保障程度需要进一步提高；二是部门预算编制的科学性尚需加强，财政支出范围和结构仍然不尽合理，资金使用效益不高的问题远未得到彻底解决；三是一些财务制度和开支标准不适应当前的工作需要等问题，需要引起重视和尽快加以研究解决。

我们决心认真领会这次会议精神，学习好、贯彻好、落实好部领导的指示，进一步把行政政法财务管理工作往深里做、往实里做。今后拟重点搞好以下几个方面的工作：一是继续视财力状况不断加大对行政政法部门的经费投入，确保党政机关正常运转。同时，进一步清理和界定财政支出范围。二是继续探索和创新支出管理方法，不断优化和完善支出管理。研究制定行政机关部分业务及修购等专项开支定额标准，积极推进职务消费货币化改革，大力推进装备设施共建和资源共享。三是继续深化预算管理改革，严格预算约束，加强对专项资金使用的追踪问效和监督管理工作，努力提高预算编制的科学性，增强预算执行的严肃性，提高财政资金的使用效益。四是坚持不懈地抓好行政政法单位国有资产管理，有效推进行政事业资产的优化配置，提高使用效益，防止国有资产流失。

（行政政法处供稿，撰稿人：孙仁宏、张会军）

探索建立国有资本经营预算
支持国有企业及民营经济共同发展

——在全国财政企业工作会议上的交流材料

我省企业财务管理工作以邓小平理论和“三个代表”重要思想为指导，紧紧围绕省委、省政府确定的“四项重点工作（国有企业改革、民营经济发展、项目投资、扩大开放）”，以建立财源监控体系、完善公共财政框架下促进企业发展的企业财务管理制度和加快国有企业改革为突破口，以促进经济结构调整为目标，积极转变管理职能，不断调整、改进和完善财政管理企业的方式和手段，在国有资本经营预算、促进民营经济发展方面取得了一些进展。

一、充分发挥财政职能，大力促进民营经济和中小企业发展

经过二十多年的改革开放，我省民营经济已成为推动全省经济发展的重要力量。截至 2004 年 6 月底，全省民营经济单位 158.2 万个，从业人员 1005.3 万人。其中，民营企业 15.4 万家，从业人员 421.6 万人。1—6 月份全省民营经济累计完成增加值 1689.7 亿元，同比增长 14.8%，占全省 GDP 的 42%，对经济增长贡献率为 46.6%；实缴税金 170.4 亿元，同比增长 20.9%，占全省两税收入的 44.9%；完成固定资产投资 379.1 亿元，同比增长 31.8%，超过全省社会固定资产投资的 40%。廊坊、邢台、衡水、沧州等市的民营经济增加值占当地 GDP 的比重均超过了 70%，特别是廊坊市达到了 88%。民营经济已成为我省经济发展中最具活力、最有潜力的增长源。

（一）统一思想，提高认识。2003 年 4 月，河北省委、省政府召开了全省民营经济工作会议，印发了《关于进一步鼓励、支持和引导民营经济发展的若干意见》，提出民营经济事关河北发展大局，要放手发展非公有制经济，使非公有制经济尽快成为全省经济发展新的增长点，成为实现“翻两番”奋斗目标的重要力量支撑。为更好地贯彻落实这次会议精神，河北省财政厅组织召开了全省财政系统支持民营经济发展研讨会，提出思想障碍和体制障碍是制约民营经济发展的最主要因素，全省各级财政部门要把思想统一到省委、省政府的决策部署上来，转变思想，更新观念，全力支持民营经济发展。会后向全省财政系统印发了《关于财政部门支持民营经济发展的实施意见》(以下简称《实施意见》)，以制度的形式将落实国民待遇，简化行政审批，清理不合理收费等多项扶持措施确定下来。这对于国有经济比重比较高、传统计划经济思维根深蒂固的河北而言，无疑是一次思想上和实践上的突破。

(二)平等支持，促进发展。《实施意见》明确，财政安排的支持经济发展资金在扶持对象上不再区分所有制性质，给予民营经济同等的政策待遇。对科技创新项目、农业产业化项目、环境保护项目等，只要符合国家和省的产业导向、符合市场要求、有发展潜力，民营企业都可以获得平等的支持。《实施意见》下发后，各市财政部门也都在财政资金的使用上给予了民营经济平等支持。为克服传统思维的影响，保证民营经济获得的财政资金支持与其对经济发展和税收的贡献相一致，部分市还具体规定了扶持民营经济发展资金占财政支持经济发展资金的最低比例，如邯郸市规定每年财政安排的挖潜改造资金和科技三项费用不低于 30%、支农资金总额不低于 20%、中小企业创新资金不低于 50%的部分，用于扶持民营经济发展。

(三)突出重点，适度倾斜。支持民营经济发展是市场经济条件下政府发挥职能作用的重要领域，符合公共财政原则和《中小企业促进法》的要求，也是贯彻落实河北省委、省政府《关于进一步鼓励、支持和引导民营经济发展的若干意见》的重要措施。2003 年，我省省级财政安排了中小企业发展专项资金 1000 万元，主要用于中小企业公共服务体系建设，重点用于解决与民营经济发展息息相关的关键环节和重点领域。其中安排了 200 万元用于补贴全省 20 个产业集中度高、集群优势明显、在国内具有一定竞争优势的民营产业园区内的关键技术和工艺的研究与开发，共开发新工艺 13 项、新产品 75 个，引导企业新增技术改造投资 1400 万元，新增销售收入 16.5 亿元，出口创汇 1.5 亿元。各市也设立了相应的专项资金，如沧州市每年安排 50 万元民营经济培训基金和 300 万元的民营经济科技扶持基金，用于支持民营经济的发展；石家庄对获得国家、省名牌产品的民营企业分别奖励 50 万元和 20 万元等。

(四)落实政策，优化环境。一是，针对一些地方存在的对国家政策不清楚、不落实，却要求越权制定税收优惠政策的现象，认真梳理了国家有关促进经济发展和技术进步的税收优惠政策，辑印成册，做好宣传，在学通吃透、用足、用好、用活现有政策上下功夫，不折不扣地落实好国家有关政策；二是，认真贯彻落实河北省委、省政府《关于进一步优化发展环境的若干规定》，积极清理收费项目，降低收费标准，实行收费听证制度和公示制度，完善收支两条线管理体制改革，相继出台了《关于优化发展环境加强行政事业性收费管理的实施细则》和《河北省执收执罚部门收支脱钩管理暂行办法》，进一步优化民营经济发展环境。

(五)破解中小企业融资难题。融资难是中小企业发展过程中面临的主要“瓶颈”之一，为此，全省各级财政部门将建立和完善全省担保体系作为一项重点工作。一是坚持不懈，积极推进。全省民营经济工作会议召开后，省财政厅及时出台了《关于抓紧落实中小企业信用担保机构资本金的通知》，要求各市财政部门积极筹措中小企业信用担保资金，制定好财政出资三年规划，并督导好各县担保资金的落实。随后，为进一步发挥省级担保资金的引导和带动作用，调动各市筹集担保资金的积极性，又出台了《河北省省级中小企业信用担保资金与设区市中小企业信用担保资金匹配使用暂行办法》。截至 2004 年 6 月底，全省共设立担保机构 57 家，筹集担保资金总额 8.4 亿元，较 2003 年底增长了 282%；其中，政府出资 5.4 亿元，较 2003 年底增长了 218%，占全部出资的 64.2%。今年，全省各级财政部门仍将把筹措担保机构资本金作为一项重要工作。同时，为最大限度地发挥财政资金的引导、集聚作用，各级财政部门也将把推进担保机构产权多元化改革作为今年的一项重要工作。二是加强管理，规范运作。今年以来，全省担保机构和担保资金增长都非常快，业务规模也在逐步扩大，这种趋势还将保持一段时间。但是我们清醒地认识到：担保机构的大发展，必须是在规范管理和运作基础上的发展，否则，大发展可能会带来大风险，危害全省担保体系建设。对此，我们采取了抓住重点、示范全局的做法，会同省中小企业局制定了《河北省中小企业信用担保服务中心运营管理暂行办法》，率先规范了省担保中心的管理。同时，将于近期出台《河北中小企业信用担保机构财务管理试行办法》，以弥补担保机构财务管理上的制度空白，规范财务管理，防范担保风险。三是政策支持，拓展业务。中小企业信用担保具有一定的政策性，政府应当给予一定的政策支持。从支持的环节上看，对担保机构的代偿损失给予限率补偿是分散担保机构风险、推动担保机构积极开展业务的一种比较好的方式。为此，我们按照“鼓励风险控制、损失适当补偿、资金共同负担的原则”，起草了《河北中小企业信用担保机构代偿损失补偿暂行办法》，对中小企业信用担保机构的代偿净损失给予一定比例的限率补偿，以推动中小企业积极稳妥地开展业务。

一年多来，河北财政部门在支持民营经济发展上作了一些尝试和探索。纵向看，有了一些突破，取得了一些实效。但横向看，无论是在财政扶持民营经济发展的资金规模、支持的领域和方向、使用方式、规范管理等方面，与兄弟省市相比仍存在的不小的差距，我们将进一步加强和改进有关工作。

第一，增加专项资金的规模。按照公共财政原则和《中小企业促进法》的要求，财政扶持民营经济发展的资金占财政扶植经济发展资金的比重应高于民营经济税收贡献，以体现对中小企业发展的政策倾斜。作为经济结构调整任务繁重、就业压力很大、创业不够活跃的省份，目前，资金安排规模还比较小，将进一步加大对中小企业的扶持力度，以促进经济转型、扩大就业、活跃经济、加快发展。

第二，进一步明确资金扶持的重点。中小企业发展专项资金应区别于其他的财政专项资金，立足于中小企业，服务于中小企业。经过近两年的实践摸索，我们认为中小企业发展专项资金应从以下两个方面来支持中小企业发展：一是贷款贴息。重点扶持民营产业园区内重点企业、区域内重点行业的核心企业、与大型企业进行协作配套的企业、农业产业化企业等带动效应和示范效应明显的关键技术改造和更新项目，以改变中小企业技术和工艺落后、开发能力不足的现状。二是公共服务体系建设。重点支持开展面向中小企业的人才培训、技术支持、信息服务、管理和咨询服务、市场开拓、创业辅导与服务等项目。

第三，改进中小企业发展专项资金的支持方式。我们认为专项资金的扶持方式可以采取以下两种支持方式，一是贷款贴息。对中小企业的技术改造贷款给予一定的比例的贴息。二是对项目或收入的补贴。对项目的补贴是针对中小企业服务机构开展的面向中小企业的服务项目给予一定额度的补贴，具体包括培训项目、民营产业园区内关键技术和工艺的研究与开发项目、农业产业化关键技术与工艺的攻关项目、市场开拓项目等；对服务收入的补贴是针对中小企业服务机构开展面向中小企业的特定服务所取得的收入给予一定额度的补贴，如管理咨询等。

第四，加强专项资金的管理。一是科学规范决策。制定中小企业发展专项资金使用办法，采取层层审核、专家论证的方式确定省级财政扶持的产业、企业和项目，力求决策的科学规范。二是坚持“三公”原则，接受监督。所有财政资金支持的项目全部应在民营经济网（中小企业网）和财政网上公布，接受监督。三是资金直拨各有关单位。财政支持的项目确定后，实行资金报账制，资金由省级国库直接拨付各项目单位，防止挤占、挪用。四是加强监督检查。项目资金到位后，每年将对10%左右的项目资金使用情况进行检查。对重点项目，要求项目单位按季度报送项目进展及资金使用情况，保证资金安全和使用效果。五是实施后评价制度。对重点项目和随机选取的10%的扶持项目，开展后评价，确保资金的使用效果。

二、编制国有资本经营预算，建立多元化的国企改革发展资金筹措和管理机制

国有资本经营预算是政府三大预算的重要组成部分。构建国有资本经营预算体系对理顺政府公共财政与经济建设之间的关系，推动国有企业改革与发展具有十分重要的意义。第一，构建国有资本经营预算管理体系能进一步推动政府公共管理职能和国有资产所有权职能的分离，强化政府对国有经济的宏观调控能力；第二，构建国有资本经营预算管理体系可以加强对国有经营性资金的管理，强化风险控制功能；第三，构建国有资本经营预算管理体系对规范国有资产管理部门与国有资产运营机构之间的关系，促进国有资产管理、监督、运营体系的形成具有重要的作用。基于这样的认识，我省从2000年开始着手研究探索国有资本经营预算编制工作。当时，在一无资料二无现成经验可借鉴的情况下，我们多次组织召开了由各市财政局企业科长和部分大型企业财务处长参加的座谈会，在广泛征求意见的基础上，根据《中华人民共和国公司法》、《河北省企业国有资产产权转让管理暂行条例》等有关法律、法规，并结合我省实际，起草了《河北省省级国有资本经营预算管理办法(试行)》,并于 2000 年 9 月召开了全省试编国有资本经营预算专题研讨会。之后,我们根据各方面的反馈意见,又对国有资本经营预算管理办法进行了更深入的研究和探讨,尤其是对一些理论问题诸如:国有资本经营预算框架体系、国有资本经营预算与公共财政预算、社会保障预算的关系、编制过程中如何衔接、国有资本经营预算编制范围、编制程序、编制方法及预算指标如何确定、国有资产经营收益如何收缴等问题,进行了反复研究和推敲。最后,经过反复修改和不断完善,我省于 2002 年 7 月印发了《河北省省级国有资本经营预算管理办法(试行)》(以下简称《预算管理办法》),为我省全面编制国有资本经营预算打下了良好的基础。

《试行办法》共分八章。第一章是总则,主要对制定预算编制管理办法的目的、依据、编制范围、编制主体和执行主体、执行时间、计算单位、会计核算制度等问题进行了阐述。第二章是预算管理职权,主要对预算编制中的职权进行了明确。第三章是预算编制,主要对预算编制原则、编制方法、预算收入科目、预算支出科目、预算草案的编制、现金支出顺序和安排比例、预算编制和批复时间等进行了明确。第四章是预算执行,主要对预算执行程序进行了明确。第五章是预算调整,主要预算调整程序和批准权限进行了明确。第六章是决算,主要对决算报告的编制和上报时间进行了明确。第七章是预算监督和考核,主要对预算执行情况的报告、检查及考核奖惩进行了明确。第八章是附则,主要对发布机关、执行时间进行了明确。《试行办法》有三张表格,表 1 为预算收支科目表,表 2 为预算收支表,表 3 为预算收支决算表。

《试行办法》下发后,在我省各市和省直企业间引起了强烈的反响,有关市也开始着手制定国有资本经营预算管理办法。为了增加《预算管理办法》在执行中的可操作性,进一步推动国有资本经营预算在全省的全面实行,我们于 2002 年 11 月又组织了 14 户省级重点企业试编了 2003 年国有资本经营预算。通过这次试编,积累了一些经验,同时也发现了需要进一步加强和改进的问题。

2004 年年初,我省又制定了《关于多渠道筹措国有企业改革专项资金加强资金使用管理的意见》,再次提出如何建立多元化的国有企业改革发展资金筹措机制,明确了将财政预算安排、国有资产收益、产权转让收入和国企改制中批准核销的呆坏账追索收入等全部纳入国有资本经营预算。

随着国有企业改革的不断深入,国有资本经营预算越来越受到各级领导的重视,通过编制国有资本经营预算合理筹集国有企业改革专项资金,已成为解决改制企业费用不足的一种重要手段。自 2002 年《预算管理办法》执行后,2003 年我省预算安排国有企业改革专项资金 1000 万元,2004 年预算安排 4150 万元,从国有企业收益及产权转让收入中筹集了 4100 万元,有利地促进了国有企业的改革与发展。2005 年我省拟进一步加大支持国企改革力度,增加专项资金预算安排,支持国有企业改革与发展。

我省在国有资本经营预算编制和促进民营经济发展方面虽然取得了一些进展,但许多工作仍然处于尝试和探索阶段,还需要向兄弟省市学习。

(企业处供稿,撰稿人:吴红智)

编制社会保障预算
创新资金管理模式
全面提高社会保障工作管理水平

——在 2004 全国财政社会保障工作会议上的交流材料

党的十四届三中全会通过的《关于建立社会主义市场经济体制若干问题的决定》明确提出:"建立政府公共预算和国有资产经营预算,并可根据需要,建立社会保障预算和其他预算。"此后,党的十五大、十五届五中全会也都提出了建立社会保障预算的要求。但由于实际工作中存在一些困难,全国一直未能建立规范统一的社会保障预算管理制度。2003 年我省在全省财政工作会议上首次提出试编全省社会保障预算。为此,我们成立了以主管厅长为组长的全省社会保障预算编制工作领导小组,统一认识、理清思路、建立制度、创新机制,使全省社会保障预算编制工作取得了新突破。

一、统一思想,不断提高对社会保障预算的认识

目前,我省各类社会保障对象已达 1500 万人以上,涉及 15 大类社会保障资金,资金总规模近 270 亿元。随着社会保障任务的不断加重,财政社会保障资金管理工作中出现了工作底数不清、过度依赖

部门的问题。同时,在各级财政压力都很大的情况下,市县财政不同程度地存在等靠要的思想。我们认为编制社会保障预算是加强社会保障资金管理、提高资金使用效益和管理水平的有力手段,也是解决上述问题的有效途径,其重要性主要体现在以下几个方面:

(一)编制社会保障预算,是完善社会保障体系的客观要求。

完善筹资机制是健全社会保障体系的一个重要环节,只有各类社会保障资金到位,才能保证各项社会保障制度的顺利运行。通过编制社会保障资金预算,可以对所有社会保障资金的收支实现规范管理,为逐步完善社会保障体系打下良好基础。

(二)编制社会保障预算,是摸清底数、把握全局的重要手段。

近年来,社会保障工作成为全社会的热点和难点问题,做好社会保障工作是保证社会保障对象基本生活的需要,也是维护社会稳定的需要。为此必须要摸清各类保障对象的分布情况,并针对不同的群体采取不同的保障手段。通过编制社会保障预算,可以全面了解本地区社会保障对象的人员结构和资金状况,并根据管理中存在的问题,加大社会保险基金的征缴力度,堵塞管理中的漏洞。

(三)编制社会保障预算,是预算改革的重要组成部分。

党的十五大报告和《中华人民共和国预算法实施条例》规定:"各级政府预算分为政府公共预算、国有资产经营预算、社会保障预算和其他预算。"这充分说明,社会保障预算是预算管理体系的重要组成部分。逐步建立起社会保障预算管理制度,是预算改革的重要内容,也是预算管理模式的创新。

(四)编制社会保障预算,是财政监督的重要形式。

社会保障工作涉及面广,政策性强、涉及资金量大,管好用好每一分钱是财政部门的重要责任。建立全面、准确的社会保障预算,有利于对资金的筹措、管理、使用和分配实施全过程、全方位的监督,提高资金的使用效益,确保资金顺利发放到保障对象手中。

二、理清思路,明确建立社会保障预算管理制度的方向

在全省建立社会保障预算制度需要积极探索和不断创新。自去年以来,社会保障预算编制工作领导小组先后召开多次会议,专题研究社会保障预算管理制度问题,并多次深入市县财政、劳动、民政等基层部门调查研究,广泛征求意见,在此基础上理清了思路,明确了方向。

(一)社会保障预算编制的指导思想和基本原则。

编制社会保障预算的指导思想是:以"三个代表"重要思想为指导,以《中华人民共和国预算法实施条例》为依据,以社会保障预算总揽工作全局,积极探索各类社会保障资金的筹资新机制,扎实推进支出改革,不断强化社会保障资金的预算约束,切实提高资金使用效益,确保各类社会保障对象得到应有的保障。

社会保障预算的编制原则:一是规范统一原则。社会保障预算要将各类用于社会保障对象的资金全部纳入预算,统一政策依据、统一收支范围、统一编制口径、统一工作程序;二是利于管理原则。社会保障预算要有利于加强社会保障资金的管理和监督,不仅要全面反映社会保障资金收支,及时提供社会保障资金缺口情况,还要有利于通过资金收支分析国家各项社会保障政策的执行情况;三是分级负担原则。按照现行财政管理体制规定,应由各级政府安排和筹措的社会保障资金必须足额到位,如果资金出现缺口,要立足自身通过加大征缴力度、加强支出管理、调整财政支出结构等综合措施加以解决,克服等、靠、要的思想;四是收支平衡原则。各级财政在考虑上级补助的情况下,要科学测算各类社会保障资金收支,依法强化征收,合理筹措资金,确保各类资金收支平衡。五是专款专用原则。严格按照各类社会保障资金的收支用途安排预算,不能互相挤占挪用,更不能用于平衡政府公共预算。

(二)保证社会保障预算各类指标的准确性和有用性。

我们认为,目前全国社会保障预算没有全面推开的主要原因之一,就是预算的准确性和有用性难以保证。由于社会保障资金收支具有不确定性,如企业职工基本养老、失业等各类社会保险基金收入取决于征缴情况的好坏,中央补助规模不固定,各类社会保障对象变化大,保障水平不确定等,这些就造成了社会保障资金收支本身具有不确定性,如果编制的指标不准确,对实际工作的指导意义就不大,为此我们确立了"规范科目体系、制定编制办法、明确编制方式、严格预算调整程序”的工作思路。首先通过建立规范的预算科目体系，统一口径，避免预算指标概念不清；其次通过制定社会保障预算编制办法，明确编制方法和编制程序，避免人为因素的影响；第三是通过分析数据的合理性，对比上年实际执行情况、对比国家有关政策规定，测算各指标的可行性，核实各项指标，避免简单汇总。即使社会保障预算不仅反映资金的收支，还能反映基本数据情况，为分析、测算提供依据；第四是根据预算执行情况，严格预算调整程序，对省、市、县各职能部门确实难以控制且发生较大变化的指标，经财政部门批准后，可按适当的程序进行必要的调整。

（三）将编制社会保障预算作为一种手段，全面提升社会保障资金管理水平。

编制社会保障预算的目的在于加强管理。因此，要将编制社会保障预算作为一种手段。首先，通过编制社会保障预算，不仅使省财政全面真实地了解情况，也督促各市全面梳理当地的社会保障工作，同时，还为各级政府交了一本明白账，为进一步做好社会保障工作打下基础。其次，通过编制社会保障预算，及时发现在社会保障政策执行中存在的差距和在社会保障资金管理中存在的不足。第三是通过编制社会保障预算，建立起增收、节支目标责任制，通过扩大各项社会保险的覆盖面，做到应收尽收，保证收入的增长；通过堵塞支出管理中的漏洞，确保将各项社会保障资金及时足额发放到保障对象手中。

三、集思广益，创建我省社会保障预算管理体系

我们在统一认识、明确方向的基础上，开始对我省社会保障预算管理体系进行设计。先后学习借鉴了美国、加拿大、欧洲、澳大利亚、日本、新加坡等经济发达国家社会保障预算管理方面的经验，查阅了国内社会保障预算的有关资料，为创建我省社会保障预算管理体系打下理论基础。我们将社会保障预算编制领导小组和全处同志分成“科目设计组”、“指标体系设计组”、“编制管理办法起草组”和“编制软件设计组”，这些小组既有明确的分工，又互相配合，通过数月的共同努力，形成了一套较为规范完整的社会保障预算管理体系。

（一）制定了《河北省 2004 年社会保障预算收支科目》（附后）。

我们参考《社会保险基金会计制度》、《2004 年政府预算收支科目》、各类社会保障专项资金财务制度等，共设计了 15 大类 135 个收入科目和 111 个支出科目，并对每一个收支科目的核算内容都做了明确规定。在科目设计过程中，较好地处理了社会保障预算科目与政府公共预算科目的关系，有效地解决了政府公共预算安排资金与社会保险、专项社会保障资金的重复问题，突出了重点，保证了社会保险和专项社会保障资金的完整性。

通过这项工作，不仅统一了收支范围、统一了编制口径，而且对所有社会保障的政策规定进行了全面梳理，提高了各级财政社会保障工作人员的政策水平，为今后加强管理打下了基础。

（二）形成了全省社会保障预算收支指标体系。

我们设计了一套社会保障预算收支总表（表样附后），将社会保障的主要资金指标纳入总表体系。同时，为了突出社会保障资金的特点，我们在收支总表设计中，将以前年度社会保障资金结余纳入预算，以收、支、余的方式体现资金运动全过程。另外，我们按社会保险基金和专项社会保障资金分类，设计了 9 张社会保障预算收支明细表（表样附后）。这 9 张明细表全面反映了各项资金的收支来源渠道、支出使用方向，以及资金结余情况。同时，为了满足分析对比和测算核实的需要，我们在每一张明细表中都设计了“补充资料”内容，全面了解各项业务的开展情况、筹资水平和保障标准。

（三）出台了《河北省社会保障预算编制管理暂行办法》（附后）。

办法共 6 章 30 条，明确了社会保障预算编制原则，规定了编制内容，确定了编制程序，对社会保障预算执行、调整、管理和监督提出了明确要求。

（四）设计了社会保障预算编制管理软件。

社会保障预算涉及指标达 311 个，涉及 199 个编制单位，表内、表间数字关系上百个，如果没有计算机管理软件支撑，用手工难以汇总编制完成。我们组织既熟悉社会保障业务又精通计算机的同志，经过攻关，完成了社会保障预算编制管理软件的设计工作。该系统实现了从各县（区）直接完成各设区市和全省社会保障预算的汇总，并设定了表内、表间逻辑关系审核公式，实现了准确快捷的逻辑关系审核，提高了工作效率。

四、认真编制 2004 年全省社会保障预算

在完成上述基础工作后，我们于去年十一月份正式印发了《河北省社会保障预算编制管理暂行办法》,同时下发了《关于做好2004年社会保障预算编制工作的通知》,并于十二月份召集各市有关人员布置了社会保障预算编制工作。今年初,省厅将这项工作列为14项突破性业务工作,我们再次下发通知,要求各市高度重视这项工作,并进一步加大工作力度,确保将第一年社会保障预算编好。在各市县预算编制过程中,我们多次派人到各市进行具体指导,共同研究解决遇到的各种问题。今年2月底各市县(区)初步完成社会保障预算的编制,并上报我处,我处经过40多天的工作,完成了全省预算审核、编制任务。

(一)通过社会保障预算编制管理软件进行初步审核。

利用我们设计的管理软件对省本级、11个设区市本级、136个县、51个区编制的社会保障预算进行逻辑审核,发现其中近60%的市县通不过审核,让其修改重报。

(二)对社会保障预算指标进行政策审核。

由处内各主管同志就自己分管工作对各市县上报的预算进行政策审核。如近两年国家和省出台了一系列的促进再就业的政策,为了保证这些政策的落实,就要审查各市县促进再就业资金安排情况,发现近30个县没有足额安排这部分资金;再如国家规定要实现"两个确保",就要审查各市县企业职工基本养老保险基金和国有企业下岗职工基本生活费是否有资金保障,凡资金不足的就要重新落实资金来源。

(三)对社会保障预算指标进行分析对比和测算核实。

主要审核内容,一是以前年度结余与2003年度决算数进行对比,结果发现近30%的市县有出入,并以决算为准进行了调整;二是将各项社会保险基金收支与上年决算数进行对比,凡收入低于去年的,原则上都要进行调整,分析各项基金支出的增长水平,凡超出合理范围的,要进行压减;三是根据补充资料的有关数据对资金收支进行测算核实。主要是根据参保工资总额、缴费率情况,测算收入的合理性;根据保障人员数量和保障标准测算支出规模的合理性。

(四)编制社会保障预算取得的成果。

通过建立社会保障预算管理制度,使我们摸清了社会保障工作底数,发现了工作中存在的问题,有针对性地建立了增收节支责任制,理清了全年工作思路,对全面提高社会保障财务管理水平起到了较大促进作用。其中,成效最明显的是发现了社会保障工作及资金管理中存在的一系列问题,主要有:一是在企业职工基本养老保险方面,有的市县基金入不敷出,当地财政补助较少,基本养老保险费征收力度不够,支出存在依赖上级的思想;二是部分事业单位没有按规定参加失业保险,失业保险费征收率偏低;三是部分市县财政安排低保资金较少,从资金上看难以做到应保尽保;四是在国有企业下岗职工和就业资金安排上,存在虚列支出问题;五是在工伤保险方面,存在政策落实较慢工作进展不快等等。对于上述问题,我们都提出了解决意见,并制定了相应措施,确保各项政策的落实。

五、多措并举,确保社会保障预算的完成

预算编制工作完成后,如何确保执行中各项预算指标的完全落实,是做好社会保障预算工作的又一关键环节,在预算执行过程中,我们主要抓了以下几方面的工作:

(一)抓住关键环节,促社会保险费征缴工作迈上新台阶。

企业职工基本养老保险费和失业保险费是社会保险基金的重要组成部分,从2003年实行税务征收以来,我省的管理体制主要是:地税部门管征收,社会保障经办机构管核实缴费基数,财政部门对社会保险费实行收支两条线管理。由于多部门共同管理社会保险费,在执行过程中,部门之间存在不同的认识。为了实现收入的增长,我们注意加强与各部门之间的沟通,重点做好以下几方面的工作:一是合理制定征收计划。征收计划不仅是地方税务部门的目标,也是劳动保障部门的目标,还是划分省、市两级政府责任的重要依据。我们在全面深入地摸清费源的基础上,提出切实可行的收入计划建议,由省政府批准下达各级政府和省直有关部门执行,强化了征收计划的约束力。二是明确征收责任。为了调动各市的积极性,明确提出企业职工基本养老保险基金实行计划管理,分级负担,避免各市出现征收不到位,将压力推给省的问题。三是狠抓核基、扩面工作,壮大费源基础。我们在组织审计人员对缴费工资基数进行审核的过程中,发现应参保而未参保或中断参保问题严重。为此,与有关部门研究制定了核基、扩面、续保三项工程实施办法。同时,通过建立地税系统激励机制、驻冀原行业统筹单位社会保障经办机构激励机制、社会保障经办机构激励机制和省市两级政府间的责任制，有效地调动了方方面面的积极性。通过各方面的共同努力，上述措施收到了良好的效果：据统计，今年 1—9 月份全省基本养老保险费征收收入剔除个人缴费比例提高一个百分点因素，比上年同期增长 19.3%；失业保险费收入比上年同期增长了 9.88%。

（二）调整支出结构，加大财政投入力度。

针对预算审核中发现的市县财政对企业职工基本养老保险、低保等投入较少的情况，我们要求各级财政部门要从全局出发，严格按照党中央、国务院和省委、省政府关于加大社保资金投入力度的要求，切实调整支出结构，加大资金投入力度，确保各项社会保障政策的落实。在养老保险资金方面，我们在制定调剂计划时，通过调剂金与各市安排的财政对养老保险的补贴挂钩的办法调动各市增加对养老保险补贴的积极性；在再就业资金投入上，形成了制度性安排，省级按照预算收入的 1% 作为再就业补助资金，各市也都参照省里的做法相应安排了补助资金，同时通过再就业补助资金与就业实绩挂钩、年终清算等办法，调动各市增加投入的积极性。

（三）运用现代化管理手段，以远程财务管理系统为平台，实现远程监控，强化了对预算执行的监督。

编制社会保障预算只是一种静态管理，还不能随时了解各地预算的执行情况。为了弥补这一不足，我们依托全省财政局域网，研究开发了远程财务管理系统，使全省所有市、县（区）财政局通过省厅现有的“河北财政信息网”登录到省财政厅的服务器进行记账，操作结果直接储存到中心数据库中，系统利用先进的软件技术进行集中处理，实现了全省一本账的管理目标；通过系统，还可以直接从凭证、账目中取数，生成相关报表并逐级汇总；三是在网络畅通的情况下，还可以实现上级对下级业务处理情况（包括凭证的填制）的实时监控，有利于及时发现问题，纠正错误。这样，我们利用现代化的管理手段，在网络上初步实现了凭证管理、自动记账、报表汇总、查询分析，并能对全系统的资金运转实行全过程监督，既提高了工作效率，增加了资金管理的透明度，又提高了社会保障资金的管理水平，有力地保证了社会保障预算的执行。

从今年前 10 个月社会保障预算执行情况来看，各项指标完成情况良好，全省社会保障工作平稳运行，社会保障预算确实起到了统揽社会保障工作全局的作用。但是，由于社会保障预算工作尚处于起步阶段，实际工作中仍然存在一些难题：如预算编制层次仍较低；社会保障预算编制内容只包括用于社保对象个人的补助，而公共预算安排的用于社会保障事业发展的有关经费尚未纳入社会保障预算；社会保障预算的约束性还不强，如何强化预算约束并使之逐步纳入法制化的轨道，还需要进一步研究和探索。

（社保处供稿，撰稿人：王占虎）

实行竞争机制　强化制度约束
提高产业化经营项目优选质量

——在全国农开办主任会议上的发言材料

产业化经营项目作为农业综合开发的重要组成部分，是促进农业增效和农民增收的重要财政手段。近年来，我省认真落实国家农业综合开发政策，以推进项目区农业产业化经营为主要途径，在认真调查研究，明确主攻目标的基础上，有针对性地解决项目小而散、人为干扰择优选项、带动效果不明显等突出问题，建立项目竞争优选机制，强化制度约束，使项目优选工作更加规范，项目质量明显提高，有效地推动了产业化经营项目的健康发展，形成了良性竞争的局面。

一、认真跟踪问效，建立项目竞争评比的激励机制

项目竣工验收制度是国家农业综合开发历年来坚持的一项基本监督制度。但由于从立项到验收间隔时间较长，运行中出现的问题得不到及时解决，既影响了项目质量，又增加了竣工验收的难度。为保证项目的跟踪问效，我省从 2000 年开始实行年度检查制度，并把年度检查与三年验收结合起来。年度检查发现的问题当年解决，三年验收总体把关，有效地提高了项目实施质量。同时，我们将年度检查和三年验收结果与下一年度项目投资紧密挂钩，平常年份以年度检查成绩测算下年度投资控制规模；验收年度以验收成绩为主，参考年度检查成绩，测算下年度投资控制规模。具体做法是：以省辖 11 个设区市为竞争层面，每个市推选 1—2 个好的项目，参加全省“优胜项目”竞争；省再随机抽查每个市 1/3 的项目。以省级检查、验收平均成绩为基础，修正市级检查验收成绩，求得各市每一个项目的成绩。检查验收成绩直接与各市投资挂钩：一是与检查、验收名次挂钩。前三名的市，分别奖励本市投资基数的15%、10%和5%；后三名的市分别处罚本市投资基数的15%、10%、5%。二是与实际效果挂钩。以市为单位，每出现一个未完工或效益较差的项目，扣减年度投资100万元；全部完成且效果较好的市，奖励年度投资100万元；出现项目变更的市，不奖不罚。三是与“优胜项目”挂钩。每个优胜项目奖励所在市年度投资100万元。四是与项目县挂钩。优胜项目所在县获得优先立项权，检查不合格的项目暂停该县立项资格。国家验收中，为全省争光的项目给予表彰和一次性奖励；被通报批评的，给予一次性处罚；奖惩结果向市县党委、政府通报。

二、科学分配投资，工作业绩与投资紧密挂钩

参照国家办“综合因素法”，结合我省实际，实行了“基数加因素”投资分配办法，使基层各项工作的好坏直接与投资挂钩。具体做法：一是投资基数与前三年工作成绩挂钩。省拿出年度投资总额的55%作为投资测算基数，以各市前三年平均投资占全省三年总投资的比重，计算该市的投资系数，测算每个市的投资基数。由于前三年投资规模也是按照基数加因素方法确定的，因此以前三年平均投资为基础测算投资，充分体现了对各市三年工作总体业绩的奖惩。二是与检查验收成绩挂钩（如前所述）。三是与资金配套挂钩。年度检查前市级财政配套资金到位的奖励基数的15%；年底到位的不奖不罚；年底没有到位的罚30%。四是与资金回收挂钩。完成回收任务率90%以上的市，回收任务1000万元以上的每个百分点奖15万元（占奖励额的30%，土地治理占70%，下同），回收任务500－1000万元的市每个百分点奖9万元，回收任务500万元以下的市每个百分点奖4.5万元；回收任务完成率低于80%的市，对后三名分别处罚投资基数的70%、50%、30%。五是与日常工作挂钩。主要计划申报、计划统计、资金管理等基础工作的进度和质量，前三名的市分别奖励50万元，后三名的市分别处罚50万元。

三、强化制度约束，严把项目优选质量

（一）强化前期规划，确保中心工作

搞好产业化经营项目前期准备工作重在谋划总体思路，瞄准市场需求，开发出自己的优势和特色，提高结构效率。为有效引导各市优化项目布局，坚持扬长避短，充分挖掘资源优势和比较优势，确立扶持的重点产业。从1998年起省办每年下发产业化经营项目申报指导性意见，明确提出项目安排的指导思想、基本原则、扶持重点及各市的优势产业。既坚持长期规划、分步实施、连续立项、择优扶持的开发路子，抓规划落实；又注重突出重点，扶优扶大扶强，培育壮大优势产业。在统一思想的基础上，在项目上报之前省办与各市沟通，确保申报项目符合经济建设中心工作的要求，既实现了全省“一盘棋”的总体规划，又发挥了各地特色，思路明确，重点突出。几年来，我省基本保证了每年将60%左右的资金集中扶持重点龙头项目，加大了对重点产业的扶持力度，京安集团、宁晋和平泉食用菌、迁西板栗、怀来和魏县蔬菜市场、乡谣奶制品加工、三河燕赵园林等20多个重点龙头企业，都连续扶持三年以上，每个项目投入财政资金都在500万元以上，有的达到了2000多万元，使这些企业迅速形成规模。目前这些企业均在全国占有一定位次，有的还名列前茅，对全省农业农村经济发展发挥了强有力的拉动作用。

（二）强化基础工作，降低财政风险

为了更好地解决财政风险问题，我省从三个方面强化选项基础工作。

一是对项目单位财务进行专项审计，详细分析投资风险情况。自2001年起由市县农发办组织中介机构审计以来，起到了较好的保证作用。为加大审计力度，从今年起，重点项目由省级直接组织审计，一般项目一律由市级组织审计，确保审计结果的真实有效。

二是实行抵押担保制度，降低财政风险。对自身具有有效资产抵押的项目单位，办理资产抵押手续；不具备资产抵押条件的，实行资产担保制度，并对担保单位进行审计，考核其担保资格。

三是还款进度与项目投资挂钩，增强基层农业开发部门的风险意识。包括市级还款率与市级投资控制规模直接挂钩；累计欠到期财政有偿资金100万元以上的县，取消该县项目申报资格；有逾期财政有偿资金的企业，取消该企业产业化经营项目申报资格。这样控制的结果，使市、县、企业增强了风险意识和还款积极性，降低了财政风险，资金回收率得到明显提高。

（三）强化竞争机制，提高优选质量

为了提高项目质量，我省按照年度财政投资控制指标的150%下达项目申报规模，通过项目考察和竞争，淘汰30%左右的项目。具体竞争程序如下：

第一，按照基数加因素的办法，测算各市投资控制规模，在指导性意见中按照控制规模的150%下达控制规模。

第二，掌握适度规模，保证重点项目建设资金。通过竞争立项和综合平衡，全省每年大体安排中央财政投资400万元的重点项目4个、中央财政投资300万元的重点项目5个，9个重点项目投资占总规模的50%左右。安排一般项目20个左右。一般按照各类项目个数的150%左右，向各市下达各类项目的申报个数。

第三，项目审计。一般项目由市级组织审计，重点项目由省级组织审计。

第四，项目考察。由省办抽调人员，组成联合考察组，对项目进行实地考察，提交书面考察报告，提出项目是否具备参加评审资格的意见。

第五，项目竞争评审。考察通过的项目，参加省办组织的项目专家评审。专家评审采取项目单位介绍情况、专家质询、现场答辩、综合打分的方式，对项目是否可行作出定性分析，对项目优劣作出定量分析。专家评审的内容主要包括：一是看工艺技术方案和产品先进性，分析项目建设的技术可能性；二是看项目建设的财务和预收益情况，分析项目建设的合理性；三是看项目市场需求和营销方案是否可行，分析项目的市场前瞻性；四是看项目承担单位的综合实力和资金来源，分析项目目标的实现能力和投资的安全性；五是看项目与农户的联结机制，分析项目对区域经济发展和农民增收的带动性。

第六，主任会议审定。专家评审可行的项目，按照项目评审成绩，优先安排中央财政投资300万元以上的重点项目，然后按照资金余量和项目个数，确定一般项目投资规模，报主任会议审定。

我省项目竞争优选工作做到了依据充分，制度明确，程序严谨，形成了良性竞争的局面，促进了项目质量和开发效果的提高。

(四)强化社会监督，公正选项立项

按照上述程序，我省产业化经营项目的竞争立项基本上实现了程序公开透明，决策严密公正的规范化操作。在项目优选过程中，任何个人包括省办主任都难以对项目是否能上作出承诺。在强化内部监督约束的基础上，我省还实行了项目公示制度。项目选报阶段发布项目申报指南；项目评估通过以后进行公示，接受社会监督。项目优选工作确实做到了公开、公正、公平。

实践证明，实行产业化经营项目竞争立项，建立健全与之配套的项目竞争优选制度，能够有效地防止立项的盲目性，增强了针对性；克服了人为因素的随意性，增强了选项立项的科学性，提高了项目总体质量和开发效果。一是发掘了资源优势，培育壮大了区域特色主导产业，尤其在生猪、肉牛、蔬菜、花卉苗木、鸭梨、奶牛、食用菌等产业的开发上，发挥了较大作用，得到省委省政府领导的充分肯定。二是扶持了关键环节，促进了农业产业化经营。先后立项扶持省市两级龙头企业80个，较好地发挥了龙头带动作用。三是优化了农业产业结构，促进了农业增效和农民增收。扶持的项目带动基地面积95.93万亩，带动畜禽养殖1708万头只，加工转化农产品1335万吨，年增加农民收入19亿元，带动种养农户61万个，户均增收3135元。四是起到了科技示范作用，提高了农产品品质和效益。以农业开发为主扶持开发的动植物优质品种20多个，省内和全国著名商标产品十多个。五是建设支撑保护体系，促进了项目区农业持续健康发展。突出扶持了种子工程建设、农产品储藏保鲜体系和市场流通体系建设，为项目区农业发展构建了强有力的支撑体系。仅5个蔬菜批发市场项目，每年可销售农产品200多万吨。我省的做法也得到了国家有关部门的充分肯定，国务院内参、中央农村工作要情、经济日报等重要刊物都对我省产业化经营项目方面的做法和成效作过介绍，有效地提高了农业综合开发的社会地位。

(农开办供稿，撰稿人：李青海)

积极探索　开拓创新
河北省政府采购预算管理迈上新台阶

——在全国政府采购工作会议上的交流材料

(2004年12月)

河北省是政府采购改革开展最早的省份之一，早在1996年就已开始对政府采购改革进行探索，近几年随着改革的不断深入，河北省政府采购工作健康、快速发展。特别是 2003 年《政府采购法》正式实施以来，河北省政府采购工作取得了长足的进步：采购规模不断扩大，采购管理日趋规范，采购效率和效益显著提高，政府采购呈现出良好的发展势头。2001 年全省政府采购金额为 16.37 亿元，2002 年全省政府采购金额为 22.58 亿元，2003 年全省政府采购金额为 38.21 亿元，2004 年 1—9 月份，我省共组织政府采购 12470 批次，采购金额 42.56 亿元，比上年同期增加 17.07 亿元，增长 66.98%，比预算节约资金 5.74 亿元，资金节约率为 11.88%。这其中，河北省采购办做了大量的开创性工作：制度建设方面，先后出台了四十多项政府采购相关制度办法；规范管理方面，对政府采购程序中的关键环节实施重点控制和监管；改革创新方面，推出多项新举措进行有益尝试……特别是在政府采购预算管理方面积极探索、开拓创新，取得了显著成效，有力地推进了全省政府采购工作。

政府采购预算是政府采购工作的源头，政府采购预算管理理应成为政府采购工作的中心。河北省政府采购预算管理经历了四个发展阶段：1998 年 10 月开始谋划政府采购预算编制，2000 年开始试编政府采购预算，2002 年政府采购预算编制步入正轨，2004 年政府采购预算管理从编制到执行各个环节已初步形成了一套完整的体系，处处体现出“实”、“细”、“深”的特点。

一、全程参与，预算编制内容把握一个“实”字

政府采购预算编制不实是政府采购改革的一种顽疾。编制不实一方面会减小政府采购规模，使得一部分应当纳入政府采购范围的项目游离于政府采购程序之外；另一方面可能滋生腐败，假借政府采购名义骗取财政资金的现象时有发生。河北省政府采购预算编制工作也深受困扰。为了治愈这一顽疾，真正把政府采购预算编实，河北省采购办主要采取了以下措施：一是，理清程序。政府采购预算与部门预算的编制实行“五统一”，即政府采购预算与部门预算由财政部门统一布置；政府采购预算与部门预算由部门（单位）编制并由主管部门审核、汇总、上报；政府采购预算与部门预算由财政部门统一审核；政府采购预算与部门预算由财政部门统一汇总；政府采购预算与部门预算按规定的程序批复。理清了编制程序，有效地防止了政府采购预算与部门预算编制脱节的问题。二是提早介入。一方面，在布置部门预算的同时将政府采购预算编制细节渗透其中，使部门预算与政府采购预算融为一个整体；另一方面，将采购办审核工作提前至部门第一次上报预算建议计划时，为政府采购预算编实掌握主动权。三是严格审核。采购办对部门上报的部门预算建议计划中的专项公用经费、专项项目经费及其他有关项目、部门编制的政府采购预算情况对照集中采购目录及采购限额标准，逐一进行严格审核。对部门没有按要求编制政府采购预算的，要求部门重新编制；部门预算项目需做变动、调整的，同时调增、减政府采购预算；部门对审核意见有异议的，应当写出书面说明，连同相关证明材料由省财政厅业务主管处审核把关后，报采购办审定。严把审核关为政府采购预算编实提供了有力保障。政府采购预算由虚变实，从源头上保证了采购规模的扩大，杜绝了骗取财政资金等问题的发生。

二、规范运作，预算项目划分强调一个“细”字

编细政府采购预算是使预算具有可操作性的前提，也是编实政府采购预算的前提。政府采购预算编制不细，给政府采购预算的执行带来很多问题。为了解决政府采购预算编制不细的问题，河北省采购办对省级部门预算编制工作提出了具体要求：一方面要求部门在编报部门预算时，将涉及到的政府采购项目进行细化。列出项目的明细情况，将项目金额划分到采购的各种货物、服务、工程中，使其能与采购目录及采购限额标准相对应，并将项目中不能参加政府采购的部分列明。另一方面，要求部门对政府采购项目中货物、服务和工程的名称、规格、质量、数量、单价、总价、资金类型、供应时间等相关信息进行细化。通过对政府采购预算项目的细化，一是加强了政府采购预算的可操作性和计划性，为政府采购预算的执行奠定了基础；二是要求部门对项目的具体情况进行深入调查和了解，促使部门对采购项目的调研工作前移，有利于缩短总体采购时间，提高采购效率；三是预算项目细化后，才能有效保证政府采购预算编实，才能从源头上保证政府采购规模的不断扩大。

三、创新模式，预算管理体现一个“深”字

政府采购预算编制完成后，并不意味着政府采购预算管理的结束。政府采购预算管理要深入、要架起预算编制和预算执行之间的桥梁，防止编制和执行脱节。对政府采购预算进行细分、编制政府采购计划是河北省政府采购预算管理模式的创新，实践证明它有效地将预算管理深入到预算执行环节。河北省采购办 2004 年开始实施这项改革：首先，将省级政府采购预算项目划分为省本级采购项目和属地采购项目，其中属地采购项目以属地采购计划的形式下达给部门（单位）所在市采购办，由其行使监管职责；其次，将省本级采购项目按照项目性质划分为政府集中采购项目、部门集中采购项目和协议供货项目，其中政府集中采购项目以政府集中采购计划的形式下达给省级集中采购机构，对其提出编制招标计划的具体要求；第三，省级集中采购机构根据政府集中采购计划中项目性质和时间要求编制招标计划报省财政厅；第四，省财政厅对省级集中采购机构编制的招标计划进行批复；第五，由省级集中采购机构知会各采购部门招标计划内容，并按照批复了的招标计划组织政府采购预算的执行。通过预算管理的深入，一是硬化了预算约束，经过“采购预算—采购计划—招标计划”这一制度安排，政府采购项目得以深化、落实，降低了政府采购预算变更的随意性，硬化了预算约束。二是增强了集中采购工作的计划性，提高了采购的效益。集中采购工作由原来的“委托一批采购一批”的零散采购变成有计划、按步骤、定时间和批次的打捆批量采购，增强了工作的计划性，提高了采购的效益。三是提高了采购效率，最大限度地保证了部门在指定时间内获得所需货物、工程和服务。一方面部门知道了具体招标时间，可以合理安排市场调研和办理相关手续的时间，另一方面省级集中采购机构有计划的组织招标，变被动为主动，有效预防了多个采购项目“撞车”的危险，缩短了采购时间，有效提高了采购效率。

河北省采购办在“实”、“细”、“深”上所做的工作，取得了明显成效，使河北省政府采购预算管理迈上了新台阶，推动了河北省政府采购工作的健康发展。2004 年 1—9 月份，省本级共组织政府采购 497 批次，采购金额 3.83 亿元，与去年同期相比同比增加 1.31 亿元，同比增长 51.98%，比预算节约资金 0.38 亿元，资金节约率为 9.12%。部门对政府采购工作比较满意，没有因政府采购时间长而要求不参加政府采购的现象。目前，河北省已经开始在全省范围内推广省级政府采购预算管理经验。河北省政府采购预算管理工作正在书写崭新的篇章。

（政府采购办供稿）

在世行贷款技援五期子项目设计工作座谈会上的发言材料

（2004 年 12 月 17 日）

首先感谢部领导为我们提供这次与兄弟省市共谋技援工作思路、相互学习借鉴的宝贵机会。近年来，针对国际国内利用外资政策环境发生较大变化的实际情况，我省在做好国际金融组织传统贷款业务工作的同时，适时将重点向利用技术援助贷（赠）款转移。截至目前，全省共有世、亚行技援贷（赠）款项目 5 个（世行技援三期河北供水与环境项目准备技援、世行技援四期邯郸数字化城市建设研究和省级扶贫机构能力加强、亚行赠款海滦河流域污染防治项目准备技援、亚行赠款河北省发展战略研究），协议贷（赠）款总额 325 万美元。其中 3 个项目已经执行完毕，2 个项目尚在执行之中。上述项目的实施，为有效利用国际金融组织的智力优势和国际发展经验，加快贷款项目前期准备，促进管理和体制创新，加强区域经济发展规划研究，服务全省经济和社会事业发展大局发挥了积极作用。下面重点就亚行技援赠款河北省发展战略研究项目的有关情况向大家做一简要汇报。

一、项目基本情况和研究成果评价

根据 2001 年初省领导在接待亚行艾肯伯格副行长时达成的意向，2001 年 6 月，省政府就如何发挥环京津、环渤海区位优势，加速河北经济和社会发展向财政部递交了技援项目建议书。在财政部大力支持下，该项目被列入 2002 财年亚行国别援助规划。2002 年 11 月，亚行执董会批准向中国政府提供 60 万美元赠款，用于实施该项目。在完成咨询专家选聘、合同谈判等前期准备工作后，该项目于 2003 年 8 月正式启动。经过近一年的努力，咨询专家提交了中英文总报告和九个专题报告，并于 2004 年 8 月组织召开了最终报告研讨会。

环京津环渤海发展战略，是河北省经济和社会发展四大主体战略之一，也是最具河北特色的一大战略。利用国际金融组织技术援助资金开展省级发展战略研究，在我国是第一次；由中外专家学者对河北省“两环”战略进行系统研究，在我省也是首次。

在最终报告研讨会上，研究成果得到了我省领导、财政部领导和亚行方面的一致好评。我省领导对有关研究成果予以高度评价，认为报告是多年来我省在经济发展战略研究方面比较全面系统、不可多得的研究成果，并明确要求有关部门在编制“十一五”规划时作为重点参考材料。财政部国际司梁子谦副司长指出，该项目在很多方面都具有创新性，其成功实施为将来开展类似项目积累了宝贵经验。亚行驻华代表处首席代表莫利也对研究成果给予了充分肯定。

二、主要经验和做法

河北省发展战略研究项目涉及全省经济社会众多领域，具有综合性强、跨行政区划等特点。经省政府批准，项目管理办公室设在省财政厅，主管厅长任项目办主任，涉外处具体负责项目组织实施。回顾项目前期准备和执行整个过程，我们主要有以下几点体会。

（一）领导重视和相关各方积极参与是项目成功的重要保障。

该项目自始至终得到了省政府领导、财政部领导和厅领导的高度重视。常务副省长统一领导和协调项目执行中的重大问题，多次与中外咨询专家会面座谈，一方面结合省委、省政府的战略部署和发展重点对研究提出指导性意见，一方面鼓励专家不要受原有战略、规划和思路的局限，要以独特的视角和先进的技术手段，通过“第三只眼睛”看河北，真正达到指导河北经济社会发展的目的。财政部国际司领导亲自莅临项目启动会和最终报告研讨会给予指导和帮助。主管厅长对项目谋划、准备和执行过程中的每一个重要环节都亲自抓，对项目办在不同阶段的工作提出明确、具体的要求，并多次陪同咨询专家深入省直有关部门和市县进行座谈调研。正是由于领导重视，加上项目办的周密组织，使得前期的专家考察调研和后期的报告论证修改均得到了相关部门和市县的密切配合。中外咨询专家先后深入我省11个设区市和部分县进行调研，省直20多个部门参加历次座谈和4次研讨会的代表达200多人次。

（二）研究框架的科学论证和适当调整是项目成功的基本前提。

技援项目的特殊性，要求一方面要在项目开始招标前编制一个全面、科学、明晰的任务大纲，以此作为选聘咨询专家和检验研究成果的重要依据，另一方面要结合实际情况的变化，适时调整完善研究思路，以满足新形势的需要。为此，在2001年上半年编制项目建议书阶段，我们就在省政府领导下，组织有关部门和专家学者，结合河北经济社会发展面临的突出问题和战略规划进行认真研究，初步确定将推进两环开放带动战略面临的机遇、挑战和下一步政策措施作为研究重点。2002年6月，我们又在亚行北京代表处组织召开了任务大纲论证会，邀请国务院发展研究中心、国家计委、建设部、中国社会科学院、清华大学等单位的专家学者及省内专家对任务大纲从不同侧面提出修改意见，最终确定了消除环京津贫困带、环境保护、传统工业改造及发展民营经济、城市化、沿海地区发展、高科技、旅游、投融资体制改革、财政改革等9个专题进行重点研究。随着科学发展观的提出和宏观调控政策的实施，我们会同亚行项目经理，适时要求咨询专家在报告中充分体现中央的政策要求，并请吴敬琏等国内知名专家对中期报告提出修改意见。鉴于消除环京津贫困带专题涉及面较广，今年4月我们专门在北京组织召开了有国家发改委和京、津二市发改委代表及部分专家学者参加的论证会，使课题成果的受认可程度和可操作性得到了增强。

（三）加强宣传、扩大影响是确保项目成功的关键。

技援项目与传统贷款项目的最大不同，在于它的最终交付物是研究报告，而不是土建工程和物资设备。如果研究成果不能被相关各方，特别是决策者所认可并用于指导实践，即使其理论水平和学术价值再高，也很难说项目是成功的。所以，按照厅领导的要求，我们根据项目进展情况，注意把每个阶段的最新研究成果通过不定期编发简报等形式及时向领导和部门进行通报。在项目执行的一年间，累计编印简报28期，每期发送份数均在200份以上，在省领导、省直部门和各市中间产生了积极影响。在中期报告完成后，为了提高项目的知名度，吸引更多的领导和部门关注此项事关全省发展大局的研究课题，我们组织省内专家对研究成果进行浓缩，撷取观点精华，撰写了“河北省发展战略前沿报告”并报送省委省政府。在今年7月份召开的省委理论学习中心组扩大会议上，根据省委白克明书记批示，该报告作为重要参阅材料印发全体与会代表并引起了强烈反响。此外，在项目启动会和最终报告研讨会召开期间，我们均邀请省内新闻单位到会进行采访报道，部分媒体还刊发了专题报道，收到了很好的宣传效果。

(四)加大国内专家的参与力度是技援项目的改革方向。

与其它技援项目不同，该项目在咨询专家选择上重点强调了资金使用国的主导作用和国内专家的参与。在咨询专家组 22 名成员中，来自上海和省内的专家有 15 人，占 2/3 以上。这种结构，既有利于借鉴西方市场经济国家的经验做法和国外专家先进的研究方法及技术手段，也便于学习上海及江浙等国内发达省份更具指导意义和操作性强的做法。特别是省内专家的加盟，一方面有助于省外和国外专家尽快熟悉省情，另一方面为他们开展调研、搜集资料提供了便利。随着国内咨询行业整体水平的日益提高，有必要进一步发挥资金使用国在项目设计、专家选择和资金使用中的主导作用，不断加大国内专家的参与程度。相比之下，省级技援项目较国家级重大改革研究项目更适合选用较大比例的国内专家。

三、存在问题及建议

虽然亚行技援河北省发展战略研究项目执行情况较好，但也存在着一些有待改进的方面。结合我省其它技援项目执行中暴露出来的问题，提出以下几点建议。

(一)缩短前期准备周期，加快项目执行进度

对发展战略研究而言，研究成果的时效性对能否最大限度地发挥项目效益具有重要意义。河北省发展战略研究项目从提交项目建议书到正式启动用了两年多的时间，项目执行期也从原定的 10 个月延长到 12 个月。咨询性技援项目大多涉及宏观层面的战略规划问题，但这一特性恰恰决定了它容易受到决策者人事变动、对重大问题认识不一致、寻求国内资金渠道等因素的影响，并由此给项目的顺利实施带来潜在的风险。河北省发展战略研究项目之所以能够取得预期成果，与主管省领导的一贯重视有密切关系。反观我省的另一个项目，曾一度因市政府领导换届而考虑退出，后因引起市长重视才得以重新启动并使项目进度大大加快。因此，如何缩短项目准备周期，提高研究成果的时效性是需要认真研究的一个主要问题。

(二)加强对技援项目相关政策和程序的宣传

虽然我国利用国际金融组织贷款已有 20 多年的历史，但从实际情况看，用款人，尤其是基层各级领导对利用技援贷(赠)款的相关政策和程序仍不是很熟悉，大多错误地认为资金的使用可以由自己来支配，咨询单位可以由自己来选定。此外，对整个项目的周期及每个环节所需时间长度也缺乏充分认识，制定的时间进度安排因此往往不切实际。我省有一个项目最终申请退出，虽然与找到其它资金来源有一定关系，但主管领导对政策和程序不甚了解是主要原因之一。

(三)对咨询公司的管理和控制模式有待进一步完善

从亚行技援项目来看，由于贷(赠)款资金的审核拨付由亚行具体负责，咨询公司提交的票据只需项目经理认可后即可申请提款，财政部门和业主在项目执行期间缺乏有效的制约手段。建议将相关程序修改为先由财政部门确认后再将提款申请提交项目经理审核。此外，随着中标的中外咨询公司联合体越来越多，如何对咨询团队实施有效管理也有待进一步探讨。在河北省发展战略研究项目执行过程中，就存在牵头的外方咨询公司对中方专家管理协调不力的问题。建议财政部和世、亚行加强这方面的管理，建立科学的机制来确保牵头一方和专家组长的权威。

以上是我省开展国际金融组织技术援助工作的简要汇报，请各位领导和同志们多提宝贵意见，帮助我们更好地改进工作。

(涉外处供稿，撰稿人：吴国起)

积极开展会计继续教育
努力把函校建成财会教育综合基地

——在全国财会干部教育培训工作会议上的发言材料

河北省中华会计函授学校下设 11 所分校，143 个函授站，在校中专生近 3000 人，2003 级是最后一批学员。2004 年停止中专招生。2000 年根据生源市场的客观情况和财政部关于中专学历教育扫尾的要求，我们着手策划函校的发展前途和职能定位问题。在厅党组的支持下，2002 年 12 月经党组研究报

省编办批准，在函校基础上加挂“河北省财政厅会计人员服务中心”的牌子，迈开了函校改革和转轨的第一步。为了扩大影响，我们于2003年3月举行了隆重的揭牌仪式，邀请省直、中直驻石的100多个单位的财务处长及各市分校校长参加，厅党组书记、厅长齐守印同志亲自为会计服务中心揭牌，省厅的五位厅领导参加了揭牌仪式，为大力开展会计继续教育工作奠定了良好的基础。下面将我们的工作情况及认识体会分七个方面，向财政部领导及兄弟省的同志们做简要汇报。不当之处请批评指正。

一、开拓领域完善职能

在财政部干教中心和厅领导及会计管理部门的大力支持下，我们利用函校的教育资源，积极开动脑筋，争取任务，与会计处和其他处室协调配合，寻找时机，拓展工作领域。目前我们的工作职能已基本确定，并在社会上和厅机关得到了大家的认可和赞扬。目前，我校的会计人员继续教育工作开展得红红火火，热热闹闹，紧张有序。截止现在，函校及会计服务中心的工作职能已发生了根本性变化，主要有以下十个方面的内容。

(一)组织全省会计继续教育培训，每年约二十万人参加。我们具体实施省直、中直单位的会计继续教育培训，每年100多期近两万人。

(二)组织省直、中直单位会计从业资格证考试，每年近两千人。

(三)组织会计电算化考试，每年三千人，全省每年约三万人参加。

(四)负责全省会计账册征订和分发。

(五)组织会计专业技术资格考试考前辅导。

(六)组织和参与会计系列的各种考务工作。

(七)组织财政系统的会计继续教育师资培训和高级会计师考前辅导和培训。

(八)参与并组织厅内各处室的业务培训工作。

(九)组织编写会计从业资格考试和会计继续教育培训教材。

(十)学历教育的扫尾和联合办学的试验。

二、抓紧师资搞教研夯实基础保质量

教师是教学的主导，教研是教学的基础。为不断提高我省会计人员继续教育工作的水平和质量，充实全省会计人员继续教育的培训内容，改进培训方式，加强省、市、县三级会计教育工作者的内部联系，建立一支庞大而优秀的会计继续教育管理队伍。决定从2004年开始，每年举办一次“会计继续教育管理者暨师资培训班”，要求各市、县(区)至少有一名管理人员和一名授课教师参加。首届培训班于2004年4月6日—17日在北京举办，共有184人参加。财政部干部教育中心副主任李赤、河北省财政厅助理巡视员郭长悟参加开班典礼并分别讲话。财政部会计司、财政厅会计处、采购办、河北经贸大学以及河北省校的有关领导和专家、教授就会计制度改革、政府采购的规定、会计培训的管理与设计、所得税政策法规和单位负责人财会知识等内容作了深入的剖析和精彩的讲解。通过培训，大家普遍感觉收获很大，不仅学到了新知识，开阔了视野，而且鼓舞了士气，增强了凝聚力。

深入开展教学研究工作是不断提高教育和培训质量的重要保证。在抓培训的同时，我们首先抓教师队伍建设，明确规定，每年召开两次教学研讨会。2004年3月9日在石家庄召开了第一次会计人员继续教育教学研讨会，邀请河北经贸大学会计学院、石家庄铁道学院、石家庄经济学院3所院校的13位特聘教师参加研讨。主管厅领导郭长悟同志到会并讲话。省厅会计处的李明同志详细地介绍了2004年的继续教育培训内容：与会教师分别站在不同的角度，针对不同性质、不同层次的会计培训分别发表了很好的意见和建议。最后，根据厅会计处的有关规定，结合省直、中直驻石单位的不同需求，经过反复的研究和讨论，确定了2004年会计人员继续教育的培训内容。企业单位主要以新会计制度的衔接和税法方面的内容作为重点；事业单位以政府采购、集中支付等内容作为重点。各系统单位也可以根据自身不同的行业特点以及会计工作的需要，指定培训内容。

三、沟通感情巩固阵地

为深入了解各大系统和单位对会计人员继续教育的时间和内容方面的需求，改进组织形式丰富培训内容，提高会计人员的学习兴趣和培训质量。我校决定每年年底召开一次由省直、中直驻石单位财务处长或主管会计培训工作的负责同志参加的座谈会，总结当年的会计继续教育开展情况，研究部署下年度的会计培训任务。2003年的座谈会于2004年1月13日在石家庄召开，40个省直、中直驻石单位的财务处长、主管会计培训的同志共50多人应邀参加了座谈会，省财政厅副厅长郭秀堂同志出席会议并讲话，省厅会计处全体同志及教师代表也参加了座谈会。河北省校校长向与会人员通报了2003年会计人员继续教育工作情况。会计处处长就2004年会计人员继续教育的内容和形式提出了指导性意见。财会人员针对2004年的培训计划、时间安排以及省直、中直会计人员继续教育评优标准发表了各自的意见。大家建议：今后的会计培训应增加财政改革的新政策、新规定及国内外、省内外财会工作信息等内容，扩大会计人员的视野和思维空间；针对行政、事业、企业单位的实际情况，增加可操作性的知识讲座，如：税法、合同法、国资管理、集中支付、政府采购等内容。大家表示：一定全力配合会计处及会计服务中心的工作，齐心协力搞好会计人员的继续教育工作。

四、强化考核评比改善组织管理（加强对特聘教师及各单位组织工作的考评）

（一）为了加强对特聘教师的管理，保证我校开展会计人员继续教育的水平和质量，我们制定了《兼职教师工作职责》、《聘用教师行为规范》等制度和办法，加强对特聘教师的组织和管理。为了广泛运用现代化教学方式开展会计继续教育，我们还为兼职教师配备了手提电脑和便携式投影仪。另外，我们比较好地坚持了问卷调查工作，不论是新聘教师还是在我校兼职若干年的老教师，都要参加由学员打分评判的问卷调查活动，通过填表对授课教师的教学水平、教学艺术、教学效果等情况给予公正客观的评价。建立优胜劣汰的激励机制，保证教学效果和教师质量与水平的不断提高。

（二）根据省直、中直单位会计人员的数量情况，我们实行系统组织和函校办班相结合的方法，凡是会计人员达到50人以上的单位，系统组织，我们负责提供教材、安排教师、组织考核等工作，可以由本单位负责组织学员和教学管理工作。通过几年的合作，省直100多个单位的财务处都与函校建立了良好的合作关系。为了调动各单位组织会计继续教育的积极性，经校长办公会研究并报主管厅长批准，我们制定了《河北省财政厅省直、中直单位会计人员继续教育评比办法》，每年年终对各单位的继续教育工作进行评比。根据自评得分、教师打分和会计服务中心的监督检查情况，对省直、中直单位进行测评，取得分高的前十名为年度会计人员继续教育先进单位，我们以财政厅的名义给予一定的奖励。

五、开展专项培训拓宽工作渠道

《行政许可法》颁布实施以后，原来由机关各处室统管的许多工作将放开，这对函校来说是一个机遇，函校作为财政部门的事业单位，有许多特殊条件和优势。不允许行政机关操作的一些工作，我们则可以做得很好。为此，我们积极与厅领导和有关业务处联系，力争将一部分工作接管过来，充实我们的工作内容。经过一阶段的努力，开拓工作领域的事情已有了突破性进展。

（一）会计处与函校有着特殊的业务关系和历史渊源，函校的许多业务工作都离不开会计处的支持，所以我们与会计处的联系非常紧密，函校的所有活动都请会计处的领导参加，甚至许多培训班的开班典礼也请会计处的领导到会讲话，这样做既密切了两家的关系，也让学员认识到我们对继续教育工作的重视。财政部将河北列为高级会计师考评结合试点之后，我们积极与会计处联系，并争取了高师考前培训任务和高级会计师的继续教育任务。我校将作为全省唯一的高级会计师培训点，从2004年开始组织开展全省高级会计师的考前培训和继续教育，目前，已选定了教材，并组织省内会计专业的九名知名教授，进行了教材分析和分工，2004年力争在省内在职会计教育中创出“优秀”品牌。

（二）配合财政中心工作，做好财政业务培训的组织工作。根据财政改革的具体情况，随时调整培训内容，不断扩大培训的领域和范围。我们根据学员的要求，聘请11个主要业务处室的处长做兼职教师，将处室的领导请上讲台。即宣传了财政改革的政策，又配合了函校的会计继续教育工作，很受学员及处室的欢迎，同时，加强了函校与各处室的联系，从而得到了全厅的理解和支持，也进一步确定了省厅会计服务中心在财政工作中不可缺少的位置。

（三）根据形势发展的需要，我们作为财政厅的会计人员服务中心，工作内容已不再局限于会计专业，已经拓展到会计之外的许多方面培训。针对有些业务处室人员少、力量薄弱的情况，为充分利用函校的教学设施和人员优势，经与厅内有关处室联系，2003年，承办了多项业务处委托的培训，比如：国库集中支付方面的培训、收费软件使用方法的培训、外商投资企业决算培训、基建财务管理、财政投资评审培训以及厅机关新录用公务员和工作人员的上岗培训等等。开展这些专项培训，一方面增加了单位的经济收入，更重要的是深入了解并参与了财政管理的中心工作，为进一步拓宽工作渠道打下了很好的基础。从而真正落实了财政部领导的指示，充分发挥了函校的教育优势和积极作用，把中华会计函校建成财政系统的综合教育基地。

六、顺应形势发展，创新培训方式

针对会计工作相对封闭的特点，我们除了组织好课堂内的学习培训外，还开展了培训和考察相结合的省外培训活动。先后去过山东青岛、辽宁大连、上海、浙江等地开展继续教育培训。一方面请当地的专业教师授课，充实会计继续教育的内容，另一方面到经济发达地区参观考察，开阔眼界，给常年在会计岗位工作的同志，创造一个既能进行专业学习又可放松身心的机会。2003 年我们省直单位有 500 人参加了省外的培训。各单位也把这项活动作为对积极参加在职学习的会计人员的奖励政策，极大地调动了大家的学习积极性和工作热情。虽然函校的工作人员付出了极大的辛苦，但满足了会计人员的要求，取得了学员的理解和信任，丰富了我们的培训内容，改善了学习的方式，促进了会计继续教育工作，巩固了学员阵地，我们觉得还是很有价值的。

为了开阔会计继续教育管理者的眼界，努力探索会计人员继续教育的新路子、新方法，以迅速提高全省会计培训的水平和质量，经厅党组研究批准，报河北省外国专家局审核，我校 2004 年拟组织各市分校和部分函授站的会计继续教育管理人员赴澳大利亚培训，学习发达国家会计人员继续教育的组织形式和内容，现代远程教育技术在会计继续教育中的运用等。此项工作正在筹备过程中，预计 2004 年 7—8 月份可以成行。

根据国家经济体制改革和市场经济发展的客观要求，财政部门陆续出台和修订了一系列财政改革、财务管理制度、规定和办法。各级行政事业单位急需掌握并了解这些内容。我们把它定为 2004 年会计继续教育的学习内容。应省内广大会计人员的要求，我校根据多年来开展会计人员继续教育的实践经验，汇总整理了《行政事业单位现行财会制度汇编》，作为行政事业单位会计人员继续教育的参考教材。根据 2004 年会计从业资格考试工作的需要，我们与会计处合作，修改并出版了《会计从业资格考试培训教材》。为了规范函校和会计服务中心的工作，我们制定并出版了集内部管理制度、会计管理规定、继续教育研究为一体的《工作手册》。逐步将函校的各项工作纳入规范化管理的轨道。填补了我校编写教材的空白。

七、提高职工素质保证服务质量

常言说：打铁还要自身硬。树立服务意识，提高服务质量，首先要提高本单位职工的总体素质。为此，我校大力提倡和鼓励大家参加会计业务学习，尽量为职工学习深造提供方便。一是让他们参加省内外财政系统组织的培训，二是在工作中严格要求，让全体职工从每一件小事和每一项具体任务中锻炼自己的能力，三是要求他们参加单位平时组织的各种培训班，没有会计证的要考会计证，没有职称的要考职称，利用函校的工作方便，提高干部素质和工作水平，四是在工作中及时总结发现和了解自己的成绩和不足，激励工作热情，打造团队精神，充分发挥个人潜能。2003 年上半年，利用抗击“非典”期间不能开展培训活动的机会，组织全体员工进行计算机操作比赛和讲课比赛，极大的调动了职工的学习热情和工作积极性，促进了单位现代化办公的水平，锻炼了队伍；通过修定《河北省中华会计函授学校、河北省财政厅会计人员服务中心工作手册》，使全体同志了解并掌握了函校的各项工作要求，明确了各岗位的职责和办事程序，建立和健全了内部管理制度，要求大家以此来规范自己的言行，维护函校的形象，为广大会计人员服好务。

以上是我校在开展会计人员继续教育方面的一些粗浅体会和做法，很不成熟，希望各位领导和同仁批评指正。今后，我们要借鉴兄弟省校的先进经验，进一步完善我们的制度和办法，努力使我省的会计人员继续教育工作再上一个新的台阶。

（函校供稿，撰稿人：徐静）

深化财政改革　强化资金管理 努力推动反腐败源头预防和治理工作的深入开展

——在全国部分省市财政系统纪检监察座谈会上的发言材料

近年来，我省财政立足于改革，从创新财政管理体制、机制、制度入手，推出了一系列改革措施，尤其是部门预算、国库集中支付和政府采购等项改革，对从源头上预防和治理腐败产生了积极的作用。目前，上述改革正在由点到面，由浅入深地向前推进。与此同时，改革的某些环节也不同程度地暴露出一些急需解决的问题，继续深化财政管理制度改革依然任重而道远。根据财政部的要求，下面重点就预算管理、国库制度及政府采购三项制度改革进展情况作一简要汇报。

一、河北财政管理制度改革现状

河北财政改革从 1998 年开始着手调研和构思，1999 年底正式实施。目前，按照公共财政的原则和要求，已初步构建起与社会主义市场经济体制相适应，涵盖预算编制、执行、监督等环节相互制衡的财政改革基本框架，并随着改革的不断深入进一步规范。

(一)预算管理改革不断深化

1. 建立起了以部门预算为依托的预算管理制度。从 1999 年初我省实施预算管理改革至今，历时五个年头，目前，全省各级财政已全部实行了部门预算，广泛采用了零基预算、综合预算、标准定额预算、项目预算等比较科学的预算编制方法，预算分配的科学性、公开性、公正性和透明度都有了显著增强，从制度上基本解决了传统预算管理职责交叉、效率低下的问题，实现了预算管理重点由单纯的资金到资金和部门并重的转变。

2002 年初，为进一步规范预算管理，省财政又对已出台的管理方式、方法和有关的办法、文件等进行清理，着眼于制度化和规范化，建立了一套适应预算管理新模式的包含 47 个制度在内的一整套预算管理制度体系和包括部门预算信息系统、部门预算文本、功能预算文本、部门预算正常公用经费支出定额标准、项目预算等五个方面的技术规范标准体系。从而使以部门预算为基础的政府预算日趋规范。

2. 在部门预算的基础上，探索完善政府预算决策机制。去年以来，为进一步提高预算资金的使用效果，我省着重从理顺和规范政府领导和省直部门预算管理权责入手，在完善预算决策制度方面率先进行了积极探索，并在省级进行了实践。一是从制度上规范政府预算决策行为。为从根本上解决财政专项资金使用分散问题，2003 年，我们向省委、省政府提交了《关于进一步深化财政改革、规范省级预算管理的若干意见》，明确了要按照集中财力办大事原则，对部门管理的专项资金按资金性质进行整合。《意见》得到省政府同意，并以省政府文件印发。作为完善政府预算决策制度的配套文件，我们又起草并经省政府批准，印发了《河北省省级专项资金预算分类分口切块管理办法》和《河北省省级财政专项资金整合使用管理办法》、《河北省省级预算机动财力使用审批管理办法》，使集中财力办大事形成了一个初步的制度体系。其中：《分类分口切块管理办法》和《资金整合使用管理办法》，在预算资金分配环节上，强化了集体决策的科学化和民主化，推动了财政资金整合财力办大事，为进一步提高财政资金使用效益创造了条件；《机动财力使用审批管理办法》，有效规范了财政资金审批、使用的程序和权限，能够有效遏制权力滥用；《收支脱钩管理办法》，彻底改变过去执收执罚部门收支挂钩的财务管理模式，减弱了部门的利益驱动，有助于从根本上减少乱收乱罚行为，优化经济发展环境。二是明确改革政府预算决策机制的思路和措施。在坚持人员经费和公用经费按定额标准核定的基础上，重点改进和完善专项资金的预算决策权限和程序。总体目标定位于：充分发挥政府领导在专项资金预算安排上的决策作用，充分发挥部门的基础作用，充分发挥财政的参谋作用，三者之间最根本的是发挥政府的决策职能作用。具体改革中，我们选择了三个切入点：(1)对专项资金预算实行分类分口切块办法；(2)按预先确定的原则、范围、重点和程序对专项资金进行整合使用；(3)制定《预算编制纲要》，对部门各类各口专项资金提出年度预算安排的重点方向、重点领域和必须保证的重点项目，明确整合资金办大事的具体要求，以此增强决策的指导效果。

从实践看，通过对 2004 年省级预算专项资金项目安排情况进行全面梳理和审查，对各类各口资金使用的方向、重点进一步做出了重大调整，压减或取消了出国经费、培训、小水电补助等二十余个一般支出项目，取消了挖改、产业研发、环保产业、科研资金等安排的几十个的小项目，对用途和投向相近的资金适当整合归并，调整出 1.6 亿元，重点用于疾病预防控制和传染病救治体系、动物疫病防治体系、监狱布局调整、国企改革、农村义务教育、农村公路建设等重点支出。各类资金都体现了对民心工程和四项重点经济工作的倾斜，在优化投向、规范投资范围和使用方式、集中财力办大事、体现公共财政要求，净化发展性支出内容等方面取得很好的效果。

(二)国库管理制度改革稳步推进

1999年下半年至今,四年以来的改革可分为财政集中支付改革和国库单一账户体系模式的国库集中支付改革(以下简称国库集中支付改革)两个阶段。

1. 财政集中支付改革成效明显。这一阶段改革历时三年,改革的主要工作是组建机构、制定和完善相关制度、推广和拓面。截止2003年底,省级及11个设区市全部成立了财政国库管理机构、国库集中支付机构并投入运行,所有市本级预算单位全部进入支付机构进行财政直接支付。全省187个县(市、区)都成立了集中支付机构,纳入集中支付的一级预算单位9512个,二级预算单位5307个,共取消单位银行账户13424个,月平均支付资金25亿元,占预算支出的42%,消灭了县级改革的空白点。

2. 国库集中支付改革开局良好,正在向纵深推进。为尽快与财政部制定的财政国库管理制度改革方案接轨,从2003年开始,我省结合实际,重新设计和制定了财政国库管理制度改革方案和各项配套措施。2003年9月30日,省政府召开了省级财政国库管理制度改革动员大会,以此为标志,我省国库集中支付改革在省级率先启动,23个省政府组成部门成为第一批改革试点单位,"国库单一账户体系,零余额清算方式"的现代财政资金支付管理方式正式运行。2004年5月,省财政厅印发了《关于扩大省级财政国库管理制度改革试点范围有关问题的通知》,将其余82个正常经费由省级财政性资金保障的预算部门全部纳入改革试点范围,至此,省级一级预算单位全部实行了国库集中支付改革。在拓面工作取得较大进展的同时,我们又制定了《关于省级财政国库管理制度改革试点向基层预算单位延伸有关问题的通知》,进一步将改革试点向纵深推进。

为加快推进全省国库集中支付改革步伐,2003年11月,召开了全省国库管理制度改革工作会议,正式确定唐山、秦皇岛、邯郸、邢台四个市为我省国库集中支付改革试点市,率先在市级启动国库集中支付改革。经过近半年的努力,四个试点市都先后制定了本级的改革方案和配套办法,其中唐山市已于2004年3月率先启动改革,秦皇岛市、邢台市、邯郸市各项改革准备工作基本就绪。省级和试点市改革的顺利实施,极大地激发了其他设区市的改革热情,各市纷纷加快改革步伐,积极谋划改革,其中保定市、石家庄市拟于2004年下半年启动国库集中支付改革试点。这样,在全省11个设区市中,有6个市将在2004年启动本级的国库集中支付改革,为全省在2005年全面建立现代国库管理制度打下了良好的基础。

(三)政府采购改革进展顺利

我省政府采购改革从1996年起步,1999年进入全面推进阶段,2000年,省级又率先将政府采购办公室与政府采购中心进行分设。目前,已初步建立起了政府采购制度和机制,政府采购管理初步实现了科学化、规范化、制度化。

1. 建立了完善的政府采购制度体系。在宏观管理、集中采购目录的制定及发布、部门政府采购预算编制、招投标管理、评审专家管理、政府采购资金管理、政府采购工作规程、定点采购管理、协议供货管理、市场准入、集中采购机构财务管理、廉政建设等方面制定了相应的管理办法。针对易于出现问题的部位和环节还制定出相应的制约措施。如:对招投标工作制定六项措施:一是政府采购评审专家库由政府采购办公室负责建立并管理,评审专家于开标当天从采购办的专家库中随即抽取产生。二是政府采购代理机构不再委派代表或专家进评审委员会。三是规定投标文件商务部分与技术部分分开,进入评标室的技术部分用编号代替投标商名称,以保证评审专家打分的公正性。四是评标会议室设立闭路监控系统,投标商答疑不得与评委面对面,投标商答疑时采购代理机构应选择装有语音传声系统设备的评标室,评委在向投标商提问时使用不见面语音传声系统。五是建立招标文件论证制度。政府采购代理机构编制的招标文件,在向采购办备案之前必须经评审专家论证,以解决招标文件技术部分限定供应商投标问题的发生。六是招标结果实行预中标公示制度。

2. 部门政府采购预算编制日趋规范。一是根据《省级部门政府采购预算编制及执行管理办法》,在省直部门基本实现了政府采购预算与部门预算统一布置、统一编制、统一审核、统一汇总、统一批复。二是根据《河北省政府采购资金财政直接拨付管理暂行办法》,对纳入财政预算内、外的政府采购资金实行了财政直接支付,同时,对单位用自筹资金进行的政府采购也比照财政预算内、外资金进行管理。

2003 年全省政府采购资金财政直接支付金额为 30.3 亿元，占政府采购额的 79.4%。

3. 政府采购规模和范围进一步扩大。根据 2001 年《关于进一步扩大政府采购范围有关工作的通知》，将财政拨款的基本建设工程、内部装饰、道路工程、城市基础设施、水利工程以及基本建设工程所需设备、货物等纳入了政府采购范围。同时，将财政拨款的基本建设工程纳入了集中采购目录。2003 年纳入政府采购的各类工程项目 888 个，采购金额 93773 万元，节约资金 11700 万元。

4. 办公设备实行协议供货制度，最大限度地提高了采购效率。针对政府采购周期长、效率低问题，制定了《省级行政事业单位购置交通工具、办公自动化设备政府采购协议供货管理暂行办法》，率先在省直推行了政府采购协议供货制度。将计算机、打印机、复印机等单项采购较小，采购频率较高、用户要求较急、且属于标准配置的办公设备，由采购中心通过公开招标方式择优选择生产厂家及参加投标时提供的各款产品，生产厂家提供的产品型号中标后，再委托 1 到 3 家代理商负责日常销售及资金结算。这项采购方式上的创新，使采购周期由原来的 1 个月缩短为 1 天，较好的解决了公平与效率的问题。2003 年第四季度实行协议供货 1565 件/台，金额 1334 万元；2004 年第一季度实行协议供货 812 件/台，金额 743 万元。

二、财政改革产生的积极效果

财政改革的实践赋予了财政管理以全新的理念、制度、机制、方法、程序，带来了财政资金运行各个程序和环节的积极而深刻的变革。

1. 预算决策和管理水平得到根本性提高。政府预算决策机制改革使省级预算管理实现了五个转变：一是变部门决策为政府决策；二是变分散决策为集中决策；三是变事中决策为事前决策；四是变原则决策为具体决策；五是变暗箱决策为公开决策。同时，政府预算决策机制改革产生了四个方面的积极效应。一是有助于政府决策层对政府公共资源的合理配置，集中财力办一些经济社会发展方面的大事，提高财政资金使用的整体效益。二是有助于政府领导事权财权的统一，政府领导谋划分管领域发展时可以与能够支配的财力统筹考虑，量财办事，有效避免盲目决策。三是有助于削弱部门利益观念，打破部门项目支出基数，实行彻底的零基预算，优化支出结构。四是有助于减轻财政应对外来增支的预算平衡压力，以更加超脱的身份参与经济和社会事业发展的全局谋划，提高理财的层次。

2. 财政部门资金调控能力进一步增强。国库集中支付制度改革，从根本上解决了过去财政资金层层拨付、流经环节过多的问题，加快了资金流转速度，实现了预算内外资金统筹调度，避免了资金在预算单位的滞留，财政部门可以有计划地组织、调度、调剂资金，保证了工资、正常经费及重点支出的需要，财政部门资金调控能力大大增强。

3. 源头治理腐败的作用大大增强。在预算环节，统筹预算内外资金，细化预算编制，规范支出标准定额，统一账户管理，把所有财政资金一次公开、透明、公正地分配，而且经过部门建议、财政审核、省政府和省委研究、人大审查通过等多个环节把关；在执行环节，实行国库集中支付减少了资金拨付环节，防止了专项资金被层层截留、挪用现象，加强了财政部门对财政资金支出全过程的监督和管理，保证了财政资金的安全高效运行，有效遏制了单位开支的随意性，把一些不合理开支消灭在萌芽状态。从而在机制上保证了财政资金的科学分配、执行和监督，促进了廉政建设。

三、目前财政制度改革存在的问题

（一）预算管理改革

尽管我省预算管理制度改革力度较大，但仍然更多地局限在管理环节和技术层面，一些深层次的矛盾还尚未得到有效解决。

1. 彻底的零基预算还没有真正实现。由于受财政收入总量的限制，下达部门的预算限额基本上是参考上年预算安排情况，主要考虑增减支因素来确定，因此，零基预算思想和方法不能得到完全贯彻执行，在客观上强化了部门支出“基数”观念。致使各部门仍然存在热衷于争资金、争项目的思想，对整合资金办大事关注程度和投入工作不够。

2. 科学的预算决策机制尚待完善，集中财力办大事效果不很理想。限额下达到部门后，部门往往各自为政，安排预算项目时，往往较多地考虑部门利益，缺乏全局意识，造成一些事关经济和社会发展的重大项目和重点问题，在资金预算安排上难以跨部门整合，项目“散、碎”问题还没有得到根本解决，资金使用效益还有待提高，在一定程度上影响了经济的发展。

3. 部门预算编制尚缺乏硬性约束。各部门在安排部门预算时轻重缓急把握不够好，预算安排留硬"缺口"，执行中被迫追加，预算约束观念有待加强。

4. 项目支出效果还不明显。由于目前项目产生机制有缺陷，缺乏长期规划的衔接和严密的科学论证，项目安排全局性、目标性还不明显，随意性还比较大，各部门对支出效果和资金使用效益关注程度还不够。

(二)国库管理制度改革

1. 全省各级财政国库制度改革工作进展不平衡。有的地方国库集中支付改革已经在市级单位全面展开，有的地方在部分单位进行试点，有的地方国库管理制度改革方案正在制定当中，有的市还停留在财政集中支付阶段。

2. 与财政部《财政国库管理制度改革方案》规定的目标有一定差距。突出表现为县级财政要实现通过零余额账户体系进行财政资金的每日支付与清算，在制度建设、相关配套改革、支付商业银行支付手续费等问题上都有难度。

3. 预算执行环节难以全部实现预定目标。由于部分预算单位层次较多，有的建设项目构成较为复杂，致使部门预算编制还相对粗糙，部分财政资金不能实现国库集中支付的预定目标，将财政资金直接支付给商品供应商、劳务提供者或是最终的用款单位。同时，由于预算编制的不够细，执行环节也很难对预算支出进行逐笔的审核，相对弱化了财政监督功能。

4. 实行国库集中支付制度改革后在技术支撑上存在问题。改革后，预算单位用款程序仍较为复杂，预算指标管理、预算单位用款计划申报、直接支付的申请、主管部门和基层预算单位会计核算等程序仍繁琐，相关信息传递不及时，信息技术支撑不完全到位。

(三)政府采购制度改革

1. 采购中心与行政机关脱钩问题还没有得到彻底解决。我省政府采购工作起步早，政府采购中心大部分设在财政部门，这种模式在实施政府采购制度初期是十分必要的。但是随着我国政府采购工作的逐步深入以及《政府采购法》的实施，这一模式已不适应新形势的要求。目前，我省除沧州市政府采购中心挂在了市政府办公厅以外，其余10个市还都在财政内部，没有与行政机关脱钩。另外，管理机构不健全，人员素质不高也是制约发展的重要问题。截止目前，我省尚有89个县(市、区)没有设立政府采购办公室，没有专职人员，或配置了少量人员。

2. 公共工程纳入政府采购的比重较小。财政拨款的基建(市政)工程、修缮、公路建设在财政支出中占有很大比重，这些项目投资数额大，少则几十万、多则上亿元，将其纳入政府采购范围后，对于节约财政资金、促进廉政建设将起到积极的作用。但是，我省除个别市将公共工程纳入了政府采购，大部分市都没有把公共工程纳入政府采购。

3. 编制部门政府采购预算制度没有得到很好的落实。政府采购预算作为部门预算的重要组成部分，是开展政府采购工作的基础和重要环节。政府采购预算编制是否完善、细致，直接关系到整个政府采购活动的质量。目前，在市、县两级仍存在政府采购预算与部门预算编制脱节、没有同步编制的现象。在实施政府采购时，由于缺乏计划性，导致采购不成规模，没有达到政府采购的规模效益。

四、对深化财政制度改革的意见和建议

(一)预算管理改革

1. 进一步探索完善政府预算决策机制。重点是完善公众参与、专家论证和政府决策相结合的决策形式，实行科学民主决策。一是进一步强化集中决策。彻底打破传统支出"基数"，在政府和部门两个层次均采取集中研究定事、依事安排资金的方法。二是建立决策咨询制度。成立由部门领导、行业专家、研究机构学者等组成的决策咨询机构，对本地区战略发展规划和年度发展重点进行专门研究，为地方政府决策提出咨询意见。三是推行听证决策制度。对确实关系重大的项目，政府或有关部门应召开听证会，听取有关方面的意见和建议。四是建立地方政府主管领导对分管部门编制的预算进行审查，地方政府常务会对财政部门汇总提交的专项资金预算进行审查，省人大对部门预算进行初审的审查监督机制，层层把关，对不符合要求的预算退回部门重新编制。

2. 完善中长期规划和推行编制滚动预算。重视中长期发展规划制定工作，强化规划对预算编制的指导作用。每一个职能部门都要结合经济和社会发展总体布局，制定出相关社会事业及经济行业的中长期发展规划，明确发展的中长期目标、重点方向、重点领域和重点项目。在此基础上，研究编制本单位三年滚动预算，进一步提高财政管理的前瞻性、科学性。

3. 推行财政资金绩效预算管理。预算分配应着眼于资源配置后能够取得的绩效，从源头上控制没有绩效和低绩效的项目，杜绝“人情”项目、“无效或低效”项目浪费财政资金，消除财政资金分配和使用中产生腐败现象的温床。同时，探索建立绩效预算评价体系，对支出项目绩效情况进行科学量化评价，并依据评价结果调整预算安排计划，奖优罚劣，促进财政支出效益的提高。

4. 改革项目筛选论证机制。一是要加强和改进项目规划工作，编制项目指南，改变现在浮在上面等项目的做法；二是要建立健全项目论证机制，实行项目专家论证和咨询制度，探索项目招标方法；三是建立完备的项目储备库。

（二）国库制度改革

1. 完善国库管理法制法规，建立独立的国库会计核算体系。首先，按照财税金融体制改革的新要求以及国库管理工作的新变化、新问题和新情况，制定《国家金库法》、《国家总预算会计制度》等相关的法律法规，并出台与之相配套的实施细则和具体规定，使国库管理走上法制化轨道。其次，要加快国库综合业务系统建设，将国库综合业务与财政支付系统结合起来，建立相对独立的国库会计核算系统。要依据国库单一账户制度要求制定一整套完善的国库会计核算制度，增设部分科目和账户，统一规范国库会计凭证的印制和使用，减少资金支出成本。

2. 加速国库电算化及财、税、行之间计算机联网进程。实行国库单一账户体系后，应运用现代电子网络技术，将彼此隔离的财政、税务、国库、银行的计算机核算管理系统联系起来，建立以财政国库为中心的资金、信息流转的网络体系，以实现国库单一账户体系为基础、资金缴拨以国库集中支付为主要形式的财政国库管理制度。通过财、税、库、行之间的计算机联网，减少税款征收和报解的中间环节，减少财政拨款和退库款项的在途时间和划转环节，提高工作效率，保证国家资金的安全完整，实现数据一次录入、多方使用、资源共享，中央地方预算收入及时报解国库，库款拨付迅速到位，为政府资金的安全高效运行和国库监管提供高科技保障。

3. 加快研究经营国库资金的制度、办法。实行国库集中支付改革后，财政资金直接支付给商品供应商和劳务提供者，提高了财政资金使用效益。同时也将原来滞留在各级预算单位的财政资金回流到国库，从而提高财政部门宏观调控的能力。建议财政部会同有关部门加快研究经营国库资金的有关制度，努力实现国库资金保值增值。

4. 应设立国库管理制度改革专项经费。强大的网络技术支撑和银行系统的积极参与是国库管理制度改革顺利推进的基础，网络技术的建立与完善、银行系统的积极参与都需要大量的资金支持，市县一级财力非常紧张，如果没有专项经费支持，县级国库改革将非常困难。因此。省以上财政部门在一定时期内，应设立国库管理制度改革专项经费，用于国库管理制度改革的技术投入。

（三）政府采购改革

1. 贯彻《政府采购法》，应着重调整工作思路，转变工作方法。一是政府采购监督管理部门应做到既不越位、又不缺位，实现由直接单一监督向前期采购论证、中间规范招投标、事后多方参与验收的立体化综合监督转变；二是积极探索政府集中采购、部门集中采购和分散采购相结合的政府采购模式。按照《政府采购法》的要求，研究、探索省级部门集中采购管理办法；三是强化监督管理职能，并把着眼点放在方针政策和规章制度的建设上。

2. 应加强部门政府采购预算编制管理。部门政府采购预算的编制是政府采购工作的基础，要在总结经验的基础上，健全和完善各级部门政府采购预算的编制工作，使部门政府采购预算与部门预算真正实现统一布置、统一编制、统一审核、统一汇总、统一批复。对没有编制政府采购预算的专项项目要探索建立惩罚机制，进一步提高部门编制政府采购预算的积极性。

3. 建立政府采购评审专家远程抽取制度。根据财政部、监察部制定的《政府采购评审专家管理办法》，财政部门应会同人事、监察等部门在一定范围内公开聘请政府采购评审专家、统一筹建各级政府采购评审专家库，并严格控制评审专家资格的审查工作，尽快建立起资源共享的政府采购专家库，在全省范围内实现政府采购评审专家远程抽取。

4. 坚持集中采购机构依法分设。要切实按照《政府采购法》的要求，全面推进政府采购制度改革，做好集中采购机构依法分设工作。对已设立集中采购机构与行政部门存在隶属关系的，应坚持在 2004

年 6 月 30 日前完成脱钩、分离。省级财政、监察部门要研究制定切实可行的监督措施，大力推进集中采购机构依法分设。

（纪检组供稿，撰稿人：薛国军）

强化预算编制　加强财务管理
努力提高财务保障能力

河北省委办公厅

省委办公厅财务工作担负着省委领导、机关及所属局办的财务保障、经费管理和监督，省委大院综合整治、省委办公大楼的水电暖及维修等所需经费的保障任务。几年来，在厅务会的正确领导和省财政厅的具体指导下，我们紧紧围绕省委中心工作，按照“严细深实快”的要求，狠抓预算编制和执行，严格财务管理和监督，圆满完成了省委机关的财务保障工作和领导交办的各项任务。

一、高度重视，精心测算，认真抓好预算编制和执行

编制年度预算，是整个财务工作的重要内容，也是一切财务活动的前提和依据，只有合理编制预算，严格按规定开支，才能更好地发挥资金效能，为机关工作正常运转和各项事业的持续发展提供及时、有力的保障。对此，省委办公厅领导班子对预算编制和执行极为重视，提出了“标准要高、组织要严、工作要细、编报要实”的总体要求，并采取了以下有效措施。一是厅务会列入了重要议事日程。每年厅务会都要安排一定的时间，专题听取本厅财务预算和决算情况汇报，按照财政部门的要求，结合办公厅实际，提出指导性意见。尤其是近年来对省委大院整合、办公楼大项维修和省委大型会议等开支，省委常委、省委秘书长严格把关，亲自谋划，反复推敲实施方案，认真审定预算。二是不断强化对预算管理的认识。厅里每年举办局处“一把手”和财会人员培训班，认真组织学习《预算法》、《会计法》及涉及财政工作的方针政策和有关规定，进一步提高对预算管理工作的认识。尤其是反复强调，省委办公厅要带头执行零基预算，带头执行财政部门的政策和有关规定，不能搞特殊化，不能搞“先斩后奏”，所有专项开支都要先请示报告，再组织实施。三是认真抓好预算编制工作。依据预算项目进行分类，按照零基预算编制要求，由厅领导牵头，组织有关人员对办公厅的交通、水电、通讯、维修、印刷、办公、取暖等正常开支项目，进行深入调查，精心测算，按规范的预算格式和论证程序要求，科学严谨地编制预算；对省委机关大项修缮、省委大型会议、重大活动等专项公用经费和专项支出，反复论证，实事求是地编制预算。厅里统一汇总，报厅领导批准后上报省财政厅。四是实行了预算跟踪分析制度。年度预算由省财政厅下达后，按照工作分工，由责任主体认真抓好落实。主管财务工作的厅领导，每季度召开一次有关人员参加的协调会，听取预算执行情况的汇报，协调解决出现的问题，确保按预算执行好财务支出。五是积极开展了预算绩效考评活动。由于对每项财务预算的执行目标落实到了单位，既明确了第一责任人，又明确了直接责任人。我们在预算执行过程中，以提高资金使用效益为核心，制定了多项可操作性的指标，定期进行预算绩效考评。对经费管理好的单位给予表扬，对管理不善的单位，给予严厉批评，限期改正。并规定预算执行不好的局处，年终不能评为先进单位。这些措施的实行，增强了全厅上下按预算办事、按程序办事、按规矩办事的自觉性，保证了预算的认真落实，有力地推动了各项工作的顺利进行。

二、加强管理，严格监督，充分发挥资金的最大效能

财务工作是当家理财的工作，既管理又服务，其职责不只是记账、算账、报账，更重要的是为领导和机关当好参谋、做好助手、搞好服务。对此，厅务会对全厅财务工作鲜明地提出了必须坚持“四严”、强化“四种意识”的要求，即严格标准，强化质量意识；严格要求，强化服务意识；严格管理，强化责任意识；严格纪律，强化自律意识。为将厅务会的要求落到实处，我们着重抓了以下几点：一是突出了为省委服务这个重点。省委是全省的首脑指挥机关，对河北改革、发展和稳定至关重要，是我们服务和保障的重中之重。因此，在工作实践中我们始终把服务与管理、服务与监督有机地结合起来，做到了既积极主动、快捷高效、热情周到服务，又要严格财务制度，严格管理规定，严格审批报销手续，能办的事马上办、立即办，违犯政策规定的事，坚决不办。特别是把艰苦奋斗、勤俭节约的精神贯穿于工作之中，精打细算，力争少花钱，多办事，办大事，办好事，不该花的钱坚决不花，严格控制不必要的开支，使有限的财力发挥最大效能。二是强化了财务制度建设。修订和完善了《省委办公厅行政事业单位财务管理暂行规定》、《省委会议财务管理办法》、《省委办公厅支票、现金使用管理规定》和《省委办公厅应付突发紧急情况财务保障预案》等多项规章制度，进一步明确了财务开支的审批程序、权限和监督措施，使大家有章可循，有规可依，做到了各项开支事前有预算、有方案，事中有监督、有把关，事后有决算、有报告，提高了机关工作人员当好家、理好财的意识和能力。三是加强了财务管理和监督。对办公厅交通、水电、通讯、印刷、办公用品等常规性的开支，严格执行预算，严格各项审批手续，加强财务监督，发现问题，及时纠正，使省委办公厅几年来没有发生一例违犯财经纪律的行为。四是对车辆保险、基建维修、大项设备的购置，采取招投标制度。对基建工程和大项维修项目，全部实行招投标制，对所有工程的决算，必须经会计师事务所审计后，财务按审计报告结算付款，节约了大量经费。对火灾报警系统改造和信息化网络建设工程，厅里专门成立了以省委常务副秘书长为首的建设工程领导小组，对整个工程实施领导和监督。五是严格控制到外地办班考察活动，严格控制会议费开支。规定外出学习考察，必须经主管秘书长批准，方能成行。对大型会议，由财务处派人跟会服务，并同定点宾馆协调，凭饭票就餐；房间安排以会议代表的级别、人数从严掌握，使各项开支压缩到最低限度。比如：去年厅里举办的三期处级干部学习"三个代表"重要思想培训班和省委系统会计培训班等七个学习班，全部在机关内部举办，节约经费 40 余万元。六是改革了通讯资费和报刊订阅管理办法。报刊按职级、房间，限量自由订购，规定订阅上限；对离退休干部每年按职级定数额，包干自由订阅。另外，我们还对车辆采取了定点维修和定量加油等措施，既保障了车辆维修质量，又节约了经费开支。由于工作需要，省委机关车辆较多，往年仅保险费就 100 多万元。去年，我们招标择优选用保险公司，仅此一项比往年就节约开支 20 余万元。通过以上举措，不仅保证了省委机关工作的高效运转，而且节约经费近百万元。

三、突出重点，整合资金，集中财力办大事

遵照省委主要领导对全省财政工作关于整合资金，集中财力办大事的要求，我们结合省委机关实际情况，认真抓好贯彻落实。去年我们在保证省委机关工作正常运转的前提下，根据省委机关工作的轻重缓急，统筹考虑，突出重点，合理安排支出，集中财力重点保障了省委 40 次大中型会议和省委机关大院整合、省委机关升国旗仪式和抗击"非典"斗争等急、难、险、重任务的圆满完成。尤其是去年四月，面对突如其来的"非典"疫情，为确保省委领导和机关工作人员身体健康，全身心投入到指挥全省抗击"非典"战斗中，我们坚持急事急办，特事特办，在经费十分紧张的情况下，积极调整资金，为省委领导和机关广大干部职工购置必要的防"非典"设备、药品、针剂和消毒液。每天坚持对省委大院和几座办公楼、停车场、机关餐厅等 30 余个重要场所进行消毒，确保了省委机关没有发生一例"非典"和疑似病例，得到了省委领导和广大干部职工的高度赞扬。再如，对省委大院的整治，往年都是年年小投资，年年修修补补，整体环境没有多大改观。去年，按照省委领导和省财政厅关于整合资金，集中财力办大事的要求，为给机关创造一个洁、净、美的工作环境，我们加大了对省委机关大院的整治力度，请有关专家现场论证，拿出了一套大院综合整治方案，报请省委领导同意后，我们积极调整资金，认真组织实施，拆除了危房，新建了综合服务楼、停车场，整修了道路，根据大院的整体布局，高标准地进行了绿化、美化、靓化，使机关的环境和办公条件焕然一新，展示了省委机关的良好形象，受到了省委领导和省委机关各部门干部职工的好评。

（原载《河北财政》2004.6）

抓专项资金管理 集中财力办大事

河北省科学技术厅

省科技厅是全省科技工作管理的综合部门，负责科技三项费、科学事业费项目预算的编制、审核立项以及监督管理等工作。近年来，在省财政厅的具体指导下，我厅以专项资金预算编制为重点，改进预算编制工作，加大专项资金整合力度，提高了科技资金使用效果。

一、领导重视，建章立制

科技厅党组对管好用好科技专项资金十分重视，一是从建立公共财政的角度入手，把资金重点用于改善科技创新条件，提高全民科技素质，促进科学决策，推动科技体制改革上来，认真组织实施好每一个项目；二是坚持专款专用，严禁截留挤占挪用，制定相关的资金使用管理办法，严格资金使用审批手续，加强资金监督检查，充分发挥资金使用效益；三是按项目进度及时拨付资金，不滞留，不延误，同时做到精打细算，少花钱，多办事，把钢用在刀刃上；四是为了规范科技专项资金的管理，我厅根据资金的不同用途和使用范围，会同省财政相继制定了一系列管理办法，如《河北省自然科学基金管理办法》、《河北省中小企业科技创新资金管理办法》、《河北省科学事业单位科技专项经费管理暂行办法》(试行)、《河北省重点实验室、中试基地、工程技术研究中心管理办法》、《河北省大型科研仪器运行补助费管理办法》(试行)、《关于河北省科研计划实施课题制管理的规定》、《河北省科技奖励办法实施细则》及《河北省山区创业奖励办法》等。并严格执行，对科学管理，依法理财起到了较好的作用。

二、围绕科技发展目标，整合科技资金

近年来，省委、省政府在专项资金使用安排上，反复强调“整合资金，集中财力办大事”，省政府于2003年下发的《河北省省级财政专项资金整合使用管理办法》中进一步明确了集中财力办大事原则。我厅根据省委、省政府的指示精神以及省财政厅预算编制的要求，在科技资金安排上紧紧围绕省委、省政府制定的全省经济和社会发展总体目标以及全省科技发展的目标任务，认真实施科教兴冀战略，积极推进科技与经济的结合，坚持有所为，有所不为，总体推进，重点突破的原则，重点支持了一批对我省经济发展具有关键性、先导性和示范性的科技项目，提高了科技持续创新能力，为加强农业基础，壮大支柱产业，培育新的经济增长点提供强有力的科技支撑。

2003年按照有限目标、重点突破的原则，集中财力，重点安排1500万元实施“农副产品深加工、制造业信息化和创新药物与中药现代化”三个重大科技专项，同时安排了自然科学基金、重点实验室建设、科研院所转制等专项，以迅速增强自主创新能力，在我省具有一定产业基础和相对技术优势的重要领域取得重大突破和实现产业化，进一步推进科技体制改革。

2004年我厅进一步加大了资金的整合力度，对同类资金分科目管理。如对自然科学基金、重点实验室建设、科技进步奖等资金进行了整合。在专项资金预算安排上，遵循政府事权范围和专项资金支持方向，围绕省政府确定的四件大事(建设环京津创业带、实施高新区再造工程、用高新技术改造传统产业、构建区域创新体系)，以发展新型接续产业和改造提升传统产业为重点，通过重大关键共性技术的突破、引进技术创新、高新技术的应用，为产业结构调整、社会可持续发展及提高人民生活质量提供技术支撑。其中，用于支持环京津创业带、实施高新区再造工程、用高新技术改造传统产业、构建区域创新体系建设四个方面的经费占67.5%。

1. 建设“环京津创业带”，培育新兴接续产业。以唐山、保定、廊坊等城市为承接点，以重要交通干线为纽带，以各类园区为载体，创造局部优化的发展环境，抓好环京津创业带规划及体系建设、环京津科技示范园建设、生产力促进中心建设、孵化器建设、京津冀科技人才对接活动。主动吸纳和积聚国内外特别是京津的技术、人才、资金，接受产业扩散，与我省现有的产业基础和人力资源相融合，发展技术密集型的新兴接续产业，培养特色产业和传统产业，使创业带成为环京津招才引智的高地和高技术产业发展的平台，最终形成环渤海经济区域的新经济带。

2. 实施高新区再造工程，构筑新的区域经济增长点。以发展区域主导优势产业为目标，重点抓好高新技术开发区数字园区示范、行业虚拟工程技术中心、民营特色产业研发中心、不同类型农业科技示范园区建设以及“一县一业”技术开发等。通过政府引导，吸引科研单位和相关企业参与园区发展，对区域优势主导产业发展的技术体系进行联合创新，形成优势主导产业发展的技术支撑体系，增强园区创新能力，推动我省经济快速发展。

3. 加快用高新技术改造传统产业，为传统产业注入活力。重点实施好制造业信息化、农产品深加工、创新药物与中药现代化、绿色钢铁行动计划项目。制造业信息化重点抓好制造业信息化示范市建设、数字化示范企业及信息化应用示范企业，研究开发和推广共性、关键技术，推进信息化与工业化的融合渗透，使传统产业获得新的发展空间，创造新的竞争优势，全面增强我省制造业企业综合竞争能力；农产品深加工重点解决酶工程、高效发酵、超临界萃取三项重大关键技术，围绕畜产品、果品、蔬菜、粮食、农业废弃物五个领域开展加工技术研究与示范，为农业产业化和农业结构调整提供有力的科技支撑；创新药物与中药现代化主要开发建设制剂技术、药理毒理、新药研发、质量标准四个与国际标准接轨的新药研发平台，在化学药、中药、生物制药、新制剂四个方面，开发一批具有自主知识产权的创新药物，为我省新药开发和产业化增添新的动力；绿色钢铁行动计划，在全省钢铁企业重点推广节能降耗先进技术，运用高新技术改造生产工艺，促进钢铁企业获得新的竞争优势和可持续发展。

4. 构建区域创新体系，提高区域创新能力。通过抓好中介机构及运行机制与政策研究、人才及智力开发合作以及重大科技成果转化推广，推动形成以企业为技术创新主体、以高校和科研院所为创新源、以中介机构为桥梁和纽带、以政府为宏观调控中枢，管产学研有机结合的区域创新体系建设。

通过加强科技资金的集成，充分发挥了财政资金的引导和激励作用，促进了各类科技资源的高效配置和综合集成。一是促进了科技人才力量的集成，以目标明确的大项目为纽带，集中多方面人力资源进行联合攻关，帮助企业解决重大技术难题，提高企业创新能力，形成科技人才在企业集中、科研成果在企业诞生的局面。二是促进了重点领域的技术集成，组织多部门、多学科、多项技术集成的重大科技攻关项目，实现优势互补，缩短研发周期。三是实现了财政资源与社会资源的良性互补，强化企业参与力度，运用市场机制把各方面的力量都吸引到科技主战场上来。省政府常务会在审核 2004 年预算时，对我厅编制的预算给予了高度肯定，认为预算编制的“方向明确、重点突出、条理清楚”。

三、强化管理，对项目实行追踪问效

预算确定后，项目的执行是关键。加强对预算执行情况的监督考评，是整个预算管理的一个必不可少的重要环节。如何使有限的资金发挥更大的效益，对此，我们采取了一些相关的措施：一是制定多项考评、考核办法，如：重点实验室考核评比办法等，通过专家评估、综合打分，对考核结果公开，考核排名靠后的进行黄牌警告或摘牌；二是组织专家和有关人员对项目进行不定期的跟踪检查，发现问题及时解决；三是实行项目责任制，按照“谁立项、谁负责”的原则，将项目落实到人，强化了项目管理者的责任。

四、科技项目的实施，为我省经济增长提供了有力的支撑

1. 制造业信息化专项取得实质性进展，区域示范带动性强。我省被确定为国家级制造业信息化示范省，唐山、保定被确定为国家级示范市，石家庄、廊坊、邯郸三市为省级示范城市。保定市坚持以大企业集团为突破口实施制造业信息化工程，市内大企业或企业集团 90% 以上完成企业信息化的初期建设。廊坊市投资 1000 万元，先后建成了“3C”技术应用推广中心和廊坊市“ERP”推广中心。企业示范作用不断扩大。全省目前有 246 家各类示范企业，实施 ERP 的企业新增 76 家，比去年增长 42%；使用三维 CAD 的企业新增 150 家，比去年增长 65%，实施信息化的企业总数增长近 30%。培训工作全面展开，共建省级制造业信息化培训基地 6 个，累计培训各类人员达 7000 人次。服务支持体系进一步完善，建成了燕山大学异地轮毂设计制造中心、河北工业大学 RP 技术中心等一批具有专业技术特色的咨询服务中心。24 家企业被评为“中国企业信息化 500 强”企业。

2. 农副产品深加工专项进展良好。围绕提高全省畜牧、蔬菜、果品等农副产品深加工，在酶工程技术、高效发酵剂研制、超临界萃取技术三个领域开展科技攻关，建立了规模化、标准化的农产品生产基地。“枣果营养成分分析及枣环核苷酸糖浆加工技术”、“大豆提取异黄酮、皂甙、低聚糖技术”等一批成果达到了国际先进水平。“冷却猪肉产业化技术研究与示范”项目优选出最佳的冷却工艺参数，为冷却肉的品质稳定和卫生安全提供了技术支撑，利用这一技术，唐山双汇食品有限公司日屠宰 2000 头猪，带动了 12 万农户从事养猪产业。“板栗采后糖化生理及环境调控技术”使板栗仓储水平极大提高，促进农民增收 1.8 亿元。

3. 创新药物与中药现代化专项扎实推进。启动了药理毒理研究平台、新药研究开发技术平台、制剂技术平台、质量标准平台建设，为新药开发提供了科研保障。“河北省中药材规范化种植示范技术研究”，收集了一批我省地道药材的种质资源，研究种子质量标准、检验规程。建立了承德地道药材标准化高效栽培基地。

4. 科技基础条件平台建设成绩显著。2003 年

重点实验室建设工作取得了迅速发展,存建和验收省级以上重点实验室(包括重点实验室、中试基地和工程技术研究中心)已达47个,实验室建筑面积12.3万平方米,仪器设备总值3.95亿元,资产总值达6.62亿元,2002年省级重点实验室共获得省部(委)级以上科技奖励78项,发表论文1450篇,出版专著60部。实现技术转让319项,获得技术转让收入6200万元。在读和进站硕士以上研究生、博士后1799人,毕业和出站硕士以上研究生、博士后685人;主办国内外学术会议68次,学术交流人员达1300人次。

5.科技体制改革工作稳步推进。我省的科研院所改革工作一直走在全国前列,先后有江苏、黑龙江、山东、山西、河南、湖南、陕西、江西、内蒙古、天津等十几个省(市)来我省考察学习科研院所改革的经验。2003年省科技厅会同有关部门起草了《关于省属社会公益类科研院所体制改革的实施意见》和对各院所改革方案的批复意见,基本完成省属科研院所的管理体制改革任务,省属科研机构进入了按新体制、新机制运行发展的新阶段。完成了原有34个省属社会公益(含农业)类科研院所的分类改革,原来的34个院所改革后分立为25个省属非营利性科研机构和25个转制科技型企业,已分别完成事业法人重新登记和工商企业注册登记,同时安排730万元事业费专项,集中对原社会公益类院所分立的25个转制科技型企业进行了支持。截至目前,原有55个省属国有独立科研院所的管理体制改革任务已经全面完成,管理体制改革后,共形成省属非营利性科研机构25个,保留非营利事业编制1550个,占原有全部省属院所总事业编制人员的20%,占原省属社会公益院所事业编制的39%,从2003年1月1日起按非营利性科研机构的管理办法运行和管理;共形成转制科技型企业44个,各企业已按照《公司法》要求建立了企业的管理体制和运行机制,完全进入了经济建设主战场。

在努力抓好科研院所改革的同时,积极促进科技计划管理、科技成果管理等各项改革工作,努力营造科教兴冀的良好环境。在计划管理改革方面,努力提高计划管理和科技经费使用效率,实现计划的开放性、公正性和科学性,促进计划的结构层次和计划管理工作作风进一步转变,力求在规范化、程序化、制度化、便利化四个方面取得突破。加大科技计划与经费使用管理改革力度,进一步突出重点,集中70%的科技三项费支持重大专项和重点项目,实行重大科技计划项目评审制、招标制。在科技成果管理方面,完善了河北省科技奖励办法和实施细则,将形成并拥有知识产权的数量及其质量作为评定科技人员科研贡献大小的重要指标之一。进一步强化科技成果推广、转化过程中的知识产权保护和管理工作,对拥有自主知识产权特别是原创性发明专利的科技成果,予以重点支持。

(原载《河北财政》2004.6)

健全制度　科学理财
认真做好财务管理工作

河北省审计厅

一、领导重视是做好财务管理工作的保障

我单位由机关办公室负责机关预算的编制、执行和管理工作,同时监督厅直属的培训中心和计算机中心两个事业单位的预算执行情况。加强财务管理对于科学理财、合理用财,防止出现漏洞,确保机关单位工作的正常运转至关重要。作为经济监督部门,审计机关更能体会有限经费的来之不易和加强财务管理工作的重要性。多年来,厅领导十分重视财务管理工作,把财务管理工作作为重要的议事日程,每年都要分阶段在厅长办公会上专题听取办公室有关财务收支情况的汇报,并对加强机关财务管理工作提出明确意见。在日常工作中,厅领导也经常了解财务收支状况,及时纠正财务管理工作中出现的偏差。例如,去年8月在汇报机关上半年财务收支情况时,厅领导发现财务收支对照表中,有的项目收支变化异常,与上年相比增长较快,在了解有关情况后,厅领导指出,要时刻树立过紧日子的思想,要珍惜纳税人的每一分钱,并责成办公室提出整改措施,要求厉行节约,反对浪费,除特殊情况外,各处室所需办公用品,由办公室统一定点采购,统一分配使用。由于厅领导以身作则,带头执行财务管理规定,财务人员严格把关,很快就将个别项目支出过快的势头遏制住了。

财务工作繁杂琐碎,在日常工作中严把财务开支报销关。由于一些人对财务工作不理解,厅领导

多次在厅长办公会、处室负责人大会上，要求理解和支持财务工作。厅长张成起同志更是重视财务管理工作，多次讲“你们办公室一定要把好财务关，我做你们的后盾！”正是由于领导的重视和支持，确保了我厅财务管理工作的正常开展。

二、建立健全制度是做好财务管理工作的基础

制度建设是做好任何工作的基础，财务管理工作更不例外。近些年，我们在财务管理工作中严格遵守各项财经法规，在《会计法》基础上，建立和完善了机关财务管理制度，实行财务开支审批一支笔制度，严格审批权限，大额财务开支均通过厅长办公会研究决定，并适时向群众公开，严格控制各项开支，用好用足每一分钱。一是严格执行各项经费开支分级审批制度。各处室到被审计单位出差的各项开支，均先经各处室负责人签字认可后，方能到办公室办理审批手续。其他项目的支出，数额在 3000 元以下的，由办公室分管财务负责人按有关规定审批；3000 元以上的开支，必须呈分管财务的厅领导审批。1 万元以上的开支必须呈厅长审批；5 万元以上的开支由厅长办公会决定。二是严格控制会议经费开支标准。各处室召开的专业会议及培训学习，原则在厅机关招待所召开，大型会议必须在省直定点宾馆召开。各类专业会议及培训班均需由各负责单位提出预算方案，经厅领导审批后方能举行。会议结束后，厅办公室根据审批的预算项目按实际开支逐一核实后结算。三是加强办公用品及大宗印刷、书刊订阅等费用管理。办公用品及设备的购置由办公室根据各单位所做计划统一进行招标采购，按季度发放。各处室印制的大宗文件表格资料由办公室统一指定在省政府印刷厂安排。各类工具书刊、资料的订阅，各处室提出意见，由办公室统一办理，各处室妥善保管。四是严格执行车辆维修经费报账制度。车辆维修须由当事人填列申请报修单，经分管行政的负责人同意后到省直定点修理厂维修保养。同时，加强自身监督制度。审计厅是经济执法单位，更要搞好自身监督，避免形成灯下黑。因此，我厅规定，每年由纪检监察室牵头，抽调相关处业务人员对机关及下属事业单位的上年度财务收支进行审计，并向厅长办公会提交审计报告，以规范各单位的财务收支行为，健全财务制度。对机关大的购置、维修改造项目开支进行全程监督。比如，去年我厅将旧锅炉房改造成老干部活动室，通过公开招标确定施工单位后，由办公室负责施工过程中的质量监督；工程完工后，由相关处室进行工程决算审计，按审计后的决算付款，大大节约了经费开支。

三、科学合理地编制经费预算

厅办公室按照“积极稳妥、量入为出、收支平衡”的原则，根据预算年度各项支出因素、审计事业发展需要和年度审计工作计划，认真组织编制好全厅的部门预算。实行经费预算编制改革四年来，我们由开始的不熟悉，经过实践探索，逐渐形成一套“两下两上”的有效做法，即首先下发通知给各处室及下属事业单位，分别编制自己的经费预算。其中正常公用经费由办公室负责编制，公用专项经费由各业务处负责编制。二是各处室及下属事业单位将预算上报办公室汇总后，形成经费预算初稿。三是将经费预算初稿下发各处室及下属事业单位，提出修改意见。四是办公室在汇总各处室的意见基础上，形成经费预算草案，上交厅长办公会讨论通过。这样使得我单位的经费预算更加科学严谨，更加切合实际，连续四年受到省财政厅的表彰。

（原载《河北财政》2004.6）

强化预算管理　努力创新机制

河北省农业厅

随着我省预算管理改革的不断深入，新的预算管理体系也在逐步形成，部门预算作为省级预算管理改革的重要组成部分，我们一直对此非常重视，一是积极支持，二是搞好配合，三是编好预算，现结合工作实际谈几点体会：

一、加强领导，转变观念，不断提高对预算管理改革重要性的认识

自 2000 年实行部门预算起，农业厅领导就非常重视部门预算改革，专门组织学习有关规定、领导讲话，从思想上提高对预算改革重要性的认识，并研究贯彻落实具体措施。首先是组织厅属各单位一把手及有关业务人员学习新的预算管理办法，深刻领会预算改革的精神，提高加强预算管理认识，为预算的编制奠定了基础；其次是及时纠正一些领导在财务管理工作中的旧观念、老做法，实现了从认为预算管理不切合实际、缺乏灵活性到严格按照预算安排执行的转变；三是按照财政部门的要求，及时布置预算编制工作，早动手，早准备。

这次预算改革涉及编制方法等诸多内容，特别是在编制部门预算的过程中，所承担的不仅仅是财务部门，而是涉及部门内诸多单位。为使部门预算编制的更科学、更规范、更及时、更符合实际，我们十分注意统一大家的思想，因为从实行多年的传统预算，一下变为编制部门预算、项目预算，刚开始基层预算单位很不理解。为此，我们多次召开厅内各有关单位会议。对预算改革的重要性和必要性进行讲解，尤其是让各基层预算单位从内心接受预算改革，理解其重要意义。这样我们就有了编制好部门预算的坚实基础。基层单位预算编制得好，对编制好整个部门预算起到了重要作用。根据这个经验，现在每次在编制年度预算时，我们都不厌其烦地向基层预算单位说明编制当年预算需注意的事项等。比如，加强预算整合、集中财力办大事等。在整个预算编制过程中，强调要符合省政府、省财政厅的总体思路，这样提高了预算编制的速度和质量。

二、集思广益，做好预算编制工作

每年预算编制，我们都采取先下后上的顺序，先把编制预算的有关要求，传达到厅基层单位，基层单位在总结上一年项目实施经验的基础上再进行编制。经反复修改，最后上报。在各基层单位内部，实行真正意义上的零基预算。预算编制内容、投资等均不受上年限制，尽量提出最有竞争力、对当前农业发展具有事关全局的项目。重大项目或新上项目都要经过厅内组织的专家论证，对同一单位来讲，下一年的项目要与上一年项目实施的效益情况挂钩，实行绩效考核，大大提高了预算编制单位的责任心。

在编制2003年、2004年预算时，为充分体现省委、省政府提出的"集中财力办大事"的原则，我们根据我省农业生产线长、面广需要面对千家万户的特点，对农业专项资金进行分类，对工程性的资金，打破原来处室界限，在部门内部进行项目资金整合，集中有限的财力，每年办成一两件大事。对技术推广性的项目资金，采取以点带面的原则，以试验、示范的办法，推广先进的农业生产技术。2003年预算项目由原来的13个项目，整合为6个，2004年农业厅预算中也安排了6个项目。近几年，在省财政厅的大力支持下，我们先后建成了省、市和部分重点县农产品质量检测中心，建成并开通了横向连接省直10个部门、纵向连接市、县和重点农产品批发市场的三级农业信息网络，为农业信息传递提供了一个快速通道。

为提高资金使用效益，在预算的编制过程中，我们明确资金补助环节、补助标准。我省是农业大省，农业投资虽然逐年增加，但与实际需求仍然有很大差距，为使有限的资金发挥最大的效益，我们根据不同的项目，制定不同的补助标准，充分调动农民投资的积极性，使国家资金真正起到"四两拨千斤"的作用。如农作物秸秆综合利用项目，我们在预算中就明确了各种农机具的补助标准、重点实施区域和工作任务，使项目资金下达后马上就可以实施，加快了项目进度。

三、严肃预算执行纪律

在年度预算执行中，我们一直强调预算执行的严肃性，否则将有悖预算改革的初衷，主要把握以下几点：一是预算批复后，各单位按批复要求抓紧项目实施，尽量加快项目建设和支出进度。加大督办力度，确保农业预算项目如期完成。二是精打细算，量入为出。要求各单位树立过紧日子的思想，对每一个项目、每一项支出力求做到精打细算，从严掌握。有多少钱办多少事，把事办好。不能强迫支出，"寅吃卯粮"，留下欠账。三是进行项目追踪，抓好落实。建立项目建设追踪反馈制度，对项目投资管理、实施进度、形成效益情况，做到胸中有数。对项目建设单位或负责人进行考核，兑现奖罚。着力抓好项目管理和追踪调研，及时掌握情况，以指导立项和投资。四是严格要求，照章办事。所有农业建设项目都要严格按有关财务制度、项目或资金管理办法执行；严禁以各种名目乱花乱用。认真规范运作，预算执行要经得起审计和检查。项目实施单位主要负责同志要负起责任，做遵守财务制度的模范。如农作物秸秆综合利用项目，2003年我们与省财政厅共同制定了项目实施方案，对国补资金购买的农机具实行县级建立机具档案、市级建立机具数据库，并规定该机具三年内不得倒卖的规定，确保该项目的顺利实施。

四、不断规范财务管理

一是为不断规范财务管理，我们结合行业特点，不断完善各项管理制度，制定了一系列财务管理办法，使行业财务管理，从计划、预算编制、项目资金分配、决算的编报都有章可循。同时为保证专项资金及时到位、专款专用、提高资金使用效益，制定了专项资金管理制度，并对反馈信息进行指标量化，为项目实施后的年度绩效考评提供依据，有效地促进了各级领导对专项资金筹集分配、使用管理、监督的重视。二是发挥财会工作的服务功能。财务管理过程本身就是一个服务过程。对内要服务于单位内部管理，严格按新《会计法》颁布的各项规定执行。对外要根据行业特点服务于社会需要。财务人员从项目资金合理运用的角度上全程参与管理活动，既加强了财务人员管好、用好专项资金的责任感，又密切了财务人员和有关部门的联系。不仅有利于争取和实施项目，提高资金使用效果，而且增进了处室之间的了解和协作。三是积极推行项目管理。主要包括五项制度，即资金安排的申报审批制度、项目实施的责任制度、资金到位的分期拨付制度、使用进度的报告检查制度和项目竣工的验收评比制度。就是要从资金拨付到竣工验收的各个环节都要加强制度建设和制度检查，保证项目顺利实施。各项目实施单位都十分注意加强这几个方面的监督检查。

五、今后工作思路

随着国家对农业投入的不断增加，如何更好地发挥国家投资的导向作用，将是一个重要课题，初步考虑主要加强以下几方面工作：一是注重筛选项目，不断提高项目申报质量，建立项目筛选论证制度，把有限的财政资金真正用在事关农业发展全局的项目上，使国家投资真正起到“四两拨千斤”的作用，从而做到项目申报更加科学、规范。二是加强项目管理。注重制度化建设，通过健全项目管理制度，规范项目管理，比如项目申报程序、项目执行责任制、项目绩效考核、项目建设法人等制度。每个项目都要有项目法人，以便项目实施后有章可循，有人可查。三是注重绩效考核，建立一套项目建设绩效考核指标体系，项目实施完成后要有绩效考核报告，从而增强项目实施单位和项目法人的责任心。

在预算编制方面注意以下几点：一是每年都要根据当年实际学好文件，吃透精神。只有领会了精神，才能编制好符合实际、符合国家投资意向的计划和预算。二是搞好项目调研，提高“命中率”。谋划项目思想要解放，思路要开阔。编制一个好的预算，搞好项目调研是基础，在掌握一手资料的基础上，谋划出符合农业发展实际的项目，才能提高“命中率”，取得国家的资金支持。三是按规范化要求做好项目。财政预算项目加一套规范化格式，各单位在编制项目前要认真熟悉，规范化的项目也有利于通过项目论证。四是注意项目的整合，体现“集中财力办大事”的思想。在安排预算项目时，要充分考虑到国家对农业重点支持领域以及我们的职能特点，整合项目，集中投放，办一件成一件。

（原载《河北财政》2004.7）

贯彻预算管理改革措施 切实规范系统财务管理

河北省质量技术监督局

2003年我们以邓小平理论和“三个代表”重要思想为指导，深入贯彻党的十六大和省财政工作会议精神，紧紧围绕质量技术监督中心工作，按照省财政厅有关预算管理改革的要求，认真组织贯彻落实，在省财政厅各方面的大力支持和帮助下，系统上下克服各种困难，在系统财务管理和预算编制等方面取得了一定成效。

一、各级领导重视是编制好、执行好部门预算的关键

自实行部门预算以来，省局党组非常重视预算管理，每次系统工作会和财务会议上都特别强调预算管理的重要性和意义。为进一步统一思想，统一认识，转变陈旧观念，积极贯彻落实预算管理改革措施，我们要求系统财务工作会和预算会各市局必须一把手参加，市局开预算会也要求县局一把手参加。2003年省局先后召开了三次预算工作会议，各市局也结合各自特点，召开了多次预算专门会议，学习、研究、深入贯彻省预算管理改革措施，使系统各级领导充分认识了预算管理的重要性，转变了以往认为编制预算就是财务人员报个表的观念，系统上下已逐步形成了预算管理是财务管理的核心，做好预算编制和预算管理是提高财务管理水平，事业全面、协调、可持续发展的重要保障。质监部门级次多、人员多，摊子大，不狠抓预算管理，势必造成经费支出无章可循，财务管理混乱。为此，省局党组把年度预算执行列入一把手工程，并列入年度对各级领导班子的考核目标之一。几年的实践证明，系统各级领导对预算的高度重视是编制好、执行好预算的基础。

二、坚持预算管理在财务管理中的核心地位，认

真落实好预算管理改革措施

按照省财政关于预算管理改革的要求，结合我们系统实际，在深入贯彻预算管理改革措施的同时，在预算管理和编制方面我们重点把握了以下几个环节：

1. 早编预算，细编预算。结合我部门特点，集中编制和审核预算。为保证按时并高质量的完成2004年预算编制工作，我们根据省财政预算编制工作会议精神，及时组织召开系统预算编制会议，尽量保证有足够的时间对预算项目进行谋划和论证。针对以前年度部门预算编制中项目预算细化程度不高，预算项目安排“散”和“碎”的问题，重点强调了细化编制项目预算和加大资金整合力度在预算执行中的意义，并制定分级责任制，加强预算分级审核力度，对不符合要求的预算项目坚决予以纠正。我们总结以前年度编制部门预算的经验和存在的问题，针对我部门层次多、单位多、地域广、摊子大的实际，预算编制中出现的问题和错误修改难度大，修改的级次多时间长的难题，我们采取了省、市两级预算主管部门根据基层单位编制的单位预算，集中编制、审核预算建议计划和编制部门预算文本的办法，主要有以下优势：一是涉及预算编制中的政策和技术问题，可以及时得到省财政预算主管处和编审中心的帮助和指导；二是加强了省、市两级和各市级间的沟通和借鉴，帮带效果明显，预算编制质量和效率显著提高。

2. 严格按照人员和公用经费标准定额编制预算。安排系统人员经费预算，我们严格按照国家有关规定，结合属地标准的原则逐人核定，积极推进系统有关单位纳入当地社会保障体系，确保人员经费足额予以保障。在正常公用经费支出编制方面，在省财政厅未正式出台垂管部门经费支出定额标准前，我们结合系统实际制定了系统各级的正常公用支出标准，并严格按照定额标准安排预算支出，与执行正常公用经费定额标准前相比预算安排减少了15%，努力压缩维持正常办公需要的经常性支出，将有限的资金用在事业发展上，提高资金的使用效益。

3. 努力解决系统历史遗留问题，集中财力办大事。几年来，我们尽力做到合理安排使用系统资金，坚持“一要吃饭、二要建设，集中财力办大事”的基本原则，我们采取了省、市两级系统集中调剂部分资金的办法，一是在部门预算中安排部分专项经费，努力解决系统垂直管理前的在建工程欠款和其他债务等历史遗留问题，保证了系统的稳定。二是为增强系统的可持续发展能力，增强系统技术机构的“造血机能”，我们在保障系统人员经费支出的基础上，集中财力重点安排了系统基本建设和技术装备、执法装备的投入力度，着力解决系统基础设施条件差、技术装备和执法装备落后的状况。目前，系统基础设施条件逐步得到了改善，执法装备在数量和性能上得到了提高，技术机构的检测设备水平有些已达到了国际先进和国内领先水平，为质监事业的可持续发展奠定了基础。三是为进一步提高工作效率，还重点安排了信息网络建设经费，办公自动化水平逐步提高。

三、建章立制，使财务管理逐步科学化、制度化和规范化

根据省财政厅的有关要求，结合系统实际，省局陆续制定了一系列制度文件。如：《质量技术监督系统财务管理办法》、《质量技术监督系统预算管理办法》、《质量技术监督系统票据管理办法》、《质量技术监督系统基本建设管理办法》、《质量技术监督系统内部审计办法》、《质量技术监督系统经费拨付管理办法》、《关于进一步加强系统财务管理的若干规定》、《质量技术监督系统技术改造管理办法》、《质量技术监督系统国有资产监督管理办法》等。这些规范性制度的制定和实施，使系统各单位在财务管理和预算管理中做到有章可循，为逐步走上依法理财、科学理财和规范理财的道路奠定了基础。

四、规范提高财务管理基础工作

预算管理是系统财务管理的核心，预算管理水平高低将直接影响系统财务管理水平；反之，财务管理基础工作的提高必将促进系统预算管理和整体财务管理水平的提高。为此，我局在加强系统预算管理的同时，也非常重视财务管理基础工作，一是狠抓会计基础规范化工作，省局先后举办了三期系统会计基础规范化培训班，提高了会计人员业务水平。二是积极开展会计电算化工作，筹措资金为系统各会计单位配备了微机和电算化软件，进一步提高了工作效率。三是为加强系统财务监管，及时掌握系统的财务运行情况，确保系统财务工作健康有序运行，开展了系统财务检查工作。在系统各级财务人员的共同努力下，我局连续多年被省财政厅评为会计基础、国有资产管理、收费管理、决算报表等工作先进单位；在省财政厅组织的“预算管理和会计知识"竞赛中荣获组织奖。

五、进一步深化贯彻预算管理改革措施，全面提高系统财务管理水平

根据河北省财政工作会议精神和省财政厅关于进一步深化完善预算管理改革的要求，总结过去，2004 年我局拟在以下几个方面力争有所突破：一是建立健全系统财务管理制度体系，强化考核，全面规范预算管理；二是加强系统宏观调控能力，集中财力解决系统重点项目；三是切实硬化预算执行约束，进一步加强系统预算管理监督工作；四是加强系统各级尤其是基层单位财务人员业务培训工作；五是积极配合财政部门，探索实行绩效预算和滚动预算管理，以提高资金使用效益为目标，开展绩效和滚动预算试点工作。

（原载《河北财政》2004.7）

大力支持文明生态村建设

石家庄市财政局

石家庄市财政部门充分发挥财政职能作用，积极研究和制定政策措施，全力推进文明生态村创建活动的深入开展，收到较好效果。

1. 建立创建文明生态村活动专项资金。按照市委、市政府提出的"以村集体和农民投入为主出一点、政府财政奖补结合拿一点、有关部门专项资金重点倾斜帮一点、动员社会力量筹一点"的原则要求，市财政预算安排创建活动专项资金 500 万元，主要用于文明生态试点村的道路硬化、村庄绿化、沼气池建设、文体设施、改厕及以奖代补工作。为支持农村改厕，对鹿泉、藁城、辛集、正定、栾城等 5 个县（市）改厕示范户每个补助 100 元，其他县区示范户每个补助 50 元，并对完成任务好的县（市）区进行奖励。同时要求各县（市）区财政建立资金配套机制，为创建活动试点工作的顺利开展提供资金保障。

2. 加大农村环境建设投入，促进农村生活和发展环境的改善。一是加大林业投入。今年以来，全市林业支出 2800 多万元，重点支持了退耕还林、封山育林、村庄周围绿化和村庄周边荒山、荒滩营造生态林、经济林等建设。二是多方筹措资金，支持养殖区域布局调整，改善养殖环境。今年以来，市财政共筹措资金 475 万元，用于养鸡小区、奶牛小区等养殖基地建设。到目前，全市一定规模的养殖小区达到了 280 个，标准化养殖小区建设促进了全市养殖业与文明生态村建设的协调发展。市财政还筹措资金支持了以鸡粪治理为重点的畜牧业环境治理工作。到目前全市共建成并通过验收的鸡粪发酵厂 222 个，处理鸡粪能力达到 360 万吨，鸡粪的有效治理，养殖专业村和养鸡小区环境得到了进一步改善，为文明生态村建设作出了贡献。三是为加大动物防疫体系建设，市财政落实资金 1100 万元，支持了各县（市）和矿区动物防疫监督站的建设。目前，全市 185 个基层监督站正在全面建设，已建成 64 个。四是大力支持农村沼气池建设。自实施农村沼气项目建设以来，通过争取国债和各级财政筹资，共落实资金 1500 万元，建成沼气池 1.47 万个。今年市财政筹措资金 700 多万元，按照建一个沼气池，财政补助 800 元的政策，进一步加大支持沼气池建设力度，为促进文明生态村建设发挥更大的作用。

3. 支持农村社会公益事业发展，促进农村精神文明建设。一是认真实施农村中小学危房改造和布局调整"两项工程"建设。截至目前，全市共争取上级资金 8012 万元，市级配套资金 1000 多万元，县级配套及单位自筹资金 1.6 亿多元，新改扩建农村中小学校 296 座，已竣工交付使用 197 所，竣工面积 30 万平方米，消灭危房 9 万平方米。今年市财政又向上争取资金 2800 多万元，市级落实资金 500 万元，进一步用于农村中小学校的布局调整和危房改造。"两项工程"的实施，使农村学校布局及教育资源配置更趋合理，教育结构更加优化，为创建文明生态村、提高农村教育质量奠定了坚实基础。为确保农村经济困难家庭学生有学上，市财政还专门安排资金用于对困难学生的就学资助。二是结合文明生态村创建活动的开展，市财政投入 300 万元用于有线电视光纤村村通工程，促进农村文化建设。三是为提高农民就业能力，加快农村劳动力转移，市财政安排专项资金专门用于扶持农村劳动力转移培训工作，对技能性培训每人补助 160 元、创业培训每人补助 600 元。此外，积极支持乡镇卫生院改善医疗救治条件，为增强乡村防疫灭病、农民保健就医能力提供保障。

4. 加大财政支农力度，促进农业农村经济发展。坚持"多予、少取、搞活"的方针，大力支持农业、农村经济发展，增强农村经济实力，为文明生态村建设提供保障。认真落实了各项惠农政策。全市共发放粮食补贴资金7613万元，4466个村的624万农民受益。同时7个区免征了农业税，17个县(市)平均下调农业税税率3个百分点，农民人均负担比2002年减少31元。通过落实惠农政策，给全市农民带来直接收益2.8亿多元。同时，增加财政用于“三农”方面的投入。今年以来，全市财政预算内用于农业方面的支出1.15亿元，同比增长14.97%。重点支持了农业基础设施、农业结构调整、特色主导产业发展、科技成果转化、农村专业合作经济组织建设、农业灾害快速反应机制建设等，增强了农业可持续发展能力，为农业增产、农民增收创造了条件，促进了文明生态村建设。

5.加大预算外资金筹措力度，支持文明生态村创建工作。市财政在增加预算内投入的同时，通过加大收费征缴力度、集中预算外资金等多种措施，筹措资金900万元，重点用于包括文明生态村在内的村、镇道路改造、主要街道排水设施建设等项目的补助，并规定对列入补贴的项目，按工程进展情况进行资金拨付，从而保证了补助资金真正用于建设项目。

(原载《河北财政》2004.12)

为下岗职工再就业营造宽松环境

秦皇岛市财政局

面对再就业严峻形势，秦皇岛市财政部门联合劳动部门，制定多项措施，积极落实各项支持再就业优惠政策。

一是积极协调有关部门，全面落实财政支持政策。按照市委、市政府贯彻落实《中共中央、国务院关于进一步做好下岗失业人员再就业工作的通知》的实施意见，财政部门积极与有关部门配合，起草、出台了《关于下岗失业人员再就业行政、事业性收费优惠政策的意见》、《关于落实促进下岗失业人员再就业税收政策的意见》、《关于秦皇岛市下岗失业人员小额担保贷款管理办法》、《关于落实促进下岗失业人员再就业资金管理有关问题的意见》、《关于下岗失业人员再就业社会保险补贴申领支付办法》等政策性文件，从而为下岗失业人员实现再就业提供了宽松的环境。

二是调整财政支出结构，实现由保生活向促就业的转变。促进就业和再就业工作，是政府重要职能和应尽的职责，也是公共财政的一个重要支出领域。今年以来，秦皇岛市县财政部门通过合理调整财政支出结构，进一步加大对再就业工作的支持力度。按照省政府规定，市本级每年从一般预算中拿出不少于1%的资金用于促进再就业，从而有效地保证了全市再就业工作的顺利开展。以2002年年初预算为基数，市县财政原来安排用于下岗职工基本生活保障补助资金的规模不减，在确保现有中心内下岗职工基本生活的前提下，重点用于促进下岗失业人员再就业。在失业保险金中安排部分支出用于促进再就业，并通过减免税费、财政贴息、贷款担保等多种形式支持再就业工作。

三是支持公共就业服务，提高财政管理下岗失业人员就业能力。为下岗失业人员提供免费的职业培训和职业介绍是政府实施再就业政策的有效手段之一，按照《关于落实促进下岗失业人员再就业资金管理有关问题的意见》的要求，该市县财政部门认真落实培训和职介补贴政策。对从事为下岗失业人员提供免费培训和职业介绍的公共服务机构，按下岗失业人员实现就业人数分别给予每人500元培训或120元的职介补贴。对各类服务型企业新增岗位招用下岗失业人员，并签订1年以上劳动合同的，以及由财政负担的机关事业单位公益岗位安排大龄就业困难对象就业的，给予社会保险补贴。对财政拨款行政事业单位安置“4050”人员的，按安置下岗失业人员人数给予每人100元的岗位补贴。市财政对县区用于促进就业的岗位补贴和社会保险补贴，给予50%的补助。

四是建立小额贷款担保基金，为下岗失业人员提供创业机会。为了鼓励秦皇岛市下岗失业人员自谋职业、自主创业，解决下岗失业人员资金缺乏的问题，该市财政局积极与有关部门协调，制定了《秦皇岛市下岗失业人员小额贷款担保基金管理办法》，并首期投入500万元建立市级下岗失业人员小额贷款担保基金。办法规定，下岗失业人员需参加创业培训机构组织的就业培训、创业辅导并考试合格后方可提出贷款申请，经劳动部门、担保公司、经办银行审核批准后，可办理小额担保贷款。对单个自然人自谋职业、自主创业提供不超过2万元的小额担保贷款;对下岗失业人员合伙经营和组织起来就业创办的小企业,可根据人数和经营项目适当扩大规模,提供不超过10万元的担保贷款。贷款担保期限最长不超过2年。

(原载《河北财政》2004.9)

积极稳妥推进农村最低生活保障制度

三河市财政局

三河市地处北京、天津、唐山要道,受北京等地区辐射影响,近年来经济发展较快。三河市现有46万人口,其中农业人口33万余人,在农业人口中相对贫困人口占1.26%,在一定程度上影响和制约着全市的经济发展和社会稳定。三河市委、市政府本着"上为中央分忧、下为百姓解愁、救助弱势群体、服务人民群众"的宗旨,为保证农村贫困人口的基本生活权利,1998年三河市率先在廊坊市正式启动农村最低生活保障制度。经过五年多的不断改革、充实和完善,财政部门积累了一些经验。

一、取得的一些成绩

(一)扩大了保障范围。1998年6月份,出台了《三河市农村最低生活保障制度实施办法》,正式启动农村最低生活保障制度,按照"应保尽保"的原则,财政部门确定凡是低于当地最低生活标准的农村人口,都纳入保障范围;经过摸底调查,不断扩面,农村低保人数已经由1998年的257户共869人增加到2003年的2117户共6025人。

(二)提高了保障标准。首先体现为资金筹集方式的转变,1998年至2002年,资金筹集由市、镇、村共同负担,分担比例为3∶3∶4。为了适应农村税费改革的新形势,从2003年起,村级负担的40%列入市(县)财政预算,农村低保分担比例为7∶3,即市(县)级财政负担70%,镇级负担30%。2003年三河市被确定为廊坊市实施农村最低生活保障制度试点市(县),三河市又重新制定并出台了《三河市农村村民最低生活保障工作实施细则》,进一步明确保障标准和范围,重新界定家庭收入的计算方式,农村低保资金由廊坊市、三河市按5∶5的比例分担,即廊坊财政负担50%,三河财政负担50%。其次是资金投人不断增加,年保障资金由最初的38万元增加到105万元,年保障标准由每人每年882元提高到每人每年950元。

(三)规范了工作程序。实行农村最低生活保障制度,对三河市来说是一项新鲜事物,没有现成的经验可以借鉴。农村低保的保障对象、保障标准等诸多方面存在较大差异,在运行环节上必须谨慎,避免引发不安定因素。为了体现公开、公平、公正的原则,财政部门主要抓紧做了以下几方面的工作:成立农村最低生活保障工作领导小组,把相关部门都纳入到工作小组中,有利于各部门间的协调配合,明确部门间各项职责分工。其主要职责是:负责提出制定最低生活保障线的原则和依据、保障标准,明确保障范围,规范资金来源渠道及保障金发放的领取办法。工作小组下设办公室,主要职责是负责低保资金的筹集和发放,对保障对象实行动态管理。由于组织健全、责任明确,三河市的农村低保工作逐步走上了规范化轨道。在实际运行过程中,实行"自下而上、自上而下"的运行管理模式,即先由个人申请,村委会评定,报镇民政办审核,最后由领导小组审批。为体现公开,强化监督,镇区民政办定期入户调查,并将申报程序、审批程序、各镇保障对象名单及保障标准都张榜公布。

(四)强化了资金管理。农村最低生活保障资金主要实行财政专户管理,市(县)级民政局每季度向财政局报送用款计划,财政局将最低保障金拨付到民政局,民政局按时将资金拨付到各乡镇民政办。保障对象必须凭市民政局出具的《农村最低生活保障金领取证》领取保障金。为保证资金拨付安全、及时到位,农村低保领导小组会同相关部门定期按照5%的比例进村入户进行抽查。

二、财政部门在农村最低生活保障工作中的职责及作用

财政是农村"低保"资金供应的主渠道,尤其是近几年,党中央、国务院要求各地要不断加大社会保障支出。三河市财政部门积极调整财政支出结构,压缩一般性支出,逐年提高财政预算中社会保障支出比例,确保农村最低生活保障资金的落实。农村最低生活保障支出已经纳入社会保障预算。三河是廊坊地区实行社会保障预算的试点市(县),农村低保资金已经列入预算,属于专项资金支出项目,确保了资金来源。同时,建立农村最低生活保障资金财政专户，做到资金专款专用，专户管理，加强最低保障资金的日常管理，确保资金合理有效使用。三河成为农村最低生活保障工作试点市（县）后，筹资比例发生变化，主要包括上级财政部门专款及县级财政部门配套资金，乡镇及村都不负担。这就彻底解决了资金不到位、筹资不足额及资金挪用等现象。

财政部门对保障对象实行动态化管理，建立人员变动档案，坚持保障资金有增有减、保障人员有进有出，严格预算支出。

三、完善保障体系，做好农村低保与其他保障制度的衔接

在开展农村最低生活保障工作中财政部门发现，要从根本上解决农村贫困现象不能单靠最低保障制度，不能使贫困人口成为懒汉。社会保障制度需要不断完善，必须建立一套比较完整的农村贫困群众的救助体系。为此，财政部门在做好农村低保的同时，还做了以下几方面的工作：一是把符合五保供养条件的对象全部纳入保障范围，由财政出资，集中或分散供养起来，每人每年生活费 2000 元，年支出 85 万元。二是继续做好临时救济工作。由于天灾人祸而形成的新贫困人口，不能及时纳入农村保障范围，实行临时救济，2003 年共发放救济金 12 万元，解决了他们的燃眉之急。三是民政、财政、劳动、工商、税务、教育、卫生等部门积极配合，广拓思路，为增加农民收入、减免负担出谋划策，使农村贫困人口尽快摆脱贫穷，走出依靠政府救助的范围。

四、在未来农村低保工作中需要解决的问题

（一）目前，农村最低生活保障资金主要由财政出资，三河市农村低保实行五年多来，保障范围已经涵盖了全市 11 个乡镇，保障人口即将达到农村人口的 2%，市（县）级配套资金逐年增加。在保障财政供给的基础上，有必要拓展新的筹资渠道。建议在继续压缩一般性支出，加大社会保障支出的同时，应将社会福利彩票资金的一部分作为最低生活保障金的固定来源。

（二）积极探索农村最低保障资金的领取程序，严防假冒。从几年来运行情况看，有些保障对象经常让人代领保障金，引发过一些不安定事件发生。还有一部分人经过审查已经不属于保障对象后，不及时交回领取卡，发生重复申报、漏报，造成人员统计不实。从目前其他社会保障资金实行银行代发情况看，运行情况良好，建议在试点过程中将农村保障资金也实行社会化发放，即民政局向财政局报送计划后，由财政局将资金拨付给银行，银行再按规定将资金分划到各个乡镇信用社，便于领取人领取保障金。

（三）加快信息化建设步伐，扩大农民群众就业范围，从根本上解决贫困。

（原载《河北财政》2004.9）

廊坊市向重点工程委派财务总监工作见成效

廊坊市财政局

廊坊市财政局、监察局向市重点工程委派财务总监制度实行以来，本着“立规矩、行职能、尽职责、讲实效”的原则，先后对市人防工程、第一中学教学楼、市海关大厦、市文化艺术中心、市城区扩展、市快速路、市文化局文博馆、市卫生高等学校、市卫生局疾病控制中心等 16 个重点工程委派了财务总监，共审核审批资金 100914 万元，在严格实行工程清单、合理低价公开招投标中，为项目单位节约资金 3439 万元，有效地遏制了工程腐败现象的滋生，收到了明显的经济效益和社会效益。主要做法是：

一、建立规章制度，细化办公程序

为了促进对市重点工程项目监督工作的科学化、系统化、规范化，根据纪检监察机关的廉政规范和会计监督相关法规、制度，制定了财务总监办公室岗位责任制度、汇报制度、廉政制度等 20 项管理制度。并按照科学规范、通用简便、操作易行、高效直观的原则，将办公室规章制度和委派工程项目的相关情况、数据编制了办公室综合管理系统（数据库），达到了文件管理规范化、数据管理规范化、报表管理格式化，保证监督结果有充足的资料，减少了常见的人工计算差错，规范了管理，提高了工作效率。

二、统一工程账簿，规范会计基础工作

在工程检查过程中，发现一些工程单位和施工企业账目不规范，不设明细分类账，不能完整反映工程项目的财务情况。根据《会计基础工作规范》的要求，规范了 34 个工程项目涉及的单位会计账簿、会计分析、会计报表等会计基础工作。按照财政部《基本建设财务管理规定》，重新建账、设置会计科目进行会计核算、装订凭证，保证了派驻单位的会计信息真实、合法、完整，为开展监督检查工作打下了基础。

三、严格财经纪律，规范开支渠道

为了进一步完善财务管理制度，降低工程成本，减少待摊费用支出，严格财经纪律，做到使用有规范、执行有标准、检查有依据，杜绝管理的盲目性、主观性和随意性，按照工程项目的不同特点，先后制定完善了项目单位《招待费审批权限和标准》、《财务管理及审批程序》、《原始记录管理制度》、《稽核制度》、《固定资产管理制度》、《会计档案管理制度》、《财务部工作职责》等 9 项制度，确保了项目单位财务管理工作规范运行。

四、加强监督检查，严把资金关口

一是加强对工程的前期检查，严把预算和前期准备关。财务总监进驻工程伊始，首先查阅工程单位的工程预算和投资依据、投资总额、工程建设期限、工程设计图纸、施工方案、资金来源、定标协议、拨款计划等前期准备工作，特别是加强对工程项目单位的施工、待摊费用(拆迁费、征地费、设计费、监理费、路灯费、绿化费等)等费用的监督，有效地解决了低价中标、高价决算的不良做法，保证了建设工程合法、合规、合理。二是加强对工程施工的财务监督，坚持“四个全面掌握、四个严禁”，严把资金使用关口。(1)全面掌握底数，严禁走过场。对正在施工的项目单位，重点掌握工程项目开工前的详细情况，通过听取各方面的汇报，查阅大量工程资料，先后向主管领导上报了 6 份工作报告，为领导决策提供了依据。(2)全面掌握进度，严禁乱拨款。按照《中华人民共和国合同法》有关条款，及时督促对施工单位按进度实施拨款，杜绝了工程主管单位拨人情关系款的现象发生。近两年来，先后对 10 个工程项目管理单位的拨款进度进行了严格把关，共审核金额 15608.99 万元。(3)全面掌握标准，严禁徇私情。在工程项目的财务审查过程中，除对工程的大额资金使用情况进行审查外，对一些施工和待摊费用从洽谈到审定严格标准、严格把关。在工程监理招标、部分材料邀请招标中，先后为项目单位节约资金 316 万元。(4)全面掌握范围，严禁走形式。在监督活动中，采取上门检查和调账检查相结合的方法，先后对 11 个项目单位的账目进行了上门检查，对 3 个施工单位进行了调账检查，经常检查日常资金使用、成本核算、科目设置、原始凭证取得是否合法和凭证的装订是否符合会计基础规范要求。对不符合规范要求的限期改正。三是加强工程核算，严把结算关。工程完工后，坚持严格按照工程预算进行会计核算，实行“一笔算清”的办法进行清理，不丢项落项，防止出现因工程结算不清而滋生腐败的现象。

(原载《河北财政》2004. 9)

正定县严控财政供养人员有新招

正定县财政局

1. 严格控制进人关。一是严格按照省委办公厅、省政府办公厅《关于严格控制事业单位机构编制和人员增长的通知》和省人事厅、编委办、财政厅《关于进一步加强机构编制、人员和经费管理的通知》精神，不再增加新的机构和行政编制，不再增加财政拨款事业单位机构编制，除机构改革遗留问题外，编委会不受理、研究有关新设机构、新增编制问题。二是严格按照《正定县机构编制委员会工作规则》，坚持编委会“一支笔”审批机构编制的规定，凡涉及机构编制事宜，均有部门写出书面报告，经编委办审核，提出意见，报编委会审批。未经编委会审批的有关机构、编制问题，一律不予承认。三是严格按照“三定”规定，落实单位的机构设置、人员编制。机关事业单位缺编需要补充的，一律在现有财政拨款的同性质人员内部调整，不得从机关外调入人员；超编单位必须按核定编制进行精简，暂时精简不了的，明确为编外，限期解决。现满编和超编单位一律不准再调入人员。四是完善机构编制管理与财政预算管理相互配套协调的约束机制。实行“机构编制管理证(卡)”制度，凡机关、事业单位人员一人一卡，作为人员调配录用、政策性人员分配、核拨经费、核定工资的依据。只有在机构编制部门审核同意设置的机构和审批的编制范围内，组织、人事、教育、民政等部门才能调配、录用人员和核定人员工资，财政部门才能列入预算范围并核拨经费，银行才能开设账户并发放工资，对擅自增设的机构、超编调配人员，编办不予办理编制卡，组织、人事、教育、民政、公安部门不能办理调配、社会保障、户口迁移手续，财政不予核拨经费，银行不予开设账户。五是加强监督检查。

人事、编制、财政部门各司其职，共同把关，密切配合，加强监督检查，发现问题及时研究解决。

2. 创造更多的就业岗位。一是加大招商引资力度，彻底改善经济环境，创造尽可能多的就业岗位，减少财政就业压力，改变人们的就业观念；二是增强社会保障能力，加大社会保障投入，扩大社会保障范围，让更多的非财政供养人员也能享受到良好的社会保障，解除人们的后顾之忧。增强财政从宏观方面控制财政供养人员过快增长的能力，从总量上控制财政供养人员。

3. 建立财政供养人员优化配置机制，既进的来，又出的去。建立行之有效的财政供养人员优化配置机制，让财政供养人员流动起来。同时采用轮岗、轮换单位等办法，加以素质考核，让不称职、不适应新岗位、不具备新岗位所需素质的人员或者在原工作岗位上没有新工作方法、没有新突破的人员下岗培训，3年内仍达不到要求的脱离财政供养关系或只发基本工资，成为财政供养预备人员，遇有合适工作岗位可优先重新参加工作。除了内部素质考核外，对新进财政供养人员进行素质考核，不具备条件的不能进入财政供养队伍。在对人员进行素质控制的同时，进行有效的优化配置控制，及时清理临时机构及长期无工作的岗位和合并达不到满负荷工作的岗位，将这些人员及时安排到急需人员的单位和岗位，避免财政资金养闲人，造成财政资金浪费。

4. 严格人员支出管理。加大对非正常财政供养人员的清理，严格执行工资专户制度，进一步完善"县级统发、工资专户、银行发放、网络监控"的工资发放机制，避免吃空额现象。此外加强预算外资金管理，深化"收支两条线"改革，实行"收缴分离"、"票款分离"，实行部门预算、综合预算，对控制财政供养人员增长起到了根本性的作用。财政监督，杜绝单位、部门乱收费，对违纪违法单位或部门实施严厉处罚，有效控制了非财政开支人员经费来源，并有效控制了单位或部门不合理进人。

6. 实行鼓励财政供养人员脱离财政的优惠政策。如停薪留职、一次性给付创业基金等直接鼓励办法，以及一些减免税费等优惠政策。

（撰稿人：刘胜军、王素英）

（原载《河北财政》2004.10）

从细微之处打造良好形象

鸡泽县财政局

为强化财政集中支付工作廉洁高效，提高服务质量，真正把工作做实、做细、做到位，鸡泽县支付中心订制度、完措施，从以下几个方面打造财政良好形象。

1. 专项检查促规范。支付中心牵头，结合监察、预算外局和综合科等部门，联合对预算单位的收支情况进行了专项检查，严肃查处了部分单位违法违纪问题，促进了集中支付工作更好地规范开展。

2. 上门服务树形象。先后组织业务骨干10多人次，深入到民政局、教委、水利局和公安局等单位进行上门服务，现场办公，帮助单位建账建制，规范财务，受到了单位领导的好评。

3. 集中培训强能力。支付中心在今年3月份和8月份分别对中心人员和预算单位会计分批进行了集中支付专项培训，并聘请了会计师、地税领导同志和集中支付业务骨干进行授课，着重讲述了《集中支付的政策规定》、《中国共产党纪律处分条例》、正规票据的使用和集中支付操作规程等，使工作人员和单位会计业务技能有了较大提高。

4. 完善记账模式。采用省厅开发的《总预算会计系统》软件，分单位建立账套，按单位实际情况，分别设置科目，一个账套反映的是一个单位的整体情况，可随时设置条件生成单位的各种账簿，如总账、明细账、总账余额表等，也可随时根据需要设置条件进行单位的收入查询、支出查询，月末结账后可生成单位资产负债表，进一步方便了与单位对账，能及时向领导提供数据。针对该软件不能自动汇总所有单位情况，另设置一个"总会计"账套，由总会计根据收、付款通知书汇总录入，月末各单位资产负债表汇总后，与"总会计"账套资产负债表相核对，从而达到总会计与经办会计对账功能。今年6月份，该县顺利通过了邯郸市财政局会计处和县财政会计部门审查验收，在全市率先成功甩掉手工账，结束了微机账和手工账并行的工作模式。

5. 建立台账强管理。为杜绝支出上的漏洞，一是建立管理费人员工资台账，及时掌握单位人员变动情况,控制单位进人增资的随意性;二是建立预算单位的固定电话,移动电话、车辆等支出因素台账,核定支出基数;三是为预算单位纳入政府采购的品目建立台账,全部实行政府采购。

6. 与银行签协议促规范。从银行账户管理入手,和农行、县信用联社签订了账户管理协议书,进一步规范了预算单位零余额账户的管理。

(原载《河北财政》2004. 10)

规范运作 注重实效 努力做好财政部门内部监督工作

承德市财政局

财政部门内部监督检查是一种预防机制和自我纠正机制,是财政部门管理水平的自我检查和评价,是强化财政管理,从源头上预防和治理腐败的重要手段之一。我市自 1995 年以来,已连续 9 年开展了财政部门内部审计监督工作,多年的实践证明,有效地开展财政部门内部财政财务监督检查,能够保障国家财税政策的正确实施,管钱先管人,管外先官内,正人先正己,避免"灯下黑"。充分发挥了财政内部监督作用,提高了财政工作效率和财政效益,促进了财政工作健康发展。

一、转变观念,实现财政内部监督工作新突破

财政部门内部监督是财政监督职能的一个重要方面,但在转变监督职能的初期,由于受传统观念影响重收支轻监督使财政监督职能得不到全面发挥。随着社会主义市场经济体制的建立和完善,财政改革的不断深入,对财政监督工作提出了新的要求。我们适应新形势的需要,一方面加强理论学习研讨并注意舆论宣传,一方面努力强化监督工作,充分发挥职能,充分发挥职能,以工作实绩取得领导的重视和支持。1997 年我市对 1995 年制定的《承德市财政系统内部财政财务监督检查暂行办法》进行了充实和完善,2002 年又根据实际情况和需要进行了修订,进一步明确了内部监督检查的内容、操作规程等,为开展内部监督提供了制度保障,使承德市财政部门内部监督逐步走上了规范化、制度化的轨道。市局为保证内审工作的组织领导,又在建立健全各种制度的基础上成立了财政系统内部监督检查领导小组,由一把手任组长,局班子其他成员为成员。为将内审工作落到实处,局党组把内审工作列入重要议事日程,指出:提高财政管理水平,必须加强财政内部监督,开展财政系统内部财政财务监督检查,必须加大内部监督工作力度,提升内部监督的层次和效果,把内部监督和财政专项资金的检查相结合,提高财政监督的工作质量,不断开创财政监督工作的新局面。为此,我们一方面通过实施事前审查稽核、事中跟踪监控、事后专项核查,向财政监督深层次、全方位的方向发展,使财政监督涵盖财政资金运动的全过程。另一方面,在各科室行使日常业务管理、日常监督的基础上,对其进行再监督,并与外部监督检查相结合,通过财政部门的监督检查来检验各科室日常监督职能效果,使财政监督与财政管理紧密结合同步进行,使内审工作成为财政工作的一道免疫程序。

我们在更新观念的基础上努力树立"精品"意识,注意发现分析财政改革中存在的问题和原因,在加强对行政事业单位内部审计并延伸检查的同时,侧重于建立健全内部管理制度,使预算、执行、其他财政财务收支、局内各项活动做到有章可循。2003 年市财政局建立和完善了 41 项内控制度,内部审计工作从思路到内容、从形式到方法都发生了重要变化,充分发挥了财政监督对财政管理的保障作用。

二、完善财政部门内部监督机制

我市把财政预算执行、资产、基金、各职能科室业务管理活动等都纳入内部监督范围,建立一个事事被监督、时时有监督的提高财政财务管理效能和对财政机关及工作人员在财政管理过程中遵纪守法情况实施有效监督和指导的内部监督新机制。一是完善财政部门内部监督制度,明确财政部门内部监督的主体、客体、内容、范围、环节、方法、程序,监督单位和被监督单位权利、义务、责任追究等,使内部监督工作逐步走上法制化、制度化、规范化的轨道;二是增强财政内部监督的独立性和客观性。成立了副处级财政监督专职机构,行使事前审查稽核、事中跟踪监控、事后专项检查的监督职责,对各职能业务科室的日常业务管理活动进行深层次、全方位的监督,更好的发挥财政内部监督职能作用,提高财政部门的整体管理水平;三是财政监督机构内部明确责任,实行相关职能的适当分离,形成有效的领导监督、岗位监督的内部分工制约机制。在工作中采取集中调账和就地审计相结合的检查方法、严格内部监督、严格按法规对违纪案件进行审核处理、严格工作纪律和检查责任制、检查回避制度等来强化执法责任。

三、加大财政系统内部监督力度，不断提高财政内部监督效果

检查处理是实现有效监督的手段和保证，所以必须加大力度。一方面，继续开展经常性的监督检查，对检查中发现和暴露出来的非涉及违反法律法规的问题本着宽严适度的原则加以纠正和处理，另一方面，把各职能部门执行财经纪律情况纳入年度目标考核范围与干部任使用与任免挂钩，将内审情况与科室负责人业绩考核挂钩，以内部监督促进制度规范、以内部监督促进内部管理、以内部监督促进作风建设，真正提高财政内部监督的整体质量、水平和威信。

四、科学运用各种审计方法，认真开展财政系统内部审计工作，确保审计工作收到实效

为搞好内部监督检查，每次内审前，都先行拟定详尽的内审计划，明确专人负责，注意采取“听、问、查、阅、核”等方法有机结合的综合运用。做到账账相对、账表相对、账证相对和账实相对。近年来，我们每年对局内行政科室及局属事业单位组织两次定期审计检查，今年检查会计账簿 120 本，凭证 401 册，审核银行对账单 1341 张。针对内审中存在问题，归纳整理后及时向内审领导小组进行汇报，并下发《审计意见书》对存在的问题提出了纠正、改正意见和整改建议。

五、加强财政内部监督管理，充分发挥财政监督职能作用

财政监督一特别是内部审计监督的目的，就是为了规范财政管理，提高财政管理水平，保障财政改革的顺利进行。通过内部审计，发现并解决存在的问题，努力提高内审监督的作用。

1. 严肃内部处罚，对有关责任人进行调整

在 1998 年内部审计中发现，个别工作人员在财政执法与财政管理中存在着“人治”现象。这个问题解决与否影响着内部审计工作的效果和地位，绝不能大事化小，小事化了。据此，我们在内部审计中除认真按内审程序办事外，对比较严重的问题均提出了严肃批评，对问题较多的科室，建议局党组进行了人员调整，曾先后免去了三名正科长和二名副科长职务，在全局中起到了警示作用。

2. 进一步健全制度，规范管理

审计结束后，我们向被审计科室、单位下达《审计意见书》，除对审计中发现的问题及时给予纠正或处理外，我们还本着标本兼治的原则，认真分析产生问题的原因，是人为因素还是制度漏洞，是主观的还是客观的，都实事求是地分析和总结。我们针对财政监督检查中发现的问题，先后拟定了《承德市财政收入监管办法》、《承德市财政监督办法》、《承德市财政局内部监督检查办法》、《承德市财政局独立核算事业单位财务管理体制》、《承德市财政局加强事业单位财务管理意见》、《承德市财政局加强事业单位财务管理的几点具体规定》、《加强市直行政事业单位财务管理意见》等管理制度和工作办法。

3. 组织培训，提高财会人员和财政监督人员的业务素质针对部分财务人员素质和会计基础工作较差，财政监督人员素质有待提高的实际情况。1999 年、2001 年先后两次与有关科共同举办了财政局内部财会人员培训班，全面讲授会计基础工作规范化有关知识，列举内审中发现的各类违纪问题，论其影响与危害，促进了与会者业务素质和职业道德的进一步提高。2000 年召开了财政内部监督工作研讨会，一是内部审计人员要提高思想认识，强化财政监督，内部审计工作要坚持从细、从严、及时有效的原则。对已经确认的问题要严肃纠正，认真解决，坚决防止和杜绝只审不纠和屡查屡犯，重视内部审计并严肃认真落实审计意见；二是认真执行各项财经政策和财务制度，既要实事求是，又要严肃认真，既讲灵活，又讲原则。具体业务工作人员，既要为领导当好参谋，又要把好关口。对已发生的问题及时纠正，要分析原因，总结经验，吸取教训，加强防范；对可能发生的问题要及时提出科学合理的解决办法和具体处理办法，全面提高管理水平，防患于未然。三是建议局领导建立行之有效的工作责任制，单位内部的财政收支和财务活动及其结果由行政负责人负责，对存在问题的改进与纠正，由主管领导与行政负责人共同负责；四是要坚持对各业务科室单位，在年终决算封账前对一年来的财政财务收支情况和相关的业务事项进行一次全面综合的总结分析，依照《预算法》等财经法规的规定进行对照检查，对存在的与财经法规制度有出入的、不完全相符的业务事项，提出具体的账务处理、纠正解决意见，报主管领导审定核

准后予以账务处理、封账。把可能出现的问题解决在年终决算前，提高财政、财务决算质量。

4. 清理账户，实行账户集中管理

加强账户和资金管理，提高资金使用效益，防止违纪问题的发生。于1997年对局内行政科室和事业单位银行账户进行了全面清理检查，由原有43个账户压缩到31个；1998年对财政周转金实行统一管理，取消了6个科室财政周转金账户，归口预算管理核算；2000年为配合预算管理改革的总体要求，对原由各科室使用管理的资金包括各项基金、附加、专项资金、旅游促销费、培训费等进行全面清理，把局内10个科室的25个账户实行财政支出账户统一管理；2001年规范了局内5个科室的业务费管理，收费票据交局办公室核销，各项业务收支执行"收支两条线"规定，纳入机关财务统一管理，各科室根据收入情况和工作需要，定期提出支出计划，由局办公室按《机关财务管理办法》规定程序审批后，按业务费支出程序安排支出。从而完善了财务收支管理制度，加强了内部监督。1998年我局明确规定：今后各科室凡需开立新账户的，必须先提出申请，经主管领导初审后，报预算科、纪检组审批、监督稽查局备案，从源头上控制了银行账户的开立，规范了银行账户的管理。

六、以点带面，辐射各县、区，形成体系

为促进全市财政系统内部监督检查的普遍开展，我们在市直内审工作取得初步经验的基础上，具体指导县、区财政监督检查工作。一是将市本级内部开展监督检查的文件、制度、办法等均下发或抄送各县、区财政局，以其指导工作或供县、区参考；二是领导带队深入县、区指导、督促内审工作开展。到2002年止，全市各县、区先后开展了财政系统内部监督检查工作，其中搞的较好的隆化县、平泉县、双滦区除制定《关于加强财政内部监督检查工作实施细则》，对内部监督检查的基本原则、范围、内容、方法、程序以及财政监督机构与各业务机构的关系等都做了具体规定。还在全县聘请了兼职财政监督员。各县、区根据"先易后难、循序渐进"的原则，逐步开展了对股室、事业单位财政财务收支及其他项目的监督检查。

今年上半年我市对134个行政科(股)室、事业单位及其乡镇财务的银行账户进行了内部审计，查出有问题资金共1762万元，针对检查发现的问题我提出了整改意见52条，并及时处理并督导落实。

我市内部审计工作已步入经常化、制度化、规范化的轨道，内审工作从单纯对科室的财务审计扩展到包括各科室内部管理制度的建立、落实情况以及工作完成情况的综合审计，各科室、单位都能自觉接受检查和监督。

七、几点体会

1. 领导重视是搞好财政系统内部监督检查工作的关键。

内部审计工作开展的好坏，领导支持与否至关重要。在内部审计工作刚刚起步的1995年仅就开展内审工作局里就专题召开了两次局务会，涉及到这项工作的局长办公会多达六次。尤其对内部审计中具体问题的处理上，局领导更是全力支持。如1998年我们在对财政培训中心筹建处审计时，发现该中心存有购置设备无领导审批、账目设置不全、购进工程物资无验收手续和领导手续，会计不做核算处理等问题，局领导见到我们的内部审计报告之后，便亲笔签署意见，令局内相关科室及单位传阅，以此为鉴。几年来，我们的内审工作得到了局领导的重视和肯定。每次汇报工作，内审领导领导小组都非常关注，局长专题召开局务会研究制定整改措施。从2000年起把各科室、单位执行财经纪律情况纳入年度责任目标考核范围及干部任免挂钩，对有违纪行为又不认真整改的实行"一票否决制"，科室不能评优、财会人员不能评先，以内部监督促进制度规范，以内部监督促进内部管理，以内部监督促进作风建设，真正提高财政内部监督的整体质量、水平和威信。

2. 依法行政是履行财政系统内部监督检查职能的基础。

随着社会主义法制建设的不断推进，监督检查不仅要求行政行为合法，同时也对行政程序合法性提出了新的要求。为此，在工作中，我们严格依据现行《预算法》、《会计法》、《国务院关于违反财政处罚的有关规定》、《财政检查工作规则》等财政法律法规以及地方规范性文件，对审计出来的财政违法违纪问题"以法律为准绳、以客观事实为依据"按照客观、公正的原则一方面进行严肃处理，另一方面针对存在的问题，提出切实可行的整改建议，促使其建立、完善财务管理制度，也净化了财政秩序。

3. 提高干部综合素质是做好财政部门内部监督

检查的前提。

随着财税体制改革的不断深化，财政工作的具体内容也相应发生了许多变化，新的法规政策、制度、办法相继出台。我们认识到，财政内部监督工作十一项长期的、系统的、复杂的内审计管理工作，所以我们注重选拔配备了政治思想好、作风过硬、有奉献精神，敢于坚持原则，不怕得罪人、有碰硬精神，业务素质高、政策水平强、有钻研精神德才兼备的监督干部做监督工作，同时我们不忘对财政监督干部继续教育和业务培训。我们在局领导高度重视和支持下，合理安排好干部的在职学习、在职教育工作，努力创造条件，让监督干部更新知识，使财政监督干部都能达到以技多能，成为复合型人才。我市现有财政监督人员 34 名，其中有 20 名是会计师，有 30 名是大专科以上文化。我们在学好理论知识的同时，还注重自身政治素质的提高，讲政治、顾大局，19 名同志，是党员、副科股级以上干部。

4. 协调配合是搞好财政系统内部监督的保障。

财政系统内部监督工作涉及面广、内容多。为此，我们十分注重单位之间的关系，我们在对问题的调查、了解及问题的处理与纠正等方面，都能针对不同对象，不同情况采取不同方式方法，力求相互谅解、理解、支持与配合，避免僵持与僵化、对立情况的发生，我们还特别注意与纪检组的配合。尤其在文件、制度、办法的拟定方面主动与纪检商议；对问题的处理、定性、解决办法、整改措施上与之共同研究。

通过内部审计，发现了财政管理和运作中的问题和不足，促进了财政部门各项制度的建设，提高了财政资金管理的透明度，逐步完善了财政运行机制和约束机制，形成内部监督的经常化和制度化，以制度规范行为，使内部监督活动贯穿于财政日常活动的各个环节。

强管理　重效益
积极扶持农业产业化发展

张家口市财政局

张家口市是河北省农业大市，全市 450 万人口中农业人口 340 万，占人口总数的 75.56%。但农业基础比较薄弱，农业生产方式落后，制约了农村经济的发展和农民收入的提高。截止到 2003 年底，农民人均年纯收入仅 1777 元，全市 13 个县中，有 10 个县 1 个区列为国家扶贫工作重点县（区）。因此，多年来我市各级财政部门把推进农业产业化经营、扶持农业产业化发展，作为财政支农工作的重中之重，把推进农业产业化经营，作为促进农业结构战略性调整的重要途径，作为提高农业效益、增强农业市场竞争力、增加农民收入的有效措施。经过多年的探索，确立了以支持“两高一优”农业为投入重点，以发展农业产业化经营，推进农业结构调整，确保农业增效和农民增收为方向的工作思路，在财政扶持农业产业化发展上摸索出一条成功之路。

一是集中财力服务龙型经济。坚持公共财政有所为有所不为的原则，通过建设农业“龙头”市场，发挥以点带面的作用，建立了覆盖畜牧、蔬菜、马铃薯、杂粮杂豆、优特玉米及制种、葡萄、杏扁、草业八大产业的十个农业产业基地，各基地均具有产加销、贸工农、农科教一体化的经营能力，取得了显著的经济效益。到 2003 年末，全市农业产业化经营增加值达到 55.4 亿元，农业产业化经营额 100 亿元，农业产业化经营率达到 45%，全市参与农业产业化经营的农户达到 53 万户，占全市农户总数的 50%，参与户户均来自农业产业化经营的纯收入 1100 元。

在财政支农资金的投入上，改变面面俱到“撒胡椒面”的投入方式，集中资金优先扶持龙头企业和规模基地建设。市财政每年从预算内安排不低于 500 万元的专项资金，县财政也设立专项资金，支持农业产业化重点工程。2003 年，全市财政支农资金支出达 3.9 亿元。通过对龙头企业的扶持，使龙头企业群体逐步扩大，自身实力和带动能力进一步提高。30 家市级农业产业化重点龙头企业中，主产品涵盖了市级特色主导产业。中国长城葡萄酒有限公司被列入国家级重点龙头企业，河北天露糖业有限公司、河北仁源实业有限公司被确定为省级重点龙头企业。

二是充分运用各种财政政策，多角度、多方位扶持农业产业化发展。利用财政周转金、贷款贴息、财政资金抵押贷款等多种资金投入方式，采取返还企业所得税、农业特产税，财政投资进行公路、水利基础设施建设等形式，支持农业产业化发展。河北天露糖业有限公司由财政直接投入 150 万元资金并给予贷款贴息 140 万元，用于企业技术改造。技改后，产品优质品率由 95%提高到 98%，一跃成为全国效益最好的甜菜制糖企业。2003 年该厂产值 1.4 亿元，原料甜菜种植面积达到 12 万亩，带动了 8 万户农户的生产，农户每年仅甜菜块根与甜菜叶两项收入就达 9000 多万元，种植农户年均增收 1125 元。

三是建立财政支农社会化服务体系。建立环评认证和质量监测体系，树立品牌经营意识；建立利益联结机制，发挥农业产业规模效益。财政投资 300 万元，会同有关部门对全市 110 万亩种植基地进行了无公害生产环境评价，其中 66.57 万亩通过了省级无害农产品产地认证初审，17 万亩获得了认证证书，并建立了市无公害农产品监测站及张北县农产品检测中心等 10 个速测点。此外，投资 60 万元建设了农业信息网站，以市场信息引导农业生产。与此同时，市县各级财政还直接、间接投资标准化生产基地建设，推进农业生产和产品标准化建设。蔚县杏扁产业化园区，财政投资 500 万元，财政资金抵押贷款 300 万元，用于产业标准化建设，使该产业得到迅猛发展，杏扁仁加工能力达到 1000 余吨，“龙王帽牌”杏扁被评为省级名牌产品。全县杏扁种植面积达到 43 万亩，带动 5.1 万农民脱贫致富。同时，通过财政贷款贴息、减免税收以及进行公路基础设施建设改善投资环境，促进了规模效益的发挥，带动了“订单农业”的发展。涿鹿红宝石果业开发有限公司，实行“公司＋农户”的经营模式，通过合同和契约的形式，发展生产基地 3000 亩，带动 38 个村 252 户农民致富。

四是转变财政支农方式，加强基础管理，充分发挥资金效益。转变财政支农资金补贴方式，由过去的通过收购站等中介机构进行间接补助，改为直补方式。以小尾寒羊项目为例，财政投资 2000 万元，会同畜牧等部门，采取政府采购形式采购小尾寒羊，经技术、检疫把关后直接分配给养殖农户，利用小尾寒羊多胎和生长快的特点，繁殖后，再收回种羊，继续分配给其他农户，使资金发挥了最大的使用效益，避免了资金在中间环节的流失。其中，2001 年我市利用省长基金 1000 万元，于 2001 年 5—6 月首次通过政府采购引进 2 万只小尾寒羊，按照借 5 还 6 的方式放养到全市 6 个县 35 个乡镇 105 个村 4003 户。由于各项配套服务措施得力，截止到 2003 年底，此次政府采购的 2 万只小尾寒羊，已发展到现在的 13 万多只，全市收益农户 8000 户，预计实现经济效益 3600 万元，首批放养户户均收益 8000 多元，有近一半的养殖户因此而脱贫，第二轮放养继续按照借 5 还 6 的方式回收放养到 8 个县、38 个乡镇、116 个村、3800 户。使广大群众在得到实惠的同时，真实的体会到了党和政府的温暖。

完善资金管理制度，保证项目资金专款专用。在全省率先将农业扶贫资金和农业综合开发资金全部纳入报账制管理。例如，为了及时推行了财政扶贫资金和农业综合开发资金的报账制管理，我们在原报账制管理办法的基础上，结合我市实际情况，率先印发了操作性较强的张家口市财政扶贫资金报账制操作规程，为我市各县区报账制的全面实施、规范管理，奠定了基础；为了全面缓解我市水资源匮乏的局面，我市加大了火箭人工增雨投资力度，为了提高资金使用效益，制订了我市人工增雨基金使用管理办法，对该项基金的筹集、使用、拨付、管理程序进行了明确规定，通过一年来的实施，取得了明显效果。据我市气象局统计，由于资金到位及时，管理得当，市人工影响天气办公室抓住有利时机实施组织增雨作业，全市组织作业 9 次，局地作业 3 次，共出动作业车 29 次，发射火箭弹 228 枚，增雨效果显著，平均每次增雨量达 30%左右，不仅缓解了当时的局地干旱，更重要的是为我市的生态建设和弥补地下水严重不足起到了积极作用。

坚持资金与项目相匹配的原则，促进资金及时到位，监督项目资金的使用和支出，使项目的实施严格按批准的设计进行，避免挤占挪用等违纪现象的发生。建立健全立项审查制度、拨款审核制度、检查审计制度和竣工审验制度，从制度上完善支农资金的管理，保证农业产业化项目的实施和效益的实现。建立健全管理机制，提高项目透明度。在继续完善现有支农资金管理制度的基础上，根据产业化项目的特点，制定出适合产业化项目实施的管理体系，实行规范化管理。从立项准备、论证设计、申报审批到拨款实施、竣工验收，都严格按程序操作，提高资金投入的成功率。年度扶贫项目计划在公共媒体上公示，做到高起点、高标准、规范化和制度化管理。

农业产业化是一项多部门参与、多渠道投资、多元化经营的系统工程。财政部门作为资金管理部门，在农业产业化发展过程中，以高度的责任心，严格资金管理，切实加强对支农支出的检查和验收工作力度，既保证了项目资金的正确使用，又提高了资金的使用效果，为全市农业产业化发展做出了积极的贡献。

围绕中心　服务全局
努力提高财政信息工作水平

保定市财政局

保定市作为财政部信息直报单位，几年来，始终把服务财政中心工作，服务财政改革与发展大局作为信息工作的出发点和落脚点，努力完善信息工作机制，提高信息人员素质，提高信息编报质量，推动财政各项工作上水平、上台阶。

一、明确思路，找准财政信息工作的切入点

为财政改革与发展服务，为政府中心工作服务，为经济社会发展服务，是财政信息工作的总体任务。几年来，我们围绕财政的改革与发展，牢固树立大财政意识，把财政信息工作自觉放到为政府宏观管理服务、为地方经济社会发展服务的大局来考虑，突出抓了三个方面：

一是把工作的着力点放在为改革与发展服务上。自觉摒弃就财政论财政思想，牢固树立经济财政的大局意识，自觉地从服务经济建设中心的角度考虑问题、安排工作，力求组织上报财政信息做到“贴近领导思路、贴近基层工作、贴近改革实际”三贴近，努力发挥信息主渠道作用，服务经济与社会发展。

二是努力做到与财政中心工作合拍共振。把工作的着力点放在牵动全局的大事要事上，放在情况复杂、矛盾突出的热点、难点问题上，放在领导关心、群众关注的带有普遍性、苗头性、倾向性的问题上。围绕财政改革、“三农”问题、社会保障、系统行风建设等财政重点工作，及时组织和加工信息，反映新思路、新特点、新问题、新成效，提出对策和建议。努力实现思路与政府决策一致、目标与政府要求吻合、重点与财政中心工作合拍。

三是积极为领导决策搞好全程服务。信息工作的目标就是为领导决策服务。在工作中，我们自觉把服务贯穿于决策前、决策中、决策后，做到吃透“四情”，全程反馈，即：吃透上情，正确把握上级方针政策，把握当前形势、任务，找准工作方向；研透中情，准确理解领导思想意图，明确工作目标，做到有的放矢；了解外情，目光向外扩展，及时掌握外地先进的经验，善于做横向比较，找准差距和不足；摸透下情，深入调查研究，倾听群众呼声，抓住领导关注的问题、抓住一些苗头性、倾向性问题，抓住群众反映强烈的问题，捕捉最新的具有前瞻性、预警性信息，当好领导的耳目。如，我们组织编报的“农业税尾欠清收须谨慎”和“转移支付资金管理和使用中存在的问题”等信息，引起市委、政府主要领导的关注，仅去年7月份以来，市委、政府领导对财政信息的批示就达20多次。

二、完善机制，为信息工作创造宽松的环境

信息工作，是办公室的重要工作，而办公室工作头绪多、任务重，信息人员工作量非常大，给工作增加了一定的难度。在工作中，我们通过完善三个机制，优化局内信息环境，扩大信息来源，丰富信息内容。

一是广泛参与机制。坚持做到相关文件、所有报刊向信息人员开放，使之对财政工作大局、财政相关政策始终保持高站位、大视角，帮助他们增强信息的敏感度；各种会议向信息人员开放，除局党组研究人事内容的会议外，局长办公会、局党组会、局务会等信息人员都可以参加。各业务处室召开的专业会议，也派信息人员参加，使他们对工作部署、工作运行、工作动态等能够全面了解，细致把握，帮助他们提高信息的贴近度。

二是考核奖惩和信息调度机制。每年制定工作计划时，把信息工作计划纳入其中，并列入对局内各业务处室和各县（市、区）年度考核目标，实现报送信息和采用信息双重量化考核。每季度通报各业务处室和各县（市、区）信息报送和采用情况，年底兑现奖励，只奖不惩。以此激发和保护全系统干部关心信息、重视信息、编报信息的积极性。为及时掌握工作动态，引导各县（市、区）抓重点信息、热点信息，我们坚持了每季度召开信息工作片儿会制度，每次请部分县（市、区）信息人员参加，或座谈、或请专家讲评范文，或请市委、政府信息处人员培训信息工作要点等，一方面密切与当地市委、政府信息部门的联系，另一方面也带动全系统信息工作整体水平的提高。

三是良性互动机制。为彻底解决信息工作“上动下不动，少数动多数不动”的问题，我们坚持了两个双向互动机制。一方面，办公室信息人员坚持每周召开信息工作例会、每月信息工作总结会，主管局长陈树存同志亲自参与，进行信息工作调度和总结部署，为信息人员出题目、指路子，对上报的重要信息，局党组书记、局长吕宝生亲自修改，实现了局领导与信息人员的上下互动。另一方面，明确要求每个处室设一名兼职信息员，与办公室信息人员共同组成全局信息工作网络。办公室信息人员与处室结对子，每位信息人员重点联系几个业务处室，及时了解和掌握重要的业务工作动态，指导兼职信息员搜集和整理信息或提供信息点。办公室人员全员参与信息工作，各业务处室负责人亲自部署和撰写本处业务及有关方面的信息，从而解决了局内信息工作"少数动、多数不动"的问题，营造了浓厚的信息工作氛围。

三、提高素质，夯实信息工作基础

提高信息工作水平，提高信息质量，关键在于提高人员素质。几年来，我们通过多种途径，培养和锻炼了一支高素质的信息人员队伍。

一是坚持高起点、高标准，构筑信息工作新平台。对局内信息人员，变点将为选将，通过日常观察考核，把那些文字功底好、业务熟练、埋头苦干的年轻同志，选调到信息工作岗位进行培养和锻炼，给他们交任务、压担子，促其成长。对那些工作实绩突出的骨干，敢于提拔和重用，真正使信息人员队伍"活"起来，积极性调动起来，地位树立起来，构筑起信息工作与人才成长的双赢互动平台，形成良性循环。近年来，我们先后有 3 名信息人员得到提拔和重用，有 4 名年轻同志充实到信息工作岗位。

二是抓学习和培训，提高综合素质。要求信息人员自觉学政治、学理论、学业务，学现代管理知识，以打好理论业务功底，全面提高素质，厚积而薄发。加强信息人员的写作知识培训，使他们熟练掌握各种写作技巧，努力做到文风朴实，贴近实际，语言精练，言之有物。加强信息人员的政策和业务培训，让他们多参加一些财政业务培训班，重要政策、文件以及报刊资料，让他们优先学习，提前掌握。为加强对新政策、新业务的理解，还不定期邀请业务处室相关人员进行专门讲解，加快对新知识、新政策的学习速度，取得了事半功倍的效果。

三是严格要求，严格管理。为努力培养和锻炼一支拉得出、用得上、打得赢的高素质信息队伍，我们主要从以下三方面入手：努力培养三种意识。即：对当前的新形势新任务、上级的新政策新要求保持"敏感度"，及时从中把握信息工作重点、要点和信息反馈点；对财政经济运行情况保持"敏锐性"，也就是要有"锐利"的眼光，善于从基层和局部发现带有全局性、普遍性、倾向性的问题，善于捕捉有价值的信息，通过综合分析，提供高质量的信息；对重大事件、重要信息保持"敏捷度"，充分利用现代办公手段，快速反馈，增强信息的时效性。勇于发扬三种精神。即：发扬无私奉献精神，要求信息工作人员，要努力克服信息工作"多、忙、繁、杂"、加班加点多的困难，经得起艰苦条件、艰苦环境的锻炼，耐得住辛苦，耐得住清贫，耐得住寂寞，在艰苦的磨练中努力充实自己，提高自己。发扬勤学苦练精神，坚持做到四勤：即勤跑多看，经常深入基层调查研究，增长见识；勤学好问，不断学习新知识，用新理论、新观念武装头脑；勤思多想，善于用新理论、新方法、新技术分析问题，总结经验，寻求解决新问题的办法；勤写多练，随时把自己观察思考问题的心得记录下来，写成文章，进行交流。发扬拼搏进取精神。在协助领导谋划思路、协调落实上，敢为人先，敢于打破常规。平时养成三种作风，即：实事求是的作风，言行一致的作风，密切联系群众的作风。

几年来，通过健全和完善信息工作机制，加强信息队伍建设，我们的信息工作取得了明显的成效。2003 年，向财政部、省财政厅、市委、市政府及时报送重要财政信息 203 篇，其中被财政部、省财政厅采用 35 篇，市委、市政府采用 125 篇。2003 年评为财政部先进信息直报单位、连续多年评为全省财政系统信息工作先进单位和市委、市政府信息工作优胜单位。

在成绩面前，我们也清楚地认识到自己的不足，主要是一般信息多，精品信息少，信息人员队伍素质仍须进一步提高等，我们将以这次全国财政信息工作会议为契机，认真学习兄弟省、市的先进经验和做法，不断提高自身的信息工作水平。

统 计 资 料

2004年河北省财政一般预算收入决算明细表(一)

单位:万元

预算科目	决算数	预算科目	决算数
一、增值税	833,059	十一、城镇土地使用税	39,373
国有企业增值税	174,401	十二、土地增值税	2,664
集体企业增值税	55,732	十三、车船使用和牌照税	7,461
股份制企业增值税	428,357	十四、屠宰税	
联营企业增值税	3,201	十五、筵席税	
港澳台和外商投资企业增值税	121,447	十六、农业税	135,580
私营企业增值税	122,912	十七、农业特产税	776
其他增值税	41,930	十八、牧业税	
增值税税款滞纳金、罚款收入	2,731	十九、耕地占用税	23,155
福利企业增值税退税	−20,148	二十、契税	104,314
软件集成电路增值税退税	−1,466	二十一、国有资产经营收益	71,622
三线搬迁增值税退税	−7,356	二十二、国有企业计划亏损补贴	−12,545
民贸企业增值税退税	−22	二十三、行政性收费收入	342,481
宣传文化单位增值税退税	−1,725	烟草行政性收费收入	85
森工综合利用增值税退税	−864	国土资源行政性收费收入	26,011
其他增值税退税	−3,735	建设行政性收费收入	13,962
免抵调增增值税	32,724	铁道行政性收费收入	
出口货物退增值税	−82,336	商贸行政性收费收入	29
免抵调减增值税	−32,724	文化行政性收费收入	25
二、营业税	855,106	海洋行政性收费收入	
金融保险业营业税(地方)	153,804	广播电影电视行政性收费收入	462
一般营业税	699,844	公安行政性收费收入	79,710
营业税税款滞纳金、罚款收入	1,458	司法行政性收费收入	1,111
营业税退税		卫生行政性收费收入	3,581
三、企业所得税	381,060	药品监管行政性收费收入	164
其中:跨地区经营企业所得税	13,407	民政行政性收费收入	662
四、企业所得税退税	−2	农业行政性收费收入	4,120
五、个人所得税	221,514	水利行政性收费收入	14,828
其中:利息所得税	71,580	旅游行政性收费收入	
六、资源税	81,144	税务行政性收费收入	59
七、固定资产投资方向调节税	368	劳动保障行政性收费收入	90
八、城市维护建设税	229,806	工商行政性收费收入	78,941
九、房产税	95,302	信息产业行政性收费收入	1,576
十、印花税	32,126	口岸行政性收费收入	
证券交易印花税		人口和计划生育行政性收费收入	14,826
其他印花税	31,713	知识产权行政性收费收入	
印花税税款滞纳金、罚款收入	413	林业行政性收费收入	615

2004年河北省财政一般预算收入决算明细表(二)

单位:万元

预算科目	决算数	预算科目	决算数
环保行政性收费收入	1,154	探矿权采矿权使用费及价款收入	10,967
法院行政性收费收入	24,084	内河航道养护费收入	
民航行政性收费收入		公路运输管理费收入	14,431
人事行政性收费收入	1,843	水路运输管理费收入	130
质量监督检验检疫行政性收费收入	17,415	二十七、其他收入	79,394
保监会行政性收费收入		利息收入	16,983
财政行政性收费收入	568	国库存款利息收入	13,323
证监会行政性收费收入		其他利息收入	3,660
人防行政性收费收入	6,705	基本建设贷款归还收入	
新闻出版行政性收费收入		基本建设收入	
教育行政性收费收入	2	捐赠收入	127
交通行政性收费收入	472	动用国储棉、糖、肉上交财政收入	
其他行政性收费收入	49,381	动用国家储备粮油上交差价收入	
二十四、罚没收入	322,612	其他收入	62,284
铁道罚没收入			
交通罚没收入	25,831		
质量技术监督罚没收入	19,711		
物价罚没收入	8,852		
公安罚没收入	109,914		
检察院罚没收入	18,420		
法院罚没收入	4,578		
卫生罚没收入	952		
工商罚没收入	24990		
海关罚没收入	5		
烟草罚没收入	957		
缉私罚没收入			
新疆棉罚没收入			
税务部门其他罚没收入	2,012		
药品监督罚没收入	3,228		
其他罚没收入	103,161		
罚没收入退库			
二十五、海域场地矿区使用费收入	5,696		
二十六、专项收入	226,207		
排污费收入	49,175		
城市水资源费收入	32,752		
教育费附加收入	108,174		
矿产资源补偿费收入	10,578	本年收入合计	4,078,273

2004年河北省财政一般预算收入决算明细表(三)

单位:万元

预算科目	合计	企业所得税	企业所得税退税	国有资产经营收益	国有企业计划亏损补贴	预算科目	合计	企业所得税	企业所得税退税	国有资产经营收益	国有企业计划亏损补贴
国有冶金工业	4,263	3,976		287		国有银行	4	4			
国有有色金属工业	96	96				国有非银行金融企业	24	24			
国有煤炭工业	9,681	4,602		5,088	−9	国有保险企业	514	514			
国有电力工业	17,007	16,547		460		国有文教企业	3,228	3,228			
国有石油和化学工业	1,665	1,665				国有水产企业					
国有机械工业	120	128			−8	国有森工企业					
国有汽车工业	28	28				国有电信企业	11,244	11,244			
国有核工业	44	44				国有农垦企业	100			100	
国有航空工业						其他国有企业	21,473	24,848		5,839	−9,214
国有航天工业						国有事业单位	3,887			3,887	
国有电子工业	8	8				集体企业	26,795	26,795			
国有兵器工业						股份制企业	197,092	196,490	−2	604	
国有船舶工业						联营企业	465	465			
国有建筑材料工业	98	98				港澳台和外商投资企业	43,785	43,785			
国有烟草企业	18,816	18,816				私营企业	18,393	18,393			
国有纺织企业	24	27			−3	其他企业	6,587	5,537		1,050	
国有铁道企业	63	63				滞纳金、罚款收入小计	1,262	1,262			
国有交通企业	−3,189	122			−3,311	国有资产出售、转让收入	53,567			53,567	
国有邮政企业						国有股减持收入	740			740	
国有民航企业	1	1									
国有外贸企业	2,250	2,250				合　　计	440,135	381,060	−2	71,622	−12,545

2004 年河北省财政一般预算收支决算总表(一)

单位:万元

预 算 科 目	调整预算数	决 算 数	预 算 科 目	调整预算数	决 算 数
一、增值税	831,500	833,059	一、基本建设支出	748,580	618,577
二、营业税	796,500	855,106	二、企业挖潜改造资金	189,974	149,016
三、企业所得税	386,720	381,060	三、地质勘探费	25,504	25,474
四、企业所得税退税		−2	四、科技三项费用	74,513	68,231
五、个人所得税	210,320	221,514	五、流动资金		
六、资源税	84,280	81,144	六、农业支出	260,469	242,201
七、固定资产投资方向调节税		368	七、林业支出	280,046	266,509
八、城市维护建设税	231,000	229,806	八、水利和气象支出	80,616	77,190
九、房产税	99,000	95,302	九、工业交通等部门的事业费	136,293	131,799
十、印花税	30,000	32,126	十、流通部门事业费	13,606	11,631
十一、城镇土地使用税	44,000	39,373	十一、文体广播事业费	204,204	194,480
十二、土地增值税	2,300	2,664	十二、教育支出	1,462,098	1,423,523
十三、车船使用和牌照税	8,000	7,461	十三、科学支出	30,964	29,857
十四、屠宰税			十四、医疗卫生支出	392,571	351,422
十五、筵席税			十五、其他部门的事业费	631,982	553,749
十六、农业税	126,400	135,580	十六、抚恤和社会福利救济	232,903	214,497
十七、农业特产税		776	十七、行政事业单位离退休支出	419,877	417,532
十八、牧业税			十八、社会保障补助支出	531,247	485,292
十九、耕地占用税	15,000	23,155	十九、国防支出	11,050	10,892
二十、契税	90,000	104,314	二十、行政管理费	819,130	802,101
二十一、国有资产经营收益	48,000	71,622	二十一、外交外事支出	8,997	8,360
二十二、国有企业计划亏损补贴	−10,000	−12,545	二十二、武装警察部队支出	4,522	4,482
二十三、行政性收费收入	345,000	342,481	二十三、公检法司支出	583,651	554,549
二十四、罚没收入	290,000	322,612	二十四、城市维护费	329,602	315,047
二十五、海域场地矿区使用费收入	4,000	5,696	二十五、政策性补贴支出	241,424	214,981
二十六、专项收入	160,000	226,207	二十六、支援不发达地区支出	58,670	55,916
二十七、其他收入	63,500	79,394	二十七、海域开发建设和场地使用费支出	4,476	2,787
			二十八、车辆税费支出	1,489	1,468
			二十九、债务利息支出	133	119
			三十、专项支出	238,315	200,899
			三十一、其他支出	830,613	423,010
			三十二、总预备费		
本 年 收 入 合 计	3,855,520	4,078,273	本 年 支 出 合 计	8,847,519	7,855,591

2004年河北省财政一般预算收支决算总表(二)

单位:万元

预算科目	决算数	预算科目	决算数
本年收入	4,078,273	本年支出	7,855,591
免抵未调库归还收入	40,000	上解中央支出	265,633
中央补助收入	4,231,380	原体制上解	206,623
消费税和增值税税收返还	1,085,945	专项上解	59,010
所得税基数返还	309,139	计划单列市上解省支出	
出口退税基数返还	83,025		
原体制补助			
专项补助	1,034,269		
一般性转移支付补助	224,400		
民族地区转移支付补助			
农村税费改革转移支付补助	197,196		
其中:中小学教师工资转移支付补助	34,010		
取消农业特产税降低农业税率转移支付补助	146,700		
增发国债补助	369,646		
调整工资转移支付补助	605,971		
结算补助	109,234		
农业税灾歉减免及企事业单位预算划转补助	53,334		
其他补助	12,521	增设预算周转金	2,144
省补助计划单列市收入			
国债转贷收入	16,740	拨付国债转贷资金数	50,371
国债转贷资金上年结余	60,485	国债转贷资金结余	26,854
国债转贷转补助			
上年结余收入	677,831	调出资金	2,846
调入资金	106,133	年终结余	1,007,403
其中:1、预算外调入	48,069	其中:省本级	450,737
2、基金调入	9,688	减:结转下年的支出	977,663
3、其他资金调入	48,376	其中:省本级	450,737
		净结余	29,740
		其中:省本级	
总计	9,210,842	总计	9,210,842

2004 年河北省财政一般预算收支决算分级表

单位:万元

预 算 科 目	决算数合计	省级	地级	其中:地级直属乡	其中:地级直属镇	县级	乡镇级	其中镇	预 算 科 目	决算数合计	省级	地级	其中:地级直属乡	其中:地级直属镇	县级	乡镇级	其中镇
一、增值税	833,059	333,224	243,380			170,431	86,024	64,372	一、基本建设支出	618,577	130,403	247,199			235,655	5,320	3,315
其中:出口货物退增值税	−115,060	−46,024	−20,401			−44,779	−3,856	−3,176	二、企业挖潜改造资金	149,016	46,227	44,229			55,723	2,837	2,223
二、营业税	855,106	162,880	210,550			375,641	106,035	80,100	三、地质勘探费	25,474	25,201	123			150		
三、企业所得税	381,060	200,672	88,256			73,828	18,304	13,920	四、科技三项费用	68,231	8,998	16,067			42,645	521	378
四、企业所得税退税	−2	−1				−1			五、流动资金								
五、个人所得税	221,514	55,379	50,918			87,672	27,545	20,724	六、农业支出	242,201	18,834	38,285			162,368	22,714	14,553
六、资源税	81,144		20,411			27,167	33,566	24,676	七、林业支出	266,509	205,635	8,691			47,275	4,908	2,681
七、固定资产投资方向调节税	368					358	10	10	八、水利和气象支出	77,190	11,310	19,239			44,360	2,281	1,242
八、城市维护建设税	229,806		87,373			123,659	18,774	14,271	九、工业交通等部门的事业费	131,799	60,867	36,912			33,891	129	69
九、房产税	95,302		21,775			63,952	9,575	8,025	十、流通部门事业费	11,631	426	5,459			5,746		137
十、印花税	32,126		2,556			21,728	7,842	5,888	十一、文体广播事业费	194,480	30,373	39,290			94,462	30,355	18,498
十一、城镇土地使用税	39,373		5,705			27,915	5,753	4,726	十二、教育支出	1,423,523	119,861	156,457			870,448	276,757	174,945
十二、土地增值税	2,664		97			2,362	205	181	十三、科学支出	29,857	12,864	10,816			6,148	29	26
十三、车船使用和牌照税	7,461		188			4,805	2,468	1,793	十四、医疗卫生支出	351,422	65,267	112,060			163,794	10,301	7,154
十四、屠宰税									十五、其他部门的事业费	553,749	280,954	85,310			165,391	22,094	13,773
十五、筵席税									十六、抚恤和社会福利救济	214,497	11,784	30,803			152,059	19,851	13,053
十六、农业税	135,580					37,284	98,296	59,092	十七、行政事业单位离退休支出	417,532	88,169	73,305			224,720	31,338	19,918
十七、农业特产税	776					718	58	26	十八、社会保障补助支出	485,292	172,871	167,244			144,525	652	421
十八、牧业税									十九、国防支出	10,892	10,316	313			263		
十九、耕地占用税	23,155		316			18,338	4,501	2,511	二十、行政管理费	802,101	53,007	140,625			396,086	212,383	125,627
二十、契税	104,314		60,989			40,362	2,963	1,801	二十一、外交外事支出	8,360	3,762	2,330			2,268		
二十一、国有资产经营收益	71,622		15,036			56,586			二十二、武装警察部队支出	4,482	3,770	578			134		
二十二、国有企业计划亏损补贴	−12,545		−9,920			−2,625			二十三、公检法司支出	554,549	144,159	163,967			244,536	1,887	1,151
二十三、行政性收费收入	342,481	182,316	57,585			100,862	1,718	1,226	二十四、城市维护费	315,047	866	112,587			193,070	8,524	6,056
二十四、罚没收入	322,612	66,506	115,047			140,563	496	272	二十五、政策性补贴支出	214,981	199,119	8,856			6,954	52	34
二十五、海域场地矿区使用费收入	5,696	2,323	2,104			1,265	4		二十六、支援不发达地区支出	55,916	843	3,007			51,152	914	439
二十六、专项收入	226,207	40,482	78,690			103,449	3,586	2,597	二十七、海域开发建设和场地使用费支出	2,787	1,514	770			473	30	15
二十七、其他收入	79,394	9,146	14,471			49,087	6,690	2,389	二十八、车辆税费支出	1,468		1,468					
									二十九、债务利息支出	119					67	52	15
									三十、专项支出	200,899	20,512	80,003			98,450	1,934	1,226
									三十一、其他支出	423,010	45,778	89,295			201,543	86,394	52,553
本 年 收 入 合 计	4,078,273	1,052,927	1,065,527			1,525,406	434,413	308,600	本 年 支 出 合 计	7,855,591	1,773,690	1,695,288			3,644,356	742,257	459,502

2004年河北省财政一般预算支出决算明细表(一)

单位:万元

部门	基本建设支出	企业挖潜改造资金	地质勘探费	科技三项费用	流动资金	工业交通等部门的事业费	流通部门事业费
合计	618,577	149,016	25,474	68,231		131,799	11,631
一、工业部门小计	29,875	48,049	7,309	15,070		2,361	
冶金工业	4,102	8,732	68	1,132		12	
有色金属工业		9,300					
煤炭工业	13,616	903	6,530	633		230	
电力工业	997	940		207			
石油和化学工业		3,030		1,457		241	
机械工业		4,727		1,413		677	
汽车工业		625		783			
核工业		120					
航空工业							
航天工业							
电子工业		4,179		3,573		76	
船舶工业		16					
兵器工业							
建筑材料工业		2,000		729		163	
轻工业	110	3,118		803		678	
烟草工业		4,571		5		14	
纺织工业	8,850	3,036		531		117	
医药企业	1,200	2,752		3,792		153	
地质企业	1,000		711	12			
二、建筑工程企业小计	30	159		344		5	
三、交通、邮电部门小计	55,415	24		185		27,903	
铁道						79	
交通	50,815	24		181		27,824	
邮电				4			
民航	4,600						
四、流通部门小计	644	14,486		59		359	11,425
物资管理							675
粮食	622	634		50			4,765

2004 年河北省财政一般预算支出决算明细表(二)

单位:万元

部　　门	基本建设支出	企业挖潜改造资金	地质勘探费	科技三项费用	流动资金	工业交通等部门的事业费	流通部门事业费
商贸	22	522		9		3	3,808
其他		13,330				356	2,177
五、文体部门小计	16,673	7,653		157			
文化	12,447	430		1			
出版	104	6,800					
文物	550	300					
体育	2,750						
档案				2			
地震	312			8			
海洋				40			
通讯		23		82			
广播电影电视	450	100		24			
人口和计划生育	60						
其他							
六、教育部门小计	32,672			337			
七、科学部门小计	1,200			8,975			
自然科学	1,200			6,978			
科协							
社会科学				421			
其他				1,576			
八、卫生部门小计	35,745	80		76			
卫生	35,528	80		59			
中医	217			17			
食品和药品监督管理							
其他							
九、农林水气象等部门小计	205,532	475		15,595		835	
农垦				10			
农业	12,355	425		5,855		30	
畜牧	1,102	50		1,524			
农机	22			185			

2004年河北省财政一般预算支出决算明细表(三)

单位:万元

部门	基本建设支出	企业挖潜改造资金	地质勘探费	科技三项费用	流动资金	工业交通等部门的事业费	流通部门事业费
林业	103,067			1,676			
水利	88,021			19			
水产	250			328			
气象	400			14			
森工							
其他	315			5,984		805	
十、旅游部门小计	459			11			
旅游局	459			11			
旅行企业							
十一、其他部门小计	240,332	78,090	18,165	27,422		100,336	206
环境保护部门	20,150	110		363		9,839	
测绘部门						1,698	
质量技术监督部门	60					49,405	
武装警察部队	1,141						
公安部门	12,514						
安全部门	820					15	
司法部门	1,590						
检察院	7,250						
法院	2,524						
民政部门	1,145			2			
华侨							
监狱部门	9,955						
劳教部门	1,084						
统计部门	20			7			
税务部门	50			4			
建设部门	58,449	1,179				9,512	
知识产权部门						2	
物价部门				2		8,093	
地质勘探部门			17,655				
其他	123,580	76,801	510	27,044		21,772	206

2004 年河北省财政征管系统非税财政收入完成情况表

单位:万元

收入项目	年度计划	上年累计欠交国库或财政专户金额	完成情况						
			12 月份			累计			
			收入金额	上交国库或财政专户金额	欠交国库或财政专户金额	收入金额	上交国库或财政专户金额	欠交国库或财政专户金额	完成计划%
一、预算外资金收入合计	1216122	431	253211	264097	—10886	1737034	1737036	132	142.8%
1. 行政事业性收费收入	1097576	413	228319	239015	—10696	1582893	1582877	129	111.2%
2. 基金、附加收入	102703	0	18696	18758	—62	131477	131477	0	128.0%
3. 其他预算外资金收入	16143	21	6196	6324	—128	22661	22682	3	110.5%
二、纳入预算的收费收入	839635	1705	213996	191725	22271	1444815	1122028	21522	169.1%
1. 行政性收费收入	313131	1534	44565	47813	—3248	375907	372062	5379	118.7%
2. 基金、附加收入	526204	171	169431	143912	25519	1068938	1049966	19143	199.5%
三、罚没收入	176229	0	34623	39767	—5144	287033	288546	—1513	163.7%
合计	2232286	2139	501830	495589	6241	3468912	3447610	23111	154.4%

2004年河北省预算外财政专户资金收支决算表

单位:万元

科目名称	预算数	决算数	科目名称	预算数	决算数
一、行政事业性收费收入	1600456	1593958	一、行政事业费支出	1476968	1458637
二、政府性基金(资金、附加)收入	42758	27169	其中:项目支出	645843	638296
三、主管部门集中收入	17862	18878	二、基本建设支出	8494	8494
四、乡镇自筹、统筹资金收入	32816	32819	三、城市维护支出	47834	34985
五、其他收入	107554	112355	四、乡镇统筹、自筹资金支出	33591	33591
			五、其他支出	74731	74558
本年收入合计	1801446	1785179	本年支出合计	1641618	1610265
上年滚存结余		198492	政府调剂资金		80699
			其中:调入预算内资金		48069
			年终结余		292707
总计		1983671	总计		1983671

2004年河北省预算外资金乡镇自筹、统筹资金收支决算表

单位：万元

科目名称	收入			科目名称	支出
	合计	已缴财政专户	批准留用		
一、乡镇自筹资金	32074	31447	627	一、行政事业费支出	22601
乡镇办企业收入	13246	13136	110	其中：项目支出	1048
乡镇办事业收入	4920	4920		二、基本建设支出	386
土地征用费收入	465	465		三、乡镇统筹支出	9345
其他收入	13443	12926	517	教育经费支出	779
二、乡镇统筹资金	1372	1372		民兵训练费支出	
				优抚经费支出	18
				五保户、困难户补助支出	14
				社会公益事业建设支出	2624
				计划生育支出	63
				其他支出	5847
				四、其他支出	2036
本年收入合计	33446	32819	627	本年支出合计	34368
上年结余	4422	4383	39	政府调剂资金	789
				其中：调入预算内资金	789
				年终结余	2711
总计	37868	37202	666	总计	37868

2004 年河北省财政基金预算收支决算表

单位：万元

预　算　科　目	调整预算数	决算数	预　算　科　目	调整预算数	决算数
一、工业交通部门基金收入	447,067	605,879	一、工业交通部门基金支出	632,811	455,920
二、文教部门基金收入	31,850	36,014	二、商贸部门基金支出	3,832	2,533
三、社会保险基金收入	1,298,606	1,189,563	三、文教部门基金支出	62,501	25,566
四、农业部门基金收入	23,658	31,158	四、社会保险基金支出	1,202,290	1,181,440
五、土地有偿使用收入	175,376	295,052	五、农业部门基金支出	40,893	30,588
六、政府住房基金收入	221	6,410	六、土地有偿使用支出	411,330	335,054
七、其他部门基金收入	99,892	111,559	七、政府住房基金支出	6,454	241
八、地方财政税费附加收入	57,667	60,526	八、其他部门基金支出	121,326	106,926
九、其他			九、地方财政税费附加支出	81,139	51,441
			十、其他	1,318	112
本年基金收入合计	2,134,337	2,336,161	本年基金支出合计	2,563,894	2,189,821
上年结余收入		188,203	上解支出		
补助收入		53,248	计划单列市上解省支出		
省补助计划单列市收入			调出资金		9,591
调入资金		3,005			
其中:1、城建税划转水利建设基金		2,846			
2、其它调入		159			
			年终结余		381,205
基金收入总计		2,580,617	基金支出总计		2,580,617

2004年河北省城市居民最低生活保障、国有企业下岗职工基本生活保障和下岗失业人员再就业资金收支情况表

单位:万元

项　　目	金　　额	项　　目	金　　额
一、城市居民最低生活保障资金收支情况		三、下岗失业人员再就业资金收支情况	
(一)上年结余	10,719	(一)上年结余	15,452
(二)本年筹集	55,293	(二)本年筹集	69,027
其中:财政安排	52,203	1、社会筹集	3,221
(三)本年支出	53,787	2、财政安排	46,892
(四)本年收支结余	1,506	3、下岗职工基本生活保障资金划入	17,901
(五)年末滚存结余	12,225	4、利息收入	82
二、国有企业下岗职工基本生活保障资金收支情况		5、其他收入	931
(一)上年结余	48,030	(三)本年支出	45,840
(二)本年筹集	115,758	1、社会保险补贴	6,676
1、企业自筹	15,682	2、再就业培训补贴	4,762
2、社会筹集	24,472	3、职业介绍补贴	1,093
其中:失业保险基金划入	18,189	4、公益性岗位补贴	7,661
3、财政安排	74,941	5、劳动力市场建设	13,097
其中:预算内补助	65,156	6、小额担保贷款贴息	57
4、利息收入	663	7、其他	12,494
(三)本年支出	110,623	(四)本年收支结余	23,187
1、下岗职工基本生活费	53,219	(五)年末滚存结余	38,639
2、代缴社会保险费	20,599	四、小额贷款担保基金收支情况	
3、支付经济补偿金	10,184	(一)上年结余	5,982
4、调剂用于再就业	17,901	(二)本年收入	4,294
5、其他	8,720	(三)本年支出	20
(四)本年收支结余	5,135	(四)本年收支结余	4,274
(五)年末滚存结余	53,165	(五)年末滚存结余	10,256

2004 年河北省增发国债资金使用情况表

单位:万元

项目	中央补助地方				中央转贷地方				
	中央拨付补助款	上年结转数	实际支出数	补助资金结余	中央拨付转贷资金	上年结转数	国债转贷转补助	拨付转贷资金数	转贷资金结余
一、农林水、生态	209,133	26,213	185,681	49,665		2,432		778	1,654
1、农业	8,716	91	5,587	3,220		34			34
2、林业	119,164	2,716	96,017	25,863					
3、水利	77,058	22,712	79,582	20,188		2,370		750	1,620
4、生态	3,645	21	3,645	21					
5、其他	550	673	850	373		28		28	
二、技术进步和产业升级	17,109	5,597	18,386	4,320	2,030	11,608		13,330	308
1、技术改造贴息	269	4,950	5,219		−485	11,608		10,815	308
2、高科技产业化工程									
3、设备国产化									
4、其他	16,840	647	13,167	4,320	2,515			2,515	
三、能源建设	4,040		2,570	1,470	990				990
四、教育、文化、卫生、科技	38,429	4,041	35,658	6,812		600		600	
1、高等教育	1,120		850	270					
2、基础教育	13,745	835	12,544	2,036					
3、卫生	22,612	3,206	21,312	4,506		600		600	
4、文化	952		952						
5、科技									
五、交通	28,875	3,815	29,622	3,068		11,848		8,444	3,404
1、铁路						3,000			3,000
2、公路	23,732	3,756	24,420	3,068		8,848		8,444	404
3、民航									
4、其他	5,143	59	5,202						
六、城市基础设施	38,221	9,295	33,643	13,873	11,440	23,027		16,884	17,583
七、环保	18,350	3,300	17,640	4,010	1,760	10,030		9,495	2,295
八、公检法司		1,042	892	150					
九、其他	15,489	9,185	13,046	11,628	520	940		840	620
合计	369,646	62,488	337,138	94,996	16,740	60,485		50,371	26,854

2004 年河北省乡镇财政基本情况表

单位：个\人\万元

项目	合计	其中：乡	其中：镇	项目	合计	其中：乡	其中：镇	项目	合计	其中：乡	其中：镇
一、本年乡镇数	1938	1020	918	500 万元—1000 万元的乡镇数	187	60	127	支出总计	58277	17478	41019
二、乡镇财政机构数	1824	953	871	1000 万元以上的乡镇数	159	33	126	本年本级支出	55849	16746	39103
其中：财税所数	418	233	185					其中：行政事业支出	48386	13993	34393
三、体制形式和类型				十一、乡镇财政一般预算收支平衡				基本建设支出	405	75	330
实行分税制体制的乡镇数	1503	788	715	收入总计	990,835	348,134	642,701	调出资金	2648	732	1916
实行原体制的乡镇数	435	232	203	本年本级收入	434,413	125,813	308,600	年终结余	−2714	−2050	−664
				其中：税收收入	421,919	119803	302,116				
上解乡镇数	655	290	365	上级补助收入	555745	222838	332907				
补助乡镇数	1098	637	461	其他收入	8562	3196	5366				
自收自支乡镇数	185	93	92	上年结余收入	−7885	−3713	−4172				
四、已建立乡镇国库的乡镇数	370	171	199	支出总计	993,126	352,470	640,656				
五、税务所机构数	1917	606	1311	本年本级支出	742,257	282,755	459,502				
国家税务所数	932	291	641	上解上级支出	250294	69140	181154				
地方税务所数	985	315	670	其他支出	575	575					
其中：一乡(镇)一所数	242	96	146	年终结余	−2,291	−4,336	2,045				
六、乡镇财政所总人数	11149	4929	6220	净结余	−3978	−1060	−2918				
1. 行政编制实有人数	3016	1487	1529	十二、乡镇财政基金预算收支平衡							
2. 事业编制实有人数	7461	3180	4281	收入总计	6,712	2,868	3,844				
3. 以工代干人数	533	201	332	本年本级收入	2,310	1,120	1,190				
4. 集体财务人员人数	139	61	78	上级补助收入	4154	1659	2495				
七、乡镇财政供养人口	390820	157495	233325	其他收入							
1、财政预算拨款开支人数	106128	46459	59669	上年结余收入	248	89	159				
2、财政补助开支人数	284692	111036	173656	支出总计	6,599	2,877	3,722				
其中：教师	220383	85829	134554	本年本级支出	6,504	2,807	3,697				
八、赤字乡镇个数	293	157	136	其他支出	95	70	25				
九、乡镇经济有关指标统计				年终结余	113	−9	122				
1、年末总人口	55962077	23188124	32773953								
其中：农村人口	49076520	21766306	27310214	十三、预算外收支情况							
2、乡镇总产值	100746359	32455785	68290574	收入总计	55783	15428	40355				
其中：工业总产值	76695200	22791422	53903778	本年本级收入	56214	15052	41162				
农业总产值	21119602	8666449	12453153	1、行政事业单位收入	17752	6299	11453				
十、乡镇财政一般预算收入分档				2、乡镇自筹统筹收入	33446	6767	26679				
100 万元以下的乡镇数	740	544	196	3、其他收入	5016	1986	3030				
100 万元—500 万元的乡镇数	852	383	469	上年结余收入	−431	376	807				

2004年河北省农业和农村经济补充资料表

单位:万元

项目	单位	数量	项目	合计	中央	地方
总人口	万人	6809	一、支援不发达地区支出	55916	44002	11914
其中:农业人口	万人	4997	(一)财政扶贫资金	55231	43841	11390
耕地面积	公顷	6001000	1、基础设施建设资金	24302	20664	3638
人均耕地面积	亩	1.32	2、生产发展资金	24621	19816	4805
农作物播种面积	公顷	8695350	3、科技推广及培训资金	2142	1274	868
粮食播种面积	公顷	6003420	4、社会发展资金	726	567	159
棉花播种面积	公顷	669130	5、项目管理费	552	357	195
油料播种面积	公顷	583600	6、扶贫贷款贴息支出	150	150	
粮食总产量	吨	24800700	7、"三西"农业建设专项补助资金			
棉花总产量	吨	665369	8、其他财政扶贫资金	2738	1013	1725
油料总产量	吨	1543152	(二)边境建设事业补助费			
农业总产值	万元	23758938	(三)民族工作经费	685	161	524
农民人均纯收入	元	3171	二、农业综合开发支出	47807	31489	16318
比上年增减%	%	11.1	(一)中央立项开发的项目投资	41645	31419	10226
地方一般预算收入	万元	4078273	(二)地方立项开发的项目投资	6162	70	6092
地方一般预算支出	万元	7855591				
农林水气支出占地方一般预算支出的比重	%	7.5				
贫困县数量	个	51				
国家级贫困县	个	39				
省级贫困县	个	12				
贫困人口	人	2020000				
比上年增减%	%	−19.8				
国家级贫困县贫困人口	人	1630000				
比上年增减%	%	−19.7				

2004年河北省新型农村合作医疗及贫困农民家庭医疗救助情况表

项　　目	单　位	数　　量	项　　目	单　位	数　　量
一、新型农村合作医疗资金收支情况			二、贫困农民家庭医疗救助资金收支情况		
(一)上年结余	万元	3,550	(一)上年结余	万元	1,554
其中:统筹基金结余	万元	1,767	(二)本年收入	万元	1,731
(二)本年收入	万元	1,767	1、财政安排	万元	139
其中:统筹基金收入	万元	1,103	2、其他资金	万元	1,592
1、农民个人缴费	万元	8	(三)本年支出	万元	2,796
2、集体经济资助	万元		(四)本年收支结余	万元	−1,065
3、财政安排	万元	1,750	(五)年末滚存结余	万元	489
4、其他资金	万元	9	三、人员情况		
(三)本年支出	万元	2,781	(一)参加新型农村合作医疗人员年末数	人	1,167,261
其中:统筹基金支出	万元	946	(二)参加新型农村合作医疗人员全年平均数	人	1,167,242
(四)本年收支结余	万元	−1,014	(三)经批准的农村医疗救助对象年末人数	人	64,104
其中:统筹基金结余	万元	157	其中:资助参加新型农村合作医疗年末人数	人	15,480
(五)年末滚存结余	万元	2,536	(四)实际享受医疗救助的贫困农民全年累计人次数	人次	64,104
其中:统筹基金滚存结余	万元	1,924	(五)参加新型农村合作医疗人员个人缴费标准	元/年	12

2004年河北省各部门基本数字表(一)

单位:人

部门	年末机构数(个)	年末人数					其中:财政预算拨款(补助)开支人数					自收自支单位人数					年末学生人数
		合计	在职人员	离休人员	退休人员	其他人员	合计	在职人员	离休人员	退休人员	其他人员	合计	在职人员	离休人员	退休人员	其他人员	
合计	**51,435**	**2,436,696**	**1,876,106**	**52,351**	**439,234**	**69,005**	**2,280,320**	**1,751,734**	**50,892**	**421,146**	**56,548**	**156,376**	**124,372**	**1,459**	**18,088**	**12,457**	**11,910,221**
行政部分小计	**10,351**	**441,543**	**360,111**	**14,835**	**57,932**	**8,665**	**441,543**	**360,111**	**14,835**	**57,932**	**8,665**						**2,078**
一、行政管理部门	8,714	296,965	233,969	12,248	44,305	6,443	296,965	233,969	12,248	44,305	6,443						
人大	354	9,191	6,678	590	1,707	216	9,191	6,678	590	1,707	216						
政府机关	5,490	219,163	171,479	7,732	34,866	5,086	219,163	171,479	7,732	34,866	5,086						
政协	187	6,087	4,349	365	1,224	149	6,087	4,349	365	1,224	149						
共产党机关	1,933	55,018	45,436	3,244	5,419	919	55,018	45,436	3,244	5,419	919						
民主党派机关	128	1,396	1,135	45	205	11	1,396	1,135	45	205	11						
社会团体机关	622	6,110	4,892	272	884	62	6,110	4,892	272	884	62						
二、公检法司部门	1,637	144,578	126,142	2,587	13,627	2,222	144,578	126,142	2,587	13,627	2,222						2,078
公安	739	80,456	72,905	831	5,395	1,325	80,456	72,905	831	5,395	1,325						245
安全	12	1,551	1,290	3	258		1,551	1,290	3	258							
检察院	194	15,145	13,177	322	1,427	219	15,145	13,177	322	1,427	219						
法院	242	20,789	18,063	366	1,905	455	20,789	18,063	366	1,905	455						
司法	401	8,798	7,507	189	879	223	8,798	7,507	189	879	223						
监狱	34	14,980	10,980	788	3,212		14,980	10,980	788	3,212							1,833
劳教	15	2,859	2,220	88	551		2,859	2,220	88	551							
缉私警察																	
事业部分小计	**41,084**	**1,995,153**	**1,515,995**	**37,516**	**381,302**	**60,340**	**1,838,777**	**1,391,623**	**36,057**	**363,214**	**47,883**	**156,376**	**124,372**	**1,459**	**18,088**	**12,457**	**11,908,143**
一、农林水气象等部门	4,527	144,560	115,944	1,636	16,854	10,126	122,020	98,256	1,609	15,765	6,390	22,540	17,688	27	1,089	3,736	5,207
农业	2,385	70,407	58,047	731	7,412	4,217	62,137	51,750	723	7,017	2,647	8,270	6,297	8	395	1,570	2,786
林业	803	24,588	18,943	266	3,668	1,711	21,888	16,631	263	3,495	1,499	2,700	2,312	3	173	212	90
水利	820	33,051	24,827	523	4,596	3,105	25,188	19,049	507	4,158	1,474	7,863	5,778	16	438	1,631	
气象	16	609	491	9	109		609	491	9	109							
其他	503	15,905	13,636	107	1,069	1,093	12,198	10,335	107	986	770	3,707	3,301		83	323	2,331
二、工业交通等部门	1,817	107,479	87,618	1,469	12,510	5,882	40,571	34,106	404	4,403	1,658	66,908	53,512	1,065	8,107	4,224	2,112
工业	34	1,362	878	98	358	28	1,278	796	98	356	28	84	82		2		
交通	968	73,464	60,447	1,095	8,577	3,345	9,510	8,839	37	621	13	63,954	51,608	1,058	7,956	3,332	2,112
其他	815	32,653	26,293	276	3,575	2,509	29,783	24,471	269	3,426	1,617	2,870	1,822	7	149	892	
三、流通部门	207	7,653	5,341	544	1,573	195	7,167	4,971	538	1,486	172	486	370	6	87	23	4,330
商业	46	1,186	875	53	200	58	951	709	47	150	45	235	166	6	50	13	
物资管理	13	486	311	31	135	9	356	193	31	123	9	130	118		12		2,668
粮食	94	3,675	2,621	231	752	71	3,596	2,564	231	731	70	79	57		21	1	1,662
外贸	20	312	249	11	40	12	312	249	11	40	12						
其他	34	1,994	1,285	218	446	45	1,952	1,256	218	442	36	42	29		4	9	
四、文体广播部门	3,210	98,181	81,480	1,171	9,092	6,438	88,730	73,737	1,157	8,755	5,081	9,451	7,743	14	337	1,357	33,932
文化	858	18,279	14,061	446	3,203	569	17,589	13,547	438	3,066	538	690	514	8	137	31	2,947
出版	9	156	126	2	16	12	144	114	2	16	12	12	12				
文物	112	3,127	2,397	53	269	408	2,162	1,632	52	238	240	965	765	1	31	168	

2004 年河北省各部门基本数字表(二)

单位:人

部门	年末机构数(个)	年末人数 合计	年末人数 在职人员	年末人数 离休人员	年末人数 退休人员	年末人数 其他人员	其中:财政预算拨款(补助)开支人数 合计	在职人员	离休人员	退休人员	其他人员	其中:自收自支单位人数 合计	在职人员	离休人员	退休人员	其他人员	年末学生人数
体育	132	4,414	3,772	50	575	17	4,386	3,744	50	575	17	28	28				4,128
档案	147	2,797	2,263	67	414	53	2,797	2,263	67	414	53						
地震	37	1,240	879	28	324	9	1,235	874	28	324	9	5	5				
海洋																	
通讯																	
广播电影电视	504	22,161	18,762	145	1,364	1,890	17,356	15,017	141	1,233	965	4,805	3,745	4	131	925	
计划生育	1,184	37,126	32,542	81	1,180	3,323	34,245	29,925	80	1,142	3,098	2,881	2,617	1	38	225	
党政群干部训练	182	7,970	6,005	276	1,591	98	7,970	6,005	276	1,591	98						26,681
其他	45	911	673	23	156	59	846	616	23	156	51	65	57			8	176
五、教育部门	21,864	957,950	814,518	6,985	121,478	14,969	955,827	813,076	6,979	121,325	14,447	2,123	1,442	6	153	522	11,828,550
六、卫生部门	4,074	245,957	203,367	2,895	28,869	10,826	223,238	182,305	2,836	27,859	10,238	22,719	21,062	59	1,010	588	27,930
卫生	3,568	210,163	173,724	2,539	25,403	8,497	190,884	155,853	2,488	24,533	8,010	19,279	17,871	51	870	487	24,079
中医	128	22,973	19,615	159	2,146	1,053	20,297	17,039	158	2,083	1,017	2,676	2,576	1	63	36	
食品药品监督管理	195	3,346	2,791	95	405	55	3,346	2,791	95	405	55						
其他	183	9,475	7,237	102	915	1,221	8,711	6,622	95	838	1,156	764	615	7	77	65	3,851
七、科学部门	325	10,630	6,721	282	3,430	197	10,328	6,487	278	3,376	187	302	234	4	54	10	50
自然科学	182	7,851	4,633	217	2,917	84	7,637	4,471	214	2,878	74	214	162	3	39	10	
科协	91	1,309	1,080	21	192	16	1,222	1,009	20	177	16	87	71	1	15		50
社会科学	18	754	569	30	118	37	753	568	30	118	37	1	1				
其他	34	716	439	14	203	60	716	439	14	203	60						
八、抚恤部门	895	34,210	14,612	3,230	15,520	848	33,437	14,090	3,225	15,308	814	773	522	5	212	34	
民政部门	636	23,184	11,769	2,208	8,607	600	22,798	11,427	2,207	8,578	586	386	342	1	29	14	
其他	259	11,026	2,843	1,022	6,913	248	10,639	2,663	1,018	6,730	228	387	180	4	183	20	
九、城建部门	793	68,861	56,042	417	6,882	5,520	56,402	45,396	367	5,727	4,912	12,459	10,646	50	1,155	608	1,208
十、其他部门	3,372	319,672	130,352	18,887	165,094	5,339	301,057	119,199	18,664	159,210	3,984	18,615	11,153	223	5,884	1,355	4,824
税务	253	21,943	20,125	65	1,358	395	21,943	20,125	65	1,358	395						
统计	229	3,725	3,372	32	161	160	3,683	3,344	32	161	146	42	28			14	
财政	737	10,793	10,122	16	228	427	10,637	9,977	16	228	416	156	145			11	
审计	65	1,798	1,526	7	232	33	1,709	1,437	7	232	33	89	89				
工商管理	221	38,386	31,335	849	6,201	1	37,876	30,825	849	6,201	1	510	510				
劳动和社会保障部门	479	158,027	8,768	14,955	133,959	345	155,450	8,006	14,852	132,294	298	2,577	762	103	1,665	47	3,579
国有资产监管	11	778	411	29	320	18	722	379	28	297	18	56	32	1	23		
地质勘探	26	20,558	13,480	265	6,813		20,536	13,459	265	6,812		22	21		1		678
其他	1,351	63,664	41,213	2,669	15,822	3,960	48,501	31,647	2,550	11,627	2,677	15,163	9,566	119	4,195	1,283	567

2004年河北省省本级行政事业工资情况表(一)

部门	财政预算拨款(补助)开支人数(人)				用于财政预算拨款(补助)人员工资的实际支出数(万元)				财政预算拨款(补助)人员人均工资(元/月)			
	在职人员	离休人员	退休人员	其他人员	在职人员	离休人员	退休人员	其他人员	在职人员	离休人员	退休人员	其他人员
财政供养人员合计	**182232**	**6643**	**53213**	**7698**	**294347**	**17890**	**80549**	**9270**	**1346**	**2244**	**1261**	**1004**
行政部分小计	**28507**	**2123**	**7625**	**41**	**56166**	**6961**	**14196**	**79**	**1642**	**2732**	**1551**	**1606**
一、行政管理部门	6170	1083	3038	22	12668	3796	5651	55	1711	2921	1550	2083
人　大	291	29	66		476	144	103		1363	4138	1301	
政府机关	3917	836	2515	22	8209	2864	4606	55	1746	2855	1526	2083
政　协	220	20	50		438	88	99		1659	3667	1650	
共产党机关	1326	130	235		2741	476	478		1723	3051	1695	
民主党派机关	133	17	38		226	53	82		1416	2598	1798	
社会团体机关	283	51	134		578	171	283		1702	2794	1760	
二、公检法司部门	22337	1040	4587	19	43498	3165	8545	24	1623	2536	1552	1053
公　安	8498	118	736		14300	282	1234		1402	1992	1397	
安　全	1290	3	258		3080	8	529		1990	2222	1709	
检察院	274	33	81	19	574	106	168	24	1746	2677	1728	1053
法　院	356	36	79		685	95	172		1603	2199	1814	
司　法	156	21	52		367	56	113		1960	2222	1811	
监　狱	10980	788	3212		23007	2505	6027		1746	2649	1564	
劳　教	783	41	169		1485	113	302		1580	2297	1489	
缉私警察												
事业部分小计	**153725**	**4520**	**45588**	**7657**	**238181**	**10929**	**66353**	**9191**	**1291**	**2015**	**1213**	**1000**
一、农林水气象等部门	5986	196	2465	12	7993	487	3377	11	1113	2071	1142	764
农　业	874	42	302	7	1497	112	517	9	1427	2222	1427	1071
林　业	3235	39	1011		3351	75	1187		863	1603	978	
水　利	1716	101	1089	5	2842	262	1569	2	1380	2162	1201	333
气　象	23		6		50		10		1812		1389	
其　他	138	14	57		253	38	94		1528	2262	1374	
二、工业交通等部门	15265	205	2896	76	20478	522	3649	54	1118	2122	1050	592
工　业	7				12				1429			
交　通	1042	31	317		1227	117	506		981	3145	1330	
其　他	14216	174	2579	76	19239	405	3143	54	1128	1940	1016	592
三、流通部门	377	110	231		628	287	408		1388	2174	1472	
商　业	25	1	7		37	3	14		1233	2500	1667	
物资管理												
粮　食	72	43	81		134	111	150		1551	2151	1543	
外　贸												
其　他	280	66	143		457	173	244		1360	2184	1422	
四、文体广播部门	7175	329	1836	149	9565	729	2267	220	1111	1847	1029	1230
文　化	1869	159	592	35	2596	331	803	42	1157	1735	1130	1000
出　版	51	2	16	6	37	4	21	4	605	1667	1094	556

2004 年河北省省本级行政事业工资情况表(二)

部门	财政预算拨款(补助)开支人数(人)				用于财政预算拨款(补助)人员工资的实际支出数(万元)				财政预算拨款(补助)人员人均工资(元/月)			
	在职人员	离休人员	退休人员	其他人员	在职人员	离休人员	退休人员	其他人员	在职人员	离休人员	退休人员	其他人员
文　物	313	17	90		470	41	154		1251	2010	1426	
体　育	1580	22	204		1864	46	310		983	1742	1266	
档　案	120	13	43		279	26	47		1938	1667	911	
地　震	486	15	272		245	6	89		420	333	273	
海　洋												
通　讯												
广播电影电视	1320	20	192	101	1988	41	294	165	1255	1708	1276	1361
计划生育	134	2	40	7	232	6	78	9	1443	2500	1625	1071
党政群干部训练	1251	70	353		1744	198	395		1162	2357	932	
其　他	51	9	34		110	30	76		1797	2778	1863	
五、教育部门	37644	1487	15755	6888	57592	3590	24748	8208	1275	2012	1309	993
六、卫生部门	17098	643	4353	62	41131	1819	7281	67	2005	2357	1394	901
卫　生	13831	521	3711		35951	1485	6133		2166	2375	1377	
中　医	742	27	244	23	1457	117	526	22	1636	3611	1796	797
食品药品监督管理	2511	95	398	39	3694	217	622	45	1226	1904	1302	962
其　他	14				29				1726			
七、科学部门	1856	157	2317	40	3040	414	3918	47	1365	2197	1409	979
自然科学	1396	127	2140	6	2156	340	3568	6	1287	2231	1389	833
科　协	56	1	14		81	2	21		1205	1667	1250	
社会科学	404	26	102	34	803	62	210	41	1656	1987	1716	1005
其　他		3	61			10	119			2778	1626	
八、抚恤部门	1617	93	440		2258	240	558		1164	2151	1057	
民政部门	1496	93	432		2069	240	544		1153	2151	1049	
其　他	121		8		189		14		1302		1458	
九、城建部门												
十、其他部门	66707	1300	15295	430	95496	2841	20147	584	1193	1821	1098	1132
税　务	20118	65	1358	395	36236	150	2160	552	1501	1923	1325	1165
统　计	18				20				926			
财　政	197		1		312		2		1320		1667	
审　计	19		4	4	23		7	5	1009		1458	1042
工商管理	30739	849	6201	1	42042	1825	8103	1	1140	1791	1089	833
劳动和社会保障部门	434	28	173	22	862	38	243	16	1655	1131	1171	606
国有资产监管	23	28	297	5	37	98	578	9	1341	2917	1622	1500
地质勘探	13188	264	6752		12912	534	8328		816	1686	1028	
其　他	1971	66	509	3	3052	196	726	1	1290	2475	1189	278

2004 年河北省市地(市)级行政事业工资情况表(一)

部门	财政预算拨款(补助)开支人数(人)				用于财政预算拨款(补助)人员工资的实际支出数(万元)				财政预算拨款(补助)人员人均工资(元/月)			
	在职人员	离休人员	退休人员	其他人员	在职人员	离休人员	退休人员	其他人员	在职人员	离休人员	退休人员	其他人员
财政供养人员合计	**209531**	**11819**	**62175**	**2827**	**354410**	**30056**	**100037**	**2955**	**1410**	**2119**	**1341**	**871**
行政部分小计	**56516**	**3041**	**9265**	**436**	**109890**	**8474**	**16970**	**579**	**1620**	**2322**	**1526**	**1107**
一、行政管理部门	29746	2514	7207	384	57344	6987	13132	517	1606	2316	1518	1122
人　　大	1031	87	227	12	2347	269	488	17	1897	2577	1791	1181
政府机关	20252	1762	5545	298	38347	4852	9870	391	1578	2295	1483	1093
政　　协	763	61	164		1613	193	320		1762	2637	1626	
共产党机关	6169	442	772	61	12427	1228	1440	91	1679	2315	1554	1243
民主党派机关	543	25	118	6	973	69	228	9	1493	2300	1610	1250
社会团体机关	988	137	381	7	1637	376	786	9	1381	2287	1719	1071
二、公检法司部门	26770	527	2058	52	52546	1487	3838	62	1636	2351	1554	994
公　　安	19356	224	951	6	36568	668	1719	6	1574	2485	1506	833
安　　全												
检 察 院	2283	101	266	16	4941	294	500	17	1804	2426	1566	885
法　　院	2721	108	308	25	6318	284	546	33	1935	2191	1477	1100
司　　法	973	47	151	5	2003	139	287	6	1715	2465	1584	1000
监　　狱												
劳　　教	1437	47	382		2716	102	786		1575	1809	1715	
缉私警察												
事业部分小计	**153015**	**8778**	**52910**	**2391**	**244520**	**21582**	**83067**	**2376**	**1332**	**2049**	**1308**	**828**
一、农林水气象等部门	9869	331	2325	219	15356	809	2867	227	1297	2037	1028	864
农　　业	4015	131	902	62	6768	340	1209	66	1405	2163	1117	887
林　　业	1491	36	530	154	2216	95	629	158	1239	2199	989	855
水　　利	2764	113	614		4154	240	679		1252	1770	922	
气　　象	424	9	102		466	6	66		916	556	539	
其　　他	1175	42	177	3	1752	128	284	3	1243	2540	1337	833
二、工业交通等部门	8826	105	697	312	12249	117	732	419	1157	929	875	1119
工　　业	340	74	264		599	66	130		1468	743	410	
交　　通	6838	3	244	12	8750	5	341	14	1066	1389	1165	972
其　　他	1648	28	189	300	2900	46	261	405	1466	1369	1151	1125
三、流通部门	1523	190	412	20	2845	394	548	22	1557	1728	1108	917
商　　业	181				362				1667			
物资管理	152	28	114		258	72	150		1414	2143	1096	
粮　　食	583	25	65	14	960	62	94	21	1372	2067	1205	1250
外　　贸	51	11	32		95	16	34		1552	1212	885	
其　　他	556	126	201	6	1170	244	270	1	1754	1614	1119	139
四、文体广播部门	11873	459	2691	114	19747	1225	4336	116	1386	2224	1343	848
文　　化	4224	153	1237	51	6131	405	1809	54	1210	2206	1219	882
出　　版												

2004年河北省市地(市)级行政事业工资情况表(二)

部门	财政预算拨款(补助)开支人数(人)				用于财政预算拨款(补助)人员工资的实际支出数(万元)				财政预算拨款(补助)人员人均工资(元/月)			
	在职人员	离休人员	退休人员	其他人员	在职人员	离休人员	退休人员	其他人员	在职人员	离休人员	退休人员	其他人员
文　物	459	22	75		895	45	124		1625	1705	1378	
体　育	1287	16	258		2099	42	493		1359	2188	1592	
档　案	374	15	70		755	40	124		1682	2222	1476	
地　震	187	10	36		387	30	60		1725	2500	1389	
海　洋												
通　讯												
广播电影电视	3055	75	362	26	5032	199	624	26	1373	2211	1436	833
计划生育	562	25	64	8	1083	73	119	17	1606	2433	1549	1771
党政群干部训练	1568	129	495		3002	356	820		1595	2300	1380	
其　他	157	14	94	29	363	35	163	19	1927	2083	1445	546
五、教育部门	47813	645	7151	1020	81590	1766	12790	873	1422	2282	1490	713
六、卫生部门	42106	1044	7731	160	62205	1987	8928	180	1231	1586	962	938
卫　生	36484	914	6723	160	55309	1720	7744	180	1263	1568	960	938
中　医	4106	93	826		3719	157	863		755	1407	871	
食品药品监督管理	10				12				1000			
其　他	1506	37	182		3165	110	321		1751	2477	1470	
七、科学部门	2214	62	556	32	3824	168	970	41	1439	2258	1454	1068
自然科学	1566	48	401	29	2647	125	679	38	1409	2170	1411	1092
科　协	438	11	83	3	824	35	155	3	1568	2652	1556	833
社会科学	54	1	8		105	3	19		1620	2500	1979	
其　他	156	2	64		248	5	117		1325	2083	1523	
八、抚恤部门	3442	1395	2999	12	5942	4997	7868	14	1439	2985	2186	972
民政部门	2758	1363	2832	6	4781	4857	7461	1	1445	2970	2195	139
其　他	684	32	167	6	1161	140	407	13	1414	3646	2031	1806
九、城建部门	16354	260	2926	239	24914	643	3710	162	1270	2061	1057	565
十、其他部门	8995	4287	25422	263	15848	9476	40318	322	1468	1842	1322	1020
税　务												
统　计	434	6	18		718	17	34		1379	2361	1574	
财　政	566			4	1171			2	1724			417
审　计	154	1	27		314	3	47		1699	2500	1451	
工商管理	86				171				1657			
劳动和社会保障部门	2171	3237	19434		3979	6863	31211		1527	1767	1338	
国有资产监管	350			13	603			20	1436			1282
地质勘探	229	1	60		136	3	62		495	2500	861	
其　他	5005	1042	5883	246	8756	2590	8964	300	1458	2071	1270	1016

2004年河北省县(市)级行政事业工资情况表(一)

部门	财政预算拨款(补助)开支人数(人)				用于财政预算拨款(补助)人员工资的实际支出数(万元)				财政预算拨款(补助)人员人均工资(元/月)			
	在职人员	离休人员	退休人员	其他人员	在职人员	离休人员	退休人员	其他人员	在职人员	离休人员	退休人员	其他人员
财政供养人员合计	**1359971**	**32430**	**305758**	**46023**	**1612439**	**60541**	**371380**	**42221**	**988**	**1556**	**1012**	**764**
行政部分小计	**275088**	**9671**	**41042**	**8188**	**368915**	**19766**	**53011**	**9294**	**1118**	**1703**	**1076**	**946**
一、行政管理部门	198053	8651	34060	6037	251356	17639	43362	6780	1058	1699	1061	936
人　大	5356	474	1414	204	8082	1103	2171	227	1257	1939	1279	927
政府机关	147310	5134	26806	4766	184140	10158	33642	5361	1042	1649	1046	937
政　协	3366	284	1010	149	5210	651	1501	170	1290	1910	1238	951
共产党机关	37941	2672	4412	858	49077	5555	5508	963	1078	1732	1040	935
民主党派机关	459	3	49	5	659	7	67	5	1196	1944	1139	833
社会团体机关	3621	84	369	55	4188	165	473	54	964	1637	1068	818
二、公检法司部门	77035	1020	6982	2151	117559	2127	9649	2514	1272	1738	1152	974
公　安	45051	489	3708	1319	69138	1017	5186	1454	1279	1733	1165	919
安　全												
检察院	10620	188	1080	184	16814	401	1484	243	1319	1777	1145	1101
法　院	14986	222	1518	430	22958	450	2093	555	1277	1689	1149	1076
司　法	6378	121	676	218	8649	259	886	262	1130	1784	1092	1002
监　狱												
劳　教												
缉私警察												
事业部分小计	**1084883**	**22759**	**264716**	**37835**	**1243524**	**40775**	**318369**	**32927**	**955**	**1493**	**1002**	**725**
一、农林水气象等部门	82401	1082	10975	6159	82221	2026	12112	5267	832	1560	920	713
农　业	46861	550	5813	2578	47731	1036	6588	2206	849	1570	944	713
林　业	11905	188	1954	1345	11864	344	2200	1224	830	1525	938	758
水　利	14569	293	2455	1469	13905	546	2488	1184	795	1553	845	672
气　象	44		1		31		1		587		833	
其　他	9022	51	752	767	8690	100	835	653	803	1634	925	709
二、工业交通等部门	10015	94	810	1270	11186	176	925	1200	931	1560	952	787
工　业	449	24	92	28	661	32	95	50	1227	1111	861	1488
交　通	959	3	60	1	1235	6	57	1	1073	1667	792	833
其　他	8607	67	658	1241	9290	138	773	1149	899	1716	979	772
三、流通部门	3071	238	843	152	3721	452	1060	131	1010	1583	1048	718
商　业	503	46	143	45	553	91	200	39	916	1649	1166	722
物资管理	41	3	9	9	37	8	14	7	752	2222	1296	648
粮　食	1909	163	585	56	2400	301	703	50	1048	1539	1001	744
外　贸	198		8	12	257		11	7	1082		1146	486
其　他	420	26	98	30	474	52	132	28	940	1667	1122	778
四、文体广播部门	54689	369	4228	4818	58790	683	5003	3612	896	1542	986	625
文　化	7454	126	1237	452	8060	212	1383	429	901	1402	932	791
出　版	63			6	60			3	794			417

2004 年河北省县(市)级行政事业工资情况表(二)

部门	财政预算拨款(补助)开支人数(人)				用于财政预算拨款(补助)人员工资的实际支出数(万元)				财政预算拨款(补助)人员人均工资(元/月)			
	在职人员	离休人员	退休人员	其他人员	在职人员	离休人员	退休人员	其他人员	在职人员	离休人员	退休人员	其他人员
文　物	860	13	73	240	1078	23	86	210	1045	1474	982	729
体　育	877	12	113	17	1077	24	123	20	1023	1667	907	980
档　案	1769	39	301	53	2280	72	384	60	1074	1538	1063	943
地　震	201	3	16	9	264	4	20	9	1095	1111	1042	833
海　洋												
通　讯												
广播电影电视	10642	46	679	838	11139	84	789	877	872	1522	968	872
计划生育	29229	53	1038	3083	29524	108	1191	1866	842	1698	956	504
党政群干部训练	3186	77	743	98	4810	156	992	117	1258	1688	1113	995
其　他	408		28	22	498		35	21	1017		1042	795
五、教育部门	727619	4847	98419	6539	867607	8490	122232	6317	994	1460	1035	805
六、卫生部门	123101	1149	15775	10016	121512	1854	15397	8370	823	1345	813	696
卫　生	105538	1053	14099	7850	104416	1687	13858	7286	824	1335	819	773
中　医	12191	38	1013	994	12779	62	941	821	874	1360	774	688
食品药品监督管理	270		7	16	363		8	17	1120		952	885
其　他	5102	58	656	1156	3954	105	590	246	646	1509	749	177
七、科学部门	2417	59	503	115	3210	124	645	106	1107	1751	1069	768
自然科学	1509	39	337	39	1988	83	435	45	1098	1774	1076	962
科　协	515	8	80	13	709	18	101	19	1147	1875	1052	1218
社会科学	110	3	8	3	153	6	12	4	1159	1667	1250	1111
其　他	283	9	78	60	360	17	97	38	1060	1574	1036	528
八、抚恤部门	9031	1737	11869	802	10686	4109	14327	759	986	1971	1006	789
民政部门	7173	751	5314	580	8399	2384	6983	589	976	2645	1095	846
其　他	1858	986	6555	222	2287	1725	7344	170	1026	1458	934	638
九、城建部门	29042	107	2801	4673	33608	204	2846	3899	964	1589	847	695
十、其他部门	43497	13077	118493	3291	50983	22657	143822	3266	977	1444	1011	827
税　务	7				11				1310			
统　计	2892	26	143	146	3282	47	186	134	946	1506	1084	765
财　政	9214	16	227	412	10897	31	277	446	986	1615	1017	902
审　计	1264	6	201	29	1636	12	262	34	1079	1667	1086	977
工商管理												
劳动和社会保障部门	5401	11587	112687	276	6861	20066	136756	315	1059	1443	1011	951
国有资产监管	6				69				9583			
地质勘探	42				45				893			
其　他	24671	1442	5235	2428	28182	2501	6341	2337	952	1445	1009	802

2004年河北省地(市)县级财政一般预算收支及平衡情况表(一)

表九

单位:万元

地区	编码	收支部分																					
		收入										支出											
		收入合计	增值税	其中:出口货物退增值税	营业税	企业收入	其中:企业所得税	个人所得税	城市维护建设税	农业五税	其他各项收入	支出合计	基本建设支出	农业支出	林业支出	水利和气象支出	教育支出	科学支出	医疗卫生支出	社会保障补助支出	行政管理费	公检法司支出	其他各项支出
河北省地市县合计	A	3,025,346	499,835	−69,036	692,226	239,464	180,388	166,135	229,806	263,825	934,055	6,081,901	488,174	223,367	60,874	65,880	1,303,662	16,993	286,155	312,421	749,094	410,390	2,164,891
河北省地市本级合计	B	1,065,527	243,380	−20,401	210,550	93,372	88,256	50,918	87,373	61,305	318,629	1,695,288	247,199	38,285	8,691	19,239	156,457	10,816	112,060	167,244	140,625	163,967	630,705
河北省县级合计	C	1,959,819	256,455	−48,635	481,676	146,092	92,132	115,217	142,433	202,520	615,426	4,386,613	240,975	185,082	52,183	46,641	1,147,205	6,177	174,095	145,177	608,469	246,423	1,534,186
石家庄市小计	0	561,644	62,759	−26,284	167,788	51,031	39,609	38,154	45,146	45,741	151,025	929,683	70,851	28,540	7,155	9,174	204,151	3,828	46,346	48,660	119,277	68,948	322,753
石家庄市本级	1	63,924	7,942		453	3,343	4,730			19,319	32,867	308,207	22,028	6,486	1,039	4,999	33,597	3,176	24,108	34,833	32,905	26,719	118,317
石家庄市县级小计	2	497,720	54,817	−26,284	167,335	47,688	34,879	38,154	45,146	26,422	118,158	621,476	48,823	22,054	6,116	4,175	170,554	652	22,238	13,827	86,372	42,229	204,436
赞皇县	3	4,111	439	−86	1,158	82	82	166	78	334	1,854	16,163	1,169	729	458	194	3,936	41	646	227	2,200	662	5,901
平山县	3	11,962	2,926	−50	3,938	200	200	523	1,671	559	2,145	34,511	1,401	1,983	900	655	7,916	35	1,012	313	3,080	1,400	15,816
灵寿县	3	5,377	618	−36	1,325	229	170	430	132	621	2,022	20,875	1,315	1,015	394	294	4,945	27	790	317	2,939	1,067	7,772
行唐县	3	6,662	510	−12	937	203	203	395	602	1,048	2,967	19,867	393	869	351	296	7,469	4	689	279	2,712	1,181	5,624
井陉县	3	14,502	1,401	−196	4,377	953	228	706	656	1,198	5,211	24,641	728	566	293	170	6,858		544	416	6,160	1,082	7,824
鹿泉市	3	21,205	3,810	−244	5,204	1,333	1,333	783	1,364	1,577	7,134	37,074	4,752	1,580	545	340	10,026	49	1,685	439	5,315	1,985	10,358
正定县	3	14,682	1,559	−207	5,566	1,002	602	880	570	1,735	3,370	29,610	1,110	1,618	579	213	9,853	76	475	599	4,136	2,191	8,760
栾城县	3	10,128	1,519	−423	1,905	553	553	482	407	2,847	2,415	21,939	26	1,057	507	109	7,406	19	938	419	2,835	1,642	6,981
辛集市	3	13,420	−2,040	−5,749	4,219	2,211	942	1,104	1,019	2,162	4,745	35,811	1,327	1,739	301	186	10,653	34	569	2,114	4,417	2,094	12,377
晋州市	3	11,289	39	−1,416	1,734	1,469	646	1,104	547	1,926	4,470	24,498	140	1,345	153	230	8,409	67	1,377	445	4,355	1,986	5,991
深泽县	3	5,606	311	−90	1,785	279	79	448	147	659	1,977	13,042	175	276	104	99	3,581	38	398	663	3,334	785	3,589
无极县	3	9,404	823	−51	1,161	527	378	1,028	591	2,227	3,047	21,318	210	901	52	76	7,161	9	328	2,079	4,373	1,570	4,559
藁城市	3	28,794	2,512	−927	5,597	4,309	1,837	1,552	3,529	3,247	8,048	50,852	1,367	2,740	288	260	12,271	20	2,863	532	5,677	2,093	22,741
赵县	3	9,634	697	−54	2,604	677	177	512	254	2,483	2,407	23,692	1,307	986	181	268	8,234	49	979	405	3,919	1,451	5,913
新乐市	3	12,569	1,137	−42	2,968	1,542	242	823	31	1,184	4,884	24,805	100	1,280	224	118	6,271	23	1,138	371	2,693	1,389	11,198
高邑县	3	6,218	408	−38	1,756	126	126	214	160	562	2,992	12,482	432	493	92	48	3,242	29	439	219	1,899	739	4,850
元氏县	3	9,344	834	−121	3,552	544	494	320	260	985	2,849	20,977	533	908	335	312	6,718	41	610	452	3,383	1,394	6,291
长安区	4	80,633	14,566	−3,162	26,435	8,557	8,337	6,358	8,615	6	16,096	29,760	2,770	124	100	15	8,416		974	747	2,875	3,369	10,370
桥东区	4	36,213	4,396	−903	16,402	2,118	2,112	4,042	3,037		6,218	22,034	225	95	9		7,800	9	1,270	632	2,779	2,728	6,487
桥西区	4	64,216	7,396	−1,200	25,804	6,228	6,228	4,661	9,795		10,332	26,808	1,787	80	61		8,294	26	1,107	583	3,415	3,106	8,349
新华区	4	42,858	−3,759	−9,555	20,813	5,200	3,872	6,431	3,584	467	10,122	35,900	5,081	294	27	8	9,421	8	1,047	674	4,479	3,621	11,240
裕华区	4	49,075	7,604	−403	18,012	6,966	3,883	3,336	4,651	90	8,416	34,696	5,410	362	26		7,850	25	1,602	423	5,967	3,033	9,998
矿区	4	5,703	1,624	−16	1,600	367	167	205	834	5	1,068	10,634	393	877	136	284	2,345	23	428	372	1,834	754	3,188
高新区	4	24,115	5,487	−1,303	8,483	2,013	1,988	1,651	2,612	500	3,369	29,487	16,672	137			1,479		330	107	1,596	907	8,259
唐山市小计	0	581,269	143,228	−6,915	112,056	46,357	30,453	30,359	49,094	39,507	160,668	975,576	66,180	43,119	5,438	11,862	174,319	2,232	58,002	65,863	96,448	53,091	399,022
唐山市本级	1	187,480	51,054	−2,382	23,549	12,092	11,804	5,511	25,106	5,740	64,428	245,458	25,465	5,308	422	3,727	16,296	1,410	21,415	37,931	8,968	20,561	103,955
唐山市县级小计	2	393,789	92,174	−4,533	88,507	34,265	18,649	24,848	23,988	33,767	96,240	730,118	40,715	37,811	5,016	8,135	158,023	822	36,587	27,932	87,480	32,530	295,067

2004年河北省地(市)县级财政一般预算收支及平衡情况表(二)

表九

单位:万元

地区	编码	收支部分 收入 收入合计	增值税	其中:出口货物退增值税	营业税	企业收入	其中:企业所得税	个人所得税	城市维护建设税	农业五税	其他各项收入	支出 支出合计	基本建设支出	农业支出	林业支出	水利和气象支出	教育支出	科学支出	医疗卫生支出	社会保障补助支出	行政管理费	公检法司支出	其他各项支出
滦县	3	14,367	2,834	−17	3,401	712	712	770	603	1,814	4,233	32,054	1,251	1,467	338	313	8,260	218	1,649	584	4,170	1,797	12,007
滦南县	3	19,003	3,549	−237	3,270	2,446	601	1,116	832	3,623	4,167	43,888	810	1,608	171	451	11,332	73	2,832	2,607	5,214	1,763	17,027
乐亭县	3	21,133	1,706	−81	3,606	5,970	313	1,042	560	5,481	2,768	40,012	534	3,536	598	877	9,677		1,884	822	3,796	1,798	16,490
迁西县	3	30,946	12,756	−151	3,724	1,479	1,398	2,542	1,099	532	8,814	60,293	11,626	2,760	997	1,113	10,630	59	2,684	1,780	6,471	2,425	19,748
唐海县	3	5,610	926	−32	1,799	130	81	367	343	654	1,391	15,969	445	1,731	11	231	2,665	14	886	2,243	1,029	929	5,785
迁安市	3	71,700	14,936	−145	15,550	3,135	3,083	5,405	3,413	3,578	25,683	105,866	456	3,512	919	980	15,757	5	5,395	1,764	15,752	3,383	57,943
玉田县	3	18,933	2,308	−223	3,343	4,691	821	1,288	548	3,053	3,702	45,177	1,782	2,664	271	554	14,013	55	2,364	855	4,590	2,066	15,963
遵化市	3	38,198	12,398	−253	6,863	3,310	1,736	1,617	2,337	2,080	9,593	71,654	296	4,332	903	799	15,412	99	4,405	1,075	12,233	2,663	29,437
路南区	4	12,085	2,096	−112	4,137	401	401	890	1,237	340	2,984	22,691	390	90			5,002	20	1,141	3,196	2,731	2,120	8,001
路北区	4	23,176	2,248	−291	12,138	692	692	2,631	1,876	559	3,032	39,680	576	293	3	3	10,723	43	2,286	1,727	2,953	2,688	18,385
古冶区	4	11,713	2,824	−178	2,144	336	336	917	1,276	480	3,736	32,182	311	479	36	159	10,350	1	967	5,527	3,070	1,698	9,584
开平区	4	17,446	7,161	−260	3,399	432	442	635	2,257	413	3,149	30,382	50	537	103	118	6,799	7	1,480	616	3,796	1,687	15,189
丰润区	4	30,278	3,896	−681	8,086	1,504	1,077	2,185	2,022	5,492	7,093	55,484	385	3,597	422	745	15,046	142	3,591	877	8,555	3,066	19,058
丰南区	4	43,551	16,296	−1,263	5,834	6,390	4,484	2,056	2,114	3,160	7,701	86,350	847	9,449	244	1,616	19,731		4,178	2,567	7,997	3,341	36,380
高新开发区	4	13,199	2,548	−245	5,046	1,651	1,651	728	821	481	1,924	17,561	8,919	494		15	240	86	162	63	955	272	6,355
海港开发区	4	13,674	2,481	−51	4,431	483	483	206	1,267	1,241	3,565	15,047	8,266	888			333		98	1	1,250	145	4,066
南堡开发区	4	5,455	282	−86	1,023	143	78	286	1,211	457	2,053	6,477	3,599	4		48	360		110		1,135	72	1,149
芦台开发区	4	1,032	47	−219	214	134	34	62	66	243	266	3,710	66	202		33	556		276	825	512	251	989
汉沽管理区	4	2,290	882	−8	499	226	226	105	106	86	386	5,641	106	168		80	1,137		199	803	1,271	366	1,511
邯郸市小计	**0**	**340,510**	**73,963**	**−1,575**	**51,591**	**35,992**	**29,622**	**14,592**	**26,658**	**23,183**	**114,531**	**636,700**	**53,773**	**18,438**	**5,305**	**6,896**	**138,929**	**1,529**	**28,185**	**34,595**	**64,620**	**40,418**	**244,012**
邯郸市本级	**1**	**172,147**	**52,881**	**−696**	**22,442**	**26,012**	**26,255**	**6,871**	**15,113**	**5,181**	**43,647**	**202,065**	**35,513**	**4,123**	**687**	**1,613**	**16,043**	**821**	**13,368**	**18,329**	**10,735**	**18,547**	**82,286**
邯郸市县级小计	**2**	**168,363**	**21,082**	**−879**	**29,149**	**9,980**	**3,367**	**7,721**	**11,545**	**18,002**	**70,884**	**434,635**	**18,260**	**14,315**	**4,618**	**5,283**	**122,886**	**708**	**14,817**	**16,266**	**53,885**	**21,871**	**161,726**
大名县	3	3,076	119	−2	523	34	34	152	95	1,783	370	22,168	204	624	77	116	6,656	4	531	809	3,306	1,293	8,548
魏县	3	5,425	138		872	73	33	229	92	2,245	1,776	26,008	751	1,069	135	199	10,207	34	964	821	4,031	1,613	6,184
曲周县	3	2,968	134	−24	343	33	33	126	97	1,370	865	14,907	640	444	114	73	3,898	16	1,082	498	2,037	773	5,332
邱县	3	2,239	76	−13	288	89	17	64	46	694	982	10,813	1,373	341	177	73	3,216	4	341	307	2,066	967	1,948
鸡泽县	3	1,608	101	−17	318	20	20	103	79	712	275	10,506	416	562	106	130	4,206	10	266	511	1,011	314	2,974
肥乡县	3	2,353	68	−6	501	16	16	72	44	1,166	486	12,614	110	589	173	196	4,164	41	369	491	2,390	759	3,332
广平县	3	3,151	58	−55	245	273	24	67	55	423	2,030	12,062	485	539	42	132	4,011	38	463	359	1,904	676	3,413
成安县	3	3,507	191	−28	497	309	29	100	71	746	1,593	14,187	53	844	55	204	4,945	17	589	227	1,172	767	5,314
临漳县	3	3,704	99	−2	732	341	26	194	69	1,368	901	18,384	401	951	204	238	6,886	7	735	455	1,584	901	6,022
馆陶县	3	2,629	113		413	139	29	128	63	746	1,027	12,819	418	575	24	190	3,424	18	234	687	1,982	552	4,715
磁县	3	13,808	1,565	−11	1,109	6,387	1,319	435	663	735	2,914	33,087	2,453	703	220	296	9,322		1,455	1,083	4,842	1,630	11,083

2004年河北省地(市)县级财政一般预算收支及平衡情况表(三)

表九

单位:万元

地区	编码	收支部分																					
		收入										支出											
		收入合计	增值税	其中:出口货物退增值税	营业税	企业收入	其中:企业所得税	个人所得税	城市维护建设税	农业五税	其他各项收入	支出合计	基本建设支出	农业支出	林业支出	水利和气象支出	教育支出	科学支出	医疗卫生支出	社会保障补助支出	行政管理费	公检法司支出	其他各项支出
涉县	3	17,182	4,100	−3	3,162	284	197	574	2,477	593	5,992	37,335	3,336	1,006	1,090	567	8,606	75	601	1,977	4,231	1,358	14,488
永年县	3	14,220	841	−64	1,855	432	432	570	338	2,432	7,752	34,224	983	1,623	135	210	11,051	57	645	1,367	2,826	1,376	13,951
邯郸县	3	15,842	1,064	−56	4,400	668	297	619	469	1,435	7,187	28,899	761	1,807	232	254	8,398	251	1,392	552	3,556	2,191	9,505
武安市	3	41,834	10,399	−486	4,473	329	329	1,639	2,800	693	21,501	75,740	2,478	2,008	1,655	2,215	17,656	61	2,175	2,814	7,297	2,926	34,455
邯山区	4	4,059			1,722	4		383			1,950	10,764	42	71		5	1,878		604	352	1,436	656	5,720
丛台区	4	7,259			2,733	17		898			3,611	11,089	492	159		7	1,846	8	308	697	2,129	640	4,803
复兴区	4	3,025			647			172		154	2,052	7,727	293	62	4	1	1,405	4	313	115	1,622	675	3,233
矿区	4	15,902	1,786	−13	2,710	301	301	953	3,270	288	6,594	35,125	351	320	126	177	10,293	63	1,739	2,144	3,386	1,666	14,860
开发区	4	2,439	230	−99	1,218	70	70	19	215	364	323	5,216	2,220	12	49		285				1,020	138	1,492
马头工业园区	4	2,133			388	161	161	224	602	55	703	961		6			533		11		57		354
张家口市小计	**0**	**152,828**	**31,158**	**−1,500**	**38,700**	**−161**	**4,023**	**6,552**	**15,503**	**12,049**	**49,027**	**526,979**	**111,692**	**15,163**	**12,316**	**2,935**	**79,209**	**1,203**	**21,308**	**32,389**	**61,307**	**26,463**	**162,994**
张家口市本级	**1**	**82,273**	**23,440**	**−539**	**22,986**	**461**	**2,909**	**4,368**	**5,504**	**3,338**	**22,176**	**208,290**	**95,470**	**2,774**	**1,614**	**487**	**10,653**	**774**	**8,915**	**12,302**	**19,041**	**10,612**	**45,648**
张家口市县级小计	**2**	**70,555**	**7,718**	**−961**	**15,714**	**−622**	**1,114**	**2,184**	**9,999**	**8,711**	**26,851**	**318,689**	**16,222**	**12,389**	**10,702**	**2,448**	**68,556**	**429**	**12,393**	**20,087**	**42,266**	**15,851**	**117,346**
蔚县	3	6,125	769	−4	1,653	−111	74	143	291	1,665	1,715	22,922	900	611	697	153	6,452	37	1,384	480	2,760	899	8,549
阳原县	3	3,143	686	−168	1,308	−102	49	50	279	276	646	17,220	1,090	485	383	76	4,711	24	688	543	1,757	695	6,768
张北县	3	2,780	224	−21	723	−34	103	58	119	814	876	21,586	400	1,138	1,433	95	5,043	43	600	545	3,573	1,030	7,686
康保县	3	1,140	54	−8	335	−143	4	27	47	511	309	15,841	745	1,089	1,164	157	4,096	26	649	480	1,916	580	4,939
沽源县	3	1,497	30		383	−82	1	20	37	404	705	15,018	274	761	938	91	3,694	29	484	363	2,239	838	5,307
尚义县	3	1,096	85		336	−126	2	27	35	261	478	12,998	331	1,065	1,046	73	3,481	19	373	417	1,389	504	4,300
怀安县	3	3,048	416	−4	1,436	−157	7	68	260	392	633	17,341	506	940	431	119	3,287	26	619	472	2,769	678	7,494
赤城县	3	4,210	360		572	−135	13	133	86	331	2,863	18,399	826	655	777	258	4,215	15	854	386	3,055	737	6,621
崇礼县	3	1,711	115		347	42	42	38	51	145	973	9,975	166	371	635	138	2,137		496	129	1,517	733	3,653
万全县	3	1,632	−26	−278	574	−100	77	71	130	565	418	14,850	460	1,109	386	139	3,799	38	599	443	2,387	604	4,886
宣化县	3	5,983	562	−13	1,274	139	122	93	358	564	2,993	19,011	428	773	475	174	5,025	34	484	845	2,605	1,363	6,805
怀来县	3	7,700	1,122	−16	2,047	77	260	217	365	1,426	2,446	22,426	710	1,249	525	659	4,958	27	933	608	3,311	1,238	8,208
涿鹿县	3	3,546	305	−1	1,002	−135	40	71	167	885	1,251	20,183	1,511	583	930	131	4,091	20	600	897	2,626	864	7,930
宣化区	4	17,644	1,075	−174	1,375	−81	68	424	7,036	63	7,752	42,629	7,425	423	74	53	6,241	44	1,848	3,666	3,896	1,990	16,969
下花园区	4	2,429	179	−3	141	−17	28	80	684	14	1,348	7,173	17	115	377	51	1,252		309	847	1,445	641	2,119
桥东区	4	3,526	934	−69	1,050	77	78	382		216	867	15,322	60	150	130	4	1,954	23	631	3,261	1,732	1,233	6,144
桥西区	4	1,670	313	−153	681	79	79	203			394	17,310	103	89	31	25	2,254	24	615	5,068	1,454	942	6,705
高新区	4	1,068	399	−40	309	59	59	75		129	97	4,421		114		15	1,186		130	389	923	196	1,468
察北管理区	4	272	61	−9	103			3	21	42	42	2,569	220	283	220	2	543		61	150	603	24	463
塞北管理区	4	335	55		65	128	8	1	33	8	45	1,495	50	386	50	35	137		36	98	309	62	332

2004年河北省地(市)县级财政一般预算收支及平衡情况表(四)

表九

单位:万元

地区	编码	收支部分																					
		收入										支出											
		收入合计	增值税	其中:出口货物退增值税	营业税	企业收入	其中:企业所得税	个人所得税	城市维护建设税	农业五税	其他各项收入	支出合计	基本建设支出	农业支出	林业支出	水利和气象支出	教育支出	科学支出	医疗卫生支出	社会保障补助支出	行政管理费	公检法司支出	其他各项支出
保定市小计	**0**	**336,010**	**36,907**	**−6,059**	**58,853**	**37,068**	**16,156**	**18,542**	**18,565**	**30,301**	**135,774**	**691,413**	**25,401**	**21,208**	**3,934**	**6,694**	**163,088**	**968**	**29,248**	**34,158**	**82,221**	**48,835**	**275,658**
保定市本级	**1**	**132,970**	**23,186**	**−3,361**	**28,579**	**14,703**	**7,558**	**8,812**	**12,206**	**5,692**	**39,792**	**159,171**	**6,400**	**3,146**	**1,153**	**1,599**	**18,523**	**535**	**12,702**	**15,225**	**8,330**	**19,575**	**71,983**
保定市县级小计	**2**	**203,040**	**13,721**	**−2,698**	**30,274**	**22,365**	**8,598**	**9,730**	**6,359**	**24,609**	**95,982**	**532,242**	**19,001**	**18,062**	**2,781**	**5,095**	**144,565**	**433**	**16,546**	**18,933**	**73,891**	**29,260**	**203,675**
清苑县	3	9,529	745	−47	1,094	506	506	315	294	1,969	4,606	26,498	819	1,205	39	246	8,293	10	421	251	3,866	1,713	9,635
满城县	3	7,808	869	−94	1,120	355	225	336	457	446	4,225	22,056	2,111	758	233	159	6,623		728	417	3,070	1,618	6,339
安新县	3	6,374	696	−17	771	236	236	289	324	694	3,364	17,356	542	532	46	273	4,879	24	530	256	3,043	982	6,249
唐　县	3	5,406	224	−45	866	74	74	217	131	536	3,358	22,734	1,097	657	237	169	5,884	13	701	585	2,734	1,073	9,584
顺平县	3	3,259	163	−106	326	78	78	113	85	956	1,538	15,239	1,363	199	146	210	3,525	7	606	503	2,393	745	5,542
博野县	3	2,528	176	−36	265	92	92	174	77	600	1,144	9,684	90	485	14	88	2,626	4	287	295	1,678	594	3,523
曲阳县	3	4,683	359	−12	1,161	61	56	329	168	316	2,289	16,568	200	1,077	159	173	4,999	3	509	5	1,825	899	6,719
涞源县	3	7,982	1,959		891	330	330	307	625	251	3,619	22,714	1,045	745	239	137	4,011	29	939	430	3,401	1,009	10,729
阜平县	3	3,386	192		555	45	44	101	71	114	2,308	16,376	1,171	463	145	386	3,779		351	575	1,698	662	7,146
易　县	3	6,832	399	−90	1,307	310	310	278	201	854	3,483	26,056	701	830	404	1,014	7,703	23	630	387	3,958	1,205	9,201
定兴县	3	8,560	726	−17	726	2,661	1,176	303	325	1,791	2,028	23,505	293	507	20	88	6,519	3	724	1,944	2,430	1,201	9,776
徐水县	3	10,622	948	−175	1,597	469	435	618	506	1,620	4,864	25,009	266	1,287	73	353	7,548	19	784	230	3,471	1,442	9,536
容城县	3	5,323	17	−627	438	548	181	415	145	701	3,059	13,761	423	812	1	205	4,908	98	685	650	1,128	932	3,919
涿州市	3	20,927	1,927	−199	3,265	5,722	722	790	681	2,258	6,284	35,800	305	1,294	107	204	6,859	10	766	841	4,562	1,691	19,161
涞水县	3	3,888	346	−19	750	43	43	159	117	517	1,956	17,157	1,027	223	313	171	4,564	23	636	550	1,969	1,297	6,384
高碑店市	3	16,529	899	−11	1,271	3,120	1,280	845	510	1,426	8,458	29,021	106	811	26	276	9,446	35	426	76	3,444	2,108	12,267
雄　县	3	5,742	323	−93	687	956	296	266	197	792	2,521	14,193	137	721	60	183	4,343	39	174	337	2,333	965	4,901
望都县	3	3,062	146	−82	379	626	73	205	31	526	1,149	13,153	387	470	59	51	3,689	16	527	753	2,471	747	3,983
高阳县	3	6,311	460	−249	738	684	284	600	150	681	2,998	16,656	270	813	84	69	4,459	21	405	834	2,177	855	6,669
蠡　县	3	6,371	245	−474	861	1,069	539	566	189	1,278	2,163	22,211	852	1,362	70	126	6,256	16	985	590	3,258	1,286	7,410
安国市	3	9,239	456	−6	705	2,431	281	409	358	1,167	3,713	20,505	958	574	70	103	5,892		1,085	322	2,024	702	8,775
定州市	3	27,388	1,446	−299	2,656	1,337	1,337	737	717	3,225	17,270	54,588	424	1,591	225	314	16,097	29	1,455	6,908	7,476	2,240	17,829
南市区	4	4,073			1,430	7		173		246	2,217	15,860	400	175	4	20	4,457		1,094	341	2,816	613	5,940
北市区	4	7,112			2,271	565		212		1,178	2,886	13,365	259	344	5	13	3,162		551	462	2,270	802	5,497
新市区	4	8,292			3,161			685		467	3,979	14,970	4	126	2	64	3,945	11	547	342	3,174	1,795	4,960
高新区	4	1,814			983	40		288			503	7,207	3,751	1			99			49	1,222	84	2,001
沧州市小计	**0**	**258,550**	**45,433**	**−3,895**	**59,659**	**9,541**	**8,299**	**13,017**	**27,072**	**23,195**	**80,633**	**501,998**	**24,759**	**24,888**	**2,848**	**5,830**	**129,553**	**1,977**	**27,910**	**19,583**	**71,312**	**40,450**	**152,888**
沧州市本级	**1**	**96,922**	**30,289**	**−2,595**	**19,886**	**4,704**	**4,412**	**6,508**	**7,026**	**1,553**	**26,956**	**102,637**	**12,235**	**3,527**	**383**	**1,268**	**10,543**	**1,193**	**8,276**	**7,285**	**7,555**	**14,748**	**35,624**
沧州市县级小计	**2**	**161,628**	**15,144**	**−1,300**	**39,773**	**4,837**	**3,887**	**6,509**	**20,046**	**21,642**	**53,677**	**399,361**	**12,524**	**21,361**	**2,465**	**4,562**	**119,010**	**784**	**19,634**	**12,298**	**63,757**	**25,702**	**117,264**
肃宁县	3	5,928	99	−355	2,556	142	142	176	391	944	1,620	20,809	371	1,030	135	183	7,373	77	1,181	365	4,517	1,295	4,282

2004 年河北省地(市)县级财政一般预算收支及平衡情况表(五)

表九

单位:万元

地区	编码	收入合计	增值税	其中:出口货物退增值税	营业税	企业收入	其中:企业所得税	个人所得税	城市维护建设税	农业五税	其他各项收入	支出合计	基本建设支出	农业支出	林业支出	水利和气象支出	教育支出	科学支出	医疗卫生支出	社会保障补助支出	行政管理费	公检法司支出	其他各项支出
		收支部分																					
		收入										支出											
献县	3	5,609	170	−40	1,008	113	113	250	206	1,659	2,203	24,309	759	1,205	229	253	9,704	82	1,311	437	5,022	1,421	3,886
盐山县	3	4,179	227	−3	632	116	116	148	211	1,119	1,726	22,536	581	1,562	107	300	6,544	53	1,151	426	3,451	1,632	6,729
孟村县	3	2,256	176	−5	260	102	102	157	111	499	951	14,851	1,317	878	189	222	3,833	46	956	194	2,610	960	3,646
沧县	3	15,555	1,538	−58	2,346	231	231	544	1,589	2,937	6,370	31,896	869	1,799	159	396	10,614		1,357	812	5,706	2,622	7,562
青县	3	6,459	614	−134	1,509	309	309	407	307	1,006	2,307	21,351	361	1,155	212	427	6,046	25	1,314	732	2,392	1,430	7,257
南皮县	3	4,631	573	−18	605	81	81	194	461	1,233	1,484	23,517	764	867	125	190	9,311	60	951	313	4,324	1,520	5,092
河间市	3	11,470	515	−83	2,130	293	293	567	528	2,364	5,073	35,560	603	1,446	209	334	11,675	69	1,336	1,317	6,546	2,187	9,838
任丘市	3	42,928	6,313	−38	4,759	340	340	1,019	13,148	2,668	14,681	57,505	1,936	2,595	287	660	12,596	87	3,156	563	7,451	3,364	24,810
海兴县	3	2,341	74	−66	447	24	19	76	80	509	1,131	14,138	623	1,345	41	147	3,513	30	357	473	2,508	972	4,129
东光县	3	4,590	292	−20	949	139	99	223	280	1,133	1,574	20,795	535	728	162	261	6,962	23	906	689	2,605	1,242	6,682
泊头市	3	8,000	466	−93	1,290	259	224	418	656	2,182	2,729	28,327	371	1,594	329	312	8,986	72	1,353	1,715	4,332	1,908	7,355
吴桥县	3	3,980	134	−12	668	40	40	150	157	1,719	1,112	16,830	224	863	41	266	5,883	44	813	503	2,903	1,228	4,062
黄骅市	3	10,875	1,031	−69	2,608	179	179	468	1,520	1,048	4,021	28,405	1,224	2,663	235	308	7,630	51	1,163	660	4,571	1,849	8,051
新华区	4	8,834	1,278	−93	4,171	353	353	533		80	2,419	8,089	195	152		87	2,210	24	681	201	1,390	648	2,501
运河区	4	13,279	1,139	−134	7,802	1,001	991	891		112	2,334	10,961	3	290	5	83	3,897	32	912	225	1,775	704	3,035
开发区	4	910	43	−35	296	12	12	18	114	194	233	1,607	220	10			180		30	30	725	70	342
港口区	4	6,231	34		5,200	66	66	168	94	10	659	8,459	700	306		9	245		538		339	252	6,070
南大港	4	1,846	169	−1	206	542	42	51	152	208	518	4,009	4	383		73	924		129	1,194	221	132	949
临港区	4	1,727	259	−43	331	495	135	51	41	18	532	5,407	864	490		51	884	9	39	1,449	369	266	986
秦皇岛市小计	**0**	**190,322**	**21,783**	**−4,410**	**63,148**	**16,460**	**12,736**	**10,537**	**11,712**	**21,773**	**44,909**	**342,841**	**14,162**	**9,684**	**4,199**	**3,595**	**71,529**	**478**	**14,240**	**14,901**	**47,435**	**30,109**	**132,509**
秦皇岛市本级	**1**	**85,489**	**8,223**	**−697**	**26,759**	**8,500**	**6,000**	**3,829**	**8,492**	**11,421**	**18,265**	**113,748**	**7,408**	**2,573**	**875**	**1,773**	**11,159**	**376**	**4,962**	**11,362**	**15,178**	**12,767**	**45,315**
秦皇岛市县级小计	**2**	**104,833**	**13,560**	**−3,713**	**36,389**	**7,960**	**6,736**	**6,708**	**3,220**	**10,352**	**26,644**	**229,093**	**6,754**	**7,111**	**3,324**	**1,822**	**60,370**	**102**	**9,278**	**3,539**	**32,257**	**17,342**	**87,194**
青龙县	3	10,362	2,064		1,974	161	161	481	191	975	4,516	31,534	2,218	954	1,656	428	9,415	38	1,317	309	4,577	1,608	9,014
昌黎县	3	10,575	1,664	−127	2,344	1,150	750	771	265	1,882	2,499	30,512	431	1,419	287	292	10,022	8	1,599	647	3,818	2,360	9,629
卢龙县	3	5,393	779	−58	1,249	85	85	414	137	1,156	1,573	20,689	499	1,162	241	268	7,569		710	306	4,054	1,314	4,566
抚宁县	3	15,720	3,050	−59	4,529	1,295	471	986	585	1,229	4,046	34,580	544	1,719	506	284	11,050	31	2,416	531	4,976	1,915	10,608
山海关	4	7,238	892	−140	3,351	220	220	487		320	1,968	17,884	606	629	308	234	4,024	11	716	551	2,249	2,119	6,437
海港区	4	18,632	1,672	−181	7,051	1,653	1,653	1,511		110	6,635	38,758	1,691	688	166	240	12,801	9	719	565	4,616	3,695	13,568
北戴河	4	9,978	609	−17	5,971	344	344	763		369	1,922	17,348	765	383	160	45	3,029	5	1,161	304	2,927	1,862	6,707
市开发	4	24,127	2,672	−2,563	8,736	2,812	2,812	1,169	1,662	4,228	2,848	33,082		157		31	1,862		640	185	3,563	2,207	24,437
山开发	4	2,808	158	−568	1,184	240	240	126	380	83	637	4,706					598			141	1,477	262	2,228
邢台市小计	**0**	**180,005**	**35,626**	**−3,375**	**28,414**	**16,972**	**14,334**	**9,765**	**11,983**	**19,805**	**57,440**	**411,611**	**19,889**	**15,869**	**3,167**	**4,506**	**97,918**	**792**	**17,637**	**16,659**	**59,572**	**31,162**	**144,440**
邢台市本级	**1**	**84,665**	**20,521**	**−1,702**	**10,544**	**9,438**	**9,878**	**4,839**	**6,853**	**3,054**	**29,416**	**96,761**	**6,486**	**1,868**	**426**	**1,070**	**11,150**	**428**	**4,895**	**9,731**	**8,816**	**13,252**	**38,639**

2004年河北省地(市)县级财政一般预算收支及平衡情况表(六)

表九

单位:万元

地区	编码	收支部分 收入 收入合计	增值税	其中:出口货物退增值税	营业税	企业收入	其中:企业所得税	个人所得税	城市维护建设税	农业五税	其他各项收入	支出 支出合计	基本建设支出	农业支出	林业支出	水利和气象支出	教育支出	科学支出	医疗卫生支出	社会保障补助支出	行政管理费	公检法司支出	其他各项支出
邢台市县级小计	**2**	**95,340**	**15,105**	**−1,673**	**17,870**	**7,534**	**4,456**	**4,926**	**5,130**	**16,751**	**28,024**	**314,850**	**13,403**	**14,001**	**2,741**	**3,436**	**86,768**	**364**	**12,742**	**6,928**	**50,756**	**17,910**	**105,801**
南宫市	3	4,289	390	−60	816	82	82	268	162	1,595	976	18,470	470	572	63	113	5,451	9	639	501	3,244	971	6,437
沙河市	3	12,880	4,656	−21	1,542	639	639	645	787	889	3,722	34,225	5,318	792	371	709	8,543	57	1,372	422	3,535	1,688	11,418
邢台县	3	10,713	3,127	−30	1,734	617	604	572	722	315	3,626	31,930	617	1,998	605	466	6,592	44	1,995	498	4,731	1,423	12,961
临城县	3	2,548	392		395	144	144	155	83	356	1,023	13,259	816	874	144	138	2,741	20	648	446	1,660	679	5,093
内邱县	3	5,713	1,179	−1	1,084	558	558	210	214	574	1,894	15,883	290	514	420	195	4,138	34	908	188	4,328	981	3,887
柏乡县	3	2,291	106	−32	231	62	62	122	62	679	1,029	8,815	261	349	141	119	2,845		317	212	1,870	570	2,131
隆尧县	3	7,909	872	−4	1,560	593	364	219	687	1,032	2,946	18,358	384	792	113	134	6,664	2	755	506	2,283	787	5,938
任　县	3	2,033	108	−17	366	50	50	113	43	742	611	10,456	54	482	52	75	3,294	22	323	439	1,214	575	3,926
南和县	3	1,938	124	−1	478	71	71	136	34	822	273	10,624	185	474	81	138	3,471		235	184	1,223	591	4,042
宁晋县	3	12,572	607	−654	1,853	3,373	521	366	893	2,385	3,095	31,612	1,200	1,263	178	145	7,928	30	854	502	3,695	1,717	14,100
巨鹿县	3	3,332	302	−10	710	130	130	183	104	854	1,049	15,052	501	1,058	56	110	3,596	50	621	432	1,579	970	6,079
新河县	3	1,579	91	−9	495	23	23	96	50	567	257	9,580	363	828	58	130	2,914		380	222	2,070	629	1,986
广宗县	3	1,736	80	−5	166	42	42	81	35	635	697	11,551	631	382	94	190	3,352	10	532	229	1,933	914	3,284
平乡县	3	2,379	84	−145	528	50	50	117	203	503	894	11,388	196	533	51	97	3,790	1	365	295	2,200	633	3,227
威　县	3	4,146	136		797	52	52	197	92	1,714	1,158	18,133	574	598	70	144	4,450	15	782	425	2,787	1,291	6,997
清河县	3	6,156	1,485	−597	969	642	658	530	351	914	1,265	23,064	474	1,525	138	170	6,557	46	919	377	5,311	1,501	6,046
临西县	3	3,340	208	−21	467	131	131	273	89	926	1,246	12,768	730	593	70	219	5,298	7	508	214	2,178	595	2,356
桥东区	4	3,388	449	−30	1,359	100	100	274	135	109	962	7,234	3	169		92	2,025	8	244	218	2,040	631	1,804
桥西区	4	3,896	537	−36	1,298	126	126	310	200	555	870	7,843	58	127		42	2,165	9	265	49	1,648	701	2,779
高新区	4	2,160	124		979	27	27	48	178	490	314	3,198	250	46	36	10	573		50	423	824	30	956
大曹庄管理区	4	342	48		43	22	22	11	6	95	117	1,407	28	32			381		30	146	403	33	354
廊坊市小计	**0**	**202,792**	**23,243**	**−2,234**	**56,584**	**15,349**	**14,020**	**11,586**	**9,500**	**22,511**	**64,019**	**396,387**	**18,334**	**18,504**	**3,004**	**6,004**	**95,308**	**1,885**	**14,264**	**16,122**	**53,945**	**29,535**	**139,482**
廊坊市本级	**1**	**67,787**	**9,957**	**−1,124**	**25,662**	**7,728**	**7,627**	**4,563**	**20**	**3,918**	**15,939**	**93,485**	**7,291**	**4,306**	**647**	**1,370**	**16,038**	**886**	**4,176**	**3,529**	**11,633**	**12,061**	**31,548**
廊坊市县级小计	**2**	**135,005**	**13,286**	**−1,110**	**30,922**	**7,621**	**6,393**	**7,023**	**9,480**	**18,593**	**48,080**	**302,902**	**11,043**	**14,198**	**2,357**	**4,634**	**79,270**	**999**	**10,088**	**12,593**	**42,312**	**17,474**	**107,934**
三河市	3	33,246	4,356	−120	8,700	3,497	2,349	1,201	2,285	5,011	8,196	65,398	2,062	4,249	819	1,366	21,781	89	2,332	5,962	5,480	2,843	18,415
大厂县	3	4,747	508	−41	1,011	116	116	256	239	409	2,208	13,544	580	730	18	188	3,579	56	707	177	2,234	980	4,295
香河县	3	11,328	769	−300	4,567	403	403	523	476	1,468	3,122	25,594	355	1,546	192	347	6,074	222	1,528	631	4,115	1,740	8,844
永清县	3	4,469	368	−38	792	47	47	157	117	1,458	1,530	19,007	930	807	144	246	4,397	45	585	361	3,173	1,270	7,049
固安县	3	7,105	410	−64	1,057	133	133	257	383	1,494	3,371	19,109	270	727	74	149	5,355	49	471	609	3,944	1,558	5,903
霸州市	3	21,025	2,353	−110	4,094	426	426	1,222	1,179	1,748	10,003	46,140	3,187	1,909	264	410	12,354	373	1,208	1,974	7,511	3,297	13,653
文安县	3	9,696	1,006	−123	1,910	315	315	977	515	1,481	3,492	28,377	1,574	1,187	293	525	7,629	38	696	1,280	4,323	2,102	8,730
大城县	3	8,235	788	−4	1,208	280	200	443	249	1,189	4,078	22,522	402	1,039	122	380	7,641	43	1,262	517	3,793	1,276	6,047

2004年河北省地(市)县级财政一般预算收支及平衡情况表(七)

表九

单位:万元

地区	编码	收支部分																					
		收入										支出											
		收入合计	增值税	其中:出口货物退增值税	营业税	企业收入	其中:企业所得税	个人所得税	城市维护建设税	农业五税	其他各项收入	支出合计	基本建设支出	农业支出	林业支出	水利和气象支出	教育支出	科学支出	医疗卫生支出	社会保障补助支出	行政管理费	公检法司支出	其他各项支出
安次区	4	4,359	296	−57	686	22	22	111	402	1,063	1,779	15,754	157	579	183	511	3,916	37	651	406	3,131	598	5,585
广阳区	4	17,361	910	−59	5,089	481	481	1,213	2,388	1,101	6,179	18,625	339	1,296	248	512	4,293	47	522	586	3,124	643	7,015
开发区	4	13,434	1,522	−194	1,808	1,901	1,901	663	1,247	2,171	4,122	28,832	1,187	129			2,251		126	90	1,484	1,167	22,398
承德市小计	**0**	**120,274**	**21,012**	**−1,154**	**34,878**	**5,315**	**6,122**	**6,649**	**9,575**	**5,065**	**37,780**	**378,111**	**59,632**	**14,539**	**11,456**	**4,596**	**79,401**	**1,095**	**15,713**	**21,230**	**49,479**	**20,156**	**100,814**
承德市本级	**1**	**61,771**	**13,592**	**−699**	**20,738**	**3,417**	**4,109**	**3,490**	**7,053**	**720**	**12,761**	**94,185**	**18,010**	**2,190**	**825**	**579**	**7,849**	**636**	**5,560**	**14,707**	**8,230**	**5,463**	**30,136**
承德市县级小计	**2**	**58,503**	**7,420**	**−455**	**14,140**	**1,898**	**2,013**	**3,159**	**2,522**	**4,345**	**25,019**	**283,926**	**41,622**	**12,349**	**10,631**	**4,017**	**71,552**	**459**	**10,153**	**6,523**	**41,249**	**14,693**	**70,678**
宽城县	3	12,226	1,798	−3	1,345	876	876	473	355	172	7,207	34,438	2,371	1,013	786	1,560	7,525	50	1,105	1,736	4,428	1,391	12,473
滦平县	3	6,066	1,330	−2	1,799	154	154	267	212	310	1,994	30,295	5,985	1,614	887	294	7,594	54	1,190	439	5,103	1,233	5,902
丰宁县	3	4,320	513	−3	1,037	86	86	180	226	574	1,704	35,531	9,806	1,430	1,853	148	8,087	44	1,200	882	3,306	1,288	7,487
隆化县	3	3,504	361		907	54	54	161	374	576	1,071	27,306	3,532	2,039	1,776	242	7,669	37	1,035	976	4,002	948	5,050
围场县	3	3,122	257	−2	1,227	35	38	180	181	650	592	32,087	4,902	1,912	1,498	398	8,321	43	699	1,028	5,611	1,397	6,278
承德县	3	6,064	946	−295	1,163	183	295	272	475	591	2,434	30,869	2,857	1,838	1,316	372	8,694	71	1,657	357	4,608	1,867	7,232
兴隆县	3	5,792	695	−24	1,156	40	40	264	510	202	2,925	25,562	2,948	771	1,061	301	6,496	58	702	125	5,157	1,768	6,175
平泉县	3	3,940	507	−47	1,253	123	123	203	189	607	1,058	29,812	3,658	1,144	1,252	241	9,587	57	1,276	511	3,506	1,356	7,224
双桥区	4	6,900	341	−55	2,494	184	184	666		356	2,859	13,779	1,169	266	79	73	3,315	20	563	344	1,917	1,913	4,120
双滦区	4	4,090	262		1,155	79	79	252		265	2,077	14,604	2,490	267	79	374	2,715	5	453	46	1,798	941	5,436
营子区	4	1,265	222	−1	99	11	11	144		42	747	6,016	551	28	44	14	1,549		264	72	1,097	579	1,818
开发区	4	1,214	188	−23	505	73	73	97			351	3,627	1,353	27				20	9	7	716	12	1,483
衡水市小计	**0**	**101,142**	**4,723**	**−11,635**	**20,555**	**5,540**	**5,014**	**6,382**	**4,998**	**20,695**	**38,249**	**290,602**	**23,501**	**13,415**	**2,052**	**3,788**	**70,257**	**1,006**	**13,302**	**8,261**	**43,478**	**21,223**	**90,319**
衡水市本级	**1**	**30,099**	**2,295**	**−6,606**	**8,952**	**2,974**	**2,974**	**2,127**		**1,369**	**12,382**	**71,281**	**10,893**	**1,984**	**620**	**754**	**4,606**	**581**	**3,683**	**2,010**	**9,234**	**9,662**	**27,254**
衡水市县级合计	**2**	**71,043**	**2,428**	**−5,029**	**11,603**	**2,566**	**2,040**	**4,255**	**4,998**	**19,326**	**25,867**	**219,321**	**12,608**	**11,431**	**1,432**	**3,034**	**65,651**	**425**	**9,619**	**6,251**	**34,244**	**11,561**	**63,065**
武邑县	3	4,373	232	−12	686	62	62	175	106	1,699	1,413	17,699	1,383	1,013	123	300	5,318	45	672	307	3,232	934	4,372
饶阳县	3	4,346	157	−29	553	48	48	245	72	1,448	1,823	16,586	918	1,007	166	644	3,633	22	581	491	2,229	865	6,030
安平县	3	6,925	152	−589	779	659	200	374	286	1,009	3,666	18,626	1,063	995	91	122	5,293	24	711	513	2,587	1,086	6,141
冀州市	3	6,872	978	−44	1,040	212	210	437	615	1,911	1,679	22,564	681	1,010	103	196	7,260	52	1,741	309	3,208	1,630	6,374
枣强县	3	5,193	388	−759	669	95	95	307	353	1,915	1,466	22,014	2,048	764	71	173	6,892	36	1,517	457	3,419	1,378	5,259
深州市	3	7,821	349	−238	1,190	95	95	382	241	2,972	2,592	24,799	693	1,703	221	185	8,292	35	836	1,194	4,148	1,182	6,310
武强县	3	3,561	266	−26	566	85	85	153	65	942	1,484	13,114	1,613	455	125	166	3,337	21	558	443	2,198	776	3,422
故城县	3	5,440	−37	−385	624	80	80	273	139	2,375	1,986	19,363	764	1,116	58	384	5,508	23	568	611	3,562	915	5,854
景县	3	7,433	1,009	−43	1,277	305	305	320	341	2,219	1,962	21,548	916	1,258	196	279	8,364	45	834	578	3,304	1,320	4,454
阜城县	3	5,099	277	−62	625	39	39	226	105	1,477	2,350	16,759	2,125	596	76	214	3,493	27	533	460	2,042	653	6,540
桃城区	4	12,954	−1,299	−2,727	3,031	854	789	1,356	2,590	1,169	5,253	23,716	384	1,514	202	371	7,887	95	1,050	873	3,850	810	6,680
高开区	4	1,026	−44	−115	563	32	32	7	85	190	193	2,533	20				374		18	15	465	12	1,629

2004年河北省地(市)县级财政一般预算收支及平衡情况表(八)

表九

单位:万元

地区	平衡部分·收入：收入总计	本年收入	消费税和增值税税收返还	所得税基数返还	出口退税基数返还	原体制补助	专项补助	一般性转移支付补助	民族地区转移支付补助	农村税费改革转移支付补助	中小学教师工资转移支付补助	取消农业特产税降低农业税率转移支付补助	增发国债补助	调整工资转移支付补助	结算补助	农业税灾歉减免及企事业单位预算划转补助	其他补助	省补助计划单列市	上年结余收入	调入资金	国债转贷收入、上年结余及转补助数
河北省地市县合计	7,111,092	3,025,346	663,552	256,375	49,814	1,463	663,636	338,601		195,402	34,010	150,200	310,334	551,136	275,140	12,512	37,616		417,893	105,833	56,239
河北省地市本级合计	1,968,491	1,065,527	268,532	−54,890	24,753	−10,915	115,363	−30,927				−107	190,448	75,287	−3,182	1,082	−23,486		275,004	31,863	44,139
河北省县级合计	5,142,601	1,959,819	395,020	311,265	25,061	12,378	548,273	369,528		195,402	34,010	150,307	119,886	475,849	278,322	11,430	61,102		142,889	73,970	12,100
石家庄市小计	1,122,791	561,644	97,461	57,103	22,381		91,374	8,032		20,200	3,446	18,570	21,440	66,493	80,865	2,933	−19,758		75,618	4,640	13,795
石家庄市本级	247,707	63,924	41,457	15,010	10,232	−447	28,479	−12,986					11,052	9,899	43,045	921	−35,936		64,642		8,415
石家庄市县级小计	875,084	497,720	56,004	42,093	12,149	447	62,895	21,018		20,200	3,446	18,570	10,388	56,594	37,820	2,012	16,178		10,976	4,640	5,380
赞皇县	21,478	4,111	1,365	267	5	17	4,214	1,713		1,124	270	263	−197	2,563	206	23	701		4,603		500
平山县	36,711	11,962	2,369	371	22	309	6,904	4,832		2,075	441	489	1,103	4,217	404	38	1,516				100
灵寿县	23,017	5,377	1,187	816	36	74	4,938	1,990		1,620	900	389	1,210	2,446	386	49	725		1,204		570
行唐县	20,566	6,662	1,217	605	12	47	2,857	1,964		1,511	344	1,119	324	3,153	281	101	617				96
井陉县	28,459	14,502	4,559	773	109		2,675	514		1,113		341	515	2,142	977	10	222		7		
鹿泉市	41,741	21,205	6,389	3,407	181		2,770	896		592		679	75	2,307	2,830	40	223		147		
正定县	33,154	14,682	3,673	1,220	132		2,987	614		587		1,182	770	2,525	1,634		2,076		472		600
栾城县	23,503	10,128	2,514	1,388	259		1,763	346		445		914		1,897	1,397		2,336		116		
辛集市	43,505	13,420	5,713	2,504	3,148		3,576			1,119	180	2,022	990	4,147	2,494	26	−294			4,640	
晋州市	27,696	11,289	3,004	1,723	1,079		2,054	288		1,120		1,461	229	2,833	1,331	133	95		357		700
深泽县	13,417	5,606	975	652	24		1,833	515		671	189	558		1,603	654	46	280				
无极县	23,138	9,404	1,124	2,100	41		1,929	996		1,303	157	1,253	90	3,122	1,134	165	473		4		
藁城市	55,115	28,794	4,388	1,823	811		3,605	327		1,079		2,257	1,360	3,666	982	1,028	3,806		189		1,000
赵县	25,676	9,634	1,481	971	39		1,963	1,053		2,101	330	2,186	1,180	3,895	695	38	15		15		410
新乐市	26,040	12,569	2,093	1,777	45		1,798	315		1,456		1,207		2,283	1,227	133	114		919		104
高邑县	13,342	6,218	966	679	38		1,475	340		492		538	379	1,468	476	96	175		2		
元氏县	22,130	9,344	1,427	1,582	79		2,279	545		826	409	1,005	460	3,171	1,217	78	107		10		
长安区	91,744	80,633	−29	3,080	803		2,642	668		209		237		1,445	4,059		−2,271		268		
桥东区	47,539	36,213	2,197	2,364	339		2,154	583		131	80	26		1,567	1,806		148		11		
桥西区	77,647	64,216	1,176	2,988	185		2,512	853		146	146	74	840	1,942	2,553		−1,212		74		1,300
新华区	61,224	42,858	1,310	4,947	3,816		2,232	304		185		101	−15	1,713	3,397		−1,155		1,531		
裕华区	68,377	49,075	4,278	2,126	116		1,688	312		207		187	−10	1,511	2,485		6,010		392		
矿区	11,870	5,703	1,639	395	6		899	806		65		58	85	700	1,344		42		128		
高新区	37,995	24,115	989	3,535	824		1,148	244		23		24	1,000	278	3,851	8	1,429		527		
唐山市小计	1,100,565	581,269	127,163	49,887	4,627		68,298	55,202		18,192	705	16,750	11,309	57,825	51,176	990	4,278		38,418	9,763	5,418
唐山市本级	288,034	187,480	53,162	18,914	1,657		−7,139	5,397				−12	5,049	9,201	−9,866	263	1,317		17,506	117	4,988
唐山市县级小计	812,531	393,789	74,001	30,973	2,970		75,437	49,805		18,192	705	16,762	6,260	48,624	61,042	727	2,961		20,912	9,646	430

2004年河北省地(市)县级财政一般预算收支及平衡情况表(九)

表九

单位:万元

地区	平衡部分																			
	收入																			
	收入总计	本年收入	消费税和增值税税收返还	所得税基数返还	出口退税基数返还	原体制补助	专项补助	一般性转移支付补助	民族地区转移支付补助	农村税费改革转移支付补助	中小学教师工资转移支付补助	取消农业特产税降低农业税率转移支付补助	增发国债补助	调整工资转移支付补助	结算补助	农业税灾歉减免及企事业单位预算划转补助	其他补助	省补助计划单划市	上年结余收入	调入资金	国债转贷收入、上年结余及转补助数
滦县	37,304	14,367	3,636	1,227	17		4,052	2,159		1,449	239	1,225	362	4,256	1,603	52	155		1,650	1,094	
滦南县	50,640	19,003	3,666	2,495	195		5,118	1,931		1,780		1,992	772	4,277	2,703	70	118		5,328	1,192	
乐亭县	44,461	21,133	2,542	967	48		4,575	1,377		2,023		2,650	526	4,055	1,975	146	764		783	897	
迁西县	63,570	30,946	7,665	2,803	111		4,798	6,420		1,306		1,150	344	2,860	3,901		177		1,089		
唐海县	17,257	5,610	1,479	361	10		4,205	428		466	466	328	72	1,275	1,556		171			1,296	
迁安市	117,430	71,700	10,133	2,923	145		5,199	9,573		2,076		1,211	557	3,461	6,062		166		4,146	78	
玉田县	49,606	18,933	6,467	2,404	223		5,241	1,289		1,544		2,156	1,573	4,829	2,656	87	200		177	1,827	
遵化市	81,615	38,198	12,517	2,869	223		6,032	5,582		2,099		1,846	277	4,141	4,115	70	452		942	2,252	
路南区	27,256	12,085	1,699	1,093	53		4,401	816		179		41		2,075	4,383	5	115		162	149	
路北区	42,945	23,176	1,532	38	218		6,817	1,432		201		52	30	3,150	6,474	16	104		—295		
古冶区	34,955	11,713	1,625	565	144		7,172	2,028		420		216	174	2,807	7,173	17	138		709	54	
开平区	33,156	17,446	1,009	1,411	124		2,347	2,684		504		198	63	1,845	4,131	24	12		1,358		
丰润区	65,941	30,278	7,394	2,489	148		7,250	2,357		1,882		2,207	165	6,089	3,547	52	273		1,733	77	
丰南区	92,245	43,551	12,637	4,843	821		4,322	8,301		1,619		1,342	485	3,344	6,791	122	110		2,847	680	430
高新开发区	20,165	13,199		3,067	245		296	1,380		44		5		64	1,779		2		84		
海港开发区	17,004	13,674		758	33		1	1,571				3		46	889		3		26		
南堡开发区	7,038	5,455		230	71		10	169					800	10	119		1		173		
芦台开发区	4,295	1,032		119	136		1,952			409		79	60	18	435	5				50	
汉沽管理区	5,648	2,290		311	5		1,649	308		191		61		22	750	61					
邯郸市小计	761,175	340,510	71,951	25,179	1,736		72,566	55,145		21,530	4,337	18,060	19,049	51,586	15,620	1,914	6,422		51,779	5,628	2,500
邯郸市本级	256,581	172,147	31,416	6,506	969	—877	18,325	—3,352					9,227	7,700	—20,726	518	—322		32,550		2,500
邯郸市县级小计	504,594	168,363	40,535	18,673	767	877	54,241	58,497		21,530	4,337	18,060	9,822	43,886	36,346	1,396	6,744		19,229	5,628	
大名县	25,589	3,076	1,220	710	2	172	4,738	3,531		2,261	814	2,038	1,060	3,573	392	219	1,681		577	339	
魏县	27,882	5,425	528	1,027	1	262	4,534	5,061		2,484	877	2,115	460	4,906	376	69	634				
曲周县	16,571	2,968	861	539	24	82	2,392	2,827		1,299	419	1,334	828	2,317	502		282		316		
邱县	13,570	2,239	491	638	13	78	2,331	1,650		715	166	775	1,248	1,186	410	80	756		842	118	
鸡泽县	11,368	1,608	363	810	17	57	2,010	2,229		791	227	805	360	1,527	468	88	163		72		
肥乡县	14,890	2,353	343	477	6	74	1,826	2,883		991	309	1,140	299	1,839	277	17	176		386	1,803	
广平县	14,902	3,151	597	1,127	55	43	2,495	1,395		688		747	463	1,168	297	171	—456		483	2,478	
成安县	15,153	3,507	507	530	28	21	1,874	3,141		1,093	372	1,231		2,373	410	156	282				
临漳县	20,336	3,704	745	443	2	59	2,328	4,711		1,790	638	1,640	533	3,336	542	145	237		121		
馆陶县	14,349	2,629	732	520		29	3,086	1,925		907	251	882	390	2,216	244	93	181		515		
磁县	39,568	13,808	3,381	1,854	11		3,194	4,716		1,557	151	992	1,183	2,752	2,014	92	76		3,938		

2004 年河北省地(市)县级财政一般预算收支及平衡情况表(十)

表九

单位:万元

地区	平衡部分 收入 收入总计	本年收入	消费税和增值税税收返还	所得税基数返还	出口退税基数返还	原体制补助	专项补助	一般性转移支付补助	民族地区转移支付补助	农村税费改革转移支付补助	中小学教师工资转移支付补助	取消农业特产税降低农业税率转移支付补助	增发国债补助	调整工资转移支付补助	结算补助	农业税灾歉减免及企事业单位预算划转补助	其他补助	省补助计划单列市	上年结余收入	调入资金	国债转贷收入、上年结余及转补助数
涉县	44,116	17,182	6,037	1,218	3		4,589	5,746		1,003		433	1,025	2,406	1,630		364		2,480		
永年县	39,704	14,220	3,021	1,871	64		3,578	1,618		2,157	113	2,001	690	4,275	2,106	92	1,508		1,613	890	
邯郸县	32,190	15,842	2,549	1,398	56		2,295	1,744		914		714	396	1,818	2,320	49	155		1,940		
武安市	84,378	41,834	11,810	2,319	373		3,264	9,733		1,665		892	711	3,334	6,108	92	113		2,130		
邯山区	13,122	4,059	791	848			1,122	448		54		4	10	792	4,351		154		489		
丛台区	16,834	7,259	603	390			1,305	707		121		11		857	3,514		62		2,005		
复兴区	9,077	3,025	312	437			726	367		112		13		646	2,984		265		190		
矿区	44,479	15,902	5,256	1,482	13		6,048	3,279		642		158	166	2,525	7,061	29	104		1,814		
开发区	3,917	2,439	388	35	99		418	786		101		74		22	230		7		−682		
马头工业园区	2,599	2,133					88			185		61		18	110	4					
张家口市小计	**586,834**	**152,828**	**65,745**	**6,785**	**1,150**		**82,228**	**44,199**		**19,420**	**3,264**	**6,100**	**107,884**	**49,335**	**6,906**	**557**	**6,852**		**27,225**	**4,714**	**4,906**
张家口市本级	**234,029**	**82,273**	**40,509**	**−13,051**	**434**	**−2,340**	**4,515**	**−2,573**					**95,229**	**7,937**	**−4,915**	**−160**	**4,730**		**14,332**	**2,203**	**4,906**
张家口市县级小计	**352,805**	**70,555**	**25,236**	**19,836**	**716**	**2,340**	**77,713**	**46,772**		**19,420**	**3,264**	**6,100**	**12,655**	**41,398**	**11,821**	**717**	**2,122**		**12,893**	**2,511**	
蔚县	27,805	6,125	2,575	1,572	3		4,149	2,647		2,165		760	650	4,224	374	103	97		2,176	185	
阳原县	18,826	3,143	1,755	1,127	78	207	3,072	2,623		1,400	439	394	893	2,469	243	17	46		1,359		
张北县	22,179	2,780	955	728	21	303	5,441	4,125		1,918	130	558	380	3,280	315	58	149		644	524	
康保县	16,613	1,140	613	141	1	275	4,754	3,500		1,676	525	363	470	2,808	177	39	64		337	255	
沽源县	16,788	1,497	202	152		366	4,789	3,472		1,270	330	389	240	2,672	288	49	93		1,309		
尚义县	13,264	1,096	437	101		329	4,398	3,009		1,075	408	234	276	2,069	156	32	87		−35		
怀安县	18,166	3,048	1,806	539	1	232	3,734	3,526		1,205	389	348	496	2,448	253	36	113		−85	466	
赤城县	18,968	4,210	1,228	860		269	4,827	2,510		1,290	413	311	581	2,837	241	45	139		−380		
崇礼县	9,874	1,711	417	492		239	2,465	1,864		695	169	140	151	1,547	164	19	200		−312	82	
万全县	15,198	1,632	1,213	1,273	225	120	3,756	2,031		1,250	461	319	195	2,476	347	40	64		80	177	
宣化县	19,856	5,983	2,539	1,280	8		2,287	1,527		1,279		570	251	2,894	478	58	132		233	337	
怀来县	27,505	7,700	2,808	2,425	8		3,690	1,911		1,445		660	274	2,628	512	90	223		3,131		
涿鹿县	22,618	3,546	1,918	770	1		5,708	2,512		1,490		731	356	2,817	688	67	113		1,901		
宣化区	49,846	17,644	3,991	3,603	127		6,662	4,137		375		64	7,377	2,282	2,848		105		631		
下花园区	9,352	2,429	771	929	3		2,535	725		185		39	5	689	304	13	43		682		
桥东区	18,539	3,526	810	1,822	65		5,069	3,282		19		2	60	1,454	1,684		231		515		
桥西区	18,595	1,670	1,109	1,557	135		7,857	2,525		90		11		1,728	1,411		199		303		
高新区	4,718	1,068	89	465	40		739	572		494		150		36	656	19	8		382		
察北管理区	2,584	272					1,220	151		99		36		38	622	13	8			125	
塞北管理区	1,511	335					561	123				21		2	60	19	8		22	360	

2004年河北省地(市)县级财政一般预算收支及平衡情况表(十一)

表九

单位:万元

地区	平衡部分 收入																			
	收入总计	本年收入	消费税和增值税税收返还	所得税基数返还	出口退税基数返还	原体制补助	专项补助	一般性转移支付补助	民族地区转移支付补助	农村税费改革转移支付补助	中小学教师工资转移支付补助	取消农业特产税降低农业税率转移支付补助	增发国债补助	调整工资转移支付补助	结算补助	农业税灾歉减免及企事业单位预算划转补助	其他补助	省补助计划单划市	上年结余收入	调入资金	国债转贷收入、上年结余及转补助数
保定市小计	**832,879**	**336,010**	**64,614**	**27,436**	**4,600**		**87,362**	**32,174**		**30,250**	**5,829**	**22,180**	**19,900**	**84,286**	**33,491**	**1,891**	**10,042**		**69,845**	**4,757**	**4,041**
保定市本级	**224,397**	**132,970**	**26,520**	**−56,824**	**3,114**	**−2,661**	**24,626**	**8,244**					**11,400**	**10,193**	**21,175**	**−146**	**−576**		**42,089**	**2,044**	**2,229**
保定市县级小计	**608,482**	**203,040**	**38,094**	**84,260**	**1,486**	**2,661**	**62,736**	**23,930**		**30,250**	**5,829**	**22,180**	**8,500**	**74,093**	**12,316**	**2,037**	**10,618**		**27,756**	**2,713**	**1,812**
清苑县	29,293	9,529	2,165	2,763	48		1,912	749		1,514	593	1,858	216	4,998	1,775	120	214		1,394	10	28
满城县	24,323	7,808	2,485	2,855	53		2,571	130		1,144		675	445	2,873	1,719	178	481		906		
安新县	19,047	6,374	1,129	2,663	11	166	1,999	1,346		1,326	408	752	107	2,317	100	34	147		426		150
唐县	27,132	5,406	770	1,125	40	473	4,941	2,560		2,030	598	635	554	4,111	195	159	659		2,941	533	
顺平县	17,772	3,259	778	1,069	104	337	2,572	2,312		1,122	309	718	849	2,357	148	168	746		993		240
博野县	10,659	2,528	533	854	37	205	1,146	1,472		745	433	544	30	2,175	24	30	31		7	298	
曲阳县	20,837	4,683	949	1,663	5	173	3,132	2,730		1,831	587	491	369	3,174	108	25	611		837	56	
涞源县	26,646	7,982	1,564	4,294		326	4,062	646		1,519	261	182	572	2,561	327	2	665		1,744		200
阜平县	18,047	3,386	534	636		393	4,427	1,745		1,105	424	548	1,041	2,879	149	9	534		661		
易县	29,002	6,832	1,325	2,797	56	228	4,043	2,240		2,060	666	983	886	4,582	276	123	523		2,048		
定兴县	25,824	8,560	1,072	3,198	17	58	2,900	1,063		1,322	166	1,957	194	3,287	124	181	269		1,622		
徐水县	27,566	10,622	2,794	4,157	73		2,020	135		1,397	164	1,382	226	3,237	374	97	123		855	40	34
容城县	15,464	5,323	1,270	2,617	399	14	1,321	664		674		558	128	2,143	20	73	105		155		
涿州市	40,937	20,927	3,540	5,265	73		2,763	112		1,386		1,285	250	2,730	791	139	485		1,191		
涞水县	18,974	3,888	861	1,186	3	183	3,809	2,410		1,458	455	497	495	2,544	143	47	457		700	293	
高碑店市	35,126	16,529	2,331	5,370	5		1,384	112		1,398		1,380	96	2,950	287	156	120		3,008		
雄县	16,218	5,742	1,109	2,256	49	40	1,807	136		1,009	175	700	87	2,415	202	128	163		305	70	
望都县	14,617	3,062	913	1,015	35	34	2,005	1,735		830	453	571	41	3,019	26	19	539		513		260
高阳县	18,293	6,311	1,715	3,220	110		1,870	212		868		825	240	2,446	24	155	87		122	88	
蠡县	24,936	6,371	2,676	5,541	160		2,592	100		1,114		1,139	668	3,152	260	56	142		965		
安国市	22,711	9,239	1,711	2,392	7	31	1,576	137		896		999	818	2,976	174	67	140		621	27	900
定州市	60,650	27,388	3,865	6,609	201		3,640	574		2,473	137	3,001	184	7,063	381	65	1,167		2,741	1,298	
南市区	20,038	4,073	735	8,405			1,222	232		317		159		1,361	1,776	1	767		990		
北市区	17,301	7,112	307	3,464			1,240	222		244		118		1,367	1,613	2	800		812		
新市区	17,818	8,292	412	3,977			1,193	156		463		217	4	1,376	1,276	3	310		139		
高新区	9,251	1,814	551	4,869			589			5		6			24		333		1,060		
沧州市小计	**565,351**	**258,550**	**47,670**	**14,582**	**3,080**		**51,807**	**28,828**		**18,580**	**2,532**	**17,100**	**14,504**	**56,715**	**9,079**	**940**	**4,397**		**14,001**	**22,253**	**3,265**
沧州市本级	**106,533**	**96,922**	**9,717**	**604**	**2,149**	**−1,009**	**3,245**	**−11,461**					**5,664**	**6,722**	**−15,239**	**−813**	**−4,503**		**8,096**	**4,509**	**1,930**
沧州市县级小计	**458,818**	**161,628**	**37,953**	**13,978**	**931**	**1,009**	**48,562**	**40,289**		**18,580**	**2,532**	**17,100**	**8,840**	**49,993**	**24,318**	**1,753**	**8,900**		**5,905**	**17,744**	**1,335**
肃宁县	23,090	5,928	1,969	615	232	270	2,616	4,624		997		854	301	2,743	747	81	435		560	118	

2004 年河北省地(市)县级财政一般预算收支及平衡情况表(十二)

表九

单位:万元

地区	平衡部分																			
	收入																			
	收入总计	本年收入	消费税和增值税税收返还	所得税基数返还	出口退税基数返还	原体制补助	专项补助	一般性转移支付补助	民族地区转移支付补助	农村税费改革转移支付补助	中小学教师工资转移支付补助	取消农业特产税降低农业税率转移支付补助	增发国债补助	调整工资转移支付补助	结算补助	农业税灾歉减免及企事业单位预算划转补助	其他补助	省补助计划单列市	上年结余收入	调入资金	国债转贷收入、上年结余及转补助数
献　县	25,024	5,609	1,417	609	22	292	4,055	3,536		1,592		1,340	640	4,257	1,069	154	382		−187	237	
盐山县	23,514	4,179	1,343	397	2	115	3,485	4,419		1,538	450	1,100	536	4,276	643	140	1,045		171	125	
盐孟村县	15,277	2,256	990	606	4	141	3,001	2,590		661	213	491	1,030	2,130	560	43	378		3	393	
沧　县	36,899	15,555	2,885	1,739	39		3,006	−247		1,453		1,963	764	3,794	2,375	187	1,442			1,944	
青　县	25,247	6,459	3,081	1,629	134		2,654	1,686		1,093		1,140	327	3,064	3,239	49	371		232	89	
南皮县	24,428	4,631	1,439	871	6		2,430	3,348		1,148	359	1,143	551	2,943	593	47	765		−250	4,763	
河间市	40,206	11,470	3,704	1,288	47		2,672	893		2,246		1,920	534	4,899	4,240	143	99		992	5,059	
任丘市	71,060	42,928	6,078	1,116	17		2,634	3,204		1,371		1,300	585	3,820	3,290	110	151		3,139	1,317	
海兴县	14,814	2,341	1,248	185	66		2,531	2,173		760	270	488	583	2,093	1,011	19	412		−126	975	55
东光县	21,952	4,590	1,748	909	18		3,510	3,060		1,180	324	1,073	463	3,409	1,178	153	341		−124	414	30
泊头市	33,580	8,000	3,763	1,519	65		3,435	3,816		1,504	591	1,826	135	4,323	3,025	170	350		896	453	300
吴桥县	18,495	3,980	1,244	283	10		2,571	2,555		1,033		1,170	320	2,720	1,011	38	559		603	398	
黄骅市	35,930	10,875	5,225	1,038	59		4,197	801		1,370	137	1,073	1,211	2,831	4,602	191	1,137			370	950
新华区	12,170	8,834	752	449	80		821	689		151		40		892	−1,292	156	326		213	59	
运河区	16,261	13,279	917	429	63	191	870	789		447	188	156		1,725	−3,681	68	417		−259	850	
开发区	1,734	910	106	94	24		57	122		18		15		31	323		30		4		
港口区	9,467	6,231	42	89			274	1,825		18		8		35	913		25		7		
南大港	4,241	1,846	1	91			1,689	−41						4	270	2	169		30	180	
临港区	5,429	1,727	1	22	43		2,054	447					860	4	202	2	66		1		
秦皇岛市小计	**405,369**	**190,322**	**43,144**	**11,918**	**3,506**		**34,937**	**9,586**		**7,900**	**1,032**	**4,440**	**6,276**	**22,888**	**29,441**	**708**	**2,393**		**21,584**	**6,799**	**9,527**
秦皇岛市本级	**144,113**	**85,489**	**20,023**	**−19,588**	**1,807**	**−692**	**8,234**	**4,841**					**1,711**	**3,320**	**14,402**	**258**	**1,221**		**12,227**	**1,333**	**9,527**
秦皇岛市县级小计	**261,256**	**104,833**	**23,121**	**31,506**	**1,699**	**692**	**26,703**	**4,745**		**7,900**	**1,032**	**4,440**	**4,565**	**19,568**	**15,039**	**450**	**1,172**		**9,357**	**5,466**	
青龙县	32,057	10,362	1,701	2,437		692	5,627	1,938		2,430	492	624	1,645	3,563	807	45	162		3	21	
昌黎县	37,662	10,575	3,709	3,527	124		4,188	575		1,600	540	1,701	1,280	4,355	450	225	450		1,923	2,980	
卢龙县	21,369	5,393	2,194	1,056	54		3,127	2,232		1,910		953	459	3,610	106	43	163		69		
抚宁县	39,251	15,720	6,173	5,030	57		4,270			1,540		940	483	3,578	261	137	101		450	511	
山海关	22,075	7,238	2,724	1,612	140		3,783			120		69	29	1,129	2,400		142		1,689	1,000	
海港区	44,306	18,632	2,022	6,157	212		4,333			230		93	669	2,209	7,860		54		1,215	620	
北戴河	20,041	9,978	1,000	2,775	3		1,065			70		28		863	2,410		79		1,436	334	
市开发	37,889	24,127	3,094	7,429	895		291					14		146	290		12		1,591		
山开发	6,606	2,808	504	1,483	214		19					18		115	455		9		981		
邢台市小计	**485,521**	**180,005**	**46,668**	**21,584**	**3,027**		**47,429**	**32,519**		**19,950**	**4,691**	**14,840**	**13,931**	**50,759**	**14,468**	**974**	**11,002**		**23,595**	**2,427**	**2,343**
邢台市本级	**137,760**	**84,665**	**17,037**	**4,074**	**1,783**	**−1,150**	**10,377**	**−7,225**				**−95**	**5,956**	**6,890**	**−8,467**	**6**	**9,944**		**11,567**	**398**	**2,000**

2004 年河北省地(市)县级财政一般预算收支及平衡情况表(十三)

表九

单位:万元

地区	平衡部分 收入 收入总计	本年收入	消费税和增值税税收返还	所得税基数返还	出口退税基数返还	原体制补助	专项补助	一般性转移支付补助	民族地区转移支付补助	农村税费改革转移支付补助	中小学教师工资转移支付补助	取消农业特产税降低农业税率转移支付补助	增发国债补助	调整工资转移支付补助	结算补助	农业税灾歉减免及企事业单位预算划转补助	其他补助	省补助计划单列市	上年结余收入	调入资金	国债转贷收入、上年结余及转补助数
邢台市县级小计	**347,761**	**95,340**	**29,631**	**17,510**	**1,244**	**1,150**	**37,052**	**39,744**		**19,950**	**4,691**	**14,935**	**7,975**	**43,869**	**22,935**	**968**	**1,058**		**12,028**	**2,029**	**343**
南宫市	20,101	4,289	2,699	315	60		2,095	2,281		1,565	375	1,260	281	3,362	1,222	36	2		634		
沙河市	36,639	12,880	4,068	2,307	13		2,118	6,216		1,254	298	575	1,300	2,702	3,112		36		58		
邢台县	37,424	10,713	5,561	1,132	12		2,490	4,886		1,777	432	756	742	3,218	1,960		55		3,683	339	100
临城县	14,222	2,548	925	580			3,213	1,788		911	215	340	596	2,059	736	12	90		412	12	
内邱县	18,177	5,713	1,438	1,209	1	70	1,512	2,133		856	199	549	598	1,994	1,240		63		558		243
柏乡县	9,572	2,291	515	377	32		924	1,782		634	143	625	230	1,527	391	22	84		103	35	
隆尧县	24,302	7,909	1,502	1,273			1,863	1,345		1,074	253	1,383	824	3,142	1,567	152	−28		2,296		
任　县	10,903	2,033	737	371		207	1,342	1,782		916	209	751	35	2,107	525		94		3		
南和县	11,936	1,938	464	437	1	257	1,069	2,026		833	185	790	155	2,337	520	36	92		701	280	
宁晋县	33,462	12,572	2,628	1,585	424		2,686	1,182		1,242	282	2,039	1,132	4,363	2,654	138	61		100	656	
巨鹿县	16,375	3,332	1,095	560	1		3,061	2,019		1,181	282	801	414	2,447	740	19	61		500	144	
南河县	9,863	1,579	701	162	6		2,200	1,574		748	175	460	274	1,587	367	12	44		119	30	
广宗县	12,157	1,736	227	285	3	360	2,153	2,240		1,227	295	641	738	1,925	342	67	54		159		
平乡县	11,997	2,379	484	906	20	207	1,484	1,420		937	209	553	137	1,840	726	106	65		200	533	
威　县	18,843	4,146	694	744		49	2,849	2,415		2,030	489	1,596	203	3,135	702	218	7		55		
清河县	25,195	6,156	3,182	3,289	596		1,728	1,377		1,162	283	543	92	2,289	3,451		32		1,298		
临西县	14,712	3,340	1,078	914	16		1,352	1,802		1,019	238	962	196	1,906	887	132	74		1,034		
桥东区	8,143	3,388	572	470	29		1,297	395		233	52	35		905	716		57		46		
桥西区	8,848	3,896	712	421	30		1,260	452		309	71	75		941	698		54				
高新区	3,473	2,160	210	120			132	386		42	6	69		51	197	6	31		69		
大曹庄管理区	1,417	342	139	53			224	243				132	28	32	182	12	30				
廊坊市小计	**466,826**	**202,792**	**37,680**	**20,210**	**2,017**		**27,557**	**17,171**		**11,490**	**2,986**	**9,240**	**7,301**	**34,237**	**18,964**	**329**	**3,049**		**40,809**	**32,630**	**1,350**
廊坊市本级	**106,803**	**67,787**	**7,171**	**3,345**	**1,003**		**172**	**−2,329**					**2,056**	**4,543**	**−17,629**		**−989**		**24,914**	**15,559**	**1,200**
廊坊市县级小计	**360,023**	**135,005**	**30,509**	**16,865**	**1,014**		**27,385**	**19,500**		**11,490**	**2,986**	**9,240**	**5,245**	**29,694**	**36,593**	**329**	**4,038**		**15,895**	**17,071**	**150**
三河市	75,139	33,246	5,524	3,184	120		3,882	2,516		750		695	61	3,219	7,585		47		3,848	10,462	
大厂县	14,954	4,747	1,866	984	41		1,436	509		600		311	550	1,575	1,506	35	358		436		
香河县	30,724	11,328	3,092	2,711	268		2,871	603		820		788	130	2,723	3,599		405		1,386		
永清县	22,693	4,469	2,155	295	38		2,368	2,914		1,750	386	1,449	1,039	3,379	871	39	497		1,160	270	
固安县	23,229	7,105	1,517	839	48		2,080	1,573		1,530	442	1,398	300	3,143	1,507	23	514		1,607	45	
霸州市	54,354	21,025	6,308	2,785	84		3,688	1,929		1,000	583	1,143	630	3,887	4,778	179	411		2,246	4,111	150
文安县	32,788	9,696	3,636	2,194	98		3,128	1,943		1,050	167	1,135	1,533	3,910	2,912		75		1,169	309	
大城县	27,373	8,235	2,411	691	4		2,142	2,900		1,560	610	995	391	3,397	1,746		590		1,039	1,272	

2004 年河北省地(市)县级财政一般预算收支及平衡情况表(十四)

表九

单位:万元

地区	平衡部分 收入																			
	收入总计	本年收入	消费税和增值税税收返还	所得税基数返还	出口退税基数返还	原体制补助	专项补助	一般性转移支付补助	民族地区转移支付补助	农村税费改革转移支付补助	中小学教师工资转移支付补助	取消农业特产税降低农业税率转移支付补助	增发国债补助	调整工资转移支付补助	结算补助	农业税灾歉减免及企事业单位预算划转补助	其他补助	省补助计划单列市	上年结余收入	调入资金	国债转贷收入、上年结余及转补助数
安次区	18,241	4,359	1,466	219	58		1,838	1,515		1,500	426	808	449	2,168	1,743	53	290		1,208	567	
广阳区	27,104	17,361	2,116	528	61		2,694	225		900	372	439	162	2,261	−145		203		264	35	
开发区	33,424	13,434	418	2,435	194		1,258	2,873		30		79		32	10,491		648		1,532		
承德市小计	**458,069**	**120,274**	**33,628**	**9,570**	**823**	**815**	**65,039**	**41,471**		**16,180**	**5,188**	**4,710**	**75,052**	**40,582**	**6,280**	**726**	**5,200**		**32,676**	**1,419**	**3,624**
承德市本级	**156,336**	**61,771**	**14,077**	**−16,069**	**425**	**−2,387**	**18,492**	**−571**					**38,629**	**5,088**	**460**	**233**	**20**		**32,544**		**3,624**
承德市县级小计	**301,733**	**58,503**	**19,551**	**25,639**	**398**	**3,202**	**46,547**	**42,042**		**16,180**	**5,188**	**4,710**	**36,423**	**35,494**	**5,820**	**493**	**5,180**		**132**	**1,419**	
宽城县	36,073	12,226	2,454	3,550	3	324	3,985	5,828		1,620	423	219	2,132	2,909	386	11	426				
滦平县	31,829	6,066	2,308	2,266	2	363	3,939	4,743		1,624	514	415	5,432	3,343	302	19	590		−90	507	
丰宁县	36,776	4,320	1,396	1,646	3	644	7,474	4,420		1,730	698	488	9,500	4,101	348	46	660				
隆化县	28,866	3,504	1,112	1,117	1	297	5,529	5,646		1,951	770	648	3,260	4,474	348	86	893				
围场县	33,690	3,122	1,570	1,179		579	7,119	5,286		2,294	615	826	4,297	5,021	787	90	803			717	
承德县	32,857	6,064	2,725	3,172	295		5,042	4,224		2,073	705	635	2,773	4,332	769	86	508		33	126	
兴隆县	26,992	5,792	3,252	1,651	22		3,607	2,381		2,118	568	538	2,623	3,402	1,079	30	361		67	69	
平泉县	31,452	3,940	3,073	1,533	26		4,863	5,367		2,013	895	859	3,399	5,104	590	114	665		−94		
双桥区	15,817	6,900	893	963	26	798	2,046	1,100		355		43	967	1,513	89	11	92		21		
双滦区	16,368	4,090	323	5,878		197	1,391	1,430		267		30	1,496	729	444		93				
营子区	6,743	1,265	432	813	1		1,532	715		135		9	544	556	655		86				
开发区	4,270	1,214	13	1,871	19		20	902						10	23		3		195		
衡水市小计	**325,712**	**101,142**	**27,828**	**12,121**	**2,867**	**648**	**35,039**	**14,274**		**11,710**		**18,210**	**13,688**	**36,430**	**8,850**	**550**	**3,739**		**22,343**	**10,803**	**5,470**
衡水市本级	**66,198**	**30,099**	**7,443**	**2,189**	**1,180**	**648**	**6,037**	**−8,912**					**4,475**	**3,794**	**−5,422**	**2**	**1,608**		**14,537**	**5,700**	**2,820**
衡水市县级合计	**259,514**	**71,043**	**20,385**	**9,932**	**1,687**		**29,002**	**23,186**		**11,710**		**18,210**	**9,213**	**32,636**	**14,272**	**548**	**2,131**		**7,806**	**5,103**	**2,650**
武邑县	19,838	4,373	1,130	463	14		3,280	2,814		1,062		1,642	1,303	2,724	125		167		741		
饶阳县	18,216	4,346	965	453	43		3,118	2,638		879		1,236	711	2,463	130		669		216	199	150
安平县	21,171	6,925	1,192	1,391	351		1,972	910		838		1,043	737	2,108	2,060	12	417		860	355	
冀州市	24,877	6,872	2,955	1,749	57		2,971	1,342		990		1,809	414	2,931	2,380		115		292		
枣强县	25,367	5,193	3,353	721	95		2,165	2,462		1,098		1,811	1,335	3,775	1,401	29	50		442	687	750
深州市	29,981	7,821	2,661	964	168		2,588	2,347		1,709		2,946	663	4,394	1,425	37	76		1,432		750
武强县	15,208	3,561	1,232	300	30		2,466	2,412		751		904	1,183	1,700	125	17	96		431		
故城县	22,262	5,440	1,529	612	210		2,463	2,403		1,275		2,047	591	3,159	966	55	45		772	245	450
景县	26,735	7,433	2,327	997	56		1,927	2,250		1,304		2,263	905	3,451	1,814	150	188		1,405		265
阜城县	19,510	5,099	1,121	322	60		2,450	2,671		1,054		1,498	1,235	2,458	75	173	67		831	111	285
桃城区	33,666	12,954	1,856	1,745	587		3,149	785		730		1,005	136	3,364	3,466	75	196		373	3,245	
高开区	2,683	1,026	64	215	16		453	152		20		6		109	305		45		11	261	

2004年河北省地(市)县级财政一般预算收支及平衡情况表(十五)

表九

单位:万元

地区	平衡部分									
	支出									
	支出总计	本年支出	原体制上解	专项上解	计划单列市上解省	增设预算周转金	调出资金	国债转贷拨付数及年末结余	年终结余	其中:净结余
河北省地市县合计	6,554,426	6,081,901	191,716	219,580		2,144	2,846	56,239	556,666	29,740
河北省地市本级合计	1,596,149	1,695,288	61,419	−207,708		200	2,811	44,139	372,342	19,477
河北省县级合计	4,958,277	4,386,613	130,297	427,288		1,944	35	12,100	184,324	10,263
石家庄市小计	1,017,518	929,683	52,187	20,369		464	1,020	13,795	105,273	5,034
石家庄市本级	154,687	308,207	32,232	−195,167			1,000	8,415	93,020	95
石家庄市县级小计	862,831	621,476	19,955	215,536		464	20	5,380	12,253	4,939
赞皇县	17,361	16,163		698				500	4,117	89
平山县	36,711	34,511		2,086		14		100		
灵寿县	22,219	20,875		774				570	798	42
行唐县	20,566	19,867		603				96		
井陉县	27,937	24,641	2,095	1,201					522	8
鹿泉县	41,335	37,074	2,825	1,436					406	406
正定县	32,349	29,610	1,308	831				600	805	150
栾城县	23,312	21,939	514	859					191	
辛集市	43,505	35,811	4,277	3,417						
晋州市	27,160	24,498	1,204	758				700	536	3
深泽县	13,417	13,042		375						
无极县	23,138	21,318		1,820						
藁城市	55,007	50,852	947	2,208				1,000	108	39
赵　县	25,659	23,692	210	1,347				410	17	
新乐市	25,502	24,805		593				104	538	538
高邑县	12,940	12,482	90	368					402	3
元氏县	21,805	20,977	90	738					325	325
长安区	90,877	29,760	845	60,272					867	715
桥东区	47,481	22,034	535	24,462		450			58	58
桥西区	77,555	26,808	1,101	48,346				1,300	92	92
新华区	60,088	35,900	94	24,094					1,136	1,136
裕华区	67,958	34,696	2,997	30,265					419	419
矿　区	11,724	10,634	668	422					146	146
高新区	37,225	29,487	155	7,563			20		770	770
唐山市小计	1,052,424	975,576	38,021	33,409				5,418	48,141	1,297
唐山市本级	267,409	245,458	19,187	−2,224				4,988	20,625	62
唐山市县级小计	785,015	730,118	18,834	35,633				430	27,516	1,235

2004年河北省地(市)县级财政一般预算收支及平衡情况表(十六)

表九

单位:万元

地区	平衡部分									
	支出								年终结余	其中:净结余
	支出总计	本年支出	原体制上解	专项上解	计划单列市上解省	增设预算周转金	调出资金	国债转贷拨付数及年末结余		
滦　县	34,854	32,054	951	1,849					2,450	−200
滦南县	46,292	43,888	588	1,816					4,348	
乐亭县	43,379	40,012	487	2,880					1,082	
迁西县	62,473	60,293	411	1,769					1,097	68
唐海县	17,257	15,969	900	388						
迁安市	112,202	105,866	1,591	4,745					5,228	431
玉田县	49,414	45,177	1,447	2,790					192	132
遵化市	78,292	71,654	2,815	3,823					3,323	218
路南区	25,939	22,691	2,187	1,061					1,317	
路北区	42,264	39,680	1,224	1,360					681	
古冶区	33,606	32,182	373	1,051					1,349	
开平区	32,154	30,382	501	1,271					1,002	120
丰润区	63,970	55,484	3,644	4,842					1,971	226
丰南区	89,752	86,350	1,715	1,257				430	2,493	150
高新开发区	19,790	17,561		2,229					375	61
海港开发区	16,979	15,047		1,932					25	25
南堡开发区	7,035	6,477		558					3	3
芦台开发区	3,716	3,710		6					579	
汉沽管理区	5,647	5,641		6					1	1
邯郸市小计	**694,771**	**636,700**	**26,303**	**29,268**				**2,500**	**66,404**	**1,714**
邯郸市本级	**216,166**	**202,065**	**12,348**	**−747**				**2,500**	**40,415**	**2,800**
邯郸市县级小计	**478,605**	**434,635**	**13,955**	**30,015**					**25,989**	**−1,086**
大名县	23,683	22,168		1,515					1,906	
魏　县	27,254	26,008		1,246					628	
曲周县	15,672	14,907		765					899	
邱　县	11,562	10,813		749					2,008	1
鸡泽县	10,945	10,506		439					423	
肥乡县	13,591	12,614		977					1,299	
广平县	12,820	12,062		758					2,082	10
成安县	15,153	14,187		966						
临漳县	20,336	18,384		1,952						
馆陶县	13,467	12,819		648					882	
磁　县	36,309	33,087	699	2,523					3,259	235

2004年河北省地(市)县级财政一般预算收支及平衡情况表(十七)

表九 单位:万元

地区	平衡部分									
	支出								年终结余	其中:净结余
	支出总计	本年支出	原体制上解	专项上解	计划单列市上解省	增设预算周转金	调出资金	国债转贷拨付数及年末结余		
涉县	40,419	37,335	1,394	1,690					3,697	
永年县	38,581	34,224	1,048	3,309					1,123	58
邯郸县	30,596	28,899	408	1,289					1,594	9
武安市	82,123	75,740	4,205	2,178					2,255	
邯山区	12,357	10,764	567	1,026					765	
丛台区	13,843	11,089	885	1,869					2,991	
复兴区	8,758	7,727	231	800					319	3
矿区	43,218	35,125	4,518	3,575					1,261	
开发区	5,319	5,216		103					−1,402	−1,402
马头工业园区	2,599	961		1,638						
张家口市小计	**558,678**	**526,979**	**15,158**	**11,635**				**4,906**	**28,156**	**−2,217**
张家口市本级	**222,487**	**208,290**	**9,678**	**−387**				**4,906**	**11,542**	**356**
张家口市县级小计	**336,191**	**318,689**	**5,480**	**12,022**					**16,614**	**−2,573**
蔚县	23,642	22,922	165	555					4,163	−150
阳原县	17,607	17,220		387					1,219	−355
张北县	21,954	21,586		368					225	−333
康保县	16,140	15,841		299					473	
沽源县	15,220	15,018		202					1,568	
尚义县	13,140	12,998		142					124	−243
怀安县	17,768	17,341		427					398	54
赤城县	18,779	18,399		380					189	−380
崇礼县	10,186	9,975		211					−312	−312
万全县	15,314	14,850		464					−116	−327
宣化县	19,446	19,011	26	409					410	−210
怀来县	24,620	22,426	1,331	863					2,885	80
涿鹿县	20,883	20,183	302	398					1,735	−226
宣化区	49,056	42,629	2,022	4,405					790	38
下花园区	8,307	7,173	359	775					1,045	66
桥东区	17,326	15,322	876	1,128					1,213	−82
桥西区	18,187	17,310	399	478					408	−193
高新区	4,522	4,421		101					196	
察北管理区	2,584	2,569		15						
塞北管理区	1,510	1,495		15					1	

2004 年河北省地(市)县级财政一般预算收支及平衡情况表(十八)

表九

单位:万元

地区	平衡部分									
	支出								年终结余	其中:净结余
	支出总计	本年支出	原体制上解	专项上解	计划单列市上解省	增设预算周转金	调出资金	国债转贷拨付数及年末结余		
保定市小计	**734,255**	**691,413**	**12,758**	**25,867**		**50**	**126**	**4,041**	**98,624**	**−2,300**
保定市本级	**165,306**	**159,171**	**3,931**	**−151**			**126**	**2,229**	**59,091**	**−3,726**
保定市县级小计	**568,949**	**532,242**	**8,827**	**26,018**		**50**		**1,812**	**39,533**	**1,426**
清苑县	27,826	26,498	102	1,198				28	1,467	
满城县	23,120	22,056	212	852					1,203	
安新县	18,164	17,356		658				150	883	31
唐　县	23,606	22,734		872					3,526	
顺平县	16,177	15,239		698				240	1,595	
博野县	10,202	9,684		518					457	−120
曲阳县	17,548	16,568		980					3,289	66
涞源县	23,407	22,714		493				200	3,239	27
阜平县	16,918	16,376		542					1,129	
易　县	26,694	26,056		638					2,308	
定兴县	24,283	23,505		778					1,541	
徐水县	26,807	25,009	955	809				34	759	39
容城县	14,471	13,761		710					993	
涿州市	40,281	35,800	2,665	1,816					656	436
涞水县	17,635	17,157		478					1,339	
高碑店市	31,549	29,021	1,052	1,476					3,577	116
雄　县	14,918	14,193		725					1,300	478
望都县	14,133	13,153		720				260	484	79
高阳县	18,068	16,656	654	708		50			225	58
蠡　县	24,755	22,211	480	2,064					181	
安国市	22,451	20,505		1,046				900	260	20
定州市	57,658	54,588	530	2,540					2,992	
南市区	17,570	15,860	631	1,079					2,468	
北市区	14,670	13,365	361	944					2,631	
新市区	17,818	14,970	1,104	1,744						
高新区	8,220	7,207	81	932					1,031	196
沧州市小计	**543,116**	**501,998**	**18,739**	**17,571**		**1,200**	**343**	**3,265**	**22,235**	**1,576**
沧州市本级	**96,622**	**102,637**	**1,552**	**−9,840**			**343**	**1,930**	**9,911**	**144**
沧州市县级小计	**446,494**	**399,361**	**17,187**	**27,411**		**1,200**		**1,335**	**12,324**	**1,432**
肃宁县	21,854	20,809		1,045					1,236	−457

2004年河北省地(市)县级财政一般预算收支及平衡情况表(十九)

表九

单位:万元

地区	平衡部分									
	支出									
	支出总计	本年支出	原体制上解	专项上解	计划单列市上解省	增设预算周转金	调出资金	国债转贷拨付数及年末结余	年终结余	其中:净结余
献　县	25,211	24,309		902					−187	−187
盐山县	23,164	22,536		628					350	−104
孟村县	15,288	14,851		437					−11	−11
沧　县	35,703	31,896	1,923	1,884					1,196	−13
青　县	24,135	21,351	1,512	1,272					1,112	5
南皮县	24,744	23,517	572	655					−316	−316
河间市	38,552	35,560	1,344	1,648					1,654	
任丘市	65,992	57,505	3,174	4,113		1,200			5,068	2,917
海兴县	14,930	14,138	258	479				55	−116	−116
东光县	22,076	20,795	525	726				30	−124	−124
泊头市	32,191	28,327	2,080	1,484				300	1,389	55
吴桥县	17,684	16,830	262	592					811	184
黄骅市	35,930	28,405	4,944	1,631				950		
新华区	11,982	8,089	581	3,312					188	
运河区	16,364	10,961		5,403					−103	−408
开发区	1,725	1,607	8	110					9	9
港口区	9,444	8,459	4	981					23	23
南大港	4,071	4,009		62					170	
临港区	5,454	5,407		47					−25	−25
秦皇岛市小计	**381,244**	**342,841**	**17,395**	**10,824**			**657**	**9,527**	**24,125**	**2,045**
秦皇岛市本级	**129,073**	**113,748**	**6,418**	**−1,277**			**657**	**9,527**	**15,040**	**4,196**
秦皇岛市县级小计	**252,171**	**229,093**	**10,977**	**12,101**					**9,085**	**−2,151**
青龙县	32,462	31,534		928					−405	−2,643
昌黎县	34,479	30,512	1,870	2,097					3,183	
卢龙县	21,830	20,689	390	751					−461	−461
抚宁县	38,174	34,580	2,167	1,427					1,077	5
山海关	20,162	17,884	2,219	59					1,913	100
海港区	43,755	38,758	3,628	1,369					551	196
北戴河	18,682	17,348	698	636					1,359	94
市开发	36,901	33,082		3,819					988	388
山开发	5,726	4,706	5	1,015					880	170
邢台市小计	**448,901**	**411,611**	**951**	**33,111**		**200**	**685**	**2,343**	**36,620**	**1,243**
邢台市本级	**116,268**	**96,761**	**−3,938**	**20,760**			**685**	**2,000**	**21,492**	

2004年河北省地(市)县级财政一般预算收支及平衡情况表(二十)

表九

单位:万元

地区	平衡部分									
	支出								年终结余	其中:净结余
	支出总计	本年支出	原体制上解	专项上解	计划单列市上解省	增设预算周转金	调出资金	国债转贷拨付数及年末结余		
邢台市县级小计	**332,633**	**314,850**	**4,889**	**12,351**		**200**		**343**	**15,128**	**1,243**
南宫市	19,969	18,470	811	688					132	6
沙河市	36,541	34,225	1,282	1,034					98	98
邢台县	33,403	31,930	482	891				100	4,021	
临城县	13,646	13,259	41	346					576	
内邱县	17,188	15,883		1,062				243	989	
柏乡县	9,468	8,815	60	593					104	12
隆尧县	19,681	18,358	347	776		200			4,621	88
任县	10,900	10,456		444					3	3
南和县	11,123	10,624		499					813	22
宁晋县	33,315	31,612	535	1,168					147	6
巨鹿县	15,803	15,052	74	677					572	5
新河县	9,863	9,580	42	241						
广宗县	11,884	11,551		333					273	
平乡县	11,797	11,388		409					200	12
威县	18,794	18,133		661					49	9
清河县	24,055	23,064	300	691					1,140	977
临西县	13,334	12,768	140	426					1,378	
桥东区	8,143	7,234	360	549						
桥西区	8,848	7,843	359	646						
高新区	3,461	3,198	56	207					12	5
大曹庄管理区	1,417	1,407		10						
廊坊市小计	**421,413**	**396,387**	**10,204**	**13,457**			**15**	**1,350**	**45,413**	**20,896**
廊坊市本级	**77,542**	**93,485**	**−11,702**	**−5,441**				**1,200**	**29,261**	**15,440**
廊坊市县级小计	**343,871**	**302,902**	**21,906**	**18,898**			**15**	**150**	**16,152**	**5,456**
三河市	72,433	65,398	3,234	3,801					2,706	711
大厂县	14,135	13,544	85	506					819	483
香河县	28,232	25,594	1,734	904					2,492	890
永清县	20,469	19,007	761	686			15		2,224	950
固安县	21,098	19,109	667	1,322					2,131	25
霸州市	52,834	46,140	5,236	1,308				150	1,520	656
文安县	32,366	28,377	3,066	923					422	28
大城县	25,483	22,522	1,692	1,269					1,890	855

2004年河北省地(市)县级财政一般预算收支及平衡情况表(二十一)

表九

单位:万元

地区	平衡部分									
	支出								年终结余	其中:净结余
	支出总计	本年支出	原体制上解	专项上解	计划单列市上解省	增设预算周转金	调出资金	国债转贷拨付数及年末结余		
安次区	17,219	15,754	208	1,257					1,022	−68
广阳区	26,194	18,625	1,682	5,887					910	910
开发区	33,408	28,832	3,541	1,035					16	16
承德市小计	**395,917**	**378,111**		**13,952**		**230**		**3,624**	**62,152**	**452**
承德市本级	**94,795**	**94,185**	**−798**	**−2,416**		**200**		**3,624**	**61,541**	**110**
承德市县级小计	**301,122**	**283,926**	**798**	**16,368**		**30**			**611**	**342**
宽城县	36,073	34,438		1,635						
滦平县	31,919	30,295		1,624					−90	−90
丰宁县	36,776	35,531		1,245						
隆化县	28,597	27,306		1,291					269	
围场县	33,690	32,087		1,603						
承德县	32,825	30,869	191	1,765					32	32
兴隆县	26,899	25,562	163	1,174					93	93
平泉县	31,546	29,812	247	1,487					−94	−94
双桥区	15,766	13,779		1,987					51	51
双滦区	16,367	14,604		1,733		30			1	1
营子区	6,743	6,016	96	631						
开发区	3,921	3,627	101	193					349	349
衡水市小计	**306,189**	**290,602**		**10,117**				**5,470**	**19,523**	
衡水市本级	**55,794**	**71,281**	**−7,489**	**−10,818**				**2,820**	**10,404**	
衡水市县级合计	**250,395**	**219,321**	**7,489**	**20,935**				**2,650**	**9,119**	
武邑县	19,350	17,699	636	1,015					488	
饶阳县	18,168	16,586	454	978				150	48	
安平县	20,137	18,626	311	1,200					1,034	
冀州市	24,874	22,564	1,255	1,055					3	
枣强县	25,297	22,014	1,150	1,383				750	70	
深州市	27,948	24,799	883	1,516				750	2,033	
武强县	14,382	13,114	411	857					826	
故城县	22,183	19,363	1,028	1,342				450	79	
景县	23,294	21,548	399	1,082				265	3,441	
阜城县	18,474	16,759	557	873				285	1,036	
桃城区	33,666	23,716	405	9,545						
高开区	2,622	2,533		89					61	

2004年河北省地(市)县级主要经济指标情况表(一)

单位:万元、人

地区	编码	地方财政一般预算收入	国内增值税75%	国内消费税	预算内基金收入	地区生产总值	第一产业增加值	第二产业增加值	第三产业增加值	财政供养人口(人)					自收自支单位年末人数
										小计	在职人员	离休人员	退休人员	其他人员	
河北省地市县合计	A	**3,025,346**	**2,844,362**	**322,114**	**1,083,473**	**89,192,549**	**13,011,590**	**46,182,692**	**29,998,267**	**2,030,534**	**1,569,502**	**44,249**	**367,933**	**48,850**	**90,827**
河北省地市本级合计	B	**1,065,527**	**637,946**	**167,699**	**659,786**	**10,708,124**	**730,317**	**6,121,919**	**3,855,888**	**286,352**	**209,531**	**11,819**	**62,175**	**2,827**	**18,206**
河北省县级合计	C	**1,959,819**	**2,206,416**	**154,415**	**423,687**	**78,484,425**	**12,281,273**	**40,060,773**	**26,142,379**	**1,744,182**	**1,359,971**	**32,430**	**305,758**	**46,023**	**72,621**
石家庄市小计	0	**561,644**	**445,217**	**92,905**	**228,469**	**16,330,000**	**2,300,000**	**7,950,000**	**6,080,000**	**262,341**	**208,754**	**5,987**	**45,842**	**1,758**	**9,620**
石家庄市本级	1	**63,924**	**39,710**	**35,374**	**161,457**	**3,513,029**	**245,871**	**1,303,551**	**1,963,607**	**38,083**	**26,993**	**1,786**	**8,688**	**616**	**4,300**
石家庄市县级小计	2	**497,720**	**405,507**	**57,531**	**67,012**	**12,816,971**	**2,054,129**	**6,646,449**	**4,116,393**	**224,258**	**181,761**	**4,201**	**37,154**	**1,142**	**5,320**
赞皇县	3	4,111	2,618		1,582	201,404	50,815	84,590	65,999	6,707	5,631	130	946		194
平山县	3	11,962	14,876		1,667	563,000	113,000	282,000	168,000	13,954	11,331	494	2,129		
灵寿县	3	5,377	3,269		1,312	268,954	46,228	143,405	79,321	8,526	7,312	211	1,003		282
行唐县	3	6,662	2,609	53	977	372,991	88,512	180,845	103,634	11,156	9,405	137	1,614		74
井陉县	3	14,502	7,987		1,688	455,201	45,129	267,179	142,893	7,866	6,473	119	1,274		1,253
鹿泉市	3	21,205	20,273	164	4,294	1,120,500	110,800	674,000	335,700	11,146	9,332	169	1,645		285
正定县	3	14,682	8,830	3	2,729	730,000	139,000	349,000	242,000	12,936	11,113	143	1,680		419
栾城县	3	10,128	9,712	5	2,779	657,900	159,400	291,200	207,300	8,097	6,509	107	1,060	421	1,280
辛集市	3	13,420	18,544	2	9,613	1,101,815	216,626	514,491	370,698	16,799	13,365	535	2,899		
晋州市	3	11,289	7,277	1	2,203	788,349	112,750	399,781	275,818	13,747	11,792	186	1,769		
深泽县	3	5,606	2,009		796	241,957	52,229	109,004	80,724	5,992	4,834	162	996		128
无极县	3	9,404	4,372		923	535,341	104,296	279,606	151,439	10,399	8,336	266	1,481	316	403
藁城市	3	28,794	17,198		2,664	1,395,609	303,017	616,269	476,323	16,777	13,894	177	2,603	103	417
赵县	3	9,634	3,756	8	1,418	579,212	147,276	244,968	186,968	12,631	10,844	268	1,519		
新乐市	3	12,569	5,895	694	1,923	716,096	131,186	370,782	214,128	11,187	9,193	141	1,659	194	104
高邑县	3	6,218	2,229		728	271,000	59,000	131,000	81,000	6,193	5,070	135	988		
元氏县	3	9,344	4,770	1	1,084	507,000	95,000	252,000	160,000	9,064	7,748	151	1,165		15
长安区	4	80,633	88,640	22	2,651	334,000	20,000	209,000	105,000	7,561	5,278	150	2,120	13	159
桥东区	4	36,213	26,496	1,661	3,605	213,545	5,031	113,230	95,284	6,908	4,739	152	2,017		18
桥西区	4	64,216	42,979	54,782	3,947	217,538	9,315	105,446	102,777	7,902	5,133	121	2,644	4	195
新华区	4	42,858	28,975	133	7,791	370,000	20,000	230,000	120,000	7,983	5,809	122	2,052		5
裕华区	4	49,075	40,041	2	4,113	266,430	18,360	125,510	122,560	6,409	5,091	86	1,141	91	73
矿区	4	5,703	8,198		1,403	103,129	5,500	63,802	33,827	3,146	2,446	38	662		13
高新区	4	24,115	33,954		5,122	806,000	1,659	609,341	195,000	1,172	1,083	1	88		3
唐山市小计	0	**581,269**	**750,714**	**6,096**	**202,996**	**16,061,000**	**2,130,500**	**9,111,000**	**4,819,500**	**235,848**	**174,703**	**5,454**	**51,957**	**3,734**	**14,292**
唐山市本级	1	**187,480**	**267,176**		**87,232**	**3,600,610**	**292,778**	**2,826,185**	**481,647**	**33,131**	**23,639**	**1,577**	**7,788**	**127**	**7,932**
唐山市县级小计	2	**393,789**	**483,538**	**6,096**	**115,764**	**12,460,390**	**1,837,722**	**6,284,815**	**4,337,853**	**202,717**	**151,064**	**3,877**	**44,169**	**3,607**	**6,360**
滦县	3	14,367	14,255	897	3,715	759,170	123,607	379,794	255,769	15,727	12,480	286	2,961		

2004 年河北省地(市)县级主要经济指标情况表(二)

单位:万元、人

地区	编码	地方财政一般预算收入	国内增值税75%	国内消费税	预算内基金收入	地区生产总值	第一产业增加值	第二产业增加值	第三产业增加值	财政供养人口(人)					自收自支单位年末人数
										小计	在职人员	离休人员	退休人员	其他人员	
滦南县	3	19,003	18,930	31	4,346	1,120,100	241,100	339,400	539,600	17,470	12,933	478	3,517	542	199
乐亭县	3	21,133	8,932	166	14,183	975,000	380,000	300,000	295,000	16,797	11,162	404	3,394	1,837	1,158
迁西县	3	30,946	64,535	9	5,860	776,681	74,116	486,811	215,754	12,579	10,328	179	2,072		107
唐海县	3	5,610	4,792	1	4,943	238,639	90,838	73,247	74,554	4,974	3,798	96	1,080		62
迁安市	3	71,700	75,405	14	28,948	1,784,000	155,000	1,018,000	611,000	17,933	14,673	291	2,969		377
玉田县	3	18,933	12,655	2,526	3,214	106,500	26,300	43,900	36,300	17,026	13,313	363	3,350		70
遵化市	3	38,198	63,261	69	7,024	1,670,000	170,000	880,000	620,000	17,800	13,282	444	4,071	3	2,894
路南区	4	12,085	11,040	18	1,503	234,915	7,128	59,934	167,853	7,352	5,090	151	2,111		
路北区	4	23,176	12,695	1,781	2,680	295,301	17,701	95,000	182,600	12,442	8,487	241	3,704	10	
古冶区	4	11,713	15,012	3	3,486	310,000	40,000	180,000	90,000	12,394	7,969	196	4,164	65	778
开平区	4	17,446	37,105		2,221	624,430	28,116	398,889	197,425	8,132	4,960	154	1,945	1,073	423
丰润区	4	30,278	22,881	112	12,735	1,356,925	209,642	759,340	387,943	23,142	17,656	364	5,115	7	50
丰南区	4	43,551	87,792	449	15,012	1,590,000	258,000	887,000	445,000	15,023	11,623	200	3,200		117
高新开发区	4	13,199	13,965	1	1,480	212,349	584	168,567	43,198	265	265				
海港开发区	4	13,674	12,657		1,137	124,000		18,000	106,000	277	207			70	
南堡开发区	4	5,455	1,843		1,292	104,380		87,880	16,500	436	431		5		118
芦台开发区	4	1,032	1,335	19	835	85,000	12,000	48,000	25,000	1,610	1,069	30	511		7
汉沽管理区	4	2,290	4,448		1,150	93,000	3,590	61,053	28,357	1,338	1,338				
邯郸市小计	**0**	**340,510**	**377,697**	**672**	**105,595**	**9,394,918**	**1,250,000**	**4,913,918**	**3,231,000**	**221,533**	**177,220**	**3,479**	**34,703**	**6,131**	**12,717**
邯郸市本级	**1**	**172,147**			**78,604**					**32,987**	**25,162**	**1,043**	**6,681**	**101**	
邯郸市县级小计	**2**	**168,363**	**377,697**	**672**	**26,991**	**9,394,918**	**1,250,000**	**4,913,918**	**3,231,000**	**188,546**	**152,058**	**2,436**	**28,022**	**6,030**	**12,717**
大名县	3	3,076	905	43	767	410,796	98,529	120,798	191,469	16,138	13,827	259	1,913	139	226
魏　县	3	5,425	1,039		918	427,320	103,543	138,719	185,058	14,253	11,143	182	2,693	235	1,058
曲周县	3	2,968	1,188	2	1,246	273,970	86,850	111,616	75,504	9,247	7,946	107	1,194		415
邱　县	3	2,239	668		634	216,565	60,523	95,004	61,038	6,398	5,073	85	1,101	139	183
鸡泽县	3	1,608	890	5	441	202,779	45,412	100,377	56,990	7,271	4,465	42	1,314	1,450	403
肥乡县	3	2,353	553		839	237,883	83,366	74,656	79,861	7,299	5,922	141	1,236		27
广平县	3	3,151	845		716	207,596	36,970	91,323	79,303	6,846	5,602	66	868	310	415
成安县	3	3,507	1,645	1	492	280,080	98,542	102,261	79,277	9,501	7,759	98	1,644		1,571
临漳县	3	3,704	762	1	448	302,971	106,720	105,981	90,270	12,593	9,727	91	2,121	654	1,010
馆陶县	3	2,629	852	19	482	222,648	74,596	80,242	67,810	7,412	6,434	86	892		386
磁　县	3	13,808	11,822	7	2,049	559,918	65,876	304,463	189,579	13,030	11,032	169	1,593	236	2,102
涉　县	3	17,182	30,771		2,896	565,777	28,829	410,478	126,470	10,508	7,242	130	1,234	1,902	872
永年县	3	14,220	6,784	13	3,406	615,417	202,331	189,682	223,404	15,487	13,613	191	1,683		2,219

2004年河北省地(市)县级主要经济指标情况表(三)

单位:万元、人

地　区	编码	地方财政一般预算收入	国内增值税75%	国内消费税	预算内基金收入	地区生产总值	第一产业增加值	第二产业增加值	第三产业增加值	财政供养人口(人)					自收自支单位年末人数
										小　计	在职人员	离休人员	退休人员	其他人员	
邯郸县	3	15,842	8,401	5	1,323	648,303	52,603	402,300	193,400	10,207	8,694	135	1,263	115	377
武安市	3	41,834	81,640	102	6,143	1,752,016	15,171	1,224,231	512,614	17,026	14,592	240	2,194		743
邯山区	4	4,059	12,588	12	520	341,582	23,901	158,478	159,203	3,496	2,603	70	799	24	30
丛台区	4	7,259	48,566	460	1,150	511,666	18,439	253,227	240,000	3,667	2,676	132	859		
复兴区	4	3,025	104,374		351	821,986	28,737	359,737	433,512	3,246	2,461	26	451	308	47
矿　区	4	15,902	60,939	2	1,992	795,645	19,062	590,345	186,238	13,999	10,509	181	2,810	499	633
开发区	4	2,439	2,465		178					416	358		58		
马头工业园区	4	2,133								506	380	5	102	19	
张家口市小计	**0**	**152,828**	**163,289**	**89,396**	**87,113**	**4,001,608**	**571,828**	**1,953,317**	**1,476,463**	**155,856**	**118,066**	**4,034**	**33,446**	**310**	**7,837**
张家口市本级	**1**	**82,273**	**98,196**	**84,210**	**58,000**	**636,596**		**618,205**	**18,391**	**28,128**	**17,389**	**1,450**	**9,278**	**11**	**1,268**
张家口市县级小计	**2**	**70,555**	**65,093**	**5,186**	**29,113**	**3,365,012**	**571,828**	**1,335,112**	**1,458,072**	**127,728**	**100,677**	**2,584**	**24,168**	**299**	**6,569**
蔚　县	3	6,125	5,798		3,560	263,734	44,058	105,680	113,996	12,251	9,928	216	2,092	15	1,016
阳原县	3	3,143	6,405		471	134,920	26,960	50,490	57,470	7,187	5,529	114	1,544		2,079
张北县	3	2,780	1,838	24	1,503	167,220	95,175	34,843	37,202	8,714	6,703	132	1,850	29	76
康保县	3	1,140	465	8	913	99,716	47,584	20,853	31,279	7,488	6,025	104	1,301	58	395
沽源县	3	1,497	225	6	377	70,195	33,692	12,368	24,135	6,332	5,313	114	905		58
尚义县	3	1,096	637		504	57,170	28,000	10,400	18,770	6,049	5,009	108	932		
怀安县	3	3,048	3,150	31	907	88,129	34,201	26,159	27,769	8,014	6,173	156	1,544	141	292
赤城县	3	4,210	2,700	1	1,095	482,500	42,000	40,500	400,000	8,111	6,486	355	1,270		187
崇礼县	3	1,711	863		1,026	68,529	14,700	35,058	18,771	4,362	3,597	86	679		317
万全县	3	1,632	1,890	36	1,027	93,451	21,834	44,212	27,405	6,698	5,410	117	1,171		60
宣化县	3	5,983	4,312		1,932	221,426	48,439	100,116	72,871	8,467	6,809	192	1,425	41	224
怀来县	3	7,700	8,535	5,000	3,713	300,575	37,870	120,879	141,826	8,887	7,109	236	1,542		367
涿鹿县	3	3,546	2,295	50	2,379	169,145	47,545	65,000	56,600	9,948	8,048	152	1,742	6	251
宣化区	4	17,644	9,368	12	4,493	817,045	9,126	507,634	300,285	10,132	7,434	247	2,449	2	190
下花园区	4	2,429	1,365		729	76,540	4,601	48,803	23,136	2,360	1,824	27	509		78
桥东区	4	3,526	7,522	7	1,758	60,629	5,465	27,625	27,539	4,943	3,529	106	1,308		525
桥西区	4	1,670	3,495	11	1,935	59,800	5,590	19,430	34,780	5,240	3,547	115	1,578		454
高新区	4	1,068	3,293		429	112,200	13,000	58,000	41,200	1,573	1,285	7	274	7	
察北管理区	4	272	525		160	14,688	8,188	3,962	2,538	636	601		35		
塞北管理区	4	335	412		202	7,400	3,800	3,100	500	336	318		18		
保定市小计	**0**	**336,010**	**214,835**	**51,997**	**133,075**	**11,090,033**	**1,806,453**	**5,430,470**	**3,853,110**	**288,490**	**216,314**	**6,959**	**50,877**	**14,340**	**20,614**
保定市本级	**1**	**132,970**	**73,923**	**47,694**	**85,946**					**33,124**	**23,530**	**1,649**	**7,892**	**53**	**1,218**
保定市县级小计	**2**	**203,040**	**140,912**	**4,303**	**47,129**	**11,090,033**	**1,806,453**	**5,430,470**	**3,853,110**	**255,366**	**192,784**	**5,310**	**42,985**	**14,287**	**19,396**

2004年河北省地(市)县级主要经济指标情况表(四)

单位:万元、人

地区	编码	地方财政一般预算收入	国内增值税75%	国内消费税	预算内基金收入	地区生产总值	第一产业增加值	第二产业增加值	第三产业增加值	财政供养人口(人)					自收自支单位年末人数
										小计	在职人员	离休人员	退休人员	其他人员	
清苑县	3	9,529	5,943	1	1,625	457,365	114,434	201,192	141,739	14,826	12,089	325	2,295	117	251
满城县	3	7,808	7,223		1,457	470,007	76,630	267,100	126,277	11,271	9,003	210	1,717	341	71
安新县	3	6,374	5,342		430	391,098	37,504	218,854	134,740	11,166	7,647	218	2,036	1,265	18
唐县	3	5,406	2,019		1,498	191,717	56,055	67,281	68,381	10,580	8,474	257	1,817	32	590
顺平县	3	3,259	2,022		533	166,320	48,513	63,475	54,332	8,598	5,416	168	1,292	1,722	239
博野县	3	2,528	1,591		590	153,277	44,021	51,098	58,158	5,327	3,858	149	1,180	140	569
曲阳县	3	4,683	2,785		1,068	332,680	58,869	148,233	125,578	11,325	8,169	275	1,304	1,577	733
涞源县	3	7,982	14,695		2,026	212,942	14,412	129,765	68,765	7,410	6,028	140	1,242		266
阜平县	3	3,386	1,444		882	124,016	18,812	45,022	60,182	6,942	5,719	166	1,057		548
易县	3	6,832	3,665		3,532	358,779	84,867	142,608	131,304	14,663	9,169	263	2,582	2,649	1,011
定兴县	3	8,560	5,571	1,799	1,295	582,982	111,921	246,262	224,799	12,540	10,173	142	2,225		391
徐水县	3	10,622	8,422	300	1,560	721,638	102,103	369,862	249,673	14,283	9,958	236	2,215	1,874	226
容城县	3	5,323	4,836		405	297,358	50,249	180,952	66,157	8,740	7,500	264	976		705
涿州市	3	20,927	15,943	10	6,406	1,002,491	80,107	402,324	520,060	10,406	7,892	214	2,296	4	3,105
涞水县	3	3,888	2,735		995	169,992	36,782	52,032	81,178	9,924	7,413	258	1,799	454	1,603
高碑店市	3	16,529	6,823	209	6,139	818,887	66,515	477,218	275,154	12,061	8,004	155	1,964	1,938	2,863
雄县	3	5,742	3,121	1	1,597	354,556	41,783	208,554	104,219	8,392	6,685	146	1,516	45	904
望都县	3	3,062	1,710		526	182,982	51,691	86,770	44,521	6,991	5,548	197	1,246		892
高阳县	3	6,311	5,318		1,183	398,380	69,277	218,370	110,733	9,697	7,778	215	1,637	67	33
蠡县	3	6,371	5,388		699	746,236	61,922	461,619	222,695	13,213	10,492	392	2,126	203	665
安国市	3	9,239	3,464	82	2,363	527,028	86,554	216,459	224,015	11,549	8,422	234	1,491	1,402	
定州市	3	27,388	13,090	41	4,705	1,153,345	326,903	438,238	388,204	20,474	16,681	376	3,386	31	2,321
南市区	4	4,073			1,534	242,360	14,732	150,316	77,312	5,164	3,410	121	1,252	381	572
北市区	4	7,112			1,066	214,031	130,782	40,470	42,779	4,376	2,967	128	1,236	45	520
新市区	4	8,292			1,216	296,256	21,015	164,825	110,416	5,240	4,092	61	1,087		300
高新区	4	1,814	17,762	1,860	1,799	523,310		381,571	141,739	208	197		11		
沧州市小计	**0**	**258,550**	**246,631**	**66,622**	**74,013**	**7,741,155**	**1,112,958**	**4,009,119**	**2,619,078**	**209,864**	**165,874**	**4,458**	**36,792**	**2,740**	**3,263**
沧州市本级	**1**	**96,922**			**32,116**	**186,944**	**1,140**	**5,263**	**180,541**	**23,716**	**18,618**	**829**	**4,205**	**64**	**1,206**
沧州市县级小计	**2**	**161,628**	**246,631**	**66,622**	**41,897**	**7,554,211**	**1,111,818**	**4,003,856**	**2,438,537**	**186,148**	**147,256**	**3,629**	**32,587**	**2,676**	**2,057**
肃宁县	3	5,928	6,803	1	1,104	351,533	79,500	139,853	132,180	9,945	7,530	240	2,175		25
献县	3	5,609	3,146	11	1,282	409,627	90,865	210,214	108,548	13,384	10,966	312	2,106		
盐山县	3	4,179	3,443	5	1,008	266,506	55,245	113,304	97,957	12,168	9,548	254	2,366		104
孟村县	3	2,256	2,722		724	127,540	21,239	76,055	30,246	7,586	6,201	80	1,305		
沧县	3	15,555	23,945	2	1,927	855,000	110,000	440,000	305,000	13,740	10,714	230	2,092	704	191

2004年河北省地(市)县级主要经济指标情况表(五)

单位:万元、人

地区	编码	地方财政一般预算收入	国内增值税75%	国内消费税	预算内基金收入	地区生产总值	第一产业增加值	第二产业增加值	第三产业增加值	财政供养人口(人)					自收自支单位年末人数
										小计	在职人员	离休人员	退休人员	其他人员	
青县	3	6,459	11,209	4	2,237	496,888	98,438	278,058	120,392	11,142	9,062	149	1,603	328	
南皮县	3	4,631	8,867		1,710	261,626	105,111	80,077	76,438	10,082	6,046	411	2,324	1,301	
河间市	3	11,470	8,958	11	4,641	962,000	100,400	522,200	339,400	19,066	15,736	270	3,056	4	
任丘市	3	42,928	95,280	34,006	5,983	1,265,000	86,000	812,000	367,000	18,493	15,382	329	2,456	326	
海兴县	3	2,341	2,114	34	906	110,008	28,120	50,214	31,674	7,552	6,151	140	1,261		394
东光县	3	4,590	4,678		2,260	320,000	70,000	151,000	99,000	10,981	8,280	303	2,398		541
泊头市	3	8,000	8,391	119	6,744	555,300	99,600	264,400	191,300	17,249	13,817	326	3,106		742
吴桥县	3	3,980	2,192	1	2,292	269,146	78,011	106,424	84,711	9,474	6,984	196	2,294		
黄骅市	3	10,875	16,493	15	4,696	682,800	59,100	411,600	212,100	12,941	11,097	191	1,653		55
新华区	4	8,834	20,558	32,156	988	33,271	1,426	31,845		3,442	2,736	39	662	5	5
运河区	4	13,279	19,100	100	1,124	402,000	8,000	205,000	189,000	4,716	3,849	54	813		
开发区	4	910	1,157		123	36,202	60	23,142	13,000	176	164		12		
港口区	4	6,231	504		6	55,200	7,900	31,500	15,800	301	290		11		
南大港	4	1,846	2,542		819	44,325	6,434	23,440	14,451	1,944	1,390	42	512		
临港区	4	1,727	4,529	157	1,323	50,239	6,369	33,530	10,340	1,766	1,313	63	382	8	
秦皇岛市小计	**0**	**190,322**	**130,964**	**6,563**	**75,186**	**4,534,454**	**436,454**	**1,926,700**	**2,171,300**	**94,276**	**70,426**	**2,383**	**17,867**	**3,600**	**7,173**
秦皇岛市本级	**1**	**85,489**	**26,071**		**55,961**	**1,447,028**		**400,721**	**1,046,307**	**17,947**	**13,533**	**884**	**3,495**	**35**	**1,133**
秦皇岛市县级小计	**2**	**104,833**	**104,893**	**6,563**	**19,225**	**3,087,426**	**436,454**	**1,525,979**	**1,124,993**	**76,329**	**56,893**	**1,499**	**14,372**	**3,565**	**6,040**
青龙县	3	10,362	10,321	8	1,315	251,823	55,000	124,732	72,091	12,171	8,963	223	1,962	1,023	222
昌黎县	3	10,575	8,955	5,676	4,436	551,934	146,298	240,794	164,842	13,650	10,333	386	2,931		4,509
卢龙县	3	5,393	4,185	143	1,358	330,000	60,000	160,000	110,000	12,427	9,358	220	2,252	597	622
抚宁县	3	15,720	15,545	70	4,220	520,642	129,024	271,236	120,382	14,027	10,883	286	2,856	2	.397
山海关	4	7,238	5,160	162	1,035	191,758	22,178	65,168	104,412	4,798	3,475	128	1,130	65	48
海港区	4	18,632	27,792	60	1,576	412,331	14,700	157,653	239,978	12,563	8,633	154	2,292	1,484	
北戴河	4	9,978	3,130	443	1,498	96,800	7,490	22,425	66,885	4,331	3,386	97	820	28	242
市开发	4	24,127	26,175	1	3,370	636,577	617	401,406	234,554	1,840	1,377	5	92	366	
山开发	4	2,808	3,630		417	95,561	1,147	82,565	11,849	522	485		37		
邢台市小计	**0**	**180,005**	**195,009**	**1,065**	**56,360**	**6,284,000**	**1,060,000**	**3,633,000**	**1,591,000**	**170,635**	**136,916**	**3,523**	**28,653**	**1,543**	**5,058**
邢台市本级	**1**	**84,665**	**71,800**	**421**	**35,579**	**1,043,698**	**134,549**	**873,793**	**35,356**	**26,786**	**21,271**	**748**	**4,767**		**440**
邢台市县级小计	**2**	**95,340**	**123,209**	**644**	**20,781**	**5,240,302**	**925,451**	**2,759,207**	**1,555,644**	**143,849**	**115,645**	**2,775**	**23,886**	**1,543**	**4,618**
南宫市	3	4,289	3,375	1	1,048	361,000	79,540	191,160	90,300	10,462	7,784	193	1,943	542	84
沙河市	3	12,880	35,079	2	1,627	317,000	44,000	95,000	178,000	10,435	9,085	149	1,194	7	725
邢台县	3	10,713	23,671	2	3,761	493,000	51,000	326,000	116,000	10,052	8,108	181	1,703	60	400
临城县	3	2,548	2,942		543	164,264	23,822	93,950	46,492	5,857	4,369	168	1,320		65

2004年河北省地(市)县级主要经济指标情况表(六)

单位:万元、人

地区	编码	地方财政一般预算收入	国内增值税75%	国内消费税	预算内基金收入	地区生产总值	第一产业增加值	第二产业增加值	第三产业增加值	财政供养人口(人)					自收自支单位年末人数
										小计	在职人员	离休人员	退休人员	其他人员	
内邱县	3	5,713	8,850	13	1,016	333,968	33,614	194,324	106,030	6,707	5,480	219	1,008		198
柏乡县	3	2,291	1,035		470	160,337	37,498	87,577	35,262	4,938	3,852	85	1,001		201
隆尧县	3	7,909	6,573	7	1,229	502,888	95,392	267,218	140,278	9,995	8,108	157	1,730		170
任县	3	2,033	941		440	156,000	44,000	52,000	60,000	6,203	5,024	124	1,055		410
南和县	3	1,938	941		394	157,279	45,559	66,596	45,124	6,057	4,477	124	1,259	197	105
宁晋县	3	12,572	9,460	601	1,657	604,400	107,900	348,800	147,700	12,886	10,477	183	2,226		741
巨鹿县	3	3,332	2,339	2	1,316	192,450	32,716	105,848	53,886	8,096	6,480	146	1,453	17	318
新河县	3	1,579	751	2	726	87,700	24,720	40,080	22,900	4,748	3,518	84	1,146		25
广宗县	3	1,736	634		357	122,436	42,367	48,149	31,920	5,860	4,728	89	1,043		
平乡县	3	2,379	1,721		478	166,863	27,011	91,173	48,679	6,329	5,264	130	895	40	123
威县	3	4,146	1,019	10	875	218,164	124,062	40,197	53,905	9,447	7,811	179	1,457		76
清河县	3	6,156	15,606	1	701	655,000	33,500	470,300	151,200	9,863	8,371	108	1,380	4	653
临西县	3	3,340	1,721		866	242,310	57,200	101,650	83,460	8,025	6,908	345	772		
桥东区	4	3,388	2,397	1	703	106,700	3,900	31,700	71,100	2,939	1,800	63	500	576	203
桥西区	4	3,896	2,867	2	257	136,500	8,000	65,300	63,200	3,567	2,799	41	627	100	121
高新区	4	2,160	926		2,109	42,043	3,150	32,485	6,408	587	501	5	81		
大曹庄管理区	4	342	361		208	20,000	6,500	9,700	3,800	796	701	2	93		
廊坊市小计	**0**	**202,792**	**127,386**	**548**	**37,228**	**6,050,000**	**895,000**	**3,288,000**	**1,867,000**	**134,277**	**108,731**	**1,941**	**18,862**	**4,743**	**1,198**
廊坊市本级	**1**	**67,787**	**2,357**		**12,282**	**280,219**	**55,979**	**94,201**	**130,039**	**16,718**	**14,047**	**419**	**2,214**	**38**	**292**
廊坊市县级小计	**2**	**135,005**	**125,029**	**548**	**24,946**	**5,769,781**	**839,021**	**3,193,799**	**1,736,961**	**117,559**	**94,684**	**1,522**	**16,648**	**4,705**	**906**
三河市	3	33,246	27,839	5	6,367	1,200,842	153,096	709,563	338,183	15,601	12,880	198	2,268	255	
大厂县	3	4,747	4,119		888	220,000	30,000	130,000	60,000	5,695	4,778	88	814	15	
香河县	3	11,328	8,011	27	4,487	615,358	95,254	391,524	128,580	11,979	9,687	210	2,082		400
永清县	3	4,469	3,050	78	833	319,000	102,000	117,000	100,000	10,172	8,078	143	1,625	326	177
固安县	3	7,105	3,551	4	1,037	408,819	121,750	156,734	130,335	11,869	9,682	137	2,050		
霸州市	3	21,025	18,473	8	2,186	950,000	92,000	573,000	285,000	16,848	11,956	167	2,124	2,601	
文安县	3	9,696	8,464	4	1,748	661,682	76,397	388,415	196,870	15,632	12,282	212	1,751	1,387	
大城县	3	8,235	5,946	4	1,699	394,370	55,996	199,821	138,553	13,891	12,426	167	1,298		85
安次区	4	4,359	5,300	187	1,273	240,000	61,000	113,000	66,000	7,421	5,959	94	1,261	107	79
广阳区	4	17,361	14,536	22	1,273	238,710	49,528	56,742	132,440	7,418	5,975	105	1,328	10	165
开发区	4	13,434	25,740	209	3,155	521,000	2,000	358,000	161,000	1,033	981	1	47	4	
承德市小计	**0**	**120,274**	**110,829**	**2,244**	**40,887**	**3,000,756**	**535,000**	**1,517,940**	**947,816**	**125,528**	**94,082**	**3,125**	**21,270**	**7,051**	**2,447**
承德市本级	**1**	**61,771**	**43,569**		**22,526**					**20,702**	**13,555**	**1,020**	**4,351**	**1,776**	**107**
承德市县级小计	**2**	**58,503**	**67,260**	**2,244**	**18,361**	**3,000,756**	**535,000**	**1,517,940**	**947,816**	**104,826**	**80,527**	**2,105**	**16,919**	**5,275**	**2,340**

2004 年河北省地(市)县级主要经济指标情况表(七)

单位:万元、人

地区	编码	地方财政一般预算收入	国内增值税75%	国内消费税	预算内基金收入	地区生产总值	第一产业增加值	第二产业增加值	第三产业增加值	财政供养人口(人)					自收自支单位年末人数
										小计	在职人员	离休人员	退休人员	其他人员	
宽城县	3	12,226	13,509	1	1,688	350,191	35,000	235,935	79,256	7,712	5,933	145	869	765	30
滦平县	3	6,066	9,983	6	1,052	230,348	50,000	105,200	75,148	9,132	6,599	172	1,560	801	338
丰宁县	3	4,320	3,875	70	1,589	227,000	86,000	73,000	68,000	12,207	9,800	434	1,818	155	107
隆化县	3	3,504	2,709	34	2,053	205,045	67,265	61,449	76,331	12,604	9,520	281	2,689	114	1,042
围场县	3	3,122	1,950	8	1,258	221,659	70,545	69,428	81,686	14,111	12,127	219	1,746	19	380
承德县	3	6,064	9,305	900	1,745	287,000	73,000	140,000	74,000	13,355	9,610	176	2,833	736	319
兴隆县	3	5,792	5,393	52	3,649	260,900	49,500	133,400	78,000	11,324	8,776	220	1,620	708	
平泉县	3	3,940	4,156	1,154	5,064	259,814	81,157	98,183	80,474	14,574	10,766	294	1,967	1,547	124
双桥区	4	6,900	5,940	19	37	416,034	11,160	145,090	259,784	4,530	3,267	86	926	251	
双滦区	4	4,090	3,930		110	411,670	5,170	364,000	42,500	3,005	2,334	39	478	154	
营子区	4	1,265	3,345		55	82,896	2,065	59,904	20,927	2,192	1,717	39	411	25	
开发区	4	1,214	3,165		61	48,199	4,138	32,351	11,710	80	78		2		
衡水市小计	**0**	**101,142**	**81,791**	**4,006**	**42,551**	**4,704,625**	**913,397**	**2,449,228**	**1,342,000**	**131,886**	**98,416**	**2,906**	**27,664**	**2,900**	**6,608**
衡水市本级	**1**	**30,099**	**15,144**		**30,083**					**15,030**	**11,794**	**414**	**2,816**	**6**	**310**
衡水市县级合计	**2**	**71,043**	**66,647**	**4,006**	**12,468**	**4,704,625**	**913,397**	**2,449,228**	**1,342,000**	**116,856**	**86,622**	**2,492**	**24,848**	**2,894**	**6,298**
武邑县	3	4,373	1,826		1,021	266,825	78,416	134,126	54,283	8,270	5,903	151	2,216		
饶阳县	3	4,346	1,395	27	725	251,735	93,191	98,117	60,427	7,991	5,777	263	1,565	386	114
安平县	3	6,925	5,559	156	819	414,584	52,833	249,034	112,717	9,230	6,359	241	1,690	940	537
冀州市	3	6,872	7,668	3	1,554	518,354	85,404	298,871	134,079	11,987	7,379	212	3,374	1,022	323
枣强县	3	5,193	8,601	2	818	474,187	78,897	287,104	108,186	11,559	9,417	224	1,918		
深州市	3	7,821	4,403	7	1,340	636,966	133,700	318,253	185,013	13,690	10,658	349	2,579	104	613
武强县	3	3,561	2,192	15	573	200,321	41,042	116,562	42,717	6,441	4,868	123	1,193	257	343
故城县	3	5,440	2,613	43	1,492	386,734	112,037	146,513	128,184	12,268	9,505	225	2,538		1,671
景　县	3	7,433	7,886		1,382	469,895	103,806	239,665	126,424	13,164	9,911	302	2,951		910
阜城县	3	5,099	2,547	17	527	268,230	63,524	146,798	57,908	8,188	6,105	183	1,900		1,406
桃城区	4	12,954	21,420	3,736	2,193	816,794	70,547	414,185	332,062	13,605	10,283	218	2,919	185	381
高开区	4	1,026	537		24					463	457	1	5		

机 构 人 员

认真实施“以才兴财”战略
努力开创财政队伍建设新局面

河北省财政厅党组副书记、副厅长 陈金城

一、从财政改革与发展的大局出发，充分认识实施“以才兴财”战略的重要性和紧迫性。

当今世界，国际间、地区间经济联系日益密切，经济全球化浪潮不断高涨，科技进步日新月异。人才作为知识的创造者、承担者、传播者和使用者，正在成为制约经济增长和社会进步的关键因素。人才资源已成为核心资源和最重要的战略资源。当今和未来社会的竞争，归根到底是人才的竞争。谁拥有了人才优势，谁就拥有了竞争优势。去年底，中央专门召开了党的历史上第一次人才工作会议，作出了进一步加强人才工作的《决定》。胡锦涛总书记从时代和历史的高度，深刻阐述了实施人才强国战略的重要性和紧迫性，提出了科学人才观的重要论述。最近省委、省政府也专门召开人才工作会议，白克明书记代表省委对实施人才强省战略作了全面部署。这充分说明了加强人才工作、实施人才战略的重要性和紧迫性。国以才立，政以才治，业以才兴。我们各级财政部门特别是领导干部，必须认真学习、深刻领会中央和全省人才工作会议精神，牢固树立科学的人才观，从全省财政改革和发展的大局出发，充分认识实施“以才兴财”战略的重要现实意义。要充分认识实施“以才兴财”战略的重要性。本世纪头二十年是我国加快发展的战略机遇期，我省也要实现全面推进小康社会建设“翻两番、三步走”的战略目标。落实科学的发展观，全面推进我省小康社会建设，对财政工作提出了新的更高要求。近年来，尽管我省财政保持了持续健康发展，取得了很大成绩，但财政运行和发展中仍然存在着一些深层次的矛盾和问题，需要下大力解决。财政要发展，改革要深化，人才是关键。解决我省财政经济运行中一些带有根本性的问题，只靠一般化的工作是不行的，必须有一批具有较高理论水平和丰富实践经验的专家型人才，推进依法行政需要许多既懂财政又懂法律的复合型人才，学习借鉴国外先进经验、推进财政信息化建设需要外语、IT等方面的专业人才等。没有一支高素质的财政队伍，没有坚实的人才保障和智力支持，我们的财政事业就难以向纵深发展，历史赋予我们财政部门的神圣使命就难以完成。要充分认识实施“以才兴财”战略的紧迫性。近年来，随着财政人才队伍建设不断加强，各类人才发挥了关键性作用。但我们也要清醒地看到存在的问题和差距。一是人才总量不足；二是高素质人才缺乏；三是人才结构不尽合理；四是人才工作机制还不够完善。总之，实施“以才兴财”战略，不仅是落实科学人才观的具体体现，也是应对人才竞争的内在需要，更是深化财政改革、加快财政发展的客观要求。我们各级财政部门必须从财政改革和发展的大局出发，充分认识实施这一战略的重要性和紧迫性，进一步增强做好财政人才工作的责任感和紧迫感，真正把人才队伍建设作为关系事业发展的头等大事抓好抓实。

二、认真实施“以才兴财”战略，以更大的魄力做好新形势下财政人才工作

人才兴，事业兴。从新世纪新阶段财政面临的形势和肩负的使命出发，我们必须以更大的魄力，下更大的气力，实施“以才兴财”战略。实施“以才兴财”战略，就是要以邓小平理论和“三个代表”重要思想为指导，牢固树立科学的发展观、政绩观和人才观，以建设高素质财政人才队伍为目标，以改革创新为动力，紧紧抓住培养、吸引、用好人才三个环节，进一步扩大人才总量、提高人才素质、优化人才结构、完善人才机制，努力建设一支高素质、复合型的人才队伍，为财政改革和发展提供强有力的人才保证。这既是财政人才工作的基本任务，也是“以才兴财”战略的基本目标。我们必须充分认识这一目标任务的艰巨性，以非常的胆识、创新的精神、宽广的视野、务实的态度，切实做好财政人才工作。多措并举，下大力培养人才。这是实施“以才兴财”战略的基础性工作。财政改革和事业发展需要源源不断的人才支撑。现有的人才队伍也需要适应新形势不断提高素质、增强能力。各级财政部门必须把人才培养摆在突出位置，用更大的气力抓好人才的培训和教育工作。全面开展创建学习型财政机关活动。要牢固树立“人人都可以成才”的科学理念，在全省财政干部队伍中，大力倡导终身学习、全程学习、团队学习，坚持工作学习化、学习工作化，进一步完善各项学习制度，努力为干部职工学习创造更好的条件，形成人人想成才的浓厚学习氛围，使更多的干部在不断更新知识中自学成才。进一步加大人才培训力度。财政培训工作要以财政改革和发展为中心，以促进干部人才队伍建设为目标，不断创新理念，完善新机制。要逐步实现思想观念、培训目标和培训类型的转变，进一步树立大教育、大培训观念，由以传授知识为主向以能力培养和素质开发为主转变，由零星、应急型培训向系统、战略型培训转变。按照大规模培训干部的要求，各级财政部门每年培训干部人数不少于20%，确保5年内将所有财政干部轮训一遍；5年内每位处级干部累计参加脱产培训时间不少于3个月，科级干部不少于2个月。要以能力建设为核心，进一步提高培训的针对性。加强宏观经济、现代管理等综合知识培训，促进综合型人才的成长；加强信息技术、外语、法律等专业技能培训，促进复合型人才的成长；加强公共财政、绩效预算等财政改革培训，促进专家型人才的成长。加强人才的思想教育工作。我们需要的人才，是德才兼备的人才，不仅需要具备较高的理论水平和较强的业务能力，还要具备较高的思想素质。因此，必须把提高政治思想素质放在人才培养的首位，坚持用邓小平理论和“三个代表”重要思想武装各类人才的头脑，不断加强思想政治教育、党风廉政教育、职业道德教育，使各类人才牢固树立正确的世界观、人生观和价值观，更好地为财政事业服务。

优化环境，广泛引进人才。对人才工作来讲，事业是感召力，环境是吸引力，服务是凝聚力。人才竞争在一定意义上讲也是环境的竞争。一个单位，如果不能为各类人才搭建干事创业的平台，如果没有一个能使各类人才施展才华的空间，不仅不能真正引进人才，即使一时引进了，也很难留住；即使留住了，也难以真正发挥作用。各级财政部门要不断优化人才环境，融培养、引进、使用、激励为一体，努力营造公正的政策环境、宽松的工作环境、广阔的发展环境，不断增强财政系统的人才集聚力。各级财政领导干部都要有爱才之心、识才之智、容才之量，当好人才的“后勤部长”，努力营造鼓励人才干事业、支持人才干成事业、帮助人才干好事业的机关环境，为一切有志为我省财政事业贡献力量的各类人才，提供更多的发展机会和更大的发展空间。

要继续加大人才引进力度。适应新时期财政改革与发展要求，进一步开阔视野，多层次、多领域地选拔财政事业急需的各类人才。省、市两级应当以硕士、博士研究生为重点，县、乡两级应当以本科生为重点，继续招录、选调高素质人才。当然，引进人才，决不能只看学历、不看能力。要坚持“凡进必考”，通过综合测试，从专业、能力和水平等各方面严格把关，把最能满足财政改革与发展需要的高素质人才吸收进财政队伍，不断优化人才队伍的学历层次和专业结构。此外，我们不仅要注重引进人才，还要注重引进智力，要在做好人才刚性引进的同时，进一步加大人才柔性引进力度。要坚持不求所有、但求所用的原则，吸引与财政事业发展相关的各类高层次人才，以柔性流动方式为我们提供咨询、讲学、科研等智力支持，为我省的财政事业贡献力量。

创新机制，千方百计用好人才。无论是培养人才，还是吸引人才，最终目的是用好人才，充分发挥人才在财政改革与发展中的作用。这也是财政人才工作最基本的出发点和落脚点。怎样才能做到人尽其才、才尽其用，最重要的是建立健全人才工作机制。要创新人才评价机制。用人先要选人，选人先要识人。看一个人是不是人才，关键是要用科学的标准来衡量，这是正确识人、用人的前提。因此，要抓紧建立以能力和业绩为导向、科学的人才评价机制，建立健全以业绩为重点，由品德、知识、能力等要素构成的人才评价标准体系。要在财政改革与发展的实践中考察人才、发现人才，真正做到不唯学历，不唯职称，不唯资历，不唯身份，做到以能力论人才、以业绩论人才。我们这次评出的先进工作者，学历有高低，资历有深浅，但之所以都受到表彰，关键在于他们在不同的岗位、以不同的身份为我省财政事业做出了突出贡献，政治过硬，实绩突出，这就是我们财政事业需要的人才。要创新人才使用机制。这是充分发挥人才作用的关键所在。要深入贯彻《党政领导干部选拔任用条例》,坚持正确的用人导向,建立科学合理、充满活力的用人机制。按照干部队伍"四化"方针和德才兼备、群众公认的原则,大胆起用那些政治上靠得住、业务上有本事,肯干事、干成事的干部,真正把那些求真务实、开拓创新、实绩突出的干部选拔到领导岗位上来。要继续推行竞争上岗,完善有关规定和办法,为优秀人才快速成才创造条件。要加大选拔任用优秀年轻干部力度,为他们的成长提供"快车道"。要推进事业单位用人制度改革,按照政事职责分开、单位自主用人、个人自主选择、政府依法监管的要求,建立符合各类事业单位特点的用人制度;大力推行聘用制度和岗位管理制度,促进事业单位由固定用人向合同用人、由身份管理向岗位管理转变。要创新人才激励机制。这是充分调动人才积极性的重要条件。要建立以绩论奖的人才奖励制度,把精神奖励与物质奖励结合起来,对工作业绩突出、贡献较大的人才及时进行表彰,贡献突出的要给予重奖,充分调动和保护各类人才的积极性、创造性。要继续开展好全省财政系统"双先"评比活动,大力表彰那些为财政事业作出突出贡献的各类人才。

加强领导,切实抓好人才工作。做好人才工作,重点在班子,关键在领导。各级财政部门要树立强烈的人才意识,坚持"一把手"抓"第一资源",真正把人才工作摆到更加重要的战略位置。要统筹安排人才队伍建设工作,制定科学的工作规划,明确人才队伍建设目标,制定好培养、吸引、用好人才的各项政策措施,做到谋划发展时考虑人才保证,拟定规划时考虑人才需求,制定政策时考虑人才导向,部署工作时考虑人才措施,不断提高做好人才工作的自觉性。要敢于打破一些看似合理、实际上束缚人才成长和作用发挥的老规矩、老框框,切实建立起充满生机和活力的人才工作新机制。

(原载《河北财政》2004·10)

河北省机构编制委员会办公室关于河北省农业投资公司挂河北省农业开发项目评审中心牌子的批复

冀机编办[2004]58号　2004年6月1日

省财政厅:

《关于河北省农业投资公司加挂河北省农业开发项目评审中心牌子的请示》(冀财人教[2004]2号)收悉。经研究,同意河北省农业投资公司挂河北省农业开发项目评审中心牌子,主要职责是:研究执行国家农业开发项目投资审核政策,对农业开发项目进行评估咨询,开展农业开发项目投资绩效评价。人员编制和经费形式不变。

接此批复后,请抓紧办理事业单位法人登记手续。

此复

河北省机构编制委员会办公室关于河北省收费管理局更名等的批　　复

冀机编办[2004]93号　2004年7月23日

省财政厅:

《关于机构、编制和职能调整有关问题的请示》(冀财人教[2004]1号)收悉。经研究,现就事业单位有关事项批复如下:

一、同意河北省收费管理局更名为河北省非税收入管理局,主要职责是:编制非税财政收入预算;组织非税收入征缴;落实非税财政收入"收支两条线"征缴管理制度;负责罚没物资的收缴、处置和变价收入上缴国库;指导各市的非税收入管理工作。

二、同意河北财政干部培训中心挂河北省财会干部教育中心牌子。

以上两机构更名或增挂牌子后,人员编制和经费形式均维持不变。接此批复后,请抓紧办理事业单位法人登记手续。

此复

河北省机构编制委员会办公室关于省财政厅内设机构、所属事业单位和编制调整的批复

冀机编办[2004]127号　2004年10月29日

河北省财政厅：

你厅《关于机构、编制和职能调整有关问题的请示》(冀财人教[2004]1号)收悉。经省编委研究同意，你厅内设机构和所属事业单位做如下调整：

一、同意撤销统计评价处，其财政支出绩效评价、行政事业单位决算汇总职责划入国库处；国有投资项目分析职责划入经济建设处；企业财务统计分析职责划入企业处；金融统计分析职责划入金融处。

二、同意成立税政处，行政编制5名(其中新增3名，机关内部调剂2名)，处级领导职数2名(使用原统计评价处处级领导职数)。税政处的主要职责是：拟定省管理权限内有关税收政策和非税收入政策；提出中央授权税目税率调整、减免和地方税收政策等重大事项的建议；对地方承担出口退税事务实施监管；承担地方税政调查研究工作；参与税收普查、税收检查等工作；研究提出调节地方经济运行和国民收入分配的税收政策及完善措施；监督检查各项税收政策的执行情况。预算处不再承担税政管理职责。

三、同意在预算处挂省政府控制社会集团购买力办公室牌子，控办职能划入预算处。

四、同意单设省政府采购办公室，为省财政厅所属相当处级事业单位，占用原省控办的15名事业编制，经费形式和领导职数不变。

此复

河北省机构编制委员会办公室关于在省直部门开展财政监察员派驻制度试点工作的通知

冀机编办[2004]134号　　2004年11月5日

河北省财政厅：

你厅呈省政府《关于借鉴国内外财政监督经验在省直部门进行财务总监制度试点的请示》(冀财[2004]153号)收悉。经省编委研究，同意在省直部门开展财政监察员派驻制度试点工作。先成立2个财政监察组(处级)，分别派驻到2个省直部门，每组2—3人，所需编制和人员从你厅所属财政监督检查局等财政拨款事业单位调剂；每组核定处级领导职数1名(组长)，副组长由现有副处级干部调剂。试点工作要探索财政监察组的职责任务，研究有关制度办法，确保积极稳妥地进行。

2004 年河北省财政系统职工统计综合表

(一)

项目	合计	分布				
		部直属	省级直属	地级直属	县级直属	所级直属
合计	25933		493	3473	10941	11026
%	100.00		1.90	13.39	42.19	42.52

(二)

行政职务						专业职务				
合计	部级	厅级以上	处级	科级	一般干部	工勤人员	合计	高级	中级	助理级	员级
25933		11	376	2815	18009	4722	9793	412	3003	4446	1932
100.00		0.04	1.45	10.85	69.44	18.21	100.00	4.21	30.66	45.40	19.73

(三)

性别		民族		政治面貌			
男	女	汉	其他	党员	团员	民主党派	其他
16538	9395	24310	1623	16175	2136	74	7548
63.77	36.23	93.74	6.26	62.37	8.24	0.29	29.11

(四)

年龄					学历				
35 岁以下	36~45 岁	46~54 岁	55~59 岁	60 岁以上	大学本科以上	大专	中专	高中	初中以下
11965	9313	4208	447		5181	10126	7230	2553	843
46.14	35.91	16.23	1.72		19.98	39.05	27.88	9.84	3.25

(五)

参加工作时间							
49 年 9 月以前	49 年 10 月~57 年	58~65 年	66~70 年	71~80 年	81~90 年	91~2000 年	2001 年以后
	6	179	1010	5568	9699	8364	1107
	0.02	0.69	3.89	21.47	37.40	32.25	4.27

(六)

项目	变化情况				
	上年实有人数	本年实有人数	增加或减少总数	绝对增加数	绝对减少数
合计	26138	25933	—205	806	1011
省厅级	481	493	12	16	4
地市局	3731	3473	—258	70	328
县市局	10693	10941	248	504	256
乡镇所	11233	11026	—207	216	423

(七)

项目	人员性质										
	行政		事业				企业	聘用制			
		其中：公务员数	合计	全额拨款单位	差额拨款单位	自收自支事业单位		合计	行政	事业	企业
合计	12349	9313	12214	9722	447	2045	12	1358	474	884	
省厅级	245	237	248	137		111					
地市局	1595	1359	1866	1162	218	486	12				
县市局	5540	4394	5247	4010	128	1109		154	37	117	
乡镇所	4969	3323	4853	4413	101	339		1204	437	767	

补充说明：乡镇财政所机构数为 2145 个。

2004年河北省财政系统职工基本情况表(一)

项目		总计	性别		民族		学历											
							研究生		大学	大学		高中			初中及以下		
			男	女	汉	其他		其中：博士	本科	专科	中专	人数	其中:35岁以下	其中:36岁至45岁	人数	其中35岁以下	其中36岁至40岁
总计	合计	25933	16538	9395	24310	1623	343	3	4838	10126	7230	2553	531	1047	843	154	142
	厅(局)级	11	11		11		2	1	6	3							
	地市局(处)级	376	322	54	358	18	75	2	164	105	26	5	1		1		
	县局(科)级	2815	2155	660	2640	175	170		1176	1123	245	82		9	19		1
	一般干部	18009	10767	7242	16787	1222	94		3307	7797	5433	1130	226	463	248	38	31
	工勤人员	4722	3283	1439	4514	208	2		185	1098	1526	1336	304	575	575	116	110
省厅局	合计	493	360	133	474	19	135	3	244	72	10	29	7	7	3	1	
	厅(局)级	11	11		11		2	1	6	3							
	处(局)级	171	145	26	164	7	47	2	84	31	7	2					
	科级	135	85	50	129	6	53		72	9		1					
	一般干部	118	71	47	116	2	32		74	11	1						
	工勤人员	58	48	10	54	4	1		8	18	2	26	7	7	3	1	
地市局	合计	3473	2134	1339	3269	204	123		1603	1099	278	215	56	64	155	15	45
	局级	205	177	28	194	11	28		80	74	19	3	1		1		
	科级	1313	914	399	1215	98	75		685	432	83	31		5	7		1
	一般干部	1333	621	712	1259	74	20		769	418	101	13	2	2	12		3
	工勤人员	622	422	200	601	21			69	175	75	168	53	57	135	15	41
县市局	合计	10941	6609	4332	10337	604	79		2289	5085	2304	857	198	300	327	79	53
	局级	1367	1156	211	1296	71	42		419	682	162	50		4	12		
	股级	3026	2151	875	2849	177	23		807	1555	513	109	4	32	19		
	一般干部	4791	2173	2618	4516	275	13		975	2353	1147	240	70	80	63	19	10
	工勤人员	1757	1129	628	1676	81	1		88	495	482	458	124	184	233	60	43
乡镇所	合计	11026	7435	3591	10230	796	6		702	3870	4638	1452	270	676	358	59	44
	所级	2552	2193	359	2353	199	4		234	1031	1010	238	16	97	35	2	1
	一般干部	6189	3558	2631	5694	495	2		448	2429	2661	530	134	252	119	17	17
	工勤人员	2285	1684	601	2183	102			20	410	967	684	120	327	204	40	26

2004 年河北省财政系统职工基本情况表(二)

项目		总计	政治面貌				年龄									
			党员	团员	民主党派	其他	25 岁及以下	26 岁至 30 岁	31 岁至 35 岁	36 岁至 40 岁	41 岁至 45 岁	46 岁至 50 岁	51 岁至 54 岁	55 岁至 59 岁		60 岁以上
														人数	其中:女	
总计	合计	25933	16175	2136	74	7548	2111	4827	5027	5356	3957	3241	967	447	4	
	厅(局)级	11	11								1	1	5	4		
	地市局(处)级	376	370			6			3	50	79	129	83	32	2	
	县局(科)级	2815	2521	13	15	266	2	32	234	760	736	749	238	64		
	一般干部	18009	10886	1873	56	5194	1897	4137	3791	3609	2236	1669	431	239	1	
	工勤人员	4722	2387	250	3	2082	212	658	999	937	905	693	210	108	1	
省厅局	合计	493	408		3	82	19	32	94	124	93	89	30	12	1	
	厅(局)级	11	11								1	1	5	4		
	处(局)级	171	167			4			3	34	51	57	21	5	1	
	科级	135	114			21	1	7	43	52	21	11				
	一般干部	118	66		3	49	18	23	33	23	12	4	2	3		
	工勤人员	58	50			8		2	15	15	8	16	2			
地市局	合计	3473	2012	277	22	1162	133	403	590	866	598	551	261	71	1	
	局级	205	203			2				16	28	72	62	27	1	
	科级	1313	1065	13	12	223		16	126	425	326	296	110	14		
	一般干部	1333	525	234	10	564	111	302	310	311	136	106	46	11		
	工勤人员	622	219	30		373	22	85	154	114	108	77	43	19		
县市局	合计	10941	6637	901	26	3377	891	1763	2175	2342	1779	1460	363	168	2	
	局级	1367	1342		3	22	1	9	65	283	389	442	128	50		
	股级	3026	2533	25	11	457	19	202	610	963	647	471	88	26		
	一般干部	4791	2004	753	10	2024	780	1276	1083	745	432	309	93	73	1	
	工勤人员	1757	758	123	2	874	91	276	417	351	311	238	54	19	1	
乡镇所	合计	11026	7118	958	23	2927	1068	2629	2168	2024	1487	1141	313	196		
	所级	2552	2292	26	1	233	39	314	498	647	481	436	99	38		
	一般干部	6189	3466	835	21	1867	930	2020	1257	920	528	343	103	88		
	工勤人员	2285	1360	97	1	827	99	295	413	457	478	362	111	70		

2004 年河北省财政系统职工基本情况表(三)

项目		总计	参加工作时间								劳模(先进工作者)		
			1949 年 9 月以前	1949 年 10 月至 1957 年	1958 年至 1965 年	1966 年至 1970 年	1971 年至 1980 年	1981 年至 1990 年	1991 年至 2000 年	2001 年以后	地市厅局级	省部级	全国
总计	合计	25933		6	179	1010	5568	9699	8364	1107	87	34	6
	厅(局)级	11			1	5	4	1					
	地市局(处)级	376			4	95	170	98	9		4	2	
	县局(科)级	2815			24	241	1093	1237	208	12	38	22	3
	一般干部	18009		6	128	511	2945	6210	7192	1017	44	10	2
	工勤人员	4722			22	158	1356	2153	955	78	1		1
省厅局	合计	493			1	37	120	202	100	33			
	厅(局)级	11			1	5	4	1					
	处(局)级	171				23	73	67	8				
	科级	135				2	11	74	43	5			
	一般干部	118				5	10	28	47	28			
	工勤人员	58				2	22	32	2				
地市局	合计	3473			13	253	900	1370	832	105	6	3	
	局级	205			4	72	97	31	1		4	2	
	科级	1313			3	100	455	635	116	4	1	1	
	一般干部	1333				48	167	452	569	97	1		
	工勤人员	622			6	33	181	252	146	4			
县市局	合计	10941		1	79	413	2655	4042	3209	542	68	26	5
	局级	1367			21	139	627	528	49	3	37	21	3
	股级	3026		1	19	113	854	1459	565	15	27	3	
	一般干部	4791			35	121	656	1327	2169	483	4	2	2
	工勤人员	1757			4	40	518	728	426	41			
乡镇所	合计	11026		5	86	307	1893	4085	4223	427	13	5	1
	所级	2552			31	101	635	1151	617	17	12	5	
	一般干部	6189		5	43	123	623	1793	3225	377			
	工勤人员	2285			12	83	635	1141	381	33	1		1

2004年河北省财政系统职工基本情况表(四)

项目		专业技术人员						特贴专家
		合计	高级	其中:正高	中级	助理级(含初级)	员级	
总计	合计	9793	412	4	3003	4446	1932	
	厅(局)级							
	地市局(处)级	126	53	1	63	5	5	
	县局(科)级	1356	147		804	372	33	
	一般干部	8311	212	3	2136	4069	1894	
	工勤人员	—	—	—	—	—	—	—
省厅局	合计	142	68	2	37	9	28	
	厅(局)级							
	处(局)级	30	26	1	4			
	科级	23	14		8	1		
	一般干部	89	28	1	25	8	28	
	工勤人员	—	—	—	—	—	—	—
地市局	合计	1607	308	1	851	360	88	
	局级	96	27		59	5	5	
	科级	714	122		433	143	16	
	一般干部	797	159	1	359	212	67	
	工勤人员	—	—	—	—	—	—	—
县市局	合计	4819	33	1	1756	2376	654	
	局级	619	11		363	228	17	
	股级	1974	10		818	978	168	
	一般干部	2226	12	1	575	1170	469	
	工勤人员	—	—	—	—	—	—	—
乡镇所	合计	3225	3		359	1701	1162	
	所级	1056	1		129	610	316	
	一般干部	2169	2		230	1091	846	
	工勤人员	—	—	—	—	—	—	—

2004年河北省财政系统女职工基本情况表

项目		总计	学历							政治面貌				年龄					专业技术人员			少数民族
			研究生	其中:博士	大学本科	大学专科	中专	高中	初中及以下	党员	共青团员	民主党派	其他	30岁以下	31岁至40岁	41岁至50岁	51岁至59岁	60岁以上	高级	中级	初级	
总计	合计	9395	95		2038	4163	2449	537	113	4423	1175	31	3766	3272	4065	1893	165		193	1071	1657	526
	厅(局)级																					
	地市局(处)级	54	3		34	13	2	2		50			4		5	31	18		6	13		3
	县局(科)级	660	52		315	236	45	12		546	4	1	109	15	274	326	45		50	220	83	30
	一般干部	7242	38		1594	3417	1891	257	45	3411	1041	28	2762	2909	3068	1175	90		137	838	1574	445
	工勤人员	1439	2		95	497	511	266	68	416	130	2	891	348	718	361	12					48
省厅局	合计	133	39		73	17	1	3		91		3	39	25	63	36	9		17	6	2	3
	厅(局)级																					
	处(局)级	26	1		17	6	1	1		24			2		3	15	8					1
	科级	50	23		24	3				39			11	7	31	12				1		
	一般干部	47	14		29	4				20		3	24	18	22	6	1		17	5	2	1
	工勤人员	10	1		3	4		2		8			2		7	3						1
地市局	合计	1339	34		693	440	99	55	18	582	164	6	587	283	605	377	74		167	361	173	41
	局级	28	2		17	7	1	1		26			2		2	16	10		6	13		2
	科级	399	18		211	133	28	9		306	4		89	6	166	191	36		46	147	47	12
	一般干部	712	14		424	215	45	5	9	223	141	6	342	229	336	120	27		115	201	126	19
	工勤人员	200			41	85	25	40	9	27	19		154	48	101	50	1					8
县市局	合计	4332	21		950	2151	957	208	45	1910	526	13	1883	1370	1898	1004	60		9	584	953	240
	局级	211	11		80	100	17	3		201		1	9	2	77	123	9		4	72	36	18
	股级	875	5		281	447	130	10	2	659	10	6	200	61	458	344	12		2	272	265	60
	一般干部	2618	4		545	1339	595	113	22	889	446	4	1279	1153	1045	384	36		3	240	652	143
	工勤人员	628	1		44	265	215	82	21	161	70	2	395	154	318	153	3					19
乡镇所	合计	3591	1		322	1555	1392	271	50	1840	485	9	1257	1594	1499	476	22			120	529	242
	所级	359			66	183	103	7		311	5		43	62	221	71	5			24	88	27
	一般干部	2631	1		249	1229	1018	122	12	1309	439	9	874	1386	986	250	9			96	441	195
	工勤人员	601			7	143	271	142	38	220	41		340	146	292	155	8					20

2004年河北省财政系统少数民族职工基本情况表

项目		总计	学历							政治面貌				年龄					专业技术人员		
			研究生	其中:博士	大学本科	大学专科	中专	高中	初中及以下	党员	共青团员	民主党派	其他	30岁以下	31岁至40岁	41岁至50岁	51岁至59岁	60岁以上	高级	中级	初级
总计	合计	1623	27		313	727	429	97	30	956	114		553	453	714	413	43		10	252	289
	厅(局)级																				
	地市局(处)级	18	5		8	3	2			17			1		3	8	7			6	
	县局(科)级	175	17		67	80	9	1	1	141			34	1	79	89	6		5	74	25
	一般干部	1222	5		228	585	349	48	7	702	110		410	424	527	249	22		5	172	264
	工勤人员	208			10	59	69	48	22	96	4		108	28	105	67	8				
省厅局	合计	19	6		10	3				16			3		11	6	2		1	1	1
	厅(局)级																				
	处级	7	2		4	1				6			1		2	4	1			1	
	科级	6	4		2					5			1		5	1			1		
	一般干部	2			1	1				2					1		1				1
	工勤人员	4			3	1				3			1		3	1					
地区级	合计	204	6		79	89	21	4	5	121	17		66	29	99	64	12		4	74	23
	局级	11	3		4	2	2			11					1	4	6			5	
	科级	98	3		37	52	5		1	70			28		52	43	3		2	50	13
	一般干部	74			37	27	8	1	1	31	16		24	27	31	13	3			19	10
	工勤人员	21			1	8	6	3	3	6	1		14	2	15	4					
县市级	合计	604	15		164	270	109	33	13	340	52		212	139	266	181	18		5	135	116
	局级	71	10		28	28	4	1		66			5	1	22	45	3		2	24	12
	股级	177	2		65	88	19	2	1	121	4		52	20	89	64	4		2	68	23
	一般干部	275	3		66	131	63	41	1	124	45		106	107	104	56	8			43	81
	工勤人员	81			5	23	23	19	11	29	3		49	11	51	16	3				
乡镇所	合计	796			60	365	299	60	12	479	45		272	285	338	162	11			42	149
	所级	199			21	97	71	10		159	7		33	29	110	60				14	32
	一般干部	495			38	241	188	24	4	262	38		195	241	192	56	6			28	117
	工勤人员	102			1	27	40	26	8	58			44	15	36	46	5				

2004 年河北省财政系统国家公务员基本情况表

项目		总计	女	少数民族	学历：研究生	其中：博士	大学本科	大学专科	中专	高中	初中及以下	政治面貌：共产党员	共青团员	民主党派	其他	年龄：30岁及以下	31岁至35岁	36岁至40岁	41岁至45岁	46岁至50岁	51岁至54岁	55岁至59岁	女	60岁及以上
总计	合计	9313	2994	949	232	3	2415	4276	2083	268	39	7056	467	13	1777	1794	1821	2273	1598	1343	369	115	2	
	厅(局)级	9			2	1	4	3				9							1		4	4		
	地市局(处)级	268	47	16	56	2	118	76	14	3	1	264			4		3	39	58	91	59	18	1	
	县局(科)级	2405	549	163	147		941	1024	217	65	11	2171	12	6	216	48	224	661	649	620	166	37		
	科员级	6358	2286	706	25		1320	3047	1756	184	26	4452	425	6	1475	1626	1542	1534	855	613	133	55	1	
	办事员级及其他人员	273	112	64	2		32	126	96	16	1	160	30	1	82	120	52	39	35	19	7	1		
省厅局	合计	237	62	11	84	3	118	28	6	1		220			17	11	37	63	50	46	22	8	1	
	厅(局)级	9			2	1	4	3				9							1		4	4		
	处(局)级	126	23	6	33	2	64	22	6	1		123			3		3	24	35	43	17	4	1	
	科级	98	38	5	47		48	3				84			14	8	34	39	14	3				
	科员级																							
	办事员级及其他人员	4	1		2		2					4				3					1			
地市局	合计	1359	439	113	.84		722	446	78	26	3	995	55	6	303	90	207	421	273	246	106	16		
	局(处)级	142	24	10	23		54	54	8	2	1	141			1			15	23	48	42	14		
	科级	893	286	81	57		466	295	52	21	2	702	12	3	176	13	101	318	219	182	58	2		
	科员级	324	129	22	4		202	97	18	3		152	43	3	126	77	106	88	31	16	6			
	办事员级及其他人员																							
县市局	合计	4394	1395	325	62		1233	2240	722	112	25	3411	139	6	838	510	766	1113	920	815	196	74	1	
	局(科)级	1266	196	67	41		396	638	140	42	9	1244		3	19	11	63	257	387	406	108	34		
	科员级	3049	1166	255	21		817	1568	563	64	16	2135	127	2	785	467	687	845	521	402	87	40		
	办事员级及其他人员	79	33	3			20	34	19	6		32	12	1	34	32	16	11	12	7	1			
乡镇所	合计	3323	1098	500	2		342	1562	1277	129	11	2430	273	1	619	1183	811	676	355	236	45	17		
	科级	148	29	10	2		31	88	25	2		141			7	16	26	47	29	29				
	科员级	2985	991	429			301	1382	1175	117	10	2165	255	1	564	1082	749	601	303	195	40	15		
	办事员级及其他人员	190	78	6			10	92	77	10	1	124	18		48	85	36	28	23	12	5	1		

说明：

2004年河北省财政系统职工培训教育情况表

项目		总计	培训内容							培训部门	
			政治经济理论培训	初任培训	任职培训	专门业务培训	更新知识培训	学历教育培训	其他	财政系统	地方培训
总计	合计	83524	27240	195	1045	26891	20531	3023	4599	59734	23790
	厅(局)级	27	11		1	6	5		4	19	8
	地市局(处)级	2385	812		10	715	637	139	72	1389	996
	县局(科)级	18949	6027	47	350	4964	6508	480	573	13889	5060
	一般干部	51888	17039	148	649	17611	10882	2126	3433	37424	14464
	工勤人员	10275	3351		35	3595	2499	278	517	7013	3262
省厅局	合计	1489	478	8	16	507	323	64	93	1284	205
	厅(局)级	27	11		1	6	5		4	19	8
	处(局)级	542	171		10	200	105	21	35	469	73
	科级	451	131		5	159	98	28	30	395	56
	一般干部	400	116	8		128	115	15	18	363	37
	工勤人员	69	49			14			6	38	31
地市局	合计	25869	8204	22	123	7134	9126	732	528	18286	7583
	局级	1843	641			515	532	118	37	920	923
	科级	13301	3837	7	88	3538	5280	296	255	10162	3139
	一般干部	7917	2681	15	15	2128	2707	243	128	4940	2977
	工勤人员	2808	1045		20	953	607	75	108	2264	544
县市局	合计	36166	13453	130	660	10376	8092	1391	2064	25568	10598
	局级	5197	2059	40	257	1267	1130	156	288	3332	1865
	股级	10552	4174	38	325	3036	2248	327	404	7501	3051
	一般干部	16237	5818	52	74	4908	3431	805	1149	12126	4111
	工勤人员	4180	1402		4	1165	1283	103	223	2609	1571
乡镇所	合计	20000	5105	35	246	8874	2990	836	1914	14596	5404
	所级	5276	1313	16	159	2322	801	224	441	3616	1660
	一般干部	11506	2937	19	76	5089	1580	512	1293	8878	2628
	工勤人员	3218	855		11	1463	609	100	180	2102	1116

2004 年河北省财政厅副处级以上干部名单(一)

单位	姓名	职务	性别	政治面貌	出生年月	文化程度	任职时间	免职时间	备注
河北省财政厅	齐守印	厅长	男	中共党员	1951.8	博士研究生	2003.1		
河北省财政厅	陈金城	副厅长	男	中共党员	1945.7	大学	1999.10		
河北省财政厅	左绍伟	副厅长	男	中共党员	1949.11	大专	2000.4		
河北省财政厅	郭秀堂	副厅长	男	中共党员	1953.3	大普	1999.10		
河北省财政厅	龚大来	纪检组长、监察专员	男	中共党员	1944.5	大学	2000.3	2004.6	副厅级,2004.6 退休
河北省财政厅	高志立	副厅长	男	中共党员	1962.10	硕士	2001.9		
河北省财政厅	徐立海	纪检组长、监察专员	男	中共党员	1951.6	大专	2004.6		副厅级
河北省财政厅	尹立敏	助理巡视员	男	中共党员	1947.10	本科	2003.3		副厅级
河北省财政厅	郭长悟	助理巡视员	男	中共党员	1945.4	大专	1999.10		副厅级
办公室	王秋民	主任	男	中共党员	1948.8	本科	1998.10		正处级
办公室	胡宝民	调研员	男	中共党员	1962.8	大学	2004.5		正处级
办公室	段国旭	副主任	男	中共党员	1965.2	硕士	1998.10	2004.12	副处级,2004.12 提任财政科学研究所所长(正处级)
办公室	孙仁宏	副主任	男	中共党员	1970.10	硕士	2000.6	2004.3	副处级,2004.3 调行政政法处
办公室	李晋煤	副主任	男	中共党员	1969.9	硕士研究生	2003.11	2004.3	副处级,2004.3 调省人大
办公室	李　毅	助理调研员	男	中共党员	1963.9	硕士	2003.6	2004.3	副处级,2004.3 转任副主任
办公室	赵　然	助理调研员	男	中共党员	1967.9	硕士	2003.6		副处级
人事教育处	高宏伟	处长	男	中共党员	1953.12	本科	2003.9	2004.10	提任省卫生厅纪检组长、监察专员
人事教育处	杜彦卿	处长	男	中共党员	1963.6	本科	2004.11		兼任河北财政干部培训中心(河北省财会干部教育中心)主任
人事教育处	刘建秀	副处长	女	中共党员	1958.4	本科	1999.11		
人事教育处	刘玉梅	副处长	女	中共党员	1953.11	大专	2001.5		

2004年河北省财政厅副处级以上干部名单(二)

单位	姓名	职务	性别	政治面貌	出生年月	文化程度	任职时间	免职时间	备注
预算处	赵文海	处长	男	中共党员	1965.7	硕士研究生	2002.2		2004.3兼任预算编审中心主任
预算处	张拥军	副处长	男	中共党员	1969.9	博士研究生	2000.6		
预算处	刘文洲	副处长	男	中共党员	1965.8	硕士	2001.7		
预算处	李杰刚	副处长	男	中共党员	1969.7	硕士	2004.3		
财政监督处	刘洪林	处长	女	中共党员	1952.11	本科	2003.9		
财政监督处	吴建明	副处长	男	中共党员	1962.9	本科	1999.2	2004.12	2004.12提任财政监察组第二组组长(正处级)
国库处	王中敏	处长	男	中共党员	1953.10	大学	2000.5	2004.3	2004.3调农税处
国库处	高景良	处长	男	中共党员	1964.10	硕士研究生	2004.3		兼任省级财政支付中心主任
国库处	李广春	调研员	男	中共党员	1959.11	本科	2001.5		正处级
国库处	张振川	调研员	男	中共党员	1965.1	硕士研究生	2003.6		正处级,兼任省级财政支付中心副主任
国库处	张承东	副处长	男	中共党员	1968.4	硕士	2003.1		
国库处	罗丽娜	助理调研员	女	中共党员	1957.10	本科	2000.5		副处级
国库处	周庆华	助理调研员	女	中共党员	1965.10	硕士	2002.2		副处级
国库处	张　杰	助理调研员	男	中共党员	1964.9	大学	2004.3		副处级
行政政法处	高云霄	处长	女	中共党员	1964.4	本科	2003.9		
行政政法处	孙淑文	调研员	女	中共党员	1949.8	中专	2002.10		正处级
行政政法处	王清民	副处长	男	中共党员	1962.3	本科	2000.5	2004.3	2004.3提任调研员(正处级) 2004.5调社会保障处
行政政法处	闫同湛	副处长	男	中共党员	1965.10	硕士	2002.10		
行政政法处	孙仁宏	副处长	男	中共党员	1970.10	硕士	2004.3		
教科文处	李　博	处长	男	中共党员	1960.11	硕士研究生	2000.5	2004.3	2004.3调经济建设处

2004年河北省财政厅副处级以上干部名单(三)

单　　位	姓　名	职　务	性别	政治面貌	出生年月	文化程度	任职时间	免职时间	备　注
教科文处	王振东	处长	男	中共党员	1960.5	硕士	2004.3		
教科文处	高德义	调研员	男	中共党员	1957.1	硕士	2001.5		正处级
教科文处	刘　允	副处长 (正处级)	女	中共党员	1953.6	大专	2000.5		
教科文处	马　学	副处长	男	中共党员	1964.2	硕士	2001.5		
社会保障处	徐联中	处长	男	中共党员	1958.2	本科	2003.2		兼任社会保障资金审核服务中心主任
社会保障处	杨焕族	调研员	男	中共党员	1959.4	本科	2001.5	2004.5	正处级,2004.5调预算编审中心
社会保障处	王清民	调研员	男	中共党员	1962.3	本科	2004.5		正处级
社会保障处	冯建凯	副处长	男	中共党员	1963.3	硕士	2000.6		
社会保障处	张　烈	副处长	男	中共党员	1965.10	本科	2001.7		
社会保障处	范素文	副处长	男	中共党员	1968.4	硕士研究生	2004.3	2004.8	2004.8调省卫生厅
社会保障处	马　杰	助理调研员	女	中共党员	1964.3	大学	2004.12		副处级
农业处	石树鹏	处长	男	中共党员	1956.1	大学	2003.9		
农业处	范海秀	副处长	女	中共党员	1956.12	本科	2001.5		
农业处	黄振平	副处长	男	中共党员	1956.6	大专	1999.2	2004.12	2004.12提任财政监察组第一组组长(正处级)
农业处	王　伟	副处长	男	中共党员	1957.12	本科	2000.5		
农业处	和　辉	助理调研员	男	中共党员	1963.10	硕士研究生	2001.7		副处级
农业处	张铁池	助理调研员	男	中共党员	1963.10	硕士	2004.3		副处级
经济建设处	苗文瑞	处长	男	中共党员	1956.10	本科	2000.5	2004.2	提任省直机关事务管理局助理巡视员
经济建设处	李　博	处长	男	中共党员	1960.11	硕士研究生	2004.3		
经济建设处	胡宝民	副处长	男	中共党员	1962.8	大学	2000.5	2004.3	2004.3提任调研员(正处级) 2004.5调办公室

2004 年河北省财政厅副处级以上干部名单(四)

单　位	姓　名	职　务	性别	政治面貌	出生年月	文化程度	任职时间	免职时间	备　注
经济建设处	解建国	副处长	男	中共党员	1954.12	中专	2004.4	2004.12	2004.12 调财政监察组第二组
经济建设处	闫振武	助理调研员	男	中共党员	1958.2	双专	2000.5	2004.3	副处级,2004.3 转任副处长
经济建设处	白鹤天	助理调研员	男	中共党员	1963.12	硕士	2002.2		副处级
经济建设处	杨绍军	助理调研员	男	中共党员	1962.11	硕士	2002.10	2004.12	副处级,2004.12 转任副处长
涉外处	堵皆兵	处长	男	中共党员	1958.11	硕士研究生	2001.7		
涉外处	方　明	副处长	女	中共党员	1957.4	大专	2002.10		
涉外处	沙泼麟	助理调研员	男	中共党员	1964.3	硕士	2000.5		副处级
涉外处	吴国起	助理调研员	男	中共党员	1968.8	硕士研究生	2002.10		副处级
企业处	曹建和	处长	男	中共党员	1957.7	大学	2003.9		
企业处	沈诚君	副处长	男	中共党员	1964.10	硕士	2001.7		
企业处	薛忆萍	助理调研员	女	中共党员	1962.5	大学	2002.10	2004.12	副处级,2004.12 转任副处长
企业处	吕申国	助理调研员	男	中共党员	1964.12	硕士研究生	2004.3		副处级
综合处	邢永春	处长	男	中共党员	1959.10	大学	2000.5	2004.3	2004.3 调财政科学研究所
综合处	姚绍学	处长	男	中共党员	1961.6	博士	2004.3		
综合处	孟凡乐	副处长	男	中共党员	1949.4	大专	2000.5		
综合处	杨宗华	副处长	男	中共党员	1962.9	大学	2000.5		
综合处	孟平英	助理调研员	女	中共党员	1953.12	本科	2001.5		副处级
农税处	吕国新	处长	男	中共党员	1952.9	大普	1999.2	2004.3	2004.3 调省收费管理局
农税处	王中敏	处长	男	中共党员	1953.10	大学	2004.3		
农税处	赵九云	调研员	男	中共党员	1950.2	中专	2002.10		正处级
农税处	赵振刚	调研员	男	中共党员	1954.8	本科	2001.5		正处级
农税处	李　忠	副处长	男	中共党员	1959.3	本科	2000.5		
会计处	许亚琴	处长	女	中共党员	1952.1	大普	1998.12		
会计处	卢金霞	副处长	女	中共党员	1962.2	大学	2003.9		
会计处	贾秀申	副处长	男	中共党员	1960.4	硕士	1997.12		
条法处	高景良	处长	男	中共党员	1964.10	硕士研究生	2000.5	2004.3	2004.3 调国库处

2004年河北省财政厅副处级以上干部名单(五)

单位	姓名	职务	性别	政治面貌	出生年月	文化程度	任职时间	免职时间	备注
条法处	张鹏柱	处长	男	中共党员	1954.1	大专	2004.3		
条法处	王克若	调研员	男	中共党员	1958.2	大学	2000.5		正处级
条法处	潘建国	助理调研员	男	中共党员	1950.12	大专	2000.5	2004.12	副处级,2004.12转任副处长
统计评价处	刘崇玲	调研员	女	中共党员	1950.4	大普	2003.6	2004.12	正处级,2004.12调税政处
统计评价处	冯鸿雁	助理调研员	男	中共党员	1965.4	硕士研究生	2002.2	2004.3	副处级,2004.3调河北财政干部培训中心
税政处	邢永春	处长	男	中共党员	1959.10	大学	2004.12		
税政处	刘崇玲	调研员	女	中共党员	1950.4	大普	2004.12		正处级
机关党委	郝炳新	专职副书记(正处级)	女	中共党员	1954.12	本科	2003.9		
机关党委	谷明印	机关工会专职副主席(副处级)	男	中共党员	1952.10	本科	2004.3		
纪检组(监察专员办公室)	朱　平	副组长、主任	男	中共党员	1956.11	大专	2001.5		正处级
纪检组(监察专员办公室)	解建国	副主任	男	中共党员	1954.12	中专	2000.3	2004.4	副处级,2004.4调经济建设处
老干部处	张藏惠	处长	女	中共党员	1955.2	大普	2002.10		
老干部处	赵立新	副处长	男	中共党员	1954.3	双专	2002.10		
老干部处	郭　顺	助理调研员	男	中共党员	1950.4	大专	1999.2		副处级
省控购办公室(政府采购办公室)	赵宝贵	控办副主任(正处级)、采购办主任	男	中共党员	1951.1	大专	1996.3	2004.11	正处级,2004.11免控办副主任,任政府采购办主任
省控购办公室(政府采购办公室)	吕志林	调研员	男	中共党员	1954.10	本科	2003.6	2004.11	正处级,2004.11免控办调研员,任政府采购办调研员
省控购办公室(政府采购办公室)	孟占起	副主任	男	中共党员	1956.8	中专	2000.5	2004.11	副处级,2004.11免控办副主任,任政府采购办副主任,2004.12调机关服务中心

2004年河北省财政厅副处级以上干部名单(六)

单位	姓名	职务	性别	政治面貌	出生年月	文化程度	任职时间	免职时间	备注
省控购办公室(政府采购办公室)	韩孟玉	副主任	男	中共党员	1958.1	硕士	2003.5	2004.11	副处级,2004.11免控办副主任,任政府采购办副主任
省控购办公室(政府采购办公室)	刘桂荣	助理调研员	女	中共党员	1953.1	大普	2003.9	2004.11	副处级,2004.11免控办助理调研员,任政府采购办助理调研员
省政府采购办公室	任同肖	副主任	男	中共党员	1954.3	本科	2004.12		副处级
省政府采购办公室	郑桂媛	助理调研员	女	中共党员	1958.10	本科	2004.12		副处级
省收费管理局	张鹏柱	局长	男	中共党员	1954.1	大专	2000.5	2004.3	正处级,2004.3调条法处
省收费管理局	吕国新	局长	男	中共党员	1952.9	大普	2004.3	2004.9	正处级,2004.9任省非税收入管理局局长
省收费管理局	孙尚云	调研员	男	中共党员	1954.11	第二学士	2002.10	2004.9	正处级,2004.9任省非税收入管理局调研员
省收费管理局	刘文通	副局长	男	中共党员	1955.1	本科	1997.3	2004.9	副处级,2004.9任省非税收入管理局副局长
省收费管理局	鄂学育	副局长	男	中共党员	1957.3	大专	2002.10	2004.9	副处级,2004.9任省非税收入管理局副局长
省收费管理局	谢秋林	助理调研员	男	中共党员	1958.7	本科	2001.5	2004.9	副处级,2004.9任省非税收入管理局助理调研员
省收费管理局	刘运通	助理调研员	男	中共党员	1964.12	硕士	2003.6	2004.9	副处级,2004.9任省非税收入管理局助理调研员,2004.12调财政监督检查局
财政监督检查局	张　强	副局长(正处级)	男	中共党员	1950.9	大专	2002.10		
财政监督检查局	王新庄	副局长	男	中共党员	1958.7	本科	2000.5		副处级,2004.12提任调研员(正处级)
财政监督检查局	郑　勇	正处级监察员	男	中共党员	1948.6	大专	2001.5		
财政监督检查局	刘惠渊	正处级监察员	男	中共党员	1953.6	中专	2003.9		
财政监督检查局	李树平	正处级	男	中共党员	1960.9	本科	2002.10		

2004年河北省财政厅副处级以上干部名单(七)

单　　位	姓　名	职　务	性别	政治面貌	出生年月	文化程度	任职时间	免职时间	备　注
财政监督检查局	吉喜全	副处级监察员	男	中共党员	1957.1	中专	2000.5		
财政监督检查局	吴士如	副处级监察员	男	中共党员	1957.6	本科	2001.5		
财政监督检查局	吕新芳	助理调研员	男	中共党员	1960.6	本科	2001.5		副处级
财政监督检查局	宋　华	助理调研员	女	中共党员	1963.3	本科	2001.5		副处级,2004.12任财政监察组第一组副组长
财政监督检查局	刘运通	助理调研员	男	中共党员	1964.12	硕士	2004.12		副处级
财政监督检查局	张爱民	副处级	男	中共党员	1954.10	本科	2004.3		
财政监察组第一组	黄振平	组长(正处级)	男	中共党员	1956.6	大专	2004.12		
财政监察组第二组	吴建明	组长(正处级)	男	中共党员	1962.9	本科	2004.12		
财政监察组第二组	解建国	副组长	男	中共党员	1954.12	中专	2004.12		副处级
预算编审中心	王振东	主任	男	中共党员	1960.5	硕士	2003.5	2004.3	正处级,2004.3调教科文处
预算编审中心	车殿宝	调研员、副主任	男	中共党员	1964.12	本科	2003.6		正处级
预算编审中心	杨焕族	调研员	男	中共党员	1959.4	本科	2004.5		正处级
预算编审中心	赵　森	副主任	男	中共党员	1963.12	硕士	1999.4		副处级
预算编审中心	张清柳	副主任	男	中共党员	1966.10	硕士	2001.6		副处级
预算编审中心	李　新	副主任	男	中共党员	1966.10	大学	2004.6		副处级
预算编审中心	于瑞申	助理调研员	男	中共党员	1955.11	大专	2002.10		副处级
预算编审中心	杨伟春	助理调研员	男	中共党员	1963.8	本科	2003.6		副处级
河北省财政厅	贾学谦	助理调研员	男	中共党员	1957.9	大专	2000.3		副处级,内退
河北省财政厅	刘云祥	助理调研员	男		1958.6	大专	2000.5		副处级,内退
河北省财政厅	傅亿峰	助理调研员	男	中共党员	1960.4	本科	2000.5		副处级.内退
河北省财政厅	张　玲	助理调研员	女	中共党员	1960.4	本科	2000.7		副处级,内退
《河北财会》编辑部	郑立会	副总编(正处级)	男	中共党员	1956.11	大学	2000.5		正处级
《河北财会》编辑部	王建平	副总编	男	中共党员	1959.10	本科	1999.4		副处级
《河北财会》编辑部	白志平	副总编	男	中共党员	1967.6	硕士	2003.1		副处级
《河北财会》编辑部	金燕平	副处级	男		1957.11	大专			2004.3任总编助理(副处级)

2004年河北省财政厅副处级以上干部名单(八)

单位	姓名	职务	性别	政治面貌	出生年月	文化程度	任职时间	免职时间	备注
财政科学研究所	姚绍学	主任	男	中共党员	1961.6	博士	1999.2	2004.3	正处级,2004.3调综合处
财政科学研究所	邢永春	所长	男	中共党员	1959.10	大学	2004.3	2004.12	正处级,2004.12调税政处
财政科学研究所	段国旭	所长	男	中共党员	1965.2	硕士	2004.12		正处级
财政科学研究所	宋立根	副主任(正处级)	男	中共党员	1952.10	大普	1997.7	2004.4	2004.4任副所长(正处级)
财政科学研究所	陈国绪	副主任	男	中共党员	1957.6	本科	1997.11	2004.4	副处级,2004.4任副所长
财税信息中心	王洪卫	主任	男	中共党员	1966.11	硕士研究生	2003.5		正处级
财税信息中心	赵增群	副主任	男	中共党员	1969.12	硕士研究生	2003.1		副处级
省中华会计函授学校	徐　静	校长	女	中共党员	1954.10	大专	2003.1		正处级,兼任省财政厅会计人员服务中心主任
省中华会计函授学校	黄英辉	副校长	男	中共党员	1963.5	硕士	2000.5		副处级,兼任省财政厅会计人员服务中心副主任
经济开发投资公司	徐洪杰	总经理	男	中共党员	1959.7	大学	1999.11		正处级
经济开发投资公司	郭德信	副总经理(正处级)	男	中共党员	1963.9	大学	2002.10		
经济开发投资公司	马国栋	副总经理	男	中共党员	1966.3	硕士研究生	1995.12		副处级
经济开发投资公司	韩继普	副总经理	男	中共党员	1964.8	硕士	1995.12		副处级
经济开发投资公司	蔡洪武	副总经理	男	中共党员	1952.4	双专	2000.5		原正团级
经济开发投资公司	张爱民	专职工会主席	男	中共党员	1954.10	本科	2002.10	2004.3	副处级,2004.3调财政监督检查局
注册会计师协会秘书处	郭志军	处长	男	中共党员	1957.11	大专	2003.9		

2004 年河北省财政厅副处级以上干部名单(九)

单　位	姓　名	职　务	性别	政治面貌	出生年月	文化程度	任职时间	免职时间	备　注
注册会计师协会秘书处	李建设	省人才交流服务中心流动人员党委注协党总支书记	男	中共党员	1954.5	本科	2003.1		正处级
注册会计师协会秘书处	张宪宁	副处长	男	中共党员	1957.11	本科	2003.9		
注册会计师协会秘书处	于永春	副处长	男	中共党员	1963.6	硕士研究生	2003.9		
机关服务中心	王晓轩	主任	男	中共党员	1960.6	大学	2003.2		正处级,兼任省财政厅票证文印中心主任
机关服务中心	任同肖	副主任	男	中共党员	1954.3	本科	1998.9	2004.12	副处级,2004.12 调省政府采购办公室
机关服务中心	孟占起	副主任	男	中共党员	1956.8	中专	2004.12		副处级
机关服务中心	冯志强	副主任	男	中共党员	1964.10	硕士	2000.5		副处级
机关服务中心	高志勇	副主任	男	中共党员	1961.4	本科	2004.3		副处级
机关服务中心	付景堂	副处级	男	中共党员	1949.10	高中			
机关服务中心	刘福生	副处级	男	中共党员	1960.8	本科			
财政投资评审中心	王进同	主任	男	中共党员	1960.2	本科	2003.5		正处级
财政投资评审中心	陈　健	副主任	男	中共党员	1963.5	本科	2001.5	2004.9	副处级,2004.9 调省农业开发办公室
财政投资评审中心	周建民	副主任	男	中共党员	1956.6	本科	2002.10		副处级
财政投资评审中心	崔青山	副主任	男	中共党员	1958.4	本科	2001.5		副处级
省政府外债项目管理服务中心	靳海增	主任	男	中共党员	1963.9	硕士研究生	2001.7		正处级
省政府外债项目管理服务中心	崔盼来	副主任	男	中共党员	1965.11	硕士	2003.1		副处级

2004年河北省财政厅副处级以上干部名单(十)

单位	姓名	职务	性别	政治面貌	出生年月	文化程度	任职时间	免职时间	备注
河北财政干部培训中心	孟祥群	副主任	男	中共党员	1967.12	硕士	2001.7		副处级
河北财政干部培训中心	冯鸿雁	副主任	男	中共党员	1965.4	硕士研究生	2004.3		副处级
河北财政干部培训中心涿州基地	赵全起	副主任	男	中共党员	1952.8	中专	1998.12		副处级
香港燕山发展有限公司	曹文治	董事长	男	中共党员	1951.7	大普	2002.7		副厅级
香港燕山发展有限公司	史玉强	总经理	男	中共党员	1955.7	大学	2001.6		副厅级
香港燕山发展有限公司	冀　平	副总经理	女	中共党员	1954.11	大专	1997.12		正处级
香港燕山发展有限公司	王广田	副总经理	男	中共党员	1963.11	大专	1997.4		副处级
香港燕山发展有限公司	穆智良	副总经理	男	中共党员	1963.1	硕士研究生	2000.5		副处级
香港燕山发展有限公司	刘学民	副总经理	男	中共党员	1964.10	本科	2002.10		副处级
省级财政支付中心	刘新印	副主任	男	中共党员	1959.9	硕士	2001.5		副处级
社会保障资金审核服务中心	杜义胜	副主任	男	中共党员	1957.4	本科	2002.10		副处级
社会保障资金审核服务中心	王占虎	副主任	男	中共党员	1962.7	大学	2004.3		副处级

2004年河北省农业开发办公室副处级以上干部名单(一)

单　位	姓　名	职　务	性别	政治面貌	出生年月	文化程度	任职时间	免职时间	备　注
省农业开发办公室	乔　满	主任	男	中共党员	1951.10	本科	2000.3		
省农业开发办公室	金树林	副主任	男	中共党员	1957.12	研究生班	2003.6		正处级,兼任综合处处长 2004.9 免综合处处长
省农业开发办公室	杜彦卿	副主任	男	中共党员	1963.6	本科	2003.6	2004.11	正处级,2004.11 调省财政厅
省农业开发办公室	郝同信	副主任	男	中共党员	1953.2	本科	2004.10		
综合处	王文才	处长	男	中共党员	1957.12	大专	2004.9		
综合处	刘树中	调研员	男	中共党员	1964.2	本科	2003.3		正处级
综合处	闫明珠	副处长	男	中共党员	1954.8	大学	2000.9		
综合处	马　兰	助理调研员	女	中共党员	1963.6	大学	2003.3		副处级
项目评审处	王　寅	副处长	男	中共党员	1963.7	硕士研究生	2000.9	2004.9	2004.9 调农发资金管理办公室
项目评审处	康凤君	助理调研员	男	中共党员	1962.10	硕士	2000.9	2004.9	副处级,2004.9 调坝上生态农业项目处
土地生态项目处	李丙申	处长	男	中共党员	1956.5	本科	2000.9	2004.9	2004.9 任土地治理项目处处长
土地生态项目处	王文才	调研员	男	中共党员	1957.12	大专	2000.9	2004.9	正处级,2004.9 调综合处
土地生态项目处	贲　育	副处长	男	中共党员	1956.11	大专	2000.9	2004.9	2004.9 任土地治理项目处副处长
土地生态项目处	张文杰	副处长	男	中共党员	1963.4	本科	2000.9	2004.9	2004.9 任土地治理项目处副处长
土地生态项目处	毛俊歧	助理调研员	男	中共党员	1964.8	大学	2003.3	2004.9	副处级,2004.9 任土地治理项目处助理调研员
外资和多种经营项目处	张安生	处长	男	中共党员	1956.5	双专	2000.9		

2004 年河北省农业开发办公室副处级以上干部名单(二)

单　　位	姓　名	职　务	性别	政治面貌	出生年月	文化程度	任职时间	免职时间	备　注
外资和多种经营项目处	朱国发	调研员	男	中共党员	1957.12	双专	2000.9	2004.9	正处级，2004.9 调坝上生态农业项目处
外资和多种经营项目处	李青海	副处长	男	中共党员	1961.10	大学	2000.9		
外资和多种经营项目处	范国锋	副处长	男	中共党员	1963.2	大学	2000.9		
坝上生态农业项目处	朱国发	处长	男	中共党员	1957.12	双专	2004.9		
坝上生态农业项目处	陈　健	副处长	男	中共党员	1963.5	本科	2004.9		
坝上生态农业项目处	康凤君	助理调研员	男	中共党员	1962.10	硕士	2004.9		副处级
农发资金管理办公室	于　力	主任	男	中共党员	1961.2	本科	2002.10		正处级
农发资金管理办公室	袁永川	副主任	男	中共党员	1958.10	本科	2000.5		副处级
农发资金管理办公室	王　寅	副主任	男	中共党员	1963.7	硕士研究生	2004.9		副处级
农业投资公司	孙绍乾	总经理	男	中共党员	1957.4	双专	2001.5		正处级 2004.7 兼任省农业开发项目评审中心主任
农业投资公司	齐连君	副总经理	女	中共党员	1961.2	大学	2000.1		副处级 2004.7 兼任省农业开发项目评审中心副主任
农业开发服务中心	侯焕成	主任	男	中共党员	1953.10	大专	2001.5		正处级
农业开发服务中心	于怀水	副主任	男	中共党员	1955.11	大专	2001.5		副处级

2004年石家庄市财政局副局级以上干部名单(一)

姓　名	职　务	性别	政治面貌	出生年月	文化程度	办公电话	系统 IP 电话	邮　编	改任时间	备注
赵悦贞	局长	男	中共党员	1948.2	大专	0311—6687611	3116201	050011		
赵志卿	副局长兼支付中心主任	男	中共党员	1952.5	中专	0311—6687613	3116202	050011		
李和平	副局长兼政府投资办主任	男	中共党员	1953.8	大专	0311—6687615	3116203	050011		
郭怀备	纪检组长	男	中共党员	1952.2	大学	0311—6687612	3116301	050011		
徐树兵	副局长	男	中共党员	1952.5	大专	0311—6687616	3116205	050011		
王彦勤	副局长	男	中共党员	1951.9	大学	0311—6687617	3116206	050011		
王铁英	副局长	男	中共党员	1952.7	大学	0311—6688586	3116207	050011		
王秋旺	副局长兼收费局长	男	中共党员	1951.10	大专	0311—6688832	3116401	050011		
杜占贞	农业开发办公室主任	男	中共党员	1952.6	大学	0311—6689301		050011		
王志良	助理调研员	男	中共党员	1947.5	大专	0311—6687518	3116302	050011		
赵清法	助理调研员	男	中共党员	1946.11	大专	0311—6687619	3116303	050011		
安绍平	副局级财政驻厂员	男	中共党员	1948.4	中专	0311—6688550	3116419	050011		
李生玲	副局级财政驻厂员	女	中共党员	1953.2	中专	0311—6687628	3116208	050011		
王志凤	副局级财政驻厂员	女	中共党员	1952.8	大专	0311—6687660	3116405	050011		
张军翠	副局级财政驻厂员	女	中共党员	1953.1	大专	0311—6687633	3116327	050011		
王志宽	监督办主任	男	中共党员	1952.4	大专	0311—6687718	3116408	050011		
李月华	监察室主任	男	中共党员	1953.12	大专	0311—6687614	3116318	050011		
贾二丑	财务总监	男	中共党员	1949.6	高中	0311—6012314		050011		
阎彦如	财务总监	男	中共党员	1948.9	高中	0311—6012327		050011		
高建堂	财务总监	男	中共党员	1955.9	大学	0311—6111647		050011		
薄中秋	副局级财政监察员	男	中共党员	1945.8	大专	0311—6689468	3116449	050011		
梁凤超	支付中心副主任	男	中共党员	1953.8	大专	0311—6030656		050011		

2004年石家庄市财政局副局级以上干部名单(二)

姓　名	职　务	性别	政治面貌	出生年月	文化程度	办公电话	系统 IP 电话	邮　编	改任时间	备注
卢　坚	支付中心副主任	男	中共党员	1956.11	大专	0311—6031125		050011		
吴北龙	支付中心副主任	男	中共党员	1958.2	大学	0311—6075841		050011		
赵秀生	支付中心副主任	男	中共党员	1954.8	大学	0311—6075841		050011		
阎国平	支付中心总会计师	男	中共党员	1956.1	大专	0311—6039971		050011		
邵卫东	政府投资办副主任	男	中共党员	1961.12	研究生	0311—8626175		050011		
潘明利	政府投资办副主任	男	中共党员	1966.3	研究生	0311—8626176		050011		
赵汉增	政府投资办副主任	男	中共党员	1965.12	大学	0311—6688518	3116209	050011		
黄建纲	政府投资办副主任	男	中共党员	1960.3	大学	0311—8626177		050011		
赵建国	政府采购服务中心主任	男	中共党员	1953.4	中专	0311—6688585	3116524	050011		
曹文海	国有资产事务中心主任	男	中共党员	1952.11	中专	0311—8626201		050011		
孙国良	市证券公司经理	男	中共党员	1954.4	大专	0311—8626200		050011		
王颖杰	农业开发办公室副主任	男	中共党员	1950.2	大学	0311—6687590		050011		
石文更	农业开发办公室副主任	男	中共党员	1957.2	大学	0311—6689302		050011		
戚忠奎	农业开发办公室副主任	男	中共党员	1958.12	大学	0311—6689305		050011		

2004年承德市财政局副局级以上干部名单

姓　名	职　务	性别	政治面貌	出生年月	文化程度	办公电话	系统 IP 电话	邮　编	改任时间	备注
宋玉君	局长、党组书记	男	中共党员	1953.2	中专	2256698	6511	067000		
刘文龙	副局长、党组副书记(正处)	男	中共党员	1951.4	本科	2256226	6503	067000		
王承华	副局长、(培训中心主任)(正处)	女	中共党员	1953.2	本科	2255386	6501	067000		
王文元	副局长、(国资办主任)(正处)	男	中共党员	1955.10	大专	2255261	6507	067000		
姜凤祥	副局长、(农开办主任)(正处)	男	中共党员	1954.6	本科	2256206	6505	067000		
单庆林	党组成员(城市信用社董事长)	男	中共党员	1950.11	大专	2255262	6510	067000		

姓　名	职　务	性别	政治面貌	出生年月	文化程度	办公电话	系统 IP 电话	邮　编	改任时间	备注
李晓东	副局长	男	中共党员	1956.12	大普	2255303	6509	067000		
尹云峰	纪检组长	男	中共党员	1951.2	大专	2255336	6506	067000		
裴　越	副局长	男	中共党员	1960.6	大专	2255369	6603	067000		
张树民	副局长	男	中共党员	1959.7	本科	2255590	6502	067000		
于国臣	农开办副主任	男	中共党员	1958.12	大专	2256017		067000		
李源林	农开办副主任	男	中共党员	1954.6	大专	2255003		067000		
刘伟民	农开办副主任	男	中共党员	1956.12	本科	2255922		067000		
司玉和	总会计师	男	中共党员	1950.10	大专	2256316	6504	067000		
李金华	收费局局长	男	中共党员	1966.10	大学	2256072	6801	067000		
王淑琴	助理调研员	女	中共党员	1949.2	高中	2255220	6615	067000		
韩志伟	财达公司总经理	男	中共党员	1952.5	大专	2021402		067000		
崔宝友	副处级	男	中共党员	1954.9	研究生	2037281		067000		
胡庆川	助理调研员(综合科科长)	男	中共党员	1954.12	大专	2255187	6313	067000		
刘德涛	助理调研员(办公室主任)	男	中共党员	1966.7	大学	2256313	6605	067000		
杨海燕	培训中心副主任(副处)(文行科科长)	女	中共党员	1958.11	本科	2256265	6403	067000		
张建军	助理调研员(经济建设科科长)	男	中共党员	1964.4	本科	2256025	6707	067000		
司瑞安	监督局局长	男	中共党员	1962.5	研究生	2255011	6716	067000		

2004 年张家口市财政局副局级以上干部名单

姓　名	职　务	性别	政治面貌	出生年月	文化程度	办公电话	系统 IP 电话	邮政编码	改任时间	备注
李雪荣	局　长	男	中共党员	1963.6	研究生	2025308	3136688	075000		
王大鹏	副局长	男	中共党员	1953.6	大学本科	2016258	3136499	075000		
梁大维	纪检组长	男	中共党员	1952.9	大学专科	2033215	3136402	075000		
王小军	副局长	男	中共党员	1967.7	研究生	2031335	3136408	075000		

姓　名	职　务	性别	政治面貌	出生年月	文化程度	办公电话	系统 IP 电话	邮政编码	改任时间	备注
陈　志	党委副书记	女	中共党员	1954.7	大学本科	2033219	3136406	075000		
姚　溢	助理调研员	男	中共党员	1957.8	研究生	2017495	3136504	075000		
马福海	助理调研员	男	中共党员	1954.1	大学专科	2033241	3136403	075000		
刘　森								075000	2004 年 1 月调市国资委	

2004 年秦皇岛市财政局副局级以上干部名单

姓　名	职　务	性别	政治面貌	出生年月	文化程度	办公电话	系统 IP 电话	邮政编码	改任时间	备注
胡　田	党组书记、局长	男	中共党员	1949.9	研究生	0335－3218536	335－8801	066000		
张树江	党组副书记、副局长；农开办党组书记、主任	男	中共党员	1954.10	大专证	3028274	8601	066000		
张玉文	党组成员、副局长	女	中共党员	1954.9	大学	3031219	8501	066000		
万裕增	党组成员、副局长	男	中共党员	1958.2	大学	3025089	8001	066000		
田鸿彦	党组成员、副局长（正县）	男	中共党员	1964.9	研究生	3039333	8005	066000		
程　浩	党组成员、副局长	男	中共党员	1968.8	大学	3219493	8401	066000		
郎雅娟	党组成员、纪检组长	女	中共党员	1951.12	大专	3212190	8701	066000		
李怀玉	党组成员、调研员	男	中共党员	1955.2	大专	3035561	8003	066000		
蒋龙山	党组成员、助理调研员	男	中共党员	1951.4	大学	3039818	8301	066000		
戴令梅	农开办党组成员、副主任	女	中共党员	1955.1	大学	3024348	8011	066000		
张建华	农开办党组成员、副主任	男	中共党员	1962.8	大学	3035552	8066	066000		
张惠芳	助理调研员	女	中共党员	1963.4	大学	3035558	8068	066000		
冯瑞平	助理调研员	男	中共党员	1965.12	大学	3255592	8069	066000		
董利军									2004.2.4 调市国资委	

姓　名	职　务	性别	政治面貌	出生年月	文化程度	办公电话	系统 IP 电话	邮政编码	改任时间	备注
刘小毅	开发区管委会总会计师兼财政局长	女	中共党员	1950.3	大学	8050679		066000		
李占义	抚宁县政协副主席兼财政局党组书记	男	中共党员	1948	大专	6012226		066300		

2004 年唐山市财政局副局级以上干部名单

姓　名	职　务	性别	政治面貌	出生年月	文化程度	办公电话	系统 IP 电话	邮政编码	改任时间	备注
莫连营	局长	男	中共党员	1952.10	研究生	2828885	8308	063000		
孟德增	调研员、党组副书记	男	中共党员	1954.1	大学	2815034	8212	063000		
张宗亮	副局长	男	中共党员	1960.2	研究生	2840737	8208	063000		
田云普	副局长	男	中共党员	1961.6	研究生	2815054	8310	063000		
鲁凤云	纪检组长	女	中共党员	1950.5	研究生	2845440	8210	063000		
张加力	副局长	男	中共党员	1959.5	研究生	2844314	8201	063000		
马兰银	副局长	女		1965.10	研究生	2855262	8305	063000		
魏文忠	副局长	男	中共党员	1965.1	研究生	2815014	8301	063000		
陈华沙	助理调研员	男	中共党员	1955.8	大专	2222678	8202	063000		
佟振英	助理调研员	女	中共党员	1952.1	中专	2238758	8318	063000		
陈龙传	助理调研员	男	中共党员	1952.5	大学	2815028	8214	063000		
张国庆	助理调研员	男	中共党员	1950.10	大学	2812209	8204	063000		
韩素宁	助理调研员	女	中共党员	1956.1	大学	2817730	8608	063000	2004 年 6 月改任	
朱秀全								063000	2003 年 8 月提前离岗	
李富强	副主任	男	中共党员	1953.11	研究生	2801560	8712	063000		

2004 年廊坊市财政局副局级以上干部名单

姓　名	职　务	性别	政治面貌	出生年月	文化程度	办公电话	系统 IP 电话	邮政编码	改任时间	备注
李春山	局长	男	中共党员	1959.12	大学	0316—2180188	8818	065000		
李德华	副局长	男	中共党员	1957.3	大学	2180469	8838	065000		
张毅明	副局长	男	中共党员	1955.7	研究生	2180428	8858	065000		
张环录	副局长	男	中共党员	1953.8	大学	2180458	8868	065000		
左得江	副局长	男	中共党员	1963.9	大学	2180418	8878	065000		
邢凤华	纪检组长	女	中共党员	1955.6	大学	2180438	8898	065000		
苏连会	助理调研员	男	中共党员	1951.3	大学	2180408	8998	065000		
赵志英	收费局长	女	中共党员	1954.9	大学	2020966		065000		
王荣三	办公室主任	男	中共党员	1960.3	研究生	2180401	8255	065000	2004 年 9 月调开发区财政局任局长	

2004 年保定市财政局副局级以上干部名单

姓　名	职　务	性别	政治面貌	出生年月	文化程度	办公电话	系统 IP 电话	邮政编码	改任时间	备注
吕宝生	党组书记、局长	男	中共党员	1959.9	研究生	5063966	3126666	071000		
康爱民	党组副书记、副局长	男	中共党员	1963.8	大学	5028688	3126678	071000		
陈树存	党组成员、副局长	男	中共党员	1962.9	大学	5026799	3126618	071000	2004.7 由收费管理局局长调任	
张宗社	党组成员、副局长	男	中共党员	1963.4	大学	5089138	3126668	071000		
李照力	党组成员、副局长	男	中共党员	1962.10	大学	5089266	3126632	071000		
崔义祥	党组成员、农开办主任	男	中共党员	1953.2	大专	3088598	3126676	071051	2004.7 由农开办副主任提任	

姓　名	职　务	性别	政治面貌	出生年月	文化程度	办公电话	系统 IP 电话	邮政编码	改任时间	备注
赵留强	党组成员、非税收入管理局局长	男	中共党员	1967.5	大学	5056229	3126568	071000	2004.7 由预算处长提任	
翟彦更	党组成员、纪检组长	男	中共党员	1954.8	大学	5026959	3126679	071000		
康凤琴	调研员	女	中共党员	1950.2	大学	5026596	3126986	071000	2004.1 由副局长提任	
姜　扬	助理调研员	女	中共党员	1961.1	大学	5056596	3126652	071000	2004.2 由社保处长提任	
杨胜伟	农开办副主任	男	中共党员	1954.8	双专科	3088835		071051		
陈景江	农开办副主任	男	中共党员	1955.8	大学	3088326		071051		
游剑虎	农开办副主任	男	中共党员	1962.12	大学	3088838		071051		
臧振生	非税收入管理局副局长	男	中共党员	1953.12	中专	5026773	3126612	071000		
艾　民	原党组成员、副局长、农开办主任	男	中共党员	1947.1	大专			071000	2004.1 任二线调研员	
张喻鉴	原党组成员、副局长	男	中共党员	1953.1	大学			071000	2004.1 调任国资委副主任	
张庆丰	原助理调研员	男	中共党员	1960.3	大专			071000	2004.1 调任国资委助理调研员	

2004 年沧州市财政局副局级以上干部名单

姓　名	职　务	性别	政治面貌	出生年月	文化程度	办公电话	系统 IP 电话	邮政编码	改任时间	备注
高　健	局　长	男	中共党员	1948.8	大本	2026971	6209	061001		
张淑萍	副局长	女	中共党员	1954.8	大专	2023165	6315	061001		
朱振国	副局长	男	中共党员	1954.11	大本	2017207	6309	061001		
刘云强	副局长	男	中共党员	1949.11	大专	2022892	6305	061001		
李增普	收费局长	男	中共党员	1952.3	中专	2022318	6219	061001		

姓　名	职　务	性别	政治面貌	出生年月	文化程度	办公电话	系统 IP 电话	邮政编码	改任时间	备注
张崇元	纪检组长	男	中共党员	1954.7	大专	2081675	6405	061001		
魏克智	稽查大队长	男	中共党员	1957.3	大本	2015098	6205	061001		
李长周	调研员	男	中共党员	1951.9	大专	2017140	6705	061001		
张焕坤	助理调研员	男	中共党员	1957.7	大本	2012022	6403	061001	2004 年 9 月改任稽查副队长	
郭坤彦	助理调研员	男	中共党员	1962.10	大本	2018890	6203	061001	2004 年 9 月任	
张志平	助理调研员	男	中共党员	1951.11	大专	2022329	6213	061001		
刘泽平	副局长	男	中共党员	1963.5	大本			061001		
崔铁吉								061001	2004 年 9 月免职	

2004 年衡水市财政局副局级以上干部名单

姓　名	职　务	性别	政治面貌	出生年月	文化程度	办公电话	系统 IP 电话	邮政编码	改任时间	备注
韩石利	局长、党组书记	男	中共党员	1953.9	大专	2168168	3189968	053000		
曹瑞祥	副局长	男	中共党员	1948.11	大本	2168686	3189986	053000	2004.3 任督导员	
赵敢齐	副局长	男	中共党员	1952.12	中专	2168938	3189938	053000		
王世强	副局长	男	中共党员	1957.2	大专	2168288	3189988	053000		
崔洪义	副局长	男	中共党员	1963.5	大本	2169889	3189989	053000		
孙　绯	副局长	男	中共党员	1969.6	大专	2129936	3189936	053000		
杨新丽	副局长	女		1964.1	大本	2158669	3189969	053000		
马金辉	纪检组长	男	中共党员	1956.5	大本	2195859	3189959	053000		

姓　名	职　务	性别	政治面貌	出生年月	文化程度	办公电话	系统 IP 电话	邮政编码	改任时间	备注
赵保勤	督导员	男	中共党员	1945.7	大本	2121949	3189949	053000		
赵孟凯	调研员	男	中共党员	1947.2	大本	2101088	3189088	053000	2004.3 任督导员	
袁荣三	督导员	男	中共党员	1946.3	大专	2169938	3189938	053000	2003 年 改任督导员	

2004 年邢台市财政局副局级以上干部名单

姓　名	职　务	性别	政治面貌	出生年月	文化程度	办公电话	系统 IP 电话	邮政编码	改任时间	备注
崔尽忠	局长、党组书记	男	中共党员	1954.8	研究生班毕业	2219172	6213	054000		
郭路芳	副局长、党组副书记	男	中共党员	1963.8	研究生班毕业	2221461	6214	054000		
王素平	副局长、党组副书记	女	中共党员	1965.12	研究生班毕业	2222857	6215	054000		
王兰云	副局长、党组成员	女	中共党员	1958.12	本科	2219818	6413	054000		
薛建设	纪检组长、党组成员	男	中共党员	1956.7	大专	2222879	6211	054000		
姚明新	调研员、党组成员	男	中共党员	1951.4	大普	2218665	6212	054000		
赵玉琦	党组成员、收费局长、	男	中共党员	1953.11	大专	2212378	6615	054000		
韩明旋	调研员	男	中共党员	1950.5	本科	2222135	6207	054000	2004.2 任副局长	
刘青戌	调研员	男	中共党员	1950.1	大专	2138006	6204	054000	2004.2 任副局长	
贾金平	助理调研员	男	中共党员	1956.8	大专	2219172	6202	054000		
王增平	助理调研员	男	中共党员	1950.10	大专	2224872	6411	054000		
王春瑞	助理调研员	男	中共党员	1957.2	本科	2131626	6210	054000		

2004年邯郸市财政局副局级以上干部名单

姓　名	职　务	性别	政治面貌	出生年月	文化程度	办公电话	系统 IP 电话	邮政编码	改任时间	备注
李少波	局长	男	中共党员	1953.9	大专	3027666	3106666	056002		
井俊芳	副局长	女	中共党员	1953.12	大专	3055546	3106616	056002		
薛成秀	副局长	男	中共党员	1956.1	大专	3055761	3106636	056002		
李曙光	副局长兼纪检组长	男	中共党员	1956.7	大专	3055035	3106656	056002		
闫国玺	副局长	男	中共党员	1955.3	大学	3051615	3106676	056002		
王　存	预外局局长	男	中共党员	1950.1	大专	3017128		056002		
李广华	农开办主任	男	中共党员	1956.1	大学	3112432		056002		
岳志林	助理调研员	男	中共党员	1948.11	中专	3055860		056002		
李学书	预算外资金管理局副局长（副县）	男	中共党员	1954.1	大学	3111620		056002		

河北省各市财政系统办公电话号码

石家庄市财政局副科级以上干部电话号码

单 位	姓 名	职 务	外 线	内线
	赵悦贞	局 长	86687611	6201
	赵志卿	副局长	86687613	6202
	李和平	副局长	86687615	6203
	郭怀备	纪检组长	86687612	6301
	徐树兵	副局长	86687616	6205
	王彦勤	副局长	86687617	6206
	王铁英	副局长	86688586	6207
	王秋旺	副局长、收费局长	86688832	6401
农开办	杜占贞	主 任	86689301	
	王志良	助理调研员	86687618	6302
	赵清法	助理调研员	86687619	6303
办公室	田卫东	主 任	86687667	6210
办公室	霍 强	副主任	86689460	6211
人教处	刘伟报	处 长	86689170	6306
预算处	周巧娥	处 长	86688578	6319
预算处	冯英禄	副处长	86687630	6310
国库处	赵明欣	处 长	86688543	6320
国库处	李京朝	副处长	86689487	
监督办	王志宽	主 任	86687718	6408
监督办	郄文林	副主任	86688598	
监督办	靳贺喜	副主任	86688524	
行政政法处	高 山	处 长	86687635	6329
行政政法处	董彦国	副处长	86688389	
教科文处	李广胜	处 长	86687663	6343
教科文处	沈风朝	副处长	86688588	
社保处	耿砚雪	处 长	86689462	6326
社保处	张 彬	副处长	86688525	
农业处	许彦珍	处 长	86689463	6349
农业处	吴兆坤	副处长	86687398	
经建处	刘生彦	处 长	86689461	6413
经建处	王力斌	副处长	86687641	6411
经建处	胡建津	副处长	86687641	
涉外处	周国春	处 长	86688522	6322
企业处	孙庚铭	副处长	86688552	
综合处	马金姝	处 长	86687647	6429
综合处	王志明	副处长	86687646	
农税处	田禄强	处 长	86687649	6333
农税处	孟庆祥	副处长	86689464	6336
条法处	刘生春	处 长	86687621	6409
统计评价处	张秀萍	处 长	86688579	6414
统计评价处	靳子良	副处长	86687668	6616
会计处	李同乐	处 长	86035347	
会计处	冯铁峰	副处长	86035347	
监察室	李月华	主 任	86687614	
老干部处	雷坤林	副处长	86687627	6220
控办(采购办)	李龙跃	主 任	86688536	6535
控办(采购办)	张秀珠	副主任	86688596	
控办(采购办)	韩秀云	副主任	86688596	
控办(采购办)	杨亚洲	副主任	86688536	
收费局	张振岭	副局长	86687750	6443
收费局	杜志英	副局长	86689321	6447
收费局	郝 莹	副局长	86689469	6450
收费局办公室	张念考	副主任	86688582	
收费局收费处	魏栓来	处 长	86689467	
收费局票据处	刘维克	处 长	86687651	
收费局稽查处	贾桂萍	处 长	86687650	
收费局计财处	丁苏会	处 长	86687652	6433
财政支付	梁凤超	副主任	86030656	
财政支付	卢 坚	副主任	86031125	
财政支付	阎国平	副主任	86039971	
投资办	邵卫东	副主任	88626175	
投资办	潘明利	副主任	88626176	
投资办	赵汉增	副主任	86688518	6209
采购中心	赵建国	主 任	86688585	6524
契税所	田发水	所 长	86688581	6513

单　位	姓　名	职　　务	外　线	内线
社保审核中心	校梅枝	负责人	86689172	6516
信息中心	田英杰	负责人	86687661	6606
长安区	马增辉	局　长	85996058	
长安区	许　阳	副局长	85996104	
长安区	金梅芳	副局长	85996159	
桥东区	张明连	局　长	85996818	
桥东区	田凯峰	副局长	85996809	
桥东区	张金生	副局长	85996808	
桥西区	董保贤	局　长	83021913	
桥西区	李淑芬	副局长	83994548	
桥西区	狄　洁	副局长	83038188	
新华区	闫文柳	局　长	87836664	
新华区	杜义河	副局长	87838147	
新华区	刘青春	副局长	87052909	
裕华区	王建民	局　长	86578556	
裕华区	任宝堂	副局长	86578575	
裕华区	李日江	副局长	86578577	
矿　区	朱明义	局　长	82072185	
矿　区	左喜娥	副局长	82078185	
矿　区	王保文	副局长	82089370	
高新区	王东华	局　长	85962716	
高新区	齐永宽	副局长	85960907	
辛集市	冯文彪	局　长	83265429	
辛集市	范建兴	副局长	83265428	
辛集市	种占信	副局长	83222948	
晋州市	赵增来	局　长	84315918	
晋州市	张清波	副局长	84337891	
新乐市	吴进忠	局　长	88587906	
新乐市	陈伟祥	副局长	88581790	
新乐市	秦福利	副局长	88587501	
藁城市	张东喜	局　长	88123868	
藁城市	王建国	副局长	88126737	
藁城市	张风珍	副局长	88126727	
鹿泉市	郄风辰	局　长	82012169	
鹿泉市	王秀敏	副局长	82011469	
鹿泉市	高士信	副局长	82101830	
井陉县	吕成柱	局　长	82023428	
井陉县	齐增文	副局长	82022539	
井陉县	张洪智	副局长	82022808	
正定县	刘胜军	局　长	88022852	
正定县	李志远	副局长	88022039	
正定县	安志卿	副局长	88022159	
栾城县	赵福生	局　长	88031637	
栾城县	张银海	副局长	88031466	
深泽县	张志强	局　长	83526868	
深泽县	张亚鹏	副局长	83520025	
深泽县	盖会恩	副局长	83524268	
无极县	靳建刚	局　长	85571537	
无极县	申立功	副局长	85578170	
无极县	岳立章	副局长	85573161	
赵　县	李春科	局　长	84945771	
赵　县	赵建生	副局长	84948667	
赵　县	田同军	副局长	84945772	
高邑县	王建设	局　长	84036866	
高邑县	刘爱文	副局长	84032599	
高邑县	常永利	副局长	84035086	
元氏县	何焕代	局　长	86530188	
元氏县	安树军	副局长	86530189	
元氏县	张文国	副局长	86530186	
赞皇县	王志京	局　长	84228088	
赞皇县	赵远忠	副局长	84228000	
赞皇县	齐新朝	副局长		9868
平山县	权林山	局　长	82931728	
平山县	吴梅生	副局长	82931001	
平山县	刘兵武	副局长	82933004	
灵寿县	杜风龙	局　长	82524985	
灵寿县	宋国灵	副局长	82960946	
灵寿县	赵兵社	副局长	82521340	
行唐县	左国方	局　长	82988966	
行唐县	苑宝林	副局长	82995590	
行唐县	赵润德	副局长	82995866	

承德市财政局
副科级以上干部电话号码

单　位	姓　名	职　　务	外　线	内线
	宋玉君	局长、党组书记	2256698	
	刘文龙	副局长、党组副书记	2256226	
	王承华	副局长	2255386	

单　位	姓　名	职　　务	外　线	内线
	王文元	副局长、国资办主任	2255261	
	姜凤祥	副局长、农开办主任	2256206	
	单庆林	副局长	2256316	
	李晓东	副局长	2255303	
	尹云峰	纪检组长	2255336	
	裴　越	党组成员兼办公室主任	2255369	
	张树民	党组成员兼预算科长	2255590	
农开办	于国臣	副主任	2256017	
农开办	李源林	副主任	2255003	
农开办	刘伟民	副主任	2255922	
	司玉和	总会计师	2256316	
	王淑琴	副处调	2255220	
	韩志伟	财达总经理	2021402	
	崔宝友	副处调、评审中心主任	2037281	
	胡庆川	副处调、综合科科长	2255553	
	刘德涛	副处调国库科科长	2255562	
	李金华	收费局局长	2256072	
	杨海燕	副处调、文行科科长	2256265	
	张建军	副处调、农业科科长	2256025	
	司瑞安	监督局局长	2255011	
	宁自忠	正科级待遇		
预算科	翟少春	副科长	2256040	
人教科	付延民	科　长	2255563	
人教科	李国强	副科长	2255502	
农业科	徐笑娟	副科长	2255032	
农业科	宋会东	副科长	2255032	
文行科	高光庆	副科长	2256203	
文行科	李　莉	副科长	2256177	
会计科	田景春	科　长	2256220	
综合科	晁凤荣	副科长	2255553	
综合科	李长春	副科长	2255553	
农税科	胡维俭	科　长	2256295	
农税科	蒋　丽	副科长	2256246	
农税科	丁福志	副科长	2256246	
涉外科	方青春	科　长	2255962	
涉外科	陈桂枝	副科长	2255626	

单　位	姓　名	职　　务	外　线	内线
经建科	张　银	科　长	2255105	
经建科	苗　东	副科长	2255091	
经建科	王晓光	副科长	2255091	
社保科	杨近明	科　长	2256162	
社保科	张彩霞	副科长	2256046	
法规科	李奎先	科　长	2255193	
国库科	李　炜	副科长	2255029	
城建科	穆素家	科　长	2256315	
控　办	薄国爱	主　任	2255610	
控　办	朱光磊	副主任	2255113	
监察室	王志光	主　任	2256309	
老干部科	林秀萍	科　长	2255607	
企业科	栾志宏	科　长	2255178	
企业科	迟　翔	副科长	2255611	
企业科	赵玉新	副科长	2255611	
统计评价科	程立民	副科长	2255109	
收费局综合科	赵洪生	科　长	2256087	
收费局征收科	高春光	副科长	2256129	
收费局征收科	丁贺琴	科　长	2256102	
收费局征收科	杨海峰	副科长	2255629	
收费局稽查队	王嘉惠	队　长	2255393	
收费局稽查队	肖　冰	副队长	2255351	
监督局	梁淑平	副局长	2256465	
监督局	朱凤鸣	副局长一科科长	2256004	
监督局	王建民	一科副科长	2255955	
监督局	何志涛	二科科长	2256257	
监督局	李荣霞	三科科长	2255623	
集中支付	谢志刚	中心主任	2052665	
集中支付	郭　江	副主任	2052678	
集中支付	李会梅	副主任	2052667	
社保中心	徐俊儒	主　任	2256117	
公费医疗办公室	王承彦	主　任	2025911	
公费医疗办公室	郭淑霞	副主任	2026352	
公费医疗办公室	任凤岐	副主任	2029689	

单　位	姓　名	职　　务	外　线	内线
社保中心	王丽娟	副主任	2256311	
契税中心	尹晓光	主　任	2020850	
契税中心	徐庆钧	副主任	2027919	
契税中心	闫宝国	副主任	2027850	
契税中心	冯艳霞	副主任	2027615	
农开办平原项目科	祁尚林	科　长	2255350	
农开办平原项目科	张福志	副科长	2255190	
农开办坝上科	郭海山	科　长	2256003	
农开办坝上科	王军山	副科长	2256055	
农开办多种经营科	刘久明	科　长	2255320	
农开办多种经营科	李晓旺	副科长	2255313	
农开办项目科	王春友	科　长	2255378	
农开办项目科	金凤岗	科　长	2256530	
政府采购中心	李　力	主　任	2033891	
政府采购中心	郜亚彬	副主任	2033895	
财政投资评审中心	闫立华	副主任	2037283	
财政投资评审中心	任立新	副主任	2037293	
党委副书记办公室	杨雁群	副主任	2255278	
机关服务中心	林国华	主任、办公室副主任	2256302	
信息中心	夏立明	主　任	2256277	
兴隆县	李志文	局　长	5053948	
兴隆县	王玉军	书记、副局长	5052497	
兴隆县	张晓光	副局长	5052339	
兴隆县	刘占林	副局长	5051597	
兴隆县	高翠英	纪检组长	5051697	
丰宁县	于占民	局　长	8012770	
丰宁县	高明军	党组副书记、国资办主任	8010410	
丰宁县	李树山	党支部书记兼副局长	8012018	
丰宁县	孙仕林	副局长	8010449	
丰宁县	马玉民	副局长	8012001	
丰宁县	张志华	纪检组长	8010103	

单　位	姓　名	职　　务	外　线	内线
围场县	刘柏华	局　长	7516294	
围场县	马玉文	副局长	7513608	
围场县	张子臣	副局长	7516513	
围场县	智秀勇	纪检组长	7521070	
围场县	苏胜利	农税局副局长	7520898	
围场县	王志文	收费局副局长	7515350	
围场县	张文元	监督局副局长	7512249	
围场县	马国军	国资办主任	7520324	
围场县	梁玉红	总会计师	7512113	
平泉县	张　旭	局　长	6082586	
平泉县	崔志宇	党组副书记、纪检书记	6082568	
平泉县	闫锡杰	副局长	6082587	
平泉县	李贺东	副局长	6082588	
滦平县	吴　畏	局　长	8586989	
滦平县	陈卫东	农开办主任兼副局长	8583690	
滦平县	李秀平	副局长	8583663	
滦平县	李在新	副局长	8586896	
滦平县	崔金怀	国资办副主任	8586249	
滦平县	李　友	国资办副主任	8583281	
滦平县	乔海泉	农开办副主任	8584894	
隆化县	赵长宇	局　长	7064268	
隆化县	牛　杰	总支书记	7063015	
隆化县	李显军	副局长	7060896	
隆化县	王慧民	副局长	7063346	
隆化县	崔广民	总会计师	7060895	
宽城县	唐学成	局　长	6633290	
宽城县	杨　杰	副局长	6633090	
宽城县	高玉霞	副局长	6633090	
宽城县	高翠芝	副局长	6633090	
宽城县	白景华	监察室主任	6633090	
承德县	孙德功	局　长	3011693	
承德县	吴占顺	副局长	3019210	
承德县	吴怀春	副局长、国资办主任	3019688	
承德县	刘兰枝	副局长	3019668	
承德县	袁柏成	纪检组长	3019130	
承德县	孟会钧	收费局局长	3011305	

单　位	姓　名	职　　务	外　线	内线
承德县	黄建敏	政府采购办主任	3019133	
承德县	王亚茹	国资办副主任	3012545	
双桥区	王晓艳	局　长	2028158	
双桥区	刘亚平	副局长	2028140	
双桥区	窦向红	副局长	2028140	
双桥区	韩志军	副局长	2028140	
双桥区	李文敏	国资办主任	2028139	
双桥区	杨丽娟	收费局局长	2028139	
开发区	冀瑞祥	局　长	2122227	
开发区	王文义	副局长	2121668	
开发区	于力涓	副局长	2120463	
开发区	丁敬卓	集中支付中心副主任	2121664	
双滦区	李瑞霞	局　长	4301118	
双滦区	许　明	农业主任、副局长	4301108	
双滦区	董鸥妹	副局长	4301109	
双滦区	侯国天	副局长	4301116	
双滦区	张旭东	收费局局长	4301086	
双滦区	金玉玺	监督局局长	4301119	
双滦区	付玉宝	党支部书记	4301120	
双滦区	孙士权	副局长	4301085	
双滦区	孔祥园	农开办副主任	4301078	
双滦区	曹艳芳	农开办副主任	4301098	
营子区	蒋国成	局　长	5011849	
营子区	范瑞文	党支部书记	5017009	
营子区	姜永成	农开办主任、副局长	5014268	
营子区	李福生	副局长	5013881	
营子区	董喜军	副局长	5017006	
营子区	王爱玲	副局长	5018583	

张家口市财政局 副科级以上干部电话号码

单　位	姓　名	职　　务	外　线	内线
	李雪荣	局　长	2025308	6415
	王大鹏	副局长	2016258	6499
	梁大维	纪检组长	2033215	6402
	王小军	副局长	2031335	6408
	陈　志	副书记	2033219	6406
办公室	赵红革	副主任	2015571	6412
办公室	魏安琳	副主任	2015571	6412
人教科	宋文胜	科　长	2033223	6806
人教科	索　峰	副科长	2033223	6808
党委办	甄桂春	主　任	2040558	6506
纪检室	沈　华	主　任	2033243	6505
预算科	李　艺	科　长	2060640	6305
预算科	温　彪	副科长	2013297	6303
预算科	史韶民	副科长	2013297	6303
预算编审	张海鹏	副主任	2080076	6311
预算编审	史　毅	副主任	2080076	6311
国库科	张文浩	科　长	2023438	6306
国库科	乔万荣	副科长	2023438	6307
文行科	段　炼	副科长	2082553	6704
社保科	王效林	科　长	2033246	6805
社保科	韩开全	副科长	2061392	6804
经建科	吴立清	科　长	2033234	6901
经建科	张建军	副科长	2033244	6910
经建科	罗佃江	副科长	2033244	6910
农业科	侯秉登	科　长	2043225	6706
农业科	常俊峰	副科长	2033211	6707
农税科	张万里	副科长	2033242	6202
契税所	彭一平	科　长	2012116	6911
契税所	李春艾	副科长	2015369	6104
契税所	赵生海	副科长	2015369	6104
企业科	席照海	科　长	2017259	6502
企业科	周建华	副科长	2010134	6502
监督科	马占彪	科　长	2028390	6904
监督科	邓学斌	副科长	2017369	6903
会计科	孙　明	科　长	2033209	6206
会计科	王桂明	副科长	2033227	6207
涉外科	高占义	科　长	2033249	6810
涉外科	杨根智	副科长	2033249	6810
综合科	尹宗明	科　长	2061559	6811
综合科	安玉广	副科长	2019234	6812
综合科	王涣平	副科长	2019234	6812
统计评价	张　春	科　长	2033213	6507
老干部科	李志萍	科　长	2033247	6905
采购办、控办	李建生	科　长	2026211	6211
采购办、控办	陈广维	副科长	2020666	6210

单　位	姓　名	职　务	外　线	内线
收费局	马晓勇	副科长	2020666	6210
收费局	张　震	副科长	2033217	6709
收费局	韩晓明	副科长	2033217	6709
收费局	霍　全	科　长	2028990	6701
收费局	刘春花	副科长	2028990	6701
后勤	李世文	主　任	2016260	6518
后勤	王贵海	副主任	2013874	6515
后勤	程元功	副主任	2013874	6515
采购中心	喻　鹏	主　任	2023222	6205
采购中心	陈晓明	副主任	2082165	6203
采购中心	焦　伟	副主任	2082165	6203
支付中心	武光荣	主　任	2033207	6103
支付中心	李吉俞	副主任	2080139	6103
支付中心	郝方军	副主任	2080189	6103
信息中心	曹　波	主　任	2027781	6609
信息中心	王纪云	副主任	2010034	6608
桥东区	闫克俭	局　长	4064040	7201
桥东区	李品军	常务副局长	4038778	7206
桥东区	刘金库	副局长	4033163	7209
桥东区	王春霞	副局长	4038783	7203
桥东区	霍万清	办公室主任	4038783	7208
桥西区	许要武	局　长	8069258	5688
桥西区	李柄官	主任科员	8069250	5666
桥西区	王宝楼	副局长	8069253	5656
桥西区	李丽华	副局长	8069096	5658
桥西区	李凤梅	副局长	8069230	5618
桥西区	葛新荣	办公室主任	8069213	5678
高新技术	何　林	局　长	4063404	
开发区	张　冉	副局长	4063440	
开发区	孙晓兰	副局长	4063367	
开发区	李志峰	办公室主任	4061396	
下花园区	李　文	局　长	5055588	5801
下花园区	张丽业	书　记	5152336	5819
下花园区	樊海丽	副局长	5151588	5803
下花园区	李凤元	副局长	5052615	5823
下花园区	赵建华	办公室主任	5052002	5806
宣化区	赵明江	局　长	3012431	7518
宣化区	李秀峰	副局长	3014809	7528
宣化区	董　彪	副局长	3014865	7548
宣化区	窦殿举	副局长	3050142	7558
宣化区	张跃斌	副局长	3055638	7568
怀安县	赵小平	局　长	7832301	8602

单　位	姓　名	职　务	外　线	内线
怀安县	景素琴	副局长	7833427	8600
怀安县	丁少良	副局长	7832072	8603
怀安县	杨万平	副局长		
怀来县	薛瑞祥	局　长	6223380	7818
怀来县	王佃和	书　记	6223780	7839
怀来县	单正祥	副书记	6222068	7828
怀来县	韩士香	副局长	6223054	7858
怀来县	赵巨萍	副局长	6223848	7868
怀来县	杨　忠	副局长	6223780	7903
怀来县	周全旺	副书记	6223780	7838
怀来县	侯向东	办公室主任	6223923	7899
赤城县	郭文奎	局　长	6312800	8458
赤城县	高宏斌	书　记	6313202	8419
赤城县	杨文考	副局长	6316588	8428
赤城县	康　明	副书记	6312030	8435
赤城县	孟建军	副局长	6313202	8429
赤城县	唐继华	副局长	6316588	8438
赤城县	张素芬	收费局局长	6312030	8433
赤城县	王方友	纪检组长	6415778	8439
赤城县	瞿世明	办公室主任	6312234	8408
蔚　县	班新生	局　长	7213970	9866
蔚　县	王治中	常务副局长	7210088	9845
蔚　县	黄咏新	副局长	7213143	9820
蔚　县	马延风	副局长	7210947	9839
蔚　县	赵建中	主任科员	7213385	9856
蔚　县	史建明	收费局局长	7214875	9835
蔚　县	宋尚学	办公室主任	7213143	9819
崇礼县	赵建设	局　长	4612188	8218
崇礼县	杨桂英	书记兼副局长	4615888	8228
崇礼县	郭志恒	副局长	4614472	8210
崇礼县	王　斌	副局长	4613015	8212
崇礼县	郭瑞方	纪检组长	4612380	8216
崇礼县	田志江	办公室主任	4612185	8208
康保县	任贵昌	局　长	5512205	9218
康保县	郑福祥	书　记	5513277	9248
康保县	李志祥	副局长	5512409	9228
康保县	刘宏伟	副局长	5513277	9268
康保县	杨利智	副局长	5513277	9278
康保县	王彦军	副局长	5512408	
康保县	李春生	办公室主任	5512409	9266
宣化县	王瑞新	局　长	3061146	7001
宣化县	赵福珍	书　记	3061199	7002

单　位	姓　名	职　　务	外　线	内线
宣化县	夏友瑜	副局长	3061144	7003
宣化县	侯全海	副局长	3061100	7005
宣化县	武景璇	副局长	3061277	7008
宣化县	张耀刚	副局长	3083619	7022
万全县	边庆富	局　长	4222102	8000
万全县	李　福	书记兼副局长	422110	8001
万全县	梁　雷	副局长	4227925	8002
万全县	李　云	副局长	4227928	8003
万全县	张有余	副局长	4227840	8004
万全县	刘铁军	副局长	4227927	8005
万全县	梁卫东	纪检组长	4227844	8006
阳原县	安世邦	局　长	7512898	9601
阳原县	薛建新	书记兼副局长	7582783	9602
阳原县	张　绪	副局长	7515054	9603
阳原县	马志珍	副局长	7517506	9605
阳原县	周凤宝	办公室主任	7512371	9655
张北县	李　勇	局　长	5222994	9501
张北县	曹　军	书　记	5222532	9502
张北县	郝继斌	副局长	5226571	9503
张北县	郑若峰	副局长	5222829	9505
张北县	王利宏	办公室主任	5222532	9506
沽源县	刘春芳	局　长	5812136	9006
沽源县	罗瑞峰	书　记	5812540	9016
沽源县	沈茂华	副局长	5810769	9008
沽源县	刘剑文	副局长	5812940	9009
沽源县	李　祥	办公室主任	5812276	9011
涿鹿县	李维民	局　长	6522975	7618
涿鹿县	谷新声	书　记		7611
涿鹿县	董桂龙	副局长		7612
涿鹿县	周智勇	副局长		7619
涿鹿县	王　库	副局长		7613
涿鹿县	李九龙	副局长		7603
涿鹿县	程桂祥	办公室主任	6521238	7623
尚义县	王　成	局　长	4322343	8902
尚义县	翟　俊	书　记	4327008	8905
尚义县	李森武	副局长	4327001	8906
尚义县	郝超文	副局长	4327000	8958
尚义县	张　健	副局长	4327007	8910
尚义县	靳振品	办公室主任	4322372	8936
察北管理区	王海军	局　长	5364045	
察北管理区	高进忠	副局长	5364046	
察北管理区	宁爱平	副局长	5364046	
塞北管理区	张国俊	局　长	5754233	
塞北管理区	刘　文	副局长	5754244	
塞北管理区	王桂荣	副局长	5754244	
塞北管理区	温清星	副局长	5754244	

秦皇岛市财政局
副科级以上干部电话号码

单　位	姓　名	职　　务	外　线	内线
	胡　田	局　长	3218536	8801
	张树江	农开办主任、副局长	3028274	8601
	张玉文	副局长	3031219	8501
	万裕增	副局长	3025089	8001
	田鸿彦	副局长	3039333	8005
	程　浩	副局长	3219493	8401
	郎雅娟	纪检组长	3212190	8701
	李怀玉	调研员	3035561	8003
	蒋龙山	助理调研员	3039818	8301
	戴令梅	农开办副主任	3024348	8011
	张建华	农开办副主任	3035552	8066
	张慧芳	助理调研员	3035558	8068
	冯瑞平	助理调研员	3255592	8069
办公室	崔英杰	主　任	3056336	8403
办公室	裴庆锐	副主任（正科级）	3035881	8405
办公室	毛耀民	副主任	3257115	8402
办公室	陈　燕	副主任科员	3219421	8406
办公室	王海波	副主任科员	3053158	8411
文行科	李德军	科　长	3033948	8515
文行科	郭勇兵	副科长	3034879	8516
文行科	宋思远	副主任科员	3034879	8517
综合科	齐　松	科　长	3038324	8511
综合科	王焕新	副科长	3038324	8511
经建科	范　宇	科　长	3028277	8508
经建科	赵　杰	副科长	3028277	8508

单 位	姓 名	职 务	外 线	内线
经建科	崔庆凤	副主任科员	3028277	8509
预算科	柳 荣	科 长	3203115	8512
预算科	宋岿公	副科长(正科级)	3041497	8502
预算科	张 蕊	副科长	3032957	8506
预算科	贾 悦	副主任科员	3041497	8503
人教科	方焕冬	科 长	3034678	8615
人教科	刘东旭	副科长	3035548	8617
人教科	刘 河	副科长	3035548	8616
国库科	孙伟杰	科 长	3212549	8605
国库科	顾凤利	副科长	3211920	8603
国库科	南利军	副主任科员	3211920	8602
农税科	刘 群	科 长	3251231	8608
采购办	于志洲	科 长	3035555	8606
采购办	刘艳春	副科长	3035555	8607
社保科	刘卫东	科 长	3257022	8711
社保科	康连峰	副科长	3035556	8712
农开办项目科	董铁良	科 长	3021295	8027
农开办项目科	徐 春	副科长	3046147	8016
企业科	高 嵩	科 长	3212786	8709
企业科	张赞松	副科长	3034847	8709
企业科	邵 颖	副主任科员	3034847	8703
农业科	李文学	科 长	3034757	8706
农业科	姜 军	副科长	3033312	8708
农业科	李 一	副主任科员	3033312	8707
会计科	张东升	科 长	3028282	8808
会计科	宋瑞军	副科长	3028282	8808
会计科	张翠霞	主任科员	3035566	8809
会计科	乔 虹	副主任科员	3035566	8809
财政监督科	乔洁丽	科 长	3031058	8816
财政监督科	常岩峻	副科长(正科级)	3214441	8817
财政监督科	刘 燕	副科长	3031058	8816
财政监督科	冯健宝	主任科员	3214441	8818
财政监督科	李艳杰	副主任科员	3214441	8818
财政评审科	朱 绵	科 长	3030093	8023
财政评审科	赵慧芳	副主任科员	3041725	8012

单 位	姓 名	职 务	外 线	内线
财政评审科	王 侠	副科级职员	3041725	8013
涉外科	王 军	科 长	3035560	8806
机关党委	蔡维山	专职副书记	3050160	8053
监察科	关炳莉	科 长	3046864	8052
妇委会	魏瑞贤	副主任	3046864	8052
收费科	张素芹	科 长	3038914	8056
收费科	姜 涛	副科长(正科级)	3038914	8056
国资监督科	赵素梅	科 长	3028267	8017
国资监督科	申晓亮	副科长	3049845	8019
国资监督科	王曙明	主任科员	3651603	
国资监督科	韩文革	副主任科员	3049845	8018
国资监督科	文朝阳	副主任科员	8060072	
国资监督科	杨伟生	副主任科员	8060072	
国资监督科	郭 进	副主任科员	3049782	
国资监督科	姚春鹤	副主任科员	3205034	
财政会计培训中心	张东升	主任(兼)	3028282	8808
信托公司	牛海燕	副总经理	3251925	
信托公司	王大力	副总经理	3035584	
契税征管所	田素纯	所 长	3080015	
契税征管所	张 军	副所长	3080339	
产权交易中心	周玉凤	主 任	3259688	
产权交易中心	李贺先	副主任	3214185	
集中支付中心	孙伟杰	主 任	3212549	
集中支付中心	张 兰	副主任	3213491	
集中支付中心	范术丰	副主任	3213493	
干训处	孙相府	主 任	4041110	
海港区	杨永会	局 长	3650618	
海港区	阎晓宁	副局长	3650682	
海港区	吴景元	副局长	3650628	
海港区	张艳华	副局长	3650658	

单　位	姓　名	职　　务	外　线	内线
海港区	李国强	副局长	3650638	
海港区	张秋艳	纪检书记	3650678	
海港区	白　艳	局长助理	3650669	
北戴河区	孙爱忠	局　长	4186099	
北戴河区	陈柏年	纪检组长	4186101	
北戴河区	曹晓军	副局长	4186124	
北戴河区	张寅生	副局长	4186126	
北戴河区	韩英山	副局长	4186125	
北戴河区	陈自彬	副局长	4186123	
北戴河区	郑丽芬	工会妇联	4186121	
山海关区	白永泉	局　长	5051595	8888
山海关区	贺学良	副局长	5054137	8316
山海关区	和　泳	副局长	5052500	8588
山海关区	周燕忠	副局长	5072880	8988
市开发区	刘晓屹	局　长	8019118	
市开发区	龙艳春	副局长	8019210	
市开发区	王东华	副局长	8019216	
山海关开发区	王怀强	局　长	5083049	
山海关开发区	魏绍礼	副局长	5085060	
青龙县	蔡新中	局　长	7862181	6666
青龙县	赵文相	副局长	7862170	6688
青龙县	杨中玉	副局长	7861709	6668
青龙县	于克珍	副局长	7864646	6618
青龙县	许明杰	纪检组长	7881231	6628
抚宁县	李占义	书　记	6012226	
抚宁县	马利华	局　长	6011997	9901
抚宁县	李　果	副局长	6011406	9908
抚宁县	陈福来	副局长	6012441	9906
抚宁县	李立明	副局长	6021649	9905
抚宁县	李晓民	副局长	6022581	9962
抚宁县	郁金平	纪检组长	6021442	9995
昌黎县	王晓虹	局　长	2024073	9699
昌黎县	张兆红	副局长	2024091	9691
昌黎县	李建成	副局长	2023123	9623
昌黎县	曹国旺	副局长	2024087	9687
昌黎县	朱孟林	副局长	2039658	9658
昌黎县	李明军	副局长	2984406	9638
卢龙县	卢小平	局　长	7012545	6888
卢龙县	李福桥	副局长	7012332	6886
卢龙县	潘树臣	副局长	7012293	6889
卢龙县	万志海	副局长	7013451	6883
卢龙县	王　磊	副局长	7012342	6885
卢龙县	张凤荣	副局长	7011911	6881
卢龙县	何占东	副局长	7016879	6882
卢龙县	谷　业	纪检书记	7017298	6833

唐山市财政局
副科级以上干部电话号码

单　位	姓　名	职　　务	外　线	内线
	莫连营	局　长	2828885	8308
	孟德增	党组副书记	2815034	8212
	张宗亮	副局长	2840737	8208
	田云普	副局长	2815054	8310
	张加力	副局长	2844314	8201
	马兰银	副局长	2855262	8305
	魏文忠	副局长	2815014	8301
	鲁凤云	纪检组长	2845440	8210
	陈华沙	助理调研员		
	佟振英	助理调研员		
	陈龙传	助理调研员	2815028	8214
	张国庆	助理调研员	2812209	8318
	韩素宁	助理调研员	2817730	8608
办公室	金　毅	主　任	2801080	8314
办公室	于志云	副主任	2821754	8107
办公室	周凤松	副主任	2826145	8316
人事处	佟玉良	处　长	2813992	8218
人事处	纵瑞平	副处长	2815004	8211
监察室	史连兴	主　任	2844313	8206
采购办	肖和谦	主　任	2801159	8116
采购办	王宝玲	副主任	2801159	8116
会计处	莫振岚	处　长	2801037	8114
会计处	于　斌	副处长	2826895	8113
社保处	李志银	处　长	2801077	8106
社保处	高爱东	副处长	2828875	8105
综合处	邢秋香	处　长	2818515	8216
综合处	李亚立	副处长	2801101	8214
医疗办	李友明	主　任	2815575	8104
预算处	张贺青	处　长	2801019	8416
预算处	王芝艳	副处长	2821204	8418
预算处	韩青才	副处长	2821204	8414
文行处	姚宏伟	处　长	2801036	8404
文行处	窦淑新	副处长	2801036	8404

单　位	姓　名	职　　务	外　线	内线
经建处	肖其放	处　长	2801552	8402
经建处	赵凤玲	副处长	2801375	8403
经建处	王富江	副处长	2801375	8403
企业处	安连成	处　长	2801346	8406
企业处	何振忠	副处长	2823193	8401
监督处	张　民	处　长	2801567	8518
监督处	王永喜	副处长	2827829	8509
统评处	郭虎巨	处　长	2801369	8516
统评处	常河山	副处长	2845441	8505
涉外处	杨德柱	处　长	2801027	8514
涉外处	丛云福	副处长	2828184	8514
农税处	田广武	处　长	2801551	8504
农税处	董雅娟	副处长	2801551	8504
农业处	严晓明	处　长	2801049	8506
农业处	师会文	副处长	2821504	8508
开管处	赵荣光	处　长	2818529	8414
国库处	李秀华	处　长	2801565	8610
国库处	刘志远	副处长	2815044	8605
国库处	常津宏	副处长	2815044	8605
农开办	朱秀全	副主任	2824585	8701
农开办	李富强	副主任	2801560	8712
项目处	郭茂和	处　长	2823454	8713
办公室	郭明权	主　任	2802392	8705
综合处	张树增	处　长	2801100	8710
综合处	王东兴	副处长	2801100	8708
收费局	乔爱民	副局长	2823776	8731
收费局	杨　泉	副局长	2823837	8736
综合处	刘大伟	处　长	2823857	8753
综合处	徐金玲	副处长	2801347	8728
稽查处	曹文波	处　长	2823468	8748
稽查处	张明群	副处长	2801349	8750
征管一处	郑长杰	处　长	2823772	8729
征管一处	李济萍	副处长	2801573	8735
征管二处	李庆华	处　长	2823744	8737
征管二处	张　磊	副处长	2801354	8751
信息中心	董福才	主　任	2815024	8502
编审中心	佟玉璞	副主任	2836318	8411
编审中心	舒俊平	副主任	2836318	8411
支付中心	杜建军	主　任	2821349	
支付中心	陈连玺	副主任	2839888—8205	
支付中心	董艳惠	副主任	2839888—8203	

单　位	姓　名	职　　务	外　线	内线
采购中心	路宝忠	主　任	2801350	8746
采购中心	杨展青	副主任	2801561	8741
培训中心	刘康宁	经　理	2828788	
培训中心	范东菊	副经理	2828788	
培训中心	李成兴	副经理	2828788	
电算化	刘长青	经　理	2832580	
电算化	张久安	副经理	2825474	
产权交易中心	贺汝松	主　任	2801585	8763
产权交易中心	马立忠	副主任	2801580	8769
国富投资公司	刘　勇	副经理	2311608	
科技风险担保公司	王友凤	副经理	2231225	
科技风险担保公司	刘永东	副经理	2231225	
城建投资公司	孙登登	副经理	2330017	
城建投资公司	李延宏	副经理	2330017	
财达证券	郑亚军	总经理	2021698	
财达证券	黄海涛	副经理	2049361	
财达证券	王　科	副经理	2046739	
丰润区	李宝忠	局　长	3125578	6218
丰润区	贾德武	副局长	3125878	6255
丰润区	杨淑芹	副局长	3128556	6208
丰润区	张亚军	副局长	3128396	6203
丰润区	白秀春	副局长	3128516	6212
丰润区	陈文勇	副局长	3128509	6215
丰润区	刘宝成	副局长	3128508	6318
丰润区	金淑春	副局长	3128519	6213
丰润区	王家臣	副局长	3125989	6216
丰润区	谷孝功	副局长	3128399	6205
丰润区	姜新生	副局长	3128506	6220
丰润区	张树春	办公室主任	3128383	6256
丰南区	董秀峰	局　长	8189728	7888
丰南区	毕绍谦	书　记	8189836	7877
丰南区	毕文祥	副局长	8189722	7809
丰南区	杨国柱	副局长	8189716	7866
丰南区	张满新	副局长	8189711	7878
丰南区	闫顺会	副局长	8189738	7898
丰南区	董立砚	副局长	8189708	7855
丰南区	郑友东	办公室主任	8189690	7887

单　位	姓　名	职　　务	外　线	内线
滦　县	闫　立	局　长	7106166	9666
滦　县	贡怀民	副局长	7101181	9638
滦　县	田贵雨	副局长	7102776	9628
滦　县	蔡亚东	副局长	7100826	9678
滦　县	郝永久	副局长	7168520	9658
滦　县	任丽荣	副书记	7106226	9668
滦　县	李雪松	工会主席	7162859	9676
滦　县	郝孟德	纪检组长	7126130	9656
滦　县	李国君	办公室主任	7123572	9611
滦南县	李天武	局　长	4155399	9899
滦南县	何俊林	副局长	4155398 4103589	9866
滦南县	李春彬	副局长	4155786	9886
滦南县	陈绍政	副局长	4155389	9818
滦南县	张振远	副局长	4155798	9898
滦南县	郭兴阁	副局长	4155796	9896
滦南县	刘仲敏	办公室主任	4155660	9860
乐亭县	张振华	局　长	4615233	9588
乐亭县	张连金	副局长	4611161	
乐亭县	赵志宏	副局长	4612137	9580
乐亭县	骆建永	副局长	4615234	9599
乐亭县	齐文武	副局长	4611651	9578
乐亭县	张德才	副局长	4615248	9568
乐亭县	肖仲学	副局长	4611502	9518
乐亭县	郭仕儒	副局长	4632867	9516
乐亭县	张冠怀	办公室主任	4612827	9528
迁安市	玄　武	局　长	7637219	5619
迁安市	宋　印	副局长	7637229	5629
迁安市	唐延征	副局长	7637228	5628
迁安市	张桂田	副局长	7637226	5626
迁安市	李文波	副局长	7637209	5609
迁安市	谌文凤	副局长	7637206	5606
迁安市	刘　江	副局长	7637218	5618
迁安市	韩　兴	副局长	7634215	5615
迁安市	杨再田	办公室主任	7637212	
迁西县	张志会	局　长	5611960	9201
迁西县	赵文乃	副局长	5615673	9205
迁西县	侯建华	副局长	5612939	9206
迁西县	冯国祥	纪检组长	5612326	9212
迁西县	董进云	办公室主任	5611869	9220
遵化市	毛成海	局　长	6651655	7288
遵化市	何小东	副局长	6622995	7268

单　位	姓　名	职　　务	外　线	内线
遵化市	毛　军	副局长	6618556	7218
遵化市	张雪娜	副局长	6614207	7222
遵化市	潘　伟	副局长	6612985	7252
遵化市	韩东兴	副局长	6688514	
遵化市	石卫刚	办公室主任	6612112	7258
玉田县	马连生	局　长	6112358	7588
玉田县	王永兴	副局长	6100756	7505
玉田县	苏立勇	副局长	6117341	7568
玉田县	田友仓	副局长	6120769	7558
玉田县	沈宏恩	副局长	6117340	7566
玉田县	冯　利	副局长	6113232	7503
玉田县	孙宝林	副局长	6103009	6599
玉田县	曹宏达	办公室主任	6113024	7501
唐海县	艾文志	局　长	8717270	9052
唐海县	王永忠	副局长	8712840	
唐海县	孙臣山	副局长	8721799	9050
唐海县	孙建东	副局长	8721280	9055
唐海县	石凤全	办公室主任	8711385	9056
路北区	王秀梅	局　长	2829544	6888
路北区	谷士祥	副局长	2821315	6801
路北区	张道杰	副局长	2819414	6838
路北区	雷向阳	副局长	3724169	6818
路北区	张　曼	办公室主任	3724049	6808
路南区	王彩霞	局　长	2851298	7000
路南区	宿兰芝	副局长	2852708	7002
路南区	董志毅	副局长	2852978	7005
路南区	王树玲	副局长	2852178	7003
路南区	韩玉芝	副局长	2855878	7008
路南区	刘玉峰	副局长	2855290	7007
路南区	鲁梦颖	副局长	2827208	7006
路南区	李玉兰	副局长	2828735	7055
路南区	刘俊宇	副局长	2828735	7055
路南区	赵　静	办公室主任	2821778	7028
古冶区	张青林	局　长	3523588	6658
古冶区	李建华	副局长	3255286	6605
古冶区	贺东明	副局长	3254311	6678
古冶区	冯永军	办公室主任	3252644	6688
开平区	戴春铮	局　长	3363955	6569
开平区	周瑞霞	书　记	3364284	6566
开平区	张博文	副局长	3360449	6556
开平区	王巧玲	副局长	3364274	6565
开平区	张晓萍	副局长	3361219	6515

单　位	姓　名	职　　务	外　线	内线
开平区	高学军	副局长	3360972	6509
开平区	解翠琴	纪检组长	3368442	6510
开平区	赵本刚	办公室主任	3363145	6506
高新技术开发区	薄建华	局　长	3178038	
高新技术开发区	安作森	副局长	3178668—8082	
高新技术开发区	王义宏	副局长	3178013	
高新技术开发区	马伟义	办公室主任	3178020	
海港开发区	李树棠	局　长	2913367	
海港开发区	田秀珍	副局长	2913309	
海港开发区	汪海峰	办公室主任	2914659	
南堡开发区	潘大勇	局　长	8505858	7601—18
南堡开发区	郑忠新	副局长	8505808	7601—19
南堡开发区	齐莉莉	副局长	8505809	7601—26
南堡开发区	高金波	办公室主任		7601—20
芦台经济技术开发区	刘植兰	局　长	69388267	5518
芦台经济技术开发区	李敬贵	书　记	69388957	5528
芦台经济技术开发区	李道生	副局长	69388954	5513
芦台经济技术开发区	张志成	副局长	69388568	5531
芦台经济技术开发区	王　倩	办公室主任	69388169	5515
汉沽管理区	戴恩广	局　长	69213262	5118
汉沽管理区	崔广平	副局长	69216874	5106
汉沽管理区	王锦新	副局长	69214767	5108
汉沽管理区	唐云东	副局长	69213363	5112
汉沽管理区	武文娟	副局长	69214829	5115
汉沽管理区	武彦军	办公室主任	69213474	5101

廊坊市财政局
副科级以上干部电话号码

单　位	姓　名	职　　务	外　线	内线
	李春山	局　长	2180188	
	李德华	副局长	2180469	
	张毅明	副局长	2180428	
	张环录	副局长	2180458	
	左得江	副局长	2180418	
	邢凤华	纪检组长	2180438	
	苏连会	助理调研员	2180408	
办公室	李晓鹏	信息中心主任兼办公室副主任	2180403	
人教科	王玉岭	科　长	2180432	
机关党委	刘长河	专职副书记	2180439	
纪检监察室	王琦	主　任	2180436	
预算科	刘树发	科　长	2180461	
预算科	翟雅静	副科长	2180415	
预算编审中心	姚振辉	主　任	2180420	
预算编审中心	远中梅	副主任	2180420	
预算编审中心	吕艳玲	副主任	2180420	
国库科	张四新	科　长	2180413	
国库科	于立波	副科长	2180413	
国库科	王淑霞	副科长	2180413	
集中支付中心	张继臣	主　任	2094105	
集中支付中心	李欣洁	副主任	2094271	
行政政法科	王宗德	科　长	2180412	
教科文科	崔宝珍	科　长	2180416	
教科文科	高志成	副科长	2180416	
社会保障科	徐建新	科　长	2180454	

单 位	姓 名	职 务	外 线	内线
社会保障科	徐进贤	副科长	2180423	
社会保障科	马凤芹	副科长	2180423	
农业科	陈宏信	科 长	2180411	
农业科	莒 旗	副科长	2180411	
经济建设科	李文明	科 长	2180425	
经济建设科	司绍杰	副科长	2180425	
涉外科	赵金亭	科 长	2180422	
涉外科	高晓丽	副科长	2180422	
涉外科	李鹏松	副科长	2180422	
企业科	冯淑岚	科 长	2180421	
企业科	王立冬	副主任	2180421	
综合科	李国林	科 长	2180435	
会计科	王永来	科 长	2180431	
条法科	薛志勇	科 长	2180433	
统计评价科	朱雅东	科 长	2180440	
政府采购办公室	庞彦民	主 任	2180430	
控办室	孟庆新	主 任	2180429	
研究室	杜澄泉	主 任	2180426	
财务总监办公室	姚东亮	主 任	2180419	
信息中心	秦 联	副主任	2180460	
收费管理局	赵志英	局 长	2020966	
收费管理局	刘永胜	副局长	2024505	
财政监督局	万国民	副局长	2037894	
农业税收管理局	杜士杰	副局长	2180286	
农业税收管理局	尹宗海	科 长	2180410	
农税征管所	程建忠	所 长	2055319	
农税征管所	吕忠明	副所长	2022266	
函校	蔺俊琪	校 长	2010734	
财政投资评审中心	曹 悦	主 任	2031676	
财政投资评审中心	白瑞宣	副主任	2031676	
机关后勤服务中心	李伯生	主 任	2180014	
机关后勤服务中心	蔡根生	副主任	2180261	
市直机关服务中心	周淑玲	主 任	2019869	
市直机关服务中心	佟祝群	副主任	2180412	
会计服务中心	杨广志	主 任	2052686	
会计服务中心	张金凤	副主任	2180419	
政府采购中心	张殿峰	主 任	2022819	
拍卖行	王长江	行 长	2010440	
拍卖行	钟声	副行长	2020949	
三河市	符宝生	局 长	3212682	
三河市	陈秀萍	副局长	3212181	
三河市	袁普金	副局长	3213289	
三河市	雷大庆	副局长	3213230	
三河市	田润明	纪检组长	3212323	
三河市	李长城	办公室主任	3212112	
大厂县	白 浩	局 长	8822633	
大厂县	王起达	副局长	8826739	
大厂县	祁福安	副局长	8824977	
大厂县	王守门	副局长	8822835	
大厂县	刘国庆	副局长	8823285	
大厂县	马志春	副局长	8823320	
大厂县	王海勇	办公室主任	8822151	
永清县	董继彬	局 长	6627998	
永清县	刘 靖	副局长	6625766	
永清县	张殿兰	副局长	6625881	
永清县	邢宪婷	副局长	6629400	
永清县	许贵军	国资办副主任	6627996	
永清县	刘建强	纪检组长	6625883	
永清县	郭洪新	办公室主任	6629428	
霸州市	郑海生	局 长	7227528	
霸州市	张志光	副局长	7227328	
霸州市	卢玉惠	副局长	7230356	
霸州市	李卫东	副局长	7227538	
霸州市	李铁军	纪检组长		
霸州市	靳宝平	农税局局长	7227538	
霸州市	高春利	收费局局长	7222100	
霸州市	张新颖	办公室主任	7212269	
香河县	马文龙	局 长	8312961	
香河县	焦 奎	副局长	8312979	

单　位	姓　名	职　　务	外　线	内线
香河县	张学广	副局长	8317642	
香河县	王丽云	副局长	8328168	
香河县	李一民	纪检组长	8311019	
香河县	康会伟	工会主席	8311496	
香河县	刘万兴	办公室主任	8312746	
文安县	张国校	局　长	5228580	
文安县	刘凤阁	副局长	5228371	
文安县	王春季	副局长	5228372	
文安县	贺栓桩	副局长	5228375	
文安县	高汉飞	工会主席	5228397	
文安县	万俊庆	收费局局长	5223221	
文安县	田瑞芳	总会计师	5228853	
文安县	张树桐	农税局局长	5228852	
文安县	张强国	办公室主任	5230826	
固安县	袁恩水	局　长	6161760	
固安县	冯文学	副局长	6162273	
固安县	杨金国	副局长	6169767	
固安县	张玉宝	副局长	6169883	
固安县	胡文林	收费局长	6162279	
固安县	黄书金	工会主席	6162278	
固安县	周伟江	办公室主任(兼)	6162764	
广阳区	冯广玉	局　长	2115427	
广阳区	纪贵强	副局长	2117245	
广阳区	陈景利	副局长	2117244	
广阳区	邢丽娟	副局长	2156292	
广阳区	徐广成	纪检书记	2116389	
广阳区	马永贵	办公室主任	2152134	
开发区	王荣三	局　长	6089367	
开发区	陈进峰	局长助理	6078240	
安次区	王绍芝	局　长	2129594	
安次区	魏广生	副局长	2156892	
安次区	于孝华	副书记	2131812	
安次区	李冠华	副局长	2143232	
安次区	刘炳礼	收费局长	2111607	
安次区	纪玉瑞	稽查局长	2151262	
安次区	曹福来	农税局长	2696294	
安次区	纪兴亚	纪检组长	2136799	
安次区	王洪林	工会主席		
安次区	王淑君	办公室主任	2116393	
大城县	李煌熙	局　长	5523003	
大城县	李福武	副局长	5523258	
大城县	刘书芳	副局长	5513327	
大城县	王海河	副局长	5523824	
大城县	徐　强	副局长	5523823	
大城县	边留涛	农税局长	5523961	
大城县	刘永起	纪检组长	5523963	
大城县	戴秀云	副总会计师	5523763	
大城县	田全立	办公室主任	5522745	

保定市财政局
副科级以上干部电话号码

单　位	姓　名	职　　务	外　线	内线
	吕宝生	局　长	5063966 3088839	
	康爱民	副局长	5028688	
	陈树存	副局长	5026799	
	张宗社	副局长	5089138	
	李照力	副局长	5089266	
	翟彦更	纪检组长	5026959	
	崔义祥	农开办副主任	3088509	
	赵留强	副局长		
	康凤琴	调研员	5026596	
	姜　扬	助　调	5056776	
办公室	冯建虎	主　任	5018666	
办公室	张志伟	副主任	5026576	
办公室	王占格	副主任	5026576	
办公室	陈伟光	副主任	5016888	
办公室	马　磊	副主任	5026576	
人教处	靳斗星	处　长	5026563	
人教处	句志民	副处长	5026563	
预算处	刘文彬	处　长	5026366	
预算处	王永胜	副处长	5056922	
国库处	高祥青	处　长	5056923	
国库处	刘建强	副处长	5056977	
调研室	张国光	主　任	5056509	
督查室	辛志林	主　任	5026780	
监督处	王树凯	处　长	5026350	
行政政法处	冯建锐	处　长	5056617	
行政政法处	史可敬	副处长	5056617	
教科文处	卢国英	处　长	5056627	
社保处	齐　欣	副处长	5056776	

单 位	姓 名	职 务	外 线	内线
企管处	刘德茂	处 长	5056329	
企管处	刘秀梅	副处长		
企管处	郭畔凯	副处长		
农业处	贺 颖	处 长	5056693	
农业处	许满利	副处长	5056693	
经济建设处	李伯江	处 长	5056692	
经济建设处	白克林	处 长	5056637	
经济建设处	吕 红	副处长	5056637	
经济建设处	绳春梅	副处长	5056637	
涉外处	李 明	处 长	5056365	
涉外处	王福庆	处 长	5056365	
涉外处	穆文标	副处长	5056365	
综合处	谢民僧	处 长	5056231	
综合处	郝丽华	主 任	5056231	
农税处	邱顺和	处 长	5056623	
会计处	刘晓明	处 长	5026735	
会计处	陈建平	副处长	5026735	
法规处	刘 嵘	处 长	5056311	
机关党委	韩保京	主 任	5026193	
机关工会	韩少平	主 席	5026193	
机关妇委	姚淑青	主 任	5026193	
监察室	韩建平	主 任	5026931	
老干部处	李友战	处 长	5026576	
信息中心	梁丽卿	主 任	5026399	
支付中心	杨保印	处 长	5056977	
支付中心	赵江龙	副处长	5056977	
控办室	臧丙未	主 任	5056763	
控办室	赵文泉	副主任	5056763	
采购办公室	马 强	副主任	5056987	
采购中心	宋景良	副主任	5056773	
契税征管所	齐占勇	处 长	5056963	
契税征管所	陈卫华	副处长	5056963	
契税征管所	刘立青	副处长	5056963	
财经稽查办	刘继善	主 任	5026721	
财经稽查办	李大开	副主任	5026721	

单 位	姓 名	职 务	外 线	内线
财经稽查办	董 群	副主任	5026721	
综合评审处	王晓志	处 长	3088836	
资金管理处	张志敏	处 长	5056773	
土地生态处	吴 凯	处 长	3088533	
多种经营处	齐云龙	处 长	3088225	
科技项目处	孙建章	处 长	3088253	
征管处	王宝华	处 长	5026515	
征管处	张洪儒	副处长	5026715	
稽查处	许晓侨	处 长	5013095	
稽查处	周永军	副处长	5013095	
票据处	徐向红	处 长	5026651	
清苑县	赵树义	局 长	7950086	
清苑县	杨立志	党组书记 副局长	7950089	
清苑县	张彦宏	副局长	7950170	
清苑县	赵兴杰	副局长	7950135	
清苑县	邢军立	纪检组长	7950061	
满城县	王贺明	局 长	7072623	
满城县	杨冰水	副局长	7071067	
满城县	李振刚	副局长	7071075	
满城县	刘玉河	副局长	7071072	
满城县	王子伦	纪检书记	7076915	
满城县	韩冀洲	党组成员	7072916	
徐水县	李文启	局 长	8685180	
徐水县	黄德海	副局长	8683048 —5619	
徐水县	石红军	副局长	8683048 —5626	
徐水县	袁桂玲	纪检组长	8683048 —5613	
徐水县	陈冠军	副书记	8683048 —5620	
徐水县	崔宝平	党组成员 副主任科员	8683048 —5627	
定兴县	刘 昆	局 长	6928659	
定兴县	佟 槐	副局长	6928661	
定兴县	李文双	纪检组长	6928662	
高碑店市	王福山	局 长	2812910	
高碑店市	魏贺立	副局长	2827632	
高碑店市	任庆东	副局长	2837025	

单位	姓名	职务	外线	内线
高碑店市	张艳新	副局长	2835235	
高碑店市	宋英军	纪检副书记	2839132	
涿州市	谷书玉	局长	3852698	
涿州市	王淑凤	党组书记	3850613	
涿州市	王占龙	副局长	3850612	
涿州市	邵军	副局长	3850610	
涿州市	王伟	副局长	3867143	
涿州市	郑炳兴	党组副书记	3850611	
涞水县	刘清源	局长	4522155	
涞水县	王磊	国资办主任	4522150	
涞水县	张林伟	纪检组长	4522157	
涞水县	杨茂生	副局长	4522134	
易县	赵春生	局长	8210688	
易县	伊树文	副局长	8212962	
易县	武凤林	副局长	8212136	
易县	毕海山	副局长	8229966	
涞源县	陈国志	局长	7321228	
涞源县	张海泉	书记	7302107	
涞源县	孙建华	副局长	7302108	
涞源县	张新东	副局长	7302109	
涞源县	王树荣	纪检组长	7302110	
顺平县	朱国栋	局长	7619088	
顺平县	刘立会	副局长	7623016	
顺平县	段仲凯	副局长	7619876	
顺平县	赵京虎	副局长	7628664	
顺平县	姚振国	纪检组长	7623856	
望都县	杨世祯	局长	7827101	
望都县	赵贵福	党组副书记	7827105	
望都县	于树雄	副局长	7827113	
望都县	李云奇	副局长	7827109	
望都县	郭文合	纪检组长	7827115	
望都县	曹立会	总会计师	7827107	
唐县	姚红玉	局长	6421298	
唐县	陈文作	党组书记	6421216	
唐县	刘志敏	副局长	6421228	
唐县	邸建宗	副局长	6421226	
唐县	范平田	纪检组长	6421208	
曲阳县	王玉龙	局长	4297016	
曲阳县	田洪光	副局长	4297018	
曲阳县	李红勋	副局长	4297878	
曲阳县	闫建保	副局长	4297009	
阜平县	刘光福	局长	7229880	

单位	姓名	职务	外线	内线
阜平县	董玉孝	书记	7224145	
阜平县	刘宗水	副局长	7229983	
阜平县	李春明	副局长	7229993	
定州市	李克明	局长	2331301	
定州市	刘贵贞	副局长	2331308	
定州市	崔兰柱	副局长	2331305	
定州市	刘军来	副局长	2331306	
定州市	马青山	副局长	2331307	
定州市	史国平	纪检组长	2331309	
安国市	赵子明	局长	3550618	
安国市	张林刚	副局长	3513066	
安国市	曹建辉	副局长	3513066	
安国市	焦占敏	副局长	3513066	
安国市	宋建军	副书记	3525639	
安国市	田建章	纪检组长	3525639	
博野市	庞纪锁	局长	8236319	
博野市	陈昌志	副局长	8322422	
博野市	魏志刚	副局长	8233880	
博野市	郑水恒	副局长	8322422	
博野市	陈淑君	纪检组长	8322422	
蠡县	刘彦昌	局长	6235856	
蠡县	赵昌平	党组书记	6232082	
蠡县	梁世昌	副局长	6231585	
蠡县	李统良	纪检组长	6229606	
高阳县	罗桂贤	局长	6699701	
高阳县	魏增铎	副局长	6699046	
高阳县	王彦卿	副局长	6699040	
安新县	马卫光	局长	5351856	
安新县	刘小乐	纪检组长	5350918	
安新县	梅振生	副局长	5350270	
安新县	刘东臣	副局长	5351956	
容城县	杨立平	局长	5618388	
容城县	赵保强	副局长	5606099	
容城县	尚小占	工会主席	5606098	
容城县	赵秀才	纪检组长	5606800	
雄县	霍大龙	局长	5863536	
雄县	赵振路	副局长	5860859	
雄县	王东升	副局长	5861360	
雄县	刘保良	纪检组长	5861849	
南市区	殷明旭	局长	5078683	
南市区	张朝军	副局长	5078723	
南市区	李建	副局长	5078723	

单位	姓名	职务	外线	内线
北市区	张金瑞	局长	3103889	
北市区	魏立新	副局长	3103850	
新市区	马树军	局长	3024836	
新市区	马新娟	副局长	3068978	
新市区	王胜兰	副局长	3034590	
高新区	朱崇俊	局长	3108866	
高新区	刘鹤祥	副局长	3108885	

沧州市财政局
副科级以上干部电话号码

单位	姓名	职务	外线	内线
	高健	局长	2026971	6209
	张淑萍	副局长	2023165	6315
	朱振国	副局长	2017207	6309
	刘云强	副局长	2022892	6305
	李增普	收费局长	2022318	6219
	张崇元	纪检组长	2081675	6405
	魏克智	稽查大队长	2015098	6205
	李长周	调研员	2017140	6705
	张焕坤	助理调研员	2012022	6403
	郭坤彦	助理调研员	2018890	6203
办公室	张志平	主任	2022329	6213
办公室	刘增民	副主任	2024766	6223
办公室	姚忠义	副主任科员	2024766	6221
办公室	刘杰	副主任科员	2025207	6207
信息中心	伦金刚	主任	2022319	6201
信息中心	于勤	副主任科员	2022319	6229
控办室	刘汝琛	主任	2023452	6109
控办室	刘艳霞	副主任	2037770	6107
控办室	刘德云	副主任科员	2037770	6105
机关事务所	郭振通	所长	2022300	6206
机关事务所	刘莉	副所长	2025935	6212
农业科	郭三宝	科长	2022459	6319
农业科	韩胜民	副科长	2026441	6316
农业科	张印中	主任科员	2026441	6314
农业科	李晓晨	副主任科员	2022459	6323
农业科	杨德成	副主任科员	2026441	6316
社保科	李广波	科长	2082733	6317
社保科	邹殿华	副科长	2022972	6310
社保科	韩丽萍	副主任科员	2022972	6310
社保服务中心	于宇	主任	2023745	6325
社保服务中心	张吉峰	副主任科员	2022972	6312
预算科	张树枝	科长	2022127	6415
预算科	任洪生	副科长	2022127	6413
预算编审中心	陈云丽	主任	2025933	6407
预算编审中心	蒋志荣	副主任	2025933	6406
预算编审中心	张振生	副主任科员	2025933	6402
预算编审中心	王刚	副主任科员	2022381	6402
国库科	沈浩	科长	2024169	6408
国库科	张学勤	副科长	2022371	6411
国库科	周儒青	主任科员	2022371	6409
老干部科	王志宏	科长	2022706	6417
机关党委	边燕平	专职副书记（正科）	2022104	6507
纪检	王海磊	监查检察员（正科）	2022104	6505
文行科	邢烟	科长	2033375	6508
文行科	徐培勇	副科长	2023615	6509
文行科	崔亚明	副主任科员	2025934	6507
文行科	曹荷增	副主任科员	2023615	6509
企业科	张江苓	副科长	2021321	6515
企业科	郭战胜	副主任科员	2021321	6513
会计科	曹振江	科长	2106579	6608
会计科	边志成	副科长	2012545	6606
会计科	吴香女	副主任科员	2012545	6609
会计科	张振堂	副主任科员	2012545	6609
综合科	王炳新	科长	2083230	6604
综合科	殷宗泉	副科长	2022630	6605
综合科	孙金凯	主任科员	2022630	6605
稽查大队	宋华荣	科长	2026442	6602
稽查大队	左学良	科长	2033034	6615
稽查大队	冀秋刚	副科长	2033034	6601
稽查大队	崔增刚	副科长	2026442	6602
稽查大队	马占峰	主任科员	2033034	6613
经济建设科	李东旺	科长	2023736	6706
经济建设科	韩贵昌	副科长	2022105	6704

单 位	姓 名	职 务	外 线	内线
经济建设科	黄 震	副主任科员	2023184	6701
经济建设科	马晓玉	副主任科员	2023184	6715
外经科	吴春波	科 长	2026443	6703
外经科	王 欣	副科长	2026443	6702
农税科	王志彬	科 长	2024426	6708
农税科	李 冲	副科长	2024426	6708
人教科	王向华	科 长	2019079	6901
人教科	王洪昌	副主任科员	2022110	6913
收费局	杜义利	副局长（正科）	2083648	6325
收费局收费科	信庆祥	科 长	2028921	6908
收费局收费科	钱文君	副科长	2023743	6909
收费局收费科	穆玉梅	副科长	2024875	6015
收费局收费科	李国兴		2022381	6402
收费局收费科	郑 晨		2023743	6909
收费局稽征科	胡金耀	科 长	2022162	6117
收费局稽征科	刘宝利	副科长	2028922	6115
收费局稽征科	史玉金	副科长	2022328	6111
收费局稽征科	刘金生	副主任科员	2022328	6118
收费局稽征科	齐春柱	副主任科员	2022328	6118
政府采购办公室	王炳华	主 任	2022310	6504
政府采购办公室	齐瑞海	副主任	2021775	6502
政府采购办公室	陈大庆	主任科员	2021775	6502
政府采购办公室	陈福刚	副主任科员	2021775	6502
集中支付中心	李 荣	主 任	2106609	
集中支付中心	乔凤淑	副主任	2085022	
集中支付中心	苏恩清	副主任科员	2106753	
会计服务中心	何文奎	主 任	2034574	
函授学校	方月辉	校长(正科)	2023084	6101

单 位	姓 名	职 务	外 线	内线
罚没物资管理中心	李健夫	主 任	2025421	6005
罚没物资管理中心	郝付启	副主任	2024875	6013
财政经济咨询管理服务中心	田广清	主 任	2037993	
基建审核中心	于健存	主 任	2033268	6336
财政培训中心	申学增	主 任	2079028	6616
投资公司	胡向晨	副经理	2039156	
任丘市	程铁柱	局 长	2223328	7666
任丘市	张红刚	副局长	2221410	7622
任丘市	郝 霞	副局长	2221412	7677
任丘市	宋同喜	副局长	2221413	7655
任丘市	杜建秀	工会主席	2265690	7633
南皮县	何孟周	局 长	8851141	8566
南皮县	孟庆中	副局长	8556775	8501
南皮县	孙国兴	副局长	8855247	8518
南皮县	张学良	副局长	8851089	8508
南皮县	刘 强	工会主席	8851413	8503
南皮县	王清波	纪检组长	8856971	8524
南皮县	李玉华	主任科员		
肃宁县	韩玉栋	局 长	5021172	8658
肃宁县	吕光杰	副局长	5021285	8656
肃宁县	王立英	副局长	5020670	8668
肃宁县	赵 杰	副局长	5031178	8608
肃宁县	郭建习	副局长	5028116	8610
肃宁县	毕增录	工会主席	5012022	8602
沧 县	李福仓	局 长	3053006	9268
沧 县	张寿山	副局长	3051016	9266
沧 县	董建中	副局长	3051085	9288
沧 县	刘芝庭	副局长	3051062	9286
沧 县	杨世德	副局长	3051020	9220
沧 县	黄振清	纪检组长	3051062	9256
黄骅市	刘家伟	局 长	5229958	9905
黄骅市	张世杰	党组书记	5221115	9901
黄骅市	李云青	党组副书记	5220358	
黄骅市	张风崎	副局长	5212873	9902
黄骅市	王学农	副局长	5214105	9903
黄骅市	孙义兴	副局长	5223756	9904
黄骅市	赵树栋	副局长	5221164	9931
黄骅市	李素萍	党组副书记	5316532	

单　位	姓　名	职　　务	外　线	内线
黄骅市	姜建港	副局长	5223911	9907
黄骅市	任建新	副局长	5223769	9908
黄骅市	刘金凯	副局长	5229308	9922
黄骅市	夏永阁	工会主席	5215866	9915
泊头市	韩进良	局　长	9195195	9509
泊头市	王子清	书　记	8198306	9501
泊头市	尹秋生	副局长	8198306	9505
泊头市	王广琴	副局长	8198789	9502
泊头市	崔振忠	副局长	8195444	9520
泊头市	呼金榜	收费局长	8198789	9506
泊头市	刘　柱	工会主席	8195444	9503
孟村回族自治县	刘德权	局　长	6727586	7800
孟村回族自治县	齐如海	副局长	6727117	7818
孟村回族自治县	丁国新	副局长	6727278	7878
孟村回族自治县	付长仕	副局长	6729994	7830
孟村回族自治县	刘文新	纪检组长	6728371	7826
孟村回族自治县	刘云平	党组成员	6727689	7831
孟村回族自治县	刘学海	国资办主任	6728922	7876
孟村回族自治县	刘良勋	副主任科员	6726371	7825
孟村回族自治县	张金义	副主任科员	6720222	7820
东光县	朱建鸥	局　长	7697990	9001
东光县	霍树林	副局长	7722191	9002
东光县	牟致辉	副局长	7722192	9003
东光县	武金凤	副局长	7729994	9004
东光县	张吉海	副局长	7721159	
东光县	杜玉欢	党组成员	7726741	9005
东光县	宫经国	党组成员	7722190	9006
东光县	张建新	纪检组长	7721480	9015
东光县	陈国治	党组成员	7721744	9022
东光县	马长锁	副主任科员	7723434	9007
献县	范国忠	局　长	4622322	8318
献县	张　侠	书　记	4622619	8328
献县	韦殿江	副局长	4611097	8338
献县	刘宗太	副局长	4625104	8358
献县	李建修	纪检组长	4610858	
献县	刘泽旺	农税局长	4623843	8308

单　位	姓　名	职　　务	外　线	内线
献县	杨建军	收费局长	4622617	8368
献县	戈占江	副书记	4631539	8378
献县	董启广	工会主席	4622502	8322
河间市	刘士华	局　长	3273000	9635
河间市	宋增瑞	党支部书记	3273135	9638
河间市	韩焕宇	副局长	3273031	9636
河间市	张胜圈	副局长	3273133	9646
河间市	刘芳泉	支部副书记	3273032	9631
河间市	艾春青	纪检组长	3273012	9618
河间市	闫凤君	工会主席	3273032	9631
青县	肖悦升	局　长	4121970	7301
青县	张寿江	副局长	4021703	7302
青县	马庆荣	副局长	4021700	7303
青县	马洪文	副局长	4021704	7305
青县	颜廷武	副局长	4023044	7306
吴桥县	张志宏	局　长	7341586	8101
吴桥县	苏凤忠	副局长	7341615	8102
吴桥县	谢吉生	副局长	7341614	8103
吴桥县	卢永生	副局长	7341531	8105
吴桥县	张志军	副局长	7365366	8106
盐山县	马景政	局　长	6262229	8016
盐山县	褚炳旭	党总支书记	6261010	8025
盐山县	崔立强	副局长	6261010	8033
盐山县	唐国胜	副局长	6261010	8037
盐山县	黄清新	纪检组长	6261010	8006
盐山县	赵春玺	党总支副书记	6261010	8023
盐山县	崔　勇	农税局长	6261010	8035
盐山县	徐建涛	国资局长	6261010	8026
盐山县	郭泽仪	稽查局长	6261010	8041
盐山县	赵国强	收费局长	6261010	8028
盐山县	刘荣武	工会主席	6261010	8019
海兴县	郭长青	局　长	6622157	7268
海兴县	马春和	副局长	6622024	7266
海兴县	韩凤台	副局长	6621648	7269
海兴县	刘连栋	纪检组长	6628305	7209
新华区	柴志华	局　长	3043448	
新华区	孙志英	副局长	3042396	
新华区	李增涛	副局长	3077332	
新华区	付玉瑞	收费局长	3047310	
运河区	王风华	局　长	3030063	
运河区	张朝恩	副局长	3030016	

单　位	姓　名	职　　务	外　线	内线
运河区	高福静	纪检组长	3030016	
运河区	李增杰	副局长	3053567	
运河区	甄洪瑞	副局长	3053567	
运河区	张丽敏	国资委主任	3053590	
运河区	唐秀娟	支付中心主任	2024775	
沧州市开发区	刘书泉	局　长	3092987	
沧州市开发区	吴洪友	副局长	3092612	
黄骅港开发区	王晨光	局　长	5768955	
黄骅港开发区	刘洪涛	副主任科员	5768019	
南大港管理区	刘玉海	局　长	5897822	
南大港管理区	刘方亮	副局长	5897823	
临港经济技术开发区	古博名	局　长	5482061	
临港经济技术开发区	刘国胜	副局长	5482666	

衡水市财政局
副科级以上干部电话号码

单　位	姓　名	职　　务	外　线	内线
	韩石利	局　长	2168168	9968
	赵敢齐	副局长	2168938	9938
	王世强	副局长	2168288	9988
	马金辉	纪检组长	2195859	9959
	崔洪义	副局长	2169889	9989
	杨新丽	副局长	2158669	9969
	孙　绯	副局长	2129936	9936
	赵保勤	督导员	2121949	9999
	曹瑞祥	督导员	2168686	9986
	袁荣三	督导员	2169938	9998
	赵孟凯	督导员	2101088	9908
机关党委	刘风营	党委副书记	2126230	9955
纪检组	宋　勇	纪检副组长	2102199	9933
办公室	李长忠	主　任	2126399	9071
办公室	王英利	副主任	2127754	9900
控办室	王连波	主　任	2162950	9990
控办室	王春来	副主任	2121013	9993
政府采购	庞玉珂	副主任	2121013	9992
会计科	焦怀旭	科　长	2166530	9932
会计科	田慧玲	副科长	2166530	9931
经建科	王晓明	科　长	2104166	9967
经建科	黄瑞华	副科长	2104166	9966
城建科	李玲玲	科　长	2154324	9923
城建科	张锡河	副科长	2154324	9924
行政政法科	沈永清	科　长	2116088	9933
行政政法科	张中全	副科长	2110739	9939
科教文科	王藏君	科　长	2154934	9934
科教文科	张克新	副科长	2154934	9935
农业科	李祥云	科　长	2196026	9903
农业科	张　忠	副科长	2121602	9902
监督科	李盛源	主　任	2115656	9956
监督科	张凤玲	副主任	2115656	9958
监督科	张新怀	副主任	2115656	9958
票据科	王淑恩	科　长	2115716	9916
票据科	孟祥坡	副科长	2115716	9917
预算科	赵学军	科　长	2158308	9908
预算科	黄全胜	副科长	2158308	9912
编审中心	赵建顺	副科长	2108920	9920
编审中心	李鹏恩	副科长	2108920	9920
国库科	李丙棋	科　长	2123299	9026
国库科	宋立军	副科长	2123299	9026
支付中心	邓怀河	副科长	2328110	9020
支付中心	赵　珍	副科长	2328110	9021
农税局	吴宝祥	农税副局长	2156229	9922
农税征收科	刘福泉	科　长	2134027	9926
农税征收科	耿春茂	副科长	2134027	9927
涉外科	许洪菊	科　长	2154322	9023
人教科	樊凤霞	科　长	2158328	9929
人教科	周英明	副科长	2158328	9928
综合科	吴彦晗	科　长	2158559	9060
农发科	李梦华	科　长	2128864	9963
农发科	李　军	副科长	2128864	9965
企业科	陈崇智	科　长	2100218	9910
预算外征管科	葛保军	科　长	2990116	9018

单位	姓名	职务	外线	内线
预算外征管科	吴兰君	副科长	2158216	9016
社保科	卞凤岭	科长	2130749	9049
社保科	祝国兴	副科长	2136706	9950
统计评价	林哲	副科长	2159136	9036
财税学校	吕福	校长	2662023	9058
产权交易	李建峰	经理	2103635	9033
桃城区	张稳坐	局长	2158168	
桃城区	邓志英	副局长	2069658	
桃城区	孙建勇	副局长	2021398	
桃城区	岳广龙	副局长	2063369	
桃城区	庞延更	纪检组长	2020688	
办公室	刘世广	主任	2022042	
冀州市	甄瑞杰	局长	8612046	3266
冀州市	李英豪	党组书记	8612018	3256
冀州市	秦圣民	副局长	8612262	3268
冀州市	程久亨	副局长	8612772	3269
冀州市	孙国林	监督局局长	8612652	3258
冀州市	刘建民	副局长	8623032	3259
冀州市	李映丽	纪检组长	8616659	3222
冀州市	方鸿安	工会主席、办公室主任	8612828	3228
枣强县	马金茂	局长	8224836	3666
枣强县	李志勇	副局长	8220809	3669
枣强县	马金铎	副局长	8233541	3668
枣强县	赵登宏	纪检组长	8229761	3678
枣强县	江玲	办公室主任	8224028	3659
武邑县	曹世昌	局长	5710005	5166
武邑县	李兰芹	副局长	5712251	5116
武邑县	康广平	副局长	5712251	5123
武邑县	张林峰	副局长	5712251	5117
武邑县	白志宏	副局长	5712251	5112
武邑县	孟志坚	纪检组长	5712251	5128
武邑县	王振合	办公室主任	5712251	5101
深州市	赵西波	局长	3310931	5666
深州市	赵世民	纪检组长		5620
深州市	乔廷芬	副局长		5619
深州市	高占立	副局长		5630
深州市	王立欣	副局长		5621
深州市	刘广乾	副局长		5628
深州市	李奎聚	副局长		5629
深州市	李运芳	办公室主任	3312226	5601

单位	姓名	职务	外线	内线
武强县	张丙书	局长	3823153	6200
武强县	刘东风	副局长	3823793	6201
武强县	于贤明	副局长	3822642	6226
武强县	李爱国	副书记	3823382	6219
武强县	杨金田	副局长	3823382	6219
武强县	王书义	办公室主任	3822243	6205
饶阳县	刘占年	局长	7238555	6666
饶阳县	高清球	副局长	7238510	6656
饶阳县	王同杰	副局长	7238517	6636
饶阳县	胡敬一	副局长	7238516	6616
饶阳县	李凤芝	副局长	7238513	6638
饶阳县	邸春波	纪检组长	7238582	6658
饶阳县	王伟佳	办公室主任	7238529	6629
安平县	李光辉	局长	7512786	7201
安平县	魏占中	副局长	7512768	7202
安平县	宋进同	副局长	7522246	7203
安平县	刘成义	副局长	7523086	7206
安平县	蔡彦博	副局长	7525872	7205
安平县	刘德元	办公室副主任	7524016	7233
故城县	冯振东	局长	5389198	7676
故城县	王洪波	副局长	5389089	7669
故城县	刁书恩	纪检组长		7629
故城县	王有顺	副主任科员		7636
故城县	桑金升	副主任科员		7628
故城县	王保常	副主任科员		7666
故城县	孙厚哲	副主任科员		7619
故城县	黄立杰	办公室负责人	5322021	7635
景县	冯玉宽	局长	4222701	8166
景县	刘振生	书记	4222816—8202	8122
景县	刘世军	副局长	4222816—8208	8128
景县	刘明生	副局长	4222816—8201	8121
景县	卢战芳	副局长	4222816—8209	8129
景县	李希峰	纪检组长	4222816—8206	8126
景县	周会忠	办公室股长	4222349	8123
阜城县	卢印台	局长	4624150	8666
阜城县	侯延峰	副局长	4629081	8606
阜城县	常敬林	副局长	4629206	8616

单　位	姓　名	职　　务	外　线	内线
阜城县	韩培林	副局长	4629093	8618
阜城县	王　勇	纪检组长	4629921	8619
阜城县	刘亚洲	办公室主任	4622375	8626
开发区	刘立坤	局　长	2108576	
开发区	田树俭	副局、主任	2103435	
开发区	陈连德	副局、企业科长	2103435	
开发区	赵立敏	副局、预算科长	2103435	
开发区	韩建岭	办公室副主任	2103435	

邢台市财政局
副科级以上干部电话号码

单　位	姓　名	职　　务	外　线	内线
	崔尽忠	局　长	2219172	
	郭路芳	副局长	2221461	
	王素平	副局长	2222857	
	王兰云	副局长	2219818	
	薛建设	纪检组长	2222879	
	姚明新	调研员	2218665	
	赵玉琦	收费局局长	2212378	
	韩明旋	副局长（调研员）	2222135	
	刘青戌	副局长（调研员）	2138006	
	贾金平	助理调研员	2219173	
	王增平	助理调研员	2224872	
	王春瑞	助理调研员（办公室主任）	2131626	
办公室	王晓英	条法科科长兼办公室副主任	2222676	
办公室	李瑞浩	主任科员兼办公室副主任	2222676	
办公室	靳昆明	副主任	2222837	
办公室	董国栋	副主任	2222676	
办公室	关永存	财政信用投资公司副经理	2222089	
办公室	武海英	妇委会主任	2222089	
办公室	刘文芬	副主任科员	2226483	

单　位	姓　名	职　　务	外　线	内线
人教科	张书庄	科　长	2222119	
人教科	孙彦成	主任科员兼副科长	2222119	
机关党委	史鹏云	党委专职副书记兼人教科副科长	2226483	
监察室	徐升强	纪检副组长、监察室主任	2222605	
老干部科	张月英	科　长	2222089	
老干部科	郄伍修	副科长	2228712	
预算科	胡海忠	科　长	2222649	
预算科	张占平	编审中心主任兼预算科副科长	2222070	
预算科	马树春	主任科员兼副科长	2227079	
预算科	黄燕忠	副科长	2227079	
预算科	刘培府	副科长	2222070	
预算科	李国群	农税科副科长	2222070	
预算科	刘素华	国库科副科长	2222070	
行政政法科	任焕珍	科　长	2222709	
行政政法科	刘立德	主任科员兼副科长	2222709	
行政政法科	聂胜佳	副科长	2227611	
行政政法科	王玉萍	副主任科员	2227611	
工交科	路大成	科　长	2132037	
工交科	王爱玲	主任科员兼副科长	2132037	
工交科	张永义	主任科员	2132037	
工交科	李五兴	副科长	2132037	
工交科	孟秋玲	副主任科员	2132037	
经济建设科	李俊国	科　长	2222787	
经济建设科	赵朝辉	副科长	2222787	
经济建设科	李文萍	副科长	2222787	
经济建设科	郭学军	副主任科员	2222787	
社保科	李何成	科　长	2221303	

单位	姓名	职务	外线	内线
社保科	商黎英	社保中心主任兼副科长	2221303	
社保科	吕燕伟	副科长	2221303	
国库科	张芹格	科长	2227540	
国库科	沈金旺	副主任科员	2227540	
国库科	淮凤英	副主任科员	2227540	
支付中心	刘爱社	主任兼国库科副科长	2223536	
综合科	高玉香	科长	2222627	
综合科	甄梅菊	主任科员兼副科长	2222627	
综合科	王建江	副科长	2222627	
综合科	车春生	副主任科员	2222627	
农业科	郝晓兰	科长	2222619	
农业科	董桂平	主任科员兼副科长	2222619	
农业科	张志才	副科长	2222619	
农业科	王修忠	副科长	2222619	
信息中心	孟凡科	主任兼办公室副主任	2225730	
会计科	窦肖陵	科长	2222058	
会计科	安爱丽	主任科员	2222058	
会计科	毕艳霞	副科长	2222058	
控办	李凤鸣	副主任（正科）	2222075	
控办	马振巧	主任科员	2222075	
控办	牛淑芹	副主任	2222075	
教科文科	王宝珍	科长	2216336	
教科文科	史平	副科长	2216336	
农税科	李书风	科长	2223188	
农税科	李锋	契税所所长兼农税科副科长	2050826	
农税科	尚雨运	副科长	2223188	
采购中心	畅兴国	主任	2210175	
监督科	王少英	科长	2228712	
监督科	张辉	主任科员兼副科长	2228712	
监督科	李焕婷	副科长	2228712	
监督科	安锦秀	副主任科员	2228712	
农发办	杨秀英	主任	2218413	
农发办	王银波	副主任	2218413	
国资办	李志安	副主任（正科）	2225178	

单位	姓名	职务	外线	内线
国资办	王常存	副主任	2225178	
涉外科	王锡清	科长	2223136	
涉外科	王东军	副科长	2223136	
商贸科	陈秀蕊	科长	2222027	
商贸科	武英文	主任科员兼副科长	2222027	
商贸科	侯月刚	副科长	2222027	
商贸科	李辉	副主任科员	2222027	
收费局	裴英坤	副局长	2225256	
收费局	白保刚	副局长	2225256	
收费局	康炳秋	科长	2213116	
收费局	尹玉峰	科长	2213116	
收费局	张修龙	主任科员	2132635	
收费局	李兴瑞	副主任科员	2132635	
收费局	武庆忠	副主任科员	2132635	
收费局	徐青岩	副主任科员	2132635	
收费局	贾卿	副主任科员	2132635	
收费局	陈健	副主任科员	2132635	
经济投资公司	丁萍	经理	2219900	
统计评价科清产核资办	董文厚	科长（主任）	2131586	
会计咨询部	刘爱民	负责人	2221164	
财税干校	李春彦	校长	3187150	
财税干校	贾玉平	副校长	3187150	
有偿资金管理处	师振西	经理	2220295	
资产经营公司	刘庆昌	副所长	2225170	
桥西区	张建军	财政局局长	2130866	
桥西区	路志明	副局长	2139266	
桥西区	白梅英	副局长	2131726	
桥西区	邱凤阁	副局长	2131716	
桥东区	梅宪忠	局长	3025567	
桥东区	苗艳芬	副局长	3060325	
桥东区	陈进怀	副局长	3025325	
开发区	胡江学	局长	7312007	
开发区	郭华	副局长	7312106	
大曹庄	张宝宁	局长	5568893	

单 位	姓 名	职 务	外 线	内线
大曹庄	郭保利	副局长	5566017	
邢台县	田其云	局 长	3221898	
邢台县	孟国元	副局长	3213199	
邢台县	韩玉昉	副局长	3213102	
邢台县	吴章田	副局长	3212988	
沙河市	刘兑良	局 长	8801989	
沙河市	荣伏林	副局长	8801336	
沙河市	刘山臣	副局长	8801336	
沙河市	母占生	副局长	8801336	
南宫市	张立杭	局 长	5288586	
南宫市	王振辉	副局长	5287807	
南宫市	齐春风	副局长	8257805	
南宫市	李奎强	工会主席	5287006	
内邱县	崔增印	局 长	6885018	
内邱县	王明海	副局长	6866366	
内邱县	李胜军	副局长	6861043	
内邱县	葛桂军	副局长	6885689	
临城县	陈增志	局 长	7191398	
临城县	陈玉栋	副局长	7191368	
临城县	赵庆斌	副局长	7191388	
临城县	马秋发	副局长	7191358	
隆尧县	董计峰	县政协副主席,局长	6668158	
隆尧县	宋华军	县人大副主任,书记	6666858	
隆尧县	苏社军	副局长		
隆尧县	张平均	副局长		
隆尧县	邢敬敏	副局长		
柏乡县	李明生	县政协副主席、局长	7713027	
柏乡县	李京书	书记、副局长		
柏乡县	王承周	财政局副局长		
柏乡县	秦现平	财政局副局长		
宁晋县	邢怀恩	县政协副主席、局长	5892895	
宁晋县	张进广	副局长	5892795	
宁晋县	安海现	副局长	5892795	
宁晋县	李彦敏	副局长	5892113	
宁晋县	李军彩	收费局副局长	5892565	
宁晋县	董跃辉	副局长	5892199	
巨鹿县	张 民	局 长	4326899	

单 位	姓 名	职 务	外 线	内线
巨鹿县	郭现孔	书 记	4326855	
巨鹿县	田振平	副局长	4326886	
巨鹿县	张子铎	副局长	4326608	
巨鹿县	王国敏	副局长	4326839	
巨鹿县	成 宏	副局长兼预算股长	4326840	
南和县	李文芳	局 长	4566988	
南和县	冯仁国	副局长兼办公室主任	4567066	
南和县	胡民校	副局长	4560717	
南和县	温春丽	副局长	4562220	
任 县	孙密申	局 长	7517819	
任 县	孙云平	副局长	7515962	
任 县	郭占省	副局长	7513481	
平乡县	李建军	局 长	7832385	
平乡县	李勤绍	副局长	7836176	
平乡县	任建平	副局长	7832619	
平乡县	史书广	副局长	7836197	
平乡县	夏延国	副局长	7837032	
平乡县	王西超	副局长	7836501	
广宗县	张华一	财政局长	7215151	
广宗县	樊庆民	副局长	7211409	
广宗县	冯云胜	副局长	7211409	
广宗县	郭瑞贞	副局长	7211410	
威 县	孟祥义	局 长	6150818	
威 县	肖贵贞	副局长	6150826	
威 县	李金巍	副局长	6150838	
威 县	孟令龙	副局长	6150819	
威 县	陈明君	副局长	6150829	
新河县	李占鳌	政协副主席、财政局长	4766868	
新河县	程耀英	副局长	4762039	
新河县	张世华	副局长	4762039	
新河县	贾树涛	副局长	4762039	
清河县	李全厚	局 长	8165966	
清河县	许 涛	副局长	8165996	
清河县	马俊跃·	副局长	8165989	
临西县	孙连涛	局 长	8568196	
临西县	张建国	书记、副局长	8568906	
临西县	孙通国	副局长	8569362	
临西县	史瑞泉	副局长	8569363	
临西县	付学红	副局长	8569360	

邯郸市财政局副科级以上干部电话号码

单位	姓名	职务	外线	内线
	李少波	党组书记、局长	3027666	
	井俊芳	副局长	3055546	
	薛成秀	副局长	3055761	
	李曙光	副局长兼纪检组长	3055035	
	闫国玺	副局长	3051615	
	岳志林	助理调研员	3055866	
	孙道志	调研员	3055316	
办公室	宋进民	主任	3210766	
办公室	魏荣先	副主任	3055059	
办公室	张会峰	副主任	3051603	
办公室	宋新琪	副主任	3051603	
预算处	王学生	处长	3212568	
预算处	楚福元	副处长	3055900	
编审中心	袁建强	主任	3211562	
国库处	赵瑞霞	处长	3055146	
国库处	苏爱廷	副处长	3055258	
支付中心	张永安	常务副主任	3050960	
行政政法处	王春霞	处长	3051606	
行政政法处	李晓邯	副处长	3055760	
科教文处	邵香珍	处长	3226505	
科教文处	杨文学	副处长	3054684	
社保处	杨保仁	处长	3055753	
社保处	刘金荣	副处长	3051613	
涉外处	韩广兴	处长	3051607	
涉外处	罗艳玲	副处长		
老干处	李会景	处长	3055654	
企业处	张志栋	处长	3111636	
企业处	郭中林	副处长（正科）	3111635	
企业处	万长生	副处长（正科）	3111637	
企业处	张文广	副处长（正科）	3111638	
经济建设处	李少锋	处长	3213396	
经济建设处	岳桂林	副处长	3051612	
经济建设处	叶民强	副处长	3055762	
经济建设处	王卫国	副处长		
财监处	王保善	处长	3216556	
财监处	卫月红	副处长	3051396	
财监处	高长江	副处长	3051396	
综合处	杨玉玺	处长	3206328	
统计评价处	李长虹	处长	3203516	
统计评价处	周宝玲	副处长	3208687	
统计评价处	李金堂	副处长	3208687	
会计处	曹东霞	处长	3222771	
会计处	田俊峰	副处长	3051826	
会计处	杨书廷	副处长	3051826	
农业处	李瑞龄	处长	3222681	
农业处	靳明俊	副处长	3055403	
农税处	刘平	处长	3051611	
农税处	张艳敏	副处长	3051611	
市直农税处	张庆堂	处长	3052412	
人教处	李艳春	处长	3051616	
党办室	张增强	主任	3201859	
党办室	何喜朝	副主任	3051609	
工会	刘亚敏	副主席	3051609	
纪检室	宋玉杰	主任	3051610	
信息中心	马玮	主任	3057044	
信息中心	赵会保	副主任		
政府采购中心	武志国	主任	3211500	
控办室	白凤丽	主任	3055765	
控办室	陈永胜	副主任	3218659	
控办室	范旭东	副主任	3055821	
控办室	闫巧娥	副主任	3055821	
后勤服务中心	郭振忠	主任	3051601	
产权交易中心	张宏涛	主任	3111765	
国债服务中心	李同新	主任	3180850	
培训中心	程进旗	经理	3060958	
预算外资金管理局	王存	局长	3111619	

单　位	姓　名	职　　务	外　线	内线
预算外资金管理局	李学书	副局长	3111620	
预算外资金管理局	张佩生	副局长	3111621	
预算外资金管理局	潘志强	办公室副主任	3111622	
预算外资金管理局	李如涛	票据管理处处长	3111627	
预算外资金管理局	梁风岐	计财处处长	3111693	
预算外资金管理局	伊朝霞	计财处副处长	3111695	
预算外资金管理局	刘义杰	监督稽查处处长	3111779	
预算外资金管理局	高　山	监督稽查处副处长	3111779	
预算外资金管理局	郭顺昌	监督稽查处副处长	3111783	
预算外资金管理局	杜少舫	行政收费处处长	3111821	
预算外资金管理局	赵明生	行政收费处副处长	3111821	
预算外资金管理局	程　江	行政收费处副处长	3111822	
预算外资金管理局	宋晓华	事业收费处处长	3111825	
预算外资金管理局	焦里程	事业收费处副处长	3050555	
预算外资金管理局	张国平	事业收费处副处长	3111826	
预算外资金管理局	王有洲	调控资金处处长	3111827	
预算外资金管理局	俞　杰	调控资金处副处长	3111828	
农业开发办公室	李广华	主　任	3112432 3080458	
农业开发办公室	王占朝	副主任	3112269	
农业开发办公室	吴汝敏	副主任	3112528	
农业开发办公室	孙青海	秘书处处长	3014842	
农业开发办公室	赵振河	秘书处副处长	3014842	
农业开发办公室	张鸣丽	秘书处主任科员	3014842	
农业开发办公室	韩　浩	综合处处长	3112274	
农业开发办公室	杜凌峰	综合处副处长	3112274	

单　位	姓　名	职　　务	外　线	内线
农业开发办公室	连会政	综合处副主任科员	3112274	
农业开发办公室	李海林	外资多经处处长	3112328	
农业开发办公室	梁志霞	外资多经处副处长	3112328	
农业开发办公室	马铁良	平原处处长	3112228	
农业开发办公室	韩有民	平原处主任科员	3112228	
农业开发办公室	张书庆	资金处处长	3112369	
农业开发办公室	韩宏阁	资金处副处长	3112369	
农业开发办公室	郭秀中	资金处副处长	3112369	
邱　县	贾群英	政协副主席兼长	8362837	
邱　县	崔树立	党组书记	8362955 —8002	
邱　县	潘世峰	副局长	—8003	
邱　县	张永杰	副局长	—8005	
邱　县	董庆峰	副局长兼农税局长	—8021	
邱　县	谷青华	纪检组长兼预算股长	—8009	
邱　县	曹　雷	工会主席兼办公室主任	—8007	
邱　县	李亚洲	核算中心主任	—8019	
馆陶县	李晓光	政协副主席、财政局长	2829188	
馆陶县	郭志坚	支部书记、副局长	2830596	
馆陶县	何金科	常务副局长	2830589	
馆陶县	王陶锋	副局长、预算外资金管理局局长	2830518	
馆陶县	贾朝生	副局长	2830566	
馆陶县	吴东温	纪检委员	2830598	
肥乡县	袁朝军	县政协副主席、局长	8569998	
肥乡县	单印海	副局长	8562380	
肥乡县	张维华	副局长	8562960	
肥乡县	李兆玲	副局长	8564346	

单位	姓名	职务	外线	内线
肥乡县	徐忠	副局长、预算外资金管理局局长	8561967	
肥乡县	王保河	纪检组长、办公室主任	8562257	
肥乡县	田永海	集中支付中心主任、预算股长	8562257	
成安县	李志强	局长	7217628	
成安县	周殿林	书记	7219998	
成安县	朱德昌	副局长	7219728	
成安县	路士信	副局长	7219768	
成安县	张峻岭	副局长	7219996	
成安县	杨荣军	副局长、农税局长	7215660	
成安县	安书彬	集中支付中心主任	7219718	
成安县	王晓新	副局长	7211391	
复兴区	王景海	局长	3148889	
复兴区	刘春霞	副局长	3148875	
复兴区	刘青林	副局长	3148880	
复兴区	王红卫	副局长	3148875	
复兴区	贺玉荣	采购办主任	3148879	
复兴区	郭子江	资金中心主任	3148887	
复兴区	房爱民	集中支付主任	3148883	
复兴区	郭存璐	监督局局长	3148884	
复兴区	焦永民	预外局局长	3148882	
大名县	邢海川	局长	6560638	
大名县	吴国平	书记	6571523	
大名县	杨耀东	主任科员	6571504	
大名县	曹月华	支付中心主任	6571505	
大名县	张魁铎	副局长	6571524	
大名县	程善忠	纪检组长	6571503	
大名县	叶营生	工会主席	6571525	
大名县	郭秀姣	副局长	6571509	
大名县	张俊伟	支付中心副主任	6571501	
大名县	李新安	副局长	6571506	
磁县	王立明	局长	2316698	
磁县	桑振华	党总书记	2316669	
磁县	袁勇锋	副局长	2316699	

单位	姓名	职务	外线	内线
磁县	郝志海	副局长	2316616	
磁县	闫学明	副书记	2316613	
磁县	王霞	工会主席兼主任	2316638	
丛台区	赵江平	局长	3136538	
丛台区	胡公允	副局长	3136532	
丛台区	冯嘉光	副局长	3136535	
邯郸县	吴斌	党组书记、局长	8026660	
邯郸县	郭树华	副局长	8013020	
邯郸县	常震	副局长	8018561	
邯郸县	田丽彬	副局长	8022434	
邯郸县	马桂明	国资局局长	8033332	
邯郸县	韩成	预外局局长	8015652	
邯郸县	赵凤洲	财监局局长	8025798	
邯郸县	付一萍	纪检组长兼预算科科长	8022433	
邯郸县	李玉萍	工会主席	8035576	
邯山区	武全民	局长	3128186	
邯山区	杨聚相	书记、副局长	3128292	
邯山区	魏忠信	副局长	3128296	
邯山区	马永革	副局长	3128283	
邯山区	牛春风	纪检组长	3128290	
邯山区	赵凤莲	财监局长	3128285	
邯山区	徐建秀	预外局局长	5506822	
邯山区	赵文珠	集中支付中心主任	3128095	
邯山区	张海平	政府采购中心主任	3128100	
邯山区	高玉芳	预外局副局长	5506822	
广平县	张银廷	局长	2516899	
广平县	冯士元	支部书记、副局长	2524890	
广平县	高子原	副局长	2522661	
广平县	王文全	副局长	2526722	
广平县	刘素军	副书记、纪检组长	2526723	
广平县	杨立峰	农税局局长	2526720	
广平县	单继祥	预外局局长	2526721	
广平县	王文学	工会主席兼办公室主任	2522356	
广平县	邵希运	采购办主任	2522679	
临漳县	李奇民	局长	7855001	
临漳县	王书和	副局长	7855003	

单位	姓名	职务	外线	内线
临漳县	刘建新	支付中心主任	7855010	
临漳县	杜保平	预外局副局长	7855009	
临漳县	左剑锋	支付中心副主任	7855006	
临漳县	薛东风	工会主席	7855005	
临漳县	梁希民	纪检组长	7855007	
曲周县	赵文海	局　长	8892071	
曲周县	宋保军	副局长	8892381—8818	
曲周县	宋志国	副局长(预算外资金管理局长)	8892381—8808	
曲周县	郭凤臣	副局长	8892381—8858	
曲周县	李永明	副局长	8892381—8878	
曲周县	王月芹	副局长	8892381—8848	
曲周县	刘静淑	副局长	8892381—8838	
曲周县	吕群山	党组成员	8892381—8658	
曲周县	李忠然	党组成员	8892381—8588	
峰峰矿区	王太山	党组书记、局长	5125066	
峰峰矿区	杜振国	党组副书记	5182631	
峰峰矿区	魏银保	副局长	5182386	
峰峰矿区	温　静	副局长、清偿办主任	5182548	
峰峰矿区	陈喜明	副局长、主任科员	5182632	
峰峰矿区	安保林	副局长	5182423	
峰峰矿区	李莲萍	副局长	5182199	
峰峰矿区	吝士俊	收费局局长	5182620	
峰峰矿区	徐建华	集中支付中心主任	5182627	
峰峰矿区	朱双东	纪检组长	5182609	
峰峰矿区	张太山	事主任科员	5182660	
开发区	赵红梅	局　长	8066888	
魏　县	牛明秀	局　长	3506838	
魏　县	皇甫军	副局长	3506554	
魏　县	赵献忠	副局长	3506188	
魏　县	王记周	纪检组长	3506083	
魏　县	董　波	工会主席	3507131	

单位	姓名	职务	外线	内线
魏　县	汤林峰	农财局长	3398969	
魏　县	江会林	预外局局长	3390007	
永年县	董国秀	局　长	6820966	
永年县	苏书江	党组书记、副局长	6820988	
永年县	王绍军	副局长	6820958	
永年县	姚振芳	副局长	6820968	
永年县	郑捧云	党组书记	6820918	
永年县	杜占坤	副主任	6820978	
永年县	陈书生	副主任	6820956	
永年县	杨建平	副局长	6820928	
永年县	李现昶	副主任	6820998	
涉　县	申新成	局长、党组副书记	3893636	
涉　县	李如云	党组书记、副局长	3893638	
涉　县	赵书旺	副局长	3893635	
涉　县	郝学平	副局长	3893639	
涉　县	杨金平	副局长	3893656	
涉　县	牛真良	纪检组长	3893585	
鸡泽县	岳苏霞	局　长	7522918	
鸡泽县	侯书怀	副局长	7523280	
鸡泽县	田方平	副局长	7525763	
鸡泽县	王荣山	预外局局长	7522318	
鸡泽县	马爱民	国资局局长	7522318	
鸡泽县	霍　玲	支付中心主任	7522318	
武安市	高举良	局长、书记	5689058	
武安市	李永祥	副局长	5688126	
武安市	温顺廷	副局长	5688136	
武安市	李丙安	副局长	5688165	
武安市	郝军书	采购办主任	5688106	
武安市	杨淑杰	监督局局长	5689008	
武安市	李长林	收费局局长	5689068	

2004 年河北省评审通过的高级会计师名单

市别/主管部门	姓名	工作单位
石家庄市	尹维红	石市医疗保险管理中心
石家庄市	郭银翠	行唐县财政局

市别/主管部门	姓名	工作单位
石家庄市	李广胜	石家庄市财政局
石家庄市	沈凤朝	石家庄市财政局
石家庄市	刘生彦	石家庄市财政局
石家庄市	高燕侠	宝石电子集团公司
石家庄市	李学茹	养路费稽征处
石家庄市	杨　洁	石家庄市常山纺织集团
石家庄市	耿书贵	石家庄铝业有限责任公司
石家庄市	石磊民	石家庄有色金属加工厂
石家庄市	王丽欣	轴承制造股份有限公司
石家庄市	王燕萍	石家庄市政建设总公司
石家庄市	刘文玲	石家庄市财政局
石家庄市	李　芬	石家庄市财政局
石家庄市	谢长惠	石家庄市第一医院
石家庄市	付金霞	石家庄市防疫站
石家庄市	周　红	石家庄市地产交易市场
石家庄市	倪文肖	石家庄市商业银行
石家庄市	兴志新	东方城市广场
石家庄市	戴丽萍	针纺公司
石家庄市	袁　丽	石家庄市医疗保险管理
石家庄市	朱玉彦	石家庄市第四医院
石家庄市	王军明	石药集团欧意药业
石家庄市	孔建宏	教育局
保定市	李　平	河北建设集团
保定市	张文革	河北建设集团
保定市	王子民	河北建设集团一分公司
保定市	董艳霞	征稽处
保定市	王长岱	保定市第二医院
保定市	马　洁	保定市第一医院
保定市	崔　静	保定市第一医院
保定市	王凤云	保定市第一中医院
保定市	刘晓明	保定市财政局
保定市	段晓芝	保定天威集团
保定市	程　沛	保定社会保险事业管理所
保定市	邓　刚	保定市供水总公司
保定市	谢　慧	保定百世开利集团有限公司
保定市	杨小柱	保定市燃气总公司
保定市	芦　丽	保定金雁纸业有限公司
保定市	孙昱洲	河北涿州财政局
保定市	明广宾	保定城市管理局
保定市	赵乐强	保定市排水总公司
保定市	赵　健	南市区社会保险事业管理所
保定市	齐　伟	保定市工程预决算审核中心
保定市	李　曼	保诚财务会计咨询服务公司
保定市	钱利君	天鹅集团有限公司
保定市	李　研	保定财贸学校
保定市	王　萍	保定天威变电气股份有限公司
唐山市	孙建东	唐海县财政局
唐山市	佟春成	丰南区财政局
唐山市	刘　洁	唐山师范学院
唐山市	秦　莉	机关事业社会保险局
唐山市	郑秀芬	唐山市高开区财政局
唐山市	李文军	唐山工人医院
唐山市	张　蒙	滦县财政局
唐山市	杜　建	滦县社会保险事业局
唐山市	裴凤荣	唐山市人民医院
唐山市	李占友	玉田县畜牧水产局
唐山市	刘慧芳	唐山市自来水公司
唐山市	佟玉璞	唐山市财政局
唐山市	董艳慧	唐山市财政局
唐山市	王校军	唐山市财政局
唐山市	张雨秋	唐山热力总公司
唐山市	时梅娜	唐山交通建设工程监理咨询有限责任公司
唐山市	刘丙来	唐山市建设集团有限公司
唐山市	么立君	唐山宏达房地产
唐山市	戴艳红	唐山协和医院
唐山市	李旭元	唐山市财政局
唐山市	韩学慧	唐山市建设局
邯郸市	郭焕霞	河北治建公司
邯郸市	刘　静	彭家寨信用社
邯郸市	韩　雪	邯郸市电视台
邯郸市	姚延瑞	邯郸市自来水公司
邯郸市	张泓湄	职业技术学院
邯郸市	周国平	职业技术学院
邯郸市	郭立国	市水利局
邯郸市	李　扬	邯郸市财政局
邯郸市	睢书珍	邱县财政局会计事务所
邢台市	闫为民	邢台汽车车架厂
邢台市	赵朝霞	邢台市公证处
邢台市	李茂全	邢台市水务局
邢台市	武雪萍	邢台县计生局
邢台市	戴苏荣	邢机公司
邢台市	秦斌学	邢台学院
邢台市	赵文献	邢台教育局研究室
邢台市	杨　红	清河县收费管理局
廊坊市	倪立芹	廊坊市财政局
廊坊市	张士彦	廊坊市审计局
廊坊市	施文河	廊坊市审计局
廊坊市	孙建国	廊坊市财贸学校
廊坊市	马光敏	廊坊市劳动和社会保障局
廊坊市	胡素梅	廊坊市农业学校
承德市	王建军	承德市劳动局
承德市	王慧芬	承德市财政干部培训中心
承德市	栾志宏	承德市国资办

市别/主管部门	姓名	工作单位
承德市	王亚茹	承德县财政信用发展公司
承德市	赵兰春	承德市城市公用资产管理局
承德市	方青春	承德市财政干部培训中心
承德市	李桂云	露露集团
秦皇岛市	杨雁晖	秦皇岛市热力公司
秦皇岛市	刘庆华	秦皇岛市海港区建设局
秦皇岛市	张桂娟	秦皇岛市耀华国投公司
秦幸岛市	韩学义	秦皇岛市国立工贸公司
衡水市	刘　琛	衡水市交通局公路总公司
衡水币	张国防	衡水市中则会计师事务所
衡水市	耿会恩	衡水市枣强县国税局
衡水市	祖嘉梅	衡水市财税学校
衡水市	崔洪义	衡水市财政局
衡水市	王国弘	衡水市财政局
沧州市	皮俊明	沧州市交通局
沧州市	李福超	沧州市交通局
沧州市	段永红	南大港
沧州市	张振堂	沧州市财政局
沧州市	方月辉	沧州市财政局
沧州市	吴香女	沧州市财政局
张家口市	成梦扬	怀来县沙城镇供销社
张家口市	牛利军	张家口运输集团有限公司
省财政厅	刘洪林	省财政厅监督处
省财政厅	吴建明	省财政厅监督处
省财政厅	刘宝贤	省财政厅国库处
省财政厅	杨慧卿	省财政厅国库处
省财政厅	邢秋洁	省财政厅经济建设处
省财政厅	殷　兵	省财政厅农业处
省财政厅	吴　鸾	省财政厅监督检查局
省财政厅	姜云生	省财政厅机关服务中心
省财政厅	李　明	省注协
省财政厅	贾秀申	省财政厅会计处
省财政厅	孙国良	省财政厅会计处
省教育厅	赵国鸿	河北理工大学
省教育厅	刘世香	河北理工大学
省教育厅	王文蜂	河北工程学院
省教育厅	张亚春	河北工程学院
省教育厅	顾兰英	河北医大二院
省教育厅	杨雪宁	河北教育报刊社
省教育厅	崔春燕	河北省教育贷款办公室
省教育厅	尉清平	河北北方学院
省教育厅	刁永凯	河北师范学院
省教育厅	沈保让	石家庄铁道学院
省教育厅	于庆来	石家庄铁道学院
省教育厅	姚晓菊	石家庄铁道学院
省教育厅	张文力	河北省四院
省教育厅	吴素花	河北建筑工程学院

市别/主管部门	姓名	工作单位
省教育厅	李　岩	石家庄经济学院
省教育厅	宋晓慧	承德医学院附院
省教育厅	王春年	河北经贸大学
省教育厅	杨　欢	河北经贸大学
省交通厅	崔向东	省高管局
省交通厅	吴雅洁	京秦处
省交通厅	刘会芬	省交通厅
省交通厅	杨素莲	省交通厅
省交通厅	顾　鹏	省交通厅
省交通厅	秘慧琴	省交通厅
省交通厅	杨虎山	省交通厅
省司法厅	封树涛	河北省石家庄监狱
省司法厅	李升建	河北省冀东监狱
省司法厅	张　敬	省司法厅
省司法厅	李　炜	河北司法学校
省司法厅	房银志	石家庄北郊监狱
省国资委	季素芹	河北省国资委
省国资委	张志芳	河北省国资委
省国资委	李铁良	河北省国资委
省国资委	程志宏	石家庄钢铁集团
省国资委	齐　莹	省国际经贸发展公司
省国资委	郭惠玲	石家庄钢铁集团
省国资委	眭树品	河北省国资委
省国资委	李　庆	承德钢铁集团
省国资委	吴长权	承德钢铁集团
省国资委	李　密	邯郸矿业集团
省国资委	李连山	中煤四处
省国资委	苗贞然	邯郸矿业集团
省国资委	阎金芳	开滦集团
省国资委	邱　玲	河北金牛能源股份公司
省国资委	王颐霞	河北财达证券有限公司
省国资委	许平彩	河北财达证券有限公司
省国资委	尹秀平	河北财达证券有限公司
省国资委	李如海	峰蜂集团
省国资委	王友良	省医药公司
省国资委	张志更	省国资委
省国资委	刘翠敏	省产权转让中心
省国资委	刘进霞	邯矿集团
省农科院	蒋继平	省农科院
省农科院	王增梅	省农科院
省农科院	马红燕	省农科院
省农科院	王素敏	省农科院后勤服务中心
省林业局	刘建立	省孟滦林管局
省林业局	田　野	省孟滦林管局
省林业局	董金秀	省林业干部培训中心
省环保局	赵晓燕	省环保局
省环保局	牛更琴	省环境监察总队

市别/主管部门	姓名	工作单位
省卫生厅	赵　丽	省人民医院
省卫生厅	魏道宁	省职工医学院
省卫生厅	朱小军	省职工医学院附属医院
省卫生厅	朱锁印	省老年病医院
省卫生厅	俞冬燕	省老年病医院
省卫生厅	徐凤云	省卫生厅机关
省卫生厅	沈文立	省疾控中心
省国土资源厅	康建生	地质三队
省国土资源厅	董雪蜂	石综队
省国土资源厅	金　华	石综队
省国土资源厅	王桂红	省国土资源厅
省国土资探厅	郝春艳	省测绘产品质监站
省国土资源厅	钟世珍	石铁土地管理分局
华北制药	王淑革	华药 106 车间
华北制药	纪玉晖	华药新药公司
华北制药	赵　君	华药倍达
华北制药	孙　红	华药辅改办
华北制药	吕丽敏	华药玻璃公司
省人才中心	吕小云	中喜会计师事务所
省人才中心	王学梅	中喜会计师事务所
省人才中心	杨增华	国富投资公司
省人才中心	邱淦泳	华安会计师事务所
省人才中心	刘双青	河北第八建设工程有限公司
省人才中心	曲卫民	河北医科大学第一医院
省人才中心	叶艳丽	河北省建设教育培训中心
省人才中心	王凤红	康龙德会计师事务所
省人才中心	常敏红	天华会计师事务所
省人才中心	姚士林	国富投资公司
唐钢	赵利荣	唐钢
唐钢	李雪梅	唐钢
唐钢	杨艳光	唐钢
唐钢	李颖辉	唐钢
唐钢	高爱兵	唐钢
河北出版集团	陈艳红	河北省新华书店
省信息产业厅	王　菲	省电子信息技术研究院
省信息产业厅	赵云峰	省电子产品监督检验所
省审计厅	刘军燕	省审计厅
省农业厅	谷军峰	省种业集团公司
中铁电气化局	封新彦	建筑段
省科学院	司　森	河北省能源所

市别/主管部门	姓名	工作单位
省农业厅	崔惠芹	省农业技术推广总站
省水利厅	杨建芳	省岗南水库管理局
河北经济日报社	孟庆芬	河北经济日报社
省畜牧局	张建勇	省畜牧局
秦皇岛港务集团	解辉	港务集团八公司
省建工集团	王　毅	河北建工集团
省文化厅	高　炜	河北画报社
团省委	颜　虹	青春岁月杂志社
华北电力大学	潘　洁	华北电力大学
省人事厅	郭春明	省人事厅
沧州市	刘艳霞	沧州市财政局
秦皇岛市	付　丽	秦皇岛市日报社
衡水市	田会玲	衡水市财政局
承德市	王新国	露露集团
乐凯胶片	史彦欣	乐凯胶片股份有限公司
邢台市	解玉婷	清河县政府集中支付中心
廊坊市	李德华	廊坊市财政局
廊坊市	王永来	廊坊市财政局
沧州市	丁芙蓉	沧州医学高等专科学校
沧州市	王金玲	沧州市资产评估所
省水利厅	刘建欣	省水利工程局

2004 年通过年检的注册会计师名单

中喜会计师事务所石家庄分所(38 人)

李　力　刘　敏　马　静　孟从敏　史艳萍
万　琴　杜丽艳　王爱英　郝素花　马　燕
米国军　高桂玲　白靖华　杨继梅　任　红
滕玉祥　石长海　辛荣亮　鲍立肖　侯卫星
李保祥　李立海　王和平　宋保成　王学梅
孙增敏　刘淑君　刘新培　王英伟　苏玉珍
耿银双　刘立侠　张海燕　武清荣　周京燕
包乃文　王建宾　吴建玲

天津中审联会计师事务所河北顶誉分所(20 人)

张振琪　王志民　孙永利　崔振勇　张志茹
刘元恒　刘玉鹏　苑志珍　王淑清　尹学勤
刘金锁　刘娟娟　李双越　寇　鑫　高巧云
王淑秀　王振梅　刘　畅　田明霞　王春英

河北华安会计师事务所(77 人)

贾玉玲　张建文　齐正华　王　飞　赵财顺
李宗芳　刘丽杰　王领占　艾廷生　张青柳
潘志辉　邱淦泳　朱保成　王秀敏　李　钰
王建设　孙云坦　关玉芹　郭朝军　刘英民
刘景文　高惠杰　周　宁　秦卫国　王津艳
高彦琴　刘军峰　杨爱芬　赵　鉴　李　娜
集立保　张玉秀　孙建西　马义涛　窦　聪
房永峰　史璐明　侯淑娟　杜玉涛　张　昊
边华涛　马　卉　王　颖　李领军　刘　红
刘正华　王晓莉　陈永毡　郝红革　布巧丽
李东启　杨　冰　白海燕　申保清　杨永久
张猛勇　表建庆　刘　华　高　辉　张文清
刘月田　石云峰　刘丽平　陆　畅　杨　凯
蔡中伏　谢志南　闫海舰　孙静琴　崔　薇
袁　蕾　周彦军　顾春蕊　杜爱英　刘国忠
刘　澎　白晓燕

河北天华会计师事务所(46人)

李艳生　王　瑾　吴贺民　刘丽娟　张富乾
李　薇　史静敏　张振书　刘桂仙　李世冬
赵鸿琪　王宝山　支凤云　张贵友　赵锡复
刘小宜　张荣梅　张军浩　王介显　董　梅
梁兴录　杨春娟　周光启　武永生　唐建然
韩江保　赵艳凯　李建军　李世涛　高新雪
崔　征　刘喜祥　王桂琴　张文和　何秀英
孙桂珍　杨军伟　常敏红　姚　林　刘　莉
王景美　庞瑞敏　刘锡芹　张怀信　李　萍
焦翠娟

河北中兴会计师事务所(33人)

刘广义　丰树成　张　鹏　孔令俊　白志坚
赵瑞余　邢志红　马跃华　裴安遥　吴祥生
于秀增　王继忠　曹立峰　杨宣英　杜善旭
徐小英　李书耀　郑晓晓　刘东菊　田淑静
李平方　刘　曼　郭占平　李智玮　安景然
梁立忠　张　静　李家桐　索洪学　高文龙
付艳红　刘　娜　师玉春

河北光大会计师事务所(45人)

李连奎　姚庚春　马敬民　李　杰　王凤岐
张聚英　李津庆　胡玉军　叶淑义　向济贵
马　莉　崔振庚　杨瑞臣　张吟村　崔凤琴
徐　欣　李秀华　吕志林　闫梦游　白俊敏
邸秀景　王立竹　郝海涛　马永波　倪　勤
王　芳　潘敬雪　齐旭海　朱敏肖　曹彩哲
刘伯军　杨世宗　梁云鹏　左文军　王秋荣
张玉梅　韩　洁　张雪云　靳　辉　田保兴
鲁长海　孟凤淑　李永良　王书堂　张瑞花

河北天勤会计师事务所(26人)

吴素梅　杜新迈　张　宏　桑海彬　杜国鸿
程惠贤　刘会文　安威力　段东海　高香辰
刘世云　高丽芬　王莉薇　徐金萍　张秀环
谷国君　葛　红　赵雪松　刘占玲　康仲英
卞文敏　艾　武　米宏斌　张红英　王春锋
单丽晖

河北仁达会计师事务所(31人)

姚汉礼　段迎秋　李瑞卿　于国庭　翟丽萍
刘桂红　卢毅刚　张丙珍　杨义东　康兰亭
付双鹏　王立先　贾志坡　王艳玲　刘继志
鲁　贞　李惠平　周蓓蓓　曹新杰　齐永进
蔺彦明　李慧敏　李鸿雁　杜新光　解占魁
范玉景　郭承德　杜卿贞　曹忠志　刘荣恒
张　齐

河北正祥会计师事务所(26人)

王景奇　黄振国　汪明振　李　辉　李国风
刘兰中　李秀华　梁聪慧　吴振芳　乔五安
岳英坤　许乐亭　闫京田　赵文章　赵海金
冯姝娟　于玲芳　蒋宏岭　陈　玲　秦义城
张会君　魏书瞟　郭凤兰　翟俊改　李晓凤
田贺敏

河北立信会计师事务所(34人)

侯景蕊　邱恒新　张广波　刘保轩　孟永荣
李　明　霍　军　李保华　赵梦兰　张金玲
韩明书　董连科　封淑丽　张连顺　郑丰雪
刘凤梅　刘　煜　石保聚　马居桢　陈素芳
孙秀荣　和连奎　刘大双　牛光煜　李学广
孟天明　李忠恕　屈　和　曹君昌　耿俊恒
吴德金　尹学静　秦贵山　孙伶坤

河北永正得会计师事务所(25人)

张培军　王乃琮　李　鑫　何国征　曹煜贤
王志永　杨海龙　曹　斌　武尚瑛　孙班军
张秀莲　韩生保　李秀莲　韩岫明　雒立从
张宪民　田敬超　张兰君　霍巧红　胡立萍
赵静慧　马金锋　田　凌　王玉茹　刘　霞

河北鸿翔会计师事务所(22人)

陈玉琴　薛海深　张　萍　张俊月　金善荣
金玉芝　赵树杰　范振华　张藏军　呼占起

张式源　徐玉志　杨翠双　赵秀贞　陈　朝
郝新雁　刘新玉　柴彦龙　王珊丛　刘芳丽
郭振文　张　娴

河北华益德会计师事务所(34 人)

韩　洪　赵云鹏　霍志彬　杨　广　孔祥发
赵翠芬　赵　娟　刘成森　姚志军　张世民
李桂英　袁会珍　杜运东　范志江　赵建斌
闫晓恩　陈　琰　赵玉敏　冯光杰　石俊平
张　娟　潘兴宇　李亚进　郝月英　吴瑞芝
付雪丽　王俊利　盖忠志　仲　伟　彭荫轩
陈应高　张锦致　曹晓华　高香珍

河北冀祥会计师事务所(14 人)

刘　智　赵庆辰　张兰田　梅成芹　邓　戈
王嘉俐　马小鹏　苏　毅　王丽洁　张淑霞
张惠民　郝　晶　赵长英　孟令止

河北华诚会计师事务所(29 人)

汪竹生　胡良芳　殷铁华　邓　莉　张　玺
马海涛　赵慧峰　范　琳　孟庆玲　郝淑珍
赵学志　王建彬　赵惠娟　张冬梅　郝惠萍
王广勤　杨全祥　郭树新　吴汉华　张惠英
李艳丽　崔华子　张秀兰　梁铁树　侯志义
王修全　孙增合　韩法行　高桂金

河北友谊会计师事务所(5 人)

王亚东　刘　欣　封　丽　崔　茹　陶卫国

河北世纪恒信会计师事务所(15 人)

闫建华　刘明文　李敬慈　李德川　杜金梅
张香竹　王庆平　史文学　刘军霞　郝　奎
杜秀英　宋玉梅　翟素芳　谢丽丽　宇文建议

河北信源会计师事务所(22 人)

李仁生　王正民　王玖淑　李金燕　刘　朝
王　旭　杨敏贞　李秀霞　田建华　马运建
徐幼华　崔志强　庞斌斌　白鸿雁　张　健
朱艳梅　吴秀英　霍慧琴　高玉军　杨　力
张育新　张艳彩

河北康龙德会计师事务所(25 人)

赵文合　许焕力　张兆英　张秀芳　邢艳红
张　维　张文刚　王书丰　赵双珍　于小平
郑义明　乔永平　邢淑清　牛炳坤　王凤红
赵　毅　刘　强　张美荣　李国俊　赵振清
马志敏　王润成　李兴瑞　王素贤　何爱钦

河北中勤万信会计师事务所(15 人)

孙刘太　赵立新　杨　宾　陈鸿钧　王丽丽
闫家谦　杨兴邦　高进其　杜　岩　王忠耀
刘传义　郑伟锋　冯秀茹　张　媛　刘晓玲

河北阳光会计师事务所(20 人)

刘志英　周秀娟　梁　彤　董振方　冯恩泽
吕贵兰　袁润霞　王彦平　李国良　杜　飞
陈建微　贺云枝　李秀兰　邢云霞　张　杨
耿　静　龚云岭　杨　颖　张俊生　杨沙露

河北天时会计师事务所(22 人)

雷引娟　张立霞　赵桂华　娄树峰　李仁华
张民珠　韩凤梧　郭秋菱　陈丽君　张瑞芳
王　巍　李守栋　王洪洲　曹丽敏　韩　飞
王慧斌　王文化　郭慧玲　周福光　孟宪凯
杨廓杰　王荣贞

河北金桥会计师事务所(10 人)

王惠荣　彭小燕　康建华　陈建欣　崔东旭
崔　顷　冯　凤　秦宝立　于万龙　李江村

河北华辰会计师事务所(17 人)

芦晓宇　高春会　李晓丽　李荣芬　郭仙梅
郭兰肖　孟令杰　赵尔安　李振超　赵　亮
窦杰峰　张　晋　邹树香　牟澄波　张芳冰
刘巧凤　徐兰文

河北挚信会计师事务所(17 人)

张兴木　张国英　王　若　刘胜利　祁　悦
李连果　马福元　郝国新　张艳军　陈　雯
史秀琴　马立成　周绪凯　刘雪萍　郜　志
陈领娣　石永乔

河北中实会计师事务所(9 人)

孟文戬　李英姿　刘海英　薛秉忠　潘金学
王建房　张书文　董平栓　王文平

河北中源会计师事务所(20 人)

朱丽霞　孟淑寰　范新改　米清洁　张　红
田宝才　张淑芬　吴秀荣　张建民　何文贞
姚　铎　聂瑞凤　樊有玲　陈曙华　朱朝素
秦晓莉　唐　琴　陈永民　武俊斌　张明仲

河北金鑫会计师事务所(7 人)

胡丽英　张彩虹　刘英敏　牛振江　马　志
王传忠　宋胜利

河北中瑞会计师事务所(10 人)

杨新华　孙素娟　侯蕴兰　吴国梅　高秀菊
陈　莺　王淑琴　高志强　王敬仁　刘克军

河北华泰联合会计师事务所(5 人)

王书华　季志友　焦惠芬　尹运哲　杨怀栓

河北圣诺会计师事务所(7人)

王起宗 董平稳 郭凤凯 狄晓伟 李立学 代 珍 李新军

河北金诺达会计师事务所(6人)

庞淑珍 冯玉珍 安金凤 杜瑞堂 王运瑞 冯兴旺

河北天健会计师事务所(13人)

刘合军 刘国堂 王 辉 谷建新 李建筠 赵征平 王树新 刘京华 刘少强 李俊凤 杜淑阁 梁淑青 陈 永

石家庄运昌会计师事务所(10人)

胡英昌 姚文熙 张尧莉 姚洪利 尚刚铭 王青山 毕振学 陈艳玲 俞 兰 张海燕

石家庄冀鸿会计师事务所(20人)

刘玉民 牛香记 胡寿龄 曾志军 黄 武 王志国 龚壬午 李汝萍 于麟阁 裘建华 乔丽军 赵建国 刘树新 张树东 刘秉廷 张巧娥 王振改 张海洋 宗发银 张晓燕

石家庄洪源会计师事务所(10人)

王林茹 程常德 叶 坪 邢秀娥 孟白增 张剑英 卢玉芳 赵培韧 杨 瑜 杨洪武

石家庄天永大会计师事务所(3人)

张墨雄 王增田 蒋谊颖

河北神舟会计师事务所(12人)

张俊芬 张 敏 张 哲 张仁明 杜智良 赵振平 刘建瑞 贾晓辉 王庆义 胡东西 杨 立 刁莉品

石家庄正信会计师事务所(8人)

李东喜 梁 彦 刘治国 刘瑞起 王福恒 李晓光 董世军 穆 倩

石家庄平正会计师事务所(6人)

吴俊唐 贾秋花 张增巧 王荣平 刘汝楫 封吉增

石家庄财信会计师事务所(9人)

梁鸿杰 穆敬尧 王科军 李 环 王 静 叶 红 张 峰 李 健 陈贵聚

赵县东方会计师事务所(8人)

张宝琴 张秀敏 焦月琴 王文学 时录辰 王云燕 田英彬 贾利辉

高邑凤城会计师事务所(13人)

冯占瑞 吕行贞 李淑媛 王金梅 杨会杰 温敬宇 宇文凯 张立中 杨建芝 侯志录 冯连瑞 牛新朝 冯树辰

无极中昌会计师事务所(7人)

张炳来 张惠花 刘庆昌 安丽丽 孙巧欣 周 强 戈敏英

赞皇光明会计师事务所(6人)

栗僧玉 张俊彦 高占京 陈 健 张锡月 王春燕

井陉德诚会计师事务所(8人)

李广平 席秀然 王学名 王永庭 张连秀 张文雪 马虎庭 张国荣

新乐新兴会计师事务所(8人)

张喜爱 秦俊荣 高爱国 郝彦格 赵 伟 刘福贵 季 玲 李 明

张家口张垣会计师事务所(18人)

付庆儒 夏燕妮 李文海 张春慧 渠 波 任立英 何 诚 王金玉 聂庆忠 王树槐 胡宇辉 安伯莘 王根长 田凤英 牛桂玲 孔祥庆 郑丽琴 齐 斌

张家口华正会计师事务所(29人)

耿之华 张玉枝 闫守林 马俊德 鄂梅英 张 峻 谷秀金 李学儒 杨凤兰 何文瑞 马汉炫 谷延令 孟宪芝 朱永江 王存贵 马彦丽 阎美荣 张素连 李 立 马舒兰 陈明霞 李跻翔 周桂梅 王 萍 朱玉英 李胜芳 张 峻 岳彭年 于久玫

张家口诚信会计师事务所(19人)

曲秀英 武淑莉 李惠义 官永东 张义莲 高建军 赵建林 张月娥 邢勇仕 逯志光 贾秉德 付振东 张文萍 董 杰 苏洪斌 尹新梅 刘艳霞 高春萍 姜继红

张家口鑫正会计师事务所(10人)

张 生 王玉生 武桂荣 廉瑞华 赵 斌 李志军 王凤国 李春玲 常万贵 苏丽琴

张家口荣强会计师事务所(5人)

郭利荣 马连治 弥玉荣 王桂香 张世梅

张家口宣兴会计师事务所(8人)

段淑升 祁菊丽 刘本梅 李福亮 谢作洪 李天德 张文胜 于生金

涿鹿轩辕会计师事务所(6人)

郭玉香 吕玉香 孙佃富 张贵禄 靳云阁 李 荣

张家口宏宇会计师事务所(8人)

王秉直　章玉宝　蔡广森　张成福　张惠玉
郭有财　陈敬先　李海霞

怀来新兴会计师事务所(7人)

李惠元　王　平　郑兴义　张　英　刘丰辰
王　富　曹有杰

康保正信会计师事务所(6人)

张　建　李振明　张　杰　付振林　李年余
王庆智

怀安鑫达会计师事务所(6人)

李海军　宋进富　田仲奎　翁德胜　闫　发
李小梅

承德热河会计师事务所(12人)

张弘伟　康　林　方兴民　于永成　徐富贵
佟贺君　周国永　吴占国　崔宝友　郝占秘
封欣然　鲁国印

承德正元会计师事务所(20人)

石连东　李清亭　杨俊杰　孙占喜　姜若明
陈淑荣　艾红艳　史晨阳　张国学　张红武
刘彩琴　彭兴利　李文荣　李海静　吕新华
刘　莉　高新荣　曾淑芹　范桂贤　张宝会

承德北方会计师事务所(10人)

李春来　闵景福　韩丙云　刘兰英　李江娟
王　萌　王振伟　李翠芬　张海峰　刘永诚

承德中通会计师事务所(5人)

胡炳林　李玉峰　杨宇杰　王宝轩　徐　进

河北华威会计师事务所(11人)

王云萍　王乃菊　王海泉　王桂琴　董仕永
张振弟　杨桂英　王宗臣　孙晓华　刘彦东
王秀珍

承德燕山会计师事务所(7人)

王国珍　李本芳　韩龙昌　肖丽莉　王晓慧
范增怀　苑惠琴

隆化鑫正会计师事务所(8人)

韩立新　杨丽玲　王国斌　侯保政　王继广
张铁军　李庆芳　李占国

承德宏远会计师事务所(7人)

张志宇　王亚光　杨林光　李廷彬　刘海军
刘福民　刘国锋

丰宁诚信会计师事务所(3人)

敖亚义　程建瑞　李国臣

承德方正会计师事务所(11人)

刘秀良　于培东　周会义　张清武　邢海峰
高俊臣　姚洪文　秦树安　崔春华　高德泉
邹淑文

河北衡信会计师事务所(35人)

王广田　张求慧　周志强　艾树娇　宋曼萍
靳淑君　和立华　赵　辉　何连兴　杨忠余
曹淑文　柴文霞　刘　丹　柯汉生　王淑敏
刘振平　宋丽华　王玉玲　周金娣　刘　畅
肖占杰　陆　嵩　叶丽敏　程源源　王景海
王启明　李　晔　宋学峰　周书燕　王金红
党　辉　赵素梅　边素英　刘秀芝　卢婉秋

秦皇岛正源会计师事务所(24人)

姜大明　李　华　李秀茹　李秀英　车桂琴
陈润喜　韩忠民　王　霞　阳　华　张贵江
陆永新　刘玉珍　谢桂珍　侯秀仙　宫士杰
刘志民　夏金英　乔海军　王宏霞　王　辉
刘梦玲　霍东玲　郑　敏　代　宏

秦皇岛星日阳会计师事务所(16人)

顾淑华　张守文　梅　丽　刘印清　杨小祥
刘美琴　王金玲　李雅丽　彭素欣　胡小力
马晓宁　王晔家　陈立影　赵承厚　邵永坡
赵建华

秦皇岛求实会计师事务所(9人)

杨丽敏　牛彦新　张　维　李兴泉　王殿武
李慧颖　赵丽丽　曹东兴　邢志勇

秦皇岛正和信会计师事务所(5人)

孙立成　肇　佳　张道春　邢晓勇　陈　睿

秦皇岛天宇会计师事务所(5人)

炼梦兰　王春凡　辛海英　赵玉玲　桑　林

秦皇岛信宇会计师事务所(8人)

李　果　张美兰　张淑贤　白东丽　郭景林
倪广东　齐海权　李　生

秦皇岛至诚会计师事务所(9人)

卢锡民　张家岐　张晓梅　龙丽娟　张秀波
杜春玲　石志民　龙慧平　苏程华

唐山正信会计师事务所(23人)

刘建文　王秀芝　王成金　杨　岚　王振国
李文绮　王桂荣　谢武臣　刘桂云　王亦萱
潘立东　吴立新　么俊英　董慧娟　孙保荣
李学哲　孙淑兰　李其力　王利英　何　鑫
陈振生　窦玉兰　董会祥

唐山天华会计师事务所(32人)

韩　余　孙秀义　宋滨勇　李　君　杨婉秋

刘凤兰 裴尊奎 郑希勃 张翠兰 梁福正
么民俊 王秀兰 赵 剑 刘 婷 付永辉
夏锡民 陈治宏 国成宣 夏 洁 李海军
王志勇 冬 明 李守焕 冯庆山 杨子明
曹月如 薄淑芬 李伯青 胡春义 张恩厚
孙北宁 卢丽华

唐山大众会计师事务所(26人)

赵孟玺 陈希良 孙淑英 李一兴 田 佳
阮红民 柳秀文 李景香 赵彩芹 徐硕洲
刘守义 李向茹 卜丽杰 王淑明 吴志华
李彦敏 司文茹 吴 敏 石秀华 张贵喜
齐向贤 潘秀林 张淑敏 李大永 赵宝云
王玉环

唐山宏利会计师事务所(10人)

霍 星 吴玉泉 方儒周 陈秉芙 梁 军
赵淑新 王 兵 王秀红 吴小艳 王文会

唐山瑞达会计师事务所(12人)

郑香芬 王立仁 郑志军 郝兆生 杨景春
董秀云 钱春芝 高翠荣 卞亚芹 李艳东
张秀艳 郑 营

唐山大唐会计师事务所(6人)

郭爱军 刘振英 张金贵 李振强 王庆国
孙立明

唐山丰信会计师事务所(7人)

张建华 张克成 高金山 耿向英 章立波
王丽芝 毕金芝

唐山华信会计师事务所(21人)

吕金壮 赵平易 马凤芹 邵立忠 刘淑雯
张慧玲 齐绍华 李凤兰 王淑云 程子英
吴景琴 刘连祝 刘慧军 周震解 张鸿骞
胡文炳 艾秀荣 张树法 徐兆军 任建宏
杨承基

唐山永安联合会计师事务所(20人)

石文川 赵玉莲 张兴无 赵淑芬 韩秀生
刘士海 朱玉兰 栾树林 张亚东 吕元华
张瑞兰 刘宝英 李维玲 杨海龙 曾凡梅
刘军林 李拥军 马安斌 许长云 张玲玲

唐山正大会计师事务所(10人)

耿如波 费国祥 周秀海 赵金来 刘春珍
李兰芬 刘利民 石永学 王学锋 曹崇亮

河北金谷会计师事务所(19人)

杨会刚 张士福 陈忠智 常秀文 白英杰
刘 祥 赵玉柱 葛焕艳 商咏春 杨立君
张桂英 高 林 刘玉兰 玄兆祥 宋立娟
刘春山 桑润锁 徐 宽 宋双亭

唐山明正会计师事务所(10人)

李广江 齐守臣 商立权 赵新生 臧玉然
徐丽君 王文生 冯海江 张爱民 王煜华

唐山中元精诚会计师事务所(10人)

王永阁 张蕊祥 郑敏旺 温宝田 张树波
李国胜 王向顺 张淑敏 张硕兰 李大宏

玉田宏信会计师事务所(6人)

石国章 薛 亮 赵 英 王文玲 冯光辉
范延宏

滦南阳光会计师事务所(9人)

史东明 王彩凤 李子恒 肖桂珍 高德新
古凤珍 张瑞军 裴艳敏 靳翠娟

滦县信誉会计师事务所(9人)

张金梅 李继英 徐秋晨 田永利 马东玲
张建华 韩书平 王子春 卢金福

迁安弘信会计师事务所(7人)

李富庭 刘香莲 虞 祥 代小玲 纪会元
张 相 李小宇

河北东方会计师事务所(16人)

于增彪 刘桂英 张泉宝 胡俊英 任 强
肖 静 王卫国 王建慧 杨福生 陈爱珠
蔡 莉 付志民 冉惠娟 刘伯涢 袁秀珍
赵晓超

保定大雁会计师事务所(47人)

佟 娆 李金波 李晓杰 白 瑾 李连江
王 杰 田云峰 吴德琦 刘振芳 刘 东
王丽岩 徐艳芹 孙 柱 朱雅君 戚全友
孙建良 杨小平 杨洪利 杜葆欣 李长青
孙秀芬 张云贵 张玉德 苏金玲 杜存利
展永超 张淑敏 田和静 梁立新 韩志卿
刘丽双 王文远 苏 娟 李苏平 解文英
武志学 房秀欣 李桂华 许 清 吕秀华
段立新 王玉平 张立军 杨海山 于国忠
张秋云 刘洪彬

保定中鑫会计师事务所(26人)

岳国英 马小宽 张庭会 尹万臣 李 芳
刘丽平 赵秀君 吴宪志 赵德卿 杜瑞亭
孟冬君 张淑英 董洛红 王惠娟 贾俊强
张海滨 段汉长 李 玲 高彦霞 高水亭

刘群英　王桂珍　刘彦苓　李吉庆　杨宝琴
马书敖

保定正源会计师事务所(30 人)

薛志平　杨振云　王才英　王素英　彭彦华
韩志平　宋慧茹　李建兴　赵宪皋　李书茂
崔秀云　张云秀　孟立英　孙桂娥　戴鹏飞
田俊武　石荣华　张　静　付　浩　贾玉珠
靳紫生　张　蕾　田　军　杨常丽　胡日新
何秀荣　虞雪莉　蒋志华　赵淑婷　韩艳菊

河北蓝天会计师事务所(6 人)

赵淑君　黄桂敏　冯筱玲　郄德祥　王金祥
郑　蓉

保定恒泰会计师事务所(11 人)

刘其祥　席坤娟　安春秋　米云生　高秀茹
王增彦　孙存强　夏淑清　朱会英　李宝柱
付军来

望都飞达会计师事务所(6 人)

何荣来　李彦平　刘全水　廉计先　葛玉芬
许　平

涿州博友会计师事务所(6 人)

朱希琴　李桂琴　杨德龙　张　颖　臧秀萍
王学君

高阳冀中会计师事务所(5 人)

王吉宗　李玉婷　胡章启　任芬桂　霍亚洲

雄县定远会计师事务所(5 人)

张爱民　赵建华　刘长生　赵爱君　李文霞

涞水纪新会计师事务所(6 人)

杨惠春　杨宝旗　宋树民　李　富　王　奎
万金国

安国祁华会计师事务所(5 人)

焦英群　史建柱　朱杏然　吕荣彦　王秀卿

易县众信会计师事务所(5 人)

杜红娟　杨景艳　赵秀芬　邸兰花　吴文忠

博野求实会计师事务所(5 人)

刘锁柱　苑录英　田德英　郝庆余　杨占魁

定兴卫正会计师事务所(7 人)

刘焕瑞　牛春生　梁瑞芹　任宗玉　张　贵
铁淑英　庞　华

徐水宏运会计师事务所(5 人)

李树林　芦凤华　王季茹　张喜田　霍飚华

高碑店荣达会计师事务所(6 人)

张忠臣　李淑贤　王俊英　张金霞　张伯荣
杜学芳

满城宏信会计师事务所(8 人)

刘建坤　魏敬祖　王庆河　陈振川　于占鳌
张凤仙　路伟林　刘玉宝

曲阳祥实会计师事务所(6 人)

阮文秀　刘建儒　韩香英　王增科　王长会
刘增科

容城容兴会计师事务所(5 人)

张春生　文连树　刘喜占　刘春生　李宝玉

阜平阜源会计师事务所(6 人)

王　武　孟心明　贾艮士　张玉德　王祥龙
赵建飞

廊坊益华会计师事务所(13 人)

蔡福涛　李海山　刘子明　张文瑞　张克俭
陈　迎　李　欣　王文起　陈宝忠　徐贺学
杨令兵　岳淑臣　刘佩珍

廊坊至信会计师事务所(11 人)

李书卿　马云龙　冯国泽　王路明　张振杰
张志明　王贺云　刘广玲　赵洪富　郝吉祥
马志华

河北金城会计师事务所(30 人)

张　瑜　姚锡璋　许艳宁　汤淑蓉　李书伟
李存起　龚　利　程俊英　周文津　杨大同
李素兰　马琼英　沈达庆　张福民　张伟明
段兴亮　孙伯威　夏季风　王　强　殷越川
苏双河　王　健　王景勋　孙立敬　喻晓蕾
刘金义　冯立宏　李湘宁　韩国成　唐子荣

廊坊正大会计师事务所(6 人)

姚　斌　宋　文　刘长田　董亚明　王　先
胡林德

廊坊天元会计师事务所(10 人)

田　明　王仲福　李庆宾　谷凤来　张万俊
王万立　张金侠　李恩庆　杨景丽　林国庆

廊坊华安达会计师事务所(7 人)

刘济杰　陈东光　王广福　何述杰　齐振华
杨　刚　刘明柱

香河诚信会计师事务所(5 人)

康宪英　张　起　闫励学　李明富　姬德富

固安方城会计师事务所(6 人)

杨淑芬　王忠林　赵鹏年　张荫华　石洪臣
王洪兵

文安志诚会计师事务所(6 人)

马春玲 王永臣 秦化民 徐 枫 陈绍清
赵俊格

大城华强会计师事务所(6人)

邓平舒 刘泽远 肖瑞华 于国山 李西青
孙玉章

三河诚成会计师事务所(5人)

朱玉华 海兴发 杜玉敏 李桂芝 刘 昆

河北燕华会计师事务所(31人)

马振范 易应莪 王国禄 王若芳 杨凤岐
赵玉文 王玉厚 石宏林 袁章华 田瑞增
李 军 曹相江 李凤甲 董有水 侯暾辉
干述亚 杨文富 余克军 陈银安 盛 江
江柏元 毛锡政 张慕玲 左光硕 王德松
陈登平 栗东海 崔海英 梁 艳 吴秀梅
李淑芬

河北华狮会计师事务所(31人)

倪凤阁 吕光宇 张文芳 袁丽萍 伦金刚
祝玉训 张金凤 吕增雨 张志宏 梁景楼
张基贵 贾建国 张秀兰 刘秀梅 黄淑余
姜义华 李桂玲 李怀进 李金桂 高永峰
史印祥 买文秀 田厚福 李晓政 赵玉新
周坤生 杨全想 姜文年 马俊丽 刘云强
尹香苓

沧州欣达会计师事务所(9人)

孟宪华 杨学礼 刘宝芹 刘洪如 王金华
张俊明 郭福兴 任 英 贾启云

河北众泰会计师事务所(9人)

范华敏 杨冰莹 赵丽红 韩如新 刘建新
王 琦 吴秀芳 牛清桥 李 政

沧州骅源会计师事务所(18人)

刘宝山 王凤岐 张忠仁 董传凯 左清甲
宋忠树 丁桂普 高兴忠 刘晓芬 康立春
刘金祥 孙宏志 蔡 娟 刘之军 孟祥福
孙兰亭 邵明德 贾玉民

沧州精诚会计师事务所(5人)

韩玉华 刘凤池 张书俊 金洪星 侯增福

沧州天正会计师事务所(8人)

高树苍 张 樱 吴庆和 刘双强 汪恩桐
申俊刚 李素芬 曹相棋

东光发达会计师事务所(5人)

谭宝霞 沈玉普 袁洪泉 杨志刚 王清侠

任丘裕华会计师事务所(11人)

纪福进 纪守信 周文峰 贝树锴 陈宝忠
张根生 杜连经 张艳芳 王鹤飞 纪香梅
刘根良

河间新宇会计师事务所(5人)

王大仿 李聚琴 李明方 赵学威 李东旭

南皮荣信会计师事务所(7人)

周垣桂 段常德 孙国华 田恩生 王培武
刘治洞 常福印

青县诚信会计师事务所(5人)

刘兰贵 徐忠礼 时国华 赵玉章 周凤琦

盐山时代会计师事务所(4人)

赵茂祥 杜振清 王树行 郭子臣

泊头荣丰会计师事务所(6人)

李根荣 叶杰丰 温树杰 高胜义 崔秀真
张树志

衡水中则会计师事务所(11人)

句志明 张国防 刘海长 王玉芬 刘秀亭
柴昭武 常玉赞 吕 福 郝卫华 杨艳霞
徐金强

衡水金正会计师事务所(28人)

邱秀贞 耿秋向 苏玉忠 杨立春 张世文
汤雪峰 刘文兴 张长乐 刘树德 赵栋海
翟荣海 王藏巧 李伯臻 王永年 褚金榜
翟国章 李孟周 周炳君 刘福凯 李纪珍
刘金林 何广才 王淑娣 冯闻力 张艳宁
孙铁军 吴世谦 杨志敏

衡水开元会计师事务所(8人)

吴桂荣 井玲段 张朝国 王祝玲 刘国华
郭秀富 李淑文 郭书平

衡水方圆会计师事务所(15人)

苏子广 张新春 王兰芝 王书玉 杨书印
赵灵皋 董方斌 刘长顺 王明辉 刘德海
戚岩青 王 辉 张德金 王伟生 陈燕平

深州天成会计师事务所(6人)

刘 环 刘铁志 王爱党 程 英 马全顺
邢俊英

故城正信会计师事务所(5人)

刘中奎 刘有顺 赵德岭 王俊英 刘培基

河北德源会计师事务所(6人)

耿万清 周 石 南桂波 伊亚丽 刘志君
于洪彬

冀州冀欣会计师事务所(6人)

赵连峰　丁建民　刘云朋　耿殿英　李如增
李保收

安平誉正会计师事务所(5 人)
闫振启　张桂英　付会赏　田文杰　染立英

景县方正会计师事务所(6 人)
王滨春　姜焕生　苏子兰　李建合　李俊玲
李　源

河北新世纪会计师事务所(40 人)
尹现方　杨　羽　董从如　宋春祥　许杏芳
田恒珍　霍风森　王福录　邢遇敏　史毅生
张月英　蒋爱荣　李秋森　赵梅芝　韩志远
刘文祥　曹春云　张英杰　王国强　刘　敏
耿彦伟　刘文俊　李增其　王玉巧　梁小剑
赵子敏　刘　超　胡玉震　周洪芳　冯同江
杨景文　刘吉利　程少凯　张俊苔　刘庆云
刘重阳　要平芳　董香媛　王希昌　张士杰

邢台华信会计师事务所(12 人)
张永各　刘军学　赵连芬　李均国　张肇华
周冰雪　贺鸿根　杨三军　陈　坤　姜玲玲
杨　英　郭修思

邢台顺德会计师事务所(10 人)
袁　志　付春风　赵双法　马贵芬　刘庆涛
王喜东　周治平　刘朝栋　李同刚　郭建伟

邢台友信会计师事务所(12 人)
成栋波　南景中　刘会会　魏爱云　唐兰新
付巧菊　闫为民　张学宽　冯江锦　郝云巧
王坚强　孙国林

邢台正大会计师事务所(5 人)
袁海臣　路万龙　刘树田　檀会芳　王兴福

邢台金正会计师事务所(5 人)
郝景海　张绍文　张存泽　刘明华　张廷苏

邢台亨昌会计师事务所(19 人)
王魁柱　池翠红　高变玲　魏群英　赵青杰
王惠军　武昆元　段方来　孙宗刚　吴怀庆
马玉芳　陈福群　刘清智　赵房彬　贺正和
杨德录　张佩喜　王建廷　张巨锋

邢台天健会计师事务所(10 人)
张有钰　李增寿　刘　真　徐云萍　孙长发
邵福生　许英进　赵振华　王志民　王雅路

广宗海澄会计师事务所(5 人)
李泰祥　张京文　赵俊峰　张发清　罗来甫

巨鹿宏远会计师事务所(5 人)
张志兴　李文杰　李智华　马恒瑞　马奎文

临西宏毅会计师事务所(6 人)
王玉贵　嵩忠文　陈冬青　巩立江　刘兴亚
时庆田

隆尧象城会计师事务所(5 人)
王纪军　苗立平　李庆辰　程云霞　郭世芹

平乡天平会计师事务所(5 人)
张现平　马同盘　彭连法　刘善修　马密彩

清河东方会计师事务所(12 人)
李殿林　葛春齐　刘振岐　赵秀芬　沈志普
赵书廷　范金山　焦继福　王玉瑞　包永军
张慧丽　李　安

沙河中达会计师事务所(10 人)
张书兰　姚建民　王建龙　白泽普　张福兴
陈莲凤　赵素霞　李江平　李　军　张观奇

威县兴盛会计师事务所(6 人)
马兰起　李桂菊　杨施霖　荆春林　张风和
董海英

新河利源会计师事务所(5 人)
刘兆谦　翟香琴　张翠珍　付秀岩　翟国振

中喜会计师事务所邯郸分所(22 人)
王玉兰　李　倩　刘艳红　张如军　王书坤
韩万禄　王道松　阎　东　李小兆　刘俊龙
马国林　洪红青　郑　睿　苗巧凤　夏月华
赵美荣　李建明　田心宽　李鸿志　侯瑞敏
宋俊英　张　健

河北太行会计师事务所(22 人)
丁世萍　陈秀格　李庆阳　董京敏　刘清梅
王　平　刘丽娟　申学文　胡志强　牛真连
康英琪　张　书　蔡德兰　马俊巧　刘　勇
张尔器　柳万超　吴树春　张秀珍　史　佩
梁　琦　师桂云

邯郸正泰会计师事务所(13 人)
贾双环　段鹏宵　冯健英　靳保杰　杨美英
吴常海　武克勤　韩俊英　谭春源　程炳武
王新岭　闫俊霞　冷锡如

邯郸盛华会计师事务所(23 人)
杨文录　孙洪哲　刘　春　周玉芳　游梅兰
范兴国　袁贵怀　索树英　赵怀花　张秀珍
李兴亮　牛寅生　吴润生　蔺永叶　李艳永
韩英莲　佘和平　王　旋　徐玉民　贾桂生
郭连保　焦丽萍　李永福

邯郸通达会计师事务所(19 人)

安翠华　李卫鸽　刘凤朝　秦玉学　彭　昱
王秀梅　魏振江　只　瑞　索思连　吴俊兴
朱立杰　陈广涛　朱绍璋　赵文生　张书兰
马英军　尚丽华　杨　杰　王德祥

河北中恒会计师事务所(10 人)

李　栋　姬朝阳　谷新英　陈瑞珍　康淑兰
徐明生　夏淑艳　商民英　窦秀章　冯学刚

河北中正信会计师事务所(14 人)

赵云芳　张景茂　周金霞　石艳君　刘金朝
钱美玲　陈玉庆　丰明芝　王金生　赵玉林
杜绪海　王克朝　李奇祥　张志堂

河北正通会计师事务所(9 人)

刘玉芬　王振山　范焕云　裴树清　胡培勤
王在仁　柳国兰　顾金武　李运芳

邯郸兴华联合会计师事务所(4 人)

孙福来　崔秋菊　卢志江　谢炳军

邯郸长城会计师事务所(4 人)

金洪茹　路如飞　杜新华　张书海

武安诚士会计师事务所(7 人)

吴林侠　李季坤　王丽霞　安　强　白变英
田利军　马丽华

成安乾元会计师事务所(6 人)

李海仲　赵学臣　王振岭　李志强　吴　彬
康锡舜

邯郸恒信会计师事务所(5 人)

孙瑞金　潘社芳　付森林　刘秀桂　宗彦云

磁县正信会计师事务所(5 人)

王秋云　赵秀英　董志英　李玉花　王合堂

大名永和会计师事务所(6 人)

李洪润　孙国屏　李书才　宋西亮　何献东
申月英

肥乡中信会计师事务所(7 人)

赵兰东　王英奎　任守国　牛士如　程志坤
徐志强　张志强

涉县永利会计师事务所(6 人)

杨庆祥　崔长寿　李保泰　孙林生　李艳芳
张河旺

邱县亨利会计师事务所(6 人)

霍文秀　霍连法　高文河　邢建华　王桂芳
王好志

曲周德信会计师事务所(5 人)

王秀荣　王寅辰　张治华　武魁英　李海明

馆陶中兴联合会计师事务所(4 人)

张国需　程玉保　田　兴　于登波

协会代管

马　娴　王　睿　宋翠娥　秦明生　岳　辉
潘建兴　杨忠利　冯成仁　李海静　赵文斌
王玉琴　胡峻理　刘淑芹　刘志民　刘志毅
徐桂林　郝群英　甄永惠　李化忠　李运华
高桂珍　王中洲

荣誉专版

在全省财政系统先进工作者和先进集体表彰大会上的讲话

厅党组书记、厅长齐守印

（2004 年 8 月 23 日）

同志们：

今天的大会开的非常成功。会上我们对全省财政系统先进工作者和先进集体进行了表彰，两位先进集体代表、五位先进工作者代表分别介绍了他们的先进事迹，听了以后很受教育，很受鼓舞。他们的事迹，充分体现了我们财政干部“立党为公，理财为民”的追求，体现了财政干部兢兢业业、无私奉献的精神，体现了财政工作者服务经济、促进发展所做的大量工作，也体现了财政系统广大干部职工求真务实、改革创新的昂扬斗志，体现了以法理财、廉洁自律的风范。每一位代表的发言，都是一篇正气歌，都可以拍一部电视剧，确实感人肺腑，听了以后使人净化灵魂，陶冶情操。我认为这些先进工作者是河北财政系统的任长霞、郑培民，先进集体就是河北财政队伍的“好八连”。不只是今天发言的这 7 个人，也不只是出席今天表彰会的 22 个先进代表，我们表彰的 49 名先进个人和 81 个先进集体都是我们财政队伍的脊梁和精英。每一个先进工作者都有一番事迹，每一个先进集体都有闪光之处，切实展现了这些年来全省财政系统精神文明建设的成果，这些成果都是精品。他们是财政干部的优秀代表，是各级财政部门的先进典型。希望会后各级都要加强对他们的宣传力度，以此作为财政系统“树正气、讲团结、求发展”的重要措施之一。省厅的各种宣传手段，都要大力宣传他们的先进事迹，大力弘扬他们的奉献精神和优秀品质。《河北财政》要分期连载他们的事迹，“河北财政信息网”也要上网宣传。从省厅做起，人教处和机关党委牵头，请这些先进代表到省厅为大家介绍先进事迹，号召全厅广大干部职工向他们学习。各市首先要宣传本市评选出来的先进，让他们介绍他们的事迹和做法，同时要组织这些典型到各县进行先进事迹的宣讲。

毛泽东同志说，不管什么时候都需要一种精神；无论干什么事业，都需要一种精神。没有精神支柱，队伍就凝聚不起来，就会涣散。在当前市场经济条件下，有些人被各种利益和金钱所吸引，受腐蚀，丧失斗志，庸庸碌碌，碌碌无为，饱食终日，无所用心，工作不好好干，整天琢磨工作之外的事情，一心想提拔，跑官要官。这样的话，财政事业还有什么希望？好在财政队伍的大多数以今天介绍先进事迹的同志们为代表，以今天表彰的这些先进个人和先进集体为代表，是充满正气的。全系统干部职工要向这些先进典型学习，要大力烘托“干事、创业、为民”的气氛，烘托争先创优、锐意进取的氛围，弘扬和凝聚河北财政精神。同时要认真落实省厅制定的财政系统人才建设规划的各种措施，切实锻造“两个过硬”的财政队伍，即政治思想过硬和业务能力过硬。我们需要的人才是德才兼备的人才，不仅需要具有较高理论水平和较强业务能力，也要有较高的思想素质。必须把较高的思想政治素质放在人才培养的首位。没有强烈的事业心、责任感，没有明确的奋斗目标，没有远大的理想和抱负，还叫什么人才，有才能又有什么用！只考虑个人，不为国家和人民着想算什么人才？我们一定要坚持两手抓两手硬，切实加强全省财政系统的队伍建设。

刚才，厅党组副书记、副厅长陈金城同志代表厅党组的讲话对过去一个时期全省财政系统人才工作进行了总结，重点就如何做好今后的人才工作进行了动员、部署，对全省财政系统人才工作有着十分重要的指导意义。各市会后认真组织学习讨论，深刻领会、贯彻落实会议精神，切实做好全系统的人才工作，以才兴财，在创建学习型机关的过程中争先创优，在财政改革与发展事业中不断创造出新的业绩。

再接再厉　开拓奋进
努力开创财政工作新局面

——在厅机关2004年度总结表彰暨2005年度工作动员大会上的讲话

(2005年2月16日)

齐　守　印

同志们：

在新春过后的第一个工作日，召开这次全厅干部职工大会，总结2004年工作，表彰先进，动员全厅干部职工再接再厉，扎扎实实做好今年的各项工作，实现新突破，再创新业绩。刚才，绍伟同志宣读了《河北省财政厅关于表彰2004年先进集体和先进个人的决定》，对2004年度先进集体、先进个人进行了表彰。在此，我代表厅党组向受到表彰的先进集体和先进个人致以热烈的祝贺！下面，我对2004年全厅工作做一简要总结，并就做好2005年工作讲几点意见。

一、2004年全厅干部职工改革创新，真抓实干，财政工作取得令人振奋的成绩

2004年，全厅干部职工认真贯彻落实省委、省政府的各项重大决策部署，高扬“树正气、讲团结、求发展”主旋律，坚持以科学发展观为指导，按照“围绕一个中心、突出两条主线、深化三项改革、体现四个倾斜、加强五项建设”的财政工作思路，着力抓好14项突破性业务工作，圆满完成了各项目标任务，有些工作还实现了创新突破，得到了省委、省政府的充分肯定。

(一)财政收支预算全面完成，预算执行良好。2004年，我们按照省委、省政府的要求，积极、有作为地贯彻中央宏观调控的政策，及时加强对经济运行和财政收支形势的分析与监控，落实激励性财政体制，会同税务部门依法加强征管，坚持应收尽收、不搞虚收的原则，努力提高收入质量，促进了全省财政收入快速稳定增长；同时积极调整优化支出结构，严格控制一般性支出，根据超收情况研究调整并按程序报批追加预算，较好地保证了重点支出的需要，省本级和省总预算均实现了当年收支平衡。据快报统计，全年全省全部财政收入完成778.3亿元，增长22.6%(按可比口径，全部财政收入达837.1亿元，增收202亿元，比上年增长31.8%)，其中，地方一般预算收入完成407.6亿元，增长21.5%，是1994年以来增量最大、增幅最高的一年；全省一般预算支出完成753.2亿元，占调整预算的94.8%，比上年增长16.5%。在组织收入工作中，预算处、国库处积极与税务部门协调配合，加强收入分析调度，及时解决征收中存在的问题，切实抓好“四税”等重点税种的征收，大力清缴企业欠缓税，为完成全年收入任务作了大量工作。农税处深入征管第一线加强督导调度，落实农业税减免政策，强化征管措施，圆满完成了预算收入任务。非税收入管理局与有关部门积极协调，在严格执行收费政策、严控“三乱”的同时，认真落实责任制，不断加大稽查力度，查堵收入漏洞，做到应收尽收，超额完成了各项非税收入任务。国库处会同有关业务处，进一步完善省级和厅内财政资金支出程序，不断提高拨款工作自动化、规范化水平，有效加快了支出进度。总之，去年预算执行情况良好，是大家共同努力的结果。

(二)财政管理日益科学、规范。预算管理改革进一步向纵深发展。为了进一步提高集中财力办大事的效果，2005年预算编制改变了传统做法，由过去先切资金再定大事改为先定大事再切资金，统筹预算内外资金、基金和其他收入等全部可用财力，重点用于加强经济社会发展的薄弱环节，解决财政资金使用“散”和“碎”问题取得新突破。预算处、预算审核服务中心进一步完善预算决策和管理机制，修订了《河北省省级预算管理办法(暂行)》，研究制定了《河北省省级绩效预算管理实施意见(试行)》、《河北省省级三年滚动预算实施意见》等一系列文件，选择一些部门和部分项目进行试点，预算编制的科学性、规范性进一步增强。国库处、支付中心积极推进国库管理制度改革，省本级国库管理制度改革范围由23个部门扩大到所有一级预算单位，并向基层预算单位延伸；唐山、保定、秦皇岛、邯郸、邢台等5个试点市改革顺利推进。政府采购办着重抓好规范管理、扩大规模、提高采购效率、加大监管力度四个重点，采购规模和范围进一步扩大。全省政府采购金额达到72.1亿元，比上年增长91.4%，节支效果明显。综合处、非税收入管理局全面落实“收支两条线”管理规定，严格收费和基金管理，对收费项目进行清理整顿，取消不合法、不合理的收费项目，行政事业性收费规范管理水平明显提高。行政政法处积极探索盘活行政事业单位国有资产管理的有效方法和途径，代政府起草了《河北省人民政府关于改革和完善行政事业单位国有资产管理体制的意见》。信息中心以网络建设、信息网站建设和软件开发为重点，省级财政管理信息系统得到进一步完善，大部分市级基本搭建起财政管理信息系统框架，县级已全面推广应用核心财政业务软件，全省金财工程建设总体进度超过2/3，为深化财政改革、加强财政管理提供了有力的技术支持。

(三)对经济建设支持力度不断加大。2004年，按照省委、省政府的决策部署，认真分析和把握财政经济形势，大力支持四项重点经济工作。我厅利用亚洲开发银行技术援助赠款，组织中外专家完成的《河北省发展战略研究报告》，把目前我省经济界定为“以资源型产业为主的内循环经济”，为我省调整产业结构、财源结构和提高经济外向度进一步提供了依据；提出我省经济发展正处于“由资源推动向投资推动的转换阶段”，要结合我省省情，区别对待、有控有保，不搞一刀切、急刹车地落实宏观调控政策建议，得到了省委、省政府的充分肯定。在扩大投资方面，经济建设处、企业处在控制部分行业投资过快增长的同时，统筹财政各类发展性资金，集中投向技术含量高、符合结构调整要求的项目，保持了投资合理增长，促进了经济结构调整。全省财政基本建设、挖潜改造、科技三费等支出76.2亿元，争取国债转贷资金2.1亿元，重点支持了南水北调、大型水库除险加固、退耕还林和传统产业技术改造、农副产品加工等项目；投入资金2.12亿元用于信息产业、高新技术产业等项目建设，促进了产业、产品结构升级。在推进国企改革方面，企业处、国库处拨付资金2.67亿元，争取中央资金3.05亿元，用于分离企业办社会和破产等国有企业改革；经济建设处、国库处拨付资金3.76亿元用于国有粮食购销企业布局调整，分流人员5.66万人。在促进民营经济发展方面，企业处围绕解决民营企业融资难问题，积极推进中小企业信用担保体系建设，全省共建立信用担保机构130家，筹集担保资金20.2亿元，其中各级政府出资7.9亿元。在扩大对外开放方面，涉外处、外债中心积极促进对外开放，发挥外资和外贸对经济的拉动作用。全年新申报世行贷款和外国政府贷款5个，申报金额5950万美元，同时积极探索建立覆盖省市县三级的全省政府外债监控和风险防范体系，提高政府外债监控和风险防范水平。燕山公司在帮助我省企业到香港上市等方面取得新的成绩。预算处积极落实出口退税改革政策，全年出口退税45.8亿元，保证了此项改革顺利推开，促进了外贸出口。企业处充分利用财政贴息等手段，最大限度地发挥财政政策对扩大出口的导向作用，支持机电、高新技术出口企业技术改造，促进产品结构调整，拓展了国际市场。预算处切实做好激励性财政体制优惠政策的兑现工作。2004年预计多返还市县财力10亿多元，增强了各地保工资、保运转的能力，调动了市县发展经济的积极性。

(四)以推进“民心工程”建设为切入点，大力促进社会事业发展，解决关系人民群众切身利益的重点难点问题。一是支持教育事业发展。全省教育事业费支出134.4亿元，重点支持了211工程、“双重工程”以及农村中小学危房改造和布局调整工程，新建、改扩建学校2144所，撤并学校2405所，教育资源配置进一步趋于合理；拨付资金6900万元，用于资助贫困家庭学生就学工程，资助人数达115.8万人。二是大力支持基层文化设施建设。围绕省委、省政府确定的2007年县县有文化馆、图书馆、乡镇有综合性宣传文化站的目标，多方筹措资金，加大基层公益性文化基础设施建设投入力度，列入2004—2005年规划的41个文化馆、图书馆建设进展顺利；支持基层文化信息资源共享和送书下乡工程，文化信息资源共享省级中心、16个市级分中心和156个基层中心顺利建成，基层示范点正式开通，促进了基层公益性文化事业发展。教科文等处在以上两方面认真谋划、着力推进，积极争取中央财政支持，做了大量卓有成效的工作。三是支持公共卫生体系建设。社保处通过进一步调整财政支出结构和多方筹措资金，重点支持了疾病预防控制、传染病救治、农村卫生基础设施、新型农村合作医疗等公共卫生体系建设，全省142个疾控项目已竣工121个，开工率达到100%，国家批复的104个医疗救治体系建设项目中已有91个开工，新型农村合作医疗试点和基金管理工作不断完善，城市卫生“三项”改革全面启动。四是认真做好工资发放工作。预算处按照省委、省政府的要求，下大力解决我省工资水平偏低和县乡欠发工资问题，在调整企业最低工资标准、退休职工养老保险金发放标准和提高城市困难群体低保水平的基础上，适当提高了行政事业单位职工职务津贴标准；积极筹措并及时拨付资金 15.6 亿元用于市县保工资转移支付，比上年增加 4.6 亿元，基本解决了多年来遗留的国家增资政策不到位的问题。五是积极支持就业再就业工作，落实好“两个确保”和“低保”政策。社保处、社保服务中心进一步完善和落实增加就业再就业资金政策，拨付资金 7.7 亿元用于就业再就业工程；切实强化社保资金筹集力度，及时调度拨付资金，全省共支出基本养老保险金 104.4 亿元，保证了全省 143 万企业离退休人员养老金按时足额发放；全省再就业服务中心共支出 5.33 亿元，保障了 15.92 万名下岗职工基本生活；全省低保资金支出 5.48 亿元，月人均补差 57 元，比上年提高 13 元，保障了全省 78.3 万低保对象低保金的发放，基本做到了动态管理下的应保尽保。同时作为全国第一家，率先完成了全省社会保障预算编制工作，开创了全国社保预算管理之先河。农业处面对高致病性禽流感疫情，在搞好资金调度和物资储备供应的同时，认真研究制定财政补助政策和资金管理办法，形成了比较系统的禽流感防治财政保障体系，保证了高致病性禽流感防治工作的胜利。

(五)对“三农”支持力度进一步加大。农开办、农业处、预算处建立健全农业财政投入的稳定增长机制，不断加大财政支农资金投入力度，2004 年全省支农资金达 57.1 亿元，重点支持了农业科技进步、农产品质量检测、动植物防疫体系、农业综合开发和农村“六小工程”；拨付良种补贴、大型农机补贴资金 1900 万元，完善制度，加强监管，确保资金真正用到农民身上。经济建设处认真落实粮食直补政策，制定了《河北省对种粮农民直接补贴暂行办法》，筹集和发放粮食风险金 6.08 亿元，全省 1370 万农户领取了种粮补贴，5300 多万农民受益。综合处严格按规定核减农业税税率、取消除烟叶以外的农业特产税，全省农业税平均税率比上年下降 3.06 个百分点，全省农民负担的农业税收比上年降低 16.6 亿元。经济建设处积极支持农村公路建设，共整合交通建设专项资金 4.6 亿元，多方筹措资金 5.6 亿元，重点用于农村公路建设。全省农村公路建设累计完成投资 57.9 亿元，新增通车里程 2.4 万公里，新增通油路行政村 10345 个。农开办围绕农业基础设施建设和农业结构调整，强化项目和资金管理，抓好项目建设，取得了新的成绩。国富农业投资公司全力拓展农业投资业务，重点建设了“良种奶牛繁育基地”、“奶牛养殖小区”、“黄骅苜蓿草加工”三大工程，同时多渠道、多方式参与省重点农业龙头企业建设。

(六)财政法制建设和财政监督工作迈出新步伐。在财政法制建设方面，条法处认真贯彻《行政许可法》，研究制定了《河北省财政厅实施行政许可法办法》和《河北省财政厅规范性文件制定程序办法》，对涉及我厅的行政许可事项进行了清理，组织了全省《行政许可法》知识竞赛和公务员法制培训。预算处会同条法处起草的《河北省省级预算管理规定》已经省政府常务会通过，成为全国第一个地方政府规章性的预算管理法规，对规范我省预算管理、深化预算改革发挥了重要作用。省政府已批转了经济建设处起草的《河北省财政支持经济社会发展资金管理办法》，监督处起草的《河北省财政监督办法》已经报送省政府法制办，监督处还制发了《关于加强省级财政专项资金监督管理的意见》，为加强财政监督管理提供了规范。在加强财政监督方面，监督处(监督局)积极创新财政监督方式，《向省直部门派驻财政监察员试点方案》已经省政府批准，目前正在抓紧实施；同时积极开展了财政收入征管、“收支两条线”、落实农村税费改革及农业税减免政策等专项检查，加强了财政内部监督，财政监督的整体效能明显提高。会计处着力加强会计人员管理，努力提高会计人员素质，推动会计诚信建设，进一步规范事务所准入制度，组织了“我是会计人”演讲比赛和新会计制度培训班。财政投资评审中心不断完善评审制度，扩大评审范围，全年共评审各类财政投资项目 697 个，总投资 68.5 亿元，审减各种不合理资金 5.79 亿元，审减率达 8.4%，为强化财政监管、提高资金使用效益发挥了积极作用。省注协以诚信建设为主线，成功组织了行业诚信建设宣传月活动，认真做好业务质量监管，努力加强“两师”后续教育。省函校(会计人员服务中心)组织会计教育培训班 142 期，培训会计人员 17300 人，会计人员的继续教育工作进一步加强。

(七)机关建设和干部队伍建设开创新局面。办公室不断强化全局观念，改善服务质量，努力为上级、其他部门、厅机关以及基层来厅人员服务，参谋助手作用不断加强，督办承办、信息宣传、机要保密、档案管理等多项工作，在省委、省政府和财政部有关评比中都取得了好成绩。人教处(培训中心)努力树立科学的人才观,不断完善干部选拔任用的长效机制,积极开展创建学习型机关活动,制定了《关于创建学习型财政机关的意见》,突出抓了基本理论、公共政策与管理、业务知识与技能等方面的学习,举办了公共财政管理、绩效预算、公文写作等30多个培训班,提高了干部队伍的整体素质。还着眼于更新知识,组织编写了干部培训系列教材。机关党委狠抓机关思想和组织建设,组织党员干部认真学习《中国共产党纪律处分条例》、《中国共产党党内监督条例》、学习李家庚、牛玉儒等先进事迹,强化对党员干部的先进性思想教育,完成了机关妇委会和工会换届工作,组织了运动会、联欢会等群众性文化活动。纪检组认真落实机关党风廉政建设责任制,严肃查处"四股歪风",强化廉政教育,积极开展警示教育月活动,白克明书记在我厅开展"警示教育月"活动的报告上批示:"财政厅这个做法很好,建议商省纪委用适当方式转发各厅局委办";民主评议行风工作在获得省委、省政府连续两年免评奖励的情况下,坚持免评不免建,围绕优化发展环境和解决人民群众关心的突出问题继续向深层次推进。督导组在促进财政改革措施落实、推动重点难点工作开展上发挥了积极作用。科研所围绕财政改革与发展中的重点、热点、难点问题展开研究,在解决县乡财政困难、深化财政体制改革、财政支持农村小康社会建设等课题上取得了一些科研成果。办公室和《河北财会》杂志社围绕财政中心工作积极搞好宣传工作,在宣传财政、树立财政形象方面发挥了积极作用。机关服务中心不断改进后勤管理,努力为全厅干部职工服务,做了大量工作。离退休干部管理处认真落实老干部"政治、生活"两项待遇,热情为老干部服务,受到离退休干部职工的广泛称赞。厅年鉴办公室和厅法规编写组认真编写河北财政年鉴和法规制度汇编,留下了宝贵的财政史料。厅赴阜平工作队安心基层工作,通过修路、建唐坝和建学校,为贫困山村广大农民脱贫致富付出了大量心血。援助西藏阿里地区工作的张青柳、李新同志和抽调到香港、澳门工作的李树平同志、尚立军同志等,都在担负的工作中作出了积极贡献,得到了受援单位的充分肯定。特别值得提出表扬的是离退休老干部、提前离岗的同志,离岗不离心,依然关心支持财政事业,搞调研,出思路,为财政改革与发展献计献策。

2004年全厅各项工作之所以能够取得优异成绩,是省委、省政府对财政工作高度重视、正确领导的结果,也是全厅干部职工同心同德、奋力拚搏的结果。这次经过测评,有10个行政处室和5个事业单位被评为先进单位,武伟、孟吉清、吴红智、周永贵4名同志荣记三等功,张烈、李毅、张会军等81名同志受到表彰奖励。社保处冯建凯同志以其优良的工作成绩,被评为全国再就业先进工作者。不少处室、单位瞄准全国同行业先进标准,争创一流工作,获得财政部和省委、省政府有关方面的表彰奖励,为我厅、全省财政系统赢得了荣誉。由于名额有限,全厅其他单位和同志中有很多虽然未被评先受奖,但他们确实为完成全年工作任务、推动财政改革与发展付出了大量辛劳、贡献了聪明才智。不少同志多年如一日,兢兢业业,不计名利,无私奉献,在平凡的岗位作出了不平凡的贡献,特别值得称道。

二、明确目标,硬化措施,确保2005年财政工作再上新台阶

2005年是"十五"计划的最后一年,也是贯彻落实科学发展观、巩固宏观调控成果、实现全省经济社会更快更好发展的重要一年。做好今年的财政工作,可以说希望与困难同在,挑战和机遇并存,既有有利条件,也有不利因素。从有利的方面看:一是世界经济保持较快增长,美日欧三大经济体复苏形势仍将持续,全球产业结构调整步伐进一步加快,发达国家向发展中国家转移生产能力和拓展市场的趋势仍在继续;二是我国经济正处于新一轮增长的上升期,"珠三角"、"长三角"投资向内地转移,京津冀区域合作得到加强,为我省承接产业转移和投资创造了更多的机会;三是在党的十六届三中、四中全会及省委六届五次、六次全会精神指导下,全省加快发展的意识进一步增强,"干事、创业、为民"的氛围十分浓厚。特别是近两年来,我省大力推进四项重点经济工作,全省经济发展势头良好。我们可以预期全省经济能够在不断提高质量和效益的基础上保持较快增长,从而为实现财政收入较快增长奠定坚实的基础。更重要的是省委、省政府高度重视财政工作,把深化财政改革、做大财政"蛋糕"、集中财力办大事作为经济工作的重点来抓,给予极大的支持和指导,这是对我们进一步做好财政工作的最大鼓舞和促进。从不利的方面看:一是受宏观调控滞后效应影响,全省经济增长还面临一些不确定因素,从而可能对财政收入的增长带来负面影响；二是2004年税务系统加大清理欠税和缓缴税款力度，形成一次性增收；三是出口退税翘尾，2005年出口退税增长预计在15%以上，全年预计退税增加23.6亿元；四是2005年农业税率下调2个百分点，同时对国家级贫困县将全部免征，我省需减收9.56亿元。因此，我们一定要正确认识和把握当前的财政经济形势，坚持以科学发展观统领财政工作全局，切实增强紧迫感和责任感，努力化解不利因素，以奋发有为、开拓进取的精神状态，出色完成各项财政目标任务。

关于今年的经济社会发展、党员先进性教育和党风廉政建设等工作，中央和省委、省政府都已做出部署；省委、省政府提出了更快更好发展和建设和谐河北的目标，以及“一条主线、两个支撑”的经济工作思路。这些都给2005年财政工作指明了方向。1月6日召开的全省财政工作会议，明确了全省财政工作目标、任务和措施，郭庚茂常务副省长作了重要讲话，办公室印发了厅党组研究确定的《河北省财政厅2005年工作要点》和《河北省财政厅2005年20项突破性业务工作》，明确了以“一个思想、五项目标、八项措施”为主要内容的财政工作思路，拟定了20项突破性业务工作。全厅党员先进性教育活动也已开始，春节已过，各项工作都要按照既定部署一刻都不松懈地抓紧展开。这里我先就有关业务工作强调几点：

（一）确保2005年预算任务圆满完成，提升财政调控能力。落实科学发展观、加强党的执政能力建设对增加财政支出的需求很大，收支矛盾仍没有缓解；随着民主政治的推进，社会各方面对财政的关注程度大大提高，更加关心财政资源配置是否合理、透明；民主理财的发展有利于财政监督，有利于促进财政资源优化配置，同时也对财政工作提出了更高的要求。2005年我省减收增支因素很多，平衡压力较大，决定了增收节支保平衡的任务非常艰巨，必须上下左右紧密配合、一着不让地抓紧抓实、做深做细增收节支工作，确保财政收入稳定增长，实现全省全部财政收入830亿元、增长10.3%的目标。2月底前，要完成对省直部门预算的批复工作，抓紧研究制定加强支出监管的措施。要在从严控制支出的同时，加快财政专项资金支出进度，督促部门及时申领或下达资金，实行预算执行月报制度和部门支出进度通报制度，努力实现均衡支出，及时发挥资金效益，确保全年全省和省级财政支出进度实实在在地分别达到90%和95%以上，充分发挥财政在保证运转、支持改革、促进发展、维护稳定方面的作用。

（二）着力做大收入“蛋糕”，提升财政支持经济发展能力。经济决定财政，财政反作用于经济。我们财政部门的同志都要深刻认识到：会切“蛋糕”固然重要，做大做好“蛋糕”更为重要。要通过做大做好“蛋糕”夯实“切”的基础，通过切好“蛋糕”实现“做”的目标。“问渠哪得清如许，为有源头活水来。”从根本上讲，财政发展必须以经济发展为基础，必须通过大力支持经济发展来实现自身的可持续发展。因此，我们财政部门必须坚持发展是第一要务，财政工作要牢牢抓住经济建设这个中心不动摇，在经济社会发展全局中找准自身位置，围绕“一条主线、两个支撑”，综合发挥财政政策、资金、体制作用，弥补市场机制不足，优化资源配置，促进产业结构调整升级，提高经济运行效益。要不断改进扶持方式，努力为市场主体营造公平竞争的良好环境，促进全省经济更快更好地发展。

（三）突出加强薄弱环节，提升财政公共服务能力。我们必须牢固树立为民理财的思想，服从并服务于“五个统筹”的大局。在2005年预算执行和2006年预算编制工作中，都要把缩小城乡之间、区域之间以及社会成员之间的发展差距作为一个基本着眼点。当前，要特别注重引导社会资源向制约经济社会协调发展的薄弱环节倾斜：向“三农”倾斜，把支持解决“三农”问题摆在财政工作更加突出的位置，让公共财政的阳光温暖广大农民群众，促进城乡协调发展；向困难群众和弱势群体倾斜，坚持以民生为重，努力解决他们最关心、最需要解决的生产生活困难，让他们吃得饱饭、读得上书、看得起病，能够得到看得见、摸得着的实惠，享受到改革开放的成果，维护社会公平，促进社会和谐发展；向经济欠发达地区倾斜，加大对贫困地区的支持力度，努力缓解县乡财政困难，促进区域经济社会协调发展。

（四）进一步深化财政改革，提升财政创新能力。创新是一个民族进步的灵魂，也是财政事业兴旺发达的不竭动力。我们财政部门作为综合经济管理部门，必须按照科学发展观的要求，在更高层次上创新财政体制和机制，提升财政管理能力。要更新理财观念，生财上关注所有市场主体，拓展财政增收空间；聚财上坚持税收与非税收入并重，实现财政收入的全口径规范管理；用财上坚持有所为有所不为，按公共财政原则安排支出。要创新财政管理体制，合理而清晰地划分各级收入范围和支出责任，建立科学规范的转移支付制度，充分调动各级理财的积极性。要创新财政管理机制，以现代信息网络技术为依托，以完善部门预算、国库集中支付、政府采购等管理手段为基础，以建立财政绩效评价制度为重点，努力构建覆盖财政资金运行各个环节的管理体系，不断提高财政管理水平和资金使用效益。

（五）切实加强财政监督，提升依法理财能力。要坚持以依法理财为核心，以保证财政资金安全、规范、有效运行为目标，建立和完善财政监督机制，改进监督方式方法，实行对财政资金全方位、全过程的有效监督。要认真做好对部分省直部门委派财政监察员试点工作，探索对部门预算编制和执行的跟踪监控机制；加强财政监督规章制度建设，为发挥财政监督整体效能提供法制保障；加强财政内部监督，探索建立财政资金运行的内部约束机制。要认真学习贯彻《财政违法行为处罚处分条例》，组织开展好省直部门预算执行、财政收入质量、专项资金使用管理、会计信息质量、注册会计师执业质量等专项监督检查活动，特别是要配合省纪委搞好专项资金综合治理，加大责任追究和查处力度，切实规范财经秩序。

（六）一着不让地抓好落实，提升为民理财、创业干事的能力。目前，全年工作思路和目标任务已经明确，关键是抓好落实，把各项工作做深、做实、做细。各处室、各单位要根据全厅工作要点和 20 项突破性业务工作，研究、细化各自的工作任务，能量化的量化，不能量化的要提出阶段性进展目标，并落实到责任人，一级抓一级、层层抓落实；要紧紧抓住重点难点工作，组织力量，合力攻关，通过重点、难点工作的突破来活跃财政工作全局。今年全厅确定的 20 项突破性业务工作，要确保完成，实现真正的突破。厅办公室、人教处要做好督查和考核工作，实行季度通报制度，年终对工作做得好，超额完成目标任务的要奖励，有突出贡献的要重奖、重用；对工作平平的要调整，不胜任工作的要让位。当然，对已经付出努力，但由于客观条件的变化而使得目标任务难以完成的，也要实事求是地评价和对待。厅党组希望，全厅干部职工齐心协力，团结奋进，切实提高效能，把 2005 年各项工作做得更好，向省委、省政府和全省人民交一份满意的答卷。

三、以开展保持共产党员先进性教育活动为契机，切实加强机关队伍建设

财政是国家最重要的政务之一，是提高党执政能力最重要的一个领域。在实践“三个代表”重要思想的过程中，在贯彻科学发展观、促进实现“五个统筹”、推动构建和谐社会和全面建设小康社会的过程中，在加强党的执政能力建设、提高“五种能力”的过程中，财政都是重要的物质基础和政策手段，财政部门都担负着光荣、艰巨的历史使命。总的说，这些年来，我厅按照“两一流”（培养一流队伍、争创一流业绩）、“三服务”（服务基层、服务部门、服务领导）和“四比”（比知识、比能力、比干劲、比贡献）的总思路，狠抓了财政干部队伍建设，有力地促进了干部政治素质、业务素质、服务意识和服务水平的提高，广大干部职工讲政治、顾大局，努力践行立党为公、执政为民的宗旨，积极主动地发挥财政的职能作用，为促进经济发展和社会进步做出了重要贡献。我厅在干部队伍建设方面所取得的成绩，得到了省委、省政府的充分肯定，也得到了有关部门、单位的好评。但是，我们也必须清醒地认识到，同新形势、新任务的要求相比，同省委、省政府的要求和人民群众的企盼相比，厅机关建设和队伍建设仍有不足，在春节前召开的全厅开展保持共产党员先进性教育活动动员大会上，我曾指出了厅机关党员干部中存在的两类问题。一类是“不适应”的三种表现，一类是“不符合”的四种表现。另外在部分处室、单位和少数人范围内还存在几股值得重视和纠正的不正之风。一是请客风。处室、单位间互相请客，影响不好。二是奢侈风。不注意勤俭节约，花钱大手大脚。三是拖拉风。办事拖拉，甚至政令不畅通，省委、省政府领导指示不落实的情况也存在。四是玩乐风。有的单位个别人利用工作时间搞打扑克、打乒乓球等娱乐活动，甚至游山玩水。五是帮派风。有少数人拉拉扯扯，搞小动作。六是拉票风。在民主测评中，存在拉票现象，影响结果的公正。七是吃拿卡要风。个别人请客、送礼才办事，不请客、送礼就拖着不办。八是告状风。极个别人为了一己私利，捕风捉影，违背事实地乱告状、告黑状。这些问题虽然存在于少数单位和少数人中，但如果不认真解决，任其发展蔓延，势必影响财政改革与发展，影响财政服务经济社会发展的大局。因此，必须进一步加强机关建设，努力塑造财政部门新形象。要通过深入开展保持共产党员先进性教育活动，努力创建服务型、高效型、廉洁型、学习型、创新型、和谐型机关，实现内强素质、外树形象的目标。

第一、创建服务型机关。财政部门是代表政府理财的部门，公共性极强，必须时时刻刻深怀爱民之心，恪守为民之责，善谋富民之策，多办利民之事。别的单位到财政厅来要钱、要政策，不一定都能满足，但一定要热情服务，这是完全能够也是必须做到的。不管能不能解决问题，都要让人感到财政厅是诚心为他们服务、诚意为他们想办法的。对下级和部门的要求，要看是否符合政治和大局的需要，从财政政策上研究事情该不该办，从财力可能上确定能不能办，态度千万不能生硬，切忌“门难进，脸难看，话难听，事难办”。对不该办的事要耐心解释，讲清楚为什么办不了，要让人家感到你是讲道理的。对该办的事，要学会主动沟通去办，不要什么事情都要人家找上门再办，更不能拖着不办。同时要讲究尽量少花点儿钱，就把事情办好。这里面有很多学问，能否做得好，取决于我们的政治业务综合素质。总之，既要坚持原则，又要有良好的服务意识和工作态度，形成一种好的作风和氛围，让财政厅成为讲大局、讲道理、讲服务的部门。

第二、创建高效型机关。财政工作既关乎改革发展稳定大局，又与人民群众切身利益息息相关，来不得半点虚假和浮躁，更应求真务实，提高效率，狠抓落实。一要提高认识重落实。把强化落实和提高效率作为衡量财政工作实绩的最重要的标尺之一，作为厅机关工作作风最直接的反映。二要雷厉风行抓落实。领导决定了或看准了的事要抓紧办，不要拖拖拉拉，坚决反对办事拖沓的衙门作风。三要建立机制保落实。要建立一套有效的督查和考核机制，保障省委、省政府和厅党组各项重大财政决策措施及时得到不折不扣的贯彻落实。四要以实际效果验落实。要用实际效果来评价和检验落实的程度，查找落实中存在的问题，提出更有效的落实措施。总之，要弘扬“严细深实快”的工作作风，算实账、办实事、求实效、重实绩。

第三、创建廉洁型机关。财政部门管政策、管资金、管审批，是别人攻关和社会关注的对象。有的同志讲，现在是千万双手伸向财政，千万颗心联想财政，千万双眼盯着财政，千万张嘴议论财政。财政干部并不好当，一定要清正廉洁，品端行正。近几年来，我厅党风廉政建设工作确实取得了很大成绩，特别是通过深化改革，建立内控机制，财政工作的规范性不断增强。但也要看到反腐倡廉的任务仍很艰巨，对此，决不能掉以轻心，一定要继续从深化改革、健全机制入手，按政策、制度和程序办事，从源头反腐倡廉。特别是厅、处级干部不仅要管好下属，更要先管好自己，真正落实党风廉政建设责任制，坚决刹住送钱收钱、跑官要官、参与赌博和打着领导旗号、利用领导权力办私事等“四股歪风”，做廉政勤政的模范。但仅靠制度还不够，因为制度是人制定的，也是由人来执行的，而人要受到各种思想和风气的影响，难免不出问题。财政干部一定要树立正确的世界观、人生观和价值观，通过勤勉自省、慎微自警、严格自律，过好权力关、人情关和利益关，不义之财不取，不正之风不沾，祸民之事不为，违法之事不干，始终服务于人民，造福于人民，取信于人民。

第四、创建学习型机关。一个单位、一个人生存能力、发展潜力和工作业绩的大小，主要取决于他的学习能力。十六大把“形成全民学习、终身学习的学习型社会，促进人的全面发展”作为全面建设小康社会的一项重要内容。努力建设学习型机关，是省委的号召，是适应知识经济时代的必然选择。我们置身于一个知识更新十分迅速的时代，创建学习型组织已成为一种改变传统生产生活方式，应对竞争挑战、拓展未来的全新理念。财政面临新形势、新问题、新任务，建设学习型机关已成为当务之急。人人都想成才，人人都能成才，关键在于你肯不肯学习，善不善于学习。所谓善于学习，就是不重学历、重能力，就是同时重视向书本学和向实践学，重在用理论知识提高实践能力，即重在求取真才实学。我们要通过开展“创建”活动，使广大干部养成“坐下来读书”、“静下来思考”、“沉下去调研”、“拿起笔写作”的习惯，并持之以恒地把这种习惯保持下去，积铢累寸、积少成多，促进干部个人素质和干部队伍整体素质的提高，打牢“干事、创业、为民、廉洁”的人本基础。

第五、创建创新型机关。创新既是一个国家、一个民族兴旺发达的根本动力，也是做好财政工作的必由之路。做好新时期的财政工作必须敢于创新、勇于开拓。我们目前的许多改革与管理工作都是前无古人的事业，没有现成的经验，即使是一些常规性工作，也面临着不断发展变化的新形势、新问题，一味循规蹈矩、按部就班，靠经验、靠本本都是行不通的。我们必须解放思想、迎难而上，着眼于用改革创新破解难题；必须奋发进取、积极探索、不等不靠，向先进的比、向优秀的学，事争一流，不断实现各项工作的突破和创新。

第六、创建和谐型机关。一要讲求民主，形成亲密无间的和谐环境。各处室、单位领导班子要把执行民主集中制作为加强班子建设的关键，正职要集中精力谋大事、抓大事、抓关键、统缆全局，更要集思广益，树立民主、公平、公正、一视同仁的意识，对副职做到放心、放手、放权，谁主管、谁负责，支持副职工作。副职在全面工作上是配角，但在主管工作上是主角。副职要树立配合意识、全局意识、程序意识，实现思想上同心、目标上同向、行动上同步，心往一处想，劲往一处使。二要精诚团结，不断提高厅机关的凝聚力和向心力。班子成员之间、同事之间要主动加强沟通协调，相互配合，补台不拆台，既讲党性、讲大局、讲协作，也要讲感情、讲友谊，成为政治上志同道合的同志，思想上肝胆相照的知己，工作上密切配合的同事，生活上互相关心的挚友，使厅机关始终处在团结和谐、奋发向上的良好状态。同时创建和谐机关要做到内外并重，不仅对内要创造团结和谐氛围，也包括对省委、省人大、省政府、省政协、财政部等上级机关，对省直部门单位等平行机关，对各市县财政部门等下级机关都要努力建立和谐关系，创造和谐环境。

同志们！硕果累累的2004年已经过去了，充满希望的2005年已经到来。时间翻开了崭新的一页，河北财政事业也揭开了新的篇章。让我们在省委、省政府的正确领导下，与时俱进，开拓创新，更加卓有成效地做好财政工作，为加快全省经济社会发展再做新贡献！

河北省财政厅
河北省人事厅
关于表彰全省财政系统先进工作者和先进集体的决定

冀财人教[2004]9号　　2004年6月9日

各市财政局、人事局：

2000年以来，全省财政系统广大干部职工，在各级党委、政府的领导下，以邓小平理论和“三个代表”重要思想为指导，坚持“树正气、讲团结、求发展”，紧紧围绕省委、省政府关于经济工作的重大决策部署，发扬锐意创新、攻坚克难、同心同德、无私奉献的精神，积极谋划和推进财政改革，不断规范财政管理，优化运行机制；积极组织财政收入，不断壮大财力，增强财政宏观调控能力；积极调整支出结构，保证重点支出需要，提高财政资金使用效益，为支持我省改革开放、促进地方经济发展、提高人民生活水平、维护社会稳定，做出了突出贡献，涌现出了一批先进个人和先进集体。

为表彰先进，弘扬正气，充分发挥先进典型的模范带头作用，激励和鼓舞全省各级财政部门和广大财政干部职工以更高的热情做好本职工作，促进全省财政工作再上新台阶，省财政厅、省人事厅决定：授予周巧娥等49名同志“河北省财政系统先进工作者”称号，颁发证书，享受市级先进工作者（劳动模范）待遇；授予赵县财政局等81个单位“河北省财政系统先进集体”称号，颁发奖牌。

希望受表彰的先进工作者和先进集体，珍视荣誉，发扬成绩，谦虚谨慎，戒骄戒躁，百尺竿头，更进一步，在我省经济建设中发挥更大作用，做出更大贡献。

全省财政系统广大干部职工要以先进工作者和先进集体为榜样，学习他们顽强拼搏、争创一流的进取精神，学习他们克己奉公、任劳任怨的高尚品质，学习他们恪尽职守、真抓实干的工作作风，努力实践“三个代表”重要思想，坚持“讲科学、求规范、重创新、兴财政、促发展、为人民”，与时俱进，开拓创新，振奋精神，扎实工作，为推进财政改革与发展，为全省社会经济的健康发展做出新的更大贡献。

附件：1、河北省财政系统先进工作者名单
　　　2、河北省财政系统先进集体名单

附件一：

河北省财政系统先进工作者名单

石家庄市

周巧娥（女）石家庄市财政局预算处处长

权林山　　平山县财政局局长

刘胜军(女)正定县财政局局长
赵福生　栾城县财政局局长
林建新　鹿泉市财政局局长
张明连　桥东区财政局局长
承德市
孙明义　兴隆县财政局党组书记、副局长
张彩霞(女)承德市财政局社保科副科长
史林鑫(女)双桥区财政局行财社保股股长
张家口市
班新生　蔚县财政局局长
王彦军　康保县财政局办公室主任
乔民选　赤城县龙关镇财政所所长
张　斌　宣化县贾家营镇财政所所长
秦皇岛市
孙爱忠　北戴河区财政局局长
孟凡仁　卢龙县刘田各庄镇财政所所长
赵永明　昌黎县财政局国库股股长
唐山市
戴春铮　开平区财政局局长
田友仓　玉田县财政局副局长
肖仲学　乐亭县财政局农税科科长
韩立柱　丰润区韩城镇财政所所长
赵红婕(女)古冶区王辇庄乡财政所所长
关立海　迁西县洒河桥镇财政所所长
廊坊市
符宝生　三河市财政局局长
黄淑金(女)固安县财政局行财股股长
刘玉荣(女)大厂回族自治县财政集中支付中心主任
保定市
单志合　徐水县财政局局长
刘军来　定州市财政局副局长
彭国莹　顺平县财政局办公室主任
吕文星　易县财政局预算股股长
高俊岭　雄县米家务乡财政所所长
吕　生　阜平县财政局办公室主任
沧州市
张世杰　黄骅市财政局局长
王向华　沧州市财政局人教科主任科员
郝霞(女)　任丘市财政局副局长
柴志华　新华区财政局局长
马庆荣　青县财政局副局长
衡水市
甄瑞杰　冀州市预算外资金管理局局长
魏占中　安平县财政局党组书记、预算外资金管理局局长
刘立坤　开发区财政局局长
邢台市
张立杭　南宫市财政局局长
孙连涛　临西县财政局局长
马建军　任县财政局办公室主任
张振强　开发区财政局科员
张增群　桥西区南大郭乡财政所所长
邯郸市
武全民　邯山区财政局局长
王景海　复兴区财政局局长
王彦明　涉县财政局农税征收管理所所长
常保福　临漳县财政局企业股股长
赵合峰　邯郸县财政局预算编审中心主任、社保科科长

附件二：

河北省财政系统先进集体名单

石家庄市
赵县财政局
新乐市财政局
元氏县财政局
辛集市财政局
高邑县财政局
藁城市廉州镇财政所
晋州市东寺吕乡财政所
井陉县微水镇财政所
长安区高营镇财政所
裕华区宋营镇财政所
承德市
围场满族蒙古族自治县财政局
宽城满族自治县财政局
隆化县张三营镇财政所
平泉县榆树林子镇财政所
滦平县财政集中支付中心
丰宁满族自治县大阁镇财政所

鹰手营子矿区汪家庄镇财政所

张家口市

宣化区财政局

怀来县财政局

桥东区财政局

阳原县化稍营镇财政所

张北县二泉井乡财政所

崇礼县高家营镇财政所

宣化区河子西乡财政所

桥西区东窑子镇财政所

涿鹿县林果科技示范中心

秦皇岛市

海港区财政局

青龙满族自治县隔河头乡财政所

抚宁县抚宁镇财政所

山海关区石河镇财政所

唐山市

迁西县财政局

丰润区财政局

滦南县财政局

唐海县五农场财政所

丰南区黑沿子镇农税所

遵化市堡子店镇财政所

迁安市迁安镇财政所

滦县榛子镇财政分局

廊坊市

霸州市财政局

香河县财政局

广阳区南尖塔镇财政所

安次区北史家务乡财政所

永清县龙虎庄乡财政所

保定市

满城县财政局

定兴县财政局

安国市财政局

清苑县财政局

涞水县九龙镇财政所

蠡县留史镇财政分局

容城县平王乡财政所

涞源县南屯乡财政所

曲阳县孝墓乡财政所

涿州市开发区财税局

沧州市

东光县财政局

沧县财政局

河间市诗经村乡财政所

运河区南陈屯乡财政所

孟村回族自治县孟村镇财政所

献县乐寿镇财政所

海兴县香坊乡财政所

衡水市

桃城区财政局

武邑县财政局

冀州市冀州镇财政所

深州市深州镇财政所

饶阳县五公镇财政所

邢台市

沙河市财政局

巨鹿县财政局

宁晋县财政局

南和县贾宋镇财政所

临城县郝庄乡财政所

新河县新河镇财政所

柏乡县西汪乡财政所

广宗县核桃园乡财政所

邯郸市

魏县财政局

峰峰矿区财政局

大名县财政局

永年县临洺关镇财政所

馆陶县寿山寺乡财政所

曲周县曲周镇财政所

武安市午汲镇财政所

邱县梁二庄乡财政所

中共河北省财政厅党组关于表彰2004年度先进集体和先进个人的决定

冀财组干[2005]4号　　2005年1月27日

厅内各处室、各直属事业单位，农开办：

2004年，全厅广大干部职工以邓小平理论和

“三个代表”重要思想为指导，全面贯彻党的十六大和省委六届五次、六次全会精神，高扬“树正气、讲团结、求发展”主旋律，牢固树立和落实科学的发展观，紧紧围绕省委、省政府的重大决策部署，发扬锐意进取、开拓创新、求真务实、无私奉献的精神，坚持与时俱进，不断深化财政改革，公共财政体制和管理机制不断完善；坚持强化管理，加大资金整合力度，财政资金使用效益进一步提高；坚持科学理财，统筹配置财政资源，支持经济社会事业发展力度不断加大；坚持理财为民，努力保稳定、促运转，维护群众利益，圆满完成了各项工作任务，为促进我省经济社会健康持续发展、提高人民生活水平做出了新的贡献，涌现出了一批先进集体和先进个人。为表彰先进，弘扬正气，激励全厅广大干部职工以更高的热情做好本职工作，在各处室、单位总结述职和民主测评的基础上，厅党组研究决定：

授予厅办公室、人教处(培训中心)、预算处(编审中心)、国库处(支付中心)、行政政法处、经济建设处、社会保障处(社保中心)、机关党委、老干部处、土地治理项目处、信息中心、省注协秘书处、投资公司、财政投资评审中心、农发项目评审中心(农业投资公司)15个单位“先进集体”称号。

授予武炜、孟吉清、吴红智、周永贵4名同志优秀公务员称号，并记三等功。

授予厅机关和农开办正处级领导干部王秋民、杜彦卿、赵文海、刘洪林、高景良、高云霄、徐联中、石树鹏、李博、张安生10名同志和李毅、刘启生、安瑞艳、赵新海、赵宏亮、车殿宝、刘振芳、朱彦彬、吴鸾、张振川、刘宝贤、张会军、赵晋进、张烈、祝永革、白鹤天、邢秋洁、吴国起、王拥军、智荣卿、孙国良、潘建国、贺志、薛国军、郭顺、马驰、李香玉、王寅、赵振全、李楠30名同志优秀公务员称号，并给予行政嘉奖；给予张兰君、王静、王占军同志行政嘉奖；授予陈焕忱、张灿欣同志优秀工作人员称号，并给予行政嘉奖。

授予厅和农开办直属事业单位主要负责人王洪卫、郭志军、徐洪杰3名同志和王建平、张歆蕊、李振江、杨世英、刘丁雷、张宪宁、岳有志、李明、田满立、吴堃、任同肖、刘福生、王鑫、李彦林、刘根全、吴志刚、崔青山、吴会香、刘姗、蔡笑腾、赵瑞清、闫国英、张玫、冀平、孟丽萍、董津环、王正、刘晓平、于怀水29名同志优秀工作者称号，并给予嘉奖奖励；给予潘玉欧、刘福盈、谢银起、何文志4名同志嘉奖奖励。

希望受表彰的先进集体和先进个人珍视荣誉，发扬成绩，谦虚谨慎，戒骄戒躁，在新的一年里，为推进财政改革与发展做出新的更大贡献。

全厅广大干部职工要以先进集体和先进个人为榜样，学习他们顽强拼搏、争创一流的进取精神，学习他们克已奉公、任劳任怨的高尚品质，学习他们恪尽职守、求真务实的工作作风，努力实践“三个代表”重要思想，积极落实科学发展观，坚持“讲科学、求规范、重创新，兴财政、促发展、为人民”，深入开展建设服务型、高效型、学习型、廉政型、创新型、和谐型机关活动，与时俱进，开拓创新，振奋精神，扎实工作，为开创我省财政工作新局面而努力奋斗！

中共河北省财政厅机关委员会关于表彰2004—2005年度先进党支部、优秀共产党员、优秀党务工作者的决定

冀财党办[2005]8号　　2005年6月22日

厅属各党支部、党总支，投资公司党委：

2004年以来，我厅机关各级党组织和全体共产党员、党务工作者，高举邓小平理论伟大旗帜，自觉践行“三个代表”重要思想，紧紧围绕我厅中心工作，开拓进取，锐意创新，取得了可喜成绩。一年中，机关各级党组织着眼于提高党员干部的政治思想素质，大力加强机关党的思想、组织、作风建设，特别是今年以来，各支部扎实开展保持共产党员先进性教育活动，认真查找党性观念、组织建设、服务意识等方面存在的突出问题，并进行认真整改，党组织的战斗力明显增强，为财政各项任务的完成提供了强有力的思想和组织保障。通过先进性教育活动，全体共产党员的党性意识、宗旨意识明显增强，在工作中，脚踏实地，恪尽职守，勤政廉政，无私奉献，充分发挥了共产党员的先锋模范作用，为财政改革与发展做出了突出贡献。为表彰先进，弘扬正气，激励各党支部和全体共产党员在各项工作中进一步发挥战斗堡垒和先锋模范作用，经支部评选、党委研究，并报经厅党组同意，决定对办公室等

16 个先进党支部、于怀水等 78 名优秀共产党员和王秋民等 16 名优秀党务工作者予以表彰奖励。

各党支部和全体共产党员要以被表彰的先进典型为榜样，学习他们认真贯彻落实中央、省委和厅党组的各项决策、部署的坚定性；学习他们牢记全心全意为人民服务的宗旨，把党和人民的利益放在第一位，吃苦在前、享受在后的无私奉献精神；学习他们爱岗敬业、锐意改革、自我加压、负重奋进、勤政廉政的务实作风。希望受表彰的党支部和个人珍惜荣誉、勤勉敬业，认真践行“三个代表”重要思想，时刻牢记“两个务必”，永葆党的先进性，大力发扬求真务实的作风，继续拼搏进取，埋头苦干，为促进我省加快经济发展做出更大贡献！

附：河北省财政厅 2004—2005 年度先进党支部、优秀共产党员、优秀党务工作者名单

河北省财政厅 2004—2005 年度先进党支部、优秀共产党员和优秀党务工作者名单

一、先进党支部名单(16 个)

办公室党支部
机关党办党支部
人教处(培训中心)党支部
信息中心党支部
预算处(预算编审中心)党支部
纪检组党支部
老干部处党支部
社保处(社保中心)党支部
经济建设处党支部
科研所党支部
农业处党支部
行政政法处党支部
资金办党支部
农业开发服务中心党支部
离退休第一党支部
离退休第二党支部

二、优秀共产党员名单(78 名)(按姓氏笔画排序)

于怀水、马长增、马建平、马树凯、马淑英
王晓轩、王新学、王拥军、王鹤霓、韦瑞婷
尹作虎、田满立、白志平、左晓渊、石瑞青
石晓焕、宁喜宽、史桂梅、冯全海、孙国良
李德保、李万军、李藏表、李香玉、李书山
李青海、李进中、李小捧、李　华、李殿往
刘新军、刘树中、刘俊业、刘海河、刘丁雷
刘国英、闫同湛、许金元、邢永春、张丽莉
张景波、张拥军、张　玫、张希儒、陈保善
陈润书、杨慧卿、杨志敏、杨桂彩、孟航鸿
孟燕辉、孟国亮、孟祥群、宋华军、沈诚君
赵永洲、赵新海、赵柏梁、赵彦儒、赵增群
胡雅宁、胡毅东、郭荣华、郭京华、贺　志
姚世茂、姚长春、高国柱、袁永川、崔青山
崔盼来、黄险峰、寇新民、董聚法、智荣卿
韩　鹏、路宝锐、阚清峰

三、优秀党务工作者名单(16 名)

王秋民、郝炳新、杜彦卿、赵文海、王洪卫
徐联中、李　博、朱　平、段国旭、张藏慧
石树鹏、高云霄、于　力、侯焕成、曹志玲
张献璞

河北省财政厅关于表彰 2003 年度财政决算先进单位的通知

冀财库[2004]20 号　　2004 年 12 月 4 日

各市财政局：

2003 年，各市财政国库部门按照决算编制“真实、准确、全面、及时”四字方针，不断总结新经验、探索新思路和新方法，圆满地完成了 2003 年财政决算编审各项工作。大部分市决算报送及时，表内数据准确，表间数据互相衔接一致。决算分析工作勇于突破过去的老习惯、老模式，积极探索新思路、新方法，能结合本市财政经济运行的特点，较为深入、具体地分析政策因素、财政改革因素、体制因素等对财政收支的影响，分析内容丰富，剖析问题到位，形式图文并茂。决算的整体质量较上年又有进一步提高。经认真评比，共评选出 6 个决算工作先进单位，分别是：

一等奖：秦皇岛市
二等奖：廊坊市　邢台市
三等奖：保定市　沧州市　石家庄市

望各市继续保持兢兢业业的工作精神，发扬爱岗敬业的工作作风，力争使2004年财政决算工作再上新台阶。

河北省财政厅 关于各市财政监督检查工作 考核评比情况的通报

冀财监[2004]33号　　2004年12月31日

各市财政局：

2004年，我省各级财政部门及财政监督检查机构坚持以“三个代表”重要思想为指导，紧紧围绕财政改革和管理中心，精心部署财政监督工作，努力创新财政监督方式，积极拓展监督检查领域，不断提高财政监督工作效率，各项监督检查工作均取得了较好的成绩。

为充分调动各市财政部门及财政监督检查机构开展财政监督工作的积极性和创造性，推动财政监督工作全面深入开展，省厅按照《河北省财政监督工作质量考核办法(试行)》(冀财监[2003]11号)，经考核评定，现对评为2004年度全省财政监督检查工作先进单位暨评为财政监督检查工作单项奖的单位予以通报表彰。

全省财政监督检查工作先进单位：承德市财政监督稽查局；邢台市财政局财政监督科；张家口市财政局财政监督科。

全省财政监督检查工作单项奖：(1)财政收支专项检查工作：沧州市财政稽查大队，廊坊市财政监督稽查局。(2)会计信息质量检查暨会计师事务所执业质量检查工作：保定市财经稽查办公室；石家庄市财政监督检查办公室。(3)内部监督检查工作：石家庄市财政监督检查办公室；唐山市财政局财政监督处。(4)财政监督统计报表工作：保定市财政局财政监督处；沧州市财政稽查大队。(5)财政监督信息、调研工作：廊坊市财政监督稽查局；邯郸市财政监督稽查局。

希望上述受表彰的单位认真总结经验作法，积极探索新形势下财政监督检查工作的方式方法，不断完善财政监督运行机制，为开创财政监督检查工作新局面做出新的贡献。

特此通报

附件一：

2004年河北省财政监督工作先进集体名单

获奖单位	奖项名称	颁发单位	获奖日期	备注
河北省财政厅财政监督检查局	河北省内部审计先进单位	河北省审计厅	2005.3	
承德市财政稽查局	全省财政监督检查工作先进单位	河北省财政厅	2004.12.31	
邢台市财政局监督科	全省财政监督检查工作先进单位	河北省财政厅	2004.12.31	
张家口市财政局财政监督科	全省财政监督检查工作先进单位	河北省财政厅	2004.12.31	
沧州市财政稽查大队	财政收支专项检查工作单项奖	河北省财政厅	2004.12.31	
廊坊市财政监督稽查局	财政收支专项检查工作单项奖	河北省财政厅	2004.12.31	
保定市财经稽查办公室	会计信息质量检查暨会计师事务所执业质量检查工作单项奖	河北省财政厅	2004.12.31	
石家庄市财政监督检查办公室	会计信息质量检查暨会计师事务所执业质量检查工作单项奖	河北省财政厅	2004.12.31	
石家庄财政监督检查办公室	内部监督检查工作单项奖	河北省财政厅	2004.12.31	
唐山市财政局财政监督科	内部监督检查工作单项奖	河北省财政厅	2004.12.31	
保定市财政局财政监督处	财政监督统计报表工作单项奖	河北省财政厅	2004.12.31	
沧州市财政稽查大队	财政监督统计报表工作单项奖	河北省财政厅	2004.12.31	
廊坊市财政监督稽查局	财政监督信息调研工作单项奖	河北省财政厅	2004.12.31	
邯郸市财政监督稽查局	财政监督信息调研工作单项奖	河北省财政厅	2004.12.31	

河北省财政厅
关于表彰2004年收费基金管理工作先进单位的通知

冀财综[2004]88号　　2004年12月21日

各市财政局：

2004年，各级财政综合部门认真贯彻落实《河北省财政厅 河北省物价局关于优化发展环境加强行政事业性收费管理的实施细则》，认真清理整顿收费项目和交通收费站点，规范执收行为；全面推行教育收费"一费制"办法，深入开展治理教育乱收费；落实收费优惠政策，促进下岗失业人员再就业；发挥财政收费政策的宏观调控职能，扶持交通、家禽养殖等有关产业的健康发展；开展收费(基金)年度稽查，查处乱收费行为，促进各项收费管理制度的全面落实。通过规范和加强收费管理，切实维护了公民和企业的合法权益，减轻了社会负担，优化了社会发展环境。

为鼓励先进，进一步推动收费基金管理工作，经评比，承德市财政局综合科、邢台市财政局综合科、沧州市财政局综合科、唐山市财政局综合科、张家口市财政局综合科评为先进单位，现予以通报表扬。

河北省财政厅
关于表彰彩票管理工作先进单位的通知

冀财综[2004]89号　　2004年12月21日

各市财政局：

2004年，各级财政综合部门加强对彩票市场、彩票资金及青少年活动场所建设和维护资金的管理，取得了很大的成绩。经考评，石家庄市财政局综合处、承德市财政局综合科、沧州市财政局综合科、邢台市财政局综合科、衡水市财政局综合科、邯郸市财政局综合处被评为先进单位，现予以通报表扬。希望各级财政综合部门在新的一年里，认真执行国家、省关于加强彩票市场、彩票资金及青少年活动场所建设和维护资金管理的各项政策，再接再厉，取得更大的成绩。

河北省财政厅
关于表彰2004年度土地收入管理工作先进单位的通知

冀财综[2004]90号　　2004年12月21日

各市财政局：

在各级财政部门的大力支持和共同努力下，2004年全省土地收入在征收和制度建设方面取得了好的成绩。为了表彰先进，经评比：邢台市综合科、廊坊市综合科、衡水市综合科、承德市综合科、秦皇岛市综合科被评为先进单位，现予以通报表扬。

河北省财政厅
关于表彰2004年度住房资金管理工作先进单位的通知

冀财综[2004]91号　　2004年12月21日

各市财政局：

在各级财政部门的大力支持和共同努力下，2004年全省住房资金管理工作取得了好的成绩。为了表彰先进，经评比：承德市综合科、邯郸市综合处、邢台市综合科、石家庄市综合处、沧州市综合科被评为住房资金管理先进单位，现予以通报表扬。

河北省财政厅
关于表彰2004年度国债管理工作先进单位的通知

冀财综[2004]92号　　2004年12月21日

各市财政局：

在各级财政部门的大力支持和共同努力下，2004年全省国债兑付工作圆满完成。为了表彰先进，经评比：唐山市综合处、保定市综合处、张家口市综合科、石家庄市综合处、廊坊市综合科被评为先进单位，现予以通报表扬。

河北省农村税费改革领导小组办公室关于表彰2004年农村税费改革工作先进单位的通知

冀农改办[2004]10号 2004年12月21日

各市税改办：

2004年，在各级党委、政府的统一领导下，各级农村税费改革领导小组办公室认真贯彻落实《中共中央国务院关于促进农民增加收入若干政策意见》(中发[2004]1号)和省委、省政府有关深化农村税费改革的部署，加强组织协调，搞好宣传发动，深入调查研究，抓好监督检查。降低农业税税率、取消农业特产税的政策全面核定到村，逐户落实到位；农村税费改革转移支付资金及时按规定核拨到县、乡、村。确保了农村义务教育投入和乡村两级运转；相关配套改革和措施稳步推进。深化农村税费改革，进一步减轻了农民负担，促进了农村稳定和社会发展，得当了广大干部和农民群众普遍支持、拥护和称赞。

为鼓励先进，更好地深化农村税费改革，经评比，承德市税改办、邢台市税改办、邯郸市税改办、唐山市税改办、廊坊市税改办、秦皇岛市税改办被评为先进单位，现予以通报表彰。

河北省财政厅关于表彰2003年度农业税收工作先进单位的通报

冀财农税[2004]42号 2004年11月30日

各市财政局：

2003年，我省农业税收工作在各级党委、政府的正确领导和农税征管机构、农税干部的努力下，坚持践行“三个代表”重要，认真落实农业税收政策，圆满完成了农业税收各项工作任务。省厅按照《河北省农业税收综合考核评比办法》，经过认真考核评比，确定：保定市、承德市、张家口市、邢台市评为2003年度农业税收工作先进单位，特此通报，予以表彰。

全省农税系统要学习先进，发扬成绩，进一步增强做好农税工作、促进农村税费改革的责任感和使命感，统一思想、认清形势，实现农税工作重心的转移，为我省农税工作做出新的更大的贡献！

河北省财政厅关于表彰2004年度政府非税收入管理工作先进单位的通报

冀财非税[2005]2号 2005年4月28日

各市财政局、收费(预算外资金)管理局：

2004年，在各级党委、政府和财政部门的正确领导下，全省各级政府非税收入管理机构认真贯彻“三个代表”重要思想，紧紧围绕财政中心工作，积极发挥职能作用，全面推行行政事业性收费“票款分离”和罚没收入“罚缴分离”征管办法，认真贯彻落实政府非税收入“收支两条线”管理规定，圆满完成了政府非税收入征收管理任务。

为鼓励先进，不断开创我省政府非税收入管理工作新局面，按照《河北省财政征管机构评比办法》，对各市政府非税收入征管工作经过认真考评，石家庄市收费管理局、唐山市收费管理局、廊坊市收费管理局、沧州市收费管理局、邢台市收费管理局、邯郸市预算外资金管理局被评选为2004年度政府非税收入管理工作先进单位。

希望获奖单位戒骄戒躁，再接再厉，取得更大成绩。

河北省财政厅关于表彰2004年预算执行分析工作先进单位的通知

冀财库[2004]19号 2004年12月4日

各市财政局：

在各级财政部门的共同努力下，我省财政预算执行及分析工作一年来取得了很大进步。大部分市能做到旬、月报报送及时、数据准确，分析要点简明扼要，预算执行分析情况全面、内容丰富，专题材料重点突出，问题分析透彻。分析水平较往年又有提高。按照对2003年11月到2004年10月期间各市旬报、月报、预算执行要点、预算执行分析以及专题材料等情况报送的及时性、准确性和分析水平的高低，经综合评比，共评选出了6个预算执行先进单位，分别是：

一等奖：唐山市

二等奖：衡水市　承德市

三等奖：廊坊市　张家口市　邯郸市

望各市积极学习先进市的工作经验，不断进取，力争使预算执行分析工作再上新台阶。

河北省财政厅
关于表彰2003年度农业税收单项工作先进单位的通报

冀财农税[2004]43号　　2004年11月30日

各市财政局：

2003年，我省农业税收工作在各级党委、政府的正确领导和各级农税征管机构、农税干部的努力下，坚持践行“三个代表”重要思想，认真落实各项农业税收政策，加强农业税收规范化建设，提高农业税收数据报表质量，圆满完成了农业税收各项工作任务。省厅按照《河北省农业税收单项考核评比办法》、《河北省农业税收决算评比办法》，经过认真考核评比，确定：

石家庄市评为2003年度农业税征收管理工作先进单位；

廊坊市评为2003年度耕地占用税征收管理工作先进单位；

邯郸市评为2003年度契税征收管理工作先进单位；

秦皇岛、唐山市评为2003年度农业税收规范化管理工作先进单位；

衡水市、沧州市评为2003年度农业税收决算工作先进单位。

全省农税系统要学习先进，发扬成绩，进一步增强做好农税工作、促进农村税费改革的责任感和使命感，统一思想、认清形势，实现农税工作重心的转移，为我省农税工作做出新的更大的贡献！

河北省财政厅
关于2004年度财政信息工作考核评比情况的通报

冀财办[2005]36号　　2005年4月22日

各市财政局，扩权县（市）财政局，省厅信息重点联系县（市）财政局：

2004年，在各级财政部门领导的关心、支持和有关方面的配合、帮助下，财政系统广大信息工作人员充分发挥主观能动性，恪尽职守，兢兢业业，上报了许多高质量的信息，省厅信息工作分别被财政部、省委、省政府评为优胜单位，许多市县财政局也被本级党委、政府评为信息优胜或先进单位。卓有成效的财政信息工作，为领导科学决策，为促进全省财政改革与发展发挥了重要作用。为表彰先进，省厅根据《河北省财政信息工作考核评比办法》对2004年度财政信息工作进行了全面考核，决定对6个信息工作优胜市财政局、6个信息工作优胜和先进县（市）财政局、8名信息工作先进组织者、37名优秀信息工作者和20条优秀信息予以通报表彰。

2005年，各地要根据财政改革与发展的新形势，进一步改进和加强信息工作，不断提高信息质量和水平。各级财政部门要切实加强对信息工作的领导，从抓信息队伍建设入手，抓信息源、抓深层次综合加工、抓网络建设，使财政信息工作更好地为领导科学决策服务、为财政改革与发展服务。

特此通报。

附件：1、2004年度全省财政信息工作优胜市财政局名单

2、2004年度全省财政信息工作优胜和先进联系县（市）财政局名单

3、2004年度全省财政系统信息工作先进组织者名单

4、2004年度全省财政系统优秀信息工作者名单

5、2004年度优秀财政信息条目

附件一：

2004 年度全省财政信息优胜市财政局名单

廊坊市财政局
唐山市财政局
承德市财政局
保定市财政局
石家庄市财政局
张家口市财政局

附件二：

2004 年全省财政信息工作优胜和先进联系县(市)财政局名单

优胜单位:涿鹿县财政局
鸡泽县财政局
先进单位:围场满族蒙古族自治县财政局
正定县财政局
冀州市财政局
成安县财政局

附件三：

2004 年度全省财政系统信息工作先进组织者名单

廊坊市财政局副局长 张毅明
唐山市财政局办公室主任 金 毅
承德市财政局办公室副主任 杨雁群
保定市财政局办公室主任 冯建虎
石家庄市财政局办公室主任 田卫东
张家口市财政局办公室主任 赵红革
涿鹿县财政局办公室主任 程桂祥
鸡泽县财政局办公室主任 霍 玲

附件四：

2004 年度全省财政系统优秀信息工作者名单

廊坊市财政局 尹永强 宋大鹏
唐山市财政局 姚淑妍 黎 峰
承德市财政局 刘 琳 唐 恬
保定市财政局 张志伟 王占革
石家庄市财政局 霍 强 梁勇文
张家口市财政局 马经纬 武 琰
衡水市财政局 杜建政
邢台市财政局 马世兵
邯郸市财政局 宋新琪
秦皇岛市财政局 仇 旭
沧州市财政局 姚忠义
涿鹿县财政局 王 富
鸡泽县财政局 代利周
围场县财政局 寻志东
冀州市财政局 高 伟
正定县财政局 梁金贵
成安县财政局 孙报海
省财政厅人教处 赵新海
省财政厅预算处 宋华军
省财政厅行政政法处 段云飞
省财政厅经济建设处 牛显杰
省财政厅农业处 郭京华
省财政厅综合处 王拥军
省财政厅企业处 吴红智
省财政厅社保处 胡毅东
省财政厅教科文处 孟航鸿
省财政厅国库处 周庆华
省财政厅会计处 张学军
省财政厅涉外处 纪彦君
省财政厅监督处(局) 王新庄
省政府采购办 李淑娜

附件五：

2004年度优秀财政信息条目

1. 河北财政鼎立支持“民心工程”建设（财政部《财政简报》专刊）

2. 河北省财政积极支持农村教育和文化事业发展（财政部《财政信息》）

3. 我省从机制上加强监督管理（省委办公厅《河北快报》）

4. 河北省深化农村税费改革 促进农业和农村发展（省委办公厅《每日重要动态》）

5. 我省财政部门支持农村教育成效显著（省政府办公厅《专报信息》）

6. 石家庄市十项举措力促农民增收（财政工作简报第12期，石家庄市财政局提供）

7. 张家口市财政局提出扶持民营企业发展五条措施（财政工作简报第13期，张家口市财政局提供）

8. 承德市财政局把好“五个关口”抓好少数民族发展资金的落实（财政工作简报第36期，承德市财政局提供）

9. 秦皇岛市财政局为农民增收保驾护航（财政工作简报第10期，秦皇岛市财政局提供）

10. 邢台市财政局建立信息调研工作新机制（财政工作简报第41期，邢台市财政局提供）

11. 廊坊市财政局从五个方面深化部门预算编制改革（财政工作简报第19期，廊坊市财政局提供）

12. 保定市财政局强化专项资金管理全力支持经济和社会事业发展（财政工作简报第14期，保定市财政局提供）

13. 衡水市安平县全面加强乡镇财务管理（财政工作简报第30期，衡水市财政局提供）

14. 唐山市严把“三关”确保国债资金高效运行（财政工作简报第25期，唐山市财政局提供）

15. 邯郸市财政局优化发展环境出实招（财政工作简报第41期，邯郸市财政局提供）

16. 沧州市认真贯彻全省财政工作会议精神努力实现四个突破（财政工作简报第26期，沧州市财政局提供）

17. 承德县财政局深化财政改革取得新成效（财政工作简报第41期，承德县财政局提供）

18. 唐县财政局扶贫工作成效显著（财政工作简报第19期，唐县财政局提供）

19. 冀州市着力提高财政专项资金使用效益（财政工作简报第10期，冀州市财政局提供）

20. 黄骅市财政局认真解决有关群众切身利益的实际问题（财政工作简报第40期 简讯，黄骅市财政局提供）

河北省财政厅
关于表彰2003年度会计管理工作先进单位的通知

冀财会[2004]15号　　2004年3月1日

各市财政局：

按照我厅关于认真做好2003年度会计管理工作总结的要求，市财政局对本市2003年度会计管理工作进行了认真、全面的总结，经过考核评比，评选出河北省2003年度会计管理工作先进单位，并予以表彰。

河北省2003年度会计管理工作一等奖3个：邯郸市、廊坊市、保定市；二等奖4个：石家庄市、秦皇岛市、邢台市、沧州市；三等奖3个：唐山市、衡水市、张家口市。

2004年河北省财政厅荣获省部级及以上表彰的先进集体登记表

获奖单位	奖项名称	颁发单位	获奖日期	备注
厅办公室	省直机关密码通信工作先进单位	河北省密码工作领导小组	2005年2月16日	
预算处	企业所得税税源调查工作先进单位	财政部	2005年1月	
国库处	2003年全国财政决算工作先进单位	财政部	2004年10月	
省农开办	宣讲工作先进派出单位	省委、省政府	2004年7月	
	优秀宣讲小组	省委、省政府	2004年7月	
会计处	会计管理工作一等奖	财政部	2005年2月	
政府采购办公室	政府采购信息统计工作先进单位	财政部	2004年8月	
涉处外	国际金融组织贷款管理综合评比特等奖	财政部	2004年12月	
机关党委	先进基层党组织	省委	2004年12月	
	优秀组织奖	省直工委	2004年9月	
	全省文明办系统先进单位	省文明办	2005年1月	
	先进机关党委	省直工委	2004年9月	
	二等奖	省直工委	2004年9月	
机关工会	优秀组织奖	省直工会	2005年3月	
机关团委	红旗团委	省直工委	2005年5月	
省注协	全国先进民间组织	民政部	2004年12月	
省财政投资评审中心	省直文明单位	省直工委	2004年9月	
信息中心	文明单位	省直工委	2004年9月	
河北财政编辑部	河北省省会优秀内部资料性出版物	河北省省会报刊出版物评审委员会	2005年1月	
厅服务中心	河北省后勤工作先进集体	省机关事务管理局、省人事厅	2004年12月	
年鉴办	荣获中国年鉴提名奖	中国出版工作者协会	2004年12月	
社会保障处	再就业先进工作单位	省政府	2004年11月	
	军队离退休干部、军退职工安置管理工作先进单位	省民政厅、人事厅、军区政治部、军区后勤部	2004年8月	
科研所	省直文明单位	省直工委	2004年10月12日	

2004年石家庄市财政系统荣获市(厅)级及以上表彰的先进集体登记表

获奖单位	奖项名称	颁发单位	获奖日期	备注
市财政局	2003年度旅游工作先进单位	市政府	2004年3月30日	
	2003年度人口与计划生育责任目标考核先进单位	市委、市政府	2004年4月14日	
	2003年度重点建设先进单位	市政府	2004年5月21日	
市财政局信息学院	扶贫开发对口帮扶先进单位	市委、市政府警备区	2004年6月7日	
市财政局	职业教育与成人教育先进单位	市政府	2004年7月1日	
	市直派出宣讲干部先进单位	市委	2004年7月15日	
	语言文字工作先进单位	市政府	2004年9月9日	
市财政局社保处	再就业工作先进单位	市政府	2004年12月14日	
市财政局	2004年度农作物秸杆禁烧工作先进集体	市委、市政府	2004年12月14日	
市财政局农业处	2004年度石家庄市造林绿化先进集体	市政府	2005年3月	
长安区高营镇财政所	河北省财政系统先进集体	省财政厅、省人事厅	2004年6月9日	
裕华区宋营镇财政所	河北省财政系统先进集体	省财政厅、省人事厅	2004年6月9日	
辛集市财政局	河北省财政系统先进集体	省财政厅、省人事厅	2004年6月9日	
藁城市廉州镇财政所	河北省财政系统先进集体	省财政厅、省人事厅	2004年6月9日	
晋州市东寺吕乡财政所	河北省财政系统先进集体	省财政厅、省人事厅	2004年6月9日	
新乐市财政局	河北省财政系统先进集体	省财政厅、省人事厅	2004年6月9日	
	文明单位	市委、市政府	2004年3月	
	再就业先进单位	市政府	2004年12月	
正定县财政局	2002—2003年度省级文明单位	省委、省政府	2004年8月25日	
	文明单位	市委、市政府	2004年3月	
	档案工作先进单位	省档案局	2004年2月	
	信息工作先进单位	省财政厅	2004年2月	
行唐县财政局	2002—2003年度省级文明单位	省委、省政府	2004年8月25日	
	文明单位	市委、市政府	2004年3月	
井陉县微水镇财政所	河北省财政系统先进集体	省财政厅、省人事厅	2004年6月9日	
深泽县财政局	文明单位	市委、市政府	2004年3月	
无极县财政局	文明单位	市委、市政府	2004年3月	
赵县财政局	河北省财政系统先进集体	省财政厅、省人事厅	2004年6月9日	
	文明单位	市委、市政府	2004年3月	

获奖单位	奖项名称	颁发单位	获奖日期	备注
高邑县财政局	河北省财政系统先进集体	省财政厅、省人事厅	2004年6月9日	
	文明单位	市委、市政府	2004年3月21日	
元氏县财政局	2002－2003年度省级文明单位	省委、省政府	2004年8月25日	
	河北省财政系统先进集体	省财政厅、省人事厅	2004年6月9日	
	文明单位	市委、市政府	2004年3月	
灵寿县财政局	文明单位	市委、市政府	2004年3月	
	再就业先进单位	市政府	2004年12月4日	

2004年承德市财政系统荣获市(厅)级及以上表彰的先进集体登记表

获奖单位	奖项名称	颁发单位	获奖日期	备注
市财政局	财政预算执行分析工作二等奖	省财政厅	2004年12月7日	
市集中支付中心	先进会计集体	市政府	2004年6月22日	
	文明单位	市委、市政府	2004年10月20日	
市局经建科	国有建设单位决算报表先进单位	省财政厅	2004年11月25日	
市财政监督稽查局	2004年全省财政监督工作先进单位	省财政厅	2004年12月31日	
市局文行科	“两项工程”先进单位	省财政厅	2004年12月31日	
	文明科室	市文明办	2004年2月10日	
市局综合科	收费基金管理工作先进单位	省财政厅	2004年12月31日	
	彩票管理工作先进单位	省财政厅	2004年12月30日	
	土地管理工作先进单位	省财政厅	2004年12月30日	
	住房资金管理工作先进单位	省财政厅	2004年12月30日	
市财政局	2004年度企业所得税税源调查工作先进单位	省财政厅	2005年1月8日	
	2004年度论文调研评选组织奖	省财政厅	2004年12月30日	
	干部人事档案先进单位	市委组织部	2004年12月	
	省级文明单位	省委	2004年8月	
	2004年度组织财政收入先进单位	市政府	2005年1月25日	
	2004年预算管理工作综合评比二等奖	省财政厅	2005年2月28日	
	2004年人才资源统计工作先进单位	市人事局	2005年3月	
市农村税费改革工作领导小组办公室	农村税费改革工作先进单位	河北省农村税费改革领导小组办公室	2004年12月21日	
市财政局	农村税收工作先进单位	省财政厅	2004年11月30日	
市局涉外科	全省财政涉外管理工作一等奖	省财政厅	2004年1月18日	

获奖单位	奖 项 名 称	颁 发 单 位	获奖日期	备注
市收费局	票据管理突出单位	省非税收入管理局	2004年8月	
市局法规科	知识竞赛优秀组织奖	省财政厅	2004年12月	
	调研课题组织奖	省财政厅	2004年12月	
	2003年度先进社团	市社科联	2004年4月1日	
市契税中心	市级青年文明号	市创建青年文明号活动组委会	2004年	
市局法规科	财政法规知识竞赛优秀组织奖	省财政厅	2004年12月	
市契税中心	省级青年文明号	省创建青年文明号活动组委会	2004年	
市财政局	“最满意单位”第一名	市委、市政府	2005年1月24日	
	优秀单位	市委、市政府	2005年1月24日	
承德市财政系统	优秀系统	市委、市政府	2005年1月24日	
市财政局	2003年度全市纪检宣教工作先进单位	市纪委等	2004年4月8日	
评审中心	文明科室	市文明办	2004年	
市局农业科	造林绿化先进单位	市政府	2004年12月	
市财政局	再就业先进单位	市政府	2005年2月23日	
市农开办	产业化经营项目管理先进市	省农开办	2004年8月	
	综合宣传工作先进市	省农开办	2004年12月	
	调研课题优秀组织奖	省农开办	2005年2月	
围场财政局	河北省财政系统先进集体	省财政厅等	2004年6月	
	2003年度全省财政办公室系统联系工作先进单位	省财政厅	2004年6月	
	先进基层党组织	市委	2004年7月1日	
汪家庄镇财政所	河北省财政系统先进集体	省财政厅等	2004年6月	
平泉县财政局	文明单位	省委、省政府	2004年8月	
平泉县榆树林子镇财政所	河北省财政系统先进集体	省财政厅等	2004年6月	
平泉县财政局	再就业先进工作单位	市政府	2005年2月	
开发区财政局	2004年优化经济发展环境最满意单位	市委、市政府	2005年1月	
	2004年优化经济发展环境优秀单位	市委、市政府	2005年1月	
承德县财政局	承德市造林绿化先进集体	市委、市政府	2004年5月	
	市级文明单位	市委、市政府	2004年1月	

2004年张家口市财政系统荣获市(厅)级及以上表彰的先进集体登记表

获奖单位	奖项名称	颁发单位	获奖日期	备注
市财政局	河北省五一奖状	省总工会	2005年4月	
	全省档案工作优秀集体	省档案局	2005年1月	
	河北省“巾帼建功”先进单位	省“巾帼建功”领导小组、省妇联	2005年3月	
	模范集体	市委、市政府	2004年4月	
	2004年度千村经济振兴活动先进单位	市委、市政府	2005年2月	
	创建文明生态村活动帮扶工作先进单位	市委、市政府	2005年3月	
	2004年度信访工作先进单位	市委、市政府	2005年4月	
	帮扶社区建设先进单位	市委	2004年12月	
	2004年度人大建议先进承办单位	市人大常委会	2005年2月	
	2004年度市直部门纠风专项治理组织工作先进单位	市政府	2005年1月	
市财政局	2004年度承办人大代表建议和政协提案优秀承办单位	市政府	2005年2月	
	2004年度承办政协提案先进单位	市政协	2005年2月	
	2004年度民主评议行风免评单位	市民主评议行风工作领导小组	2004年12月	
	2004年度助学工作先进集体	市政府妇儿委	2005年5月	
	第四届社科优秀成果(著作)一等奖	市社科联	2004年12月	
	2003年度国有建设单位决算报表工作先进单位评选二等奖	省财政厅	2004年11月	
	外汇管理优秀奖	省财政厅	2005年1月	
	2004年度全省财政信息化建设先进单位	省财政厅	2005年3月	
	2004年度政府采购工作先进单位	省财政厅	2005年3月	
	省2004年度会计管理工作三等奖	省财政厅	2005年3月	
	2004年度会计专业技术资格考试考务工作二等奖	省会计考办	2005年5月	
	保工资发放工作先进单位	省财政厅	2005年4月	
	2004年度全省财政信息优胜财政局	省财政厅	2005年4月	
市财政局社保科	2004年度民政保障工作先进单位	市政府	2005年3月	
	再就业先进工作单位	市政府	2004年12月	

获奖单位	奖 项 名 称	颁 发 单 位	获奖日期	备注
市财政局纪检组监察室	2004 年度纪检监察工作先进单位	市纪委、市监察局	2005 年 2 月	
市财政局老干部科	2004 年度老干部工作先进集体	市委老干部工作领导小组	2005 年 4 月	
市级财政支付中心	青年文明号	团市委	2004 年 11 月	
	巾帼文明岗	市"巾帼建功"领导小组、市妇联	2005 年 5 月	
宣化县财政局	模范集体	市委、市政府	2004 年 4 月	
	市级文明单位	市委、市政府	2004 年 5 月	
万全县财政局	扶贫工作先进单位	市委、市政府	2004 年 6 月	
	农业综合开发坝上生态项目资金管理先进县	省农业综合开发办公室	2004 年 10 月	
怀来县财政局	河北省财政系统先进单位	省财政厅	2004 年 6 月	
张北县二泉井乡财政所	全省财政系统先进集体	省财政厅	2004 年 6 月	
宣化区财政局	河北省财政系统先进集体	省财政厅	2004 年 6 月	
	2002—2003 年度市级文明单位	市委、市政府	2004 年 4 月	
	全市工会会员"一日工资"扶贫助困活动爱心奉献奖	市总工会	2004 年 2 月	
赤城县财政局	模范集体	市委、市政府	2004 年 4 月	
	离退休干部老有所为先进集体	市委、市政府	2004 年 4 月	
	2002—2003 年市级文明单位	市委、市政府	2004 年 4 月	

2004 年秦皇岛市财政系统荣获市(厅)级及以上表彰的先进集体登记表

获奖单位	奖 项 名 称	颁 发 单 位	获奖日期	备注
市财政局	全省财政系统新闻组织奖	省财政厅	2004 年 8 月	办公室
	2004 年度全省财政系统财政法规知识竞赛优秀组织奖	省财政厅	2004 年 12 月	财政监督科
	2003 年度财政决算一等奖	省财政厅	2004 年 12 月	国库科
	爱国拥军先进单位	市委	2004 年 9 月	社会保障科
	防治禽流感先进集体	市委、市政府	2004 年 6 月	农业科
市局综合科(市税改办)	2004 年度税费改革工作先进单位	省税改办领导小组办公室	2004 年 12 月	综合科
市局综合科	2004 年土地收入管理工作先进单位	省财政厅	2004 年 12 月	综合科
市财政局	2003 年度国有建设单位决算报表工作先进单位三等奖	省财政厅	2004 年 11 月	经济建设科
	2003 年度农业税收规范化管理工作先进单位	省财政厅	2004 年 11 月	农税科

获奖单位	奖项名称	颁发单位	获奖日期	备注
市财政局	“我是会计人”演讲比赛组织奖	省财政厅	2004年10月	会计科
	2003年度会计管理工作先进单位二等奖	省财政厅	2004年3月	会计科
	2003年度政府采购信息统计工作先进单位三等奖	省财政厅	2004年2月	政府采购办公室
	全市先进基层党组织	市委	2004年6月	机关党委、监察室
市契税征管所	2003年度省级青年文明号	团省委	2004年4月	契税征管所
集中支付中心	2003年度省级青年文明号	团省委	2004年4月	集中支付中心
市财政局	“两为两树”民主行风评议优秀单位	市委、市政府	免评	局党组
	第二期“驻防帮解”先进单位	市委	2004年7月	

2004年唐山市财政系统荣获市(厅)级及以上表彰的先进集体登记表

获奖单位	奖项名称	颁发单位	获奖日期	备注
唐山市财政局	2002—2003年度文明单位	省委、省政府	2004年8月	
	河北省爱国拥军模范单位	省委、省政府、省军区	2004年6月30日	
	振兴唐山先进单位	市委、市政府	2004年7月	
	实施“阳光行动”先进单位	市委、市政府	2004年2月16日	
	民主评议行风优胜单位	市委、市政府	2004年2月16日	
	承办工作优秀单位	市人大、市政府、市政协	2004年2月20日	
	社区建设先进单位	市政府	2004年3月1日	
	2003年度全市政府系统调研工作先进单位	市政府	2004年2月27日	
	支持重点建设工作先进集体	市政府	2004年3月4日	
	2003年度政府系统督察工作先进单位	市政府办公厅	2004年2月5日	
	政府系统2003年度信息工作先进单位	市政府办公厅、市人事局	2004年2月24日	
唐山市财政局农业处	防治高致病性禽流感工作先进集体	市委、市政府	2004年8月12日	
唐山市财政局	2003年度全省财政系统行风建设优秀单位	省财政厅	2004月2日	
	2003年度全省“金财工程”建设先进单位	省财政厅	2004年2月4日	
	2004年度全省财政系统财政法规知识竞赛优秀组织奖	省财政厅	2004年10月	
	2003年度农业税收规范化管理工作先进单位	省财政厅	2004年11月30日	
	2004年度财政预算执行分析工作一等奖	省财政厅	2004年12月4日	
	2003年度财政涉外管理工作二等奖	省财政厅	2004年1月18日	
	农业综合开发(第五期)先进市	省农业开发办公室	2004年2月26日	

获奖单位	奖项名称	颁发单位	获奖日期	备注
唐山市财政局	2004 年度对种粮农民直接补贴工作三等奖	省财政厅	2004 年 11 月 25 日	
	2004 年度农发资金决算先进单位	省财政厅	2005 年 1 月 4 日	
	2003 年度预算管理综合考评情况三等奖	省财政厅	2004 年 1 月 18 日	
	2003 年度财政涉外管理工作二等奖	省财政厅	2004 年 1 月 18 日	
	2003 年度政府采购工作三等奖	省财政厅	2004 年 1 月 30 日	
	2003 年度政府采购信息统计工作三等奖	省财政厅	2004 年 2 月 29 日	
	河北省会计职业道德知识竞赛组织奖	省财政厅	2003 年 12 月 28 日	
	全省财政监督检查单项工作成绩突出单位	省财政厅	2004 年 1 月 6 日	
唐山市财政局税改办	2004 年度农业税费改革工作先进单位	省农村税费改革领导小组	2004 年 12 月 21 日	
唐山市财政局综合处	2004 年度收费基金管理工作先进单位	省财政厅	2004 年 12 月 21 日	
	2004 年度国债管理工作先进单位	省财政厅	2004 年 12 月 21 日	
唐山市收费管理局	2003 年度收费管理工作先进单位	省财政厅	2004 年 2 月 24 日	

2004 年廊坊市财政系统荣获市(厅)级及以上表彰的先进集体登记表

获奖单位	奖项名称	颁发单位	获奖日期	备注
廊坊市财政局	全国财政系统信息工作先进单位	财政部	2004 年 3 月	
	省级文明单位	省政府	2004 年 8 月	
	市级文明单位	市委、市政府	2004 年 4 月	
	全市政府系统信息工作先进单位	市政府	2004 年 2 月	
	全省财政系统信息工作先进单位	省财政厅	2004 年 3 月	
	承办人大代表建议和政协提案工作优秀单位	市人大、市政府	2004 年 4 月	
	预算管理综合考评二等奖	省财政厅	2004 年 5 月	
	绩效评价先进单位	省财政厅	2004 年 6 月	
	全市干部下基层工作实绩突出单位	市委	2004 年 1 月	
	全市宣讲工作优秀派出单位	市委	2004 年 10 月	
	省十一运会贡献单位奖	市委、市政府	2004 年 11 月	
	河北省再就业工作先进单位	省政府	2004 年 8 月	
	财政决算先进单位二等奖	省财政厅	2004 年 9 月	
	社会保障基金决算工作一等奖	省财政厅	2004 年 3 月	
	市防治高致病性禽流感工作先进集体	市委、市政府	2004 年 6 月	
	承办第八届中国(廊坊)农产品交易会工作先进单位	市委、市政府	2004 年 7 月	

获奖单位	奖项名称	颁发单位	获奖日期	备注
廊坊市财政局	全省种粮农民直补工作二等奖	省财政厅	2004 年 7 月	
	全市行风评议优秀单位	市委、市政府	2004 年 8 月	
	第二十一届河北省经贸洽淡会承办工作先进单位	市委、市政府	2004 年 6 月	
	全省财政系统财政法规知识竞赛优秀组织奖	省财政厅	2004 年 11 月	
	国债管理工作先进单位	省财政厅	2004 年 8 月	
	土地收入管理工作先进单位	省财政厅	2004 年 8 月	
	农村税费改革工作先进单位	省税改办	2004 年 9 月	
	会计管理工作一等奖	省财政厅	2004 年 4 月	
	财政科研组织工作先进单位	省财政厅	2004 年 8 月	
	“我是会计人”演讲比赛电视决赛优秀组织奖	省财政厅	2004 年 8 月	
	先进基层党组织	市委	2004 年 8 月	
	财政监督检查单项工作成绩突出单位	省财政厅	2004 年 8 月	
	全省财政系统行风建设优秀单位	省财政厅	2004 年 8 月	
	全市纪检监察系统先进集体	市纪委	2004 年 8 月	
大城县财政局	全市财政系统先进集体	市财政局、市人事局	2004 年 10 月	
安次区财政局	防治高致病性禽流感工作先进集体	市委、市政府	2004 年 4 月	
	市政务公开先进单位	市人事局、市监察局	2004 年 10 月	
	全市财政系统先进集体	市财政局、市人事局	2004 年 10 月	
	市级文明单位	市委、市政府	2004 年 6 月	
安次区北史家务财政所	全省财政工作先进单位	省财政厅	2005 年 1 月	
香河县财政局	市级文明单位	市委、市政府	2004 年 6 月	
	先进基层党组织	市委	2004 年 6 月	
	五四红旗团支部	团市委	2004 年 4 月	
	省财政系统先进集体	省财政厅	2004 年 6 月	
	园林市单位	省建设厅	2004 年 1 月	
三河市财政局	精神文明建设文明单位	省委、省政府	2004 年 8 月	
	防治高致病性禽流感工作先进集体	市委、市政府	2004 年 4 月	
	精神文明建设文明单位	市政府	2004 年 6 月	
	青年文明号	团省委	2004 年 5 月	
	全市财政系统先进集体	市财政局、市人事局	2004 年 10 月	
霸州市财政局	防治高致病性禽流感工作先进集体	市委、市政府	2004 年 4 月	
	河北省财政系统先进集体	省财政厅、省人事厅	2004 年 6 月	
	河北省先进集体	省政府	2004 年 4 月	
文安县财政局	全市财政系统先进集体	市财政局、市人事局	2004 年 10 月	

获奖单位	奖 项 名 称	颁 发 单 位	获奖日期	备注
永清县财政局	文明单位	市委、市政府	2004 年 4 月	
	防治高致病性禽流感工作先进集体	市委、市政府	2004 年 4 月	
	全市财政系统先进集体	市财政局、市人事局	2004 年 10 月	
永清县龙虎庄财政所	全省财政系统先进集体	省财政厅、省人事厅	2004 年 6 月	
大厂县财政局	防治禽流感工作先进集体	市委、市政府	2004 年 6 月	
	市财政系统先进集体	市人事局、市财政局	2004 年 11 月	
	市文明单位	市政府	2004 年 6 月	

2004 年保定市财政系统荣获市(厅)级及以上表彰的先进集体登记表

获奖单位	奖 项 名 称	颁 发 单 位	获奖日期	备注
保定市财政局	全国爱国拥军模范单位	民政部、总政部	2004 年 1 月	
	精神文明建设单位	省委、省政府	2004 年 8 月	
	财政局驻顺平北神南村宣讲组被河北省委评为先进单位	省委	2004 年 7 月	
	全省 2004 年对种粮农民直接补贴工作先进单位评选一等奖	省财政厅	2004 年 11 月	
	2003 年度省财政涉外管理工作一等奖	省财政厅	2004 年 1 月	
	2004 年国债管理先进单位	省财政厅	2004 年 12 月	
	2003 年度会计管理工作一等奖	省财政厅	2004 年 3 月	
	河北省“我是会计人”演讲比赛优秀组织奖	省财政厅	2004 年 10 月	
	2003 年度财政系统民主评议行风优秀单位	省财政厅	2004 年 2 月	
	2003 年度农业税收工作先进单位(第一名)	省财政厅	2004 年 11 月	
	2002—2003 年度全省内部监督工作先进单位	省财政厅	2004 年 1 月	
	2002—2003 年度财政专项资金监督检查工作成绩突出单位	省财政厅	2004 年 1 月	
	2003 年度财政信息先进单位	省财政厅	2004 年 2 月	
	2003 年度社会保障基金决算工作一等奖	省财政厅	2004 年 12 月	
	2003 年度财政总决算三等奖	省财政厅	2004 年 12 月	
	调研室被评为财政科研组织先进单位	省财政厅	2004 年 8 月	
	2003 年度政府采购工作先进单位	省财政厅	2004 年 1 月	
	河北省农业开发资金管理先进市	省农开办	2004 年 2 月	
	河北省农业开发资金决算先进市	省农开办	2004 年 2 月	
	全省农开系统档案管理、调研工作、信息工作 3 项先进单位	省农开办	2004 年 12 月	

获奖单位	奖 项 名 称	颁 发 单 位	获奖日期	备注
保定市财政局	2003年度控购工作先进单位	省控办	2004年1月	
	2003年度会计专业技术资格考试考务工作先进单位(二等奖)	省会计资格考试会计小组	2004年5月	
	2000年度收费管理先进单位	省收费局	2004年2月	
	征管处被评为2003年度收费管理工作先进处室	省收费局	2004年2月	
	预算处被命名为省青年文明号	共青团河北省委	2004年5月	
	河北省实施春蕾计划先进集体	省妇联、省少年儿童基金会	2003年12月	
	人口与计划生育工作先进单位	市委、市政府	2004年8月	
	2003年度全市优化环境金玉兰杯先进集体	市委、市政府	2004年2月	
	被市委、市政府评为2003年度县级领导班子考核实绩突出单位	市委、市政府	2004年4月	
	城市绿化先进单位	市委、市政府	2004年3月	
	保定市双拥工作模范单位	市委、市政府、军分区	2004年1月	
	先进基层党组织	市委	2004年6月	
	财政局驻顺平北神南村、驻满城刘家台村下基层、夯基础、解民忧、保稳定、促增收先进工作队	市委	2004年8月	
	2002—2003年度社会扶贫先进单位	市委	2004年3月	
	2003年度全市维护稳定工作先进集体	市委	2004年3月	

2004年沧州市财政系统荣获市(厅)级及以上表彰的先进集体登记表

获奖单位	奖 项 名 称	颁 发 单 位	获奖日期	备注
市财政局	行风建设优秀单位2005年度免评奖励	市委、市政府	2005年3年11日	
市局纪检组、监察室	全市纪检监察优秀单位	市纪委、市委组织部、市人事局、市监察局	2005年1月26日	
信息中心	2004年全省“金财工程”建设进步奖	省财政厅	2005年2月	
经建科	基建决算工作一等奖	省财政厅	2004年12月	
	粮食直补工作二等奖	省财政厅	2004年12月	
沧州市财政局	全省预算综合管理工作一等奖	省财政厅	2005年4月	
市财政局国库科	财政总决算工作三等奖	省财政厅	2004年12月7	
会计科	全省会计管理工作二等奖	省财政厅	2005年3月16日	
沧州市财政稽查大队	全省财政收支专项检查先进单位	省财政厅	2004年12月31日	
	全省财政监督统计报表工作先进单位	省财政厅	2004年12月31日	
东光县财政局	省财政系统先进集体	省财政厅、省人事厅	2004年6月9日	

获奖单位	奖项名称	颁发单位	获奖日期	备注
沧县财政局	市级文明单位	市委、市政府	2004年7月	
	省财政系统先进集体	省财政厅、省人事厅	2004年6月9日	
孟村镇财政所	省财政系统先进集体	省财政厅、省人事厅	2004年6月9日	
河间诗经村乡财政所	省财政系统先进集体	省财政厅、省人事厅	2004年6月9日	
运河区南陈屯乡财政所	省财政系统先进集体	省财政厅、省人事厅	2004年6月9日	
献县乐寿镇财政所	省财政系统先进集体	省财政厅、省人事厅	2004年6月9日	
沧州市财政局综合科	收费基金管理先进单位	省财政厅	2005年1月	
	住房资金管理先进单位	省财政厅	2005年1月	
	彩票公益金管理先进单位	省财政厅	2005年1月	
黄骅市财政局	农业综合开发土地治理项目资金管理先进县	省农业开发办	2004年1月	
孟村县财政局	文明单位	市委、市政府	2004年3月	
青县财政局	市级文明单位	市委、市政府		
海兴县财政局	文明单位	市委、市政府	2004年7月	
沧州市财政局	河北省再就业工作先进单位	省政府	2004年1月	
	社保基金决算工作一等奖	省财政厅	2004年12月	
盐山县财政局	省级文明单位	省委、省政府	2004年8月	
	小康建设宣讲先进派出单位	省委	2004年7月	
	沧州市思想政治工作先进集体	市委、市政府	2004年6月	
海兴县香坊乡财政所	省财政系统先进集体	省财政厅、省人事厅	2004年6年9月	

2004年衡水市财政系统荣获市(厅)级及以上表彰的先进集体登记表

获奖单位	奖项名称	颁发单位	获奖日期	备注
衡水市财政局	河北省文明单位	省委、省政府	2004年8月	
	全省纪检监察系统先进集体	省纪检会、省委组织部、省监察厅、省人事厅、省总工会	2004年10月	
衡水市财政局预算科	河北省先进集体	省政府	2004年10月	
衡水市财政局	全市支农工作先进单位	市委、市政府	2005年2月	
	全市重点项目建设先进单位	市委、市政府	2005年2月	
	全市计划生育工作先进单位	市委、市政府	2005年3月	
	上报党委系统信息工作优胜单位	市委	2005年1月	
	承办人大代表建议和政协提案工作测评优秀单位	市政府	2004年10月	
	河北省“我是会计人”演讲比赛组织奖	省财政厅	2004年10月	

获奖单位	奖 项 名 称	颁 发 单 位	获奖日期	备注
衡水市财政局	会计管理三等奖	省财政厅	2004 年 3 月	
	预算执行分析二等奖	省财政厅	2004 年 12 月	
	农税决算先进单位	省财政厅	2004 年 12 月	
	信息工作先进单位	省财政厅	2004 年 2 月	
	“金财工程”工作先进单位	省财政厅	2005 年 2 月	
	国有建设单位决算报表工作先进单位	省财政厅	2004 年 12 月	
	涉外财政管理工作二等奖	省财政厅	2004 年 12 月	
	社保基金决算工作一等奖	省财政厅	2004 年 12 月	
枣强县财政局	河北省文明单位	省委、省政府	2004 年 8 月	
安平县财政局	河北省文明单位	省委、省政府	2004 年 8 月	
桃城区财政局	河北省财政系统先进集体	省财政厅	2004 年 6 月	

2004 年邢台市财政系统荣获市(厅)级及以上表彰的先进集体登记表

获奖单位	奖 项 名 称	颁 发 单 位	获奖日期	备注
邢台市财政局	2002—2003 年度省级文明单位	省委、省政府	2004 年 8 月	
	2002—2003 年度市级文明单位	市委、市政府	2004 年 4 月	
	河北省 2004 年先进基层党组织	省委	2004 年 7 月	
	河北省再就业工作先进集体	省委、省政府	2004 年 9 月	
	市民营经济发展工作先进单位	市委、市政府	2004 年 7 月	
	农业税收工作先进单位	省财政厅	2004 年 11 月	
	市区城建工作先进单位	市委、市政府	2004 年 5 月	
	财政决算先进单位	省财政厅	2004 年 12 月	
	河北省财政系统民主评议行风先进单位	省财政厅	2004 年 2 月	
	2003 年度民主评议行风活动优秀单位	市委、市政府	2004 年 4 月	
	全省财政信息优胜和先进市财政局	省财政厅	2004 年 2 月	
	全省财政监督检查工作先进单位	省财政厅	2004 年 12 月	
	“金财工程”建设信息资源开发优胜单位	省财政厅	2004 年 2 月	
	2004 年度土地收入管理工作先进单位	省财政厅	2004 年 12 月	
	农村税费改革工作先进单位	省税改办	2004 年 12 月	
	收费基金管理工作先进单位	省财政厅	2004 年 12 月	
	省推进农村小康社会建设宣讲工作先进小组	省委	2004 年 7 月	
	对种粮农民直接补贴工作三等奖	省财政厅	2004 年 11 月	
	“我是会计人”演讲比赛优秀组织奖	省财政厅	2004 年 10 月	

获奖单位	奖 项 名 称	颁 发 单 位	获奖日期	备注
邢台市财政局	彩票管理工作先进单位	省财政厅	2004年12月	
	注册会计师全国统一考试组织工作先进单位	省注册会计师协会	2004年8月	
	2003年度会计专业技术资格考试考务工作先进单位	省会计专业资格考试领导小组办公室	2004年5月	
	住房资金管理工作先进单位	省财政厅	2004年12月	
南和县财政局	2002—2003年度文明单位	省委、省政府	2004年8月	
南和县贾宋镇财政所	2000—2002年河北省财政系统先进集体	省财政厅、省人事厅	2004年6月	
巨鹿县财政	省级文明单位	省委、省政府	2004年8月	
	2000—2002年河北省财政系统先进集体	省财政厅、省人事厅	2004年9月	
	2003年度农业综合开发土地治理项目资金管理先进县	省农业开发办	2004年10月	
广宗县财政局	2002—2003年度省级文明单位	省委、省政府	2004年8月	
广宗县核桃园乡财政所	2000—2002年河北省财政系统先进集体	省财政厅、省人事厅	2004年6月	
南宫市财政局	2002—2003年度文明单位	省委、省政府	2004年8月	
沙河市财政局	2000—2002年河北省财政系统先进集体	省财政厅、省人事厅	2004年6月	
临城县郝庄乡财政所	2000—2002年河北省财政系统先进集体	省财政厅、省人事厅	2004年6月	
新河县新河镇财政所	2000—2002年河北省财政系统先进集体	省财政厅、省人事厅	2004年6月	
柏乡县西汪乡财政所	2000—2002年河北省财政系统先进集体	省财政厅、省人事厅	2004年6月	
宁晋县财政局	2000—2002年河北省财政系统先进集体	省财政厅、省人事厅	2004年6月	
沙河市财政局	2000—2002年河北省财政系统先进集体	省财政厅、省人事厅	2004年6月	

2004 年邯郸市财政系统荣获市(厅)级及以上表彰的先进集体登记表

获奖单位	奖 项 名 称	颁 发 单 位	获奖日期	备注
邯郸市财政局	省级先进基层党组织	省委	2004 年 8 月	
	河北省再就业先进工作单位	省政府	2004 年 11 月	
	省级精神文明单位	省委、省政府	2004 年 8 月	
	爱国拥军模范单位	省委、省政府、省军区	2004 年 6 月	
	全省按比例安排残疾就业先进单位	省政府	2005 年 3 月	
	社会治安综合治理先进单位	市委、市政府	2004 年 2 月	
	综合治理先进单位	市委、市政府	2004 年 3 月	
	环保项目目标考核先进单位	市委、市政府	2004 年	
	民主评议行风优秀单位	市委、市政府	2004 年 2 月	
	市级先进基层党组织	市委	2004 年 7 月	
	市级精神文明单位	市委、市政府	2004 年 5 月	
	安全生产工作先进单位	市政府	2004 年 3 月	
	市政府对粮食购销企业改革先进单位	市政府	2004 年 10 月	
	林业工作先进单位	市政府	2004 年 10 月	
	生态家园富民工程建设先进单位和先进个人	市政府	2004 年 2 月	
	农民增收工作先进单位	市政府	2004 年 2 月	
	农业产业化工作先进单位及先进个人	市政府	2004 年 2 月	
	2003 年度接收安置工作先进单位	市政府	2004 年 8 月	
	邯郸市林业工作先进单位	市政府	2004 年 10 月	

2004 年河北省财政厅荣获省部级及以上表彰的先进个人登记表

获奖人	工作单位	奖项名称	颁发部门	获奖日期	备注
冯建凯	社保处	全国再就业先进工作者	国务院	2004 年 8 月 26 日	国发[2004]22 号
赵文海	预算处	企业所得税税源调查先进个人	财政部	2005 年 1 月	
宋华军	预算处	企业所得税税源调查先进个人	财政部	2005 年 1 月	
马　杰	社保处	拥军优属先进个人	省委、省政府、省军区	2004 年 6 月	
胡毅东	社保处	河北省再就业先进工作者	省政府	2004 年 11 月	

获奖人	工作单位	奖项名称	颁发部门	获奖日期	备注
李立新	社保中心	省军队离退休干部军退职工安置管理工作先进个人	省民政厅、人事厅、军区政治部、军区后勤部	2004 年 8 月	
王占虎	社保中心	推进农村小康社会建设宣讲工作优秀个人	省委	2004 年 7 月 15 日	
和　辉	农业处	河北省绿化奖章	省绿化委员会等	2005 年 4 月	
谷明印	机关党委	全国五一文化优秀奖	全国总工会	2004 年 10 月	
		全国五一文化二等奖	全国总工会	2004 年 10 月	
薛忆萍	企业处	2004 年度省直经济技术创新活动积极分子	省直工会	2005 年 3 月	
吕申国	企业处	河北省推进农村小康社会建设宣讲工作优秀宣讲干部	省委	2004 年 7 月	
肖青东	企业处	2004 年资产评估行业检查先进个人	财政部	2004 年 12 月	
吴红智	企业处	河北省协调劳动关系工作先进个人	省劳动厅、省总工会、省企业家协会	2004 年 11 月	
李万军	省注协	河北省社团先进工作者	省民间组织领导小组	2004 年 12 月	
苗永生	省注协	财政部资产评估行业检查先进个人	财政部	2004 年 11 月	
赵翠云	省注协	财政部资产评估行业检查先进个人	财政部	2004 年 11 月	
杜彦卿	人教处	河北省自考助学先进工作者	省自考委		
孟祥群	人教处	河北省自考助学先进工作者	省自考委		
黄　奎	人教处	河北省自考助学先进工作者	省自考委		
李　博	经济建设处	全省人民满意公务员记一等功	省政府		
高志勇	服务中心	全省推进农村小康建设宣讲工作先进个人	省委	2004 年 7 月	
马树凯	机关党委	新长征突击手	省直工委	2005 年 5 月	

2004 年石家庄市财政系统荣获市(厅)级及以上表彰的先进个人登记表

获奖人	工作单位	奖项名称	颁发部门	获奖日期	备注
梁永文	石家庄市财政局	党委系统信息工作者荣立三等功	市委办公厅 市人事局	2004 年 4 月 26 日	
赵悦贞 李和平 刘生彦	石家庄市财政局	2003 年度重点建设先进个人	市政府	2004 年 5 月 21 日	
王铁英 杜占贞	石家庄市财政局	2003 年度旅游工作先进个人	市政府	2004 年 3 月 30 日	

获奖人	工作单位	奖项名称	颁发部门	获奖日期	备注
赵汉增 张喜鹏 冯铁峰 武　鹏 郭建军 安　斐	石家庄市财政局	市直派出宣讲干部先进个人	市委	2004年7月15日	
周巧娥	石家庄市财政局	河北省财政系统先进工作者	省财政厅、省人事厅	2004年6月9日	
赵志卿 王志明	石家庄市财政局	语言文字工作先进个人	市政府	2004年9月9日	
王彦勤	石家庄市财政局	再就业工作先进工作者	市政府	2004年12月14日	
李和平 刘生彦	石家庄市财政局	2004年度农作物秸杆禁烧工作先进个人	市委、市政府	2004年12月14日	
许彦珍 陈宪民	石家庄市财政局	2004年度石家庄市造林绿化先进个人	市政府	2005年3月	
张明连	石家庄市桥东区财政局	河北省财政系统先进工作者	省财政厅、省人事厅	2004年6月9日	
		二等功	市政府	2004年4月	
林建新	鹿泉市财政局	河北省财政系统先进工作者	省财政厅 省人事厅	2004年6月9日	
刘胜军	正定县财政局	省劳模	省委、省政府	2004年4月	
		河北省财政系统先进工作者	省财政厅、省人事厅	2004年6月9日	
		再就业先进工作者	市委、市政府	2004年12月	
		二等功	市政府	2004年6月	
梁金贵	正定县财政局	市级信息宣传先进个人、省财政厅信息宣传先进个人	省财政厅	2004年2月	
赵福生	栾城县财政局	河北省财政系统先进工作者	省财政厅、省人事厅	2004年6月9日	
权林山	平山县财政局	河北省财政系统先进工作者	省财政厅、省人事厅	2004年6月9日	
李新峰	高邑财政局	“财政集中支付制度与国库统一支付制度比较”，获优秀成果奖	省财政厅	2004月8日	
王建设	高邑财政局	2003年度石家庄市综合治理先进工作者	市政府	2004年3月	
冯占瑞	高邑财政局	2004年石家庄市再就业先进工作者	市政府	2004年12月	

2004 年承德市财政系统荣获市(厅)级及以上表彰的先进个人登记表

获奖人	工作单位	奖项名称	颁发部门	获奖日期	备注
金凤岗	市农开办	承德市“绿色增收”先进个人	市政府	2004 年 12 月	
闫秀平	市财政局	先进会计工作者	市政府	2004 年 6 月	
金凤岗	市农开办	承德市绿化先进个人	市委、市政府	2004 年 4 月	
何志涛	市财政局	2003 年度优秀共产党员	市直工委	2004 年 6 月	
		2003 年度市直机关文明标兵	市直工委	2004 年 2 月	
尹晓光	市财政局	优秀共产党员	市直工委	2004 年	
冯艳霞	市财政局	文明标兵	市直工委	2004 年	
		“巾帼建功”明星	省妇联	2004 年	
王丽娟	市财政局	再就业先进工作者	市政府	2005 年 2 月	
张彩霞	市财政局	再就业先进工作者	市政府	2005 年 2 月	
		全省财政系统先进工作者	省财政厅	2004 年 6 月	
方青春	市财政局	调研课题成果三等奖	省财政厅	2004 年 8 月	
刘伟民	市农开办	推进农村小康社会建议宣讲工作优秀个人	市委	2004 年 7 月	
胡光辉	市农开办	推进农村小康社会建设宣讲工作优秀个人	市委	2004 年 7 月	
		河北省推进农村小康社会建设宣讲工作优秀宣讲干部	省委	2004 年 7 月	
陶俊轩	承德县	承德市造林绿化先进个人	市委、市政府	2004 年 5 月	
史林鑫	双桥区	省财政系统先进工作者	省财政厅	2004 年 8 月	
曲景武	围场县	先进会计工作者	市政府	2004 年 6 月	
李志文	兴隆县	二等功	市政府	2004	
张胜东	市财政局	嘉奖	市政府	2004 年 12 月	
马慧霞	市财政局	2004 年度企业所得税税源调查工作先进个人	省财政厅	2005 年 1 月	

2004 年张家口市财政系统荣获市(厅)级及以上表彰的先进个人登记表

获奖人	工作单位	奖项名称	颁发部门	获奖日期	备注
李雪荣	市财政局	优秀党务工作者	省委	2004 年 6 月	
韩开全	市财政局	河北省再就业先进工作者	省政府	2004 年 11 月	
李雪荣	市财政局	市劳动模范	市委、市政府	2004 年 4 月	
王大鹏	市财政局	扶贫开发工作先进个人	市委、市政府	2004 年 4 月	

获奖人	工作单位	奖项名称	颁发部门	获奖日期	备注
侯秉登	市财政局	扶贫开发工作先进个人	市委、市政府	2004 年 4 月	
吴立青	市财政局	造林绿化先进个人	市委、市政府	2004 年 3 月	
喻　鹏	市财政局	“京张区域协调发展论坛”组织工作先进个人	市委、市政府	2004 年 10 月	
张雅男	市财政局	2004 年度先进信访工作者	市委、市政府	2005 年 4 月	
高晓滨	市财政局	2004 年度创建文明生态村工作先进个人	市委、市政府	2005 年 4 月	
李吉瑜	市财政局	“推进农村小康社会建设宣讲活动”优秀宣讲干部	市委	2004 年 6 月	
郭志炜	市财政局	再就业先进工作者	市政府	2004 年 12 月	
盛秀锋	市财政局	纠风专项治理工作先进个人	市政府	2005 年 1 月	
李纪元	市财政局	2004 年度承办人大代表建议和政协提案先进承办工作者	市政府	2005 年 2 月	
赵红革	市财政局	2004 年度全省财政系统信息工作先进组织者	省财政厅	2005 年 4 月	
马经纬	市财政局	2004 年度全省财政系统优秀信息工作者	省财政厅	2005 年 4 月	
武　琰	市财政局	2004 年度全省财政系统优秀信息工作者	省财政厅	2005 年 4 月	
李丽华	桥西区财政局	“两讲一建”先进个人	省委	2004 年 3 月	
石海峰	桥西区财政局	“两讲一建”先进个人	市委	2004 年 2 月	
赵根山	阳原县财政局	市劳动模范	市委、市政府	2004 年 4 月	
李宏保	阳原县财政局	两讲一建教育活动先进个人	市委	2004 年 2 月	
		推进农村小康建设优秀宣讲干部	市委	2004 年 6 月	
冀琛峰	阳原县财政局	再就业先进工作者	市政府	2004 年 12 月	
张　斌	宣化县贾家营镇财政所	河北省财政系统先进工作者	省财政厅、省人事厅	2004 年 5 月	
刘爱玲	张北县财政局	张家口市再就业先进个人	市政府	2004 年 12 月	
李维民	涿鹿县财政局	二等功	市委、市政府	2004 年 4 月	
许　友	涿鹿县财政局	扶贫工作先进个人	市委、市政府	2004 年 4 月	
赵明江	宣化区财政局	二等功	市委、市政府	2004 年 8 月	
安继红	宣化区财政局	“我是会计人”演讲比赛三等奖	省财政厅	2004 年 9 月	
郭文全	赤城县财政局	无偿献血先进个人	市政府	2004 年 12 月	
孟建军	赤城县财政局	2004 年再就业工作先进工作者	市政府	2004 年 12 月	

2004 年秦皇岛市财政系统荣获市(厅)级及以上表彰的先进个人登记表

获奖人	工作单位	奖项名称	颁发部门	获奖日期	备注
毛耀民	秦皇岛市财政局	全市“驻访帮解”活动优秀工作队员	市委	2004 年 7 月	
裴庆瑞	秦皇岛市财政局	2003—2004 年度《河北财政年鉴》工作先进个人	省财政厅	2004 年 12 月	
王海波	秦皇岛市财政局	2003—2004 年度《河北财政年鉴》工作先进个人	省财政厅	2004 年 12 月	
		全市“驻访帮解”活动优秀工作队员	市委	2004 年 7 月	
		2003 年度全省财政系统优秀信息工作者	省财政厅	2004 年 6 月	
		课题成果《农村税费改革成效、问题及对策建议》三等奖	省财政厅	2004 年 9 月	
刘东旭	秦皇岛市财政局	全市“驻访帮解”活动优秀工作队员	市委	2004 年 7 月	
宋岿公	秦皇岛市财政局	全市“驻访帮解”活动优秀工作队员	市委	2004 年 7 月	
范劲松	秦皇岛市财政局	2004 年度企业所得税税源调查工作先进个人	省财政厅	2005 年 1 月	
樊旭东	秦皇岛市财政局	2004 年度企业所得税税源调查工作先进个人	省财政厅	2005 年 1 月	
常岩俊	秦皇岛市财政局	全市“驻访帮解”活动优秀工作队员	市委	2004 年 7 月	
南利军	秦皇岛市财政局	全市“驻访帮解”活动优秀工作队员	市委	2004 年 7 月	
郭勇兵	秦皇岛市财政局	全市“驻访帮解”活动优秀工作队员	市委	2004 年 7 月	
康连峰	秦皇岛市财政局	全市“驻访帮解”活动优秀工作队员	市委	2004 年 7 月	
骆卫军	秦皇岛市财政局	市再就业先进工作者	市政府	2005 年 1 月	
马宏艳	秦皇岛市财政局	市拥军优属先进个人	市委、市政府、军分区	2004 年 9 月	
李文学	秦皇岛市财政局	市动物防疫先进工作者	市委、市政府	2004 年 6 月	
李　一	秦皇岛市财政局	全市“驻访帮解”活动优秀工作队员	市委	2004 年 8 月	
		市动物防疫先进工作者	市委、市政府	2004 年 6 月	
张赞松	秦皇岛市财政局	全市“驻访帮解”活动优秀工作队员	市委	2004 年 7 月	
张玉文 王焕新	秦皇岛市财政局	课题成果《我市农村税费改革情况的调查》二等奖	省财政厅	2004 年 9 月	
赵　杰	秦皇岛市财政局	全市“驻访帮解”活动优秀工作队员	市委	2004 年 7 月	
宋瑞军	秦皇岛市财政局	全市“驻访帮解”活动优秀工作队员	市委	2004 年 7 月	
汪　虎	秦皇岛市财政局	河北省农业开发系统先进工作者	省农开办 省人事厅	2004 年 2 月	
常　志	秦皇岛市 契税征管所	全市“驻访帮解”活动优秀工作队员	市委	2004 年 7 月	

获奖人	工作单位	奖项名称	颁发部门	获奖日期	备注
胡　田	秦皇岛市财政局	支持工会工作好领导	省总工会	2004 年 12 月	
		全省劳动模范	省政府	2004 年 6 月	
程　浩	秦皇岛市财政局	全省再就业先进个人	省政府	2004 年 11 月	
王福民	秦皇岛市产权交易中心	全市“驻访帮解”活动优秀工作队员	市委	2004 年 7 月	

2004 年唐山市财政系统荣获市(厅)级及以上表彰的先进个人登记表

获奖人	工作单位	奖项名称	颁发部门	获奖日期	备注
莫连营	唐山市财政局	2002—2003 年度唐山市劳动模范	市委、市政府	2004 年 4 月	
魏文忠	唐山市财政局	2003 年度创五城及环境建设突出贡献个人	市委、市政府	2004 年 3 月	

2004 年廊坊市财政系统荣获市(厅)级及以上表彰的先进个人登记表

获奖人	工作单位	奖项名称	颁发部门	获奖日期	备注
李春山	市财政局	市直十佳党组织带头人	市委	2004 年 6 月	
李德华	市财政局	承办第八届中国(廊坊)农产品交易会先进个人	市委、市政府	2004 年 7 月	
张毅明	市财政局	全国财政系统信息工作先进组织者	财政部	2004 年 3 月	
张环录	市财政局	市优秀党务工作者	市委	2004 年 6 月	
左得江	市财政局	市国有粮食购销企业财务挂帐清理审计工作先进个人	市政府	2004 年 12 月	
李晓鹏	市财政局	全市政府系统优秀信息工作者	市委、市政府	2004 年 3 月	
		省财政科研课题成果一等奖	省财政厅	2004 年 7 月	
程广翔	市财政局	全市政府系统信息工作先进个人	市委、市政府	2004 年 4 月	
		河北财政年鉴工作先进个人	省财政厅	2004 年 5 月	
		全省财政系统信息工作先进个人	省财政厅	2004 年 4 月	
尹永强	市财政局	全国财政系统优秀信息员	财政部	2004 年 3 月	
崔宝珍	市财政局	省第十一届运动会先进个人	市委、市政府	2004 年 10 月	
陈　琨	市财政局	市优秀共青团员	团市委	2004 年 9 月	
王巨红	市财政局	省财政系统优秀信息工作者	省财政厅	2004 年 4 月	
		河北财政年鉴工作先进个人	省财政厅	2004 年 5 月	
		省厅调研课题成果评比一等奖	省财政厅	2004 年 7 月	

获奖人	工作单位	奖项名称	颁发部门	获奖日期	备注
陈宏信	市财政局	市防治高致病性禽流感工作先进个人	市委、市政府	2004 年 6 月	
		市“10·18”先进个人	市委、市政府	2004 年 11 月	
莒　旗	市财政局	省秸秆禁烧和综合利用工作先进个人	省政府	2004 年 11 月	
张　剑	市财政局	市造林绿化先进工作者	市政府	2004 年 11 月	
靳增兵	市财政局	市防治高致病性禽流感工作先进个人	市委、市政府	2004 年 6 月	
马东坡	市财政局	省财政系统财政法规知识竞赛个人一等奖	省财政厅	2004 年 11 月	
赵金亭 高晓丽	市财政局	第五届“5·18”承办工作先进个人	市政府	2004 年 7 月	
任晓娟 赵玉芝	市财政局	市国有粮食购销企业财务挂帐清理审计工作先进个人	市政府	2004 年 12 月	
司绍杰 蔡根生	市财政局	全市 ISO14001 环境管理体系运行和 ISO14000 国家示范区创建工作优秀通讯员	市政府	2004 年 12 月	
曹　宏 王明艳	市财政局	《公共支出与采购》征订工作先进个人	省财政厅	2004 年 5 月	
苗瑞耘	市财政局	市“交通杯”进位·追赶演讲比赛一等奖	市直工委	2004 年 9 月	
		省“我是会计人”演讲比赛优秀奖	省财政厅	2004 年 10 月	
王绍芝	安次区财政局	省劳动模范	省总工会	2004 年 6 月	
杨金国	固安县财政局	市防治高致病性禽流感工作先进个人	市委、市政府	2004 年 6 月	
王丽云	香河县财政局	巾帼标兵	市委、市政府	2004 年 6 月	
王荣三	开发区财政局	全省宣讲工作先进个人	省委	2004 年 10 月	
符宝生	三河市财政局	河北省先进工作者	省政府	2004 年 4 月	
		河北省财政系统先进工作者	省财政厅、省人事厅	2004 年 6 月	
袁普金	三河市财政局	优秀宣讲干部	市委	2004 年 6 月	
沈　震	三河市财政局	新长征突击手	团市委	2004 年 5 月	
王伟光	三河市财政局	农业开发系统先进工作者	省人事厅、省农业开发办	2004 年 2 月	
刘玉荣	大厂县财政局	全省财政系统优秀工作者	省财政厅、省人事厅	2004 年 6 月	
白　浩	大厂县财政局	优秀共产党员	市委	2004 年 6 月	
董继彬	永清县财政局	优秀党务工作者	市委	2004 年 7 月	
厉澜洪	永清县财政局	农村“两讲一建”先进个人	市委	2004 年 4 月	
		优秀宣讲干部	市委	2004 年 7 月	

2004 年保定市财政系统荣获市(厅)级及以上表彰的先进个人登记表

获奖人	工作单位	奖项名称	颁发部门	获奖日期	备注
吕宝生	保定市财政局	先进工作者	省政府	2004 年 5 月	
		维护社会稳定先进个人	市委、市政府	2004 年 2 月	
		敬老好领导	市委、市政府	2004 年 3 月	
姜 扬	保定市财政局	双拥工作先进个人	市委、市政府、军分区	2004 年 3 月	
吴 凯	保定市财政局	先进工作者	省农开办	2004 年 3 月	
韩保京	保定市财政局	先进个人	市纪检委	2004 年 3 月	
谷岭雪	保定市财政局	双学双比先进个人	省妇联	2004 年 3 月	
齐 欣	保定市财政局	三八红旗手	市妇联	2004 年 3 月	
宋 敬	保定市财政局	三八红旗手	市妇联	2004 年 3 月	
翟彦更	保定市财政局	十佳纪检干部	市纪检委	2004 年 9 月	
冯建虎	保定市财政局	造林绿化先进个人	市委、市政府	2004 年 9 月	
		河北省财政年鉴工作先进个人	省财政厅	2004 年 9 月	
张志伟	保定市财政局	河北省财政年鉴工作先进个人	省财政厅	2004 年 9 月	
齐 欣	保定市财政局	再就业先进工作者	省政府	2004 年 12 月	

2004 年沧州市财政系统荣获市(厅)级及以上表彰的先进个人登记表

获奖人	工作单位	奖项名称	颁发部门	获奖日期	备注
王海磊	市财政局	纪检监察信息先进个人	市纪委	2005 年 1 月	
王志宏	市财政局	在推进农村小康社会建设宣讲工作中,被评为优秀干部	市委、市政府	2004 年 6 月 29 日	
郑士豪	盐山县杨集乡财政所	省人民满意公务员	省人事厅	2004 年 10 月	
张世杰	黄骅市财政局	省财政系统先进工作者	省财政厅、省人事厅	2004 年 6 月 9 月	
王向华	沧州市财政局	省财政系统先进工作者	省财政厅、省人事厅	2004 年 6 月 9 月	
郝 霞	任丘市财政局	省财政系统先进工作者	省财政厅、省人事厅	2004 年 6 月 9 月	
柴志华	新华区财政局	省财政系统先进工作者	省财政厅、省人事厅	2004 年 6 月 9 日	
马庆荣	青县财政局	省财政系统先进工作者	省财政厅、省人事厅	2004 年 6 月 9 日	
张金义	孟村县财政局	河北省推进农村小康社会建设宣讲工作优秀个人	省委	2004 年 7 月	

获奖人	工作单位	奖项名称	颁发部门	获奖日期	备注
刘亚东	孟村县财政局	二等功	市政府	2004 年 6 月	
卢新民	沧州市财政局	财政调研课题优秀成果奖	省财政厅	2004 年 8 月	
		先进个人称号	中国民主建国会沧州市委员会	2004 年 12 月	

2004 年衡水市财政系统荣获市(厅)级及以上表彰的先进个人登记表

获奖人	工作单位	奖项名称	颁发部门	获奖日期	备注
薛金平	衡水市财政局	全省优秀小康建设演讲团优秀演讲干部	省委	2004 年 6 月	
王卫民	衡水市财政局	河北省再就业先进工作者	省政府	2004 年 11 月	
李梦华	衡水市财政局	农业开发资金管理先进工作者	省财政厅、人事厅	2004 年 2 月	
杜建政	衡水市财政局	全省财政系统优秀信息工作者	省财政厅	2004 年 2 月	
李祥云	衡水市财政局	财政系统先进个人	省人事厅、财政厅	2004 年 12 月	
		推进农业产业化先进个人	省财政厅	2004 年 5 月	
黄全胜	衡水市财政局	工会活动先进个人	省总工会	2004 年 6 月	
张克新	衡水市财政局	语言文字工作先进个人	市政府	2004 年 10 月	
李光辉	安平县财政局	河北省劳动模范	省总工会	2004 年 5 月	
魏占中	安平县财政局	财政系统先进个人	省人事厅、财政厅	2004 年 12 月	
刘德元	安平县财政局	优秀信息工作者	市委	2004 年 3 月	

2004 年邢台市财政系统荣获市(厅)级及以上表彰的先进个人登记表

获奖人	工作单位	奖项名称	颁发部门	获奖日期	备注
崔尽忠	市财政局	全省再就业工作先进个人	省政府	2004 年 11 月	
郭路芳	市财政局	2004 年度全市城建工作先进个人	市委、市政府	2005 年 2 月 24 日	
薛建设	市财政局	市行风建设先进个人	市委、市政府	2004 年 4 月	
贾金平	市财政局	河北省推进农村小康社会建设宣讲工作优秀干部	省委	2004 年 7 月	
王春瑞	市财政局	2003 年度全省财政系统信息工作先进组织者	省财政厅	2004 年 6 月	
商黎英	市财政局	邢台市首届十大女杰巾帼卫士	市委、市政府	2004 年 6 月	
刘立德	市财政局	省民族工作先进个人	省民宗委	2004 年 12 月	

获奖人	工作单位	奖项名称	颁发部门	获奖日期	备注
张立杭	南宫市财政局	邢台市劳动模范	市委、市政府	2004年4月	
		2000—2002年省财政系统先进工作者	省财政厅、省人事厅	2004年9月	
		邢台市优秀共产党员	市委	2004年7月	
张华一	广宗县财政局	邢台市优秀共产党员	市委	2004年7月	
		邢台市劳动模范	市委、市政府	2004年4月	
张　民	巨鹿县财政局	省级劳动模范	省委、省政府	2004年4月	
马建军	任县财政局	2000—2002年省财政系统先进工作者	省财政、省人事厅	2004年9月	
孙连涛	临西县财政局	2000—2002年省财政系统先进工作者	省财政、省人事厅	2004年9月	
张增群	邢台县南大郭乡财政所	2000—2002年省财政系统先进工作者	省财政、省人事厅	2004年9月	
张振强	高开区财政局	2000—2002年省财政系统先进工作者	省财政、省人事厅	2004年9月	

2004年邯郸市财政系统荣获
市(厅)级及以上表彰的先进个人登记表

获奖人	工作单位	奖项名称	颁发部门	获奖日期	备注
曹东霞	邯郸市财政局	二等功	市政府	2005年3月	
张永安	邯郸市财政局	先进国家公务员	市政府	2005年3月	
楚福元	邯郸市财政局	先进国家公务员	市政府	2005年3月	
刘素英	邯郸市财政局	先进国家公务员	市政府	2005年3月	
张　霞	邯郸市财政局	先进国家公务员	市政府	2005年3月	
杜凌峰	邯郸市财政局	先进国家公务员	市政府	2005年3月	
万长生	邯郸市财政局	三等功	市政府	2005年3月	
张会锋	邯郸市财政局	三等功	市政府	2005年3月	
张俊波	邯郸市财政局	三等功	市政府	2005年3月	
张佩生	邯郸市财政局	三等功	市政府	2005年3月	
梁志霞	邯郸市财政局	三等功	市政府	2005年3月	
王计存	邯郸市财政局	老干部工作先进个人	市委、市政府	2005年3月	
李海林	邯郸市财政局	农业产业化先进个人	市政府	2005年3月	
吴汝敏	邯郸市财政局	优秀宣讲干部	市委	2004年7月	
连会政	邯郸市财政局	植树先进个人	市政府	2004年11月	
魏荣先	邯郸市财政局	全省优秀档案工作者	省档案局	2005年1月	
		提案承办先进个人	市人大、政府、政协	2005年1月	
韩　强	邯郸市财政局	再就业先进个人	市政府	2004年12月	
李　健	邯郸市财政局	所得税调研先进	省财政厅	2004年12月	

获奖人	工作单位	奖项名称	颁发部门	获奖日期	备注
李瑞龄	邯郸市财政局	畜牧强市先进个人	市政府	2005年3月	
		生态富民先进个人	市政府	2005年3月	
张才学	邯郸市财政局	畜牧强市先进个人	市政府	2005年3月	
		生态富民先进个人	市政府	2005年3月	
郝　华	邯郸市财政局	农业项目先进个人	市政府	2005年3月	
宋新琪	邯郸市财政局	信息工作先进个人	市政府	2005年1月	
		督查先进个人	市政府	2005年1月	
杨玉玺	邯郸市财政局	社科优秀成果三等奖	市委、市政府	2004年8月	
赵合峰	邯郸县财政局	财政系统先进工作者	省财政厅、人事厅	2004年6月	
王天军	邯郸县财政局	粮食购销清帐	市政府	2004年11月	
武全民	邯山区财政局	财政系统先进工作者	省财政厅、人事厅	2004年6月	
侯书怀	鸡泽县财政局	农业综合开发先进	市政府	2005年2月	
		市优秀宣讲干部	市委	2004年7月	
代利周	鸡泽县财政局	财政好新闻奖	省财政厅	2004年9月	

· 先进个人模范事迹材料之一 ·

受财政部、劳动和社会保障部表彰的冯建凯同志的事迹简介

冯建凯同志，省财政厅社会保障处副处长，长期从事财政社会保障工作，牢固树立就业是民生之本的思想，始终坚持“往深里做，往实里做”的工作作风，急就业对象之所急，想困难群众之所想，针对我省就业和再就业方面的主要矛盾，积极提出相关建议和措施，为全省的就业和再就业工作作出了突出的贡献。负责的相关财政工作得到了财政部、劳动和社会保障部、省政府的表扬和肯定。

一是结合我省实际情况，认真参与全省再就业政策资金体系的制定。牵头制定或参与制定了加强再就业工作的9个重要文件，形成了我省当前和今后一定时期再就业政策体系。在享受政策范围、社会保险补贴、公益岗位开发和补贴标准、培训职介补贴方式和标准、小额贷款担保设立、出中心后生活保障、三条保障线的衔接、增加资金投入与资金管理等方面都提出了建议并被采纳。比如在政策扶持范围方面提出既要考虑财政承受能力，又要考虑下岗失业人员困难，更要抓住国有下岗失业人员再就业这一主要矛盾；既要严格执行中央政策，又要考虑我省实际，使我省在享受范围上实现了必要突破。在培训和职业介绍方面，提出坚持市场导向和与就业挂钩的就业培训职介机制，充分挖掘社会资源，改变政府现有就业培训机构运做模式，使培训职介工作充满活力，呈现出高层次、宽领域的特点。二是提出了调整财政支出结构，增加再就业资金投入，加强资金管理，提高资金使用效率的建议措施，并得到实施。该同志先后主持测算了全省再就业资金需求，提出了解决我省再就业资金缺口的建议：压缩一般性支出，增加再就业资金投入；梳理再就业资金筹集渠道，加大筹集力度；优化财政支出结构将再就业资金形成制度性安排；稳定基本生活保障资金对各市转移支付基数，促使和调动各地调整资金支出结构，从保生活向促就业转变；调动地方投入积极性，提高资金使用效率等，并形成了制度文件。三是不仅在实践中落实政策，还在理论上研究政策，积极宣传再就业工作，先后在全省财政系统、失业保险系统、就业培训系统和省政府再就业督导组等培训班和各种座谈会上宣讲再就业政策，比如在各地就业训练主任会上通过交流，解除了大家培训与就业挂钩后无法开展工作的思想顾虑，提出了再就业培训大有可为、能有大为的思路，受到好评。撰写5篇关于做好再就业工作的文章发表在《河北日报》、《河北财会》等

报刊上，收到了好的效果。两次参加省政府再就业督导组深入市、县调查研究，并向省政府提出改进相关工作的建议。

·先进个人模范事迹材料之二·

牢记使命 更新观念 促进财政经济健康发展

三河市财政局 符宝生

我作为三河市财政局局长、一名参加财政工作三十年的“老兵”，在工作中最深的体会是：只有时刻牢记责任和使命，坚持党和人民的利益高于一切，不断拼搏进取，才能促进财政事业的健康发展，才能打造让党和人民放心、信任的财政。对于工作，我只讲一下自己经常说起的三句话：

“脑子里要绷根弦儿！”

财政是为民理财、为政府“管家”。要发挥好自己的职能作用，脑子里就要时时刻刻绷根弦儿——盯紧全市社会经济发展的热点、难点问题，提前谋划、未雨绸缪，保障和促进全市经济发展和社会稳定。

1999年上半年，三河市开始了农村合作基金会清理、整顿、移交工作。在清理中发现，由于长期经营不善，管理混乱和人为侵吞等因素，导致基金会出现了巨大亏空。想要保证清理移交工作的顺利进行，需要政府的巨额资金注入。但在当时“吃饭财政”的局面下，哪有这么多财力用于解决基金会问题呢？巨额亏空的消息传开后，储户哗然，再加上“储户的存款不能得到全额兑付”的小道消息一传播，更加剧了局势的混乱，随时有失控的危险。这时，我被政府有关领导叫到办公室，告诉我说：基金会这“关”能不能过去，现在就看你财政的了！面对这一艰巨任务，我没有说别的，只是胸有成竹地保证：没有问题！财政有能力垫付这笔资金。市政府领导见我如此有信心，感觉很意外。原来，早在农村合作基金会清理移交工作开始时，我就已经认识到，最后这副担子肯定要落到财政头上。因此，不等市政府安排，我就开始提前筹措资金，并有意识地缓拨各种非急需的公用支出。对此，有些单位不太理解，我解释说：这钱不是不给，而是缓拨一段时间，现在有其他用途。为了避免不必要的混乱，具体是什么用途，我没有明确解释。在基金会清理移交过程中，财政累计注入资金3455万元，使这一可能影响我市社会稳定与经济发展的重大事态迅速得到平息。

去年上半年，在深入基层调研的过程中，我经常能听到一些中小企业主抱怨自己是“没娘的孩子”，遇到问题没人管，基本上处于自生自灭的状态。进一步了解后，发现这些中小企业在发展过程中遇到的最大问题是融资难、贷款难问题。银行出于风险和规模考虑，难以支持，民间融资又存在利息高、风险大的问题。这一情况引起了我的高度重视和深入思考。数量众多的中小企业是全市经济发展的重要层面，在繁荣城乡市场、增加就业与税基、提高人均收入方面具有不可替代的作用，对中小企业发展过程中出现的问题绝不能忽视。通过借鉴其他地区的成功经验，结合我市实际，财政于2003年底投资2000万元建立了中小企业贷款担保基金，专项用于解决中小企业贷款难、融资难问题，预计可撬动金融资金一亿元。

“眼睛要向高处看！”

所谓“眼睛向高处看”，不是指一味盯着上级领导，而是指财政工作要向高水平看齐，清醒地认识到自身的工作与先进地区、先进水平之间的差距，不断解放思想、更新观念，推动财政工作不断进步。

担任局长8年来，财政改革一直是我工作中的主线。由于改革是对财政分配格局和管理体制的重大调整，必然会涉及到各单位的切身利益，必然会遇到种种阻力和不解。有些单位认为财政在“揽权”，有些单位担心自己的工作和业务开展会受到影响，因而普遍具有抵触情绪。在推行财政集中支付制度改革之初，一个和我平常关系不错的单位一把手找到我，直言坦陈他的担忧：我们单位一年到头的资金用量非常大，有的时候用钱非常急，把钱放在支付中心，你能保障我的需要吗？我对他说：您尽管放心，如果耽误了您的日常业务，我这个改革不搞了，支付中心关门！他半信半疑地走了，我也站到了“悬崖”边上。我的保证会很快传开，同时也意味着集中支付改革只能成功，不能失败。为了确保改革成功，我亲自抓集中支付中心的工作，除了对业务流程和支付手段充分优化外，明确要求中心工作人员要把优质服务、高效服务作为最主要的工作目标。在我的严格要求和督促下，支付中心切实做到了优质服务、高效服务，并主动征求单位意见，得到了各单位的普遍认可，成立仅一年就被命名为地市级“青年文明号”和“巾帼建功示范岗”。

由于我们在改革工作中能够充分考虑各单位的利益，主动换位思考问题，从而有效地减小了改革阻力，得到了更多的支持与理解。近几年来，我市财政先后推出了部门预算、票款分离、政府采购、工资发放银行化、财政集中支付制度、财政投资评审制度等多项改革举措，均获得了成功，不但提高了财政管理水平、促进了党风廉政建设源头治理，而且取得了可观的经济效益。2003 年，仅通过推行政府采购制度和财政投资评审制度，就节约财政资金 3200 万元，节支作用十分明显。

“心里要有杆秤！”

用什么标准来衡量财政工作的好与差？我想，在这个问题上我们心里要有杆秤，并且要把这杆秤的“定盘星”放在领导和群众认可的位置上。

公教人员工资发放，是与人民群众的生活联系最紧密的一项财政工作。我市财政这项改革全面推开以来，杜绝了拖欠公教人员工资和工资标准不统一现象，受到了广大公教人员、特别是农村公教人员的欢迎。改革进展过程中，从方案的制定、软件的使用到与代理银行的协议，我都要亲自把关；工作中出现的每一个小问题，我都要亲自督促解决。有一次，由于软件计算错误使一名乡镇教师的工资被多扣了 3 元所得税。我了解情况后，严肃批评了经办人员。经办人员心里有些不服气，认为这么大规模的工资统一发放出现一两个错误是难免的，如果再重新复核计算一遍，工作量太大了。我看了出来，耐心地解释说：“工资统发这项工作，说简单，其实一点也不简单。全市一万多人的工资发放，一个人工资出错，对咱们来讲只是不到万分之一的错误率，表面上看可以接受，但对涉及的个人来说，就是百分之百。咱们这些吃财政饭的，就靠每月的工资养家糊口，平白无故少发几块钱谁都不满意，要是换成你，你怎么想？”一番话说通了下属。在以后的工资发放中，有关人员都进行认真复核，再也没有出现过类似的错误，工资统发工作进展得非常顺利。

今年年初，按照中央一号文件精神，结合我市的财政状况，我们向市委、市政府提出了在全市范围内免征农业税的建议。市委、市政府经过审慎研究，考虑到一下子取消一个千余万元的收入项目，对全市财政收入和财政可用财力的影响很大，没有同意我们的意见。按说，上级已经做出了决定，作为下级只管执行就可以了。但是我认为，整体免征农业税，对全市社会经济发展、特别是农村经济发展的利远远大于弊。于是，我们再次向市委、市政府提出书面建议，从农村经济发展、减轻农民负担、农业税征收成本以及替代财源等四个方面阐述了免征农业税的必要性和重大意义，终于促使市委、市政府于今年 4 月底做出了免征农业税的决定。这一政策的实施，使全市农民负担基本“归零”，得到了广大人民群众的广泛拥护。

成绩只代表过去，发展之路任重而道远。今后，我将带领全局干部职工团结拼搏、锐意进取，推动三河财政事业不断取得更大的发展！

（原载《河北财政》2004 · 11）

· 先进个人模范事迹材料之三 ·

战胜病魔挑重担
无私奉献干事业

卢龙县刘田各庄镇财政所　孟凡仁

我是秦皇岛市卢龙县刘田各庄镇财政所所长。几年来，我不顾体弱多病，刻苦钻研业务，心系群众，甘于奉献，取得了一定成绩。财政所连续三年被评为县、市、省先进集体，我也连续三年受到政府嘉奖。

一、迎难而上，开创新局面

1998 年底，我由镇土管所所长调任财政所所长。俗话说，万事开头难。当时，镇财政十分困难，连续几年赤字，收不抵支，预算外资金全部游离在“七所八站”，收入不清，开支不明，管理相当混乱。面对这些情况，我深入调研，集思广益，首先向镇党委、政府递交了加强预算外资金管理的实施方案，随后立即着手“七所八站”财务管理的整顿工作。将“七所八站”的账户全部并入财政所一个账户，统一管理。为保工资发放，在财政所开设了工资储存专户，预算内外资金先存入工资专户，工资专户储存不足时，暂时冻结其他一切开支，这样不仅保证了公教人员工资的按时发放，而且杜绝了大手大脚开支的现象。

第一炮打响了，我对财政工作的感情更深了，信心也更足了。然而预料不到的事却发生了。1999 年 6 月 28 日，上任刚半年的我在后上庄村评定鲜桃产量时，突然晕倒在桃园里，牙关紧闭，说不出话来。在场的同志赶紧从本村找来一辆农用车把我送到镇医院，该院不能确诊，随即又送到县医院。经检查是良性脑瘤，县、镇领导得知后十分关心，当时主管财政工作的常务副县长胡永贵同志从北京请来了脑外科专家，做了开颅手术。术后三天，我才从昏迷中醒来。躺在病床上，我想起了年迈的父母，多病的妻子，可爱的儿女，想起了同甘共苦的同事们，我百感交集：是领导、同志和亲人的关心和鼓励，医护人员的精心治疗和护理，终于把我从死亡线上拉了回来。病愈出院后，好心人都劝我离开财政所，到工作量较小、体力消耗少的单位去，边工作边休养。我没有同意，因为我已深深地爱上了这个岗位。我的真情，终于感动了领导、亲友，同意我继续留在财政所工作。

二、甘于奉献，为民理好财

俗话说，打铁先得自身硬。经过那场大病，我身体十分虚弱，体重减了十多公斤，活动量稍大，就浑身出虚汗。2000 年，我镇涉及征收农业特产税面积 1 万多亩，遍布 37 个村、3672 户，分布在五山六岭十二条沟里，测产、征收一天就得爬山越岭三四十公里。当时，所里几名同事都劝我留在所里值班。可我想，所长在家坐着，让同事们顶着酷暑爬山串村，怎么能带好班子、带好队伍呢？不管大伙怎么劝，我还是坚持和同志们一道冒酷暑、忍饥渴，天天穿行于密不透风的果园里，曾几次晕倒在现场。

在基层当一名财政所长，危险时刻就得豁得出、冲上去。2001 年在征收农业税时，李时各庄村一名单身汉蛮不讲理，暴力抗税，持刀威胁征管人员，我见状毫不犹豫地把同志们挡在后面，严厉地说："我是所长，要杀你杀我，反正我已是死过一次的人了，如果你真敢以身试法，就冲我来。"他被我震住了，扔下了手中的菜刀。后来，经过耐心细致的思想工作，他还是心服口服地缴了税。他说："孟所长，我不是怕你这个小官，但我最服的是你为公家的这么点税，连死也不怕。"

我们财政干部，手中握有一定的权力，也面临着金钱的诱惑，必须经得住考验。2003 年 4 月的一天，在征收耕地占用税时，有一名乡亲对我说，如果你高抬贵手，减征一半，我送你三千元，这个够你干三、四个月的。我说，我是国家财政干部，你甭想用金钱收买我。他见我不为钱所动只好交了两万元税款。在我的带动下，吃请不到、送礼不要在我们财政所已蔚然成风，在全镇群众中也树立了良好的财税干部形象。

摆正工作与家庭事务的关系，是作为一个带头人应具备的基本素质。几年来，我克服孩子上学、妻子多病、农活无人干、家务无人管的困难，坚持出全勤，干满点。2000 年夏季的一天，我 14 岁的儿子感冒发烧 39 度，妻子也因身体多病照顾不了他，几次打电话让我回去给儿子看病。因当时正忙于水果评产，离家又远，我只能劝妻子找邻居帮忙。后来，妻子急了，在电话中说："孟凡仁，是工作重要，还是儿子重要，你自己看着办吧！"面对妻子的质问，我无言以对，只能暗暗流泪。为了工作，家里的 5 亩责任田低价承包了出去，仅此一项每年减少收入三四千元。妻子埋怨说，你对自己的身体从不在乎，对家里事从不关心，这么傻干图个啥？我认为正是这种傻劲，才"傻"出了财政干部的本质，得到了人民群众的信任。

三、心系群众，真诚办实事

群众的事无小事，这是一名财政干部必须时刻牢记的宗旨。2002 年在税费改革中，我拖着虚弱的身体，和全所干部一道走访调查了全镇 76 个村，核实了 65000 亩耕地面积和常年产量。经反复测算，全镇农民人均负担比税费改革前降低了 51%，不仅使农民普遍认识到党中央决策的英明，而且从中得到了实惠。2003 年夏天，我镇七个村遭受了近 30 年来最严重的一次雹灾，地面庄稼躺倒一片，树上果品砸落满地，大多数农作物绝收，损失相当严重。面对一片片被毁的庄稼和果品，乡亲们焦虑万分。我看在眼里，痛在心里，急在行动上。我立即组织财政所人员顶酷暑，踏泥泞，爬山越岭，跑遍田间地头，实地查看灾情，连夜赶写了灾情报告，及时上报给主管部门。由于各级党政领导的重视，及时下拨了 69.6 万元的救灾款。当资金到达财政所后，我们根据灾情调查资料，根据公开、公平、公正的原则，仅用两天时间就把救灾款发放到 1672 户受灾农民手中，使农民从中感受到党和政府的温暖。

几年的工作实践，使我深深体会到：只要时刻牢记"三个代表"重要思想，爱岗敬业，甘于奉献，廉洁勤政，为民谋利，勇于创新，我们的工作就会越做越好。

（原载《河北财政》2004·11）

·先进个人模范事迹材料之四·

率先垂范带队伍 甘当财苑引路人

唐山市开平区财政局　戴春铮

我是 1996 年任唐山市开平区财政局局长的。八年以来，我和班子成员一起，着力强化人本管理，带领全局干部职工群策群力，为开平区经济和社会事业发展付出了艰辛和努力。

一、率先垂范当“班长”

班子强不强，大伙看“班长”。作为“班长”，我认定只要带头守纪、真诚待人、肯于吃亏，就一定能带好班子和队伍。用人和管钱历来是每个单位都最敏感的两根“神经”，把握不好、处理不当，往往容易造成班子成员间的分歧和不团结。在这个问题上，我坚持实行以制度管人、以制度管钱、以制度管各项工作，不仅主持制定了大到领导班子廉洁自律规定、一岗双责制、过错追究制，小到员工行为规范、伤病慰问办法等 60 多项规章制度，而且坚持带头执行。凡是涉及干部调整、干部奖惩或较大经费支出等，我都拿到班子会上充分听取每个成员的意见，最后集体讨论决定，从不搞个人说了算。

作为“班长”，我深知“以诚待人者，人以诚相应”的道理。所以，在抓好制度管人、管钱、管事等“硬性”管理的同时，我还非常注重人性化的“软管理”，以情感人。班子成员无论谁家中有事或身体有病，我都积极帮助解决、送去温暖。如班子中的一位女同志，曾因孩子有病和厌学而苦恼，经常在班上掉眼泪。了解了真实情况后，我从和这个孩子谈心交朋友开始，帮他找医生看病、联系学校转学，使孩子既恢复了健康，又有了学习上的自信。就是靠工作上的相互沟通，生活上真诚关心，我们局领导班子多年来始终保持着较强的凝聚力和战斗力。

二、以人为本带队伍

以人为本是事业发展的基石，也是人本化管理的根本出发点和落脚点。几年来在抓好班子自身建设的同时，我们在培养磨练过硬的财政队伍上更是下了一番苦功夫，具体可概括为四个方面：即政治上关心、业务上提高、生活上帮助、作风上磨练。为了增强 70 多名干部职工团结奋进的集体荣誉感和团队精神，我们班子立下了一条不成文的规定，凡是同事婚丧嫁娶必到、有病住院必到，家中有困难必访、夫妻闹矛盾必访、思想有波动必访。

今年 5 月份，局会计科一名女同志患有肺部肿瘤疾病，需到北京进行治疗。为了给这名同志以精神上的安慰和鼓励，我两次去北京为她联系医院。手术当天，我派两名班子成员专门在医院守候，直至手术顺利结束。这事不仅感动了患者本人，也同时感动了全局员工。前年，局里有位大龄男青年家住农村，因生活困难为操办婚事发愁。我们领导班子就亲自为他操办，把婚礼办得既节俭又喜庆。结婚仪式上，这位同志的母亲激动地说：“咱开平区财政局的领导真是忒好啊，你们当局长的比我们当父母的想得还细！”正是这种润物细无声的人性化管理，使全局上下一直保持着一种“对工作有热情、对同志有亲情、对服务对象有感情”的浓厚氛围，全局干部职工思想和业务素质也得到了全面提高。几年来，我们局先后培养了 16 名优秀青年加入了党组织，大专以上学历人员已占总人数的 86%，先后有 12 人被提拔到区直部门担任领导干部。

三、想民为民树形象

检验和衡量一个班子强不强、一支队伍素质硬不硬、工作成绩大不大，其根本标准就是看人民群众满不满意。在强化人本化管理的过程中，我更注重在全员中倡导和树立民本意识，使全局员工通过想民为民爱民的实际行动，树立了良好形象。去年我区企业改革中曾出现过企业离休干部和军转干部、退伍军人因工资和待遇问题而频频上访的现象。考虑到这些人员数量不多而且财政又有这个保障能力，我主动建议区委、区政府在全市率先实施了把企业离休老干部工资、各种福利待遇及管理关系划归区老干部局统一管理的办法，并将改制企业军转干部、退伍军人的退休工资纳入了社保统筹。事后，这些企业离休老干部非常满意，很多人在不同场合一再表示对财政局参谋作用的赞许和对区委、区政府开明政策的感谢。就是靠着这种为民理财的宗旨观念，我们连年实现了“四不拖欠”、“两个确保”和“一个低保”，有力地维护了社会稳定。

心系群众疾苦、帮扶弱势群体，是财政部门为民理财送温暖的重要职责。近几年来，由于地下水位下降，我区北部山村出现了吃水难的问题，有的村甚至排队挑水吃。为解决这一困难，我主动协调区有关部门，积极争取利用国债补助资金，为全区十几个缺水村打深井、埋管道，使农民足不出户就喝到了深层地下自来水。与此同时，按照区委、区政府统一安排，我们局还支援了四个文明生态村的建设。期间，我率局领导班子多次深入这些村庄调查研究，与农民共谋发展大计，不仅支持村里完成了净化、硬化、绿化工程，还帮助几个村谋划了经济长远发展规划，先后使两个村建设成市级文明生态村、四个村改变了落后面貌。对此，村民们非常感动，他们说："没有财政局的关心支持，村里怎么也变不了这么快、这么好！"

付出努力，终有回报。开平区财政收入在1996年超亿元之后，继续保持高速增长，2003年超过了4亿元。八年来，局领导班子在民主评议考核中年年被评为优秀，2000年、2001年我局被唐山市委、市政府评为文明建设单位，我也多次受到区委、区政府的嘉奖。

（原载《河北财政》2004·11）

·先进个人模范事迹材料之五·

心系发展谋创新 志在改革谱新篇

冀州市财政局　甄瑞杰

我现任冀州市财政局局长。近年来，先后主持完成了省财政厅和市财政局确定的多项财政改革试点任务，推行了一系列改革举措，使冀州财政逐步实现了良性运行。

干财政工作，搞财政改革，前怕狼后怕虎是行不通的，只有拿出一股敢为人先的"闯劲"，才会闯出一片新天地。

县级财政日子不好过，冀州也是如此。近几年虽然我市财政收入已超过两个亿，但是财政刚性支出不断增加，每年的支出缺口都有六、七百万元。怎么办？向上级伸手不是长久之计，靠上级的支持只能缓解眼前的矛盾，要想谋生存、求发展，只有用改革的精神去解决财政深层次的问题，才是闯出困境的根本出路。经过充分调研后，我们提出了"规范支出范围、细化支出标准、整合财力办大事"的改革方案。改革的路，决不是一帆风顺的，预算改革，势必要触动一些部门和个人利益，各方面的议论和意见随之而来。有的说，别人当财政局长都作顺水人情的"活菩萨"，你干吗非当个抠门儿的"守财奴"。也有人劝我，"会哭的孩子有奶吃"，钱不够花，要想法儿多向上跑，多从上边要，何必干这得罪人的事。那段时间，我确实承受了前所未有的压力，但我坚信一条，这项改革符合财政预算改革的趋势，有利于解决财政收支矛盾。经过多次向市委、市政府领导汇报，得到了市委、市政府的大力支持，市政府还出台了《冀州市财政预算管理暂行办法》。

办法出台后，关键是抓落实。首先我们从严格支出范围入手，该减的减，该砍的砍，部门内含机构、挂靠机构和各种临时机构的公用经费一律取消；然后，细化支出管理，将财政供养范围内的工资、补助及经费支出，由粗线条管到单位，改为细化到人，每月核对，动态管理，仅超期享受独生子女奖励和遗属定补的"吃空头"人员，就一下子清理出105名；再就是取消各部门的小额专项资金，将有限的财力集中整合，提高重点支出保障能力。通过强化预算管理，全市压减支出200多万元，整合资金300多万元，弥补了支出缺口，缓解了支出压力，实现了保工资、保运转、保稳定的既定目标。

该严的严，该抠的抠，但是该保的我决不含糊。经过一系列的预算管理改革，增强了财政调控能力，硬是挤出400多万元，推行了行政事业单位基本医疗保险，提高了遗属补助标准，确保了全市4500多名企业退休人员和城镇低保对象应保尽保，建立起比较完备的社会保障机制。

搞改革，当试点，决不能辜负上级领导的信任，不管任务多重、难度多大，也要凭着一股不畏艰难的"韧劲"去完成。

有的领导说，冀州是块"实验田"，各项财政改革都能在这里"扎根儿"、"结果儿"。这几年，全省11个县级财政综合改革试点，有冀州；全省14个农村税费改革试点，也有冀州；全省6个粮食直补改革试点，还有冀州。

承担试点任务，就要付出成本、承担风险，就要克服更多的困难和阻力。对此，我们既当作一种责任和使命，更当作一种实现自身改革需求的大好机遇来珍惜。我主抓财政综合改革试点工作3年间，

13项改革内容均取得实质性突破。2001年我们又推行了集中支付和工程采购两项改革。先是对全市70多个行政事业单位全部实行财政集中支付，把住了支出关口。然后，又抓住市区大规模城建改造的机遇，及时取得领导支持，果断地将城建工程纳入政府采购范围。然而就是这样一些“阳光改革”，却同样招来许许多多的非议。有的说，“财政局管得也太宽了，我们花自己的钱还得叫他们把着，连市委、市政府的财务也不放过，真是费力不讨好”；有的说，“管住一般商品的采购还嫌不够，又插手人家的城建工程，消灭了部门的小腐败恐怕得变成财政一家的大腐败”。议论归议论，该管的我决不罢手。当年，支付中心共审退各单位违规票据430多张，拒付违规支出80多万元。市区8条街道拓宽改造、绿化亮化及影剧院装修等共计节约资金600多万元。事实胜于雄辩，改革最终得到了社会各界的认可和赞许。

农村税费改革也是一场硬仗。接到试点任务后，不少基层同志想不通，觉得改革代价太大，乡镇收入大幅减少，基层财政困难加剧，存在很大抵触情绪。但面对这项被称作“农村第三次革命”的改革重任，全局上下没有退缩，而是倾注了极大热情。白天，班子成员分组下乡调研，核准核实各类数据；晚上，大家一起测算方案，挑灯夜战。由于没有现成的参照模式，大家就摸着石头过河，利用一个月时间出台了9个配套文件，为税费改革铺平了道路。改革进入关键阶段时，我因意外造成腿部骨折，手术拆线后，医生让我卧床休息三个月。可在这个节骨眼上，我深知自己肩上担子的份量，硬是坐着轮椅、架着双拐组织了这场攻坚战。当年，全市农民人均减负35元，农民群众拍手称快。但任何改革都不会一蹴而就。第二年个别乡村又打起了农民的主意，借农业税两季征收变相加码。发现这一问题，我们及时报请市领导召开乡镇党委书记紧急会，将农业税两季征收改为一季征收，“一道税、一票清”，并责令清退搭车收费500多万元，有效防止了农民负担反弹，试点任务圆满完成。

推进财政改革，摆脱财政困境，要靠规范的财政管理机制作保障，要靠一股创新管理、超前谋划的“钻劲”去实现。

几年前，由于一些不正常的原因，财政虚收问题比较突出，严重制约了县级财政的健康发展。2001年，我们把这个难题提上了议事日程，并多次向市领导提出建议，揭摆虚收空转的弊端与后患，得到了领导的支持。三年来，我们顶住压力，压减消化了1000多万的财政虚收，挤干收入水分，夯实收入质量，扭转了财政被动局面。

2002年我下基层调研时，发现一些乡镇和部门债台高筑，并且债务还有继续增大的势头。原因是这些单位不顾自身承受能力，有的靠拖欠工程款住进了新办公楼，有的借钱也要买新车，前任债务后任不还，后任债务继续增加，导致不良债务大量累积。有的同志说，谁的日子谁过，谁的窟窿谁堵，这些和我们财政无关，我们没必要去理会。可我并不这么认为。从表面上看，暂时和财政没关系，但这些单位都是财政拨款单位，长此以往，总归要由财政最后“兜底儿”，部门债务风险早晚都是财政的潜在风险。统一认识后，大家集思广益，提出了从债务大户抓起，探索建立行政事业单位偿债机制。首先科学核定有关单位的收支计划，打足正常经费和必要的发展支出，然后将剩余资金全部用于偿还债务。2003年，仅市直学校、医院、广播局和部分乡镇就偿还债务1800多万元。随后，我们又强化源头治理，加强了行政事业单位消费性支出管理，严格控制没有落实资金来源的基建、购车项目，严禁负债购车、装修或改善办公条件。这样一来，既减轻了部门债务压力，也防范了财政风险，收到了一举两得的成效。

一分付出一分回报。我把心血和汗水挥洒在财政这方热土，也荣获了“河北省新长征突击手”、“衡水市十大杰出青年卫士”等荣誉称号。在未来的征途中，还有许多新的课题、新的挑战，我坚信，只要坚持不懈，改革必将给县级财政带来全新的面貌！

（原载《河北财政》2004·11）

· 先进个人模范事迹材料之六 ·

生财聚财一起抓 咬定财源不放松

邯郸市邯山区财政局　武全民

我是1995年初走上邯郸市邯山区财政局长岗位的，这些年，一直把抓生财、聚财作为工作的重中之重。在各级领导的支持下，我带领同志们抓财源建设，全区财政收入从1995年的3249万元增加到2003年的3.08亿元，9年翻了三番多，年均递增32.5%。

一、以智生财，向思路要财源

邯山区是邯郸市的一个老城区，始建于上世纪80年代初。由于经济基础差，历史包袱重，经济发展不快，到1994年实行分税制改革时，财政收入规模才2000多万元，被外界戏称为“寒酸区”。2000万元的收入要养活3000多“吃财政饭”的干部职工，还要支持各项事业发展，财力的窘迫状况可想而知，作为财政局长我感到压力很大。“怎么才能让政府的钱袋子快点鼓起来?”是我当时考虑最多的问题。为此，我四处求教，访专家、问同行、看资料，开“诸葛亮会”，为寻找生财之道苦苦探求。功夫不负有心人，经过两个多月的调查研究，工作思路逐渐清晰起来。邯山区虽然家底薄，却有着得天独厚的区位优势：火车站、汽车站座落辖区，交通便利；与鲁、豫、晋三省接壤，客流充足，物流丰富，辐射力强，是经商的宝地；辖区关停企业众多，大量厂房、仓库闲置是巨大的可利用资源；如果在发展第三产业上做文章，通过建市场，促商贸流通，进而转化为税收，既贴近邯山区情，又符合分税制的政策导向，不失为一条“富区”的捷径，肯定有良好前景。在充分调查研究的基础上，经过一番仔细谋划，一个“借助区位优势，招商引资，大搞市场建设，推动经济，壮大财源”的财政发展思路在我脑海里基本形成。于是，我们向区政府提交了《邯山区分税制财政体制下财源战略的正确选择》的调研报告，明确提出了“培育市场体系、优化财源结构、繁荣区域经济”的财源建设构想，得到了区委、区政府的重视，并组织专人专题进行论证，继而做出了“三产兴区、市场富区”的重大决策，我的部分建议被正式写进了红头文件。至此，财源建设有了明确的定位，一场“上三产、建市场、裕财源”的大幕徐徐拉开。

二、招商聚财，服务经济引财源

搞三产带动，市场开发，财政的作用是什么？或者具体点说，我这财政局长应该做什么？怎么做？实践中，我从招商引资壮财源的大处着眼，从发挥财政服务经济的职能入手，努力为投资主体办实事。一是优化环境引投资。俗话说“没有梧桐树，引不来金凤凰”，良好的投资环境是吸引和留住投资者的重要外部条件。为了给投资者搭建稳定的创业平台，我从区情出发，大胆借鉴外地好的经验和做法，积极向区委、区政府献计献策，我的部分建议被写进了区政府出台的《关于加快经济发展实行奖励优惠政策的规定》、《关于禁止乱收费、乱罚款的规定》、《关于加快个体私营经济发展的若干决定》等十几项优惠政策文件中，使业主安下心来求发展，依法经营有钱赚，留在邯山区不想走。二是拓宽渠道真帮扶。资金短缺是许多私营企业发展中遇到的普遍问题，对那些项目好、有实力、讲诚信的业主，支持他们发展，为他们解决实际困难，是财政部门职责所在。比如，邯郸市最大的家具营销商亚森家具城，在建市场过程中遇到400万元资金困难，我们及时出面协调，为企业与辖区金融机构牵线搭桥，最后帮企业解了燃眉之急。几年来，财政通过组织银企联谊、开展中小企业信用担保、贷款贴息等方式累计融资2亿多元，受益重点项目和企业42家，增创利税7000多万元。三是项目定位当“参谋”。有些业主由于受各种条件制约，有时拿钱找不到好项目。这时候我就主动提供信息，为他们当“投资参谋”，在项目选择上既考虑向增加地方财政收入重点倾斜，同时又兼顾到投资者的利益回报。比如，民营企业思特利集团在我的建议下，改变了最初建百货商城的想法，引进了“北京东来顺涮羊肉”、“全聚德烤鸭”、老字号“国2肥牛”等传统名吃，并在邯郸市一炮打响。由于市场定位准确，业主经营有方，该集团获得巨大成功，7年间，累计缴纳税金超过了2000万元。通过采取这些有效的措施，经过多年的发展培育，我区第三产业蓬勃兴起，市场体系形成规模，已建成各类成型市场40个，年成交额突破60亿元，新增就业岗位6万多个。来自市场的税收已是财政“三分天下有其二”，成为第一大支柱财源。实践证明，上三产、建市场、培植财源的路子走对了。

三、堵漏挖财，开动脑筋找财源

有了稳定的经济基础，财源建设怎么抓？我的体会是：尽管财源有大小之分，征管有难易之别，但只要是财源就必须抓住不放，这是一个财政局长的职责所在。因此，在抓住大块税源、主体税源的同时，始终没有放松对容易流失的税源实行重点监控。这方面，我的主要做法有三条：一是西瓜芝麻一起要。有一段时间，我听到有人反映，市场上流动小商小贩逃漏税现象严重。调查了解后的结果让我大吃一惊：全区几十个市场加起来，这些看着不起眼的小税一年的流失额就 100 多万元，这不能不引起我们的重视。经与税务部门沟通，共同制订了堵漏措施。首先在办事处与税务部门成立了协护税组织，同时，财政系统抽调 20 人组成协税执法队，重点解决流动商贩漏税问题。一年下来，零散税收增加了 130 多万元。二是堤内损失堤外补。作为市辖区，对上级财政体制变动特别敏感。2000 年，市级企业税源上划，下岗职工摊位税收减免，部分高消费场所清理整顿，区级财源受到了很大震荡，全年减收在 500 万元以上，如何应对使我大伤脑筋。经过领导班子反复研究最后形成的对策是“堤内损失堤外补”，就是靠自己内部挖潜增收来消化减收因素。为此，财税部门联手行动，“三管齐下”：大力清理企业欠税；减免到期一律恢复征税；清理假福利企业使其依法纳税。这三项举措使当年财政增收近 500 万元，基本上与短收相抵，确保了收支平衡。三是小税种做大文章。2002 年税制改革后，区级不再分享中央“两税”。留区税种少，数额小，增长慢。如何在这些小税种上把文章做足，潜力挖够，是我给自己出的一道必答题。经过一番调查研究，我把眼光瞄上了车船使用税。近几年，随着城市居民生活水平的提高，私家小汽车和摩托车迅速增加，可是这部分私家车的车船使用税却是征收的空白点。具体原因在于，有车族群体庞杂，税务部门力不从心，车管部门配合积极性不高，导致征税处于“搁浅”状态。为把这块“骨头”啃下来，我从沟通感情，理顺关系入手，多次到公安车管部门和市、区地税机关进行协调，并提出具体操作建议，与他们一同讨论研究征税方案。在我的不懈努力下，达成了工作上的共识。经政府批准，建立了协调联动的征管网络。从 2004 年开始，预计年可增加财政收入 700 多万元。

几年来，我只是做了一些应该做的工作，党和人民却给了我很高的荣誉，连续 8 次荣立二等功，2000 年被授予邯郸市级劳模称号，2001 年、2003 年被邯郸市委授予“优秀共产党员”称号。今后我只有以加倍的努力工作和出色的成绩来报答党和人民对我的关怀和厚爱。

（原载《河北财政》2004 · 10）

· 先进个人模范事迹材料之七 ·

耕耘财苑结硕果
扶危济困送芳馨

承德市双桥区财政局　史林鑫

我是 2002 年 6 月被组织安排到承德市双桥区财政局社保股担任股长的。两年来，在平凡的岗位上，勤勤恳恳，扎实工作，取得了一点成绩。

一、爱岗敬业，为群众办实事，非典面前，忘我战斗在第一线

社保股工作任务繁重、涉及面广，上对市局 4 个业务科室，下与群众切身利益密切相关。双桥区又是承德市中心区，整个市区的低保工作都在双桥区管理范围之内。为摸清底数，理清工作思路，上任伊始，我就带领相关人员一起广泛走访、座谈，从民政局到镇、办事处、居委会，开展了一条龙式的专项调研。同时对享受低保补助资金的家庭进行了入户抽查，几天时间走访了 60 多户。根据调研情况，我们把双桥区特殊地理位置情况下的低保工作现状、成绩、不足和建设性建议写了近 7000 字的调查报告，分别报给局领导，为指导双桥区低保工作提供了详实、有价值的第一手资料，得到了领导的充分肯定，也为顺利开展下一步工作奠定了坚实的基础。2003 年 4 月，非典疫情袭来。我们股承担着筹措、调拨防非资金的应急工作，每天按时上报疫情和资金拨付情况表，深入一线调查资金使用情况，协助领导积极筹措、合理调度防非资金。在及时做好资金筹措和调拨工作的同时，我还积极响应区委、区政府的号召，主动请缨到抗非一线。2003 年 4 月 27 日早上 8 点，区委召开了紧急会议，我被派到石洞子沟办事处忠义庙居委会，协助、督导抗非工作。当天任务是必须在晚上 10 点之前摸清社区外来人员情况。我连招呼也没有跟家人打，会后立即赶到了居委会摸情况。这个居委会下辖 33 个楼院、1472 户居民。困难的是居委会没有一个楼院长的联系电话，这么大的范围，这么多的人口，要在不足 11 个小时内，摸清每户居民家是否有外来人员情况，任务可想而知。为了做到不漏户、不漏人，我连同居委会、办事处干部一行四人，每个人戴着12层的口罩，上这楼，下那楼，仅是走访这33个楼院，已经累得个个汗流浃背，气喘嘘嘘，疲惫不堪。在那个对待外人像躲瘟神一样的日子里，走访排查并不仅仅是劳累和危险。不配合的有之，吃闭门羹的有之，看别人的冷眼冷脸更是常事。是肩上的重任和组织的重托，使我们硬是挺了下来。在此期间，累计排查出68名外来人员。同时为加强宣传、广泛发动群众，先后印发宣传材料近千张，收集各类信息数十条，接到居民反映和举报信息58条。在我们的努力下，忠义庙居委会的防非工作走在了全区的前面，没有发生一例非典病人。

二、一丝不苟，严格按规定办事，严格把关，争做为民理财的能手

日常工作中，在别人眼里，我的严格是出了名的。作为一名财政干部，管好用好每一分钱是我们的责任。

为了加强社保资金管理，2002年底，对社会保障局、民政局等单位社保资金运用情况进行了检查，检查发现有超期挤占财政资金不还的4万多元、多占人保单位资金不退的1万多元、还有推迟上缴社保资金等情况，当时被查单位找我说情，我都耐心地向他们解释并得到理解。经请示领导后决定，该还的还、该退的退。几年来，累计查出违规违纪资金近10万元，追回财政资金4万多元，确保了救命钱用在刀刃上。

2003年下半年，按照区委、区政府的指示精神，社区体制进行了较大规模的改革，对专职从事居委会工作10年以上、离开工作岗位后无生活来源的人员，每年财政给予适当补助。我们股负责对镇、办上报人员进行审核，这项工作情况复杂、难度非常大，涉及每一个人的切身利益。为此，我们坚持以事实为依据，以政策为准绳，符合政策的认真办，不符合政策的做好解释工作。为确保真实、准确，我们搬出七几年以来的账目，逐人核查。在核查中，我们发现大石庙镇漏报了一名同志，该同志各方面都符合条件，家里十分困难，按规定给予了补助。也有不符合条件、无理取闹的。西办有个退休的居委会人员，她的大姑爷一次次找到我，气势汹汹，扬言若不给补助还要到市里和省里去找。对于这种情况，我们一方面迅速核查账目，核实了此人不符合条件的事实；另一方面反复摆事实，讲道理，做思想工作。通过我的不懈努力，最后他心服口服的走了。

三、无私奉献，舍小家，顾大家，既然选择了工作第一，就甘愿为事业做出奉献

在大家与小家利益发生冲突的时候，我义无反顾地选择了大家。在我的家里，丈夫工作十分繁忙，照顾不了家。我忙起工作来，也常常照顾不了上小学的孩子。2002年底，财政供养人员工资卡从建行转到农行，要和农行人员一起加班加点重新录入人员信息，那天加班到晚上10点多了，急忙往家赶，到家一看没有吃饭的孩子，挂着泪痕早已睡着了，我愧疚的眼泪止不住刷刷地流了下来。第二天早上孩子醒来，说的第一句话："我以为你们不要我了呢"。

在抗击非典的日子里，孩子一人在家吃了一个多月方便面，到非典结束时共吃了三箱多。我每天天不亮就出门，很晚才回家，没有休息过半天，在外面精神百倍，回到家已是疲惫不堪。早出晚归很少能够照顾孩子与丈夫，懂事的孩子，没有半句怨言；忙碌的丈夫，也默默地在支持着我。看着日渐消瘦的丈夫和孩子，多次责备自己要是能使用分身术该多好啊！

几年来，我把主要精力放在了基层，经常深入办事处、乡镇和低保对象、下岗职工家中，了解社保政策落实和他们的生活情况，热情主动地帮助他们解决实际问题。

一次，到潘家沟办事处韭菜沟居委会走访时，发现这里贫困人口特别集中，很多人生活很艰苦，特别是一对残疾人夫妻，住在山上黑暗的小屋里，一贫如洗，内心受到很大震撼。第二天就和同事一起，各自捐赠了自家的衣服、粮食和高压锅等物品，买了水果，亲自送到老两口家中。他们感动得直哭，老太太因为下不了地，坐在炕上，用颤抖的双手直给我们作揖，哽咽着，声音沙哑反复地说着："谢谢了，谢谢，谢谢你们"，并执意让办事处给财政局写感谢信。在我的带动下，我局部分职工自发地和该居委会建立了帮扶联系，成了手拉手帮扶点。我们的行动，让居委会干部非常感动，2003年底，给财政局送来了："鱼水情深，关爱百姓"的锦旗。

2002年5月份的一天晚上，我在《承德晚报》上看到民族中学初中二年级学生吴世强，身患脑癌生命危在旦夕，而小世强的母亲是下岗职工，父亲单位也不景气，家庭十分困难，很难支付巨额医药费的消息，心里十分牵挂。第二天上班，我在报社的帮助下几经周折终于和吴世强的家人取得了联系，下午就到承德市附属医院看望了已做手术的孩子，送去了鲜花、水果和 200 元现金。孩子的妈妈紧紧攥着我的手，泣不成声："我们素不相识，在我们家的天要塌下来的时候，您给我们送来了温暖，送来了关怀。"根据政策，我还及时为孩子的母亲争取了最低生活保障金。

像这样的事我确实做了很多。几年来，我捐赠衣物 40 余件、其他物品等折合人民币 2000 余元。我是一个平凡的财政工作者，在平凡的岗位上，全身心的工作，为什么？我没想更多，只是想以自己的实际行动，能为社会多做点贡献！

（原载《河北财政》2004 · 10）

河北省扩权强县试点县之一——

遵化市财政局

局领导班子

2004年遵化市财政工作取得可喜成绩，初步实现了由“吃饭型”财政向“建设型”财政的转变。

一是加大资金投入，支持经济发展。完成了112线改线、建设南路改造等重点工程建设，城市面貌明显改善。重点支持了农业基础设施、农业结构调整及文明生态村镇建设，农村生产条件、农村人居环境进一步改善。通过落实土地出让金、城市配套费减免和依法办理缓税等优惠政策，累计减费缓税3.5亿元，支持了部分骨干企业扩建改造。积极争取国债及各类专项资金，支持了水土流失治理、退耕还林、传染病医院、中小学危房改造等重点项目建设。

二是大力增加社会事业投入。全年累计投入教育资金3068万元，同比增长36.7%，主要用于普九验收、新一中等重点学校的基础设施建设和农村中小学布局调整，教育基础条件进一步改善。筹集资金60万元，用于文化信息资源共享工程和乡镇文化站建设，丰富了城乡群众的文娱生活。支持公共卫生体系建设，重点用于市疾病控制中心、传染病医院建设和乡镇卫生院改造；足额安排乡村两级防保人员和农村疫情报告员工资，初步建立了市乡村三级疫情监控网络。加大对改善农村人居环境的投入，投入资金1523万元，建沼气池6500个，完成道路硬化538公里。

三是优化支出结构，各项重点支出得到较好保障。保证全市公教人员工资按时足额发放及党政机关正常运转。，确保了国有企业及行政事业单位离退休人员工资和离休人员医疗费的按时发放，较好地落实了国有企业下岗职工基本生活保障、失业保险和城镇居民最低生活保障金等“三条保障线”；支持企业产改，解决了部分产改企业遗留问题，保障了国有企业产权制度改革的顺利进行。认真落实惠农政策。取消了农业特产税，降低农业税率3个百分点。

河北省扩权强县试点县之一——任丘市财政局

局长　檀润卿

（一）财政收入持续快速增长，财政实力进一步增强。一是提前2个月财政收入超额完成任务。截至八月份，全市全部财政收入完成255984万元，占年计划的111%，增长29%。

（二）财政支出增长较快，支出结构进一步优化，各项重点支出得到较好保障。截至11月份，全市一般预算支出累计完成50148万元，提高了资金使用效益，有力支持了“三农”、基础设施、教育科技文化事业发展、民心工程等重点方面，对保证运转、推进改革、促进发展、维护稳定发挥了积极作用。

局领导班子

（三）财政支农力度进一步加大，党的惠农政策得到严格落实。一是农村税费改革进一步深化。在2004年的基础上再降低2个百分点，全市减征农业税及附加1600万元。二是认真落实对种粮农民直接补贴政策。筹措粮食直补资金796万元，比上年增加46万元，实行专户管理、封闭运行，到6月底补贴兑付工作圆满完成，全市56万农民受益。三是建立健全农业投入稳定增长机制。全市农业支出完成2392万元，同比增长18%，重点支持了扶贫开发、动植物疫病防治体系建设、生态家园工程、农业产业化、农业综合开发等。

（四）财政支持经济发展力度加大，经济发展环境不断优化，财政经济步入良性循环轨道。一是积极支持重点项目建设，促进全市经济增长和结构调整。重点支持了乡村人畜饮水、退耕还林和城市污水处理厂建设等项目。二是积极推进国有企业改革。进一步完善和落实支持国企改革的各项政策措施，积极协调做好破产项目的申报和资金争取工作，支持分离企业办社会职能，妥善解决了困难国有企业职工生活问题。三是积极促进乡镇经济发展。四是较好地解决了出口退税政策执行中的问题，促进了外贸出口。五是深化收支两条线管理改革，优化经济发展环境。

（五）财政支持社会事业发展效果显著，人民群众切身利益得到较好保障，促进了和谐任丘建设。重点支持了中小学危房改造、布局调整工程；财政安排资金169万元，使全市6364名贫困学生顺利完成了学业。二是积极促进就业再就业工作，落实好“两个确保”和“低保”政策。全市再就业资金支出32万元，促进了就业再就业目标的实现。三是积极促进公共卫生体系建设。全市医疗卫生支出2807万元，同比增长4%，重点支持了疾病预防控制和医疗救治项目、农村卫生基础设施等工程建设。四是自然灾害救助支出115万元，全市8797人受灾群众及时得到政府救助。五大力支持宣传文化事业发展。全市文体广播事业费支出1397万元，同比增长26%，重点支持了爱国主义教育基地和文明生态村等项目。

（六）财政改革进一步深化，体制机制创新迈出新步伐，为财政资源安全高效运用提供了制度保障。

（七）财政系统机关建设力度加大，干部职工精神面貌和机关形象进一步提升。

河北省扩权强县试点县之一——

定州市财政局

定州市政协副主席、
财政局局长　李克明

近年来，定州市财政局紧紧围绕“服务大局，促进发展”主题，坚持“树正气、讲团结、求发展”主旋律，真抓实干，开拓创新，支持经济发展，壮大财政实力。投入巨资支持城乡道路、城市基础设施、“三农”和招商引资工作，优化发展环境，使定洲电厂、长安汽车、旭阳焦化、伊利液态奶等投资超亿元四大支柱项目落户我市，无公害蔬菜、畜牧、林果形成特色和规模，全市经济实力明显增强，2005年全市生产总值达116亿元，综合实力跨入全省县（市）域经济30强，实现了由农业大市向工业强市的迈进，进一步涵养了财源，“十五”期间，财政收入年均增长33.4%。

优化支出结构，确保重点支出。基本实现了“保工资、保运转、保稳定、保重点、促发展”的目标，在推进和谐定州建设中较好地发挥了保障、支撑、调控作用。

深化财政改革，提高管理水平。建立了适应上级财税体制的收入目标管理机制，财政收入征管水平显著提高；推行了会计委派、政府采购、“收支两条线”、综合财政预算、财政集中支付、工资发放银行化、市乡财政管理体制、农村税费改革等一系列改革措施，初步建立了公共财政框架管理体系。

加强队伍建设，树立财政新风。开创了“三个文明”建设新局面。局连年被市委、市政府评为“实绩突出单位”，2002年连续第三次被省委、省政府评为“文明单位”，2003年度被保定市评为“先进单位”，2004年被保定市评为“开展做人民满意的公务员活动先进集体”和“文明单位”，民主评议行风中连续三年在同类别单位名列第一名。

定州市财政局班子成员正研究财政发展规划

河北省扩权强县试点县之一——

安国市财政局

局领导班子

安国市财政局紧紧围绕全市中心工作，落实科学发展观，实施稳健的财政政策，全面提高财政运行质量；坚持以人为本，健全财政职能，深化财政改革，规范财政管理，依法治税管费，增加财政收入，优化支出结构，保证重点需要，促进了全市经济社会全面协调可持续发展。

一、财政收支结构进一步优化。扩权强县改革以来，我们通过用足用好激励性财政体制，加大对重点税种的征收，提高了税收占财政收入的比重，优化了财政收入结构，全部财政收入和一般预算收入都达到了时间进度，确保了全市各项重点支出的重要。

二、支持“三农”力度进一步增加。1、落实了国家“两减免、三补贴”政策。全市的农业税税率在去年降低三个百分点的基础上，再次降低了二个百分点，人均税负为20元，亩均税负为16.20元。2、预算安排上重点向“三农”倾斜。我市本级安排用于农业（大）资金80万元。分别用于村村通、文明生态村、农业结构调整建设。3、积极向上级争取支农资金。与有关部门共同争取支农资金64万元。分别用于人畜用水、节水灌溉、农田水利基本建设。

三、各项改革进一步深化。积极落实全省扩权强县改革，努力与省厅搞好对接，目前，各项工作已步入正规。积极参与全市的企业改制工作，盘活国有资产。积极探索新形势下的市乡财政体制。健全财政保障机制。政府采购范围进一步扩大。

四、监督检查机制进一步完善。加大对《财政违法行为处罚处分条例》的宣传。加大对财政违法行为的查处力度。强化财政资金使用的跟踪问效机制，深化对部门预算的编制和执行，加大对财政资金使用的监督检查力度，防止各项违纪现象的发生。

五、招商引资上项目进一步落实。为药都集团争取GAP中药材种植基地项目。完成了2004年度中低产田改造项目建设。

河北省扩权强县试点县之一——

霸州市财政局

霸州市财政局领导班子

局长郑海生到乡镇财政所指导工作

郑海生局长在政府采购中心了解政府采购情况

近年来，霸州市财政局按照“以财佐政，为民理财”的总体工作要求，大力推进财政改革，取得了突出成绩。

财政收入实现较大增长。财政收入每年以亿元速度递增。

财政管理实现质的飞跃。全面实施了部门预算、综合预算、零基预算、早编细编预算和财政集中支付。严格了支出顺序，增强了预算约束力和透明度，体现了集中财力办大事的原则。

成立了国有资产运营中心。把全市行政事业单位国有资产纳入“国有资产运营中心”统管，彻底清理了市直行政事业单位占用和闲置出租的土地、房产，有效的防止了国有资产流失。

支持了企业发展。2002年，成立了企业统一收费中心，把工商、环保等九家收费改为收费中心一家收取，深得企业拥护。2004年9月份又筹资1000万元建立了中小企业信用担保中心，真正实现了“财政搭台企业唱戏”。现已给企业注入资金2400万元。

推进了政府采购。将服务类、工程类、货物类三大类别全部纳入政府采购。近三年来采购资金实际支付达到1.3亿元，节约资金1807万元。

实现了市乡两级工资统一标准银行化发放。解决了乡级教师欠发工资问题，实现了市乡工资统一标准发放，将全市公教人员工资全部列入统一管理，加强了工资的审查环节。

加大了社会保障工作力度。近三年来，社会保障支出年均增长28%，确保了社会保障对象的基本生活和医疗的需要，维护了全市稳定发展大局。

落实了农村税费改革和粮食直补工作。2004年发放粮食直补资金483万元，农业税税率降至2%，人均负担由35元降至17元，从而切实减轻了农民负担，调动了农民种粮的积极性。

河北省扩权强县试点县之一——

涿州市财政局

市政协副主席、局长　谷书玉

涿州市财政局在市委、市政府和上级财政部门的正确领导下，以深入开展保持共产党员先进性教育活动和扩权强县为契机，继续高扬“树正气、讲团结、求发展”的主旋律，大力推进财政体制改革，以建立公共财政框架为目标，规范管理，依法科学理财，民主文明行政，落实科学发展观，构建和协社会，积极促进县域经济发展，不断壮大和优化财源基础，统筹区域协调发展，实现了涿州财政收入大幅增长，有力保障了党政机关的高效运转和教育、科技、“三农”等社会事业发展，多次受到市委、市政府和上级主管部门的嘉奖并连续多年行风评议在经济管理部门中名列第一，谷书玉同志被涿州市人大常委会评为“人民满意的好公仆”。涿州财政人正以崭新的面貌、积极的热情喜迎四海宾朋共普涿州财政事业新篇章。

昌黎县财政局

局长　王晓虹

2004年，昌黎县财政工作按照市、县经济工作会议和财政工作会议要求，紧紧围绕全县中心工作，突出增收节支工作主线，进一步健全财政职能，积极培植财源，优化财政支出结构，深化财政改革，提高了财政经济运行质量和效益，推动了县域经济及社会事业持续、稳定、健康发展。

一是实现财政收入持续快速增长，全县财政总收入完成35203万元，完成预算的100.6%，比上年增收4815万元，增长15.8%。

二是全县财政支出得到重点保障，在地方财政收入有限的情况下，积极筹集资金，确保了公教人员工资正常足额发放，同时为全县公教人员足额交纳养老保险金。

三是认真贯彻落实中央文件精神，做好农业税、农业特产税减免和农民种粮补贴工作。把农业税税率降低3个百分点，全面取消农业特产税，全年调减农业税、农业特产税2235万元，减免农业税282.4万元，进一步减轻了农民负担。

四是落实优惠政策支持县城经济发展，对于公益性、基础设施投资项目及当年投资当年生产经营且能够提供稳定税收并可持续发展的项目，提供资金支持。按照上级及县里有关政策，为企业减免税款，及时进行税收返还，全年累计资金900多万元。

河北省扩权强县试点县之一——

平山县财政局

局长　权林山

平山县财政局内设八股一室，共有干部职工74人，下辖23个乡镇财政所，干部职工122人。近两年，该局认真学习和实践“三个代表”主要思想，狠抓增收节支，依法文明理财，积极推行和不断完善各项改革措施，各项工作都取得了显著成绩。财政收入保持稳定增长，2002年全县财政收入完成1.55亿元，比上年增长23.33%；2003年完成1.86亿元，同比增长19.86%，较好地保障了工资发放、机关运转、社会稳定、社会保障和重点建设急需；进一步完善了部门预算、综合预算、集中结算、政府采购、收支两条线管理等项改革措施，逐步建立起了一套符合本县实际的比较科学规范的财政管理机制；财政干部队伍建设成效显著，自1999年起，该局连续两届评为省、市级文明单位，连续多年评为市财政系统文明财政局，2001年至2003年，该局的民主评议行风工作连续3年评为全县经济管理部门第一名。

河北省扩权强县试点县之一——

承德县财政局

局领导班子(左起：副局长孟令钧、副局长吴占顺、党组书记局长孙德功、纪检组长袁柏成、副局长刘兰枝)

近几年来，承德县财政局领导班子带领全县财政干部，以公共财政理念定位财政职能和指导开展财政工作，强化干部队伍建设，坚持为民理财、依法理财、科学理财的公共财政理财原则，不断推进财政改革与发展，充分发挥了财政在促进经济发展与构建和谐社会中的职能作用。一是按照县委、县政府确立的“工业立县、产业富民”的发展思路，正确定位财政在支持经济发展中的角色和职能，通过财政资金和财政政策的双重引导，不断推进产业结构调整，在全县形成了以铁选冶金、针织服装、制酒、建筑建材等几大主导产业为支撑的财源新格局，财源结构进一步趋于合理，为财政收入的快速增长提供了强有力的经济支撑，提高了县域财政经济运行质量。二是做好扩权改革，积极推进、完善“收支两条线”改革、新型农村合作医疗试点改革、财政集中支付和财政采购等多项财政改革，规范了财政运行机制。三是不断加大组织收入力度，实现了财政收入连续多年保持了大幅度增长。2000年在全市率先实现财政收入亿元县目标，2004年财政收入完成23500万元，财政收入保持了年均32.7%的大幅度增长。四是按照增收节支和整合资金办大事的要求，硬化预算约束，强化支出管控，在确保公教人员工资发放及政权运转经费的前提下，保障了重点项目和支出的需要，财政保障能力不断增强。领导班子连续六年被县委、县政府评为实绩突出领导班子，有8人受县以上表彰奖励17人次，预算、文行社保、财政信息宣传等多项工作受到省、市财政部门的表彰嘉奖133次，局机关连续五年被评为县、市级文明单位，被省财政厅授予“文明财政局”荣誉称号，被省财政厅、省人事厅、省总工会联合命名为“全省财政系统先进集体”。

河北省扩权强县试点县之一——

清河县财政局

2004年全县财政收入完成31578万元，占市政府下达考核目标任务的100%，比上年增收1410万元，增长47%。

局整体工作先后跨入省、市先进行列，2004年被省委、省政府评为“省级文明单位”、被市委、市政府评为“财税工作先进县”，在全县民主行风评议活动中，名列第一。

（一）明确目标，通力协作，坚定不移地抓好收入组织工作。财税三局实行局长分包办事处责任制，办事处实行领导分包企业责任制，做到层层有责任、人人有任务。针对不断变化的经济及税收形势，注重加强调研，抓好税源调查和摸底，不断完善分行业、分税种的管理办法。通过强化税务稽查、纳税申报管理、严把发票关口等措施，做到准确掌握税源，确保应收税款全额入库，有力地促进了收入任务的完成。

（二）千方百计确保公教人员工资发放和重点项目资金需求，维护社会安定局面。在确保工资发放和机关运转的基础上，集中近2000万元资金支持全县重点项目和“民心工程”建设，其中：为教育“普九”达标复查验收投入资金500万元，为确保羊绒博览会成功召开投入资金354万元，城镇基础设施建设投入258万元，建设图书馆投入资金83万元，农业科技示范园区建设投入70万元。

（三）切实用足用好财政政策，为农民增收减负。农业税税率下调三个百分点，全县农业税及附加收入由1205万元减为719.4万元，农民税负总量比上年减少485.6万元，人均负担由上年的42.35元下降为24.15元。

（四）政府采购工作取得突破性进展。2004年，我局把推行政府采购制度作为财政支出管理改革的突破口，在成立专职管理机构的基础上，通过充实力量、整章建制、规范操作等措施，迅速打开工作局面。

（五）全面启动财政供养人员计算机指纹身份验证系统。管理人员根据起初采集的指纹和数码照片，定期对财政供养人员（主要是离退休和享受定补等高龄人群）进行指纹身份验证，验证不能通过或发现弄虚作假的，立即停止经费供给，从源头上堵塞支出漏洞。管理模式的改变，不仅有利于提高工作效率，而且也将为进一步规范财政供养人员经费管理起到积极的作用。

河北省扩权强县试点县之一——

丰宁满族自治县财政局

丰宁财政局始终站在全县经济和社会发展的高度，紧紧围绕县委、县政府确定的“建设工业经济强县，特色农业大县，生态旅游名县”和“两速增，一推进（迅速增加财政收入，迅速增加农民收入，全力推进县域经济发展和社会各项事业全面进步）”的目标，努力践行“三个代表”重要思想，牢固树立科学发展观，认真贯彻国家财政政策，大力培植并壮大财源，积极做大财政收入蛋糕，深化财政改革，强化收入征管，确保了财政收入的持续快速增长。年财政收入从2000年的6500万元增长到2004年的1.2亿元，提前一年完成了“十五”计划目标。在积极推进财政改革和发展的同时，大力加强精神文明建设，政风、行风建设，连续几年被县委、县政府评为“优胜单位”、“实绩突出单位”，并获市级“文明单位”，在县直部门行风建设评比中，一直名列前茅，获2004、2005年两年免评的荣誉，财政业务工作多次获省厅和市局的表彰和奖励。

“百尺竿头，更进一步”，2005年省委、省政府确定丰宁为22个扩权改革试点县之一，给丰宁财政经济的发展带来了难得的历史机遇。丰宁财政局牢牢坚持以加快经济发展为根本，以增收节支为重点，以确保全面完成全年财政收支预算为目标，坚持不懈抓收入，力争全年财政收入突破2亿元。按照科学发展观和公共财政的要求，调整优化支出结构，保工资、保运转、保稳定。进一步深化预算管理、国库集中支付、政府收购和非税收入管理等项改革，加强财政监督。加强领导班子建设，干部队伍建设，金财工程建设，党风政风和行风建设。深入开展保持共产党员先进性教育活动，大力开展机关效能建设，积极推进行政权力公开透明运行，树立廉洁高效的财政机关形象。实现依法理财，规范理财，科学理财，开拓创新，锐意进取，不断开创财政改革与发展的新局面，为振兴丰宁经济，全面推进小康社会进程，做出新的更大贡献。

河北省扩权强县试点县之一——

宁晋县财政局

2004年，在县委、县政府和上级财政部门的正确领导下，以全县经济实现跨越式发展为目标，围绕“三个建设年”（环境建设年、项目建设年、城市建设年）活动，“创环境、促发展、保稳定”，谋思路、强举措、求创新，与时俱进，开拓进取，全县财政收入再创新高，突破3亿元大关。财政支出支持“三个建设年”力度空前，在确保预算平衡的前提下，为保证公教人员工资发放、政权机关运转以及促进全县经济发展和社会进步提供了强有力的财力保障。宁晋县财政局连续十二年被邢台市财政局评为“财政工作先进单位”，被市委、市政府授予“文明单位”。连续十二年被县委、县政府评为整体工作“红旗单位”，同时多次荣获“实绩突出单位”、“下评上群众满意单位”、“文明执法杯”等荣誉称号。2004年被省财政厅、省人事厅评为全省财政系统“先进财政局”，继2003年被省委、省政府命名为2001–2002年度文明单位后，2004年再次被评为省级文明单位。

河北省扩权强县试点县之一——

辛集市财政局

局长　冯文彪

局领导班子

一、财政收入实现较快增长，超额完成全年任务。2005年，我们始终把组织收入作为财政工作的重中之重，通过依法强化征管，挖掘增收潜力。

二、争取资金创历史最好水平，促进了经济和社会各项事业发展。2005年我们争取各类资金比去年增长了一倍多。有效地解决了农村信用社保值储蓄经费亏损问题，支持了“一中迁建”、“教育大道建设”和“城市道路改造”等三个城市建设项目，实施了农民专业合作组织建设、中低产田改造、农业产业化经营、农业立县重点项目、沃土工程、新型农民培训等项目，解决了企业离退休人员待遇问题。

三、热点、难点问题得到较好解决，重点支出需要得到保障。一是把公教人员工资发放作为财政支出第一顺序，优先保证。2005年落实了机关事业单位工作人员年终一次性奖励和离退休人员年终一次性生活补贴政策，实现了公教人员正常进级和滚动升级工资调整，公教人员和离退人员待遇得到明显提高。二是加大社会保障资金投入，保证了社会弱势群体的基本生活，有力地维护了全市改革和稳定的大局。三是积极实施“阳光工程”。四是全力支持基础教育工作。实现了教育拨款增长高于财政经常性收入的增长，平均教育事业费逐年增长，平均公用经费逐年增长，顺利通过“普九”验收。五是认真落实各项惠农政策，加大对“三农”的支持力度。2005年我市以零税率实现了免征农业税，严格落实粮食直补政策。认真实施农村计划生育家庭奖励扶助政策，积极参与文明生态村建设，大力实施环境整治和文化建设，促进了经济和社会、农村和城市、人和自然的和谐发展。六是不断加大科教、公检法投入力度。全年科技、教育及公检法支出较上年分别增15%、5%和20%。七是加大对城市建设的支持力度。城市维护费支出同比增长34%，主要支持了污水处理、城区绿地、城市道路改造等重点项目建设，为把我市建成“天蓝、地绿、水清、气爽、路畅”的生态城市提供了财力保障。

四、财政运行机制不断完善，财政管理进一步科学化、规范化。一是积极推进预算管理改革，实行早编、细编、综合、零基、部门预算，更新了部门基础资料数据库，提高了预算文本的编制水平，建立了财政供养人员信息管理系统，实现了预算管理体制创新。二是财政集中支付管理制度改革取得较大进展，通过实行原始资料审核，全年拒付和控制不合理支出758万元。三是政府采购改革力度不断加大。完善了政府采购信息网络发布体系，将工程建设和服务纳入了采购范围。四是财政监管机制不断完善。有效促进了财政管理的制度化、规范化和科学化，理财水平进一步提高。

五、廉洁勤政意识不断增强，树立了良好的财政形象。

河北省财政系统先进集体——

沙河市财政局

市政协副主席、
财政局局长　刘对良

局领导班子

2004年，沙河市财政收入再创新高。继1996年在邢台市率先突破亿元后，财政收入逐步增加，2004年实现财政收入61368万元，占年任务的146.19%，同时增收30980万元，增长101.95%，实现了财政收入当年翻番，在邢台市所辖县（市、区）率先跨入了6亿元。

财政改革不断深化。坚持与时俱进、锐意改革，按照建立公共财政框架的要求，继续实施“早、细、零基”预算，规范了预算管理；按照“公正、公开、公平、诚信”的原则，在规范政府采购行为的同时，扩大了采购规模和范围，2004年全年采购金额共2430.37万元，节约资金269.97万元，节约率11.03%；进一步落实“收支两条线”政策，按照“票款分离”的原则，大力推行六联缴款书，实行“单位开票，银行代收，财政统管，比例调控”，确保了非税收入足额入库；在财政集中支付中心与各预算单位、财政各业务股室、代理银行之间，建立了严明的责任网络体系和密切的工作协调关系，确保财政集中支付制度安全、顺畅运转；全面落实农村税政策，降低农业税税率，取消农业特产税，2004年发放粮食直补资金341.81万元，平均每户直接增加近50元，减轻了农民负担，增加了农民收入；大力推行“村财乡代管”，将村级资金的支配权和财务监督权相分离，实行帐户统一、集中核算、统一管理、规范收入、定期公开、上下监督的管理方式，由乡镇办财政所统一管理，规范了村级财务。

精神文明和队伍建设呈现新气象。沙河市财政局强化队伍管理，狠抓精神文明建设，连续四届（8年）荣获省级文明单位，连续两年荣获沙河市民主评议行风总分第一名，2004年被评为全省财政工作先进单位等多项荣誉。

河北省财政系统先进集体——

巨鹿县财政局

局长　张民

巨鹿县财政局以科学发展观为指导，紧紧围绕支持经济建设这个中心，积极发挥财政资金“乘数效应”，认真落实各项财政职能，狠抓增收节支，深化财政改革，加强财政监督，坚持生财为本、聚财有度、用财有效、理财为民的原则，千方百计促进县域经济发展，健全社会保障体系，让公共财政的阳光普照大地，为构建社会主义和谐社会，发挥重要的作用。

培源壮财、狠抓增收节支工作。加大依法治税力度，深挖税源，多措并举促进财政收入稳步增长。一是财税部门密切配合抓好税 收征管，坚持重点税种和零散税种一起抓，确保税收收入平稳较快增长；二是眼睛向内，深挖潜力。加强非税收入的管理，将应纳入预算管理的行政性收费和罚没收入全部纳入预算管理。加大契税、耕地占用税及财政周转金回收工作力度，拓宽收入来源，增加有效财力；三是眼睛向外，集中财力支持项目建设、城市建设，扶持民营经济发展，不断培育壮大后续财源。

深化财政改革，完善理财机制。一是进一步完善县乡财政体制，促进县乡共同协调发展；二是全面推进部门预算，进一步硬化预算约束，完善程序，加强预算管理，维护预算的严肃性；三是扎实推进政府采购改革，严格采购预算，规范采购程序，扩大政府采购面，建立“阳光采购”工程；四是加强”收支两条线”管理，严格收费项目，严格执行执收执罚部门彻底脱钩的管理办法；五是推进农村信用社管理体制和产权制度改革。

加大“三农”投入，农民得到更多实惠。一是全面落实取消农业税政策。全县免收农业税，减轻农民负担976万元，农民人均负担由上年的29.5减少到零负担。二是落实粮食直补政策，使用359.9万元的种粮食补贴款对291个行政村，8万户农民进行补助。三是发放退耕还林资金168万元，使8个乡镇、4142户农民的利益不受到损害。四是将450万元财政扶贫资金用于贫困村基础设施建设及种植、养殖项目，为农民发家致富提供保障。

提高社会保障能力，促进经济社会和谐发展。一是健全公教人员工资管理发放机制，干部教师工资收入水平稳步增长；二是实现了“两个确保，两个低保，一个医保”的目标，在全市率先推行农村低保补助，解决了1173名“三无人员”的基本生活需求；三是大力实施了“两免一补”政策，资助学生达13938人。

提升监督水平，努力构建效益财政。一是加强内部监督，对财政资金的分配、拨付、管理严格审查，全程监控；二是拓宽监督范围，监督对象延伸到财政资金覆盖的各行业、领域；三是重点加强了财政专项资金监督，防止财政资金被挤占挪用，增强了监督实效。

平乡县财政局

今年以来，在县委、县政府的正确领导下，我们高扬“树正气、讲团结、求发展”主旋律，认真学习和落实科学发展观，紧紧围绕促进全县经济社会持续稳定健康发展这一主题，努力把各项工作往深里做、往实里做，全县财政运行保持了良好态势，保证运转、推进改革、维护稳定、促进发展的作用进一步增强。

认真落实惠农政策，切实减轻农民负担。今年，中央为减轻农民负担下发了一号文件，为将这项富民措施落到实处，让农民实实在在得到实惠，对种粮农民实行直接补贴，鼓励农民种粮。按照我县计税土地面积，市共拨付我县直补资金224万元。确保了在5月底前将1827256.55元的直补资金兑付到农民手中。

局长　李建军

积极筹措资金，确保重点项目投入。今年，我们从维护全县改革、发展和稳定的大局出发，集中财力办大事，确保了重点项目的资金需要。拨付基建专项资金406万元，其中水利基建69万元，解决了9个村的人畜饮水困难，教育基建45万，，促进了全县教育事业的健康发展；土地开发、复垦专项资金154万元，主要用于节固、游庄两个乡的225亩土地开发和砖瓦窑复垦项目；县疾控中心基建资金110万元，主要用于传染疾病的防治和突发性公共事件的应急预防。拨付乡间道路“村村通”专项款1000万元，为我县的社会稳定和乡村经济发展提供了强有力的资金支持。利用财政扶贫资金300多万元支持项目25个，涉及全县14个乡镇办事处的35个村庄，产生直接经济效益710多万元。

加强社保资金管理，开创社保工作新局面。今年，我局积极筹措资金，加大对社会保障的投入力度，确保了城镇低保对象“应保尽保”目标的实现，按时发放企业离退休人员养老金。确保失业人员按时领到失业金。落实好再就业政策，促进下岗人员再就业。做好城镇低保工作，继续实行保障对象动态管理，严格控制保障范围和对象。

千方百计增收入，多措并举控支出。为了减轻财政包袱，缓解财政紧张局面，增加地方财政收入，我们开源节流并举，增收节支并重，收到较好的效果。我们联合县检察院，成立专门机构，对各类财政借款进行了清理。

加强财政管理，规范财经秩序。较好地落实了“收支两条线”规定。加强对农村中小学收费实行“一费制”管理，共收到由各校区上交到县收费局的“一费制”收费资金达129万元，并全部实行收支两条线管理。

2003年，我局的行风建设取得了优异成绩，被上级给予免评两年的奖励，2004年我局又荣获市级文明单位和省级文明单位称号。

保定市新市区财政局

局长　马树军

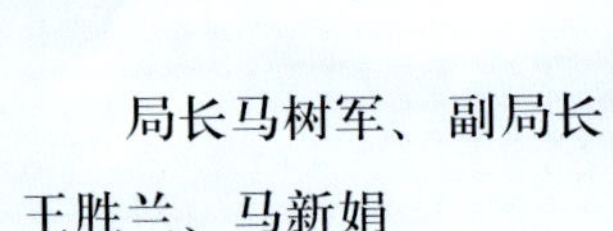

局长马树军、副局长
王胜兰、马新娟

保定市新市区财政局，坚持以“三个代表”重要思想为指导，以开展“执政为民、执法为民、服务社会”活动为载体，以“转作风、强素质、优服务、促发展”为目标，以进一步转变机关工作作风为核心，以深化改革和完善制度为保障，以“纠、评、建”为主要方法，大大提高理财水平，有力地推动了财政工作的开展。

财政改革取得新进展。一是全面推进部门预算改革，增强理财透明度，进一步提高了资金使用效益；二是成立财政结算中心，实施国库集中支付制度改革，规范预算执行程序，方便了预算单位及时用款；三是完善政府采购管理办法，扩大政府采购规模，建立了较为规范的运行机制；四是落实收支两条线管理规定，规范执收执罚行为，从制度上和源头上防止腐败问题的发生。

财政工作再创新佳绩。财政收入保持了快速增长的态势，一年一个新台阶；财政支出在保证公教人员工资、党政机关正常运转和社会稳定等重点支出需要的同时，千方百计挤出资金，支持了经济和社会各项事业的发展。

队伍素质达到新水平。财政局领导班子始终坚持两手抓，两手都要硬的方针，抓学习，抓制度，抓管理，2004 年将乡级财政系统纳入民主评议范畴，使财政队伍整体素质明显提高。2002 年财政局在保定市争做人民满意公务员活动中被保定市人民政府授予先进集体荣誉称号，财政局党组连续三年被新市区委评为先进党支部、精神文明建设先进单位、行风民主评议第一名，连续三年被区委、区政府评为“实绩突出单位”，2004 年被市委、市政府授予“优化环境红玉兰杯”。

石家庄市新华区财政局

局长　阎文柳

新华区财政局充分发挥财政职能作用，强化综合预算管理，一手抓组织收入，一手抓支出管理，确保了全年收支平衡。到2004年底，全区财政收入累计完成118088万元。

财政支出首先保证了机关事业单位工资性支出，全区做到了按实际执行标准不拖欠公教人员当年工资；其次是保证了党政机关的正常运转；再次是“三条保障线”制度和“两个确保”得到全面落实，再就业资金支出、低保支出、职工医疗保险支出在今年压力较大的情况下全面到位；最后是加大基本建设、科技三费、公检法支出的投入力度，有力地支持了全区各项事业的发展。

同时，进一步深化和完善财政体制改革，扎实稳妥地推进各项重点、难点工作，努力构建公共财政框架。

局领导班子

局长　胡江学

2004年邢台市开发区财政局主要工作如下：

一、精心谋划、统一思想，认真完成年度财政预算编制工作。财税部门在2004年度各项税收大幅超收的情况下不骄不躁，及早调度，继续加大税收征管力度，尤其是加强对重点企业、重点税源大户和新增税源的监管，确保了各项收入及时、足额入库，为全年收入任务的顺利完成奠定了坚实的基础。

二、保证重点支出，加大争取上级资金的支持力度，有效解决围绕开发区经济发展建设的资金瓶颈问题。通过压缩一般性支出，合理调度财政资金，保证了基本建设、社保、教育、农村公益事业等方面的重点支出。

三、严格依法治税，加强“两税”清缴工作。

四、进一步深化农村税费改革。在2004年的基础上，我区继续实行农业税全免政策，并且进一步核实了我区种植粮食的土地面积，全面贯彻落实2004年中央一号文件，根据上级文件和全市农业粮食工作会议精神，在区种粮农民直接补贴领导小组领导下，周密安排粮食直补各项工作计划，向农户兑付直补资金29.14万元。

五、社保工作再上新台阶。探索农村社保新途径，解决开发区失地农民的生活保障问题，促进开发区经济发展环境的稳定。

河北省人工影响天气办公室

河北省人工影响天气办公室（以下简称省人影办）是河北省气象局的直属事业单位，也是河北省政府人工影响天气工作的综合性管理机构。为缓解全省水资源短缺状况和增强防灾减灾能力，河北省政府于1990年决定成立了省人影办。其主要职能是负责飞机人工增雨作业的组织实施及全省火箭人工增雨、高炮人工防雹的业务管理和技术指导，同时承担有关人工影响天气方面的科研任务和人影作业（试验）项目方案的设计与组织实施等工作。在两年的工作中，省人影办在完成省政府下达的每年飞机人工增雨抗旱增水作业、组织指导全省火箭、高炮增雨（防雹）、完成重大科研项目、推进人影技术装备现代化建设、人才培养、制度建设、科学管理、精神文明建设等方面均取得了显著成绩。尤其是近两年的人工影响天气工作，努力实现由单纯抗旱防雹向增加水资源和改善生态环境的转变，运用多种手段，围绕改善西部山区生态环境、水库和流域增水、湿地保护等方面，积极组织春、秋两季飞机人工增雨作业收到了很好的效果，在抗旱减灾工作中成绩突出，取得了重大的社会经济和生态效益。

自1990年至2005年6月中旬，连续15年已组织实施飞机人工增雨飞行598架次，累计空中飞行940小时，航程40多万公里，累计增雨量约140亿立方米，为我省抗旱减灾、补充地面水资源，促进我省农业连续丰收发挥了应有的作用。过去四年中，全省累计开展火箭增雨作业3196点次，累计发射火箭弹7843枚，累计估测增雨量达40亿立方米.

火箭人工增雨工程的实施，使我省的人工增雨由原来单一的仅使用飞机作业，转变为由飞机、高炮、火箭多种工具联合作业；作业云系由仅对层状云作业，转变为对层状云、对流云都进行作业；作业时限由过去的春季作业向全年作业转变；作业目的由抗旱为主向抗旱蓄水并重拓展，从而使我省的人工影响天气工作在抗旱减灾、开发云水资源中，适应了新的需求，发挥出了更大的作用，得到了更好的发展。

河北省红十字会

2004年，是我省红十字事业加快发展的一年。在省委、省政府的领导和中国红十字会总会的指导下，认真践行“三个代表”重要思想，坚持以人为本的科学展观，往实里做、全省红十字会工作取得较大进展。

召开了全省红十字会第三次会员代表大会。

理顺了红十字会管理体制，开展了备灾救灾活，动开展了“红十字博爱送万家”和扶危济困活动，实施了卫生救护培训，加强了造血干细胞捐助者资料库建设，推动了无偿献血活动，扩展了社区红十字服务活动，红十字会组织又有了新的发展，加强了对外交流，争取项目工作有新成效，信息宣传工作有声有色

会长　张淑琴

华北制药集团有限责任公司

华北制药集团董事长
常　炯

华北制药集团的前身华北制药厂是中国“一五”计划期间的重点建设项目，1953年筹建，1958年投产，总投资7588万元。华北制药厂的建成，开创了我国大规模生产抗生素的历史，结束了我国青霉素、链霉素依赖进口的历史，缺医少药的局面得到显著改善。

建成四十多年来，华北制药集团稳健经营，逐步壮大，经营范围不断拓展，销售额持续增长，业绩保持优良，主要经济指标始终处于国内同行业前列。与投产时相比，经营范围由单纯的制药拓展到了化工、农兽药、能源、商贸等领域，主要产品由5个增加到目前的各种类别的530多个品种，由一家产权结构单一的工厂，发展为拥有二十多家子分公司、多元投资主体的企业集团。截至2004年底，华北制药总资产174亿元，占地面积216万平方米，职工18846人，累计实现利税110亿元，上交国家利税78.1亿元，累计出口创汇10.98亿美元。2004年华北制药完成工业总产值123.91亿元，实现销售收入77.7亿元，实现利润1.5亿元，实现利税3.7亿元。

河北人民广播电台

河北电台事业快速发展，这是局台领导为新开播的少儿频道揭牌。

河北电台与国外展开积极的交流与合作，这是与津巴布韦传媒公司签署合作协议

河北人民广播电台是我省的主流新闻媒体，始建与1949年5月，同年9月1日正式开播，是新中国成立最早的广播媒体之一。

改革开放以来，特别是近一两年来，全台干部职工解放思想、更新观念、求真务实、真抓实干、各项工作全面推进，广播事业快速发展，多项指标实现了历史性突破：宣传创优成绩显著，2003—2004年度共获得国家级政府大奖42项，获奖数量和档次居全国省级电台前列。人口综合覆盖率达98.41%，超过全国平均水平，并实现了全面覆盖京津。数字化发展水平走在全国前列，全台人手一台微机，驻站记者一人一台笔记本电脑；完成音频网、互联网和办公网“三网合一”建设，其现代化办公网建设已走在全国广播界前列。

事业建设成就显著，去年一年时间内开办了生活频道和少儿音乐频道，使频道数量从过去的4个增至6个；全台播出时间从每天76小时增至120小时。全台改革成效显著，机制体制不断创新，管理体制和运行机制的大胆创新。被列为全省人事制度改革试点单位，省广电局在全省广电系统转发河北电台的改革成功经验，国家广电总局也摘发了该台的经验。2004年度被该台省委省政府评为全省文明单位。

河北电台的数字化技术进展迅速，这是数字化播音机房

河北电台《阳光热线》以“为民解忧”深受广大群众欢迎，影响辐射全国。

河北省省直政府采购服务中心

政府采购现场会一角

2004年，省直政府采购中心在省委、省政府和省直机关事务管理局党组的领导和关心下，在省直有关部门的支持和帮助下，恪尽职守，努力工作，共组织各种形式的采购活动380次，完成采购额4.3亿元，节约资金5800多万元。

2004年，采购中心被评为河北省机关后勤系统先进集体、全国机关后勤系统先进集体并受到国务院机关事务管理局和全国机关事务工作协会的联合表彰。省信息产业厅、省环保局、省交管局等十多个省直部门通过送锦旗、写感谢信的形式对采购中心工作给予了肯定。《人民日报》、《经济日报》、《河北日报》、《河北内参》、《河北经济日报》、等多家媒体也进行了报道，赢得了各界的广泛赞誉。

2005年，采购中心在努力巩固和扩大政府采购规模的同时，把本年度作为政府采购质量年，进一步规范采购程序，完善内、外部监督制约机制，不断增强服务意识，全面提高政府采购质量，争创我省政府采购优秀品牌。

交通银行石家庄分行

党委书记、行长 吴春节

交通银行始创于1908年，是我国最早的商业银行，也是中国早期的发钞行之一；1987年，交通银行重新组建，是我国第一家全国性的国有股份制商业银行；2005年，交通银行在香港成功上市，是内地第一家在境外上市的银行。

交通银行在我国境内137个大中城市设有营业网点近2600个，在纽约、东京、香港、新加坡、汉城设有分行；在伦敦、法兰克福设有代表处。截至2005年6月末，交通银行总资产达11386亿元，各项存款余额达10119亿元，各项贷款余额达6381亿元。在2005年7月版《银行家》杂志按资产总额对全球1000家大银行的排名中，交通银行位居世界第89位，并获选《金融亚洲》"2005年度中国最佳银行"。

交通银行石家庄分行组建于1990年，是交通银行在河北设立的省级分行，下辖唐山分行和秦皇岛分行，全辖共有网点71个，其中在省会石家庄设有网点29个。

自开业以来，交通银行石家庄分行以支持地方经济和企事业单位发展为己任，艰苦创业、锐意改革、顽强拼搏，各项事业取得了长足发展。截至2004年末，总资产达226.6亿元，各项存款余额达212.2亿元，各项贷款余额达125.4亿元，成为河北经济建设不可缺少的重要力量。

交通银行石家庄分行一贯坚持稳健经营的原则，不断深化改革，加强内部管理，率先引进一系列先进的管理办法，资产结构、负债结构、业务品种结构、员工队伍结构等得到不断完善，实现了资产安全性、流动性和盈利性的统一，始终保持了充足的支付能力。

交通银行石家庄分行依托先进的科技实力和电子化优势，不断创新业务品种，拓展服务功能，形成了全面的公司业务、个人业务品种体系和包括网上银行、电话银行、自助银行等方式的新型服务体系，以优质高效的规范化服务赢得了社会各界的信赖。

宽敞明亮的营业大厅

营业大楼

河北省中小企业信用担保服务中心

主任 郑洪秀

河北省中小企业信用担保服务中心（以下简称中心）是1999年经省编办批准成立的自收自支的事业法人单位，目前担保资本金总额1.2亿元人民币。法定代表人：郑红秀。注册地址：河北省政府院内9号楼。

中心的主要职能：为省内中小企业的短期流动性银行贷款提供担保和为市、县中小企业担保机构以及其他担保机构进行再担保。中心不以盈利为目的，以安全性、合法性、社会性、服务性为基本准则，坚持市场化运作、企业化管理，确保担保资本保值运营。在控制风险的前提下，按照国家及省产业政策和法律、法规，合理运作担保资金。

中心的业务范围：对省内依法注册的科技型就业型、资源综合利用型、农副产品深加工型、出口创汇型、环保型的各类所有制中小企业进行流动资金贷款、技术改造贷款、创业贷款、科技开发贷款、履约、银行票据业务等提供担保；经省政府批准的其他业务。

中心的部门设置：内设担保业务部、风险控制部、信息服务部、综合管理部。

中心的经营理念：贴近政府经济政策，有效服务中小企业，以诚取信金融机构，共建社会信用体系。

凡是重合同守信用、发展有潜力、产品有市场、符合国家产业方向的中小企业，担保中心将竭诚为其提供优质担保服务。

电话：(0311)88616693　87041349

传真：(0311)87069694

邮编：050053

该中心负责人参加全国部分省市担保机构负责人联席会议

中心贷款担保的农业企业获得丰收

定兴县财政局

河北省财政系统先进集体——

局长刘昆

2004年定兴县财政收入进一步保持增长态势。提前3个月超额完成全年任务，实现历史性突破。

财政保障能力进一步增强。按时拨付了个单位正常公司经费和乡镇村转移支付资金，保障了党政机关的正常运转。按时拨付了社保专款和公检法等专项经费，实现了“保工资、保运转、保稳定”的基本目标。

农村税费改革进一步深化。一是严格减免程序，根据“重灾多减，轻灾少减、无灾不减”的原则，落实了2003年农业税灾歉减免资金199万元。二是按照“三个确保”的要求，落实了农村税费改革转移支付资金3279万元。三是严格落实中央政策，降低农业税税率3个百分点，核减农业税1994万元。四是圆满完成粮食直补工作，共发放粮食直补资金697万元，涉及全县274个行政村，受益农户12万户。

局领导班子

预算外资金管理进一步规范。一是加大财政票据管理力度。坚持验旧领新制度，落实了教育收费“一费制”和“一生一票制”，加大了源头管理力度。二是开展了落实“收支两条线”规定检查，查处违纪资金267万元，依据有关规定进行了处罚。三是认真搞好企业直收试点工作，圆满完成全年的费额任务36.5万元。四是非税收入保持稳定增长。

国企改革改制工作进一步深化。职工得到妥善安置，目前，全县经贸、供销、粮食等系统的企业改革改制工作已基本完成。政府采购和集中支付改革成效进一步呈现。政府采购行为更为规范，采购范围更加扩大。

农业综合开发成果进一步扩大。一是强化举措，规范管理，顺利通过省市两级对2003年度农业综合开发项目的检查验收。二是全部完成了2004年度中低产田改造项目规定的建设任务。三是完成优质小麦良种良法配套技术推广示范。

河北省测绘局

局领导班子

测绘法规建设。①草拟了《河北省实施〈中华人民共和国测绘法〉办法》（草稿），并于9月23日通过了省十届人大常委会第十一次会议的第一次审议。②与省人大常委会办公厅、省司法厅联合印发了《关于开展测绘法宣传活动的通知》，与省保密局、省司法厅联合印发了《关于开展全省测绘成果保密检查工作的通知》，还印发了《河北省测绘资质管理办法》、《河北省丙丁级测绘资质分级标准》等规范性文件。

测绘资质管理。①开展了全省测绘资质复审换证工作。截至年底，在申报、市级初审的基础上，经省测绘资质复审换证领导小组审核，全省315个乙级以下《测绘资格证书》持证单位，已有204家通过复审，111家尚需整改和重新申报。②在测绘资质审查工作中，全年受理申请测绘资质的共88家，经考核、考察批准84家取得不同等级的《测绘资格证书》。③全国各等级《测绘资格证书》持证单位达439家，其中民营测绘企业达95家。

地图市场监管。①按照全国整顿和规范地图市场秩序工作办公室《关于开展对地图宣传品检查的通知》要求，省测绘局主动与省新闻出版、工商行政管理、外办等部门联合，加强了对地图市场专项整治工作的协调与领导。全年共查处各类测绘违法案件133起，收缴各种违法地图及地图产品8000余册（幅），收缴“问题”地球仪276件，总价值近20万元；查处各种带有政治性问题的广告、标牌57块，对相关单位罚款7.8万元。②加强地图审核工作，省测绘局共受理各种公开版地图审核32幅，受理示意性地图审核18幅，受理由国家测绘局委托协审的地图5幅，把住了地图审核许可关。

基础测绘工作。主要完成了725幅1：1万比例尺数字线画图DLG的生产、河北省电子政务1：10万比例尺三维地理信息平台建设、全省似大地水准面精化工程的数据处理、石家庄市彩色数字正射影像图，以及部分市、县的1：500、1：1000、1：2000比例尺地形图的测绘并数字化工作。

河北电视台

2004年，河北电视台以邓小平理论和“三个代表”重要思想为指导，紧紧围绕中央和省委、省政府的中心工作，在省委宣传部和局党组的正确领导下，全台广大干部职工，自加压力，负重攀登，努力拼搏，奋发进取，各项工作均取得了新的进步、新的成绩。

一是及时研究策划部署，《河北新闻联播》开设了《贯彻落实十六届四中全会精神》专栏，分三个阶段报道了全省贯彻全会精神，切实提高执政能力的情况。二是围绕“两个务必”，掀起了大兴求真务实之风的宣传高潮。对西柏坡改陈建设和西柏坡精神巡回展，进行了集中宣传，形成了舆论强势，在全国形成了“西柏坡”热。三是围绕“树正气、讲团结、求发展”的要求，掀起了“干事、创业、为民”的宣传高潮。四、切实做好“三农”工作的宣传战役。五是创建文明生态村活动的宣传战役。六是加强和改进未成年人思想道德建设的宣传战役。特别是为加强未成年人思想道德建设，经过紧张筹备，将科教频道定位调整为少儿科教频道，为广大少儿朋友打开了一个新的收视窗口，有力地推动了我省未成年人思想道德建设的深入开展。七是庆祝建国55周年的宣传战役。按照省委宣传部和局党组的统一部署和要求，我台专门召开会议，对国庆期间的宣传工作进行了周密安排。本着充分反映我省经济建设和社会发展等方面的成就，努力唱响社会主义好、共产党好的主旋律，大力营造欢乐喜庆气氛的指导思想，充分报道了全省各地认真学习贯彻党的十六届四中全会精神，以全新的气象、全新的面貌，做好各项工作的精神风貌。10月27日，省委常委、宣传部长张群生同志在我台上报的《河北电视台关于国庆新闻报道的情况报告》上做出批示：“国庆节期间电视屏幕丰富多彩，新闻报道生动鲜活、及时真实，向中央电视台的发稿数量大、质量好，受到了各地领导和群众的好评，望及时总结，推动工作。”

河北光大会计师事务所

所长　　姚庚春

河北光大会计师事务所自1999年脱钩改制以来，在有关领导及社会各界的关爱和支持下稳步发展，服务领域不断扩大、业务收入逐年增长，已发展成为全方位综合性中介机构，以雄厚的实力跻身于河北知名会计师事务所行列。

事务所从业人员112名，其中注册会计师47名、注册评估师15名，资深教授、副教授、高级会计师、高级工程师36名，荟萃了会计、审计、评估、金融等各类专业人才，并建立了经济管理、金融、财会、法律等专业的“专家人才库”。是一支素质高、业务精、年龄结构合理、充满朝气和活力的执业队伍。

光大会计师事务所本着上规模、上档次、上水平的要求，坚持规范化、规模化、国际化的发展战略，具有政府颁发的多种职业资格。如大型企业审计、财务管理咨询、资产评估、甲级工程造价咨询、金融相关审计、司法会计鉴定等。

事务所现有长期客户300多家，服务范围遍及外贸、纺织、物产、金融、电力、新闻出版、交通、冶金、制药、农牧业等行业。每年进行的审计、财务咨询、管理咨询、可行性研究、项目分析、工程造价咨询、资产评估等业务数千项；为多家企业集团担任常年财务顾问，提供内控设计、改制策划、投资项目可行性研究等服务；为企业改革、资产重组、投资等经济活动提供财务、经济评估和可行性研究；经过我所服务的企业业务发展迅速、经济效益显著，经济实力稳步增强，我所也受到了客户的信任和普遍好评，树立了良好的社会形象，受到了社会各界广泛赞誉。2002年荣誉登录文化部社会文化司批准的长城“中华英才宣言墙”；2003年荣获中国质量检验协会“全国质量示范企业”、“全国质量·服务诚信示范企业”称号。2004年在“河北省注册会计师、评估师行规知识竞赛”中获得二等奖。

光大会计师事务所恪守独立、客观、公正的执业准则，坚持“以质量求信誉，以信誉促发展”的经营理念；奉行高效、优质的服务宗旨；追求稳健、务实的长远发展目标；全体员工精诚团结，锐意进取，秉承诚信传统，提升专业境界，竭诚为社会各界提供全方位服务。

地址：石家庄市和平西路486号

邮编：050071

电话：(0311) 87810405　　87065149

传真：(0311) 87055211

电子信箱：hbgd123@sina.com

中国工商银行河北省分行

中国工商银行河北省分行是中国工商银行的一级分行，在省内设有分支机构 1042 个，其中：二级分行 11 个，一级支行 219 个，二级支行 324 个，资产总额近 2000 亿元，网点电子化覆盖率达到 100%。服务一万多家法人客户和 2000 多万个人客户帐户，与社会各界建立了广泛的合作关系，拥有国际先进水平的计算机网络和技术平台。由自助银行、电话银行、手机银行和网上银行构成的电子银行立体服务体系日益壮大，形成了实体网点与自助服务协运行的格局，新的金融产品、金融品牌不断推出，服务水平显著提升，业务发展速度和总量居省内同业领先地位。针对公司和政府机构金融服务需求，该行近年来推出了独具特色的现金管理服务、投资银行、牡丹公务用卡、国内外保理、财务顾问、公司理财、银团贷款、金融 e 通道和 QFII 等丰富的金融新产品。

企业网上银行 | 金融@家 | 95588电话银行 | 手机银行

河北省人事厅

厅长　宋太平

2004年是贯彻落实全国人才工作会议精神的第一年，也是我省人事编制工作史上具有重要意义的一年。全省人事编制系统干部职工在各级党委、政府的正确领导下，认真践行“三个代表”重要思想，牢固树立和落实科学的发展观、人才观，积极实施人才强省战略，大力推进“人才兴冀工程”，深化人事制度改革，加强机构编制管理，认真做好控编减员工作，较好地完成了年度目标任务。

在完善公务员制度方面，严格公务员“入口”管理，考试录用公务员工作更加规范。建立了省政府部门公务员考核联查制度，探索完善公务员考核办法。在事业单位人事制度改革方面，召开了全省事业单位人事制度改革工作会议，完善相关政策，总结推广经验。在深化职称制度改革方面，完善并落实各项管理办法，对26个系列、66个专业细化了申报条件，严格评价标准，规范评审程序，提高了评审质量。在机关事业单位工资分配制度改革方面，出台了调整机关事业单位工作人员职务津贴标准的政策，人均月增职务津贴100元；提出了建立机关事业单位离退休人员离退休费正常增长机制的意见。在军转安置制度改革方面，实行实绩量化考核，把贡献突出、学有所长的军转干部优先安置到重要和专业对口岗位，共安置计划分配的军转干部4123名，安置随迁随调家属1404名，圆满完成军转干部培训任务。

河北个体及私营协会

协会自成立以来，紧紧围绕以促进个体私营经济发展为中心，以服务会员为主线，与时俱进，开拓创新，充分发挥“自我教育、自我管理、自我服务、自我发展”的职能作用，发挥行政职能部门监督管理个体私营经济的“参谋助手”作用，依托遍布全省各地的组织网络，团结、教育、引导广大会员“爱岗敬业、守法经营、优质服务、乐于奉献”；积极为会员办实事、办好事、解难题、开展各项服务活动；紧紧围绕中心，服务大局，积极完成省委、省政府赋予的各项任务，为推动河北经济发展做出了积极贡献。特别是近几年来，协会工作日益活跃，作用越来越明显，社会影响越来越大，社会地位也越来越高，得到了广大会员的一致拥护和省委、省政府的充分肯定。2001 年、2004 年省个体劳动者协会连续两届被省民间组织管理领导小组和省民政厅评为“优秀社会团体”，2004 年被省委、省直工委评为“省直文明单位”，2002 年被中国个体劳动者协会表彰为“全国个协私协系统先进单位”。

河北科技风险投资有限公司

河北科技风险投资有限公司（下称风险公司）是经省委、省政府批准建立的具有政府导向职能的政策性专业投资机构，主要对高科技项目在产业化阶段给予资本金投入，使其尽快形成生产力，扩大生产规模，并以此吸引更多的社会和民间资本进入科技风险投资领域，推动河北省高科技产业的发展。

公司职能定位为：是省本级的投资主体、资本运营主体和市场竞争主体。按照省政府宏观调控的要求，经营管理省国资委授权的国有资本，承担聚合和引导社会资本投向，支持全省经济发展和结构调整，弥补市场调节缺陷的职能。省政府将通过省级财政预算安排、国有资产划拨等多种方式，不断充实投融资机构的资本金，壮大资本实力。

风险公司在成立之初已按照《公司法》和省政府的要求，建立了股东会、董事会、监事会、总经理办公会等多层次各司其职、互相制衡、规范运作的法人治理结构，内设行政管理部、项目管理部、资本运营部、财务管理部四个职能部门和创业基地。领导班子成员 5 人，平均年龄 40 岁。公司拥有一批朝气蓬勃、锐意进取的高素质人才队伍，所有从业人员的学历均在本科以上，不但专业学科分布合理，且具有丰富的实践经验。为使投资操作程序化、规范化，公司目前已经建立起一套完整有效的风险投资项目审核程序和操作规程。

公司成立四年来，已投资了 22 个高新技术产业化项目，总投资 10.67 亿元，其中风险投资 3.21 亿元，吸引其他投资 7.46 亿元，促进了我省高科技产业的发展、区域经济发展和传统产业的提升，并初步实现了风险资金的良性循环，成为我省风险投资行业的风向标，初步显现了引导作用和示范效应。

中共河北省国防科技工业委员会
河北省国防科学技术工业办公室

书记、主任　王昌

2004年,全省国防科技工业系统在省委、省政府和国防科工委、总装备部的正确领导下，紧紧围绕系统重点工作，精心组织，团结奋斗，圆满完成了各项工作任务。

——全省军工经济呈现较好的增长态势。2004年全省国防科技工业总收入同比增长35%，军工企业不断做大做强，涌现了一批总收入超10亿、利税超千万乃至上亿的强势企业。

——民用产品规模化经营取得显著成效，民品发展势头良好。长安汽车、山海关修船、核电站维修、华柴柴油发动机、河北太行纺织整机等产品初步实现规模化经营，民用产品发展再上新台阶。

——军工企业改革改制和企业脱困工作稳步推进。截止2004年底，全省共有12户企业列入军工破产计划，其中6户中央军工企业破产终结，共核销银行债务近5亿元，安置职工近5000人。

——民爆器材行业稳步发展。2004年，我省民爆器材行业共实现工业总产值6亿元，在全国排第五位，主要产品产销量均创历史新高，主要经济指标继续保持了较好的发展态势。

——企业党建和军工文化建设进一步加强。研究制定了《关于坚持和加强民主集中制建设的实施意见》等三个制度，加强了企业基层党组织建设和领导班子建设。以纪念建国55周年大型文艺晚会“军工颂”为代表，开展一系列系列展现当代军工风貌、弘扬军工先进文化的主题活动，军工文化建设跃上新台阶。

河北省外国专家局

河北省外国专家局是河北省人事厅管理的主管全省引进国外智力的行政机构。

河北省外国专家局管理来冀工作的外国专家（包括经济技术管理领域、教科文卫系统、外商投资企业、随引进项目合同和重点建设工程来冀的外国专家及香港、澳门特别行政区、台湾地区专家）和本省国家机关、企事业单位人员出国及赴澳门特别行政区、台湾地区培训工作。其主要职责是：

编制全省引进国外智力发展规划，研究拟定智力引进地方性法规草案和政策并监督执行；拟定并完善外国专家来冀工作及本省国家机关、企事业单位人员出国（境）培训的有关标准和管理办法并监督实施。

承办全省聘请外国专家及出国（境）培训人员计划主案的审核报批工作；统计、分析聘用外国专家及派员出国（境）培训综合情况。

编报全省引进国外智力专项经费分配方案，并对经费使用进行监督检查，组织筹措国家拨款的智力引进机动资金。

指导、协调并组织实施全省重点聘请外国专家规划，承担外国专家身份确认并出具职业签证许可等事宜，等等。

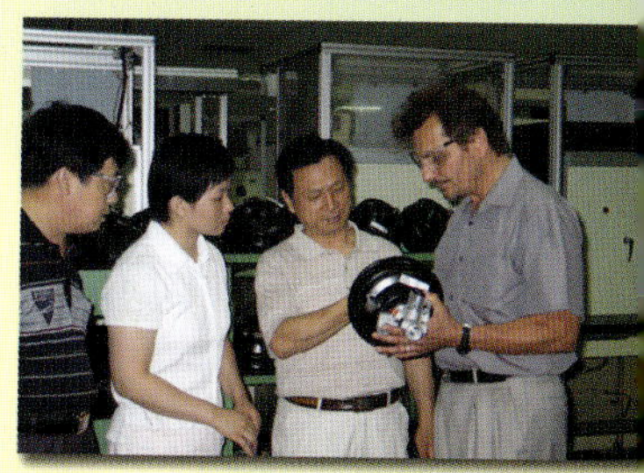

河北省残疾人联合会

2004年，河北省残联紧紧围绕以残疾人为本，帮扶残疾人奔小康这个中心，坚持突出重点，全面推进，各项事业持续健康发展。

残疾人事业进一步纳入大局。省委、省政府决定实施的“十项民心工程”，将残疾人扶贫、教育、就业、康复、无障碍、综合服务设施建设，构建成“兴办助残事业”的项目，纳入了“济困助残”工程，列为全省各级党委、政府、各部门、各单位领导班子政绩的重要内容。

积极探索扶助贫困残疾人工作的新机制。开展了全省贫困残疾人状况调研，为制定扶助残疾人政策提供依据。为1100户农村贫困残疾人进行了危房改造；为2400例贫困白内障患者免费实施了复明手术，为200名贫困肢残人免费实施矫治手术，为1600人安装了假肢和矫形器，为27万人提供了用品用具服务；实施彩票公益金助学项目，共资助1100名贫困残疾学生，资助总额164.3万元；推广了香河县建立爱心超市和慈善救助会的帮扶残疾人的做法。

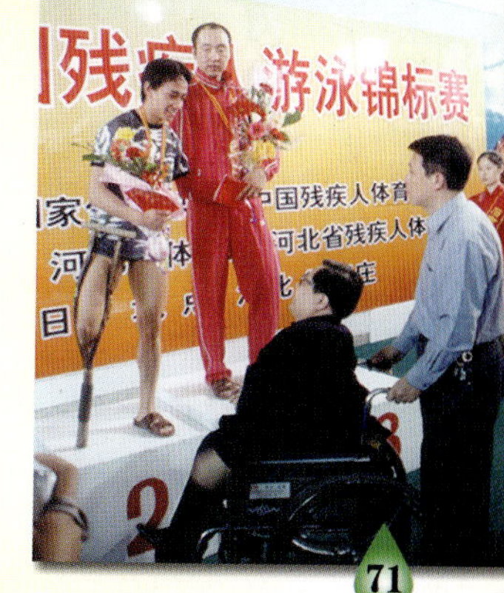

切实维护残疾人合法权益。做好信访工作，发挥首都“护城河”作用，我省残疾人信访工作在全国残疾人信访工作会上介绍了做法，加大了维护工作力度，省、市都成立了残疾人法律援助工作领导小组，省和7个社区市、97个县成立了残疾人法律援助促进会。会同省人大内司委等5个部门联合命名了106个“全省残疾人维权示范岗”，表彰了“十大杰出助残法官”、“十大杰出助残民警”、“十大杰出助残律师”。全年全省共接待法律咨询2万多人次、办理援助案件1300多件，减免各项法律服务费用130多万元。

河北省财政厅

厂长　尹作虎

河北省财政厅票证文印中心是经河北省机构编制委员会办公室批准成立的财政税费票据印刷机构，为全民所有制事业单位（副处级），隶属省财政厅。注册资金2375万元，具有独立的法人资格。中心经河北省政府采购中心招标确定为河北省直机关定点印刷单位，是河北省非税收入管理局票据印制定点单位，出版物印刷省级定点单位，河北省秘密载体复制许可单位，石家庄市桥西区纳税先进单位，通过了IS09001：2000质量管理体系认证。

票证文印中心

中心坐落在石家庄市西二环外建国路768号，占地17亩，建筑面积12000平方米，拥有苹果、方正专业图处理系统，捷克阿达斯特四色胶印机，WP滨田票据胶印机4台，对开双面双色胶印机4台，上海紫光460B型商用票据印刷机，奥普300激光照排机等一批高新技术印刷设备。内部设置人事劳资部、微机网络部、财务部、业务部、生产部、综合部。拥有一支素质高、技术精、经验丰富、具有极强敬业精神的员工队伍。

中心主要经营业务是：印刷财政税费票据，各种票证等有价证券，及各类画册、书刊、杂志、宣传彩页等设计制作印刷，经销财政税费票据专用防伪纸及印刷物资。中心自成立以来，秉承"客户第一、质量第一、服务第一"的经营宗旨，广交朋友，真诚合作，得以迅速发展和壮大，现已成为财政部经济科学出版社、高等教育出版社、河北省人民出版社、教育科技出版社等国内知名单位指定的专业印刷商。

中心以"追求卓越，永不满足"的企业精神，坚持高起点、高素质、高科技、高效益的发展思路，以市场为导向，服务财政，努力构筑与市场经济相适应的现代企业。我们相信，我们之间的真诚合作一定会架起双方友谊的桥梁，使双方都能在21世纪里得以全面迅速地发展共创美好未来。

总　机：(0311) 83036130
83029807

业务部：(0311) 83027533
83029711

河北中烟

公司党组书记、总经理段铁力

按照国家局工商管理体制分开的要求，2003年6月12日河北烟草实施了工商分设，成立了河北中烟工业公司。工业公司主要承担对所属卷烟工业企业的生产经营管理、国有资产管理、企业领导班子管理等职责，以及部分烟用物资经营职能。公司内设办公室、人力资源部、生产安全部、财务审计部、市场营销部、法律与改革部、科技开发部、物资供应部8个部室及石家庄北方烟机配件有限公司；工业公司目前下辖石家庄、张家口两个卷烟厂，均为独立法人，实行独立核算。根据国家烟草专卖局提出的“深化改革、推动重组、走向联合、共同发展”的主要任务，我省去年下半年组织实施了石家庄卷烟厂兼并重组保定卷烟厂的工作，取消了保定卷烟厂法人资格，成立了石家庄卷烟厂保定卷烟分厂。全省工业系统共有职工8460人，2005年生产卷烟125万箱。

河北中烟工业公司成立以来，在国家局和省委省政府的正确领导下，以“三个代表”重要思想为指导，坚持做精做强主业、保持平稳发展的基本方针，坚持内抓管理、外拓市场，积极推进联合重组，切实规范经营行为，生产经营保持平稳发展，各项工作取得了一定的成绩，为烟草行业的发展和地方经济建设做出了积极的贡献。2004年全省烟草工业实现利税突破26亿元，2005年将突破30亿元大关。

近几年来，我省卷烟工业企业均进行了大规模的技术改造，引进先进的制丝线和国内外先进卷接包设备，在装备自动化、现代化的基础上，进一步实现了管理和作业流程的标准化、程序化、智能化，提升了企业的技术水平和综合竞争力，生产能力和产品质量得到了充分的保证。我省卷烟工业企业全部通过ISO9001·2000质量标准体系认证。“钻石”、“新石家庄”和“白沙”卷烟是我省重点品牌，发展势头良好，市场规模不断扩大，市场竞争力不断提高。我省卷烟工业企业均为省重点骨干企业，多次被评为河北质量效益型先进企业，主要产品均荣获河北名牌、国家优等品称号。

工业公司

国家烟草专卖局副局长张辉（右）和河北省人民政府副省长付双建为河北白沙烟草有限责任公司揭牌

张家口卷烟厂投资5亿元左右的“十五技术改造工程奠基现场”

石家庄卷烟厂在经济效益飞速增长的同时，不忘回馈社会。

中国·涿州

总经理　赵全启

诚信大厦位于河北省涿州市开发区，是一家三星级旅游涉外饭店。

古城涿州具有三千多年历史，位于京南58公里，交通便利，古有“天下第一州”的美称。刘备、张飞、赵匡胤、卢植、郦道元等许多历史名人都出自涿州。

诚信大厦是您理想的休闲、旅游、度假场所。全体员工始终以崭新的面貌和优质的服务热诚欢迎国内外朋友光临。

地址：河北省涿州市建华东路84号

电话：0312-3850520　3850522

邮编：072750　免费电话：8008032556

Http://www.cxhotel.com

诚信大厦

燕翅鲍鱼坊装饰别有风格，为您提供幽雅别致的就餐氛围，每天百余种鲜活海鲜任你品尝。粤菜、地方名吃、各种风味美食节让您充分体会中国饮食文化。

会议室、洽谈室、多功能大厅、先进的多媒体网络教室，能接待各种规格的会议、培训。标准间、各种套间、名人公寓等多种规格的客房满足您不同的需求。

美国AMF8800型12道保龄球馆、标准室内恒温游泳馆、壁球馆、灯光网球场、迷你高尔夫球场等一应俱全的娱乐设施，让您真正体会到轻松、休闲。

河北省

河北省交通厅厅长焦彦龙在青红高速公路（河北段）奠基仪式上致辞

2004年以来，在省委、省政府和交通部强有力的领导与支持下，经过全系统广大干部职工奋力拼搏，无私奉献，我省交通建设取得了瞩目成就。铺开了我省交通建设的壮美画卷。

农村公路建设在燕赵大地风起云涌。一场有由政府担纲指挥、交通部门担当主力，广大农民积极响应的乡间筑路潮涌动在19万平方公里的燕赵大地。经过努力，2004年我省农村公路建设创造了奇迹：全年实际完成投资57.9亿元，新改建农村公路2.4万公里。新增通油路乡52个、行政村10345个。新改建农村公路里程相当于建国以来前54年建设总里程的一半以上。

高速公路建设规模庞大、史无前列。2004年我省高速公路9条（段）、596公里在年内顺利开工建设，实现了河北高速公路建设史上的新突破。2005年是我省高速公路建设年，我省高速公路建设今年再攀高峰：向通车里程2000公里强力冲刺。2005年全年计划投资128.48亿元，施工里程1428公里，年内建成5条段，总里程418公里。这是一项宏伟的工程，更展现出了河北高速公路建设美好明天。

崇山峻岭中的沙蔚铁路蜿蜒伸向远方

繁忙的京唐港码头

交 通 厅

港口生产和建设凸显实力。2004年，我省港口生产建设成绩突出：新建、改扩建港口泊位11个，新增港口吞吐能力3385万吨，沿海港口泊位达到69个，吞吐能力和完成吞吐量双双突破2亿吨。特别在去年夏季全国电煤紧张的情况下，我省港口通过一个月的大干、苦干，实现抢运电煤1584万吨，占北方7港、长江4港电煤运输总量的66.8%，为南方省市“迎峰度夏”做出重大贡献。

今年，省政府把曹妃甸港区的建设列为一号工程，我厅也为曹妃甸港口建设项目给予帮助和支持。同时，为认真落实省委、省政府提出的“两环开放带动”战略，省交通厅还决定进一步修改完善《河北省沿海港口布局规划》，加紧编制秦皇岛港、京唐港、黄骅港总体规划，港口建设力争完成计划投资79.12亿元，年内新改建、改扩建港口泊位6个，新增吞吐能力4870万吨目标。

转变职能，铁路建设加快发展。2004年11月26日，经省政府批准，省地方铁路管理局正式更名为河北省铁路管理局。为此省交通厅拟订了《河北省中长期铁路发展规划》，计划2010年前投资800亿元，合作建设迁曹铁路、石太客运专线、京广客运专线等8个铁路项目，计划投资6.19亿元，重点建设张双铁路、大宋铁路联络线等项目，我省境内约1370公里，积极构建铁路建设、运营、管理新体制，赋予全省交通建设崭新的内容。

火热的孙凉农村公路建设施工现场

我省去年唯一一条竣工通车项目——邯长高速

河北省“十五”重点建设项目青银（青岛至银川）高速公路上的卫运河特大桥正在吊装第一片箱梁

井陉县秀水村村民欢天喜地庆祝“村村通”工程竣工

河北省农业开发办公室

宋恩华副省长接见国家办常务副主任赵鸣冀同志，财政厅党组成员、省办主任乔满和副主任金树林陪同。

2004年农业综合开发工作取得了显著成效。一是提高了项目区农业综合生产能力。通过实施农业综合开发中低产田改造项目，加强了农业基础设施建设，项目区农业生产基本条件明显改善，农业综合生产能力特别是粮食生产能力明显增强，为粮食安全和粮食生产的恢复性增长做出了新的贡献。全省农业综合开发项目区新增粮食生产能力12570.44万公斤，亩增150公斤左右。二是促进了农业结构调整，增加了农民收入。土地治理项目、产业化经营项目、肉蛋奶项目。把农产品生产、加工销售连接起来，延长了产业链条。通过项目的实施，实现了农产品加工转化增值，促进了农业结构调整，拉动了农民增收。据调查测算，项目区农民人均纯收入比非项目区提高380元，高的上千元。三是推进了农业科技进步。通过实施科技项目，引进、示范、推广了一批农业优良品种和先进技术，解决了一些项目区农业科技进步中急需解决的问题，加快了项目区科技兴农的步伐。四是改善了项目区农业生态环境，促进了农业可持续发展。平原项目区按照方田规划设计，营造农田防护林，有效地改善了农田小气候。坝上生态农业工程项目区，紧密配合大生态工程项目建设，以流域、区域为单元进行综合治理共建设高效节水农田6万亩，造林1.7万亩，草场建设1.9万亩。促进了坝上错季蔬菜等特色农产品基地建设，为退耕还林、还草稳得住不反弹创造了有力条件。

国家办常务副主任赵鸣冀到省办机关视察

农业开发项目区埋设防渗管道场景

省财政厅党组成员、农开办主任乔满在石家庄市项目区实地考察